Kursbuch Geschichte

Neubearbeitung Sachsen
Von der Industriellen Revolution
bis zur Gegenwart

Kursbuch Geschichte
Neubearbeitung Sachsen: Von der Industriellen Revolution bis zur Gegenwart

Das Lehrwerk wurde erarbeitet von:
Rudolf Berg M. A., Prof. Dr. Gerhard Brunn,
Andreas Dilger, Prof. Dr. Ute Frevert,
Prof. Dr. Hilke Günther-Arndt, Dr. Dirk Hoffmann,
Dr. Wolfgang Jäger, Mathias Kögler, Dr. Ulrich Maneval,
unter Mitarbeit der Verlagsredaktion

Didaktische Beratung: Mathias Kögler, Leipzig

Redaktion: Britta Köppen
Karten und Grafik: Klaus Becker, Frankfurt/M.;
Dr. Volkhard Binder, Berlin; Carlos Borrell, Berlin; Skip G. Langkafel, Berlin
Bildassistenz: Dagmar Schmidt
Umschlaggestaltung: Klein & Halm Grafikdesign, Berlin
Layout und technische Umsetzung: Reinhild Hafner

www.cornelsen.de
www.vwv.de

Die Internetadressen und -dateien, die in diesem Lehrwerk angegeben sind, wurden vor Drucklegung geprüft. Der Verlag übernimmt keine Gewähr für die Aktualität und den Inhalt dieser Adressen und Dateien oder solcher, die mit ihnen verlinkt sind.

1. Auflage, 1. Druck 2008

Alle Drucke dieser Auflage sind inhaltlich unverändert
und können im Unterricht nebeneinander verwendet werden.

© 2008 Cornelsen Verlag, Berlin

Das Werk und seine Teile sind urheberrechtlich geschützt.
Jede Nutzung in anderen als den gesetzlich zugelassenen Fällen bedarf
der vorherigen schriftlichen Einwilligung des Verlages.
Hinweis zu §52a UrhG: Weder das Werk noch seine Teile dürfen ohne eine
solche Einwilligung eingescannt und in ein Netzwerk gestellt werden.
Dies gilt auch für Intranets von Schulen und sonstigen Bildungseinrichtungen.

Druck: CS-Druck CornelsenStürtz, Berlin

ISBN 978-3-464-64327-3

 Inhalt gedruckt auf säurefreiem Papier aus nachhaltiger Forstwirtschaft.

Lernen und arbeiten mit dem *Kursbuch Geschichte – Neubearbeitung Sachsen*

Das vorliegende Lehrwerk ist für die gymnasiale Oberstufe in Sachsen konzipiert. Es deckt alle Themen und Inhalte des Grundkurs-Lehrplans ab und behandelt die Neuzeit seit der Industriellen Revolution bis zur Gegenwart. Das Werk folgt den didaktischen Grundsätzen des Lehrplans und berücksichtigt dabei die zentralen didaktischen Prinzipien Schüler-, Gesellschafts-, Zukunfts- und Wissenschaftsorientierung ebenso wie die verschiedenen Dimensionen historischer Erfahrungen wie Politik-, Wirtschafts-, Sozial-, Alltags-, Mentalitäts- und Geschlechtergeschichte.

Die Gesamtkonzeption und die Anordnung der Einzelelemente sind auf die Erlangung der grundlegenden historischen Kompetenzen ausgerichtet:

historische Sachkompetenz
historische Methodenkompetenz
historische Urteilskompetenz
historische Handlungskompetenz

Einführungsseiten (gelbe Kolumne) regen zur Auseinandersetzung mit den großen Prozessen und Strukturen der Halbjahresthemen an:
1. Halbjahr: Die Aktualität des 19. Jahrhunderts (S. 8–11)
2. Halbjahr: Chancen und Gefährdungen der deutschen Demokratie in der ersten Hälfte des 20. Jahrhunderts (S. 154–157)
3. Halbjahr: Demokratie und Diktatur im geteilten Deutschland (S. 318–321)
4. Halbjahr: Die Herausforderung „Frieden" im 20. Jahrhundert (S. 434–437)

Auftaktseiten (blauer Fond) eröffnen jedes Kapitel mit einem Überblickstext und einem zentralen Bild.

Themeneinheiten (blaue Kolumne) präsentieren die Inhalte der Kapitel und bieten Darstellungstexte und Materialien aller Gattungen; beide Elemente sind durch Verweise eng verknüpft.
Stichworte in gelben Kästen gliedern die Darstellungstexte, **Fettdrucke** heben zentrale Begriffe, Personen und Ereignisse hervor.
Arbeitsaufträge decken alle drei Niveaus ab und führen zum Anforderungsprofil der späteren Abiturprüfung hin. Die „**Operatoren**" der Abiturprüfung sind im Anhang, S. 578 f., erläutert.

Methodenseiten (gelber Fond) sind inhaltlich in die Themeneinheiten eingebunden. Sie weisen systematisch und anhand von Übungen in den Quellenumgang ein und bieten Lösungshinweise.

Grundwissenseiten (am Kapitelende) bieten **Wiederholungsaufgaben, Zeittafeln** und **zentrale Begriffe.** Ausführliche Begriffserläuterungen stehen im Lexikon des Anhangs (S. 585 ff.).

Arbeitstechniken, wie z. B. Referat halten, richtig zitieren oder die Nutzung von CD-ROMs, werden im Anhang erläutert (S. 574 ff.).

Literatur- und Internethinweise finden sich an ausgewählten Stellen der Kapitel und im Anhang (S. 581 ff.).

Inhalt

Lernen und arbeiten mit dem *Kursbuch Geschichte* 3

Einführung: Die Aktualität des 19. Jahrhunderts 8

Kapitel 1 Die Industrielle Revolution: Aufbruch in die Moderne 12

1 Voraussetzungen der Industrialisierung 14
2 Wandel der Wirtschaft 21
2.1 Die Anfänge der Industrialisierung in England 21
2.2 Die Industrielle Revolution in Deutschland 25

Methodenseite: Arbeit mit dem Internet 30

2.3 Die „zweite" Industrielle Revolution: Deutschland im internationalen Vergleich . 32

Methodenseite: Literarische Quellen interpretieren: Lieder der Arbeiterbewegung .. 42

3 Die Gesellschaft verändert sich 44
3.1 Urbanisierung 44
3.2 Die „soziale Frage" 51
3.3 Frauenrollen – Männerrollen 61

Methodenseite: Geschichtskarten interpretieren 64

Grundwissen Industrielle Revolution 66

Kapitel 2 Nationalismus und Liberalismus: Deutschland im „langen" 19. Jh. 68

1 Liberalismus und Nationalismus bis zur Reichsgründung 70
1.1 Revolution „von oben" 70
1.2 Wiener Kongress, Deutscher Bund und Restauration 78
1.3 Liberalismus, Nationalismus und die bürgerliche Öffentlichkeit 82
1.4 Jüdische Aufklärung und Emanzipation 88
1.5 Die Revolution von 1848/49 92
1.6 Der Weg zur Gründung des Deutschen Reiches 100
2 Obrigkeitsstaat und Nation im deutschen Kaiserreich 105
2.1 Bismarcks Reichsverfassung 105
2.2 Die Parteien im Obrigkeitsstaat 109
2.3 Probleme der gesellschaftlichen Integration 117
2.4 Zwischen Integration und Ausgrenzung: Juden im deutschen Kaiserreich 121

Methodenseite: Interpretation schriftlicher Quellen I: Textsorten 126

2.5 Die Anfänge der deutschen Frauenbewegung 128
3 Imperialismus und Erster Weltkrieg 132
3.1 Europäisches Mächtesystem und Bismarcks Außenpolitik 132
3.2 Imperialismus und Weltmachtpolitik unter Wilhelm II. 137
3.3 Entstehung und Ausbruch des Ersten Weltkrieges 142

Methodenseite: Interpretation schriftlicher Quellen II: Quellenkritik 146

3.4 Der Erste Weltkrieg: Die europäische Moderne in der Krise 148

Grundwissen Deutschland im 19. Jahrhundert 152

Einführung: Chancen und Gefährdungen der deutschen Demokratie in der ersten Hälfte des 20. Jahrhunderts 154

Kapitel 3 Die Weimarer Republik: Die erste deutsche Demokratie 158

1 Belastungen des demokratischen Anfangs 160
1.1 Novemberrevolution 160
1.2 Rätesystem oder Parlamentarismus 166
1.3 Die Weimarer Reichsverfassung 174
1.4 Auswirkungen des Versailler Vertrages auf Deutschland 178
1.5 Krisenjahre 1919–1923 184
2 Die Phase der „relativen Stabilisierung" 190
2.1 Gesellschaftliche Konsolidierung in den „Goldenen Zwanzigern" 190
2.2 Deutschland in der internationalen Politik der Zwanzigerjahre 198
3 Das Scheitern der Demokratie 203
3.1 Weltwirtschaftskrise und antidemokratische Kräfte 203

Methodenseite: Interpretation von Diagrammen: Wahlergebnisse 208

3.2 Die Präsidialkabinette und die Hitler-Bewegung 210

Methodenseite: Sekundärliteratur I:
Fallanalyse zum Niedergang der Weimarer Republik in Sachsen (1929–1933) 214

3.3 Die Machtübertragung auf Hitler 218

Grundwissen Weimarer Republik 224

Kapitel 4 Die nationalsozialistische Diktatur in Europa 226

1 Das totalitäre NS-Herrschaftssystem 228
1.1 Ideologische Grundlagen 228
1.2 Die Errichtung der Diktatur 1933/34 233
1.3 Die Organisation der NS-Herrschaft 238
1.4 Die Herrschaftsmethoden des NS-Staates 244
1.5 Alltag und Frauen 250
1.6 Die Ausgrenzung und Entrechtung der deutschen Juden 1933–1939 258
2 Die nationalsozialistische Kriegs- und Vernichtungspolitik 263
2.1 Vorbereitung und Entfesselung des Zweiten Weltkrieges 263
2.2 Eroberungskrieg und Besatzungspolitik 270
2.3 Die Vernichtung der deutschen und europäischen Juden 277
2.4 Totaler Krieg und bedingungslose Kapitulation 285
2.5 Widerstand gegen den Nationalsozialismus 293

Methodenseite: Schriftliche Quellen im Abitur – Probeklausur 300

3 Der Nationalsozialismus in der historischen Diskussion 302
4 Das faschistische Italien 307

Methodenseite: Filminterpretation: Spielfilme als historische Quellen 314

Grundwissen Nationalsozialismus 316

Einführung: Demokratie und Diktatur im geteilten Deutschland 318

Kapitel 5   Deutschland nach 1945: Politik und Gesellschaft 322

1   Der Weg zur Teilung Deutschlands
     im Zeichen des Ost-West-Gegensatzes (1945–1949) 324
1.1 Das Kriegsende und seine gesellschaftlichen Folgen 324
1.2 Die Konferenz von Potsdam und die Entnazifizierung 329
1.3 Politischer Neuaufbau 333
1.4 Der Weg zur Gründung zweier deutscher Staaten 343
2   Die Konsolidierung der parlamentarischen Demokratie
     und die Errichtung der SED-Herrschaft (1949–1961) 350
2.1 Die Integration der beiden deutschen Staaten
     in die Blocksysteme und die Erlangung der vollen Souveränität 350
2.2 Soziale Marktwirtschaft und „Wirtschaftswunder" 354
2.3 Aufbau des Sozialismus im SED-Staat, Arbeiteraufstand und Mauerbau 362

Methodenseite: Fotografien interpretieren: Ausbesserungsarbeiten
nach einem Sprengstoffanschlag auf die Berliner Mauer am 26. Mai 1962 374

3   Grundzüge der Entwicklung und Herausforderungen
     im geteilten Deutschland (1961–1989) 376
3.1 Krise und Protest: Die Bundesrepublik 1961–1969 376
3.2 Aufbruch und Wandel: Die Bundesrepublik 1969–1982 381
3.3 „Wende" und Kontinuität: Die Bundesrepublik 1982–1989 388
3.4 Abschottung und Resignation: Die DDR 1961–1982 392
3.5 Niedergang und Verfall: Die DDR 1983–1988 396
3.6 Frauen in Ost und West 401
4   Die staatliche Einheit 407
4.1 Die friedliche Revolution in der DDR und das Ringen um die Einheit 1989/90 .. 407
4.2 Deutschland nach der Wiedervereinigung – Probleme und Chancen 419
5   Jüdisches Leben in Deutschland nach 1945 426

Methodenseite: Sekundärliteratur II: Zur Vergleichbarkeit von Diktaturen 430

Grundwissen Deutschland nach 1945 432

Einführung: Die Herausforderung „Frieden" im 20. Jahrhundert 434

**Kapitel 6   Europa und die Welt:
Wege und Strukturen im 20. und 21. Jahrhundert** 438

1   Ursachen und Charakter der beiden Weltkriege 440
2   Internationale Friedensregelungen 448
3   Die Entwicklung kollektiver Sicherungssysteme:
     Völkerbund und Vereinte Nationen 456
4   Entstehung und Überwindung des Ost-West-Konfliktes 466
5   Auf dem Weg zur europäischen Einigung 473
6   Neue Herausforderungen der Weltgemeinschaft 488
6.1 Dekolonisation und Überwindung des Nord-Süd-Gefälles 488
6.2 Globalisierung 497

Methodenseite: Karikaturen interpretieren 502

6.3 Internationaler Terrorismus 504
6.4 Klimawandel 511

Grundwissen Europa und die Welt 514

Kapitel 7 Historisches Erinnern und nationale Identität 516

1 Geschichtsbewusstsein und nationale Identität
   in Deutschland (Wahlpflicht 4) 518
2 Zweierlei Erinnerung – Der Umgang mit der NS-Vergangenheit
   im geteilten Deutschland (Wahlpflicht 3) 528
3 Die Bedeutung von Mythen für das nationale Selbstverständnis –
   Beispiele aus Europa (Wahlpflicht 5) 536
4 Geschichtskultur und Erster Weltkrieg –
   ein europäischer Vergleich (Wahlpflicht 2) 544

Methodenseite: Die Interpretation von Denkmälern
Zur Rezeption einer historischen Person – Bismarck-Türme (Wahlpflicht 1) 554

5 Die Entstehung und der Abbau von Feindbildern (Wahlpflicht 6) 556
5.1 Deutschland und Frankreich 556
5.2 Deutschland und Polen 561

Anhang

Methodenseite: Tondokumente interpretieren 566
Lösungshinweise zu den Methodenseiten 568
Probeklausur... 575
Das mündliche und schriftliche Referat 576
Richtig zitieren – aus Büchern und dem Internet 578
Die Nutzung von CD-ROMs 579
Hinweise zu den „Operatoren" in Klausuren 580
Interpretation schriftlicher Quellen in Klausuren 582
Literaturhinweise 583
Internethinweise 586
Lexikon 587
Register 599
Bildquellen 608

Einführung

Die Aktualität des 19. Jahrhunderts

Fremdheit und Nähe des 19. Jahrhunderts

Vielen Menschen ist heute die Welt des 19. Jahrhunderts fremd geworden. Die Lebensverhältnisse und Lebensformen haben sich derart stark verändert, dass kaum noch Ähnlichkeiten zwischen unserer Gegenwart und der Vergangenheit vor zwei Jahrhunderten erkennbar sind. Der Historiker Paul Nolte hat diesen tief greifenden Wandel sehr anschaulich beschrieben: „Gegenüber einer Gesellschaft, die durch Telefon und Kühlschrank, U-Bahnen und Warenhäuser, Werbung und Mode geprägt ist, […] erscheint die Modernisierung des 19. Jahrhunderts inzwischen als geradezu rückständig: mit ihren ersten Fabriken, mit ihren Bürgern, die gerade aus der Kutsche in die Eisenbahn umstiegen, mit ihren patriarchalisch-traditionellen Verhaltensformen."

Doch war Deutschland im 19. Jahrhundert keine vormoderne Idylle. In den Jahrzehnten zwischen der Französischen Revolution (1789) und dem Ersten Weltkrieg (1914–1918) legte das Land einen spannungsreichen und verschlungenen, manchmal auch krisenhaften Weg in die Moderne zurück, der alle Lebensbereiche von Grund auf umgestaltete und die Menschen tief verunsicherte. So fern uns diese Zeit in vielerlei Hinsicht gerückt ist, im 19. Jahrhundert wurden entscheidende **Fundamente für unsere moderne Zivilisation** gelegt. Das macht bis heute die ungebrochene Aktualität der Epoche aus.

Die Bedeutung der Industrialisierungsgeschichte

Die Bundesrepublik Deutschland ist heute – wie auch das übrige Europa, Japan und die USA – längst keine **klassische Industriegesellschaft** mehr. In der zweiten Hälfte des 20. Jahrhunderts nahm das Gewicht der industriellen Produktion ab, während immer mehr Menschen in den Bereichen Handel, Transport, Kommunikation und Dienstleistungen Beschäftigung fanden. Nicht die Fabrik und der Fabrikarbeiter prägen die gegenwärtige Arbeitswelt, sondern das Büro und der Angestellte.

Doch ist ein entscheidender Grund für die bisherige weltwirtschaftliche und weltpolitische Dominanz Europas, Japans und der USA die erfolgreiche Industrialisierung dieser Staaten auf kapitalistischer, marktwirtschaftlicher Grundlage. Dadurch überwanden sie während des 19. Jahrhunderts nicht nur Notlagen wie Seuchen, Agrar- und Hungerkrisen sowie Überbevölkerung, sondern sicherten sich auch einen bis dahin unbekannten materiellen Wohlstand. Die ökonomische Effizienz des modernen Industriekapitalismus garantierte den Industrienationen die weitreichende Kontrolle internationaler Märkte und erweiterte ihre machtstaatlichen wie auch militärischen Handlungsspielräume. Der Aufstieg von China oder Indien zu führenden weltpolitischen und weltwirtschaftlichen Akteuren im ausgehenden 20. und beginnenden 21. Jahrhundert ist ebenfalls das Ergebnis erfolgreicher Industrialisierungspolitik. Die außerordentliche Dynamik ihrer Volkswirtschaften, die sich in hohen Wachstumsraten niederschlägt, verdanken diese Länder vor allem der Einführung marktwirtschaftlicher Prinzipien.

Wer die gegenwärtige weltpolitische Lage angemessen untersuchen will, muss sich also mit der Industrialisierung und damit auch mit der Geschichte des 19. Jahrhunderts beschäftigen. Die Analyse der deutschen Industrialisierung öffnet dabei den Blick auf ein Land, das zu Beginn des 19. Jahrhunderts zu den Nachzüglern gehörte, aber während der zweiten Jahrhunderthälfte sehr schnell zu einer der führenden Industrienationen aufstieg. Dieser beschleunigte Wandel war von Anfang an begleitet von kontroversen Debatten über die Chancen und Risiken der Industriegesellschaft. Hoffnungen und Zukunftsängste prägen auch die Diskussion über die Globalisierung der Gegenwart. Vielleicht kann die Kenntnis von Gewinnern und Verlierern, Licht- und Schattenseiten der Industrialisierung in der Vergangenheit die aktuelle, hoch emotionalisierte Auseinandersetzung über die Gestaltung der globalisierten Welt versachlichen helfen.

Einführung

M1 Julius Caesar Ibbetson (1759–1817), George Biggins Aufstieg in Lunardis Ballon, 1785, Öl auf Leinwand, München, Bayerische Staatsgemäldesammlung, Neue Pinakothek

Nation und Geschichte

Seit der Vereinigung des geteilten Deutschland am 3. Oktober 1990 gibt es wieder einen deutschen Nationalstaat – in Form einer modernen parlamentarischen Demokratie mit einer freiheitlich-liberalen Verfassung. Damit unterscheidet er sich grundlegend von dem 1870/71 entstandenen Deutschen Reich, das ein autoritärer Obrigkeits- und Machtstaat war. Die deutsche Vereinigung rief jedoch im In- und Ausland nicht nur Hoffnung und Freude, sondern auch Ängste hervor. Die Skeptiker befürchteten, das größer und mächtiger gewordene Deutschland könne ähnlich wie das Deutsche Reich auf Kosten anderer Staaten die Vorherrschaft in Europa anstreben und dadurch Unruhe, vielleicht sogar Unfrieden stiften. Diese Befürchtungen zeigen, dass Nation und Nationalstaat nach wie vor starke Gefühle wecken. Die nationalsozialistische Barbarei hat im 20. Jahrhundert die besondere Gefährlichkeit nationaler Ideologie verdeutlicht und sie in Verruf gebracht.

Um sich ein nüchternes und sachliches Urteil über Nation, Nationalstaat und Nationalismus zu bilden, bietet sich der Blick ins 19. Jahrhundert an, als die moderne Idee der Nation die Massen ergriff und mobilisierte. Kein anderes Denk- und Verhaltensmuster hat die Menschen seitdem so fasziniert und ihr Handeln bestimmt wie der Nationalismus. Die Entwicklung der Begriffe „Nation", „Nationalstaat" und „Nationalismus" während des 19. Jahrhunderts zeigt zudem die Vielfalt und **Widersprüchlichkeit nationaler Bewegungen** und Institutionen. Der Wille zu Nation und Nationalstaat konnte sich sowohl mit den Forderungen nach politischer und sozialer Demokratie als auch mit antidemokratischen Bestrebungen zur Entrechtung und Ausgrenzung von politischen und sozialen Minderheiten verbinden. Nationale Gefühle ließen (und lassen) sich außerdem für imperialistische und kriegerische Ziele instrumentalisieren.

Im ausgehenden 18. Jahrhundert entstand in einer schmalen Bildungselite das Bewusstsein einer nationalen Zusammengehörigkeit der verschiedenen Staaten, Städte und Territorien des Heiligen Römischen Reiches Deutscher Nation. Wenn das gebildete Bürgertum von Nation sprach, dachte es an eine **Kulturnation**, die in gemeinsamer Sprache und Geschichte wurzelte. Nach der Französischen Revolution von 1789 begann in Europa der Siegeszug der demokratischen Idee von der selbstbestimmten Nation. Nach diesem Verständnis war die Nation eine politische und soziale Gemeinschaft rechtlich gleichgestellter Staatsbürger, die durch ihre Vertretungsorgane die Zukunft des Landes mitgestalteten. Diese modernen Vorstellungen strahlten auf Deutschland aus und bewirkten die allmähliche Umwandlung des kulturellen Nationalbewusstseins in einen **politischen Nationalismus**. Seine Anhänger forderten grundlegende politische Reformen in den Einzelstaaten des 1815 gegründeten Deutschen Bundes. Ähnlich wie in Frankreich sollte die Gemeinschaft der Staatsbürger an den politischen Entscheidungen beteiligt werden.

Einführung

Im frühen 19. Jahrhundert entstand in Deutschland eine organisierte Nationalbewegung, die die nationale Einheit anstrebte. Zwar scheiterte die deutsche Nationalstaatsgründung in der Revolution 1848/49, der Nationalismus blieb jedoch eine mächtige politisch-soziale Bewegung. Mit der Gründung des Deutschen Reiches 1870/71 schien die Nationalbewegung am Ziel ihrer Wünsche angelangt. Die Freude über den deutschen Nationalstaat wurde allerdings dadurch getrübt, dass die Nationalbewegung auf die Durchsetzung ihres liberal-demokratischen gesellschaftspolitischen Programms verzichten musste. Die Reichsgründung leitete damit einen grundlegenden Bedeutungswandel der deutschen Nationalidee ein: Zunehmend wurde sie von den konservativen, adelig-großbürgerlichen Führungsschichten des Reiches bestimmt und verwandelte sich in eine emanzipations- und demokratiefeindliche Ideologie.

Der Krieg – ein Lehrmeister der Menschen? Von der Antike bis in die Gegenwart wünschen sich die Menschen nichts sehnlicher als eine friedliche Welt, während sie den Krieg als das größte vorstellbare Übel betrachten. In der Moderne hat sich allmählich die Erkenntnis durchgesetzt, dass ein stabiler, lang andauernder Frieden nicht ein ferner, tendenziell unerreichbarer Zustand sei. Vielmehr beruht modernes Denken und Handeln auf der Überzeugung, eine kluge Politik verhindere Kriege und schaffe die Rahmenbedingungen für einen beständigen Frieden. Können die Menschen dabei aus der Geschichte lernen, können vergangene Kriege Lehrmeister für eine erfolgreiche Friedenspolitik sein? Aus der Geschichte lassen sich weder konkrete politische Handlungsanweisungen noch Prognosen für die Zukunft ableiten. Aber die Beschäftigung mit vergangenen Kriegen kann den Blick schärfen für die Bedingungen und Folgen kriegerischer wie friedensfördernder Politik. Nur wer erkennt, dass Kriege nicht wie Naturkatastrophen über die Menschen hereinbrachen, sondern sich aus bestimmten politischen, ideologischen, sozialen und wirtschaftlichen Denk- und Verhaltensmustern entwickelten, wird die gesellschaftliche Wirklichkeit als durch vernünftiges Handeln veränderbar auffassen. Diese Einsicht ist eine der Grundbedingungen für ein friedliches Miteinander in der internationalen Staatenwelt.

Besondere Aufmerksamkeit beansprucht in diesem Zusammenhang der **Erste Weltkrieg** (1914–1918), der in der Geschichtswissenschaft als Epochenscheide zwischen dem 19. und 20. Jahrhundert gilt und in Anlehnung an eine Formulierung des amerikanischen Diplomaten George F. Kennan die „Urkatastrophe des 20. Jahrhunderts" genannt wird: Er führte zum Untergang großer Reiche (Osmanisches Reich, Habsburgermonarchie), zur Entstehung des kommunistischen Machtsystems, zum Aufkommen faschistischer Bewegungen und zu einer bis dahin nicht gekannten Instabilität der bürgerlich-liberalen Ordnung. Der Untergang des alten Europa wurde unterstrichen durch den Machtverlust der europäischen Staaten zugunsten der USA und der Sowjetunion. Hinzu kam, dass der Erste Weltkrieg die Zweifel am bürgerlichen Fortschrittsglauben verstärkte. Die Grausamkeiten dieses „ersten industriellen Massenvernichtungskrieges" zerstörten bereits kurz nach dessen Ausbruch nicht nur das Zutrauen, das in die Wissenschaft und die Industriezivilisation als Träger einer besseren, moderneren Welt gesetzt worden war (M2), sondern auch den Glauben an die Humanität des Menschen überhaupt (M4).

M2 Der Historiker Volker R. Berghahn über die Hoffnungen und Sehnsüchte Silvester 1900 (1997)

In der Presse erschienen Rückblicke auf das verflossene Jahrhundert, in dem Deutschland aus der Erniedrigung durch Napoleon zu einer im Reich vereinigten Großmacht aufgestiegen sei. Zugleich feierte man den Siegeszug von Wissenschaft und Technik. So schrieb ein Kommentator der liberalen „Frankfurter Zeitung" am 30. Dezember: „Es ist keine verhimmelnde Festphrase dieser Wendestunde, sondern es scheint mir unerschütterliche Wahrheit, dass man in der Geschichte der menschlichen Technik nur zwei Perioden als gleichwertig einander gegenüberstellen kann. Die eine umfasst das neunzehnte Jahrhundert und die andere umfasst alles, was vorausging. Nicht „Schlachtdonner" oder „Feldschrei" seien die Geräusche des vergangenen Jahrhunderts, sondern „das Donnern des Eisenbahnzuges, der das Granitmassiv eines Schneegebirges im Tunnel durchquert, das Pfeifen von Dampfmaschinen, das Singen des Windes in den Telegrafendrähten und der sonderbare Laut, mit dem der elektrische Straßenbahnwagen, an seiner Leitung hängend, daherkommt." […]

Einführung

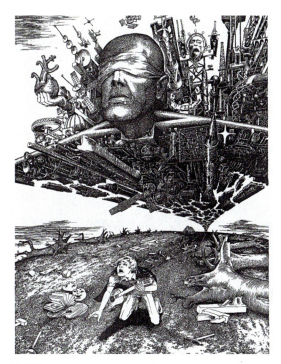

M3 Hermann Degkwitz, Der Fortschritt, 1978, Lithografie

In diesen Chor stimmte am 31. Dezember die „Frankfurter Zeitung" mit einem fast ganzseitigen Leitartikel ein, der neben den Erfindungen auch die politischen Leistungen des 19. Jahrhunderts hervorhob. Voran stand „die Gründung eines gewaltigen Deutschen Reiches im Herzen von Europa". Dies habe sich „als eine nachhaltige Förderung des Weltfriedens erwiesen, der seit nahezu einem Vierteljahrhundert von Deutschland im Bunde mit Österreich-Ungarn und Italien wirksam behütet" werde. So habe „trotz der häufigen Kriege der letzten Jahre […] die Friedensidee große Fortschritte gemacht". Denn Kriege seien heute „Spezialfälle" und „ein Krieg zwischen den Großstaaten selbst gilt als fast undenkbar, weil die Einsätze zu groß sind gegenüber dem etwa zu erwartenden Gewinn". […]
Abschließend kam der Leitartikler auf das vergangene Säkulum als das „sozialpolitische" zu sprechen. Sei im 18. Jahrhundert der dritte Stand an die Macht gelangt, so sei im 19. „der vierte Stand aufgetaucht" und habe „eine Reihe seiner Forderungen durchgesetzt", während sich jetzt „der fünfte Stand, der Stand der Arbeitslosen", erhebe und „die Erfüllung seiner Wünsche" verlange.

Volker R. Berghahn, Sarajewo, 28. Juni 1914. Der Untergang des alten Europa, München (dtv) 1997, S. 18 f.

M4 Der Historiker Hagen Schulze über die Industrialisierung der Kriegsführung (1998)

„Der große Krieg, durch den wir hindurchgegangen sind, unterschied sich von allen früheren Kriegen durch die ungeheure Kampfkraft der Gegner und durch ihre furchtbaren Zerstörungsmittel und von allen anderen modernen Kriegen durch die äußerste Rücksichtslosigkeit, mit der er geführt wurde", meinte Winston Churchill, als Erster Lord der britischen Admiralität gewiss alles andere als ein Pazifist. „[…] Weder Waffenstillstand noch Verhandlungen milderten das Ringen der Armeen. Die Verwundeten krepierten zwischen den feindlichen Linien, die Toten düngten die Äcker. […] Als alles vorbei war, waren Folterungen und Menschenfresserei die einzigen Mittel, deren Gebrauch die zivilisierten, wissenschaftlich gebildeten christlichen Staaten sich untersagt hatten, und auch das nur, weil sie von zweifelhaftem Nutzen gewesen wären."
Die Industrialisierung hatte den Krieg eingeholt: Das war das eigentlich Neue. Die Fabrik hatte auf die Schlachtfelder übergegriffen.

Hagen Schulze, Phoenix Europa, Berlin (Siedler) 1998, S. 325 f.

1 Beschreiben Sie die beiden Bilder (M1 und M3) und arbeiten Sie die Kernaussagen heraus.

2 Untersuchen Sie, welche unterschiedlichen Erfahrungen mit der Modernisierung zu den jeweiligen Grundpositionen der beiden Bilder geführt haben. Ziehen Sie dazu die Informationen aus M2 und M4 hinzu.

3 Die Materialien 1 bis 4 beschreiben und beurteilen die Modernisierung bzw. den Fortschritt im ausgehenden 18. und 20. Jahrhundert.
a) Vergleichen Sie die Thesen miteinander. Stellen Sie Unterschiede und Gemeinsamkeiten heraus.
b) Formulieren Sie, ausgehend von den Materialien sowie mithilfe des Darstellungstextes, S. 8–10, Arbeitshypothesen zu folgenden Fragen: Welche Modernisierungsprozesse haben das 19. Jahrhundert nachhaltig geprägt? Wie haben die Modernisierungsvorgänge des 19. Jahrhunderts das Denken und Handeln der Menschen über die Moderne verändert? Worin besteht die Aktualität des 19. Jahrhunderts?

Literaturhinweis

Franz J. Bauer, Das lange 19. Jahrhundert (1789–1917). Profil einer Epoche, Reclam, Stuttgart 2004. Der schmale Band bietet auf dem aktuellen Forschungsstand einen sachkundigen Einstieg in die Themen des 19. Jahrhunderts.

Kapitel 1

Die Industrielle Revolution: Aufbruch in die Moderne

Mit Beginn der Industrialisierung auf kapitalistischer, marktwirtschaftlicher Grundlage hat sich das Leben, Arbeiten und Wirtschaften der Menschen nachhaltig verändert, ja revolutioniert. Hauptmerkmal der modernen Industriegesellschaft ist ein bis dahin unvorstellbar dauerhaftes und sich selbst tragendes Wirtschaftswachstum. Dieses wurde erstens durch Fortschritte im naturwissenschaftlichen Denken ermöglicht, die in technische Innovationen umgesetzt werden konnten und eine immer größere Beherrschung der Natur durch den Menschen mit sich brachten. Neue Antriebs- und Arbeitsmaschinen, wie die Dampfmaschine, ersetzten zunehmend menschliche und tierische Arbeitskraft, die Erkenntnis chemischer Prozesse erleichterte die massenweise Ausbeutung natürlicher Rohstoffe. Die ständige Ausdehnung der Produktion wäre zweitens ohne die Durchsetzung des Fabriksystems nicht denkbar gewesen, das besser als alle anderen Produktionsformen die Chance zur maschinellen und arbeitsteiligen Herstellung von Gütern und Waren bot. Zur Steigerung der Produktion trugen aber auch spezialisierte und geregelte Lohnarbeit sowie rationaler Kapitaleinsatz durch marktwirtschaftlich kalkulierende Unternehmer bei. Drittens beschleunigten neuartige Kommunikationsmöglichkeiten sowie die Modernisierung der Verkehrswege und -mittel, allen voran die Eisenbahn und später das Automobil, die Entstehung nationaler und übernationaler Märkte, die immer stärker das wirtschaftliche Denken und Handeln bestimmten. Nur wer seine Marktchancen richtig beurteilte, konnte seine Gewinne maximieren und im Konkurrenzkampf bestehen. Mit der Industrialisierung verloren viertens althergebrachte Bindungen und Lebensweisen der traditionalen Agrargesellschaft an Bedeutung. Die Entfesselung der modernen Wirtschaftsgesellschaft, die heute längst keine Klassengesellschaft mehr ist, sondern eine mobile Berufs- und Leistungsgesellschaft, verlangte von den Menschen Flexibilität und Innovationsbereitschaft in einem bisher unbekannten Ausmaße.
Die Herausbildung der modernen Industriewirtschaft vollzog sich weder flächendeckend noch zeitgleich. Sie begann im 18. Jahrhundert in England, von dort ausgehend breitete sie sich im 19. Jahrhundert nach Kontinentaleuropa aus und erfasste schließlich die ganze Welt. Zudem nahm die Industrialisierung keinen gradlinigen Verlauf, sondern durchlief

unterschiedliche Phasen. Als in England in den Siebzigerjahren des 18. Jahrhunderts die Industrielle Revolution einsetzte, war Deutschland noch im Stadium der Frühindustrialisierung. So bezeichnen die Historiker die zögerlich-verhaltene Anlauf- und Vorbereitungsphase, die der entscheidenden Beschleunigung des Wirtschaftswachstums und dem Durchbruch industrieller Produktionsweisen voranging. Diese neue Entwicklungsstufe der Industriellen Revolution dauerte in Deutschland von den späten 1840er-Jahren bis 1873. Obwohl es auch danach immer wieder Wachstumsstörungen und Konjunkturkrisen gab, gelten die folgenden dreieinhalb Jahrzehnte bis zum Ersten Weltkrieg als Periode der Hochindustrialisierung, in der Deutschland endgültig zum Industriestaat wurde.

Industrialisierung war nicht nur wirtschaftlicher, sondern auch gesellschaftlicher Wandel. Immer weniger Menschen arbeiteten und lebten von und in der Landwirtschaft, immer mehr Menschen fanden ihr Auskommen in Gewerbe und Industrie oder im Dienstleistungssektor. Begleitet wurden diese Veränderungen durch zunehmende Mobilität der Bevölkerung, die die Verstädterung beschleunigte. Obwohl die erfolgreiche Industrialisierung langfristig den Wohlstand breiter Schichten der Gesellschaft verbesserte, gab es in ihrer Geschichte auch Schattenseiten. An erster Stelle ist dabei die „soziale Frage" zu nennen, die sich in unsicheren Arbeitsplätzen, häufiger Arbeitslosigkeit, niedrigen Löhnen bei langen Arbeitszeiten oder Wohnungselend niederschlug und im 19. Jahrhundert zu intensiven Reformdiskussionen wie auch vielfältigen Reformbemühungen führte. Dass die Industrialisierung das gesamte Leben der Menschen prägte, zeigte sich nicht zuletzt im Verhältnis der Geschlechter zueinander. Die moderne Industriegesellschaft emanzipierte weder automatisch die Frau noch zerstörte sie die Familie, wie manche zeitgenössischen Kritiker der Industriegesellschaft vermutet hatten.

M1 Fritz Weinhöppel (1863–1908), Schmuckblatt zur Vollendung der 3000. Lokomotive in der Lokomotivfabrik Krauss & Comp., Deckfarben, Aquarell, München 1894

1 Die Industrielle Revolution

1 Voraussetzungen der Industrialisierung

Warum Europa? Die Geschichte der Industrialisierung begann in Europa. Ein Grund dafür liegt in den **natürlichen Lebensbedingungen** dieses Kontinents, die die Herausbildung industrieller Wirtschaftsweisen begünstigten. Die Vielgestaltigkeit der Landschaft, aber auch die Zersplitterung der politischen Landkarte in Königreiche, Fürstentümer, Grafschaften oder Stadtzusammenschlüsse förderten die Konkurrenz und das Wachstum. Ein großes Angebot an unterschiedlichen Bodenschätzen, die Verschiedenartigkeit der Bodenbeschaffenheit und ein günstiges Klima ermöglichten die Herstellung zahlreicher Güter bzw. den Anbau einer reichhaltigen Palette an Produkten, die sich zum Austausch eigneten (Holz, Getreide, Wein, Wolle, Meeresfrüchte usw.). Ein sich ausdehnender Handel vermehrte den Wohlstand der Bevölkerung und führte zur Entstehung reicher Zentren wie der Hansestädte oder der italienischen Stadtstaaten. Mit dem Ausbau der Handelsbeziehungen innerhalb Europas und nach Übersee bildeten sich seit dem Spätmittelalter allmählich ein funktionstüchtiges Kreditsystem und ein Bankwesen auf internationaler Ebene heraus, die für den Aufstieg des Industriekapitalismus unentbehrlich waren.

Doch allein auf solchen naturgegebenen Voraussetzungen beruhte die Industrialisierung nicht. Sie war weder Zufall noch ein Wunder, sondern wesentlich das Werk von Menschen: Wissenschaftler förderten neue Erkenntnisse zutage, Ingenieure und Techniker entwickelten vorher unbekannte Werkzeuge, Maschinen und Materialien, Unternehmer griffen die Neuerungen auf und kalkulierten den Einsatz von Arbeitskräften und Kapital in der Wirtschaft, Arbeiter stellten dem Markt ihre Arbeitskraft zur Verfügung und produzierten Waren und Dienstleistungen, Bauern erwirtschafteten Überschüsse zur Ernährung einer ständig wachsenden Bevölkerung. Ohne die Anstrengungen und Kreativität vieler Menschen hätten die Maßnahmen der Staatsregierungen, die ebenfalls zum wirtschaftlich-technischen Fortschritt beitrugen, kaum Wirkung gezeigt, wäre die Geschichte der Industrialisierung nicht zu einer Erfolgsgeschichte geworden.

Entstehung der Marktwirtschaft Grundvoraussetzung kapitalistischen Wirtschaftens ist der Markt, der Angebot und Nachfrage vermittelt. Auf dem Markt treten Produzenten und Konsumenten in Kontakt und handeln die Bedingungen aus, unter denen die Ware den Besitzer wechselt. Der Theorie nach basiert der Tausch auf Freiwilligkeit und offener Konkurrenz; Zwang – privat oder staatlich organisiert – gilt als ausgeschlossen (M3). Während die absolutistischen Herrscher in Frankreich oder Deutschland während des 18. Jahrhunderts die ökonomische Entwicklung ihrer Länder durch massive Eingriffe und Beschränkungen zu steuern versuchten, konnten sich in Großbritannien bereits staatsfreie Märkte für Kapital, Arbeit, Boden oder Waren entfalten.

Dass gerade England zum Schrittmacher industriekapitalistischer Marktwirtschaft wurde, lag nicht zuletzt an seiner Agrarverfassung. In weiten Teilen der Insel gab es bereits um 1750 keine Land besitzende Bauernschaft mehr; die damit eng verbundene agrarische Subsistenzwirtschaft war längst zerfallen. Stattdessen konzentrierte sich der Landbesitz in den Händen einer kleinen Gruppe von Grundeigentümern, die ihre Ländereien verpachtet hatten. Die Pächter wiederum bewirtschafteten sie mithilfe von Landarbeitern, Knechten und Kleinstbauern, die sich auf Zeit verdingten und vorwiegend bar bezahlt wurden.

Eine solche Agrarverfassung bot der Herausbildung industriekapitalistischer Produktionsverhältnisse hervorragende Startbedingungen. Da war zum einen die Kommerzialisierung der Landwirtschaft selbst, die zunehmend für den (groß-)städtischen Markt produzierte und trotz zeitweiliger Engpässe eine schnell wachsende Bevölkerung zu ernähren verstand. Mindestens ebenso wichtig war jedoch die soziale Komponente jener Verfassung: die Tatsache nämlich, dass sie die Landbewohner lediglich vertragsmäßig (d. h. z. B. nicht als Leibeigene) an die Scholle band und ihre Mobilität nicht behinderte.

In Preußen, vor allem in seinen ostelbischen Gebieten, waren dagegen der Mobilität der Landbevölkerung noch im 18. und frühen 19. Jahrhundert enge Grenzen gezogen. Zwar hatte sich auch hier eine leistungsfähige, exportorientierte Agrarproduktion entwickeln können, die der junker-

Die Industrielle Revolution 1

M2 Blick in die Halle des Werkzeugmaschinenbaus der Maschinenfabrik Richard Hartmann in Chemnitz, um 1865

lichen Herrenschicht große Einnahmen sicherte. Anders als in England steckte sie jedoch in einem feudalen Korsett, das nur langsam aufgeschnürt wurde. Die ostelbische Gutswirtschaft beruhte eben nicht auf frei vereinbarter Lohnarbeit, sondern auf einem System persönlicher Abhängigkeiten, die von Generation zu Generation weitervererbt wurden. Die gutsuntertänigen Bauern, Knechte, Mägde und Häusler waren nicht nur verpflichtet, dem Gutsherrn einen Großteil ihrer Arbeitskraft zu überlassen. Es stand auch im Belieben des Junkers, ob und wann sie heiraten durften, ob sie den Hof verlassen und einen anderen Dienst aufnehmen konnten.

Solche Beschränkungen individueller Mobilität waren der Herausbildung freier Arbeitsmärkte – als unerlässlicher Bedingung industriekapitalistischer Entwicklung – alles andere als förderlich. Von der deutschen Landwirtschaft gingen denn auch nur wenige Impulse für eine erfolgreiche Industrialisierung aus. Weder erwirtschaftete die Landwirtschaft maßgebliche Investitionsmittel für den Gewerbesektor noch stellte sie frühzeitig einen aufnahmefähigen Absatzmarkt für industrielle Produkte (z. B. Landwirtschaftsmaschinen) dar. Was ihr hingegen gelang, war die Versorgung der wachsenden Konsumentenzahl – zumindest bis in die 1890er-Jahre, als immer mehr Nahrungsmittel eingeführt werden mussten und der Export um das Drei- bis Vierfache hinter dem Import zurückblieb.

Diese Versorgungsleistung erbrachte sie – auf einem niedrigen technologischen Niveau – im Wesentlichen dank einer extensiven Nutzung der Arbeitskraft. Anstatt wie in England Arbeitskräfte freizusetzen und sie der gewerblichen Wirtschaft zur Verfügung zu stellen, hielt sie sie bis in die 1850er-Jahre hinein fest. Daran änderten auch die preußischen Agrarreformen wenig. Obwohl beispielsweise die Gutsuntertänigkeit in Preußen 1807/10 abgeschafft wurde und die Junker statt auf Fron- nunmehr auf Lohnarbeit angewiesen waren, setzten sich alte Abhängigkeiten oft nahezu unverändert fort. An die Stelle erbuntertäniger Kleinbauern traten vertraglich gebundene Dienstleute, die als

1 Die Industrielle Revolution

Tagelöhner mitsamt ihren Familien auf den Gütern Arbeit, Wohnung und Kost fanden. Erst seit den 1860er-Jahren ging man verstärkt zu einem System freier, saisonal einsetzbarer Tagelöhner über, mit denen das Gut langfristig billiger zu wirtschaften vermochte.

Frühindustrialisierung Es waren aber keineswegs nur das abwandernde ländliche Gesinde oder die Nachkommen der überflüssig gewordenen Dienstleute, die die aufblühende Industrie mit Arbeitskräften versorgten. Vielmehr setzte auch das frühindustrielle Gewerbe zunehmend Arbeitskräfte frei, die sich dann um industrielle Arbeitsplätze bemühten.

Abseits der großen Städte hatten sich seit dem Ausgang des Mittelalters in vielen Teilen Europas florierende Gewerbelandschaften entwickelt. Sie basierten auf der Heimarbeit ländlicher Unterschichten, die von städtischen Verlegerkaufleuten gesteuert und marktmäßig angeschlossen wurde. Besonders erfolgreich war das ländliche Heimgewerbe auf dem Gebiet der Textilherstellung. Gehörte es traditionell zu den Aufgaben bäuerlicher Subsistenzwirtschaft, textile Rohstoffe und Gewebe für den Eigenbedarf zu bearbeiten und herzustellen, entwickelte sich daraus mit steigender Nachfrage vielerorts eine lebhafte Marktproduktion. Ganze Familien arbeiteten nunmehr auf Rechnung eines Verlegers, der ihnen Material zur Verfügung stellte und die fertige Ware abnahm.

Auf diese Weise geriet ein großer Teil der ländlichen Bevölkerung zwar in den Sog konjunktureller Nachfragekrisen und Absatzflauten. Zugleich aber löste er sich aus den engen Fesseln des agrarischen Nahrungsspielraums. Viele Menschen, die als Knechte oder Mägde kaum jemals die Möglichkeit gehabt hätten, zu heiraten und eine Familie zu gründen, konnten das als heimgewerbliche Spinner oder Weber tun. Der von der Landwirtschaft unabhängige Verdienst eröffnete ihnen die Chance, auf einer eigenen „Stelle" zu wirtschaften. Als Mieter kleiner Anwesen waren sie wohl noch mit ländlichen Lebensformen verbunden, scherten jedoch aus den ökonomischen Bezügen und Beschränkungen bäuerlicher Nahrungssicherung aus. Hatte auf nicht erbende Bauernsöhne und -töchter vormals nur ein unselbstständiges Gesindedasein gewartet, bot ihnen die protoindustrielle Entwicklung einer Region mehr Möglichkeiten. Vor allem legte sie ihnen nahe, eine Ehe einzugehen und einen eigenen Hausstand zu gründen. Schließlich bildete die Arbeitskraft einer ganzen Familie – Frau, Mann und Kinder – die Grundlage heimgewerblicher Existenz.

Regionale Unterschiede Warum manche Länder bei der Industrialisierung schneller als andere waren, ist nicht aus einer einzigen Ursache heraus zu erklären. Um den Übergang zum Industriesystem erfolgreich zu bewältigen, waren nicht nur ein relativ fortgeschrittener wirtschaftlicher Entwicklungsstand notwendig, sondern auch besondere politisch-rechtliche Bedingungen, wie z. B. die Gewerbefreiheit oder die Bereitschaft eines Staates, bestimmte Wirtschaftsbereiche steuerlich zu begünstigen. Deswegen liegt es nahe, die Herausbildung des Industriekapitalismus im nationalstaatlichen Rahmen zu verfolgen. Zwar gab es auch auf dem europäischen Kontinent schon im späten 18. Jahrhundert Gewerberegionen, deren Wirtschaftskraft und -organisation sich durchaus mit englischen Verhältnissen vergleichen ließen. Außer Sachsen (M 4 a–d) sind hier etwa Südwestdeutschland oder das Bergische Land sowie Böhmen und Flandern, Nordfrankreich und das Elsass zu nennen. Trotzdem kam es hier erst sehr viel später als in Manchester oder Südwales zum Durchbruch industrieller Massenproduktion.

So wichtig es deshalb ist, am Nationalstaat als industriekapitalistischem Entwicklungsraum festzuhalten, so wenig dürfen die krassen Unterschiede und Ungleichzeitigkeiten im Innern jenes nationalen Raumes übersehen werden. Das galt – und gilt – für England ebenso wie für Frankreich oder Deutschland. Noch heute stehen in demselben Land hoch industrialisierte Regionen überwiegend agrarisch strukturierten Gebieten gegenüber. Man denke etwa an das Ruhrrevier und Mecklenburg-Vorpommern, an Lothringen und die Provence, an die englischen Midlands und Cornwall. Im 19. Jahrhundert war das Gefälle noch sehr viel stärker ausgeprägt.

Die Herausbildung des Industriekapitalismus, so viel ist gewiss, vollzog sich in Europa weder flächendeckend noch zeitgleich. Ebenso wenig nahm sie einen linearen, stets nach oben weisenden Verlauf. Immer wieder traten Produktions- und Absatzkrisen auf, die teilweise erhebliche politische und soziale Wirkungen zeitigten. Und dennoch: Schaut man auf das 19. Jahrhundert als Ganzes, ist der Wachstumstrend im Vergleich zu früher imposant und unübersehbar.

Die Industrielle Revolution 1

M3 Gedanken des schottischen Moralphilosophen und Volkswirtschaftlers Adam Smith (1723–1790) über das Wesen und die Ursachen des Wohlstandes der Nationen (1776)

Der Einzelne ist stets darauf bedacht, herauszufinden, wo er sein Kapital, über das er verfügen kann, so vorteilhaft wie nur irgendmöglich anlegen kann. Und tatsächlich hat er dabei den eigenen Vorteil im Auge und
5 nicht etwa den der Volkswirtschaft. Aber gerade das Streben nach seinem eigenen Vorteil ist es, das ihn ganz von selbst oder vielmehr notwendigerweise dazu führt, sein Kapital einzusetzen, wo es auch dem ganzen Lande den größten Nutzen bringt.
10 Wenn er es vorzieht, die nationale Wirtschaft anstatt die ausländische zu unterstützen, denkt er eigentlich nur an die eigene Sicherheit, und wenn er dadurch die Erwerbstätigkeit so fördert, dass ihr Ertrag den höchsten Wert erzielen kann, strebt er lediglich nach eige-
15 nem Gewinn. Und er wird in diesem wie auch in vielen anderen Fällen von einer unsichtbaren Hand geleitet, um einen Zweck zu fördern, den zu erfüllen er in keiner Weise beabsichtigt hat. Auch für das Land selbst ist es keineswegs immer das Schlechteste, dass der Einzel-
20 ne ein solches Ziel nicht bewusst anstrebt, ja gerade dadurch, dass er das eigene Interesse verfolgt, fördert er häufig das der Gesellschaft nachhaltiger, als wenn er wirklich beabsichtigt, es zu tun. Alle, die jemals vorgaben, ihre Geschäfte dienten dem Wohl der Allgemein-
25 heit, haben meines Wissens niemals etwas Gutes getan. […]
Der Einzelne vermag ganz offensichtlich aus seiner Kenntnis der örtlichen Verhältnisse weit besser zu beurteilen, als es irgendein Staatsmann oder Gesetzge-
30 ber für ihn tun kann, welcher Erwerbszweig im Lande für den Einsatz seines Kapitals geeignet ist und welcher einen Ertrag abwirft, der den höchsten Wertzuwachs verspricht. Ein Staatsmann, der es versuchen sollte, Privatleuten vorzuschreiben, auf welche Weise sie ihr Ka-
35 pital investieren sollten, würde sich damit nicht nur höchst unnötig eine Last aufbürden, sondern sich auch gleichzeitig eine Autorität anmaßen, die man nicht einmal einem Staatsrat oder Senat, geschweige denn einer einzelnen Person anvertrauen könnte.

Adam Smith, Der Wohlstand der Nationen, dtv, München 1978, S. 369 ff.

1 Charakterisieren Sie das Verhältnis von Staat und Privatwirtschaft, wie es in M3 beschrieben wird.
2 Diskutieren Sie die These von Adam Smith (M3), dass gleichsam „eine unsichtbare Hand" im Wirtschaftsprozess das „allgemeine Wohl" am besten garantiere.

M4 Die Industrialisierung Sachsens

a) Der Historiker Toni Pierenkemper über Merkmale der Industrie- und Gewerberegion Sachsens (1994)

Das sächsisch-mitteldeutsche Gewerbegebiet baute auf einer langen und vielfältigen Tradition auf und entwickelte sich auch im 19. Jahrhundert in entsprechend differenzierter Weise. In den mittleren Provinzen Preu-
5 ßens war seit dem 17. Jahrhundert eine Politik gezielter Wirtschaftsförderung betrieben worden, die sich, den Gegebenheiten der Zeit gemäß, zunächst auf die Förderung der Textilindustrie konzentrierte, deren Erfolg ganz wesentlich zum Aufstieg Berlins und seiner näheren Umgebung beigetragen hat. Von hier aus nahm 10 dann eine Entwicklung ihren Anfang, die für die gewerbliche Struktur der Region entscheidende Bedeutung erlangen sollte, nämlich die Etablierung des Maschinenbaus, ursprünglich zum Bau von Textil-
15 maschinen, schon bald aber ausgreifend in andere Bereiche der Metallverarbeitung und schließlich endend bei dem Zentrum der deutschen elektrotechnischen Industrie. Ähnliches lässt sich auch für Sachsen berichten, das sich ebenfalls von einer ursprünglich stark tex-
20 tilgewerblich geprägten Region zu einem Zentrum des Maschinenbaus und der Metallverarbeitung entwickelte. Dieses Gebiet war wiederum auch in sich stark gegliedert: Die Oberlausitz war zunächst ein „Leinenland" gewesen, während um Chemnitz und im Vogtland schon früh die Baumwollindustrie Fuß fassen 25 konnte und das Erzgebirge auch über eine beachtliche berg- und hüttenmännische Tradition verfügte. Der Durchbruch zur Industrialisierung in Sachsen erfolgte bereits zwischen 1825 und 1834 und stützte sich neben der Textilindustrie vor allem auf den Auf- und 30 Ausbau der Metall- und Maschinenbauindustrie. Insgesamt kann daher die sächsisch-märkische Industrieregion im 19. Jahrhundert als wichtiges Zentrum der deutschen verarbeitenden Industrie angesehen werden. 35

Toni Pierenkemper, Gewerbe und Industrie im 19. und 20. Jahrhundert, Oldenbourg, München 1994, S. 30

1 Die Industrielle Revolution

b) Regionale Verteilung der Wollwebstühle und Streichgarnspinnereien im Zollverein 1846 und 1861

Staat bzw. Region[1]	Zahl der Webstühle		Zahl der Spinnereien		Zahl der Feinspindeln	
	1846	1861	1846	1861	1846	1861
Preußen	22967	32720	2148	1111	419523	650947
– Brandenburg	5338	12718	663	441	136545	229048
– Rheinland	9717	12456	170	208	138444	259132
– Schlesien	3034	4476	244	79	49323	61945
– Sachsen	2750	2867	338	262	52157	75630
Sachsen	13741	17379	172	332	78953	303397
Thüringen	4101	10283	41	92	15852	40994
Bayern	3189	2656	66	43	22801	17310
Württemberg[2]	2570	1841	59	59	33973	41191
Hannover	1150	1646	–	37	–	11245
Kurhessen	610	852	32	24	8535	10269
Baden	346	599	12	16	3240	5080
Großherzogtum Hessen	299	351	14	20	3810	5460
Anhalt	749	172	–	21	–	17151
Braunschweig	–	119	–	1	–	508
Zollverein[3]	48662	73742	2588	1774	588447	1110272

1 Geordnet nach der Zahl der Webstühle in den einzelnen Staaten im Jahre 1861
2 Für das Jahr 1852
3 Einschließlich Hannover

Hubert Kiesewetter, Industrielle Revolution in Deutschland 1815–1914, edition suhrkamp, Frankfurt/Main 1989, S. 175

c) Der Historiker Wolfram Fischer über den Aufstieg von Gewerbe und Industrie Sachsens (1972)

Wenden wir uns nun zunächst der Bevölkerungs-, Agrar- und Gewerbestruktur Sachsens zu. „Das Königreich Sachsen ist das dichtestbevölkerte Land des Zollvereins; schon im Jahre 1834 lebten 5868, 1858 7805
5 Menschen auf der Quadratmeile": So beginnt Gustav Schmoller[1] 1870 seine Darstellung der sächsischen Kleingewerbe. „Handel und Gewerbe, seit alter Zeit dort heimisch, sind die wesentlichen Faktoren dieser Bevölkerungsentwicklung. Der Boden ist teilweise
10 karg; im Erzgebirge bietet er selbst dem hartnäckigsten Fleiße große Schwierigkeiten. Der Besitz aber ist ziemlich geteilt. Große und kleine Städte bilden überall gewerbliche Mittelpunkte. Die vielfach verbreitete Hausindustrie[2] der Weberei, der Strumpfwirkerei, der
15 Posamentierarbeiten[3] erstreckt sich ebenso über die Dörfer als über die Städte." Die hohe Bevölkerungsdichte zwang in Sachsen also schon vor der Industriellen Revolution zu einer hohen Gewerbedichte, zur ländlichen Heimarbeit mehr noch als zum städtischen Handwerk, und zu einer intensiven, teils gärtnerischen 20 Bodenbewirtschaftung. Bevölkerungsstruktur, Agrarstruktur und vorindustrielle Gewerbestruktur hängen eng miteinander zusammen. Schon um die Mitte des 18. Jahrhunderts gehörte mehr als die Hälfte der Bevölkerung Sachsens zu den ländlichen und städtischen 25 Unterschichten unterhalb der Vollbauern und Vollhandwerker […].

Während um die Mitte des 16. Jahrhunderts die sächsische Bevölkerung zur Hälfte aus Vollbauern bestand, war deren Anteil zweihundert Jahre später auf ein Viertel 30 gesunken; zu den ländlichen Unterschichten, die 1550 etwa ein Fünftel der Bevölkerung ausgemacht hatten, zählte nun mehr als ein Drittel der Bevölkerung. Auch in den Städten war die Zahl der Nichtbürger weit stärker gewachsen als die Zahl der Bürger. Es 35 ist deutlich: Sachsen verfügte um die Mitte des 18. Jahrhunderts über eine „industrielle Reservearmee" von „Proletariern", oder anders ausgedrückt: Die um 1800 in Sachsen aufkommende textile Fabrikindustrie fand reichlich Arbeitskräfte vor, und zwar 40 solche, die als Heimarbeiter in textilen Arbeiten be-

Die Industrielle Revolution

wandert waren. Auch die sich anschließenden Maschinenbauanstalten konnten auf genügend handwerklich ausgebildete Gesellen zurückgreifen.

Die vorindustrielle Bevölkerungsvermehrung in Sachsen ist kaum mit einer Verstädterung verbunden. 1750 ist der Anteil der Stadtbevölkerung nur um 4% höher als 1550. Die Verdichtung der Bevölkerung geht also sehr wesentlich auf dem Lande vor sich. Dort setzten auch wirtschaftliche Innovationen ein: „Wenn man die gesamte Wirtschafts- und Bevölkerungsentwicklung Sachsens bis zur industriellen Revolution übersieht, ist es gewiss eine allen herkömmlichen Vorstellungen widersprechende Tatsache, dass nicht die Stadtbevölkerung ausschließlich oder auch nur überwiegend der Träger des Fortschritts gewesen ist. In den Städten hat man nach altem Herkommen Gewerbe und Handel betrieben, hat sich die Bevölkerung in ihrem überlieferten sozialen Gefüge bewegt, und alles ist nur mit der Zeit quantitativ gesteigert worden. Das qualitativ Neue, das Revolutionierende, hat sich innerhalb der Landbevölkerung entwickelt, die neue Bereiche des Wirtschaftslebens erobern und neue Bevölkerungsschichten aus sich hervorbringen konnte, die unmittelbar mit dem wirtschaftlichen Fortschritt verbunden waren. Sachsens Stellung als gewerbefleißiges Land schon in früheren Jahrhunderten beruhte in besonders starkem Maß auf der gewerblichen Produktivkraft seiner Landbevölkerung, nicht nur seiner Städte."

Wie oft spielt bei dieser Entwicklung das Bodenrecht eine entscheidende Rolle. In Kursachsen galt seit 1628 das Anerbenrecht, d.h., das Bauerngut musste geschlossen vererbt werden; längst vor der formellen Festlegung war es jedoch schon allgemein üblich, sodass mit der Bevölkerungsvermehrung seit dem späteren Mittelalter ständig der Überschuss der Bevölkerung in andere als rein bäuerliche Betätigungen gezwungen wurde, hauptsächlich in die textile Heimarbeit. […] So ist in Sachsen […] als Konsequenz ländlicher Besitzrechte und Betriebsgrößen ein dörfliches Textilgewerbe entstanden, das eine gute Voraussetzung für die Mechanisierung und damit Industrialisierung der Textilindustrie um die Wende vom 18. zum 19. Jahrhundert ergab.

Erhebliche gewerbliche Nebentätigkeit und schließlich Haupttätigkeit großer Bevölkerungsteile fördert gleichzeitig die Intensivierung der Landwirtschaft. Häusler und Kleinbauern bauen wenig Getreide an, aber halten Vieh für ihren eigenen Bedarf. Seit der Mitte des 18. Jahrhunderts gehen die sächsischen Gutsbetriebe, aber auch viele bäuerliche Betriebe zum Anbau von Futterpflanzen, der Stallfütterung und schließlich der künstlichen Düngung über. […] Nach 1770 kam auch die Futterrübe nach Sachsen. Der Kartoffelanbau verzwölffachte sich zwischen 1755 und 1800 und wuchs bis 1830 noch einmal um mehr als das Dreifache. […] Zur Düngung werden Gipsmehl, Kalk, Mergel, Knochenmehl und Düngesalze verwendet. Über die Viehzucht lassen sich für diese Zeit nur wenige quantitative Angaben machen, „der zunehmende Futterpflanzenanbau und die steigenden Getreideerträge lassen aber mit Sicherheit auf verbesserte und zahlenmäßig zunehmende Tierbestände schließen, konnte doch nur dadurch der so dringend benötigte natürliche Dünger gewonnen werden". Seit 1763 300 spanische Merinoschafe in Sachsen eingeführt wurden, nahm die Schafzucht einen schnellen Aufschwung. Um 1800 gab es 1½ Millionen Schafe in Sachsen, darunter 900 000 reinrassige Merinos. Aber auch der herkömmliche Getreideanbau verdoppelte sich zwischen der Mitte und dem Ende des 18. Jahrhunderts: Die Ernten in allen Getreidearten stiegen von ca. 2,5 Mio. auf über 5 Mio. sächsische Scheffel. Zusammenfassend wird man also feststellen können, dass der seit Jahrhunderten anhaltende Bevölkerungsdruck lange vor der Industriellen Revolution zu einer Diversifikation[4] der wirtschaftlichen Tätigkeit in Sachsen führte, dass daraus eine Qualifizierung[5] der Arbeitskräfte für industrielle Tätigkeiten erwuchs und ein Anreiz zur Intensivierung der Landwirtschaft gegeben war, die zu einer Agrar„revolution" wurde, als die Ideen des Fortschritts im Zeitalter der Aufklärung von West- auf Mitteleuropa übersprangen. Selbstverständlich kamen andere Faktoren hinzu, auf die wir hier nur kurz hinweisen können: die Außenhandelsverbindungen, die unternehmerische Initiative, einsatzfähiges Handelskapital und die finanziellen Institutionen zur Verfügung stellten, oder der Silberbergbau um Freiberg und die dortige älteste Bergakademie Europas, die einen Ansatzpunkt für wissenschaftlich fundierte Technologie darstellte. Insgesamt scheint in Sachsen also eine fast „optimale" Kombination für einen industriellen „Take-off" im 19. Jahrhundert gegeben zu sein.

Wolfram Fischer, „Stadien und Typen" der Industrialisierung in Deutschland. Zum Problem ihrer regionalen Differenzierung, in: ders., Wirtschaft und Gesellschaft im Zeitalter der Industrialisierung. Aufsätze – Studien – Vorträge, Vandenhoeck & Ruprecht, Göttingen 1972, S. 466–469

1 Gustav Schmoller (1838–1917): Volkswirtschaftler
2 Hausindustrie = Heimgewerbe
3 Posamentierarbeiten = Arbeiten zum Verzieren von Polstermöbeln, Wanddekorationen, Trachten und Uniformen (Posamenten = Textilerzeugnisse wie Borten, Fransen, Quasten, Zierknöpfe, Schnallen, Schnüre)
4 Diversifikation = Abwechslung, Mannigfaltigkeit; Ausweitung der Tätigkeit z. B. eines Unternehmens auf neue Produkte, Märkte
5 Qualifizierung = jemanden ausbilden, fähig machen

1 Die Industrielle Revolution

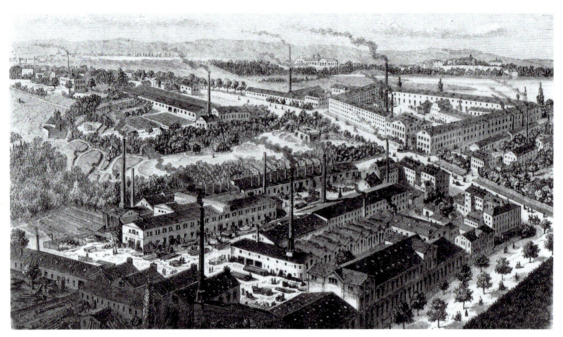

M 5 Sächsische Maschinenfabrik, vorm. R. Hartmann in Chemnitz, um 1893

d) Hans-Ulrich Wehler, Historiker, über Unternehmer und Unternehmerinitiative im sächsischen Maschinenbau (1987)

Der erfolgreichste frühe sächsische Maschinenbauer, Carl Gottlieb Haubold, ein gelernter Zimmermann, stellte seit 1807 Spinnmaschinen her, nachdem er bei englischen Mechanikern noch einmal informell in die
5 Lehre gegangen war. 1815 eröffnete er seine Chemnitzer Werkstatt, die so florierte, dass er nicht nur 1828 ein staatliches Darlehen von 10 000 T. für den weiteren Ausbau erhielt, sondern 1830 auch eine Studienreise durch England und Westeuropa antreten konnte.
10 Mithilfe des englischen Ingenieurs Hedges baute Haubold seit 1831 Dampfmaschinen, gliederte seinem Betrieb eine Eisen- und Metallgießerei an und bildete 1836, als er schon 500 Arbeiter beschäftigte, sein in der Branche führendes Unternehmen in die AG „Säch-
15 sische Maschinenbau-Compagnie" um.
In Haubolds Fabrik lernte auch der Schmied Richard Hartmann fünf Jahre lang sein neues Gewerbe kennen, bis er sich 1837 in Chemnitz selbstständig machte. Er lieferte insbesondere Textilmaschinen, seit 1840 stellte
20 er als Erster mit seinen hundert Arbeitern Dampfmaschinen in regelmäßiger Fabrikproduktion her. Haubolds Vetter Carl Gottfried arbeitete ebenfalls bis 1837 als Werkmeister im Betrieb seines Verwandten, gründete dann eine eigene Fabrik und lieferte binnen
25 kurzem komplette Spinnerei- und Webereiausrüstungen. Ähnlich beginnt die Geschichte mancher Maschinenfabrik in Crimmitschau, Leipzig, Dresden, Plauen, Zwickau, Glauchau, Harthau und anderen kleinen sächsischen Orten. Die zweite Gründergeneration hatte öfters entweder schon bei der ersten gelernt – 30 wie etwa Hartmann, Rabenstein, Schönherr bei Haubold – oder eine Gewerbeschule, vielleicht sogar eine (höhere) polytechnische Lehranstalt wie die Dresdner besucht. Ihr wurde auch häufig mit günstigen staatlichen Darlehen und Zinsbeihilfen von der sächsischen 35 Verwaltung unter die Arme gegriffen.

Hans-Ulrich Wehler, Deutsche Gesellschaftsgeschichte, Bd. 2, C. H. Beck, München 1987, S. 87

1 Beschreiben Sie mithilfe von M 4 a, b, d Struktur und Bedeutung der sächsischen Gewerbe- und Industrieregion.
2 Untersuchen Sie anhand von M 4 c, d die Ursachen für den Aufstieg der sächsischen Gewerbe- und Industrieregion.
3 **Referat:** Informieren Sie sich mithilfe von regionalen Veröffentlichungen (Stadtbüchereien, Internet-Angebote) über einen der in M 4 d genannten oder einen anderen sächsischen Unternehmer und halten Sie ein Referat.
4 Erläutern Sie am Beispiel Sachsens die These, dass die Industrialisierung ein regionaler Vorgang sei. Beziehen Sie dabei auch die Darstellung mit ein.

Die Industrielle Revolution 1

2 Wandel der Wirtschaft

2.1 Die Anfänge der Industrialisierung in England

Ursachen der Industrialisierung Die Industrialisierung in England war das Ergebnis mehrerer begünstigender Umstände und Vorgänge, die unabhängig voneinander das Wirtschaftswachstum beschleunigt haben. Zu den wichtigsten gehörten die schnellen Fortschritte in der Landwirtschaft. Seit 1660 konzentrierte sich das Land in den Händen von Großgrundbesitzern. Durch Einhegungen („enclosures") wurde Gemeindeland in Privateigentum überführt, verstreut liegende Felder wurden zu einem geschlossenen, eingehegten Besitz geformt. Die Zunahme des bebauten Landes und die Möglichkeit extensiver Weidewirtschaft führten zu einem Ansteigen der landwirtschaftlichen Produktivität, sodass die stark wachsende Bevölkerung ernährt werden konnte. Die Bevölkerungszunahme und die Tatsache, dass die Landbevölkerung nicht an die Scholle gebunden war, sondern in den Städten nach neuen Betätigungsfeldern suchte, sorgte sowohl für ein großes Angebot an Arbeitskräften als auch für eine steigende Güternachfrage auf dem englischen Binnenmarkt. Ein ausgedehnter Handel, der sich auf eine mächtige Kriegs- und Handelsflotte stützte, garantierte den Briten einen relativen Wohlstand. Aber auch der Binnenhandel florierte, weil er nicht durch Zölle oder andere Handelsbeschränkungen behindert wurde. England besaß außerdem große und leicht abzubauende Kohlevorkommen, kurze und kostengünstige Verkehrswege sowie ausreichendes und breit gestreutes Kapital zum Investieren. Hinzu kam, dass der Staat seine Politik nach wirtschaftlichen Interessen ausrichtete und früher als in den übrigen kontinentaleuropäischen Ländern eine liberale Wirtschaftsordnung schuf mit freiem Unternehmertum, privatem Kapital und freien Lohnvereinbarungen. Nicht vergessen werden darf die relativ offene Gesellschaftsstruktur des Königreiches, die flexible Reaktionen auf die unterschiedlichsten wirtschaftlichen Herausforderungen erlaubte. Im Laufe des 17. Jahrhunderts verband sich der kleine Landadel, die „gentry", vielfach durch Heirat mit den Kapital besitzenden städtischen Händlern oder Bürgerliche erwarben Landgüter und wurden in den Adelsstand erhoben. Unterhalb der „gentry" entfaltete sich ein wohlhabendes Bürgertum von Fabrikanten und Händlern, das sich sozial bewusst von den in den Adelsstand Erhobenen absetzte. Arbeitend tätig zu sein bedeutete keine Minderung des sozialen Status, sondern gottgewollten Lebensinhalt. Englische Grundbesitzer förderten die Industrialisierung durch Ausbeutung der Bodenschätze, besonders von Kohle und Eisen. Dadurch kam es nicht zu einem Gegensatz zwischen Agrar- und Industriegesellschaft wie in den meisten Ländern auf dem europäischen Kontinent.

Technische Erfindungen Aufsehen erregende Erfindungen wie die Dampfmaschine von Watt (1765/69) oder die Spinnmaschinen von Hargreaves (1764) und Arkwright (1769) beschleunigten das englische Wirtschaftswachstum. Mit der Mechanisierung der Baumwollspinnerei, die zum ersten Führungssektor in der englischen Industriegeschichte aufstieg, begann das Zeitalter der Massenproduktion im Textilgewerbe (M 7 a–c). Von 1764 bis 1794 verdreißigfachte sich die Garnherstellung; bis 1844 hatte sie sich verachtzigfacht. Die Produktivität des Webverfahrens war 1850 dreizehnmal höher als 1760. Die Qualität der Stoffe übertraf erstmals die bis dahin einzigartigen indischen Gewebe. Die technische Revolution im Textilgewerbe ging mit einer Revolution der Produktionsorganisation einher, wobei sich beide Prozesse gegenseitig bedingten und förderten. Erst das Zusammenwirken von Maschinenarbeit und Fabrikproduktion machte aus der Erfindung einzelner Arbeitsmittel die Revolution der gesamten Produktion: Entwicklung von Spinnmanufakturen, Spinnmaschinen und -fabriken, Verbesserung von Spinnmaschinen, Anwendung von Wasserrädern, Entwicklung und Einsatz von Dampfmaschinen, Entwicklung des mechanischen Webstuhls, der Werkzeugmaschinen und der Maschinenindustrie, Bau riesiger Fabriken in den Städten, Durchsetzung neuer Berufe (z. B. Ingenieure) und neuer Arbeitsverhältnisse (z. B. Lohnarbeit). Technik und Produktion des Textilgewerbes und anderer Produktionsbereiche wurden so nach und nach grundlegend umgestaltet.

1 Die Industrielle Revolution

M6 Joseph Mallord William Turner (1775–1851), Rain, Steam and Speed. The Great Western Railway, 1844, Öl auf Leinwand, London, National Gallery

1. Beschreiben Sie die Wirkung der Eisenbahn, wie sie M 6 zum Ausdruck bringt.
2. Stellen Sie sich vor, Sie säßen in dem Zug. Welchen Eindruck von der Umgebung hätten Sie dann wohl? Welchen Einfluss hätte das auf Ihr Sehverhalten?

Für die Entfesselung der Wirtschaftskräfte noch bedeutsamer wurde jedoch das Vordringen des Energieträgers Kohle und der damit einhergehende Ausbau der Eisenindustrie. Mit der Industrialisierung und der Verstädterung stieg der Kohleverbrauch. Der Einsatz der Dampfmaschine in den Kohlerevieren verbesserte die Verfahren der Kohleförderung und wirkte sich auf die Eisenindustrie aus, die sich in den Kohlegebieten ansiedelte. Die Verbilligung und Verbesserung des Eisens sowie die Modernisierung der Produktionsverfahren schufen die Voraussetzungen für die Entstehung einer leistungsfähigen Maschinenindustrie und später für den Eisenbahnbau (M6). Damit wirkte die Eisenindustrie in viele andere Wirtschaftszweige hinein und veränderte vom Verkehrswesen bis zum individuellen Reisen alle Bereiche des gesellschaftlichen Lebens (M 8). Dabei darf nicht übersehen werden, dass die „wirkliche Industrielle Revolution" der Eisenindustrie, wie bei der Kohle, erst in den mittleren Jahrzehnten des 19. Jahrhunderts stattfand, also fünfzig Jahre später als in der Baumwollherstellung. Denn während Konsumgüterindustrien selbst in vorindustriellen Wirtschaftsverhältnissen massenhaft Absatz fanden, war für die Produktionsgüterindustrien ein solcher Markt erst während oder nach der Industrialisierung vorhanden (M 10).

Ausbreitung der Industrialisierung
Von England ausgehend erfasste die Industrialisierung während des 19. Jahrhunderts den europäischen Kontinent. Französische, belgische oder deutsche Unternehmer wurden auf neue Waren aus dem britischen Königreich, der bewunderten „Werkstätte der Welt", aufmerksam und erkannten bisher unbekannte Absatzchancen. Sie holten englische Arbeiter und Unternehmer ins Land, importierten englische Technologien, Produktionsverfahren und Kapital, um die eigenen Betriebe zu modernisieren. Gleichzeitig bemühte man sich, englische Waren durch eigene Entwicklungen zu ersetzen und dadurch den englischen Entwicklungsvorsprung wettzumachen.

Die Industrielle Revolution

M7 Das Wachstum der Baumwollindustrie

a) Import von Rohbaumwolle in Großbritannien im Jahresdurchschnitt (in t)

1701–1715	585
1716–1720	1086
1764	1935
1780	8 000
1801	25 000
1815	50 000
1825–1830	100 000
1849	346 000

Amtlicher Bericht über die Industrie-Ausstellung aller Völker in London im Jahre 1852, 2. Teil, Berlin 1857, S. 11, zit. nach: Michael Sauer, Die Industrialisierung. Die Entstehung der modernen Welt, Klett, Leipzig 1999, S. 15

b) Ausfuhr von Baumwolltextilien (in 1000 £)

1740–49	11
1750–59	88
1760–69	227
1770–79	248
1780–89	756
1790–99	631
1800–09	9 995
1810–19	18 712
1820–29	28 000

c) Prozentanteil der Baumwolltextilien am Gesamtexportwert

1740–49	0
1750–59	1
1760–69	2
1770–79	3
1780–89	7
1790–99	15
1800–09	39
1810–19	53
1820–29	62

C. Cook/J. Stevenson, Atlas of Modern British History, London 1978, S. 43, zit. nach: Hermann de Buhr/Michael Regenbrecht, Industrielle Revolution und Industriegesellschaft, Cornelsen, Frankfurt/Main, ²1988, S. 22

1 Erläutern Sie anhand der Statistiken M 7 a–c die Bedeutung der Textilindustrie in Großbritannien. Untersuchen Sie dafür besonders das Verhältnis von Textilproduktion aus Baumwolle und Export. Zur Veranschaulichung der statistischen Daten können Sie für jede Statistik mithilfe eines geeigneten Maßstabes eine Grafik erstellen. Bei der Wahl des Ausgangsjahres (Indexwert 100) sollten Sie beachten, dass Sie nur von einer ungefähren Übereinstimmung ausgehen können.

M8 Die Historikerin Elisabeth Fehrenbach über die Funktion der Eisenindustrie in der britischen Industrialisierungsgeschichte (1986)

Die Kohleförderung regte die Entwicklung der Dampfmaschine an und ermöglichte die Verbesserung der Eisenproduktion. Watts Dampfmaschine entstand zunächst aus der Absicht, die Pumpmaschinen zur Entwässerung von Bergwerken zu verbessern. Das Verfahren, Eisen mit Kohle und Koks anstatt mit Holzkohle einzuschmelzen, baute die Schwierigkeit ab, die aus der Reduzierung des Wald- und Holzbestandes erwuchs. 1784 gelang Henry Cort das sog. Puddelverfahren, die Überführung von Roh- in Schmiedeeisen im Flammofen. Dampfmaschine und Puddelprozess trugen dazu bei, dass die Roheisenproduktion sich zwischen 1788 und 1796 verdoppelte und bis 1806 vervierfachte. Anders als die Baumwollindustrie wirkte die Eisenindustrie in viele Produktionsprozesse hinein. Insbesondere schuf sie die Voraussetzungen für die Maschinenindustrie und für die spätere Entwicklung des Eisenbahnwesens. Ohne die Verbilligung und Verbesserung des Eisens wäre die fortschreitende Industrialisierung im 19. Jahrhundert kaum vorstellbar. Allerdings brachte erst das Eisenbahnzeitalter den Massenabsatz von Eisen und das steile Ansteigen der Wachstumsraten. Die Aufwärtsentwicklung in der napoleonischen Zeit hing noch eng mit der Kriegsnachfrage zusammen, sodass bald wieder Verzögerungen und Absatzstockungen eintraten.

Elisabeth Fehrenbach, Vom Ancien Régime zum Wiener Kongress, Oldenbourg, München ²1986, S. 9

1 Beschreiben Sie anhand von M 8 die Auswirkungen technischer Erfindungen in der Kohle- und Eisenindustrie auf die wirtschaftliche Entwicklung Großbritanniens. Ziehen Sie dafür auch die Darstellung heran.

1 Die Industrielle Revolution

M 9 Erster Einsatz einer Dampfmaschine im englischen Kohlenbergbau, Gemälde von 1792

M 10 Beschäftigtenanteile in Großbritannien 1801–1951 (in % aller Beschäftigten)

Jahr	Landwirtschaft, Forstwirtschaft, Fischerei	Bergbau und Gewerbe	Handel und Transport	Häusliche Dienstleistungen	Öffentliche Dienstleistungen u. Ä.
1801	35,9	29,7	11,2	11,4	11,8
1821	28,4	38,4	12,1	12,7	8,5
1841	22,2	40,5	14,2	14,5	8,5
1861	18,7	43,6	16,6	14,3	6,9
1881	12,6	43,5	21,3	15,4	7,3
1901	8,7	46,3	21,4	14,1	9,6
1911	8,3	46,4	21,5	13,9	9,9
1931	6,0	45,3	22,7	7,7	18,3
1951	5,0	49,1	21,8	2,2	21,9

Toni Pierenkemper, Umstrittene Revolutionen. Die Industrialisierung im 19. Jahrhundert, Fischer Taschenbuch Verlag, Frankfurt/Main 1996, S. 13

1 Vergleichen Sie anhand von M 10 die Entwicklung der Beschäftigtenanteile in den verschiedenen Wirtschaftssektoren miteinander. Untersuchen Sie dabei, wo Zuwächse bzw. Abnahmen zu verzeichnen sind.
2 Der Historiker Toni Pierenkemper hat den Begriff „Industrialisierung" einmal auf die folgende kurze Formel gebracht: „Industrialisierung bedeutet so nichts anderes als überproportionales Wachstum des gewerblichen, des ‚sekundären' Sektors, oder – bei genauerem Hinsehen – des industriellen Sektors im Vergleich zu anderen Sektoren und zur Gesamtwirtschaft." Überprüfen Sie diese These mithilfe der Statistik in M 10.

Die Industrielle Revolution 1

2.2 Die Industrielle Revolution in Deutschland

Ausgangssituation Deutschland besaß im späten 18. und beginnenden 19. Jahrhundert wesentlich ungünstigere Startbedingungen für seine industrielle Entwicklung als Großbritannien. Bis zum Ende des Heiligen Römischen Reiches Deutscher Nation im Jahre 1806 war Deutschland in 300 zum Teil ausgesprochen kleine Territorialstaaten zersplittert. Eine Vielfalt von Zollschranken, abweichende Maß-, Münz- und Gewichtssysteme, Handelsmonopole sowie schlechte Verkehrsverbindungen hemmten die wirtschaftliche Expansion. Trotz mancher Fortschritte bei der Agrarproduktion blieb die deutsche Landwirtschaft weit hinter den Leistungen der englischen zurück. Es überwogen ertragsschwache Kleinbetriebe (ca. 70–80 % aller Höfe), deren Betreiber oft einem Nebenerwerb nachgehen mussten, um ihre Existenz zu sichern. Die Abhängigkeit der bäuerlichen Bevölkerung von ihren Gutsherren war häufig noch so stark, dass dadurch die zur Bildung freier Arbeitsmärkte notwendige individuelle Mobilität eingeschränkt war. Feudale Abgaben, staatliche Steuern und große Unterschiede bei der Verteilung des Wohlstandes behinderten die Entstehung von Massenkaufkraft, die der gewerblichen Wirtschaft hätte zugutekommen können. Auch war die deutsche Gesellschaftsstruktur nicht so offen wie in England. Schroffe Standesschranken und konservative Grundeinstellungen engten den Spielraum für innovatorisches Denken und Handeln ein. Und im Handwerk bildete das Festhalten an der überkommenen Zunftverfassung ein zentrales Hindernis für individuelles Erfolgsstreben und wirtschaftliche Neuerungen. Im Gegensatz zu England gängelten die absolutistischen deutschen Fürsten mit ihren merkantilistischen Konzepten die wirtschaftliche Entwicklung durch massive Eingriffe und Beschränkungen; staatsfreie Märkte für Kapital, Boden und Waren konnten sich daher nur schwer entfalten.

Staatliche Modernisierungspolitik Erst im Verlauf des 19. Jahrhunderts wurden diese Hemmnisse für eine dynamische Industriewirtschaft allmählich beseitigt. Dabei nahm der Staat eine herausragende Rolle ein. Durch die Liberalisierung der Agrar- und Gewerbeverfassung, den Abbau von Zollschranken oder die Vereinheitlichung des Rechts- und Finanzwesens schuf er entscheidende Voraussetzungen für die Überwindung vormoderner Wirtschaftsverhältnisse bzw. die Entfesselung einer modernen Wirtschaftsgesellschaft.
In den deutschen Staaten war zu Beginn des 19. Jahrhunderts vielen Staatsmännern bewusst, dass sie über kurz oder lang auf das englische Modell zurückgreifen mussten, um wettbewerbsfähig zu werden. Das galt besonders für Preußen. In diesem Staat war der Problemdruck am größten, die Notwendigkeit radikaler Problemlösungen am sinnfälligsten. Nicht nur das starke Bevölkerungswachstum weckte Befürchtungen eines drohenden sozialen Kollapses; auch der politisch-militärische Zusammenbruch im Gefolge napoleonischer Eroberungspolitik hatte gezeigt, dass grundlegende Reformen der Wirtschafts- und Sozialverfassung nicht auf die lange Bank geschoben werden durften.
Den Reformbeamten, die sich seit 1807 an die Modernisierung des preußischen Staats begaben, war das englische Modell industriekapitalistischer Entwicklung theoretisch geläufig. Die „Bibel des Kapitalismus", Adam Smiths Buch „Wohlstand der Nationen" (s. S. 17), hatte auch in Deutschland begeisterte Aufnahme gefunden. Die Leitbegriffe dieses Werks – Besitzindividualismus, Leistungsprinzip, Arbeitsteilung, freie Märkte, Konkurrenz – weckten Hoffnungen auch auf dem Kontinent.
Wegweisend für Reformen zur Entfesselung einer modernen Wirtschaftsgesellschaft wurde das preußische Oktoberedikt von 1807, das eine Mischung aus politischem Manifest und nationalökonomischem Programm (M12) darstellte. An die Stelle einer gebundenen Ständegesellschaft, die jedem Menschen eine feste, durch Geburt erworbene soziale Position zuwies, konnte nun nach und nach eine mobile Marktgesellschaft treten. Dazu passten auch die Ablösung sozialer Abhängigkeitsverhältnisse auf dem Land und der Erlass der Gewerbefreiheit im Jahre 1810. Die Reformbürokratie wollte vor allem durch die Einführung der allgemeinen Gewerbefreiheit die Wirtschaftskraft des Landes stärken und damit zugleich die Steuereinnahmen des Staates erhöhen. Indem die Macht der Zünfte gebrochen und die traditionellen Begrenzungen gewerblicher Produktion aufge-

1 Die Industrielle Revolution

M11 Maschineneinsatz in Industrie und Landwirtschaft
a) Gardinenweberei Klingenthal, Fotografie von Max Novak, um 1900

hoben wurden, näherte man sich rein rechtlich gesehen dem Ideal einer von freien Wirtschaftssubjekten bevölkerten Gesellschaft. Ebendiese Freiheit sollte die Entfesselung aller wirtschaftlich kreativen Kräfte einleiten und eine dynamische Konkurrenzwirtschaft aus der Taufe heben, die den Wohlstand der Einwohner und die Macht des Staates garantierte.

Der Staat räumte aber nicht nur die rechtlichen Hindernisse beiseite, die der freien Entfaltung wirtschaftlicher Energien entgegenstanden. Er sorgte nicht nur dafür, dass freie Arbeits-, Kapital- und Bodenmärkte entstehen konnten; er schuf auch die infrastrukturellen Voraussetzungen dafür, dass sich die einzelnen Wirtschaftsfaktoren miteinander verbinden konnten. Dazu gehörte es zum Beispiel, mit staatlichen Investitionen das Verkehrsnetz zu erweitern und leistungsfähiger zu gestalten. Ebenso zählte der Ausbau des Binnenmarktes durch die Abschaffung von Zollschranken dazu – ein Prozess, der mit dem 1834 gegründeten Zollverein seinen vorläufigen Höhepunkt erreichte. Ebenfalls zu vermerken ist die Errichtung staatlicher Gewerbeschulen und -akademien, die helfen sollten, den technologischen Vorsprung der englischen Industriekonkurrenz aufzuholen.

Industrielle Revolution Die deutschen Staaten erlebten im späten 18. und beginnenden 19. Jahrhundert durchaus einen deutlichen Wachstumsschub. Allerdings blieb die Aufwärtsentwicklung in dieser Phase der Frühindustrialisierung noch hinter den englischen Wachstumsraten zurück (M 13). Erst seit den 1840er-Jahren trat Deutschland in die Phase der Industriellen Revolution ein, die bis 1873 andauerte und zu einem sich selbst tragenden industriellen Wirtschaftswachstum führte. „Die Industrie ist zu einer selbstständigen Macht inmitten des deutschen Lebens erstarkt", schrieb der rheinische Wirtschaftsbürger Gustav Mevissen Anfang der Vierzigerjahre, „und nicht eine vergängliche Handelsindustrie, sondern eine weit bleibendere, dem Inland zugekehrte Fabrikindustrie. Deutschland geht durch die Schaffung dieser neuen sozialen Macht in seinem Inneren unleugbar einer neuen Ära entgegen."

Die größten Wachstumsraten wies in dieser Periode das produzierende Gewerbe auf, wobei nicht alle Branchen im gleichen Tempo expandierten (M 14): Stieg das Produktionsvolumen der Baumwollweberei zwischen 1835 und 1870 um gut 500 %, erhöhte sich die Roheisenerzeugung um fast 900, die Braunkohleförderung um 950 und die Eisenerzförderung gar um 1242 %. Noch größer war der Anstieg bei der Erzeugung von Kupferfarben: Zwischen 1848 und 1870 betrug er 1342 %! Die Textilindustrie blieb demnach in ihrem Wachstum weit hinter Bergbau-, Metall- und Chemieindustrie zurück – ein wichtiger Unterschied zu England, wo sie den Führungssektor der Industrialisierung gestellt hatte. Anders als in England wurden in Deutschland die Eisenbahnen zum ent-

Die Industrielle Revolution 1

b) Maschinendrusch auf einem sächsischen Bauernhof, um 1900

1 Diskutieren Sie ausgehend von den beiden Bilder M 11 a und b die These des Statistikers Ernst Engel aus dem Jahre 1875, dass Maschinen überall „Glück und Segen" gebracht hätten.

scheidenden Antrieb der Industrialisierung. Das zeigt sich z. B. daran, dass 1851 nur etwas mehr als 4 % aller im Maschinenbau Beschäftigten für das Textil- und Bekleidungsgewerbe arbeiteten, aber fast 20 % für den Eisenbahnbau. Sein Bedarf an Schienen, Zugmaschinen und Waggons setzte eine beispiellose Produktionssteigerung in Gang. Die Zahl der preußischen Maschinenfabriken etwa versiebenfachte sich zwischen 1852 und 1875 beinahe, die Zahl der dort beschäftigten Arbeiter stieg um das Sechzehnfache. Besonders eindrucksvoll war die Entwicklung der kruppschen Gussstahlfabrik. 1822 gegründet, beschäftigte sie im Jahre 1835 nur 67 Personen, 1873 dagegen knapp 12 000.

Wirtschaftliches Wachstum und seine Indikatoren Ökonomen benutzen verschiedene Indikatoren, um wirtschaftliches Wachstum zu messen. Da ist zum einen die statistische Größe des **Sozialprodukts**, der Summe aller Einkommen aus unselbstständiger Arbeit, Unternehmertätigkeit und Vermögen. Lag es in Deutschland um 1800 noch bei schätzungsweise 250 Mark pro Kopf, stieg es bis 1870 auf 347 Mark und erreichte im Jahre 1913 pro Kopf 726 Mark. Schaut man genauer hin und unterscheidet nach den einzelnen Wirtschaftsbereichen, stellt sich heraus, dass dieses Wachstum keineswegs überall gleich verlief. So verbuchte die in der Landwirtschaft erzielte Wertschöpfung in Deutschland zwischen 1850 und 1913 einen Zuwachs von 250 %. Die Wertschöpfung des sekundären Sektors (Bergbau, Industrie und Handwerk) dagegen erhöhte sich im gleichen Zeitraum um 1116 %, die des tertiären Sektors (Handel, Verkehr, Banken und andere Dienstleistungen) um 500 %.

Überhaupt nahm die Zahl der **Beschäftigten** im produzierenden Gewerbe rasant zu: von etwa 2,2 Mio. im Jahre 1800 auf 9,5 Mio. hundert Jahre später. Noch viel beachtlicher als diese Steigerungsrate war jedoch der Produktivitätsanstieg, der in dieser Zeit zu verbuchen war. Nicht allein produzierten immer mehr Menschen immer mehr Waren, sondern jeder Einzelne arbeitete immer effektiver. So erhöhte sich etwa die Produktivität im Textil- und Bekleidungsgewerbe zwischen 1800 und 1913 um mehr als das Fünffache. Ursache war vor allem der vermehrte Einsatz von Maschinen, jener „wohlerzogensten, fleißigsten und willigsten Geschöpfe", die nach Auskunft des Statistikers Ernst Engel 1875 überall, wo sie standen, „Glück und Segen" brächten (M 11).

Maschinen erleichterten die Arbeit und verkürzten die Zeit, die zur Herstellung eines Produkts notwendig war. Damit verbilligten sie es auch – ohne dass die Einsparung aber in gleicher Höhe an

1 Die Industrielle Revolution

die Verbraucher weitergegeben wurde. So lagen die Preise für Textilerzeugnisse im Jahre 1913 ungefähr auf demselben Niveau wie 1830, obwohl die Produktivität inzwischen immens gestiegen war. Da die Löhne der Beschäftigten hinter dem Anstieg der Produktivität weit zurückblieben, die Preise für Textilrohstoffe sogar gesunken waren, kann man daraus schließen, dass Textilunternehmer (und nicht nur sie) im 19. Jahrhundert enorme Gewinne realisierten.

Ein weiteres Kennzeichen des industriekapitalistischen Wachstumsprozesses ist es, dass ein erheblicher Teil jener Gewinne wieder investiert wurde und damit zu erneuten Produktionserweiterungen, Produktivitätszuwächsen und Gewinnsteigerungen führte. Dieser expansive Kreislauf ist gemeint, wenn man vom Industriekapitalismus als einem System „selbstgeregelten industriellen Wachstums" spricht. Im Großen und Ganzen war der Aufwärtstrend ungebrochen, und er war sowohl in seiner Stetigkeit als auch in seinem Ausmaß historisch ohne Beispiel.

M12 Die Reformen in Preußen: Auszug aus dem „Oktoberedikt" von 1807

Nach eingetretenem Frieden hat Uns die Vorsorge für den gesunkenen Wohlstand Unserer getreuen Unterthanen, dessen baldigste Wiederherstellung und möglichste Erhöhung vor Allem beschäftigt. Wir haben
5 hierbei erwogen, dass es, bei der allgemeinen Noth, die Uns zu Gebot stehenden Mittel übersteige, jedem Einzelnen Hülfe zu verschaffen, ohne den Zweck erfüllen zu können, und dass es eben sowohl den unerlässlichen Forderungen der Gerechtigkeit als den Grund-
10 sätzen einer wohlgeordneten Staatswirthschaft gemäß sey, Alles zu entfernen, was den Einzelnen bisher hinderte, den Wohlstand zu erlangen, den er nach dem Maaß seiner Kräfte zu erreichen fähig war; Wir haben ferner erwogen, dass die vorhandenen Beschrän-
15 kungen theils in Besitz und Genuss des Grund-Eigenthums, theils in den persönlichen Verhältnissen des Land-Arbeiters Unserer wohlwollenden Absicht vorzüglich entgegenwirken und der Wiederherstellung der Kultur eine große Kraft seiner Tätigkeit entziehen,
20 jene, indem sie auf den Werth des Grund-Eigenthums und den Kredit des Grundbesitzes einen höchst schädlichen Einfluss haben, diese, indem sie den Werth der Arbeit verringern. Wir wollen daher beides auf diejenigen Schranken zurückführen, welche das gemeinsame
25 Wohl nöthig macht, und verordnen daher Folgendes:

Freiheit des Güter-Verkehrs

§1. Jeder Einwohner Unsrer Staaten ist, ohne alle Einschränkung in Beziehung auf den Staat, zum eigenthümlichen und Pfandbesitz unbeweglicher Grundstü-
30 cke aller Art berechtigt; der Edelmann also zum Besitz nicht blos adelicher, sondern auch unadelicher, bürgerlicher und bäuerlicher Güter aller Art, und der Bürger und Bauer zum Besitz nicht blos bürgerlicher, bäuerlicher und anderer unadelicher, sondern auch
35 adelicher Grundstücke, ohne dass der eine oder der andere zu irgendeinem Güter-Erwerb einer besonderen Erlaubnis bedarf, wenn gleich, nach wie vor, jede Besitzveränderung den Behörden angezeigt werden muss. Alle Vorzüge, welche bei Güter-Erbschaften der
40 adeliche vor dem bürgerlichen Erben hatte, und die bisher durch den persönlichen Stand des Besitzers begründete Einschränkung und Suspension[1] gewisser gutsherrlichen Rechte, fallen gänzlich weg.

In Absicht der Erwerbsfähigkeit solcher Einwohner,
45 welche den ganzen Umfang ihrer Bürgerpflichten zu erfüllen, durch Religions-Begriffe verhindert werden, hat es bei den besonderen Gesetzen sein Verbleiben.

Freie Wahl des Gewerbes

§2. Jeder Edelmann ist, ohne allen Nachtheil seines Standes, befugt, bürgerliche Gewerbe zu treiben; und
50 jeder Bürger oder Bauer ist berechtigt, aus dem Bauer- in den Bürger- und aus dem Bürger- in den Bauer-Stand zu treten. […]

Auflösung der Guts-Unterthänigkeit[2]

§10. Nach dem Datum dieser Verordnung entsteht
55 fernerhin kein Unterthänigkeits-Verhältnis, weder durch Geburt noch durch Heirath noch durch Uebernehmung einer unterthänigen Stelle noch durch Vertrag.

§11. Mit der Publikation der gegenwärtigen Verord-
60 nung hört das bisherige Unterthänigkeits-Verhältnis derjenigen Unterthanen und ihrer Weiber und Kinder, welche ihre Bauerngüter erblich oder eigenthümlich, oder erbzinsweise, oder erbpächtlich besitzen, wechselseitig gänzlich auf.

Zit. nach: Sammlung der für die Königlich-preußischen Staaten erschienenen Gesetze und Verordnungen von 1806 bis zum 27sten Oktober 1810, Berlin 1822, S.170–173

1 Außerkraftsetzung
2 Die Gutsuntertänigkeit oder Erbuntertänigkeit war eine besondere Form der Leibeigenschaft in den östlichen Provinzen.

1 Erklären Sie, welche Maßnahmen zur Neuordnung des Wirtschaftssystems durchgesetzt werden sollten.

2 Vergleichen Sie die Bestimmungen des Oktoberedikts mit der Wirtschaftstheorie von Adam Smith (M3, S.17).

Die Industrielle Revolution 1

M13 Der Historiker Hans-Werner Hahn über die großgewerbliche Produktion während der Frühindustrialisierung (1998)

Die deutsche Wirtschaft litt zwischen 1815 und 1835 nicht an Stagnationstendenzen[1], sondern zeichnete sich durch eine allmähliche Aufwärtsentwicklung aus. Diese fiel freilich noch nicht so aus, dass der industri-
5 elle Fortschritt eine Dynamik erreichte, die schon mit der englischen Entwicklung zu vergleichen gewesen wäre. Gerade im Hinblick auf die moderne großgewerbliche Produktion trat der Rückstand Deutschlands noch immer deutlich zutage. Gewiss gab es auch auf
10 diesem Felde trotz der Übergangskrise nach 1815 keinen Stillstand oder gar einen Deindustrialisierungsprozess[2]. Selbst die 1815 von der britischen Exportoffensive hart getroffene deutsche Baumwollspinnerei konnte ihre Produktion zwischen 1815 und 1834 von
15 1963 Tonnen auf 4462 Tonnen steigern. Auch die Zahl der mechanischen Wollspinnereien nahm zu und mit den Fortschritten in der Textilindustrie begann sich meist aus handwerklichen Anfängen auch der Maschinenbau zu entwickeln. In Preußen, das mit dem Ruhr-
20 gebiet, Oberschlesien und dem Saargebiet die wichtigsten Steinkohlenreviere Deutschlands besaß, wies die Steinkohleförderung im gleichen Zeitraum Steigerungsraten um 70% auf. Die preußische Roheisen- und Stahlproduktion stieg zwischen 1800 und 1835
25 um 135% beziehungsweise 100%. Aber all dies waren Wachstumsraten, die von einem relativ niedrigen Niveau ausgingen und nicht vergleichbar waren mit späteren Wachstumsprozessen. Weder die deutsche Textilindustrie noch die vor allem auf Preußen konzentrierte Schwerindustrie waren um 1830 in der Lage, 30 die Rolle eines industriellen Führungssektors zu übernehmen. Noch 1834 wurden in Deutschland erst 5% des Roheisens mit Koks erschmolzen, während im Pionierland der Industriellen Revolution die Koksverhüttung die Holzkohle inzwischen nahezu völlig ver- 35 drängt hatte. Auch das Puddelverfahren[3] zur Stahlherstellung setzte sich in Deutschland bis 1840 nur zögernd durch.

Die gesamte Entwicklung der modernen großgewerblichen Produktion verlief also bis in die Dreißigerjahre 40 hinein eher schleppend. […] Fabriken, die mehrere hundert Arbeiter beschäftigten, waren bis zu Beginn der Vierzigerjahre in Deutschland noch ausgesprochen selten. Die kruppsche Gussstahlfabrik beschäftigte um 1835 gerade 67 Arbeiter und galt für die deutschen 45 Verhältnisse doch schon als größerer Betrieb. Insgesamt wiesen Manufakturen, Fabriken und Bergbau Mitte der Dreißigerjahre erst 300 000 Beschäftigte auf.

Hans-Werner Hahn, Die Industrielle Revolution in Deutschland, Oldenbourg, München 1998, S. 21 f.

1 Stagnation: Stillstand
2 Deindustrialisierung: Entindustrialisierung, Rückentwicklung von Industrie
3 Puddelverfahren: Durch Rühren wird dem Eisen Sauerstoff zugeführt und damit Kohlenstoff entzogen, was zu härterem Stahl führt.

1 Beschreiben Sie anhand von M13 die Grundzüge der Frühindustrialisierung in Deutschland.

M14 Beschäftigte in Deutschland im gewerblich-industriellen Sektor nach Branchen 1800–1913

Gewerbezweig	1800		1835		1875		1913	
	in Tsd.	in %	in Tsd.	in %	in Tsd.	in %	in Tsd.	in %
Bergbau	40	1,8	80	2,5	268	5,3	863	7,4
Metall	170	7,6	250	7,7	751	13,9	2330	20,1
Bau	240	10,4	325	10,0	530	9,8	1630	14,0
Steine, Erden	70	3,1	150	4,6	398	7,3	1042	8,9
Feinmechanik	20	0,9	30	0,9	83	1,5	217	1,9
Textil, Leder	1170	52,5	1585	48,7	2048	37,7	2705	23,3
Holz, Druck, Papier	230	10,3	360	11,1	652	12,0	1430	12,2
Nahrung	300	13,4	470	14,5	676	12,5	1427	12,2
Insgesamt	2240	100,0	3250	100,0	5424	100,0	11644	100,0

Friedrich-Wilhelm Henning, Die Industrialisierung in Deutschland 1800 bis 1914, Schöningh, Paderborn [4]1984, S. 137

1 Skizzieren Sie anhand von M14 die strukturellen Veränderungen in der gewerblichen Wirtschaft zwischen 1800 und 1913 (s. auch Darstellung S. 26 f.). Unterscheiden Sie dabei sowohl nach Gewerbezweigen als auch nach Entwicklungsphasen.

Methode

Arbeit mit dem Internet

Das Internet ist ein weltweit verbreitetes digitales Datenübertragungsnetzwerk, mit dem jeder, der über einen Computer und einen Telefonanschluss oder ein anderes Gerät Zugang hat, Informationen eingeben und abrufen, mit anderen kommunizieren, sich multimedialer und interaktiver Unterhaltung hingeben oder kommerziell Waren und Dienstleistungen anbieten und erwerben kann. Das Internet verarbeitet Schrift, Bild und Ton, es ist daher multimedial. Und es scheint nahezu problemlos zu wachsen, immer neue Teilnehmer anzusprechen und neue Anwendungsmöglichkeiten zu erschließen.
Eine Möglichkeit besteht darin, sich über das Internet zusätzliche Informationen zu beschaffen, wobei allerdings vor überzogenen Hoffnungen zu warnen ist: Computer und Internet nehmen niemandem das „Denken" ab. Im Gegenteil, die vielfältigen technischen Möglichkeiten und das sich ständig erweiternde Programmangebot setzen für den Einsatz im Geschichtsunterricht Kompetenz und Fantasie voraus. Schlüsselqualifikationen wie z. B. Erkenntnisinteresse, Lust zu eigenständigem Lernen, Kommunikations- und Teamfähigkeit sind unabdingbare Voraussetzungen. Vor allem aber gilt für Informationen aus dem Internet, was für andere historische Materialien und die Sekundärliteratur auch zu beachten ist: Sie müssen mit den üblichen Methoden der Quellenkritik (s. S. 146f.) überprüft werden. Nur so lässt sich die Übernahme falscher oder tendenziöser Informationen vermeiden.

Kriterien zur Beurteilung von Internetseiten
- Wer ist die Autorin/der Autor oder wer betreibt die Website? (Informationen dazu finden Sie im Impressum.)
- Wird die Website von einer renommierten Institution, z. B. einer bekannten Tageszeitung oder einem Museum, oder einer unbekannten Privatperson betrieben? Ersteres lässt in der Regel auf größere Vertrauenswürdigkeit schließen.
- Gibt es Belege wie Quellenangaben, Zitate und Verweise?
- Werden Hinweise zu weiterer Literatur und weiteren Links gegeben?
- Sind die Aussagen plausibel?
- Lassen sich die Aussagen überprüfen?
- Wird die Website gepflegt? Wann war das letzte Update?
- Eignet sich der Text inhaltlich/thematisch? Gibt es besseres Material?
- Enthält der Text wichtige oder unwichtige Informationen im Hinblick auf die Fragestellung?
- Ist die Art des Materials geeignet für das Vorhaben?
- Wie ist die Sprache? Gibt es Tippfehler, sprachliche Ungeschicklichkeiten, Brüche, offensichtliche logische Fehler?

1 Fassen Sie aus dem folgenden Text die wichtigsten Informationen zur Biografie Carl Gottlieb Haubolds zusammen.
2 Untersuchen Sie die Schwerpunkte des Textes. Welche Aspekte der Biografie werden herausgehoben, welche vernachlässigt oder verschwiegen?
3 Informieren Sie sich anhand anderer Internetadressen, die Sie mithilfe einer Suchmaschine ausfindig gemacht haben, oder spezieller Literatur zur Wirtschaftsgeschichte Sachsens und vergleichen Sie diese Informationen mit den Aussagen des Textes aus dem Internet. (Literaturhinweis: Rainer Karlsch, Michael Schäfer, Wirtschaftsgeschichte Sachsens im Industriezeitalter, Seemann Henschel GmbH & Co. KG, Leipzig 2006)
4 Beschreiben Sie den möglichen Zweck des Textes aus dem Internet.
5 Vergleichen Sie den Text aus dem Internet mit dem des Historikers Wehler (M 4 d, S. 20). Welche Unterschiede und Gemeinsamkeiten lassen sich feststellen?
6 Versuchen Sie, ausgehend von dem Text, weitere Aspekte und Informationen zur Industrialisierung Sachsens zusammenzutragen.

Hinweise zur Lösung finden Sie auf Seite 568.

Methode

M15 Carl Gottlieb Haubold – eine sächsische Unternehmerbiografie

a) Der folgende Text stammt von einer Internetseite

Der Name „Haubold" ist eng mit der großen Tradition Chemnitz als Maschinenbaustandort verbunden. Er war sozusagen der „Erste". […] Haubold gehört zu den bedeutendsten Vätern des Rufes der Stadt als Industriestandort von Weltrang und gilt als der Gründer des Chemnitzer Maschinenbaus.

Anfänge
Die Familie Haubold stammt aus dem nahen Auerswalde. 1783 wird Carl Gottlieb Haubold in Oberauerswald in der Nähe von Chemnitz geboren. Seine Eltern müssen wohl arme Bauern gewesen sein. Carl Gottlieb ging ab 1797 beim Zimmerermeister Mendel in Chemnitz in die Lehre und arbeitete seit 1807 bei der Maschinenspinnerei der Gebrüder Bernhard in Harthau. Bald darauf konnte er sich als selbstständiger Zimmermeister etablieren. Nach und nach eignete er sich die nötigen Fähigkeiten des technischen Zeichnens an. Nachdem er größtenteils in der Holzbearbeitung tätig war, begann er in der Werkstatt in der Brüdergasse (Nr. 339) – in der er nicht nur arbeitete, sondern auch wohnte – erste Schritte in Richtung Maschinenbau zu unternehmen und errichtete 1811 eine mechanische Maschinenbauanstalt.

In der Wöhlerschen Spinnerei
Das Unternehmen florierte und wuchs, sodass genügend Geld für neue Investitionen frei wurde. Von seinem Vetter Carl Gottfried Haubold unterstützt, konnte Carl Gottlieb 1826 die Wöhlersche Spinnerei erwerben. Diese war 1800 erbaut worden und gilt damit als die älteste Spinnerei in ganz Sachsen. Zuerst betrieb Haubold die Spinnerei weiter, verlagerte aber bald darauf seine Abteilung Maschinenbau in das Spinnereigebäude. Später wird man dies als Geburtsstunde des Chemnitzer Maschinenbaus betrachten. Zur damaligen Zeit hatte Haubold bereits 30 Angestellte.

Der Ruf seiner Arbeit wurde nach und nach auch über die Grenzen von Chemnitz hinweggetragen, und das Unternehmen nahm regen Aufschwung. Viele fremde Arbeitskräfte strebten nun danach, bei Haubold zu arbeiten. Unter diesen sind berühmte Namen, wie etwa Richard Hartmann, Johann Zimmermann und auch der Begründer der Lokomotivfabrik „Beyer, Peacock und Comp." aus Manchester.

Dass das Gewerbe damals boomte, mag die Tatsache verdeutlichen, dass beispielsweise 1834 nur drei Arbeiter aus Chemnitz selbst kamen, wogegen 26 aus Sachsen, 16 aus dem restlichen Deutschland und 6 aus dem Ausland stammten. Interessanterweise war die Struktur der Arbeiter so beschaffen, dass die „Fremdarbeiter" die am höchsten qualifizierten waren, die weltläufig und gebildet waren, wogegen die untere Qualifizierungsebene sich hauptsächlich aus Arbeitern aus der näheren Region und der Stadt selbst zusammensetzte.

Das erste Kartell in Sachsen
1830 kommt es zu einem interessanten Vorgang, einer Art Monopolbildung und damit die erste bekannte kartellartige Vereinbarung in Sachsen, euphemistisch „Arbeitsteilung" genannt. […]

„… ihm die Arbeit sofort aufgekündigt"
Der 11. Januar 1834 ist ein Samstag und Lohntag. Beim Abholen der Lohntüten ließ Haubold seinen Arbeitern eine Fabrikordnung zur Unterschrift vorlegen. Es war die erste von Chemnitzer Fabrikordnungen. Es kam sofort zum Streik. […]

Haubold verkauft sein Unternehmen
1836 verkaufte Haubold sein Unternehmen an die Sächsische Maschinenbau-Compagnie, stand aber dem Werk weiter als technischer Leiter vor. Später, nachdem er diesen Posten aufgibt, errichtet er in der heutigen Hartmannstraße eine eigene Kammgarnspinnerei, während sein Vetter weiter den Maschinenbau betreibt. 1840 übersiedelt er seine Kammgarnspinnerei wieder nach Harthau auf das Gelände der ehemaligen Wieckschen Fabrik. Carl Gottfried Haubold bleibt weiter in der Hartmannstraße. Am 18. Mai 1856 stirbt der „Vater des Chemnitzer Maschinenbaus" Carl Gottlieb Haubold in Rochlitz.

Internet http://www.historisches-chemnitz.de/altchemnitz/industrie/haubold_gottlieb/haubold_gottlieb.html; Download vom 27.02.2007

b) Carl Gottlieb Haubold (1783–1856), zeitgenössisches Porträt

1 Die Industrielle Revolution

2.3 Die „zweite" Industrielle Revolution: Deutschland im internationalen Vergleich

Grundlegende Begriffe

Die Begriffe „Kapitalismus", „Industrialisierung" und „Industrielle Revolution" werden in der Wissenschaft wie in der alltäglichen Sprache oft gebraucht, obwohl sie umstritten sind. Das Wort „Kapitalismus" galt lange Zeit als politischer Kampfbegriff, weil es während des Kalten Krieges (1946/47–1989/90; s. S. 466ff.) von den marxistischen Historikern der ehemaligen Sowjetunion oder der früheren DDR benutzt wurde, um die westlichen Industriegesellschaften abzuwerten. Die moderne nichtmarxistische Forschung hat den Kapitalismusbegriff von dieser Inanspruchnahme befreit und für seine undogmatische Verwendung plädiert. Aus dieser Sicht erschöpft sich Industrialisierung nicht in Warenströmen oder Markterweiterungen, sondern schließt auch Herrschaftsbeziehungen und soziale Konflikte ein. Gleichwohl bevorzugt die Geschichtswissenschaft der Gegenwart nach wie vor die Begriffe „Industrialisierung" und „Industrielle Revolution", um die Modernisierungsprozesse in Wirtschaft und Gesellschaft der letzten zwei Jahrhunderte zu charakterisieren. Das Wort „Industrialisierung" wird dabei zur Kennzeichnung des wirtschaftlichen Wachstums herangezogen, das die Industriegesellschaften prägte und sich vor allem niederschlug in der Steigerung des Sozialprodukts, der Warenproduktion, des Einsatzes von Maschinen, des Ausbaus der Verkehrswege sowie des Binnen- und Außenhandels oder des Finanzwesens. Einigen Historikern erscheint dieser Begriff jedoch zu schwach: Die Industrialisierung habe revolutionären Charakter besessen und das menschliche Leben von Grund auf verändert – vergleichbar dem Übergang zu Ackerbau, Sesshaftigkeit und Großsiedlung in der Jungsteinzeit (Neolithische Revolution). Der radikale Bruch mit allen bisherigen Lebensformen solle mit dem Begriff der „Industriellen Revolution" zum Ausdruck gebracht werden. Darüber hinaus wird in der Wissenschaft von unterschiedlichen Revolutionen im Industrialisierungsprozess gesprochen: Bestimmten mechanische Webstühle, Dampfschiffe, Kohle- und Eisentechnologie im Wesentlichen die „erste" Industrielle Revolution des 18./19. Jahrhunderts, werden der Aufschwung der Chemie- und Elektroindustrie sowie die Entwicklung des Verbrennungsmotors um 1900 auch als „zweite" Industrielle Revolution, der Durchbruch der Raumfahrt und Computertechnologie nach 1945 zudem als „dritte" Industrielle Revolution bezeichnet.

Industrielle Wachstumskrise

Bevor die deutsche Volkswirtschaft im ausgehenden 19. Jahrhundert den Übergang von der „ersten" zur „zweiten" Industriellen Revolution schaffte, durchlebte sie in den Jahren 1874 bis 1879 eine schwere Wirtschaftskrise, der bis in die 1890er-Jahre hinein weitere Störungen und Einbrüche des Wirtschaftswachstums folgten. Historiker haben daher die Jahre 1874 bis 1895 insgesamt als „Große Depression" bezeichnet. Die Wurzeln für diese Krise lagen im Wesentlichen in der Überhitzung der Konjunktur während der „Gründerjahre" zwischen Reichsgründung und 1873, als zahlreiche Firmen entstanden. Der rasche Aufschwung wurde sowohl durch die Liberalisierung des Marktes (ab Juni 1870 konnten z. B. Aktiengesellschaften frei gegründet werden) als auch durch den deutsch-französischen Friedensvertrag beeinflusst, in dem sich Frankreich 1871 zur Zahlung einer Kriegsentschädigung von 5 Mrd. Francs (= 4 Mrd. Mark) verpflichtete. Die Summe entsprach der doppelten Höhe eines Reichshaushaltes. Sie führte wegen ihrer Höhe und vorzeitigen Bezahlung zunächst zu einem „Gründungsfieber". Nach der Überhitzung der Konjunktur 1872 folgte ein Jahr darauf der „große Krach": Die Aktienkurse fielen und bis 1876 brachen 61 Banken, 115 Industrieunternehmen und vier Eisenbahngesellschaften zusammen.

Die Politik reagierte auf diese Krise mit regulierenden Eingriffen des Staates in das Wirtschaftsleben. Gegen die überwiegende Mehrheit der Nationalliberalen setzte 1879 der deutsche Reichskanzler Otto von Bismarck (1815–1898) Schutzzölle durch, die von den Landwirtschafts- und Industrieverbänden zur Förderung der nationalen Produktion gefordert worden waren (M 18 a, b). Die Einfuhrzölle auf Getreide und Vieh erhöhten die Lebenshaltungskosten, bis die Handelsverträge der 1890er-Jahre Erleichterung brachten. Weil andere europäische Länder dem Schutzzollbeispiel folgten, war mit Ausnahme der Schwerindustrie die Exportwirtschaft allgemein beeinträchtigt. Aber insgesamt nutzte der staatliche Protektionismus der deutschen Volkswirtschaft.

Die Industrielle Revolution 1

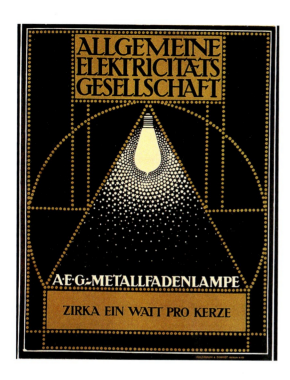

M 16 Peter Behrens, Allgemeine Elektrizitätsgesellschaft, Plakat von 1907.
Um 1900 löste das elektrische Licht die Gasbeleuchtung ab. Bis etwa 1930 war die Elektrifizierung der deutschen Haushalte abgeschlossen.

Die „Große Depression" war allerdings keine Zeit ununterbrochenen Produktionsrückganges. Auch während dieser Phase stieg die Produktion insgesamt weiter an, nur eben wegen sinkender Preise nicht mehr so stark wie in den Vorjahren und mit zeitweiligen Einbrüchen.
Ab 1896 setzte dann ein neuer Wachstumsschub ein, der dem Deutschen Reich bis kurz vor Ausbruch des Ersten Weltkrieges eine fast ununterbrochene Hochkonjunktur bescherte: Die Produktionsraten zogen kräftig an, neue Technologien kamen zum Einsatz, und das Schwergewicht der wirtschaftlichen Aktivitäten verlagerte sich endgültig von der Landwirtschaft zu Bergbau, Industrie und Handwerk und erstmals auch zu den Dienstleistungen. Von dem Wachstum profitierten auch Arbeiter und Angestellte, deren reale Verdienste langsam, aber kontinuierlich stiegen.

Die „zweite" Industrielle Revolution Das stetige Wirtschaftswachstum im Deutschen Reich nach der Gründerkrise hatte seinen Grund zum einen im verstärkten Kapitaleinsatz und in der Zunahme der Arbeitskräfte in der Industrie, zum anderen in den neu entwickelten Technologien (M 19) einzelner Industriezweige. In der Montan- und Schwerindustrie konnten durch Verbesserungen der Bergbautechnik große Zuwächse erzielt werden. Das bisher zur Stahlerzeugung untaugliche phosphorhaltige Eisenerz Lothringens wurde 1879 durch ein neues Verfahren (Thomas-Verfahren) verwertbar. Die Stabeisen- und Stabstahlproduktion fand in der neuen Stahlbetonbauweise ab 1885 in Hoch- und Tiefbau Absatz. Die Stahlqualität wurde durch die Erfindung des rostfreien Stahls bei Krupp 1912 verbessert.
Der technologische Wandel kam aber nicht nur den Industriezweigen der „ersten" Industriellen Revolution zugute, sondern bewirkte auch den Durchbruch Deutschlands zur „zweiten" Industriellen Revolution. Wegweisend waren dabei Entwicklungen in der Elektrotechnik (M 16). Elektrisches Licht, Telefon und Elektromotor hielten Einzug in das Alltagsleben. Außerdem profitierte die chemische Industrie vom wissenschaftlich-technischen Fortschritt. Die Farbwerke entwickelten nun Kunststoffe (Bakelit, Zellophan, Kunstseide), Explosivstoffe (Sicherheitssprengstoffe seit 1885), Kunstdünger und Arzneimittel. Vor dem Ersten Weltkrieg erbrachte die deutsche Chemieindustrie 80 % der Weltproduktion. Nicht vergessen werden darf, dass die Entwicklung von Verbrennungsmotoren (Viertaktbenzin- und Dieselmotor) nicht allein das Zeitalter des Individualverkehrs einleitete, sondern auch eine neue Ära der Schifffahrt und der Flugzeuge.

1 Die Industrielle Revolution

Einführung der Fließbandarbeit

Der wissenschaftlich-technische Fortschritt und die Vergrößerung der Betriebe bewirkten grundlegende Veränderungen der Produktion. Elektro- und Benzinmotoren ermöglichen die Umstellung mancher Maschinen von Handbetrieb auf mechanische Antriebskräfte. Der elektrische Kran, der früher von Hand gesteuert wurde, ist ein eindrucksvolles Beispiel dafür. Ein entscheidender Schritt bei der **Rationalisierung, Mechanisierung und Automatisierung** der Fabrikproduktion war die Einführung des **Fließbandes** im ausgehenden 19. und beginnenden 20. Jahrhundert. Es erlaubte die Zerlegung der Fertigung in eine zusammenhängende Folge maschineller Vorgänge und kleiner Arbeitsschritte. Für die Ausführung der einzelnen manuellen Arbeiten benötigten die Unternehmer keine teuren Facharbeiter mehr, sondern es genügten billigere angelernte Arbeiter. Allerdings mussten für die mechanisierten Arbeiten zum Teil sehr teure Spezialmaschinen entwickelt und angeschafft werden. Um die Kosten für den Einsatz dieser Maschinen möglichst niedrig zu halten bzw. die Arbeitsproduktivität zu erhöhen, ließen die Unternehmer Arbeitsabläufe, -zeiten und -leistungen wissenschaftlich untersuchen. Die Ergebnisse dieser Analysen mündeten in detaillierte Planung der Arbeitsabläufe. Die Arbeiter erhielten genaue Vorgaben, welche Leistungen sie in bestimmten Zeiten zu erbringen hatten. Dieses System der Arbeitsorganisation, das nach der Jahrhundertwende in Deutschland auf zunehmendes Interesse stieß, wird **Taylorismus** genannt – nach dem US-amerikanischen Ingenieur und Arbeitswissenschaftler Frederick Winslow Taylor. Die Fließbandarbeit beschleunigte die Produktion und schuf die Voraussetzungen für die Herstellung von Massenartikeln. Das waren anfangs einfachere Produkte wie Gewehre oder Schuhe, später kamen Nähmaschinen, Fahrräder, Schreibmaschinen und Autos dazu (M 23 a–c).

Einige deutsche Unternehmer besorgten sich die zur Mechanisierung ihrer Produktion nötigen Kenntnisse in den USA, die auf diesem Gebiet einen Vorsprung besaßen. Nachdem er in New York die amerikanische Fabrikation kennengelernt hatte, gründete Clemens Müller 1855 in Dresden die erste deutsche Nähmaschinenfabrik, die bereits 1867 als die größte Europas galt. Die Amerika-Begeisterung von Werner Siemens war ein entscheidender Grund dafür, dass dieser Unternehmer nach 1870 seinen Betrieb immer stärker rationalisierte. Der „amerikanische Saal" der Firma Siemens diente der Serienfertigung bestimmter Torpedos und Telegrafengeräte. Siemens erkannte zudem, dass die Mechanisierung und Automatisierung der Fertigung eine entscheidende Bedingung für die **Massenproduktion** war. Das Unternehmen sei „namentlich seit einem Jahr", schrieb er 1872, „eifrig bestrebt, wie die Amerikaner alles mit Spezialmaschinen zu machen"; das habe sich „auch schon brillant bewährt". Und er fügte hinzu: „Jetzt sind wir alle davon überzeugt, dass in der Anwendung der amerikanischen Arbeitsmethode unser künftiges Heil liegt und dass wir in diesem Sinne unsere ganze Geschäftsleitung ändern müssen. Nur Massenfabrikation darf künftig unsere Aufgabe sein, darin können wir künftig jedes Bedürfnis befriedigen und jede Konkurrenz überwinden! […] Willkürliche Abänderungen unserer festen Konstruktionen müssen ebenso lächerlich werden, wie wenn einer eine abgeänderte Nähmaschine bestellen wollte."

Wandel der Arbeitsbedingungen

Industriearbeit blieb nach wie vor überwiegend schwere körperliche Arbeit. Daran änderte der Einsatz von Maschinen nur wenig. Zwar haben Maschinen teilweise menschliche Kraftleistungen ersetzt oder erleichtert, aber in der Hochindustrialisierung erforderte die Masse der Arbeitsplätze große menschliche Kraftanstrengungen. Ihre Zahl nahm, vermuten die Forscher, eher zu als ab. Die Fließbandarbeit mag in vielen Fällen körperlich leichter gewesen sein, allerdings besaß sie den Nachteil wiederkehrender Monotonie. Aus heutiger Sicht waren die Arbeitszeiten lang, doch sie verkürzten sich: Betrug die wöchentliche Arbeitszeit in den 1860er-Jahren 78 Stunden, sank sie 1871 auf 72, 1885/90 auf 66 und 1910/13 auf 53 bis 57 Stunden. Legt man nur die 6 werktäglichen Arbeitstage – die Sonntagsarbeit wurde zunehmend eingeschränkt – zugrunde, verlief die Entwicklung vom 12- über den 11- zum 9,5-Stundentag. Zu diesen Verbesserungen kam der Anstieg der Löhne hinzu, der die Kaufkraft und damit den Lebensstandard der Arbeiter erhöhte. Mit der bescheidenen, aber langsam fortschreitenden Ausdehnung von „Freizeit" konnten die unteren Schichten der Gesellschaft allmählich an kulturellen Aktivitäten teilnehmen. Diese Teilhabe immer breiterer Schichten an Wohlstand und Kultur ist ein wesentliches Merkmal der **Massenkonsumgesellschaft**, die sich mit der Industrialisierung herausbildete (M 20).

Die Industrielle Revolution 1

Deutschlands Position unter den Industriestaaten

Durch die Technisierung und Mechanisierung der Produktion stieg die gewerbliche Produktion auf 40 % des Sozialprodukts im Jahre 1900 (45 % 1913) an. Noch 1870 hatte die Landwirtschaft diese Position inne; während der 1880er-Jahre aber überflügelte die Industrie- und Handwerksproduktion den Wert der landwirtschaftlichen. Diese Verschiebung zeigte sich auch am Anteil der Erwerbstätigen am primären (Landwirtschaft) und sekundären (Industrie und Handwerk) Sektor. Waren um 1800 zwei Drittel der Erwerbstätigen im primären Sektor beschäftigt, sind es um 1900 nur noch 40 %. Das hatte einschneidende Folgen für das Leben der Menschen: Der Hauptteil der Bevölkerung arbeitete nicht mehr auf dem Bauernhof, sondern in der Fabrik. Damit repräsentierte nicht länger der Bauer, sondern der Arbeiter die Masse der Bevölkerung. Hinzu kam, dass nicht mehr das Dorf, sondern die Stadt den Lebensraum der meisten Menschen bildete.

Mit dem **Aufstieg Deutschlands zur Industrienation** (M 21 a, b) verbesserte das Deutsche Reich auch seine Stellung unter den Industriestaaten. Durch enorme industrielle Produktionssteigerungen holte es gegenüber England auf. Frankreich, dessen Industrieproduktion im Vergleich zu England und Deutschland stagnierte, konnte in diesem Wettlauf nicht mithalten. Auch Russland blieb trotz hoher Wachstumsraten eine führende Position unter den Industrienationen versagt. Bis zur Jahrhundertwende gelang es vor allem der deutschen Elektroindustrie, mit den USA den Spitzenplatz zu erringen; der Aufstieg der USA zur führenden Wirtschaftsmacht war jedoch nicht aufzuhalten. Der Siegeszug der Industrialisierung führte überdies dazu, dass Europa und die USA die Weltwirtschaft beherrschten, während Länder auf anderen Kontinenten ins Hintertreffen gerieten (M 22).

Großbritannien

An der Wende vom 19. zum 20. Jahrhundert war Großbritannien nicht nur eine imponierende imperialistische Weltmacht, die das größte Imperium kontrollierte, das die Welt jemals gesehen hatte, sondern auch ein hoch entwickelter Industriestaat. Die britische Baumwollindustrie produzierte international auf höchstem Niveau, im Schiffbau war das Land führend in der Welt. Seine positive Leistungsbilanz verdankte Großbritannien seinem weltweiten Service auf den Gebieten Handel, Finanzen und Versicherungen. Trotz großer Armut breiter Bevölkerungsschichten – in London lebte ein knappes Drittel, in York 28 % der Bevölkerung unterhalb des Existenzminimums – besaß Großbritannien das höchste Pro-Kopf-Einkommen im internationalen Vergleich. Und doch machte sich in der ehemaligen „Werkstatt der Welt" das Gefühl des Machtverfalls und Niedergangs breit. Der relative Bedeutungsverlust der britischen Weltmacht im Vergleich zu den aufstrebenden Industriestaaten USA und Deutschland lässt sich daran ablesen, dass Großbritannien zwar im Welthandel noch führend war, sein Vorsprung jedoch schrumpfte. Während die Entwicklung der alten Industrien (Textil, Eisen, Kohle) stagnierte, blieb das Inselreich bei den neuen Industrien Chemie, Elektroindustrie und Kraftfahrzeugbau hoffnungslos hinter den Konkurrenten USA und Deutschland zurück.

Frankreich

Ähnlich wie England und Deutschland entwickelte sich Frankreich bis zum Ende des 19. Jahrhunderts zu einem der führenden Industriestaaten. Aber sein Anteil an der Weltindustrieproduktion blieb nicht nur hinter dem des deutschen oder englischen Konkurrenten zurück. Das industrielle Wachstum Frankreichs verlief auch langsamer: Erst um 1900 überstieg die gewerbliche Produktion die landwirtschaftliche, entwickelte sich das Gewerbe zu einem bedeutenden Sektor der Volkswirtschaft, stieg Frankreich zu einem Industriestaat auf.

Die französische Wirtschaft besaß durchaus produktive Branchen. So unterstützten die Banken und Finanzinstitutionen industrielle Investitionen und vergaben weltweit umfangreiche Kredite. Die Erzlagerstätten Lothringens begünstigten den Aufbau der Eisen- und Stahlindustrie, die vom Bau neuer Fabriken profitierte. Frankreich verfügte über Kohlereviere. Im Ingenieurwesen, aber auch in der Stahlindustrie, in der Auto- und der Flugzeugindustrie brachte Frankreich eine Reihe herausragender Unternehmer und Erneuerer hervor. Firmen wie Peugeot, Michelin und Renault zeugen von der wirtschaftlichen Innovationskraft der Franzosen. Doch verhinderten einige institutionelle und strukturelle Hemmnisse eine dynamischere Industrialisierung. Die Agrarverfassung mit dem zersplitterten Bodeneigentum war ein Grund für das geringe Bevölkerungswachstum, das einer

1 Die Industrielle Revolution

Nachfragesteigerung entgegenstand und das Arbeitskräftepotenzial für den industriellen Sektor begrenzte. Der französische Kapitalmarkt passte sich nur unvollkommen den Bedürfnissen der Industrie an, sondern blieb seinen traditionellen Mustern verhaftet. Im Vordergrund stand nach wie vor die Finanzierung von Staatskrediten, Verkehrsinvestitionen und Auslandsanleihen. Der Staat behielt seine starke Stellung im Wirtschaftsleben der Nation. Besonders die protektionistische Außenwirtschaftspolitik sowie die übermächtige und ineffiziente Staatsbürokratie bremsten die Entfaltung einer risikobereiten, auf Innovationen drängenden Unternehmerschaft. Nachteilig auf die Industrialisierung wirkte sich überdies die schlechte Qualität der französischen Steinkohle aus. Die Kohle- und Erzlagerstätten waren regional sehr weit gestreut und Frankreich litt an einem Mangel an günstigen natürlichen Verkehrswegen.

USA

Der Sieg des industriell weit entwickelten Nordens über den agrarischen Süden im Amerikanischen Bürgerkrieg (1861–1865) leitete den Aufstieg der USA zu einer Wirtschaftsgroßmacht bis zum Ende des 19. Jahrhunderts ein. Um 1850 lebten die meisten Amerikaner noch auf dem Land oder in kleinen Städten, die Hafenstädte des Ostens waren die bedeutendsten Zentren der Nation. Nach 1865 entstanden neue Städte und Industriezentren an den transkontinentalen Bahnlinien. Chicago, das verkehrsgünstig an der Schnittstelle zwischen dem Westen und dem Osten lag, war jahrzehntelang die am schnellsten wachsende Metropole des Landes. Die wichtigsten Grundlagen des industriellen Aufschwungs waren reichhaltige Rohstoffvorkommen und zunächst importierte, dann aber zunehmend im Land selbst entwickelte technische Erfindungen und Verfahren zu ihrer Ausbeutung. Der rasche Ausbau des Verkehrsnetzes aus Wasserstraßen und Eisenbahnen sorgte für die Ausdehnung des Binnenmarktes. Die ersten Eisenbahnen wurden in den 1830er-Jahren im Nordosten gebaut, die erste transkontinentale Strecke entstand 1869, um 1910 erreichte das Netz seine größte Ausdehnung. Ein ausgeprägtes Wachstums- und Wettbewerbsdenken, große Innovationsbereitschaft sowie Unternehmungsgeist und Fortschrittsglaube beschleunigten die Modernisierung der US-Volkswirtschaft. Hinzu kam ein wachsendes Angebot an leistungsbereiten eingewanderten Arbeitskräften.

Das beschleunigte Wirtschaftswachstum sicherte den USA um 1900 nicht nur den Rang einer Weltwirtschaftsmacht. Darüber hinaus nahm im Innern der Vereinigten Staaten die Konzentration von Unternehmen und Kapital in den Händen einiger weniger Industrieller, dem sogenannten Big Business, zu. Damit stand die Frage nach dem Verhältnis von Staat und Wirtschaft auf der politischen Tagesordnung.

Amerikanische Unternehmer leisteten bei der Förderung des Massenkonsums Pionierarbeit. Besonders Henry Ford (1863–1947) gestaltete durch die Fließbandproduktion die Herstellung von Autos so preisgünstig, dass sich Amerikaner mit Durchschnittseinkommen ein Automobil leisten konnten (M 23 a–c). Kauf- und Versandhäuser befriedigten ebenfalls die Wünsche eines Massenpublikums. Weiterhin blieb jedoch der Reichtum ungleich verteilt (M 17) und lebten zahlreiche Menschen innerhalb der Wohlstandsgesellschaft in Armut und in menschenunwürdigen Verhältnissen.

Russland

Die russische Wirtschaft erlebte im frühen 19. Jahrhundert einen beträchtlichen Aufschwung. Die Textilindustrie konnte ihre Produktionskapazitäten erhöhen, und der Roheisenausstoß nahm zu. Zwischen 1804 und 1860 stieg die Zahl der Fabriken und industriellen Unternehmungen von 2400 auf 15 000. Aus dem westlichen Ausland wurden moderne Maschinen importiert. Seit 1839 trieb die Regierung aus ökonomischen wie militärstrategischen Gründen den Eisenbahnbau voran. Dampfschiffe ersetzten zunehmend die Treidelei, bei der Menschen und Pferde Schiffe vom Ufer aus schleppten. Der beschleunigte Ausbau des Straßen- und Kanalnetzes trug entscheidend zur Verbesserung des Verkehrswesens bei.

Aber im Vergleich zu den westlichen Staaten verlor die russische Wirtschaft kontinuierlich an Boden (M 22): Während Russland seine Eisenproduktion im frühen 19. Jahrhundert verdoppelte, konnte Großbritannien seine Produktion um das 30-fache steigern. Auch beim Eisenbahnbau blieb das Zarenreich weit hinter den westlichen Mächten zurück: Um 1850 besaß Russland mehr als 800 km Eisenbahnstrecken, die USA hatten damals jedoch schon ein Schienennetz von 13 600 km fertiggestellt. Die meisten neuen russischen Fabriken und Industrieunternehmen beschäftigten

Die Industrielle Revolution 1

M 17 Karikatur, USA, um 1890

1 Erläutern Sie die in der Karikatur zum Ausdruck gebrachte Kritik.

weniger als 16 Menschen und waren kaum mechanisiert, sodass die Produktivität der Betriebe gering blieb.

Das Agrarland Russland konnte seinen Rückstand gegenüber dem Westen nur durch den Aufbau einer kapitalistischen Industriewirtschaft überwinden. Diese Aufgabe übernahm seit den 1860er-Jahren der Staat. Mit seiner „**Modernisierung von oben**" wollte er außerdem die im Krimkrieg (1853–56) offensichtlich gewordene politische und ökonomische Schwäche des Zarenreiches überwinden und Russland den Weg zur Großmacht ebnen. Die zaristische Regierung engagierte sich direkt in der Wirtschaft, indem sie Staatsbetriebe gründete und investitionsbereiten Unternehmern finanziell unter die Arme griff. Durch hohe Importzölle versuchte der Staat, einheimische Unternehmer vor ausländischer Konkurrenz und damit oft auch vor dem Bankrott zu retten. Der Staat organisierte das Kreditwesen, indem er Regierungsbanken ins Leben rief, und schuf die Voraussetzungen für den Import westlichen Kapitals. Der Zufluss ausländischer Gelder wurde garantiert durch staatliche bzw. staatlich abgesicherte Anleihen; ausländische Banken und Unternehmen konnten aber auch direkt in Russland investieren. Von der Beschaffung ausländischer Gelder profitierte vor allem der staatlich geförderte Eisenbahnbau. Mitte der 1880er- und 1890er-Jahre verstaatlichte Russland die meisten Eisenbahnen. Die neuen Eisenbahnlinien verknüpften die entstehenden Industriezentren mit den Eisen- und Kohlerevieren sowie mit den zentralen Agrarregionen und den Ausfuhrhäfen an der Ostsee und am Schwarzen Meer. Auf diese Weise wurden die zügige wirtschaftliche Erschließung des Landes und die Bildung eines großen Binnenmarktes möglich. Mit dem beschleunigten Eisenbahnbau bekamen gleichzeitig die Schwerindustrie und der Maschinenbau Auftrieb, die zu Leitsektoren der Industrialisierung wurden.

Trotz der fieberhaften Industrialisierung blieb Russland ein **Bauernland**. Um die Wende zum 20. Jahrhundert standen den ungefähr 100 Mio. Bauern lediglich 3 Mio. Arbeiter, also weniger als 2 % der Bevölkerung, gegenüber. Den Anteil der Großbourgeoisie an der Bevölkerung schätzt man auf ein Prozent, das kleine und mittlere Bürgertum machten jeweils etwa vier Prozent aus. Die Industrie konzentrierte sich an wenigen Punkten des riesigen Landes, besonders in St. Petersburg und Moskau, in der Ukraine und in den Ölgebieten Transkaukasiens.

Japan und China

Im Jahre 1854 landete eine amerikanische Flotte an der Küste des seit 1637 streng nach außen abgeschotteten **Japans** und erzwang die Öffnung von Vertragshäfen und damit die Aufnahme des Handelsverkehrs. Die in den folgenden Jahrzehnten mit westlichen Kolonialmächten abgeschlossenen „ungleichen Handelsverträge" brachten Japan wenig Vorteile, sodass sich schon bald heftiger Widerstand dagegen organisierte. Innere Machtkämpfe führten 1868 zur Wiederherstellung des Kaisertums. Die bis 1912 dauernde Herrschaft von Kaiser Mutsuhito erhielt die Bezeichnung „meiji", „Erleuchtete Regierung".

Während dieser **Meiji-Restauration** wurden die Grundlagen für das moderne Japan gelegt. Entschlossen, ihr Land nicht vom Westen beherrschen und kolonisieren zu lassen, beseitigte die Regierung die Vorrechte der Samurai („Krieger") und modernisierte das Militärwesen. Vor allem aber stärkte sie die Zentralgewalt. Damit verfügten die Reformkräfte über das geeignete Instrument, um

1 Die Industrielle Revolution

Gesellschaft und Wirtschaft von Grund auf zu erneuern. Nicht einzelne Unternehmer, sondern der Staat trieb mit großem Nachdruck die Modernisierung voran. Er garantierte die freie Berufswahl, wandelte die Grundsteuern von Naturalabgaben in Geldsteuern um, hob die Bindung der Bauern an den Boden auf, entwickelte ein modernes Bankwesen, führte die Gewerbefreiheit und die allgemeine Schulpflicht ein, sodass die Analphabetenrate drastisch sank. Ungeachtet aller Selbstständigkeitsbestrebungen holte Japan auch ausländische Experten ins Land, die bei der Modernisierung von Armee und Wirtschaft halfen. Darüber hinaus förderte der Staat den Eisenbahnbau und den Export. Obwohl Japan im Vergleich zu Großbritannien, den USA und Deutschland in seiner industriellen Entwicklung zurückblieb, war es doch das einzige nichtwestliche Land, das im ausgehenden 19. und beginnenden 20. Jahrhundert eine Industrielle Revolution durchlief.

Anders als Japan gelang China bis ins 20. Jahrhundert hinein keine durchgreifende Industrialisierung. Um seine militärische Schwäche gegenüber den imperialistischen Mächten auszugleichen, die sich auch im Fernen Osten wirtschaftlichen und politischen Einfluss sichern wollten, bemühte sich China in der zweiten Hälfte des 19. Jahrhunderts um den Aufbau einer eigenen staatlichen Rüstungs- und Werftindustrie. Im Interesse der „Selbststärkung" des riesigen Landes sollten Dampfschiff, Telegraf und Eisenbahn verbreitet, der Bergbau mechanisiert und die Eisen- und Stahlindustrie gefördert werden. Doch blieben viele Modernisierungsvorhaben halbherzig und ohne weitreichende Wirkung. „Von einer tief durchdachten, die ganze Nation planmäßig erfassenden Reformpolitik wie in Japan nach 1868 war man jedoch weit entfernt", schreibt der Historiker Jürgen Osterhammel. „Dazu fehlten viele der Voraussetzungen, die Japan dank seiner kompakten Insellage besaß. Es fehlte auch die Bereitschaft der machthabenden Bürokratie, dem Westen mehr als nur seine oberflächlichen technischen Geheimnisse abzulauschen. Niemand in China dachte einstweilen zum Beispiel an die Einführung eines bürgerlichen Rechts oder einer politischen Verfassung. Die Reformanstrengungen blieben regional begrenzt und verliefen häufig im Sande."

M18 Abkehr vom Wirtschaftsliberalismus 1878/79

a) Aus Bismarcks Schreiben an den Bundesrat vom 12. November 1878

Die finanzielle Lage des Reichs wie der einzelnen Bundesstaaten erheischt eine Vermehrung der Reichseinnahmen durch stärkere Heranziehung der vom Reiche zur Verfügung stehenden Einnahmequellen. […] Au-
5 ßerdem erfordert die derzeitige Lage der deutschen Industrie sowie das mit Ablauf der Handelsverträge in den großen Nachbarstaaten und in Amerika zutage getretene Bestreben nach Erhöhung des Schutzes der einheimischen Produktion gegen die Mitbewerbung
10 des Auslandes eine eingehende Untersuchung der Frage, ob nicht auch den vaterländischen Erzeugnissen in erhöhtem Maße die Versorgung des deutschen Marktes vorzubehalten […] sei […].
Die Ergebnisse der […] Enqueten über die Lage der
15 Eisenindustrie sowie der Baumwoll- und Leinenindustrie werden nützliche Grundlagen schaffen für die Beantwortung der Frage der Zweckmäßigkeit einer Erhöhung oder Wiedereinführung von Zöllen auf die Erzeugnisse der infrage stehenden Industrien.

J. Hohlfeld (Hg.), Dokumente der deutschen Politik und Geschichte von 1848 bis zur Gegenwart, Bd. 1, Wendler, Berlin 1951, S. 376

b) Aus dem Kommentar zum Abschluss der Reichstagssession vom Sommer 1879

Selten ist eine Session des Reichstages ereignisreicher […] gewesen […]. Und zwar liegt ihre Bedeutung nach zwei Seiten hin: einmal auf der gänzlichen Umwandlung der Wirtschafts- und Finanzpolitik des Reiches,
5 dann in dem ebenso gänzlichen Umschwung der Parteien, indem auf einmal die Zentrumspartei im Bunde mit den Konservativen alle Vorschläge des Reichskanzlers unterstützt und der Finanzreform die Mehrheit sichert, während die national-liberale Partei, in die Op-
10 position gedrängt, mit der Minorität stimmt und außerdem einem inneren Zersetzungs- und Ausscheidungsprozess preisgegeben wird.

Unsere Zeit. Deutsche Revue der Gegenwart. Monatsschrift zum Conversations-Lexikon, Brockhaus, Leipzig 1879, II, S. 236

1 Fassen Sie Bismarcks Begründung der Notwendigkeit einer neuen Politik zusammen.
2 Beschreiben Sie, wie Bismarck die unpopulären Schutzzölle durchzusetzen beabsichtigt.
3 Beurteilen Sie die Politik Bismarcks.

Die Industrielle Revolution 1

M19 Technische Erfindungen 1850–1910

1850–1860
Petroleumlampe, Drucktelegraf, Bessemerverfahren zur Stahlerzeugung, Stahlformguss, Ozeanschiff aus Stahl, Kathodenstrahlen, Akkumulator, Dampfpflug

1860–1870
Gasmotor, Rotationsdruckmaschine, Telefon, Milchzentrifuge, Eisenbeton, Dynamo, Ammoniak-Soda-Verfahren, Siemens-Martin-Verfahren, Dynamit, Schreibmaschine, Zellulose, künstliches Indigo

1870–1880
Otto-Motor, Phonograph, Pressglas, Edisons Glühbirne, Edison-Sprechmaschine, Luftdruckbremse, Kältemaschine, elektrische Eisenbahn

1880–1890
Dampfturbine, elektrische Straßenbahn, Daimler-Verbrennungsmotor, Kunstseide, Gasglühlicht, nahtlose Röhren, elektrischer Schmelzofen, Motorrad, Benz-Automobil, Trockenbatterie

1890–1900
Farbfotografie, Dieselmotor, Filmaufnahmegerät, drahtlose Telegrafie, erster Kunststoff, Radium, lenkbares Luftschiff, Stickstoff aus der Luft, Luftreifen

1900–1910
Rasierklinge, Staubsauger, Ultramikroskop, erster Motorflug, autogenes Schweißen, Turbo-Transformation, Neonlicht, Farbfilm, Betonguss, synthetischer Kautschuk

1 Teilen Sie die Erfindungen ihren Anwendungsbereichen zu (z. B. Verkehrs-, Nachrichten-, Unterhaltungs-, Gesundheits-, Verhüttungswesen).
2 Erläutern Sie, welche Bereiche die größte Neuerung erfahren.

M20 Der Lebensstandard in der deutschen Industriegesellschaft

a) Die Verbreiterung des Wohlstandes

Der Historiker Hubert Kiesewetter schreibt 2004:

Das Leben wurde in dem sogenannten letzten Konjunkturzyklus vor dem Ersten Weltkrieg in jeder Hinsicht üppiger. Im weiteren Kontext hat man dies neuerdings „Feudalisierung des Bürgertums" genannt; der Begriff ist umstritten, doch zweifellos entwickelten sich neue Wohlstandsformen. Industrielle und Bankiers, die es sich leisten konnten, ließen sich – oft geschmacklose – Repräsentationsvillen erbauen. Kaufhäuser und Banken, aber auch Fabriken und Miethäuser wuchsen ins Überdimensionale. Es war wie ein Rausch der […] Prunksucht. Afrikanische Jagdtrophäen, chinesische Vasen, gotische Möbel, ein indischer Buddha, japanische Bronzen, persische Teppiche oder venezianische Gläser sollten Wohlstand repräsentieren. […] Eine neue Art von Mittelstand erwuchs im Kaiserreich aus den Angestellten, den white collar-workers. Durch Kleidung – teilweise auch durch Verdienst –, vor allem aber in ihrer Lebenshaltung und -weise wollten sie sich von der Arbeiterschaft abheben und distanzieren. Im Jahr 1882 wurden in der Industrie 99 076 Angestellte gezählt, 1907 waren es bereits 686 007. Die Kaufmännischen Verbände wiesen Ende 1912 unter ihren Mitgliedern 533 917 Angestellte auf, die Technikerverbände 132 049.

Der Verbrauch an allen Lebensgütern stieg seit Beginn des 20. Jahrhunderts stark an, auch wenn er nicht klassen- und schichtspezifisch nachweisbar ist. Waren um die Mitte des Jahrhunderts Kaffee, Tee, Kakao, Südfrüchte oder türkischer Tabak nur den oberen Schichten vorbehalten, so wurden sie nach 1900 Allgemeingut. Der Zuckerverbrauch erhöhte sich von 6 kg pro Kopf 1870/76 auf 17,1 kg 1907/08. Ähnlich war es bei Kaffee oder ausländischen Gewürzen. […] Der Fleischverbrauch, ein guter Indikator für das Wohlstandsniveau westlicher Industriegesellschaften, stieg von 17,3 kg 1816 auf 52,3 kg pro Kopf 1912. Der Wandel der Ernährungsgewohnheiten in dieser Periode wird etwa auch daran sichtbar, dass sich der Reisverbrauch pro Kopf von 1836/40 bis 1906/10 mehr als vervierzehnfachte, allerdings mit 2,58 kg gegenüber 153,1 kg Roggen und 702,2 kg Kartoffeln pro Kopf 1913/14 noch sehr gering war.

Nicht nur der Verbrauch von Nahrungsgütern erlebte eine erstaunliche Zunahme. Konnte man um 1815 kaum ein Buch auslesen, ohne mehrmals mit der Lichtputzschere die Talgkerzen bearbeitet zu haben […], so war knapp hundert Jahre später das elektrische Licht weit verbreitet, zumindest in den Großstädten. Zeitungen, Theater, Kino, Konzerte gab es beinahe in jeder Kleinstadt, und Klaviere, Fahrräder und Uhren wurden zu Requisiten vieler Haushalte. Das jährliche Familienfoto oder die Schreibmaschine im Büro wurden ebenso zu Selbstverständlichkeiten wie Wasserleitungen und -klosett, Gaskocher und Rosshaarmatratzen. Trotzdem war die Kluft zwischen Reich und Arm noch unüberbrückbar. Gymnasiumsbesuch, Eisenbahnfahrten erster Klasse, Urlaub an der Nord- und Ostsee oder gar der Besitz eines Autos waren einer sehr schmalen Schicht vorbehalten.

Hubert Kiesewetter, Industrielle Revolution in Deutschland. Regionen als Wachstumsmotoren, Franz Steiner, Stuttgart 2004, S. 112 ff.

1 Die Industrielle Revolution

b) Index der Löhne und Lebenshaltung (1895 = 100)

Jahr	Nominal-löhne	Lebenshal-tungskosten	Reallöhne
1871	70	106	66
1875	98	113	87
1880	82	104	79
1885	87	99	88
1890	98	102	96
1895	100	100	100
1900	118	106	111
1905	128	112	114
1910	147	124	119
1913	163	130	125

Thomas Nipperdey, Deutsche Geschichte 1866–1918, Bd. 1: Arbeitswelt und Bürgergeist, C. H. Beck, München 1990, S. 305

1 Überprüfen Sie mithilfe von M 20 a und b die These, dass sich der Wohlstand in Deutschland an der Wende vom 19. zum 20. Jahrhundert verbreiterte.
2 Beurteilen Sie das Wohlstandsniveau in Deutschland an der Wende vom 19. zum 20. Jahrhundert vor dem Hintergrund der deutschen Industrialisierungsgeschichte. Ziehen Sie dafür auch den Darstellungstext, S. 34 f., heran.

M21 Übergang der Agrar- in die Industriegesellschaft

a) Wertschöpfung nach Wirtschaftssektoren in Deutschland 1870–1913 (absolut)[1]

Jahr	Primärer Sektor[2]	Sekundärer Sektor[3]	Tertiärer Sektor[4]	Insgesamt
1870	5 738	3 997	4 434	14 169
1880	6 427	5 649	5 603	17 679
1890	7 732	8 615	7 242	23 589
1900	9 924	13 269	9 976	33 169
1910	10 625	18 546	13 730	42 981
1913	11 270	21 805	15 405	48 480

Gerd Hohorst u. a., Sozialgeschichtliches Arbeitsbuch, Bd. 2, C. H. Beck, München [3]1978, S. 88 f.

1 Nettoinlandsprodukt zu Faktorkosten in Mio. Mark
2 Landwirtschaft, Forstwirtschaft, Fischerei
3 Industrie, Handwerk, Bergbau
4 Verkehr, Handel, Banken, Versicherungen, Dienstleistungen

1 Untersuchen Sie die Entwicklung der Wertschöpfung in den drei Wirtschaftssektoren (M 21 a). Welche Tendenzen sehen Sie?
2 Bestimmen Sie den Zeitpunkt, zu dem der sekundäre den primären Sektor übertrifft.

b) Entwicklung der Beschäftigtenzahlen in den einzelnen Wirtschaftssektoren

	Sektoren aller Beschäftigten (in Prozent)			Beschäftigte insgesamt
	primärer	sekundärer	tertiärer	(in Mio.)
1780	65	19	16	10,0
1800	62	21	17	10,5
1825	59	22	19	12,6
1850	55	24	21	15,8
1875	49	30	21	18,6
1900	38	37	25	25,5
1914	34	38	28	31,3
1935	30	38	32	29,9
1970[1]	5	48	47	30,1

Friedrich-Wilhelm Henning, Die Industrialisierung in Deutschland 1800 bis 1914, Schöningh, Paderborn [6]1984, S. 20

1 Bundesrepublik Deutschland

1 Analysieren Sie, in welchen Jahrzehnten der Wandel in der Wirtschaftsstruktur am tiefgreifendsten war (M 21 b).
2 Erklären Sie die Ausweitung der Beschäftigtenzahlen im sekundären Sektor 1850–1875.

Die Industrielle Revolution 1

M22 Weltindustrieproduktion 1800–1997 (Anteile in %; ausgewählte Länder)

	1800	1830	1860	1880	1900	1913	1928	1938	1953	1997
Großbrit.	4,3	9,5	19,9	22,9	18,5	13,6	9,9	10,7	8,4	*
USA	0,8	2,4	7,2	14,7	23,6	32,0	39,3	31,4	(45,0)[1]	24,8
dt. Staaten	3,5	3,5	4,9	8,5	13,2	14,8	11,6	12,7	5,9[2]	11,8
Russland	5,6	5,6	7,0	7,6	8,8	8,2	5,3	9,0	10,7	*
Habsb.reich	3,2	3,2	4,2	4,4	4,7	4,4	–	–	–	–
Japan	3,5	2,8	2,6	2,4	2,4	*	*	*	*	20,0
China	33,3	29,8	19,7	12,5	6,2	*	*	*	*	*
Ind./Pak.	19,7	17,6	8,6	2,8	1,7	*	*	*	*	*

* keine Angaben vorhanden; 1 Zirka-Angabe; 2 nur Bundesrepublik

Nach: Paul Kennedy, Aufstieg und Fall der großen Mächte, Fischer, Frankfurt/Main 1989, S. 237–311. Wolfgang Fischer (Hg.), Handbuch der europäischen Wirtschafts- und Sozialgeschichte, Bd. 6, Klett-Cotta, Stuttgart 1987, S. 136. UNIDO, Industrial Development. Global Report.

1 Erläutern und interpretieren Sie die wirtschaftliche Entwicklung der verschiedenen Staaten in M22.

M23 Der Unternehmer Henry Ford und die Bedeutung der Fließbandproduktion

a) Der amerikanische Wirtschaftswissenschaftler John K. Galbraith über Ford (1960)

Ford gehörte nur wenige Jahre zu den Arbeitgebern, die hohe Löhne zahlten. […] Auch angesichts der Inflation während des Ersten Weltkriegs blieben die Löhne bei Ford lange Zeit auf gleicher Höhe. […] Inzwischen war Fords Wagen veraltet, aber Ford war weiterhin überzeugt, dass die Leute ihn kaufen würden, wenn nur der Preis niedrig genug blieb. Der lag tatsächlich niedrig. […] Ebenso niedrig lagen die Kosten. Sie wurden herabgedrückt, indem man die Leute ausnützte.

John Kenneth Galbraith, Tabus in Wirtschaft und Politik der USA (1960), Übers. Gerald Frodl, Rowohlt, Reinbek 1964, S. 116 ff.

b) John Dos Passos (1896–1970), Schriftsteller aus den USA, in seinem Roman „The Big Money" über die Arbeit bei Ford (1936)

Das ist die amerikanische Idee: Wohlstand durch das Auto, der von oben herabrieselt; es stellt sich heraus, dass er an Fäden wie Marionetten hing. […] Bei Ford wurde die Produktion ständig verbessert: Weniger Ausschuss, mehr Aufseher, mehr kontrollierende Vorarbeiter, mehr Überwacher (15 Minuten Frühstückspause, drei Minuten auf den Gang zur Toilette, überall die tayloristische Antreiberei, greife darunter, setze die Unterlegscheibe auf, ziehe die Schraube fest, schlage den Bolzen fest, greifedarunter, setzedieunterlegscheibeauf, ziehedieschraubefest, greifedaruntersetzeaufschraubefestgreifedaruntersetzeauf, bis jeder Funke Leben für die Produktion aufgesaugt wurde und die Arbeiter in der Nacht nach Hause gehen wie graue, zitternde, leere Hülsen).

John Dos Passos, The Big Money, New York 1969, S. 73 und 75. Übers. Hartmann Wunderer.

c) Ford-Werk „Highland Park", Fotografie, USA, 1914 (Montage des Modells „Tin Lizzy")

1 Erörtern Sie auf der Grundlage von M23 a–c die wirtschaftlichen und gesellschaftlichen Vor- und Nachteile der Fließbandarbeit.

Methode

Literarische Quellen interpretieren: Lieder der Arbeiterbewegung

Arbeiterlieder gehören seit Mitte des 19. Jahrhunderts zum politischen Liedgut der Arbeiterbewegung. Das Arbeiterlied entwickelte sich zur musikalischen Ausdrucksform der Industriearbeiter, die sich als eigene politisch-soziale Klasse verstanden. Die Texte beschreiben Not und Elend des alltäglichen Lebens der Arbeiter, aber auch Ereignisse und Erlebnisse aus politischen Kämpfen. Die Lieder dienten den in Gewerkschaften oder Parteien organisierten Arbeitern zur Selbstverständigung und Agitation. Ein wichtiges Element vieler Arbeiterlieder war daher der Hinweis auf die Notwendigkeit bzw. der Appell an die Solidarität der Arbeiter untereinander – auf nationaler wie internationaler Ebene. Für den Historiker sind Arbeiterlieder deswegen wichtige Quellen für das Selbstverständnis und Selbstbewusstsein der Arbeiter, ihre Nöte und Ziele sowie ihr Zusammengehörigkeitsgefühl.

M 24 Wandschmuck aus einer Arbeiterwohnung, letztes Drittel 19. Jh.

Arbeitsschritte für die Interpretation

1. Formale Merkmale
- Wer ist der Dichter?

2. Historischer Kontext
- Welches Ereignis veranlasste den Dichter zu seinem Werk (vgl. Titel und Entstehungsjahr)? Auf welche soziale Situation bezieht sich das Gedicht?

3. Sprachliche Mittel
- Welche Gestaltungsmittel (lyrisches Ich, Vers/Strophe, Reim, Lautmalerei und -symbolik, sprachliche Bilder wie Vergleich, Metapher und Personifikation sowie Rhythmus und Metrum) sind verwendet worden?
- Mit welcher Absicht?

4. Aussageabsicht
- Welche Intention verfolgte der Dichter?
- Welche Zielgruppe wird umworben?
- Welche Wirkung sollte vermutlich erreicht werden?

5. Fazit
- Welche Gesamtaussage lässt sich formulieren?

Methode

M25 Georg Herwegh, Bundeslied, 1863 — „Bund": Aufruf zur Solidarität

Wiederholung

„Bet und arbeit!", ruft die Welt,
Bete kurz, denn Zeit ist Geld!
An die Türe pocht die Not,
bete kurz, denn Zeit ist Brot!

einfache Paarreime

Und du ackerst, und du säst,
und du nietest, und du nähst.
Und du hämmerst, und du spinnst,
sag, o Volk, was du gewinnst?

Wirkst am Webstuhl Tag und Nacht,
schürfst im Erz- und Kohlenschacht,
füllst des Überflusses Horn,
füllst es hoch mit Wein und Korn.

Wiederholung in Wort und Syntax

Doch wo ist dein Mahl bereit?
Doch wo ist dein Feierkleid?
Doch wo ist dein warmer Herd?
Doch wo ist dein scharfes Schwert?

Alles ist dein Werk, o sprich,
alles, aber nichts für dich!
Und von allem nur allein,
die du schmiedst, die Kette, dein!
[…]

antithetischer Aufbau: Mühsal und Not der Arbeiter ↔ verschwenderischer Wohlstand der „Kapitalisten"

Mann der Arbeit, aufgewacht,
und erkenne deine Macht!
Alle Räder stehen still,
wenn dein starker Arm es will!
[…]

mündet in

Brecht das Doppeljoch entzwei!
Brecht die Not der Sklaverei!
Brecht die Sklaverei der Not!
Brot ist Freiheit, Freiheit Brot!

Imperativ als Handlungsaufforderung

Zit. nach: Inge Lammel, Das Arbeiterlied, Röderberg, Frankfurt/Main 1973, S. 98 f.

1 Interpretieren Sie das Bundeslied mithilfe der genannten Arbeitsschritte.

Lösungshinweise

1. Formale Merkmale
- Autor: Georg Herwegh (1817–1875)
- Emigration in die Schweiz (1839), dann Paris (ab 1843)
- schreibt politisch engagierte Literatur
- beteiligt an der Revolution von 1848/49
- lebt ab 1866 in Baden-Baden

2. Historischer Kontext
- Entstehungsjahr 1863 → Gründung des Allgemeinen Deutschen Arbeitervereins (ADAV) unter Vorsitz von Ferdinand Lasalle

3. Sprachliche Mittel
Überschrift:
- „Bund" verweist auf Solidarität
- „Lied" verweist auf Volkslied (populäres Lied, Gedicht kann/soll gesungen werden)

Sprache:
- agitierend, emotionalisierend, pathetisch
- einhämmernder, auf Wiederholungen aufbauender sprachlicher Rhythmus

4. Aussageabsicht
- Lebenslage/Ausbeutung des Volkes, nicht nur des Proletariats, anzuprangern
- Aufruf an Arbeiter und Volk, sich dem ADAV anzuschließen (Kampf für allgemeines, gleiches und direktes Wahlrecht)

5. Fazit
- politische Literatur des Vormärz und des Jungen Deutschland
- Arbeiterliteratur
- durch Parteinahme gekennzeichnet

1 Die Industrielle Revolution

3 Die Gesellschaft verändert sich

3.1 Urbanisierung

Städtewachstum Modernisierung und Industrialisierung bedeuteten außer der Umwälzung von Wirtschaft und Staat vor allem auch Urbanisierung, d.h. Verstädterung und die Ausbildung städtischer Lebensweisen (M 27 a, b). Von dem Bevölkerungsanstieg profitierten in erster Linie die Städte. Nicht weil sie einen besonders hohen Geburtenüberschuss aufwiesen, sondern weil Millionen von Menschen vom Lande in die Stadt zogen. Die Landwirtschaft konnte der wachsenden Bevölkerung nicht genügend auskömmliche Arbeitsplätze bieten. Diese entstanden in den Städten mit ihren expandierenden wirtschaftlichen Aktivitäten in Industrie, Gewerbe, Handel und Verkehr. Um 1860 hatten die meisten Menschen in Westeuropa ihr Zuhause noch in Dörfern und auf Bauernhöfen; beim Ausbruch des Ersten Weltkrieges lebte die Mehrheit in Städten. Nirgendwo war bis zum Weltkrieg der Wandel so fortgeschritten wie in England, wo die ländliche Bevölkerung im Laufe des 19. Jahrhunderts auf 10 % gesunken war. Ähnlich dramatisch verlief später innerhalb einer Generation die Umwälzung in Deutschland (M 29 a, b). Vor der Reichsgründung im Jahre 1871 war die deutsche Landschaft noch von Dörfern und verträumten kleinen Städtchen geprägt, und es gab lediglich eine Handvoll Großstädte mit mehr als 100000 Einwohnern. Kurz vor dem Ersten Weltkrieg zählte man 48 Großstädte, davon sechs mit mehr als 500000 Einwohnern, und eine Mehrmillionenstadt: Berlin. Berlin allerdings reichte bei weitem nicht an die größte Stadt Europas, Groß-London, mit ihren mehr als 7 Mio. Einwohnern heran.

Der Wachstumsprozess berührte zwar viele kleine und mittlere Städte nur wenig, doch wuchsen in der Regel alle traditionellen regionalen Metropolen und „zentralen Orte" schnell und unaufhaltsam. Nur wenige neue, gänzlich von der Industrie geschaffene Städte traten z.B. im Ruhrgebiet

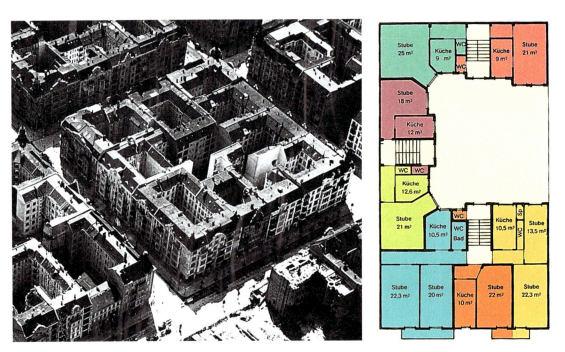

M 26 Mietskaserne in einer deutschen Großstadt, Fotografie und Grundriss, um 1900

1 Beschreiben Sie die Konstruktionsprinzipien dieser Wohnanlage. Erklären Sie den Begriff „Mietskaserne".
2 Erschließen Sie die Motive für die Anlage solcher Gebäude.

Die Industrielle Revolution 1

hinzu. Allerdings entstand hier die ganz neuartige Form einer weit ausgreifenden verdichteten Stadtregion, ein Konglomerat nebeneinanderliegender, voneinander unabhängiger Städte, wie man es heute unter der Bezeichnung „Konurbation" in vielen Teilen der Welt findet.

Wohnen in der Stadt

Innerhalb weniger Jahre war das jahrhundertelang ausreichende Gebiet der Städte hoffnungslos überfüllt. Ringsherum wuchsen unabhängige Städte und auf die Kernstadt ausgerichtete Vorortsiedlungen empor, die in mehreren Schüben eingemeindet wurden, sodass die Städte nicht nur nach der Einwohnerzahl, sondern auch nach der Fläche enorm anschwollen.

Die kinderreichen Familien der Arbeiter drängten sich in Kleinstwohnungen von ein bis zwei Räumen unter unwürdigen Bedingungen zusammen. Sowohl in den alten Stadtzentren als auch in den von privaten Unternehmern hastig emporgezogenen billigen Häusern oder Mietskasernenblöcken (M 26) der Neubauviertel entstanden regelrechte Elendsquartiere. Die wohlhabenden Bürger dagegen errichteten sich an neuen repräsentativen Straßen oder in durchgrünten Vorortvierteln großzügige Wohnhäuser und Villen. Nicht nur sozial, sondern auch räumlich verstärkte sich die traditionelle Trennung der sozialen Schichten. Es bildeten sich gänzlich verschiedene städtische Lebenswelten heraus (M 28). Die soziale Spaltung führte zur räumlichen Trennung in „vornehme" und stärker proletarisch geprägte, fabriknahe Stadtviertel.

Städtische Infrastruktur

Bis in die zweite Hälfte des 19. Jahrhunderts hinein wuchsen die Städte regellos. Die Behörden bemühten sich nur darum, die schlimmsten Auswüchse im Nachhinein zu ordnen. Dies änderte sich in den letzten Jahrzehnten des Jahrhunderts. Eine neue Leistungselite städtischer Beamter, die Gruppe der Oberbürgermeister und führender städtischer Verwaltungsfachleute, erkannte den Urbanisierungsprozess als Herausforderung. Sie versuchte den Wandel durch gezielte Eingriffe und Lenkung durch die Verwaltung schöpferisch zu beeinflussen. Ihr Ziel war vor allem, die Lebensqualität in den Städten zu verbessern und den Menschenmassen die notwendigen Leistungen und Güter zur Verfügung zu stellen, die diese selbst nicht mehr erbringen konnten.

Die „Stadttechnik" stellte das Instrumentarium bereit, mit dem die Städte von Grund auf modernisiert und für die Bewältigung der ungeheuren physischen und sozialen Probleme gewappnet wurden, die mit der Zusammenballung so großer Menschenmassen verbunden sind. Es entstanden die Systeme der Gas- und später Elektrizitätsversorgung, der Abwässerkanäle und Wasserleitungen, der Straßenbahnen. Man schuf öffentliche Parks, Schlachthöfe und Markthallen, Krankenhäuser und Sanatorien, Hallen- und Freibäder, Schulen und Waisenhäuser, Gefängnisse, Büchereien, Theater und Museen. Choleraepidemien und die Erkenntnisse der Mediziner, dass diese auf den Dreck, auf die durch Fäkalien verseuchten Straßen und Brunnen zurückzuführen seien, gaben den Anstoß zur Städtesanierung und für eine geregelte Kanalisation und Reinigung der Abwässer, zuerst in England. Stadthygienische Überlegungen standen auch am Beginn der Einrichtung zentraler Schlachthöfe und Markthallen sowie der Wasserversorgung über geschlossene Wasserleitungssysteme, die Brunnen und Pumpen in Straßen und Höfen ersetzten. Wassertürme sind noch heute sichtbare, architektonische Zeugnisse jener Frühphase der hygienischen Modernisierung der Städte.

Städtische Verkehrssysteme

Mit dem Wachstum der Städte bildeten sich allmählich abgegrenzte Funktionsbereiche heraus: Industriestandorte, Wohn-, Einkaufs-, Verwaltungsviertel. Diese entfernten sich räumlich immer weiter voneinander. Zwischen Arbeiten, Einkaufen, Wohnen mussten immer größere Entfernungen überwunden werden. Deswegen wurden Massenverkehrssysteme notwendig.

Um die Mitte des 19. Jahrhunderts verkehrten als Erstes Pferdebahnen; 1879 stellte Werner von Siemens auf einer Berliner Industrieausstellung die erste elektrische Straßenbahn vor. Sie wurde das städtische Nahverkehrsmittel. Die Pferdebahnen waren von privaten Gesellschaften unterhalten worden. Die Notwendigkeit, ein verzahntes, preisgünstiges Verkehrsnetz zu errichten, überzeugte die städtischen Verwaltungen davon, öffentliche Verkehrsbetriebe einzurichten. Über die Strecken-

1 Die Industrielle Revolution

M 27 Städtewachstum
a) Der Plärrer in Nürnberg, Fotografie, 1865

führung und Fahrpreisgestaltung versuchte man die Fahrgastströme zu lenken und damit die Innenstadt- und Vorortentwicklung zu beeinflussen. In den großen Metropolen entstanden um die Jahrhundertwende nach dem Londoner Vorbild elektrisch betriebene Untergrundbahnen und Hochbahnen, mit denen jeden Tag gewaltige Pendlermassen in der Stadt befördert werden konnten.

Waren- und Konsumwelt der Stadt Unter den Bedingungen der städtischen Lebens-, Arbeits- und Wohnverhältnisse war es nur noch sehr eingeschränkt möglich, Verbrauchsgüter, Kleidung und Einrichtungsgegenstände im Haushalt herzustellen oder für Nahrungsmittel durch Konservierung und Lagerung von Gartenfrüchten zu sorgen. Industriell hergestellte Produkte traten an ihre Stelle. Darüber hinaus sahen die in den Städten lebenden Menschen einfach viel mehr Dinge, die zum Kauf reizten, weil sie allerorten durch **Werbung** angeboten wurden.
Industrie und Geschäftswelt erkannten die entscheidende Bedeutung des Kundenpotenzials und richteten einen großen Teil der Produktionserweiterung auf Verbrauchsgüter. Hatte sich der Massengütermarkt bis zur zweiten Industriellen Revolution mehr oder weniger auf Nahrungsmittel und Kleidung und damit auf Güter zur Befriedigung des Grundbedarfs beschränkt, begannen seitdem die Zuwächse beim Verbrauch alle Industrien zu beherrschen. Das allmähliche Ansteigen der Massenkaufkraft, die revolutionäre Technik mit ihren Möglichkeiten der Massenproduktion und die weltweite Vernetzung der Wirtschaft trugen dazu bei, bisherige Luxusgüter zu Massenwaren zu verbilligen bzw. eine Palette neuartiger Güter auf den Markt und an den Mann oder die Frau zu bringen: vom Gasherd über das Bügeleisen, den Staubsauger, das Fahrrad bis zur unscheinbaren Banane, deren Verzehr bis zur Jahrhundertwende in den Industrieländern so gut wie unbekannt war.
Die Verkaufstechniken änderten sich. Zum Symbol der schönen neuen Waren- und Konsumwelt stiegen neuartige Betriebe, die Warenhäuser, auf. **Warenhäuser** – in Frankreich die *Grands Magasins* – entstanden in den 1860er-Jahren in Paris. Sie wandten sich unter der Devise „großer Umsatz, kleine Gewinnspannen" mit völlig neuen Verkaufsstrategien an das großstädtische Publikum. Bis dahin waren die Läden auf einzelne Artikel spezialisiert gewesen. Die Warenhäuser hingegen vereinigten als riesige Gemischtwarenläden verschiedene Warengruppen – Hemden, Hosen, Jacken, Hüte usw. – unter einem Dach. Artikel wurden mit Festpreisen ausgezeichnet und mussten bar bezahlt werden. Die Warenhäuser veränderten das Verbraucherverhalten, förderten den Massenabsatz von Industrieprodukten und trugen so zur Verbreitung des Lebensstils der modernen Konsumgesellschaft bei. Die Widerstände der Tradition und des tief verwurzelten Sparverhaltens

Die Industrielle Revolution 1

b) Der Plärrer in Nürnberg, Fotografie, 1905

1 Untersuchen Sie die Fotografien (M 27 a, b) von 1865 und 1905.
2 Verfertigen Sie eine Gegenüberstellung, in der Sie festhalten, was 1865 die Begriffe Straße, Platz und Haus prägte und was man 1905 mit diesen Begriffen verband.
3 Untersuchen Sie den Horizont 1865 und 1905. Wodurch wurde das jeweilige Weichbild der Stadt charakterisiert? Erklären Sie die Unterschiede.
4 Stellen Sie die neuen Elemente der Bebauung bis 1905 zusammen.
5 Erläutern Sie anhand der Fotografien (M 27 a, b) den Begriff der Urbanisierung. Charakterisieren Sie dabei sowohl den Begriff der Verstädterung als auch den des städtischen Lebensstils.

wurden mithilfe einer raffinierten Verkaufspsychologie durchbrochen: mit aufwändigen Reklamemaßnahmen, mit Prospekten, mit der Umwandlung der Häuserwände in Werbeflächen, mit Katalogen, Zeitungsinseraten und mit der Verwandlung großer Lieferwagen in Werbeträger.

„Tempo" als Merkmal der Großstadt Der neuartige überwältigende Lebensraum, das „Dickicht der Städte" (Bertolt Brecht), bescherte widersprüchliche Erfahrungen. Die Stadt war äußerlich von einer hektischen, chaotisch erscheinenden Vielfalt, andererseits aber über komplizierte Regelungen ganz und gar durchorganisiert. Mentalitäten, Denkmuster und Verhaltensweisen mussten sich der beschleunigten, nervenbelastenden Umwelt anpassen. Die Überflutung mit Reizen und ständig wechselnden Informationen und Anforderungen erzogen den Großstädter zu ständiger Wachheit und Reaktionsbereitschaft. Einen weiten, aufmerksamen Blick benötigte man, um gleichzeitig volle Schaufenster, die Menschen auf den Bürgersteigen und die Gefahr des heransausenden Autos zu erfassen. Ein neuer Zeitrhythmus, eine Ökonomie der Zeit entstand. Das sprichwörtliche Berliner „Tempo" etwa war das Mittel, Zeit zu gewinnen, nicht zuletzt für die Befriedigung neuer Bedürfnisse. Das schnelle Lebenstempo wiederum bedingte die „Schlagfertigkeit, die Fähigkeit, schnell und auf bloße Andeutungen, Fragmente einer Erscheinung hin, sich vorteilhaft zu verhalten".

Die Großstadt mit ihrem massiven Einbruch der Moderne in die traditionellen Lebenswelten wurde für die Kulturkritik der Hauptschauplatz, auf dem die Auseinandersetzung zwischen begeisterter Bejahung der neuen Welt und apokalyptischen Ängsten vor dem Untergang aller Religiosität, Sittlichkeit und Kultur ausgetragen wurde. Sosehr sich bei den Stadtkritikern in ihrer Sehnsucht nach der angeblich gesunden, ländlichen Welt im Gegensatz zu der verderbten Stadt Abwehrängste gegen die Moderne niederschlagen, so ist nicht zu übersehen, dass sie auch hellsichtig auf Gefahren und Probleme hinwiesen und die Verantwortlichen anstachelten, Missstände zu beseitigen.

1 Die Industrielle Revolution

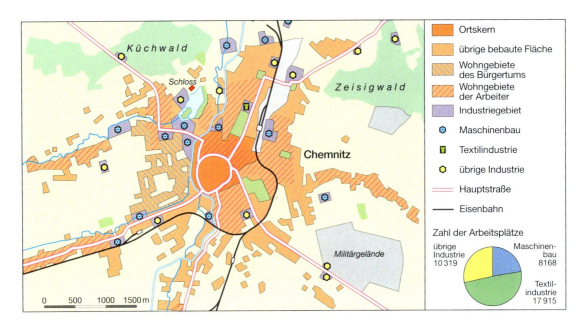

M 28 Struktur der Innenstadt von Chemnitz um 1900

1 Erläutern Sie am Beispiel von Chemnitz die Herausbildung unterschiedlicher städtischer Lebenswelten im Industriezeitalter.

Urbanisierung und Umweltgefährdung

Seit der Industrialisierung veränderte sich das Verhältnis des Menschen zu seiner Umwelt. Schon die Zeitgenossen erkannten, dass eine intensive Nutzung der natürlichen Ressourcen Mensch und Natur schaden konnte. Ein Beispiel dafür ist die zunehmende **Wasserverschmutzung** durch industrielle Abwässer. Die durch tierische und menschliche Exkremente, durch Abfälle aus Haushalten und Schlachthöfen sowie durch industrielle Abwässer verunreinigten Flüsse, Bäche und Brunnen stellten eine kaum zu unterschätzende Gefahr für die Gesundheit dar. Hinzu kamen die starke Verschmutzung der Straßen und Gassen sowie der damit verbundene Gestank und die katastrophalen hygienischen Zustände. Bei einer Choleraepidemie in Hamburg in den 1890er-Jahren gab es in nur zwei Monaten 18 000 Kranke und 7600 Tote. Die Kanalisation der Städte, die um 1900 weitgehend realisiert war, sowie eine verbesserte Stadtplanung gehörten zu den ersten und wichtigsten Maßnahmen zur Verminderung der Umweltbelastungen.

Auch das Problem der **Luftverschmutzung** existierte bereits im 19. Jahrhundert: Verantwortlich dafür waren noch nicht die Autos, da Deutschland bis 1914 ein weitgehend autofreies Land blieb. Klagen über den Gestank der Auspuffgase und deren Auswirkungen auf die Atmosphäre beherrschten die Umweltdiskussion erst im 20. Jahrhundert. Umso mehr beschäftigten sich Medizin und Naturwissenschaft während der Industriellen Revolution mit der Luftverschmutzung durch Rauchschäden, die durch den Einsatz der Kohle zunahmen. Filter sollten verhindern, dass Schadstoffe in die Luft gelangten, möglichst hohe Schornsteine den Rauch weitflächig verteilen und die Schadstoffe verdünnen. Dadurch wurde das Problem jedoch nicht gelöst, sondern allenfalls auf andere Regionen verteilt. Bei Konflikten um den Vorrang von Naturschutz oder industriellem Wachstum trug oft die Industrie den Sieg davon. Denn qualmende Schornsteine galten im 19. Jahrhundert auch als Zeichen für wirtschaftlichen Fortschritt und Wohlstand.

Die Industrielle Revolution

M 29 Mobilität und Verstädterung im Deutschen Reich während der Industrialisierung

a) Der Wissenschaftler Helmut König über Wanderungsbewegungen und Urbanisierung im Industriezeitalter (1992)

Die Masse[ngesellschaft] entsteht im Spannungsfeld von Kapitalismus, Industrialisierung und Verstädterung, die seit dem letzten Drittel des 18. Jahrhunderts von England ausgehend eine grundlegende Veränderung und Umwälzung der gesellschaftlichen Strukturen in Europa und Amerika herbeiführen. Den Einschnitt, der dadurch gesetzt ist, kann man sich gar nicht groß genug vorstellen […]. […] [Der Historiker] Hobsbawm […] meint, dass die Zeit um die Mitte des 19. Jahrhunderts die „größte Völkerwanderung in der Geschichte" gewesen ist.

Die Mobilisierung der Bevölkerung war möglich geworden, weil die traditionellen Beschränkungen der Freizügigkeit im Gefolge der politischen Revolutionen Amerikas und Frankreichs nach und nach überall in Mitteleuropa aufgelöst worden waren, und sie war nötig geworden, weil die neue Produktionsform des Kapitalismus darauf angewiesen war, für die Zwecke der Verwertung des Werts über die Arbeiter nach Belieben und ohne Rücksicht auf solche Sentimentalitäten wie die Verwurzelung in einem Stückchen Erde oder in einer langen Tradition zu verfügen. […]

Im gesamten 19. Jahrhundert ist die Wanderung für weite Teile der Bevölkerung eine zentrale Erfahrung gewesen. Eine riesige Anzahl von überschüssigen und disponiblen Menschen wird in Bewegung gesetzt und neu verteilt, dirigiert von der ‚unsichtbaren Hand' des Marktes, der Konjunkturzyklen, der Bewegungen des Kapitals und abhängig von der geografischen Lage der Energiequellen und Rohstoffe sowie den vorhandenen Verkehrsmitteln. Der auffälligste Zug an dieser Umschichtung der Bevölkerung ist zweifellos die Flucht der Landbewohner aus den agrarischen Räumen und Berufen in die Städte und neuen Industriereviere, namentlich ins Ruhrgebiet. Keineswegs handelt es sich bei diesen Wanderungen nur um einen einmaligen Wechsel des Wohnorts. Viele sind gezwungen, nach kurzer Zeit weiterzuziehen und ihr Glück in einer anderen Stadt zu versuchen. Die Mobilität wird zum Dauerschicksal, Sesshaftigkeit die Ausnahme.

Um zumindest ein vages Bild von den Größenordnungen zu zeichnen, gebe ich einige Beispiele und Zahlen: Zwischen 1885 und 1890, also in einem Zeitraum von nur fünf Jahren, verlassen in Deutschland rund 840 000 Menschen ihre Dörfer. In Bochum sind 1871 etwa zwei Drittel der Einwohner Zugewanderte, 1907 sind nur noch 23 Prozent der Arbeitskräfte dieser Stadt auch hier geboren. Unter den 200 000 Menschen, um die Berlin zwischen 1800 und 1847 wächst, befinden sich ca. 150 000 Zuwanderer. In den Jahren zwischen 1880 und 1907 kommen 675 000 Menschen in die Rheinprovinz und 610 000 Menschen in die Provinz Westfalen. Von diesen stammen im Jahre 1907 im Rheinland 27,3 Prozent und in Westfalen 44,8 Prozent aus dem agrarischen Osten Deutschlands. Der gesamte Bevölkerungsgewinn aus der Binnenwanderung am Ende dieses Zeitraums beträgt für die Rheinprovinz 335 000 und für Westfalen 315 000 Menschen, denn zur gleichen Zeit waren auch 340 000 bzw. 300 000 Menschen wieder abgewandert. Von den Bewohnern Bochums, die dort im Jahre 1890 leben, wohnen zehn Jahre später nur noch 44 Prozent, also weniger als die Hälfte, immer noch in dieser Stadt. Von über 120 000 Personen, die im Jahre 1891 nach Frankfurt am Main zuwandern, verlässt schon im ersten Monat nach der Ankunft fast jeder sechste die Stadt bereits wieder. Innerhalb des ersten Jahres wandern über zwei Drittel der Neuankömmlinge wieder ab, und länger als zwei Jahre bleibt ungefähr nur jeder zehnte. Nach Berlin kommen im Jahre 1838 ca. 25 000 Zuwanderer, von denen aber 20 000 noch im gleichen Jahr weiterziehen. Man hat geschätzt, dass in der Zeit der Hochindustrialisierung jährlich durchschnittlich ein Viertel bis ein Drittel der Gesamtbevölkerung in den deutschen Mittel- und Großstädten zu- bzw. weggezogen sind. Jeder zweite Deutsche soll zu dieser Zeit seinen Geburtsort verlassen haben.

Die jüngeren, meist ledigen Männer zwischen 16 und 30 Jahren stellen den Hauptanteil der wandernden Bevölkerungsgruppen. An den Nahwanderungen beteiligen sich allerdings zunehmend junge Frauen, die in den Städten als Dienstboten Anstellung suchen. Für die Altersstruktur der Großstädte und der industriellen Ballungszentren folgt daraus, dass ihre Einwohnerschaft sich überproportional aus Personen im Alter zwischen 15 und 60 Jahren rekrutiert, also aus Bewohnern im arbeitsfähigen Alter, und demgegenüber Kinder und alte Menschen unterrepräsentiert sind […].

Die Städte profitieren aber von der Mobilisierung der Bevölkerung nicht nur, was ihre Altersstruktur angeht, sondern auch und vor allem von ihrer Bevölkerungszahl her. Neben der Eisenbahn ist das Anwachsen der Städte das sinnfälligste Symbol der Industrialisierung. In Deutschland gibt es im Jahre 1871 insgesamt acht Großstädte (d. h. Städte mit mehr als 100 000 Einwohnern); im Jahre 1910 sind es bereits 48. Zwar ist die typische Industriestadt zunächst eine Stadt eher mittlerer Größe, aber die prozentualen Zuwächse sind enorm. Elberfeld und Barmen z. B. haben um 1850

1 Die Industrielle Revolution

rund 83 000 Einwohner, im Jahre 1880 dagegen schon fast 190 000. Essen wächst in der gleichen Zeitspanne um 48 000 Personen. Die Großstädte wachsen sogar noch schneller. Berlin nimmt zwischen 1837 und 1844 um mehr als 100 000 Bewohner zu, und zwischen 1849 und 1875 erhöht sich die Einwohnerzahl von 378 000 auf fast eine Million.
[D]iese Daten […] können vielleicht doch den Erfahrungshintergrund andeuten, der die [zeitgenössischen] Urteile über die amorphe Masse und das moderne Nomadentum der städtischen Bevölkerung motiviert. […] Diese Mobilisierung der Bevölkerung mit dem Begriff der amorphen Masse in Verbindung zu bringen, kann sogar für sich geltend machen, dass er ungleich realistischer als der romantische Begriff der Wanderung ist, mit dem man bis heute versucht, diese umfassende und unvergleichliche Mobilisierung der Bevölkerung in die Nähe der Gesellenwanderschaften aus der Zeit der Zünfte und Gilden oder der Wanderjahre im Prozess der bürgerlichen Individualbildung zu rücken. Damit aber hat sie wenig zu tun. Der subjektive Grund für Ruhelosigkeit und ständiges Weiterziehen ist in den meisten Fällen nicht die Sehnsucht nach der verlockenden Fremde und nach Abenteuern, sondern die nackte Armut. Die Bewegungsform der Masse ist nicht das Wandern, sondern das Hin- und Herfluten, das Strömen und das Wimmeln.

Helmut König, Zivilisation und Leidenschaften. Die Masse im bürgerlichen Zeitalter, Rowohlt, Reinbek bei Hamburg 1992, S. 70–73

b) Bevölkerungs- und Städtewachstum in Preußen/Deutschland 1816–1910

	Jahr	Gesamt-einwohnerzahl absolut (in 1000)	davon Stadtbevölkerung (in %)	davon lebten in Gemeinden mit … Einwohnern (in %)				
				unter 2000	2000 bis 5000	5000 bis 20 000	20 000 bis 100 000	über 100 000
Preußen	1816	10 320	27,9	–	–	4,2	4,1	1,8
	1849	16 331	28,1	–	–	8,5	4,8	3,3
	1871	24 640	37,2	62,8	12,3	11,9	7,8	5,4
	1910	40 167	61,5	38,4	10,2	14,1	14,7	22,4
Dt. Reich	1871	41 010	36,1	63,9	12,4	11,2	7,7	4,8
	1910	64 926	60,0	40,0	11,2	14,1	13,4	21,3

Jürgen Reulecke, Geschichte der Urbanisierung in Deutschland, Suhrkamp, Frankfurt/Main 1985, S. 202

1 Nennen Sie Ursachen und Wirkungen der Mobilität im Industrialisierungsprozess (M 29 a).
2 Beschreiben Sie das Bevölkerungs- und Städtewachstum in Preußen und Deutschland im 19. Jahrhundert (M 29 b, M 26). Welche Unterschiede und Parallelen zeichnen sich zwischen Deutschland und Preußen ab?

M 30 Friedrichsplatz in Mannheim, mit dem 1886–89 erbauten Wasserturm, Bildpostkarte, um 1910. Seit Mitte des 19. Jahrhunderts wurde die städtische Wasserversorgung von Hausbrunnen auf Rohrnetze umgestellt. Zur Speicherung des Wassers wurden Türme erbaut.

1 Beschreiben Sie die Gesamtgestaltung des Platzes und begründen Sie, warum die Stadt Mannheim diesen baulichen Aufwand mit ihrem Wasserturm betrieb.

Die Industrielle Revolution 1

3.2 Die „soziale Frage"

„Soziale Frage"

Mit dem Übergang von der Agrar- zur Industriegesellschaft wuchs nicht nur die Bevölkerung insgesamt, sondern stieg auch der Anteil der Lohnarbeiter an der Erwerbsbevölkerung von einem Viertel 1849 auf über zwei Drittel 1885 und drei Viertel 1907. Das Wirtschaftswachstum der Industrialisierung reichte nicht aus, um die Arbeiter von materieller Not zu befreien. Elend und Rechtlosigkeit der Arbeiter wurden als „soziale Frage" zum brennenden Problem der Gesellschaft.

Wegen ihrer **Eigentumslosigkeit**, d.h. wegen des Mangels eines existenzsichernden Vermögens, wurden die Industriearbeiter (wie die landwirtschaftlichen Lohnarbeiter) **Proletariat** genannt. (Proletarier waren in der Antike diejenigen römischen Bürger, deren einziger Besitz ihre Nachkommenschaft, lat. proles, war.) Das Industrieproletariat war darauf angewiesen, seine **Arbeitskraft** zu einem frei zu vereinbarenden Preis zu verkaufen.

Das Überangebot an Arbeitskräften seit 1830 erlaubte es den Unternehmern, die Masse der Arbeiter **elenden Arbeitsbedingungen** auszusetzen. Die Hungerlöhne erzwangen die Arbeit von Frauen und Kindern auch bei schlechtesten Bedingungen und bei Arbeitszeiten von 16 bis 18 Stunden. Gesundheitsgefährdung am Arbeitsplatz, Unfallgefahren und **menschenunwürdige Wohnverhältnisse** erhöhten das Lebensrisiko und begrenzten die Lebenserwartung der Arbeiter auf 40 Jahre. Sie verbesserte sich zwar mit der Industrialisierung, aber im Vergleich zu anderen Bevölkerungsgruppen blieb sie erschreckend zurück. Massenstreiks, z.B. der Bergarbeiter 1889, führten vor Augen, dass die sozialen Probleme gelöst werden mussten, und sei es nur, um Hunger-Aufstände und Revolutionen zu vermeiden.

Unternehmerische Fürsorge

Mit der Industrialisierung ergriffen einige Unternehmer Initiativen zur Beseitigung der Not ihrer Arbeiter. Die Fürsorge erstreckte sich zunächst auf betriebliche **Unterstützungskassen** für den Krankheitsfall, die Altersversorgung und die Vorsorge bei Unfällen und Invalidität. Daneben sorgten betriebliche **Konsumvereine** und Betriebswohnungen für die Verringerung von Lebenshaltungskosten; Kindergärten linderten das Problem der Betreuung der Arbeiterkinder. Allerdings trug diese unternehmerische Fürsorglichkeit Züge des patriarchalischen Hausvaters, der für seine Hilfe von seinen Kindern absoluten Gehorsam

M31 „Kapitalistische Wohltaten", Karikatur von A. Staehle in „Der wahre Jakob", 1905. Die Unterschrift lautet: „Der Kapitalist: So! Der läuft mir nicht mehr davon!"

1 Untersuchen Sie, wie die sozialistische Arbeiterbewegung das soziale Engagement einiger Unternehmer beurteilte (M31).
2 Nehmen Sie Stellung zur Aussage der Karikatur.

1 Die Industrielle Revolution

M 32 Aufruf eines Arbeiterfortbildungsvereins, Plakat, 1879

1 Arbeiten Sie am Beispiel der Arbeiterbildung die Prinzipien liberaler Sozialreform heraus.

verlangte. Die Arbeiterbewegung kritisierte deshalb diese Aktivitäten (M 31). Insgesamt bereitete aber das soziale Verhalten einzelner Unternehmer die staatlichen Sozialgesetze der 1880er-Jahre vor, die eine materielle Sicherung für alle Arbeiter zum Ziel hatten.

Christliche Bemühungen Während sich die Amtskirchen als Vertreter des Bürgertums lange nicht um die Arbeiterfrage kümmerten, ergriffen einzelne Geistliche die Initiative zur Rückgewinnung des sozialen Engagements der Kirchen. In der evangelischen Kirche regte Johann Hinrich Wichern die Gründung des „Central-Ausschusses für die Innere Mission" an, die überall in Deutschland Einrichtungen für eine evangelische Sozialarbeit schuf. In der katholischen Kirche gründete Adolph Kolping 1849 den ersten „katholischen Gesellenverein". Dieses Kolpingwerk umfasste 1864 als Heimstätte familienloser Männer bereits 420 Vereine und 60 000 Mitglieder. Der Mainzer Erzbischof Freiherr von Ketteler trat öffentlich für Sozialreform, Koalitions- und Streikrecht ein und prägte das Sozialprogramm des Zentrums von 1870 genauso wie die Sozialenzyklika „Rerum Novarum" von Papst Leo XIII. (1891), in der eine gerechte Eigentumsordnung im Rahmen christlicher Prinzipien gefordert, der Staat zum Arbeitsschutz aufgefordert und den Arbeitern Streik- und Koalitionsrecht zugesprochen wurde. Freilich blieb die Masse der Arbeiterschaft von den kirchlichen Beiträgen zur Lösung der sozialen Frage unbeeindruckt. Eine breitere Aussöhnung zwischen Arbeiterbewegung und Kirche fand nicht statt, weil die Kirche die Gleichheitsforderungen der Arbeiterbewegung nicht übernahm.

Liberale Sozialreform Für den politischen Liberalismus hieß die Antwort auf die „soziale Frage" Sozialreform. Darunter verstanden Politiker wie Friedrich Harkort und Hermann Schulze-Delitzsch vor allem bessere Bildungschancen für die Unterschichten (M 32)

Die Industrielle Revolution

und wirtschaftliche Selbsthilfevereine wie Versicherungs- oder Konsumvereine. Solche Vorschläge fanden im liberalen Bürgertum großen Anklang und wurden von vielen ihrer Organisationen verbreitet. Einer der bedeutendsten war der 1844 von Staatsbeamten in Preußen gegründete „Verein für das Wohl der arbeitenden Klassen".

Führende Wirtschaftswissenschaftler wie Gustav Schmoller gründeten 1872/73 zusammen mit hohen Beamten und einzelnen Unternehmern den „Verein für Sozialpolitik". Nach ihren Vorstellungen sollte der Staat als Schiedsrichter im Konflikt zwischen den Klassen auftreten. Allerdings traten nur einzelne dieser „Kathedersozialisten" (lat. = Pult, Kanzel) auch für erweiterte politische Rechte der Arbeiter ein.

Marxismus/Kommunismus Karl Marx hat mit dem „Kommunistischen Manifest" (1848) und seinem Buch „Das Kapital" (1867) den Sozialismus als umfassende Alternative zur bürgerlichen Gesellschaft und ihren kapitalistischen Produktionsbedingungen entworfen und damit den modernen Kommunismus propagiert.

Für Marx produziert der Kapitalismus mit Notwendigkeit das soziale Elend der Arbeiterschaft. Die Lösung der „sozialen Frage" erblickt Marx in der Überwindung des Kapitalismus, der auf dem Privateigentum an den Produktionsmitteln beruht. Sein Ziel ist die Abschaffung des Privateigentums an den Produktionsmitteln und deren Vergesellschaftung, also die sozialistische Revolution. Nach der Enteignung von Fabriken, Bergwerken und Banken soll im Sozialismus durch die Diktatur des Proletariats die Arbeit ihrer unmenschlichen Qualitäten entkleidet und eine wahrhaft menschliche Produktionsweise geschaffen werden. Der Sozialismus soll nicht nur die Klassenunterschiede beseitigen und gleiche Eigentumsverhältnisse für alle bieten, sondern er soll auch den neuen Menschen schaffen, der als kulturelles Leitbild die klassenlose Gesellschaft des Kommunismus bestimmt.

Sozialdemokratie und Gewerkschaften Die Sozialdemokratische Arbeiterpartei (SdAP) von Bebel und Liebknecht (die sogenannten Eisenacher) war 1874 der ersten Internationalen Arbeiterassoziation (IAA) von Marx und Engels beigetreten. Als sie sich 1875 mit dem Allgemeinen Deutschen Arbeiterverein (ADAV) Lassalles zur „Sozialistischen Arbeiterpartei" (SAP) zusammenschloss, verzichtete sie im „Gothaer Programm" auf einen revolutionären marxistischen Weg. Unter Bismarcks Verbot der Sozialdemokratie 1878–1890 radikalisierten sich aber die deutschen Sozialisten: In ihrem „Erfurter Programm" (1891) forderte die neue „Sozialdemokratische Partei Deutschlands" (SPD) die Vergesellschaftung der Produktionsmittel nach Marx. Bald allerdings stellte der Revisionismus innerhalb der Partei die revolutionäre Tendenz der SPD infrage. Eduard Bernstein bezweifelte Marx' Geschichtsprognosen und forderte ein revidiertes Parteiprogramm. Dagegen verfolgte die Richtung des Aktionismus innerhalb der SPD weiter Marx' Revolutionsweg: Rosa Luxemburg wollte durch Generalstreiks die sofortige Revolution fördern. Der SPD-Theoretiker Karl Kautsky schlichtete den Konflikt durch die Kompromissformel, die SPD sei eine revolutionäre, aber keine Revolutionen machende Partei. Der Reformismus war fortan das Kennzeichen der deutschen Sozialdemokratie. In den Gewerkschaften fand er seine kräftigste Unterstützung.

Seit Mitte des 19. Jahrhunderts schlossen sich die Buchdrucker und Zigarrenarbeiter, dann weitere Handwerksgesellen und Facharbeiter zu Gewerkschaften zusammen, um ihre Interessen besser gegenüber den Arbeitgebern durchzusetzen und durch gegenseitige Hilfe ihre Lebensbedingungen zu verbessern. Unter der Führung von Carl Legien bildeten 1890 die sozialistischen Gewerkschaften als Dachverband die Freien Gewerkschaften. Sie waren die stärkste Kampforganisation der Arbeiter. Darüber hinaus spielten die aus der christlich-sozialen Bewegung des Bischofs Ketteler ab 1895 hervorgegangenen Christlichen Gewerkschaften eine bedeutsame Rolle. Außerdem gab es Gründungen der Liberalen, die nach ihren Gründervätern Max Hirsch und Franz Duncker Hirsch-Dunckersche Gewerkvereine genannt wurden. Diese zahlenmäßig kleinen, freiheitlich-nationalen, mittelständisch orientierten Gruppierungen strebten eine „Interessenharmonie" von Kapital und Arbeit an und blieben weitgehend ohne Einfluss. Anders als bei den Arbeiterparteien besaß in den Gewerkschaften die soziale Absicherung am Arbeitsplatz Vorrang vor politischen Forderungen (M 34).

1 Die Industrielle Revolution

Sozialgesetzgebung (1883–1889)

Der Staat verhielt sich der „sozialen Frage" gegenüber zunächst weitgehend gleichgültig. Gemäß liberaler Theorie galt das Ideal des „Nachtwächterstaates": Danach greift der Staat nicht in Wirtschaftsprozesse ein, sondern stellt nur den erforderlichen Ordnungsrahmen bereit. So gab es im Kaiserreich weder gesetzliche Mindestlöhne noch Höchstarbeitszeiten. Bei der Frauen- und Kinderarbeit, die wegen der niedrigen Löhne eine Lebensnotwendigkeit darstellten, drängte der Staat immerhin Auswüchse zurück. Er schränkte die Kinderarbeit ein, ließ seit 1878 staatliche Fabrikinspektoren das Verbot der Nacht- und Sonntagsarbeit für Jugendliche unter 16 Jahren ebenso kontrollieren wie das Verbot der Kinderarbeit bis zum zwölften Lebensjahr. Die Arbeitsschutzgesetzgebung wurde ausgebaut.

Im Gegensatz zum Sozialistengesetz (s. S. 110) geriet Bismarcks Sozialgesetzgebung zum Vorbild für die Entwicklung eines modernen Sozialstaats. Ursprünglich zielte Bismarck darauf ab, auf Kosten von Unternehmern und Staat für die Arbeiter eine kostenlose Absicherung gegen Risiken des Arbeiterlebens zu schaffen. Mit diesem Konzept eines Staatssozialismus konnte er sich aber nicht durchsetzen. Daher stellte die von Wilhelm I. 1881 angekündigte Sozialversicherung als Pflichtversicherung für Arbeitnehmer unter einer bestimmten Einkommensgrenze einen Kompromiss dar. Die Kosten der Krankenversicherung (1883) übernahmen Arbeitnehmer und Arbeitgeber im Verhältnis zwei Drittel zu einem Drittel, die Unfallversicherung (1884) trug der Arbeitgeber allein, wogegen die Kosten der Alters- und Invalidenversicherung (1889) zwischen Arbeitgeber, Arbeitnehmer und Staat aufgeteilt wurden (M 33 a–c).

M 33 Die bismarcksche Sozialversicherung und ihre Kritiker

a) Die Sozialversicherungsgesetze 1883/84/89

	Krankenversicherung (1883)	Unfallversicherung (1884)	Invaliditäts- und Altersversicherung (1889)
Betroffene	Arbeiter (ohne Familienangehörige; seit 1900 einbezogen), ausgenommen Land- und Forstarbeiter	Arbeiter	Arbeiter Angestellte bis 2000 Mark Verdienst jährlich, Familienangehörige nicht mit einbezogen
Leistungen	freie ärztliche Behandlung: Krankengeld in Höhe der Hälfte des ortsüblichen Tageslohnes bei Erwerbsunfähigkeit	Kosten für ein Heilverfahren Rente für Dauer einer Erwerbsunfähigkeit Rente in Höhe von 2/3 des Verdienstes bei völliger Erwerbsunfähigkeit	Invalidenrente bei dauernder oder länger als 1 Jahr währender Erwerbsunfähigkeit Altersrente ab 70. Lebensjahr Lohnklasse 1: 106 Mark jährl. Lohnklasse 4: 191 Mark jährl.
Dauer	Krankengeld für 13 Wochen	Heilverfahren und Rente ab 14. Woche	Wartezeit: Invalidenrente: 5 Beitragsjahre Altersrente: 30 Beitragsjahre
Beitragszahler	2/3 Versicherter 1/3 Arbeitgeber	Arbeitgeber	1/2 Arbeitnehmer 1/2 Arbeitgeber staatlicher Zuschuss von 50 Mark jährlich pro Rente
Träger	Ortskrankenkassen	Berufsgenossenschaften, gegliedert nach Gewerbegruppen	Landesversicherungsanstalten

J. Cramer/G. Zollmann, Der Staat und die soziale Frage, in: Wirtschaft und Gesellschaft, Bd. 2, Stuttgart o. J., M 102

Die Industrielle Revolution 1

b) Der prassende Altersrentner, Farblithografie aus dem sozialdemokratischen Satireblatt „Der wahre Jacob", 1891

c) Staatliches Propagandaplakat von 1913

1. Beschreiben Sie mithilfe des Darstellungstextes, S. 51 ff., die Grundzüge der bismarckschen Sozialversicherung und untersuchen Sie die Lösung der Finanzierungsfrage in dieser Sozialgesetzgebung (M 33 c).
2. Beurteilen Sie, ausgehend vom Plakat von 1913 (M 33 c) und der Karikatur (M 33 b), wie der Staat und die SPD jeweils die Sozialversicherung einschätzten. Zeigen Sie Unterschiede und Gemeinsamkeiten auf. Worin liegen die Vorteile, Schwächen und Probleme der Sozialversicherung begründet?

1 Die Industrielle Revolution

Britische Antworten auf die „soziale Frage"

Die britischen Strategien zur Lösung der „sozialen Frage" unterschieden sich von den kontinentalen, besonders von den deutschen Wegen. Nicht revolutionärer Umsturz der gesamten Gesellschaft, sondern Reformen waren das Ziel der britischen Arbeitnehmervertretungen. Auf wenig Resonanz stieß in Großbritannien die Forderung von Karl Marx und Friedrich Engels im „Kommunistischen Manifest" von 1848/49 nach einer „Revolution des Proletariats". Die erste politische Arbeiterbewegung, die in den 1830er-Jahren gegründete Chartistenbewegung, blieb schwach. Ihren Namen hatte sie von der „People's Charter", die im Mai 1838 formuliert wurde und sechs Forderungen enthielt: allgemeines Wahlrecht für Männer, geheime Wahlen, Wegfall der Besitzanforderungen für Unterhausmitglieder, Zahlung von Diäten, gleich große Wahlkreise und jährliche Wahlen. Dreimal – 1839, 1842 und 1848 – wandten sich die Chartisten in Massenpetitionen mit 1 bis 3 Mio. Unterschriften an das Parlament, das sich jedoch weigerte, die Bittschrift überhaupt zur Kenntnis zu nehmen. Nach dem Scheitern der Chartistenbewegung übernahmen vor allem die Gewerkschaften die Interessenvertretung der Arbeiter. Die 1893 gegründete – erfolglose – Independent Labour Party legte sich nicht auf den Sozialismus fest. Und die 1900 von den Gewerkschaften initiierte, seit 1906 unter dem Namen Labour Party agierende Arbeiterpartei setzte auf eine Mitwirkung in Gesetzgebungsprozessen.

Auch die staatliche Sozialpolitik in Großbritannien unterschied sich von der in Deutschland grundlegend. Die bismarcksche Sozialversicherung sollte der Industriearbeiterschaft einen gewissen Schutz bei Unfall, Arbeitsunfähigkeit, Krankheit und im Alter bieten. Diese Absicherung gegen Lebensrisiken diente dem politischen Ziel, die Arbeiter der Sozialdemokratie zu entfremden bzw. mit dem monarchischen Obrigkeitsstaat zu versöhnen. Die liberalen Reformer der englischen Sozialpolitik hatten dagegen bei der Neuformulierung des Armengesetzes 1834 nicht die Industriearbeiter, sondern besonders bedürftige Arme, Kinder und zur Selbstorganisation unfähige Menschen im Blick. Stärker noch als die herkömmliche Armenfürsorge betrachtete das neue Gesetz Armut und Arbeitslosigkeit nicht als wirtschaftliches und gesellschaftliches Problem, sondern als Ergebnis individuellen moralischen Versagens. Dementsprechend achteten die Behörden bei der Vergabe von finanzieller Hilfe streng darauf, dass diese für die Arbeitsfähigen auf keinen Fall höher sein durfte als der geringste Lohn für die härteste Arbeit. Die politische Wirkung dieser Politik hat der Historiker Peter Wende einmal so formuliert: „In dem Maße, wie Bedürftigkeit als Folge von Trägheit und Laster interpretiert wurde, konzipierte man konsequenterweise das Armengesetz des Jahres 1834 als Maßnahme zur Erziehung der Ehrlosen."

US-amerikanische Lösungen

In den USA vertiefte die wirtschaftliche Entwicklung nach 1865 die sozialen Unterschiede zwischen Reich und Arm. Unternehmer und Bankiers häuften immense Vermögen an. Rationalisierungsmaßnahmen und die Rezessionen von 1873 und 1893 verursachten eine hohe Arbeitslosigkeit. Die gesellschaftlich integrierte und wirtschaftlich etablierte weiße Mittelschicht vertrat die alten amerikanischen Ideale des Individualismus und der Gleichheit und glaubte, dass auch jetzt noch jedem, der diese Werte akzeptierte, der Weg zu sozialem Aufstieg offenstehe. In der ständig größer werdenden Unterschicht sammelten sich Schwarze und Einwanderer, die schlecht qualifiziert waren und sich wegen ihres kulturellen und religiösen Hintergrundes nur schwer in die amerikanische Gesellschaft einfügten.

Die Unternehmer betrachteten die Arbeit als eine Ware, deren Preis von Angebot und Nachfrage bestimmt war. Die Politik vertraute darauf, dass das freie Spiel der Kräfte zu einem Ausgleich zwischen Kapital und Arbeit führen werde. Wenn es aber zu gewalttätigen Arbeitnehmerdemonstrationen wie 1886 in Chicago kam, griffen Polizei und Armee mit aller Härte durch. Dennoch konnten sozialistische und marxistische Theorien in den USA nie richtig Fuß fassen. Frühe gewerkschaftliche Organisationen wie die „National Labour Union" und der „Holy Order of the Knights of Labour" sahen in den 1860er-Jahren ihr Ziel nicht in der Umgestaltung des politisch-sozialen Systems, sondern in genossenschaftlicher Selbstorganisation der Arbeiter und der Verbesserung ihrer Lebensverhältnisse. Außerdem entstanden im ausgehenden 19. Jahrhundert Reformbewegungen, die sich vor allem gegen das Big Business und seinen Einfluss auf die Politik richteten. Überdies bevorzugten viele Amerikaner Formen des privaten sozialen Engagements zur Linderung sozialer Not (M 35 a, b).

Die Industrielle Revolution 1

Die „soziale Frage" in der französischen Politik

Obwohl die Industrialisierung in Frankreich langsamer voranschritt als in anderen europäischen Ländern, lebten auch im westlichen Nachbarland Deutschlands breite Bevölkerungsschichten in materiellem Elend und mussten zum Teil unter unmenschlichen Arbeitsbedingungen ihren Unterhalt verdienen. Das deutsche bzw. bismarcksche Modell der Sozialversicherung ließ sich in Frankreich während des 19. Jahrhunderts nicht durchsetzen. Der Staat hielt sich vielmehr weitgehend aus der Regelung der Arbeitsbeziehungen und der Vorsorge gegen Lebensrisiken heraus. „Der direkte staatliche Einfluss auf die soziale Sicherung erscheint", schreibt der Soziologe Franz-Xaver Kaufmann 2001 in seinem Buch „Varianten des Wohlfahrtsstaates", „noch schwächer als in den USA."

Der Hauptgrund für die **staatliche Zurückhaltung** lag in der Ideologie des **Individualismus** und **Liberalismus**, die das politisch-soziale Denken und Handeln in Frankreich seit der Französischen Revolution nachhaltig geprägt haben. Die bürgerlichen Ideen der individuellen Freiheiten betonten das Recht auf Eigentum und freie wirtschaftliche Entfaltung. Die Individuen waren nach dieser Auffassung für ihr Leben selbst verantwortlich. Der Staat sollte sich damit begnügen, seinen Bürgern die Freiheit des Eigentums und andere persönliche Rechte zu garantieren. Diese Einstellung verdeutlicht eindrucksvoll eine Äußerung aus der Parlamentsdebatte über das Fürsorgegesetz von 1905, in der es um die Armenfürsorge ging: „In einem wirklich freien Land sollte sich die Rolle des Staates bis auf wenige Dinge auf die Funktionen beschränken, für die er geschaffen wurde, d. h. den äußeren und inneren Frieden zu wahren. Der Rest betrifft ihn nicht, und ich meine insbesondere, dass alle Probleme der öffentlichen Fürsorge viel zufriedenstellender gelöst werden könnten, und zugleich auf weniger kostspielige Art, wenn ihre Lösung voll und ganz den kleineren Gebietskörperschaften überlassen bliebe, d. h. den Gemeinden und Departements und vor allem der Initiative der Verbände und des Einzelnen."

Tatsächlich war der **liberale Gedanke der Selbsthilfe** vorherrschend, der bei der Vorsorge gegen Lebensrisiken auf das Sparen des Einzelnen setzte. Private Initiativen von Unternehmern, vor allem aber vonseiten karitativer, kirchlicher Institutionen, subventionierten Einrichtungen, die den Sparwillen und die Sparmöglichkeiten der Menschen förderten. Bei der Gründung solcher Kassen spielten auch familienpolitische Erwägungen eine Rolle. Frankreich besaß im Vergleich zu anderen Staaten ein langsameres Bevölkerungswachstum. Finanzielle Hilfen sollten die Geburtenrate erhöhen und die traditionelle patriarchalische Familie stärken, die zum Verdruss konservativer Kräfte in der Arbeiterschaft an Bedeutung verlor. Konservative und kirchliche Würdenträger betrachteten die schlechten Wohnverhältnisse wie die mütterliche Erwerbstätigkeit bei Arbeitern als zentrale Ursache für die Instabilität und die mangelnde Leistungsbereitschaft der Arbeiterfamilie. Da jedoch Arbeiter kaum Geld zum Sparen übrig hatten, kamen derartige Kassen hauptsächlich den Mittelschichten zugute.

Gegen Ende des 19. und während des 20. Jahrhunderts verlor der ausgeprägte Individualismus in Frankreich an Bedeutung und der Gedanke staatlicher Fürsorge gewann an Gewicht. Zwar wurde erst nach dem Zweiten Weltkrieg ein allgemeines System der Sozialversicherung eingeführt, aber seit den 1890er-Jahren bereitete der Staat schrittweise die Entstehung einer öffentlichen Sozialhilfe für benachteiligte Gruppen vor: Die Arbeitgeber wurden 1905 zum Abschluss einer Arbeitsunfallversicherung für die Beschäftigten verpflichtet, nachdem sie ab 1898 bei Arbeitsunfällen eine Entschädigung zahlen mussten. Seit 1895 ermöglichte die Regierung die freiwillige Versicherung bei Unfall (1898) und Arbeitslosigkeit (1905), im Krankheitsfall (1898) und zur Altersvorsorge (1895). Von solchen Versicherungen profitierten besonders die wohlhabenderen Schichten.

Die Verbesserung der Lebenssituation der Arbeiter war das oberste Ziel der **Gewerkschaften**, die in Frankreich unabhängig von politischen Parteien in der zweiten Hälfte des 19. Jahrhunderts entstanden. Seit 1887 gab es zum einen zahlreiche überberufliche lokale Organisationen, die ihren Aufgabenkreis von der ursprünglichen Arbeitsvermittlung auf andere politische, soziale und kulturelle Aktivitäten erweiterten. Zum anderen entwickelten sich berufsständisch gegliederte nationale Gewerkschaften, die sich 1895 in der „Confédération générale du travail" (C. G. T.) eine gemeinsame Dachorganisation schufen und 1902 mit den örtlichen Gewerkschaften vereinigten. Die französischen Gewerkschaften wollten staatliche Herrschaft und das kapitalistische System abschaffen.

57

1 Die Industrielle Revolution

Arbeiter-Assoziationen sollten die Produktionsmittel übernehmen. Um diese Ziele zu erreichen, setzten die Gewerkschaften weniger auf eine Massenbewegung der Arbeiter, sondern auf direkte Aktionen durch Streiks, Boykott oder Fabrikbesetzungen. Die Historiker bezeichnen diese in romanischen Ländern verbreitete Spielart der Arbeiterbewegung als **Anarchosyndikalismus** bzw. als revolutionär-syndikalistisch.

M34 Gewerkschaftsarbeit in der sächsischen Stadt Görlitz – ein Tätigkeitsbericht aus dem Jahre 1905

Es war für die gewerkschaftliche Arbeiterbewegung ein gutes Jahr. Jahrzehntelang stand die Görlitzer Arbeiterschaft in dem Rufe, dass sie sich von dem Unternehmertum zu viel gefallen lasse. Streiks waren in Görlitz
5 eine Seltenheit. Nur die Tischler und Maurer machten schon früh eine rühmliche Ausnahme. Dass die Görlitzer Luft verhältnismäßig so rein blieb von Streikbazillen, lag daran, dass die freien Gewerkschaften sich erst Zoll für Zoll Boden erkämpfen mussten. Niederschle-
10 sien war vor Jahrzehnten die Hochburg des Freisinns. Der Freisinn begünstigte die Gewerkvereine. Vor allem die Meister in den Fabriken waren Agitatoren für die Gewerkvereine. Die freisinnigen Unternehmer wussten, warum sie die Hirsche [Hirsch-Dunckerschen Ge-
15 werkvereine] aufpäppelten. Sie wussten, dass das ein profitables Geschäft war, denn sie waren vor Streiks sicher, solange die Arbeiter in harmlosen Verbänden organisiert waren. Aber das rächte sich. Die Meisterorganisationen hatten nichts zur Verbesserung der
20 Lage der Arbeiter geleistet, und das führte den erwachenden Teil der Arbeiterschaft in steigendem Maße in die Reihen der freien Gewerkschaften. Der Zufluss nach den freien Gewerkschaften war so groß, dass in den Jahren 1902 bis 1904 die Gewerkvereine an die
25 Seite der freien Gewerkschaften sich stellten und so taten, als ob sie auch Klassenkämpfer gegen das Kapital wären. […]
Während in den früheren Jahren nur ein bis zwei Streikbewegungen vorkamen, kann erfreulicherweise für
30 das Jahr 1905 festgestellt werden, dass über das ganze Jahr sich die Streiks abwechselnd mit Aussperrungen verteilten. Die Arbeiterschaft war in Bewegung. Die Lohnkürzungen der Krisenzeit konnten zum Teil wieder wettgemacht werden. Leider nicht in allen Bran-
35 chen. Trotz vieler Erfolge der Görlitzer Arbeiter kann leider eine Hebung der Lage der Arbeiterschaft nicht behauptet werden. Wenn auch die bei Streiks siegreichen Arbeiter mehr Lohn errangen, so fraß die Fleischnot dieses Mehr völlig wieder auf. Vermittels der
40 Streiks gelang es also, den Lebensstandard auf gleicher Höhe zu halten. Die Arbeiter, die keine siegreichen Lohnbewegungen zu verzeichnen hatten, haben im Jahre 1905 ihre Lage verschlechtert. […]

Der Januar gab den Arbeitern gleich ein günstiges Vorzeichen, das zur Nacheiferung anspornte. Im Januar 45 wurde der Tischlerstreik mit Erfolg beendigt, der aus dem Jahre 1904 übernommen war. […]
Die 57-stündige Arbeitszeit und 10 Prozent Lohnzulage waren durchgesetzt, von denen 5 Prozent sofort und 5 Prozent am 1. April in Kraft traten. Bei den Tisch- 50 lern hatte das neue Jahr gut angefangen. Ihr Erfolg führte ihnen von Monat zu Monat neue Mitglieder zu. – Am 25. Januar fand eine große öffentliche Versammlung im „Europäischen Hof" statt, welche den streikenden Ruhrbergleuten tatkräftige Sympathie versi- 55 cherte.
Im Februar machte sich, wie alljährlich, die Arbeitslosigkeit wieder sehr bemerkbar. Das Gewerkschaftskartell veranstaltete am 2. Februar eine Aufnahme der Görlitzer Arbeiter, die beim Neubau der Gasanstalt 60 vergeblich um Arbeit angefragt hatten. Es meldeten sich 193 Arbeitslose, denen es so ergangen war. 154 davon waren verheiratet und hatten 241 Kinder zu ernähren. Bei dieser Gelegenheit zeigte es sich wieder, dass bei den Erdarbeiten, die für die Stadt ausge- 65 führt werden, Ausländer beschäftigt sind, während die Görlitzer Bürger vergeblich suchen, ihr Brot zu verdienen. […]
Auch unter den Bäckern begann es sich Ende März zu regen. Es war besonders erfreulich, dass gerade Berufe 70 wie die Tapezierer und Bäcker so lebhaft ihre verhältnismäßig jungen Görlitzer Zahlstellen nicht nur als Unterstützungs-, sondern auch als Kampfvereinigungen den Arbeiterbataillonen zuführten. – Am 28. März beschlossen die Zimmerer den Streik. Die Art und Weise, 75 in der die Unternehmer den Zehnstundentag einführen wollten, Maßregelungen, das System der schwarzen Listen und die Tatsache, dass die Zimmermeister keinen Tarif abschließen wollten, hatten zum Streik geführt. […]   80
Im April hatten die Zimmerer das Gewerbegericht als Einigungsamt zur Schlichtung des Zimmererstreiks und zwecks Einführung eines Tarifes angerufen, aber ohne Erfolg. Die Meister wollten keine Einigung. […]
Die Maler-Innung lehnte es am 6. April ab, einen Tarif 85 mit den Gehilfen zu vereinbaren. Dieser Beschluss rief lebhafte Erbitterung bei den Gehilfen hervor. Die Abrechnung wurde jedoch vertagt, da die Saison schon zu sehr vorgeschritten war. […]

Die Industrielle Revolution

Am 7. Mai musste der Zimmererstreik abgebrochen werden. Es hatten sich, besonders aus dem benachbarten Böhmen, zahlreiche Arbeitswillige eingefunden, dass die Unternehmer nicht nachzugeben brauchten, wenn ihnen auch der Streik so große Opfer auferlegte, dass die Unternehmer nach einem zweiten Streik dieser Art kaum Sehnsucht empfinden dürften. Hoffentlich machen die Lehren des Streiks die Unternehmer zugänglicher für Tarifverträge. Die Bautischler brauchten einen Tarif nicht mit der Waffe des Streiks zu erringen. Am 15. Mai trat nach eingehender Verhandlung durch Einigung ein Tarif für die Bautischler in Kraft. […]

Der Mai war im Übrigen auch kulturellen Bestrebungen gewidmet. Nicht nur aus Anlass der Maifeier, die eine Kampffeier für die Kulturziele des Proletariats ist, sondern auch aus Anlass der 100. Wiederkehr von Schillers Todestag. Die klassenbewusste Arbeiterschaft feierte am 22. Mai unter Mitwirkung des Schauspielers Julius Dewald und der Stadtkapelle ihre Schillerfeier. Der imposante Besuch und die künstlerische Gestaltung der Feier ließen den Wunsch nach ähnlichen Feiern zum Gedächtnis bedeutender Dichter rege werden. […]

Am 30. Juni beschlossen die Stadtverordneten auf Antrag des Magistrats eine öffentliche Rechtsauskunftsstelle. Man wollte damit der organisierten Arbeiterschaft zuvorkommen, die nur aus Mangel an verfügbaren Mitteln hier noch kein Arbeitssekretariat errichtet hatte. Der Magistrat musste es jedoch erleben, dass im gleichen Jahre noch die Metallarbeiter und Holzarbeiter die Errichtung von Sekretariaten beschlossen, an deren Spitze besoldete Beamte stehen, die an die Mitglieder dieser Berufe Rechtsauskünfte geben. […]

Am 9. Juli fand das Massenfest der Görlitzer Gesamtarbeiterschaft statt. Das Gewerkschaftsfest ist das bedeutendste Volksfest der Oberlausitz. 4218 Karten wurden verkauft. – Am 27. Juli wurde über die Menschenansammlungen vor dem Görlitzer Schöffengericht verhandelt, die vom 26. April bis 2. Juni in der Nähe des Ständehauses stattgefunden hatten, wenn des Abends Streikbrecher unter polizeilicher Eskorte von den Ausstellungszimmerplätzen nach den Unternehmerquartieren befördert wurden. Von den bei dieser Gelegenheit festgestellten acht Personen erhielt eine drei Wochen Haft, eine 30 M. und zwei je 15 M. Geldstrafe, vier wurden freigesprochen. […]

Am 22. August erfolgte bei Wendt und Habicht eine Aussperrung, die 50 Schmiede, Stellmacher, Lackierer und Hilfsarbeiter betraf. Die Differenzen waren wegen der Überstundenbezahlung ausgebrochen. Die Kapitalisten zeigten sich solidarisch. Die Waggonfabrik und die Firma Raupach und Brüning beschäftigten die Ausgesperrten nicht. Die Firma rief die Gerichte um Schutz für die Arbeitswilligen an. Herr Pastor emer. de le Roy suchte die Ausgesperrten in den Wohnungen auf, um sie unter Hinweis auf die christliche Demutslehre zur Rückkehr bei niedrigen Stundenlöhnen zu bewegen. – Am 30. August forderten die Görlitzer Arbeiter in einer Massenprotestversammlung wider den Fleischwucher Teuerungszulagen. Die konservativen, liberalen und freisinnigen Unternehmer blieben gegen diese Forderung in gleicher Weise taub.

Am 8. September lehnten die Stadtverordneten gegen die fünf Sozialdemokraten Teuerungszulagen für städtische Arbeiter ab. Auch sämtliche Freisinnigen stimmten dagegen. […]

Am 25. November wurde eine Zahlstelle des Verbandes der freien Gastwirte gegründet. Die erste auf dem Boden der modernen Arbeiterbewegung stehende Unternehmervereinigung in Görlitz. Am 9. Dezember fand auf Einladung des Metallarbeiterverbandes mit den Gewerkvereinen im „Europäischen Hof" eine Auseinandersetzung statt. Herr Dornblüth, dem sich die Hirsche aus Berlin verschrieben hatten, zog es vor, sich zu drücken, nachdem er über eine Stunde Redezeit genossen hatte! So zeigt uns der Monatskalender für 1905, dass das verflossene Jahr ein kampfreiches, für viele Arbeiter aber auch ein erfolgreiches Jahr war.

Helga Grebing, Arbeiterbewegung. Sozialer Protest und kollektive Interessenvertretung bis 1914, dtv, München 1985, S. 163–166

1 Fassen Sie anhand von M 34 die wichtigsten Aktivitäten der Gewerkschaftsarbeit zusammen.

2 Erläutern Sie Erfolge und Misserfolge der Gewerkschaftsarbeit.

M 35 Ansätze zur Lösung der „sozialen Frage" in den USA

a) Der Historiker Rhodri Jeffreys-Jones über das Scheitern des Sozialismus in den USA (1977)

Eine […] Erklärung für das Versagen des Sozialismus in Amerika besagt, dass die verbreitete Überzeugung, jeder Tüchtige könne es in Amerika zu etwas bringen, schließlich eine faktische Grundlage gehabt habe; es seien die ungewöhnlich günstigen sozialen Aufstiegsmöglichkeiten in den Vereinigten Staaten, die die Entwicklung von Protestbewegungen auf der Basis des Klassenkampfes behindert hätten. Gegen diese Erklärung lässt sich einwenden, dass ein hohes Maß sozialer Mobilität in Industriegesellschaften im Allgemeinen

1 Die Industrielle Revolution

beobachtet wird und nicht nur in den Vereinigten Staaten. […] Wichtiger als die soziale Mobilität innerhalb der Vereinigten Staaten war die geografische Mobilität der Einwanderer, denn bereits die Einwanderung war für die Betroffenen ein deutlicher Schritt nach oben auf der wirtschaftlichen Stufenleiter. Das Bewusstsein von den europäischen Verhältnissen – und die Einwanderergettos hielten es wach – hielt die Amerikaner davon ab, ihr Wirtschaftssystem infrage zu stellen. Und von dieser Einstellung aus war es nur ein kleiner Schritt dahin, den amerikanischen Wohlstand auf amerikanische Tugenden zurückzuführen und gegen den Sozialismus zu schimpfen, auch wenn die wirtschaftliche Praxis kein reines Laisser-faire mehr war.

Rhodri Jeffreys-Jones, Soziale Folgen der Industrialisierung, Imperialismus und der Erste Weltkrieg, 1890–1920, in: Willi Paul Adams [Hg.], Die Vereinigten Staaten von Amerika [Fischer Weltgeschichte, Bd. 30], Fischer, Frankfurt/Main 1977, S. 266 f.

b) Der Historiker Willi Paul Adams über Sozialreformen in den USA im 19. Jahrhundert (2000)

Die sozialen Probleme der wild gewordenen Großstädte haben im 19. Jahrhundert mehr private Wohltätigkeit als staatlich organisierte Sozialfürsorge ausgelöst. Christlicher Missionsdrang, christliche Nächstenliebe und Fortschrittsgläubigkeit motivierten Geistliche und Sozialarbeiter, sich nicht nur um das Seelenheil, sondern auch um das leibliche Wohl der oft am Existenzminimum lebenden und wegen der in den Armutsvierteln begangenen Verbrechen und ausbrechenden Krankheiten bedrohlich wirkenden urban masses zu sorgen. […] Teil der häufig auf Privatinitiative beruhenden Sozialreformbewegungen zwischen 1890 und 1930 war auch der Schutz von Einwanderern vor Betrug und Ausbeutung und Hilfe bei Inanspruchnahme staatlicher Institutionen wie der Gerichte. […]

Auch in den privaten philanthropischen Sozialhilfestationen oder Nachbarschaftsheimen (settlement houses) in den Elendsvierteln der Großstädte engagierten sich besonders Frauen der oberen Mittelklasse […]. Die modernen Sozialreformer gaben sich nicht mehr mit der traditionellen, mit christlicher Nächstenliebe und persönlichem Mitleid begründeten Philanthropie zufrieden, sondern verlangten von den Regierungen auf allen Ebenen geforderte Bestandsaufnahmen mit sozialwissenschaftlichen Mitteln und daraus abgeleitete aktive Sozialarbeit. Symbolischen Ausdruck fand die neue Grundhaltung z. B. 1909 in der Umbenennung der seit 1897 in New York veröffentlichten Sozialarbeiterzeitschrift Charities in Survey, und die 1874 gegründete National Conference of Charities and Correction nannte sich ab 1917 National Conference of Social Work […].

Willi Paul Adams, Die USA vor 1900, Oldenbourg, München 2000, S. 209 f.

1 Erklären Sie, warum die sozialistische Arbeiterbewegung in den USA eine Randerscheinung blieb und welche Formen der Sozialreform sich dort durchsetzen konnten (M 35 a, b).

M 36 Holzschnitt zur ersten Maifeier 1890, Titelseite der in London erscheinenden Zeitschrift „The Worker's Friend" 1891. Ursprünglich als einmaliger internationaler Kampftag für den Achtstundentag geplant, entwickelte sich der 1. Mai zum „Tag der Arbeit" und zum traditionellen Festtag der Arbeiter in aller Welt.

1 Recherchieren Sie die Forderungen von 1890 und vergleichen Sie mit denen von heute.

Die Industrielle Revolution 1

3.3 Frauenrollen – Männerrollen

Zerfall der Familie?

Vielen Zeitgenossen des 19. Jahrhunderts stand es klar vor Augen: Der Kapitalismus, das Industriesystem hatten nicht nur überkommene soziale Ordnungen zertrümmert, sondern sich darüber hinaus an einem lebenswichtigen Unterpfand sozialer und politischer Stabilität vergangen: an der Familie. Die „große Industrie", hieß es im „Kommunistischen Manifest", habe „alle Familienbande für den Proletarier zerrissen". Auch auf konservativer Seite übte man **scharfe Kritik** an den die Familien zerstörenden Wirkungen des Industriekapitalismus. Er habe, schrieb der Volkskundler Wilhelm Heinrich Riehl 1852, dem „vierten Stand" entweder die „Familienlosigkeit" oder die „social entfesselte Familie" – „freie Liebe, wilde Ehe" – aufgezwungen.

Heute weiß man, dass diese Befürchtungen falsch waren. Im Gegenteil: In dem Maße, wie sich das kapitalistische Lohnarbeiterverhältnis durchzusetzen begann, gewann auch die Familie an Bedeutung. Immer mehr Arbeiter und Arbeiterinnen gründeten eine Familie und der Anteil der Ledigen an der Gesamtbevölkerung sank. Solange dagegen handwerklich-kleingewerbliche Strukturen vorherrschten, waren die Chancen, als abhängig Beschäftigter zu heiraten und eine Familie zu versorgen, weitaus geringer. Für Gesellen des Bäcker-, Fleischer- oder Friseurgewerbes lag das Risiko, lebenslang ledig zu bleiben, bei eins zu drei. Die Arbeiterschaft der expandierenden Schwerindustrie und des Maschinenbaus dagegen war 1882 bereits zu über 60 % verheiratet. Ehe- und Familienlosigkeit gehörten daher eher zu einer vorindustriellen, handwerklich-bäuerlich geprägten Gesellschaft.

Statistisch gesehen hatten die familienbewussten Kritiker des Industriesystems also unrecht. Waren große Gruppen der vorindustriellen Gesellschaft von der Familiengründung ausgeschlossen gewesen – man denke an Handwerksgesellen, Knechte und Mägde –, schuf die Industrialisierung Arbeitsplätze ohne strukturelle Heiratsbarrieren. Die Familie verschwand folglich nicht, sondern setzte sich als Lebensform auch in den Unterschichten jetzt erst durch.

Allerdings sagt die Häufigkeit von Eheschließungen noch nichts aus über den Charakter und die Qualität der geschlossenen Ehe. Dennoch gibt es keine verlässlichen Hinweise, dass sich diese im Verlauf des 19. Jahrhunderts zum Schlechteren verändert hätten. Unsicheres Einkommen, beengte Wohnverhältnisse und knappe Einkommen waren kein Merkmal des Industrieproletariats; die Unterschichten der vorindustriellen Gesellschaft hatten materiell kaum besser gelebt.

Frauenerwerbsarbeit und hausväterliches Regiment

Das zeitgenössische, die politischen Lager übergreifende Unbehagen an den proletarischen Familienverhältnissen bündelte sich in der **Figur der erwerbstätigen Ehefrau**. Dass eine verheiratete Frau fern von Haus und Familie in der Fabrik Geld verdiente, galt vor allem in der bürgerlichen Öffentlichkeit als Wurzel allen Übels. Hier fand man den eigentlichen Grund für die vermeintliche Zerrüttung der Arbeiterfamilie. Wie konnte eine Familie funktionieren, deren Mittelpunkt, die Frau, nicht ständig anwesend war?

Dieser Frage gesellte sich eine andere hinzu: Was passiert mit dem **Regiment des Hausvaters**, wenn seine ökonomisch und sozial bedingte Macht durch die außerhäusliche Erwerbstätigkeit der Ehefrau untergraben wird? Ganz offensichtlich veränderte das Industriesystem nicht nur die Familienverhältnisse, sondern auch die **Geschlechterverhältnisse**, die Beziehungen zwischen Frauen und Männern. Frauen, so schien es, emanzipierten sich von Untergebenen zu Konkurrentinnen; sie machten Männern nicht nur Arbeitsplätze streitig, sondern auch, in logischer Konsequenz, die Macht im Haus. Das Fabriksystem, notierte Friedrich Engels 1845, stelle die Familie „auf den Kopf", rufe „die Herrschaft der Frau über den Mann" hervor, „entmanne" den Mann und raube „dem Weibe seine Weiblichkeit".

Wiederum zeigt ein Blick in die Statistik, dass sich eine solche Entwicklung allenfalls der Tendenz nach, keineswegs aber als allgemeingültige Regel abzeichnete. Zwar nahmen marktvermittelte Beschäftigungsverhältnisse von Frauen seit der zweiten Hälfte des 19. Jahrhunderts stark zu; verheiratete Frauen sind jedoch schwach vertreten. 1875 war nur ein Fünftel der Fabrikarbeiterinnen verheiratet, 1907 etwas mehr als ein Viertel. Die weitaus meisten Ehefrauen von Arbeitern gingen keiner regelmäßigen außerhäuslichen Erwerbsarbeit nach, sondern trugen mit Heimarbeit, Zugehdiensten oder Untervermietung zum Familieneinkommen bei. Vor allem in den Kreisen

1 Die Industrielle Revolution

M 37 Der Arbeitstag einer Industriearbeiterin, Karikatur, ca. 1920

1 Erläutern Sie die Karikatur, indem Sie auch Informationen aus dem Darstellungstext heranziehen.
2 Diskutieren Sie, ob die Aussage der Karikatur auch heute noch aktuell ist.

besser verdienender Facharbeiter behauptete der Mann seine Rolle als hauptsächlicher oder alleiniger Familienernährer. Hier waren Frauen vornehmlich für Haushalt, Kindererziehung, Nachbarschafts- und Verwandtenpflege zuständig (M 38 a, b).

Lohnarbeit gegen Hausarbeit

Von dem befürchteten Rollenwechsel, der Umkehr männlich-weiblicher Machtverhältnisse, konnte in diesen Familien keine Rede sein. Vielmehr erhielten sich auch hier Autoritätsstrukturen, die Männer begünstigten und Frauen auf nach- und untergeordnete Plätze verwiesen. Je mehr sich zudem die Vorstellung vom Mann als Familienernährer verallgemeinerte und zur Leitlinie gewerkschaftlicher Tarif- und Arbeitsmarktpolitik entwickelte, desto geringer wurde der ökonomische „Wert" der Frau veranschlagt. War das Familieneinkommen in einer Zeit, die Lohnarbeit noch nicht oder kaum kannte, eine komplexe, schwer auseinanderzudividierende Größe gewesen, wurde es nun mit dem Verdienst des außerhäuslich erwerbstätigen Mannes gleichgesetzt. Die wirtschaftlichen Leistungen der Hausfrau – als Konsumentin, aber auch bei der Weiterverarbeitung von Nahrungsmitteln und Bekleidung – tauchten in der Rechnung nicht mehr auf. Indem der Industriekapitalismus die Lohnarbeit für Männer verallgemeinerte, bewirkte er folglich mittelbar, die Arbeit von Frauen ökonomisch unsichtbar zu machen. In einer Gesellschaft, die zunehmend dem Prinzip der Nützlichkeit, der maximalen und messbaren Ausnutzung aller Ressourcen huldigte, kam dies einer sozialen Entwertung der Frauen und einer Aufwertung der Männer gleich.

Geschlechterverhältnisse und Arbeitsmarkt

Aber auch auf direkte Weise trug das Industriesystem dazu bei, die soziale Ungleichheit der Geschlechter zu verschärfen und zu verfestigen. Selbst dann, wenn es Frauen als Lohnarbeiterinnen in seinen Dienst nahm, legte es unterschiedliche Maßstäbe an: Frauen bekamen in der Regel schlechter bezahlte und ausgestattete Arbeitsplätze als ihre männlichen Kollegen. Ihnen wurden minder bewertete Qualifikationen und Fertigkeiten abverlangt. Ihre Aufstiegsmöglichkeiten waren noch beschränkter als die von Männern. Die Fabrik reduzierte Männer und Frauen eben nicht auf geschlechtslose Arbeitsinstrumente, sondern verteilte die Arbeit unterschiedlich nach Maßgabe des Geschlechts.

Das Schreckbild des 19. Jahrhunderts – die Industrie zerstört die Familie und emanzipiert die Frauen – erweist sich folglich als leerer Wahn. Zwar setzte die kapitalistische Industrialisierung in der Tat Veränderungen in Gang, die die Familien- und Geschlechterbeziehungen betrafen. Keineswegs aber wirkten jene Veränderungen auf den Abbau patriarchalischer Herrschaftsverhältnisse innerhalb und außerhalb der Familie hin. Vielmehr stellte sich auch in den neuen Familien der Lohnarbeiter die hierarchische Ordnung wieder her. Manches spricht sogar dafür, dass die Geschlechterordnung eher ungleicher als gleicher wurde. Schließlich war die messerscharfe Trennung männlicher und weiblicher Funktionsbereiche im Wesentlichen ein Produkt des 19. Jahrhunderts. Auch vorher gab es soziale Unterschiede zwischen Frauen und Männern. Die bürgerlich-kapitalistische Gesellschaft hat diese in besonderer Weise zugespitzt, normiert und verallgemeinert.

Die Industrielle Revolution 1

M 38 Männerarbeit – Frauenarbeit

a) Die Bedeutung von Frauenarbeit

In der 1877 veröffentlichten Enquete über Frauen- und Kinderarbeit in Fabriken wurde die Frage gestellt, ob eine Einschränkung der Frauenarbeit zu befürworten sei. Die Mehrzahl der Befragten (Unternehmer, Handelskammern usw.) sprach sich mit folgender Begründung dagegen aus:

[1.] Die den Frauen entzogenen Arbeiten würden für Männer in vielen Fällen nicht geeignet und ausführbar sein, bei gewissen Verrichtungen erlangten die Frauen eine größere Geschwindigkeit und Fertigkeit als die Männer; so namentlich in den Spinnereien (Anknüpfen der Fäden), Kunstwollfabriken (Garnieren der Hüte), Papierfabriken (Sortieren der Lumpen, Anfertigung von Kuverts, Eisenbahnbillets und ähnliche Manipulationen), in der Band- und Eisengarnindustrie.

[2.] Der Mehrbedarf an Arbeitern würde nur schwer sich decken lassen und auch nur mit Nachteil für andere Erwerbszweige, insbesondere für die Landwirtschaft.

[3.] Schon eine Einschränkung in der täglichen Arbeitszeit der Frauen würde den Betrieb empfindlich stören […]. Eine solche Maßregel würde für viele Zweige der Fabrikthätigkeit die weiblichen Arbeiter unverwendbar machen, da sie mit den Männern an einem Stücke, einer Maschine zusammen arbeiten und deshalb die Arbeit nicht früher als diese verlassen können.

Ergebnisse der über die Frauen- und Kinderarbeit in den Fabriken auf Beschluss des Bundesraths angestellten Erhebungen, hg. vom Reichskanzler-Amt, Berlin 1877, S. 75

1 Untersuchen Sie anhand von M 38 a die Gründe, die Unternehmer zur Einstellung bzw. Nichteinstellung von Frauen veranlassten.

b) Erwerbstätige in Deutschland in ausgewählten Gewerben nach Geschlecht und Stellung im Beruf 1895–1907 (in Prozent)

Branche		Stellung im Beruf in % der männl./weibl. Erwerbstätigen				Frauen in % aller Erwerbstätigen in der berufl. Stellung	
		Männer		Frauen			
		1895	1907	1895	1907	1895	1907
Maschinenbau / Elektrotechnik	Selbstständige	21,4	8,8	12,3	3,3	1,7	1,8
	Heimarbeiter	0,5	0,4	1,9	2,0	10,2	19,8
	Aufsichtspersonal	2,2	3,5	0,1	0,3	0,1	0,4
	Techn. Angestellte	3,2	4,6	0,0	0,1	0,0	0,1
	Gelernte Angestellte	3,2	5,5	3,4	16,7	3,0	13,1
	Gelernte Arbeiter	46,8	49,6	12,6	11,7	0,8	1,1
	Ungelernte Arbeiter	22,7	27,5	69,7	65,8	8,3	10,6
Lederindustrie	Selbstständige	26,8	22,2	9,1	5,2	2,2	2,4
	Heimarbeiter	1,2	1,2	1,8	2,7	8,9	18,9
	Aufsichtspersonal	1,0	2,2	0,2	0,5	1,5	2,2
	Techn. Angestellte	0,1	0,2	0,0	0,0	0,0	1,8
	Kaufm. Angestellte	1,7	3,4	1,3	6,0	4,7	15,5
	Gelernte Arbeiter	50,5	45,5	20,3	11,7	2,5	2,6
	Ungelernte Arbeiter	18,6	25,3	67,2	74,0	19,0	23,4
Textilindustrie	Selbstständige	9,8	5,3	3,9	2,0	24,2	27,5
	Heimarbeiter	14,9	7,2	13,3	8,4	14,9	53,4
	Aufsichtspersonal	2,4	5,6	0,2	0,5	5,6	7,5
	Techn. Angestellte	0,2	0,4	0,0	0,0	2,0	5,3
	Kaufm. Angestellte	4,2	7,8	0,2	1,0	3,4	11,6
	Gelernte Arbeiter	40,0	37,2	41,5	36,6	45,7	49,2
	Ungelernte Arbeiter	28,4	36,5	40,0	51,5	53,9	58,1

Lesebeispiel: Von 1000 männlichen Beschäftigten in Maschinenbau/Elektrotechnik (1895) sind 214 Selbstständige, 5 Heimarbeiter, 22 Aufsichtspersonal etc.; von 1000 Selbstständigen in dieser Branche (1895) sind 17 Frauen etc.
Gerhard A. Ritter/Klaus Tenfelde, Arbeiter im Deutschen Kaiserreich 1871 bis 1914, J. H. Dietz, Bonn 1992, S. 215

1 Erklären Sie, wie sich die Unterschiede erklären lassen. Was zeichnete die Berufe aus, in denen vorwiegend Frauen bzw. Männer beschäftigt waren?

Methode

Geschichtskarten interpretieren: Industrieregionen im Mitteleuropa des 19. Jahrhunderts

Landkarten sind in unserer modernen Lebenswelt ein alltägliches Medium. Redakteure von Presse und Fernsehen fertigen Kartenskizzen an, um ihren Lesern und Zuschauern eine bessere räumliche Orientierung zu ermöglichen. Auch Tourismus ist ohne Karten unvorstellbar: Wer sich in einer unbekannten Region zurechtfinden will, muss Karten benutzen.

Die Vorzüge kartografischer Darstellungen liegen auf der Hand: Karten sind anschaulich, übersichtlich, sie reduzieren Tatsachen und Erscheinungen auf das Wesentliche. „Auf einen Blick" eröffnen sie uns eine dichte Fülle von Informationen über Raumstrukturen und deren zeitliche Zustände oder Verläufe. Karten übermitteln Raumerfahrungen, Machtstrukturen, Weltbilder. Durch Karten wird, schreibt Gerald Sammet in seinem Buch „Der vermessene Planet" (1990), „die Formenvielfalt des menschlichen Lebensraumes eingegrenzt, die Welt begehbar gemacht. Karten laden zu Augenspaziergängen ein, sie setzen Fantasie frei und verschieben Erfahrungshorizonte. Das vereinfachte Bild der Erde erzeugt neue Anschauungen.".

Auch dem Historiker bieten Karten wertvolle Erkenntnismöglichkeiten. Das lässt sich an einem Beispiel aus der Geschichte der Industrialisierung verdeutlichen: Die Herausbildung des Industriekapitalismus vollzog sich in Europa weder flächendeckend noch zeitgleich. In England begann die Industrialisierung früher als in anderen Ländern; dafür holte Deutschland in der zweiten Hälfte des 19. Jahrhunderts seinen Entwicklungsrückstand rasch auf. Aber auch innerhalb der verschiedenen Staaten gab es große Unterschiede und Ungleichzeitigkeiten bei der Durchsetzung industrieller Wirtschaftsformen. Bis in die Gegenwart hinein stehen in demselben Land hochindustrialisierte Regionen überwiegend agrarisch geprägten Gebieten gegenüber. Man denke etwa an das Ruhrgebiet und Mecklenburg-Vorpommern; im 19. Jahrhundert war das Gefälle noch viel stärker.

Solche regionalen Schwerpunkte und Entwicklungen lassen sich kartografieren und dadurch anschaulicher machen. Wer sich einen Überblick verschaffen will, welche Industrieregionen in Mitteleuropa wann entstanden oder wieder verschwunden sind, wird zu einer oder mehreren Geschichtskarten greifen. Aber auch der Landes- oder Regionalhistoriker profitiert von Geschichtskarten: Um die Entstehung und die Besonderheiten der sächsischen Industrieregion zu bestimmen, sind Geschichtskarten sehr hilfreich. Bei der Interpretation solcher Karten sollte man sich aber stets bewusst sein, dass sie kein reales Bild der Wirklichkeit wiedergeben. Sie beruhen vielmehr auf einer Kunstsprache, die aus vielen Zeichen zusammengesetzt wird und die „übersetzt" werden muss.

Arbeitsschritte für die Interpretation

1. Einordnung
- Welchen Titel trägt die Karte?
- Welcher Gegenstand wird behandelt?
- Welche Zeit stellt die Karte dar?
- Welchen Raum erfasst die Karte?
- Welche Zeichen benutzt die Karte?
- Welche Bedeutung besitzen die Zeichen?

2. Karteninhalt
- Welche Gegebenheiten werden für welchen Raum dargestellt?
- Welche Gegebenheiten werden für welchen Zeitpunkt dargestellt?
- Welche Gegebenheiten sind wie verteilt – quantitativ und/oder qualitativ?

3. Historische Interpretation
- Welche Ursachen, Entwicklungen und Folgen lassen sich aus den einzelnen Beschreibungen ablesen?
- Welche Rolle spielen dabei Raumstrukturen, Entfernungen und zeitliche Abstände?
- Welche weitergehenden Schlüsse lassen sich aus der Kartenanalyse ziehen?
- Wo liegen die Grenzen hinsichtlich der Aussagefähigkeit der Karte?
- Welche thematischen, quantitativen, chronologischen und räumlichen Aspekte fehlen?

4. Fazit
- Welche Gesamtaussage lässt sich formulieren?

Methode

M 39 Die Industrialisierung in Mitteleuropa bis 1910

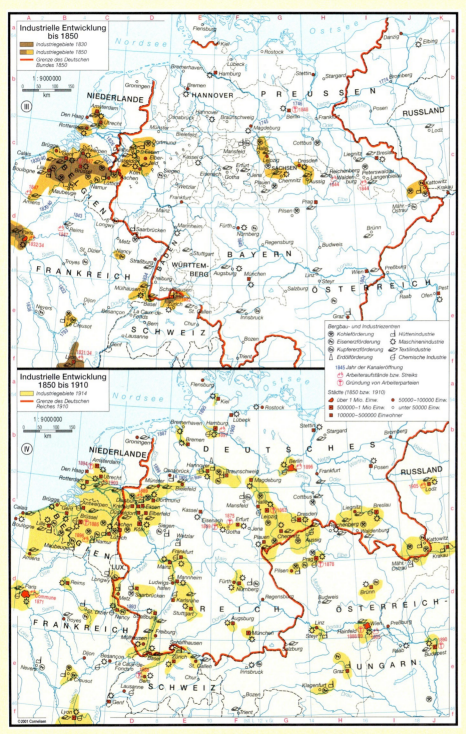

1 Interpretieren Sie die beiden Karten mithilfe der genannten Arbeitsschritte.

Hinweise zur Lösung finden Sie auf Seite 569.

Grundwissen Industrielle Revolution

Zeittafel

Um 1700 Bei der Verarbeitung von Eisenerz geht man in England von Holzkohle zu Koks über.

Um 1760 Die Agrarrevolution in England schafft wichtige Voraussetzungen für die Industrialisierung; sie ist gleichzeitig eine zentrale Begleiterscheinung der Industrialisierung.

1763–84 Die Dampfmaschinentechnik wird entscheidend verbessert.

1767 Die erste industrielle Spinnmaschine („Spinning Jenny") wird erfunden.

Um 1770 In England beginnt die Industrielle Revolution.

1776 Das Buch von Adam Smith über „The Wealth of Nations" („Der Wohlstand der Nationen") erscheint.

1785 Der mechanische Webstuhl wird erfunden.

1789 Die Französische Revolution beschleunigt den Übergang von der adligen Privilegien- zur bürgerlichen Klassengesellschaft, von einer agrarisch-frühkapitalistischen zur kapitalistisch-industriellen Wirtschaft.

Seit 1806 Die preußisch-rheinbündischen Reformen leiten in Deutschland einen tief greifenden Wandel ein, der zur Verbürgerlichung wie zur Entfesselung der modernen Wirtschaftsgesellschaft führt (Code Napoléon in den Rheinbundstaaten; Reformgesetze in Preußen, z. B. Rechtsgleichheit, Bauernbefreiung, Gewerbefreiheit).

1834 Der Deutsche Zollverein schafft die Voraussetzungen für die Entstehung eines Binnenmarktes in Deutschland.

1837 In England konstituiert sich die Chartistenbewegung. Sie war die erste politische Arbeiterbewegung.

Um 1840 In Deutschland beginnt die Industrielle Revolution.

1847/48 Das „Kommunistische Manifest" von Karl Marx und Friedrich Engels erscheint.

1855/56 Der Engländer Henry Bessemer entwickelt ein Verfahren zur Massenerzeugung von Stahl.

1869 Die „Sozialdemokratische Arbeiterpartei" wird von August Bebel und Wilhelm Liebknecht in Deutschland gegründet.

1869/70 In Deutschland entsteht der erste gewerkschaftliche Zentralverband.

Um 1870 Die Nutzung des Erdöls als Energieträger beginnt.

1871 Das Deutsche Reich wird gegründet.

1873–95 Die „Große Depression" markiert die erste moderne weltwirtschaftliche Krise.

1875 Die deutschen Arbeiterparteien vereinigen sich zur „Sozialistischen Arbeiterpartei" (ab 1891: SPD).

Um 1890 Mit dem Durchbruch der industriellen Nutzung der Elektrizität als Energiequelle beginnt die „zweite" Industrielle Revolution.

1913 Henry Ford führt in den USA das Fließband zur Massenproduktion von Autos ein.

1917 Mit der Oktoberrevolution in Russland beginnt der Versuch einer planwirtschaftlichen Industrialisierung.

1929–33 Mit der Weltwirtschaftskrise geht die Zeit der Wirtschaftskonjunktur und des europäischen Freihandels zu Ende.

Zentrale Begriffe

Industrielle Revolution: Der Begriff bezeichnet die Anschubphase der Industrialisierung, die in England um 1770, in Deutschland ab 1840 einsetzte. Hauptmerkmale sind neue Energiequellen, Maschinen, Fabrik, Arbeitsteilung, Wachstum des Sozialprodukts und die Umverteilung der Erwerbstätigen von der Landwirtschaft in das Gewerbe und den Dienstleistungsbereich. Bestimmten mechanische Webstühle, Dampfschiffe, Kohle- und Eisentechnologie die „erste" Industrielle Revolution, werden die Einführung der Chemie- und Elektroindustrie sowie die Erfindung des Verbrennungsmotors als „zweite", die Einführung der Raumfahrt und Computertechnologie als „dritte" Industrielle Revolution bezeichnet.

Soziale Frage: Der Begriff bezeichnet die Notlage und die ungelösten Probleme der Industriearbeiter im 19. Jh. wie unsichere Arbeitsplätze, Arbeitslosigkeit, niedrige Löhne bei langen Arbeitszeiten, Wohnungselend, fehlende Versorgung bei Krankheit, Invalidität und Tod.

Urbanisierung: Der Begriff meint die Verbreitung städtischer Kultur und Lebensweise über ganze Regionen. Zentrale Merkmale sind Massenangebot und Massenkonsum, Geschwindigkeit, Mobilität und Anonymität. Im engeren Sinne meint Urbanisierung auch Verstädterung, bewirkt durch schnelleres Wachstum der Stadtbevölkerung gegenüber langsamerem Wachstum oder gar Stillstand/Rückgang der Landbevölkerung.

Grundwissen Industrielle Revolution

Wiederholungsaufgaben: Inhalte – Zusammenhänge – Beurteilungen

1. a) Erläutern Sie, ausgehend von der Begriffsdefinition (S. 66), die zentralen Merkmale der Industriellen Revolution und der Industrialisierung.
   b) Arbeiten Sie die wichtigsten Phasen der Industrialisierung heraus, entwerfen Sie ein Phasenmodell und erläutern Sie es am Beispiel Englands und Deutschlands.
2. Erörtern Sie, inwiefern die Industrialisierung im besonderen Maß das Problem von „Gleichzeitigkeit" und „Ungleichzeitigkeit" in der historischen Entwicklung aufwirft. Untersuchen Sie dabei besonders die Position Deutschlands unter den Industriestaaten vom ausgehenden 18. bis zum beginnenden 20. Jahrhundert.
3. Bestimmen Sie am Beispiel Deutschlands und Englands die Rolle des Staates im Industrialisierungsprozess.
4. a) Analysieren Sie, ausgehend von der Definition (S. 66), den Begriff der „sozialen Frage". Vergleichen Sie dabei die Situation der Arbeiter im 19. Jahrhundert mit den Lebensbedingungen heutiger Arbeiter: Gibt es heute noch eine „soziale Frage"?
   b) Beschreiben Sie die unterschiedlichen Lösungswege der „sozialen Frage", die im 19. Jahrhundert vorgeschlagen und beschritten wurden.
5. Erarbeiten Sie die Entwicklung der Geschlechterbeziehungen im 19. Jahrhundert unter dem Aspekt von Gleichberechtigung und Gleichstellung. Welche Probleme des 19. Jahrhunderts sind heute gelöst, welche nicht?
6. „Viele Generationen und Epochen haben davon geträumt, endlich das Joch der Arbeit abzustreifen oder zu lockern, indem immer mehr Reichtum mit immer weniger menschlicher Arbeitskraft erzeugt wird. Nun sind wir so weit, aber niemand weiß mit der Lage umzugehen." Das schreibt der Soziologe Ulrich Beck in seinem 1997 erschienen Buch „Was ist Globalisierung?".
   a) Zeigen Sie, wie sich im Verlauf der Industrialisierung der Charakter der Arbeit und die Einstellung der Menschen zur Arbeit geändert haben. Welche Perspektiven sind für die Zukunft zu erwarten?
   b) Erörtern Sie, ausgehend von dem Zitat Becks, die Chancen und Risiken der Industrialisierung.

M 40 Der Streik, Gemälde von Robert Koehler, 1886

Kapitel 2

Nationalismus und Liberalismus: Deutschland im „langen" 19. Jh.

Im Jahre 1800, also elf Jahre nach der Französischen Revolution, bot sich im Heiligen Römischen Reich Deutscher Nation immer noch folgendes Bild: Die mehr als 300 Staaten und über 1 000 kleinen Territorien wurden teils von absolutistischen, teils von aufgeklärt-absolutistischen Monarchen regiert; der Adel verfügte über gesellschaftliche und politische Privilegien, während das wirtschaftlich bedeutsame Bürgertum wenig politischen Einfluss besaß und die Bauern in Abhängigkeit von den Grundherren lebten. Zwar gab es auch in Deutschland eine aufklärerische Tradition. Aber die Ideen der Menschenrechte und der parlamentarischen Nationalrepräsentation – Gedanken, die zu den Grundpfeilern des späteren Liberalismus zählten – blieben in Deutschland politische Theorie. Denn das Bürgertum fürchtete jene Auswüchse der Revolution, die Frankreich mit Königsmord und Terrorherrschaft erlebt hatte.

Die alten Loyalitäten und Staatsordnungen wurden erst erschüttert, als Napoleon die Länder des Heiligen Römischen Reiches besetzte, 1806 das Alte Reich auflöste, den Rheinbund gründete und die Zentralisierung der Staatsverwaltungen vorantrieb. Vom Bürgertum ausgehend, formierte sich nun eine Nationalbewegung, die den Kampf gegen Napoleon mit dem Wunsch nach Gründung eines deutschen Nationalstaates verband. Durch die Besatzung kam zugleich die Liberalisierung voran, da einzelne Staatsmänner die Niederlage vornehmlich als eine Folge ausgebliebener Modernisierungen betrachteten. Die von Stein und Hardenberg in Preußen eingeleiteten Reformen wurden so zum Beispiel einer „Revolution von oben", während die Fürsten der süddeutschen, einst mit Napoleon verbündeten Staaten Verfassungen erließen.

Der aus dem Wiener Kongress 1814/15 hervorgegangene Deutsche Bund, der an die Stelle des Alten Reiches trat, befriedigte die Nationalbewegung nicht. In eine nationalistische Mobilisierung schlug diese Unzufriedenheit allerdings nicht um. Denn seit 1819 wurden auf Initiative des österreichischen Staatskanzlers Metternich Verfassunggebung und Liberalisierung massiv unterdrückt und damit auch die Nationalbewegung beeinträchtigt, die „Einheit und Freiheit" zu einer einzigen Forderung verschmolz. Erst mit der französischen Julirevolution 1830 bekam sie neuen Auftrieb, erhielt Zulauf aus breiteren Schichten und mündete während des

„Vormärz" – unterstützt von Industrialisierungsfolgen und Hungerkrisen – in die Revolution von 1848.
Die Nationalbewegung wurde in der Revolutionszeit 1848/49 durch die Debatte um die „großdeutsche" oder „kleindeutsche" Lösung gespalten und dadurch in ihrer politischen Stoßkraft geschwächt. Territorialordnung und Verfassungsordnung zugleich diskutieren und festlegen, zumal unter den Bedingungen der einsetzenden Industrialisierung und dem Aufkommen der Arbeiterbewegung, das war zu viel auf einmal. In Deutschland, so lautet inzwischen die Meinung vieler Historiker, lagen 1848/49 zu viele Modernisierungsfragen zugleich auf dem Tisch. Die Einzelmonarchen konnten aus diesem Grund sowie dank ihrer militärischen Macht ihre Herrschaft wieder stabilisieren, wenn auch, wie in Preußen, nur mit dem Zugeständnis einer Verfassung.
Die von Bismarck initiierte Reichsgründung 1871 war nicht das, was die Nationalbewegung des Vormärz erhofft hatte. Denn der neue Nationalstaat wurde nicht von einem Nationalparlament, sondern von den Fürsten gegründet. Die Verfassung kannte im Gegensatz zum Verfassungsentwurf der Paulskirche keine Grundrechte; der Reichstag hatte eine schwache Position und der König besaß uneingeschränkte Gewalt über das Militär. Reichskanzler Bismarck, ein adliger Junker aus Preußen, bekämpfte Liberale und Arbeiterbewegung und schloss die österreichischen Habsburger als traditionelle Inhaber der deutschen Kaiserkrone aus dem Reich aus. Die daraus resultierenden politischen Spannungen wurden allerdings von einer erfolgreichen Industrialisierung und der Einführung eines Sozialversicherungssystems abgefedert. Zudem entfalteten die drei militärischen Siege Preußens, die der Reichsgründung vorangegangen waren, große Integrationskräfte. Sie förderten die Akzeptanz des neuen Nationalstaats sowie des „Reichsnationalismus", der unter Wilhelm II. in Großmachtstreben überging und 1914 in den Weltkrieg führte.

M1 Philipp Veit, Germania, 1848, Öl auf Leinwand. Das Bild hing über dem Präsidentensitz der Frankfurter Paulskirche (s. S. 93); heute im Germanischen Nationalmuseum.

2 Nationalismus und Liberalismus

1 Liberalismus und Nationalismus bis zur Reichsgründung

1.1 Revolution „von oben"

Die napoleonische Herrschaft in Deutschland

Anders als in Frankreich hatten sich in den deutschen Staaten die alten sozialen und politischen Verhältnisse bis zur Jahrhundertwende im Wesentlichen erhalten. Die Gesellschaft war nach wie vor nach Ständen gegliedert. Adel und Geistlichkeit genossen Privilegien und waren die großen Grundherren. Die Bauern lebten in weitgehender Abhängigkeit, bebauten den Boden, der ihnen nicht gehörte, und leisteten dem Grundeigentümer Abgaben und Dienste. Das Bürgertum profitierte zwar durch Handel und Gewerbe vom Merkantilismus und wurde wirtschaftlich einflussreich, war aber weiterhin politisch rechtlos. Seine politischen Ideen waren wie in Frankreich von der Aufklärung geprägt, blieben aber in der praktischen Politik größtenteils ohne Wirkung.

Die Französische Revolution führte in Deutschland weder zu einer revolutionären Situation noch zu unmittelbaren Veränderungen. Erst die Kriege des revolutionären Frankreich und Napoleons (1792–1809) erzwangen einen tief greifenden gesellschaftspolitischen Wandel. Die militärischen Erfolge gaben Frankreich die Möglichkeit, eine vollständige territoriale und politische Neuorganisation zu erzwingen. Die so genannte napoleonische Flurbereinigung erfolgte in zwei Etappen: Bereits 1801 hatten Kaiser und Reich die linksrheinischen Gebiete an Frankreich abgetreten. Für ihre Verluste wurden die weltlichen Fürsten 1803 im Reichsdeputationshauptschluss entschädigt. Unter dem Druck Napoleons geschah das durch **Säkularisierung** der geistlichen Herrschaften (Fürstbistümer, Reichsabteien, Klöster) und durch **Mediatisierung** der reichstreuen und reichsunmittelbaren Territorien (Reichsstädte, Reichsdörfer, kleinere Fürstentümer). Sie wurden als politische Einheiten aufgelöst und den größeren und mittleren Staaten zugeschlagen. Die politische Landkarte vereinfachte sich; es entstanden geschlossene und lebensfähige Flächenstaaten (M 2 a, b).

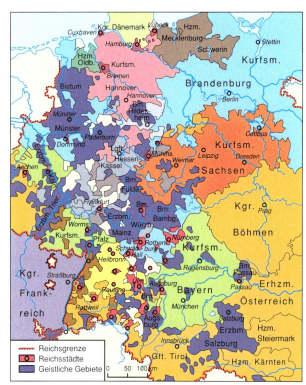

M2 Die „napoleonische Flurbereinigung" in Deutschland
a) Karte von 1789

Nationalismus und Liberalismus 2

Nach der Niederlage Österreichs bei Austerlitz und dem Österreich 1805 aufgezwungenen Pressburger Frieden setzte Napoleon weitere territoriale Veränderungen durch. Zahlreiche Reichsritter wurden mediatisiert, ihre Herrschaften in die südwestdeutschen Staaten eingegliedert. Diese hatten sich mittlerweile auf die Seite Frankreichs gestellt und dessen Feldzug unterstützt. Napoleon zeigte sich erkenntlich, indem er z. B. 1805 Württemberg zum Königreich und 1806 Baden zum Großherzogtum erhob. Beide schlossen sich mit anderen deutschen Staaten im Rheinbund zusammen, der mit dem mächtigen Frankreich verbündet war. Mit dem Zusammenschluss von 16 süd- und norddeutschen Staaten zum Rheinbund im Juli 1806 endete das Heilige Römische Reich Deutscher Nation. Die Rheinbundfürsten traten aus dem Reichsverband aus, der deutsche Kaiser erkärte daraufhin sein Amt für erloschen. Bis 1812 schlossen sich alle deutschen Staaten bis auf Preußen und Österreich dem Rheinbund an. Die Rheinbundstaaten verpflichteten sich, Napoleon Truppen zu stellen. Im Gegenzug erhielten diese Staaten die lang ersehnte Souveränität über ihr Territorium.

Reformen in den Rheinbundstaaten

Napoleon wollte seine Herrschaft durch möglichst einheitliche Institutionen und Rechtsformen absichern und verlangte aus diesem Grunde von den Rheinbundstaaten eine Angleichung ihrer politischen und gesellschaftlichen Strukturen an das französische Vorbild. Das lag jedoch auch im Eigeninteresse dieser Länder. Das französische System mit seinen allgemein verbindlichen, rationalen Prinzipien war ein geeignetes Mittel, um die bunt zusammengewürfelten Staaten zu einem Ganzen verschmelzen zu können. Durchgesetzt wurde die umfassende Erneuerung von Staat und Gesellschaft, die zur Übernahme wichtiger Errungenschaften der Französischen Revolution führte, vom Staat und seiner Bürokratie, d. h. nicht vom Volk. Aus diesem Grund sprechen die Historiker von einer Revolution „von oben", die jedoch nicht in allen Rheinbundstaaten durchgesetzt werden konnte. Im Unterschied zu den meisten von ihnen, die eine bewusste und zielstrebige Reformpolitik betrieben, hielten andere Staaten wie Sachsen aber auch am Altbewährten fest. Das änderte sich erst in den Dreißigerjahren, als Sachsen eine neue Verfassung erhielt und Reformen einleitete, die besonders der Wirtschaft entscheidende Impulse verliehen und die Grundlage für deren weiteren Aufstieg schufen (M 4–M 6).

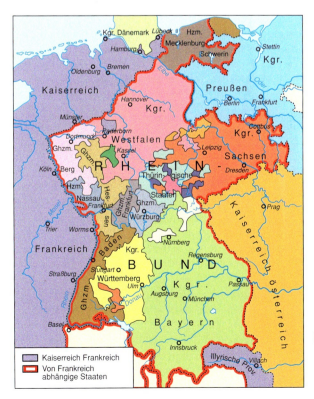

b) Karte von 1810

2 Nationalismus und Liberalismus

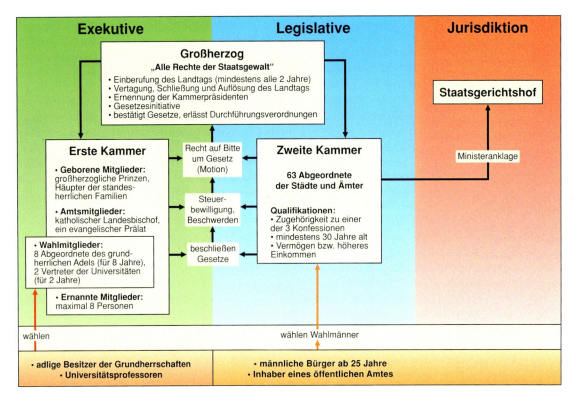

M3 Die Staatsorgane in der badischen Verfassung von 1818

Mit der Integration der linksrheinischen deutschen Gebiete in die französische Departementsverwaltung galt dort französisches Recht und damit Napoleons Gesetzessammlung, der Code civil (1804). Nach der Gründung des Rheinbundes und Preußens Niederlage bei Jena und Auerstedt wurde er auch rechtsrheinisch wirksam. In den Hansestädten, in den neu gegründeten französischen Musterstaaten Westfalen und Berg und, modifiziert, in Baden und Frankfurt am Main trat der Code civil in Kraft. Die Regierungen von Bayern, Würzburg und Hessen-Darmstadt bereiteten die Einführung vor; Napoleon lehnte 1810 eine weitere Verbreitung ab.

Der Code civil brachte eine Vereinheitlichung der Rechtsauffassung und bereitete den Boden für die Entwicklung einer an Wirtschaftsfreiheit und Leistungsprinzip orientierten Gesellschaft. Mit der Durchsetzung allgemeiner bürgerlicher Freiheitsrechte und der Gleichheit der Männer vor dem Gesetz bewirkte er nicht nur eine Erneuerung der Rechts-, sondern auch der Gesellschaftsordnung. Die Vereinfachung und Vereinheitlichung der Besitzrechte und Vertragsarten sowie die Säkularisation des Zivillebens (z. B. Zivilehe statt kirchlicher Ehe) wirkten vorbildhaft. Linksrheinisch war der Code civil bis zur Einführung des Bürgerlichen Gesetzbuches (BGB) im Jahre 1900 in Kraft.

Die süddeutschen Rheinbundstaaten beseitigten die Stände und gewährleisteten einen strikten Verwaltungszentralismus und einen autokratischen Absolutismus. Die Integration der neuen Landesteile zum Zentralstaat Bayern wurde damit ebenso gefördert wie die zum württembergischen Gesamtstaat und die zum badischen „Musterland". Mit den Befreiungskriegen, dem Ende des Rheinbundes und der Herrschaft Napoleons (1813–15) entstand die Gefahr erneuter Gebietsveränderungen. Gleichzeitig erwies sich eine ausschließlich bürokratische Integration der neuen Landesteile als wenig tragfähig. Angesichts drohender Gebiets- und Machtverluste waren die süddeutschen Herrscher bereit, ein württembergisches oder badisches Nationalbewusstsein ihrer Untertanen zu fördern. Hauptmittel zur politischen Integration der Untertanen war die Überführung des monarchischen Verwaltungsstaats in einen liberalen Verfassungsstaat. In diesem tritt an die Stelle des

Nationalismus und Liberalismus 2

Untertanen der Staatsbürger mit bestimmten Rechten und Freiheiten. Kernstück des Verfassungsstaats ist eine gewählte Nationalrepräsentation, in der dem Monarchen ein Mitbestimmungsrecht des Volkes entgegentritt. Die französische Charte constitutionnelle von 1814 stellte mit ihrem Zweikammersystem und der Garantie der Menschen- und Bürgerrechte das Vorbild für die so genannten frühkonstitutionellen Verfassungen in Baden, Württemberg und Bayern 1818/19.

In Baden verordnete (oktroyierte) Großherzog Carl 1818 eine Verfassung (M 3), in der jeder männliche Bürger das aktive Wahlrecht besaß (nur das passive war an eine bestimmte Steuerleistung gebunden = Zensus). Die württembergische Verfassung von 1819 kannte nur ein eingeschränktes Wahlrecht (Zensuswahl), war aber die einzige, die nicht vom Landesherrn oktroyiert, sondern mit dem Landtag ausgehandelt war. Insofern bedeutete sie eine Rückkehr zum „alten Recht". In allen süddeutschen Verfassungen (einschließlich der Bayerns 1818) war mit den Grundrechten die Gleichheit der Männer und damit der Zugang aller männlichen Bürger zu den Staatsämtern, die Freiheit der Person und der Meinung sowie das Recht auf Eigentum gewährleistet; neben der Wehr- wurde auch die Steuerpflicht eingeführt.

Den **süddeutschen Konstitutionalismus** kennzeichnen aber auch typische Mängel. Im Zweikammersystem setzte sich die alte Gesellschaftsteilung fort: Der Adel hatte in ihm ebenso wie in der Gesellschaft eine Sonderstellung inne. Die Kammern waren kein Parlament, denn sie konnten keine Regierungen bilden bzw. entlassen; einzig die Regierungskontrolle und die Mitwirkung bei der Gesetzgebung waren ihre Aufgaben. Die Gewaltenteilung war ebenso unvollständig wie die Ministerverantwortlichkeit. Dennoch haben diese Verfassungen die Einheit der süddeutschen Länder so befördert, dass sie auch die Revolution von 1848/49 überstanden.

Reformen in Preußen   Napoleon hatte nach der Niederlage Preußens bei Jena und Auerstedt 1806 dessen westliche und östliche Gebiete abgetrennt und zu selbstständigen Staaten erhoben (z. B. Westfalen, Warschau); bei einer erneuten Niederlage musste das nurmehr aus Brandenburg, Pommern, Schlesien und Ostpreußen bestehende Preußen mit seinem Ende rechnen. Angesichts dieser Lage setzten sich in Preußens Staatsspitze immer mehr Männer durch, die in einer gründlichen Staatsreform das einzige Heilmittel für ein wirtschaftliches und militärisches Wiedererstarken ihres Landes sahen. Zu diesen Reformern gehörten der ehemalige Finanzminister und seit 1807 erste Minister Preußens, Freiherr vom und zum Stein (M 7), und sein Nachfolger von Hardenberg. Nach ihrer Auffassung sollten alle Landesteile unmittelbar dem König unterstellt, durch die Beseitigung der Adelsprivilegien, die Befreiung der Bauern, durch Reformen im Heeres- und Rechtswesen, ferner durch ein Mitspracherecht der Untertanen in Staat und Gemeinde und durch ein allgemeines Erziehungswesen ein nationales Bewusstsein geschaffen werden. Aus dem so geförderten **preußischen Nationalbewusstsein** sollte die Kraft zu einer neuen Größe Preußens gewonnen werden.

Alle diese Reformpunkte waren von den Errungenschaften der Französischen Revolution und Napoleons Staatsauffassung inspiriert worden. Dem preußischen Adel waren deshalb die Reformer als Jakobiner verdächtig. Dennoch leitete der preußische König mit dem Oktoberedikt 1807 (s. S. 28) eine Revolution „von oben" ein, die mit einer Sozial-, Rechts-, Wirtschafts-, Verwaltungs-, Militär- und Erziehungsreform für Deutschland im 19. Jahrhundert Maßstäbe setzte. In der Verwaltungsreform vom Dezember 1808 wurde nach französischem Vorbild eine zentralistische Verwaltungsorganisation eingeführt, die den preußischen Staat über ein Jahrhundert prägte. So legten die Reformer den Grundstein für eine liberale Entwicklung in Preußen ebenso wie für den preußischen Nationalismus.

2 Nationalismus und Liberalismus

M4 Der Historiker Wolfram Siemann über das Königreich Sachsen während der Rheinbundzeit (1995)

Auch für das alte Kurfürstentum Sachsen bedeutete die napoleonische Politik eine schicksalhafte Zeitenwende. Im Jahre 1806 war es noch an der Seite Preußens in den Krieg gegen den französischen Kaiser ge-
5 treten und teilte die schwere Niederlage bei Jena und Auerstedt. Anders als Preußen ging Sachsen jedoch staatlich gekräftigt aus dem Zusammenbruch hervor: Napoleon erhob es unter der Bedingung, dem Rheinbund beizutreten, zum Königtum und stellte überdies
10 die alte dynastische Verbindung zu Polen wieder her. Denn der nach drei Teilungen durch Russland, Preußen und Österreich zerstörte polnische Staat erlebte – in verkleinerter Form – als Großherzogtum Warschau seine Wiedergeburt, ausgestattet mit einer fortschritt-
15 lichen Verfassung nach französischem Vorbild. Er wurde nun wieder wie in der Frühen Neuzeit durch Personalunion mit Sachsen verbunden; nicht nur machtpolitisches Kalkül, sondern auch die besondere persönliche Sympathie des Königs Friedrich August I.
20 (1806–27) zu Napoleon hat sich hierbei ausgewirkt. Das wurde ihm zum Verhängnis, als er in der Stunde des Umschwungs im Herbst 1813 zu lange am napoleonischen System festhielt, während ihn die preußische und russische Kriegspropaganda bereits als
25 Oberhaupt eines Staates angriff, der die deutschen Interessen verraten habe, und einzelne sächsische Truppenteile schon zu den Alliierten übergingen. Zeitweise drohte Preußen nach der Gefangennahme des Königs, ganz Sachsen zu annektieren, bis auf dem Wiener Kon-
30 gress – um einen erneuten Krieg zu vermeiden – das Land geteilt wurde und Preußen über die Hälfte des Gebietes im Norden zwischen Wittenberg und Görlitz (die spätere Provinz Sachsen) mit fast der Hälfte der zwei Millionen Einwohner erhielt.
35 Trotz der Zugehörigkeit zum Rheinbund hatte das Königreich im Innern in Verfassung und Verwaltung den Entwicklungsstand des 18. Jahrhunderts weitgehend beibehalten; der König regierte selbstherrlich und absolutistisch, obwohl das wirtschaftlich weit entwickelte
40 Land der Reformen bedurft hätte. Erst die Julirevolution von 1830, bei der es zu Aufständen in Dresden und Leipzig kam, erschütterte den „absolutistischen Privilegienstaat" […] so nachhaltig, dass er mit einem Reformpaket bis 1835 den Übergang in das bürgerlich-
45 liberale Zeitalter meisterte. Die Verfassung von 1831 sicherte mit ihrem Kompromiss aus landständischen Überlieferungen und moderner Repräsentation den Staatsumbau. Sachsen entwickelte fortan intensiv die gewerbliche und technische Ausbildung, förderte die
50 Industrie und modernisierte den Landbau, sodass die Bevölkerungzahl bis 1855 wieder ihren alten Stand von zwei Millionen erreichte. Das kulturelle Klima war angesichts der internationalen Bedeutung Leipzigs als Messestadt des Buchhandels unter einer milden Zensur liberal gestimmt. 55

Wolfram Siemann, Vom Staatenbund zum Nationalstaat. Deutschland 1806–1871, C. H. Beck, München 1995, S. 48–50

1 Sachsen gilt in der Rheinbundzeit als reformfeindliches Land. Überprüfen Sie anhand von M4 diese These.
2 Erläutern Sie das Verhältnis des sächsischen Monarchen zu Napoleon und zeigen Sie die Folgen für das Land Sachsen auf (M4).

M5 Der Historiker Peter Michael Ehrle über die sächsische Verfassung von 1831 (1979)

Der neue sächsische Landtag bestand aus zwei Kammern, deren Zusammensetzung auf einen Ausgleich zwischen altständischer Tradition und neuständischen Repräsentationsvorstellungen[1] beruhte. In der ersten Kammer hatten die volljährigen Prinzen des könig- 5 lichen Hauses und die bisherigen Mitglieder des Prälaten-, Grafen- und Herrenstandes Sitz und Stimme inne. Auch die Ritterschaft war mit einigen auf Lebenszeit gewählten oder vom Landesherrn auf Lebenszeit ernannten Rittergutsbesitzern in der ersten Kammer 10 vertreten. Von dem Kollegium der Städte wurde der „Enge Ausschuss" mit der Modifikation[2] übernommen, dass nur die ersten Magistratspersonen der Städte Dresden und Leipzig fest Landstandschaft erhielten, während die ersten Magistratspersonen sechs 15 weiterer Städte vom Landesherrn nach Gefallen bestimmt werden konnten. Als Vertreter der protestantischen höheren Geistlichkeit wurden der evangelische Oberhofprediger und der Superintendent zu Leipzig kraft ihres Amtes in die erste Kammer aufge- 20 nommen.
Mit dieser Zusammensetzung ähnelte die sächsische erste Kammer den süddeutschen ersten Kammern, die ebenfalls auf einer Verbindung von Virilstimmenführern[3] und kraft Amtes oder landesherrlicher Ernennung 25 hervorgehobener Persönlichkeiten beruhten. Ein wesentlicher Unterschied bestand allerdings darin, dass in Süddeutschland die Standesherren ein viel stärkeres Element der ersten Kammer bildeten, während in der aus 42 Personen bestehenden sächsischen ersten Kam- 30 mer die Ritterschaft mit ihren 22 Sitzen die Mehrheit innehatte. Durch die historisch bedingte Berücksichtigung von 8 Städten war auch das bürgerliche Element in der sächsischen ersten Kammer stärker als in Süd-

Nationalismus und Liberalismus 2

deutschland vertreten, ohne dass jedoch dadurch die Dominanz[4] des Adels gefährdet worden wäre.

In der Gestaltung der zweiten Kammer wich die sächsische Verfassung von dem in Württemberg, Baden und Hessen-Darmstadt bestehenden Zustand ab, indem die Abgeordneten der Städte und Landgemeinden nicht zusammengefasst, sondern wie in Bayern getrennt wurden. Die sächsische zweite Kammer bestand aus 20 Abgeordneten der Rittergutsbesitzer, 25 Abgeordneten der Städte, 25 Abgeordneten des Bauernstandes und 5 Vertretern des „Handels und Fabrikwesens". Während die Aufnahme des Bauernstandes in die Landesvertretung dem Vorbild aller übrigen neueren deutschen Verfassungen entsprach, wies die Berücksichtigung des in Sachsen besonders einflussreichen „Handels und Fabrikwesens" bereits auf eine berufsständische[5] Vertretungskonzeption hin, wie sie im deutschen Vormärz bislang nur in Nassau konsequent verwirklicht worden war.

Die Kompetenzen der Landstände entsprachen den in Süddeutschland gewährten Rechten und gingen damit weit über die Befugnisse der früheren sächsischen Landtage hinaus. Die Stände erhielten ein umfassendes Gesetzesbewilligungsrecht und das Recht, „auf neue Gesetze, so wie auf Abänderung oder Aufhebung bestehender" Gesetze anzutragen. Neben dem Steuerbewilligungsrecht wurde ihnen nun auch das Budgetprüfungsrecht eingeräumt. Das Anleihebewilligungsrecht und die Verwaltung der Staatsschuldenkasse sowie das Kontrollrecht über die Erhaltung des Staatsgutes und des „königlichen Hausfideicomisses"[6] rundeten die ständischen Finanzkompetenzen ab. Der Landtag hatte des Weiteren ein umfassendes Petitions- und Beschwerderecht sowie das Recht der Ministeranklage wegen Verfassungsverletzung vor dem zum Schutze der Verfassung eigens eingerichteten Staatsgerichtshof.

Das Königreich Sachsen wurde mit dieser Verfassung, die in der Bevölkerung nur wenig Anklang fand, innerhalb eines Jahres von einem rückständigen Ständestaat in eine konstitutionelle Monarchie verwandelt. Nach anfänglich guter Zusammenarbeit zwischen dem Reformministerium Lindenau und dem Landtag kam es jedoch ab 1836/37 zu starken Spannungen zwischen der Regierung und dem Landtag, in dem die Gegensätze zwischen der konservativen Ritterschaft und dem liberalen Bürgertum immer stärker hervortraten. Trotzdem gelang es Lindenau, bis zu seinem Rücktritt (1834) eine Fülle von Reformen zu verwirklichen, die Sachsen zu einem der fortschrittlichsten Staaten des deutschen Vormärz werden ließen.

M6 Bernhard August von Lindenau (1799–1854). Der aufgeklärte Politiker und Astronom Lindenau, von 1830 bis 1834 sächsischer Staatsminister, war maßgeblich an der liberalen sächsischen Staatsreform beteiligt.

Peter Michael Ehrle, Volksvertretung im Vormärz. Studien zur Zusammensetzung, Wahl und Funktion der deutschen Landtage im Spannungsfeld zwischen monarchischem Prinzip und ständischer Repräsentation, Peter D. Lang, Frankfurt/Main 1979, S. 161–165

1 Altständische Verfassungen zeichnen sich dadurch aus, dass sie nur privilegierten Schichten Zugang zum Landtag gewähren, wobei die Ständevertreter allein ihre Standesinteressen wahrnehmen. Außerdem regeln altständische Verfassungen lediglich die Zusammensetzung und Funktion der Ständeversammlung. Neuständische Verfassungen ordnen dagegen die gesamte staatliche Organisation, bauen Privilegien ab und orientieren sich am Ideal bürgerlicher Gleichheit und Freiheit. Die Abgeordneten verstehen sich als Vertreter des ganzen Volkes.
2 Modifikation = Abänderung
3 Virilstimme = Stimme, die im Gegensatz zu einer Kollektivstimme einer Einzelperson zusteht
4 Dominanz = Vorherrschaft
5 berufsständisch = Der Abgeordnete vertritt eine bestimmte Berufsgruppe.
6 Hausfideicomiss: lat. fidei commissum = zu treuen Händen belassen; unveräußerliches und unteilbares Vermögen, das in der Hand einer Familie bzw. eines Hauses bleiben sollte.

1 Beschreiben Sie die Grundzüge der sächsischen Verfassung von 1831 (M5).

2 Vergleichen Sie die sächsische Verfassung von 1831 mit den frühkonstitutionellen süddeutschen Verfassungen von 1818/19. Nennen Sie Unterschiede und Gemeinsamkeiten. Beziehen Sie dabei außer M5 auch die Darstellung mit ein.

2 Nationalismus und Liberalismus

M 7 Otto Kaemel, Manfred und Agatha Kobuch, Historiker, über die Reformpolitik Sachsens nach 1831 (1999)

Das Königshaus verzichtete auf seine Domänen[1] zugunsten einer sehr mäßigen Zivilliste[2], und auch die Schlösser und Sammlungen gingen in das Eigentum des Staates über, sollten aber dem jeweiligen König zur Verfügung stehen. Die Landesgesetzgebung setzte an die Spitze des Staates statt der bisherigen Oberbehörden die sechs Fachministerien für das Innere, die Justiz, die Finanzen, den Kultus und Unterricht, das Kriegswesen und das Auswärtige, neben denen der Staatsrat, aus den königlichen Prinzen und den höchsten Beamten gebildet, besonders wichtige, ihm zugewiesene Sachen beraten sollte (November 1831); sie gab den Städten durch die Städteordnung vom 2. Februar 1832 nach preußischem Vorbild eine neue Verwaltung (Stadtrat und Stadtverordnete), errichtete auf dem zweiten Landtag 1833/34 für die Landesverwaltung die vier Kreisdirektionen von Dresden, Leipzig, Zwickau und Bautzen und vollendete die Staatseinheit, indem sie die Verwaltung des Staatsvermögens der Hauptstaatskasse, die Verteilung der Staatseinnahmen der Finanzzentralkasse, die Aufsicht über die Staatsschulden […] der Staatsschuldenkasse unter Leitung einer ständischen Deputation übertrug. […] Ebenso wurde das bisher höchst verwickelte Steuerwesen einheitlich geregelt (Grund-, Gewerbe- und Personalsteuer). Grundlegend für die neue wirtschaftliche und soziale Ordnung wurde die Aufhebung des Gesindezwanges, der Fronen und der Servituten[3] durch das Gesetz vom 17. März 1832, deren allmähliche „Ablösung" die 1834 gegründete Landrentenbank vermittelte, und die Aufhebung des mittelalterlichen Lehnsverbandes 1834. Der so befreite Bauernstand erhielt in der Landgemeindeordnung von 1838 die Selbstverwaltung seiner Angelegenheiten. Dagegen gelang es weder die städtischen Zunftrechte noch die Patrimonial- und Stadtgerichte (im Ganzen über 1100) zu beseitigen; nur in den obersten Instanzen ging die Rechtspflege […] an rein staatlich-monarchische Organe über, und zugleich sicherte das Strafgesetzbuch von 1836 die Einheitlichkeit des Kriminalverfahrens. Für die Volkswohlfahrt sorgte die Regierung besonders durch das Heimatgesetz von 1834, die Armenordnung von 1840 und die Ernennung von Bezirksärzten 1840. Die Verwaltung der Landeskirche blieb dem Konsistorium, das sich bei den Kreisdirektionen durch Kirchen- und Schulräte vertreten ließ; […] doch war die Errichtung neuer Klöster im ganzen Land verfassungsmäßig untersagt. In das höhere Schulwesen griff die Regierung, nachdem sie schon 1828 die Reifeprüfung an den Gymnasien allgemein eingeführt hatte, zuerst nur durch die Beschlüsse der Rektorenkonferenz 1835 bestimmend ein, dagegen gab sie dem Volksschulwesen schon 1836 eine allgemeine gesetzliche Grundlage und die Universität Leipzig erhielt 1834 eine neue Verfassung […].

Erst diese Umgestaltungen seit 1831 ermöglichten den dringend notwendigen Eintritt Sachsens in den Deutschen Zollverein nach dem Vertrag vom 24. März 1833, der, als in der Neujahrsnacht 1833/34 alle Zollschranken in Mitteldeutschland fielen, etwa 8200 Quadratmeilen mit 25 Millionen Einwohnern umfasste, also über vier Fünftel Deutschlands außerhalb Österreichs. Damit verschwand die wirtschaftliche Selbstständigkeit der Einzelstaaten und machte der nationalen Wirtschaftseinheit Platz, der Grundlage der künftigen politischen Einheit.

Das unerwartet rasche Aufblühen Sachsens trat zuerst unter Friedrich August II. (1836–1854) hervor. Wie die Landwirtschaft, aus ihren Fesseln befreit, von der Dreifelderwirtschaft jetzt allgemein zur Fruchtwechselwirtschaft überging, so fand die im Verlauf der industriellen Revolution hochentwickelte sächsische Industrie im Zollvereinsgebiet einen weiten Markt und ging mehr und mehr zum Fabrik- und Dampfbetrieb über, der nun wieder den Kohlenbergbau mächtig förderte. Damit verband sich die Einführung der Dampfschifffahrt auf der Elbe 1837 und die Erbauung der ersten Fernbahnen, die zunächst noch Aktiengesellschaften überlassen blieben (die Leipzig-Dresdner Eisenbahn in ganzer Ausdehnung 1839 eröffnet). Seit 1850 traten die elektrischen Telegraphen und die Erleichterung des Postverkehrs durch die Briefmarke hinzu. Dem gewaltig steigenden Verkehr gab die Münzkonvention von 1838 ein allgemein norddeutsches Zahlungsmittel in der Annahme des preußischen Münzfußes (1 feine Mark Silber = 14 Rtlr. = 20 Gulden rheinisch). In dem raschen Anwachsen der Bevölkerung (1834–1855 von 1 595 000 auf 2 Millionen) trat der wirtschaftliche Aufschwung besonders deutlich hervor.

Otto Kaemmel, Sächsische Geschichte. In der Überarbeitung von Manfred Kobuch und weitergeführt von Agatha Kobuch, Hellerau-Verlag, Dresden 1999, S. 111–114

1 Domäne = königliches Hausgut
2 Zivilliste = die dem Landesherrn nach der Verfassung zustehende jährliche Geldrente
3 Servitut = Dienstbarkeit; dingliches Nutzungsrecht an einer fremden Sache, entweder zugunsten eines Grundstückes oder einer Person

1 Fassen Sie die Grundzüge der sächsischen Reformpolitik nach 1831 zusammen (M 7) und vergleichen Sie diese Reformmaßnahmen mit den preußisch/rheinbündischen Reformen während der napoleonischen Zeit.

Nationalismus und Liberalismus 2

M8 **a) Der preußische Minister und Reformer Karl Freiherr vom und zum Stein (1757–1831), zeitgenössisches Gemälde von Rinklake**

b) Aus dem Rundschreiben des Ministers vom Stein an die obersten Verwaltungsbehörden vom 24. November 1808

Es kam darauf an, die Disharmonie, die im Volke stattfindet, aufzuheben, den Kampf der Stände unter sich, der uns unglücklich machte, zu vernichten, gesetzlich die Möglichkeit aufzustellen, dass jeder im Volke seine Kräfte frey in moralischer Richtung entwickeln könne, und auf solche Weise das Volk zu nöthigen, König und Vaterland dergestalt zu lieben, dass es Gut und Leben ihnen gern zum Opfer bringe. [...]

1) Regierung kann nur von der höchsten Gewalt ausgehen. [...] Nur der König sei Herr, insofern diese Benennung die Polizeigewalt bezeichnet, und sein Recht übe nur der aus, dem er es jedes Mal übertragt. [...]

2) Derjenige, der Recht sprechen soll, hänge nur von der höchsten Gewalt ab. [...] Die Aufhebung der Patrimonial-Jurisdiktion ist bereits eingeleitet.

3) Die Erbunterthänigkeit ist vernichtet. [...]

Das nächste Beförderungsmittel scheint mir

4) eine allgemeine Nationalrepräsentation.

Heilig war mir, und bleibe uns, das Recht und die Gewalt unseres Königs. Aber damit dieses Recht und diese unumschränkte Gewalt das Gute wirken kann, was in ihr liegt, schien es mir nothwendig, der höchsten Gewalt ein Mittel zu geben, wodurch sie die Wünsche des Volks kennen lernen und ihren Bestimmungen Leben geben kann.

Wenn dem Volke alle Theilnahme an den Operationen des Staates entzogen wird, wenn man ihm sogar die Verwaltung seiner Kommunalangelegenheiten entzieht, kommt es bald dahin, die Regierung theils gleichgültig, theils in einzelnen Fällen in Opposition mit sich zu betrachten. [...]

5) Zwischen unsern beiden Hauptständen, dem Adel und dem Bürgerstande, herrscht durchaus keine Verbindung. Wer aus dem einen in den andern übergeht, entsagt seinem vorigen Stande ganz. [...]

So leidet der Gemeingeist und das Vertrauen zur Regierung. Diese Ansicht hat mir die Meinung von der Nothwendigkeit der Reformation des Adels veranlasst. Die Verhandlungen darüber liegen Ihnen vor. Durch eine Verbindung des Adels mit den andern Ständen wird die Nation zu einem Ganzen verkettet, und dabei kann das Andenken an edle Handlungen, welche der Ewigkeit werth sind, in einem höhern Grade erhalten werden. Diese Verbindung wird zugleich

6) die allgemeine Pflicht zur Vertheidigung des Vaterlandes lebhaft begründen, und auch diese Allgemeinheit muss nothwendig gleichen Eifer für die Regierung in jedem Stande erzeugen.

Nur der Bauernstand wird deshalb, weil er durch Erbunterthänigkeit so lange zurückgehalten wurde, einiger positiven Unterstützung zur Erhöhung seines persönlichen Werthes noch bedürfen.

Johann Friedrich Benzenberg, Ueber Provinzialverfassung; mit bes. Rücksicht auf die vier Länder Jülich, Cleve, Berg und Mark, Erster Theil, Hamm 1819, S. 86–92

1 Erstellen Sie eine Liste der Reformprogrammpunkte vom Steins (M 8 b).

2 Die preußische Reform sei eine „idealistisch-moralische Bewegung" gewesen, schrieb einmal der Historiker Thomas Nipperdey. Diskutieren Sie diese These anhand von M 8 b und der Darstellung.

2 Nationalismus und Liberalismus

1.2 Wiener Kongress, Deutscher Bund und Restauration

Erhebung gegen Napoleon

Im Jahre 1808 hatte Napoleon den Gipfel seiner Macht über Europa erreicht. Mehrfach hatte er die Koalitionen der europäischen Fürstentümer besiegt. Nun erwuchs ihm im erwachenden Nationalgefühl in den besetzten Ländern eine neue Gefahr. Nach dem Sieg über Preußen 1806 und der Besetzung Spaniens 1808 nahm der Widerstand gegen die napoleonische Fremdherrschaft zu; auch Entscheidungsschlachten konnten den Widerstandswillen nicht brechen.

Nachdem Napoleons Strafexpedition gegen Russland 1812 fehlgeschlagen war, bildete England mit Preußen, Österreich und Russland eine neue Koalition; zu ihr gesellten sich noch die Länder des Rheinbundes. In ganz Deutschland bildeten sich Freikorps aus Studenten und jungen Handwerkern, die im Kampf gegen Napoleon einen **Befreiungskrieg** zur Herstellung eines neuen, politisch vereinten Deutschlands mit liberaler Prägung erblickten. Diese militärische Koalition siegte über Napoleons neu ausgehobene Armee in der **Völkerschlacht bei Leipzig** (1813). Napoleon wurde über den Rhein bis nach Paris verfolgt und dort vom Senat abgesetzt, der die Macht dem Bourbonen Ludwig XVIII. übertrug. Dieser erließ eine neue Verfassung mit der Garantie der Menschenrechte (Charte). Dem nach Elba verbannten Napoleon verschaffte die Misswirtschaft der Bourbonen eine Gelegenheit zur Rückkehr nach Paris. Seine Niederlage bei **Waterloo** (1815) aber besiegelte sein Schicksal bereits nach 100 Tagen. Er starb in der Verbannung auf St. Helena im südlichen Atlantik.

Wiener Kongress und Restauration

Nach der Völkerschlacht bei Leipzig und Napoleons Abdankung wurde auf einem Kongress in Wien über die Neuordnung Europas nach der Französischen Revolution verhandelt; die Konferenzen zogen sich bis 1815 hin. England, Österreich, Preußen und Russland beherrschten diese Verhandlungen, bei denen der österreichische Staatskanzler Fürst von Metternich einen entscheidenden Einfluss ausübte. Alle Mächte hatten nicht nur ein Interesse an einer Sicherung des Friedens, sondern auch an der Auslöschung der staatsrechtlichen und gesellschaftlichen Errungenschaften der Französischen Revolution. Deshalb sollte das europäische **Gleichgewicht** durch annähernd gleich mächtige Staaten auf dem Kontinent wiederhergestellt und die alte Gesellschaftsordnung wieder belebt werden. Diese **Restauration** sollte nach dem Grundsatz der althergebrachten Rechtmäßigkeit (Legitimität) der Herrschaft erfolgen. Die Monarchen im Sinne des Gottesgnadentums wollten sich ihre Herrschaft durch Solidarität der Throne sichern. Sie schlossen sich 1815 zur Heiligen Allianz zusammen, die sich gegen den von der Französischen Revolution ausgelösten Liberalismus in Europa richtete und eine Phase der Unterdrückung einleitete (M 10).

Dieses politische System, das Metternich bis 1848 mit Überlegenheit zu handhaben wusste (System Metternich), begründete und stützte den **Konservativismus** in Deutschland. Die Konservativen erblickten in jedem Liberalismus die Gefahr, dem Radikalismus, d. h. dem Streben nach Volkssouveränität, Tür und Tor zu öffnen. Der Konservativismus setzte allem Freiheitsstreben das Prinzip der Ordnung entgegen, weil der Mensch seiner Meinung nach nicht gut sei. Autorität, Tradition und Bindung an Gruppennormen bildeten Ideale des Konservativismus.

Deutscher Bund (1815) und enttäuschte Reformer

Für Deutschland sah die Wiener Schlussakte die Gründung eines Staatenbundes von 39 souveränen Fürsten vor (Deutscher Bund). Österreich und Preußen waren die größten Mitglieder des Deutschen Bundes. Österreich, das den Vorsitz führte, verlor seine alten Gebiete am Oberrhein und in den Niederlanden und verlagerte seinen territorialen Schwerpunkt nach Südosten (aus Deutschland heraus). Preußen hingegen gewann Gebiete am Rhein und dehnte sich nach Westen aus (nach Deutschland hinein).

Mit der Gründung eines losen Fürstenbundes, in dem statt einer Verfassung lediglich landständische Verfassungen in den Einzelstaaten angekündigt wurden, waren die Hoffnungen liberaler Reformer und der jungen Deutschen, die sich in den Befreiungskriegen gegen Napoleon für die deutsche Einheit eingesetzt hatten, zunichte gemacht worden (M 11). Von nun an richtete sich eine liberal und national denkende Opposition gegen die restaurative Herrschaft der deutschen Fürsten

Nationalismus und Liberalismus 2

und verlangte statt der kleinstaatlichen Zersplitterung Deutschlands den deutschen Einheitsstaat, den **Nationalstaat** mit einer liberalen Verfassung. Die liberale und die nationale Opposition hatten im Bürgertum ihren gesellschaftlichen Rückhalt, beide bezogen vom revolutionären Frankreich ihre Vorbilder.

Das Wartburgfest Ihre jüngsten Vertreter fanden die liberale und die nationale Bewegung in der deutschen Studentenschaft. Ihre Teilnehmer an den Befreiungskriegen gründeten 1815 die ersten gesamtdeutschen Studentenverbindungen, die Burschenschaften. Sie forderten die politische Einheit Deutschlands, die Abschaffung der Privilegien, Meinungsfreiheit und Gesetzgebung durch eine Volksvertretung.

Ihre Opposition zur Fürstenherrschaft in Deutschland demonstrierten 500 Studenten aller deutschen Universitäten 1817 bei einem Treffen auf der **Wartburg** anlässlich des 300. Jahrestages der Reformation und der vierten Jährung des Sieges über Napoleon. Eine Veranstaltung nach dem offiziellen Teil erregte die Repräsentanten der Heiligen Allianz im Deutschen Bund in besonderem Maße: Nach Luthers Vorbild von der Verbrennung der Bannbulle übergaben die Studenten Restau-

M9 Der Deutsche Bund 1815–1866

2 Nationalismus und Liberalismus

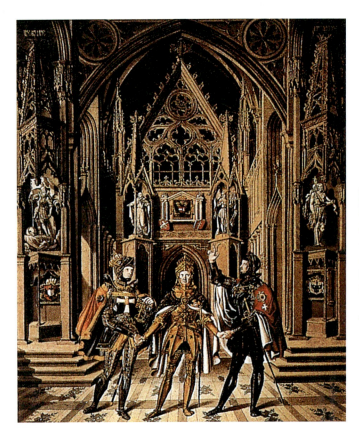

M10 Heinrich Olivier, Die Heilige Allianz, 1815, Öl auf Leinwand. In dieser gotisierenden Allegorie auf die Restauration wird das idealisierte Bild der katholischen Romantiker vom Mittelalter beschworen.

1 Deuten Sie die drei Gestalten. Erschließen Sie den Sinn der gotischen Formen.

rationsschriften wie die Bundesakte ebenso den Flammen wie den Code civil. Auch eine „Geschichte des Deutschen Reiches" des deutschen Erfolgsdramatikers und russischen Staatsrates August von Kotzebue war unter den geächteten Texten des Wartburgfestes.

Karlsbader Beschlüsse und Demagogenverfolgungen Die Ermordung Kotzebues durch den Theologiestudenten und Burschenschafter Karl Sand im März 1819 gab Metternich die Gelegenheit, die nationalen und liberalen Gruppen in Deutschland zu unterdrücken. Österreich und Preußen einigten sich im August 1819 im böhmischen Karlsbad auf ein Überwachungs- und **Zensursystem**, das die **Burschenschaften verbot** und eine **Kontrolle über die Universitäten** und andere Institutionen einrichtete (M12). Da die **Karlsbader Beschlüsse** Bestandteil der Bundesakte des Deutschen Bundes wurden, waren bis 1848 alle Aktivitäten, die als „revolutionär" oder „demagogisch" verdächtigt werden konnten, der Verfolgung ausgesetzt. Von den drohenden Berufsverboten waren in erster Linie Professoren an Universitäten und Gymnasien sowie Studenten betroffen. Dieses Unterdrückungssystem bewirkte jenen **biedermeierlichen** Rückzug in Haus, Garten und Privatgesellschaft, welcher die 1820er- bis 1840er-Jahre prägte.

Nationalismus und Liberalismus 2

M11 Aus einer Denkschrift des Freiherrn vom Stein zum Deutschen Bund (1815)

Unsere neuen Gesetzgeber haben an die Stelle des alten Deutschen Reiches mit einem Haupte, gesetzgebender Versammlung, Gerichtshöfen, einer innern Einrichtung, die ein Ganzes bildete – einen Deutschen Bund gesetzt, ohne Haupt, ohne Gerichtshöfe, schwach verbunden für die gemeine Verteidigung. Die Rechte der Einzelnen sind durch nichts gesichert als die unbestimmte Erklärung, „dass es Landstände geben solle"; ohne dass etwas über deren Befugnisse festgestellt ist (Art. 13); und durch eine Reihe Grundsätze (Art. 18) über die Rechte jedes Deutschen [Eigentums- und Freizügigkeitsrecht], worunter man die Habeas corpus, die Abschaffung der Leibeigenschaft, ausgelassen hat und welche durch keine schützende Einrichtung verbürgt werden.

Die Bildung des Bundestages, mag er als Bundesversammlung oder als Plenum handeln, gestattet nur schwer eine für alle verbindliche Handlung, da die Fälle, welche Einstimmigkeit erheischen, so zahlreich und so unbestimmt ausgedrückt sind. Sie wird erfordert jedes Mal, wenn es sich darum handelt, a) Grundgesetze zu geben oder zu verändern, b) organische Bundes-Einrichtungen zu schaffen, c) über Rechte Einzelner zu beschließen d) oder über Gegenstände der Religion.

Das Recht der Bündnisse einzelner Staaten mit Fremden wird allein durch die Verpflichtung beschränkt, keine Verbindungen einzugehen, welche gegen den Bund oder eines seiner Glieder gerichtet sind (Art. 11). – Der Deutsche wird also sein Blut vergießen für seinem Lande fremde Streitigkeiten, wenn sein Fürst sich mit Frankreich oder England gegen eine andere Macht verbündet – er wird sogar verpflichtet sein, seinen Landsmann zu bekämpfen, wenn dessen Fürst sich mit dem Gegner verbunden hat.

E. Botzenhart/G. Ipsen (Hg.), Freiherr vom Stein, Aalen 1955, S. 351 f.

1 Fassen Sie vom Steins Kritikpunkte zusammen. Worin erblickt er die größten Fehler der Verfassung?

2 Erläutern Sie, wer in Deutschland vom Steins Kritik des Deutschen Bundes teilte (M 11). Nennen Sie die Erwartungen, von denen diese Deutschen ausgingen.

M12 Aus den Karlsbader Beschlüssen 1819

a) Aus dem Universitätsgesetz.

§ 1. Es soll bei jeder Universität ein mit zweckmäßigen Instruktionen und ausgedehnten Befugnissen versehener […] landesherrlicher Bevollmächtigter […] von der Regierung […] angestellt werden. […]

§ 2. Die Bundesregierungen verpflichten sich gegeneinander, Universitäts- und andere öffentliche Lehrer, die durch erweisliche Abweichung von ihrer Pflicht oder Überschreitung der Grenzen ihres Berufes, durch Missbrauch ihres rechtmäßigen Einflusses auf die Gemüter der Jugend, durch Verbreitung verderblicher, der öffentlichen Ordnung und Ruhe feindseliger oder die Grundlagen der bestehenden Staatseinrichtungen untergrabender Lehren, ihre Unfähigkeit zur Verwaltung des ihnen anvertrauten wichtigen Amtes unverkennbar an den Tag gelegt haben, von den Universitäten und sonstigen Lehranstalten zu entfernen […]. Ein auf solche Weise ausgeschlossener Lehrer darf in keinem andern Bundesstaate bei irgendeinem öffentlichen Lehrinstitut wieder angestellt werden.

§ 3. Die seit langer Zeit bestehenden Gesetze gegen geheime oder nicht autorisierte Verbindungen auf den Universitäten sollen in ihrer ganzen Kraft und Strenge aufrechterhalten und insbesondere auf den seit einigen Jahren gestifteten, unter dem Namen der allgemeinen Burschenschaft bekannten Verein […] ausgedehnt werden […]. Die Regierungen vereinigen sich darüber, dass Individuen, die nach Bekanntmachung des gegenwärtigen Beschlusses erweislich in geheimen oder nicht autorisierten Verbindungen geblieben oder in solche getreten sind, bei keinem öffentlichen Amte zugelassen werden sollen.

b) Aus dem Pressgesetz.

§ 1. Solange der gegenwärtige Beschluss in Kraft bleiben wird, dürfen Schriften, die in der Form täglicher Blätter oder heftweise erscheinen, desgleichen solche, die nicht über 20 Bogen im Druck stark sind, in keinem deutschen Bundesstaate ohne Vorwissen und vorgängige Genehmhaltung der Landesbehörden zum Druck befördert werden.

c) Aus dem Untersuchungsgesetz.

Art. 2. Der Zweck [der Außerordentlichen Zentral-Untersuchungskommission des Dt. Bundes] ist gemeinschaftliche, möglichst gründliche und umfassende Untersuchung und Feststellung des Tatbestandes, des Ursprungs und der mannigfachen Verzweigungen der gegen die bestehende Verfassung und innere Ruhe, sowohl des ganzen Bundes als einzelner Bundesstaaten, gerichteten revolutionären Umtriebe […].

E. R. Huber (Hg.), Dokumente zur deutschen Verfassungsgeschichte, Bd. 1, W. Kohlhammer, Stuttgart [3]1978, S. 100 ff.

1 Formulieren Sie die Zielsetzung der Karlsbader Beschlüsse (M 12).

2 Erläutern Sie, wie sich solche Maßnahmen auf die Zeitstimmung auswirkten (M 12).

2 Nationalismus und Liberalismus

1.3 Liberalismus, Nationalismus und die bürgerliche Öffentlichkeit

Entstehung der Öffentlichkeit

Seit Ende des 18. Jahrhunderts löste sich die Hochkultur immer mehr von Hof und Kirche und wurde vom Bürgertum geprägt und finanziert. Dabei entwickelten sich ganz neue Organisationsformen für kulturelle und künstlerische Zwecke. Statt der exklusiven adligen Gesellschaft oder der kirchlichen Räume bot nun die Öffentlichkeit des Cafés, des Theaters, des Museums, des Parks oder Platzes den Ort für das kulturelle Ereignis. Diskussion, Zeitung und Zeitschrift übernahmen die Aufgabe der öffentlichen Meinungsbildung. Wo diese Medien wie in der Restaurationszeit eingeschränkt waren, rückte an ihre Stelle der bereits im 18. Jahrhundert bekannte private **Salon**. Der Salon Rahel Varnhagens wurde zum wichtigsten kulturellen Zentrum der Restaurationszeit in Berlin.

In politischer Hinsicht stellte die Herausbildung einer bürgerlichen Öffentlichkeit einen Machtfaktor gegenüber der Herrschaft von Regierung, Verwaltung und Kirche dar. Infolge der allgemeinen Schulpflicht und der Ausweitung der Gymnasien und Universitäten vollzog sich Anfang des 19. Jahrhunderts in Deutschland eine **Leserevolution**, die immer mehr Menschen befähigte, an der öffentlichen Diskussion über die Gesellschafts- und Staatsverfassung teilzunehmen. **Tageszeitungen** und Zeitschriften erlebten eine ungeahnte Blütezeit (M 13). Parallel dazu entwickelte sich explosionsartig das **Vereinswesen**, wenn es auch aufgrund der Karlsbader Beschlüsse auf nach außen hin unpolitische Bereiche beschränkt blieb. Innerhalb der gewerblichen, technischen und Gesangsvereine wurde aber die Politisierung der Gesellschaft vorangetrieben.

Deutscher Liberalismus der Restaurationszeit

Um 1800 war der Liberalismus des gebildeten Bürgertums und des Reformadels in Deutschland noch aus der Breite der Aufklärungsströmungen und den Anregungen aller Phasen der Französischen Revolution gespeist. Unter dem Einfluss der Nachstellungen in der Restaurationszeit verengten sich allerdings die Zielvorstellungen der meisten Liberalen. Nach 1820 orientierten sie sich hauptsächlich an den Grundsätzen der Französischen Revolution von 1789–91, wollten also vor allem den **Rechts- und Verfassungsstaat** verwirklichen. Der Staat sollte nur so viel Macht besitzen, dass er die Bürger vor äußeren Gefahren schützen und in Konfliktfällen als Schlichter auftreten könnte („Nachtwächterstaat"). Damit grenzte sich der Liberalismus gegen den starken Willkürstaat des Absolutismus wie der Restauration ab und stellte sich in die Verfassungstradition Englands seit 1688 (M 16). Dieser Liberalismus darf nicht mit den Zielen der demokratischen und republikanischen Bewegung verwechselt werden. Im Gegensatz zu den Demokraten, die sich auf Rousseau und die französische Verfassung von 1793 beriefen, hielten die Liberalen am Zensuswahlrecht nach Vermögenslage fest; ein Frauenwahlrecht war nicht vorgesehen. Ebenso wenig strebten sie nach einer generellen Abschaffung des monarchischen Prinzips (Republik). Ihr Ideal war ein Verfassungsstaat, in dem der Monarch die Exekutive, eine gewählte Volksvertretung, eventuell nach Ständen gebildet, die Gesetzgebung und unabhängige Richter die Rechtspflege innehaben. Im Unterschied zu den süddeutschen Staaten war dieser **Konstitutionalismus** in Norddeutschland (Preußen) ebenso wenig verwirklicht wie in Österreich – und das, obwohl die Deutsche Bundesakte die Bildung „landständischer Verfassungen" in allen deutschen Staaten vorgesehen und Preußen 1815 ausdrücklich eine Verfassung versprochen hatte.

Deutscher Nationalismus

Neben dem Liberalismus war während der napoleonischen Besatzung in Deutschland eine nationale Bewegung entstanden. Sie löste das Nationalbewusstsein des Bildungsbürgertums ab, das aus der Mitte des 18. Jahrhunderts stammte. Dieses hatte im staatlich zersplitterten Deutschland eine **Kulturnation** gesehen (Sprache, Geschichte). Nun forderten die meist jungen Patrioten der Befreiungskriege eine einheitliche deutsche **Staatsnation** nach französischem und englischem Vorbild. Das neue Gesamtdeutschland sollte erstmals seit 1648 wieder zu einem Machtfaktor europäischer Politik werden, wie England und Frankreich auch, wenn es diesen nicht gar überlegen sein sollte. Obwohl in der Franzosenfeindlichkeit der Befreiungskriege eine Tendenz zur Verabsolutierung der eigenen Nation angelegt war (M 15), behielt der deutsche Nationalismus bis zur Reichsgründung 1871 im Wesentlichen seine freiheitliche Grundtendenz. In dieser Zeit gehörte zu seinen wesentlichen Merkmalen seine enge Verbin-

Nationalismus und Liberalismus 2

M13 Johann Peter Hasenclever, Das Lesekabinett, 1843, Öl auf Leinwand. Die Leserevolution stand am Beginn der Entwicklung bürgerlicher Öffentlichkeit. Tageszeitungen und Caféhäuser boten den Rahmen für das Gespräch über allgemeine Belange als Grundlage für den politischen Prozess.

dung mit dem Liberalismus. Diese gemeinsame Zielsetzung lässt sich in der Formel „**Einheit und Freiheit**" für Deutschland fassen. Der Weg von der Befreiung von Fremdherrschaft führte die Nationalisten zur Forderung nach Mitbestimmung im Inneren.

Wie der revolutionäre französische Nationalismus, so schuf sich auch das deutsche Nationalbewusstsein Symbole. Aus dem alten Reichswappen und der Uniform des Freikorps Lützow der Befreiungskriege entnahmen Studenten die Farben Schwarz-Rot-Gold als Zeichen für die Einheit der Nation in politischer, wirtschaftlicher und kultureller Hinsicht.

Vormärz 1830–1848 Die französische Julirevolution 1830 schwächte die Kräfte der Restauration und stärkte die liberale und nationale Bewegung in Europa. In Deutschland erzwangen Unruhen **Verfassungen** in Braunschweig, Kurhessen, Hannover und im Königreich Sachsen. Die gestärkte nationalliberale Bewegung nutzte die Möglichkeiten, die die bayerische Verfassung und der Code civil ihr boten, und versammelte im Mai 1832 etwa 30 000 Menschen auf einer Burgruine in der Pfalz zum **Hambacher Fest** (M14, M17). Stürmisch forderten die zahlreichen Redner nationale Einheit, Pressefreiheit und vereinzelt auch Demokratie für Deutschland.

Radikalen Studenten allerdings genügte das nicht. Sie versuchten 1833 in Frankfurt am Main mit der Erstürmung der Hauptwache den verhassten Deutschen Bund zu treffen. Dieser Putschversuch aber misslang ebenso wie die sozialrevolutionären Bestrebungen Georg Büchners, der als Mitglied der „Gesellschaft der Menschenrechte" 1834 in Hessen-Darmstadt mit einer Flugschrift („Der Hessische Landbote") die Bauern zur Erhebung gegen Adel und Landesherrn aufrief (M18). Wie

2 Nationalismus und Liberalismus

M 14 Der Zug der 30 000 Oppositionellen zum Hambacher Schloss am 27. Mai 1832, anonymer kolorierter Kupferstich, 1830er-Jahre

1 Erklären Sie Herkunft und Bedeutung der nationalen Symbole auf dem Bild.
2 Erläutern Sie, weshalb diese Versammlung, ungeachtet der Repressionen aus der Restaurationszeit, in der bayerischen Pfalz möglich war.

1819 reagierte Metternich mit zahlreichen Maßnahmen des Deutschen Bundes zur Verschärfung der politischen Überwachung (60 Artikel von Wien 1834). Traurigen Ruhm erlangte das **Verbot des „Jungen Deutschland"** 1835, mit dem einer Gruppe politisch und sozial engagierter Schriftsteller die Möglichkeit genommen werden sollte, ihre Texte in Deutschland zu vertreiben. Betroffen waren u. a. Heinrich Heine, Ludwig Börne und Karl Gutzkow. Nicht alle deutschen Länder aber waren bereit, diesen Beschluss umzusetzen.

Als eine Erschütterung der Übermacht der Restauration zeigte sich auch der Fall der **„Göttinger Sieben"** in Hannover 1837. Dort hatte der neue Herrscher den Eid auf die Verfassung von 1830 verweigert und sie dann außer Kraft gesetzt. Sieben Göttinger Professoren, unter ihnen die Gebrüder Grimm, erklärten sich weiter an ihren Eid auf diese Verfassung gebunden und wurden daraufhin wegen Ungehorsams aus dem Dienst entlassen. Die allgemeine Empörung über das Vorgehen des Hannoveraner Fürsten war groß und die widersetzlichen Professoren wurden als Nationalhelden gefeiert.

Nachdem sich die Hoffnungen der nationalliberalen Bewegung nicht erfüllten, die sie an die Thronbesteigung Friedrich Wilhelms IV. von Preußen 1840 geknüpft hatten, belebte Frankreichs Forderung nach dem linken Rheinufer im selben Jahr die nationalen Gefühle in Deutschland. In zahlreichen Liedern wurde in dieser so genannten **Rheinkrise** der Rhein als „Deutschlands Strom, nicht Deutschlands Grenze" beschworen (M 19 a, b).

2 Nationalismus und Liberalismus

M 21 **Dresdner Synagoge, Lithographie von Louis Thümling, 1860.** Die alte Synagoge wurde 1838–40 nach Plänen von Gottfried Schadow erbaut und in der Reichspogromnacht 1938 niedergebrannt. 2001 wurde fast am gleichen Standort die neue Dresdner Synagoge eingeweiht (s. M 80, S. 429).

auf Deutsch wie auch auf Hebräisch zu formulieren. So baute er für orthodoxe Juden eine Brücke zur europäischen Aufklärung und für die christlichen und deutschsprachigen Philosophen und Literaten eine Brücke zum Judentum und gilt somit für beide Gruppen als Vertreter der Aufklärung."

Judenemanzipation Die formalrechtliche Gleichstellung der Juden setzte sich in den west- und mitteleuropäischen Staaten zwischen 1780 und 1870 durch; Russland und die vom Zarenreich abhängigen osteuropäischen Regionen brauchten für diese Durchsetzung noch eine Generation länger. Dabei beschritten die Staaten unterschiedliche Wege. Frankreich entschied sich für die **liberal-revolutionäre Lösung** und beschränkte sich auf einen einzigen Emanzipationsakt. Das während der Französischen Revolution verabschiedete Gesetz vom 27. September 1791 garantierte allen französischen Juden die sofortige und uneingeschränkte Gleichstellung. Ihre soziale Integration überließen die Franzosen dem freien Spiel der gesellschaftlichen Kräfte. Dagegen bevorzugten die deutschen Staaten wie auch andere Länder den **aufgeklärt-etatistischen Weg** einer allmählichen, stufenweisen Judenemanzipation, die vom Staat organisiert wurde. Dieser Konzeption lag die Auffassung zugrunde, dass der Staat nicht nur Gesetzgeber, sondern auch Erzieher des Volkes sei. Die rechtliche Gleichstellung sollte einhergehen mit erzieherischen Maßnahmen zum Abbau von Vorurteilen und Diskriminierungen. Dieses Vorgehen führte dazu, dass sich die Judenemanzipation in Deutschland bis 1871 über ein knappes Jahrhundert hinzog. Die Entwicklung verlief in den Staaten des Deutschen Bundes (s. S. 79) weder gleichförmig noch gleichzeitig; jeder Bundesstaat erarbeitete seine eigene Konzeption der Judenemanzipation. Erst die Reichsgründung 1870/71 brachte den deutschen Juden die staatsbürgerliche Gleichberechtigung, die 1871 in der Verfassung des Deutschen Reiches verankert wurde.

Nationalismus und Liberalismus 2

M 20 Moses Mendelssohn, Gemälde von J. C. Frisch, um 1780

zeugt von der natürlichen Gleichheit der Menschen, forderte er die rechtliche Gleichstellung der jüdischen Minderheit. Dohm vertrat die Auffassung, dass nicht die jüdische Religion oder der unveränderbare Charakter der Juden für ihre Lebensformen verantwortlich gemacht werden dürfe, sondern die politisch-sozialen und rechtlichen Rahmenbedingungen: „Alles, was man den Juden vorwirft, ist durch die politische Verfassung, in der izt leben, bewirkt, und jede andre Menschengattung, in dieselben Umstände versetzt, würde sich sicher eben derselben Vergehungen schuldig machen." Eine erfolgreiche Emanzipation und Integration der Juden hatte nach Dohm das Problem zu lösen, durch Aufklärung besonders der gebildeten Schichten die gegenseitigen Vorurteile zwischen Juden und Christen abzubauen. Das konnte nur in einem langwierigen Prozess geschehen, der von der schrittweisen Aufhebung der diskriminierenden Judenordnungen begleitet werden müsse. Diese administrativen und gesetzgeberischen Maßnahmen sollten vom Staat durchgesetzt werden.

Die Juden beteiligten sich selbst aktiv an dem von der Aufklärung ausgehenden Emanzipationskampf. Eine der herausragenden jüdischen Persönlichkeiten, die sich für die Gleichstellung und die Integration der Juden einsetzten, war der Philosoph und Bibelübersetzer **Moses Mendelssohn** (1729–1786). Diesem führenden Denker der jüdischen Aufklärung (Haskala) setzte der Dichter Gotthold Ephraim Lessing (1729–1781) in seinem Drama „Nathan der Weise" ein literarisches Denkmal.

Mit seiner Forderung nach staatsbürgerlicher Gleichberechtigung der Juden wollte Mendelssohn die jahrhundertelange Entrechtung und Ausgrenzung der jüdischen Minderheit beenden. Er selbst erhielt erst 1763 einen Schutzbrief, der seine rechtliche und soziale Stellung verbesserte, ohne ihm die Bürgerrechte zu gewähren. Schutzbriefe waren damals – bis um 1800 – übliche Verträge, die die Dauer und Bedingungen des Aufenthaltes eines Juden in einem bestimmten Territorium regelten. Gegen die Zahlung einer jährlichen Schutzgebühr oder anderer Abgaben an den Schutzherren und die örtlichen Behörden erhielten Juden Rechtsschutz, Schutz für ihre Religion sowie die Erlaubnis zum Handeltreiben und zur Benutzung von Wald, Weide und Brunnen. Diejenigen, die das Geld nicht zahlen konnten, verloren diesen Schutz und stiegen zu „Betteljuden" ab.

Mendelssohn sammelte zahlreiche Studenten und Gelehrte um sich, mit denen er die Ideen der Aufklärung und ihre Anwendung auf die jüdische Religion diskutierte. Mit großem Engagement übersetzte er Teile der Bibel ins Hochdeutsche. Dadurch ermöglichte er vielen Juden das Erlernen der korrekten deutschen Hochsprache und führte auf diese Weise die deutsche Sprache in die jüdische Literatur ein. Der Historiker Uri Kaufmann hat die Leistungen des bedeutenden Gelehrten (M 20, M 22, M 23) einmal so zusammengefasst: „Das Verdienst Mendelssohns ist es, jüdische und christliche Denker miteinander ins Gespräch gebracht zu haben und jüdisches Gedankengut sowohl

2 Nationalismus und Liberalismus

1.4 Jüdische Aufklärung und Emanzipation

Christlich-jüdisches Zusammenleben

Juden leben seit fast tausend Jahren in Europa. Bereits zur Zeit des Römischen Reiches siedelten sie in Mitteleuropa, seit dem 8. und 9. Jahrhundert nahm die Zahl jüdischer Gemeinden auf dem europäischen Kontinent zu. Und besonders seit dem 10. Jahrhundert sind durchziehende jüdische Fernhändler aus dem wirtschaftlichen und gesellschaftlichen Leben des europäischen Mittelalters nicht mehr wegzudenken.

Vom **frühen Mittelalter** bis zu den Kreuzzügen des ausgehenden 11. Jahrhunderts lebten Juden friedlich und ungestört in der christlichen Umwelt. Weder in der Bevölkerung noch bei den Führungsschichten und Herrschern gab es eine judenfeindliche Grundstimmung. Juden erfreuten sich nicht nur großer Wertschätzung bei Königen, Fürsten und Stadträten, sondern besaßen auch einflussreiche Positionen bei Hofe wie im gesellschaftlichen Leben.

Gewiss gab es christliche Würdenträger, die den unbefangenen Umgang ihrer Glaubensbrüder mit Juden misstrauisch beobachteten und denen der erhebliche Einfluss jüdischer Händler an den Fürstenhöfen ein Dorn im Auge war. Diese Kirchenvertreter, die eine stärkere Abgrenzung der beiden monotheistischen Religionen voneinander anstrebten, konnten sich im 9. und 10. Jahrhundert noch nicht durchsetzen. Die Juden behielten ihre relativ gute rechtliche Stellung: Sie galten insgesamt als freie Menschen, die ihren Wohnsitz selbst bestimmen durften und unter kaiserlichem Schutz standen.

Das änderte sich grundlegend mit den **Kreuzzügen**. Seit Ende des 11. Jahrhunderts bewirkten religiöse Vorurteile, soziale Ängste und wirtschaftliche Krisen die Entstehung **antijüdischer Ressentiments**, die sich zu einem **fanatischen Antijudaismus** verstärkten. Dieser beruhte auf solch haltlosen Vorwürfen wie denen, dass die Juden Ritualmorde begingen, Brunnen vergifteten oder Hostien schändeten. Die judenfeindliche Stimmung entlud sich in grausamen Verfolgungen, der Ermordung Tausender von Juden und der Vernichtung vieler jüdischer Gemeinden. Auch setzte sich in der christlichen Bevölkerung die Meinung durch, Juden müssten eine sozial und rechtlich niedrigere Position in der Gesellschaft einnehmen als Christen.

Die Judenverfolgungen während der Kreuzzüge markierten einen tiefen Einschnitt im christlich-jüdischen Verhältnis. Seitdem verleumdete die christliche Gesellschaft die Juden als „Christusmörder" oder „Ungläubige" und grenzte sie aus. Die Juden erschienen ihrer christlichen Umwelt als Fremde, denen ein Sonderstatus zugewiesen wurde. Diese antijüdischen Maßnahmen und Vorurteile überdauerten das Mittelalter. Aber auch auf jüdischer Seite begann eine lange Zeit der Entfremdung von der christlichen Gesellschaft. Der christliche Glauben galt vielen Juden als Sinnbild der Verfolgung und Vernichtung. Das Erschrecken über die Verfolgungen und die Klage über die Toten veränderte darüber hinaus die jüdische Frömmigkeit. Die Neigung zur religiösen Selbstabschottung wuchs, neben die lebenszugewandte Beschäftigung mit den religiösen Schriften trat zunehmend die Abkehr von der Welt und demütige Hinnahme des göttlichen Willens, die sich in Märtyrerverehrung niederschlug.

Die Bedeutung der Aufklärung

Im ausgehenden 18. und im 19. Jahrhundert veränderten sich die Lebensbedingungen für die Juden Mitteleuropas von Grund auf. Sie mussten nicht länger abseits der sie umgebenden Kultur leben, sondern wurden allmählich in die Gesellschaft integriert. Die Anstöße dazu gingen von der europäischen Aufklärungsbewegung aus, die seit dem 17. Jahrhundert ein neues Zeitalter einzuleiten versuchte. Anstelle unbewiesener Glaubenssätze und kirchlicher Dogmatik wie im „finsteren Mittelalter" sollte nun „das Licht der Vernunft" das Denken und Handeln der Menschen bestimmen. Das Ziel der Aufklärer war der selbstbewusste und kritische – heute würde man sagen: der mündige – Bürger. Von den rechtlich gleichgestellten und freien Bürgern verlangte die Aufklärung **Toleranz gegenüber Andersgläubigen** und Andersdenkenden sowie die Achtung der Menschen- und Bürgerrechte.

Einer der führenden Vertreter der Judenemanzipation in Deutschland war der preußische Staatsdiener **Christian Wilhelm Dohm** (1751–1820). In seiner Aufsehen erregenden Schrift „Über die bürgerliche Verbesserung der Juden" (1781) stellte das Mitglied der deutschen Aufklärungsgesellschaft die Frage, „wie die Juden nützliche Glieder der bürgerlichen Gesellschaft werden können". Über-

Nationalismus und Liberalismus 2

M19 Die Wirkung der Rheinkrise 1840

a) Max Schneckenburger, Die Wacht am Rhein (1840)

Es braust ein Ruf wie Donnerhall,
Wie Schwertgeklirr und Wogenprall:
Zum Rhein, zum Rhein, zum deutschen Rhein,
Wer will des Stromes Hüter sein?
5 Lieb Vaterland, magst ruhig sein.
Fest steht und treu die Wacht am Rhein.

Durch hunderttausend zuckt es schnell,
Und aller Augen blitzen hell:
Der deutsche Jüngling, fromm und stark,
10 Beschirmt die heil'ge Landesmark.
Lieb Vaterland usw.

Auf blickt er, wo der Himmel blaut,
Wo Vater Hermann niederschaut,
Und schwört mit stolzer Kampfeslust:
15 „Du, Rhein, bleibst deutsch, wie meine Brust!"
Lieb Vaterland usw.

„Und ob mein Herz im Tode bricht,
Wirst du doch drum ein Welscher nicht,
Reich wie an Wasser deine Flut,
20 Ist Deutschland ja an Heldenblut."
Lieb Vaterland usw.

„Solang ein Tröpfchen Blut noch glüht,
Noch eine Faust den Degen zieht
Und noch ein Arm die Büchse spannt,
25 Betritt kein Welscher deinen Strand."
Lieb Vaterland usw.

Der Schwur erschallt, die Woge rinnt,
Die Fahnen flattern in dem Wind.
Am Rhein, am Rhein, am deutschen Rhein
30 Wir alle wollen Hüter sein!
Lieb Vaterland usw.

Jost Hermand (Hg.), Der deutsche Vormärz. Texte und Dokumente, Stuttgart 1967, S. 130 f.

b) August Heinrich Hoffmann von Fallersleben, Lied der Deutschen (1841; geschrieben im Exil auf der damals englischen Insel Helgoland)

(Mel.: Gott erhalte Franz den Kaiser etc.)

Deutschland, Deutschland über alles,
Über alles in der Welt,
Wenn es stets zu Schutz und Trutze
Brüderlich zusammenhält.
5 Von der Maas bis zu der Memel,
Von der Etsch bis zu dem Belt,
Deutschland, Deutschland über alles,
Über alles in der Welt!

Deutsche Frauen, deutsche Treue,
10 Deutscher Wein und deutscher Sang
Sollen in der Welt behalten
Ihren alten, schönen Klang
Und zu edler Tat begeistern
Unser ganzes Leben lang –
15 Deutsche Frauen, deutsche Treue,
Deutscher Wein und deutscher Sang!

Einigkeit und Recht und Freiheit
Für das deutsche Vaterland!
Danach lasst uns alle streben
20 Brüderlich mit Herz und Hand.
Einigkeit und Recht und Freiheit
Sind des Glückes Unterpfand –
Blüh im Glanze dieses Glückes.
Blühe, deutsches Vaterland.

August Heinrich Hoffmann von Fallersleben, Freiheitsklänge, Berlin ²1850, S. 117

1. Bestimmen Sie die Art des Nationalismus bei Schneckenburger (M19a) und Hoffmann von Fallersleben (M19b).
2. Stellen Sie Vermutungen an, warum Schneckenburgers Lied (M19a) zur heimlichen Nationalhymne im Deutschen Kaiserreich nach 1871 wurde.
3. **Referat:** Berichten Sie in einem Referat über den Weg des „Liedes der Deutschen" zur Nationalhymne (erste Informationen finden Sie in einem Konversationslexikon).
4. Diskutieren Sie, ob die dritte Strophe des „Liedes der Deutschen" zu Recht die Nationalhymne des vereinten Deutschlands ist.

2 Nationalismus und Liberalismus

[…] wo jeder Stamm, im Innern frei und selbstständig, zu bürgerlicher Freiheit sich entwickelt und ein starkes selbst gewobenes Bruderband alle umschließt zu politischer Einheit und Kraft; wo die deutsche Flagge, statt Tribut an Barbaren zu bringen, die Erzeugnisse unseres Gewerbefleißes in fremde Weltteile geleitet.

[…] wo das deutsche Weib, nicht mehr die dienstpflichtige Magd des herrschenden Mannes, sondern die freie Genossin des freien Bürgers, unsern Söhnen und Töchtern schon als stammelnden Säuglingen die Freiheit einflößt.

[…] wo der Bürger nicht in höriger Untertänigkeit den Launen des Herrschers, […] sondern dem Gesetze gehorcht und auf den Tafeln des Gesetzes den eigenen Willen liest und im Richter den frei erwählten Mann seines Vertrauens erblickt;

[…] es lebe das freie, das einige Deutschland!
Hoch leben die Polen, der Deutschen Verbündete!
Hoch leben die Franken, der Deutschen Brüder, die unsere Nationalität und Selbstständigkeit achten!
Hoch lebe jedes Volk, das seine Ketten bricht und mit uns den Bund der Freiheit schwört!
Vaterland – Volkshoheit – Völkerbund hoch!

Das Nationalfest der Deutschen zu Hambach, beschr. v. J. G. A. Wirth, Landau 1832, S. 34 ff.

1 Stellen Sie Siebenpfeiffers nationale und liberale Ziele zusammen (M17).
2 Grenzen Sie die politischen Programme von Siebenpfeiffer (M17) und Pfizer (M16) gegeneinander ab.

M18 Georg Büchner

a) „Der hessische Landbote" (1834)

Dieses Blatt soll dem hessischen Lande die Wahrheit melden, aber wer die Wahrheit sagt, wird gehängt, ja sogar der, welcher die Wahrheit liest, wird durch meineidige Richter vielleicht gestraft. Darum haben die, welchen dies Blatt zukommt, Folgendes zu beachten:
1. Sie müssen das Blatt sorgfältig außerhalb ihres Hauses vor der Polizei verwahren;
2. sie dürfen es nur an treue Freunde mitteilen;
3. denen, welchen sie nicht trauen wie sich selbst, dürfen sie es nur heimlich hinlegen;
4. würde das Blatt dennoch bei einem gefunden, der es gelesen hat, so muss er gestehen, dass er es eben dem Kreisrat habe bringen wollen;
5. wer das Blatt nicht gelesen hat, wenn man es bei ihm findet, der ist natürlich ohne Schuld.
FRIEDE DEN HÜTTEN!
KRIEG DEN PALÄSTEN!

Im Jahre 1834 siehet es aus, als würde die Bibel Lügen gestraft. Es sieht aus, als hätte Gott die Bauern und Handwerker am fünften Tage und die Fürsten und Vornehmen am sechsten gemacht und als hätte der Herr zu diesen gesagt: „Herrschet über alles Getier, das auf Erden kriecht" und hätte die Bauern und Bürger zum Gewürm gezählt.

Das Leben der Vornehmen ist ein langer Sonntag: Sie wohnen in schönen Häusern, sie tragen zierliche Kleider, sie haben feiste Gesichter und reden eine eigene Sprache; das Volk aber liegt vor ihnen wie Dünger auf dem Acker. Der Bauer geht hinter dem Pflug, der Vornehme aber geht hinter ihm und dem Pflug und treibt ihn mit den Ochsen am Pflug, er nimmt das Korn und lässt ihm die Stoppeln. Das Leben des Bauern ist ein langer Werktag: Fremde verzehren seine Äcker vor seinen Augen, sein Leib ist eine Schwiele, sein Schweiß ist das Salz auf dem Tische des Vornehmen.

Georg Büchner, Werke und Briefe, Frankfurt/Main 1953, S. 171

b) Stahlstich von A. Limbach, 1835

1 Charakterisieren Sie Büchners politisches Programm (M18a).
2 Bestimmen Sie seine Position innerhalb der liberalen Bewegung.

Nationalismus und Liberalismus

M15 Johann Gottlieb Fichtes Nationalismus: Aus der 14. Rede an die deutsche Nation (1807/08)

Lasset vor euch vorübergehen die verschiedenen Zustände, zwischen denen ihr eine Wahl zu treffen habt. Gehet ihr ferner so hin in eurer Dumpfheit und Achtlosigkeit, so erwarten euch zunächst alle Übel der Knechtschaft, Entbehrungen, Demütigungen, der Hohn und Übermut des Überwinders; ihr werdet herumgestoßen werden in allen Winkeln, weil ihr allenthalben nicht recht und im Wege seid, so lange, bis ihr, durch Aufopferung eurer Nationalität und Sprache, euch irgendein untergeordnetes Plätzchen erkauft und bis auf diese Weise allmählich euer Volk auslöscht. Wenn ihr euch dagegen ermannt zum Aufmerken, so findet ihr zuvorderst eine erträgliche und ehrenvolle Fortdauer und sehet noch unter euch und um euch herum ein Geschlecht aufblühen, das euch und den Deutschen das rühmlichste Andenken verspricht. Ihr sehet im Geiste durch dieses Geschlecht den deutschen Namen zum glorreichsten unter allen Völkern erheben, ihr sehet diese Nation als Wiedergebärerin und Wiederherstellerin der Welt.

Fichtes Reden an die deutsche Nation, hg. v. R. Eucken, Leipzig 1915, S. 253 f.

1 Definieren Sie Nationalismus nach Fichtes Appell (M15).
2 Erklären Sie, was am Nationalismus im 19. Jahrhundert revolutionär war.

M16 Paul Achatius Pfizer: Der Liberalismus (1832; Auszug)

Pfizer (1801–1867) war von 1831 bis 1838 Führer der liberalen Opposition in Württemberg.

Der Liberalismus ist es, der den erwachsenen Geist der Freiheit auf vernünftige Prinzipien zurück- und seinem höheren Ziel entgegenführt oder, wo er noch schlummert, durch bildende Institutionen und durch Aufklärung des Volks über seine Rechte und Interessen hin zu wecken sucht. Er will den trüb gewordenen Strom der Menschensatzungen von seinem Schlamme säubern und das verdorbene Recht aus seinem ewig frischen, immer reinen Urquell, der Vernunft, erneuern. Wenn an die Stelle des Gemeinwohles das egoistische Sonderinteresse eines einzelnen Gewalthabers, einer herrschenden Partei oder einer bevorrechteten Kaste sich gesetzt hat, so leitet der Liberalismus den Staatszweck wieder auf das zurück, was die Gesamtheit in ihrem vernünftigen Interesse will oder wollen muss, und diesen Staatszweck sucht er mit möglichst geringer und möglichst gleicher Beschränkung der Freiheit aller zu erreichen. Eben deshalb bleibt auch sein letztes Ziel, auf dem Wege naturgemäßer Entwicklung des Volkslebens die Stufe zu erreichen, auf welcher die höchste und die gleichste Freiheit aller möglich ist. Welcher Grad von Freiheit und Gleichheit aber möglich sei, ohne die vernünftigen Zwecke des Staates und namentlich den, alle anderen Staatszwecke bedingenden der friedlichen Koexistenz der Staatsgenossen zu gefährden oder zu vereiteln, ist nach der Verschiedenheit des Nationalcharakters, der Kulturperiode und der übrigen Momente des Volkslebens sehr verschieden. Dieselben Institutionen, welche bei einem gebildeten Volke die Schutzwehr aller Freiheit und die Lebensbedingungen des Fortschritts sind, Pressfreiheit, Volksvertretung, Schwurgericht, Nationalbewaffnung, können bei einem ungebildeten, noch auf der Kindheitsstufe der Entwicklung stehenden Volke eine Quelle der Zerrüttung und Gesetzlosigkeit, ein Werkzeug der Gewalt und Unterdrückung werden, und von der bloß privatrechtlichen Freiheit und der rein passiven Gleichheit eines von jeder Teilnahme an der Staatsgewalt ausgeschlossenen Volks bis zur demokratischen Selbstregierung liegt eine weite Stufenreihe liberaler Institutionen in der Mitte, von denen der vernünftige Liberalismus keine weder unbedingt verwerfen noch für die absolut heilbringende erklären wird.

P. A. Pfizer, Politische Aufsätze und Briefe. Nach: Dokumente zur deutschen Politik 1806–1870, hg. v. H. Pross, Frankfurt/Main 1961, S. 215 ff.

1 Fassen Sie Pfizers Grundgedanken zusammen.
2 Ordnen Sie Pfizers Programm in den historischen Zusammenhang ein (M16).

M17 Aus der Rede von Philipp Jakob Siebenpfeiffer auf dem Hambacher Fest (1832)

Und es wird kommen der Tag, der Tag des edelsten Siegstolzes, wo der Deutsche vom Alpengebirg und der Nordsee, vom Rhein, der Donau und der Elbe den Bruder im Bruder umarmt, wo die Zollstöcke und die Schlagbäume, wo alle Hoheitszeichen der Trennung und Hemmung und Bedrückung verschwinden samt den Konstitutiönchen, die man etlichen mürrischen Kindern der großen Familie als Spielzeug verlieh; wo freie Straßen und freie Ströme den freien Umschwung aller Nationalkräfte und Säfte bezeugen; wo die Fürsten die bunten Hermeline feudalistischer Gottstatthalterschaft mit der männlichen Toga deutscher Nationalwürde vertauschen und der Beamte, der Krieger, statt mit der Bedientenjacke des Herrn und Meisters mit der Volksbinde sich schmückt.

Nationalismus und Liberalismus 2

M22 Die Ideen Moses Mendelssohns zur Integration der Juden in die bürgerliche Gesellschaft (1783)

Und noch itzt kann dem Hause Jakobs kein weiserer Rat erteilt werden als ebendieser. Schicket euch in die Sitten und in die Verfassung des Landes, in welches ihr versetzt seid; aber haltet auch standhaft bei der Religi-
5 on eurer Väter. Traget beider Lasten, so gut ihr könnet! Man erschweret euch zwar von der einen Seite die Bürde des bürgerlichen Lebens, um der Religion willen, er ihr treu bleibet, und von der andern Seite macht das Klima und die Zeiten die Beobachtung eurer Reli-
10 gionsgesetze, in mancher Betrachtung, lästiger, als sie sind. Haltet nichtsdestoweniger aus, steht unerschüttert auf dem Standorte, den euch die Vorsehung angewiesen, und lasset alles über ergehen, wie euch eurer Gesetzgeber lange vorher verkündiget hat. […]
15 Und ihr, lieben Brüder und Mitmenschen! Die ihr der Lehre Jesu folget, solltet uns verargen, wenn wir das tun, was der Stifter eurer Religion selbst getan […] hat? Ihr solltet glauben, uns nicht bürgerlich wieder lieben, euch mit uns nicht brüderlich vereinigen zu
20 können, solange wir uns durch das Zeremonialgesetz[1] äußerlich unterscheiden, nicht mit euch essen, nicht von euch heuraten, das, soviel wir einsehen können, der Stifter eurer Religion selbst weder getan, noch uns erlaubt haben würde? – Wenn dieses, wie wir von
25 christlich gesinnten Männern nicht vermuten können, eure wahre Gesinnung sein und bleiben sollte; wenn die bürgerliche Vereinigung unter keiner andern Bedingung zu erhalten, als wenn wir von dem Gesetze abweichen, das wir für uns noch für verbindlich hal-
30 ten; so tut es uns herzlich leid, was wir zu erklären für nötig erachten; so müssen wir lieber auf bürgerliche Vereinigung Verzicht tun.

Moses Mendelssohn, Schriften über Religion und Aufklärung. Berlin 1989, S. 451 ff.

1 Zeremonialgesetz: die tägliche jüdische Lebenspraxis, z. B. Speisegesetze, Vorschriften für den Sabbat

1 Charakterisieren Sie die Gesellschaft, die Moses Mendelssohn anstrebt. Arbeiten Sie dabei vor allem heraus, wie in seinen Augen das Zusammenleben von Juden und Christen aussehen soll.
2 Überprüfen Sie anhand von M 22 die These, Moses Mendelssohn sei für die Akkulturation der Juden eingetreten, nicht aber für deren Assimilation. Klären Sie zuvor mithilfe eines Lexikons die Bedeutung der beiden Begriffe.

M23 Stich nach Moritz Oppenheim (1799–1882), Lavater und Lessing bei Mendelssohn, 1856, Öl auf Leinwand

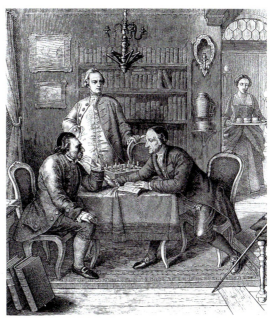

1 Recherche: Informieren Sie sich mithilfe von Lexika über Biografie und Lehre von Lavater, Lessing und Mendelssohn.
2 Beschreiben Sie den Stich nach Moritz Oppenheim.
3 Untersuchen Sie, welche Deutung des deutschjüdischen bzw. christlich-jüdischen Verhältnisses der Stich mit seiner fiktiven Darstellung des Zusammentreffens der drei Männer liefert.

2 Nationalismus und Liberalismus

1.5 Die Revolution von 1848/49

Ursachen der Revolution Im Februar 1848 brach in Paris ein Aufstand von Kleinbürgern, Studenten und Arbeitern gegen den Bürgerkönig Louis Philippe aus. Die Franzosen stürzten diesen Repräsentanten des Besitzbürgertums und führten die Republik ein. Diese Februarrevolution ermunterte auch die mit den bestehenden Verhältnissen unzufriedenen politisch-sozialen Gruppen in Deutschland zur Revolution, wo sich viel politischer Zündstoff angesammelt hatte. Die Bauern erbitterte die Weigerung des Adels, die Agrarreformen und die Abschaffung der feudalen Privilegien durchzuführen. In der Heimindustrie zeigte der Weberaufstand in Schlesien 1844 die verzweifelte Lage der Handweber angesichts der industriellen Konkurrenz. Unter dieser litt auch das Handwerk, wodurch die Arbeitslosigkeit in dieser Branche wuchs. Das in den Fabriken arbeitende Proletariat wiederum hatte den Eindruck, der neue industrielle Reichtum werde auf seine Kosten erwirtschaftet. Hinzu kam, dass weder traditionelle Landwirtschaft, Heimindustrie oder Handwerk noch die neu entstehende Industrie der wachsenden Bevölkerung ausreichend Arbeitsplätze boten, was zur **Verarmung** breiter Schichten (Pauperismus) führte. Zusätzlich verschärft wurde diese Situation durch zwei Missernten, die 1845 und 1846 die „goldenen Jahre der Landwirtschaft" unterbrachen und die 1847 die Verdoppelung der Getreidepreise bewirkten. Im krisengeschüttelten Handwerk, in der Heimindustrie und bei den Arbeitslosen brach der Hunger aus. Die Agrarkrise traf aber auch die Banken und die junge, noch im Entstehen begriffene Industrie: Kredite wurden gekündigt, die Zinsen stiegen, die Industrieproduktion stockte. Bei Eisenbahnen und Fabriken brachen Streiks aus. Hungernde aus den Elendsquartieren der Städte revoltierten. In Bürgertum und Adel griff eine panische Angst vor den „Paupern" um sich (Kommunistenfurcht); man fühlte sich am Vorabend einer Revolution.

Dieser Eindruck wurde durch eine politische **Radikalisierung** der oppositionellen Kräfte seit 1830 verstärkt. Die Demokraten traten hervor, die im Gegensatz zu den Liberalen Volkssouveränität durch gleiches Wahlrecht, Parlamentarismus und auch eine deutsche Republik forderten. Neben diesen verlangten die Sozialisten eine gerechte Eigentums- und Gesellschaftsordnung, um das Problem des Pauperismus zu beseitigen. Kommunisten wie Karl Marx und Friedrich Engels sahen die Lösung in der Abschaffung des Privateigentums an Produktionsmitteln (Kommunistisches Manifest 1848). Die Schärfe der politischen Auseinandersetzung nahm zu, weil die Konservativen auch die gemäßigten Bemühungen um Reformen als demokratischen und kommunistischen Radikalismus bekämpften.

Entstehung der Revolution Die wirtschaftlichen und sozialen Spannungen in der Landbevölkerung entluden sich bereits wenige Tage nach Bekanntwerden der Revolution in Frankreich. Anfang März versammelten sich in den alten Bauernkriegsgebieten von Thüringen bis Baden, aber auch in Schlesien, die Bauern mit der Forderung nach Aufhebung der Feudallasten, des adligen Jagdrechts und des beschränkten Holzeinschlags. Sie stürmten die Archive mit den Grundbüchern und Lastenverzeichnissen und zwangen Adlige zum schriftlichen Verzicht auf ihre grundherrlichen Rechte. Bis Mitte April waren ihre Forderungen in Baden, Württemberg und Bayern von den Konservativen akzeptiert und gesetzlich verankert, im November auch in Schlesien.

Mit diesem **Ende des Feudalismus** entstand die revolutionsentscheidende Allianz zwischen frei gewordenen Bauern und adlig-konservativen Grundherren. Besonders die wohlhabenden Bauern bildeten von nun an eine tragende Säule des Konservatismus.

Auch in den Städten kam es im März 1848 zu Massendemonstrationen, ohne dass die Demonstranten nach der Macht gegriffen hätten. Die Regierungen wichen einem Konflikt aus. Die sogenannten **Märzforderungen** nach einem gleichen Männerwahlrecht, nach Freiheitsrechten (Versammlungs-, Vereins-, Pressefreiheit), nach mehr Rechten für die Landtage, nach Volksbewaffnung, Schwurgerichten, kostenloser Schulbildung und Recht auf Arbeit stießen ebenso wenig auf Widerstand wie die nach Verfassung, gesamtdeutschem Parlament und deutschem Nationalstaat. In den meisten Ländern wurden Liberale in die Regierungen berufen. Selbst der reaktionäre Bundestag hob seine Repressionsgesetze auf, insbesondere die Zensur, und erklärte die revolutionären Farben

Nationalismus und Liberalismus 2

M24 **Die deutsche Nationalversammlung 1848/49 im Rund der Frankfurter Paulskirche, kolorierter zeitgenössischer Stich.** Blick auf den Präsidententisch, über dem das Gemälde „Germania" von Philipp Veit (siehe S. 68f.) sich erhebt.

Schwarz-Rot-Gold zur Bundesfahne. Die Liberalen und die Mehrheit der Demokraten sahen die Revolution als siegreich beendet an.
Entscheidend aber wurde die Entwicklung in der preußischen Hauptstadt. In Berlin (400 000 Einwohner) stieß die wachsende Volksbewegung am 13. März erstmals mit dem Militär zusammen. Nach Straßengefechten erlaubte die Regierung am 16. März eine unbewaffnete Bürgerwehr, versprach eine Verfassung für Preußen, eine Bundesreform, Aufhebung der Zensur und einen neuen Vereinigten Landtag. Als die dankbaren Berliner sich am 18. März vor dem Schloss versammelten, schoss die übernervöse Wache in die Menge. Gesellen und Arbeiter errichteten spontan Barrikaden und lieferten sich mit dem Militär erbitterte Kämpfe, sodass der preußische König Friedrich Wilhelm IV. den Rückzug der Truppen gebot und sich bei seinen „lieben Berlinern" entschuldigte. Er setzte eine liberale Regierung ein, berief eine preußische verfassunggebende Nationalversammlung und versprach die deutsche Einheit. Das Militär und der Landadel Preußens aber standen nicht hinter der Revolution und konnten im November 1848 nach einem Staatsstreich die preußischen Revolutionäre entmachten.

Demokratische Bewegung Nach der Aufhebung der Repressionsgesetze des Deutschen Bundes entstanden 1848 zahllose Vereine und Verbände, die eine interne Interessenklärung ihrer Mitglieder leisteten und eine außerparlamentarische politische Funktion erfüllten. In der Vereinsbildung bereitete sich die Parteienentwicklung der zweiten Jahrhunderthälfte vor. Liberale, Demokraten, Konservative, Katholiken und Arbeiter organisierten sich hier regional und gesamtdeutsch und trafen sich zu großen Kongressen. Ebenso schlossen sich Protestanten, Industrielle und Handwerker zusammen (Frauen s. S. 128 ff.).

2 Nationalismus und Liberalismus

Paulskirchenparlament Zwei revolutionäre Hauptziele konnten weder regionale Revolutionsbewegungen noch gesamtdeutsche Verbände verwirklichen: die Bildung eines deutschen Nationalstaats und die Ausarbeitung einer gesamtdeutschen Verfassung. Zu diesem Zweck hatten sich bereits am 5. März 1848 fünfzig Abgeordnete aus süddeutschen Landtagen in Heidelberg für die Einberufung einer Nationalversammlung entschieden und damit gegen die Fortsetzung der revolutionären Bewegung. Am 31. März kamen 574 Landtagsabgeordnete aus den deutschen Staaten (nur zwei aus Österreich) in Frankfurt am Main zum so genannten Vorparlament zusammen. Die liberale Mehrheit trat für eine Zusammenarbeit mit den Fürsten und eine schnelle Wahl der Nationalversammlung ein. Im April wurde dafür bereits das Wahlrecht ausgearbeitet, das gleiches Wahlrecht für alle Männer über 25 Jahren vorsah; nur Dienstboten und Gesinde blieben ausgeschlossen. Damit waren über 80 % der Männer wahlberechtigt. Ebenfalls etwa 80 % der Wahlberechtigten beteiligten sich an der Wahl.

Als am 18. Mai 1848 die Nationalversammlung in der Frankfurter Paulskirche (M 24) zusammentrat, gehörten ihr vor allem Bildungsbürger an (95 % mit Gymnasialabschluss). Sie war aber kein „Professorenparlament", wie häufig behauptet, sondern ein männliches „Beamten"- und „Juristenparlament" (je knapp 50 %), wenn man auch die Stellvertreter der ca. 600 Abgeordneten mit einrechnet. Unterrepräsentiert waren Großgrundbesitzer und Bauern sowie Unternehmer und Handwerker. Arbeiter, überhaupt Unterschichten, waren nicht vertreten.

Im Paulskirchenparlament bildeten sich rasch Gruppen heraus, die sich in bestimmten Cafés und Gasthäusern Frankfurts trafen und gemeinsame Vorstellungen entwickelten, die z. T. die Programme der Parteien der 1860er-Jahre vorwegnahmen. Die konservativen Liberalen hatten wegen ihrer Stärke von 40 % eine Schlüsselstellung inne. Die linken Liberalen stellten 30 % der Parlamentarier. Die Demokraten besaßen 18 % der Sitze, wobei auf die gemäßigte Mehrheit 12 % und die radikale Minderheit 6 % entfielen. 12 % der Abgeordnetensitze hatten die Konservativen.

Die Hauptaufgabe der Nationalversammlung bestand darin, einen deutschen Nationalstaat zu schaffen und ihm eine Verfassung zu geben. Zu den schwierigsten Fragen gehörte das Problem der **Staatsgrenzen**. Das deutschsprachige Schleswig hatte, obwohl verfassungsrechtlich zu Dänemark gehörig, stillschweigend an den Wahlen zur Paulskirchenversammlung teilgenommen. Dänemark wollte diesen faktischen Anschluss an Deutschland nicht hinnehmen, zumal der Norden Schleswigs von Dänen bewohnt war. Einen Teilungsvorschlag für Schleswig entlang der Sprachgrenze schlug das Paulskirchenparlament aber empört aus und befürwortete den Krieg, mit dessen Führung es Preußen beauftragte. Aber bereits im August 1848 musste Preußen einen Waffenstillstand eingehen. Dieser Vorgang zeigt, dass der Paulskirchennationalismus auch expansive Züge trug. Die erdrückende Mehrheit der Abgeordneten dachte **großdeutsch** und befürwortete ein mächtiges Reich unter Einschluss auch nicht deutscher Völker. Allerdings ergaben sich daraus gerade im Vielvölkerstaat Österreich unübersehbare Probleme für einen deutschen Nationalstaat. Die kleindeutsche Lösung ohne Österreich war für die Deutsch-Österreicher undenkbar. Der Kompromiss hätte in einer losen Föderation der deutschen Staaten mit Österreich bestehen können, etwa in einem Staatenbund. Einen solchen aber lehnte die Mehrheit, die Unitarier (lat. unitas: die Einheit), ab.

Die Frage, ob der deutsche Nationalstaat als **Monarchie oder Republik** verfasst sein sollte, war praktisch vorentschieden. Die Liberalen wollten keinen Nationalstaat ohne die Mitwirkung der Fürsten, und selbst die äußerste Linke dachte bei Republik an eine parlamentarische Monarchie, in der der Monarch als Präsident nur repräsentative Aufgaben besitzt. Offen war, ob das künftige Deutschland ein Erbkaisertum oder ein Wahlkaisertum wie im Mittelalter haben sollte.

Paulskirchenverfassung Am 27./28. Oktober 1848 verabschiedete die Nationalversammlung vorab die Grundrechte (M 26). Deren Hauptinhalte waren die klassischen individuellen Freiheits- und Eigentumsrechte, die Gleichheit vor dem Gesetz und damit die Aufhebung der Sonderstellung des Adels wie aller Feudallasten, Sicherung vor willkürlicher Verhaftung, Abschaffung der Todesstrafe und die Unabhängigkeit der Justiz. Die Demokraten hatten auch sozialstaatliche Sicherungsrechte festschreiben wollen, die Liberalen aber lehnten dies ab.

Die Staatsorganisation im Verfassungswerk (M 25), das am 28. März 1849 verkündet wurde, stellte einen Kompromiss zwischen Monarchie und Republik, zwischen Unitariern und Föderalisten dar.

Nationalismus und Liberalismus 2

Der deutsche Nationalstaat sollte einen Erbkaiser an der Spitze haben, dem nur ein aufschiebendes Veto zustand. Gegenüber der Regierung besaß damit das Parlament, also der Reichstag, das Übergewicht. Er bestand aus zwei Kammern und bildete die Klammer um den aus verschiedenen deutschen Ländern zusammengesetzten Einheitsstaat. Sein Volkshaus wurde nach gleichem Männerwahlrecht gebildet, sein Staatenhaus wurde je zur Hälfte aus Abgeordneten der Landtage wie der Länderregierungen besetzt.

In einer äußerst knappen Abstimmung (267:263) entschieden sich die Abgeordneten für die kleindeutsche Lösung. Folgerichtig wählte die Nationalversammlung den preußischen König Friedrich Wilhelm IV. zum Kaiser der Deutschen (290:248).

Scheitern der Revolution Als der preußische König Anfang April 1849 die Annahme der Kaiserkrone ablehnte, war das Werk der Paulskirche gescheitert. Im Mai und Juni 1849 gab es ein letztes Aufbäumen zur Durchsetzung der Reichsverfassung in einzelnen Staaten. Die so genannte Reichsverfassungskampagne führte zu letzten Barrikadenkämpfen, nicht nur in Südwestdeutschland, der bayerischen Pfalz und Baden, sondern auch in Sachsen. Ähnlich wie in den anderen Staaten hatte die Revolution auch hier 1848 den König dazu gebracht, eine liberale, aus dem Bürgertum kommende Regierung zu berufen, die tiefgreifende Wahlrechtsreformen durchführte. Getragen wurde die sächsische Revolution von zahlreichen städtischen Vereinen. Sie waren überwiegend demokratisch-republikanisch orientiert und fanden Mitglieder bis in die Beamtenschaft und das Militär hinein. Die revolutionäre Bewegung in Sachsen erreichte im Mai 1849 einen blutigen Höhepunkt in Dresden: Mit seiner Weigerung, die Reichsverfassung anzunehmen, rief König Friedrich August II. (1836–1854) einen revolutionären Aufstand hervor, sodass er fliehen musste (M 27 a, b). Preußisches Militär schlug die Aufstände nieder.

Die Reichsverfassungskampagne wurde vom Paulskirchenparlament abgelehnt. Die Mehrheit der Abgeordneten resignierte. Ein verbleibendes Rumpfparlament war Ende Mai nach Stuttgart gezogen. Als die konservativen Regierungen ihre Beamten unter den Parlamentariern abberiefen, war die Nationalversammlung am Ende. Die Vertreibung ihres Restes durch württembergische Truppen am 18. Juni 1849 setzte den äußerlichen Schlusspunkt. Nach dem Scheitern der Revolution wurde 1851 der Deutsche Bund wiederhergestellt, und zwar mit dem Ziel, den konservativen Obrigkeits-

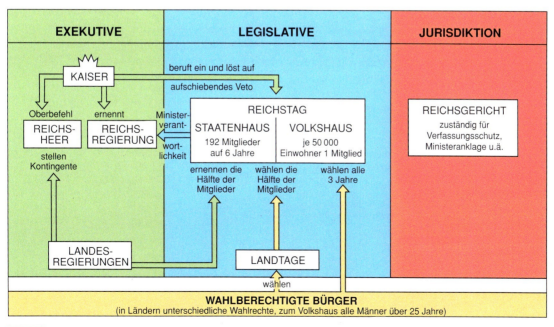

M25 Verfassung der deutschen Nationalversammlung vom 28. März 1849

2 Nationalismus und Liberalismus

staat zu restaurieren. In der nun beginnenden **Reaktionszeit** wurden überall Autorität, Polizei, Regierung und Verwaltung gestärkt, Beamtenschaft, Schule und Lehrerausbildung „gesäubert", Presse und Vereine überwacht, um vor allem Sozialisten und Demokraten zu unterdrücken. Gleichwohl gab es keine vollständige Rückkehr zu den vorrevolutionären Verhältnissen. Der Nationalismus mit seinem Bestreben, eine deutsche Nation und einen deutschen Nationalstaat zu schaffen, ließ sich nicht mehr unterdrücken.

M 26 Die Verfassung der deutschen Nationalversammlung vom 28. März 1849

Aus den bereits am 27. Dezember 1848 in Kraft gesetzten Grundrechten des deutschen Volkes

§ 133 Jeder Deutsche hat das Recht, an jedem Orte des Reichsgebietes seinen Aufenthalt und Wohnsitz zu nehmen, Liegenschaften jeder Art zu erwerben und darüber zu verfügen, jeden Nahrungszweig zu betrei-
5 ben, das Gemeindebürgerrecht zu gewinnen.
Artikel II.
§ 137 Vor dem Gesetz gilt kein Unterschied der Stände. Der Adel als Stand ist aufgehoben.
Alle Standesvorrechte sind abgeschafft.
10 Die Deutschen sind vor dem Gesetze gleich.
Alle Titel, insoweit sie nicht mit einem Amte verbunden sind, sind aufgehoben und dürfen nie wieder eingeführt werden.
Kein Staatsangehöriger darf von einem auswärtigen
15 Staate einen Orden annehmen.
Die öffentlichen Ämter sind für alle Befähigten gleich zugänglich.
Die Wehrpflicht ist für alle gleich; Stellvertretung bei derselben findet nicht statt.
20 *Artikel III.*
§ 138 Die Freiheit der Person ist unverletzlich.
Die Verhaftung einer Person soll, außer im Falle der Ergreifung auf frischer Tat, nur geschehen in Kraft richterlichen, mit Gründen versehenen Befehls. Dieser Be-
25 fehl muss im Augenblicke der Verhaftung oder innerhalb der nächsten vierundzwanzig Stunden dem Verhafteten zugestellt werden.
§ 139 Die Todesstrafe, ausgenommen, wo das Kriegsrecht sie vorschreibt oder das Seerecht im Fall von
30 Meutereien sie zulässt, sowie die Strafen des Prangers, der Brandmarkung und der körperlichen Züchtigung sind abgeschafft.
§ 140 Die Wohnung ist unverletzlich.
Eine Haussuchung ist nur zulässig:
35 1. in Kraft eines richterlichen, mit Gründen versehenen Befehls […].
Artikel IV.
§ 144 Jeder Deutsche hat volle Glaubens- und Gewissensfreiheit. Niemand ist verpflichtet, seine religiöse
40 Überzeugung zu offenbaren.

§ 145 Jeder Deutsche ist unbeschränkt in der gemeinsamen häuslichen und öffentlichen Übung seiner Religion […].
§ 146 Durch das religiöse Bekenntnis wird der Genuss der bürgerlichen und staatsbürgerlichen Rechte weder 45 bedingt noch beschränkt. Den staatsbürgerlichen Pflichten darf dasselbe keinen Abbruch tun. […]
Artikel VI.
§ 152 Die Wissenschaft und ihre Lehre ist frei.
§ 153 Das Unterrichts- und Erziehungswesen steht 50 unter der Oberaufsicht des Staats. […]
Artikel VIII.
§ 161 Die Deutschen haben das Recht, sich friedlich und ohne Waffen zu versammeln. […]
§ 162 Die Deutschen haben das Recht, Vereine zu bil- 55 den. […]
Artikel IX.
§ 164 Das Eigentum ist unverletzlich.
Eine Enteignung kann nur aus Rücksichten des gemeinen Besten, nur aufgrund eines Gesetzes und gegen 60 gerechte Entschädigung vorgenommen werden.

E. R. Huber (Hg.), Dokumente zur deutschen Verfassungsgeschichte, Bd. 1, W. Kohlhammer, Stuttgart ³1978, S. 375 ff.

1 Fassen Sie den Grundrechtekatalog der Paulskirchenversammlung zusammen (M 26).
2 Erklären Sie die Ausführlichkeit der Formulierungen vor dem Hintergrund der Situation in Deutschland.

Nationalismus und Liberalismus 2

M27 Die 1848/49er-Revolution in Sachsen und ihre Folgen

a) Der Historiker Wolfram Siemann über die Reichsverfassungskampagne in Sachsen (1985)

König Friedrich August II. und die sächsische Regierung unter dem neuberufenen Außenminister Graf Beust waren entschlossen, diesen Schritt [die Anerkennung der Reichsverfassung] nicht zu tun und es auf
5 den Kampf ankommen zu lassen. Ihnen nützte dabei die Spaltung der bürgerlichen Front. Parlamentarische Demokraten und Sozialrepublikaner agitierten in den „Vaterlandsvereinen", gestützt auf Handwerksgesellen, Fabrikarbeiter, Bergleute und Turner; der konstitu-
10 tionelle Mittelstand betätigte sich in den „Deutschen Vereinen" mit Rückhalt bei Stadträten, Kommunalgarde und Leipziger Universität.
Die Situation der Armee schwächte dagegen die Regierung, denn der größere Teil kämpfte in Schleswig-
15 Holstein, nur etwa 2000 Mann standen in Dresden zur Verfügung und diese waren teilweise im Hinblick auf ihr Verhalten unsicher. Auch hier trugen die politischen Vereine die Bewegung. Über 200 hatten sich am 22. April auf einer großen Volksversammlung verstän-
20 digt. Die Kammern verpflichteten sich gleichfalls auf die Reichsverfassung. Ihre Auflösung durch den König steigerte die öffentliche Erregung. Als die Nachricht von der Anforderung preußischer Truppen durchdrang, kam es zu offener Empörung und Barrikaden-
25 bau. Unter Mitwirkung des Hofbaumeisters Gottfried Semper und des Kapellmeisters Richard Wagner dirigierte der Russe Michael Bakunin die Arbeiten.
Nach der Flucht des Königs bildeten die Anwälte Samuel Tzschirner und Otto Heubner sowie der Bürger-
30 meister Karl Gotthelf Todt eine provisorische Regierung. 24 Städte erkannten sie an; die Bewegung wirkte weit in das Land hinein. Sie konnte sich in der Residenzstadt schließlich auf 2000 wirkliche Kämpfer stützen, die zuziehenden 6000 waren jedoch zu zwei Drit-
35 teln unbewaffnet und kaum einsatzfähig. Nun stellte sich Sachsen nach Württemberg als dreißigster Staat auf den Boden der Reichsverfassung.
Die Reaktion erfolgte schnell und die Eisenbahn beschleunigte sie: Am 5. Mai trafen die preußischen
40 Truppen ein; am 9. Mai waren die Kämpfe entschieden; auch der Führer der „Arbeiterverbrüderung", Stephan Born, stand auf den Barrikaden. Mit modernen Zündnadelgewehren und reichlich Artillerie ausgerüstet, waren die preußischen Truppen weit überle-
45 gen; 31 gefallenen Soldaten und 97 verwundeten standen rund 250 Gefallene und 400 Verwundete unter den Revolutionären gegenüber. Die Art der Niederschlagung des Dresdner Maiaufstands hatte eine abschreckende Wirkung auf das übrige Deutschland.
Unter den 869 Teilnehmern, die bis zum 25. August 50 1849 beim Stadtgericht Dresden in Untersuchungshaft saßen, befanden sich 262 Handwerksgesellen, 201 „Arbeiter", 16 Soldaten sowie weitere 106 Angehörige der Unterschichten. Nach dem Sieg der Gegenrevolution begann die Arbeit der Behörden. Wegen 55 ihrer Taten vom März 1848 bis zur Reichsverfassungskampagne wurden über 6000 Personen angeklagt, viele konnten sich noch durch Flucht entziehen, 727 wurden zu längeren Zuchthausstrafen verurteilt. Davon stammten 97 % aus Sachsen. Das widerlegt 60 eindeutig die zeitgenössische These, ausländische Demagogen hätten die Revolution in Sachsen inszeniert. Eine Aufschlüsselung dieser Verurteilten erlaubt einen genaueren Blick auf die Trägerschichten der Revolution in Sachsen. 65
Die Masse der Verurteilten kam aus dem Handwerk; Meister, Gesellen, Lehrlinge und andere Handwerker ergaben zusammen 58 %. Hier wurde beispielhaft greifbar, dass auch in dem am stärksten industrialisierten Staat des Deutschen Bundes sozioökonomische 70 Strukturkrise und politische Bewegung eine revolutionäre Verbindung eingegangen waren.

Wolfram Siemann, Die deutsche Revolution von 1848/49, edition suhrkamp, Frankfurt/Main 1985, S. 209–212

b) Jörg Ludwig und Andreas Neemann, Historiker, über die Folgen der Revolution von 1848/49 in Sachsen (1999)

Die Niederlage der sächsischen Linken im Dresdner Maiaufstand war nur ein Kettenglied einer Entwicklung, die im Frühjahr/Sommer 1849 zur völligen Erosion[1] der revolutionären Bewegung in Europa führte. [...] 5
Nach dem Sieg der gegenrevolutionären Mächte wurden in den deutschen Staaten viele der rechtlichen Errungenschaften der Revolutionszeit eingeschränkt oder ganz zurückgenommen. Wo es wie in Sachsen zu Aufständen gekommen war, wurden die Beteiligten 10 strafrechtlich verfolgt und mussten mit langwierigen Untersuchungsverfahren und Inhaftierungen rechnen. Die Versammlungs- und Vereinsfreiheit wurde stark eingeschränkt, Vereine der Demokraten, Republikaner und Arbeiter wurden verboten. Über das öffentliche 15 Leben Deutschlands legte sich wie im Vormärz ein Überwachungs- und Bespitzelungssystem, das vom 1851 gegründeten „Polizeiverein" – einer freiwilligen zwischenstaatlichen Einrichtung – organisiert wurde. Aus politischen, aber auch aus wirtschaftlichen Grün- 20

2 Nationalismus und Liberalismus

c) „Die Preußen und die Sachsen machen Kameradschaft miteinander im Kampf wider die Dresdener Aufrührer, den 7. Mai 1849", kolorierter Druck aus dem „Neuruppiner Bilderbogen" von 1849

den wanderten in den Jahren nach 1849 Zehntausende aus Deutschland aus.
Trotz des nahezu vollständigen Triumphes der gegenrevolutionären Kräfte über die Revolution konnten sich die konservativen Staatsoberhäupter und Regierungen bestimmten Forderungen und Zielen von 1848/49 nur schwer entziehen. Dies wurde etwa an der „Union" deutlich, einem von der preußischen Regierung etablierten Staatenbund, dem sämtliche deutschen Staaten außer Österreich beitreten sollten und für den ein nach einem moderaten Zensuswahlrecht gewähltes Parlament geplant war. Damit setzte Preußen im Frühjahr/Sommer 1849 den von den Liberalen der Paulskirche gewollten nationalen Einigungsprozess durch eine Initiative „von oben" fort. Einige prominente Liberale, darunter der sächsische Paulskirchenabgeordnete Karl Biedermann, verabredeten bei einem Treffen in Gotha, diese kleindeutsch-preußische Nationalstaatsgründung zu unterstützen. Sie wurden fortan als „Gothaer Liberale" bezeichnet. Obwohl Sachsen außenpolitisch traditionell mit Österreich verbunden war, musste es als Gegenleistung für die preußische Truppenhilfe gegen den Maiaufstand der preußisch geführten Staatenunion beitreten („Dreikönigsbündnis" zwischen Preußen, Hannover und Sachsen vom 26. Mai 1849), löste sich aber bereits Ende 1849 wieder aus der „Union".

Innenpolitisch hielt sich die sächsische Regierung zunächst an die Verfassungsänderungen von 1848 und schrieb im Herbst Neuwahlen nach dem relativ demokratischen Landtagswahlrecht aus. Trotz erheblicher Wahlbeeinflussung seitens der Regierung brachten diese Herbstwahlen eine schwache Mehrheit der preußenfeindlichen Liberalen und eine starke Minderheit gemäßigter Demokraten in die sächsischen Kammern. So zerstritten diese Gruppierungen auch untereinander sein mochten, sie setzten die Regierung erheblich unter Druck. So forderten die Demokraten die unveränderte Fortgeltung der „Grundrechte" – woraus sich eine sofortige Amnestierung der „Maigefangenen" ergeben hätte –, während die Liberalen den Österreichfreundlichen Außenminister Friedrich Ferdinand von Beust zum Verbleib in der preußischen Union zwingen wollten. Um Druck auf die Regierung auszuüben, erwog der Landtag eine Ministeranklage. Noch bevor Preußen wegen der deutschen Frage mit Österreich in einen ernsten, an den Rand des Krieges führenden Konflikt geriet, löste die sächsische Regierung den „Widerstandslandtag" von 1849/50 auf und ersetzte ihn – was einem Verfassungsbruch gleichkam – durch den Ständelandtag des Vormärz. Damit waren auch in Sachsen die wichtigsten verfassungsrechtlichen Ergebnisse der Revolutionszeit wieder beseitigt [...].

Nationalismus und Liberalismus 2

Auch der preußische Versuch einer kleindeutschen Staatsgründung endete schließlich ergebnislos. Österreich konnte sich auf den Dresdner Konferenzen 1850/51 mit der Sichtweise durchsetzen, dass der Deutsche Bund 1848 nicht aufgelöst worden war und demnach fortbestand. So wurde auch in der deutschen Frage der Zustand wiederhergestellt, der vor dem Jahr 1848 geherrscht hatte.
Die bestehenden Probleme in Wirtschaft, Gesellschaft und Verwaltung mussten wieder durch die Einzelstaaten angegangen werden. Unter Friedrich Ferdinand von Beust, der in verschiedenen Ministerämtern fungierte, nahm die sächsische Regierung Mitte der 1850er-Jahre Reformen in Angriff, die sich auf die Gesetzgebungswerke der 1830er-Jahre und auf Forderungen von 1848/49 bezogen. 1855 setzte die Regierung gegen den immer noch hartnäckigen Widerstand des Adels die Aufhebung der Patrimonialgerichtsbarkeit durch. Im Jahr 1874 wurden schließlich Justiz und Verwaltung auch bei den Unterbehörden getrennt. In der sächsischen Wirtschaft führte das Gewerbegesetz vom 15. Oktober 1861 die vom Wirtschaftsbürgertum bereits in den 1830er-Jahren nachdrücklich geforderte Gewerbefreiheit ein.
Zu Beginn der 1860er-Jahre entstand auch wieder eine politische Nationalbewegung. Sie entfaltete durch zahlreiche Vereinsgründungen und öffentliche Aktionen eine Dynamik, der sich bald auch die deutschen Regierungen nicht entziehen konnten. Bismarck überwand eine ernste innerpreußische Verfassungskrise, indem er die preußische Machtpolitik in den Dienst der Nationalbewegung stellte. Der preußischen Dominanz[2] in Deutschland suchten die Mittelstaaten – darunter Sachsen – und Österreich mit Vorschlägen zu einer Reform des Deutschen Bundes entgegenzuwirken. Im Frühjahr kam es zum entscheidenden Waffengang zwischen Österreich und Preußen. Die sächsische Regierung hatte sich auf die Seite Österreichs geschlagen und wurde mit dieser besiegt. Die Niederlage bei Königgrätz (3. Juli 1866) zwang Sachsen, dem Norddeutschen Bund beizutreten und sich somit der preußischen Hegemonie[3] zu unterwerfen. Nach einem von Bismarck angezettelten Feldzug gegen Frankreich 1870 traten auch die süddeutschen Staaten diesem Bund bei, der damit zum „Deutschen Reich" ausgeweitet wurde.

Jörg Ludwig/Andreas Neemann, Revolution in Sachsen 1848/49. Darstellung und Dokumente, Sächsische Landeszentrale für politische Bildung, Sächsisches Hauptstaatsarchiv Dresden, Dresden 1999, S. 149–151

1 Erosion = Abtragung, Auflösung
2 Dominanz = Vorherrschaft
3 Hegemonie = Vormachtstellung

1 Beschreiben Sie Verlauf und Ergebnisse der Reichsverfassungskampagne in Sachsen (M 27 a).

2 Diskutieren Sie anhand von M 27 a, b und der Darstellung über die Frage, ob und inwieweit die Revolution 1848/49 gescheitert sei. Erörtern Sie, ob man die Zeit nach der Revolution 1848/49 als Restaurationszeit bezeichnen kann. Berücksichtigen Sie dabei auch die längerfristigen Folgen für die deutsche Geschichte. Vergleichen Sie zu diesem Zweck die Verfassung des Paulskirchenparlaments (M 26) mit der bismarckschen Reichsverfassung (S. 105 ff.).

M 28 Aufruf aus Leipzig vom 5. Mai 1849

Mitbürger!
Dem gerechten Verlangen des Volkes soll Genüge geschehen! Leipzig wird Dresden nicht verlassen!
Der Stadtrath hat soeben den Kämpfern freie Fahrt auf der Eisenbahn nach Dresden bewilligt!
Um Geld für die noch fehlenden Waffen zu erlangen, liegen heute und morgen Subscriptions-Listen aus:
1) Querstraße 20 parterre
2) Grimm. Straße 16 im Hofe links,
3) In der 1. Bürgerschule,
4) Im goldnen Hahn in der Hainstr.
Eilet, Eure Gaben auf den Altar des Vaterlandes zu legen! Eilet, wem das Wohl und die Ehre unserer Stadt am Herzen liegt!
Leipzig d. 5. Mai 1849.
Im Namen der Urversammlung Leipziger Bürger.
A. Ruge. C. H. Hoßfeld.

1 Interpretieren Sie den Aufruf M 28 im Zusammenhang mit der Revolution 1848/49 in Sachsen.

2 Nationalismus und Liberalismus

1.6 Der Weg zur Gründung des Deutschen Reiches

Wirtschaftliche Dynamik Verfassungsbewegung, Parlamentarisierungsforderungen, Grundrechtesicherung und Nationalstaatsbestrebungen – diese liberalen Programmpunkte bilden den politischen Teil des Modernisierungsprozesses im Deutschland des 19. Jahrhunderts, blieben aber in weiten Teilen politische Theorie. Im Gegensatz dazu kam die wirtschaftliche Modernisierung in der Praxis wesentlich schneller voran und brachte mit der Industriellen Revolution von den Vierzigerjahren bis 1873 den Übergang von der feudalen Agrargesellschaft in die kapitalistische Industriegesellschaft (s. S. 25 ff.). Der Durchbruch der Industrialisierung wurde ermöglicht und beschleunigt durch den Ausbau des Binnenmarktes in Deutschland. Der 1834 gegründete Zollverein, der die Zollschranken zwischen den einzelnen Staaten des Deutschen Bundes abbaute, war ein wichtiger Schritt auf dem Weg zur wirtschaftlichen Integration Deutschlands. Die ökonomische Einheit führte jedoch nicht automatisch zur politischen Einheit, sondern hat diese allenfalls begünstigt.

Wandel des Liberalismus In der Reaktionszeit verstand sich der Konservativismus nach wie vor als Gralshüter der alten Ordnung, von Gottesgnadentum, Staatsmacht, Privilegienordnung und deutschem Partikularismus. Die Verlierer der Revolution, die **Altliberalen**, hielten ebenfalls an ihren Idealen (Parlament als Gegenpol zur Regierung, staatsfreier Raum für die Bürger durch Grundrechte, Einheit der deutschen Nation) fest. Dagegen gaben die durch die Industrialisierung gestärkten Wirtschaftsbürger (Bourgeoisie) ihre Distanz zum monarchischen Obrigkeitsstaat auf und suchten nach Kompromissen mit den Konservativen **(Realpolitiker)**. Die Regentschaft von Kronprinz Wilhelm in Preußen seit 1858 (1861 König) eröffnete ihnen ganz neue Möglichkeiten: Die sogenannte Neue Ära in Preußen begann mit der Berufung einer konservativ-liberalen Regierung. Die Altliberalen errangen 55 % der Sitze in der Zweiten Kammer, die Konservativen verloren fast alle. Das vom Junkeradel beherrschte Herrenhaus aber blockierte alle künftigen Reformgesetze.

Bei der Auseinandersetzung um die Reform des Heeres kam es zu einem Konflikt zwischen Liberalen und Konservativen, dem sogenannten preußischen **Verfassungskonflikt**. Das preußische Heer war nicht nur Garant der preußischen, sondern auch der deutschen Sicherheit. Mit der Regierung befürworteten auch die Liberalen der preußischen Volksvertretung eine Vermehrung der Rekruten um 50 % jährlich und entsprechend mehr Offiziersstellen. Aber die Verlängerung der Dienstzeit von zwei auf drei Jahre und die Verstärkung des vom Adel kommandierten Feldheeres auf Kosten der vorwiegend von Bürgerlichen geführten Landwehr nährte zu Recht ihren Verdacht, die konservativen Junker und Militärs wollten eine Verbürgerlichung der Armee verhindern, die bürgerliche Landwehr ausschalten und die Militarisierung der Gesellschaft zur Sicherung ihrer eigenen Vormachtstellung vorantreiben. Die liberalen Abgeordneten der Zweiten Kammer bewilligten deshalb nur einen provisorischen Haushalt für 1860 und 1861. Das nahmen die Konservativen zum Anlass, einen Regierungswechsel zu erzwingen. Sie lehnten eine Mitsprache des Parlaments in Militärangelegenheiten grundsätzlich ab; das Heer sollte nicht auf dem Gesetz, sondern allein auf dem Willen des Königs beruhen (Königsheer statt Parlamentsheer). Damit wurde das zentrale Recht des Parlaments, das Budgetrecht, ausgehebelt und ein Kernpunkt der preußischen Verfassung angegriffen.

Während dieses Konflikts spalteten sich die Linksliberalen von den Altliberalen ab und gründeten zusammen mit 1848er Demokraten im Juni 1861 die Deutsche Fortschrittspartei. In ihrem Programm forderte sie den liberalen Ausbau der Verfassung, eine Reform des Herrenhauses, Ministerverantwortlichkeit und den deutschen Nationalstaat. Als der König die Zweite Kammer auflöste und Neuwahlen ausschrieb, weil er auf eine konservative Mehrheit hoffte, erhielten die Fortschrittler auf Anhieb 29,5 % der Sitze (Altliberale 40 %). Eine erneute Auflösung der Kammer im März 1862 und die Berufung einer konservativen Regierung brachten keine Änderung: In der neu gewählten Kammer hatte nun der Fortschritt 38 % und das linke Zentrum 32 %; beide waren entschlossen, den neuen Haushalt abzulehnen.

Nationalismus und Liberalismus 2

Weil die neue Regierung weitere Wahlen für sinnlos hielt, wollte König Wilhelm abdanken. Da erbot sich der Konservative **Otto von Bismarck**, preußischer Gesandter in Paris und Gegner der dreijährigen Dienstpflicht, die Festigung der königlichen Macht gegen das Parlament durchzusetzen. Wilhelm ernannte ihn am 22. September 1862 zum preußischen Ministerpräsidenten. Als die Zweite Kammer den Militärhaushalt ablehnte, erklärte Bismarck, notfalls auch ohne Budget regieren zu wollen, weil erstens die Verfassung für einen solchen Konflikt zwischen Regierung und Parlament keine Lösung vorsehe und damit der König als Verfassunggeber ein Notrecht zur letzten Entscheidung habe **(Lückentheorie)**; zweitens vertrat er die Auffassung, dass „die großen Fragen der Zeit nicht durch Reden und Mehrheitsbeschlüsse, sondern durch Blut und Eisen entschieden werden" (M 30). Die Regierung arbeitete seitdem ohne gesetzlichen Haushalt, erklärte die Landtagsbeschlüsse für ungültig, löste 1863 erneut den Landtag auf und setzte einzelne Altliberale Schikanen und Prozessen aus. Die Liberalen erklärten das Regierungshandeln für verfassungswidrig und errangen bei den Neuwahlen zwei Drittel der Sitze. Im Übrigen kooperierten sie mit der Regierung in der Wirtschaftspolitik, suchten also nicht die Regierung auf revolutionärem Weg zu stürzen, weil ihnen dafür die Massenbasis fehlte.

Die Regierung Bismarck besaß nicht nur die entscheidenden Machtmittel im Staat, sondern konnte die Liberalen auch in der nationalen Frage ausbooten. Der militärische Sieg über Österreich 1866, die folgende Auflösung des Deutschen Bundes und die Weichenstellung zu einer Reichsgründung über den Norddeutschen Bund wurden von linken wie rechten Zeitgenossen als deutsche Revolution von oben verstanden. Die Konservativen wandten sich von Bismarck ab, weil er die nationale Politik der Liberalen betrieb. Die Liberalen wiederum, die in der nationalen Frage in Großdeutsche und Kleindeutsche gespalten waren und die Einigung nach der Errringung der Freiheit durch Verhandlung anstrebten, sahen ihre Politik als gescheitert an. Bismarck nutzte den militärischen Erfolg von 1866 zu einem Versöhnungsangebot an die Liberalen. Er unterbreitete dem Landtag ein Gesetz, das den Haushalt der vergangenen Jahre nachträglich legalisieren sollte. Diese Indemnitätsvorlage fand eine Mehrheit. Zwei Drittel der Abgeordneten des linken Zentrums und die Hälfte der Abgeordneten des Fortschritts nahmen die Zusammenarbeit mit der Regierung Bismarck auf; einige Liberale schlossen sich an.

Aus der Spaltung der Fortschrittspartei ging eine rechtsliberale Partei hervor: die **Nationalliberalen**, die die Priorität der nationalen Einheit betonten. Um ihretwillen waren sie bereit, auf eine Führungsposition im Parlament zu verzichten und Kompromisse mit der konservativen Regierung einzugehen. Sie wollten durch Regierungsbeteiligung einen schrittweisen Ausbau des Verfassungsstaates und der bürgerlichen Gesellschaft erreichen.

Einigungskriege und Reichsgründung

Der Wiener Kongress hatte 1815 die Herrschaft der alten Mächte im Innern wieder errichtet und mit dem Staatensystem der Pentarchie (griech. pentas = fünf) außenpolitisch abgesichert: Ein Gleichgewicht der fünf Großmächte England, Frankreich, Österreich, Preußen und Russland garantierte bis zum Krimkrieg (1853–1856) Frieden und Stabilität. In diesem Krieg kämpfte Russland gegen eine Allianz aus Frankreich, England und Piemont-Sardinien, Preußen blieb neutral und Österreich trat in die antirussische Allianz ein, ohne sich jedoch aktiv am Krieg zu beteiligen. Weil einzelne Staaten im Interesse außenpolitischer Machterhaltung die nationalen Einigungsbewegungen anderer Länder unterstützten, verbesserten sich die Chancen der Nationalbewegungen. So konnte die Koalition aus Franzosen und Engländern 1861 die Begründung des italienischen Nationalstaats im Krieg gegen Österreich durchsetzen. Die preußisch-russische Annäherung und die Gegensätze Österreichs zu den anderen Großmächten wiederum boten Preußen die Chance, eine deutsche Nationalstaatsgründung unter eigener Führung voranzutreiben.

Preußen hatte sich 1849/50 das Ziel gesetzt, die kleindeutsche Einheit durch eine Union von 28 norddeutschen Staaten zu verwirklichen. Doch Österreich drohte mit Krieg und Preußen kehrte daraufhin in den wiederbelebten Deutschen Bund zurück, dessen Politik von nun an durch den Führungskampf der beiden Großmächte bestimmt wurde (Dualismus). Österreich wollte seine Stellung als Präsidialmacht gebrauchen, um durch die Aufnahme aller Völker der Donaumonarchie seine Führung im Bund zu sichern (Mitteleuropa- bzw. 70-Millionen-Plan). Preußen nutzte zur

2 Nationalismus und Liberalismus

M 29 Anton von Werner, Kaiserproklamation in Versailles, 1885, Öl auf Leinwand (3. Fassung zu Bismarcks 70. Geburtstag). Der Historiker Volker Ullrich beginnt sein Buch zur Geschichte des deutschen Kaiserreiches mit den folgenden Sätzen: „Es war bitterkalt im Spiegelsaal des Schlosses von Versailles, an jenem 18. Januar 1871, als das deutsche Kaiserreich ausgerufen wurde. Das Ganze war eine militärische Veranstaltung. Wohin der Blick auch fiel – Uniformen, Säbel, Fahnen und Standarten; die wenigen Gestalten im Frack verloren sich inmitten dieser kriegerischen Gesellschaft. Das Volk war nicht vertreten, nicht einmal durch seine Abgeordneten des gewählten Parlaments, des norddeutschen Reichstags – ein getreues Abbild der Tatsache, dass der kleindeutsch-preußische Nationalstaat nicht durch demokratischen Willensentscheid, sondern durch Siege auf dem Schlachtfeld zustande gekommen war."

1 Nehmen Sie zu diesem Urteil über die Reichsgründung Stellung. Berücksichtigen Sie dabei sowohl das Gemälde von Anton von Werner (M 29) als auch die Darstellung.

Blockierung der österreichischen Pläne sein Vetorecht und baute seine wirtschaftliche Vormacht aus. Seit 1859 erhielt Preußen Unterstützung vom **Deutschen Nationalverein**, der ein liberales kleindeutsches Reich anstrebte. Weil Österreich eine Kooperation der beiden Führungsmächte im Deutschen Bund ablehnte, wurde das preußische Militärkönigtum paradoxerweise auf eine kleindeutsche Politik im Sinne der Liberalen gedrängt, freilich ohne den liberalen Weg zu übernehmen, der über Freiheit und parlamentarische Mehrheitsbeschlüsse zur Einheit führen sollte.

Nationalismus und Liberalismus 2

Schleswig und Holstein hatten seit 1850/52 eine Sonderstellung in der dänischen Verfassung (Personalunion, aber unauflöslich mit Holstein verbunden). 1863 beseitigte eine Verfassungsänderung diese Sonderstellung, integrierte Schleswig in den dänischen Staat und trennte es von Holstein ab, das zum Deutschen Bund gehörte. Gegen diesen Vorgang wandten sich die deutsche Nationalbewegung und Bismarck, wenn auch aus unterschiedlichen Motiven. Die Nationalbewegung wollte ein unabhängiges Schleswig und Holstein, Bismarck aber suchte über diesen Konflikt die Bindung Österreichs an die preußische Politik zu erreichen, die insgeheim auf die Annexion Schleswigs und Holsteins durch Preußen hinauslief. Dank Bismarcks Diplomatie intervenierten England und Russland nicht, als Preußen und Österreich 1864 erfolgreich **Krieg gegen Dänemark** führten. Dänemark trat Schleswig und Holstein ab, Preußen besetzte Schleswig, Österreich okkupierte Holstein.

Bismarck suchte über Differenzen in der Besatzungspolitik den **Krieg mit Österreich**. Dazu erreichte er die Zusage der Neutralität Frankreichs und Russlands sowie ein Bündnis mit Italien. Österreich brachte Preußens Verstöße gegen die gemeinsamen Verwaltungsgrundsätze vor den Bundestag und verlangte Maßnahmen des Deutschen Bundes gegen Preußen. Preußen besetzte daraufhin Teile Holsteins, wogegen Österreich im Bundestag die Mobilmachung eines Teils der Bundesarmee durchsetzte. Nun sah Preußen den Deutschen Bund als beendet an und begann den Angriff auf einzelne Bundesstaaten. Die Entscheidung fiel in Böhmen. Der preußische Generalstabschef Helmuth von Moltke dirigierte seine Armee auf den neuen Eisenbahnen zur Schlacht bei Königgrätz. Dort errangen die gut geführten und durch die Heeresreform modernisierten preußischen Truppen den Sieg über Österreich.

Bismarck setzte bei König Wilhelm durch, gegenüber Österreich auf Gebietsforderungen zu verzichten, falls es Preußen bei einer Neugestaltung Deutschlands freie Hand lassen würde. Auf dieser Basis schritt Preußen nicht nur zur Annexion von Schleswig und Holstein, sondern auch von Hannover, Kurhessen, Nassau und der Stadt Frankfurt am Main. Mit den übrigen Staaten nördlich des Mains schloss Preußen den Norddeutschen Bund, den ersten deutschen Bundesstaat mit Reichstag, Reichskanzler, Bundesheer, Verfassung und einem erdrückenden Übergewicht Preußens. Die süddeutschen Staaten blieben zwar souverän, waren aber an Preußen wirtschaftlich (Zollverein) und militärisch (Schutz-und-Trutz-Bündnisse) gebunden. Aus Deutschland verdrängt, orientierte sich Österreich in der Folgezeit zum Balkan hin. Obwohl die Entthronung der norddeutschen Fürsten durch Preußen die Legitimitätsprinzipien verletzte und das europäische Gleichgewicht veränderte, akzeptierten die Großmächte die neue Ordnung.

Bismarck benutzte Frankreichs Versuch, den vakanten spanischen Königsthron 1870 mit einem ihm genehmen Kandidaten zu besetzen, um Napoleon III. zu einer Kriegserklärung zu provozieren. Die Hohenzollern verzichteten zwar angesichts einer französischen Kriegsdrohung darauf, dass ein katholisches Mitglied ihres Hauses spanischer König wurde. Als aber Napoleon III. Preußen durch eine Verzichtserklärung auf alle Zeit zu demütigen versuchte, erweckte Bismarck in der so genannten Emser Depesche den Eindruck, König Wilhelm habe den französischen Botschafter düpiert (s. Methodenseiten, S. 126 f.). Als Frankreich daraufhin Preußen den Krieg erklärte, entschlossen sich neben dem Norddeutschen Bund auch die süddeutschen Staaten zum Kriegsbündnis. Dieser Deutsch-Französische Krieg galt als nationale Aufgabe. Den weit überlegenen deutschen Truppen unterlag Frankreich in kürzester Zeit. Napoleon wurde gefangen genommen und kapitulierte. Im Frieden von Frankfurt (Mai 1871) musste Frankreich Elsass und Lothringen an Deutschland abtreten und eine hohe Kriegsentschädigung zahlen.

Mit Frankreich war der entschiedenste Gegner einer deutschen Einheit unter den europäischen Großmächten besiegt. Damit stand angesichts der allgemeinen Siegesfreude einem Beitritt der süddeutschen Staaten zum Norddeutschen Bund nichts mehr im Wege. Als der bayerische König Ludwig II. von Bismarck mit der Zahlung von jährlich 100 000 Goldmark dazu bewegt werden konnte, dem preußischen König Wilhelm die deutsche Kaiserkrone anzubieten, war der Weg frei für die Gründung eines kleindeutschen Reichs als Bundesstaat der deutschen Fürsten. Im Spiegelsaal Ludwigs XIV. im Schloss zu Versailles wurde am 18. Januar 1871 das Deutsche Reich (M 29 und M 32) ausgerufen und der preußische König zum deutschen Kaiser Wilhelm I. proklamiert.

2 Nationalismus und Liberalismus

M 30 Aus der „Eisen-und-Blut"-Rede Bismarcks vor der preußischen Budgetkommission (1862)

Der Konflikt drehe sich bei uns um die Grenze zwischen Krongewalt und Parlamentsgewalt. Die Krone habe noch andere Rechte, als die in der Verfassung ständen. […] Nicht auf Preußens Liberalismus sieht Deutschland, sondern auf seine Macht; Bayern, Württemberg, Baden mögen dem Liberalismus indulgieren[1], darum wird ihnen doch keiner Preußens Rolle anweisen; Preußen muss seine Kraft zusammenfassen und zusammenhalten auf den günstigen Augenblick, der schon einige Male verpasst ist; Preußens Grenzen nach den Wiener Verträgen sind zu einem gesunden Staatsleben nicht günstig; nicht durch Reden und Majoritätsbeschlüsse werden die großen Fragen der Zeit entschieden – das ist der große Fehler von 1848 und 1849 gewesen –, sondern durch Eisen und Blut.

Otto von Bismarck, Die gesammelten Werke, Band 10, Berlin 1928, S. 138 f.

1 Nachsicht üben

1 Erläutern Sie das bismarcksche Politikverständnis, das in dieser Rede zum Ausdruck kommt.

M 31 Le Chevalier de la Mort, Karikatur auf Wilhelm von Preußen von Faustin Betbeder, Paris 1870

1 Beschreiben Sie die im Bild verwendeten Symbole und erklären Sie ihre Bedeutung.

M 32 Proklamation Kaiser Wilhelms I. an das deutsche Volk, verlesen von Bismarck bei der Kaiserproklamation am 18. Januar 1871 in Versailles

Wir, Wilhelm von Gottes Gnaden König von Preußen, nachdem die Deutschen Fürsten und freien Städte den einmütigen Ruf an Uns gerichtet haben, mit Herstellung des Deutschen Reiches die seit mehr denn sechzig Jahren ruhende deutsche Kaiserwürde zu erneuern und zu übernehmen, und nachdem in der Verfassung des Deutschen Bundes die entsprechenden Bestimmungen vorgesehen sind, bekunden hiermit, dass Wir es als eine Pflicht gegen das gemeinsame Vaterland betrachtet haben, diesem Rufe der verbündeten Fürsten und Städte Folge zu leisten und die deutsche Kaiserwürde anzunehmen. Demgemäß werden Wir und Unsere Nachfolger an der Krone Preußens fortan den Kaiserlichen Titel in allen Unseren Beziehungen und Angelegenheiten des Deutschen Reiches führen, und hoffen zu Gott, dass es der deutschen Nation gegeben sein werde, unter dem Wahrzeichen ihrer alten Herrlichkeit das Vaterland einer segensreichen Zukunft entgegenzuführen. Wir übernehmen die kaiserliche Würde in dem Bewusstsein der Pflicht, in deutscher Treue die Rechte des Reiches und seiner Glieder zu schützen, den Frieden zu wahren, die Unabhängigkeit Deutschlands, gestützt auf die geeinte Kraft seines Volkes, zu verteidigen. Wir nehmen sie an in der Hoffnung, dass dem deutschen Volk vergönnt sein wird, den Lohn seiner heißen und opfermutigen Kämpfe in dauerndem Frieden und innerhalb der Grenzen zu genießen, welche dem Vaterlande die seit Jahrhunderten entbehrte Sicherheit gegen erneuten Angriff Frankreichs gewähren. Uns aber und Unseren Nachfolgern an der Kaiserkrone wolle Gott verleihen, allzeit Mehrer des Deutschen Reichs zu sein, nicht an kriegerischen Eroberungen, sondern an den Gütern und Gaben des Friedens auf dem Gebiet nationaler Wohlfahrt, Freiheit und Gesittung.

Gegeben Hauptquartier Versailles,
den 18. Januar 1871   *Wilhelm*

Deutsche Geschichte in Quellen und Darstellung, Bd. 7: Vom Deutschen Bund zum Kaiserreich 1815–1871, hg. v. Wolfgang Hardtwig und Helmut Hinze, Stuttgart 1997, S. 465 ff.

1 Erläutern Sie die Motive, mit denen Wilhelm I. seine Annahme der deutschen Kaiserkrone begründet.

2 Vergleichen Sie diese Perspektive mit der französischen Sichtweise aus M 31.

Nationalismus und Liberalismus 2

2 Obrigkeitsstaat und Nation im deutschen Kaiserreich

2.1 Bismarcks Reichsverfassung

Kompromisscharakter der Verfassung

Bismarck legte die Reichsverfassung als Kompromiss zwischen revolutionär umgeformter konservativer Monarchie und nationalem bzw. liberalem Bürgertum an. Er wollte die Monarchie sichern, das demokratisch gewählte Parlament abblocken und den Großstaat der bürgerlichen Gesellschaft schaffen. Die Spannungen dieser Konstruktion schlugen sich in Konflikten zwischen Kanzler und Parteien nieder. Die Verfassung des Kaiserreiches entstand aus Ergänzungen und Änderungen der Verfassung des Norddeutschen Bundes. Nach der Reichsgründung wurden in ihr vom Reichstag die Begriffe „Bundespräsident" und „Deutscher Bund" in „Deutscher Kaiser" und „Deutsches Reich" geändert.

Balance von Unitarismus und Föderalismus

Das Deutsche Reich war ein Bundesstaat aus 25 Einzelstaaten (vier Königreiche, sechs Großherzogtümer, fünf Herzogtümer, sieben Fürstentümer, drei freie Städte; hinzu kam das Reichsland Elsass-Lothringen). In ihm hielten sich die Rechte des Bundes und der Einzelstaaten die Waage. Die Souveränität lag bei den 22 Monarchen und den drei Senaten der freien Städte. Der Kaiser war erblicher Präsident des Bundes, aber nur nach außen der Souverän; die Einzelstaaten besaßen weiterhin das Recht auf eigene Gesandtschaften. Das Reichsheer bestand aus Kontingenten der Bundesstaaten und der Kaiser führte nur im Kriegsfall über alle Truppen den Oberbefehl. Finanziell war das Reich „Kostgänger der Einzelstaaten" (Bismarck): Die Länder entrichteten sogenannte Matrikularbeiträge, die durch Zölle und Verbrauchssteuern ergänzt wurden. Die Einzelstaaten waren ungleichgewichtig. Preußen umfasste zwei Drittel des Reichsgebietes und drei Fünftel seiner Einwohner. Zum Ausgleich verfügte es im Bundesrat, dem zentralen Entscheidungsorgan der Reichsverfassung, nur über 17 von 58 Stimmen der weisungsgebundenen Vertreter der Einzelstaaten. Allerdings konnte dort mit 14 Stimmen die Sperrminorität bei Verfassungsänderungen ausgeübt werden (M 35). Auch die sogenannten Reservatrechte stellten ein Entgegenkommen an die mittleren und kleineren Staaten des Bundes dar: Baden und Württemberg z. B. behielten das Recht zur Bier- und Branntweinbesteuerung, Württemberg sicherte sich ein eigenes Postwesen.

Preußen schien durch sein Bestreben zur Entwicklung eines preußischen Bewusstseins ein Garant des Föderalismus zu sein. Aber wegen seines geografischen und politischen Gewichtes konnte Preußen die Praxis der Reichspolitik in einem Maße bestimmen, das sein allmähliches Aufgehen im Reich zur Folge hatte. Auch das Prinzip der Personalunion von preußischen und Reichsfunktionen trug dazu bei. Der preußische König war zugleich deutscher Kaiser und der Reichskanzler und Vorsitzende des Bundesrates in der Regel preußischer Ministerpräsident.

Probleme der Verfassung

Der Kaiser hatte sowohl die politische als auch die militärische Führung inne. Der Kanzler, sein oberster Beamter, musste zwar die kaiserlichen Anordnungen gegenzeichnen, war aber gänzlich vom Kaiser abhängig und leitete die Reichspolitik nur im zivilen Bereich. Seine Mitwirkung im Militärischen beschränkte sich auf die Militärverwaltung, kaiserliche Kommandoakte waren ausgenommen. Weil die Monarchen der Hohenzollern zwar eine militärische, aber keine Ausbildung in ziviler Verwaltung erhielten, wurde ihre Politik stark von den Vorstellungen des Militärs bestimmt. Die Chefs des Heeres und der Marine konnten sich als Nebenregierung etablieren, weil sie jederzeit Vortragsrecht beim Kaiser besaßen, dem sie unmittelbar unterstellt waren.

Der Reichstag wurde als Volksvertretung nach einem gleichen, geheimen, direkten Mehrheitswahlrecht für Männer über 25 Jahre gewählt, hatte in der Verfassung jedoch nur eine schwache Stellung. Er konnte vom Bundesrat aufgelöst werden, wenn der Kaiser zustimmte. Er besaß zwar ein Gesetzesinitiativrecht, aber alle Gesetze bedurften auch der Zustimmung des Bundesrates. Der Reichstag musste jährlich den Haushalt bewilligen, ohne dabei allerdings über alle Einnahmen und Ausgaben, hier besonders den Militäretat, frei verfügen zu können. Der Kanzler war dem Reichstag

2 Nationalismus und Liberalismus

M33 Anton von Werner, Die Eröffnung des Reichstages im Weißen Saal des Berliner Schlosses durch Wilhelm II., 1888, Öl auf Leinwand

1 Vergleichen Sie die Reichstagseröffnung 1888 im Deutschen Kaiserreich mit einer Bundestagseröffnung.
2 Interpretieren Sie, ausgehend von diesem Bild, die Stellung des Parlaments im Kaiserreich.

lediglich theoretisch verantwortlich: In der Praxis musste er nur einer Auskunftspflicht genügen, der Reichstag konnte ihm kein Misstrauen aussprechen. Das Deutsche Reich war eine konstitutionelle Monarchie mit dem Monarchen als alleinigem Inhaber der Souveränität, es besaß **keine parlamentarische Regierung**. Das Parlament hatte bei auswärtigen Verträgen nur dann ein Mitwirkungsrecht, wenn es um Handel, Verkehr oder Zölle ging. Selbst Kriegserklärungen waren allein Sache des Kaisers und des Bundesrates. Diese Bestimmungen standen in der Tradition der Geheimdiplomatie. Der Schwäche der Volksvertretung gegenüber der Monarchie entsprach das Fehlen von Grundrechten in der Reichsverfassung (M 34 a).

Arbeiterfrage und nationale Minderheiten
Die Schwäche der Volksvertretung wirkte sich besonders nachteilig auf die Integration der Arbeiterschaft in das Kaiserreich aus. Bei der Reichsgründung stellten die Industriearbeiter erst 20 %, 1907 aber bereits über 30 % der Bevölkerung, ohne dass die Verfassung ihnen eine Interessenvertretung eingeräumt hätte, die ihrer Stärke entsprach. Im Gegensatz zu den Unternehmer- und Arbeitgeberverbänden beeinträchtigte die Gewerbeordnung zusätzlich ihr Koalitions- und Streikrecht: Die Gewerkschaften wurden lediglich toleriert, konnten wohl angeklagt werden, besaßen aber selbst kein Klagerecht. So wurde die politische und soziale **Eingliederung der Arbeiter** in die Gesellschaft des Kaiserreiches **versäumt**.

Das Deutsche Reich als Nationalstaat veränderte die Lebensbedingungen der nationalen Minderheiten. In Preußen lebten 2,4 Mio. Polen und 60 000 Litauer, in Schleswig 80 000 Dänen. Durch die Annexion Elsass-Lothringens kamen 1,5 Mio. Bewohner zum Reich, die nur noch zum Teil deutsch sprachen. Eine Sprachpolitik, die das Deutsche für alle zur Schul-, Geschäfts- und Amtssprache

Nationalismus und Liberalismus 2

erhob, missachtete die nationalen Eigenarten. Polen und Dänen wehrten sich gegen die Germanisierungspolitik und wollten das Reich verlassen, die Lothringer ihr französisch geprägtes Eigenleben bewahren (M 34 b, c). Weil die Verfassung keinen Minderheitenschutz bot, verschärften sich unter dem aggressiven Nationalismus des imperialistischen Zeitalters die Nationalitätenprobleme im Kaiserreich.

In wirtschaftlicher und rechtlicher Hinsicht aber vereinheitlichte das Deutsche Reich den Verkehr zwischen seinen Bewohnern. Dazu trugen das Handelsgesetzbuch (1865), das Strafgesetzbuch (1872) und das Bürgerliche Gesetzbuch (1900) bei, die heute im Wesentlichen immer noch gültig sind. Die Juden wurden mit der Reichsverfassung des Deutschen Reiches erstmals rechtlich gleichgestellt.

M 34 Probleme der Verfassung des Deutschen Reiches von 1871

a) August Bebel (SPD) im Reichstag über die Reichsverfassung (8. November 1871)

Meine Herren, das Volk ist nicht der Regierung wegen da, sondern die Regierung des Volkes wegen; die Regierung soll den Willen des Volkes ausführen, sie soll nichts weiter sein als die vollziehende Gewalt. Wie
5 steht es aber in Wahrheit? Die Regierungen haben die Macht, die Regierungen haben den Willen und die Volksvertretung hat einfach Ja zu sagen und zu gehorchen, und wenn sie das nicht tut, so gibt man ihr moralische Fußtritte, wie sie dieselben schon so oft be-
10 kommen hat. Wir haben das ja erlebt in der vorigen Session, beispielsweise bei der Beratung über die Annexion von Elsass, wo der Reichskanzler brüsk wie in der schönsten Konfliktzeit aufgetreten ist. Es fällt mir ein anderes Beispiel für die Machtlosigkeit des Parla-
15 mentarismus da ein. Der Herr Reichskanzler äußerte in den letzten Tagen, er glaube nach jedem Kriege konstitutioneller geworden zu sein. Ja, meine Herren, auf den ersten Blick könnte das allerdings so scheinen, und jedenfalls der Glaube an die Richtigkeit dieser An-
20 sicht ist es, die den Abgeordneten Lasker neulich zu seinem berühmten Ausspruche veranlasst hat[1]. Wie steht es in Wahrheit, meine Herren? Nicht der Reichskanzler ist seit dem Jahre 1866 konstitutioneller geworden, sondern die liberalen Parteien, die parlamen-
25 tarischen Versammlungen sind nachgiebiger geworden, das ist des Pudels Kern. *(Große Unruhe.)*
Sie treten nicht mehr mit den Forderungen heraus, welche sie noch vor dem Jahre 1866 aufgestellt haben. Sie haben dem Reichskanzler eine Verfassung gege-
30 ben, die deutsche Reichsverfassung, wie sie reaktionärer gar nicht gedacht werden kann. *(Gelächter.)*
Meine Herren, mit einer solchen Verfassung kann allerdings ein jeder Minister regieren, das ist keine Verfassung für das Volk, das ist weiter nichts als der Schein-
35 konstitutionalismus in rohester Form, das ist der nackte Cäsarismus. Das ist ein Cäsarismus, der die parlamentarische Form gebraucht, weil die öffentliche Meinung sie für notwendig hält, der aufgrund einer solchen Verfassung scheinbar konstitutionell regieren kann.

1 Der Liberale Lasker hatte gesagt, eine kräftige Regierung müsse der Freiheit nicht feindselig sein, unter einer starken Regierung könne die Freiheit am besten gedeihen.

1 Erklären Sie, was Bebel mit „Cäsarismus" und „Scheinkonstitutionalismus" meint (M 34 a).
2 Erörtern Sie die Berechtigung von Bebels Urteil über die Reichsverfassung und über die Liberalen seit 1866.

b) Aus der Erklärung der polnischen Fraktion im Reichstag vom 1. April 1871

Meine Herren, in der Thronrede sind folgende Worte ausdrücklich aufgenommen: Die Achtung, welche Deutschland für seine eigene Selbstständigkeit in Anspruch nimmt, zollt es bereitwillig der Unabhängigkeit
5 aller anderen Staaten und Völker, der schwachen wie der starken.
In diesem erhabenen Worte erblicken wir nun, meine Herren, eine sichere Bürgschaft dafür, dass gleichzeitig mit der Neugestaltung des Deutschen Reiches auf na-
10 tionalem Gebiete auch unsere gerechten nationalen Forderungen, namentlich die uns Deutschland gegenüber durch die Wiener Kongressakte feierlich gewährleistete nationale Sonderstellung, wieder zur Geltung gelangen werden. […] Wir können uns daher unmög-
15 lich mit einem Verfassungsentwurf zufrieden erklären, welcher das Werk der nationalen Konstituierung Deutschlands damit beginnt, dass er den Polen die ihnen aufgrund internationaler Verträge unbestritten zustehenden Rechte verkennt.

1 Untersuchen Sie, welche Rechte die Polen in Anspruch nehmen und welche Befürchtungen hier durchklingen (M 34 b).

2 Nationalismus und Liberalismus

c) Aus der Protesterklärung der Abgeordneten von Elsass-Lothringen im Reichstag (18. Februar 1874)

Abg. Teutsch: Den Antrag, von dem soeben die Rede war, habe ich nicht für meine eigene Person gemacht; ich machte ihn im Interesse einiger Lothringer Kollegen, welche die deutsche Sprache nicht sprechen und nicht verstehen.[1] Diese Kollegen und wir selbst, alle Abgeordneten von Elsass-Lothringen, glaubten, da Deutschland zum ersten Male sich ein französisches Volk, das nicht deutsch spricht, *(Oho, Oho!)* annektiert hat, dass der Reichstag zum wenigsten heute ausnahmsweise gestatten würde *(Glocke des Präsidenten [...])*. Es handelt sich, meine Herren, von dem Antrage, den am 16. dieses Monats 15 Abgeordnete von Elsass-Lothringen gestellt haben. Diesen Antrag[2] werde ich die Ehre haben jetzt zu begründen. Da die deutsche Sprache nicht meine Muttersprache ist, *(Oho! Gelächter. Ruf: Sie sprechen es ja!)* ich lese, spreche und schreibe deutsch, ich improvisiere es aber nicht – *(Unruhe)* – meine Herren, so erbitte ich mir einige Nachsicht.

M 12 a bis c: H. Fenske (Hg.), Im Bismarckschen Reich 1871–1890, Wissenschaftliche Buchgesellschaft, Darmstadt 1978, S. 64, 44 f., 119 f.

1 Antrag auf Zulassung des Französischen für Abgeordnete aus Elsass-Lothringen
2 In Elsass-Lothringen eine Abstimmung über die Einverleibung durch Deutschland abzuhalten

1 Erläutern Sie Anlass, Ziel und sachliche Grundlage dieser Erklärung (M 34 c).

2 Diskutieren Sie, ausgehend von den nationalen Problemen der Reichsverfassung, noch einmal über das Problem von kulturellem und politischem Nationalismus in Deutschland (s. Darstellung S. 78 f. und S. 82 f.).

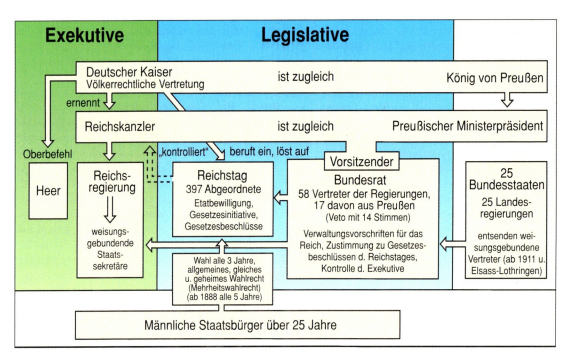

M 35 Die Verfassung des Deutschen Reiches von 1871

1 Vergleichen Sie die Verfassung von 1871 mit der von 1849 (s. S. 95).

Nationalismus und Liberalismus 2

2.2 Die Parteien im Obrigkeitsstaat

Die Parteien im Kaiserreich

Die **staatstragenden** Parteien im Kaiserreich waren die liberalen und konservativen (M 38). Unter den liberalen gaben die Nationalliberalen den Ton an. Sie repräsentierten das protestantische Bildungsbürgertum und das industrielle Großbürgertum und traten für die preußische Hegemonie im Reich ein. Die Linksliberalen waren bis 1910 in mehrere Parteien zersplittert (Fortschritt, Deutsche Volkspartei, Liberale Vereinigung) und gingen wechselnde Verbindungen ein. Die Deutsche Freisinnige Partei vertrat Freiberufler und Handwerker und wollte eine parlamentarische Monarchie. Gemeinsam war den Liberalen der Wunsch nach einem starken Zentralismus. Die Altkonservativen, die sich während der Reichsgründung gegen Bismarcks Bündnis mit der nationalen und liberalen Bewegung gestellt hatten, söhnten sich mit dem Kanzler aus und traten an die Seite der freikonservativen und preußisch-konservativen Bismarck-Anhänger. Die Christlich-Soziale Partei von 1878 führte den Antisemitismus in ein deutsches Parteiprogramm ein.

Im Gegensatz zu Konservativen und Liberalen wurden die Parteien der Katholiken und Sozialdemokraten als **Staatsfeinde** ausgegrenzt (M 39). Das Zentrum und die bayerische Patriotenpartei wurden zur Abwehr des protestantischen Übergewichts im kleindeutschen Fürstenstaat und des Liberalismus gegründet. Beide waren antipreußisch und partikularistisch. Die Sozialisten waren bis 1875 in großdeutsche Revolutionäre (Eisenacher) und kleindeutsche Reformer (Lassalleaner) gespalten. Nach ihrer Vereinigung überwogen die Lassalleaner (Gothaer Programm). Bismarck sah in ihnen eine revolutionäre Gefährdung von Staat und Gesellschaft.

Bismarck akzeptierte nur solche Parteien, die sich seiner Politik fügten. Andererseits brauchte der Kanzler die Parteien zur Mehrheitsbildung für seine Gesetzesvorlagen. Deshalb verfolgte er die Strategie des „divide et impera" (lat. = teile und herrsche) gegenüber den Reichstagsfraktionen, um sich mit wechselnden Partnern im Reichstag Mehrheiten zu verschaffen.

Kampf gegen den Katholizismus

Die italienische Einigung 1861 hatte zur Entmachtung des Papstes geführt. Dieser antwortete mit der dogmatischen Festigung der katholischen Kirche. Sein Unfehlbarkeitsdogma von 1870 löste aber eine ungeheure Erregung bei den deutschen Protestanten und Liberalen aus. Als die Altkatholiken sich vom Papst lossagten, verlangte der Papst vom preußischen Staat die Entlassung dieser Staatsbeamten. Bismarck lehnte dies ab und benutzte den Vorgang, um die **Autonomie des Staates** gegen jeden geistlichen Einfluss durchzusetzen, auch den protestantischen. Er konzentrierte sich zunächst auf Preußen und hob hier die geistliche Schulinspektion auf und unterstellte die Schulen staatlicher Aufsicht. Diese wurde später auf die Kirchen selbst ausgeweitet: Voraussetzung für ein geistliches Amt waren ein deutsches Abitur, ein Studium in Deutschland und ein Kulturexamen (M 40 b).

Weil Bismarck beim Zentrum eine reichsfeindliche Haltung vermutete und dessen Verbindungen mit den preußischen Polen und den Elsässern beargwöhnte, weitete er den Konflikt mit den preußischen Kirchen bald zum reichsweiten Kampf mit der katholischen Kirche aus. Unterstützung fand er bei den Liberalen, die in der Zentrumspartei die Gegenaufklärung und den Sachwalter des Papstes erblickten: **Ultramontane**, von jenseits der Alpen gesteuert. Der alte preußische **Kanzelparagraf** wurde so auf das Reich ausgedehnt und das Behandeln staatlicher Angelegenheiten in aufwieglerischer Weise im geistlichen Amt (M 40 a, 1) zum Straftatbestand erhoben. Im gleichen Jahr erfolgte das **Verbot des Jesuitenordens** in Deutschland (M 40 a, 2), 1875 die Einführung der obligatorischen **Zivilehe**. Widersetzliche Geistliche konnten aus dem Reich verbannt werden (Expatriierungsgesetz 1874). In Preußen wurden alle staatlichen Gelder an die katholische Kirche gesperrt und alle Orden bis auf die der Krankenpflege aufgehoben.

Obwohl damit der Staat alle Mittel ausschöpfte, geriet diese Machtprobe mit der katholischen Kirche – auch **Kulturkampf** genannt – zu einer schweren **Niederlage Bismarcks und der Liberalen**. Der Papst erklärte alle preußischen Kirchengesetze für ungültig und stärkte den Widerstand der Mehrzahl der Gläubigen. So waren zwar 1876 alle preußischen katholischen Bischöfe verhaftet oder ausgewiesen und ein Viertel der Pfarreien verwaist. Aber in den Landtags- und den Reichstagswahlen 1873/74 konnte das Zentrum seine Sitze verdoppeln und wurde 1881 sogar die stärkste

2 Nationalismus und Liberalismus

M36 Ernst Henseler, Sitzung des Deutschen Reichstages, 6. Februar 1888, 1901, Öl auf Leinwand

1. Analysieren Sie das Erscheinungsbild von Kanzler und Abgeordneten im Reichstag der Kaiserzeit.
2. Vergleichen Sie das Erscheinungsbild des Reichstages mit dem heutigen Bundestag. Arbeiten Sie das jeweilige Parlamentarismusverständnis heraus.

Partei im Reichstag. Nach der Trennung von den Liberalen und dem Tod Pius IX. legte Bismarck den Kulturkampf in Form eines Kompromisses bei: Die Kirchengesetze wurden gemildert (Abschaffung des Kulturexamens, Zulassung der Orden mit Ausnahme der Jesuiten); Kanzelparagraf und Zivilehe hingegen blieben erhalten.

Sozialistengesetz Hatte Bismarck das Zentrum mithilfe des Strafgesetzbuches vergeblich auszuschalten versucht, so schlug er im Falle der Sozialdemokratie eine Doppelstrategie ein: Verbote sollten die Handlungsmöglichkeiten der Partei beschränken und eine Sozialpolitik die Existenzgrundlage der Partei vernichten.
Nach der Vereinigung der Eisenacher mit den Lassalleanern 1875 erblickte Bismarck in den Sozialisten, deren Hochburg zwar das „rote Königreich" Sachsen war, die sich jedoch im „Musterland der Reaktion" nicht gegen die Konservativen durchsetzen konnten, die stärkste Gefahr für das neue Reich (M 41 a, b). Wie im Falle des Zentrums erlag er hier einer **Überschätzung der Revolutionsgefahr**. Gerade das Gothaer Programm der neuen Sozialistischen Arbeiterpartei war reformorientiert, die Lassalleaner stellten die Mehrheit in der Partei. Die liberale Reichtagsmehrheit hatte deshalb Bismarcks Forderung nach Ausnahmegesetzen gegen die Sozialdemokratie abgelehnt. Nach zwei Attentaten auf den Kaiser im Juni 1878 herrschte indes eine große allgemeine Erregung, die Bismarck zum Schüren einer allgemeinen „Sozialistenfurcht" nutzte, obwohl diese mit den Attentaten nichts zu tun hatten (M 43). Er ließ den Reichstag auflösen. Bei den Neuwahlen errangen die Konservativen den Sieg auf Kosten der Liberalen und verabschiedeten zusammen mit den National-

Nationalismus und Liberalismus 2

M37 Bismarck-Karikatur aus der französischen Zeitung „Figaro" von 1870. Die Bildunterschrift lautete: „Entschieden ist er – und ein gewaltiger Redner, das muss man ihm lassen."

1 Interpretieren Sie die Karikatur in ihrem historischen Kontext.

liberalen (und gegen die Stimmen von Zentrum, Fortschritt, Sozialisten und Polen) das **Sozialistengesetz**. Das Gesetz enthielt folgende Bestimmungen: 1. Verbot aller sozialistischen Vereine, Versammlungen und Druckschriften; 2. Ausweisungsmöglichkeit für alle sozialistischen Agitatoren aus Orten und Bezirken; 3. Möglichkeit verschärfter polizeilicher Kontrollen durch kleinen Belagerungszustand. Die SPD als Partei wurde nicht verboten und konnte daher weiterhin bei den Reichstagswahlen kandidieren. Das Gesetz war zunächst für zweieinhalb Jahre gültig und wurde bis 1890 verlängert.

Die Sozialistengesetze verfehlten ihren Sinn in jeder Hinsicht. Die Nationalliberalen zerfielen, weil sie mit diesen Gesetzen gegen ihre eigenen Prinzipien verstießen: Sie hatten eine Partei nicht wegen etwaiger Verbrechen, sondern wegen ihrer Überzeugungen unter Sonderstrafrecht gestellt. Die Sozialisten wählten ihre Reichstagsabgeordneten weiter und Arbeitersport- und -gesangvereine ersetzten Parteiversammlungen; die Parteipresse wurde im Ausland gedruckt. Bei ständig wachsender Arbeiterschaft nahm aber die Wählerschaft der Partei während der Verbotszeit sprunghaft zu (1887 über 700 000, 1890 dann 1,4 Mio.). Gleichzeitig führte das Verbot zur **Radikalisierung** der Partei; sie gab sich 1891 das marxistische Erfurter Programm. 1890 bereits hatte sie die meisten Stimmen errungen, wegen der Benachteiligung durch die Stimmkreiseinteilung aber erst 1912 auch die meisten Sitze erhalten (M 38).

2 Nationalismus und Liberalismus

M 38 Wahlergebnisse der Reichstagswahlen seit 1871 (in Prozent und Anzahl der Mandate)

Wahljahr	Wahlbeteiligung	SPD	Linksliberale Parteien	Zentrum	Rechtsliberale	Konservative Parteien	Minderh., sonst., regional. Grupp.
1871	52,0	3,2	9,3	18,6	37,3	23,0	8,6
1874	61,2	6,8	9,0	27,9	30,7	14,1	11,4
1877	61,6	9,1	8,5	24,8	29,7	17,6	10,1
1878	63,4	7,6	7,8	23,1	25,8	26,6	9,0
1881	56,3	6,1	23,1	23,2	14,7	23,7	9,1
1884	60,5	9,7	19,3	22,6	17,6	22,1	8,7
1887	77,5	10,1	14,1	20,1	22,3	25,2	8,1
1890	71,5	19,8	18,0	18,6	16,3	19,8	7,6
1893	72,4	23,3	14,8	19,1	13,0	22,7	7,7
1898	68,1	27,2	11,1	18,8	12,5	18,8	11,5
1903	76,1	31,7	9,3	19,8	13,9	16,1	9,5
1907	84,7	28,9	10,9	19,4	14,5	17,5	8,8
1912	84,2	34,8	12,3	16,4	13,6	15,1	7,7

G. A. Ritter (Hg.), Gesellschaft, Parlament und Regierung, Droste, Düsseldorf 1974, S. 220 f., und G. Hohorst u. a. [Hg.], Sozialgeschichtliches Arbeitsbuch, Bd. 2, München ²1978, S. 173 ff.

Mandatsverteilung								
	1871	1874	1877	1878	1881	1884	1887	1890
Konservative	57	22	40	59	50	78	80	73
Freikonservative	37	33	38	57	28	28	41	20
Zentrum	63	91	93	94	100	99	98	106
Liberale Reichspartei	30	3	13	10	–	–	–	–
Nationalliberale	125	155	128	99	47	51	99	42
Liberale Vereinigung	–	–	–	–	46	–	–	–
Fortschrittspartei	46	49	35	26	60	67	32	66
Minderheiten	14	30	30	30	35	32	29	27
Sozialisten	2	9	12	9	12	24	11	35
andere + DVP	8	5	8	13	19	18	7	28

H. Fenske (Hg.), Im Bismarckschen Reich 1871–1890, Wissenschaftliche Buchgesellschaft, Darmstadt 1978, S. 30

M 39 Bismarck in einer Rede im preußischen Herrenhaus über seine Gegner im neuen Deutschen Reich (24. April 1873)

Ich verweise darauf, [...] dass der Staat in seinen Fundamenten bedroht und gefährdet ist von zwei Parteien, die beide das gemeinsam haben, dass sie ihre Gegnerschaft gegen die nationale Entwicklung in in-
5 ternationaler Weise betätigen, dass sie Nation und nationale Staatenbildung bekämpfen. Gegen diese beiden Parteien müssen meines Erachtens alle diejenigen, denen die Kräftigung des staatlichen Elements, die Wehrhaftigkeit des Staats am Herzen liegen, gegen
10 die, die ihn angreifen und bedrohen, zusammenstehen, und deshalb müssen sich alle Elemente zusammenscharen, die ein Interesse haben an der Erhaltung des Staats und an seiner Verteidigung, teils gegen diejenigen, welche offen sagen, was sie an der Stelle des
15 Staates wollen, teils gegen diejenigen, welche einstweilen den Staat untergraben, sich aber noch vorbehalten, was sie an seine Stelle setzen wollen – gegen diese Gegner müssen sich alle treuen Anhänger des Königs, müssen sich alle treuen Anhänger des preußischen Staates, in dem wir leben, zusammenscha-
20 ren.

Otto v. Bismarck, Die gesammelten Werke, Bd. 11, Berlin 1929, S. 298

1 Bestimmen Sie die beiden „internationalen" Parteien, die Bismarck in M 39 nennt.

2 Untersuchen Sie, welche Gefahren Bismarck für das neue Reich sieht. Erörtern Sie die Berechtigung von Bismarcks Lagebeurteilung.

Nationalismus und Liberalismus 2

M40 Aus den Kulturkampfgesetzen

a) Aus den Kulturkampfgesetzen für das Deutsche Reich

1) Ergänzung des Strafgesetzbuchs vom 10. Dezember 1871 (Kanzelparagraf) (Auszug).

Ein Geistlicher oder anderer Religionsdiener, welcher in Ausübung oder in Veranlassung der Ausübung seines Berufes öffentlich vor einer Menschenmenge oder welcher in einer Kirche oder an einem andern zu religiösen Versammlungen bestimmten Orte vor mehreren Angelegenheiten des Staates in einer den öffentlichen Frieden gefährdenden Weise zum Gegenstande einer Verkündigung oder Erörterung macht, wird mit Gefängnis oder Festungshaft bis zu zwei Jahren bestraft.

2) Gesetz, betreffend den Orden der Gesellschaft Jesu, vom 4. Juli 1872.

§ 1. Der Orden der Gesellschaft Jesu und die ihm verwandten Orden und ordensähnlichen Kongregationen sind vom Gebiete des Deutschen Reiches ausgeschlossen. [...]

§ 2. Die Angehörigen des Ordens der Gesellschaft Jesu [...] können, wenn sie Ausländer sind, aus dem Bundesgebiete ausgewiesen werden; wenn sie Inländer sind, kann ihnen der Aufenthalt in bestimmten Bezirken oder Orten versagt oder angewiesen werden.

b) Aus den Kulturkampfgesetzen für das Königreich Preußen

1) Gesetz, betreffend die Beaufsichtigung des Unterrichts- und Erziehungswesens, vom 11. März 1872 (preußisches Schulaufsichtsgesetz).

§ 1. Unter Aufhebung aller in einzelnen Landesteilen entgegenstehenden Bestimmungen steht die Aufsicht über alle öffentlichen und Privat-Unterrichts- und Erziehungsanstalten dem Staate zu. [...]

§ 2. Die Ernennung der Lokal- und Kreisschulinspektoren und die Abgrenzung ihrer Aufsichtsbezirke gebührt dem Staate allein.

2) Gesetz über die Vorbildung und Anstellung der Geistlichen vom 11. Mai 1873.

§ 1. Ein geistliches Amt darf in einer der christlichen Kirchen nur einem Deutschen übertragen werden, welcher seine wissenschaftliche Vorbildung nach den Vorschriften dieses Gesetzes dargetan hat und gegen dessen Anstellung kein Einspruch von der Staatsregierung erhoben worden ist. [...]

§ 4. Zur Bekleidung eines geistlichen Amts ist die Ablegung der Entlassungsprüfung auf einem deutschen Gymnasium, die Zurücklegung eines dreijährigen theologischen Studiums auf einer deutschen Staatsuniversität sowie die Ablegung einer wissenschaftlichen Staatsprüfung erforderlich. [...]

§ 8. Die Staatsprüfung [...] wird darauf gerichtet, ob der Kandidat sich die für seinen Beruf erforderliche allgemeine wissenschaftliche Bildung, insbesondere auf dem Gebiet der Philosophie, der Geschichte und der deutschen Literatur, erworben habe.

J. B. Kißling, Geschichte des Kulturkampfes im Deutschen Reiche, Bd. 2, Freiburg 1911, S. 460 ff.

1. Erklären Sie die Motive für die Gesetze in M 40. Berücksichtigen Sie die jeweiligen Konfessionen.
2. Bestimmen Sie, welche Bevölkerungsgruppe in Preußen von dem Gesetz über die Vorbildung von Geistlichen besonders getroffen werden sollte.

M41 Sachsen: „Rotes Königreich" oder „Musterland der Reaktion"?

a) Die Historikerin Helga Grebing über die Sozialdemokratie im „roten Sachsen" (1997)

Was ist so bemerkenswert an der sächsischen Sozialdemokratie, dass sie mit so hehren Metaphern wie „Wiege der sozialdemokratischen Arbeiterbewegung" belegt werden kann und ihr zugeschrieben wird, sie habe einst Modell gestanden für die rote, die linksrepublikanische Alternative der deutschen Demokratie?

Sachsen ist nicht nur eine der ältesten Kulturlandschaften in Deutschland, Sachsen war auch das „Pionierland der industriellen Revolution", denkt man an die Textilgewerberegion um Chemnitz, Zwickau, Crimmitschau und Glauchau-Meerane, an den Übergang z. B. in Chemnitz zur Maschinenbauindustrie, dem Leitsektor der industriellen Entwicklung in Deutschland, aber auch das nach-goethesche Leipzig lob ich mir mit dem Buchdruckgewerbe, Buchhandel, Handelshäusern, Banken und der Universität als Quelle des so genannten Dienstleistungssektors (wenngleich die Zigarrenindustrie in Leipzig nicht vergessen werden sollte).

Sachsen hatte einen beachtlichen Entwicklungsvorsprung gegenüber den anderen Regionen des späteren Deutschen Reiches. 1861 bereits waren 56,4 % der Bevölkerung abhängig Beschäftigte im industriellen Sektor, 7,8 % in Handel und Verkehr beschäftigt, und nur noch 25 % lebten von der Landwirtschaft. So braucht man sich nicht zu wundern, dass gerade in Sachsen eine zahlenmäßig starke Arbeiterschaft sich in politischen Vereinen und alsbald auch in Parteien organisierte: die Buchdrucker, Schriftsetzer, Zigarrenarbeiter, Weber und später die gelernten berufsstolzen Facharbeiter aus der Maschinenbaubranche, die alsbald das Bild der sozialdemokratischen

2 Nationalismus und Liberalismus

Arbeiterbewegung bestimmten, für die alles sozialdemokratisch zu sein hatte, selbst die Maschinen. [...]
Die Anfänge der Arbeiterbewegung darf man wohl in den 30er-Jahren des 19. Jahrhunderts insbesondere in Leipzig suchen, wo sich eine starke kleinbürgerlich-demokratische Bewegung formierte, [...] aus der dann im folgenden Jahrzehnt die Arbeiterbildungsvereine hervorgingen. So war Sachsen mit Leipzig an der Spitze wie selbstverständlich 1848 neben Berlin und Frankfurt a. M. ein Zentrum der Revolution – Leipzig wurde der Sitz der „Arbeiterverbrüderung", der ersten politisch bewussten und programmatisch profilierten Organisation von Arbeitern und Handwerksgesellen, die im Rahmen der bürgerlichen Revolution Gleichberechtigung und Partizipationsrechte einforderten.

In Leipzig gründeten nach der Reaktionszeit am 23. Mai 1863 Arbeiter aus vielen Teilen Deutschlands die erste Arbeiterpartei auf deutschem Boden, den Allgemeinen Deutschen Arbeiterverein, für den Ferdinand Lassalle das Programm schrieb. August Bebel und Wilhelm Liebknecht waren damals noch nicht dabei – sie gründeten im August 1866 in Chemnitz die Sächsische Volkspartei, die großdeutsch und antipreußisch eingestellt war und als der letzte Versuch angesehen werden kann, Liberale aus der 1848er-Tradition und Arbeiter zu einem politischen Bündnis zusammenzuschmieden. Beide wurden 1867 für diese Partei in den Reichstag des Norddeutschen Bundes gewählt.

Erst 1875 schlossen sich – diesmal im thüringischen Gotha – die Anhänger Lassalles und die Anhänger der 1869 in Eisenach von Bebel und Liebknecht gegründeten Arbeiterpartei zu jener sozialdemokratischen Partei zusammen, die alsbald das Herrschafts- und Unterdrückungskartell aus Monarchie, Polizei, Armee, Junker und Unternehmertum das Fürchten lehrte. Bereits zu den Reichstagswahlen 1877 stellte die Partei in allen 23 Wahlkreisen Sachsens Kandidaten auf und sammelte bereits 37,6 % der abgegebenen Stimmen auf sich. 1903 eroberte sie mit 58,8 % 22 der 23 Wahlkreise. 1912, bei der letzten Wahl vor dem Krieg, hatte die Partei in Dresden eine satte Mehrheit von 58,8 % und in Chemnitz von 56,6 %, gefolgt von Leipzig mit immerhin 47,8 %; im ganzen Königreich Sachsen kam die SPD auf 55 %.

Damals hatte die SPD in Sachsen fast 180 000 Mitglieder und 215 000 Abonnenten der Parteipresse; ein Sechstel der SPD-Mitgliedschaft lebte 1914 in Sachsen, wo die Arbeiter-Kulturbewegung einen fruchtbaren Boden fand und gleichzeitig, was kein Widerspruch war, die SPD sich anschickte, zu einer Volkspartei zu werden: mit der industriellen Arbeiterschaft als massenhafter Kerntruppe, aber bereits auch Handwerkern, Gewerbetreibenden und selbst Landwirten als Wähler. [...]

Die Anfänge der parlamentarischen Arbeit der Sozialdemokraten im Königreich Sachsen waren extrem mühsam. [...] Die Ausgrenzungs- und Eindämmungspolitik des herrschenden konservativen Kartells gegenüber dem „roten Gespenst" spiegelte sich in der extremen politischen Benachteiligung bei den Wahlen wider. Unter der Herrschaft des Zensuswahlrechts, eines nach preußischem Muster geschaffenen Dreiklassenwahlrechts und schließlich eines moderaten Pluralwahlrechts[1] war ein Teil der Bevölkerung Sachsens von der politischen Partizipation aufgrund der an die Steuerzahlung geknüpften Stimmabgabe ausgeschlossen; da die Zuweisung der Zahl der Mandate ebenfalls an die Höhe der Steuerzahlung gebunden wurde, fiel der SPD noch 1903 mit über 45 % der Stimmen nur ein Mandat zu.

Dabei war unter dem Sozialistengesetz von 1878 bis 1890 die Bedeutung der Wahlen und der Parlamentsarbeit, die aus verfassungsrechtlichen Gründen legalisiert blieb, während die Partei- und Vereinsarbeit verboten war, stark gewachsen und die sächsischen Sozialdemokraten haben oft zur Unterstützung der unbekannteren örtlichen Kandidaten noch lange die längst reichsweit agierenden Heroen der sächsischen Arbeiterbewegung Bebel und Liebknecht aufgestellt. Im Jahre 1912 war es dann so weit: Die sächsische Sozialdemokratie stellte die größte Fraktion eines Landtages im Deutschen Reich. Den Rang, der erste Staat Europas mit sozialdemokratischer Parlamentsmehrheit zu sein, lief ihnen der thüringische Zwergstaat Schwarzburg-Rudolstadt ab, wo die SPD 1911 neun von 16 Abgeordneten stellte.

Als 1919 nach dem freien und gleichen Wahlrecht für Männer und Frauen gewählt werden konnte und SPD und USPD bei den Wahlen zur Nationalversammlung in Sachsen 60,1 % der Stimmen erhielten und bei den Landtagswahlen 57,9 %, wusste es alle Welt: Sachsen war wirklich rot!

Helga Grebing, Sachsen – Wiege der sozialdemokratischen Arbeiterbewegung, in: 120 Jahre Sozialdemokratie im Sächsischen Landtag. Veranstaltung am 3. November 1997 im Sächsischen Landtag, hg. v. d. Friedrich-Ebert-Stiftung, Büro Dresden, Dresden 1997, S. 21–23

1 Pluralwahlrecht = Die Wähler erhalten aufgrund ihres Einkommens, ihres Besitzes, ihrer Vorbildung und eines Alters von über 50 Jahren eine bis höchstens drei Zusatzstimmen.

Nationalismus und Liberalismus 2

b) Simone Lässig, Historikerin, über den Kampf der konservativen Kräfte gegen die SPD in Sachsen (1997)

Opposition im Kaiserreich – das war in erster Linie die Sozialdemokratie, jene Partei, die vor allem durch politische Ausgrenzung und faktische Illegalisierung[1] bekämpft werden sollte. Jede Wahlrechtsdemokratisierung aber – das war allen Akteuren klar – musste darauf hinauslaufen, die Sozialdemokratie als festen Faktor des parlamentarischen Systems nicht nur im Reich, sondern nun auch in den Einzelstaaten zu akzeptieren, zumindest aber zu tolerieren. In den traditionell liberaler orientierten und behutsamer industrialisierten süddeutschen Staaten, die auch nicht als besonders starke Zentren der Sozialdemokratie angesehen werden konnten, setzte sich dieses Politikverständnis allmählich und – verglichen mit Preußen – weitgehend konfliktfrei durch.

Sachsen hingegen schlug einen anderen Weg ein. Hier, in einer der frühesten Hochburgen der deutschen Arbeiterbewegung, hatten sich die bürgerlichen Parteien 1895/96 für eine Einschränkung des Wahlrechts als dem Mittel der politischen Auseinandersetzung mit den „Vaterlandsfeinden" entschieden und dem Königreich damit zu dem polemischen Synonym[2] „Musterland der Reaktion" verholfen. Infolgedessen schieden bis 1901 alle Sozialdemokraten aus dem Landtag aus und die Konservativen erlangten eine – selbst in Preußen nie erreichte – verfassungsgebende Zweidrittelmehrheit. […]

Politische Kultur in Sachsen – das war vor allem eine extreme Polarisierung[3]. Auf der einen Seite eine mitgliederstarke und zuerst in den Reichstagswahlen, später auch bei der Eroberung von Landtagsmandaten erfolgreiche Sozialdemokratie und auf der anderen Seite das – früher als im Reich entstandene und deutlich stabilere – konservativ-liberale Kartell. Dieses Zweilagersystem hatte sich bereits in den 1870er-Jahren ausgeformt und bestand in geradezu klassischer Form über drei Jahrzehnte. Das gemeinsame Feindbild SPD wirkte also in Sachsen durchgängig handlungsleitend und kulturprägend, insofern aber auch Konflikte innerhalb der „Ordnungsparteien" verkleisternd.

Dieser politischen Lagerbildung entsprach auch eine scheinbar unüberwindbare politisch-kulturelle Differenz[4]: Die herrschenden Eliten lehnten „Massenpolitik" in all ihren Wirkungen und Erscheinungsformen konsequent ab und hielten an Honoratiorenorganisationen und -politik[5] fest. Diesem Anliegen kam das seit 1868 gültige Zensuswahlrecht[6] zunächst entgegen, verwehrt es doch vorerst der Hälfte, ab 1890 dann etwa einem Drittel der zum Reichstag Wahlberechtigten den Gang zu den Wahlurnen. […]

M42 Bismarck und der Reichstag, Karikatur aus Ungarn, 1879

Während die Sozialdemokratie ihre die bestehende gesellschaftliche Ordnung letztlich sprengenden Grundsätze nur realisieren konnte und wollte durch eine breite Verankerung in der Bevölkerung und daher all ihre Aktivitäten auf eine Politisierung vor allem der unterbürgerlichen Schichten ausrichtete, standen die etablierten Parteien einem solchen Politikkonzept verständnislos und ablehnend gegenüber. Eine dem Land dienliche und sachorientierte Politik konnten sie sich nur in der Verantwortung von besitzenden und gebildeten Bürgern vorstellen. Diese allein waren – so die gängige Auffassung – berufen, dem „Gemeinwohl" förderliche Entscheidungen zu treffen. Mit politischer Partizipation[7] der Unterschichten, parteipolitischer Agitation und Massenpolitik verbanden die meisten Liberalen und Konservativen sofort Gedanken an eine „der Sache" schadende „Aufputschung wilder politischer Leidenschaften im Volk". […]

An die Möglichkeit, den Konflikt durch Reformen zu mildern, wie das in den süddeutschen Staaten versucht wurde, dachte in Sachsen kaum jemand. Der Graben zwischen den beiden politischen Lagern war hier […] derart tief, dass sich die herrschenden Eliten – aber in gewissem Maße auch die Sozialdemokratie – nicht vorstellen konnten, ihn auch nur gedanklich zu überspringen. Die antisozialistischen Ressentiments

2 Nationalismus und Liberalismus

und Ängste saßen außerordentlich tief und dominierten letztlich jede Entscheidung.

Schärfster Ausdruck der „sächsischen" Konfliktlösungsstrategie war das Wahlrecht von 1896. Die Folgen sind bekannt: 80% der Wähler blieben fortab von der parlamentarischen Willensbildung in Sachsen ausgeschlossen. Die Konservativen erlangten eine Zweidrittelmehrheit im Landtag, die Sozialdemokratie, die das Königreich ab 1903 fast allein im Reichstag vertrat, wurde aus dem Landtag eliminiert.

Simone Lässig, Der „Terror der Straße" als Motor des Fortschritts? Zum Wandel der politischen Kultur im „Musterland der Reaktion", in: Simone Lässig/Karl Heinrich Pohl (Hg.), Sachsen im Kaiserreich. Politik, Wirtschaft und Gesellschaft im Umbruch, Böhlau, Köln 1997, S. 201–207

1 illegal = unrechtmäßig, ungesetzlich
2 polemisch = unsachlich; Synonym = sinnverwandtes Wort
3 Polarisierung = als Gegensätze hervortreten, sich gegensätzlich entwickeln
4 Differenz = Unterschied
5 Während Massenpolitik auf breite Bevölkerungsschichten, besonders aber auf die unteren Schichten setzt, schränkt Honoratiorenpolitik politische Entscheidungen auf die Honoratioren, d. h. die angesehensten, reichsten oder gebildetsten Persönlichkeiten einer Gesellschaft, ein.
6 Zensuswahlrecht = Das aktive und passive Wahlrecht wird an bestimmte Steuerleistungen gebunden.
7 politische Partizipation = politische Beteiligung, Mitsprache

1 Der Historiker Gerhard A. Ritter hat in einem Aufsatz über „Wahlen und Wahlpolitik im Königreich Sachsen 1867–1914" aus dem Jahre 1997 die folgende These vertreten: „Im Königreich Sachsen lassen sich gleichsam wie in einem Brennspiegel zentrale Probleme des Kaiserreiches erkennen. Als der am stärksten industrialisierte, fast rein protestantische deutsche Bundesstaat war das ‚rote Sachsen' die Wiege und die wichtigste Hochburg der deutschen Sozialdemokratie. Gleichzeitig war Sachsen eine Festung der Konservativen, die, von der Regierung massiv unterstützt, die I. Kammer sicher beherrschten und in der II. Kammer von 1881 bis 1909 eine klare, zeitweise nach der Jahrhundertwende sogar eine zur Verfassungsänderung ausreichende Zweidrittelmehrheit besaßen." Diskutieren Sie diese These mithilfe von M 41 und erklären Sie diese scheinbar widersprüchliche Entwicklung.

M43 Bismarck in einem Brief an Ludwig II. von Bayern über Reichstag und SPD vom 12. August 1878

Das Anwachsen der sozialdemokratischen Gefahr, die jährliche Vermehrung der bedrohlichen Räuberbande, mit der wir gemeinsam unsere größeren Städte bewohnen, die Versagung der Unterstützung gegen diese Gefahr vonseiten der Mehrheit des Reichstags drängt schließlich den deutschen Fürsten, ihren Regierungen und allen Anhängern der staatlichen Ordnung eine Solidarität der Notwehr auf, welcher die Demagogie der Redner und der Presse nicht gewachsen sein wird, solange die Regierungen einig und entschlossen bleiben, wie sie es gegenwärtig sind. Der Zweck des Deutschen Reiches ist der Rechtsschutz; die parlamentarische Tätigkeit ist bei Stiftung des bestehenden Bundes der Fürsten und Städte als ein Mittel zur Erreichung des Bundeszweckes, aber nicht als Selbstzweck aufgefasst worden. Ich hoffe, dass das Verhalten des Reichstages die verbündeten Regierungen der Notwendigkeit überheben wird, die Konsequenzen dieser Rechtslage jemals praktisch zu ziehen. Aber ich bin nicht gewiss, dass die Mehrheit des jetzt gewählten Reichstages schon der richtige Ausdruck der zweifellos loyal und monarchisch gesinnten Mehrheit der deutschen Wähler sein werde. Sollte es nicht der Fall sein, so wird die Frage einer neuen Auflösung in die Tagesordnung treten.

Michael Stürmer (Hg.), Bismarck und die preußisch-deutsche Politik 1871–1890, München ³1978, S. 128f.

1 Untersuchen Sie die Haltung Bismarcks gegenüber dem Parlament und seinen Parteien (M 43).
2 Charakterisieren Sie, wie Bismarck das Verhältnis von Parlament und Souverän sieht.

Nationalismus und Liberalismus 2

2.3 Probleme der gesellschaftlichen Integration

Nationales Identifikationsangebot

Ungeachtet der politischen, gesellschaftlichen und wirtschaftlichen Spannungen entstand im Kaiserreich eine (klein-)deutsche Identität, die breite gesellschaftliche Schichten umfasste. Denn für viele stellte die Reichsgründung eine Erfüllung des jahrzehntelangen Strebens der deutschen Nationalbewegung nach staatlicher Einheit in einem Rechts- und Verfassungsstaat dar. Gleichwohl darf nicht übersehen werden, dass die Reichsgründung „von oben" noch keine innere Integration der Gesellschaft bedeutete.

Bismarck hatte mit dem kleindeutschen Nationalstaat einen Kompromiss zwischen Militärmonarchie und nationalliberaler Bewegung geschaffen. So war der deutsche Nationalstaat sowohl ein Obrigkeitsstaat (Macht- und Militärstaat) als auch ein Verfassungsstaat (Rechts- und Kulturstaat). Grundlage von Wirtschaft und Gesellschaft waren Marktwirtschaft und Machtstaat. In dieser Konstruktion stellte das neue Reich ein Identifikationsangebot an Nationale und Liberale, also an das Bürgertum, dar, durch die militärische Gründung und die Fürstenmacht aber auch an Militär und Adel. Die Volksmassen (Bauern und Kleinbürger) waren zunächst weniger politisch, ihr Patriotismus war regional begrenzt. Eine Integration der wachsenden Arbeiterschaft wurde erst durch die Sozialstaats- und Reallohnentwicklung der 1880er-/90er-Jahre angebahnt. 1878 hatte Bismarck die Arbeiter durch das Sozialistengesetz zunächst ausgegrenzt (s. S. 110 f.).

Militarismus und Reichsnationalismus

Hervorgegangen aus siegreichen Kriegen und beeinflusst von den Traditionen der preußischen Militärmonarchie geriet die Gesellschaft des Deutschen Reiches in den Sog des Militarismus. Dies führte nicht nur dazu, dass das Offizierskorps eine privilegierte Stellung in der Gesellschaft erhielt, ein ausgeprägtes Klassenbewusstsein entwickelte und sich zunehmend als Staat im Staate verstand, sondern der Militarismus begann auch das Alltagsbewusstsein der Bevölkerung zu bestimmen. Militärische Prachtentfaltung durch Paraden und Uniformen, militärisches Gehabe in Schule und Verwaltung idealisierten den Offizier und die Armee als „Schule der Nation" (M 44). Schriftsteller wie Carl Zuckmayer („Der Hauptmann von Köpenick") und Heinrich Mann („Der Untertan") haben den Zeitgeist des Kaiserreiches in ihren Theaterstücken und Romanen treffend karikiert.

M 44 Gruß von der Kaiserparade, Postkarte, 1909

2 Nationalismus und Liberalismus

M45 Titelblatt des Prachtwerks „Deutsche Gedenkhalle", 1900

M46 Plakatentwurf mit Spendenaufruf für das Bismarck-Nationaldenkmal „Auf der Elisenhöhe" bei Bingen-Bingerbrück, 1909

1 Untersuchen Sie die Bildelemente in M45. Was symbolisiert die Frauengestalt? Womit ist sie ausgestattet? Welchen Bezug hat sie zum Titel des Buches?
2 Analysieren Sie M46.
3 Interpretieren Sie beide Abbildungen im Hinblick auf den neuen Nationalismus im Deutschen Reich.

Die Grundlage für eine allgemeine Identifikation mit dem kleindeutschen Reich bei den kleinbürgerlichen und bäuerlichen Massen wurde erst durch einen veränderten Nationalismus geschaffen, den Reichsnationalismus. In ihm ging die alte Monarchieanhänglichkeit des Adels, der evangelischen Kirche und der Volksmassen auf. Im Reichsnationalismus wurden die nicht liberalen Züge des Nationalismus betont: Überordnung der Gemeinschaft, Zustimmung zu Macht und Autorität, Ablehnung von Internationalismus, Parlamentarismus und Grundrechten.
Obwohl auch die politische Linke des Kaiserreiches national gesinnt war, wurde Nationalismus zu einem Phänomen der politischen Rechten. Man identifizierte die bestehende Gesellschaftsordnung mit der Nation und Systemveränderer wurden als „Vaterlandslose" gebrandmarkt.
Nationaldenkmäler rückten den Reichsnationalismus ins allgemeine Bewusstsein (M46). Eine Wendung des Reichsnationalismus nach außen, d. h. die Beanspruchung einer deutschen Machtstellung in Europa nach der Reichsgründung, wurde von Bismarck gebremst. Erst unter Wilhelm II. bildete das deutsche Weltmachtstreben die Grundlage für das neue deutsche Selbstbewusstsein. Es wurde von mitgliederstarken Verbänden, wie dem Kolonialverein, Flottenverein und Alldeutschen Verband, propagiert und in die Öffentlichkeit getragen.

Nationalismus und Liberalismus 2

Ausgrenzung nationaler Minderheiten

Im deutschen Nationalstaat von 1871 gab es nicht deutsche Bevölkerungsgruppen wie die dänischen, polnischen und französischen Minderheiten. Ebenso wie Bismarck den Katholizismus und die Sozialisten zu „Reichsfeinden" erklärte und damit aus der Gesellschaft ausgegrenzt hatte, enthielt er auch den nationalen Minderheiten die gesellschaftliche Integration vor: Er verweigerte ihnen politische Mitwirkung und gesellschaftliche Anerkennung und untersagte weitgehend die Pflege ihrer Kultur, Religion und Sprache (s. S. 106 f. und S. 109 ff.).

Fortschrittsbewusstsein

Neben Militarismus, Reichsnationalismus und Fremdenfeindlichkeit bildete der Glaube an eine bessere, wenn nicht gar große Zukunft ein wichtiges Integrationsmoment des Kaiserreichs. Wurde dies beim Adel durch Vertrauen auf Militärkönigtum und militärische Kraft getragen, so beim Wirtschaftsbürgertum durch die expansive Entwicklung von Handel und Industrie. Für die Arbeiterschaft versprachen die Sozialgesetzgebung und die Mitte der 1890er-Jahre einsetzende Verbesserung der Realeinkommen eine Perspektive für den Ausbruch aus einer unbefriedigenden Gegenwart.

Organisierung der Interessen: Verbände

Politische und soziale Verbände und Interessengruppen hatte es bereits zur Zeit des Deutschen Bundes gegeben. Aber erst mit der Reichsgründung erhielten sie wesentlich größere Mitgliederzahlen und es kam zu einer politischen **Mobilisierung** breiter Volksschichten. Unter den Arbeitnehmerorganisationen waren die sozialistischen, die **Freien Gewerkschaften** die kämpferischsten und die bedeutendsten. Sie bildeten den Rückhalt für die Reformer in der SPD, konnten bis 1910 auf eine 100-prozentige Reallohnsteigerung zurückblicken und bildeten 1913 mit 2,5 Mio. Mitgliedern die größte Gewerkschaft Europas (M 49).

Auch Unternehmer und Landwirte organisierten sich. Sowohl der **„Centralverband Deutscher Industrieller"** als auch der **„Bund der Landwirte"** wussten eine Interessengemeinschaft mit dem neuen Reich einzugehen und das wirtschaftliche Gedeihen ihrer Mitglieder durch die Forderung nach einer Schutzzollpolitik abzusichern.

M 47 Kaiser Wilhelm II. in Leipzig anlässlich der Einweihung des Völkerschlachtdenkmals, Fotografie, 1913

2 Nationalismus und Liberalismus

M48 **Ausschnitt aus einem Plakat zur Sozialversicherung, 1914.** Das Plakat (s. S. 55) trägt die Überschrift: „Die deutsche Sozialversicherung steht in der ganzen Welt vorbildlich und unerreicht dar."

1 Erläutern Sie, auf welche Weise in M 48 Nationalstolz ausgedrückt wird.

M49 **Gewerkschaften**
Aus der Resolution des Gewerkschaftskongresses in Hamburg zur sozialen Gesetzgebung in Deutschland (1908)
Insbesondere fordert der Kongress:
I. Zur Sicherung der Rechtsverhältnisse:
1. Arbeiterkammern;
2. volle Koalitionsfreiheit für alle gegen Lohn und Gehalt beschäftigten Personen;
3. zwingendes Recht für alle zum Schutze der Arbeiter erlassenen Gesetzesbestimmungen, damit sie nicht durch Verträge aufgehoben werden können;
4. eine gesetzliche Grundlage für kollektive Arbeitsverträge (Tarifverträge);
5. Verbot des Trucksystems[1] in allen Formen.
II. Zum Schutze von Leben und Gesundheit:
1. Festsetzung eines höchstens acht Stunden betragenden Normalarbeitstages;
2. Verbot der Erwerbsarbeit für Kinder unter vierzehn Jahren;
3. Verbot der Nachtarbeit, außer für solche Arbeiten, die ihrer Natur nach, aus technischen Gründen oder aus Gründen der öffentlichen Wohlfahrt des Nachts getan werden müssen;
4. eine ununterbrochene Ruhepause von mindestens sechsunddreißig Stunden in der Woche für jeden Arbeiter;
5. durchgreifende gewerbliche Hygiene; Erlass von wirksamen Krankheitsverhütungsvorschriften;
6. Unfallverhütung, unter Beteiligung der Arbeiter an der Kontrolle.
III. Zur Bewahrung vor Versinken in Pauperismus: Vereinheitlichung und Ausdehnung der Arbeiterversicherung unter der Selbstverwaltung der Versicherten:
a) Entschädigungsbeträge bei den bestehenden Versicherungszweigen in der Höhe, dass die Kranken, Verunglückten und Invaliden vor Not geschützt sind;
b) Schaffung einer Mutterschaftsversicherung;
c) Schaffung einer Arbeitslosenversicherung;
d) Witwen- und Waisenversorgung.

Handbuch der deutschen Gewerkschaftskongresse, bearb. v. P. Barthel, Dresden 1916, S. 28 f.

[1] Bezahlung der Arbeiter mit Waren anstatt mit Geld

1 Benennen Sie spezifisch sozialistische Zielsetzungen der Resolution.
2 Überprüfen Sie, welche dieser Forderungen bis heute erfüllt worden sind.

Weiterführende Arbeitsanregung
1 Informieren Sie sich über das ikonografische Programm des Völkerschlachtdenkmals und über den unterschiedlichen Umgang mit dem Denkmal seit seiner Einweihung. Stellen Sie Ihre Ergebnisse in einer Präsentation vor.

Nationalismus und Liberalismus 2

2.4 Zwischen Integration und Ausgrenzung: Juden im deutschen Kaiserreich

Assimilation

Obwohl die rechtliche Gleichstellung der Juden ihre sozialen und wirtschaftlichen Handlungsspielräume erheblich erweiterte, veränderte sich ihre Berufsstruktur im kaiserlichen Deutschland nur langsam (M 50). Im Handwerk und der Landwirtschaft blieben Juden nach wie vor unterrepräsentiert, während sie in den freien Berufen, in der Finanzwirtschaft und im gewerblichen Bereich, vor allem aber im Handel ausgesprochen erfolgreich waren. „Es zeigt sich", interpretiert die Historikerin Monika Richarz diese Entwicklung, „dass Juden durch ihre jahrhundertelange Handelstradition beim Übergang in die kapitalistische Industriegesellschaft besser auf die moderne Wirtschaftsform vorbereitet waren als andere Sozialgruppen. Gewöhnt an Geld- und Kreditwirtschaft, geschäftliche Flexibilität, Kundenwerbung und wirtschaftlichen Wettbewerb, besaßen sie einen Vorsprung, der ihnen einen günstigen Start in die Industriewirtschaft ermöglichte."

Mit dem wirtschaftlichen Erfolg stieg auch der Wohlstand der jüdischen Bevölkerung. Die jüdische Unterschicht nahm stark ab, weil arme Juden teilweise auswanderten, teilweise gelang ihnen jedoch die Verbesserung ihrer wirtschaftlichen Verhältnisse und ihrer sozialen Situation. Lebten um 1780 fast neun Zehntel der deutschen Juden in großer Armut, zählten um 1871 etwa zwei Drittel zum mittleren und oberen Bürgertum. Die soziale Schichtung der jüdischen Minderheit im Kaiserreich, die sich anhand örtlicher Steuerlisten erforschen lässt, hat die Historikerin Shulamit Volkow sehr anschaulich beschrieben: „Fast überall, in der Stadt und auf dem Land, bildeten die Juden eine gesicherte Mittelschicht. Am oberen Ende ihrer sozialen Hierarchie hatte sich eine kleine reiche Schicht etabliert, am unteren Ende eine etwas größere, aber vergleichsweise kleine Unterschicht."

Der wirtschaftliche Erfolg der Juden, der durch die rechtliche Emanzipation ermöglicht wurde, ging mit ihrem sozialen Aufstieg ins Besitz- und Bildungsbürgertum Hand in Hand. Diese grundlegenden wirtschaftlichen und gesellschaftlichen Veränderungen bewirkten auch einen Wandel der Mentalitäten und Lebensformen, der mit dem Begriff der „Assimilation" charakterisiert wird. Juden glichen sich in ihrer persönlichen Lebensführung immer mehr der christlichen Bevölkerung an, Juden waren von Nichtjuden kulturell immer weniger zu unterscheiden.

Soziale Diskriminierung

Trotz dieser erfolgreichen Entwicklung wurden Juden nach wie vor diskriminiert (M 52 und M 53). Ihnen blieben viele Führungspositionen im kaiserlichen Deutschland verschlossen. Antijüdische Vorurteile und das zähe Festhalten des Adels an überkommenen Privilegien verhinderten in der Regel den Zugang von Juden zum diplomatischen Dienst und ins Offizierskorps. Zwar gab es im preußischen Heer zwischen 1850 und 1871 einige jüdische Offiziere, aber seit 1883/85 wurden Juden, außer in Bayern, weder als Offiziere zugelassen noch zum Reserveoffizier befördert. Ein solcher Rang war im Kaiserreich jedoch eine wesentliche Voraussetzung für viele zivile Karrieren. Außerdem besaßen Reserveoffiziere ein hohes Sozialprestige.

Juden hatten kaum eine Chance, in den diplomatischen Dienst aufgenommen zu werden oder in die Spitzen der staatlichen Verwaltung zu gelangen. 1907 lag der jüdische Anteil an den höheren Beamten, außerhalb des Rechtswesens, im Deutschen Reich bei 1,93 %, in Preußen bei 3 %. Von eigenständigen Positionen in der Exekutive und höheren Ministerialstellen blieben Juden ganz ausgeschlossen. Zwar stellten Juden seit Mitte der 1880er-Jahre etwa 4 % der Richter in Preußen, aber nur selten konnten sie auf eine Beförderung in höhere oder leitende Positionen hoffen – immerhin gab es 1901 zwei jüdische Oberlandesgerichtsräte. Das Amt des Staatsanwalts – vielfach eine wichtige Karrierevoraussetzung – blieb Juden in Preußen vollständig verwehrt.

Wenngleich der Zugang zur Universität für Juden frei war, schafften nur wenige den Aufstieg in Spitzenstellungen. Die Zahlen verdeutlichen die mehr oder weniger offene Diskriminierung: 1909 stellten Juden 10 % der Privatdozenten, 7 % besaßen eine außerordentlich Professur, aber nur 2 % der ordentlichen Professorenstellen waren mit Juden besetzt. Weil die Karrieremöglichkeiten akademisch gebildeter Juden stark eingeschränkt waren, wichen viele in die freien Berufe aus.

2 Nationalismus und Liberalismus

Kulturelle Leistungen

Die Mobilität der jüdischen Bevölkerung war im 19. Jahrhundert weitaus größer als die der übrigen Bevölkerung. Viele Juden zogen in die Städte, wo seit den 1880er-Jahren die Mehrheit von ihnen lebte. Die Städte boten den aufstiegswilligen Juden ein breites Spektrum an Betätigungsfeldern. Besonders die nachwachsende Generation fand in den Städten vielfältige Bildungs- und Aufstiegschancen. Die Historikerin Shulamit Volkow führt den Bildungshunger und Aufstiegswillen vieler jüdischer Jugendlichen auf die „einzigartige Mischung aus Diskriminierung und Akzeptanz in der Einstellung der deutschen Gesellschaft gegenüber den Juden" zurück, die „auf deren Leben unbeabsichtigt auch manche positive Auswirkung gehabt haben" mag. „Ihr beeindruckender Beitrag zu Journalismus und Literatur ergab sich zweifellos auch daraus, dass die Aufstiegswege in der Verwaltung ihnen verschlossen waren. Ihren herausragenden Beitrag zu den Naturwissenschaften kann man in ähnlicher Weise erklären. Wegen der ständigen Angst vor Diskriminierung standen die Juden unter einem konstanten Druck zu glänzen und pflegten die Ansprüche, die man an sie stellte, zu verinnerlichen."

Tatsächlich verdankt die deutschsprachige Kultur der jüdischen Bevölkerung herausragende Leistungen in Kunst, Literatur und Wissenschaft. Der organische Chemiker Adolf von Baeyer (1835–1917), der 1905 den Nobelpreis erhielt, und der Physiker Heinrich Hertz (1857–1894) waren während der Zeit des deutschen Kaiserreiches besonders erfolgreich. Die Lyrikerin Else Lasker-Schüler (1869–1945), der Dramatiker Arthur Schnitzler (1862–1931) und der Romancier Jakob Wassermann (1873–1934) befruchteten das künstlerische Leben ebenso wie die überragenden Komponisten Gustav Mahler (1860–1911) und Arnold Schönberg (1874–1951), beide getaufte Juden. Auch der bedeutende Philosoph Edmund Husserl (1859–1938) war jüdischer Herkunft.

Antisemitismus

Seit den 1870er-Jahren verbreitete sich eine neue antijüdische Bewegung (M 53), die in mehreren Wellen das kaiserliche Deutschland überschwemmte. Die deutsche Bevölkerung suchte nach Sündenböcken für wirtschaftliche Konjunktureinbrüche und fand sie in den Juden. Verstärkt wurde die Judenfeindschaft durch den Reichsnationalismus (s. S. 117), der Minderheiten ausgrenzte. Verwehrte die religiös, wirtschaftlich oder kulturell begründete traditionelle Judenfeindschaft den Juden die Emanzipation, wollten die neuen Feinde die jüdische Emanzipation rückgängig machen. Gleichzeitig sollte die Integration in die deutsche Gesellschaft verhindert werden. Der radikale antijüdische Schriftsteller Wilhelm Marr (1818–1904) hat für die moderne Judenfeindschaft das Wort „Antisemitismus" zwar nicht geprägt, aber in Umlauf gebracht. Dieses Schlagwort emotionalisierte und politisierte antijüdische Einstellungen. Außerdem organisierte sich der moderne Antisemitismus in Verbänden und Parteien, so z. B. in der „Christlich-Sozialen Partei" des preußischen Hofpredigers Adolf Stoecker. Und der Antisemitismus nahm zunehmend rassistische Züge an, wobei sich rassenideologische mit völkischen Ideen zu einem aggressiven, nach außen wie innen gerichteten Nationalismus verbinden konnten.

Um den erstarkenden Antisemitismus abzuwehren, gründeten besorgte Juden 1893 den „Centralverein der deutschen Staatsbürger jüdischen Glaubens". Ein wichtiges Mittel bei der Durchsetzung jüdischer Interessen war der Aufbau einer eigenen Rechtsschutzabteilung. Mit ihrer Hilfe klagte der Verband die bürgerlichen Rechte seiner Mitglieder ein und ging gegen Antisemiten vor. Da viele jüdische Vereine diese Arbeit unterstützten, konnte der Centralverein zu Recht von sich behaupten, er sei die größte jüdische Organisation in Deutschland.

Ostjuden und „Schtetl"

Im ausgehenden 19. und beginnenden 20. Jahrhundert veränderte sich die soziale Zusammensetzung der deutschen Juden, weil eine beträchtliche Zahl osteuropäischer Juden ins Land kam. Diese russisch-polnischen und galizischen Juden flohen vor schweren Pogromen und Armut: 1881 erlebte Russland eine Pogromwelle, 1891 wurden Juden aus Moskau ausgewiesen, und der durch die Revolution von 1917 ausgelöste Bürgerkrieg (1917–1921) ging mit Judenverfolgungen einher. Die Auswanderung bot aber auch für viele in ärmlichen Verhältnissen lebende Juden die Möglichkeit, ihre Lebenssituation zu verbessern. In Preußen stieg die Zahl der Ostjuden von 11 000 im Jahr 1880 auf 41 000 im Jahr 1900. Im Deutschen Reich waren es 1910 78 000, 1914 betrug ihre Zahl etwa 90 000, die 12,8 % der Juden überhaupt ausmachten. In den jüdischen Gemeinden Leipzigs und Dresdens stellten die ostjüdischen Einwanderer mit

Nationalismus und Liberalismus 2

67 % und 53 % einen enorm hohen Anteil. Ihre im Vergleich zu ihren Glaubensgenossen wesentlich höhere Kinderzahl veränderte zusätzlich die Bevölkerungsstruktur.

Die ostjüdischen Einwanderer, die oft das jüdische Proletariat bildeten, brachten eine eigene Kultur mit. Diese war während des Lebens im „Schtetl" entstanden (M51). Der Begriff bezeichnet die Kleinstädte Osteuropas, besonders Galiziens, die stark vom Leben der jüdischen Bewohner und ihrer chassidischen Tradition geprägt waren. Der Chassidismus war eine besondere Form der jüdischen Frömmigkeit der osteuropäischen Juden seit dem 18. Jahrhundert, der auf einer komplizierten mystischen Geheimlehre der Kabbala aus dem 12. Jahrhundert beruht. Ein zentrales Element des chassidischen Lebens ist die Freude, mit der Gott verehrt wird und die in Tänzen und fröhlicher Musik ihren Ausdruck findet.

M 50 Berufsstruktur der jüdischen Bevölkerung nach Wirtschaftszweigen in Preußen 1852–1907

		1852	1882	1895	1907
1.	Ortsanwesende jüdische Bevölkerung	226 241	357 554	361 944	374 353
2.	davon Erwerbstätige	64 965	137 138	160 798	194 396
3.	Erwerbstätige in % der jüd. Bevölkerung	28,7	38,4	38,3	51,9
4.	Selbstständige in % aller jüd. Erwerbstätigen	71,7	66,1	63,8	59,5
5.	Erwerbstätige nach Wirtschaftszweigen				
	A Landwirtschaft	1,1	1,2	1,0	1,2
	B Industrie und Gewerbe	19,4	20,9	20,6	23,7
	C Handel und Gastwirtschaft	51,8	56,9	53,9	47,8
	D Häusliche Dienste und Lohnarbeit	13,9	17,8	21,9	0,5
	E Militär, öffentlicher Dienst und freie Berufe	–	–	–	6,5
	F ohne Berufe und Berufsangabe	–	–	–	18,5
	G Dienende für häusliche Dienste	13,8	3,2	2,6	1,6

Nach: Avraham Barkai, Jüdische Minderheit und Industrialisierung, Tübingen 1988, S. 62

1 Erklären Sie die Veränderungen der jüdischen Berufsstruktur mithilfe des Darstellungstextes.

M 51 „Ostjudentum" und „Schtetl"

Der Historiker Heiko Haumann erläutert den Begriff der „Ostjuden" und beschreibt ihr Alltagsleben:

In dieser religiösen Sinnsuche zwischen messianischer Endzeiterwartung und frommer, lebensbejahender Einrichtung in der nun einmal so gegebenen Welt, in dieser Gratwanderung zwischen Bewahrung der Le-
5 benswelt bei gleichzeitiger Befreiung von als sinnlos empfundenen Normen und einer oftmals dumpfen Flucht in die Mystik, beherrscht von mächtigen Wunderrabbis, formte sich im 18. Jahrhundert der Typus des „Ostjuden" als „in sich abgeschlossene Kultur-
10 persönlichkeit". Dieser Begriff, der erst [...] im 19. Jahrhundert aufkam [...], bezeichnet also mehr als eine geografische Zuordnung, zumal es dann Ostjuden zunehmend auch außerhalb Osteuropas gab. Bei einem Ostjuden handelt es sich um einen Menschen,
15 der sich bewusst zum Judentum bekennt, dessen Verständnis sich ihm in schweren Konflikten erschlossen hat. Tradition und Erinnerung üben dabei prägende Wirkung aus, ohne dass der Ostjude deshalb unbedingt konservativ eingestellt sein muss. Zwar kleidet sich der Ostjude in der Regel in eigener Tracht 20 und lebt nach streng befolgten religiösen Gesetzen, überlieferten Sitten und Ritualen, doch Ausnahmen bilden keineswegs nur eine Randerscheinung. Auf jeden Fall gehört zum Ostjudentum, das auch eigene literarische und künstlerische Erzeugnisse sowie Rechts- 25 normen hervorgebracht hat, die jiddische Sprache. Ihrer bedienen sich die Juden im täglichen Umgang miteinander. Hebräisch bleibt die Sprache des religiös-kultischen Bereichs und der Gelehrsamkeit. In der Begegnung mit Nichtjuden sind sehr viele Jüdinnen 30 und Juden in der Lage, sich der jeweiligen Landessprache zu bedienen. Ein nicht unerheblicher Teil beherrscht auch, nicht zuletzt aufgrund der Nähe zum

2 Nationalismus und Liberalismus

Jiddischen, das Deutsche, das vielfach als Bildungssprache gilt.

Die Ausbildung des Ostjiddischen zu einer durchorganisierten, eigenständigen Sprache vollzog sich bezeichnenderweise gerade im 18. Jahrhundert. Die Feststellung des großen deutsch-jüdischen Aufklärers Moses Mendelssohn (1729–1786), das Jiddische sei ein Kauderwelsch und man solle als Jude die jeweilige Landessprache annehmen, übte zwar auf aufklärerisch gesinnte Juden im Osten, vor allem in Litauen, einen Reiz aus, konnte sich aber nicht durchsetzen. Jiddisch wurde zur Muttersprache, zur „Mame Loschen", der Ostjuden. Dabei bildeten sich regionale Unterschiede heraus [...]. Entsprechend gab es, bei allen Gemeinsamkeiten, regionale Eigenständigkeiten in der Tracht und im Brauchtum.

Sozial und ökonomisch wurde die Herausbildung des Ostjudentums dadurch erleichtert, dass die traditionelle Rolle der Juden einen neuen Höhepunkt erlebte: die Mittlerfunktion zwischen Stadt und Land. Gerade in der Wiederaufbauphase nach den zahlreichen Kriegen und Verwüstungen waren die Juden in Polen unersetzlich als Händler zwischen Adel, Bauern und Städtern, als „Dorfgeher" – also Hausierer –, als Geldgeber, als Geschäftsabwickler für Adlige wie für Bauern, als Pächter und Verwalter der Adelsgüter, als Pächter der adligen Schankwirtschaften. Diese Mittlerfunktion bestimmte das Leben der Juden auch in ihren eigenen Gemeinden [...].

Das „Schtetl"

Die folgenden Skizzen, die sich auf eine spätere Zeit beziehen, können die Realität nur andeutungsweise wiedergeben, mögen aber wenigstens etwas von der Atmosphäre verspüren lassen: „[...] [... Im Zentrum] liegt der Marktplatz mit seinen Läden, Ständen, Tischen und Schlachtblöcken. Täglich, außer im Winter, kommen die Bauern und Bauersfrauen aus einem Umkreis von vielen Meilen hierher und bringen ihre Tiere und ihr Gemüse, ihre Fische und ihr Wild, ihre Wagenladungen voll Getreide, Melonen, Petersilie, Knoblauch. Als Gegenstück kaufen sie die Stadtprodukte, die die Juden einführen. Hüte, Schuhe, Stiefel, Lampen, Öl, Spaten, Hacken und Hemden. Der Tumult des Marktplatzes [...] ist eines der Wunder der Welt." [...] „Märchen und Mythen lagen in der Luft, man atmete sie ein," doch zugleich herrschte häufig eine ungeheure Armut, die im Laufe der Zeit mehr und mehr zunahm. Die Schtetl waren jüdische Zentren in einer nichtjüdischen, meist bäuerlichen Umgebung. Die reichen Juden in den größeren Städten sahen oft mit Verachtung auf die eng mit den Bauern verbundenen „Draußigen" herab. Wie auch in den Auseinandersetzungen zwischen armen Juden und Kahal-Oligarchie[1] sind hier Ansätze tieferer sozialer Konflikte innerhalb der jüdischen Gesellschaft sichtbar, die uns in veränderter Form später wiederbegegnen werden.

Die Juden im Schtetl lebten bewusst in ihrer Jüdischkeit. Auch wenn sie arm waren, weil der Austausch zwischen Stadt und Land im Zuge der allgemeinen wirtschaftlichen Entwicklung immer weniger Gewinn abwarf, auch wenn sie gedrängt in engen Stuben wohnten, kaum etwas zum Anziehen hatten und oft hungern mussten: Sie waren stolz auf ihr Judentum, und sie fühlten sich wohl dort, wo sie lebten. Nicht zufällig erhielten besonders angesehene Gemeinden einen Ehrennamen: etwa Berdycev – das „Jerusalem Wolhyniens" – oder Rzeszow – das „Jerusalem Galiziens".

Heiko Haumann, Geschichte der Ostjuden, dtv, München ⁵1999, S. 58–61

1 Kahal: Verwaltungsorgan der jüdischen Gemeinden (Kehilla), das die politische und religiöse Macht in sich vereinigte. Die Kahalältesten wurden aus den angesehensten – und meist auch reichsten – Gemeindemitgliedern gewählt.

1 Beschreiben Sie die wichtigsten Kennzeichen des „Ostjudentums" und des Lebens im „Schtetl".

M 52 Walther Rathenau über die Stellung der Juden in der deutschen Gesellschaft (1911)

Rathenau (1867–1922 ermordet), Sohn des AEG-Gründers Emil Rathenau, war Unternehmer, Schriftsteller und Politiker.

Den Juden trifft ein sozialer Makel. In die Vereinigungen und den Verkehr des besseren christlichen Mittelstandes wird er nicht aufgenommen. Zahlreiche Geschäftsunternehmungen schließen ihn als Beamten aus. Die Universitätsprofessur ist ihm durch stille Vereinbarung versperrt, die Regierungs- und Militärlaufbahn, der höhere Richterstand durch offizielle Maßnahmen. In den Jugendjahren eines jeden deutschen Juden gibt es einen schmerzlichen Augenblick, an den er sich zeitlebens erinnert: wenn ihm zum ersten Male voll bewusst wird, dass er als Bürger zweiter Klasse in die Welt getreten ist und dass keine Tüchtigkeit und kein Verdienst ihn aus dieser Lage befreien kann.

Gleichzeitig aber erfährt er, dass ein Glaubensakt [die Taufe], gleichviel ob innerlich gerechtfertigt oder äußerlich herbeigeführt, seine Abstammung zu verdunkeln, seinen Makel zu tilgen, seine bürgerlichen Nachteile zu beseitigen vermag.

Dass der generationsweise wiederkehrenden, täglich erneuten Versuchung, die dieser eigenartige Ausfluss unsrer Staatsweisheit herbeiführt, ein verhältnismäßig

Nationalismus und Liberalismus 2

M 53 **Bildpostkarte der Nordseeinsel Borkum, um 1910.** Lange bevor der Nationalsozialismus den Antisemitismus staatlich verordnete, wurde die jüdische Bevölkerung in einigen Kurbädern seit dem Ende des 19. Jahrhunderts offen diskriminiert und dadurch ferngehalten. Besonders aggressive Beispiele für diesen „Bäderantisemitismus" sind die Nordseebäder Borkum, Langeoog sowie das Ostseebad Zinnowitz. In Borkum intonierte die Kurkapelle täglich und unbekümmert von entsprechenden Verboten das „Borkum"-Lied, dessen letzte Strophe endet: „An Borkums Strand nur Deutschtum gilt, nur deutsch ist das Panier. / Wir halten rein den Ehrenschild Germanias für und für! / Doch wer dir naht mit platten Füßen, mit Nasen krumm und Haaren kraus, / der soll nicht deinen Strand genießen, der muss hinaus! Der muss hinaus!"

kleiner Prozentsatz der deutschen Juden erliegt, offenbart meines Erachtens die stärkste Eigenschaft des modernen Judentums. Ich weiß, dass Menschen, die sich
25 von ganzem Herzen zum Christentume hingezogen fühlen, auf die äußere Zugehörigkeit verzichten, weil sie mit Belohnung verbunden ist. Diesem Verzicht liegt die Überzeugung zugrunde, dass ein ideeller Schritt seine Reinheit verlieren muss, wenn er zu materiellen
30 Vorteilen führt; eine Erwägung, die nicht ganz zu der Vorstellung passt, die man gemeinhin von der kühlen Berechnung des jüdischen Geistes sich bildet.
Die Forderung der Taufe enthält somit für den gebildeten und gewissenhaften Juden eine doppelt schwe-
35 re Zumutung: sie legt ihm auf, ein altertümlich-dogmatisch gefasstes Glaubensbekenntnis abzulegen, von dem er weiß, dass gerade die Verlegenheit, die es ihm bereitet, zur Beibehaltung beiträgt; sie legt ihm ferner auf, sich als einen Menschen zu empfinden, der von der Ablehnung seines Väterglaubens geschäftlich oder 40 sozial profitiert; und zu guter Letzt nötigt sie ihn, durch den Akt löblicher Unterwerfung sich einverstanden zu erklären mit der preußischen Judenpolitik, die nicht weniger bedeutet als die schwerste Kränkung, die ein Staat einer Bevölkerungsgruppe zuzufügen vermag.

Jens Flemming u. a. (Hg.), Quellen zur Alltagsgeschichte der Deutschen 1871–1914, Darmstadt 1997, S. 84 f.

1 Erklären Sie, was Rathenau unter dem „sozialen Makel" der deutschen Juden versteht.

2 Erläutern Sie die Motive, mit denen Rathenau die Taufe ablehnt.

Methode

Interpretation schriftlicher Quellen I: Textsorten – interne und öffentliche Texte

Die Erfindung des Buchdrucks im 15. Jahrhundert und die Alphabetisierung breiter Bevölkerungskreise haben die Verschriftlichung der Kultur nachhaltig gefördert. Der Neuzeithistoriker verfügt daher über eine Fülle von und Vielfalt an schriftlichen Quellen, die er zur Erforschung der Vergangenheit nutzen kann. Bei der Auswertung dieser Materialien muss er mit den Methoden der Quellenkritik (s. S. 146 f.) den Wert der Quelle ermitteln.

Historiker arbeiten mit den unterschiedlichsten Texten. Autobiografien oder Chroniken wurden geschrieben, um der Nachwelt eine bestimmte Nachricht zu hinterlassen. Sie werden in der **Geschichtswissenschaft** als **Tradition** bezeichnet. Dagegen sind Briefe oder Zeitungen, die sogenannten **Überreste**, nur für die augenblickliche Situation und die Zeitgenossen verfasst worden.

Darüber hinaus gibt es normative und deskriptive Texte. Gesetze und Verträge gehören zu den **normativen Materialien**, da sie feststellen, was sein soll, nicht aber, was tatsächlich ist. Berichte hingegen sind **deskriptive Quellen**, die die Wirklichkeit beschreiben. Die Historiker unterscheiden zudem zwischen **Selbstzeugnissen**, z. B. Tagebücher, und Fremdzeugnissen, z. B. Gutachten.

Bei der quellenkritischen Interpretation ist überdies zu unterscheiden, ob ein Schriftstück für die Öffentlichkeit bestimmt war oder nicht. **Öffentliche Dokumente** zielen auf eine bestimmte Wirkung beim Adressaten, die der Urheber einer Nachricht von sich selbst oder hinsichtlich des behandelten Themas erreichen will. **Interne Dokumente**, d. h. Texte für den privaten oder behördeninternen Gebrauch, enthüllen in der Regel die eigentliche Absicht des Urhebers unverstellter als Schriften, die für die Öffentlichkeit verfasst wurden. Grundsätzlich gilt jedoch für alle Quellen, dass ihr Wahrheitsgehalt genau bestimmt werden muss. Alle Texte sind an die Wahrnehmungsmöglichkeiten, Interessen und Erkenntnisfähigkeit ihres Autors gebunden. Sie können nicht „objektiv" sein.

Arbeitsschritte für die Interpretation

1. Formale Merkmale
- Wer sind die Autoren oder Auftraggeber?
- Wann sind die Texte entstanden?
- Aus welchem Anlass sind die Texte verfasst worden?
- Sind die Texte veröffentlicht bzw. geheim gehalten worden?

2. Textinhalt
- Mit welchem Inhalt beschäftigt sich der Text?
- Welche inhaltlichen Gemeinsamkeiten bzw. Unterschiede gibt es zwischen den Texten?
- Wie sind die Unterschiede zwischen den Texten zu erklären?

3. Historischer Kontext
- Auf welches Ereignis bzw. auf welche historische Epoche beziehen sich die Texte?
- Auf welchen Konflikt spielen die Dokumente an?

4. Aussageabsicht
- Welche Absichten verfolgten die Urheber der Texte?
- An welchen Adressaten richten sich die Texte?
- Welche vermutliche Wirkung sollte bei dem bzw. den Adressaten der Texte erzielt werden?

5. Fazit
- Welche Gesamtaussage lässt sich über Ursache und Wirkung der beiden Texte formulieren?

Methode

M 54 **Die Emser Depesche**

Der Begleiter König Wilhelms I. beim Kuraufenthalt in Bad Ems telegrafierte Bismarck am 13. Juli 1870 ein Schreiben des Königs (M 54 a). Bismarck verfasste daraus eine kurze Pressemitteilung (M 54 b).

a) Das interne Schreiben: Das Telegramm Wilhelms I.

S. M. der König schreibt mir:
„Graf Benedetti fing mich auf der Promenade ab, um auf zuletzt sehr zudringliche Art zu verlangen, ich sollte ihn autorisieren, sofort zu telegraphieren, dass ich
5 für alle Zukunft mich verpflichtete, niemals wieder meine Zustimmung zu geben, wenn die Hohenzollern auf ihre Kandidatur zurückkämen. Ich wies ihn, zuletzt etwas ernst, zurück, da man á tout jamais[1] dergleichen Engagement nicht nehmen dürfte noch könne. Natür-
10 lich sagte ich ihm, dass ich noch nichts erhalten hätte und, da er über Paris und Madrid früher benachrichtigt sei als ich, er wohl einsähe, dass mein Gouvernement wiederum außer Spiel sei." S. M. hat seitdem ein Schreiben des Fürsten[2] bekommen. Da S. M. dem
15 Grafen Benedetti gesagt, dass er Nachricht vom Fürsten erwarte, hat Allerhöchstderselbe, mit Rücksicht auf die obige Zumutung, auf des Grafen Eulenburg[3] und meinen Vortrag beschlossen, den Grafen Benedetti nicht mehr zu empfangen, sondern ihm nur durch sei-
20 nen Adjudanten sagen zu lassen, dass S. M. jetzt vom Fürsten die Bestätigung der Nachricht erhalten, die Benedetti aus Paris schon gehabt, und dem Botschafter nichts weiter zu sagen habe.
S. M. stellt Ew. Exzellenz anheim, ob nicht die neue
25 Forderung Benedettis und ihre Zurückweisung sogleich sowohl unseren Gesandten als in der Presse mitgeteilt werden sollte.

1 für alle Zukunft
2 Fürst von Hohenzollern-Sigmaringen
3 persönlicher Referent Wilhelms I.

Otto v. Bismarck, Die gesammelten Werke, Bd. 6 b, Berlin 1928, S. 369

b) Das öffentliche Dokument: Die Pressemitteilung Bismarcks

Nachdem die Nachrichten von der Entsagung des Erbprinzen von Hohenzollern der Kaiserlich französischen Regierung von der Königlich spanischen amtlich mitgeteilt worden sind, hat der französische Botschafter in Ems an S. M. den König noch die Forderung ge-
5 stellt, ihn zu autorisieren, dass er nach Paris telegraphiere, dass S. M. der König sich für alle Zukunft verpflichte, niemals wieder seine Zustimmung zu geben, wenn die Hohenzollern auf ihre Kandidatur zurückkommen sollten. S. M. hat es darauf abgelehnt, den
10 französischen Botschafter nochmals zu empfangen, und demselben durch den Adjudanten vom Dienst sagen lassen, dass S. M. dem Botschafter nichts weiter mitzuteilen haben.

Otto v. Bismarck, Die gesammelten Werke, Bd. 6 b, Berlin 1928, S. 371

1 Interpretieren Sie mithilfe der genannten Arbeitsschritte die beiden Quellen M 54 a und b.

Hinweise zur Lösung finden Sie auf Seite 570.

2 Nationalismus und Liberalismus

2.5 Die Anfänge der deutschen Frauenbewegung

Bürgerliche Frauenbewegung

Bereits in der Revolution 1848/49 hatten Frauen Vereine ins Leben gerufen und waren öffentlich für ihre Gleichberechtigung in Politik und Gesellschaft eingetreten. Als sich seit Mitte der 1860er-Jahre eine organisierte Frauenbewegung formierte, spielten ehemalige Achtundvierzigerinnen dabei eine herausragende Rolle. Hierzu gehörte Louise Otto-Peters, die 1865 den „Allgemeinen Deutschen Frauenverein" (ADF) gründete, um die Bildungschancen von Frauen zu verbessern und deren Berufstätigkeit zu fördern. Nicht die allgemeine politische und soziale Emanzipation, sondern eine verstärkte Integration von Frauen in das Erwerbsleben hatte der 1866 von Adolf Lette eingerichtete „Verein zur Förderung der Erwerbstätigkeit des weiblichen Geschlechts" zum Ziel, aus dem 1869 der „Verein Deutscher Frauenbildungs- und Erwerbsvereine" hervorging.

In den 1890er-Jahren waren es erneut politisch aktive Frauen aus der Revolution 1848/49, die sich in Frauenverbänden organisierten und außerdem die Beschränkung ihres Kampfes auf Bildung und Erwerbstätigkeit aufgaben zugunsten weiter gehender emanzipatorischer Forderungen. Das gilt sowohl für den 1890 entstandenen „Allgemeinen Deutschen Lehrerinnenverein", der um die Jahrhundertwende 16 000 Mitglieder besaß, als auch für die Vereinigung verschiedener Frauenorganisationen zum „Bund Deutscher Frauenvereine" (BDF) im Jahre 1894 (M 58 a, b). Bis zum Ersten Weltkrieg konnte der BDF über 2000 Vereine mit fast 500 000 Mitgliedern unter seinem Dach zusammenfassen. Er entwickelte sich zum Mittelpunkt der bürgerlichen Frauenbewegung. Allerdings vereinigte er in sich unterschiedliche Strömungen. Die gemäßigte Mehrheit vertraute auf die wachsende Einsicht der Männer besonders aus dem liberalen Bürgertum und betonte die Mütterlichkeit als weibliche Eigenart. Die Frauen sollten nach dieser Sicht vor allem über den engeren Kreis der Familie hinaus das Denken in der Gesellschaft durch die Betonung des weiblichen Elementes zivilisieren. Dagegen klagte der kleinere radikale Flügel entschieden alle staatsbürgerlichen Rechte für die Frauen ein und verlangte eine Reform des Paragrafen 218. Diese Forderungen kamen in erster Linie aus dem „Verein Volkswohl" und später dem „Verband fortschrittlicher Frauenvereine".

Proletarische Frauenbewegung

Im kaiserlichen Deutschland konstituierte sich neben der bürgerlichen auch eine sozialdemokratische bzw. proletarische Frauenbewegung. Die theoretischen Grundlagen hatte August Bebel in seinem Buch „Die Frau und der Sozialismus" aus dem Jahre 1879 gelegt, das zu den meistgelesenen Büchern in der deutschen Sozialdemokratie gehörte. Aus der Sicht Bebels war die Frau in der kapitalistischen Gesellschaft doppelt unterdrückt: zum einen durch ihre soziale Abhängigkeit von den Männern im Privaten, zum anderen durch ihre wirtschaftliche Abhängigkeit im Bereich des Arbeitslebens. Diese zweifache Unterdrückung könne nur durch die Umgestaltung der kapitalistischen in eine sozialistische Wirtschafts- und Gesellschaftsordnung beseitigt werden. Folgerichtig verstanden die sozialdemokratischen Frauen ihr frauenpolitisches Engagement gleichzeitig als antikapitalistischen Kampf. Selbstverständlich war es für sie, dass sie die im Erfurter Programm von 1891 verankerte Forderung nach einem Wahlrecht für alle Staatsbürger „ohne Unterschied des Geschlechts" unterstützten. Darüber hinaus machten sie sich für die Verankerung des Rechts auf Arbeit in der Verfassung und eine gesellschaftliche Verantwortung für die Kindererziehung stark (M 59).

Männerrollen – Frauenrollen

Männer und Frauen waren im kaiserlichen Deutschland nicht gleichberechtigt. Im Gegenteil: Männer besaßen nach wie vor eine erhebliche rechtliche und soziale Vorrangstellung. Das zeigte sich nirgends deutlicher als im Familienrecht. Es trug, wie die Historikerin Ute Gerhard einmal hervorgehoben hat, Züge „eines sich neu etablierenden bürgerlichen Patriarchalismus", der die Ehefrau unter eine Art Vormundschaft des Mannes stellte (M 57). Die Ungleichheit zwischen den Geschlechtern schlug sich jedoch nicht nur in der Gesetzgebung nieder, sondern war alltägliche Praxis: Den Männern gehörte der Bereich der Berufs- und Erwerbsarbeit, die Frauen hatten sich um Haushalt und Familie zu kümmern (s. auch S. 63).

Nationalismus und Liberalismus 2

Diese ungleichen Geschlechterrollen bestimmten nicht nur weitgehend das Familienleben im proletarischen wie im bürgerlichen Milieu (M 55, M 56), sondern auch andere politische und gesellschaftlichen Sphären. Seit Mitte des 19. Jahrhunderts war mit Ausnahme Badens und Hamburgs Frauen eine Betätigung in politischen Vereinen und Parteien verboten. Wenngleich Preußen dieses Verbot 1908 in einem neuen Vereinsgesetz aufhob, blieb Politik im deutschen Kaiserreich Männersache. Der Historiker Heinrich von Sybel legitimierte diese Benachteiligung der Frauen mit dem Hinweis auf die weibliche Natur. Grundsätzlich unfähig zu „logischem Raissonnement" und „methodischer Dialektik", verlören sie im politischen Leben den „charakteristischen Reiz der Weiblichkeit", ohne „mit der Arbeit des Mannes wetteifern [zu] können". Bis 1918 wurde Frauen in Deutschland das Wahlrecht vorenthalten.

Mädchen und Frauen besaßen außerdem keinen gleichberechtigten Zugang zu öffentlichen Schul- und Bildungseinrichtungen. Bis zur Wende vom 19. zum 20. Jahrhundert waren Frauen allenfalls als Gasthörerinnen an Universitäten zugelassen. Diese Benachteiligung beruhte ebenfalls auf tief verwurzelten Vorurteilen. So argumentierte 1872 der international renommierte Mediziner

M 55 Arztfamilie im Garten ihres Hauses, 1882

M 56 Arbeiterfamilie in ihrem Wohn- und Schlafraum, Berlin 1905

1 Beschreiben Sie a) die Wohnverhältnisse, b) die Personen sowie c) die Rollenverteilung zwischen den einzelnen Personen in M 55 und M 56.
2 Formulieren Sie eine These über Männerrollen und Frauenrollen im kaiserlichen Deutschland (M 55, M 56).
3 „Vom Patriarchat zur Partnerschaft" lautet der Titel eines Buches zum Strukturwandel der Familie. Ordnen Sie mithilfe des Darstellungstextes, S. 128 f., und der Materialien M 55–M 59 die Geschlechterrollen im kaiserlichen Deutschland ein.

2 Nationalismus und Liberalismus

Theodor von Bischof: „Es fehlt dem weiblichen Geschlecht nach göttlicher und natürlicher Anordnung die Befähigung zur Pflege und Ausübung der Wissenschaften und vor allem der Naturwissenschaften und der Medizin." Erst 1899 hob Baden das Einschreibeverbot für Frauen an den Universitäten Heidelberg und Freiburg auf, es folgten 1903 Bayern, 1904 Württemberg, 1906 Sachsen und 1908 Preußen. Im Jahre 1914 studierten an deutschen Universitäten 4056 Frauen, das waren gerade einmal 6,7 % der gesamten Studentenschaft.

M 57 Die Rechtsstellung von Männern und Frauen nach dem bürgerlichen Gesetzbuch vom 18.8.1896

§ 10
Die Ehefrau teilt den Wohnsitz des Ehemannes. Sie teilt den Wohnsitz nicht, wenn der Mann seinen Wohnsitz im Ausland an einem Ort begründet, an den die Frau ihm nicht folgt und zu folgen verpflichtet ist.

§ 1354
Dem Manne steht die Entscheidung in allen das gemeinschaftliche eheliche Leben betreffenden Angelegenheiten zu; er bestimmt insbesondere Wohnort und Wohnung. Die Frau ist nicht verpflichtet, der Entscheidung des Mannes Folge zu leisten, wenn sich die Entscheidung als Missbrauch seines Rechtes darstellt.

§ 1356
Die Frau ist, unbeschadet der Vorschriften des § 1354, berechtigt und verpflichtet, das gemeinsame Hauswesen zu leiten. Zu Arbeiten im Hauswesen und im Geschäft des Mannes ist die Frau verpflichtet, soweit eine solche Tätigkeit nach den Verhältnissen, in denen die Ehegatten leben, üblich ist.

§ 1358
Hat sich die Frau einem Dritten gegenüber zu einer von ihr in Person zu bewirkenden Leistung verpflichtet, so kann der Mann das Rechtsverhältnis ohne Einhaltung einer Kündigungsfrist kündigen, wenn er auf seinen Antrag von dem Vormundschaftsgerichte dazu ermächtigt worden ist. Das Vormundschaftsgericht hat die Ermächtigung zu erteilen, wenn sich ergibt, dass die Tätigkeit der Frau die ehelichen Interessen beeinträchtigt.

§ 1360
Der Mann hat der Frau nach Maßgabe seiner Lebensstellung, seines Vermögens und seiner Erwerbsfähigkeit Unterhalt zu gewähren. Die Frau hat dem Manne, wenn er außerstande ist, sich selbst zu unterhalten, den seiner Lebensstellung entsprechenden Unterhalt nach Maßgabe ihres Vermögens und ihrer Erwerbsfähigkeit zu gewähren.

§ 1363
Das Vermögen der Frau wird durch die Eheschließung der Verwaltung und Nutznießung des Mannes unterworfen (eingebrachtes Gut). Zum eingebrachten Gut gehört auch das Vermögen, das die Frau während der Ehe erwirbt.

Zit. nach: Hellmut Hoffacker, Materialien zum historisch-politischen Unterricht 3: Französische Revolution, Industrielle Revolution, Imperialismus, Frauenbewegung. Materialienteil, J. B. Metzlersche Verlagsbuchhandlung, Stuttgart 1979, S. 119f.

1 Stellen Sie in einer Tabelle die Rechte und Pflichten von Männern und Frauen nach dem BGB von 1896 dar (M 57).

M 58 Frauenbewegung

a) Das Programm des „Bundes Deutscher Frauenvereine" (1905)

I. Bildung […].
a) obligatorische Fortbildungsschulen für alle aus der Volksschule entlassenen Mädchen; […]
c) unbeschränkte Zulassung ordnungsmäßig vorgebildeter Frauen zu allen wissenschaftlichen, technischen und künstlerischen Hochschulen.
II. Berufstätigkeit: Die Frauenbewegung betrachtet für die verheiratete Frau den in der Ehe und Mutterschaft beschlossenen Pflichtenkreis als ersten und nächstliegenden Beruf. […] Die Arbeit der Frau in der Erfüllung dieses Berufs ist wirtschaftlich und rechtlich als vollgültige Kulturleistung zu bewerten. […] Die Berufsarbeit der Frau [ist] eine wirtschaftliche und sittliche Notwendigkeit. […] – In Bezug auf die wirtschaftliche Bewertung der beruflichen Frauenarbeit vertritt die Frauenbewegung den Grundsatz: Gleicher Lohn für gleiche Leistung […].
III. Ehe und Familie […].
b) Sie verlangt eine Reform der Ehegesetze, durch welche beiden Ehegatten das gleiche Verfügungsrecht in allen gemeinsamen Angelegenheiten, insbesondere der gleiche Anteil an der elterlichen Gewalt, gesichert wird.
c) Sie verlangt gesetzliche Reformen, betreffend die Rechte unehelicher Kinder, Reformen, durch welche dem unehelichen Vater größere Verpflichtungen gegen Mutter und Kind auferlegt werden.

Nationalismus und Liberalismus 2

M 59 Carl Koch, Sozialdemokratische Frauenversammlung in Berlin, Holzstich aus der Leipziger Illustrierten Zeitung vom 8. März 1890

IV. Öffentliches Leben, Gemeinde und Staat [...].
a) Zulassung der Frauen zu verantwortlichen Ämtern in Gemeinde und Staat [...].
c) Beseitigung der vereinsrechtlichen Beschränkungen der Frau.
d) Teilnahme der Frauen am kirchlichen Wahlrecht.
e) Teilnahme der Frauen am kommunalen Wahlrecht.
f) Teilnahme der Frauen am politischen Wahlrecht.

H. Lange, Die Frauenbewegung in ihren gegenwärtigen Problemen, Leipzig ²1914, S. 134 ff.

1 Charakterisieren Sie die Schwerpunkte des Programms (M 58 a).
2 Untersuchen Sie, inwiefern das Programm die Interessen einer bestimmten Frauengruppe (s. Punkt IV. des Programms) kennzeichnete.

b) Eduard Windthorst zur Frage der Gleichberechtigung der Frau 1912

Die Organisation ist eben beim Weibe anders geartet als beim Manne, und ihre Kräfte reichen nicht aus, die schweren Arbeiten zu verrichten, die dem Manne obliegen und von seiner kräftigeren Natur leicht zu bewältigen sind [...]. Und wie gewaltig zeigt sich Ungleichheit in der inneren Veranlagung, in der intellektuellen und moralischen Begabung! Die Männer sind die Vertreter der Kraft und zeichnen sich aus durch die darauf beruhenden aktiven Tugenden des Heldenmutes und der Standhaftigkeit, der Vaterlandsliebe und der Gerechtigkeit. Die Frauen sind die Vertreterinnen der Schönheit und der Liebe und ragen in unerreichbarer Überlegenheit über die Männer hinaus in den mehr passiven Tugenden der Demut und der Milde, der aufopfernden Hingebung und Barmherzigkeit. Die fast ausschließliche männliche Schöpfungskraft in Wissenschaft und Kunst wird ausgeglichen durch die unglaublich steigerungsfähige Empfänglichkeit der Frauen für die höchsten Ideale des Lebens. Der Mann wird in seinem Denken und Handeln bestimmt von seinem scharfen, alles durchdringenden Verstande, das Weib lässt sich leiten von den Regungen des bei ihm stärker entwickelten Gefühls.

E. Windthorst, Lebenserfahrungen eines Idealisten, Bonn 1912, S. 464 ff.

1 Analysieren Sie das Bild der Frau bei Windthorst (M 58 b).
2 Klären Sie die historische Bedingtheit dieses Frauenbilds und seine Langzeitwirkung.

2 Nationalismus und Liberalismus

3 Imperialismus und Erster Weltkrieg

3.1 Europäisches Mächtesystem und Bismarcks Außenpolitik

Neue Lage: „Halbe Hegemonie"

Die Gründung des Deutschen Reiches und dessen Aufstieg zum Industriestaat hatte eine neue Lage unter den europäischen Großmächten geschaffen. Das System der Pentarchie, bereits erschüttert im Krimkrieg, war nun aufgelöst. Nach dem Sieg über Frankreich nahm das Deutsche Reich eine „halbhegemoniale Stellung" in der Mitte Europas ein.

Die militärischen Siege von 1864, 1866 und 1871 hatten bei den Großmächten Befürchtungen geweckt vor einem preußisch-deutschen Militarismus, den es nach Gebietserweiterungen wie im Falle Elsass-Lothringens gelüsten könnte. Deshalb bildete die Möglichkeit feindlicher Bündnisse die Hauptgefahr für das neue Reich.

Bismarcks außenpolitisches Konzept

Für Bismarck war die Sicherung von Ruhe und Frieden in Europa die Lebens- und Überlebensbedingung des Deutschen Reiches. Die Erhaltung des Erreichten im Konzert der Großmächte, des Status quo, war das oberste Ziel seiner Außenpolitik. Er suchte es auf dreierlei Wegen zu verwirklichen: Erstens demonstrierte er immer wieder Deutschlands Saturiertheit, d.h., dass Deutschland keine expansiven Wünsche mehr habe. Zweitens schloss er konsequent defensive Bündnisse mit möglichen Gegnern, um einen Kriegsfall auszuschließen, und drittens betrieb er so erfolgreich Frankreichs Isolierung, dass dieses keine Angriffsbündnisse gegen Deutschland schließen konnte. Hierbei nützte Bismarck die Gegensätze zwischen den europäischen Großmächten aus, wie er sie im Kissinger Diktat 1877 beschrieben hat (M 62).

M 60 Anton von Werner, Schlusssitzung des Berliner Kongresses 1878, 1881, Öl auf Leinwand. Die europäischen Großmächte und die Türkei beendeten unter dem Vorsitz von Bismarck auf diesem Kongress den Russisch-Türkischen Krieg und beseitigten das russische Übergewicht auf dem Balkan.

Nationalismus und Liberalismus 2

M61 Das heutige Europa, Karikatur aus dem Züricher „Nebelspalter" Nr. 45 von 1887

1 Beschreiben Sie die Karikatur und deuten Sie ihren Sinn.

Bismarcks Bündnissystem

Um den „herrschenden Friedenszustand zu befestigen", arrangierte sich das Deutsche Reich 1872/73 mit Österreich-Ungarn und Russland im **Dreikaiserabkommen** (M65). Es war ein Konsultativabkommen, das für den Konfliktfall zwar keinen militärischen Beistand, wohl aber Beratungen vorsah. Der Vertrag mit den beiden Kontrahenten auf dem Balkan verhinderte, dass sich Deutschland einen von beiden zum Feind machte, was bei einem bloß zweiseitigen Abkommen eine notwendige Folge gewesen wäre. Gegenüber Frankreich, das seine Macht- und Gebietsverluste rückgängig machen wollte, demonstrierte Bismarck während der so genannten **Krieg-in-Sicht-Krise** im Jahre 1875, dass Deutschland angesichts von Frankreichs Aufrüstung auch zu einem Präventivkrieg bereit sei, in Wahrheit aber keinerlei Interesse an Krieg oder gar Expansion habe. Er zeigte Europas Mächten jene Zurückhaltung, die notwendig war, um gegen die halbhegemoniale Stellung des Reiches keine Koalition zu provozieren und Ängste vor Deutschland zu zerstreuen. Zur Entspannung des deutsch-französischen Verhältnisses war Bismarck sogar bereit, Frankreichs Kolonialpolitik in Afrika zu unterstützen.

Zwischen 1875 und 1879 erlebte Europa eine Periode der „Hochspannung", die erst um 1885 abklang. Ausgangspunkt war der Interessenkonflikt zwischen Russland, der Türkei und Österreich-Ungarn auf dem Balkan. Der russische Erfolg im Russisch-Türkischen Krieg 1877/78 alarmierte Österreich. Auf dem **Berliner Kongress** 1878 vermittelte Bismarck als „ehrlicher Makler" einen Kompromiss zur Friedenserhaltung, ohne für das Reich irgendwelche Gebietsansprüche zu stellen (M60). Rumänien, Serbien, Montenegro und Bulgarien wurden selbstständig. Bulgarien aber verlor Makedonien und Russland strebte vergeblich nach Anerkennung als Bulgariens Schutzmacht. Bismarcks Kompromisslösung verstimmte Russland, stärkte den Panslawismus und schuf einen Belastungsfaktor für die deutsche Außenpolitik.

Gegen einen nun möglichen russischen Angriff schloss das Deutsche Reich 1879 den **Zweibund** mit Österreich-Ungarn, an den über einen österreichisch-rumänischen Beistandsvertrag 1883 Rumä-

2 Nationalismus und Liberalismus

nien und 1888 Italien lose angebunden wurden (M 64). Es handelte sich um Defensivbündnisse, d.h., die Beistandspflicht galt nur für den Fall eines feindlichen Angriffs auf die Bündnispartner. Mit Russland suchte Bismarck im **Dreikaiservertrag** 1881 die Entspannung. Deutschland, Russland und Österreich-Ungarn verpflichteten sich hierin zur Neutralität, falls einer der drei Bündnispartner einen Krieg mit einer vierten Macht führe.

Als im Krieg zwischen Bulgarien und Serbien 1885 der Dreikaiservertrag an Österreich zerbrach, führte Bismarck 1887 gegen die allgemeine russlandfeindliche Stimmung einen geheimen **Rückversicherungsvertrag** zwischen Deutschland und Russland herbei, in dem wechselseitige Neutralität für einen Verteidigungskrieg vereinbart wurde und Deutschland Russlands Interesse an Bosporus und Bulgarien anerkannte. Damit hinderte er Russland, der populären Forderung vieler Russen nach einem Bündnis mit Frankreich nachzukommen. Gleichzeitig unterstützte Bismarck das **Mittelmeerabkommen** zwischen England, Italien und Österreich-Ungarn, in dem diese sich gegen Russlands Expansion im Bereich des Schwarzen und des Mittelmeers absicherten. Das angestrebte Defensivbündnis mit England gelang Bismarck nicht (M 65).

Kolonialpolitik

Eine neue Gefahr erwuchs für Bismarcks Politik der Friedenssicherung aus der Kolonialpolitik nach 1880. Im Gegensatz zu anderen europäischen Nationen besaß Deutschland als „verspätete Nation" keine Kolonien. Während für alle anderen Großmächte Expansion in Afrika, Asien oder Amerika als normal galt, trug deutsche Kolonialpolitik die Gefahr von Konflikten in sich, die den Status quo in Europa gefährdet hätten. Bismarck war deshalb gegen den Erwerb von Kolonien durch das Deutsche Reich. Dennoch kam es, unterstützt vom Deutschen Kolonialverein von 1882, zur Errichtung von Handelsniederlassungen durch deutsche Kaufleute, die große Gebiete in Afrika und Neuguinea aufgekauft hatten. Als sich Frankreich und England in Afrika sowie Russland und England in Asien in ihrer Erwerbspolitik lähmten, fand 1884 in Berlin die Kongo-Konferenz statt, auf der wesentliche Grenzen Afrikas festgelegt wurden (M 68, S. 140). Deutschlands kaufmännische Erwerbungen wurden hier anerkannt und unter Reichsschutz gestellt. So kamen 1884 Togo, Kamerun, Südwestafrika (heute Namibia) und 1885 Ostafrika (heute Tansania), Kaiser-Wilhelm-Land in Neuguinea und der nördlich davon gelegene Bismarck-Archipel in deutschen Besitz.

Für Bismarck blieb diese Politik nur eine Episode. Er erklärte 1888: „Meine Karte von Afrika liegt in Europa." Kolonien schienen ihm lediglich als Verhandlungsmasse im diplomatischen Spiel, als nationale Identifikationspunkte im Zeitalter des Imperialismus und als Handelsstützpunkte nützlich, nicht aber als Siedlungsgebiete oder Militärstützpunkte.

M 62 Bismarcks außenpolitisches Konzept

a) Aus Bismarcks Kissinger Diktat vom 15. Juni 1877

Ich wünsche, dass wir, ohne es zu auffällig zu machen, doch die Engländer ermutigen, wenn sie Absichten auf Ägypten haben: Ich halte es in unserem Interesse [...], einen Ausgleich zwischen England und Russland zu
5 fördern, der ähnlich gute Beziehungen zwischen beiden, wie im Beginn dieses Jahrhunderts, und demnächst Freundschaft beider mit uns in Aussicht stellt. [...] Wenn England und Russland auf der Basis, dass Ersteres Ägypten, Letzteres das Schwarze Meer hat,
10 einig würden, so wären beide in der Lage, auf lange Zeit mit Erhaltung des Status quo zufrieden zu sein, und doch wieder in ihren größten Interessen auf eine Rivalität angewiesen, die sie zur Teilnahme an Koalitionen gegen uns, abgesehn von den inneren Schwierigkeiten Englands für dergleichen, kaum fähig 15 macht.

Ein französisches Blatt sagte neulich von mir, ich hätte „le cauchemar des coalitions"[1], diese Art Alb wird für einen deutschen Minister noch lange, und vielleicht immer, ein sehr berechtigter bleiben. Koalitionen 20 gegen uns können auf westmächtlicher Basis mit Zutritt Österreichs sich bilden, gefährlicher vielleicht noch auf russisch-österreichisch-französischer: Eine große Intimität zwischen zweien der drei letztgenannten Mächte würde der dritten unter ihnen jederzeit 25 das Mittel zu einem sehr empfindlichen Drucke auf uns bieten. In der Sorge vor diesen Eventualitäten, nicht sofort, aber im Lauf der Jahre, würde ich als wünschenswerte Ergebnisse der orientalischen Krisis für uns ansehn: 1. Gravitierung[2] der russischen und der 30 österreichischen Interessen und gegenseitigen Rivalitäten nach Osten hin, 2. der Anlass für Russland, eine

Nationalismus und Liberalismus 2

starke Defensivstellung im Orient und an seinen Küsten zu nehmen und unseres Bündnisses zu bedürfen, 3. für England und Russland ein befriedigender Status quo, der ihnen dasselbe Interesse an Erhaltung des Bestehenden gibt, welches wir haben, 4. Loslösung Englands von dem uns feindlich bleibenden Frankreich wegen Ägyptens und des Mittelmeers, 5. Beziehungen zwischen Russland und Österreich, welche es beiden schwierig machen, die antideutsche Konspiration gegen uns gemeinsam herzustellen, zu welcher zentralistische oder klerikale Elemente in Österreich etwas geneigt sein möchten. Wenn ich arbeitsfähig wäre, könnte ich das Bild vervollständigen und feiner ausarbeiten, welches mir vorschwebt: nicht das irgendeines Ländererwerbs, sondern das einer politischen Gesamtsituation, in welcher alle Mächte außer Frankreich unsrer bedürfen und von Koalitionen gegen uns durch ihre Beziehungen zueinander nach Möglichkeit abgehalten werden.

Michael Stürmer (Hg.), Bismarck und die preußisch-deutsche Politik 1871–1890, München 1970, S. 100 f.

1 franz.: der Albtraum der Koalitionen
2 Neigung

1 Stellen Sie die Gegensätze der europäischen Mächte zusammen, die Bismarck hier nennt.

2 Analysieren Sie die Ziele von Bismarcks Außenpolitik und die ihr zugrunde liegenden Befürchtungen nach M 62.

b) Der Weichensteller, Karikatur aus der Londoner Zeitung „Punch", 1878

WORKING THE POINTS.

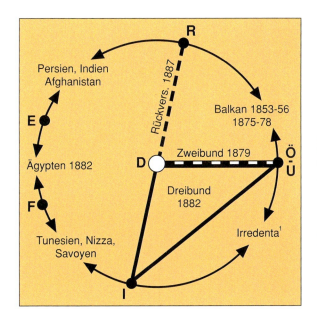

M 63 Die Konfliktherde der europäischen Großmächte

1 Bewegung der italienischsprachigen Gebiete Österreich-Ungarns, die nach der Einigung Italiens 1866 entstand und die den Anschluss an Italien anstrebte

1 Vergleichen Sie die europäischen Bündnissysteme und Konfliktherde in M 63 mit den von Bismarck benannten (M 62).

135

2 Nationalismus und Liberalismus

M64 Aus dem Dreibundvertrag vom 20. Mai 1882

Artikel I
Die Hohen Vertragschließenden Parteien sagen sich gegenseitig Frieden und Freundschaft zu und werden keine gegen einen ihrer Staaten gerichtete Allianz oder Verpflichtung eingehen. [...]

Artikel II
Im Falle, dass Italien ohne unmittelbare Herausforderung seinerseits von Frankreich, gleichviel aus welchem Grunde, angegriffen werden sollte, sind die beiden anderen Vertragschließenden Parteien gehalten, der angegriffenen Partei mit allen ihren Kräften Hilfe und Beistand zu gewähren. Die gleiche Verpflichtung trifft Italien für den Fall eines nicht unmittelbar herausgeforderten Angriffs Frankreichs gegen Deutschland.

Artikel III
Wenn eine oder zwei der Hohen Vertragschließenden Parteien, ohne unmittelbare Herausforderung ihrerseits, angegriffen werden und sich in einen Krieg mit zwei oder mehreren Großmächten verwickelt sehen sollten, die nicht Signatare des gegenwärtigen Vertrages sind, so tritt der Bündnisfall gleichzeitig für alle Hohen Vertragschließenden Parteien ein.

Artikel IV
Im Falle, dass eine Großmacht, die nicht Signatar des gegenwärtigen Vertrages ist, die Sicherheit der Staaten einer der Hohen Vertragschließenden Parteien bedrohen sollte und die bedrohte Partei sich dadurch gezwungen sehen würde, sie zu bekriegen, verpflichten sich die beiden anderen, ihrem Verbündeten gegenüber wohlwollende Neutralität zu wahren. Jeder behält sich in diesem Fall vor, wenn sie dies für angebracht halten sollte, am Kriege teilzunehmen, um gemeinsame Sache mit ihrem Verbündeten zu machen.

Artikel V
[...] Sie verpflichten sich, hinfort in allen Fällen gemeinsamer Beteiligung an einem Krieg nur aufgrund einer gemeinsamen Übereinkunft Waffenstillstand, Frieden oder einen Vertrag zu schließen.

J. Hohlfeld (Hg.), Dokumente der deutschen Politik und Geschichte von 1848 bis zur Gegenwart, Bd. 1, Wendler, Berlin 1952, S. 400f.

1 Fassen Sie die Vertragsbestimmungen zusammen (M64).
2 Erklären Sie die Bedeutung des Vertrages (M64) aus der Lage des Deutschen Reiches im europäischen Gleichgewicht.

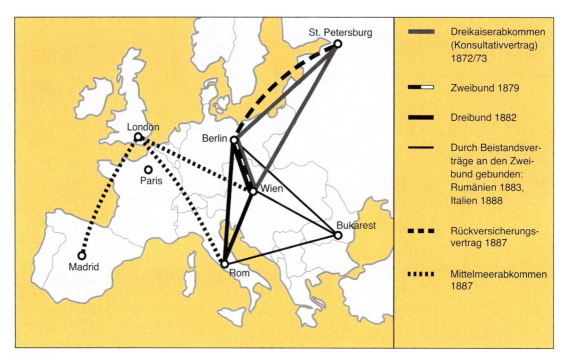

M65 Bismarcks Bündnissystem 1879–1890

Nationalismus und Liberalismus 2

3.2 Imperialismus und Weltmachtpolitik unter Wilhelm II.

Bismarcks Rücktritt 1890

Die Machtstellung Bismarcks als Reichskanzler beruhte auf dem Vertrauen Wilhelms I., der als Kaiser und preußischer König das eigentliche Machtzentrum verkörperte. Dessen Verzicht auf ein persönliches Regieren erlaubte es Bismarck, der Zeit seinen Stempel aufzudrücken. Als nach dem Tod Wilhelms I. 1888 dessen liberaler Sohn Friedrich III. bereits 99 Tage nach der Thronbesteigung starb, wurde der junge Wilhelm II. unverhofft deutscher Kaiser. Der vorsichtige alte Kanzler und der impulsive junge Kaiser verstanden sich nicht. Wilhelm betrieb einen Wandel der deutschen Politik in Inhalt und Methode. Im Gegensatz zu seinem Großvater wollte Wilhelm II. selbst regieren, eine Aussöhnung mit der Arbeiterschaft und ein Bündnis mit England statt mit Russland herbeiführen, also eine Abkehr von Bismarcks Politik im Äußeren wie im Inneren einleiten. Um eine Beschneidung seiner Handlungsfreiheit oder eine Entlassung zu vermeiden und auf die Differenzen zu den Plänen des Kaisers hinzuweisen, reichte Bismarck im März 1890 seinen Abschied ein. Caprivi wurde sein Nachfolger als Reichskanzler.

M66 Zwei Karikaturen zum Machtwechsel in Deutschland aus der englischen satirischen Zeitschrift „Punch": a) Dädalus warnt Ikarus, Oktober 1888; b) Der Lotse geht von Bord, März 1890

1 Erörtern Sie, wie man in England die Thronbesteigung Wilhelms II. aufgenommen hat.

2 Nationalismus und Liberalismus

M67 „Das erste Kaiserwort im neuen Jahrhundert", Postkarte zum Flottenbauprogramm, 1900

Wilhelms II. „persönliches Regiment"
Wilhelm II. war ein Monarch, der mit seinem Zeitalter Stärken und Schwächen teilte. Sein Fortschrittsoptimismus, seine Technik- und Industriebegeisterung waren vom Bürgertum geprägt, seine Überschätzung militärischen Denkens entsprach ganz seinem Haus und der Adelstradition. Auf derselben Linie lagen seine Verachtung des Parlaments und seine Neigung zur Selbstherrschaft, die im Ausland den Anschein des Absolutismus erweckte. Vorübergehend trug er sich mit Plänen, die Reichskanzlerschaft in mehrere Ämter aufzulösen. Wilhelms Selbstbewusstsein war allerdings gepaart mit einer fundamentalen Unsicherheit und Unreife, die sich in Sprunghaftigkeit und Beeinflussbarkeit niederschlugen. Hatte Bismarcks Außenpolitik Frankreichs und Englands Empfindlichkeiten durch Zurückhaltung und Bagatellisierung der deutschen Machtposition besänftigt, so beunruhigte Wilhelm II. die Großmächte durch vollmundige Sprüche, säbelrasselnde Reden und lautstarke Machtansprüche. Dieser Wandel machte Deutschland zum Unruhestifter in Europa.

Imperialismus und „Neuer Kurs" im Deutschen Reich
Wilhelms II. Amtsantritt fiel in die Zeit des beginnenden Imperialismus. Imperialismus bedeutet, dass ein Staat das Ziel verfolgt, seine Herrschaft zu einem Groß- oder Weltreich (lat. imperium) auszudehnen. Hatte bis zum Krimkrieg das europäische Gleichgewicht als Orientierungsrahmen die Außenpolitik bestimmt, so bestimmte nun die Konkurrenz der Weltmächte um die Kolonien die internationale Politik. Der Imperialismus schien den Industriestaaten neue Absatzmärkte für ihre Überproduktion, billige Rohstoffe für die Weiterverarbeitung und Siedlungsgebiete für die Übervölkerung, also weiteres und höheres Wirtschaftswachstum zu eröffnen. Der Imperialismus gründete damit in der wirtschaftlichen Überlegenheit der Industriestaaten, war aber auch durch nationale und rassistische Überlegenheitsgefühle motiviert. Wilhelm II. trat im Gegensatz zu Bismarck mit Entschiedenheit für eine deutsche Weltmachtpolitik ein, beanspruchte die Gleichstellung mit imperialistischen Nationen wie England, Frankreich, Russland und den USA und forderte für Deutschland „einen Platz an der Sonne". Er fand

Nationalismus und Liberalismus 2

darin die Unterstützung des Bürgertums und imperialistischer Vereine wie der Deutschen Kolonialgesellschaft von 1887 (vorher Kolonialverein), des Alldeutschen Verbandes von 1891 oder des Flottenvereins von 1898. Genau diese Weltmachtpolitik verhinderte aber ein Gelingen der neuen Außenpolitik, die ein Bündnis mit England gegen Frankreich und Russland zum Ziel hatte.

Selbstisolierung des Reiches
Wilhelm gab Caprivis Rat nach, den Rückversicherungsvertrag mit Russland nicht zu verlängern (M 69), obwohl Russland sein lebhaftes Interesse an der Vertragserneuerung bekundete und zu allen Zugeständnissen bereit war. Da Deutschland sich gleichzeitig beeilte, mit England das ostafrikanische Sansibar gegen Helgoland zu tauschen, obwohl in Deutschland wie in England dieser Vorgang heftigst kritisiert wurde, so entstand in Russland der Eindruck, Deutschland habe sich gegen Russland und für England entschieden. Deshalb gab die russische Regierung der öffentlichen Meinung nach und näherte sich Frankreich an, mit dem es 1892 eine Militärkonvention und 1894 ein Bündnis zur Waffenhilfe bei einem deutschen Angriff schloss. Das französisch-russische Verteidigungsbündnis befreite Frankreich nach zwei Jahrzehnten aus seiner Isolierung und führte für Deutschland jene Zweifrontenlage herbei, welche Bismarck hatte vermeiden wollen.

Ein von Wilhelm gewünschtes Bündnis mit England kam indes nicht zustande, weil sich Kräfte in der deutschen Regierung durchsetzten, die in der Kolonialpolitik 1894 den Konflikt mit England aufnahmen (Samoa, Kap-Kairo-Bahn, Transvaalbahn). Auch in den Folgejahren verhinderten diplomatische Ungeschicklichkeiten (Krüger-Depesche 1896) und Konflikte aus Wirtschaftsinteressen (Bagdadbahn 1898, 1902) Bündnisverhandlungen. England zeigte kein Interesse, in den Dreibund einzutreten; es erneuerte 1897 auch das Mittelmeerabkommen nicht mehr.

Um nun England zu einem Beitritt zum Dreibund zu zwingen und damit zu einem Verteidigungsbündnis gegen Frankreich und Russland, legte Großadmiral von Tirpitz 1898 den Plan vor, eine deutsche Kriegsflotte von solcher Stärke aufzubauen, dass sie für England zu einem Kriegsrisiko werde (M 70). Die deutsche „Risikoflotte" sollte zwei Drittel der englischen Stärke erreichen. Kaiser, Großindustrie, imperialistische Vereine und Reichstagsmehrheit unterstützten den Plan, der zu den Vorstellungen von einer deutschen Weltmacht passte. England freilich erblickte im energischen deutschen Flottenbau einen Angriff auf seine Seeherrschaft. Als sein Angebot eines begrenzten Abkommens mit Deutschland auf das Misstrauen des Kaisers stieß, veränderte England seine Außenpolitik grundlegend.

Neues europäisches Bündnissystem
Nachdem England 1902 mit Japan ein Bündnis gegen Russlands Marsch zum Stillen Ozean eingegangen war, näherte es sich Frankreich an. Es stellte seine Interessen in Nordafrika hintan und erklärte 1904 sein herzliches Einvernehmen mit Frankreich. Im Rahmen dieser Entente cordiale, die kein Bündnis, aber eine diplomatisch bedeutsame Plattform war, erkannte England Frankreichs Zugriff auf Marokko an. Als nach Russlands Niederlage gegen Japan (Seeschlacht bei Tsushima 1905) 1907 ein englisch-russischer Interessenausgleich zustande kam, war Bismarcks Albtraum der feindlichen Koalitionen Wirklichkeit geworden (M 71): Der Dreibund Deutschland–Österreich/Ungarn–Italien stand gegen das Bündnis Frankreich–Russland–England.

2 Nationalismus und Liberalismus

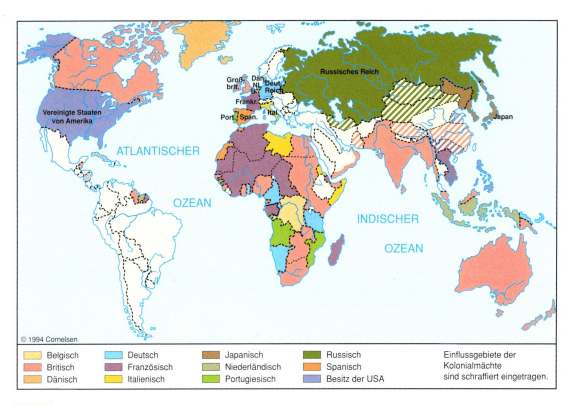

M68 Die Aufteilung der Welt im Zeitalter des Imperialismus bis 1914

M69 Reichskanzler Caprivi zur Nichtverlängerung des Rückversicherungsvertrages mit Russland vom 22. Mai 1890

Italien wird nicht berücksichtigt. Dies und das Verhalten Russlands auf der Brüsseler Konferenz rechtfertigt den Schluss: Man will den Dreibund sprengen und mit Italien auch England uns entfremden.
Wäre diese Folgerung falsch, wollte Russland in der Tat nur den Frieden, so bedürfte es eines Bündnisses nicht, denn eine Störung des Friedens hätte die Welt zurzeit nur von Russland zu erwarten; eine „bulgarische Gefahr" liegt nicht vor, wenn Russland nicht will. […] Die übrigen Andeutungen […] laufen alle auf geheime Abmachungen, sei es in Form eines Vertrages, Notenaustausches oder Briefwechsels der Monarchen, hinaus. Solches Geheimnis aber legte eine Mine unter den jetzigen Dreibund, die Russland alle Tage zünden kann.
Eine Annäherung Deutschlands an Russland also würde unsere Verbündeten nur entfremden, England schädigen und unserer eigenen Bevölkerung, die sich in den Gedanken des Dreibundes immer mehr eingelebt hat, unverständlich und unsympathisch sein. […] Russland selbst hat früher durch die öffentliche Meinung sowohl als durch den Mund des Fürsten Gortschakow jeden Zweifel darüber beseitigt, dass es von Bündnissen wenig hält. Aber wie Herr von Schweinitz sich treffend ausdrückt: Russland sieht jetzt einen Zustand zu Ende gehen, welcher ihm Sicherheit gewährte, ohne ihm Opfer aufzuerlegen.
Was aber die Möglichkeit angeht, dass Russland die Anlehnung, die es bei uns nicht findet, anderswo suchen könnte, so kommen hierfür nur Frankreich und England in Betracht. Für den Schritt, den Russland jetzt vorzuhaben scheint und den es sicherlich tun möchte, ohne einen allgemeinen Krieg herbeizuführen, ist die französische Allianz ihm wertlos, solange die englische Mittelmeerflotte dazwischentreten kann. Durch eine englische Allianz würde Russland das, was es von uns kostenfrei zu erhalten wünscht, nur durch Opfer an andern Stellen (Asien?) gewinnen können und seine Beziehungen zu Frankreich voraussichtlich lockern. Eine Allianz aber, die England mit Frankreich umschlösse, ist der englischen Interessen im Mittelmeer wegen durchaus unwahrscheinlich.

J. Hohlfeld (Hg.), Dokumente der deutschen Politik und Geschichte von 1848 bis zur Gegenwart, Bd. 2, Wendler, Berlin 1952, S. 5 f.

1 Stellen Sie Caprivis Argumente zu seiner Ablehnung des Rückversicherungsvertrages zusammen.

Nationalismus und Liberalismus 2

M70 Aus den Stichpunkten des Admirals von Tirpitz zu einem Vortrag beim Kaiser vom 28. September 1899

7. Ziel in 2 Etappen zu erreichen.
Erste Etappe. III. Geschwader, Auslandsschiffe und Tross. Modernisierung des alten Materials, exl. Ersatzbauten Badenklasse pp.
8. Zweite Etappe. Ersatz Siegfriedklasse durch Linienschiffe.
9. Sobald Ziel erreicht ist, haben Euer Majestät eine effektive Macht von 45 Linienschiffen nebst komplettem Zubehör. So gewaltige Macht, dass nur noch England überlegen. Aber auch England gegenüber durch geografische Lage, Wehrsystem, Mobilmachung, Torpedoboote, taktische Ausbildung, planmäßigen organisatorischen Aufbau, einheitliche Führung durch den Monarchen haben wir zweifellos gute Chance.
Abgesehen von den für uns durchaus nicht aussichtslosen Kampfverhältnissen, wird England aus allgemein politischen Gründen und von rein nüchternem Standpunkt des Geschäftsmannes aus jede Neigung, uns anzugreifen, verloren haben und infolgedessen Euer Majestät ein solches Maß von Seegeltung zugestehen und Euer Majestät ermöglichen, eine große überseeische Politik zu führen.
10. [...] 4 Weltmächte. Russland, England, Amerika und Deutschland. Weil 2 dieser Weltmächte nur über See erreichbar, so Staatsmacht zur See in den Vordergrund.
Ausspruch Salisbury: Die großen Staaten werden größer und stärker, die kleinen kleiner und schwächer, auch meine Ansicht. Entsprechend moderner Entwicklung, Trustsystem. Da Deutschland in Bezug auf Seemacht besonders zurückgeblieben, so Lebensfrage für Deutschland als Weltmacht und großer Kulturstaat, das Versäumte nachzuholen. Sowohl, um die Seemacht im engeren Sinne (Flotte) schaffen und erhalten zu können, als auch, weil es Macht an sich bedeutet, muss Deutschland seine Bevölkerung deutsch erhalten und sich weiter zum Weltindustrie- und Handelsstaat ausbilden. In Letzterem liegt augenblicklich das stärkste Mittel, den Überschuss seiner Bevölkerung deutsch zu erhalten. [...]
Seine Majestät erklärten Sich mit dem entwickelten Standpunkt einverstanden und ermächtigten mich, in diesem Sinne vorzugehen.

M. Behnen (Hg.), Quellen zur deutschen Außenpolitik im Zeitalter des Imperialismus 1890–1911, Wissenschaftliche Buchgesellschaft, Darmstadt 1977, S. 222 ff.

1 Stellen Sie Umfang und Ziel der Flottenpolitik dar.
2 Erläutern Sie, weshalb von Tirpitz die deutsche Seemacht als „Lebensfrage" Deutschlands ansieht.
3 Erörtern Sie die Motive von Reichstags- und Bevölkerungsmehrheit, das Flottenprogramm zu unterstützen.

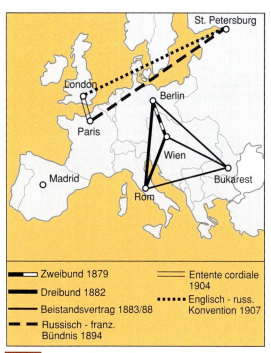

M71 Europäisches Bündnissystem vor dem Ersten Weltkrieg

2 Nationalismus und Liberalismus

3.3 Entstehung und Ausbruch des Ersten Weltkrieges

Marokkokrisen 1906/11 Die Veränderung im europäischen Kräftespiel durch die Entente cordiale (s. S. 141) zeigte sich erstmals in der Marokkofrage. Aufgrund der Einigung mit England begann Frankreich mit der Okkupation Marokkos. Dagegen beharrte Deutschland auf der Einhaltung eines Abkommens von 1880, das die Unabhängigkeit Marokkos zusicherte. Es setzte eine Konferenz über die Marokko-Verträge durch, die 1906 in Algeciras stattfand, aber lediglich **Deutschlands Isolierung** zeigte: Nur Österreich-Ungarn und Marokko unterstützten die deutsche Position. England und Frankreich schlossen ein Militärbündnis. Als Deutschland sich 1911 bereit zeigte, gegen Abtretung des französischen Kongo die Erwerbung Marokkos durch Frankreich anzuerkennen, festigte es durch seine Drohung mit einem Kanonenboot vor Marokkos Küste („Panthersprung nach Agadir") das englisch-französische Bündnis.

Spannungen in der Donaumonarchie Neben dem imperialen Expansionsdrang der Großmächte und den polarisierenden Bündnissystemen bildeten die **nationalstaatlichen Bewegungen** vor allem auf dem Balkan die Hauptursachen für den Ersten Weltkrieg. Von den nationalen Spannungen war vor allem die Donaumonarchie betroffen.
Mit dem Wiener Kongress war die habsburgische Monarchie 1815 aus Deutschland hinausgewachsen. In diesem **Vielvölkerstaat** hielt die deutsche Minderheit die politische Führung, sah sich aber seit 1848 den Selbstständigkeitsbestrebungen der Polen, Tschechen, Ungarn und Italiener gegenüber. Mit dem Zerbrechen des Deutschen Bundes 1866 mussten die Deutschösterreicher Konsequenzen aus ihrer Minderheitenposition ziehen. Mit der Reichsreform von 1867 wurde die **Doppelmonarchie** begründet. Eine deutsche und eine ungarische Reichshälfte wurden von der Personalunion des österreichischen Kaisers und des ungarischen Königs zusammengehalten (kaiserliche und königliche Monarchie: k. u. k.). Nach der Jahrhundertwende bahnte sich eine Dreiteilung der Monarchie an, als 1905 die Tschechen als dritte dominierende Gruppe im Reich anerkannt wurden.
Andererseits entwickelte sich nun der offene Konflikt mit den südslawischen Völkern (M 72). Serbien war seit 1903 das Zentrum der großserbischen Bewegung. Mit Russlands Hilfe verfolgte es das Ziel, einen südslawischen Staat (ohne Bulgarien) außerhalb der Donaumonarchie zu bilden. Gegen diese Absichten hegte der österreichische Thronfolger Franz Ferdinand die Absicht, die Monarchie in einen deutschen, ungarischen und slawischen Teil zu gliedern. Dieser **Trialismus** hätte das Ende der großserbischen Pläne bedeutet.

Balkankriege 1912/13 Wie die meisten Krisen seit dem Krimkrieg hatte auch der Erste Weltkrieg mit der **Expansionspolitik** Österreich-Ungarns und Russlands auf dem **Balkan** zu tun, wo der Einfluss des Osmanischen Reiches, des „kranken Mannes am Bosporus", Stück für Stück demontiert wurde.
Obwohl der Dreibund (s. S. 141) mit der Türkei verbündet war, machten sich Österreich-Ungarn, Italien und Bulgarien die Schwäche der Türkei zunutze. Als die Türkei 1908 durch die **jungtürkische Revolution** erschüttert wurde, annektierte Österreich-Ungarn Bosnien und Herzegowina, die unter türkischer Oberhoheit standen. Angesichts von Deutschlands „Nibelungentreue" zu Österreich hatte Serbien mit seinen Einsprüchen hiergegen keine Chance. Italien eroberte 1911 die libysche Küste und besetzte Inseln vor der türkischen Küste (Dodekanes 1912). Bulgarien verbündete sich 1912 mit Serbien, Montenegro und Griechenland gegen die Türkei und warf die türkischen Streitkräfte bis Konstantinopel zurück.
Bei den Friedensverhandlungen verhinderte Österreich-Ungarn durch die Gründung Albaniens, dass Serbien Zugang zum Mittelmeer erhielt. So ging Serbien als Feind Österreich-Ungarns aus dem ersten Balkankrieg hervor. Im zweiten Balkankrieg 1913 versuchte Bulgarien, Serbien einen Teil der Siegesbeute abzujagen, wurde aber auch von Rumänien, Griechenland, Montenegro und der Türkei angegriffen und besiegt. Es verlor mehr, als es gewonnen hatte. Serbien hingegen konnte sein Gebiet verdoppeln. Insgesamt gingen **Serbien und Russland gestärkt** aus diesen Konflikten hervor, denn Serbien war Russlands Stellvertreter auf dem Balkan.

Nationalismus und Liberalismus 2

M72 Staaten auf dem Balkan 1913

Julikrise 1914 und Kriegserklärungen

Zu den Ursachen des Ersten Weltkrieges gehören nicht nur imperialistische Machtinteressen, Wettrüsten, feindliche Bündnissysteme und aggressive Nationalbewegungen, sondern auch eine allgemeine Kriegsbereitschaft und schwere Fehler verantwortlicher Politiker. Der Mord am österreichischen Thronfolger Franz Ferdinand am 28. Juni 1914 im bosnischen Sarajewo durch den Angehörigen einer großserbischen Geheimorganisation hätte nicht mit Notwendigkeit den Krieg zur Folge haben müssen.

Österreich-Ungarn wollte den Mord an seinem Thronfolger zum Anlass nehmen, Serbien, das die verantwortliche Geheimorganisation geduldet hatte, mit kriegerischen Mitteln auszuschalten. Weil aber hinter Serbien die Schutzmacht Russland stand, musste es ein russisches Eingreifen zu verhindern suchen. Das schien nur durch ein gemeinsames Vorgehen mit Deutschland möglich. Eine entsprechende Anfrage beantwortete das Deutsche Reich am 5. Juli mit dem sogenannten Blankoscheck, einer Zusicherung eines gemeinsamen Vorgehens auch für den Angriffsfall, der vom Zweibund (s. S. 141) nicht gedeckt war: Das Defensivbündnis wurde ohne Not zum Offensivbündnis erweitert (M74). Ermutigt durch die deutsche Zusage, stellte Österreich-Ungarn Serbien ein Ultimatum zur Bestrafung der Mörder Franz Ferdinands. Unter dem Eindruck der Zusicherung der französischen Bündnistreue (Frankreichs Blankoscheck) beschloss nun Russland, Serbien zu unterstützen. Obwohl Serbien das Ultimatum bis auf eine Nebensache akzeptierte, erklärte Österreich-Ungarn ihm am 28. Juli den Krieg. Tags darauf ordnete Russland die Mobilmachung gegen Österreich-Ungarn an. Weil Kaiser Wilhelm die russische Mobilmachung als Bedrohung Deutschlands empfand, stellte er Russland das Ultimatum, diese zurückzunehmen, und an Frankreich das Ultimatum, in einem deutsch-russischen Konflikt neutral zu bleiben. Als beide erfolglos blieben, erklärte Deutschland am 1. August Russland und am 3. August Frankreich den Krieg.

In diesem Zweifrontenkrieg galt für die deutsche Oberste Heeresleitung (OHL) der Schlieffenplan, der eine rasche Niederwerfung Frankreichs durch einen Vormarsch über Belgien vorsah, ehe ein russischer Angriff abgewehrt werden sollte. Als England erfolglos die Wahrung der belgischen Neutralität forderte, war Deutschland am 4. August auch mit England im Kriegszustand. Die Bündnisverpflichtungen weiteten diesen Konflikt zum Weltkrieg aus.

2 Nationalismus und Liberalismus

M 73 „Deutschland im europäischen Gleichgewicht". Die Postkarte von 1914 zeigt Personen, die jeweils ein Land vertreten: auf der linken Waagschale Österreich und Deutschland, auf der rechten Frankreich, England, Russland und Belgien, Japan und China (beide hängend), auf dem Balken Serbien, in der Mitte Türkei, USA und Italien.

1 Beschreiben Sie die Postkarte und deren Aussageabsicht und vergleichen Sie die Einschätzung des europäischen Kräfteverhältnisses mit den Informationen des Darstellungstextes.

Kriegsziele

Die heute kaum nachvollziehbare Kriegsbereitschaft der Regierungen, die sich in einer allgemeinen Kriegsbegeisterung der Massen in Europa spiegelte, hing damit zusammen, dass nun zum Teil lang gehegte Pläne realisierbar schienen. Für Frankreich bot der Krieg die Gelegenheit, Elsass-Lothringen zurückzubekommen, das Saarland hinzuzugewinnen und Einfluss auf das linke Rheinufer zu erhalten. Russland ließ sich von der Entente (s. S. 141) seinen seit Jahrzehnten gewünschten Einfluss auf dem Balkan und die Meerengen zusichern. England wollte seine Seeherrschaft wiederherstellen und die deutschen Kolonien übernehmen, während Österreich-Ungarn den Krieg zur Befriedung seiner Nationalitätenkonflikte und zur Annexion Serbiens, Montenegros und Rumäniens zu nutzen gedachte.
Nachdem die Reichsregierung unter von Bethmann Hollweg sich angesichts des angeschlagenen Zweibunds entschlossen hatte, zur Sicherung der deutschen Großmachtstellung auch einen Krieg in Kauf zu nehmen, tat das Reich den Schritt vom kalkulierten Risiko der Konfliktverschärfung zum Präventivkrieg, um sich in der Zweifrontenlage militärische Vorteile vor allem gegenüber Russland zu verschaffen. Begonnen ohne Gebietserweiterungsabsichten, führten die Anfangserfolge bald zur Ausweitung der Kriegsziele. Die deutsche Halbhegemonie in der Mitte Europas sollte nach den Vorstellungen der Militärs im Septemberprogramm durch einen Vasallenstatus von Belgien und Polen für immer gesichert und die Kolonien vermehrt werden.
Alle Krieg führenden Mächte sahen in ihren Kriegszielen die Bedingungen für einen dauerhaften Frieden, sodass die Absichten, die die einzelnen Staaten mit dem Krieg verbanden, sich als die eigentlichen Hindernisse auf einem Weg zu Waffenstillstand und Frieden erwiesen.

Nationalismus und Liberalismus 2

M74 Das Problem des deutschen „Blankoschecks" für Österreich-Ungarn

a) Aus dem Handschreiben Kaiser Franz Josephs an Kaiser Wilhelm vom 2. Juli 1914, in Berlin überreicht am 5. Juli 1914

Das gegen meinen Neffen verübte Attentat ist die direkte Folge der von den russischen und serbischen Panslawisten betriebenen Agitation, deren einziges Ziel die Schwächung des Dreibundes und die Zertrümmerung meines Reiches ist.

Nach allen bisherigen Erhebungen hat es sich in Sarajewo nicht um die Bluttat eines Einzelnen, sondern um ein wohlorganisiertes Komplott gehandelt, dessen Fäden nach Belgrad reichen, und wenn es auch vermutlich unmöglich sein wird, die Komplizität der serbischen Regierung nachzuweisen, so kann man wohl nicht im Zweifel darüber sein, dass ihre auf die Vereinigung aller Südslawen unter serbischer Flagge gerichtete Politik solche Verbrechen fördert und dass die Andauer dieses Zustandes eine dauernde Gefahr für mein Haus und für meine Länder bildet.

J. Hohlfeld (Hg.), Dokumente der deutschen Politik und Geschichte von 1848 bis zur Gegenwart, Bd. 2, Wendler, Berlin 1952, S. 276 ff.

1 Fassen Sie die Ansicht des österreichischen Kaisers (M 74 a) von den Hintergründen des Attentats von Sarajewo zusammen.

b) Aus dem Handschreiben Kaiser Wilhelms an Kaiser Franz Joseph vom 14. Juli 1914 („Blankoscheck")

Durch Deinen […] Botschafter wird Dir meine Versicherung übermittelt worden sein, dass Du auch in den Stunden des Ernstes mich und mein Reich in vollem Einklang mit unserer altbewährten Freundschaft und unseren Bundespflichten treu an Eurer Seite finden wirst. Dir dies an dieser Stelle zu wiederholen ist mir eine freudige Pflicht.

Die Grauen erregende Freveltat von Sarajewo hat ein grelles Schlaglicht auf das unheilvolle Treiben wahnwitziger Fanatiker und die den staatlichen Bau bedrohende panslawistische Hetzarbeit geworfen. […]

Ich erachte es […] nicht nur für eine moralische Pflicht aller Kulturstaaten, sondern als ein Gebot für ihre Selbsterhaltung, der Propaganda der Tat, die sich vornehmlich das feste Gefüge der Monarchien als Angriffsobjekt aussieht, mit allen Machtmitteln entgegenzutreten. Ich verschließe mich auch nicht der ernsten Gefahr, die Deinen Ländern und in der Folgewirkung dem Dreibund aus der von russischen und serbischen Panslawisten betriebenen Agitation droht, und erkenne die Notwendigkeit, die südlichen Grenzen Deiner Staaten von diesem schweren Druck zu befreien.

J. Hohlfeld (Hg.), Dokumente der deutschen Politik und Geschichte von 1848 bis zur Gegenwart, Bd. 2, Wendler, Berlin 1952, S. 278 ff.

1 Benennen Sie die Kernaussage dieses Briefes.
2 Erläutern Sie den Sinn der Vorgehensweise des deutschen Kaisers und die möglichen Folgen seiner Zusagen.
3 Erläutern Sie, inwiefern man bei diesem Brief (M 74 b) von einem „Blankoscheck" sprechen kann.

c) Aus dem Bericht des deutschen Botschafters in Wien an den Reichskanzler vom 14. Juli 1914

Graf Tisza suchte mich heute nach seiner Besprechung mit Graf Berchtold[1] auf. Der Graf sagte, er sei bisher stets derjenige gewesen, der zur Vorsicht ermahnt habe, aber jeder Tag habe ihn nach der Richtung hin mehr bestärkt, dass die Monarchie zu einem energischen Entschlusse kommen müsse[2], um ihre Lebenskraft zu beweisen und den unhaltbaren Zuständen im Südosten ein Ende zu machen. Die Sprache der serbischen Presse und der serbischen Diplomaten sei in ihrer Anmaßung geradezu unerträglich. […]
Glücklicherweise herrsche jetzt unter den hier maßgebenden Persönlichkeiten volles Einvernehmen und Entschlossenheit. S. M. Kaiser Franz Joseph beurteile […] die Lage sehr ruhig und werde sicher bis zum letzten Ende durchhalten. Graf Tisza fügte hinzu, die bedingungslose Stellungnahme Deutschlands an der Seite der Monarchie sei entschieden für die feste Haltung des Kaisers von großem Einfluss gewesen.

G. Schönbrunn (Hg.), Weltkriege und Revolutionen 1914–1945, bsv, München ³1979, S. 16

1 österreichisch-ungarischer Diplomat und Außenminister
2 Randbemerkung des Kaisers: unbedingt!

1 Beschreiben Sie die Stimmung in der österreichischen Regierung und die Wirkung des deutschen „Blankoschecks" (M 74 c). Welches Vorgehen Österreichs ist aufgrund dieses Berichtes zu erwarten gewesen?

145

Methode

Interpretation schriftlicher Quellen II: Quellenkritik

Unerlässliche Voraussetzung für den Historiker bei der Arbeit mit schriftlichen Quellen ist die Korrektheit des Textes, die Sicherheit seiner Herkunft sowie die Zuverlässigkeit seines Inhaltes, kurz die Frage der Quellenkritik. Die Beschäftigung mit der Zuverlässigkeit der Überlieferung und die Beseitigung aller Zweifel über die Autorenschaft eines Textes nennt man **äußere Quellenkritik**. Dabei sollten auf jeden Fall Entstehungszeit und -anlass, Autorenschaft, Vorarbeiten und Informanten geklärt werden. Unter **innerer Quellenkritik** verstehen die Historiker die Analyse der inhaltlichen Zuverlässigkeit, des Aussagewertes einer Quelle. Hier ist die Vertrautheit mit den allgemeinen Verhältnissen einer Zeit und dem Autor unabdingbar. Der Aussagewert einer Quelle lässt sich ermitteln sowohl durch den Vergleich mit anderen Quellen, Institutionen, Vorgängen der Zeit, aus der sie stammt, als auch durch Kenntnisse der Biografie, der sozialen Position, des politischen Standorts und des Verhältnisses zu den wichtigsten Bezugspersonen des Autors. Nur so können Fehleinschätzungen und Irrtümer vermieden, Auslassungen und Zusätze erkannt werden.

Kein Forscher kann alles selbst erforschen. Er muss sich in vielem auf die Arbeiten anderer Historiker stützen. Dabei verwendet er Ergebnisse, indem er sie teilweise übernimmt, korrigiert, zurückweist oder weiterführt. Insofern tritt neben die Arbeit mit Quellen die Arbeit mit Darstellungen, in denen Historiker und Historikerinnen ihre Quellenforschungen sowie ihre Ergebnisse und Deutungen der Vergangenheit veröffentlichen oder in denen sie den fachlichen Kenntnis- und Problemstand ergebnisorientiert zusammenfassen. Nicht nur zusätzliche Quellen, sondern auch diese **Sekundärliteratur** bietet ebenfalls wichtiges Material zur Überprüfung von schriftlichen Zeugnissen. Dabei sollte jedoch stets darauf geachtet werden, dass sie den neuesten Stand der historischen Forschung wiedergibt.

Arbeitsschritte bei der Quellenkritik

1. **Formale Merkmale**
   - Wer ist der Verfasser?
   - Was für eine Persönlichkeit ist der Autor?
   - Welche politische, öffentliche oder gesellschaftliche Stellung hatte der Verfasser?
   - Wann und aus welchem Anlass ist der Text entstanden oder veröffentlicht worden?
   - Wo und unter welchen Umständen ist der Text entstanden oder veröffentlicht worden?
   - Mit welchem Inhalt beschäftigt sich der Text?
   - An wen wendet sich der Text?

2. **Textinhalt**
   - Welche Form besitzt der Text (z. B. Gedicht, Gesetz, öffentliche Rede)?
   - In welcher Sprache und Begrifflichkeit ist der Text abgefasst?
   - Warum hat der Autor eine bestimmte Sprache oder Form gewählt?
   - Welche Bedeutung besitzen bestimmte Formelemente des Textes?

3. **Historischer Kontext**
   - Auf welches Ereignis bzw. auf welche historische Epoche bezieht sich der Text?
   - Auf welchen Konflikt spielt der Text an?
   - In welchem Verhältnis steht der Autor eines Textes zu dem thematisierten Geschehen?
   - In welchem Verhältnis stehen die Verfasser von Texten zueinander?
   - Auf welcher Weltanschauung beruht der Text?
   - Auf der Grundlage welcher Werte und Normen beurteilt der Text die historische Wirklichkeit?

4. **Aussageabsicht**
   - Welches Ziel verfolgt der Autor bzw. Verfasser?
   - Aus welcher Perspektive ist der Text geschrieben?
   - Welche Interessen vertritt der Verfasser?
   - Wem nützen die Aussagen des Textes, wem geben sie zu nützen vor?
   - Was verschleiert der Autor, was hätte er wissen können?
   - Welche vermutlichen Wirkungen sollte der Text bei den Zeitgenossen erzielen?
   - Welche tatsächliche Wirkung hat der Text bei Zeitgenossen oder anderen Lesern erreicht?

5. **Fazit**
   - Welche Gesamtaussage lässt sich formulieren?
   - Wie bewertet die Geschichtswissenschaft die Quelle? Gibt es möglicherweise abweichende Meinungen?

Methode

M 75 Aus dem sogenannten Septemberprogramm (1914)

Die „vorläufige Aufzeichnung über die Richtlinien unserer Politik beim Friedensschluss" von Reichskanzler von Bethmann Hollweg vom 9. September 1914 (Auszug):
Sicherung des Deutschen Reiches nach West und Ost auf erdenkliche Zeit. Zu diesem Zweck muss Frankreich so geschwächt werden, dass es als Großmacht nicht neu erstehen kann, Russland von der deutschen Grenze nach Möglichkeit abgedrängt und seine Herrschaft über die nicht russischen Vasallenvölker gebrochen werden. […]
1. Frankreich. Von den militärischen Stellen zu beurteilen, ob die Abtretung von Belfort, des Westabhangs der Vogesen, die Schleifung der Festungen und die Abtretung des Küstenstrichs von Dünkirchen bis Boulogne zu fordern ist. In jedem Falle abzutreten, weil für die Erzgewinnung unserer Industrie nötig, das Erzbecken von Briey. Ferner eine in Raten zahlbare Kriegsentschädigung; sie muss so hoch sein, dass Frankreich nicht imstande ist, in den nächsten fünfzehn bis zwanzig Jahren erhebliche Mittel für Rüstung anzuwenden. Des Weiteren: ein Handelsvertrag, der Frankreich in wirtschaftliche Abhängigkeit von Deutschland bringt […].
2. Belgien. Angliederung von Lüttich und Verviers an Preußen, eines Grenzstriches der Provinz Luxemburg an Luxemburg. Zweifelhaft bleibt, ob Antwerpen mit einer Verbindung nach Lüttich gleichfalls zu annektieren ist. Gleichviel, jedenfalls muss Belgien, wenn es auch als Staat äußerlich bestehen bleibt, zu einem Vasallenstaat herabsinken […].
3. Luxemburg. Wird deutscher Bundesstaat und erhält einen Streifen aus der jetzt belgischen Provinz Luxemburg und eventuell die Ecke von Longwy.
4. Es ist zu erreichen die Gründung eines mitteleuropäischen Wirtschaftsverbandes durch gemeinsame Zollabmachungen, unter Einschluss von Frankreich, Belgien, Holland, Dänemark, Österreich-Ungarn, Polen (!) und eventuell Italien, Schweden und Norwegen. Dieser Verband, wohl ohne gemeinsame konstitutionelle Spitze, unter äußerlicher Gleichberechtigung seiner Mitglieder, aber tatsächlich unter deutscher Führung, muss die wirtschaftliche Vorherrschaft Deutschlands über Mitteleuropa stabilisieren.
5. Die Frage der kolonialen Erwerbungen, unter denen in erster Linie die Schaffung eines zusammenhängenden mittelafrikanischen Kolonialreichs anzustreben ist, desgleichen die Russland gegenüber zu erreichenden Ziele werden später geprüft.

Fritz Fischer, Der Griff nach der Weltmacht. Die Kriegszielpolitik des kaiserlichen Deutschland 1914/18, Droste, Düsseldorf 1961, S. 93 f.

M 76 Der Historiker Fritz Fischer 1961 zum Septemberprogramm

Der rückschauende Betrachter erkennt in dem Kriegszielprogramm des Kanzlers unschwer Objekte deutscher Wirtschaftsbestrebungen der Vorkriegszeit, wie z. B. die in Belgien, Luxemburg und Lothringen, die aber nunmehr durch die Mitteleuropakonzeption und eine antienglische Spitze gekennzeichnet waren.
Neben den wirtschaftlichen Momenten traten die strategischen und maritimen Ziele zurück, deren Verwirklichung endgültig den Ring um die „Festung Deutschland" sprengen sollte […].
Die Durchsetzung dieses Programms hatte eine vollständige Umwälzung der staatlichen und wirtschaftlichen Machtverhältnisse in Europa herbeigeführt. Die besondere Bedeutung des Septemberprogramms für die politische Willensbildung innerhalb Deutschlands im Ersten Weltkrieg lag in zwei Punkten. Einmal stellte das Programm keine isolierten Forderungen des Kanzlers dar, sondern repräsentierte Ideen führender Köpfe der Wirtschaft, Politik und des Militärs. Zum anderen waren […] die in dem Programm niedergelegten Richtlinien im Prinzip Grundlage der gesamten deutschen Kriegszielpolitik bis zum Ende des Krieges […].

Ebd., S. 94f.

M 77 Der Historiker K. D. Erdmann 1986

[Das Septemberprogramm] ist das Sammelbecken aller möglichen, nicht miteinander ausgeglichenen Vorstellungen über das bei einem plötzlichen Zusammenbruch Frankreichs vielleicht Erreichbare […].
Dieses Programm ist keineswegs Ausdruck eines Siegesbewusstseins. Nichts von Triumphgefühl und Eroberungsgeste bei Bethmann Hollweg in jenen ganzen Augustwochen des deutschen Voranstürmens. […]
Solche Gedanken, die auf einen Ausbau der Machtstellung Deutschlands zielen, tauchen bei Bethmann Hollweg aber bezeichnenderweise erst im Kriege auf […].
Der defensive Akzent ist der ursprüngliche: Als Garantie dagegen, dass sich in Zukunft nicht noch einmal Ost und West mit Aussicht auf Erfolg verbünden, ist es wünschenswert, dass das Reich mit seinen politischen, wirtschaftlichen und militärischen Sicherungen über die eigenen Grenzen hinausgreift.

Karl Dietrich Erdmann, Geschichte, Politik und Pädagogik, Bd. 2, Klett, Stuttgart 1986, S. 109

1 Nehmen Sie anhand der aufgezeigten Arbeitsschritte eine quellenkritische Einordnung der drei Texte M 75–M 77 vor.

Hinweise zur Lösung finden Sie auf S. 571.

2 Nationalismus und Liberalismus

3.4 Der Erste Weltkrieg: Die europäische Moderne in der Krise

Der Fortschrittsoptimismus des 19. Jahrhunderts

1886 hielt der Unternehmer Werner von Siemens vor 2700 Teilnehmern der Naturforscherversammlung eine Rede, die er mit den Worten beendete: „Und so, meine Herren, wollen wir uns nicht irremachen lassen in unserem Glauben, dass unsere Forschungs- und Erfindungstätigkeit die Menschheit höheren Kulturstufen zuführt, sie veredelt und idealen Bestrebungen zugänglicher macht, dass das hereinbrechende naturwissenschaftliche Zeitalter ihre Lebensnot, ihr Siechtum mindern, ihren Lebensgenuss erhöhen, sie besser, glücklicher und mit ihrem Geschick zufriedener machen wird". Dieser Fortschrittsoptimismus wurzelte einerseits in der Philosophie der Aufklärung mit ihren universalen Ideen der individuellen Freiheit, der Gleichheit und der Rationalität. Andererseits speiste er sich aus den wachsenden wissenschaftlichen Erkenntnissen, der technischen Beherrschung der Natur und einer zunehmenden Produktion von Gütern. Diese Erfahrungen ließen ein Bewusstsein entstehen, das den Glauben an die unbegrenzte Gestaltbarkeit der Natur sowie an die Veränderbarkeit der bis dahin als unumstößlich geltenden gesellschaftlichen Ordnungen förderte.

Die Katastrophe des Ersten Weltkrieges

Im Ersten Weltkrieg wurde dieser Fortschrittsoptimismus nachhaltig erschüttert. Noch im Sommer 1914 hatten die Menschen in St. Petersburg, Wien und Berlin, in Paris und London den Ausbruch des „Großen Krieges" jubelnd und mit den unterschiedlichsten Hoffnungen begrüßt. Aber bereits nach wenigen Wochen mussten sie erkennen, dass dieser Krieg ein bis dahin ungeahntes Ausmaß an Grausamkeit entfaltete.
Das 1863 von dem schweizerischen Geschäftsmann Henry Dunant (1828–1910) gegründete internationale Hilfswerk Rotes Kreuz, das rasch Anhänger in zahlreichen anderen Ländern fand, konnte das durch den Krieg hervorgerufene Leid und Elend allenfalls mildern. Durch zahlreiche Aktivitäten während des Ersten Weltkrieges im Rahmen des Sanitätsdienstes und der Truppenbetreuung gewann, schreibt der Historiker Winfried Mönch, „das Zeichen des Roten Kreuzes eine bis dahin nicht bekannte Allgegenwärtigkeit und Bekanntheit. Zur Ikone des Weltkrieges wurden die sich für die verwundeten Krieger aufopfernden Helferinnen, die in der Tracht der Roten Kreuzes ehrenamtlich wirkten." Zu den herausragenden und bleibenden Leistungen des Roten Kreuzes gehört die Verabschiedung der 1. Genfer Konvention im Jahre 1864. Mit dieser völkerrechtliche Vereinbarung, der im Laufe der Zeit fast alle Staaten der Welt beitraten, begann die Entwicklung eines humanitären Völkerrechts (s. S. 448 ff.). Seitdem wurden Personen, Sachen und Orte, die dem Sanitätswesen dienten, mit einem roten Kreuz – seit 1876/78 bzw. 1929 ist der rote Halbmond, den islamisch geprägte Länder nutzen, als gleichberechtigtes Schutzzeichen anerkannt – gekennzeichnet. Das Sanitätspersonal hatte sich um alle Verwundeten zu kümmern, ungeachtet ihrer Nationalität.
Doch konnten alle diese Bemühungen nicht verhindern, dass die Erfahrung der Katastrophe des Ersten Weltkrieges den Glauben an die Humanität des Menschen überhaupt infrage stellte (M 80). Außerdem zerstörte der Krieg die Hoffnungen, die viele Menschen in die Wissenschaft und die Industriezivilisation als Träger einer besseren, moderneren Welt gesetzt haben. Die Neuartigkeit des Krieges zeigte sich vor allem in vier Bereichen:
– Beide Kriegsparteien mobilisierten eine bis dahin unbekannte Anzahl von Soldaten für ihren Kampf und verwendeten dabei modernste Waffentechnik. Im Jahre 1914 gab es auf beiden Seiten etwa 10 Mio., später etwa 74 Mio. Soldaten, die eine gigantische „Kriegsmaschine" bedienten. Artillerie und Maschinengewehre, Schlachtkreuzer und Unterseeboote sowie die ersten Panzer und Bombenflugzeuge führten zu einer Vernichtung von Menschen und Material, die alle bisherigen Vorstellungen überstieg. Zu den besonders grausamen Kampfmitteln gehörte das erstmals 1915 eingesetzte Giftgas. Im Bewusstsein der Zeitgenossen machte es den tiefen Fall zivilisatorischer Werte deutlich.
– Der Erste Weltkrieg trug von Anfang an Züge eines totalen Krieges. Die Krieg führenden Nationen aktivierten jedes Mitglied ihrer Gesellschaften für den Kampf an Front und „Heimatfront", wodurch die Trennung von Militär- und Zivilbereich ins Wanken geriet. Im Verlaufe des Krieges wurde praktisch die gesamte männliche und weibliche Zivilbevölkerung in den Krieg einbezogen,

Nationalismus und Liberalismus 2

M 78 Louis Schmidt, Allgemeine Elektrizitäts-Gesellschaft Berlin, 1888, Plakat

sei es in den Rüstungsfabriken, sei es an den „normalen" Arbeitsplätzen, an denen Frauen die Männer ersetzten, die zum Militär einberufen wurden.
– „Der jetzige Krieg", notierte der französische Botschafter in St. Petersburg am 20. August 1914, „gehört nicht zu denjenigen, die durch einen politischen Vertrag beendet werden […]; es ist ein Krieg auf Leben und Tod, in welchem jeder Kämpfende seine nationale Existenz aufs Spiel setzt." Der Erste Weltkrieg bedeutete den Zusammenbruch des Staatensystems nicht nur deshalb, weil an ihm, wie hundert Jahre zuvor in den napoleonischen Kriegen, alle Großmächte beteiligt waren. Vielmehr empfanden und erlebten ihn alle beteiligten Staaten und Völker als einen existenziellen Überlebenskampf. Die Kriegsziele, wie unterschiedlich sie im Detail auch waren, liefen auf beiden Seiten auf eine Zerstörung der bisherigen internationalen Ordnung hinaus: Dem Deutschen Reich ging es nicht bloß um territoriale Gewinne, sondern um eine unangefochtene Hegemonie in Europa als Ausgangsstellung für die Erringung einer Weltmachtposition; die gegnerische Koalition wollte die europäische Großmachtstellung des Deutschen Reiches für immer zerstören, da es sich in ihren Augen als notorischer Friedensstörer erwiesen hatte. Das einzige Kriegsziel, das zählte, war also die vollständige Unterwerfung der feindlichen Nation.
– Zu Beginn des Krieges gab es in allen Ländern eine große Kriegsbegeisterung. Als sich jedoch der ursprünglich erwartete kurze Krieg in einen langen Krieg mit unabsehbarem Ende verwandelte, setzte auf allen Krieg führenden Seiten eine gezielte Kriegspropaganda ein. Sie versuchte der Bevölkerung einzuhämmern, dass es nicht bloß um politische Interessen gehe, sondern um kollektive nationale Wertesysteme: um das „Wesen" der eigenen Nation gegen das als bedrohlich empfundene Fremde, um Zivilisation gegen Barbarei, um Germanen gegen Slawen. Auf diese Weise hoffte man den „Durchhaltewillen" des eigenen Volkes zu stärken und den Kampfwillen der feindlichen Truppen und Zivilbevölkerung zu lähmen. Tatsächlich entwickelte dieser Kriegspatriotismus eine ungeheure Integrationskraft, der die Spannungen innerhalb der Völker verdeckte und gerade dadurch die Gräben zwischen den Nationen vertiefte. Seit den Religionskriegen des 16./17. Jahrhunderts war die Bevölkerung nicht mehr in solchem Maße in das Kriegsgeschehen als Kämpfende und Leidende einbezogen worden – und das bedeutete Mobilisierung, Nationalisierung, Fanatisierung in völlig neuen Dimensionen.

2 Nationalismus und Liberalismus

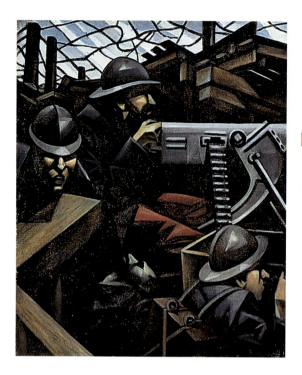

M79 Christopher R.W. Nevison, Das Maschinengewehr, 1915, Öl auf Leinwand

1 Diskutieren Sie die Abbildungen M78 und M79 im Hinblick auf die These vom Ende des Fortschrittsoptimismus (s. S. 149 f.).

Der gefährdete Friede

„Wie alles Gute ist der Krieg am Anfang halt schwer zu machen. Wenn er dann erst floriert, ist er auch zäh; dann schrecken die Leut' zurück vorm Frieden wie die Würfler vorm Aufhören, weil dann müssens zählen, was sie verloren haben." Der Schriftsteller Bertolt Brecht (1898–1956) legte diese Worte in einem seiner Theaterstücke einem Landsknecht aus dem Dreißigjährigen Krieg in den Mund. Aber sie beschreiben ebenso treffend den Ersten Weltkrieg und die anschließenden Bemühungen um einen stabilen Frieden zwischen den Völkern.

Zunächst gab es große Hoffnung auf eine friedlichere und bessere Welt, die noch während der Kriegshandlungen durch zwei Ereignisse genährt wurde: 1917 traten die Vereinigten Staaten von Amerika in den Krieg ein, und zwar auf Seiten der Entente, die Frankreich und Großbritannien (neben anderen) gegen die Mittelmächte Deutschland, Österreich-Ungarn und Bulgarien vereint hatte; die USA entschieden den Krieg auf diese Weise zugunsten der Franzosen und Briten. In diesem Zusammenhang formulierte der amerikanische Präsident **Woodrow T. Wilson** (1856–1924, Präsident 1913–1921) in einem **14-Punkte-Programm für den Weltfrieden** Ziele für die internationale Politik. Sie waren aus heutiger Sicht wegweisend, bedeuteten aber seinerzeit eine radikale Abkehr von den alten Prinzipien europäischer Großmachtpolitik. Er forderte nämlich die allgemeine Durchsetzung der liberalen Demokratie, die Achtung des Selbstbestimmungsrechts der Völker, die Schaffung eines Völkerbundes als Schiedsrichter zwischen den Nationen sowie Gerechtigkeit auch für die Kolonialvölker. Das zweite, für die internationale Politik bedeutsame Ereignis des Jahres 1917 war die **Revolution in Russland**, aus der die Kommunisten als Sieger hervorgingen. Zum ersten Mal gab es in der Welt einen sozialistischen Staat.

Die neue Sowjetmacht unter **Wladimir I. Lenin** (1870–1924) verkündete den sofortigen Rückzug aus dem Krieg, trat für einen Frieden aller Seiten ohne Gebietsabtretungen und Kriegsentschädigungen ein sowie für die Befreiung aller Kolonialvölker.

Die hochgesteckten Ziele von Präsident Wilson gerieten auf den **Friedensverhandlungen**, die die Siegermächte **1919** in Schloss **Versailles** bei Paris ohne Beteiligung Russlands aufgenommen hatten, rasch in den Hintergrund und dämpften die Hoffnungen. Denn die europäischen Siegerstaaten hielten an ihren nationalen und machtpolitischen Vorstellungen aus der Vorkriegszeit fest, wollten sich militärisch vor Deutschland schützen und drängten auf Reparationszahlungen. Mit den besiegten

Nationalismus und Liberalismus 2

Mächten wurde nicht verhandelt; ihnen wurden die Beschlüsse der Friedenskonferenz verkündet. Dieses Verfahren sowie die Höhe der Reparationen lösten besonders in Deutschland eine große Empörung aus, die innenpolitisch immer wieder mobilisiert werden konnte. Der Ruf nach Revision des Versailler „Schmach- und Diktatfriedens" entwickelte sich zur massenwirksamen Kampfparole und geriet zur schweren Hypothek für die junge Demokratie von Weimar.

Der **Völkerbund**, gegründet auf Anregung von Präsident Wilson, konnte die Praxis der internationalen Politik kaum beeinflussen. Sowohl den besiegten Mächten als auch dem kommunistischen Russland wurde der Zutritt zunächst verwehrt. Aus Enttäuschung über den ihrer Meinung nach falschen Friedensvertrag blieben ihm dann die USA fern – gegen den Willen Wilsons. Und der Zwang zur Einstimmigkeit machte den Bund praktisch hilflos und zu nichts mehr als einem Forum internationaler Diskussion.

Der **Nationalitätenstreit** war eine der Ursachen für den Ausbruch des Ersten Weltkrieges gewesen, hatten doch schon lange zuvor europäische Völker wie die Polen, Tschechen, Slowaken, Serben und Kroaten sowie die arabischen Völker im Osmanischen Reich nach nationaler Selbstbestimmung gestrebt. Um dem Nationalstaatsprinzip nun auch in diesen Teilen der Welt zum Durchbruch zu verhelfen, lösten die Siegermächte Österreich-Ungarn und das Osmanische Reich auf bzw. gliederten Teile aus dem alten russischen Reich aus und schufen völlig neue Staaten. Gleichwohl stieß der Grundsatz der Selbstbestimmung der Völker, der als neues Staaten bildendes und Frieden verbürgendes Ordnungsprinzip verkündet worden war, schnell an seine Grenzen. Denn in der Realität gab es überall nationale Gemengelagen. Zudem betrachteten viele Menschen in den neuen und alten Staaten die gesellschaftspolitischen Verfassungen und Grenzziehungen nicht als die ihren. Zum Beispiel fanden sich viele Deutsche nicht mit den neuen Grenzen zu Polen, zur Tschechoslowakei und zu Österreich ab. Die arabischen Völker wiederum erhielten das in Aussicht gestellte Selbstbestimmungsrecht dann doch wieder nicht und wurden unter britische und französische Verwaltung gestellt; im östlichen Mittelmeerraum entstanden auf diese Weise Konfliktherde, die bis in die Gegenwart hinein Anlass zu kriegerischen Auseinandersetzungen sind.

Wirtschaftlich betrachtet hatten alle europäischen Staaten – ganz im Gegensatz zu den USA – den Ersten Weltkrieg verloren. Und auch die **politische Vorherrschaft der Europäer in der Welt** war gebrochen. Hatten doch die europäischen Großmächte die Menschen in den Kolonien für ihren Krieg in Anspruch genommen und ihnen dafür das Versprechen größerer Selbstständigkeit gegeben. Da die Einlösung ausblieb, begann sich in den Kolonien Widerstand zu regen, der den langen Prozess der **Dekolonisierung** in Gang setzte.

Die Führungsrolle in der Weltpolitik übernahmen nach dem Ersten Weltkrieg die sogenannten **Flügelmächte USA und Sowjetunion**, die das gesamte 20. Jahrhundert hindurch die internationale Politik bestimmen sollten, bis zu den politischen Umbrüchen der Jahre 1989/91.

M 80 Über den Ersten Weltkrieg

Der Schriftsteller und Kriegsfreiwillige des Ersten Weltkrieges, Erich Maria Remarque (1898–1970), in seinem Roman „Im Westen nichts Neues" (1929):

Ich bin jung, ich bin zwanzig Jahre alt; aber ich kenne vom Leben nichts anderes als die Verzweiflung, den Tod, die Angst und die Verkettung sinnlosester Oberflächlichkeit mit einem Abgrund des Leidens. Ich sehe,
5 dass Völker gegeneinander getrieben werden und sich schweigend, unwissend, töricht, gehorsam, unschuldig töten. Ich sehe, dass die klügsten Gehirne der Welt Waffen und Worte erfinden, um das alles noch raffinierter und länger dauernd zu machen. Und mit mir
10 sehen das alle Menschen meines Alters hier und drüben, in der ganzen Welt, mit mir erlebt das meine Generation. Was werden unsere Väter tun, wenn wir einmal aufstehen und vor sie hintreten und Rechenschaft fordern? Was erwarten sie von uns, wenn eine Zeit kommt, wo kein Krieg ist? Jahre hindurch war unsere 15 Beschäftigung Töten – es war unser erster Beruf im Dasein. Unser Wissen vom Leben beschränkt sich auf den Tod. Was soll danach noch geschehen? Und was soll aus uns werden?

Erich M. Remarque, Im Westen nichts Neues, Kiepenheuer & Witsch, Köln 1976, S. 184

1 Erörtern Sie anhand der Biografie von Erich Maria Remarque die grundsätzlichen Folgen, die der Erste Weltkrieg in den Einstellungen und Haltungen vieler Menschen auslöste.

Grundwissen Deutschland im 19. Jh.

Zeittafel

1804 Das Bürgerliche Gesetzbuch in Frankreich, der Code civil (= Code Napoléon) sichert die bürgerlichen Freiheiten der Französischen Revolution.
1806 Nach der Auflösung des Heiligen Römischen Reiches gründen die deutschen Staaten im Süden und Westen den Rheinbund. Gegen die napoleonische Herrschaft formiert sich die deutsche Nationalbewegung.
1807 Preußen beginnt mit tief greifenden Reformen, die Wirtschaft und Gesellschaft liberalisieren und eine „Revolution von oben" bedeuten.
1813–15 Mit den Befreiungskriegen in Deutschland endet die Herrschaft Napoleons in Europa.
1815 Der Wiener Kongress beschließt die Gründung des Deutschen Bundes und leitet die Restauration der vorrevolutionären Herrschaftssysteme ein.
1818/19 Baden und Württemberg geben sich frühkonstitutionelle Verfassungen.
1819 Die Karlsbader Beschlüsse unterdrücken die nationale und liberale Bewegung.
1830 Die Julirevolution in Frankreich gibt der nationalliberalen Bewegung Auftrieb (1830–48: „Vormärz").

1832 Die Großdemonstration auf dem Hambacher Fest setzt sich für liberale, nationale und demokratische Ziele ein.
1834 Unter preußischer Führung wird der Deutsche Zollverein gegründet.

1848/49 Die große europäische Revolutionswelle beendet die Zeit „bürgerlicher Revolutionen". „Kooperation mit dem Staat" heißt nun die Reformstrategie des europäischen Bürgertums. In Deutschland scheitert eine liberal-demokratische Nationalstaatsgründung.
1866 Der Krieg zwischen Preußen und Österreich um Schleswig und Holstein besiegelt das Ende des Deutschen Bundes und führt zur Gründung des Norddeutschen Bundes unter Preußens Führung.
1870/71 Im Deutsch-Französischen Krieg siegt Deutschland.
1871 Das Deutsche Reich, der erste deutsche Nationalstaat, wird gegründet. Es war ein autoritärer Obrigkeits- und Machtstaat.

seit ca. 1870 In Deutschland bilden sich der moderne Antisemitismus und ein rechtskonservativer Reichsnationalismus heraus.
1871–1880 Im Kulturkampf bekämpft Bismarck den staatlichen Einfluss der katholischen Kirche.
1878–1890 Mit dem Sozialistengesetz bekämpft Bismarck die Sozialdemokratie.
1883–1889 Mit seiner Sozialgesetzgebung will Bismarck die Arbeiter integrieren.
nach 1890 Mit seiner Weltmachtpolitik beginnt Wilhelm II. (1888–1918) eine impulsive, imperiale Machtpolitik.
1914–1918 Der Erste Weltkrieg trägt Züge eines totalen Krieges.

Zentrale Begriffe

Liberalismus: Die Hauptziele dieser seit dem 18. Jh. bestehenden politischen Bewegung sind: Glaubens- und Meinungsfreiheit, Sicherung von Grundrechten des Bürgers gegen staatliche Eingriffe, Unabhängigkeit der Rechtsprechung (Gewaltenteilung), politische Partizipation der Staatsbürger.

Nationalismus: Politische Ideologie zur Integration von Großgruppen. Seine demokratische Spielart entstand in der Französischen Revolution. Die Anhänger kämpften für Menschen- und Bürgerrechte, für Selbstbestimmungsrecht und Volkssouveränität. Der integrale Nationalismus entstand Ende des 19. Jahrhunderts und lehnte die Gleichberechtigung der Nationen ab. Die Interessen der eigenen Nation wurden denen aller anderen Nationen übergeordnet. Dadurch erhielt diese Ausprägung des Nationalismus eine aggressive Komponente nach außen.

Imperialismus: Während der Phase des Hochimperialismus (1880/90–1914) Bezeichnung für ein ausgeprägtes politisches und wirtschaftliches Ausnutzungs- und Abhängigkeitsverhältnis zwischen fortgeschrittenen Industriestaaten und wenig entwickelten Ländern besonders in Afrika und Asien. Die Herrschaft kann formellen oder informellen Charakter besitzen.

Grundwissen Deutschland im 19. Jh.

Wiederholungsaufgaben: Inhalte – Zusammenhänge – Beurteilungen

1 Fertigen Sie eine Übersicht zur deutschen Nationalstaatsgründung im 19. Jahrhundert an. Untersuchen Sie dabei, welche Gruppen in den einzelnen Phasen dominierten. Analysieren Sie zudem die gesellschaftspolitischen Ziele dieser Gruppen.
2 Drei Probleme mussten in Deutschland während der Revolution von 1848/49 gelöst werden: die Staatenbildung nach dem Nationalstaatsprinzip, Demokratisierung des Herrschaftssystems und Neuordnung der Sozialverfassung. Erörtern Sie, ausgehend von dieser These, Ursachen, Verlauf und Folgen der Revolution 1848/49.
3 Erörtern Sie die These, dass der 1870/71 gegründete erste deutsche Nationalstaat ein autoritärer Obrigkeits- und Machtstaat war.
4 Arbeiten Sie die zentralen inneren Integrationsprobleme im kaiserlichen Deutschland heraus. Diskutieren Sie, ob und inwieweit die von der Regierung eingesetzten Mittel zur Lösung dieser Probleme geeignet waren und welche gesellschaftspolitischen Folgen der Einsatz dieser Instrumente hatte.
5 Charakterisieren Sie die deutsche Weltmachtpolitik unter Wilhelm II. und grenzen Sie diese von der Außenpolitik Bismarcks ab.
6 Der Historiker Volker R. Berghahn hat einmal folgende These vertreten: „Kurzum, die unmittelbaren Ursachen des Ersten Weltkrieges sind vor allem in Berlin und Wien und weitaus weniger in London, Paris oder St. Petersburg zu suchen." Analysieren Sie, ausgehend von dieser Interpretation, die Gründe für den Ausbruch des Ersten Weltkrieges. Unterscheiden Sie dabei zwischen (kurzfristigen) Anlässen und (langfristigen) Ursachen.
7 Der Erste Weltkrieg war ein „moderner" Krieg. Erläutern Sie diese These anhand von Beispielen.

M81 Vier Staatsformen, anonyme Karikatur, 1895

1 Beschreiben Sie die in der Karikatur symbolisierten Staatsformen und ordnen Sie sie begrifflich zu.
2 Erläutern Sie, welche Aussageabsicht der Karikaturist verfolgt.
3 Nehmen Sie zu der Charakterisierung der einzelnen Staatsformen Stellung. Welche Elemente der einzelnen Staatsform werden hervorgehoben?

Einführung

Chancen und Gefährdungen der deutschen Demokratie in der ersten Hälfte des 20. Jh.

„Das Problem der Freiheit"

Im September 1939, kurz nachdem das nationalsozialistische Deutschland den Zweiten Weltkrieg ausgelöst hatte, hielt der aus seiner deutschen Heimat ausgebürgerte Thomas Mann (1875–1955) eine Rede über „Das Problem der Freiheit". „Die gerechte und vernünftige Betonung des individuellen und des sozialen Elementes im Menschlichen, die Einschränkung des Politischen und Sozialen auf seinen natürlichen und notwendigen Anteil an Humanität, Kultur und Leben – das ist Freiheit", argumentierte der Schriftsteller. „Das Absolutwerden der Politik, ihre totale Diktatur über alles Menschliche, das ist der Untergang der Freiheit, Kultur vernichtend, für unsere Begriffe, so gut wie die Anarchie, und in dem Willen dazu finden sich Faschismus und Bolschewismus. Der Wesensgegensatz des Bolschewismus zu dem, was wir soziale Demokratie nennen, zu einer gewissenhaften Freiheit, ist heute nicht klar genug zu erfassen und nicht stark genug zu betonen. Ist es aber schon eine Lüge, die soziale Demokratie für eine Vorstufe des Bolschewismus auszugeben, so kommt der Betrug auf seinen Gipfel, wenn der Faschismus – und insbesondere der deutsche Nationalsozialismus – sich für den Schutz und das Bollwerk gegen den Bolschewismus ausgibt: ein Propagandabetrug, dem tatsächlich ein erheblicher Teil der bürgerlichen Welt mindestens zeitweise zum Opfer gefallen ist."

Für Thomas Mann hieß die politische Alternative des 20. Jahrhunderts nicht „Faschismus oder Bolschewismus", sondern „Demokratie oder Diktatur". Überzeugt davon, dass allein die **liberal-demokratischen** Verfassungsstaaten ihren Staatsbürgern individuelle und politische Freiheitsrechte garantierten, rief er seine Zeitgenossen zur Verteidigung der Demokratie gegen die Diktatur auf. Die Demokratie erschien erstens durch die **Kommunisten** bedroht, die mit der Oktoberrevolution im Jahr 1917 in Russland an die Macht gekommen waren. Entgegen ihrer Verheißung, jeglicher Klassenherrschaft ein Ende zu bereiten, habe die kommunistische Partei alle Macht im Staate an sich gezogen. Sie kontrolliere das gesamte gesellschaftliche Leben mit diktatorischen Mitteln und lasse das Individuum im „Gleichförmigen und Massenhaften" untergehen. Zu den Feinden der Demokratie zählte er zweitens die totalitären Diktaturen des italienischen Faschismus (1922–1945) und des deutschen Nationalsozialismus (1933–1945). Man könne absolut sicher sein, beschwor er seine Zuhörer, dass alle Werte, mit denen **Faschisten und Nationalsozialisten** ihre Herrschaft zu rechtfertigen versuchten, dass also „Motive wie Nation, Volk, Rasse, Selbstbestimmungsrecht, Sozialismus oder wie die gestohlenen Worte nun lauten immer nur Vorschützung und Mittel zum Zweck" gewesen seien – „bewusstes und im Stillen keineswegs ernst genommenes Propagandamittel der Verwirrung, Zersetzung und Zerstörung". In Wirklichkeit ziele die Herrschaft dieser Feinde der Demokratie auf die Vernichtung der moralischen Grundlagen der bürgerlichen Zivilisation und auf die Beseitigung der Freiheit des einzelnen Menschen, der sich willenlos in das Gesamtsystem einzufügen habe (M 2).

Weimarer Republik

Tatsächlich gehört die Gefährdung der modernen Demokratie durch totalitäre politisch-soziale Bewegungen zu den grundlegenden Erfahrungen des 20. Jahrhunderts. Die deutsche Geschichte bietet dafür reichlich Anschauungsmaterial. Bereits die Geschichte der Weimarer Republik (1919–1933) verdeutlicht eindrucksvoll, dass liberal-demokratische Verfassungsstaaten nicht immer stabile, fest gefügte Ordnungen, sondern auch umstritten und umkämpft sind. Eine gerechte historische Würdigung dieser Demokratie sollte zuerst deren Leistungen hervorheben: die demokratische Verfassung, den Ausbau des Sozialstaates durch die Arbeitslosenversicherung im Jahre 1927, die Einführung des Wahlrechtes für Frauen, die Verbesse-

Einführung

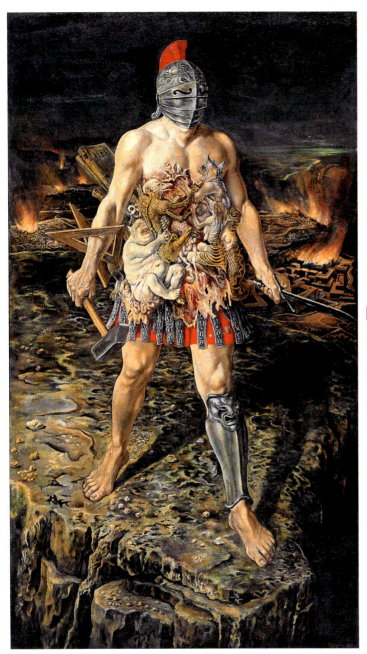

M1 Rudolf Schlichter, Blinde Macht, 1937, Öl auf Leinwand

1. Erläutern Sie den Titel des Bildes „Blinde Macht".
2. Erörtern Sie, welche Erfahrungen der ersten Hälfte des 20. Jahrhunderts der Maler Rudolf Schlichter zu seinem Bild angeregt haben könnten.

rung der Bildungschancen für Kinder und Jugendliche sowie die Anfänge des sozialen Wohnungsbaus. Doch weil die Folgen der nationalsozialistischen Diktatur so grauenvoll und umstürzend waren, haben Zeitgenossen und Historiker immer wieder nach Erklärungen dafür gesucht, warum es in weniger als 15 Jahren zur Zerstörung der Demokratie kommen konnte. Die Geschichtswissenschaft besteht heute darauf, dass das Scheitern dieser „Demokratie ohne Demokraten" bzw. „Republik ohne Republikaner" nicht auf eine einzige Ursache zurückgeführt werden dürfe. Vielmehr sei ein ganzes Bündel von Ursachen in den Blick zu nehmen: Hierzu zählen die Belastungen der jungen Republik durch die militärische Niederlage Deutschlands im Ersten Weltkrieg und das Erbe des Kaiserreiches ebenso wie die Staatsschulden aus den Kriegsanleihen, Gebietsabtretungen und Reparationszahlungen an die Siegermächte. Viele Zeitgenossen betrachteten den Versailler Vertrag als

Einführung

Demütigung und Niederhaltung der Deutschen. Aber auch die Inflation zu Beginn der Republik und die hohe Arbeitslosigkeit während der 1929 ausbrechenden Weltwirtschaftskrise haben das Vertrauen vieler Menschen in die Demokratie zerstört. Hinzu kam die Verdrossenheit über die vielen Parteien und die häufigen Regierungswechsel sowie die Enttäuschung über das Scheitern eines Ausgleiches zwischen Kapital und Arbeit. Wer den Aufstieg und das Scheitern der Weimarer Republik in ihrer ganzen Komplexität erfassen will, muss alle diese krisenhaften Erscheinungen der Zeit untersuchen. Und er muss vor diesem Hintergrund die Frage stellen, welche Handlungsspielräume und Möglichkeiten die Demokratie zu deren Bewältigung besaß. Aus dieser Sicht erscheint die Geschichte der Weimarer Republik als ein **Lehrstück für die Gefährdungen einer Demokratie in einer Epoche tief greifender krisenhafter Umbrüche.**

Nationalsozialismus Nachdem die Nationalsozialisten am 30. Januar 1933 in die Regierung berufen worden waren, verkündete ihr Propagandaminister Joseph Goebbels, dass sie eine „Nationale Revolution" durchsetzen wollten, mit der das Jahr 1789 aus der Geschichte gestrichen werde. Die NS-Diktatur machte Ernst mit diesem Programm und schaffte während ihrer Herrschaft die seit der Französischen Revolution mühsam erkämpften bürgerlich-liberalen Freiheitsrechte ab. Der nationalsozialistische Staat nahm den Bürgern jede Möglichkeit zur Beteiligung an politischen Entscheidungen wie auch zur Vertretung ihrer wirtschaftlichen und gesellschaftlichen Interessen. Er entmachtete den Reichstag, verbot alle politischen Parteien außer der Nationalsozialistischen Deutschen Arbeiterpartei (NSDAP), ließ freie Wahlen nicht mehr zu und beseitigte die Meinungs- und Koalitionsfreiheit. Die politische Entmündigung ging mit der zunehmenden Entrechtung der Staatsbürger einher. Rechtsstaatliche Normen und Regeln, wie die Gleichbehandlung der Menschen vor dem Gesetz oder eine unabhängige Rechtsprechung, wurden zunehmend ausgehöhlt. Die Polizei und besonders die Strafjustiz erhielten immer mehr Sondervollmachten, sodass staatlichen Willkürmaßnahmen Tür und Tor geöffnet wurde. Die von der NS-Propaganda verkündete „Nationale Revolution" gipfelte in einer bis dahin beispiellosen Entfesselung von Gewalt nach innen und außen: Die Nationalsozialisten brachen nicht nur den Zweiten Weltkrieg vom Zaun, der Millionen von Menschen das Leben kostete, sondern sie setzten auch ihre rassistische Vernichtungsideologie um, die in den **Völkermord an den Juden** mündete.

M2 Die Gefährdung der Demokratie durch den Totalitarismus

Der Historiker Karl D. Bracher schreibt über die Gemeinsamkeiten zwischen Kommunismus, Faschismus und Nationalsozialismus (1987)

Der Totalitarismus als Möglichkeit und Versuch, der gewiss nirgends völlig, aber doch so weit zu verwirklichen war, dass er normalen Bürgern die grausigsten Verbrechen zumuten konnte, zielte auf die Beseitigung
5 aller persönlichen, vorstaatlichen Freiheitsrechte und Auslöschung des Individuums. Aber zugleich erweckte er den Eindruck, dass er besser und effektiver als alle bisherigen Staats- und Gesellschaftsformen die wahre Bestimmung des Menschen, ja die wahre Demokratie
10 und den perfekten Wohlfahrtsstaat realisieren könne. Diese Verführungskraft war mit Mitteln moderner Technik, Propaganda und Kommunikation besser zu verwirklichen als je zuvor in der Geschichte. Der Totalitarismus war gerade in dieser Hinsicht „das poli-
15 tische Phänomen des 20. Jahrhunderts" (Gerhard Leibholz).

Bei allen Unterschieden zwischen Kommunismus, Faschismus und Nationalsozialismus zeigen sich in jedem Fall drei große charakteristische Tendenzen:
1. Die möglichst totale Herrschaftsverfügung einer 20 einzigen, umfassend organisierten Partei und ihrer Führung, die mit den Attributen der Unfehlbarkeit und dem Anspruch auf pseudoreligiöse Massenverehrung ausgestattet ist. Nach den Erfahrungen unseres Jahrhunderts kann sich die Machtergreifung einer solchen 25 totalitären Partei nicht nur in der gleichsam klassischen Weise über die revolutionäre Putschaktion einer militanten Minderheit (russische Oktoberrevolution 1917), sondern auch auf dem Weg der Aushöhlung, des Missbrauchs und der scheinrechtlichen Manipulation de- 30 mokratischer Institutionen (pseudolegale Machtergreifung des Nationalsozialismus 1933) vollziehen. Alle anderen Parteien und Gruppen, die das politische und gesellschaftliche Leben repräsentieren, werden in der Folge entweder durch Verbot und Terror vernichtet 35 oder durch Irreführung und Gewaltdrohung gleichgeschaltet, d. h. zu willenloser Scheinexistenz in Schein-

Einführung

wahlen und Scheinparlamenten erniedrigt wie in den kommunistischen „Volksdemokratien" mit den Einheitslisten der „Nationalen Front".

2. Der totale Einparteienstaat stützt sich dabei auf eine militante Ideologie, die gleichsam als „Ersatzreligion", als Heilslehre mit politischem Ausschließlichkeitsanspruch die Unterdrückung jeder Opposition und die totale „Ausrichtung" des Staatsbürgers sowohl historisch wie zukunftsutopisch zu begründen und zu rechtfertigen sucht. So verschieden geschichtlicher Hintergrund, politische Gestaltungsziele und ideologische Doktrin bzw. Gedankenführung der drei wichtigsten totalitären Systeme sind, so treffen sich russischer Bolschewismus, italienischer Faschismus und deutscher Nationalsozialismus doch in der Technik allgegenwärtiger Überwachung (Geheimpolizei), Verfolgung (Konzentrationslager) und massiver Beeinflussung bzw. Monopolisierung der öffentlichen Meinung. Die bedingungslose Zustimmung der Massen wird mit allen Mitteln moderner Propaganda- und Werbetechnik manipuliert; sie ist gemäß den Erkenntnissen der neueren Massenpsychologie auf die Erzeugung einer permanenten Kampfstimmung gegen einen absolut gesetzten Feind gerichtet, wobei sowohl die „positiven" Schutz- und Begeisterungsbedürfnisse wie die „negativen" Furcht- und Zwangsvorstellungen der Massen mobilisiert und zur Herrschaftsbefestigung eingesetzt werden. In überdimensionalen Kundgebungen und Aufmärschen findet das rigoros gelenkte Bewegungs-, Spannungs- und Unterhaltungsbedürfnis Befriedigung; die einseitige Organisierung aller Lebensbereiche vermittelt zugleich ein Gefühl der Geborgenheit, erzwingt die Unterwerfung des Einzelnen unter die „Gemeinschaft" des Kollektivs und ersetzt die rechtsstaatliche Legitimierung durch ein System der scheinlegalen Zustimmung. Mit dem Anspruch auf völlige Verfügung über Leben und Glauben seiner Bürger verneint der totale Staat jedes Recht auf Freiheit, jeden letzten Wert und Zweck neben sich selbst als der allein verbindlichen „Totalität aller Zwecke".

3. Ein wesentlicher Bestandteil der totalitären Herrschaftsideologie ist der Mythos von der höheren Effektivität eines solchen totalen Kommandostaates gegenüber dem komplizierten, durch mannigfache Kontrollen und Sicherungen eingeschränkten demokratischen Rechtsstaat. Die totalitäre Ideologie beruft sich dabei auf die Möglichkeiten wirtschaftlicher und sozialer Gesamtplanung (Vier- oder Fünfjahrespläne), auf die schnellere politische und militärische Reaktionsfähigkeit oder auf die Gleichschaltung politisch-administrativer Prozesse und die größere Stabilität diktaturförmiger Staatsführung. Dieser weit verbreiteten Auffassung entspricht die Wirklichkeit totalitärer Herrschaftspolitik jedoch nur sehr bedingt. Ständige Rivalitäten innerhalb der totalitären Partei und ihrer Führungsgremien, ein unlösbarer Dualismus zwischen Partei und Staat und die Willkürakte einer unkontrollierten, mit Kompetenzen überladenen Zentralinstanz wirken der Perfektion eines nach dem Vorbild militärischer Kommandostruktur gestalteten Befehlsstaates entgegen. In diesem Zwangssystem werden partielle Verbesserungen durch einen gewaltigen Verlust an Bewegungsfreiheit, rechtlicher Ordnung und menschlicher Substanz erkauft, ohne dass doch das vorgegebene Ideal vollkommener Sicherheit und Überschaubarkeit verwirklicht wird. Das Schicksal des Faschismus und des Nationalsozialismus und die Anpassungsschwierigkeiten des nachstalinschen Kommunismus lassen erkennen, dass totalitäre Herrschaftssysteme keineswegs höhere Krisenfestigkeit und wirksamere „Ordnung" verbürgen; ihre kontrollbezogene Zwangsordnung gestaltet vielmehr die Ausübung und das Ergebnis politischer Machtkonzentration auf die Dauer unendlich verlustreicher als die scheinbar schwerfälligeren Gewaltenteilungs- und Kompromissverfahren eines demokratischen Rechtsstaats.

Karl D. Bracher, Die Ausbreitung des Totalitarismus, in: ders., Die totalitäre Erfahrung, Piper Verlag, München 1987, S. 23–25

1 Skizzieren Sie nach Bracher die gemeinsamen Tendenzen von Kommunismus, Faschismus und Nationalsozialismus.

2 Erläutern Sie davon ausgehend Brachers Totalitarismus-Begriff.

Literaturhinweis

Edgar Wolfrum (Hg.), Die Deutschen im 20. Jahrhundert, Wissenschaftliche Buchgesellschaft, Darmstadt 2004. Für ein breiteres Publikum geschriebene, sehr informative deutsche Geschichte des 20. Jahrhunderts.

Kapitel 3

Die Weimarer Republik: Die erste deutsche Demokratie

Als am 11. November 1918 die Unterzeichnung des Waffenstillstands den Ersten Weltkrieg beendete, war das Deutsche Reich auf Druck der Alliierten nicht nur erstmals mit einer parlamentarischen Regierung ausgestattet, es war auch durch den Rücktritt des Kaisers und aller Fürsten eine Republik geworden. Wer aber in Deutschland gehofft hatte, dass sich die demokratische Republik stabilisieren würde, sah sich getäuscht.
Zwar wurden die französischen Pläne zur Auflösung des Deutschen Reiches auf den Pariser Friedenskonferenzen von den USA und von England durchkreuzt. Doch die Bestimmungen des Versailler Vertrages bedeuteten eine schwere Hypothek für die regierenden Demokraten, die sich in der Nationalversammlung in Weimar 1919 auf einen Grundkonsens verständigt hatten. Dieser Konsens war für Sozialdemokraten, Katholiken und Liberale gleichermaßen tragbar, vereinte drei Viertel der Wählerstimmen auf sich und basierte auf der parlamentarischen Demokratie, dem Sozialstaat und der Republik. Der Versailler Vertrag belastete die junge Demokratie nicht so sehr durch die Reparationsbestimmungen; nicht einmal der Verlust von 90 Prozent der Handelsflotte beeinträchtigte auf Dauer die Industrieentwicklung in Deutschland. Aber der Umstand, dass die Alliierten die demokratische Republik mit dem Stigma der alleinigen Kriegsschuld belegten und ausgerechnet der jungen Demokratie in den fünf schweren Nachkriegsjahren unnachsichtig begegneten, machte es den Republikfeinden leicht, die neue Staatsform für alle Probleme verantwortlich zu machen. So entstand die paradoxe Situation, dass die Weimarer Republik gerade in ihren schwersten Jahren 1919 bis 1923 noch den meisten Rückhalt in der Wählerschaft hatte und alle wirtschaftlichen und politischen Krisen, Arbeitslosigkeit und Inflation, Separatismus und Putschversuche bewältigen konnte.
Die Wahl Paul von Hindenburgs 1925 zum Reichspräsidenten, d. h. eines Repräsentanten des kaiserlichen Deutschlands, der erklärtermaßen Monarchist war, zeigte aber, dass in den sogenannten Stabilisierungsjahren der Republik nach 1923/24 der Kredit der Demokraten bei der Wählermehrheit erschöpft war.

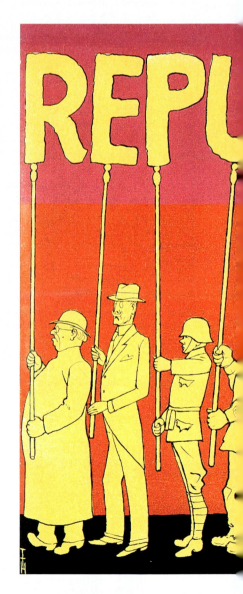

M1 Thomas Theodor Heine,
„Sie tragen die Buchstaben der Firma – aber wer trägt den Geist?",
Karikatur aus dem „Simplicissimus" von 1927

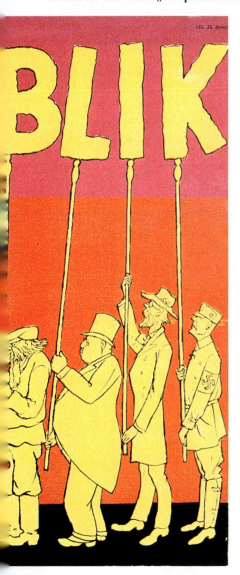

Die wirtschaftliche Erholung bis 1928 kam der Weimarer Koalition aus SPD, Zentrum und DDP kaum zugute. Danach absorbierte die Hitlerbewegung, die noch 1928 relativ bedeutungslos war, die durch die Wirtschaftskrise mobilisierten bisherigen Nicht- und die Neuwähler.

So konnte in einer Republik, der ein Repräsentant der Kaiserzeit vorstand, die Frage aufkommen, wo denn in dieser Republik die Republikaner seien. Hindenburgs Wahl war symptomatisch für das Erstarken der republikfeindlichen alten Eliten in Verwaltung, Militär, Justiz, Universität, Großindustrie und Adel seit der Revolution. Was der jungen Weimarer Republik fehlte, war eine Akzeptanz aus der Mitte heraus, von der aus geschlossen gegen rechte und linke Radikalisierungen hätte vorgegangen werden können. Zudem waren die Jahre der relativen wirtschaftlichen Stabilisierung 1924 bis 1929 zu kurz, um die Spannungen aufzufangen, die aus der Auflösung der alten Klassengesellschaft, der Rationalisierung der Wirtschaft und den kulturellen Konflikten zwischen Moderne und Tradition resultierten.

Die Wirtschaftskrise, die Ende 1929 begann, zerbrach das Fundament der Epoche der „relativen Stabilisierung" der Weimarer Republik. Die Aufkündigung des Grundkonsenses zwischen SPD, Zentrum, DDP und DVP anlässlich der Finanzierung der Arbeitslosenversicherung 1930 stellte die parlamentarische Regierungsform zur Disposition und gab den Weg frei in eine Diktatur. Dass diese Entwicklung zur NS-Diktatur führte, lag zum einen an den ungeheuren Wahlerfolgen der Hitlerbewegung 1930 bis 1932, zum anderen aber an dem entschiedenen Versuch der alten Eliten, die NSDAP als Mehrheitsbeschaffer zur Beseitigung der demokratischen Republik zu benutzen. Reichspräsident Hindenburg machte sich dabei zum Erfüllungsgehilfen: Mit seiner „Machtübergabe" an Adolf Hitler am 30. Januar 1933 ebnete er den Weg für die „Machtergreifung" der NSDAP.

3 Weimarer Republik

1 Belastungen des demokratischen Anfangs

1.1 Novemberrevolution

Krieg und innere Entwicklung 1914–1917

Die deutsche Kriegserklärung hatte 1914 zum Zweifrontenkrieg mit Frankreich und Russland, der deutsche Durchmarsch durch das neutrale Belgien zur englischen Kriegserklärung geführt. Während im Westen der Schlieffen-Plan scheiterte und sich der Krieg vom Stellungskrieg zur blutigsten Materialschlacht der Geschichte ausweitete, konnte der russische Angriff abgewehrt und die Front nach Osten verschoben werden. Infolge der englischen Seeblockade wurden bald nicht nur Rohstoffe, sondern auch Nahrungsmittel knapp; im „Hungerwinter" 1916/17 litt der Kampfeswille der deutschen Bevölkerung erheblich. Der Versuch der Obersten Heeresleitung (OHL), durch den uneingeschränkten U-Boot-Krieg im Februar 1917 die englische Umklammerung zu sprengen, führte zum Kriegseintritt der USA im März.

Hatte die Kriegserklärung 1914 den Reichstag und seine Parteien zu einem Burgfrieden veranlasst, in dessen Rahmen alljährlich alle Parteien die Kriegskredite genehmigten, so spaltete die neue Kriegslage die SPD: Die im April 1917 neu gegründete Unabhängige Sozialdemokratische Partei Deutschlands (USPD) lehnte weitere Kriegsanleihen ab und forderte einen sofortigen Friedensschluss ohne Annexionen und ein Ende der faktischen Militärdiktatur der OHL unter Hindenburg und Ludendorff.

Die alte SPD, nun MSPD genannt, trug zwar die kaiserliche Kriegspolitik auch weiterhin mit, schloss sich aber im Juli 1917 mit dem Zentrum, den Freisinnigen und Nationalliberalen zum Interfraktionellen Ausschuss zusammen, um eine Parlamentarisierung der Reichsverfassung zu erreichen; er verhalf einer Friedensresolution im Reichstag zur Mehrheit, die einen Frieden ohne Eroberung forderte.

Wilsons „14 Punkte" und die Kriegslage 1918

Auf den Kriegsverlauf hatte die Friedensresolution keinen Einfluss, sie löste aber eine Debatte über „Verständigungsfrieden" und „Siegfrieden" aus. Jene Kräfte, die einen Frieden nur bei Gebietsgewinnen akzeptieren wollten, gründeten die Deutsche Vaterlandspartei. Ihren schärfsten Gegner fand diese in der Arbeiterschaft, die – kriegsmüde und beeinflusst von der russischen Revolution 1917 – ihre Proteste in der Welle der Januarstreiks 1918 münden ließ und neben Frieden Vereins- und Versammlungsfreiheit sowie Demokratie forderte. Die Verhaftung der meist SPD-unabhängigen Wortführer beendete die Streiks.

Die Friedensdebatte erhielt im Januar 1918 neue Nahrung, als der amerikanische Präsident Woodrow Wilson „14 Punkte" veröffentlichte, die für ihn die Friedensbedingungen darstellten. Demnach sollte – ohne Sieger oder Besiegte festzustellen – eine demokratische Nachkriegsordnung auf der Grundlage eines freien Welthandels und auf dem Selbstbestimmungsrecht der Völker ruhen und von einem Völkerbund gesichert werden (M 4).

Entgegen diesen Prinzipien schloss das Reich im März 1918 mit Russland den (Sieg-)Frieden von Brest-Litowsk, der Finnland und die Ukraine unabhängig und ein besetztes Polen und das Baltikum zum deutschen Interessengebiet machte. Jetzt hoffte die OHL, die im Osten frei gewordenen Kräfte im Westen zur Entscheidungsschlacht einsetzen zu können. Diese Hoffnung zerplatzte am 8. August 1918, als die deutsche Großoffensive angesichts der stetig aus den USA verstärkten alliierten Truppen zusammenbrach und mit einer katastrophalen Lage Österreich-Ungarns zusammenfiel, das kurz vor der Kapitulation stand.

Die Oktoberverfassung: Reform „von oben"

Angesichts der bedrückenden Lage seit August 1918 zweifelte auch die OHL am Sieg und forderte im September einen Waffenstillstand auf der Grundlage von Wilsons „14 Punkten". Da diese eine Demokratisierung der Reichsverfassung einschlossen, sollte eine Verfassungsreform den Weg zum Frieden öffnen. Der liberale Prinz Max von Baden wurde deshalb am 3. Oktober 1918 von Kaiser Wilhelm II. zum neuen Reichskanzler ernannt. Er berief umgehend Abgeordnete der MSPD, des Zentrums und der Fortschrittlichen Volkspartei in Regierungsämter und bildete damit die erste parlamentarische Regierung des Kaiserreiches.

Weimarer Republik 3

M2 **Der Kaiser verlässt Berlin, Fotografie, 1918.** Wilhelm II. verließ bereits Ende Oktober 1918 Berlin und hielt sich in seinem Hauptquartier im belgischen Spa auf. Seine Abdankung wurde am 9. November ohne seine Zustimmung verkündet.

Der Übergang von der konstitutionellen zur parlamentarischen Monarchie war hierdurch vollzogen und wurde durch die so genannten Oktoberreformen verfassungsrechtlich verankert: Reichskanzler und Reichsregierung bedurften fortan des Vertrauens des Parlaments und nicht mehr des Kaisers (M6). Dessen Kommandogewalt über das Militär wurde einem parlamentarisch verantwortlichen Minister übertragen. Kriegserklärungen und Friedensschlüsse erforderten von nun an die Zustimmung von Reichstag und Bundesrat. Parallel zu diesen Beschlüssen des Reichstags schaffte das Preußische Herrenhaus das seit langem überkommene Dreiklassenwahlrecht ab.

November 1918: Revolution „von unten" Nicht die Oktoberreform, sondern das Eingeständnis der Niederlage setzte nun eine Revolutionsbewegung in Gang: Tag für Tag vergrößerten sich die Hunger- und Friedensrebellionen. Am 25. Oktober musste Ludendorff entlassen werden. Wilhelm II. floh vor Rufen nach seiner Abdankung ins Kriegshauptquartier nach Spa (M2). Als am 29. Oktober die Admiralität das Auslaufen ihrer seit 1916 nicht mehr eingesetzten Hochseeflotte befahl, um in einem zur Entscheidungsschlacht hochstilisierten Kampf mit England ihre militärische Ehre zu retten, kam es zur Meuterei der Matrosen. Die daraufhin angeordneten Verhaftungen lösten Solidarisierungskampagnen in Kiel und an anderen Orten des nordwestdeutschen Küstengebiets aus. Binnen weniger Tage führten sie zu spontanen Aufständen, die Soldaten, Arbeiter und große Teile der kriegsmüden Bevölkerung zusammenführten und in der ersten Novemberwoche das gesamte Reichsgebiet erfassten. Der zur Niederschlagung der Rebellion eingesetzte Militär- und Polizeiapparat kapitulierte weitgehend widerstandslos oder lief zu den Aufständischen über. Die deutschen Fürsten wurden vertrieben oder dankten ab. In den meisten Städten übernahmen Arbeiter- und Soldatenräte die Macht (M5). Massenkundgebungen forderten eindringlicher denn je den sofortigen Frieden und die Abdankung des Kaisers.

3 Weimarer Republik

M3 **Aufständische vor dem Brandenburger Tor in Berlin am 9. November 1918, zeitgenössische Fotografie.** Ausgehend vom Kieler Matrosenaufstand erfasste die Revolutionsbewegung die Reichshauptstadt am 9. November 1918.

1 Untersuchen Sie die Zusammensetzung der Demonstranten. Welche Symbole führen sie mit sich?

Das Ende der Monarchie

Am 9. November erreichte die Aufstandsbewegung Berlin, wo sich die Ereignisse innerhalb weniger Stunden überstürzten: Zur Beruhigung der Demonstrationszüge, die sich auf das Regierungsviertel zubewegten (M 3, M 8), gab Max von Baden gegen Mittag eigenmächtig den Thronverzicht des Kaisers bekannt. Zahlreiche Versuche des Reichskanzlers, hierfür das Einverständnis des Monarchen zu erhalten, waren bis zuletzt ohne Antwort geblieben.
Wenig später wurde Max von Baden von einer Abordnung der Mehrheitssozialdemokratie bedrängt, die Regierungsgewalt in die Hände der MSPD zu legen, die als stärkste Partei des Reichstages das Vertrauen des Volkes besitze (M 9). Daraufhin übergab Prinz Max sein **Kanzleramt an den MSPD-Vorsitzenden Friedrich Ebert**, der seine Skrupel ob dieses verfassungswidrigen Machtwechsels hintanstellte, da er den Einfluss seiner Partei auf die radikalisierten Massen nicht verlieren wollte.
In der Zwischenzeit hatten die Demonstranten den Reichstag erreicht und drohten die politische Initiative an sich zu reißen. Dies zwang **Philipp Scheidemann** vom Vorstand der MSPD zur **Ausrufung der Republik**. Ebert missbilligte diesen Schritt, doch die Dramatik der Situation erlaubte keine langwierigen innerparteilichen Abstimmungen. Kurz nach Scheidemann verkündete der Spartakistenführer **Karl Liebknecht** vor dem Berliner Schloss die **Sozialistische Republik Deutschland** und versprach: „Alle Macht den Arbeiter- und Soldatenräten!"

Das Ende des Krieges

Unter dem Druck der Ereignisse begab sich Wilhelm II. am Morgen des 10. November ins holländische Exil. Das Ergebnis der Kriegspolitik von Kaiser und OHL musste indes der Zentrumspolitiker Matthias Erzberger besiegeln, der am 11. November als Führer der deutschen Verhandlungskommission den von der Entente vorgelegten **Waffenstillstandsvertrag** unterzeichnete: Binnen weniger Wochen waren die besetzten Gebiete in Frankreich, Belgien und Luxemburg einschließlich Elsass-Lothringens zu räumen. Die Armee musste sich hinter den Rhein zurückziehen, das linke Rheinufer würde von den Alliierten besetzt werden. Der Friedensvertrag von Brest-Litowsk wurde aufgehoben.

Weimarer Republik 3

M4 Aus der Botschaft des amerikanischen Präsidenten Woodrow Wilson an den Kongress vom 8. Januar 1918 („14 Punkte")

I. Öffentliche Friedensverträge, öffentlich beschlossen, nach denen es keine privaten internationalen Abmachungen irgendwelcher Art geben darf. Vielmehr soll die Diplomatie stets frei und vor aller Öffentlichkeit sich abspielen.

II. Absolute Freiheit der Schifffahrt auf der See […].

III. So weit wie möglich die Aufhebung sämtlicher wirtschaftlicher Schranken […].

IV. Angemessene Garantien, gegeben und genommen, dass die nationalen Rüstungen auf den niedrigsten Grad, der mit der inneren Sicherheit vereinbar ist, herabgesetzt werden.

V. Eine freie, offenherzige und absolut unparteiische Ordnung aller kolonialen Ansprüche. […]

VI. Die Räumung des gesamten russischen Gebietes und eine derartige Erledigung aller Russland berührenden Fragen, um die beste und freieste Zusammenarbeit der übrigen Nationen der Welt zu sichern. […]

VII. Belgien, dem wird die ganze Welt zustimmen, muss ohne jeden Versuch, die Souveränität, deren es sich gleich allen anderen freien Nationen erfreut, zu beschränken, geräumt und wiederhergestellt werden. […]

M5 Die revolutionären Ereignisse in Deutschland 1918

1 Untersuchen Sie anhand der Karte, wo sich Arbeiter- und Soldatenräte bildeten.
2 Analysieren Sie besonders die Schwerpunkte der Revolution 1918/19 in Sachsen und Thüringen.

3 Weimarer Republik

VIII. Das gesamte französische Gebiet muss befreit und die verwüsteten Teile wiederhergestellt werden. Ebenso müsste das Frankreich durch Preußen 1871 in Sachen Elsass-Lothringen angetane Unrecht, das den Weltfrieden nahezu fünfzig Jahre bedroht hat, berichtigt werden, um dem Frieden im Interesse aller wieder Sicherheit zu verleihen.

IX. Eine Berichtigung der Grenzen Italiens sollte gemäß den klar erkennbaren Nationalitätenlinien bewirkt werden.

X. Den Völkern Österreich-Ungarns, deren Platz unter den Nationen wir gefestigt und gesichert zu sehen wünschen, sollte die freieste Möglichkeit autonomer Entwicklung gewährt werden.

XI. Rumänien, Serbien und Montenegro sollten geräumt werden, besetzte Gebiete wiederhergestellt, Serbien freier und gesicherter Zugang zum Meere gewährt werden. [...]

XII. Dem türkischen Teil des gegenwärtigen Ottomanischen Reiches sollte eine gesicherte Souveränität gewährleistet werden, aber den anderen Nationalitäten, die sich jetzt unter türkischer Herrschaft befinden, sollte eine unzweifelhafte Sicherung des Lebens und eine absolute und ungestörte Möglichkeit der autonomen Entwicklung verbürgt und die Dardanellen sollten dauernd als freier Durchgang für die Schiffe und den Handel aller Nationen unter internationalen Garantien geöffnet werden.

XIII. Ein unabhängiger polnischer Staat sollte errichtet werden, der die von unbestreitbar polnischer Bevölkerung bewohnten Gebiete umfassen soll, denen ein freier und sicherer Zugang zum Meere gewährleistet und dessen politische und ökonomische Unabhängigkeit sowie dessen territoriale Integrität durch internationalen Vertrag garantiert werden sollen.

XIV. Eine allgemeine Gesellschaft der Nationen muss aufgrund eines besonderen Bundesvertrages gebildet werden zum Zweck der Gewährung gegenseitiger Garantien für politische Unabhängigkeit und territoriale Integrität in gleicher Weise für die großen und kleinen Staaten. In Bezug auf diese notwendige Berichtigung von Unrecht und Sicherung des Rechtes betrachten wir uns als intime Genossen sämtlicher Regierungen und Völker, die sich gegen die Imperialisten zusammengeschlossen haben. Es gibt für uns keine Sonderinteressen oder andersartige Ziele. Bis zum Ende stehen wir zusammen.

J. Hohlfeld (Hg.), Dokumente der deutschen Politik und Geschichte von 1848 bis zur Gegenwart, Bd. 2, Wendler, Berlin 1951, S. 393 ff.

1 Erstellen Sie eine Übersicht über Wilsons Friedensbedingungen: a) allgemeine Prinzipien und b) Bestimmungen für einzelne Länder.

2 Stellen Sie die Folgen der „14 Punkte" für Deutschland, Österreich-Ungarn und das Osmanische Reich dar.

M6 Aus dem Gesetz zur Abänderung der Reichsverfassung vom 28. Oktober 1918 (Oktoberverfassung)

Die Reichsverfassung wird wie folgt abgeändert:

1. Im Artikel 11 werden die Absätze 2 und 3 durch folgende Bestimmungen ersetzt: Zur Erklärung des Krieges im Namen des Reichs ist die Zustimmung des Bundesrats und des Reichstags erforderlich. Friedensverträge sowie diejenigen Verträge mit fremden Staaten, welche sich auf Gegenstände der Reichsgesetzgebung beziehen, bedürfen der Zustimmung des Bundesrats und des Reichstags.

2. Im Artikel 15 werden folgende Absätze hinzugefügt: Der Reichskanzler bedarf zu seiner Amtsführung des Vertrauens des Reichstags. Der Reichskanzler trägt die Verantwortung für alle Handlungen von politischer Bedeutung, die der Kaiser in Ausübung der ihm nach der Reichsverfassung zustehenden Befugnisse vornimmt. Der Reichskanzler und seine Stellvertreter sind für ihre Amtsführung dem Bundesrat und dem Reichstag verantwortlich.

J. Hohlfeld (Hg.), Dokumente der deutschen Politik und Geschichte von 1848 bis zur Gegenwart, Bd. 2, Wendler, Berlin 1951, S. 385

1 Untersuchen Sie, welche Veränderung die bismarcksche Reichsverfassung (s. S. 105 ff.) hier erfährt. Wie nennt man die hier eingeführte Regierungsform?

2 Erörtern Sie die Gründe für diese Verfassungsreform.

Weimarer Republik 3

M7 Mitglieder des Rats der Volksbeauftragten, Postkarte, 1918
USPD: Wilhelm Dittmann, Hugo Haase, Emil Barth; SPD: Otto Landsberg, Friedrich Ebert, Philipp Scheidemann

1 Erläutern Sie, ausgehend von M7, Konstituierung und Funktion des Rats der Volksbeauftragten.

M8 Das „Berliner Tageblatt" am 10. November 1918 über die revolutionären Ereignisse vom Vortag

Die größte aller Revolutionen hat wie ein plötzlich losbrechender Sturmwind das kaiserliche Regime mit allem, was oben und unten dazugehörte, gestürzt. Man kann sie die größte aller Revolutionen nennen, weil niemals eine so fest gebaute, mit so soliden Mauern umgebene Bastille so in einem Anlauf genommen worden ist. Es gab noch vor einer Woche einen militärischen und zivilen Verwaltungsapparat, der so verzweigt, so ineinander verfädelt, so tief eingewurzelt war, dass er über den Wechsel der Zeiten hinaus seine Herrschaft gesichert zu haben schien. Durch die Straßen von Berlin jagten die grauen Autos der Offiziere, auf den Plätzen standen wie Säulen der Macht die Schutzleute, eine riesige Militärorganisation schien alles zu umfassen, in den Ämtern und Ministerien thronte eine scheinbar unbesiegbare Bürokratie. Gestern früh war das alles noch da, gestern Nachmittag existierte nichts mehr davon.

Wer gestern in den Nachmittagsstunden Berlin gesehen hat, trägt Eindrücke und Bilder in sich, die unauslöschbar sind. Dort, wo bisher noch das Leben nach preußischem Zuschnitt sich abspielte, feierte die Revolution ihren Triumph. Endlos lange Züge von Arbeitern, Soldaten und Frauen marschierten vorbei. Rote Fahnen wurden vorangetragen. Ordner gingen neben den Reihen. Die Soldaten und auch viele Zivilisten hatten die Gewehre über die Schulter gehängt. Die schweren Lastautos der Militärdepots und die grauen Autos, in denen eben noch die Offiziere gesessen hatten, jagten herum, bis zum letzten Stehplatz mit bewaffneten Soldaten, Zivilpersonen, Trägern großer roter Fahnen gefüllt. Vieles erinnerte an Zeichnungen der alten französischen Revolutionsmaler, ein Schauspiel für Nervenschwache war es mitunter nicht.

Berliner Tageblatt Nr. 579 vom 10. November 1918

1 Nennen Sie die Träger der Revolution.
2 Wo sind die Parteien? Erklären Sie ihre Abwesenheit.

M9 Reichskanzler Prinz Max von Baden in seinen in den 1920er-Jahren geschriebenen Memoiren über den 9. November 1918

Ich sagte mir: Die Revolution ist im Begriff, siegreich zu sein; wir können sie nicht niederschlagen, vielleicht aber ersticken. Jetzt heraus mit der Abdankung, mit der Berufung Eberts, mit dem Appell an das Volk, durch die Verfassunggebende Nationalversammlung seine eigene Staatsform zu bestimmen; wird Ebert mir als Volkstribun von der Straße präsentiert, dann kommt die Republik, ist es Liebknecht, auch der Bolschewismus. Aber wenn der abdankende Kaiser Ebert zum Reichskanzler ernennt, dann besteht noch eine schmale Hoffnung für die Monarchie. Vielleicht gelingt es, die revolutionären Energien in die legalen Bahnen des Wahlkampfes zu lenken.

Prinz Max von Baden, Erinnerungen und Dokumente, Stuttgart 1968, S. 597

1 Erläutern Sie, von welchen Motiven sich der Reichskanzler bei seinem Rücktritt leiten lässt.

3 Weimarer Republik

1.2 Rätesystem oder Parlamentarismus

Das Neuordnungskonzept der MSPD

Die MSPD hatte sich mit den Oktoberreformen am Ziel ihrer Wünsche gesehen und sich nur widerwillig am Sturz der Monarchie beteiligt. Arbeiter- und Soldatenräte lehnte sie ab. Zum einen schienen sie ihr nur unzureichend legitimiert, zum anderen als Hindernis für die Lösung der durch die militärische Niederlage entstandenen Probleme: Innerhalb kürzester Fristen war ein Millionenheer in die Heimat zurückzuführen und zu demobilisieren. Die Kriegswirtschaft musste hierzu so schnell wie möglich in eine Friedenswirtschaft umgestellt werden. Angesichts der fortdauernden Seeblockade drohte ein weiterer Hungerwinter. Gegenüber separatistischen Strömungen galt es die Reichseinheit zu bewahren. Schließlich mussten Friedensverhandlungen vorbereitet werden, die für die Errichtung einer bürgerlich-liberalen Republik Voraussetzung waren.

Die MSPD-Führung glaubte diese Aufgaben nur mithilfe der traditionellen Eliten in Militär, Wirtschaft und Verwaltung meistern zu können. Sie betrieb deshalb die **Eindämmung der Revolutionsbewegung**. Alle Entscheidungen über die gesellschaftliche und politische Neuordnung sollten von einer möglichst rasch zu wählenden **Nationalversammlung** getroffen werden. Bis dahin führte sie die Regierungsgeschäfte in dem Bewusstsein einer Notverwaltung (M 11 a).

Das Neuordnungskonzept der Linkssozialisten

Der Spartakusbund und der ihm nahestehende linke Flügel der USPD sowie die Revolutionären Obleute der Berliner Großbetriebe sahen in den Novemberereignissen eine Chance zur Errichtung einer sozialistischen Räterepublik nach sowjetischem Vorbild. Sie agitierten deshalb für die **Fortsetzung der Revolution** und forderten die Herrschaft der Arbeiter in Betrieb und Kaserne durch ein Rätesystem, durch die Volksbewaffnung und die Sozialisierung von Industrie und Boden (M 11 b). Das Rätemodell beruhte auf dem Prinzip der direkten Demokratie. Parteien, Verbände und Parlament würden dadurch als Institutionen der öffentlichen Willensbildung überflüssig. Den stufenförmig aufeinander aufbauenden Räten in Betrieb, Land und Reich wurden dabei legislative, exekutive und judikative Kompetenzen zugesprochen. Die Möglichkeit zur Abberufung durch das imperative Mandat der Delegierten und die Öffentlichkeit aller Beratungen sollten die größtmögliche Kontrolle durch die Urwählerschaft sichern.

Der Weg in die soziale Demokratie

Angesichts des wachsenden Einflusses des linkssozialistischen Lagers gab die Führung der MSPD ihren Plan eines sozialdemokratisch-bürgerlichen Koalitionskabinetts umgehend auf. Stattdessen bildete sie bereits am frühen Nachmittag des 10. November mit dem gemäßigten Flügel der USPD den sogenannten **Rat der Volksbeauftragten**, der aus je drei Vertretern der beiden Parteien bestand.

Nur wenige Stunden später bestätigten die am Morgen des Tages gewählten Vertreter der Berliner Arbeiter und Soldaten im Zirkus Busch mehrheitlich die neue Regierung. Gleichzeitig wurde ihr jedoch auf Drängen der Linkssozialisten ein so genannter **Vollzugsrat** zur Seite gestellt, dem die Aufgabe zukam, den „Rat der Volksbeauftragten" zu kontrollieren. Da jedoch auch dieses Gremium zu gleichen Teilen mit Vertretern von MSPD und USPD besetzt wurde, hatte die MSPD in der Folgezeit ein leichtes Spiel, diese Gegenregierung in Schach zu halten.

Zur Entspannung der innenpolitischen Situation veröffentlichte der „Rat der Volksbeauftragten" bereits am 12. November ein **Neunpunkteprogramm**: Durch Aufhebung des Belagerungszustandes und des Gesetzes über den vaterländischen Hilfsdienst wurden die Freiheitsrechte wiederhergestellt, der Achtstundentag und das Verhältniswahlrecht eingeführt und das Frauenwahlrecht versprochen. Denselben Zweck erfüllte die am 15. November vereinbarte **Zentralarbeitsgemeinschaft** von Gewerkschaften und Unternehmerverbänden. Dieses **„Stinnes-Legien-Abkommen"** erkannte erstmalig die Gewerkschaften als legitime Partner für den Abschluss kollektiver Tarifverträge an und gestand den Achtstundentag bei vollem Lohnausgleich zu. Des Weiteren sollte in allen Betrieben mit mindestens 50 Beschäftigten ein Arbeiterausschuss eingerichtet werden. Die Arbeitgeber sahen in dieser Sozialpartnerschaft ein Mittel, die drohende Sozialisierung ihrer Betriebe abzuwenden.

Weimarer Republik 3

M10 Tagung des Soldatenrates von Groß-Berlin Anfang November 1918 im Reichstag, zeitgenössische Fotografie. Am Rednerpult der Stadtkommandant von Berlin, Otto Wels (MSPD).

Die Haltung der Arbeiter- und Soldatenräte

Ausschlaggebend für die Neuordnung Deutschlands wurden schließlich die Ergebnisse des ersten Rätekongresses, der vom 16. bis 20. Dezember 1918 in Berlin tagte und von 514 Delegierten aller deutschen Arbeiter- und Soldatenräte besucht wurde. Rund zwei Drittel der Teilnehmer waren wider Erwarten in der MSPD organisiert, dem Spartakusbund gehörten weniger als ein Dutzend an. Seine Führer, Rosa Luxemburg und Karl Liebknecht, hatten kein Mandat erhalten.
Der Kongress bestätigte nach erbitterten Wortgefechten die MSPD-Linie: Ein Rätesystem als Grundlage einer zukünftigen Verfassung wurde abgelehnt. Nicht ein Nationalkongress der Arbeiter- und Soldatenräte sollte über die Neuordnung Deutschlands entscheiden, sondern eine aus allgemeinen Wahlen hervorgegangene Nationalversammlung. Als Wahltermin setzten die Delegierten den 19. Januar 1919 fest. Bis dahin wurde der „Rat der Volksbeauftragten" als provisorische Revolutionsregierung im Amt bestätigt.

Der Aufstand der Linkssozialisten

Am 28. Dezember erfolgte der Austritt der USPD-Vertreter aus dem Rat der Volksbeauftragten. Jetzt agitierten die linksrevolutionären Kräfte vehementer denn je und erhielten großen Zulauf. Innerhalb der USPD übernahmen die Radikalen die Führung und aus dem Zusammenschluss von Spartakusbund und den „Bremer Linksradikalen" ging am 1. Januar 1919 die Kommunistische Partei Deutschlands (KPD) hervor.
Die angestauten Spannungen entluden sich im so genannten Januar- oder Spartakusaufstand (5.–12. Januar 1919). Zu dessen Niederschlagung mobilisierte die Reichsregierung Reichswehrtruppen, zu denen Ebert bereits seit dem 10. November engen Kontakt hielt (Ebert-Groener-Bündnis). Reichswehr und sogenannte Freikorps schlugen den Januaraufstand nieder. Die Freikorps rekrutierten sich aus entlassenen Soldaten und unterstanden ausschließlich ihren Offizieren; sie wurden aus konservativen Kreisen von Industrie und Großagrariern bezahlt. Sie kämpften bedingungslos gegen Bolschewismus, Separatismus und später gegen die Republik. Die mit Härte betriebene Niederschlagung des Berliner Januaraufstands sowie die heimtückische Ermordung der Kommunistenführer Rosa Luxemburg und Karl Liebknecht (15. Januar) zogen in allen Teilen des Reichs Streikaktionen und Putschversuche der radikalen Linken („Erhaltet die Räte!") nach sich, die jedoch die Wahlen zur Nationalversammlung nicht verhindern konnten. Von Februar bis Mai 1919 tobte in Deutschland vielerorts ein mit großer Brutalität geführter Bürgerkrieg, aus dem die Regierungstruppen und Freikorps als Sieger hervorgingen.

Die Folgen

Dieses Ende der deutschen Revolution von 1918/19 belastete die Weimarer Republik mit schwer wiegenden Hypotheken: Durch ihren Pakt mit dem Militär verlor die MSPD große Teile ihrer Anhängerschaft. Erbittert über den Verlauf des sozialistischen Bruderkampfs flüchteten sich viele Arbeiter in die politische Apathie, andere schlossen sich

3 Weimarer Republik

den Linksradikalen an. Diese standen der Weimarer Republik mit entschiedener Ablehnung gegenüber. Zwischen den Parteien der deutschen Arbeiterschaft herrschte fortan eine unüberbrückbare Feindschaft. In den Freikorps, deren sich die MSPD zur Verhinderung einer sozialistischen Revolution bedient hatte, erwuchs der jungen Republik eine unübersehbare Gegnerschaft von rechts.

Die Freistaaten Sachsen und Thüringen Die Meuterei der Kieler Matrosen vom 3. November 1918 löste auch im übrigen Deutschen Reich Aufstände aus. In vielen Landesteilen ergab sich der Militär- und Verwaltungsapparat des alten Kaiserreiches so gut wie widerstandslos der rasch anwachsenden Protestbewegung von Soldaten aus den Garnisonen und Arbeitern aus den Fabriken. Sie bildeten Arbeiter- und Soldatenräte, wobei die Funktionäre der Arbeiterparteien und Gewerkschaften eine Führungsrolle übernahmen, ohne dass sie die Weisungen ihrer Parteizentralen abwarteten. Ziel dieser spontanen Bewegung im kriegsmüden Deutschland war zuallererst die sofortige Beendigung des Krieges. Im Verlauf der Ereignisse zeigte sich jedoch, dass in breiten Schichten der Bevölkerung der Wunsch nach einer grundlegenden Umgestaltung der alten politischen und sozialen Ordnung zunahm und an Durchschlagskraft gewann.

Das war auch in Thüringen und Sachsen so, wo es ebenfalls zu Aufständen kam (M 5). Schon am 5. November gingen Soldaten der Dresdner Garnison mit Antikriegsparolen auf die Straße und am 6. November gründeten 6000 Soldaten der Fliegerkaserne Großenhain den ersten sächsischen Soldatenrat. Am 8. November erreichte eine Massendemonstration auf dem Dresdner Altmarkt die Freilassung politischer Häftlinge. Darüber hinaus kam es zur Bildung eines Arbeiter- und Soldatenrates (M 15) unter der Führung der SPD-Politiker Gradnauer und Fräßdorf sowie eines Revolutionären Arbeiter- und Soldatenrats, den der Spartakusbund beherrschte. In dieser Situation sah der König keine andere Möglichkeit mehr, als sich dem Druck der Straße und der Rätebewegung zu beugen. Am 9. November floh er nach Moritzburg, was wiederum zum Sturz der Regierung führte. Die allgemeine Aufbruchstimmung bewirkte den Aufbau weiterer Arbeiter- und Soldatenräte, z. B. in Chemnitz und in Leipzig, wo Studenten, Künstler und Intellektuelle eine besondere Rolle spielten. Einen Tag nach der offiziellen Abdankung des Königs am 13. November schlossen sich die Räte aus Leipzig, Dresden und Chemnitz zum Vereinigten Arbeiter- und Soldatenrat zusammen, der in einem Aufruf die sozialistische Republik forderte. Das Privateigentum an Grund und Boden sollte beseitigt werden, das Proletariat die Produktion übernehmen. Aus dieser Versammlung heraus entstand am 15. November eine neue sächsische Regierung, der Sächsische Rat der Volksbeauftragten, der bis zu den Wahlen zur Sächsischen Volkskammer am 2. Februar 1919 Sachsen regierte.

Allerdings war die Politik dieser Räte von harten Machtkämpfen zwischen der gemäßigten SPD und der radikaleren USPD geprägt, die schließlich die Vertreter der SPD gewannen. Aber auch zwischen der SPD und der aus dem Spartakusbund hervorgegangenen und an der Jahreswende 1918/19 gegründeten KPD verschärften sich die Auseinandersetzungen. Während die Kommunistische Partei in Sachsen eine Räteherrschaft errichten wollte, setzten die Mehrheitssozialdemokraten am 27. Dezember 1918 im Rat der Volksbeauftragten Wahlen zur Volkskammer der Republik Sachsen durch. Das gelang unter dramatischen Umständen: Als am 10. Januar 1919 die Regierung der Volksbeauftragten in Dresden Militär und Polizei gegen eine von der KPD organisierte Demonstration einsetzte, verloren dabei zehn Menschen ihr Leben und über 50 wurden verletzt. Daraufhin verließen die drei USPD-Mitglieder den Rat der Volksbeauftragten, die SPD regierte jetzt alleine. Die Regierung unter Georg Gradnauer führte am 2. Februar 1919 Wahlen zu einer aus 96 Abgeordneten bestehenden Volkskammer durch, die am 25. Februar erstmals zusammentrat und die Grundlagen für eine neue Verfassung sowie die Gründung des Freistaates Sachsen im Jahre 1920 legte (M 14 a, b).

Ähnlich wie in Sachsen verlief auch die Entwicklung in Thüringen. Die Novemberrevolution endete nicht in einem „deutschen Oktober", also nicht in einer Umgestaltung der politisch-gesellschaftlichen Verhältnisse nach dem Vorbild der russischen Oktoberrevolution 1917, sondern führte zur Gründung des Freistaates Thüringen. Bereits im November 1918 hatten sich die acht thüringischen Fürstentümer zu Freistaaten erklärt. Aber erst 1920 vereinigten sie sich zum Freistaat Thüringen, der am 11. Februar 1921 eine freiheitliche Verfassung erhielt. Allein Coburg schloss sich Bayern an.

Weimarer Republik 3

M11 MSPD gegen Spartakus

a) Aufruf der neuen Reichsregierung vom 9. November 1918

Volksgenossen!
Der heutige Tag hat die Befreiung des Volkes vollendet. Der Kaiser hat abgedankt, sein ältester Sohn auf den Thron verzichtet. Die sozialdemokratische Partei hat die Regierung übernommen und der unabhängigen sozialdemokratischen Partei den Eintritt in die Regierung auf dem Boden voller Gleichberechtigung angeboten. Die neue Regierung wird sich für die Wahlen zu einer konstituierenden Nationalversammlung organisieren, an denen alle über 20 Jahre alten Bürger beider Geschlechter mit vollkommen gleichen Rechten teilnehmen werden. Sie wird sodann ihre Machtbefugnisse in die Hände der neuen Vertretung des Volkes zurücklegen. Bis dahin hat sie die Aufgabe, Waffenstillstand zu schließen und Friedensverhandlungen zu führen, die Volksernährung zu sichern, den Volksgenossen in Waffen den raschesten geordneten Weg zu ihrer Familie und zu lohnendem Erwerb zu sichern. Dazu muss die demokratische Verwaltung sofort glatt zu arbeiten beginnen. Nur durch ihr tadelloses Funktionieren kann schwerstes Unheil vermieden werden. Sei sich darum jeder seiner Verantwortung am Ganzen bewusst.
Menschenleben sind heilig. Das Eigentum ist vor willkürlichen Eingriffen zu schützen. Wer diese herrliche Bewegung durch gemeine Verbrechen entehrt, ist ein Feind des Volkes und muss als solcher behandelt werden. Wer aber in ehrlicher Hingabe an unserem Werke mit schafft, von dem alle Zukunft abhängt, der darf von sich sagen, dass er im größten Augenblick der Weltgeschichte als Schaffender zu des Volkes Heil mit dabei gewesen ist. Wir stehen vor ungeheuren Aufgaben.
Werktätige Männer und Frauen in Stadt und Land, Männer in Waffenrock und Arbeitsblusen, helft alle mit!

Ebert, Scheidemann, Landsberg.

b) Aus dem Aufruf der Spartakusgruppe an die Arbeiter und Soldaten Berlins vom 10. November 1918

Sorget, dass die Macht, die ihr jetzt errungen habt, nicht euren Händen entgleite und dass ihr sie gebraucht für euer Ziel. Denn euer Ziel ist die sofortige Herbeiführung eines proletarisch-sozialistischen Friedens, der sich gegen den Imperialismus aller Länder wendet, und die Umwandlung der Gesellschaft in eine sozialistische.

Zur Erlangung dieses Zieles ist es vor allem notwendig, dass das Berliner Proletariat in Bluse und Feldgrau erklärt, folgende Forderungen mit aller Entschlossenheit und unbezähmbarem Kampfwillen zu verfolgen:
1. Entwaffnung der gesamten Polizei, sämtlicher Offiziere sowie der Soldaten, die nicht auf dem Boden der neuen Ordnung stehen; Bewaffnung des Volkes; alle Soldaten und Proletarier, die bewaffnet sind, behalten ihre Waffen.
2. Übernahme sämtlicher militärischer und ziviler Behörden und Kommandostellen durch Vertrauensmänner des Arbeiter- und Soldatenrates.
3. Übergabe aller Waffen- und Munitionsbestände sowie aller Rüstungsbetriebe an den Arbeiter- und Soldatenrat.
4. Kontrolle über alle Verkehrsmittel durch den Arbeiter- und Soldatenrat.
5. Abschaffung der Militärgerichtsbarkeit; Ersetzung des militärischen Kadavergehorsams durch freiwillige Disziplin der Soldaten unter Kontrolle des Arbeiter- und Soldatenrates.
6. Beseitigung des Reichstages und aller Parlamente sowie der bestehenden Reichsregierung; Übernahme der Regierung durch den Berliner Arbeiter- und Soldatenrat bis zur Errichtung eines Reichs-Arbeiter- und Soldatenrates.
7. Wahl von Arbeiter- und Soldatenräten in ganz Deutschland, in deren Hand ausschließlich Gesetzgebung und Verwaltung liegen. Zur Wahl der Arbeiter- und Soldatenräte schreitet das gesamte erwachsene werktätige Volk in Stadt und Land und ohne Unterschied der Geschlechter.
8. Abschaffung aller Dynastien und Einzelstaaten; unsere Parole lautet: einheitliche sozialistische Republik Deutschland.
9. Sofortige Aufnahme der Verbindung mit allen in Deutschland bestehenden Arbeiter- und Soldatenräten und den sozialistischen Bruderparteien des Auslandes.

Gerhard A. Ritter/Susanne Miller, Die deutsche Revolution 1918–1919. Dokumente, Hamburg 1975, S. 80 ff.

1 Stellen Sie die Hauptprogrammpunkte der Reichsregierung und der Spartakusgruppe in einer Übersicht gegenüber. Suchen Sie dazu geeignete Vergleichsgesichtspunkte.

2 Arbeiten Sie die politischen Ideale der neuen Regierung und der Spartakusgruppe heraus.

3 Weimarer Republik

M12 MSPD-Plakat zur Wahl der Nationalversammlung vom Januar 1919

1 Bestimmen Sie den Adressaten des Plakates.
2 Interpretieren Sie die Botschaft des Plakates.

M13 KPD-Plakat zum Boykott der Wahlen zur Nationalversammlung vom Januar 1919

1 Analysieren Sie den grafischen Aufbau des Plakates.
2 Fassen Sie die Begründung des Wahlboykotts zusammen.

Weimarer Republik 3

M14 Der republikanische Neuanfang Sachsens nach dem Ersten Weltkrieg (1998)

a) Der Rechtshistoriker Christoph Jestaedt über die Umbrüche in Sachsen 1918/19 (1998)

Am 14. November 1918 verkündeten die Arbeiter- und Soldatenräte von Leipzig, Dresden und Chemnitz in einem Aufruf „An das sächsische Volk!", das kapitalistische System sei zusammengebrochen und das revolutionäre Proletariat habe die Macht übernommen. Sie führten dann aus: „Die republikanische Regierung Sachsens hat die besondere Aufgabe, die Liquidierung des sächsischen Staates herbeizuführen und die einheitliche sozialistische deutsche Republik zur Tatsache zu machen." Im Aufruf der von den Volksbeauftragten Buck, Fleißner, Geyer, Dr. Gradnauer, Lipinski und Schwarz gebildeten neuen Regierung vom 18. November 1918 „an das sächsische Volk" hieß es dann immerhin noch: „Die neue sächsische Regierung erstrebt die Beseitigung der veralteten bundesstaatlichen Verfassung und die Einordnung Sachsens in die einheitliche großdeutsche Volksrepublik, an die auch Deutsch-Österreich seinen Anschluss vollziehen möge. Den einzelnen Teilgebieten des neuen Groß-Deutschland soll weitgehend Selbstverwaltung und Schutz der Kulturinteressen gesichert werden." Diese Äußerung der neuen Regierung unter der Führung des Sozialisten Richard Lipinski zeigte, […] dass die neue „sozialistische Volksregierung" mit einer wie auch immer gearteten sächsischen Identität nichts anzufangen wusste und sich schon gar nicht einer solchen verpflichtet fühlte. Die zur Regierung gelangten Revolutionäre in Dresden ließen ihren Aufruf dann auch entsprechend ausklingen: „Ist die gefahrvolle Übergangszeit überstanden, dann wird das deutsche Volk vermöge der unvergänglichen Kräfte, die in ihm leben, in demokratisch-sozialistischer Entwicklung sich zu neuer Blüte erheben."

Trotz erheblicher Wirren, die vor allem durch die Auseinandersetzungen im sozialistischen Lager zwischen Mehrheitssozialisten (MSPD) und der extremen Linken wie Unabhängigen Sozialdemokraten (USPD) und Spartakisten geprägt waren und bei deren teils gewalttätigem Verlauf im April 1919 der der SPD angehörende sächsische Kriegsminister Gustav Neuring, ein Mitunterzeichner des Aufrufs vom 14. November 1918, nach der Erstürmung des Kriegsministeriums in Dresden von kommunistischen Aufständischen gelyncht wurde, blieben diese Bestrebungen ohne Erfolg. Gleiches galt für die Versuche, Sachsen in mehrere eigenständige Republiken aufzuteilen. Hierzu hatten die Wahlen vom 2. Februar 1919 erheblich beigetragen, bei denen sich, bezogen auf 96 zu vergebende Sitze, zwar eine sozialistische Mehrheit von 42 Sitzen für die MSPD und (nur) 15 Sitzen für die USPD ergab, aber die bürgerlichen Parteien mit 39 Sitzen bemerkenswert stark im „roten Sachsen" wurden. Aus diesen Wahlen war zunächst eine Minderheitsregierung der MSPD hervorgegangen, weil die Mehrheitssozialisten eine erneute Zusammenarbeit mit der USPD ablehnten. […] Mit dem Anfang Mai 1919 von der Reichsregierung zur Unterstützung der sächsischen Landesregierung veranlassten Einmarsch der Truppen des Generals Maercker in Leipzig kam dann das schnelle Ende der linksextremistischen Aufstände; der General löste den Arbeiter- und Soldatenrat von Leipzig auf, ohne noch nennenswerte Gegenwehr zu finden. Mit der Wiederherstellung der Kontrolle der demokratisch gewählten Regierung über das Land gelangte das staatliche Leben schnell wieder in normale Bahnen. Nach den unruhigen Monaten im Frühjahr und Sommer wurde die Minderheitsregierung Gradnauer im Oktober 1919 zu einer Koalitionsregierung aus Mehrheitssozialisten (SPD) und den bürgerlichen Deutschdemokraten (DDP) umgeformt und erhielt damit eine solide Mehrheit im Landtag.

Suzanne Drehwald/Christoph Jestaedt, Sachsen als Verfassungsstaat, hg. v. Thomas Pfeiffer, Edition Leipzig, Sonderausgabe der Sächsischen Landeszentrale für politische Bildung, Leipzig 1998, S. 46–48

b) Der Rechtshistoriker Christoph Jestaedt über die Verfassungsentwicklung Sachsens in der Weimarer Zeit (1998)

Die aus den Februarwahlen hervorgegangene Volkskammer hatte bereits das „Vorläufige Grundgesetz für den Freistaat Sachsen" beschlossen. Diese Übergangsverfassung umfasste 21 Paragrafen. Das „Vorläufige Grundgesetz" brachte eine Reihe von bemerkenswerten Regelungen, insbesondere zum Verhältnis zwischen Parlament und Regierung, die die späteren Regelungen der Verfassung von 1920 im Ansatz vorwegnahmen. So stellte es die als zentrales Staatsorgan gedachte und entsprechend gut ausgestattete Volkskammer unter die Kontrolle durch das Volk und gab der Regierung das Recht, über von der Volkskammer beschlossene Gesetze binnen einem Monat eine Volksabstimmung anzuordnen. Entschied das Volk im Sinne des Gesamtministeriums, konnte dieses die Volkskammer auflösen; wurde der Beschluss der Volkskammer bestätigt, musste die Regierung zurücktreten. […]

Die zweite sächsische Verfassung vom 1. November 1920 trat an die Stelle des „Vorläufigen Grundgesetzes für den Freistaat Sachsen" vom 28. Februar 1919. Mit

3 Weimarer Republik

An das sächsische Volk!

Der König ist seines Thrones entsetzt. Die Dynastie Wettin hat aufgehört zu existieren.

Die Erste Kammer ist aufgelöst. Auch die Zweite Kammer besteht nicht mehr. Die Staatsministerien, die im Einverständnis mit dem Vereinigten revolutionären Arbeiter- und Soldatenrat die Geschäfte provisorisch weiterführen, haben sofort Neuwahlen auf der Grundlage des allgemeinen, gleichen, geheimen und direkten Wahlrechts für Männer und Frauen auszuschreiben.

Es lebe die soziale Republik Sachsen!

Der vereinigte revolutionäre Arbeiter- und Soldatenrat
Groß-Dresden.

M 15 Plakat des Arbeiter- und Soldatenrates in Dresden, 14. November 1918

ihren 56 Artikeln war sie die kürzeste Verfassung, die bis heute in Sachsen die rechtliche Grundordnung des Gemeinwesens abgab. In ihren sechs Abschnitten regelte sie neben einigen Verfassungsgrundsätzen ausschließlich die Staatsorganisation. Sie sah insbesondere keine Bestimmungen über die Rechte und Pflichten der Sachsen vor. Damit unterschied sie sich von der sächsischen Verfassung von 1831, die nicht nur Grundrechte und Grundpflichten der Sachsen bedachte, sondern auch bedeutsame Impulse für die Rechtsentwicklung in Sachsen gegeben hatte. Der Grund für diese offenkundige Schwäche der ersten republikanischen Verfassung Sachsens, die diese mit Verfassungen anderer deutscher Länder aus der Weimarer Zeit teilt, war, dass die Weimarer Reichsverfassung zulasten des für Deutschland typischen und in Jahrhunderten gewachsenen Föderalismus die bisher unterentwickelten unitarischen[1] Elemente des deutschen Staatslebens verstärkt hatte. So bestand die Vorstellung, dass die Länder ihr Augenmerk „nur" auf ihre Staatsorganisation richten sollten. So etwas Zentrales wie die Grundrechte der Deutschen sollte gewissermaßen der Reichsverfassung vorbehalten bleiben, die diese allerdings auch erst zum Ende hin regelte, da der repräsentativste Platz in einer Verfassung, der Art. 1, an dem sich das Grundgesetz der Bundesrepublik Deutschland beispielsweise zur Achtung vor der Menschenwürde bekennt, in der Verfassung des Weimarer Staates für die Feststellung reserviert war, dass das Deutsche Reich eine Republik sei. Im Übrigen hätte Sachsen, selbst wenn es gewollt hätte, keine andere als die republikanische Staatsform für sich wählen können. Mit Art. 17 der Weimarer Reichsverfassung kam als eines der dem deutschen Staatsrecht bis dahin unbekannten unitarischen Elemente das Homogenitätsgebot[2], dem sich die Landesverfassungsgesetzgeber zu beugen hatten. Hiernach musste jedes Land eine „freistaatliche Verfassung" haben. Die Zeiten, in denen es in Deutschland sowohl monarchisch als auch republikanisch (die Stadtstaaten) regierte deutsche Staaten geben konnte, waren damit vorbei.

Art. 1 der sächs[ischen] Verf[assung] 1920 bestimmte entsprechend den Vorgaben des Reichsverfassungsrechts: „Sachsen ist ein Freistaat im Deutschen Reich." Der Begriff „Freistaat" bekam nach 1918 Hochkonjunktur im nachmonarchischen Deutschland. Preußen, Bayern, Württemberg und Baden, später auch Thüringen und eben auch Sachsen schmückten sich mit dieser Bezeichnung, die eine Eindeutschung des Begriffes „Republik" ist. In Art. 2 bekannte sich die sächs[ische] Verf[assung] 1920 zur Volkssouveränität. Eigenartig ist, dass in Art. 2 Abs. 2 sächs[ischer] Verf[assung] 1920 bei der Aufzählung derjenigen, die Staatsgewalt ausüben – das Volk, der Landtag und „die Behörden" werden genannt –, der Recht sprechende Teil der Staatsgewalt überhaupt nicht vorkommt. Konsequent enthielt die sächs[ische] Verf[assung] 1920 dann auch nichts zur Rechtsprechung und kannte insbesondere auch kein eigenes sächsisches Verfassungsgericht, beides ist – wie auch das gänzliche Fehlen von Grundrechten – ein im Vergleich zur sächsischen Verfassung von 1831 und der heutigen Sächsischen Verfassung von 1992 augenfälliges rechtsstaatliches Defizit.

Dafür sind verfassungsrechtliche Elemente, die dem Demokratieprinzip zuzuordnen sind, ausgeprägter vorhanden, wie beispielsweise die Möglichkeiten zu Volksbegehren und Volksentscheiden (Art. 3, 36–38 sächs[ische] Verf[assung] 1920) beweisen.

Durch Volksbegehren und Volksentscheid hatte der Souverän, das Volk in Sachsen, die Möglichkeit, direkt in das politische Geschehen einzugreifen und seinen aktuellen Willen im alltäglichen Verfassungsleben wirksam zur Geltung zu bringen. Mit einem Volksbegehren konnte ein Zehntel der Stimmberechtigten der letzten Landtagswahl ein Gesetz und sogar die Auflösung des Landtages begehren und damit einen Volksentscheid herbeiführen (Art. 36 sächs[ische] Verf[assung] 1920).

Weimarer Republik 3

Lediglich der Staatshaushaltsplan, Abgabengesetze und Besoldungsordnungen waren einem direkten Zugriff des Souveräns entzogen (Art. 37 sächs[ische] Verf[assung] 1920). Art. 38 sächs[ische] Verf[assung] 1920 regelte einige Grundsätze zum Volksentscheid und weitere Einzelheiten bestimmte das Gesetz über Volksbegehren und Volksentscheid vom 8. März 1921 […].

Wichtigstes Staatsorgan des Freistaates Sachsen war der Landtag. Er bestand aus 96 Abgeordneten, die nach den Grundsätzen der Verhältniswahl auf vier Jahre gewählt wurden (Art. 4, 6 sächs[ische] Verf[assung] 1920). Aufgabe des Landtages war es, die Gesetze zu beschließen, den Ministerpräsidenten zu wählen und die Politik und Verwaltung des Staates zu überwachen (Art. 5 sächs[ische] Verf[assung] 1920). Der Landtag konnte sich selbst auflösen (Art. 9 Abs. 1 sächs[ische] Verf[assung] 1920). Er konnte aber auch durch einen Volksentscheid aufgelöst werden. Dieser Volksentscheid konnte durch ein Volksbegehren oder auf Antrag des Gesamtministeriums herbeigeführt werden (Art. 9 Abs. 2 sächs[ische] Verf[assung] 1920).

Suzanne Drehwald/Christoph Jestaedt, Sachsen als Verfassungsstaat, hg. v. Thomas Pfeiffer, Edition Leipzig, Sonderausgabe der Sächsischen Landeszentrale für politische Bildung, Leipzig 1998, S. 48–51

1 unitarisch = hier Bez. für das Streben nach einem Einheitsstaat oder einem Bundesstaat auf Kosten der Selbstständigkeit der Länder
2 Homogenität = Gleichartigkeit; Art. 17 der Weimarer Reichsverfassung formuliert das Homogenitätsgebot so: „Jedes Land muss eine freistaatliche Verfassung haben. Die Volksvertretung muss in allgemeiner, gleicher, unmittelbarer und geheimer Wahl von allen reichsdeutschen Männern und Frauen nach den Grundsätzen der Verhältniswahl gewählt werden. Die Landesregierung bedarf des Vertrauens der Volksvertretung."

1 Beschreiben Sie anhand von M 14 a das politische Kräfteverhältnis in Sachsen vom Ende des Ersten Weltkrieges bis zur Verabschiedung der Verfassung von 1920. Welche politischen Parteien konnten sich durchsetzen, welche waren unterlegen?

2 Erörtern Sie, warum es in Sachsen nicht zu einem „deutschen Oktober", d. h. zu einer Entwicklung wie in Russland während der Oktoberrevolution 1917, kam.

3 Der Historiker Heinrich August Winkler hat in seinem 1979 erschienenen Buch über „Die Sozialdemokratie und die Revolution von 1918/19" geschrieben: „Die SPD kann nicht dafür getadelt werden, dass sie eine Doppelherrschaft von Räten und Parlament, wie sie Teile der USPD anvisierten, ablehnte. Ein solches System wäre auf eine schrittweise Aushöhlung der parlamentarischen Demokratie hinausgelaufen und hätte sich als ebenso kostspielig wie funktionsuntüchtig erwiesen. […] Und es spricht für die Nüchternheit der Sozialdemokratie, dass sie den Illusionen der Anhänger des ‚reinen Rätesystems' niemals verfallen ist. Ein ‚dritter Weg' zwischen der parlamentarischen Demokratie und dem ‚reinen Rätesystem' oder einem Regime sowjetischer Prägung war nicht gangbar." Diskutieren Sie diese These sowohl am Beispiel Sachsens als auch auf der Ebene des Reiches.

4 Charakterisieren Sie die sächsische Verfassung von 1920 (M 14 b). Stellen Sie dabei die Wesensmerkmale heraus und erklären Sie den besonderen Stellenwert plebiszitärer Elemente vor dem historischen Hintergrund der Novemberrevolution.

5 Recherche: Informieren Sie sich mithilfe des Internets über die Entstehung des Begriffes „Freistaat". Benutzen Sie dafür die Internetseite Sachsens: www.sachsen.de. Diskutieren Sie, ob und inwieweit der Begriff heute noch angemessen ist.

3 Weimarer Republik

1.3 Die Weimarer Reichsverfassung

Parteienspektrum der Weimarer Republik

Im Gefolge des Zusammenbruchs des Kaiserreichs veränderte sich die deutsche Parteienlandschaft merklich: Die Fortschrittliche Volkspartei und Teile der Nationalliberalen fanden im Dezember 1918 zur linksliberalen, die Republik tragenden Deutschen Demokratischen Partei (DDP) zusammen. Vertreter des Bankkapitals und der Exportindustrie gaben ihr das Profil. Die Deutsche Volkspartei (DVP) vereinigte rechte Gruppierungen der Nationalliberalen Partei. Als Vertreterin der Monarchie und der Großindustrie stand sie der neuen Staatsform ablehnend gegenüber. Im Zentrum gewannen die sozialpolitisch und demokratisch orientierten Kräfte mit Matthias Erzberger die Oberhand. Allerdings erfuhr die Partei durch die Abspaltung des bayerischen Flügels der BVP unter Georg Heim eine deutliche Schwächung. Aus verschiedenen konservativen und monarchistischen Kreisen entstand die Deutschnationale Volkspartei (DNVP), die unter ihrem Parteiführer Alfred Hugenberg eine antirepublikanische und antidemokratische Hetze betrieb. Die Linke war Ende 1918 durch SPD und USPD repräsentiert.

Wahl zur Nationalversammlung

Das Wahlergebnis vom 19. Januar 1919 zeigt auf den ersten Blick keine Radikalisierung der Bevölkerung (M 17). Aber in vielen Fällen gab wohl mehr die Angst vor einem revolutionären Umsturz den Ausschlag bei der Wahlentscheidung als eine grundsätzlich positive Einstellung zu einem neuen demokratischen Staat.
Die Sozialdemokraten blieben mit knapp 38 % die stärkste Partei. Ein Zusammengehen mit der USPD, die lediglich 7,6 % der Stimmen gewann, war angesichts ihrer Radikalisierung unmöglich. Die bürgerlichen Parteien besaßen zusammen die Mehrheit, wobei das Zentrum mit knapp 20 % die stärkste Gruppe bildete, dicht gefolgt von der DDP mit 18,5 %. Der neu entstehende Staat konnte sich demnach nur aus einem Kompromiss zwischen den Linken und der bürgerlichen Mitte konstituieren.

Nationalversammlung in Weimar

Die neu gewählte Nationalversammlung sah sich vor drei große Aufgaben gestellt. Sie sollte zunächst eine provisorische Zentralregierung bilden, die bis zur Wahl einer ordentlichen Regierung die Friedensverhandlungen mit den Alliierten zu führen hatte. Zuvorderst galt es jedoch, eine demokratische Verfassung auszuarbeiten. Wegen der unruhigen Verhältnisse in Berlin hatte man sich in der Abgeschiedenheit des thüringischen Weimar versammelt, da die Verfassung nicht unter dem Druck der Straße beraten werden sollte. Überdies wollte man sich durch die Wahl des Tagungsortes von den machtstaatlichen Traditionen Preußens absetzen und in die geistige Tradition der Weimarer Klassiker Schiller und Goethe stellen. Am 11. Februar 1919 wählte die Nationalversammlung Friedrich Ebert mit ca. 73 % der Stimmen zum Reichspräsidenten. Aus MSPD, DDP und Zentrum bildete Ebert die sogenannte Weimarer Koalition, die unter der Leitung Philipp Scheidemanns (MSPD) stand.

Repräsentative Demokratie und Föderalismus

Die am 31. Juli 1919 verabschiedete und am 11. August vom Reichspräsidenten unterzeichnete Weimarer Reichsverfassung zeigte das Ringen der Abgeordneten um eine möglichst freiheitliche Verfassungsstruktur (M 18): Das Volk galt als Souverän. Repräsentiert im Reichstag, wirkte es durch Volksbegehren und Volksentscheid selbst an der Legislative mit. Ebenso legitimierte es den Reichspräsidenten durch eine direkte Wahl, das Gleiche galt für die Abgeordneten des Reichstages.
Das Verhältnis von Reich und Ländern wurde lange kontrovers diskutiert und endlich zugunsten der Zentralmacht entschieden. Damit verloren die einzelnen Staaten ihre Souveränität und wurden zu „Ländern", die zwar Landesregierung und Landtag beibehielten, aber vor allem die Steuerhoheit verloren und von nun an dem Reichsrecht unterworfen waren. Auch durch den Reichsrat war kaum eine Beteiligung an der Legislative möglich; er besaß lediglich ein aufschiebendes Vetorecht. Im Konfliktfall konnte das Reich sogar durch ein Reichsexekutionsorgan mit Gewalt eingreifen.
Die Funktion der Parteien wurde in der Verfassung nicht definiert – im Gegensatz zur Verfassung der Bundesrepublik, die ihnen die Mitarbeit bei der politischen Willensbildung zuweist. Das Fehlen

Weimarer Republik 3

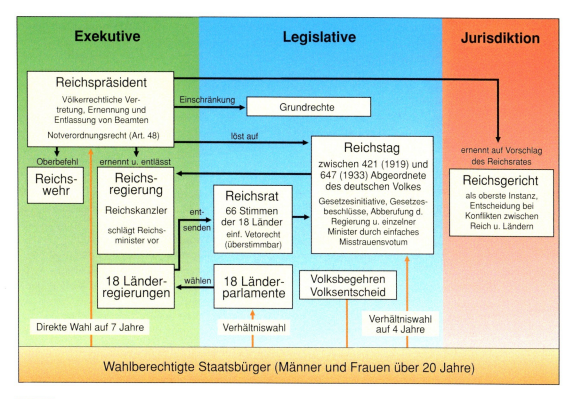

M16 Die Weimarer Reichsverfassung von 1919

1 Untersuchen Sie die horizontale Gewaltenteilung, die Rechte des Reichstages und des Reichspräsidenten.
2 Vergleichen Sie die Grundzüge der Weimarer Reichsverfassung mit Bismarcks Reichsverfassung (s. S. 108).

einer solchen Funktionszuweisung war ein deutliches Zeichen dafür, dass man sie nicht besonders schätzte. Ihnen oblag die Organisation von Wahlen.
Das Wahlrecht sah im Vergleich zur Verfassung von 1871 das Frauenwahlrecht vor. Das Wahlalter wurde von 25 auf 20 Jahre herabgesetzt. Die Wahlen waren allgemein, geheim, direkt und gleich. Um eine weitgehende Repräsentation des Volkes im Reichstag zu sichern, einigte man sich auf ein reines Verhältniswahlrecht ohne Sperrklausel. Wie die politische Praxis in der Weimarer Republik zeigte, begünstigte es kleine und kleinste Parteien, sodass sich der Reichstag aus einer großen Anzahl von Parteien zusammensetzte. Deren weltanschauliche und klassenmäßige Bindung war in der praktischen politischen Arbeit so eng, dass im Reichstag Koalitionsfähigkeit, Konsensfindung und demokratischer Kompromiss kaum zu erreichen waren.
Die Weimarer Verfassung war dem Grundsatz der Wertneutralität verpflichtet. Das bedeutete, dass Verfassungsrechte keinen höheren Rang besaßen als einfache Gesetze. Die Verfassung war daher gegen Aushöhlung und Verfassungsfeinde wenig geschützt.

Reichspräsident und Reichsregierung Sowohl die plebiszitären Elemente als auch die mächtige Position des Reichspräsidenten zeigen das Misstrauen, das die Verfassungsberater gegen Parlament, Parteien und Demokratie hegten. Deshalb stattete man den Reichspräsidenten mit einer Fülle von Kompetenzen aus, die ihn zu einem Gegengewicht zum Parlament und zu einer Art „Ersatzkaiser" werden ließen. Durch einen Aufruf zum Volksentscheid konnte er die vom Reichstag bereits verabschiedeten Gesetze aufheben. Er besaß die Befugnis, den Reichstag aufzulösen. Auch die Reichsregierung blieb unter seiner Kontrolle: Er ernannte und entließ Reichskanzler und Reichsminister. Neben dem Oberbefehl der Streitkräfte konnte er sich durch den Artikel 48 der

3 Weimarer Republik

Weimarer Verfassung zum „Diktator auf Zeit" ernennen. Mit diesem „Notverordnungsrecht" wurden bei Gefährdung der „öffentlichen Sicherheit und Ordnung" Grundrechte außer Kraft gesetzt und der Ausnahmezustand ausgerufen. Es gestattete dem Reichspräsidenten, „Präsidialkabinette" zu bilden, die ohne Mehrheit des Reichstages regierten. Die Gefahr für die Demokratie durch diesen Artikel erkannte die Nationalversammlung nicht, obwohl die USPD eindringlich vor diesem „Blankoscheck" warnte.

Die schwächste Position unter den Verfassungsorganen nahm die **Reichsregierung** ein, die doppelt abhängig war. Neben der Kontrolle durch den Reichspräsidenten konnte ihr Kanzler durch ein einfaches Misstrauensvotum des Reichstages gestürzt werden.

Grundrechte

Die **Grundrechte** besaßen einen geringen Stellenwert. Anders als im Grundgesetz der Bundesrepublik galten sie nicht als vorstaatlich, d. h., sie waren nicht als unmittelbar geltendes Recht einklagbar. Neben den liberalen Freiheitsrechten umfasste der Grundrechtekatalog auch soziale Rechte, in denen der Einfluss der Arbeiter- und Rätebewegung deutlich wird. Die Gleichberechtigung der Frau, der Schutz der Jugend und der Achtstundentag wurden ebenfalls aufgenommen. Organisationen der Arbeitnehmer und der Unternehmer fanden zur Regelung der Lohn- und Arbeitsbedingungen staatliche Anerkennung. Artikel 153 beschränkte das Eigentumsrecht: Zum Wohle der Allgemeinheit bestand die Möglichkeit, Privatunternehmen zu sozialisieren und betriebliche Mitbestimmung einzuführen. Die Verfassung zeigt in sich kein gesellschaftspolitisch stimmiges Bild. Sie stellt einen Kompromiss aus sozialdemokratischer Arbeiterbewegung und demokratisch gesinntem Bürgertum dar.

M17 Ergebnisse der Reichstagswahlen 1919–1933 (in % der abgegebenen gültigen Wählerstimmen)

	Jan. 1919	Juni 1920	Mai 1924	Dez. 1924	Mai 1928	Sept. 1930	Juli 1932	Nov. 1932	März 1933
KPD	–	2,1	12,6	9,0	10,6	13,1	14,3	16,9	12,3
USPD	7,6	17,9	0,8	0,3	–	–	–	–	–
SPD	37,9	21,7	20,5	26,0	29,8	24,5	21,6	20,4	18,3
Zentrum/BVP	19,7	18,2	16,6	17,3	15,2	14,8	15,7	15,0	13,9
DDP	18,5	8,3	5,7	6,3	4,9	3,8	1,0	1,0	0,9
DVP	4,4	13,9	9,2	10,1	8,7	4,5	1,2	1,9	1,1
DNVP	10,3	15,1	19,5	20,5	14,2	7,0	5,9	8,3	8,0
NSDAP	–	–	6,5	3,0	2,6	18,3	37,3	33,1	43,9
Sonstige	1,6	2,8	8,6	6,5	14,0	14,0	3,0	3,4	1,6

Statistisches Jahrbuch für das Deutsche Reich, 52. Jg., 1933, S. 599

1 Untersuchen Sie die Ergebnisse der Wahlen zur Nationalversammlung im Januar 1919. Welche Koalitionen boten sich an?
2 Verfolgen Sie die Stärke von KPD/USPD und NSDAP einerseits und SPD/Zentrum/DDP andererseits im Verlauf der Weimarer Republik.

Weimarer Republik 3

M 18 Aus der Weimarer Reichsverfassung von 1919

Art. 1. Das Deutsche Reich ist eine Republik. Die Staatsgewalt geht vom Volke aus. […]

Art. 20. Der Reichstag besteht aus den Abgeordneten des deutschen Volkes.

Art. 21. Die Abgeordneten sind Vertreter des ganzen Volkes. Sie sind nur ihrem Gewissen unterworfen und an Aufträge nicht gebunden.

Art. 22. Die Abgeordneten werden in allgemeiner, gleicher, unmittelbarer und geheimer Wahl von den über zwanzig Jahre alten Männern und Frauen nach den Grundsätzen der Verhältniswahl gewählt. […]

Art. 25. Der Reichspräsident kann den Reichstag auflösen, jedoch nur einmal aus dem gleichen Anlass. Die Neuwahl findet spätestens am sechzigsten Tag nach der Auflösung statt. […]

Art. 41. Der Reichspräsident wird vom ganzen deutschen Volke gewählt. […]

Art. 48. Wenn ein Land die ihm nach der Reichsverfassung oder den Reichsgesetzen obliegenden Pflichten nicht erfüllt, kann der Reichspräsident es dazu mit Hilfe der bewaffneten Macht anhalten. Der Reichspräsident kann, wenn im Deutschen Reiche die öffentliche Sicherheit und Ordnung erheblich gestört oder gefährdet wird, die zur Wiederherstellung der öffentlichen Sicherheit und Ordnung nötigen Maßnahmen treffen, erforderlichenfalls mit Hilfe der bewaffneten Macht einschreiten. Zu diesem Zwecke darf er vorübergehend die in den Artikeln 114, 115, 117, 118, 123, 124 und 153 festgesetzten Grundrechte ganz oder zum Teil außer Kraft setzen. Von allen gemäß Abs. 1 oder Abs. 2 dieses Artikels getroffenen Maßnahmen hat der Reichspräsident unverzüglich dem Reichstag Kenntnis zu geben. Die Maßnahmen sind auf Verlangen des Reichstags außer Kraft zu setzen. […] Das Nähere bestimmt ein Reichsgesetz[1]. […]

Art. 50. Alle Anordnungen und Verfügungen des Reichspräsidenten, auch solche auf dem Gebiet der Wehrmacht, bedürfen zu ihrer Gültigkeit der Gegenzeichnung durch den Reichskanzler oder den zuständigen Reichsminister. […]

Art. 53. Der Reichskanzler und auf seinen Vorschlag die Reichsminister werden vom Reichspräsidenten ernannt und entlassen.

Art. 54. Der Reichskanzler und die Reichsminister bedürfen zu ihrer Amtsführung des Vertrauens des Reichstags. Jeder von ihnen muss zurücktreten, wenn ihm der Reichstag durch ausdrücklichen Beschluss sein Vertrauen entzieht. […]

Art. 73. Ein vom Reichstag beschlossenes Gesetz ist vor seiner Verkündung zum Volksentscheid zu bringen, wenn der Reichspräsident binnen eines Monats es bestimmt. Ein Gesetz, dessen Verkündung auf Antrag von mindestens einem Drittel des Reichstags ausgesetzt ist, ist dem Volksentscheid zu unterbreiten, wenn ein Zwanzigstel der Stimmberechtigten es beantragt. Ein Volksentscheid ist ferner herbeizuführen, wenn ein Zehntel der Stimmberechtigten das Begehren nach Vorlegung eines Gesetzentwurfs stellt. […]

Art. 109. Alle Deutschen sind vor dem Gesetze gleich. Männer und Frauen haben grundsätzlich dieselben staatsbürgerlichen Rechte und Pflichten. Öffentlich-rechtliche Vorrechte oder Nachteile der Geburt oder des Standes sind aufzuheben. […]

Art. 114. Die Freiheit der Person ist unverletzlich. Eine Beeinträchtigung oder Entziehung der persönlichen Freiheit durch die öffentliche Gewalt ist nur aufgrund von Gesetzen zulässig. […]

Art. 151. Die Ordnung des Wirtschaftslebens muss den Grundsätzen der Gerechtigkeit mit dem Ziele der Gewährleistung eines menschenwürdigen Daseins für alle entsprechen. In diesen Grenzen ist die wirtschaftliche Freiheit des Einzelnen zu sichern. Gesetzlicher Zwang ist nur zulässig zur Verwirklichung bedrohter Rechte oder im Dienst überragender Forderungen des Gemeinwohls. […]

Art. 165. Die Arbeiter und Angestellten sind dazu berufen, gleichberechtigt in Gemeinschaft mit den Unternehmern an der Regelung der Lohn- und Arbeitsbedingungen sowie an der gesamten wirtschaftlichen Entwicklung der produktiven Kräfte mitzuwirken. Die beiderseitigen Organisationen und ihre Vereinbarungen werden anerkannt. Die Arbeiter und Angestellten erhalten zur Wahrnehmung ihrer sozialen und wirtschaftlichen Interessen gesetzliche Vertretungen in Betriebsarbeiterräten sowie in nach Wirtschaftsgebieten gegliederten Bezirksarbeiterräten und in einem Reichsarbeiterrat.[2]

E. R. Huber (Hg.), Dokumente der Novemberrevolution und der Weimarer Republik 1918–1932, Stuttgart [2]1966, S. 129 ff.

1 Das hier vorgesehene Reichsgesetz ist nie ergangen.
2 Die hier vorgesehenen Bezirksarbeiterräte und der Reichsarbeiterrat wurden nicht gebildet. Es entstanden lediglich die Betriebsarbeiterräte nach Maßgabe des Betriebsratsgesetzes vom 4.2.1920 (RGBl. S. 147).

1 Bestimmen Sie das Verhältnis von Reichstag, Reichsregierung und Reichspräsident.

2 Beschreiben Sie die Funktion des Reichspräsidenten.

3 Vergleichen Sie die Stellung der Frauen in der Weimarer Reichsverfassung mit derjenigen im Grundgesetz.

3 Weimarer Republik

1.4 Auswirkungen des Versailler Vertrages auf Deutschland

Pariser Friedenskonferenz

Während in Deutschland die Nationalversammlung mit der Arbeit an der Verfassung einer parlamentarisch-demokratischen Staatsordnung begann, tagte in Paris die Friedenskonferenz der Siegermächte, um eine internationale Nachkriegsordnung zu schaffen.

Anders als bei früheren Friedenskonferenzen, etwa dem Wiener Kongress 1814/15, waren in Paris die besiegten Staaten von den Verhandlungen ausgeschlossen und konnten nur schriftlich zu den Vertragsentwürfen Stellung nehmen. Die Plenarversammlung der 32 auf der Konferenz vertretenen Staaten hatte dabei nur geringe Bedeutung. Die Entscheidungen fielen im **Obersten Rat der Großmächte**, bestehend aus den Regierungschefs und Außenministern der USA, Großbritanniens, Frankreichs, Italiens und Japans. Japan schied bald nach Beginn der Konferenz aus und auch Italien nahm zeitweise aus Protest gegen ihm ungenügend erscheinende Regelungen nicht teil. Die Bestimmungen der Nachkriegsordnung waren deshalb geprägt von den Interessen der drei Hauptmächte: USA, Großbritannien und Frankreich.

Interessenlage der Hauptsiegermächte

Obwohl Wilsons „14 Punkte" zum Waffenstillstand geführt hatten, konnte sich die amerikanische Perspektive einer globalen Friedensordnung in Paris nicht oder doch nur in Bruchstücken durchsetzen. Frankreich vertrat unter **Präsident Clemenceau** eine Politik, die auf größtmögliche Sicherheit gegenüber Deutschland abzielte, was territoriale Abtretungen, wirtschaftliche Sanktionen und militärische Schwächung beinhaltete. Der britische **Premierminister Lloyd George** unterstützte zwar die französische Sicherheitspolitik, wandte sich aber in der Tendenz gegen eine kontinentale Hegemonialstellung Frankreichs. Mit den USA war er sich darin einig, den Kontinent gegen die russische Revolution abschirmen zu wollen. Dafür war Deutschland als Mittelmacht-Bollwerk unabdingbar. Lloyd George warnte deshalb vor einem für Deutschland unannehmbaren Frieden (M23). In der britischen Perspektive stellte sich die Sicherheitsfrage zuerst gegenüber Russland und an zweiter Stelle gegenüber Deutschland. Am Ende erhielt das französische Interesse an einer deutlichen Schwächung Deutschlands gegenüber seiner Einbindung in eine neue europäische Ordnung den Vorzug.

Kernpunkte des Versailler Vertrages

Die territorialen Bestimmungen des Versailler Vertrages vom 28. Juni 1919 in Bezug auf Deutschland waren teilweise an **Volksabstimmungen** in den betroffenen Gebieten gebunden, die erst nach der Unterzeichnung des Versailler Vertrages durchgeführt wurden. Bezieht man die Entscheidungen der Alliierten nach den Abstimmungen in die territoriale Bilanz mit ein, so verlor Deutschland 13 % seines Staatsgebietes. Neben Elsass-Lothringen, das an Frankreich zurückgegeben werden musste, machten die Gebietsabtretungen an Polen den Hauptanteil aus. Der Verlust von Industriegebieten und Rohstofflagern bedeutete eine erhebliche Beeinträchtigung der Wirtschaftskraft: 15 % der Anbaufläche, 17 % der Kartoffel- und 13 % der Weizenernte, 75 % der Eisenerze, 68 % der Zinkvorkommen, 26 % der Steinkohleförderung und das Kalimonopol gingen verloren.

Im **Artikel 231**, dem sogenannten **Kriegsschuldartikel**, wurde Deutschland als Urheber für alle Kriegsverluste und -schäden der Alliierten verantwortlich gemacht. Artikel 231 bildete somit die Grundlage für die wirtschaftlichen Entschädigungsleistungen **(Reparationen)**, deren endgültigen Umfang – neben sofort zu entrichtenden Leistungen – eine Reparationskommission noch festlegen sollte.

Deutschland musste seine schweren Waffen, Panzer, Luftwaffe, U-Boote und seine Kriegsflotte, aber auch 90 % seiner Handelsflotte abtreten. Die Armee wurde auf ein Freiwilligenheer von 100 000 Mann eingeschränkt, die westliche Rheinseite Deutschlands entmilitarisiert und besetzt.

Deutsche Kritik am Versailler Vertrag

Im Versailler Vertrag gelang es nicht, eine dauerhafte Ordnung zu schaffen, die für Deutschland innere und äußere Stabilität hergestellt hätte. Die Umstände der Vertragsverhandlungen, bei denen Deutschland ausgeschlossen blieb, und der Unterzeichnung unter dem Druck der Drohung einer Kriegsfortsetzung führten zur **einhelligen**

Weimarer Republik 3

M19 Zeitgenössische Übersichtskarte über die Folgen des Versailler Vertrages. Die Karte wurde in vielen Lehrbüchern der Weimarer Republik abgedruckt.

1 Untersuchen Sie die Intention des Versailler Vertrages anhand dieser Karte.
2 Analysieren Sie den politischen Standort des Kartenautors.

Ablehnung des Vertrages als „Diktatfrieden" oder – in der Sprache der Rechten – zum „Schanddiktat" von Versailles.
Die Vertragsinhalte selbst riefen eine nicht enden wollende Diskussion hervor. Dabei waren es nicht Entschädigungszahlungen und Gebietsverluste überhaupt, die die Öffentlichkeit erregten; dazu hatte Deutschland sich bereits im Waffenstillstand verpflichtet. Es war vor allem die **Missachtung wilsonscher Prinzipien** gegenüber Deutschland, die den Vertrag als bekämpfenswert erscheinen ließen. Vor allem Frankreich hatte durch eine kurzsichtige Politik, die ihm die Hegemonie in Europa um jeden Preis sichern sollte, eine jahrzehntelange Empörung im deutschsprachigen Raum geschürt, und zwar seit der Wehrlosmachung Deutschlands durch die Entwaffnungsbestimmungen und der erheblichen Beeinträchtigung der deutschen Exportmöglichkeiten durch die Wegnahme von 90 % der Handelsflotte. Als besonders skandalös empfand man die **Missachtung des Selbstbestimmungsrechts** der Deutschen im Memelland, in Oberschlesien, im Sudetenland und in Deutsch-Österreich, waren doch alle neuen Nationalstaaten der Pariser Verträge im Namen des Selbstbestimmungsrechts der Völker gebildet worden (M 19, M 21 c).

3 Weimarer Republik

M 20 William Orpen (1878–1931), **Die Unterzeichnung des Friedensvertrages im Schloss von Versailles am 28. Juni 1919**, Ölgemälde, 1919. Der englische Premierminister Lloyd George hatte Orpen zum „Official Artist" der Pariser Friedenskonferenzen ernannt.

Kriegsschuldfrage

„Welche Hand müsste nicht verdorren, die sich und uns in solche Fesseln legte?" Diese Formulierung in der Rede von Ministerpräsident Scheidemann in der Nationalversammlung am 12. Mai 1919 spiegelt die Stimmungslage im Reich beim Bekanntwerden des Versailler Vertragsentwurfs wider (M 22). Gegen den Versailler Vertrag gab es praktisch eine Allparteienkoalition, wenn auch das Engagement in den Reihen der Parteien für die Revisionspolitik unterschiedlich ausgeprägt war. Kritische Stimmen in der SPD konnten sich nicht durchsetzen. Selbst die Kommunisten, für die der Kapitalismus bzw. Imperialismus insgesamt die Verantwortung für den Weltkrieg trug, sprachen im Zusammenhang mit den Reparationen vom „räuberischen Friedensvertrag". Die Feindschaft gegen „Versailles" wurde so zum wirksamsten negativen Integrationsmittel der Weimarer Republik.

Reparationen

Für die materiellen Schadensersatzleistungen hatte der Versailler Vertrag nur einen Rahmen geschaffen, der durch spätere Abkommen ausgefüllt werden sollte (M 21). Bei der Festlegung der Reparationen kamen zwar inneralliierte Interessengegensätze wieder zum Ausdruck, aber ohne dass damit die Reparationen generell infrage gestellt wurden. Eine grundsätzliche Erwägung der ökonomischen Folgen, wie sie der amerikanische Wissenschaftler Keynes kritisch erörterte (M 24), blieb aus.

Frankreich erschienen die Reparationen ein wirksames Instrument, um ein Wiedererstarken Deutschlands auf Dauer zu verhindern. Zudem waren Reparationszahlungen für die Alliierten eine willkommene Quelle zur **Rückzahlung der Kriegsanleihen an die USA**. Jedoch musste angesichts der inneren ökonomischen Probleme Deutschlands jede Durchsetzung hoher Zahlungsverpflichtungen krisenverschärfend wirken. Da erst mit dem Dawes-Plan 1924 die Höhe der Reparationen von der Leistungsfähigkeit der deutschen Wirtschaft abhängig gemacht wurde, konnten die wirtschaftlichen und sozialen Probleme der Weimarer Zeit leicht allein auf die Reparationsverpflichtungen abgeschoben werden.

Weimarer Republik 3

M21 Auswirkungen des Versailler Vertrages

a) Folgen der alliierten Reparationsforderungen für die Innenpolitik der Weimarer Republik

	Alliierte Entscheidungen	Auswirkungen	Langfristige Folgen für die Weimarer Republik
1919	vorläufige Zahlung von 20 Mrd. Goldmark bis April 1921; Forderungen unbestimmter Höhe auf unbestimmte Zeit (Sachleistungen, Geldzahlungen)	Kapp-Putsch	
1920	Juni: Konferenz von Boulogne: Forderung von 269 Mrd. Goldmark in 42 Jahresraten		
Januar 1921	Pariser Konferenz bestätigt Forderung von 269 Mrd., Reichstag lehnt ab – alliierte Besetzung von Duisburg, Ruhrort, Düsseldorf	Rücktritt Regierung Fehrenbach (Zentrum)	Stärkung der nationalistisch-völkischen Bewegung
Mai 1921	Londoner Ultimatum: jährlich 2 Mrd. plus 25 % Ausfuhr, d. h. Forderung von 132 Mrd. Goldmark – Drohung mit Besetzung des Ruhrgebietes; Reichstag akzeptiert	Ermordung Erzbergers	Stärkung der Republikfeinde; Stärkung des Separatismus
1922	Zweite Londoner Konferenz: Ablehnung der deutschen Vorschläge	Ermordung Rathenaus	Anheizen der Inflation
1923	Januar 1923: Besetzung des Ruhrgebietes (bis Juli 1925); galoppierende Inflation	Putsch der „Schwarzen Reichswehr" in Küstrin; Hitler-Putsch; Separatismus: z. B. Rheinrepublik im Oktober/November	Zersetzung allen gesitteten politischen Stils
1924	Dawes-Plan: 5,4 Mrd. bis 1928, dann zeitlich begrenzt 2,5 Mrd. jährlich zuzüglich eines Wohlstandsindex	Anpassung der jährlichen Reparationszahlungen an die Wirtschaftskraft	relative wirtschaftliche Stabilisierung
1929	Young-Plan: 59 Jahre lang durchschnittlich 2 Mrd. jährlich; nicht finanzierbar durch Exportgewinne; Rückgabe des Rheinlandes 1930 statt 1935	Plattform für Hitlers Wiedereintritt in die Reichspolitik	
1931	Hoover-Moratorium (internationales Schuldenfeierjahr)		
1932	Konferenz von Lausanne: Ende der Reparationszahlungen gegen Schlusszahlung von 3 Mrd.		

Fazit: bis 1931 bezahlt: 67 Mrd. (nach alliierter Sicht nur 20 Mrd.)

1 Untersuchen Sie die Entwicklung der alliierten Reparationsforderungen.
2 Fassen Sie die unmittelbaren Auswirkungen und die langfristigen Folgen zusammen.
3 Erörtern Sie die Beweggründe der Alliierten für ihre Politik, vor allem 1919 bis 1923.

3 Weimarer Republik

b) „Germania am Marterpfahl", Propagandapostkarte, um 1920

c) Die Folgen des Versailler Vertrages, Schulbuch-Illustration, 1933

1 Beschreiben Sie die beiden Abbildungen M 21 b und c in ihrer Bildsprache und Aussageabsicht.

M 22 **Aus der Rede des Reichskanzlers Philipp Scheidemann (SPD) in der Nationalversammlung vom 12. Mai 1919**

Die deutsche Nationalversammlung ist heute zusammengetreten, um am Wendepunkte im Dasein unseres Volkes gemeinsam mit der Reichsregierung Stellung zu nehmen zu dem, was unsere Gegner Friedensbedin-
5 gungen nennen […].
Heute, wo jeder die erdrosselnde Hand an der Gurgel fühlt, lassen Sie mich ganz ohne taktisches Erwägen reden: Was unseren Beratungen zugrunde liegt, ist dies dicke Buch, in dem 100 Absätze beginnen:
10 Deutschland verzichtet, verzichtet, verzichtet! Dieser schauerliche und mörderische Hexenhammer, mit dem einem großen Volke das Bekenntnis der eigenen Unwürdigkeit, die Zustimmung zur erbarmungslosen Zerstückelung abgepresst werden soll, dies Buch darf
15 nicht zum Gesetzbuch der Zukunft werden. Seit ich die Forderungen in ihrer Gesamtheit kenne, käme es mir wie eine Lästerung vor, das Wilson-Programm, diese Grundlagen des ersten Waffenstillstandsvertrages, mit ihnen auch nur vergleichen zu wollen! Aber eine Bemerkung kann ich nicht unterdrücken: Die Welt 20 ist wieder einmal um eine Illusion ärmer geworden. Die Völker haben in dieser an Idealen armen Zeit wieder einmal den Glauben verloren […]. Ich frage Sie: Wer kann als ehrlicher Mann – ich will gar nicht sagen als Deutscher – nur als ehrlicher, vertragstreuer Mann 25 solche Bedingungen eingehen? Welche Hand müsste nicht verdorren, die sich und uns in solche Fesseln legte?

J. Hohlfeld (Hg.), Dokumente der deutschen Politik und Geschichte von 1848 bis zur Gegenwart, Bd. 3, Wendler, Berlin o. J., S. 35

1 Erklären Sie Scheidemanns Erbitterung beim Vergleich des Versailler Vertrages mit Wilsons „14 Punkten" von 1918.
2 Erörtern Sie die möglichen Folgen einer deutschen Ablehnung des Friedensvertrages.

Weimarer Republik 3

M 23 Aus der Versailler Denkschrift von David Lloyd George an Georges Clemenceau und Woodrow Wilson vom 26. März 1919

Sie mögen Deutschland seiner Kolonien berauben, seine Rüstungen zu einer bloßen Polizeimacht und seine Flotte zu einer Macht fünften Grades herabsetzen. Es ist schließlich alles gleich; wenn es sich im Frieden von 1919 ungerecht behandelt fühlt, wird es Mittel finden, um an seinen Besiegern Rache zu nehmen […]. Unsere Bedingungen dürfen hart, sogar erbarmungslos sein, aber gleichzeitig können sie so gerecht sein, dass das Land, dem sie auferlegt werden, in seinem Herzen fühlen wird, dass es kein Recht zur Klage hat. Aber Ungerechtigkeit und Anmaßung, ausgespielt in der Stunde des Triumphes, werden nie vergessen und vergeben werden.

Aus diesem Grunde bin ich auf das Schärfste dagegen, mehr Deutsche, als unerlässlich nötig ist, der deutschen Herrschaft zu entziehen, um sie einer anderen Nation zu unterstellen. Ich kann kaum eine stärkere Ursache für einen künftigen Krieg erblicken, als dass das deutsche Volk, das sich zweifellos als eine der kraftvollsten und mächtigsten Rassen der Welt erwiesen hat, rings von einer Anzahl kleiner Staaten umgeben werden soll, von denen viele aus Völkern bestehen, die noch nie vorher eine selbstständige Regierung aufgestellt haben, aber jedes breite Massen von Deutschen umschließen, die die Vereinigung mit ihrem Heimatland fordern. Der Vorschlag der polnischen Kommission, 2100000 Deutsche der Aufsicht eines Volkes von anderer Religion zu unterstellen, das noch nie im Laufe seiner Geschichte die Fähigkeit zur Selbstregierung bewiesen hat, muss meiner Beurteilung nach früher oder später zu einem neuen Kriege in Osteuropa führen. […] Von jedem Standpunkt aus, will mir daher erscheinen, müssen wir uns bemühen, eine Ordnung des Friedens zu entwerfen, als wären wir unparteiische Schiedsrichter, die die Leidenschaften des Krieges vergessen haben.

G. Soldan, Zeitgeschichte in Wort und Bild, Bd. 1, München 1931, S. 312 ff.

1 Vergleichen Sie die Vorschläge Lloyd Georges mit den Ergebnissen des Versailler Vertrages (s. S. 178 ff.).
2 In welchen Befürchtungen nimmt die Denkschrift spätere Entwicklungen vorweg? Führen Sie diese Entwicklungen genauer aus.
3 Definieren Sie Lloyd Georges Position in der Kriegsschuldfrage.

M 24 Die Kritik des Wirtschaftswissenschaftlers John Maynard Keynes am Versailler Vertrag (1920)

Der Friedensvertrag enthält keine Bestimmungen zur wirtschaftlichen Wiederherstellung Europas, nichts, um die geschlagenen Mittelmächte wieder zu guten Nachbarn zu machen, nichts, um die neuen Staaten Europas zu festigen, nichts, um Russland zu retten. Auch fördert er in keiner Weise die wirtschaftliche Interessengemeinschaft unter den Verbündeten selbst. Über die Ordnung der zerrütteten Finanzen Frankreichs und Italiens oder den Ausgleich zwischen den Systemen der Alten und der Neuen Welt konnte man sich in Paris nicht verständigen. Der Rat der Vier[1] schenkte diesen Fragen keine Aufmerksamkeit, da er mit anderem beschäftigt war – Clemenceau, das Wirtschaftsleben seiner Feinde zu vernichten, Lloyd George, ein Geschäft zu machen und etwas nach Hause zu bringen, was wenigstens eine Woche lang sich sehen lassen konnte, der Präsident [Wilson], nur das Gerechte und Rechte zu tun. Es ist eine bemerkenswerte Tatsache, dass das wirtschaftliche Grundproblem eines vor ihren Augen verhungernden und verfallenden Europas die einzige Frage war, für die es nicht möglich war, die Teilnahme der Vier zu erwecken. […]

Die bezeichnenden Züge der gegenwärtigen Lage lassen sich in drei Gruppen zusammenfassen: 1. das vollständige Nachlassen der inneren Produktivität Europas, 2. der Zusammenbruch des Verkehrswesens und des Austausches, mittels deren seine Erzeugnisse dorthin gebracht werden konnten, wo man ihrer am meisten bedurfte, und 3. Europas Mangel an Kaufkraft zur Beschaffung der gewohnten Waren von Übersee. […] Vor uns steht ein leistungsunfähiges, arbeitsloses, desorganisiertes Europa, zerrissen vom Hass der Völker und von innerem Aufruhr, kämpfend, hungernd, plündernd und schwindelnd, wo soll man weniger düstere Farben hernehmen?

John M. Keynes, Die wirtschaftlichen Folgen des Friedensvertrages, München u. a. 1920, S. 184 ff.

1 neben den „Großen Drei" noch der italienische Ministerpräsident Vittorio Emmanuele Orlando (1860–1952)

1 Worin erblickt Keynes das Hauptproblem im Nachkriegseuropa?
2 Von welchen Motiven ließen sich nach Keynes die Siegermächte beim Versailler Vertrag leiten?
3 Erschließen Sie Keynes' Prognose und überprüfen Sie sie anhand Ihrer derzeitigen Kenntnisse.

3 Weimarer Republik

1.5 Krisenjahre 1919–1923

Die militärische Niederlage, der Sturz der Monarchien, die Friedensbedingungen der Alliierten und die Arbeitslosigkeit der heimkehrenden Soldaten leiteten eine fünfjährige Krisenperiode der ersten deutschen Republik ein, die erst mit der Bewältigung der Inflation und der Regulierung des Reparationsproblems 1923/24 ein Ende fand.

Morde von rechts Obwohl der Anfang des Jahres 1919 vor allem durch die Kämpfe zwischen MSPD und Linkssozialisten geprägt war, griffen nun auch rechts gerichtete Kreise gewaltsam in die politischen Auseinandersetzungen ein. Der Rechtsradikalismus suchte sich zunächst einzelne Opfer unter Repräsentanten der Räteanhänger, später dann auch unter Vertretern der Regierungspolitik. Im Januar 1919 ermordeten Freikorpsoffiziere die Vorsitzenden der neu gegründeten KPD, Karl Liebknecht und Rosa Luxemburg; der bayerische Ministerpräsident Kurt Eisner wurde ihr nächstes Opfer (M25). Im Juni 1921 wurde auch der Vorsitzende der USPD in Bayern, Karl Gareis, von rechts gerichteten Tätern ermordet, die im Räteanhänger und „Bolschewisten" ihren Hauptfeind erblickten. Ein ähnliches Feindbild lieferten die „Erfüllungspolitiker". Als Repräsentanten einer flexiblen Politik zur Erfüllung des Versailler Vertrages wurden 1921 der ehemalige Reichsfinanzminister Matthias Erzberger und 1922 Reichsaußenminister Walter Rathenau von Attentätern getötet. Zwar wurde nun unter der Parole „Der Feind steht rechts" ein Republikschutzgesetz verabschiedet, aber die Fülle politischer Morde blieb unbestraft. Die Justiz hegte Sympathien für die rechten Täter (M 29).

Kapp-Putsch 1920 Als 1920 die Bestimmungen des Versailler Vertrages in Kraft traten und auch die aus dem Baltikum heimkehrenden Truppen entwaffnet werden sollten, versuchten rechtskonservative Kreise zusammen mit Truppen der Marinebrigade Ehrhardt einen Putsch. Freikorpseinheiten rückten am 13. März 1920 in Berlin ein (M26), die Reichsregierung floh und der deutschnationale, alldeutsche Wolfgang Kapp ernannte sich zum Reichskanzler. Doch die Reichswehr und die Beamtenschaft erkannten ihn nicht an, obwohl die Reichswehr sich weigerte, die Putschisten zu bekämpfen. Der Chef der Heeresleitung, von Seeckt, vertrat den Standpunkt: „Reichswehr schießt nicht auf Reichswehr." Deshalb riefen Reichsregierung und Gewerkschaften erfolgreich zum Generalstreik auf und der Kapp-Putsch brach am 17. März zusammen. Eine Strafverfolgung der Putschisten unterblieb.

Ruhr- und mitteldeutscher Aufstand Die KPD-Leitung versuchte den Widerstand gegen Kapp für ihre Ziele zu nutzen, rief zur Wahl von Räten im ganzen Reichsgebiet auf und organisierte im Ruhrgebiet eine „Rote Ruhr-Armee" von 50 000 Mann, die als Keimzelle einer deutschen Räterepublik wirken sollte. Dieser Versuch wurde mithilfe von Reichswehr und Freikorps, welche eben noch für Kapp marschiert waren, blutig niedergeschlagen.
Die Märzkämpfe in Mitteldeutschland 1921 bildeten den nächsten Anlauf der KPD zu einer deutschen Räterepublik. Die Entwaffnung der Arbeiterschaft im Industriedreieck Eisleben-Leuna-Bitterfeld durch preußische Sicherheitspolizei machte aber der vorübergehenden Arbeiterautonomie dort ein Ende. Im Krisenjahr 1923 unternahm die KPD ihren letzten Versuch zur Errichtung einer Räteherrschaft. Im Oktober 1923 hatten in Thüringen und Sachsen SPD und KPD in einer Volksfront Koalitionsregierungen gebildet. In ihrem Schutz formierte die KPD bewaffnete Einheiten zur Machtübernahme in einem reichsweiten „Deutschen Oktober". Weil der SPD-Ministerpräsident von Thüringen sich weigerte, die KPD aus der Regierung zu entlassen, wurde er vom Reichskanzler abgesetzt. Jetzt nahm die KPD von ihrem Aufstandsplan Abstand. In Sachsen beendete die Reichsregierung durch eine Reichsexekution den Aufstand (M27).

Hitler-Putsch 1923 Bayern war nach der Niederschlagung der Räterepublik im Mai 1919 zum Zentrum des Rechtsradikalismus geworden, in das sich die politischen Attentäter vor einer Verfolgung durch das Reich flüchten konnten. Reichsexekutionen gegen solche Rechtsbrüche waren wirkungslos. Der bayerische Ministerpräsident Gustav Ritter von Kahr steu-

Weimarer Republik 3

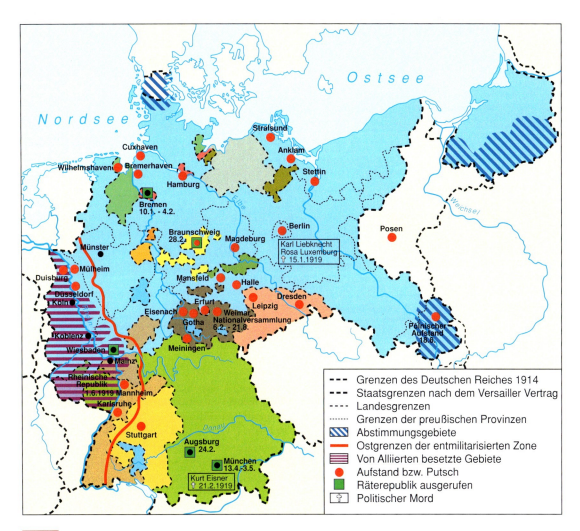

M25 Aufstände, Putsche, Morde in der Weimarer Republik im Jahre 1919

erte seit 1920/21 einen Kurs gegen das Reich. Im Herbst 1923 wurde er zum Generalstaatskommissar mit diktatorischen Vollmachten ernannt. **Erich Ludendorff**, Reichswehrgeneral, und **Adolf Hitler**, Führer der bereits 150 000 Mann starken NSDAP, versuchten, von Kahr zu einem „**Marsch auf Berlin**" zu bewegen (M 30). Weil von Kahr sich im letzten Moment gegen diese „nationale Revolution" stellte, brach der Hitler-Putsch am 9. November 1923 vor der Münchener **Feldherrnhalle** unter den Schüssen der Landespolizei (M 28) zusammen.

Separatismus Die Putsch- und Aufstandsversuche der Linken wie der Rechten richteten sich gleichermaßen gegen Kernpunkte der Weimarer Reichsverfassung. Parlamentarische Demokratie und Grundrechte bildeten die Hauptangriffspunkte. Die Kommunisten wollten den Parlamentarismus durch die Rätediktatur und die Eigentumsgarantie durch die Sozialisierung ersetzen. Kapp und Hitler versuchten indes eine Militär- bzw. Führerdiktatur und Ständeprinzipien zu verwirklichen.

Gegen die Ordnung des Verhältnisses von Reich und Ländern in der Reichsverfassung richtete sich der Separatismus. Dieser trat in mehr oder weniger erfolgreicher Form auf. Erfolglos blieben die Autonomieversuche in Ostpreußen und Oberschlesien, aber auch die Bestrebungen zur Bildung einer Alpenrepublik mit Österreich und Bayern. Anders lagen die Dinge im Rheinland. Bereits am

3 Weimarer Republik

M 26 Kapp-Putschisten in Berlin unter der kaiserlichen Kriegsfahne, Fotografie, März 1920

4. Dezember 1918 hatten die rheinischen Katholiken in Köln die Ausrufung einer rheinischen Republik ins Auge gefasst, um das katholische Rheinland vom protestantischen Preußen zu trennen. Weil sie damit den französischen Bestrebungen zur Auflösung des Deutschen Reiches in die Hände arbeiteten, riefen sie den Widerstand beim Rat der Volksbeauftragten und beim Reichsrätekongress in Berlin hervor. Daraufhin suchten die Separatisten die Zusammenarbeit mit der französischen Besatzungsmacht auf dem linksrheinischen Gebiet und den Brückenköpfen.

1923 hatten Frankreich und Belgien neben dem linksrheinischen auch das Ruhrgebiet besetzt und hofften mithilfe der Separatisten diese Gebiete endgültig kontrollieren zu können. Am 21. Oktober 1923 proklamierten Letztere in Aachen die Rheinische Republik und am 24. Oktober betrachtete der Speyerer Kreistag die Pfalz als autonom. Alle pfälzischen öffentlichen Gebäude wurden besetzt. Der Widerstand Englands gegen den Separatismus und das englische Engagement für eine Lösung des Reparations- und Inflationsproblems in Deutschland machten die rheinischen Separationsversuche zunichte. Belgien und später Frankreich entzogen ihnen ihre Hilfe.

Inflation Mit der Niederschlagung der Putschversuche und der separatistischen Bewegungen hatte das Reich den Gipfel seiner politischen, nicht aber den seiner wirtschaftlichen Krise überwunden. Die Kriegsfolgelasten und die Umstellung von Kriegs- auf Friedensproduktion brachten Inflation und Arbeitslosigkeit mit sich, d. h. schwere soziale Belastungen. Die „galoppierende Inflation" 1920 bis 1923 war ohne Vorbild.

Zur Finanzierung des Krieges hatte das Deutsche Reich nicht nur zwischen 1914 und 1918 Kriegsanleihen aufgenommen, sondern auch die Geldmenge verzehnfacht und die Golddeckung der Mark aufgegeben. Die Folge war die Halbierung des internationalen Kurses der Mark. Nach Abschluss des Waffenstillstandes mussten die Kriegswirtschaft auf Friedensproduktion umgestellt und die dafür notwendigen Investitionen über Kreditaufnahme finanziert werden. Dies führte zu einer weiteren Geldmengenvermehrung. Auch die innenpolitischen Kämpfe bewirkten einen Vertrauens- und Kursverlust der Mark, sodass im Januar 1923 für den Dollar bereits weit über 10 000 Mark bezahlt werden mussten. Als in diesem Moment Frankreich infolge verzögerter Reparationslieferungen das Ruhrgebiet besetzte, reagierte die Reichsregierung mit der Proklamation des passiven Widerstandes, sodass nicht nur die Reparationsleistungen, sondern überhaupt

Weimarer Republik 3

alle Arbeit im Ruhrgebiet eingestellt wurde. Die Einkommensausfälle zahlte die Reichsregierung und finanzierte die Kosten über die Notenpresse. Dies kostete das Reich täglich 60 Mio. Goldmark und ruinierte die deutsche Währung (M31).

Obrigkeitsstaatliche Traditionen

Im Gegensatz zu den kurzzeitigen Krisen der Anfangsjahre erwies sich das Fortleben der obrigkeitsstaatlichen Traditionen aus der Kaiserzeit als eine langfristige Belastung für die erste deutsche Demokratie. Zum einen wirkte die monarchisch-autoritäre Staatsordnung der Kaiserzeit im Selbstverständnis der Parteien nach. Weil sie bis zu den Oktoberreformen 1918 von der Regierungsverantwortung ausgeschlossen blieben – der Kanzler also nur dem Kaiser und nicht dem Parlament verantwortlich war –, standen die Parteien nie unter dem Zwang, Kompromisse schließen zu müssen oder Koalitionen zu bilden. Als **Weltanschauungs- und Interessenparteien** (im Gegensatz zur Volkspartei) konnten sie sich daher damit begnügen, die Interessen der hinter ihnen stehenden Gruppen herauszustellen.

Durch eine solche Ausrichtung verfestigten die Weimarer Parteien, zum Zweiten, die **Aufspaltung der Gesellschaft in Milieus**, die sich relativ fest voneinander abschotteten: das sozialdemokratische, das katholische, diverse bürgerliche, das mittelständische und das ländliche Milieu, die ihre Weltanschauungen häufig höher bewerteten als demokratische Grundwerte.

Eine weitere belastende Tradition war das verfassungsmäßig abgesicherte Berufsbeamtentum: Die Beamten fühlten sich als „Staatsdiener" mehr den überzeitlichen Werten des Staates als den Geboten einer demokratischen Verfassung verpflichtet. Der **autoritäre Charakter der politischen Kultur** im Allgemeinen schlug sich auch im Bildungssystem nieder, das von einer modernen Erziehung der Kinder zu mündigen, demokratischen Staatsbürgern weit entfernt war. Und der selbstherrliche Militärapparat entzog sich weiterhin der demokratischen Kontrolle und konnte Züge des aggressiven Reichsnationalismus (s. S. 117ff.) in die Republik weitertragen.

M27 Die Reichsexekution gegen die sächsische SPD-KPD-Regierung Ende Oktober 1923

Der Historiker Eberhard Kolb schreibt dazu:
Aber die Reichsregierung durchkreuzte durch schnelles und entschlossenes Agieren die Pläne der Kommunisten, von Sachsen und Thüringen aus einen „deutschen Oktober" zu entfesseln. Bereits am 26. September hatte die Reichsregierung angesichts der sich zuspitzenden innenpolitischen Krisensituation über das ganze Reich den Ausnahmezustand verhängt; damit war die ausführende Gewalt auf die Wehrkreisbefehlshaber als Vertreter des Reichswehrministers übergegangen. Als der sächsische Ministerpräsident Erich Zeigner (SPD) es ablehnte, der Anordnung des Wehrkreisbefehlshabers für Sachsen nachzukommen und die „proletarischen Hundertschaften" aufzulösen, leitete die Reichsregierung eine Reichsexekution gegen Sachsen ein: Sie ließ am 23. Oktober Reichswehrtruppen in Sachsen einmarschieren und richtete wenige Tage später an den sächsischen Ministerpräsidenten die kategorische Aufforderung, die Kommunisten unverzüglich aus dem Kabinett auszuschließen. Während in Thüringen die proletarischen Hundertschaften jetzt dem Auflösungsbefehl folgten und die kommunistischen Minister zurücktraten, weigerte sich Zeigner, seine Regierung umzubilden. Daraufhin enthob die Reichsregierung am 29. Oktober die Regierung Zeigner des Amtes und setzte einen Reichskommissar (den DVP-Politiker Heinze) ein. Zu der von bürgerlichen Kreisen erstrebten Rechtsdiktatur in Sachsen kam es indessen nicht, weil der sächsische Landtag sofort einen Sozialdemokraten zum neuen Ministerpräsidenten wählte, der eine Regierung bildete, der nur Sozialdemokraten als Minister angehörten.

Zu diesem Zeitpunkt hatte die KPD-Führung bereits den Rückzug angetreten. Nachdem sich am 21. Oktober auf einer Betriebsrätekonferenz in Chemnitz keine Mehrheit für die Proklamierung des Generalstreiks und die Wahl politischer Arbeiterräte gefunden hatte, scheute die KPD-Zentrale vor einem mit vollem Einsatz unternommenen Kampf um die Macht zurück und blies die geplanten Aktionen ab.

Eberhard Kolb, Die Weimarer Republik, Oldenbourg, München ⁶*2002, S. 54*

1 Erörtern Sie am Beispiels Sachsens, warum es nicht zum „deutschen Oktober" kam, den die KPD-Führung angestrebt hatte.

3 Weimarer Republik

M 28 Amtlicher bayerischer Bericht vom 9. November 1923 über den Hitler-Putsch im Bürgerbräukeller

Am 8. November nachmittags von 4 Uhr bis 5.30 Uhr fand eine Besprechung zwischen v. Kahr, General Ludendorff, General v. Lossow und Oberst v. Seißer im Generalstaatskommissariat statt. Bei dieser Besprechung wurde Einheitlichkeit in Bezug auf die erstebenswerten Ziele festgestellt, wenn auch General Ludendorff in Bezug auf das Tempo drängte, angesichts der großen Notlage, in der sich weite Kreise des deutschen Volkes befänden. Wenige Stunden später gegen ½ 9 Uhr abends erfolgte in der überfüllten Versammlung im Bürgerbräukeller, während Kahr seine angekündigte Rede hielt, ein verbrecherischer Überfall durch Hitler mit einem stark bewaffneten Anhang, wobei Kahr, Lossow und Seißer mit vorgehaltener Pistole gezwungen wurden, an der Verwirklichung der von Hitler schon lange gehegten Pläne, namentlich der Aufstellung einer Reichsdiktatur Hitler-Ludendorff, mitzutun. [...] Wenn Kahr, Lossow und Seißer unter dem Zwang der Verhältnisse die von ihnen erpresste Erklärung abgaben, so geschah dies, weil die Herren von der Überzeugung erfüllt waren, dass nur in einem einheitlichen Zusammengehen und Vorgehen dieser drei Personen noch die Möglichkeit gelegen war, die Staatsautorität innerhalb Bayerns aufrechtzuerhalten und das Auseinanderfallen aller Machtmittel zu verhindern. [...] Von Hitler wurde im Saal verkündet, das Kabinett Knilling sei abgesetzt, als Landesverweser werde Exzellenz v. Kahr fungieren. Bayerischer Ministerpräsident solle Poehner werden; die Reichsregierung und Präsident Ebert seien abgesetzt, eine deutsche Nationalarmee werde gebildet und General Ludendorff unterstellt. Reichswehrminister und militärischer Diktator werde General v. Lossow, während Oberst v. Seißer Reichspolizeiminister sein solle. Die Leitung der Politik übernehme ich, sagte Hitler. Es werde nun der Kampf gegen Berlin aufgenommen werden. Kahr gab darauf die folgende Erklärung ab: In des Vaterlandes höchster Not übernehme ich die Leitung der Staatsgeschäfte als Statthalter der Monarchie (stürmisches Bravo), der Monarchie, die heute vor fünf Jahren so schmählich zerschlagen wurde. Ich tue dies schweren Herzens und, wie ich hoffe, zum Segen unserer bayerischen Heimat und unseres lieben deutschen Vaterlandes. (Brausende Zustimmung der Versammlung.) Auch die übrigen auf dem Podium Stehenden gaben Erklärungen ab, die bei den Herren von Lossow und v. Seißer sichtlich dem Bestreben entsprangen, aus der Situation herauszukommen. [...] Auf diese Weise gelang es dem Generalstaatskommissar, dem Wehrkommandanten und dem Polizeiobersten, die Bewegungsfreiheit wieder zu gewinnen, die im ersten günstigen Augenblick dazu benutzt wurde, um in der Kaserne des 19. Infanterieregiments in Oberwiesenfeld die Regierungsgewalt wieder in die Hand zu nehmen, sofort die Truppen und die Polizeiwehr zu mobilisieren und Verstärkungen aus den Standorten der Umgebung heranzuziehen. Es wurde auch sofort für Aufklärung nach außen gesorgt und ein Funktelegramm folgenden Inhalts aufgegeben: An alle deutschen Funkstationen: Generalstaatskommissar v. Kahr, General v. Lossow und Oberst v. Seißer lehnen den Hitler-Putsch ab. Die mit Waffengewalt erpresste Stellungnahme im Bürgerbräuhaus ungültig. Vorsicht gegen den Missbrauch obiger Namen geboten. gez. v. Kahr, gez. v. Lossow, gez. v. Seißer. Dies geschah noch in den ersten Nachtstunden des 9. November.

Günter Schönbrunn (Hg.), Geschichte in Quellen. Weltkriege und Revolutionen, bsv, München ³1979, S. 197 f.

1 Stellen Sie Hitlers Ziele zusammen. Erklären Sie den Putschversuch aus den Zeitumständen.
2 Erörtern Sie, welche Gründe die Machthaber in München veranlasst haben könnten, Hitlers Putsch nicht mitzumachen, wo sie ihn doch zunächst unterstützten.

M 29 Aus Kurt Tucholsky: Das Buch von der deutschen Schande (1921)

E. J. Gumbel hat die politischen Mordtaten der Jahre 1918 bis 1920 kühl und sachlich gesammelt, alle, die von rechts und die von links, und er hat gleichzeitig ihre gerichtliche Aburteilung aufgezeichnet. [...] Das aktenmäßige Material Gumbels versetzt uns in die Lage, klipp und klar festzustellen:
Wie da – in den Jahren 1913 bis 1921 – politische Morde von deutschen Richtern beurteilt worden sind, das hat mit Justiz überhaupt nichts zu tun. Das ist gar keine.
Verschwendet ist jede differenzierte Kritik an einer Rechtsprechung, die Folgendes ausgesprochen hat: Für 314 Morde von rechts 31 Jahre 3 Monate Freiheitsstrafe sowie eine lebenslängliche Festungshaft. Für 13 Morde von links 8 Todesurteile, 176 Jahre 10 Monate Freiheitsstrafe.
Das ist alles Mögliche. Justiz ist das nicht.
Ganz klar wird das, wenn wir das Schicksal der beiden Umsturzversuche, Kapps und der Münchner Kommunisten, vergleichen, zweier Versuche, die sich juristisch in nichts unterscheiden:

Weimarer Republik 3

Proklamation an das deutsche Volk!

Die Regierung der Novemberverbrecher in Berlin ist heute für **abgesetzt erklärt worden.** Eine **provisorische deutsche Nationalregierung** ist gebildet worden, diese besteht aus

**Gen. Ludendorff
Ad. Hitler, Gen. v. Lossow
Obst. v. Seisser**

M30 Plakat zum Hitler-Putsch vom 9. November 1923

1 Untersuchen Sie die Absicht der Hitler-Putschisten. Wer sind die „Novemberverbrecher"?
2 Klären Sie, um wen es sich bei den Unterzeichnenden handelt (s. M 28).

Die Kommunisten haben für ihren Hochverrat 519 Jahre 9 Monate Freiheitsstrafe erhalten. Eine Todesstrafe hat man vollstreckt.
25 Die Kapp-Leute sind frei ausgegangen.
Hier kann ich nicht kritisch folgen. Ich weise es von mir, mich mit Männern – Staatsanwälten und Richtern – ernsthaft auseinanderzusetzen, die das fertig bekommen haben. Sie haben nicht gerichtet. Sie sind es. Sie
30 sind es leider nicht.

Kurt Tucholsky, Gesammelte Werke, Bd. 1, Rowohlt, Reinbek 1960, S. 818

1 Arbeiten Sie heraus, von welcher Position aus Tucholsky die deutsche Justiz kritisiert.
2 Erklären Sie die Parteilichkeit der Justiz.

M31 Der Wertverfall der Mark

a) Dollarnotierungen 1914–1923

Juli 1914	4,20 Mark
Januar 1919	8,90 Mark
Juli 1919	14,00 Mark
Januar 1920	64,80 Mark
Juli 1920	39,50 Mark
Januar 1921	64,90 Mark
Juli 1921	76,70 Mark
Januar 1922	191,80 Mark
Juli 1922	493,20 Mark
Januar 1923	17 972,00 Mark
Juli 1923	353 412,00 Mark
August 1923	4 620 455,00 Mark
September 1923	98 860 000,00 Mark
Oktober 1923	25 260 208 000,00 Mark
15. November 1923	4 200 000 000 000,00 Mark

b) Die Entwicklung des Preises für 1 kg Brot

Dezember 1919	–,80 Mark
Dezember 1920	2,37 Mark
Dezember 1921	3,90 Mark
Dezember 1922	163,15 Mark
Januar 1923	250,00 Mark
April 1923	474,00 Mark
Juli 1923	3 465,00 Mark
August 1923	69 000,00 Mark
September 1923	1 512 000,00 Mark
Oktober 1923	1 743 000 000,00 Mark
November 1923	201 000 000 000,00 Mark
Dezember 1923	399 000 000 000,00 Mark
Januar 1924	–,30 Mark

G. Stolper u. a., Deutsche Wirtschaft seit 1870, Mohr, Tübingen ²1966, S. 98

1 Untersuchen Sie in beiden Tabellen die Zeiträume der Halbierung des Markwertes. Ab wann kann von einer „galoppierenden" Inflation gesprochen werden?
2 Erklären Sie den Funktionszusammenhang einer Inflation. Welche Gründe führten 1914 bis 1923 zur unkontrollierten Geldmengenvermehrung?

3 Weimarer Republik

2 Die Phase der „relativen Stabilisierung"

2.1 Gesellschaftliche Konsolidierung in den „Goldenen Zwanzigern"

Bewältigung des Währungsproblems

Im September 1923 wurde der Ruhrkampf abgebrochen, weil er neben der Währung die deutsche Wirtschaft zerstörte und weil England eine Neuregelung des Reparationsproblems von der Währungsstabilisierung abhängig machte. Zur Wiederherstellung des Vertrauens in die Währung schuf die Reichsbank im November 1923 die **Rentenmark**, deren Parität zum Dollar 4,2 Mark betrug. Sie war gedeckt durch Rentenbriefe in Form von Hypotheken auf Land und Industrieanlagen. Die Geldumlaufmenge wurde fixiert und weiteren Spekulationen vorgebeugt (M 34).

Inflationsgewinner war in erster Linie der Staat. Die staatlichen Kriegsschulden von 154 Mrd. Mark betrugen am 15. November 1923 nur noch 15,4 Pfennige von 1914. Bezahlt wurden diese Schulden mit der **Verarmung des Mittelstandes**, der bisher den deutschen Nationalstaat getragen hatte: Er verlor all sein Vermögen, das er in festen Geldwerten angelegt hatte. Das trug zu seinem Misstrauen gegen den neuen Staat bei. Zweiter Gewinner der Inflation und Währungsreform waren Sachwertbesitzer, vor allem solche, die mit Krediten während der Inflationszeit Sachwerte kaufen konnten und mit wertlosem Papier bezahlten.

Neuregelung der Reparationen

Die Bewältigung des Währungsproblems eröffnete die Möglichkeit, die Reparationen neu zu regeln. Im **Dawesplan** von 1924 wurden jährliche Zahlungen von zunächst 1,6 Mrd. RM festgelegt (ab 1928 dann 2,4 Mrd.), was für die deutsche Volkswirtschaft tragbar war und einen kalkulierbaren Faktor darstellte. Die spätere Festlegung der deutschen Gesamtschuld im **Youngplan** von 1929/30, wonach das Reich bis 1987/88 jährlich 2 Mrd. RM hätte zahlen sollen, blieb wirtschaftlich bedeutungslos, weil infolge der Weltwirtschaftskrise 1931 zunächst ein einjähriger Zahlungsaufschub gewährt und 1932 auf der Konferenz von Lausanne die Reparationen vollständig eingestellt wurden.

Währungsreform und Dawesplan beendeten ein Jahrfünft der Krisen in der deutschen Innenpolitik. Dadurch eröffneten sich in der Außenpolitik neue Perspektiven (s. S. 178 ff.). Die innenpolitische Stabilisierung brachte allerdings eine konservative Wende (Wahl Hindenburgs zum Reichspräsidenten 1925). Wirtschaftspolitisch schuf die Neuordnung der Reparationen die Grundlage für eine Erholung, die durch amerikanische Kredite beschleunigt wurde.

„Relative Stabilisierung" der Wirtschaft

Ab 1924 begann sich die Wirtschaft zu konsolidieren, obwohl die Verschuldung durch ausländische Kredite volkswirtschaftlich problematisch war. Die Industrieproduktion überschritt infolge intensiver Modernisierungsprozesse 1927–1929 das Vorkriegsniveau (M 33). Die Handelsflotte wurde wieder aufgebaut, die Energieversorgung ausgeweitet und das Verkehrsnetz durch Bau und Einsatz von Omnibussen um mehr als das Doppelte verdichtet. Ebenso wuchsen die **sozialen Investitionen**. Vor allem die Kommunen gaben im Vergleich zur Vorkriegszeit hohe Summen für den Bau von Wohnungen, Schulen, Krankenhäusern, Sport- und Grünanlagen aus (M 32), oft aber zum Preis einer hohen Verschuldung. Elektrotechnische, chemische und optische Industrie erlangten wieder eine führende Stellung auf dem Weltmarkt. Gleichwohl darf auch hier nicht übersehen werden, dass der deutsche Anteil am Weltexport insgesamt zwischen 1913 und 1929 um ein Drittel zurückgegangen war. Das Gleiche galt für die Investitionen: Zwar wandte die deutsche Wirtschaft zwischen 1924 und 1929 rund 70 Mrd. Mark für Neu- und Ersatzinvestitionen auf, blieb jedoch mit der jährlichen Nettoinvestitionsquote um mehr als ein Drittel hinter den Vorkriegsjahren zurück. Historiker haben daher die Phase 1924 bis 1929 auch als eine Phase der „relativen Stabilisierung" bezeichnet.

In diese Jahre fällt auch ein tief greifender Strukturwandel, der sich vor allem in der **Rationalisierung** zeigte. Wurden beispielsweise 1913 nur 5 % der Ruhrkohle maschinell abgebaut, lag der Anteil 1926 bei rund 67 %. Amerikanische Massenproduktionstechniken, insbesondere die Fließbandarbeit, organisierten den Arbeitsplatz neu und intensivierten die Arbeitsvorgänge. Frauen, an-

Weimarer Republik 3

M 32 Reinhold Nägele, Weißenhofsiedlung in Stuttgart, 1927, Tempera auf Karton. Die Weißenhofsiedlung entstand 1927 unter Leitung des Bauhaus-Architekten Mies van der Rohe.

1 Informieren Sie sich ausführlich über die Wohnbauprojekte des Bauhauses und ordnen Sie das Schaffen der Bauhaus-Architekten in den gesellschaftlichen Kontext der Weimarer Republik ein.

und ungelernte Arbeitskräfte traten im Produktionsprozess vermehrt an die Stelle handwerklich ausgebildeter Facharbeiter. Die Ausweitung der Wirtschaftsbereiche Handel, Verkehr und öffentliche Dienste hatte zur Folge, dass sich der Anteil der Beamten und Angestellten an der erwerbstätigen Bevölkerung im Vergleich zur Vorkriegszeit fast verdoppelte.

Sozialpolitische Entwicklungen Die Weimarer Republik hatte ein erhöhtes Maß an sozialer Sicherheit gebracht und Umrisse einer umfassenden sozialstaatlichen Absicherung gezeigt. Die Leistungen der bereits in die 1880er-Jahre zurückreichenden Sozialversicherung wurden verbessert und im Juli 1927 die gesetzliche Arbeitslosenversicherung eingeführt. Erstmals gab es auch für Arbeiter einen, wenn auch nur drei- bis sechstägigen, Mindestjahresurlaub. Die Reallöhne erreichten 1928 wieder Vorkriegsniveau. Aber auch in ihren „besten" Jahren erlebte die Republik eine bis dahin unbekannte Arbeitslosigkeit, die wenig geeignet war, Identifikation mit einer jungen Demokratie herzustellen, in der der Sozialstaat erstmals Verfassungsrang erhalten hatte. Auch die soziale Stabilisierung hatte ihre trügerischen Seiten.

Die Bedeutung der Gewerkschaften Die sozialpolitischen Entwicklungen hingen maßgeblich vom politischen Gewicht der Gewerkschaften ab, die die mitgliedsstärksten Organisationen der Arbeiterbewegung waren. 1919 schlossen sich die traditionell sozialdemokratisch ausgerichteten Freien Gewerkschaften in einem Dachverband, dem Allgemeinen Deutschen Gewerkschaftsbund (ADGB), zusammen. 1920 besaß er fast 8 Millionen Mitglieder. Das Verhältnis zwischen Sozialdemokraten und Gewerkschaft blieb zwar eng, doch verfolgten die Gewerkschaften einen pragmatischeren Kurs, der die bestehende Wirtschaftsordnung anerkannte. Sie kämpften für mehr

3 Weimarer Republik

„Wirtschaftsdemokratie" und begrüßten die Regierungsbeteiligung der SPD sowie die Zusammenarbeit der republikfreundlichen Parteien. Innerhalb dieser Gewerkschaftsbewegung blieben die Kommunisten eine scharf bekämpfte Minderheit. Außerhalb des ADGB gab es noch **nichtsozialistische Gewerkschaften**. Hier sind vor allem die überwiegend katholischen Christlichen Gewerkschaften und die liberalen, wirtschaftsfreundlichen Hirsch-Dunckerschen Gewerkvereine zu nennen, denen auch Beamten- und Angestelltenorganisationen angehörten. Allerdings konnten sie weniger Arbeiter für sich gewinnen als der ADGB. 1922 waren über 1 Million von ihnen bei den christlichen Gewerkschaften organisiert.

Zu Beginn der Weimarer Republik hatte die Wirtschaft eine gleichberechtigte Zusammenarbeit mit der Arbeitnehmerschaft akzeptiert. In der 1918 gegründeten **„Zentralarbeitsgemeinschaft"** stimmten Arbeitgeberverbände und Gewerkschaften ihre Politik miteinander ab. In den Unternehmen wurden Betriebsräte gewählt und Tarifverträge regelten die Beziehungen zwischen Arbeitgebern und Arbeitnehmern. Seit 1924, als die Verteilungsspielräume geringer und die Konkurrenz auf den internationalen Märkten härter wurde, wich die anfängliche Bereitschaft der Unternehmer zur Kooperation einer immer stärker werdenden Konfrontation. Besonders das Instrument der staatlichen Zwangsschlichtung bei Tarifauseinandersetzungen kritisierten die Arbeitgeber heftig, da es ihnen spätestens seit der Regierungsbeteiligung der SPD 1928 eine Waffe der Gewerkschaften zur Durchsetzung ihrer Interessen zu sein schien. Im sogenannten **Ruhreisenstreik** von 1928, dem schwersten Arbeitskampf der Weimarer Republik, weigerten sich die Unternehmer, den staatlichen Schiedsspruch anzuerkennen. Damit machten sie noch vor Beginn der Weltwirtschaftskrise deutlich, dass sie das Bündnis mit den Arbeitnehmern aufgekündigt hatten. Mit ihnen wollten die Arbeitgeber ihre Macht nicht länger teilen.

Gesellschaft im Umbruch

Die Gesellschaft der Weimarer Republik war eine Gesellschaft im Umbruch. Einerseits blieben die alten Milieus prägend für alltägliche Wahrnehmungen und Einstellungen. Andererseits wurden sie ansatzweise aufgebrochen, und zwar durch die aufkommende **Massenkultur**. Insbesondere Kino und Rundfunk wurden zu Massenvergnügen, die Teilhabe am „American way of life" versprachen und potenziell jedem offenstanden: Im Dunkel des Zuschauerraums war der eine wie der andere nur ein Zuschauer (M 35). Ihre Grenzen hatte diese Entwicklung im ökonomischen Bereich: Viele Angebote der Moderne, Haushaltsgeräte, Auto oder gar eine Urlaubsreise, waren für viele unerschwinglich.

Neben dem modernen Leben der Großstadt gab es weiterhin das nicht moderne Leben: vor allem im alten Mittelstand der Handwerker und Kleinhändler, bei Studenten und Akademikern und nicht zuletzt auf dem Lande. Hier bestimmten weiterhin die alten Gesangs- und Kriegervereine das Alltagsleben, in dem sich Nationalismus, Antiamerikanismus und Antisemitismus als **Abwehrhaltungen gegenüber der Moderne** kräftig entfalteten.

Kontrovers waren auch die **Frauenbilder** (M 38, M 39): einmal das „moderne" Frauenbild der konsumorientierten, unpolitischen Angestellten mit Bubikopf und Zigarette; daneben die „Frau als Mutter"; ferner das Bild der „rationalen Hausfrau", das in der bürgerlichen Frauenbewegung ebenso wie bei SPD-Kulturpolitikern verbreitet war; und schließlich die erwerbstätige Arbeiterin mit ihrer Dreifachbelastung durch Beruf und häusliche Versorgung von Mann und Kindern (M 37).

Im **Konflikt zwischen Moderne und Tradition** fiel den **Jugendlichen** eine besondere Rolle zu. Typisch für Jugendliche der Weimarer Republik waren schwere Konflikte um persönliche Normen und Lebensperspektiven. Viele wandten sich der städtischen Massenkultur zu, aber ebenso viele flüchteten in die Reihen der Modernitätsgegner oder der paramilitärischen Kampfbünde (M 40).

Weimarer Republik 3

M33 Wirtschaftsdaten zur Weimarer Republik

a) Industriegüterproduktion 1913–1933 (Index 1928 = 100)

	Insgesamt	Verbrauchsgüter	Produktionsgüter insgesamt	Bergbau
1913	98	97	99	120
1918	56	–	–	100
1919	37	–	32	73
1921	65	69	65	86
1923	46	57	43	48
1925	81	85	80	86
1927	98	103	97	99
1929	100	97	102	108
1930	87	91	84	94
1931	70	82	62	79
1932	58	74	47	70
1933	66	80	56	74

Dietmar Petzina u.a., Sozialgeschichtliches Arbeitsbuch, Bd. 3, C. H. Beck, München 1978, S. 61

1 Bestimmen Sie die Jahre der Prosperität und der Depression.
2 Versuchen Sie eine kurze Bestimmung der Ursachen für die Konjunkturbeschränkung der 1920er-Jahre.

b) Welthandel 1913–1933 (in Mrd. RM)

	1913	1925	1928	1930	1932	1933
Welthandel						
Einfuhr	83,4	138,3	144,2	120,0	57,8	52,1
Ausfuhr	76,8	129,9	135,0	108,7	52,0	48,8
Deutschland						
Einfuhr	10,8	12,4	14,0	10,4	4,7	4,2
Ausfuhr	10,1	9,3	12,3	12,0	5,7	4,9
Frankreich						
Einfuhr	6,8	8,9	8,8	8,6	4,9	4,7
Ausfuhr	5,6	9,4	8,6	7,1	3,3	3,0
Großbritannien						
Einfuhr	13,5	23,6	21,9	19,5	10,4	9,4
Ausfuhr	10,7	15,7	14,8	11,6	5,4	5,1
USA						
Einfuhr	7,5	17,6	17,7	12,6	5,6	5,0
Ausfuhr	10,3	20,2	21,1	15,8	6,8	5,7

Statistisches Jahrbuch für das Deutsche Reich. Internationale Übersichten, Jg. 1932 und 1934

1 Vergleichen Sie die Handelsentwicklungen in Deutschland, Frankreich, England und den USA.
2 Bestimmen Sie die Stellung Deutschlands im Welthandel 1913 bis 1933.

M34 Reichswährungskommissar Hjalmar Schacht über die Maßnahmen zur Stabilisierung des Geldes (1948)

Drei entscheidende Maßnahmen waren es in der Inflation des Jahres 1923, die für die Stabilisierung der Mark entscheidend waren. Es waren dies die Beseitigung des privaten Notgeldes, die Verknappung der gesetzlichen Zahlungsmittel und die Kreditsperre. [...] Meine erste Maßnahme als Reichswährungskommissar war, dass ich jede weitere Entgegennahme von Notgeld bei der Reichsbank inhibierte. Damit war der privaten Notgeldausgabe jeder Boden entzogen. Ein Geld, das die Reichsbank nicht annahm, hatte seinen Wert eingebüßt. [...]
Meine zweite Maßnahme galt der Devisenspekulation. Am 20. November 1923 hatte die Reichsbank den Kurs des amerikanischen Dollars bis auf 4,2 Billionen Mark heraufgehen lassen, in der festen Absicht, ihn auf diesem Niveau festzuhalten. Die private Spekulation fuhr jedoch fort, auch zu höheren Preisen weiter Dollars aufzukaufen. Diese Wirtschaftskreise glaubten nicht, dass ich in der Lage sein würde, den Satz durchzuhalten, und kauften lustig per Termin weiter fremde Valuten zu steigendem Kurs bis zu 12 Billionen Mark für den Dollar. „Per Termin" bedeutet, dass diese Dollars am Monatsende mit dem gesetzlichen Zahlungsmittel, also mit Reichsbanknoten, zu bezahlen waren. Als nun das Monatsende herankam, brauchten die Käufer die Mark von der Reichsbank zur Bezahlung, und hier verweigerte ihnen die Reichsbank die erbetenen Kredite in Banknoten. Sie erhielten nur Rentenbankscheine. Die Rentenbank war als ein Hilfsmittel für die Stabilisierung der Mark errichtet worden, ihre Noten besaßen aber nicht den Charakter des gesetzlichen Zahlungsmittels. Das Ausland, welches die Dollars verkauft hatte, verlangte aber natürlich gesetzliche Zahlungsmittel, die nun die deutschen Käufer nicht liefern konnten. So blieb nichts anderes übrig, als die gekauften fremden Valuten wieder zu verkaufen, und die Reichsbank erwarb die bis zu 12 Billionen Mark gesteigerten Dollars zum Kurse von 4,2 Billionen Mark zurück. Die Spekulation verlor an diesen Transaktionen viele Millionen. [...]
Das dritte und letztlich entscheidende Eingreifen geschah Anfang April 1924. Die Wirtschaft hatte die etwas zu reichlich erbetenen und erlangten Kredite aufs Neue dazu benutzt, um fremde Valuten zu hams-

tern. Um nun der Wirtschaft ein für alle Mal begreiflich zu machen, dass sie sich in die Währungspolitik der Reichsbank zu fügen habe, sperrte ich kurzerhand jeden weiteren Wechselkredit. [...] Dies Mittel wirkte unverzüglich. Soweit die Wirtschaft Geld brauchte, musste sie ihre gehamsterten Devisen an die Reichsbank verkaufen, und binnen zwei Monaten war das Gleichgewicht in einem solchen Umfang wiederhergestellt, dass die Mark von nun an durch die ganze weitere Zeit meiner Amtstätigkeit stabil blieb.

Hjalmar Schacht, Abrechnung mit Hitler, Hamburg 1948, S. 2f.

1 Beschreiben Sie die Instrumente des Währungskommissars zur Stabilisierung der Rentenmark.
2 Erörtern Sie die internationalen Voraussetzungen der Beendigung der Inflation in Deutschland.

M 35 Gesellschaft im Umbruch

a) Der Journalist und Soziologe Siegfried Kracauer über den Autokult (1931)

Wenn ich es noch nicht gewusst hätte, so wäre ich jetzt, nach dem Besuch der Internationalen Auto-Schau am Kaiserdamm [in Berlin], endgültig davon überzeugt, dass das Auto einer der wenigen Gegenstände ist, die heute allgemeine Verehrung genießen. Ich kenne kaum ein anderes Objekt, das so in der Volksgunst steht. Taxichauffeure und Herrenfahrer, junge Burschen proletarischen Aussehens und Schupomannschaften, elegante Schnösel und Motorradanwärter: Sie alle, die sich sonst gar nicht miteinander vertragen, pilgern gemeinschaftlich durch die Hallen und verrichten ihre Andacht vor Kühlern, Zündungen und Karosserien. Es ist, als seien angesichts des Fertigprodukts die sozialen Klassenunterschiede aufgehoben, die [...] bei seiner Fabrikation eine beträchtliche Rolle spielen. Eine Wallfahrt wie die zu Lourdes, die sich langsam von Station zu Station bewegt und immer neue Offenbarungen erlebt. Vermutlich werden viele die Ausstellung in erleuchtetem Zustand verlassen.

Auf ihn vorbereitet sind jedenfalls die meisten Besucher. Noch niemals bin ich in eine Menge verschlagen worden, die so viel von den Dingen verstünde, um derentwillen sie sich angeschart hat. Mag man in Volksversammlungen ihr alles Mögliche aufschwatzen können: Hier lässt sie sich nicht betrügen, hier dringt sie bis ins Innere der Motoren vor. [...]

Vor den billigen Volkswagen staut sich die Menschenmenge besonders dicht. Sie erwecken die Begehrlichkeit und werden mit einem Wohlgefallen angestaunt, das keineswegs interesselos ist. Man erklärt sich gegenseitig ihre Bestandteile, zwängt sich in sie hinein und findet sie so komfortabel, als hätte man sie bereits erworben.

Siegfried Kracauer, Autokult, in: Frankfurter Zeitung vom 24. Februar 1931

b) Der Schriftsteller und Publizist Adolf Stein über die Popularität der Schlager (1932)

Wenn ein Tanzliedchen blitzartig „einschlägt", sodass alsbald die Leute lichterloh entbrennen und die feurige Musik sich mit Windeseile verbreitet, dann ist es ein richtiger „Schlager". Sogar der Oberregierungsrat summt ihn auf dem Wege zum Amtszimmer, obwohl er keine Tanzdielen besucht und selber vielleicht keine Ahnung hat, was er summt und woher ihm die Kenntnis kam. Er summt die Melodie von „Das gibt's nur einmal, das kommt nicht wieder", die ihm seit der Filmvorstellung „Der Kongress tanzt" anhängt, die er mit seiner Gattin ausnahmsweise besucht hat. Richtig: Die Waschfrau hat neulich in der Küche dasselbe Liedchen geträllert. Und im Rundfunk ist es ertönt. Und der Türsteher im Ministerium hat es gepfiffen. Natürlich: Auch die Tochter des Oberregierungsrats, die sich zurzeit auf die spanische Dolmetscherprüfung vorbereitet, hat in einer Arbeitspause diesen Schlager über die Klaviertasten gejagt. Und beim Austeilen des Puddings am vorigen Sonntag hat die Gattin mit schalkhaftem Mundspitzen erklärt: „Das gibt's nur einmal, das kommt nicht wieder!"

Sehen Sie, das ist Popularität! Und heute macht sie in erster Linie der Film. Der frühere Einzelschlager hat Konkurrenz bekommen. Die Masse im Film schlägt durch. Früher kaufte man sich im Laden die neuen Noten. Heute schmettert sie der Film in 1400 Lichtspielhäusern ins Volk. Welche Reklame!

Heute ist die Ufa der größte Schlagerverleger Deutschlands. Sie hat Ende 1929 ihren Ufa-Ton-Verlag begründet und Anfang 1931 den schon lange auf gleichem Gebiete tätigen Wiener Bohème-Verlag übernommen. [...] So besitzt die Ufa jetzt die Verlagsrechte, von den alten Tanzliedchen [...] „Ich hab mein Herz in Heidelberg verloren", „Valencia", „Veronika, der Lenz ist da" [...] usw. angefangen bis zu den neueren wie „Das ist die Liebe der Matrosen", [...] „Ich bin von Kopf bis Fuß auf Liebe eingestellt", „Das gibt's nur einmal".

Adolf Stein, Rumpelstilzchen. Nu wenn schon!, Brunnen Verlag, Berlin 1932, S. 154 f.

1 Interpretieren Sie M 35 a und b im Kontext des gesellschaftlichen Modernisierungsprozesses der 1920er-Jahre.

Weimarer Republik 3

M36 Georg Scholz, Selbstbildnis vor der Litfaßsäule, 1926, Öl auf Pappe. Nach den Farbexplosionen der Expressionisten kehrte in die gegenständliche Malerei der 1920er-Jahre die Neue Sachlichkeit ein mit einem ungeschönten, unpathetischen Realismus.

1 Informieren Sie sich über die Malerei des Expressionismus und der Neuen Sachlichkeit und grenzen Sie beide gegeneinander ab.

M37 Der Historiker Peter Longerich über das Verhältnis der Geschlechter und das Familienleben in der Weimarer Zeit (1995)

Betrachtet man das Verhältnis der Geschlechter zueinander, so scheint die Weimarer Zeit auf den ersten Blick durch einen entscheidenden Emanzipationsfortschritt der Frau geprägt zu sein: Wahlrecht und staats-
5 bürgerliche Gleichstellung, verbesserte Bildungs- und Berufschancen, Erleichterung der Hausarbeit, soziale Reformen zugunsten von Frauen, schließlich das selbstbewusste Auftreten eines neuen Frauentyps (Erkennungsmerkmal Bubikopf und legere Kleidung) prä-
10 gen das auch heute noch vorherrschende Bild. Die Realität sah indes anders aus.
Die Frauenerwerbsquote stieg zwischen 1907 und 1925 nur leicht an, nämlich von 34,9 auf 35,6 % […]. Auch wenn nach wie vor die Mehrzahl der erwerbs-
15 tätigen Frauen in der Land- und Hauswirtschaft tätig war, sank doch der Anteil der Hausangestellten und landwirtschaftlichen Arbeiterinnen, während Industrie, Handel und öffentliche Dienstleistungen vor allem jungen Frauen neue Erwerbsmöglichkeiten in „Frauen-
20 berufen" boten, also etwa als Fließbandarbeiterin, Verkäuferin, Stenotypistin oder Kontoristin. Aber auch diese neuen Tätigkeitsfelder waren im Grunde wenig emanzipationsfördernd: Arbeitsplätze, die Frauen angeboten wurden, setzten in der Regel eine relativ geringere Qualifikation voraus, sie wurden – auch bei 25 gleicher Arbeitsleistung – schlechter bezahlt; die Fluktuation unter Frauen war höher. Frauenlöhne sollten in der Regel das „Hinzuverdienen" ermöglichen, eine selbstständige Lebensführung erlaubten sie meist nicht. Erwerbstätig waren vor allem junge, 30 ledige Frauen, die ihre Berufstätigkeit als Übergangsstadium bis zur Gründung einer eigenen Familie betrachteten.
Eine Ausnahme bildete eine kleine Elite hoch qualifizierter Frauen. Zum ersten Mal waren Frauen in akade- 35 mischen Berufen tätig und wurden als Beamtinnen beschäftigt. […] Für die Masse der Weimarer Frauen (selbst der berufstätigen) gilt, dass ihr Lebensschwerpunkt nach wie vor in Haushalt und Familie lag. Die in der Weimarer Zeit von Architekten, Wissenschaftlern 40 und Elektrokonzernen propagierte Rationalisierung der Hausarbeit lief an den normal verdienenden Schichten vorbei, da sie sich meist weder die moder-

3 Weimarer Republik

M 38 Jeanne Mammen, Langweilige Puppen, um 1927/30, Aquarell und Bleistift auf Papier

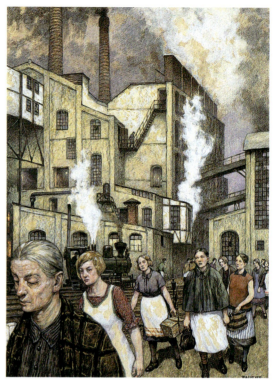

M 39 Hans Baluschek, Berlin – 13 Uhr, 1931, Pastell und Kreide auf Karton

1 Erläutern Sie anhand von M 38 und M 39 die Spannung zwischen Tradition und Moderne in der Gesellschaft der Weimarer Republik.

nen Haushaltsgeräte noch Neubauwohnungen leisten konnten. […]

Innerhalb der Ehe herrschte in der Weimarer Zeit ganz überwiegend das Patriarchat. Die vor allem auf der Linken propagierte „kameradschaftliche", gleichberechtigte Ehegemeinschaft wurde nur von einer kleinen Minderheit praktiziert. Kennzeichnend war, dass die ehe- und familienrechtlichen Bestimmungen des Bürgerlichen Gesetzbuches fortgalten, die die Vorherrschaft des Mannes festschrieben: Der Ehemann war der alleinige Inhaber der „elterlichen Gewalt", er war berechtigt, Arbeitsverhältnisse der Frau zu kündigen, er entschied allein in allen grundlegenden Fragen des ehelichen Zusammenlebens, etwa über den Wohnort oder die Lebensführung.

Grundsätzlich war die Familie in der Weimarer Zeit ohne Alternative: Der normalverdienende Mann war, um seine Arbeitskraft wiederherzustellen, ebenso auf die Familie angewiesen wie die weitaus meisten Frauen, für die es kaum eine Chance gab, durch Erwerbstätigkeit eine eigene wirtschaftliche Existenz zu begründen oder gar Kinder allein großzuziehen. Häufigster Anlass für die Eheschließung in der Weimarer Zeit war denn auch die Abwendung nichtehelicher Schwangerschaften.

Peter Longerich, Deutschland 1918–1933. Die Weimarer Republik, Fackelträger, Hannover 1995, S. 184 f.

1 Diskutieren Sie, ob und inwieweit die Weimarer Republik die Emanzipation der Frauen befördert hat.

M 40 Der Historiker Peter Longerich über Jugend und Jugendbewegung in der Weimarer Zeit (1995)

[I]n der Weimarer Republik [lebten] mehrere Jugend-Generationen nebeneinander […]: Die sogenannte Generation von 1914, also die Jugendlichen, die in den letzten Jahren des 19. Jahrhunderts geboren,

Weimarer Republik 3

durch die Jugendbewegung geprägt und von der Aufbruchstimmung bei Kriegsausbruch ergriffen wurden und anschließend die deprimierende Erfahrung des Grabenkrieges machen mussten; die in den ersten Jahren des neuen Jahrhunderts Geborenen, die während des Krieges vaterlos aufwuchsen; diejenigen, die etwa zwischen 1905 und 1910 geboren wurden und für die die Niederlage und die Unsicherheit der Nachkriegs- und Inflationszeit (eine Periode außerordentlich hoher Jugendkriminalität!) zur einschneidenden Erfahrung wurde; die in den Jahren nach 1910 Geborenen, die zunächst durch die Zeit relativer Stabilität geprägt wurden und – soweit es ihre begrenzten finanziellen Möglichkeiten erlaubten – am aufblühenden Freizeit- und Konsumangebot teilnahmen, um dann den Absturz der Wirtschaftskrise zu erleben; schließlich die Jahrgänge 1912 bis 1918, die unmittelbar nach dem Schulabschluss in die Arbeitslosigkeit fielen. Der „verlorenen Kriegsgeneration" folgten die „überflüssigen" Nachkriegsgenerationen.

[...] Sie waren geprägt und aufgerüttelt durch den ungeheuerlichen Zivilisationsbruch des Ersten Weltkriegs [...]. Alle fünf Generationen hatten außerdem gemeinsam, dass sie den Schritt zur Gründung einer eigenen Existenz unter überwiegend miserablen wirtschaftlichen Bedingungen vollziehen mussten: Ihr Versuch, in einem überfüllten Arbeitsmarkt Fuß zu fassen, endete mit überdurchschnittlich häufiger Arbeitslosigkeit, sie fielen als Erste durch das relativ dünne Netz sozialer Sicherheit hindurch. [...]

Alle fünf Generationen, auch die jüngeren Frontsoldaten, waren in dem politischen System der Republik unterrepräsentiert; keine der etablierten politischen Parteien, deren weltanschauliche Grundlagen alle in der Welt vor 1914 lagen und deren Mitgliedschaft überaltert war, räumte jüngeren Parteimitgliedern ausreichende Mitwirkungsrechte ein [...].

Statt dem Emanzipationsverlangen der Jugendlichen entgegenzukommen, reagierte der Weimarer Staat auf das „Jugendproblem" in erster Linie mit Betreuungs- und Kontrollmaßnahmen, mit der Verstärkung der Jugendfürsorge für die „auffälligen" und der Jugendpflege für die „normalen" Jugendlichen, mit dem Aufbau einer eigenständigen Jugendgerichtsbarkeit und mit verstärktem Jugendschutz [...]. Die Weimarer Gesellschaft versuchte auf diese Weise, die gerade während des Weltkrieges und der Nachkriegsjahre entstandenen Freiräume für Jugendliche wieder unter Kontrolle zu bekommen. [...]

Unter den Jüngeren entwickelte sich [...] aus der Distanz zur älteren Generation eine fundamentale Opposition gegenüber dem ganzen „System" des Weimarer Staates. Diese Oppositionshaltung wurde gestützt durch ein – aus der bürgerlichen Jugendbewegung des Kaiserreichs stammendes, von der bündischen Jugendbewegung der Weimarer Zeit aufgegriffenes – Jugendpathos, ein vage beschriebenes Sendungsbewusstsein der „jüngeren Generation"; die Vorstellung wurde verbreitet, dass „die Jungen" die trennenden politischen und sozialen Gegensätze, die schädliche „Parteipolitik" durch die Bildung einer gemeinsamen Front überwinden könnten. Hier wurde der Versuch unternommen, die tief greifenden gesellschaftlichen Konflikte der Weimarer Gesellschaft durch den Rückgriff auf eine biologische Kategorie, eben die Jugend, zu harmonisieren. Dieses Jugendpathos wurde insbesondere auch in den zahlreichen militant rechtsgerichteten Jugendorganisationen gepflegt, denen um 1930 über 300 000 Jugendliche angehörten.

Diese Jugendorganisationen boten durch ihre Mischung aus Militanz, Appell an den jugendlichen Idealismus und eine unentschiedene politische Ausrichtung der NSDAP hervorragende Anknüpfungspunkte: Mit der Hitlerjugend und der SA stellten die Nationalsozialisten Organisationen bereit, in denen sich jugendlicher Aktivismus nicht nur einfach austoben konnte, sondern gleichzeitig in den Dienst einer „Bewegung" (eben nicht einer Partei) gestellt wurde.

Hinzu kam, dass die in ihren Zielsetzungen diffuse Aufbruchstimmung, die von der Bewegung der „jungen Generation" verbreitet wurde, günstige Voraussetzungen für die ebenso nebulöse nationale Erneuerungspropaganda der NSADAP bot, die in ihrer Führungsriege zahlreiche Vertreter der jüngeren Frontgeneration (man denke an Hitler, Röhm, Göring, Heß) präsentieren konnte.

Peter Longerich, Deutschland 1918–1933. Die Weimarer Republik, Fackelträger, Hannover 1995, S. 187 ff.

1 Arbeiten Sie die zentralen Erfahrungen und Probleme der Jugendlichen in der Weimarer Zeit heraus.

2 Erörtern Sie die gesellschaftspolitischen Orientierungen der Weimarer Jugend bzw. Jugendbewegung.

3 Weimarer Republik

2.2 Deutschland in der internationalen Politik der Zwanzigerjahre

Das neue Staatensystem in Europa

Die Pariser Friedenskonferenzen von 1919/20 schufen ein neues Staatensystem in Europa. Die Donaumonarchie wurde aufgelöst. Der **Vertrag von St. Germain** reduzierte Österreich auf die habsburgischen Kernlande des Alpengebietes, bildete aus Böhmen und Mähren sowie der Slowakei die Tschechoslowakei mit einer deutschsprachigen Minderheit von ca. 30 %, schlug Südtirol zu Italien, Galizien zu Polen und Slowenien wie Bosnien und Dalmatien zum späteren Jugoslawien. Ungarn wurde auf ein Drittel seines Gebietes verkleinert, seine südlichen Teile Jugoslawien, sein östlicher Teil Rumänien, sein nördlicher der Tschechoslowakei zugeschlagen **(Vertrag von Trianon)**. Aus Preußens Provinzen Posen und Westpreußen, aus Österreichisch-Galizien und Teilen Weißrusslands und der Ukraine sowie der russischen Provinz Polen entstand nach eineinhalb Jahrhunderten wieder ein polnischer Staat (M42). Die neu gegründeten Staaten im Westen Russlands sollten eine Ausbreitung der bolschewistischen Revolution verhindern („Cordon sanitaire").

Die isolierten Staaten und Rapallo

Infolge des britischen und amerikanischen Widerstandes war das Deutsche Reich im Gegensatz zu Österreich-Ungarn nicht aufgelöst worden. Aber seine Gebietsabtretungen führten ebenso wie die Reparationen zu einer außenpolitischen Isolierung. Damit befand es sich in derselben Lage wie Österreich und Ungarn. Da das verbliebene Österreich an seiner Überlebensfähigkeit zweifelte, beschloss seine Nationalversammlung die Vereinigung mit dem Deutschen Reich. Dem traten die Alliierten mit einem ausdrücklichen **Anschlussverbot** im Vertrag von St. Germain entgegen (M44).

Waren Deutschland, Österreich und Ungarn aufgrund der Pariser Verträge in Europa isoliert, so war es Russland als Folge von Revolution und Bürgerkrieg. Die Gemeinsamkeiten der jahrelangen innenpolitischen Dauerkrise und der außenpolitischen Isolation führten die gegründete Union der Sozialistischen Sowjetrepubliken (UdSSR) und das Deutsche Reich zum **Vertrag von Rapallo** (1922), in dem sie sich Reparationsverzicht, Aufnahme diplomatischer Beziehungen und die Meistbegünstigung in den Wirtschaftsbeziehungen zusicherten. Der Vertrag besiegelte auch nach außen hin eine wirtschaftliche Zusammenarbeit, die bereits 1920 begonnen wurde und die Grundlage bildete für geheime militärische Übungen der Reichswehr auf russischem Boden. Dadurch konnten die Bestimmungen des Versailler Vertrages unterlaufen werden.

Rapallo wirkte auf die Siegermächte des Weltkrieges wie ein Donnerschlag. Eine Zusammenarbeit von Sowjetunion und Deutschem Reich konnte die neue Staatenordnung im östlichen Mitteleuropa gefährden. Polen und die Tschechoslowakei befanden sich damit in einer Zweifrontenlage, und waren diese gefährdet, so war Frankreichs Vorherrschaft in Europa die Grundlage entzogen (M45). Um diese Gefahr abzuwenden, mussten England und Frankreich ihre Politik gegenüber Deutschland ändern. Dies war die Stunde der stresemannschen Außenpolitik.

Stresemanns Revisionspolitik

Gustav Stresemann, deutscher Außenminister von 1923 bis zu seinem Tode 1929, war im Krieg Annexionspolitiker gewesen, wurde als Republikfeind nicht in die DDP aufgenommen, worauf er die DVP gründete. Erst nach dem Kapp-Putsch ergriff er Partei für den Weimarer Staat. Als Kanzler im Sommer und Herbst 1923 stellte er die Weichen für eine innenpolitische Stabilisierung der Weimarer Republik. Seine Außenpolitik sollte die deutsche Gleichberechtigung unter den europäischen Großmächten ermöglichen.

Für Stresemann bildete die **Revision des Versailler Vertrages** und die Lösung des Reparationsproblems die Grundlage für ein Wiedererstarken Deutschlands. Im Gegensatz zur politischen Rechten sah er in der **Friedenssicherung** die einzige Möglichkeit, sein Ziel zu erreichen. Nur der Friede konnte für ihn zur Korrektur der Ostgrenzen, zur Vereinigung mit Österreich und zum Schutz der Auslandsdeutschen führen. Deswegen besaßen für ihn eine **Aussöhnung mit Frankreich** und der Eintritt in den Völkerbund zentrale Bedeutung.

Weimarer Republik 3

M41 Die Staaten Europas 1914

1. Erstellen Sie eine Übersicht über die neuen Staaten Europas von Finnland bis zur Türkei.
2. Klären Sie, aus welchen alten Staaten die neuen hervorgingen.
3. Untersuchen Sie, wo das Nationalitätenprinzip bei der Staatenbildung beachtet wurde und wo nicht.

M42 Das neue Staatensystem in Europa infolge der Pariser Verträge von 1919/20

1. Identifizieren Sie die Krisengebiete und benennen Sie den jeweiligen Konfliktgrund.
2. Welche Krisenherde kommen nach dem Zweiten Weltkrieg hinzu?

Locarno und Völkerbund-Beitritt

Bereits im Februar 1923 hatte Stresemann die Initiative ergriffen und einen Sicherheitspakt zwischen Frankreich, Belgien und Deutschland vorgeschlagen. Dieser Pakt mit den Westmächten wurde 1925 auf der **Konferenz von Locarno** abgeschlossen (M46). In dem Vertragswerk verpflichteten sich die Partner, auf jede gewaltsame Veränderung der bestehenden Grenzen zu verzichten und den **Status quo** des Versailler Vertrages anzuerkennen. Anstehende Probleme sollten dem Völkerbund als oberster Schiedsinstanz unterbreitet werden. Das Inkrafttreten der Locarno-Verträge wurde mit dem im September 1926 vollzogenen **Beitritt Deutschlands in den Völkerbund** gekoppelt, wo das Reich einen ständigen Sitz erhielt (M43). Es war damit wieder ein gleichberechtigter Partner im Konzert der Großmächte. Deutschland lehnte jedoch für seine Ostgrenzen eine vergleichbare Garantie ab und behielt sich eine revisionistische Politik vor. Der Sowjetunion allerdings wurde im **Berliner Vertrag** 1926 die deutsche Neutralität zugesichert, falls sie von den Westmächten angegriffen werden würde.

3 Weimarer Republik

M 43 Stresemanns erste Rede vor dem Völkerbund am 10. September 1926, zeitgenössische Fotografie

1 Untersuchen Sie die Haltung der Zuhörer und erschließen Sie die Atmosphäre der Sitzung.

Europaidee und internationale Politik

Auf der Völkerbundstagung im Herbst 1929 entwarf der französische Außenminister Aristide Briand, der die stresemannsche Politik der Verständigung mit Frankreich auf französischer Seite getragen hatte, die Vision einer „solidarischen Gemeinschaft" der europäischen Staaten. Gustav Stresemann stimmte in seiner letzten großen Rede vor dem Völkerbund diesem Plan nur teilweise zu. Er befürwortete einen europäischen Wirtschaftsraum, lehnte aber jede politische Integration Europas ab und blieb trotz seines Eintretens für eine Verständigungspolitik ein Verfechter des souveränen Nationalstaates.

Briand initiierte zusammen mit dem amerikanischen Staatssekretär Kellogg auch ein internationales Vertragswerk zur Ächtung des Krieges. Diesen „**Briand-Kellogg-Pakt**" von 1928 unterzeichneten 15 Staaten, darunter auch Deutschland.

Die spektakulärsten Erfolge seiner Politik erlebte Stresemann nicht mehr. Die vorzeitige Räumung des Rheinlandes erfolgte 1930. Auf der Konferenz von Lausanne 1932 wurden die Reparationen praktisch gestrichen, und auf der Konferenz in Genf im November 1932 wurde Deutschland militärisch wieder ein gleichberechtigter Staat, dessen Versöhnungsangebot allerdings eine Revision der Gebietsabtretungen nicht ausschloss.

M 44 Das Verhältnis Deutsches Reich und Deutschösterreich

a) Grußadresse der Deutschösterreichischen Nationalversammlung an die Deutsche Nationalversammlung vom 4. Februar 1919

Die deutschösterreichische Provisorische Nationalversammlung entbietet der verfassunggebenden Nationalversammlung bei ihrem Zusammentritt in Weimar, dieser jedem Deutschen teuren Stätte, ihren Gruß und spricht die Hoffnung und Überzeugung aus, dass es der verfassunggebenden deutschen Nationalversammlung im Verein mit der deutschösterreichischen Volksvertretung gelingen wird, das Band, das die Gewalt im Jahre 1866 zerrissen hat, wieder zu knüpfen, die Einheit und Freiheit des deutschen Volkes zu verwirklichen und Deutschösterreich mit dem deutschen Mutterland für alle Zeiten zu vereinigen.

b) Note der Alliierten an die deutsche Regierung vom 2. September 1919

Die verbündeten und assoziierten Mächte haben von der deutschen Verfassung […] Kenntnis genommen. […]

1. Indem Artikel 61 die Zulassung Österreichs zum Reichsrat ausspricht, stellt er diese Republik den das Deutsche Reich bildenden „deutschen Ländern" gleich – eine Gleichstellung, die mit der Achtung der österreichischen Unabhängigkeit nicht vereinbar ist.
2. Indem er die Teilnahme Österreichs zum Reichsrat zulässt und regelt, schafft der Artikel 61 ein politisches Band zwischen Deutschland und Österreich und eine gemeinsame politische Betätigung in vollkommenem Widerspruch mit der Unabhängigkeit Österreichs.

Die verbündeten und assoziierten Mächte […] erklären […], dass diese Verletzung ihrer Verpflichtungen in einem wesentlichen Punkte die Mächte zwingen wird, unmittelbar die Ausdehnung ihrer Besetzung auf dem rechten Rheinufer zu befehlen, falls ihre gerechte Forderung nicht innerhalb vierzehn Tagen, vom Datum der vorliegenden Note gerechnet, erfüllt ist.

c) Aus der Protesterklärung der Deutsch-österreichischen Nationalversammlung vom 9. September 1919 gegen die Friedensbedingungen von St. Germain

Die Nationalversammlung erhebt vor aller Welt feierlich ihren Protest dagegen, dass der Friedensvertrag von St. Germain unter dem Vorwande, die Unabhängigkeit Deutschösterreichs zu schützen, dem deutschösterreichischen Volke sein Selbstbestimmungsrecht nimmt, ihm die Erfüllung seines Herzenswunsches, seine wirtschaftliche, kulturelle und politische Lebensnotwendigkeit, die Vereinigung Deutschösterreichs mit dem deutschen Mutterland, verweigert. […]

In schmerzlicher Enttäuschung legt sie Verwahrung ein gegen den leider unwiderruflichen Beschluss der alliierten und assoziierten Mächte, dreieinhalb Millionen Sudetendeutsche von den Alpendeutschen, mit denen sie seit Jahrhunderten eine politische und wirtschaftliche Gemeinschaft bilden, gewaltsam loszureißen, ihrer nationalen Freiheit zu berauben und unter die Fremdherrschaft eines Volkes zu stellen, das sich in demselben Friedensvertrag als ihr Feind bekennt. […]

Herbert Michaelis/Ernst Schraepler (Hg.), Ursachen und Folgen, Berlin 1959, Bd. 3, S. 288 ff. [a, b]; Bd. 8, S. 233 [c]

1 Beschreiben Sie die Position Deutschösterreichs in der Frage der deutschen Nation.
2 Erklären Sie die Position der Alliierten.

M45 Der Chef der Heeresleitung, General Hans von Seeckt, nach dem Vertrag von Rapallo[1] (11. September 1922)

Mit Polen kommen wir nun zum Kern des Ostproblems. Polens Existenz ist unerträglich, unvereinbar mit den Lebensbedingungen Deutschlands. Es muss verschwinden und wird verschwinden durch eigene, innere Schwäche und durch Russland – mit unserer Hilfe. Polen ist für Russland noch unerträglicher als für uns; kein Russland findet sich mit Polen ab. Mit Polen fällt eine der stärksten Säulen des Versailler Friedens, die Vormachtstellung Frankreichs. Dieses Ziel zu erreichen muss einer der festesten Richtungspunkte der deutschen Politik sein, weil er ein erreichbarer ist. Erreichbar nur durch Russland oder mit seiner Hilfe. […]

Das deutsche Volk soll in seiner sozialistischen Mehrheit einer aktiven Politik, die mit Kriegsmöglichkeiten rechnen muss, abgeneigt sein. Es ist zuzugeben, dass der Geist, der über der Versailler Friedensdelegation schwebte, noch nicht verschwunden ist und dass der törichte Ruf: „Nie wieder Krieg!" verbreiteten Nachhall findet. Er findet ihn auch in manchen pazifistisch-bürgerlichen Kreisen, aber es gibt auch unter den Arbeiterkreisen, auch in der offiziellen Sozialdemokratischen Partei viele, die nicht gewillt sind, den Franzosen und Polen aus der Hand zu fressen. […]

Kommt es zu kriegerischen Verwicklungen – und sie erscheinen heute schon greifbar nah –, dann wird es nicht Aufgabe der leitenden Staatsmänner bei uns sein, Deutschland aus dem Konflikt herauszuhalten – das wird vergeblich oder Selbstmord sein –, sondern so stark wie möglich auf die richtige Seite zu treten.

O. E. Schüddekopf, Das Heer und die Republik. Quellen zur Politik der Reichswehrführung 1918–1933, Hannover 1955, S. 160 ff.

1 In Rapallo vereinbarten das Deutsche Reich und die Sowjetunion am 16. April 1922 einen pauschalen Reparationsverzicht, die Aufnahme diplomatischer Beziehungen und die Meistbegünstigungsklausel im Handel.

1 Erläutern Sie von Seeckts Thesen im Zusammenhang mit dem Vertrag von Rapallo.
2 Charakterisieren Sie von Seeckts politische Position im Parteienspektrum.

3 Weimarer Republik

M46 Stimmen zum Vertrag von Locarno[1]

a) Otto Wels (SPD) am 24. November 1925

Wie man auch zu den Verträgen von Locarno und zu dem Eintritt Deutschlands in den Völkerbund stehen mag, das fühlt ein jeder: Wir stehen jetzt am Scheidepunkte der europäischen Politik. Es fragt sich jetzt, ob eine neue Welt, in der der Gedanke des Friedens lebendige Kraft haben soll, das Leben der Völker Europas in Zukunft beherrschen wird oder ob die Mächte, die, auf Gewalt und kriegerischen Auseinandersetzungen fußend, dem Fortschritt, dem moralischen und materiellen Wiederaufbau den Weg dauernd versperren sollen.

Es handelt sich gerade darum, das Bündnissystem der Vorkriegszeit und damit den Gegensatz, der zwischen Alliierten und Deutschland bestand, aus der Welt zu schaffen. Deutschland soll in Zukunft gleichberechtigt neben jenen Mächten stehen, nicht um mit ihnen gegen Russland zu marschieren, sondern um den Völkerbund aufzubauen, der schließlich auch Russland umfassen wird.

b) Wolfgang Bartels (KPD) am 30. Oktober 1925

Was ist Locarno? Wenn man die einzelnen Verträge und ihre Paragrafen durchgeht, so sehen wir, dass Deutschland hinreichend Garantie gibt, aber dafür lediglich die Garantie erhält, dass es Kriegsbütteldienste leisten darf und andererseits Deutschland als Kriegsschauplatz ausliefern muss. Locarno bedeutet in Wirklichkeit […] die Auslieferung der Rheinlande, es bedeutet direkt ein Verschenken preußisch-deutschen Gebietes, es bedeutet die Garantie des Einmarsch- und Durchmarschrechtes durch Deutschland, es bedeutet die Kriegsdienstverpflichtung der deutschen Bevölkerung für die Entente gegen Russland, es bedeutet vor allem die Anerkennung der Aufrechterhaltung des Besatzungsregimes und es bedeutet erneut das Bekenntnis zu dem Versailler Vertrag. Es bedeutet darüber hinaus verschärfte Ausbeutung, verschärfte Entrechtung, Unterdrückung, Elend, Übel, Not und alles, was im Gefolge des neuen Krieges eben zu erwarten ist.

c) Alfred Hugenberg (DNVP) am 15. November 1925

Sachlich betrachtet ist vor allem die Auffassung falsch, dass Locarno einen zehn- bis zwanzigjährigen Frieden bedeute. Gerade das Gegenteil ist richtig. Ich bin kein Pazifist, aber ich muss der Tatsache Rechnung tragen, dass Deutschland waffenlos ist, und muss deshalb verlangen, dass die deutsche auswärtige Politik mit einer dieser Tatsache Rechnung tragenden Vorsicht geführt wird! Seit unserem Zusammenbruch hat mir immer als größte Sorge vorgeschwebt, dass Deutschland der Kriegsschauplatz zwischen Russland und dem Westen werden, dass Deutschland den Fehler einer Verfeindung mit Russland wiederholen könnte.

Herbert Michaelis/Ernst Schraepler (Hg.), Ursachen und Folgen, Bd. 6, Berlin 1958 ff., S. 396 ff.

1 In Locarno vereinbarten am 16. Oktober 1925 Deutschland, Belgien und Frankreich eine Garantie der Westgrenze des Deutschen Reiches, einen Angriffsverzicht und eine deutsch-französische Annäherung als Vorbedingung für den Eintritt Deutschlands in den Völkerbund.

1 Fassen Sie die Urteile zur Bedeutung des Locarno-Vertrages zusammen. Arbeiten Sie dabei die politische Position des jeweiligen Autors heraus.
2 Erklären Sie die Bedenken von KPD und DNVP.

d) „Déjeuner de la Presse", Speisekarte eines Pressefrühstücks zum Abschluss der Konferenz von Locarno mit Karikaturen der Konferenzteilnehmer, Zürich 1925

202

Weimarer Republik 3

3 Das Scheitern der Demokratie

3.1 Weltwirtschaftskrise und antidemokratische Kräfte

Ausbruch der Weltwirtschaftskrise

Die wirtschaftliche Erholung in der zweiten Hälfte der 1920er-Jahre war eine **Erholung „auf Pump"**. Denn die insbesondere aus den USA nach Europa geflossenen Kredite hatten Auslandsverschuldung und Einfuhrüberschüsse in die Höhe getrieben, während sich die USA selbst durch Schutzzölle gegen Importe abschotteten. In Deutschland waren darüber hinaus Unternehmen und Kommunen immer häufiger dazu übergegangen, kurzfristige Kredite zur Finanzierung langfristiger Projekte einzusetzen, sodass sich Störungen im internationalen Finanzkreislauf hier besonders nachhaltig auswirken mussten. Am 25. Oktober 1929 brachen an der New Yorker Börse die Kurse zusammen. Da New York seit Ende des Ersten Weltkrieges das Weltfinanzzentrum bildete und das internationale Finanzsystem von den amerikanischen Krediten abhing, war der später sogenannte **Schwarze Freitag** mit tief greifenden Folgen verbunden. In den Vereinigten Staaten wurden zahlreiche Banken zahlungsunfähig und forderten, dass das Ausland seine kurzfristigen Anleihen und Kredite sofort zurückzahle. Unter den in Amerika stark verschuldeten Industrienationen Europas wurde Deutschland hiervon am schwersten getroffen. Die Geldverknappung führte zu einer Konkurswelle. Vor allem im Produktionsgüterbereich sank der Produktionsindex bis 1932 auf 47 Punkte. Im Mai 1931 brach die österreichische Kreditanstalt zusammen, im Juli folgte die Darmstädter Nationalbank.

Folgen der Massenarbeitslosigkeit

Am drängendsten auf die alltägliche Lebensweise wirkte sich in Deutschland die **Arbeitslosigkeit** aus. Bereits in der Phase der Stabilisierung hatte sie zeitweise ein relativ hohes Niveau erreicht. Nach einem dramatischen Anstieg im Winter 1929/30 erreichte die Arbeitslosigkeit der Erwerbstätigen insgesamt im Jahresdurchschnitt 1932 schließlich 29,9 % (5,6 Mio. Personen; M 48). Vor allem die Folgen der Dauerarbeitslosigkeit konnten von der Arbeitslosenversicherung, die noch keine größeren Reserven gebildet hatte, kaum aufgefangen werden. Gerade die von Arbeitslosigkeit überdurchschnittlich betroffene Jugend erfuhr die Wirtschaftskrise als Lebenskatastrophe. Paramilitärische Männerbünde der rechten wie der linken Parteien, die mit dem Anspruch auftraten, neue persönliche und politische Perspektiven zu bieten, erhielten daher großen Zulauf. Die KPD wurde so bis 1932 zu einer Arbeitslosenpartei, während es der NSDAP gelang, in besonderem Maß auch orientierungslos gewordene Gruppen aus dem „neuen Mittelstand" der Angestellten und Beamten, dem „alten Mittelstand" der Einzelhändler und selbstständigen Handwerker sowie der Bauern und Landarbeiter als Wähler zu gewinnen. Wenn auch der **„Zangengriff" der radikalen Parteien**, in den die Weimarer Republik durch die Radikalisierung der Wählermassen geraten war, nicht mit Zwangsläufigkeit zu ihrem Untergang führen musste, so schraubte er doch den Handlungsspielraum der Mittelparteien zusammen.

1930: Scheitern der Großen Koalition

Ein relativ unbedeutender Anlass genügte jetzt, um am 27. März 1930 das **Ende der „Großen Koalition"** herbeizuführen: Bei der Frage, welchen Prozentsatz Arbeitgeber bzw. Arbeitnehmer zur Arbeitslosenversicherung zu leisten hätten, lagen die widerstreitenden Parteien nur um ein halbes Prozent auseinander. Ein Kompromiss des Zentrumsführers Heinrich Brüning fand nicht die Zustimmung der SPD, bei der sich der Einfluss des Gewerkschaftsflügels durchgesetzt hatte. Infolgedessen trat das letzte parlamentarisch funktionierende Kabinett der Weimarer Republik zurück (M 49).

Republik ohne Republikaner?

Immer schon war die Mehrheit der Republikaner in der ersten deutschen Demokratie gefährdet gewesen. Nie mehr erreichte die Weimarer Koalition ihr Ergebnis von 1919. Bereits **1925** wählte die Mehrheit der Deutschen einen Repräsentanten der Kaiserzeit, den politisch zunächst desinteressierten ehemaligen Generalfeldmarschall **Hindenburg, zum Reichspräsidenten** und damit zum Nachfolger des verstorbenen Sozialdemokraten Friedrich Ebert.

3 Weimarer Republik

M47 a) SPD-Plakat von 1930   b) Zentrumsplakat von 1932

Betrachtet man die Wahlergebnisse der Reichstagswahlen seit 1924, so waren hierbei drei Entwicklungen von besonderer Bedeutung (s. Methodenseiten 208 f.). Erstens verschwanden die liberalen Parteien allmählich aus dem politischen Spektrum. Zweitens konnte daher, ungeachtet des Anstiegs der SPD von rund 21 auf 30 % zwischen 1924 und 1928, die verfassunggebende Weimarer Koalition von 1919 auch in der Phase der relativen Stabilisierung die Mehrheit nicht wiedererlangen und war mit DVP und DNVP auf Mehrheitsbeschaffer von „rechts" angewiesen. Und drittens avancierte nach dem Bruch der „Großen Koalition" bei der Reichstagswahl im September 1930 Hitlers **Nationalsozialistische Deutsche Arbeiterpartei** (NSDAP) neben der nun arg verkleinerten DNVP zum parteipolitischen Hauptträger des Rechtsradikalismus. Auf linksradikaler Seite entsprach dieser Entwicklung ein starker Anstieg der KPD-Stimmen.

Gleichwohl hatte die Republik in SPD, Zentrum und DDP ihre Stützen, 1930 noch 44 % und 1932 39 bzw. 36 % der Reichstagssitze. Dass die Republikaner dies nicht zu nutzen wussten, liegt z. T. an den obrigkeitsstaatlichen Traditionen (s. S. 187). Das Verhältniswahlrecht enthob darüber hinaus die Parteien des Zwangs, Kompromisse zu schließen. Auch der Artikel 48 der Reichsverfassung erleichterte es den Parteien, sich ihrer Verantwortung zu entziehen.

Republikfeindschaft der alten Eliten Eine der stärksten Belastungen für die Demokratie resultierte aus der Republikfeindschaft der alten Eliten: Adel, Beamtenschaft, Justiz, Universität, Militär, Großindustrie und Großagrarier. Die **Schwerindustrie** versuchte im Ruhreisenstreit von 1928 und damit schon einige Jahre vor den Präsidialkabinetten ihre autoritären Staatsvorstellungen durchzudrücken und sich von der „Last des Sozialstaates" und den „Fesseln des Gewerkschaftsstaates" zu befreien. Und die **ostelbischen Junker** bestärkten den ostpreußischen Gutsbesitzer Hindenburg bereits nach seiner Wahl zum Reichspräsidenten 1925 in seinem Kurs gegen den Parlamentarismus und befürworteten gemeinsam mit der **Reichswehr** (General Kurt von Schleicher) die Errichtung einer Präsidialdiktatur.

Weimarer Republik 3

c) KPD-Plakat von 1932

d) NSDAP-Plakat von 1932

1 Vergleichen Sie die Plakate (M 47 a–d) hinsichtlich der Stellung der Parteien zur Weimarer Republik. Welche darstellerischen Mittel werden benutzt, um die Wähler anzusprechen?

Das innenpolitische Klima der Weimarer Republik war also nicht von Konsens und Kompromiss, sondern von Polarisierung und Abgrenzung bestimmt. Bekräftigt wurde diese Entwicklung auch durch die Tätigkeit von **Straßenkampforganisationen** der Parteien oder auch von Politikern wie Alfred Hugenberg, der – Besitzer eines Presse- und Filmkonzerns – 1928 den Vorsitz der DNVP übernommen und mit der **„Harzburger Front"** 1931 eine antirepublikanische Sammlung der rechten Parteien und Verbände erreicht hatte (M 50).

Krisenreaktionen im internationalen Vergleich   Auch die westlichen Demokratien, USA, Frankreich und Großbritannien, sahen sich durch die gesellschaftlichen Umbrüche und die Weltwirtschaftskrise einer Bewährungs-, wenn nicht gar Zerreißprobe ausgesetzt. Großbritannien hatte bereits seit Anfang der Zwanzigerjahre mit einer Arbeitslosenquote von rund zehn Prozent und mehr zu kämpfen. In der gesamten Zwischenkriegszeit bewältigte es aber seine politischen und wirtschaftlichen Konflikte, ohne dass „ein einziges Menschenleben" dabei verloren ging, wie der Historiker R. A. C. Parker hervorhebt. In den USA fand das New-Deal-Programm von Franklin D. Roosevelt Ende 1932 eine breite Mehrheit. Und Frankreich begegnete 1936 dem politischen Extremismus, insbesondere auf der extremen Rechten, mit der Bildung der Volksfrontregierung: Diese trat zur „Verteidigung der Demokratie" an und wurde von Sozialisten, Liberalen und Kommunisten getragen. In diesen Ländern gab es offensichtlich einen tief verwurzelten Konsens über die Werte und Grundprinzipien der Demokratie, die auch in der Krise nicht aufgegeben wurden: Menschen- und Bürgerrechte, Teilung der Gewalten, Rechtsstaatlichkeit, Pluralismus und Mehrheitsprinzip, Volkssouveränität und Repräsentation.

3 Weimarer Republik

Anders in Deutschland: Kriegsniederlage, Revolution und Putschversuche, Rheinlandbesetzung, Reparationen und Inflation, Wirtschaftskrisen, Arbeitslosigkeit und häufiger Regierungswechsel stellten in den Zwanzigerjahren eine rasche Folge sozialer Katastrophen dar. In ihrer Summe bewirkten sie, dass das republikanische Experiment „Weimar" bereits bei Ausbruch der Weltwirtschaftskrise in Misskredit geriet – bei der Masse der Wähler ebenso wie bei den Eliten. Damit fiel in Deutschland die 1929 einsetzende Weltwirtschaftskrise mit einer Legitimationskrise des politischen Systems der Demokratie zusammen. Darin lag ihre Einzigartigkeit.

M 48 Arbeitslosigkeit in Deutschland 1926–1933 im internationalen Vergleich

Jahr	Deutschland			Großbritannien	USA
	Abhängige Erwerbspersonen (in 1000)	Arbeitslose (in 1000)	Arbeitslosigkeit (in % der abhängigen Erwerbspersonen)	(in % der Erwerbslosenversicherten)	(in % der zivilen Erwerbspersonen über 16 J.)
1926	20 287	2 025	10,0	12,5	1,8
1927	21 207	1 312	6,2	9,7	3,3
1928	21 995	1 291	6,3	10,8	4,2
1929	22 418	1 899	8,5	10,4	3,2
1930	21 916	3 076	14,0	16,1	8,7
1931	20 616	4 520	21,9	21,3	15,9
1932	18 711	5 603	29,9	22,1	23,6
1933	18 540	4 804	25,9	19,9	24,9

Dietmar Petzina u. a., Sozialgeschichtliches Arbeitsbuch, Bd. 3, C. H. Beck, München 1978, S. 119; ders., Arbeitslosigkeit in der Weimarer Republik, in: Werner Abelshauser (Hg.), Die Weimarer Republik als Wohlfahrtsstaat, Wiesbaden 1987, S. 242; Willi P. Adams (Hg.), Die Vereinigten Staaten von Amerika, Frankfurt/Main 1977, S. 505

1 Beschreiben Sie die Entwicklung der Arbeitslosigkeit in Deutschland 1926 bis 1933.
2 Erörtern Sie die Folgen von Arbeitslosigkeit 1929 bis 1933 und heute.
3 Bewerten Sie die Entwicklung der Arbeitslosigkeit in Deutschland während der Weltwirtschaftskrise im Vergleich zu anderen Ländern und im Hinblick auf die Machtübertragung an die Nationalsozialisten 1933.

M 49 Aus dem Bericht des sozialdemokratischen Journalisten Friedrich Stampfer zum Scheitern der Großen Koalition vom 27. März 1930

Im März 1930 hatte die Regierung Hermann Müller eine Vorlage eingebracht, die den Vorstand der Reichsanstalt ermächtigte, die Beiträge von 3½ auf 4 Prozent des Lohnes zu erhöhen. Eine Änderung der ge-
5 setzlich festgelegten Leistungen sollte nur im Wege der Gesetzgebung möglich sein. Die sozialdemokratische Reichstagsfraktion stimmte dieser Vorlage zu, obwohl die Erhöhung der Beiträge auf zwei Prozent – die anderen zwei Prozent zahlten die Arbeitgeber –
10 auch für die Arbeiter kein geringes Opfer bedeutete. Die Volkspartei lehnte ab. Es gab also neue Verhandlungen, die in großer Erregung geführt wurden, und schließlich kam unter entscheidender Mitwirkung des Vorsitzenden der Zentrumsfraktion, Brüning, ein Kompromissvorschlag zustande. Danach sollte der Beitrag 15 zur Arbeitslosenversicherung wie bisher nur 3½ Prozent betragen und das Reich sollte 150 Millionen zuschießen. [...]
Im Kabinett saßen vier Sozialdemokraten: neben dem Reichskanzler Hermann Müller der Innenminister Severing, 20 der Wirtschaftsminister Robert Schmidt und der Arbeitsminister Wissell. Die ersten drei waren der Meinung, dass der Kompromiss nicht tragisch zu nehmen sei. Der Arbeitsminister Wissell widersetzte sich auf das leidenschaftlichste. Er tat das aus sehr anerkennens- 25 werten Motiven. Er sah als Ressortminister die große Bedeutung des Problems, er wollte dem Teufel auch nicht den kleinen Finger reichen. Wissell fand die volle Unterstützung der Gewerkschaften. Auch sie sahen in der Arbeitslosenversicherung nicht bloß eine mühsam 30

erkämpfte wichtige Position, sondern auch den Schutzwall für das ganze Lohntarifsystem. Sie waren darum entschlossen, jeden Fußbreit Boden zu halten. Aber in der Feuerlinie standen nicht sie, sondern die Partei.

Da es nicht um eine sozialpolitische Einzelfrage ging, sondern um eine politische Entscheidung von höchster Bedeutung, hätte die Partei die Führung haben müssen. Es wäre ihre Aufgabe gewesen, zwischen den nur gewerkschaftlichen und den allgemein politischen Gesichtspunkten den notwendigen Ausgleich zu schaffen und daraus die entsprechenden Konsequenzen für die Taktik zu ziehen. Die Partei war aber dazu nicht imstande, denn eine Minderheit bekämpfte die Koalitionspolitik Hermann Müllers heftig und wünschte ihr ein baldiges Ende. Die Parteiführung sah sich, zwischen dem linken Parteiflügel und den Gewerkschaften eingeklemmt, jeder Bewegungsfreiheit beraubt. Ein Eingehen auf den Kompromiss hätte den Ausbruch eines offenen Konflikts zur Folge gehabt, in dem Wissell gegen seine drei Ministerkollegen, Gewerkschaften und Parteilinke vereint gegen die Parteirechte gestanden hätten. Ein solcher Konflikt konnte in einer Zeit schwerster wirtschaftlicher und politischer Krise umso weniger riskiert werden, als die Partei von Feinden rings umgeben war, denn die bürgerliche Mitte ging immer weiter nach rechts, im Rücken der Partei aber standen die Kommunisten. In dieser Zwangslage, die durch die intransigente[1] Haltung der Gewerkschaft entstanden war, blieb nichts anderes übrig, als den Kompromiss ohne Rücksicht auf die sich daraus ergebenden Konsequenzen abzulehnen.

Friedrich Stampfer, Die vierzehn Jahre der ersten deutschen Republik, Hamburg 1953, S. 560 ff.

1 intransigent: starr, unnachgiebig

1 Untersuchen Sie, was der Gewerkschaftsflügel der SPD beim Kompromissvorschlag befürchtet.
2 Erläutern Sie, warum die DVP die Erhöhung in Vorschlag 1 ablehnte.
3 Erläutern Sie, warum das Ende der „Großen Koalition" zugleich das Ende der parlamentarischen Demokratie bedeutete.

Weimarer Republik 3

M 50 Aus der Rede Alfred Hugenbergs auf der Kundgebung der „Harzburger Front" vom 11. Oktober 1931

Hier ist die Mehrheit des deutschen Volkes. Sie ruft den Pächtern der Ämter und Pfründen, den Machtgenießern und politischen Bonzen, den Inhabern und Ausbeutern absterbender Organisationen, sie ruft den regierenden Parteien zu: Es ist eine neue Welt im Aufstieg – wir wollen euch nicht mehr!

In dem Volke, das in hellen Scharen hinter dieser Versammlung steht und durch sie verkörpert wird, stehen die tragenden Kräfte der Zukunft. Aus ihnen heraus wird ein neues, wahres und jüngeres Deutschland wachsen. […]

Die bisherigen Machthaber hinterlassen Berge von Sünden und Scherben. Es ist die bittere und doch erhebende Aufgabe eines notgestählten Volkes, die Scherbenberge abzuarbeiten und die überkommenen Sünden zu büßen. Aber dieses Volk betet nicht zu einem Gott des Schreckens und der Knechtschaft. Es betet nur zu dem wahren Gott des Friedens und der Freiheit. Ernst Moritz Arndt nannte ihn den „Gott, der Eisen wachsen ließ". Dies Volk front noch als Sklavenvolk. Aber es sehnt sich nach Arbeit – sehnt sich danach, als adliges Volk vollen Rechtes im Stolz auf seine Väter für Heim und Herd des freien Mannes zu schaffen. […]

Niemand möge sich täuschen: Wir wissen, dass eine unerbittliche geschichtliche und moralische Logik auf unserer Seite ficht. Aus dem Neuen, das Technik und Industrie für die Welt bedeutete, hatte sich ein Wahn mit doppeltem Gesichte entwickelt – der so genannte internationale Marxismus und der eigentlich erst aus den marxistischen Konstruktionen heraus Wirklichkeit gewordene internationale Kapitalismus. Dieser Wahn bricht jetzt in der Weltwirtschaftskrise und in der davon scharf zu unterscheidenden deutschen Krise zusammen. Die Frage ist nur, ob daraus Zerstörung und Elend nach russischem Muster oder neuer Aufstieg nach unseren Plänen und unter unserer Führung hervorgehen soll. […]

Da gibt es keinen Mittelweg und keine Konzentration widerstrebender Kräfte. Da gibt es nur ein Entweder-oder.

Herbert Michaelis/Ernst Schraepler (Hg.), Ursachen und Folgen, Bd. 8, Berlin 1958 ff., S. 364

1 Klären Sie, wer zur „Harzburger Front" gehört.
2 Untersuchen Sie, welche Ziele Hugenberg proklamiert, für wen er spricht, worin er den Feind erblickt.

Methode

Interpretation von Diagrammen: Wahlergebnisse

Diagramme sind grafische Darstellungsweisen zur Veranschaulichung statistischer Daten. Zur Verdeutlichung der Parteienanteile einer Wahl wird häufig ein Kreisdiagramm verwendet (rund oder halbrund), wobei die Größe des Kreissegmentes den Anteil der einzelnen Partei am Gesamtergebnis wiedergibt. Sollen die Wahlergebnisse mehrerer Wahlen über einen bestimmten Zeitraum miteinander verglichen werden, nutzen Statistiker gerne die Möglichkeiten von Flächen- oder Säulendiagrammen (M 52) oder des Kurvendiagramms. Dabei werden die Bezüge zwischen zwei Aspekten der Realität durch ein Koordinatensystem visualisiert. Bei der Veranschaulichung von Wahlergebnissen geht es darum, die Häufigkeit der abgegebenen Stimmen pro Partei (hier auf der vertikalen oder y-Achse) in Beziehung zur Zeit (hier auf der horizontalen oder x-Achse) zu setzen. Beim Diagramm M 51 handelt es sich um eine Kombination aus Säulen- und Kurvendiagramm, weil hier die Säulen durch Geraden verbunden sind, um die Entwicklung der Trends leichter optisch erfassen zu können.

Diagramme erleichtern den Umgang mit empirischen Daten, sie können aber auch den Betrachter manipulieren. So ist es üblich geworden, Wahlergebnisse stets auf die Summe der abgegebenen Stimmen zu beziehen. Man übersieht aber damit leicht den Anteil der Nichtwähler, was nur bei sehr hohen Wahlbeteiligungen unproblematisch ist. Ein verzerrter Eindruck der Wirklichkeit kann aber auch entstehen bei der Umrechnung der Wahlergebnisse auf die zur Verfügung stehenden Sitze in Prozent. Hierbei wird stets angenommen, dass die Anzahl der zu verteilenden Sitze konstant sei. Im Deutschen Bundestag ist dies auch zwischen 1949 und 1990 der Fall gewesen. In der Weimarer Republik dagegen änderte sich die Zahl der Reichstagssitze. Das lag am reinen Verhältniswahlrecht. Bei jeder Wahl entfiel ein Parlamentssitz auf jeweils 40 000 abgegebene Stimmen. Bei hohen Wahlbeteiligungen gab es viele Reichstagssitze, bei schwachen eben weniger. Dieser Umstand bleibt bei solchen Diagrammen unberücksichtigt, die alle Wahlergebnisse auf 100 % der Sitze beziehen. In diesen Diagrammen scheinen Parteien, die ihre Stimmenzahl bei steigender Wahlbeteiligung lediglich konstant halten, an Wählerstimmen zu verlieren. Ihre Verluste an Wählerstimmen sind aber nur relativ, nämlich bezogen auf die Gesamtzahl der Sitze, die sich jedoch verändert. Für die Interpretation der Entwicklung der Weimarer Koalition ist dies ein wesentlicher Faktor.

Arbeitsschritte für die Interpretation

1. Formale Merkmale
- Wer ist der Autor oder Auftraggeber?
- Wann und aus welchem Anlass wurde das Diagramm veröffentlicht?
- Welche Kategorien werden in Beziehung gesetzt?
- Ergeben sich aus der Art bzw. Form des Diagramms besondere Aussagen?

2. Inhalt und Gestaltungselemente
- Welchen Sachverhalt (im Sinne einer Leitfrage) behandelt das Diagramm?
- Welche Art von Diagramm liegt vor?
- Wie ist das Diagramm aufgebaut (Symbole, Proportionen, Farbgebung)?
- Was bedeuten die verschiedenen Gestaltungselemente?
- Welche Zahlenwerte werden veranschaulicht?

3. Historischer Kontext
- Auf welche Strukturen oder Prozesse bezieht sich das Diagramm?
- Auf welche Epoche bezieht sich das Diagramm?

4. Aussagegehalt und -absicht
- Welche Intentionen verfolgte der Auftraggeber?
- Für welche Zielgruppe wurde das Diagramm entworfen?
- Welche vermutliche oder mögliche Wirkung sollte von dem Diagramm ausgehen bzw. erzielte das Diagramm?
- Welche Einzelinformationen lassen sich aus dem Diagramm gewinnen (Schwerpunkte, Ausschläge, regelhafte Verläufe)?

5. Fazit
- Welche Gesamtaussage lässt sich aus dem Diagramm gewinnen?
- Reicht das Diagramm als Grundlage zur Beantwortung der Leitfrage aus oder kann man nur vorläufige Schlussfolgerungen ziehen (müssen weitere Daten herangezogen werden)?

Methode

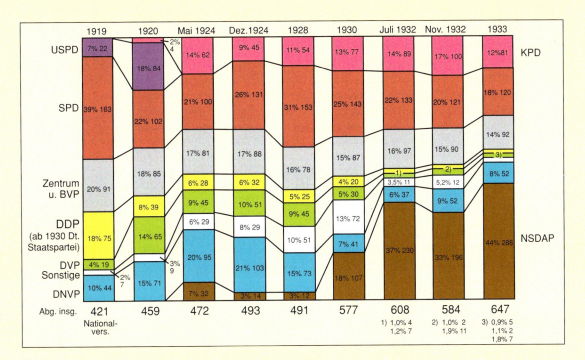

M 51 Ergebnisse der Reichstagswahlen 1919–1933

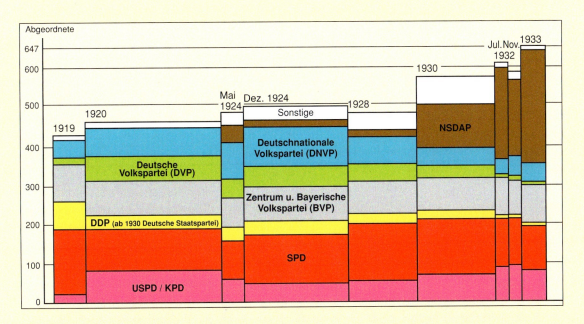

M 52 Parteien im Deutschen Reichstag 1919–1933

1 Interpretieren Sie M 51 und 52 mithilfe der angegebenen Arbeitsschritte.

Hinweise zur Lösung finden Sie auf Seite 572.

3 Weimarer Republik

3.2 Die Präsidialkabinette und die Hitler-Bewegung

Brünings Präsidialkabinett – Notverordnungen Nach dem Auseinanderbrechen der „Großen Koalition" im März 1930 beauftragte Reichspräsident Hindenburg den Zentrumspolitiker Heinrich Brüning mit der Bildung einer Regierung. Diesem **Kabinett Brüning** gehörte die SPD nicht mehr an, sie besaß auch keine Reichstagsmehrheit. Sollten sich für Gesetze keine Mehrheiten mehr finden, so hatte Brüning von Hindenburg die Vollmacht erhalten, gegebenenfalls mit dem **Notverordnungsartikel 48** zu regieren und den Reichstag aufzulösen.

Die Vorgehensweise des Reichspräsidenten war zunächst ein durchaus im Rahmen der Verfassung liegendes politisches Verfahren. Denn die Weimarer Reichsverfassung hatte Präsidialkabinette von vornherein als **Notprogramm** zugelassen: Nach Artikel 53 ernannte und entließ der Reichspräsident den Reichskanzler. Artikel 25 legte fest, dass der Reichspräsident den Reichstag auflösen konnte. Und Artikel 48 bot die Möglichkeit, zur Wiederherstellung der öffentlichen Ordnung Militär einzusetzen und Grundrechte aufzuheben. Aber der Reichstag hatte auch das Recht, Notverordnungen durch Mehrheitsbeschluss aufzuheben. Eine generelle Ausschaltung des Reichstages war daher nicht möglich. Wollte also Brüning ausschließlich mithilfe von **Notverordnungen** regieren, musste die Reichstagsmehrheit dieses Verfahren dulden. Die **SPD** ließ sich auf diese **Tolerierungspolitik** ein, um die Grundstrukturen der demokratischen Republik zu retten (M 55).

Die Ziele von Brüning, Papen, Schleicher Die Weimarer Demokratie zu retten war nicht das Ziel der republikfeindlichen alten Eliten um Hindenburg, welche die „**autoritäre Wende**" eingeleitet hatten. Durch eine Konzentration der Entscheidungen im Kanzleramt sollte die SPD an den Rand gedrängt und eine generelle Senkung der Einkommen durchgesetzt werden. Brüning verfolgte dieses Ziel über einen Sparkurs bei Löhnen, Gehältern und Sozialleistungen (Deflationspolitik) und schwächte damit die gesamte Volkswirtschaft. Ihm schwebte eine Restauration der Hohenzollern-Monarchie vor. Er leitete sein politisches Ende mit dem Verbot der nationalsozialistischen Kampfverbände SA und SS ein.

Franz von Papens „Kabinett der Barone" wollte eine modernisierte Form der Ständeregierung verwirklichen (M 56) und begegnete der Arbeitslosigkeit mit einem Arbeitsbeschaffungsprogramm. Die SPD-Regierung Preußens beseitigte Papen im Juli 1932 durch einen Staatsstreich („Preußenschlag"). Als Papen nach fünfmonatiger Regierungszeit im November 1932 von Hindenburg die Militärdiktatur forderte, entließ ihn dieser und ernannte den **Reichswehrgeneral Kurt von Schleicher** zum Reichskanzler. Dieser setzte die Arbeitsbeschaffungsprogramme fort, scheiterte aber bei dem Versuch, durch ein Bündnis mit dem linken NSDAP-Flügel die Hitlerbewegung zu spalten. Weil damit auch Schleicher keine Alternative mehr zur Militärdiktatur sah, entließ ihn der Reichspräsident im Januar 1933.

Die alten Eliten und Hitler Bis zu diesem Zeitpunkt hatten die alten Eliten Hitler von der Macht ferngehalten. Gleichwohl nahmen sie durch die häufigen Neuwahlen 1928 bis 1932 in Kauf, dass die NSDAP ihre Stimmen vermehren konnte. Ihre straff organisierte Propaganda war geschickt auf soziale Not und politische Orientierungslosigkeit der Massen abgestimmt und präsentierte sich unter dem schillernden Begriff der „Volksgemeinschaft" erfolgreich als politischer Hoffnungsträger „jenseits von Weimar". Hatte die alte konservative Elite auch Vorbehalte gegen die junge, sich revolutionär gebende NSDAP, so kam diese doch als Mehrheitsbeschaffer in Betracht. Jetzt musste sich entscheiden, ob Hitler als Nachfolger Schleichers infrage kam, auch wenn es gelten sollte, „den Tiger zu reiten".

Hitler-Bewegung Der Erste Weltkrieg bedeutete das Ende der alten Welt der Fürsten und Höfe, der Donaumonarchie und der europäischen Gleichgewichtspolitik. Mit der traditionellen politischen Ordnung verschwanden auch ihre Werte. Ein Krisenbewusstsein erfasste ganz Europa. Ihm entsprangen überall rechts gerichtete autoritäre und totalitäre Massenbewegungen wie der Faschismus in Italien oder die „Heimwehr" in Österreich. Der Nationalsozialismus der Hitler-Bewegung war solch ein **Krisenphänomen der Nachkriegszeit** in Deutschland. Er

Weimarer Republik 3

M 53 Elk Eber, So war die SA, 1936, Öl auf Leinwand

1 Untersuchen Sie Erscheinungsbild und Haltung der SA-Männer. Vergleichen Sie diese mit den Zuschauern und interpretieren Sie dieses Gemälde.

versuchte alle Unzufriedenen und Entwurzelten von den Konservativen bis zu den Sozialisten in einer autoritär geführten Massenpartei zu versammeln (M 57), um ohne Parlament und Demokratie den Weg aus der wirtschaftlichen, politischen und moralischen Krise zu nationaler Größe zu weisen. Der Antisemitismus sollte durch die Schaffung eines jüdischen Sündenbocks das nationale Zusammengehörigkeitsgefühl stärken und die Masse der wirtschaftlich Unzufriedenen mit populären Versprechungen gewinnen. Trotz dieser populären Zielsetzung blieb die NSDAP zunächst relativ bedeutungslos. Nach dem missglückten Hitler-Putsch 1923 verschwand die Partei auf Jahre, sodass es schien, als würde sie dasselbe Schicksal wie die meisten ihrer europäischen Schwesterparteien ereilen (1924–1928: 3 %). Mit der Wirtschaftskrise allerdings explodierten die **Wählerstimmen** für die NSDAP (s. S. 209).

NSDAP-Wähler und -Mitglieder

Die Wählerschaft der NSDAP zeigte vor 1929 kein deutliches Profil, sie wandelte sich ständig. Ab 1929 gelang es der NSDAP aber, vor allem den **alten und neuen Mittelstand** anzusprechen, also Händler, Kaufleute und Handwerker ebenso wie die wachsende Zahl der Angestellten. Neben diesen erreichte die Parteipropaganda auch nicht organisierte Arbeiter und Bauern. Sie alle fürchteten in der Wirtschaftskrise den sozialen Abstieg und sahen in der NSDAP den dritten Weg zwischen Kapitalismus und Sozialismus. Ab 1930 machte der Antimarxismus die Partei auch für die obere Mittelschicht und den Adel interessant. 1933 traten in der NSDAP-Wählerschaft die Frauen hervor.

Der NSDAP-Wähler unterschied sich deutlich vom NSDAP-Mitglied. Typisch für die NSDAP-Mitgliedschaft ist nicht die Suche nach materiellem oder sozialem Vorteil, sondern die traumatische Erfahrung des Verlustes der nationalen Größe, von Niederlage und Revolution bei der Generation der **Frontsoldaten** des Ersten Weltkrieges. Niederlage, Friedensvertrag und Revolution schienen für diese Männer die Opfer des Krieges sinnlos zu machen. Deshalb bekämpften sie den Versailler Vertrag und ihre demokratischen Unterzeichner und nährten die **„Dolchstoßlegende"**. Die NSDAP war die Partei, die die Erfahrungen dieser Männergeneration in Ideologie und Aktion umsetzte. Männerkameradschaft und gewalttätige Aktion prägten deshalb den Parteistil (M 53). Bei **Jugendlichen** befriedigte die NSDAP das Verlangen nach heroischen Taten. Marschkolonne und politische Gewalt befriedigten die Wunschvorstellungen einer Generation, die unter der Vorbildwirkung der Frontsoldaten stand. Die Partei bot ihnen die Plattform zur Entfaltung der Mission, das deutsche Volk mit mehr Gleichheit zu erneuern als in der Welt der Alten.

3 Weimarer Republik

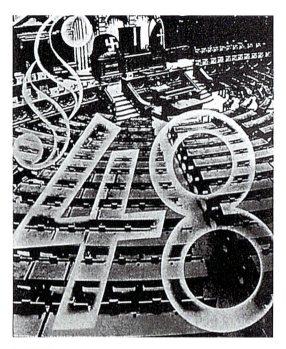

M 54 John Heartfield, Das tote Parlament, 1929, Plakat

1 Deuten Sie die Elemente des Bildes.

M 55 SPD-Abgeordneter Wilhelm Keil zum Deflationsprogramm Brünings am 15. Juli 1930

Eine Sparpolitik, die das große Heer jener Menschen, die gegen ihren Willen aus dem Produktionsprozess ausgeschlossen oder in diesem Prozess krank, siech und verstümmelt worden sind, dem Hunger und dem Untergang preisgeben würde, machen wir nicht mit. Da wir aber wissen, dass mit Etatabstrichen allein der Ausgleich nicht zu erreichen ist, schlagen wir steuerliche Maßnahmen vor, die dem Grundsatz der steuerlichen Gerechtigkeit Rechnung tragen. Wir fordern in erster Linie einen zehnprozentigen Zuschlag zur Einkommensteuer für alle Einkommen mit einer angemessenen Freigrenze. […] Der Reichskanzler Dr. Brüning [hat] „mit allen verfassungsmäßigen Mitteln" gedroht. Er hat nicht klar gesagt, was er damit meint. Ein verfassungsmäßiges Mittel wäre der Rücktritt der Regierung, ein anderes wäre die Auflösung des Reichstags. Sollte der Reichskanzler aber keines dieser Mittel im Auge haben, sondern etwa den viel zitierten Artikel 48 der Reichsverfassung im Auge haben, so müssen wir noch einmal laut unsere warnende Stimme erheben […]. Der Artikel 48 ist nach seiner Entstehungsgeschichte, seinem Sinn und Wortlaut kein Instrument zur Rettung einer Regierung, die sich verrechnet hat. Artikel 48 kann unmöglich Anwendung finden zur Durchsetzung von Gesetzen, die der Reichstag nicht genehmigen will. Eine solche Anwendung wäre ein Missbrauch des Artikels 48 und dieser Missbrauch würde heißen: die Verfassung außer Kraft setzen. Das aber, Herr Reichskanzler, wäre ein Vabanquespiel, von dem niemand sagen kann, wo und wie es enden wird.

Wilhelm Keil, Erlebnisse eines Sozialdemokraten, Bd. 2, Stuttgart 1948, S. 390

1 Arbeiten Sie Ziel und Vorgehensweise der Regierung Brüning in der Wirtschaftskrise heraus.
2 Untersuchen Sie, welche Krisenpolitik die SPD verfolgt.

M 56 Franz von Papen berichtet über seine Ernennung zum Reichskanzler 1932

Wie immer empfing er [Reichspräsident Hindenburg] mich mit väterlicher Güte. „Nun, mein lieber Papen, werden Sie mir in dieser schwierigen Lage helfen?", fragte er mit seiner sonoren Stimme.
„Ich fürchte, ich kann es nicht, Herr Reichspräsident."
[…]
Die Szene, die sich nun abspielte, habe ich oft geschildert.
Schwerfällig erhebt sich der alte Marschall aus seinem Sessel und ergreift meine beiden Hände. „Wie können Sie einen alten Mann, der trotz der Bürde seiner Jahre die Verantwortung für das Reich noch einmal übernommen hat, jetzt im Stiche lassen wollen, wo er Sie berufen will, eine für die Zukunft des Reiches entscheidende Frage zu lösen? Ich erwarte von Ihrem vaterländischen Pflichtgefühl, dass Sie sich meinem Rufe nicht versagen."
Schwer atmend und fast stockend, aber wie beschwörend, höre ich diese tiefe Stimme, die so viel Wärme ausstrahlt: „Mir ist es völlig gleich, ob Sie die Missbilligung oder gar die Feindschaft Ihrer Partei ernten. Ich will endlich von den Parteien unabhängige Männer um mich sehen, die nach bestem Wissen und Gewissen versuchen, das Land aus der entsetzlichen Krise zu befreien, in der es sich befindet." Und mit erhobener Stimme: „Sie waren Soldat und haben im Kriege Ihre Pflicht getan. In Preußen kennen wir nur Gehorsam, wenn das Vaterland ruft!"
Vor dieser Berufung auf Gehorsam und Loyalität strich ich die Segel. Gab es nicht höhere Interessen als Parteidisziplin? Ich schlug in die mir dargebotene Hand des Marschalls.

Franz v. Papen, Der Wahrheit eine Gasse, München o. J., S. 189 ff.

Weimarer Republik 3

1 Stellen Sie die Motive dar, die Hindenburg bei seinem Weg der Bildung von Präsidialkabinetten leiteten.
2 Definieren Sie „Präsidialkabinett".
3 Erörtern Sie, wie sich dieser Weg Hindenburgs zu Geist und Buchstaben der Weimarer Verfassung verhält.

M 57 Joseph Goebbels über „Legalität" im „Angriff" vom April/Mai 1928

Wir gehen in den Reichstag hinein, um uns im Waffenarsenal der Demokratie mit deren eigenen Waffen zu versorgen. Wir werden Reichstagsabgeordnete, um die Weimarer Gesinnung mit ihrer eigenen Unterstüt-
5 zung lahm zu legen. Wenn die Demokratie so dumm ist, uns für diesen Bärendienst Freifahrkarten und Diäten zu geben, so ist das ihre eigene Sache. […] Uns ist jedes gesetzliche Mittel recht, den Zustand von heute zu revolutionieren. Wenn es uns gelingt, bei diesen
10 Wahlen [1928] sechzig bis siebzig Agitatoren unserer Parteien in die verschiedenen Parlamente hineinzustecken, so wird der Staat selbst in Zukunft unseren Kampfapparat ausstatten und besolden. […]
Auch Mussolini ging ins Parlament. Trotzdem mar-
15 schierte er nicht lange darauf mit seinen Schwarzhemden nach Rom. […]
Man soll nicht glauben, der Parlamentarismus sei unser Damaskus. […] Wir kommen als Feinde! Wie der Wolf in die Schafherde einbricht, so kommen wir. Jetzt seid
20 ihr nicht mehr unter euch!
Ich bin kein Mitglied des Reichstags. Ich bin ein IdI, ein IdF. Ein Inhaber der Immunität, ein Inhaber der Freifahrkarte. […] Wir sind gegen den Reichstag gewählt worden und wir werden auch unser Mandat im Sinne
25 unserer Auftraggeber ausüben. […] Ein IdI hat freien Eintritt zum Reichstag, ohne Vergnügungssteuer zahlen zu müssen. Er kann, wenn Herr Stresemann von Genf erzählt, unsachgemäße Zwischenfragen stellen, zum Beispiel, ob es den Tatsachen entspricht, dass be-
30 sagter Stresemann Freimaurer und mit einer Jüdin verheiratet ist.

Karl D. Bracher, Die Auflösung der Weimarer Republik, Villingen ³1960, S. 375, Anm. 39f.

1 Erklären Sie, weshalb Goebbels in den Reichstag kommen konnte; skizzieren Sie seine Haltung zur Weimarer Republik.
2 Untersuchen Sie, wie das Grundgesetz der Bundesrepublik den Umgang mit Verfassungsfeinden regelt.

M 58 E. Schilling, Ein neuer Rütlischwur der Parteien, Karikatur aus dem „Simplicissimus" vom 16. Oktober 1932.
Die Bildunterschrift lautet: „Wir wollen einig kämpfen gegen Papen – doch trotzdem treu uns hassen allezeit!"

1 Identifizieren Sie die Parteienvertreter nach ihren Emblemen und interpretieren Sie die Karikatur im Zusammenhang mit der politischen Krise der Republik.

Methode

Sekundärliteratur I: Fallanalyse zum Niedergang der Weimarer Republik in Sachsen (1929–1933)

Bei der Beschäftigung mit der Vergangenheit müssen sowohl die Quellen (s. S. 126 f. und S. 146 f.) als auch die Sekundärliteratur (s. auch S. 430 f.) gesichtet, ausgewertet und beurteilt werden. Grundsätzlich müssen fachwissenschaftliche oder populärwissenschaftliche Darstellungen mit dem gleichen Instrumentarium untersucht werden wie Quellentexte. Besonderes Gewicht erhalten aber bei der Analyse der Sekundärliteratur Fragen nach der Erklärungskraft der Argumente eines Autors/einer Autorin und damit auch nach der Interpretation eines Ereignisses, eines Vorganges oder einer Entwicklung. Der Leser einer geschichtswissenschaftlichen Darstellung wird daher andere Akzente setzen als bei der Lektüre einer Quelle: Zunächst wird man die Gliederung und den Gedankengang unter dem Gesichtspunkt untersuchen, ob es logische Brüche oder Schlussfolgerungen gibt, die sich nicht aus dem Dargestellten herleiten lassen. Sodann kann man die Perspektive der Aussage analysieren und die Frage stellen, ob der Sachverhalt durch eine allzu starke Einseitigkeit eingeschränkt wird. Berücksichtigt der Autor mehrere Perspektiven oder erklärt er das Zusammenwirken der einzelnen Ereignisse nur aus einem einzigen Handlungsmotiv (Monokausalität)? Hat man diesen Schritt vollzogen, kann man sich der Sprache und Begrifflichkeit des Textes genauer zuwenden: Gibt es Ausdrücke, sprachliche Wendungen oder Begriffe, die eine bestimmte Wertung erkennen lassen, die als Prämisse oder Deutungsmuster der Argumentation zugrunde liegen? Geht der Autor von Maßstäben und Wertungen aus, die eine bestimmte politische Position aus der eigenen Zeit auf die Vergangenheit übertragen? Durch derartige Fragen lässt sich herausfinden, ob ein Autor bei seiner Darstellung einer bestimmten Ideologie verhaftet ist. Der Vergleich mit anderen Darstellungen macht häufig deutlich, aus welcher Perspektive und mit welchem Erkenntnisinteresse die Autoren an ihr Werk herangehen, welche Fragen sie stellen und welche nicht.

Arbeitsschritte für die Analyse

1. Formale Merkmale
- Wer ist der Verfasser?
- Welche politische, öffentliche oder gesellschaftliche Stellung hatte der Verfasser?
- Wann und aus welchem Anlass ist der Text entstanden oder veröffentlicht worden?
- Wo und unter welchen Umständen ist der Text entstanden oder veröffentlicht worden?
- An wen wendet sich der Text?

2. Textinhalt
- Welche Form besitzt der Text (z. B. Gedicht, Gesetz, öffentliche Rede)?
- In welcher Sprache und Begrifflichkeit – und warum – ist der Text abgefasst?
- Welche Bedeutung besitzen bestimmte Formelemente des Textes?
- Mit welchem Thema beschäftigt sich der Text?
- Welche zentralen Aussagen enthält der Text?
- Mit welchen Argumenten untermauert der Autor seine Thesen und Aussagen?

3. Historischer Kontext
- Auf welches Ereignis bzw. auf welche historische Epoche bezieht sich der Text?
- Auf welchen Konflikt spielt der Text an?
- In welchem Verhältnis steht der Autor eines Textes zu dem thematisierten Geschehen?
- In welchem Verhältnis stehen die Verfasser von Texten zueinander?
- Auf welcher Weltanschauung beruht der Text?

4. Aussageabsicht
- Welches Ziel verfolgt der Verfasser?
- Aus welcher Perspektive ist der Text geschrieben?
- Unter welcher Fragestellung wird ein bestimmter Sachverhalt untersucht?
- Welche Interessen vertritt der Verfasser?
- Wem nützen die Aussagen des Textes, wem geben sie zu nützen vor? Will sich der Autor möglicherweise gegen eine andere Position abgrenzen? Wenn ja, gegen welche und warum?
- Was verschleiert der Autor, was hätte er wissen können?
- Welche vermutlichen Wirkungen sollte der Text bei den Zeitgenossen erzielen?
- Welche tatsächliche Wirkung hat der Text bei Zeitgenossen oder anderen Lesern erreicht?
- Von welchen Wertmaßstäben aus werden Ereignisse, Entwicklungen und Handlungen beurteilt (erkenntnisleitende Interessen)?

5. Fazit
- Welche Gesamtaussage lässt sich formulieren?

Methode

M 59 Der Historiker Karl Czok über Sachsen zwischen 1929 und 1933 (1989)

Deutliches Kennzeichen für den Rechtsruck war der in den Jahren der Weltwirtschaftskrise – besonders in Sachsen – rasch wachsende Einfluss der NSDAP. Hierfür gab es einen Komplex von Ursachen, so vor allem die Folgen der frühen und tiefen Krise für die Klein- und Mittelindustriellen, deren Stimmungen – gefördert durch die Spitze des Verbandes Sächsischer Industrieller – sowohl der Politik der langjährigen SPD-Landesregierung als auch dem Monopolkapital gegenüber die Faschisten für sich ausnutzten. Ihr Programm hatte eine eindeutig antisozialistische und scheinbar antimonopolistische Stoßrichtung, wobei antisemitische Ausfälle eine desorientierende Wirkung auf breite Kreise ausüben sollten. […] Angestellte, die wie die Arbeiter von der steigenden Arbeitslosigkeit betroffen waren, aber weder deren Klassenbewusstsein noch ihre Organisiertheit besaßen, sahen in dem rabiaten Aktivismus der Faschisten eine Alternative. Die Naziführer erkannten früh die für sie in Sachsen besonders günstige Situation und verstärkten seit 1930 ihre Aktivitäten erheblich. Sie führten spezielle Mittelstandsprotestversammlungen durch, forcierten die Bildung faschistischer Massenorganisationen, und durch ihre Demagogie in Verbindung mit der Krisensituation gelang es ihnen, mittels „weißer Zellen" in den Betrieben auch teilweise unter den Arbeitern Fuß zu fassen. Die faschistische Bewegung gedieh, weil die Staatsorgane der Weimarer Republik nie konsequent gegen die sie negierenden und bekämpfenden rechten Kräfte vorgingen. […] Systematisch gingen die Opportunisten in den Gewerkschaften, aber auch in anderen proletarischen Organisationen, zum Beispiel der Kultur- und Sportbewegung, daran, klassenbewusste Arbeiter zu maßregeln und auszuschließen. Für die KPD war der Kampf gegen Unternehmerwillkür und faschistische Gefahr vor allem deshalb schwierig, weil die Formierung der terroristischen Kräfte sich zunächst langsam, ungleichmäßig und teilweise vor der Öffentlichkeit verborgen vollzog. […]
Das KPD-Programm war geeignet, den Zusammenschluss der Arbeiter mit den anderen werktätigen Schichten als unabdingbare Voraussetzung für den Sieg über die faschistische Gefahr zu fördern. Trotz der von der KPD inner- und außerhalb der Betriebe organisierten Massenarbeit und der Bereitschaft, die Zusammenarbeit mit der SPD zu stärken, hielt diese ihre Mitglieder zumeist in Passivität. „Es heißt auf der Hut zu sein, die Kräfte zu mobilisieren und für den Abwehrkampf und, wenn es sein muss, auch für den Angriff bereitzuhalten", verkündete ein Redner Ende Oktober 1930 im Leipziger Volkshaus. […]

Zur gleichen Zeit nahm die faschistische Gefahr immer bedrohlichere Ausmaße an. […] Diese Gefahr vor Augen, ging die KPD auch in Sachsen neue Wege, um die Antifaschisten zu sammeln. Dabei wurden die linkssektiererischen Kräfte zurückgedrängt. Ihre weitgehende Isolierung besiegelte das Februarplenum 1932. Diese Tagung kündigte ein verändertes Verhalten gegenüber der SPD sowie überhaupt Möglichkeiten der Verbreiterung der antifaschistischen Front an. Auf lokaler Ebene entstanden teilweise bereits paritätisch zusammengesetzte Einheitsfrontkomitees aller Arbeiterorganisationen. „Errichtung der roten Einheitsfront" hieß auch das Thema eines Erwerbslosenkongresses am 28. Februar in Dresden. Auf dem 2. Bezirksparteitag der KPD Sachsen (25. bis 27. März 1932) hob Ernst Thälmann die historische Bedeutung Leipzigs als Tagungsort in der Klassenauseinandersetzung zwischen Bourgeoisie und Proletariat hervor. Auch die SPD beschritt den Weg der Sammlung der Antifaschisten; so lud die Leipziger Parteiorganisation für den 21. Juni 1932 SPD und parteilose Arbeiter sowie Betriebsräte zu einer „Besprechung über Kampfmaßnahmen gegen Hunger und Faschismus" ein. […]
Im bürgerlichen Lager dominierten wenigstens ab Mitte der 20er-Jahre weit rechts stehende Kräfte mit einer Disposition zum Faschismus. Das resultierte aus der langjährigen und scharfen Konfrontation mit einem zahlenmäßig starken und links orientierten, freilich seit 1914 gespaltenen Proletariat. Dass sich Ende der 20er-Jahre besonders in bürgerlichen und kleinbürgerlichen Kreisen eine Affinität zur NSDAP äußerte, lag zu einem guten Teil an den Strukturproblemen der gewerblichen Wirtschaft. Die Zersplitterung in eine Vielzahl kleiner und mittlerer Betriebe, das Vorherrschen der Fertigwarenindustrie, die starke Exportorientiertheit – selbst in Bereichen des Handwerks – erhöhten die Krisenanfälligkeit. Die Krise setzte in Sachsen etwa ein Jahr früher als in anderen Industrieregionen Deutschlands ein. Die Enttäuschung über die einseitige Unterstützung der Reichsregierung für die Großindustrie und die alten bürgerlichen Parteien trieb gerade mittlere und kleine Unternehmer in die Arme der NSDAP, denn diese hatte sich noch nicht in der Regierungsverantwortung verschlissen und betonte ihre Beschützerrolle gegenüber den Kleinen. Es verwundert daher nicht, dass die Hochburgen der NSDAP in Westsachsen und im Vogtland lagen, weil dort die Wirtschaftsprobleme besonders zur Lösung drängten. […] Es kann als sicher angenommen werden, dass sich schon 1930 viele Arbeitslose, vor allem Angestellte, von den Naziparolen einfangen ließen. Die besonders früh einsetzende hohe Arbeitslosigkeit

Methode

war dafür ebenso Ursache wie die auf die Situation eingestellte Demagogie der NSDAP. [...]
Das Verbot gegen die SPD erließ die sächsische Landesregierung am 23. Juni, einen Tag nach dem Verbot auf der Reichsebene. Vielleicht sind Sozialdemokraten von diesem Verbot nirgendwo schmerzlicher betroffen gewesen als im sächsischen Raum. Hier war eine der Basen der ersten großen revolutionären Arbeiterpartei der Welt gewesen und in den Zwanzigerjahren unseres Jahrhunderts hatten sich gerade in Sachsen Sozialdemokraten um die Überwindung der 1914 begonnenen Spaltung der deutschen Arbeiterbewegung bemüht, freilich auch erleben müssen, wie auf dem Leipziger Parteitag von 1931 von der Mehrheit der Delegierten einem Zusammengehen mit Kommunisten die endgültige Absage erteilt wurde. Als 1932 durch Umorientierungen in der KPD die Bedingungen für gemeinsames antifaschistisches Handeln besser denn je erschienen, wurde diese einzigartige Gelegenheit durch das Festhalten an den Leipziger Beschlüssen vertan.

Karl Czok (Hg.), Geschichte Sachsens, Hermann Böhlaus Nachfolger, Weimar 1989, S. 461–471, 480–484

M 60 Die Historiker Manfred und Agatha Kobuch über die Geschichte Sachsens in der Endphase der Weimarer Zeit (1999)

Aufgrund seiner führenden Textilbranche war Sachsen auf Fertigwarenexport angewiesen und daher konjunkturempfindlich, zumal es unter allen deutschen Ländern den höchsten Prozentsatz der in der Industrie tätigen Bevölkerung aufwies. Der Freistaat war auch während der Zeit der Hochkonjunktur durch eine ständige Arbeitslosigkeit eines nicht geringen Teiles der Bevölkerung betroffen. Die ersten Anzeichen der Weltwirtschaftskrise kündigten sich in Mitteldeutschland bereits im Frühjahr 1928 in der Textilbranche an und bis 1931 waren auch die meisten anderen Produktionszweige einbezogen. Im November 1931 gab es in Sachsen 589 000 Arbeitslose (11,8 Prozent, im Reich 7,8 Prozent) und im Januar 1933 stieg die Zahl auf 718 000 (14,3 Prozent). Die auf dem Staat, den Städten und Gemeinden liegende Schuldenlast erreichte Anfang 1933 die Höhe von 1,5 Milliarden Reichsmark. Wirtschaft und Staat befanden sich in einer schweren Krise, und weite Kreise der Bevölkerung sahen einen Ausweg nur im Anschluss an die eine oder andere radikale politische Richtung. [...]
1920 entstand in Leipzig die erste sächsische Ortsgruppe der Deutschsozialistischen Partei. Bei der Auflösung dieser Partei, im Oktober 1922, die keinen größeren Einfluss gewann, traten die Ortsgruppen teilweise geschlossen zur NSDAP über. Im Oktober 1921 entstand mit der Ortsgruppe Zwickau der NSDAP ihre erste sächsische und vierte außerbayerische lokale Formation. Vom sächsisch-vogtländischen, fränkischen und thüringischen Grenzgebiet aus breitete sich die NSDAP in Sachsen aus. Ihre beiden Spitzenfunktionäre Martin Mutschmann (1879–1947) und Karl Fritsch (1901–1944) stammten aus dieser Gegend. Der nach Aufhebung des Verbots der NSDAP im Februar 1925 entstandene Gau Sachsen mit dem Sitz in Plauen (bis zum Frühjahr 1933) – Gauleiter war Mutschmann, sein Stellvertreter seit 1928 Fritsch – gehörte bereits damals zu den größten und bedeutendsten regionalen Organisationsformen dieser rechtsradikalen Partei in Deutschland. Erstmals war sie 1926 im Sächsischen Landtag mit zwei Abgeordneten vertreten, im Mai 1929 verfügte sie über fünf Mandate und im Juni 1930 waren es bereits 14. Fritsch, seit 1929 Mitglied des Dresdner Parlaments, hatte ein Jahr später das Amt des Fraktionsvorsitzenden der NSDAP inne. Der Rechtsruck in Deutschland war ein deutliches Kennzeichen der Weltwirtschaftskrise, weil Teile der Bevölkerung an eine sozialistische und antimonopolistische Orientierung der NSDAP glaubten. Daher stieg ihre Wählerschaft in Sachsen von 18 Prozent im Jahre 1930 auf 41 Prozent im Jahre 1932.
In der KPD, die durch die Aufnahme von Mitgliedern der USPD (um 1920) Zuwachs erhielt, existierten verschiedene ideologische Strömungen. Nach dem Verbot der KPD vom November 1923 bis Februar 1924 setzte eine langsame Konsolidierungsphase ein. Auch in dieser Partei nahm seit 1929 sowohl die Anzahl ihrer Mitglieder als auch ihrer Sympathisanten zu. In jenen Jahren erhöhte sich der Anteil der KPD-Wähler von 16 auf fast 20 Prozent. Mit dem wachsenden Einfluss extremistischer Parteien ging im Landesparlament die Anzahl der Sitze der verfassungstreuen Mitte aus SPD und den kleineren demokratischen Parteien in erschreckendem Ausmaß zurück. Die Arbeit des Sächsischen Landtages wurde durch harte Auseinandersetzungen zwischen der KPD und der NSDAP weitgehend blockiert. [...]
Seit dem 5. Mai 1933 hatte der Gauleiter Mutschmann das Amt eines Reichsstatthalters für Sachsen inne, und am Tage danach setzte er eine neue Regierung Killinger ein (zweite Kommissariatsregierung Killingers vom 6. Mai 1933 bis 28. Februar 1935). Am 4. April 1933 wurde der Sächsische Landtag entsprechend dem Ergebnis der Reichstagswahl vom 5. März 1933 umgebildet (einige Mandate entfielen u. a. durch Verhaftung und Emigration von Abgeordneten), und am 30. Januar 1934 erfolgte die förmliche Auflösung des Parlaments. Bereits im Frühjahr 1933 begann die national-

Methode

sozialistische Umgestaltung der Behörden, bei der die Personalpolitik (Gesetz zur Wiederherstellung des Berufsbeamtentums vom 7. April 1933) eine erhebliche Rolle spielte. Die rasch eingerichteten Konzentrationslager Hohnstein und Sachsenburg sowie örtliche Schutzhaftlager füllten sich mit den Gegnern der nationalsozialistischen Diktatur. Das für Sachsen zuständige Sondergericht Freiberg nahm am 12. April 1933 seine Tätigkeit mit der Aburteilung von Aktivitäten des Widerstandes und politisch Andersdenkender auf. Am 28. Februar 1935 löste Mutschmann den Ministerpräsidenten Killinger als „Führer der sächsischen Landesregierung" ab und war von September 1936 bis 1945 „der Reichsstatthalter in Sachsen – Landesregierung". Der Gau Sachsen war identisch mit dem Territorium des Landes. Wenn auch das Land Sachsen nach der vollzogenen „Gleichschaltung" einer eigenen Hoheit und Regierungsgewalt entbehrte, blieb es doch als Verwaltungseinheit unverändert erhalten. Änderungen beschränkten sich nur auf Äußerlichkeiten, beispielsweise wurden die Amts- und Kreishauptmannschaften nach preußischem Vorbild 1939 in Landkreise und Regierungsbezirke umbenannt.

Otto Kaemmel, Sächsische Geschichte. In der Überarbeitung v. Manfred Kobuch u. Weiterführung v. Agatha Kobuch, Hellerau-Verlag, Dresden 1999, S. 148f., 152f.

1 Analysieren und vergleichen Sie die beiden Texte M 59 und M 60 mithilfe der skizzierten Arbeitsschritte.

Lösungshinweise

1. **Formale Merkmale**
- Verfasser: Historiker, Spezialisten für sächsische Geschichte
- Veröffentlichung: 1989 bzw. 1999, jeweils in ostdeutschen Städten
- Adressaten: sowohl Fachpublikum als auch breiteres historisch interessiertes Publikum, regionalgeschichtlich Interessierte

2. **Textinhalt**
- Textform: wissenschaftliche Abhandlung, aber ohne Fußnoten
- Sprache: verständlich, für gebildetes Publikum
- Thema: Endphase der Weimarer Republik in Sachsen
- Zentrale Aussagen beziehen sich auf Erstarken der NSDAP, Haltung des Bürgertums, der Arbeiterparteien und der sächsischen Industriellen zur NSDAP, Errungung und Festigung der Macht
- Argumentation: Autoren setzen unterschiedliche Akzente; bei Czok z. B. wird SPD kritisiert, weil sie Zusammenarbeit mit KPD verweigert und damit NSDAP gestärkt habe; dagegen wird die Republik bei Kobuch von extremen Parteien rechts und links zerstört.

3. **Historischer Kontext**
- Sachsen während der Weltwirtschaftskrise, Erstarken der NSDAP und deren Machtübernahme in Sachsen
- Konflikt: zwischen Demokratie und Diktatur
- Verhältnis der Verfasser: keine Angabe möglich

4. **Aussageabsicht**
- Ziel/Interesse: Czok untermauert marxistische Interpretation; Kobuch kritisieren Radikalismus von Rechts und Links und nehmen Partei für Weimarer Koalition bzw. demokratische Mitte
- Weltanschauung: Text von Czok steht für marxistische Geschichtsinterpretation; Text von Kobuch beruht auf der Totalitarismustheorie und setzt daher totalitäre Strukturen von Rechts und Links gleich.
- Fragestellung: Wie kam es zum Scheitern der Republik in Sachsen?
- Nutzen: bei Czok eher die politische Linke; bei Kobuch eher die politische Mitte
- Abgrenzung: Unterschiede in Weltanschauung werden von Verfassern nicht verdeckt.
- Wertmaßstäbe: Die politischen Meinungen der Verfasser bestimmen deutlich ihre Herangehensweise und ihre Beurteilungen.

5. **Fazit**
- Die historischen Aussagen werden stark von der politischen Ausrichtung der Autoren bestimmt. Abweichende Perspektiven werden nur bedingt diskutiert.

3 Weimarer Republik

3.3 Die Machtübertragung auf Hitler

Das Ende von Weimar

Die **Reichstagswahl** vom November 1932 hatte der NSDAP erste **Verluste** eingebracht, ohne dass die rechtskonservativen Parteien DVP und DNVP größere Gewinne verbuchen konnten. Ebenso war gegen Ende 1932 ein Abflauen der Straßenkämpfe zu verzeichnen. Damit zeigte sich zum einen, dass die alten Eliten weiterhin keine Massenbasis besaßen, die Massen blieben in der NSDAP, der SPD und der KPD versammelt. Zum anderen wurde deutlich, dass die NSDAP ihren Höhepunkt offensichtlich überschritten und sich ihr Wählerreservoir erschöpft hatte. Zur Jahreswende 1932/33 bildete sich daher jene **Kompromissbereitschaft** heraus, der sich die Nationalsozialisten bislang verweigert hatten.

Die Ernennung Hitlers zum Reichskanzler

Als Reichskanzler von Schleicher im Januar 1933 vom Reichspräsidenten die Militärdiktatur verlangte, war die Stunde der monarchistischen und völkischen Republikfeinde gekommen. Die Kamarilla um Hindenburg setzte den Führer der NSDAP, Adolf Hitler, als Reichskanzler durch (M 64). Am **30. Januar 1933 ernannte Reichspräsident Hindenburg Adolf Hitler zum Reichskanzler** und Franz von Papen zum Vizekanzler. Mit dieser „Machtübergabe" konnte die „Machtergreifung" beginnen.

Mit Adolf Hitler war am 30. Januar 1933 ein erklärter Feind der liberalen und demokratischen Reichsverfassung Kanzler geworden. Das war ein klarer **Verfassungsbruch** des Reichspräsidenten, der damit Hitler die Möglichkeit gab, durch Aushöhlung des Verfassungskerns die Weimarer Reichsverfassung praktisch bedeutungslos zu machen. Aber in dieser „nationalen Erhebung" erblickten die konservativ-bürgerlichen Koalitionspartner keine Gefahr. Zum einen hatte Hitler versprochen, von illegalen Mitteln Abstand zu nehmen (Legalitätseid), und zum anderen galt die NSDAP nach der letzten Reichstagswahl als geschwächt. Denn in den Wahlen im November 1932 hatte sie zwei Millionen Stimmen eingebüßt, ihr Höhenflug schien vorbei. Deshalb war die NSDAP in Hitlers Koalitionsregierung in der Minderheit.

Der Regierung gehörten neben Hitler nur noch Wilhelm Frick und Hermann Göring aus der NSDAP an (Joseph Goebbels erst ab März), während fünf Minister bereits dem Kabinett Papen angehörten. Die **„Regierung des nationalen Zusammenschlusses"** galt den Konservativen als das lang ersehnte Ende der „Erfüllungspolitik" der Weimarer Republik; nicht Hitler, sondern Hinden-

M61 Reichskanzler Hitler, Wehrminister von Blomberg und Reichspräsident von Hindenburg am 21. März 1933 vor der Garnisonkirche in Potsdam, zeitgenössische Fotografie. Die Garnisonkirche war die Grablege der preußischen Könige, wo der am 5. März gewählte Reichstag feierlich eröffnet wurde.

Weimarer Republik 3

M62 Titelseite des „Völkischen Beobachters" vom 1. März 1933. Der „Völkische Beobachter" war das Zentralorgan der NSDAP. Am 28. Februar, dem Tag nach dem Brand des Reichstagsgebäudes, hob Reichspräsident von Hindenburg die Grundrechte durch Notverordnung auf. Dies war die Grundlage für die Verfolgung der Opposition und die Beseitigung des Rechtsstaats bis 1945.

burg war für sie der Mann der Stunde. Hitlers NSDAP schien zähmbar zu sein, ganz wie es der Staatsakt zur Eröffnung des neuen Reichstages am 21. März 1933 in der Potsdamer Garnisonkirche versinnbildlichen sollte (M61).

Reichstagsbrand und „Machtergreifung"

Um eine absolute oder gar verfassungsändernde Mehrheit für die NSDAP zu erzielen, strebte Hitler bereits vor seiner Vereidigung als Kanzler Neuwahlen an und setzte diese gegen den Widerstand der DNVP durch. Am 1. Februar wurde der Reichstag aufgelöst, am 5. März sollte gewählt werden. Am 4. Februar erging eine Notverordnung des Reichspräsidenten zur Kontrolle von Zeitungen und politischen Versammlungen und zur Auflösung der preußischen Gemeindeparlamente. Göring wurde kommissarischer Innenminister und setzte als Polizeichef in Preußen SA und Stahlhelm als Hilfspolizei ein.
Der Wahlkampf wurde von der NSDAP mit allen Mitteln der Propaganda und des Straßenterrors durch SA und SS geführt (Schießbefehl gegenüber „Staatsfeinden"). Als am 27. Februar das **Reichstagsgebäude** in Berlin **in Flammen** aufging, benutzte Hitler den bis heute in seiner Urheberschaft umstrittenen Brandanschlag, um über den Reichspräsidenten Hindenburg Notverordnungen nach Art. 48 der Weimarer Verfassung erlassen zu können (M62). In der **„Verordnung zum Schutz von Volk und Staat"**, der sogenannten Brandverordnung (M65), vom 28. Februar wurden die klassischen Grundrechte der Verfassung einschließlich des Appellationsrechts außer Kraft gesetzt und die Todesstrafe für Hoch- und Landesverrat eingeführt. Das materiale Rechtsstaatsprinzip war damit aufgrund eines formalen Rechtsaktes bis 1945 aufgehoben; d. h. unter Wahrung des gesetzmäßigen Weges wurde der **Kern des Rechtsstaates** beseitigt, nämlich der Schutz der Privatsphäre des Bürgers vor willkürlichem Zugriff durch den Staat. So wurde die **staatliche Willkürherrschaft**

3 Weimarer Republik

M63 Straßenszene in München 1933, zeitgenössische Fotografie. Ein jüdischer Rechtsanwalt, der im Vertrauen auf den Rechtsstaat in Deutschland bei der Polizei um Hilfe gebeten hatte, wurde von der SS mit abgeschnittenen Hosenbeinen durch die Straßen geführt. Die Aufhebung der Grundrechte hatte der Willkürherrschaft der Staatsorgane und der Parteiorganisationen Tür und Tor geöffnet. Der Schutzhaftbefehl war Teil dieser Willkürherrschaft.

zur eigentlichen Verfassung des Dritten Reiches (M63). Die „Brandverordnung" verschaffte der NSDAP die Möglichkeit, die KPD als angebliche Brandstifterin durch Massenverhaftungen von Funktionären zu zerschlagen. Zwar wurden im Reichstagsbrandprozess alle kommunistischen Angeklagten freigesprochen und allein der Holländer van der Lubbe für schuldig befunden, aber die Hälfte aller KPD-Funktionäre wurde willkürlich verhaftet; die KPD-Organisationen konnten nur in der Illegalität des Widerstands und im Exil fortbestehen. Auch die Sozialdemokratie war noch während des Wahlkampfes von Verhaftungen und Verboten betroffen.

Reichstagswahl März 1933 Trotz massiver Unterstützung durch den Staatsapparat und erheblicher Spenden der deutschen Schwerindustrie (über 3 Mio. RM) erreichte die NSDAP in den Wahlen vom 5. März 1933 keine absolute Mehrheit. Ihr Stimmenanteil von 43,9 % reichte mit den Stimmen der DNVP aber zu einer Mehrheit von 51,9 %. Zentrum, SPD und selbst KPD konnten ihre Stimmenanteile in etwa behaupten.

Ende des Parlamentarismus Obwohl nun Reichskanzler Hitler seine Regierung auf eine ausreichende Mehrheit im Reichstag hätte stützen können, verlangte er ein Ermächtigungsgesetz. Damit sollte der Reichstag auf seine Kontroll- und alleinige Gesetzgebungsaufgabe verzichten und der Regierung schrankenlose Gesetzgebungsmöglichkeiten einräumen. Von den im Reichstag noch verbliebenen Fraktionen – alle kommunistischen und ein Teil der sozialdemokratischen Abgeordneten waren bereits Ende Februar nach der Brandverordnung verhaftet worden – setzten sich nur die Sozialdemokraten entschieden gegen die am 24. März drohende Beseitigung des parlamentarischen Regierungssystems zur Wehr (M66b). Das Zentrum gab sich wie alle bürgerlichen Parteien mit Hitlers Beschwichtigungen (M66a), der Reichspräsident und die Länder würden unangetastet bleiben, zufrieden. Es half der NSDAP sogar noch durch eine Geschäftsordnungsänderung, SPD und KPD an der Ausübung einer Sperrminorität zu hindern. Für das verfassungsändernde Gesetz waren nämlich nicht nur eine Zweidrittelmehrheit der abgegebenen Stimmen, sondern auch die Anwesenheit von zwei Dritteln der Abgeordneten notwendig. Die Änderung der Geschäftsordnung mithilfe der bürgerlichen Parteien ließ es nun zu, dass alle „unentschuldigt" Abwesenden als Anwesende gezählt wurden. So sollten auch ungewollt die verhafteten KPD-Abgeordneten zur Verabschiedung des Ermächtigungsgesetzes beitragen. Am 24. März 1933

Weimarer Republik 3

billigten 444 von 647 Abgeordneten das Gesetz (M 67). Damit hatte sich das Parlament selbst ausgeschaltet.

Durch die Beseitigung der horizontalen Gewaltenteilung wurde die Reichsregierung mit diktatorischen Vollmachten ausgestattet. Ihre Gesetzgebungstätigkeit war nicht einmal mehr an die Verfassungsbestimmungen gebunden, solange nur Reichstag, Reichsrat und die Rechte des Reichspräsidenten unangetastet blieben. So war durch die Aushöhlung der Weimarer Reichsverfassung Deutschland zu einer formalrechtlich legitimierten Diktatur geworden. Das Ermächtigungsgesetz sollte zunächst nur vier Jahre gelten, wurde aber 1937 und 1939 verlängert und 1943 von jeder Befristung befreit.

M64 Die Ernennung Hitlers zum Reichskanzler in den Aufzeichnungen Ribbentrops – persönliches Diktat Joachim von Ribbentrops

Ich habe Hitler noch nie in einem solchen Zustand gesehen; ich schlage ihm und Göring vor, Papen abends allein zu sprechen und ihm die ganze Situation klarzulegen. Abends spreche ich mit Papen und überzeuge
5 ihn schließlich, dass nur die Kanzlerschaft Hitlers, für die er sich ganz einsetzen müsse, einen Sinn hätte. Papen sagt, dass die hugenbergsche Sache nur eine untergeordnete Rolle spiele, und erklärt, dass er sich jetzt voll und ganz zur Kanzlerschaft Hitlers bekenne,
10 was den entscheidenden Wendepunkt in der Haltung Papens bedeutete. Papen wird sich seiner Verantwortung bewusst – drei Möglichkeiten: entweder Präsidialkabinett mit nachfolgender [unleserlich] oder Rückkehr des Marxismus unter Schleicher oder Rücktritt
15 Hindenburgs. Dagegen die wirklich einzige klare Lösung: Kanzlerschaft Hitlers. Papen wird sich nun restlos klar, dass er jetzt unter allen Umständen Hitlers Kanzlerschaft durchsetzen muss und nicht wie bisher glauben darf, sich Hindenburg auf jeden Fall zur Verfügung
20 halten zu müssen. Diese Erkenntnis Papens ist meines Erachtens der Wendepunkt der ganzen Frage. Papen ist am Sonnabendvormittag für 10 Uhr bei Hindenburg angesagt. [...]

Sonntag, 29.1.: Um 11 Uhr lange Aussprache
25 Hitler–Papen. Hitler erklärt, dass im großen Ganzen alles im Klaren sei. Es müssten aber Neuwahlen angesetzt werden und ein Ermächtigungsgesetz müsse kommen. Papen begibt sich sofort zu Hindenburg. Ich frühstücke im Kaiserhof mit Hitler. Die Frage der Neu-
30 wahlen wird besprochen. Da Hindenburg nicht wählen lassen will, bittet er mich, Hindenburg zu sagen, dass dies die letzten Wahlen seien. Nachmittags gehen Göring und ich zu Papen. Papen erklärt, dass alle Hindernisse beseitigt seien und dass Hindenburg Hitler
35 morgen um 11 Uhr erwartet.

Montag, 30.1.: Hitler ist zum Kanzler ernannt.

Joachim v. Ribbentrop, Zwischen London und Moskau, Leoni 1961, S. 41 f.

1 Stellen Sie die Faktoren zusammen, denen Hitler seine Ernennung zum Reichskanzler verdankte.

2 Vergleichen Sie die Stellung des Reichskanzlers in der Weimarer Reichsverfassung mit der Praxis der Regierungsbildung 1930 bis 1933.

M65 Aus der Notverordnung zum „Schutz von Volk und Staat" vom 28. Februar 1933, erlassen anlässlich des Reichstagsbrandes vom Vortag („Brandverordnung")

Aufgrund des Artikels 48 Abs. 2 der Reichsverfassung wird zur Abwehr kommunistischer staatsgefährdender Gewaltakte Folgendes verordnet:

§ 1. Die Artikel 114, 115, 117, 118, 123, 124 und 153 der Verfassung des Deutschen Reiches werden bis auf
5 weiteres außer Kraft gesetzt. Es sind daher Beschränkungen der persönlichen Freiheit, des Rechts der freien Meinungsäußerung einschließlich der Pressefreiheit, des Vereins- und Versammlungsrechts, Eingriffe in das Brief-, Post-, Telegrafen- und Fernsprechgeheimnis,
10 Anordnungen von Haussuchungen und von Beschlagnahmen sowie Beschränkungen des Eigentums auch außerhalb der sonst hierfür bestimmten gesetzlichen Grenzen zulässig.

§ 2. Werden in einem Lande die zur Wiederherstellung
15 der öffentlichen Sicherheit und Ordnung nötigen Maßnahmen nicht getroffen, so kann die Reichsregierung insoweit die Befugnisse der obersten Landesbehörde vorübergehend wahrnehmen.

§ 3. Die Behörden der Länder und Gemeinden (Ge-
20 meindeverbände) haben den aufgrund des § 2 erlassenen Anordnungen der Reichsregierung im Rahmen ihrer Zuständigkeit Folge zu leisten. [...]

§ 5. Mit dem Tode sind die Verbrechen zu bestrafen, die das Strafgesetzbuch in den §§ 81 (Hochverrat),
25 229 (Giftbeibringung), 307 (Brandstiftung), 311 (Explosion), 312 (Überschwemmung), 315 Abs. 2 (Beschädigung von Eisenbahnanlagen), 324 (gemeingefährliche Vergiftung) mit lebenslangem Zuchthaus bedroht.

3 Weimarer Republik

Mit dem Tode oder, soweit nicht bisher eine schwerere Strafe angedroht ist, mit lebenslangem Zuchthaus oder mit Zuchthaus bis zu 15 Jahren wird bestraft,

1. wer es unternimmt, den Reichspräsidenten oder ein Mitglied oder einen Kommissar der Reichsregierung oder einer Landesregierung zu töten oder wer zu einer solchen Tötung auffordert, sich erbietet, ein solches Erbieten annimmt oder eine solche Tötung mit einem anderen verabredet;

2. wer in den Fällen des §115 Abs. 2 des Strafgesetzbuchs (schwerer Aufruhr) oder des §125 Abs. 2 des Strafgesetzbuchs (schwerer Landfriedensbruch) die Tat mit Waffen oder in bewusstem und gewolltem Zusammenwirken mit einem Bewaffneten begeht;

3. wer eine Freiheitsberaubung (§239 des Strafgesetzbuchs) in der Absicht begeht, sich des der Freiheit Beraubten als Geisel im politischen Kampfe zu bedienen.

§6. Diese Verordnung tritt mit dem Tage der Verkündung in Kraft.

Reichsgesetzblatt 1933, Teil I, Nr. 17, S. 83

1 Nennen Sie die Rechte, die in der Reichstagsbrandverordnung außer Kraft gesetzt werden. Wo stehen diese im Grundgesetz?

2 Arbeiten Sie die neuen Kompetenzen des Staates heraus.

3 Erörtern Sie die Verhältnismäßigkeit von angeblicher Zielsetzung der Notverordnung und den tatsächlichen Möglichkeiten, die sie eröffnet.

M66 Zur Auseinandersetzung um das Ermächtigungsgesetz im Reichstag am 23. März 1933

a) Aus der Rede Adolf Hitlers

Um die Regierung in die Lage zu versetzen, die Aufgaben zu erfüllen, die innerhalb dieses allgemein gekennzeichneten Rahmens liegen, hat sie im Reichstag durch die beiden Parteien der Nationalsozialisten und der Deutschnationalen das Ermächtigungsgesetz einbringen lassen. Ein Teil der beabsichtigten Maßnahmen erfordert die verfassungsändernde Mehrheit. Die Durchführung dieser Aufgaben bzw. ihre Lösung ist notwendig. Es würde dem Sinn der nationalen Erhebung widersprechen und dem beabsichtigten Zweck nicht genügen, wollte die Regierung sich für ihre Maßnahmen von Fall zu Fall die Genehmigung des Reichstags erhandeln und erbitten. Die Regierung wird dabei nicht von der Absicht getrieben, den Reichstag als solchen aufzuheben; im Gegenteil, sie behält sich auch für die Zukunft vor, ihn von Zeit zu Zeit über ihre Maßnahmen zu unterrichten oder aus bestimmten Gründen, wenn zweckmäßig, auch seine Zustimmung einzuholen. Die Autorität und damit die Erfüllung der Aufgaben der Regierung würden aber leiden, wenn im Volke Zweifel an der Stabilität des neuen Regiments entstehen könnten. Sie hält vor allem eine weitere Tagung des Reichstags im heutigen Zustand der tief gehenden Erregung der Nation für unmöglich. Es ist kaum eine Revolution von so großem Ausmaß so diszipliniert und unblutig verlaufen wie diese Erhebung des deutschen Volkes in diesen Wochen. Es ist mein Wille und meine feste Absicht, für diese ruhige Entwicklung auch in Zukunft zu sorgen. Allein umso nötiger ist es, dass der nationalen Regierung jene souveräne Stellung gegeben wird, die in einer solchen Zeit allein geeignet ist, eine andere Entwicklung zu verhindern. Die Regierung beabsichtigt dabei von diesem Gesetz nur insoweit Gebrauch zu machen, als es zur Durchführung der lebensnotwendigen Maßnahmen erforderlich ist. [...] Sie bietet den Parteien des Reichstags die Möglichkeit einer ruhigen deutschen Entwicklung und einer sich daraus in der Zukunft anbahnenden Verständigung; sie ist aber ebenso entschlossen und bereit, die Bekundung der Ablehnung und damit die Ansage des Widerstandes entgegenzunehmen. Mögen Sie, meine Herren, nunmehr selbst die Entscheidung treffen über Frieden oder Krieg.

1 Interpretieren Sie die Rede Hitlers in ihrem historischen Kontext.

b) Aus der Rede des sozialdemokratischen Fraktionsvorsitzenden Otto Wels

Nach den Verfolgungen, die die Sozialdemokratische Partei in der letzten Zeit erfahren hat, wird billigerweise niemand von ihr verlangen oder erwarten können, dass sie für das hier eingebrachte Ermächtigungsgesetz stimmt. Die Wahlen vom 5. März haben den Regierungsparteien die Mehrheit gebracht und damit die Möglichkeit gegeben, streng nach Wortlaut und Sinn der Verfassung zu regieren. Wo diese Möglichkeit besteht, besteht auch die Pflicht. Kritik ist heilsam und notwendig. Noch niemals, seit es einen Deutschen Reichstag gibt, ist die Kontrolle der öffentlichen Angelegenheiten durch die gewählten Vertreter des Volkes in solchem Maße ausgeschaltet worden, wie es jetzt geschieht und wie es durch das neue Ermächtigungsgesetz noch mehr geschehen soll. Eine solche Allmacht der Regierung muss sich umso schwerer auswirken, als auch die Presse jeder Bewegungsfreiheit entbehrt. [...]

Wir Sozialdemokraten wissen, dass man machtpolitische Tatsachen durch bloße Rechtsverwahrungen

Weimarer Republik 3

c) Adolf Hitler am 23. März 1933 während seiner Rede vor dem Reichstag zur Begründung des Ermächtigungsgesetzes. Hinter ihm sitzt Reichstagspräsident Hermann Göring, der die Abgeordneten mit einem Feldstecher beobachtet.

nicht beseitigen kann. Wir sehen die machtpolitische Tatsache Ihrer augenblicklichen Herrschaft, aber auch das Rechtsbewusstsein des Volkes ist eine politische Macht und wir werden nicht aufhören, an dieses Rechtsbewusstsein zu appellieren.

Die Verfassung von Weimar ist keine sozialistische Verfassung. Aber wir stehen zu den Grundsätzen des Rechtsstaates, der Gleichberechtigung, des sozialen Rechtes, die in ihr festgelegt sind. Wir deutschen Sozialdemokraten bekennen uns in dieser geschichtlichen Stunde feierlich zu den Grundsätzen der Menschlichkeit und der Gerechtigkeit, der Freiheit und des Sozialismus. Kein Ermächtigungsgesetz gibt Ihnen die Macht, Ideen, die ewig und unzerstörbar sind, zu vernichten. Sie selbst haben sich ja zum Sozialismus bekannt. Das Sozialistengesetz hat die Sozialdemokratie nicht vernichtet. Auch aus neuen Verfolgungen kann die deutsche Sozialdemokratie neue Kraft schöpfen.

M 66 a und b: J. u. K. Hohlfeld (Hg.), Dokumente der Deutschen Politik und Geschichte von 1848 bis zur Gegenwart, Bd. 4, Berlin o. J., S. 35 f. und 38 ff.

1 Fassen Sie die Argumente des SPD-Abgeordneten Wels zusammen.

M 67 „Gesetz zur Behebung der Not von Volk und Reich" vom 24. März 1933 (Ermächtigungsgesetz)

Der Reichstag hat das folgende Gesetz beschlossen, das mit Zustimmung des Reichsrats hiermit verkündet wird, nachdem festgestellt ist, dass die Erfordernisse verfassungsändernder Gesetzgebung erfüllt sind:

Artikel 1. Reichsgesetze können außer in dem in der Reichsverfassung vorgesehenen Verfahren auch durch die Reichsregierung beschlossen werden. Dies gilt auch für die in den Artikeln 85 Abs. 2 und 87 der Reichsverfassung bezeichneten Gesetze.[1]

Artikel 2. Die von der Reichsregierung beschlossenen Reichsgesetze können von der Reichsverfassung abweichen, soweit sie nicht die Einrichtung des Reichstags und des Reichsrats als solche zum Gegenstand haben. Die Rechte des Reichspräsidenten bleiben unberührt.

Artikel 3. Die von der Reichsregierung beschlossenen Reichsgesetze werden vom Reichskanzler ausgefertigt und im Reichsgesetzblatt verkündet. Sie treten, soweit sie nichts anderes bestimmen, mit dem auf die Verkündung folgenden Tage in Kraft. Die Artikel 68 und 77 der Reichsverfassung[2] finden auf die von der Reichsregierung beschlossenen Gesetze keine Anwendung.

Artikel 4. Verträge des Reiches mit fremden Staaten, die sich auf Gegenstände der Reichsgesetzgebung beziehen, bedürfen für die Dauer der Geltung dieser Gesetze nicht der Zustimmung der an der Gesetzgebung beteiligten Körperschaften. Die Reichsregierung erlässt die zur Durchführung dieser Verträge erforderlichen Vorschriften.

Artikel 5. Dieses Gesetz tritt mit dem Tage seiner Verkündung in Kraft. Es tritt mit dem 1. April 1937 außer Kraft; es tritt ferner außer Kraft, wenn die gegenwärtige Reichsregierung durch eine andere abgelöst wird.

Reichsgesetzblatt 1933, Teil I, Nr. 25, S. 141

1 Art. 85 Abs. 2 und Art. 87 der Weimarer Reichsverfassung (WRV) banden Haushalt und Kreditaufnahme an die Gesetzesform.
2 Art. 68–77 WRV legten das Gesetzgebungsverfahren einschließlich Einspruchsrecht des Reichsrates, des Volksentscheids und der Verfassungsänderung fest.

1 Fassen Sie die Bestimmungen des Ermächtigungsgesetzes zusammen.

2 Erläutern Sie die verfassungsrechtliche Bedeutung des Gesetzes.

3 Diskutieren Sie, warum diese Bestimmungen nicht als Notverordnung des Reichspräsidenten eingeführt wurden.

Grundwissen Weimarer Republik

Zeittafel

1914–1918 Der Erste Weltkrieg endet für das Deutsche Reich mit einer Niederlage.
1918 Mit der Novemberrevolution wird die Monarchie abgeschafft, Deutschland wird Republik und unterzeichnet den Waffenstillstand in Compiègne.
1919 Die Revolutionäre Kommunistische Arbeiterpartei, die spätere KPD, und die Deutsche Arbeiterpartei (DAP), die 1920 in NSDAP umbenannt wird, werden gegründet. Der Spartakusaufstand wird niedergeschlagen. Die Wahlen zur Nationalversammlung im Januar enden mit einer Dreiviertelmehrheit der Parteien, die eine repräsentative Demokratie anstreben (SPD, DDP, Zentrum = „Weimarer Koalition"). Der Versailler Vertrag wird unterschrieben. Die Weimarer Reichsverfassung wird verabschiedet.

1920 Der Kapp-Putsch scheitert aufgrund eines Generalstreiks der Gewerkschaften. Kommunistische Aufstände in Thüringen, Sachsen und im Ruhrgebiet scheitern.
1922 Der Vertrag von Rapallo zwischen dem Deutschen Reich und Sowjetrussland wird abgeschlossen.
1923 Die Besetzung des Ruhrgebietes durch Frankreich und Belgien markiert den Höhepunkt der politischen und wirtschaftlichen Krisenjahre 1919–1923; Deutschland reagiert mit passivem Widerstand. In München scheitert der Hitler-Putsch.
1924–1929 Die Jahre gelten als Phase der „relativen Stabilisierung" der Weimarer Republik.
1924 Der Dawesplan legt Höhe und Laufzeit der Reparationen fest.
1925 Generalfeldmarschall Paul von Hindenburg wird zum Reichspräsidenten gewählt. Die Alliierten räumen das Ruhrgebiet. Mit dem Vertrag von Locarno endet die deutsche Isolation in der internationalen Politik.
1926 Deutschland wird in den Völkerbund aufgenommen.
1927 Das Gesetz zur Arbeitslosenversicherung wird verabschiedet.
1928 Der Briand-Kellogg-Pakt zur Kriegsächtung wird verabschiedet.

1929 Der Youngplan regelt die Reparationen neu. Mit dem Börsenkrach in New York beginnt die Weltwirtschaftskrise.
1930 Die Große Koalition unter SPD-Kanzler Hermann Müller scheitert an der Frage einer Beitragserhöhung zur Arbeitslosenversicherung.
1930–33 Präsidialkabinette unter Heinrich Brüning, Franz von Papen und General Kurt von Schleicher regieren.
1930 Die Alliierten räumen das Rheinland. Die NSDAP wird bei der Reichstagswahl zweitstärkste Partei.
1932 Hindenburg wird erneut zum Reichspräsidenten gewählt. Die Konferenz von Lausanne beschließt das Ende der deutschen Reparationen. Die NSDAP wird stärkste Partei bei der Reichstagswahl im Juli, erleidet bei der Wahl im November Stimmenverluste.
1933 Hitler wird am 30. Januar zum Reichskanzler ernannt und errichtet 1933/34 eine Diktatur.

Zentrale Begriffe

Demokratie: Regierungsform, in der der Wille des Volkes ausschlaggebend ist. Die direkte Demokratie beruht auf der unmittelbaren Teilhabe der Bürger an politischen Entscheidungen. In der modernen Form der Demokratie als mittelbare oder repräsentative Demokratie wird die Herrschaft nicht direkt vom Volk ausgeübt, sondern durch vom Volk gewählte Repräsentanten, die Abgeordneten. Kennzeichen der modernen freiheitlichen Demokratie sind: Garantie der Menschenrechte, allgemeines, gleiches, geheimes und freies Wahlrecht, Gewaltenteilung, Parlamente, Mehrparteiensystem, Minderheitenschutz.

Diktatur: Herrschaftssystem, bei dem ein Einzelner, eine Gruppe oder eine Partei mit Gewalt herrscht.

Gewaltenteilung: Trennung zwischen den drei Staatsorganen Legislative (Parlament), Exekutive (Verwaltung einschließlich Regierung) und Judikative (Rechtsprechung). Mit der Gewaltenteilung soll der Einfluss einer Staatsgewalt auf die anderen begrenzt werden.

Parlamentarismus: Regierungsform, in der das Parlament das oberste Staatsorgan ist und mit Mehrheit über Gesetze und Haushalt entscheidet.

Rechtsstaat: Staat, in dem die Staatsgewalt mit allen staatlichen Organen, die Grundrechte und die individuelle Rechtssicherheit durch die Verfassung und unabhängige Rechtsordnung festgelegt, kontrolliert und garantiert werden.

Grundwissen Weimarer Republik

Wiederholungsaufgaben: Inhalte – Zusammenhänge – Beurteilungen

1 Begründen Sie, inwieweit Traditionen des Kaiserreiches und die Folgen der Niederlage Deutschlands im Ersten Weltkrieg die Gründung einer stabilen demokratischen Ordnung erschwerten.
2 Erläutern Sie, warum die Weimarer Republik trotz äußerer und innerer Stabilisierung nach 1923 durch antidemokratisches Denken, soziale Gegensätze und wirtschaftliche Krisen gefährdet blieb.
3 Arbeiten Sie die wichtigsten Ursachen für das Scheitern der Weimarer Demokratie heraus und gewichten Sie die relativen Anteile der politischen, wirtschaftlichen und gesellschaftlichen Gründe.
4 Vergleichen Sie die deutschen Antworten auf die Herausforderung der Weltwirtschaftskrise nach 1929 mit den Bemühungen anderer Länder, die weltweite Krise zu bewältigen.

M 68 Georg Grosz, Stützen der Gesellschaft, Gemälde von 1926

1 Beschreiben Sie die von Grosz dargestellten Personen und erläutern Sie die Aussageabsicht, die hinter dieser Darstellung steht. Informieren Sie sich dazu auch über Grosz' Biografie und politischen Standort.

Kapitel 4

Die nationalsozialistische Diktatur in Europa

„Am 30. April 1945 war ich zufällig Soldat in jenem Teil der US-Army, der als erster in München eintraf", berichtete der amerikanische Historiker Raul Hilberg 1989 in einer Diskussion über den Nationalsozialismus. „Dort habe ich einen ganz besonderen Fund gemacht: die persönliche Bibliothek von Adolf Hitler. Darin fand ich viele Bücher über Friedrich den Großen und über Architektur; über Juden kaum etwas! Hitler war Architekt – natürlich nicht im engsten Wortsinne –, er dachte, dass er es war. Die Zerstörung war seine Kunst."
Die zerstörerischen Kräfte des NS-Regimes entfalteten sich nach innen und außen: Die Außenpolitik war von Anfang an auf Eroberung und Unterwerfung anderer Völker ausgerichtet, die Entfesselung des Zweiten Weltkrieges war ein bewusster und planmäßiger Akt der Politik. Konsequent verwirklichten die Nationalsozialisten ihre auf Ausgrenzung und Tötung von Menschen zielende Ideologie, deren Grundpfeiler ein fanatischer Rassismus und Antisemitismus waren. Der NS-Rassenkrieg begann mit der sogenannten „Euthanasie" und gipfelte während des Weltkrieges in der Vernichtung der deutschen und europäischen Juden. Dieses Verbrechen ist einzigartig in der Geschichte. Noch nie zuvor hatte, so der Historiker Eberhard Jäckel, „ein Staat mit der Autorität seines verantwortlichen Führers beschlossen und angekündigt […], eine bestimmte Menschengruppe einschließlich der Alten, der Frauen, der Kinder und der Säuglinge möglichst restlos zu töten, und diesen Beschluss mit allen nur möglichen staatlichen Machtmitteln in die Tat" umgesetzt.
Immer wieder ist nach 1945 die Frage nach den Ursachen der NS-Verbrechen gestellt worden: Wie konnte ein zivilisiertes, an rechtsstaatliches Denken gewöhntes Volk den Völkermord an den Juden und anderen als „rassisch minderwertig" eingestuften Menschen „verwaltungsmäßig" mit vollziehen oder zumindest stillschweigend dulden? Warum haben sich die Deutschen

M1 Karl Hofer, Frau in Ruinen, 1945, Öl auf Leinwand

nach der Katastrophe des Ersten Weltkrieges erneut zu einem Krieg verleiten lassen?

Auf diese Fragen gibt es keine einfachen Antworten. Aber man findet durchaus Erklärungen, wenn man das Gedankensystem analysiert, mit dem die Nationalsozialisten ihr Handeln begründeten, und dabei untersucht, auf welche Traditionen in der deutschen Geschichte die NS-Ideologie zurückgriff. Es ist ebenso wichtig zu verstehen, dass die nationalsozialistische Diktatur zwar auf Gewalt und Willkür beruhte. Aber der NS-Staat arbeitete auch mit den bereits bestehenden Gesetzen und Verwaltungseinrichtungen und hielt so den Schein legaler Herrschaft aufrecht. Bei der Beantwortung der Frage, warum der überwiegende Teil der Bevölkerung dem Regime folgte und diejenigen, die sich widersetzten, bis zum Schluss in der Minderheit blieben, muss überdies die öffentliche Wirkung Hitlers zur Sprache kommen. Seine Macht und Durchsetzungsfähigkeit beruhten sicherlich zum großen Teil auf seinem besonderen propagandistischen Geschick. Doch auch der langsame wirtschaftliche Aufstieg Deutschlands nach der Weltwirtschaftskrise wurde ihm zugeschrieben und sicherte seine Popularität. Und nicht zuletzt befriedigte die Wiedergewinnung militärischer und außenpolitischer Stärke weit verbreitete nationale Sehnsüchte. Der Abscheu vor den Untaten des NS-Regimes erschwert eine nüchterne und sachliche Beschäftigung mit dem Nationalsozialismus, dem man sich nur mit innerer Abwehr und kritischer Distanz nähern kann. Und dennoch darf das lähmende Entsetzen nicht zur Verdrängung dieser Katastrophe führen. „Was geschah, ist eine Warnung", schrieb 1950 der deutsche Philosoph Karl Jaspers über die nationalsozialistische Vergangenheit. „Sie zu vergessen ist Schuld. Man soll ständig an sie erinnern. Es war möglich, dass dies geschah, und es bleibt jederzeit möglich. Nur im Wissen kann es verhindert werden."

4 Nationalsozialismus

1 Das totalitäre NS-Herrschaftssystem

1.1 Ideologische Grundlagen

Was ist Faschismus? Der Begriff „Faschismus" (lat. fascis = Rutenbündel: Symbol der Macht römischer Beamter) bezeichnete ursprünglich die seit dem Ersten Weltkrieg in Italien aufkommende politische Bewegung unter Mussolini (s. S. 307 ff.), die für eine nationalistische, autoritäre und imperialistische Politik eintrat. Das Wort wurde bald auf andere extrem nationalistische und totalitäre Parteien und Bewegungen in Europa ausgedehnt (Deutschland: Nationalsozialismus; Spanien: Falange). Nach 1930 wurde der deutsche Faschismus immer mehr zum Vorbild für Faschismen in anderen Ländern. Gemeinsame Merkmale faschistischer Parteien und Regimes sind eine antidemokratische, antiparlamentarische, antiliberale und antimarxistische Ideologie, die Militarismus und Kampf verherrlicht. Außerdem werden Organisationen der Arbeiterbewegung ausgeschaltet und rassische, nationale oder religiöse Minderheiten aus der Gesellschaft ausgegrenzt. Ziel ist die Errichtung einer modernen Diktatur, in der alle individuellen und demokratischen Freiheiten aufgehoben sind, während die Entwicklung von industrieller Macht gefördert wird. Faschistische Staaten beruhen auf dem Führerprinzip, das die bedingungslose Unterwerfung des Einzelnen unter die Ziele des Staates fordert. Opposition ist daher verboten. Der Führer, in Deutschland Adolf Hitler (1889–1945) und in Italien der „Duce" (ital. = Führer) Benito Mussolini (1883–1945), vereint in sich die oberste vollziehende, gesetzgebende und richterliche Gewalt und kennt somit keine Gewaltenteilung; er bedarf keiner Legitimation und verlangt unbedingten Gehorsam. Seine Person wird quasi-religiös verehrt (Führerkult; M 2). Im Führerstaat wird Autorität in der Staats- und Parteiorganisation von oben nach unten ausgeübt, Verantwortung von unten nach oben verlagert.

Besonderheiten des Nationalsozialismus Der Nationalsozialismus stellte die deutsche Spielart des Faschismus dar. Die politischen Ziele und Methoden der 1919/20 gegründeten NSDAP, deren Parteivorsitzender seit 1921 Hitler war, glichen denen der faschistischen Partei in Italien. Auch der Nationalsozialismus wollte alle individuellen und demokratischen Freiheiten beseitigen, die seit der Französischen Revolution erkämpft worden waren. Radikaler Nationalismus, Antiliberalismus und Antimarxismus, Führerstaat und Einparteienherrschaft gehörten zu den zentralen Forderungen der NSDAP. Die herausgehobene politisch-ideologische Bedeutung der Rassenlehre mit der Übersteigerung des „germanischen Herrenmenschen", der radikale Antisemitismus und der Aufbau eines umfassenden Terror- und Vernichtungsapparates sowie die aggressiv-expansionistische Forderung nach mehr „Lebensraum" für die Deutschen heben den Nationalsozialismus jedoch von anderen faschistischen Diktaturen ab. Nur der Nationalsozialismus bildete Rassenlehre und Antisemitismus zu einer umfassenden Weltanschauung aus; über Verfolgung und Entrechtung führte diese schließlich zur systematischen Vernichtung der jüdischen Bevölkerung. Nur der Nationalsozialismus steigerte die Politik der Revision der Versailler Friedensordnung bis zum Zweiten Weltkrieg.

Rassenlehre und Antisemitismus Der Rassismus war einer der Grundpfeiler der NS-Weltanschauung. Kennzeichnend für rassistisches Denken ist erstens die pseudo-wissenschaftliche Auffassung, dass biologische und damit erbliche Merkmale das gesamte menschliche, also auch das politisch-gesellschaftliche Verhalten bestimmen. Zweitens unterstellt der Rassismus die Höher- bzw. Minderwertigkeit unterschiedlicher „Rassen". Mit dieser Annahme untrennbar verbunden ist eine sozialdarwinistische Interpretation der Geschichte: Sie erscheint als ständiger Kampf der Individuen und Völker, der Staaten und „Rassen", wobei sich stets die Stärkeren gegenüber den Schwächeren durchsetzen.
Der Rassismus war keine „Erfindung" der Nationalsozialisten, sondern hatte sich im späten 19. Jahrhundert entwickelt. Damals entstand aus einer Verbindung von Wissenschaftsgläubigkeit, Erbbiologie und Medizin die Lehre von der Rassenhygiene. Ihr lag in der Regel der Glaube zugrun-

Nationalsozialismus 4

de, dass biologische Erkenntnisse über das Wesen des Menschen gesellschaftliche Prozesse beeinflussen könnten. Die von der modernen Rassenlehre ausgehende Biologisierung des Sozialen hatte einschneidende Folgen: Unter Berufung auf die Naturwissenschaften konnten christliche oder humanistische bzw. auf dem bürgerlichen Gleichheitspostulat beruhende Forderungen nach besonderer Hilfe für die Schwachen und Bedürftigen abgewehrt werden. Die Anhänger der Rassenhygiene brauchten nur auf die „schlechten" Erbanlagen dieser Menschen zu verweisen, die angeblich die Weiter- und Höherentwicklung des Volkes oder sogar der Menschheit bedrohten. In letzter Konsequenz gab die Rassenlehre damit das Recht der Individuen auf Unversehrtheit und Leben preis, zugunsten des vermeintlich höheren Wertes der „Volksgemeinschaft". Die Rassenhygiene war in Teilen der Wissenschaft vor 1933 als Eliteideologie tief verwurzelt. Aus diesen Eliten – Biologen, Genetikern, Medizinern, Kriminologen, Hygienikern, Psychiatern, Pädagogen und Juristen – rekrutierten sich nach 1933 die Expertenstäbe für die nationalsozialistische Vernichtungspolitik.

Das rassistische Denken verband sich im ausgehenden 19. Jahrhundert mit dem Antisemitismus. Anders als in früheren Zeiten wurde die Ablehnung oder Bekämpfung der Juden nun nicht mehr allein mit religiösen oder sozialen Gründen gerechtfertigt, sondern mit dem Hinweis auf ihre „rassisch" bedingte Verderbtheit. Die Anhänger des modernen Rassenantisemitismus versuchten anhand äußerer Merkmale eine jüdische Rasse zu konstruieren, die gegenüber der „arischen" bzw. germanischen minderwertig und kulturzersetzend sei, keine eigenen Leistungen vollbringe und nur an den geistigen wie materiellen Gütern höherstehender Rassen und Völker schmarotze (M3, M4). Der Rassenantisemitismus betrachtete daher „den Juden" als Feind der Menschheit.

Entstanden aus der Verunsicherung durch den raschen Wandel des industriellen Zeitalters, boten sich Rassismus und Antisemitismus als Erlöser aus den Krisen der Moderne an und prägten sich tief in das Bewusstsein großer Teile der Bevölkerung ein. Historisch neu und beispiellos am nationalsozialistischen Rassedenken und Antisemitismus aber war, dass diese Ideologie seit der NS-Machtübernahme zum Inhalt staatlicher Politik, zum Dreh- und Angelpunkt staatlichen Handelns wurde. Dem antisemitischen Rassenwahn standen nun die Machtmittel eines diktatorischen Regimes zur Verfügung. Die biologistische Utopie einer nach den Prinzipien der Rassen- und Sozialhygiene durchgeformten Gesellschaft führte in ihrer Konsequenz zum staatlichen Massenmord.

„Lebensraumpolitik" Die Niederlage des Deutschen Reiches im Ersten Weltkrieg bewirkte keine radikale Abwendung vom Imperialismus. Im Gegenteil: Die Vorstellungen des imperialistischen Zeitalters prägten auch noch in der Weimarer Zeit das Denken großer Teile des Bürgertums. Die Eroberung neuer Märkte, nationale Größe, Unterdrückung der wirtschaftlich Schwachen, Konkurrenz der Großmächte untereinander galten als zentrale Handlungsnormen der Außenpolitik, selbst wenn dies das Risiko eines Krieges einschloss.

Aus diesen Überzeugungen formte sich auch die Gedankenwelt Hitlers und seiner Anhänger: Kampf, nicht Verständigung erschien ihnen als das eigentliche Lebensprinzip der internationalen Staatenwelt. Alle Bemühungen der deutschen Außenpolitik sollten auf die Revision des Versailler Friedens bzw. die Wiederherstellung der deutschen Groß- und Weltmachtposition ausgerichtet werden. Dabei waren die Nationalsozialisten von Anfang an fest entschlossen, skrupelloser als die Weimarer Außenpolitiker vorzugehen. Die Notwendigkeit einer aggressiven Außen- und Kriegspolitik begründeten die Nationalsozialisten mit ihrer Rassenideologie. Dabei setzten sie die Auseinandersetzung der Staaten um Macht mit dem Überlebenskampf gleich, der sich unter den Tieren in der Natur abspiele. Wie die Tiere nach erblich festgelegten Arten eingeteilt seien, sah die NS-Propaganda die Menschen in erblich festgelegte Rassen unterteilt, deren Gaben von Natur aus unterschiedlich seien: Die besten Anlagen besaß aus nationalsozialistischer Sicht die „germanische Rasse" und damit rechtfertigten sie ihren Herrschaftsanspruch nach außen. Die Deutschen wurden zum „arischen" Herrenvolk stilisiert, das im Interesse der „Höherentwicklung" der Menschheit zur Herrschaft über andere berufen sei. Die Slawen hingegen stempelte man zu einer den „Ariern" untergeordneten Rasse, die in Gebieten lebten, die zum „natürlichen Lebensraum" der deutschen Bevölkerung gehörten. Das angeblich biologistische Prinzip des Lebenskampfes wurde so zur Legitimation einer expansionistischen Kriegspolitik herangezogen und mit dem Begriff „Lebensraumpolitik" verharmlost (M5).

4 Nationalsozialismus

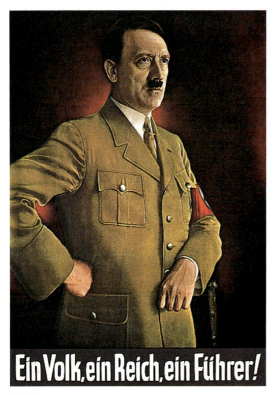

M2 „Ein Volk, ein Reich, ein Führer", Plakat für deutsche Amts- und Schulräume seit 1938/39

M3 H. Stalüter, „Der ewige Jude", 1937, Plakat zur gleichnamigen Ausstellung

1 Interpretieren Sie die Selbststilisierung Hitlers und die Plakatparole in M2.
2 Untersuchen Sie die Attribute des Juden auf dem Plakat in M3 und erläutern Sie die Herkunft dieser Zuweisungen.
3 Ordnen Sie M2 und M3 historisch ein und interpretieren Sie sie im Kontext der NS-Ideologie.

Volksgemeinschaftsideologie

Der „nationale Sozialismus", den die NSDAP propagierte, zielte nicht auf die sozialistische Umgestaltung der wirtschaftlichen und sozialen Verhältnisse, wie sie von den Gewerkschaften und den Arbeiterparteien angestrebt wurde. Im Gegenteil: Die Nationalsozialisten lehnten Sozialismus und Kommunismus ab, weil diese Anschauungen nur Zwietracht ins deutsche Volk brächten. Die nationale Wiedergeburt des Deutschen Reiches konnte nach ihrer Auffassung nur gelingen, wenn Staat und Gesellschaft nicht länger von Klassengegensätzen oder Interessenkonflikten bestimmt würden. Als Alternative zu sozialistischen und demokratischen Ordnungsvorstellungen formulierte die NS-Propaganda das Ideal der Volksgemeinschaft, in der alle sozialen Gruppen, sofern sie nicht zu den Gegnern zählten, zu einem einheitlichen Ganzen verschmolzen seien. In der Volksgemeinschaft sollten alle Berufsstände zum gemeinsamen Nutzen beitragen. Der „Volkswille" werde dabei vom Führer formuliert und jeder Einzelne habe sich dem Führerwillen bedingungslos unterzuordnen (M6).

Volksgemeinschaftsideologie und Führerprinzip ergänzten sich gegenseitig und wurden vom NS-Regime benutzt, um das Verbot von Interessengruppen, besonders der Gewerkschaften, und aller Parteien außer der NSDAP zu rechtfertigen und die Verfolgung politischer und anderer Gegner zu legitimieren. Geschickt machten die Nationalsozialisten in ihrer Propaganda die Parteienzersplitterung, vor allem aber die Gewerkschaften und Arbeiterparteien für die Schwäche Deutschlands im Ersten Weltkrieg sowie für die Wirtschaftskrise (seit 1929) verantwortlich.

Nationalsozialismus 4

M4 Antisemitismus – Adolf Hitler über Juden in „Mein Kampf" (1925)

Nein, der Jude ist kein Nomade; denn auch der Nomade hatte schon eine bestimmte Stellung zum Begriff „Arbeit" […]. Er ist und bleibt der ewige Parasit, ein Schmarotzer, der wie ein schädlicher Bazillus sich immer mehr ausbreitet, sowie nur ein günstiger Nährboden dazu einlädt. Die Wirkung seines Daseins aber gleicht ebenfalls der von Schmarotzern: Wo er auftritt, stirbt das Wirtsvolk nach kürzerer oder längerer Zeit ab. […]

Das Judentum war immer ein Volk mit bestimmten rassischen Eigenarten und niemals eine Religion, nur sein Fortkommen ließ es schon frühzeitig nach einem Mittel suchen, das die unangenehme Aufmerksamkeit in Bezug auf seine Angehörigen zu zerstreuen vermochte. Welches Mittel aber wäre zweckmäßiger und zugleich harmloser gewesen als die Einschiebung des geborgten Begriffs der Religionsgemeinschaft? Denn auch hier ist alles entlehnt, besser gestohlen – aus dem ursprünglich eigenen Wesen kann der Jude eine religiöse Einrichtung schon deshalb nicht besitzen, da ihm der Idealismus in jeder Form fehlt und damit auch der Glaube an ein Jenseits vollkommen fremd ist. Man kann sich aber eine Religion nach arischer Auffassung nicht vorstellen, der die Überzeugung des Fortlebens nach dem Tode in irgendeiner Form mangelt. Tatsächlich ist auch der Talmud kein Buch der Vorbereitung für das Jenseits, sondern nur für ein praktisches und erträgliches Leben im Diesseits. Die jüdische Religionslehre ist in erster Linie eine Anweisung zur Reinhaltung des Blutes des Judentums sowie zur Regelung des Verkehrs der Juden untereinander, mehr aber noch mit der übrigen Welt, mit den Nichtjuden also. Aber auch hier handelt es sich keineswegs um ethische Probleme, sondern um außerordentlich bescheidene wirtschaftliche.

Adolf Hitler, Mein Kampf, München 1942, S. 333 ff.

1 Fassen Sie Hitlers Definition von „Jude" zusammen. Wie begründet er sie?
2 Erläutern Sie die Konsequenzen seiner Definition für Juden in Deutschland und seine Politik.

M5 Adolf Hitler über „Lebensraumpolitik" in „Mein Kampf" (1925)

Die Forderung nach Wiederherstellung der Grenzen des Jahres 1914 ist ein politischer Unsinn von Ausmaßen und Folgen, die ihn als Verbrechen erscheinen lassen. Ganz abgesehen davon, dass die Grenzen des Reiches im Jahre 1914 alles andere eher als logische waren. Denn sie waren in Wirklichkeit weder vollständig in Bezug auf die Zusammenfassung der Menschen deutscher Nationalität noch vernünftig in Hinsicht auf ihre militärgeografische Zweckmäßigkeit. Sie waren nicht das Ergebnis eines überlegten politischen Handelns, sondern Augenblicksgrenzen eines in keinerlei Weise abgeschlossenen Ringens, ja zum Teil Folgen eines Zufallsspieles. […]

Das Recht auf Grund und Boden kann zur Pflicht werden, wenn ohne Bodenerweiterung ein großes Volk dem Untergang geweiht erscheint. Noch ganz besonders dann, wenn es sich dabei nicht um ein x-beliebiges Negervölkchen handelt, sondern um die germanische Mutter all des Lebens, das der heutigen Welt ihr kulturelles Bild gegeben hat. Deutschland wird entweder Weltmacht oder überhaupt nicht sein. Zur Weltmacht aber braucht es jene Größe, die ihm in der heutigen Zeit die notwendige Bedeutung und seinen Bürgern das Leben gibt.

Damit ziehen wir Nationalsozialisten bewusst einen Strich unter die außenpolitische Richtung unserer Vorkriegszeit. Wir setzen dort an, wo man vor sechs Jahrhunderten endete. Wir stoppen den ewigen Germanenzug nach dem Süden und Westen Europas und weisen den Blick nach dem Land im Osten. Wir schließen endlich ab die Kolonial- und Handelspolitik der Vorkriegszeit und gehen über zur Bodenpolitik der Zukunft.

Wenn wir aber heute in Europa von neuem Grund und Boden reden, können wir in erster Linie nur an Russland und die ihm untertanen Randstaaten denken.

Ebd., S. 736 und 742

1 Arbeiten Sie Hitlers Grundsätze zur Nation heraus.
2 Erläutern Sie die Konsequenzen von Hitlers Nationalismus für die Außen- und die Innenpolitik.

M6 Das Führerprinzip in Partei und Staat nach Hitlers „Mein Kampf" (1925)

Die junge Bewegung ist ihrem Wesen und ihrer inneren Organisation nach antiparlamentarisch, d. h., sie lehnt im Allgemeinen wie in ihrem eigenen inneren Aufbau ein Prinzip der Majoritätsbestimmung ab, in dem der Führer nur zum Vollstrecker des Willens und der Meinung anderer degradiert wird. Die Bewegung vertritt im Kleinsten wie im Größten den Grundsatz der unbedingten Führerautorität, gepaart mit höchster Verantwortung.

Die praktischen Folgen dieses Grundsatzes in der Bewegung sind nachstehende: Der erste Vorsitzende einer Ortsgruppe wird durch den nächsthöheren Führer eingesetzt, er ist der verantwortliche Leiter der Ortsgruppe. Sämtliche Ausschüsse unterstehen ihm und nicht er umgekehrt einem Ausschuss. Abstimmungs-Ausschüsse gibt es nicht, sondern nur Arbeits-Ausschüsse. Die

4 Nationalsozialismus

M7 Postkarte, 1933

1 Interpretieren Sie die Propaganda-Postkarte mit Blick auf die NS-Ideologie.

Arbeit teilt der verantwortliche Leiter, der erste Vorsitzende, ein. Der gleiche Grundsatz gilt für die nächsthöhere Organisation, den Bezirk, den Kreis oder den Gau. Immer wird der Führer von oben eingesetzt und gleichzeitig mit unbeschränkter Vollmacht und Autorität bekleidet. Nur der Führer der Gesamtpartei wird aus vereinsgesetzlichen Gründen in der Generalmitgliederversammlung gewählt. Er ist aber der ausschließliche Führer der Bewegung. Sämtliche Ausschüsse unterstehen ihm und nicht er den Ausschüssen. Er bestimmt und trägt damit aber auch auf seinen Schultern die Verantwortung. Es steht den Anhängern der Bewegung frei, vor dem Forum einer neuen Wahl ihn zur Verantwortung zu ziehen, ihn seines Amtes zu entkleiden, insofern er gegen die Grundsätze der Bewegung verstoßen oder ihren Interessen schlecht gedient hat. An seine Stelle tritt dann der besser könnende neue Mann, jedoch mit gleicher Autorität und mit gleicher Verantwortlichkeit. Es ist eine der obersten Aufgaben der Bewegung, dieses Prinzip zum bestimmenden nicht nur innerhalb ihrer eigenen Reihe, sondern auch für den gesamten Staat zu machen.

Ebd., S. 378 f.

1 Erläutern Sie die Unterschiede zwischen dem „Führerprinzip" und demokratischen Entscheidungsprozessen.
2 Erörtern Sie historische Wurzeln des Führerprinzips und bestimmen Sie seine grundlegende Bedeutung für die NS-Ideologie.
3 Diskutieren Sie folgende These: Der Aufbau von NS-Staat und NS-Partei nach dem Führerprinzip hat Vielen die Möglichkeit eröffnet, ein Führer im Kleinen zu werden. Dies hat die Akzeptanz des NS-Regimes in weiten Teilen der Bevölkerung gefördert.

Nationalsozialismus 4

1.2 Die Errichtung der Diktatur 1933/34

Die gescheiterte Zähmung der Nationalsozialisten

Am 30. Januar 1933 ernannte Reichspräsident Paul von Hindenburg (1847–1934, Präsident 1925–1934) Adolf Hitler zum Reichskanzler. Dem Kabinett gehörten außer Hitler nur zwei nationalsozialistische Minister an, die allerdings über den Zugriff auf die Polizei verfügten. Neben Vertretern anderer rechter Gruppierungen traten Alfred Hugenberg (1865–1951) von der Deutschnationalen Volkspartei/DNVP und Franz Seldte (1882–1947) vom „Stahlhelm" in die Regierung ein. Ziel dieser Regierung der „nationalen Konzentration" schien zunächst die dauerhafte Errichtung eines autoritären Präsidialregimes und die „Befreiung Deutschlands vom Marxismus" zu sein: Die Kommunisten sollten völlig ausgeschaltet, die Sozialdemokratie und die Gewerkschaften an den Rand gedrängt werden. Die bürgerlichen Koalitionspartner Hitlers glaubten, dass sie die Nationalsozialisten zähmen könnten, und versicherten: „Wir rahmen Hitler ein."

Hitler und die NSDAP dachten jedoch nicht daran, sich kontrollieren zu lassen. Ihnen ging es um die ganze Macht, um einen neuen Staat. Bereis nach einem Jahr hatten sie Staat und Gesellschaft von einer föderalistischen Demokratie in eine zentralstaatliche Diktatur umgewandelt (M 10).

Märzwahlen 1933

Eine der ersten Regierungsentscheidungen war die Festlegung von Neuwahlen auf den 5. März 1933. Hitler rechnete mit einem großen Wahlerfolg, da er als neuer Reichskanzler den Wahlkampf aus der Regierung heraus führen konnte. Ungeniert bedienten sich die Nationalsozialisten des staatlichen Machtapparates. Sie schränkten die Presse- und Versammlungsfreiheit ein und sicherten sich besonders den direkten Zugriff auf den Rundfunk. Mit der Notverordnung vom 4. Februar 1933 gelang es überdies, die kommunistische und sozialdemokratische Presse fast gänzlich zu verbieten. Die staatliche Repression wurde durch Terror ergänzt. Bereits Anfang Februar sicherte sich der Nationalsozialist Hermann Göring (1893 bis 1946) als geschäftsführender preußischer Innenminister die Kontrolle über die dortige Polizei und verpflichtete deren Beamte auf den Schutz nationalistischer Verbände und Propaganda. Bei Überfällen von SA und SS griff die Polizei nun in der Regel nicht mehr ein. Auf Weisung Görings wurden sogar 50 000 Mann von SA, SS und „Stahlhelm" als Hilfspolizisten eingesetzt. Der Terror der „Braunhemden" eskalierte im Frühsommer derart, dass sogar Hitler zur Disziplin mahnte.

Die Wahlen am 5. März 1933 brachten den Regierungsparteien den erhofften Erfolg. Sie besaßen jetzt die absolute Mehrheit der Reichstagsstimmen. Das Erstaunliche am Wahlergebnis war jedoch nicht, dass die NSDAP ihren Stimmenanteil auf 43,9 % verbessern konnte, sondern dass sie nach wie vor auf ihre Bündnispartner angewiesen blieb. Besonders in den Industriezentren hatten die Arbeiterparteien zusammen mehr Stimmen als die NSDAP. Deren Hochburgen waren nach wie vor die protestantischen Agrargebiete in Nord- und Ostdeutschland. Entscheidend für den NSDAP-Wahlerfolg war die große Mobilisierung: Die NSDAP hatte vor allem Nichtwähler erreicht.

Abschaffung der Grundrechte

Das Schicksal der Kommunisten war endgültig besiegelt, als ein Zufall den Nationalsozialisten in die Hände spielte. Vermutlich war es ein geistesgestörter Holländer, der ehemalige Kommunist Marinus van der Lubbe, der in der Nacht des 27. Februar 1933 den Reichstag in Berlin anzündete. Bis heute ist umstritten, ob dies tatsächlich das Werk eines Einzelnen war oder ob nicht gar die Nationalsozialisten selbst die Tat begangen hatten. Dessen ungeachtet nutzte Hitler den Reichstagsbrand zum Ausbau seiner Macht: Die Nationalsozialisten erklärten, der Brand sei der Beginn eines lange gehegten Aufstands der KPD, und setzten am 28. Februar 1933 die „Verordnung zum Schutz von Volk und Staat" (Reichstagsbrandverordnung) durch. Diese Verordnung, die noch am gleichen Tag von Reichspräsident Hindenburg unterzeichnet wurde, kann als die eigentliche „Verfassungsurkunde" des NS-Staates bezeichnet werden. Sie setzte die Grundrechte der Weimarer Verfassung außer Kraft: die Freiheit der Person, die Meinungs-, Presse-, Vereins- und Versammlungsfreiheit, das Post- und Telefongeheimnis sowie die Unverletzlichkeit von Eigentum und Wohnung. Politische Gefangene durften ohne gerichtliche Überprüfung festgehalten werden. Überdies ermächtigte das Gesetz die Reichsregierung, in den

4 Nationalsozialismus

M8 SA-Männer führen den ehemaligen Stadtverordnetenvorsteher Heinrich Wesche (KPD) durch Chemnitz, Foto, wahrscheinlich vom 9. März 1933. Wenige Tage nach den Reichstagswahlen werden in Chemnitz Kommunisten, Sozialdemokraten und Juden durch die SA verhaftet und gezwungen, Losungen und Wahlplakate von öffentlichen Plätzen zu entfernen. Unter den Verhafteten ist auch der ehemalige Stadtverordnetenvorsteher Wesche, der mit einem Eimer in der Hand durch die Stadt getrieben wird.

1 Erläutern Sie, welche Wirkung die Nationalsozialisten mit dieser Aktion bezweckten.
2 Recherchieren Sie, ob es in Ihrer Heimatstadt bzw. Region ähnliche Vorkommnisse gab.

Ländern vorübergehend die Befugnisse der oberen Behörden wahrzunehmen. Damit war die rechtliche Basis für die nationalsozialistische Machtübernahme in den Ländern gelegt. Dieser unerklärte Ausnahmezustand dauerte bis 1945.

Gleichschaltung der Länder und Gemeinden Noch am Tag der Wahlen, am 5. März, begann die von Hitler geführte Reichsregierung damit, die Selbstverwaltungsrechte der Länder und Kommunen zu beseitigen. Dieser Prozess der Gleichschaltung, wie die Durchsetzung diktatorischer Herrschaft bis zur kleinsten Dorfgemeinde hinunter oft allzu verharmlosend bezeichnet wird, erfolgte überall nach dem gleichen Muster. Die NS-Gauleitungen ließen die SA aufmarschieren und so den angeblichen „Unwillen der Bevölkerung" wegen unhaltbarer Zustände kundtun. Zum Anlass dafür nahmen die Nationalsozialisten in der Regel das Fehlen der NS-Flagge auf dem Rathaus. Unter Berufung auf die „Verordnung zum Schutz von Volk und Staat" befahl Reichsinnenminister Wilhelm Frick (1877–1946) daraufhin zumeist telegrafisch die Einsetzung sogenannter **Staatskommissare**. Am 31. März 1933 wurden die Länderparlamente entmachtet, indem die Reichsregierung die Anpassung der Mandatsverteilung an die Ergebnisse der Reichstagswahlen vom 5. März verfügte. Da die Sitze der Kommunisten nicht mehr berücksichtigt werden durften, fiel der Regierungskoalition oder der NSDAP automatisch die Mehrheit zu. Allerdings waren die Landtage ohnehin bereits politisch bedeutungslos geworden, da die Länderregierungen jetzt ohne Beteiligung der Parlamente Gesetze erlassen durften. Eine Woche später schließlich wurden **„Reichsstatthalter"** in den Ländern eingesetzt. Sie waren dem Reichskanzler unterstellt und kontrollierten in dessen Auftrag die Länder. Das bedeutete das Ende des Föderalismus.

Nationalsozialismus 4

Pseudolegale Machtsicherung

Schon während des Wahlkampfes und bei der Eroberung der Macht in den Kommunen und Ländern hatten die lokalen SA- und Parteiorganisationen eine wichtige Rolle gespielt. Aber auch danach blieben sie für das NS-Regime unentbehrlich. Nun übernahmen sie entscheidende Aufgaben bei der Zerschlagung der Opposition. In den Städten und Dörfern begann die Abrechnung mit den „Gegnern" des Regimes, vornehmlich mit den Führern der Arbeiterbewegung und jüdischen Bürgern. Viele von ihnen wurden verhaftet, zusammengeschlagen und in den Kellern der SA gequält.

Die NS-Führung wusste jedoch sehr genau, dass ihre Bewegung nur an der Macht bleiben konnte, wenn es gelang, sie mit den alten Eliten zu verschränken und in breiteren Schichten der Bevölkerung zumindest Akzeptanz herzustellen. Deswegen war sie immer auf eine **gesetzliche Absicherung der unrechtmäßigen SA-Aktionen** bedacht. Sogar die Einrichtung der ersten Konzentrationslager stützte sich auf die „Verordnung zum Schutz von Volk und Staat" und wurde öffentlich bekannt gegeben (M 8). Zum anderen versuchte sie mithilfe propagandistischer Inszenierungen die Bevölkerung zu beeindrucken. Die Gestaltung des **„Tages von Potsdam" am 21. März 1933** unter der Regie des Reichspropagandaministers Joseph Goebbels ist dafür das klassische Beispiel. Das gemeinsame Auftreten Hindenburgs und Hitlers am Grabe Friedrichs des Großen mit dem Segen der protestantischen Kirche sollte die Verschmelzung von politischer Tradition und dynamischem Aufbruch symbolisieren und das „alte" mit dem „neuen" Deutschland vereinen.

Ermächtigungsgesetz

Nur zwei Tage später, am **23. März 1933**, verabschiedete der Reichstag gegen die 94 Stimmen der SPD das von Hitler schon vor seiner Machtübernahme geforderte Ermächtigungsgesetz mit mehr als der nötigen Zweidrittelmehrheit. Die 81 KPD-Abgeordneten sowie 26 Abgeordnete der SPD konnten an der Abstimmung nicht teilnehmen, weil sie in „Schutzhaft" gehalten wurden oder vor der Verfolgung geflohen waren. Die bürgerlichen Parteien, besonders das Zentrum, stimmten aufgrund ungewisser Zusicherungen Hitlers für das Gesetz. Mit dem Ermächtigungsgesetz konnte die Reichsregierung Gesetze, auch verfassungsändernden Inhalts, unter Ausschluss des Reichstages und des Reichspräsidenten durch einfachen Beschluss der Regierung in Kraft setzen. Das Ermächtigungsgesetz bildete die scheinbar **rechtliche Grundlage für die systematische Zerstörung des Verfassungsstaates** von Weimar. Es wurde wiederholt verlängert und galt bis Kriegsende.

Auflösung von Parteien

Im Sommer 1933 begann die Parteienauflösung. Als erste Partei war die SPD am 22. Juni zur volks- und staatsfeindlichen Organisation erklärt und verboten worden, nachdem bereits im Mai ihr Vermögen eingezogen worden war. Zu diesem Zeitpunkt bestand die Partei in vielen Städten kaum noch; ihre Funktionäre waren geflüchtet oder saßen in Konzentrationslagern. Die bürgerlichen Parteien mussten ihre Illusion von der Zähmbarkeit Hitlers erkennen und lösten sich Ende Juni/Anfang Juli selbst auf. Sie wichen dem Druck Hitlers, der trotz weitgehender Anpassungsbestrebungen auf der Ausschaltung aller konkurrierenden Parteien bestand. Ein Ende der Demokratie, das die Mehrzahl der bürgerlichen Parteien im Einverständnis mit Hitler gefordert hatte, war ohne die Beseitigung der viel gescholtenen Parteienzersplitterung der Weimarer Zeit eben nicht zu haben. Damit verblieb als einzige Partei die NSDAP. Sie wurde im „Gesetz zur Sicherung der Einheit von Partei und Staat" vom 1. Dezember 1933 als alles beherrschende Staatspartei bestätigt. Der Reichstag war nur mehr theatralische Kulisse für die Reden des Führers (M 9).

Auflösung der Gewerkschaften

Bis 1933 war es der NSDAP nicht gelungen, die freien Gewerkschaften nationalsozialistisch zu durchsetzen. Noch in den Betriebsratswahlen vom März 1933 hatten sie in Konkurrenz zu nationalsozialistischen Betriebsorganisationen mehr als drei Viertel der Stimmen erhalten. Anfangs schwankten die Nationalsozialisten zwischen Duldung einer entpolitisierten Gewerkschaft und einem Verbot. Die Gewerkschaften hofften ihrerseits, dass sie ihre Organisationen durch Anpassung an das NS-Regime vor der Zerschlagung retten könnten. Sie verkannten die Lage völlig. Während sich der Allgemeine Deutsche Gewerkschaftsbund und die Christlichen Gewerkschaften noch durch Loyalitätserklärungen das Wohlwollen der National-

235

4 Nationalsozialismus

M9 **Der deutsche Reichstag nach Ermächtigungsgesetz und Auflösung der Parteien, Fotografie, zweite Hälfte 1930er-Jahre.** Seit dem Reichstagsbrand tagte das Plenum in der Kroll-Oper. In der NS-Zeit hatte der Reichstag seine Funktion als Legislative verloren.

1 Erläutern Sie, ausgehend von M9 und mithilfe der Darstellung, das Ende des Parlamentarismus in Deutschland.
2 Vergleichen Sie die Aufgaben des Reichstages während der NS-Zeit mit der Funktion von Parlamenten in demokratischen Verfassungsstaaten.

sozialisten sichern wollten, wurde die Auflösung der Arbeitnehmerorganisationen von der NSDAP bereits systematisch vorbereitet. Um Funktionäre wie Arbeiter zu täuschen, erklärte die Regierung durch ein Reichsgesetz den **1. Mai zum „Feiertag der nationalen Arbeit"** und erfüllte damit eine alte Forderung der Arbeiterbewegung. Aber schon am Tag nach den großen gemeinsamen Mai-Feiern von NS- und Arbeiterorganisationen wurden am **2. Mai 1933** alle **Gewerkschaftshäuser von SA und SS besetzt**, die Gewerkschaftsführer in „Schutzhaft" genommen und das Gewerkschaftsvermögen beschlagnahmt.

Gründung der DAF Die Nationalsozialisten schufen keine neue Einheitsgewerkschaft, sondern gründeten am 6. Mai 1933 die **Deutsche Arbeitsfront/DAF**. Alle Arbeiter- und Angestelltenverbände wurden ihr eingegliedert, die Arbeitgebervereine aufgelöst und die Tarifautonomie beseitigt. Staatliche „Treuhänder der Arbeit" regelten nun Tarifverträge. Mithilfe der DAF wollte die NSDAP die Arbeiter für ihren Staat gewinnen; entsprechend entwickelte sie die DAF zu einer riesigen Propagandaorganisation. Gleichzeitig, und dies war die praktische Umsetzung ihrer ideologischen Funktion, trug die DAF durch Wahrnehmung von Aufgaben im betrieblich-sozialpolitischen Bereich dazu bei, den Arbeitsfrieden zu sichern. Eines ihrer Mittel waren preiswerte Urlaubsreisen mit der Organisation **„Kraft durch Freude/KdF"**, die zu Dumpingpreisen angeboten wurden. Das als „touristische Emanzipation des Arbeiters" inszenierte Propagandastück sollte Klassengegensätze und Unzufriedenheiten abmildern, ohne an den bestehenden Sozialverhältnissen etwas zu ändern. Tatsächlich lag die Zahl der Arbeiter weit unter dem Durchschnitt und vor allem Arbeiterinnen waren kaum vertreten.

M 10 Die wichtigsten Gesetze zur Errichtung der NS-Diktatur 1933/34

Datum	Gesetz	Bestimmungen	Verfassungsmäßige Grundlagen
1933			
4.2.	Verordnung zum „Schutz des deutschen Volkes"	Die Regierung erhält das Recht, die Presse- und Versammlungsfreiheit einzuschränken (Auflösung und Verbot von politischen Versammlungen, Beschlagnahmung und Verbot von Presseerzeugnissen).	Art. 48 WRV
28.2.	„Verordnung zum Schutz von Volk und Staat" (Reichstagsbrandverordnung)	„Zur Abwehr kommunistischer, staatsgefährdender Gewaltakte": Einschränkung der Grundrechte (u. a. persönliche Freiheit, freie Meinungsäußerung, Pressefreiheit, Vereins- und Versammlungsfreiheit. Eingriffe in Brief- und Fernsprechgeheimnis, Haussuchungen und Beschränkung des Eigentums zulässig).	Art. 48 WRV
23.3.	„Gesetz zur Behebung der Not von Volk und Staat" (Ermächtigungsgesetz)	Reichsgesetze können von der Regierung beschlossen werden und dürfen von der Verfassung abweichen.	Art. 48 [u. 76] WRV
31.3.	Erstes Gesetz „zur Gleichschaltung der Länder mit dem Reich"	Alle Landtage und kommunalen Selbstverwaltungsorgane werden aufgelöst und entsprechend dem Reichstagswahlergebnis neu zusammengesetzt.	Regierungsbeschluss
7.4.	Zweites Gleichschaltungsgesetz	„Reichsstatthalter" sind für die Durchführung der Richtlinien des Reichskanzlers in den Ländern verantwortlich.	Regierungsbeschluss
7.4.	Gesetz „zur Wiederherstellung des Berufsbeamtentums"	Beamte können entlassen werden, wenn sie „nicht arischer Abstammung sind" und wenn sie „nach ihrer bisherigen politischen Betätigung nicht die Gewähr dafür bieten, dass sie jederzeit rückhaltlos für den nationalen Staat eintreten".	Regierungsbeschluss
14.7.	Gesetz „gegen die Neubildung von Parteien"	Als „einzige politische Partei in Deutschland" wird die NSDAP zugelassen.	Regierungsbeschluss
1.12.	Gesetz „zur Sicherung der Einheit von Partei und Staat"	Die NSDAP wird „nach dem Sieg der nationalsozialistischen Revolution" als „die Trägerin des deutschen Staatsgedankens und mit dem Staat unlöslich verbunden" anerkannt; „Stellvertreter des Führers" und SA-Chef werden Mitglieder der Reichsregierung.	Regierungsbeschluss
1934			
30.1.	Gesetz „über den Neuaufbau des Reiches"	Volksvertretungen der Länder werden aufgehoben, die Hoheitsrechte der Länder gehen auf das Reich über, die Landesregierungen unterstehen der Reichsregierung, die neues Verfassungsrecht setzen kann.	Regierungsbeschluss
14.2.	Gesetz „über die Aufhebung des Reichsrates"	Der Reichsrat als Verfassungsorgan wird aufgehoben.	Regierungsbeschluss
1.8.	Gesetz „über das Staatsoberhaupt des Deutschen Reiches"	„Das Amt des Reichspräsidenten wird mit dem des Reichskanzlers vereinigt." Die „bisherigen Befugnisse des Reichspräsidenten (gehen) auf den Führer und Reichskanzler Adolf Hitler über".	Regierungsbeschluss

1 Erklären Sie, warum die Nationalsozialisten ihrer Politik den Schein einer verfassungsmäßigen Grundlage geben wollten.

4 Nationalsozialismus

1.3 Die Organisation der NS-Herrschaft

Hitler, die NSDAP und der Staat

Schon vor der Machtübernahme im Jahr 1933 herrschte Hitler fast unumschränkt über die NSDAP. Sie verdankte den überragenden propagandistischen Fähigkeiten ihres Parteiführers den Aufstieg von einer lokalen Splitterpartei zur stärksten politischen Kraft und zur Regierungspartei. Auch nach der nationalsozialistischen „Machtergreifung" blieb Hitler für seine Partei ein unersetzlicher Magnet, sodass die NSDAP weiterhin von ihm abhängig war.

Zur Verwirklichung seiner politischen Ziele war Hitler aber auf die NSDAP angewiesen, die neben der staatlichen Verwaltung stand (M 11). Nur mithilfe seiner Partei konnte Hitler auf allen Ebenen in die Behörden „hineinregieren". Was sich über die Verwaltungen nicht durchsetzen ließ, wurde über die Partei in Gang gesetzt. Mit dem „Gesetz zur Wiederherstellung des Berufsbeamtentums" vom 7. April 1933 schufen die Nationalsozialisten die Voraussetzungen für eine effiziente Kontrolle der Staatsbürokratie. Alle jüdischen, sozialdemokratischen, kommunistischen oder betont christlichen Beamten wurden aus dem Staatsdienst entfernt und nahezu alle höheren Funktionen mit NSDAP-Mitgliedern besetzt. Eine der wirksamsten Methoden zur Ausrichtung der Exekutive auf die NSDAP-Linie war die Vereinigung von Partei- und Staatsämtern in einer Person. Reichspropagandaminister Joseph Goebbels (1897–1945) war z. B. Gauleiter von Berlin, d. h., er leitete die NSDAP in Berlin und war direkt Hitler unterstellt. Dem „Reichsführer SS", Heinrich Himmler (1900–1945), unterstand ab 1936 die gesamte Polizei. Nach Hindenburgs Tod am 2. August 1934 übernahm Hitler, Reichskanzler und NSDAP-Führer, auch das Amt des Reichspräsidenten und wurde damit zugleich Oberbefehlshaber der Reichswehr.

Diese konsequente Personalpolitik zeigt, dass Hitler von Anfang an fest entschlossen war, seine Politik mit diktatorischen Mitteln durchzusetzen und einen Staat aufzubauen, in dem Weisungen nur nach unten – an die „Gefolgschaft" – gegeben wurden. Praktisch konnte nach 1934 keine Instanz innerhalb des Reiches mehr kontrollierend die Entscheidungsfindung im Umkreis Hitlers beeinflussen. Dennoch ist die Vorstellung, dass Hitler und die obersten NSDAP-Instanzen „alles" entschieden hätten, nicht ganz zutreffend. Hitler war der unangefochtene Führer in Staat und Partei. Doch durch die Überlagerung von Staats- und Parteiorganen entstanden oftmals Kompetenzstreitigkeiten innerhalb dieser „Polykratie" (Herrschaft Vieler), bei denen sich Polizei, Armee, SS, Wirtschaft, Verwaltung und Partei bemühten, ihren Einfluss auf politische Entscheidungen auszubauen oder zumindest zu erhalten (M 13).

Die SA

Die wichtigste Organisation, mit der Hitler unmittelbar nach der Machtübernahme seinen Terror entfaltete, war die SA (Sturmabteilung). Sie war im Jahre 1920 als politische Kampftruppe der NSDAP gegründet worden und rekrutierte sich vor allem aus Angehörigen von Freikorps und Bürgerwehrverbänden. Nach 1921 wurde die SA konsequent zur paramilitärischen Organisation umgeformt und diente seitdem zur Terrorisierung von politischen Gegnern (M 12) und Juden. Für Teile der SA waren mit der von Hitler in den Jahren 1933/34 durchgesetzten Politik die Ziele der Nationalsozialisten noch lange nicht erreicht. Sie forderten die Erweiterung der „nationalen" durch eine „soziale Revolution", die eine antikapitalistische Politik verwirklichen und die Wirtschaft unter direkte Kontrolle des NS-Staates stellen sollte. Das rief den Protest vieler Unternehmer hervor, die sich gegen einen zu großen Einfluss der SA im Staat wehrten.

Noch schärfer war der Gegensatz zwischen der Reichswehr und der SA. Da Hitler aufrüsten und die Wehrmacht vergrößern wollte, drängte die SA-Führung unter ihrem mächtigen Chef Ernst Röhm (1887–1934) darauf, die führende Rolle in diesem neu aufzubauenden „Volksheer" zu übernehmen. Dieses Konzept widersprach jedoch Hitlers Absicht, mit den bewährten Kräften der alten Reichswehr auf den geplanten Krieg hinzuarbeiten.

Hitler suchte den Machtkampf innerhalb der eigenen Reihen und führte ihn mit der gleichen Brutalität, mit der er auch die oppositionellen Kräfte in Politik und Gesellschaft ausgeschaltet hatte. Am 30. Juni 1934 ließ er den Stabschef der SA, Röhm, weitere SA-Führer und einige konservative Gegner wie den ehemaligen Reichskanzler Kurt von Schleicher (1882–1934) durch SS-Kommandos

Nationalsozialismus 4

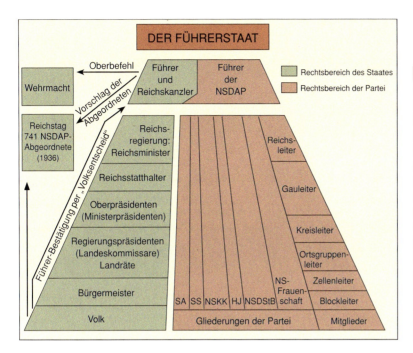

M11 Staatsstruktur des NS-Staates. NSKK: Nationalsozialistisches Kraftfahrerkorps, HJ: Hitlerjugend, NSDStB: Nationalsozialistischer Deutscher Studentenbund. Der Partei angeschlossene Organisationen: Deutsches Frauenwerk, Deutsche Arbeitsfront, NS-Volkswohlfahrt, NS-Kriegsopferversorgung, NSD-Ärztebund, NS-Lehrerbund, NS-Rechtwahrerbund, Reichsbund der Deutschen Beamten.

ohne Gerichtsurteil erschießen. Wehrmachtseinheiten standen bereit, um die SS zu unterstützen, falls sich die SA erheben würde. Offiziell wurde die Ermordung der SA-Führer als Niederschlagung eines Umsturzversuches gerechtfertigt (M 14 a, b). Damit war nicht nur Hitlers Autorität innerhalb der Partei wiederhergestellt, sondern auch der parteiinterne Machtkampf zwischen der eher „sozialrevolutionären" SA und der „elitären" SS entschieden worden.

SS-Staat Keine Organisation verfügte zwischen 1933 und 1945 über einen derart gut organisierten Überwachungs- und Terrorapparat wie die SS. Weil diese NS-Organisation alle anderen staatlichen und militärischen Institutionen an Macht übertraf, wird die Nazi-Diktatur auch als SS-Staat bezeichnet. Und der SS wurden alle die Aufgaben übertragen, auf die es Hitler ankam: die Sicherung der Macht in Deutschland und während des Krieges in den besetzten Gebieten sowie die Verfolgung und Vernichtung der Gegner. Die SS war daher die eigentliche Exekutive des Führers. Die 1925 ins Leben gerufene SS (Schutzstaffel) war ursprünglich eine Art Parteipolizei, die Himmler seit 1929 befehligte. Im Januar 1933 umfasste sie 56 000 Mann. Eine Unterorganisation bildete der „Sicherheitsdienst/SD" unter Reinhard Heydrich (1904–1942), der geheime Nachrichten über politische Gegner sammelte und oppositionelle Parteimitglieder überwachte. Nach der Übernahme der Konzentrationslager von der entmachteten SA im Sommer 1934 konnte Himmler seine Macht weiter vergrößern: Seit Juni 1936 war er Chef der SS und der allgemeinen Polizei. Aufgrund der personellen und institutionellen Verschmelzung dieser Machtapparate besaß er damit die Möglichkeit, den Terror gegen die Regimegegner bürokratisch zu organisieren und außerhalb der Legalität durchzuführen.

Die sich als Elite verstehende SS baute ihre Organisation in zahlreichen Unterorganisationen ständig aus und stellte auch eigene bewaffnete Verbände auf (M 16). Die SS-Totenkopfverbände übernahmen die Bewachung der Konzentrationslager. Im Kriege dienten besonders die in Polen und Russland von der SS errichteten Konzentrationslager, wie z.B. Auschwitz, der bürokratisch organisierten Tötung von Juden und anderen Menschen. Aus den SS-Verfügungstruppen entstanden modern bewaffnete Divisionen, die im Krieg dann zur Waffen-SS ausgebaut wurden. 1944 umfasste die Waffen-SS rund 600 000 Mann, die allgemeine SS ungefähr 200 000 Mann. Die Wachmannschaften der Konzentrationslager hatten eine Stärke von 24 000 Mann.

4 Nationalsozialismus

M12 Terrorisierung des politischen Gegners durch die SA
a) SA-Truppen besetzen am 2. Mai 1933 das Gewerkschaftshaus am Engelufer in Berlin, Fotografie

1 Analysieren Sie M12a mit Blick auf die Organisation der NS-Herrschaft.
2 Beschreiben Sie das Verhalten der abgebildeten Personen. Beurteilen Sie das Verhalten der Passanten.

Gestapo

Die Nationalsozialisten unterstellten nach ihrer Machtübernahme die Länderpolizei dem Reich. Im April 1933 wurden diese Einheiten der neu gebildeten Geheimen Staatspolizei/Gestapo untergeordnet. Seit April 1934 lag die Befehlsgewalt über die Gestapo in den Händen von Himmler. Im Jahre 1936 organisierte Hitler diese Behörde völlig um: Die regionalen Gestapo-Stellen erhielten nun ihre Weisungen direkt von der Berliner Leitung des „Reichsführers SS und Chefs der deutschen Polizei im Reichsministerium des Innern". Das bedeutete keine Kontrolle Himmlers durch den Reichsinnenminister. Im Gegenteil: Es brachte eine Erweiterung seines Machtbereiches durch Übernahme von Funktionen, die bis dahin dem Innenminister zugestanden hatten. Die Verzahnung von staatlicher Verwaltung und SS wurde mit der Einrichtung des Reichssicherheitshauptamtes/RSHA am 17. September 1939, kurz nach Kriegsbeginn, weiter vorangetrieben. Das Reichssicherheitshauptamt nahm unter anderem die Aufgabe wahr, die sogenannte „Gesamtlösung der Judenfrage" umzusetzen. Die konkrete Durchführung lag bei den lokalen Polizeibehörden.

Denunziation

Lange Zeit erschien die Gestapo den Historikern, gestützt auf Aussagen von Zeitgenossen, als eine übermächtige Geheimorganisation, die alles und jeden bespitzeln ließ. Tatsächlich war ihr unterster Arm, die Blockwarte (1939 rund 463000 „Blocks" mit je 40–60 Haushalten) sowie andere NSDAP-Mitglieder, sehr umfangreich. Hinsichtlich ihrer Effizienz zeigen Untersuchungen einzelner Gestapo-Stellen aber ein anderes Bild. Die Erfolgsbilanzen der Gestapo beruhten, nach zuverlässigen Schätzungen, zu 80% auf Anzeigen aus der Bevölkerung. Zwar etablierten die Nationalsozialisten einen formalen Mechanismus der Denunziation über die Block- und Zellenorganisation der Partei. Aber weder leisteten alle NSDAP-Mitglieder Spitzeldienste noch denunzierten nur Parteigenossen. Im Gegenteil: Jeder „Volksgenosse", der einen anderen verriet oder anzeigte, konnte sich in Übereinstimmung mit dem „Führerwillen" wähnen; das setzte die Hemmschwellen des Verrats deutlich herab. Innerhalb kurzer Zeit gelang es

Nationalsozialismus 4

dem Regime, neben dem institutionalisierten Terror ein informelles Unterstützungssystem zu schaffen und die Kontrolle der Bürger effizienter zu gestalten. Außerdem erreichten die Nationalsozialisten auf diese Weise, dass ihre Vorstellungen von gefährlichen oder minderwertigen Gegnern sowie ihre politische und rassische Hierarchisierung von vielen Menschen übernommen wurden.

Normen- und Maßnahmenstaat
Die von den Nationalsozialisten skrupellos und brutal durchgeführte Unterdrückung und Verfolgung all jener, die sie zu ihren Gegnern erklärt hatten, war mit rechtsstaatlichen Normen und Werten unvereinbar. Obwohl das Parteiprogramm der NSDAP 1920 davon sprach, dass das nationalsozialistische Deutschland ein neues „germanisches" Rechtssystem erhalten solle, verzichtete der NS-Staat auf die Verabschiedung einer nationalsozialistischen Rechtsordnung. Die von führenden NS-Juristen vorgelegten Entwürfe gingen dem NS-Regime nicht weit genug und hätten es bei der Durchführung seiner weit reichenden Pläne nur einengen können.

Stattdessen bevorzugte der NS-Staat einen opportunistischen und prinzipienlosen Umgang mit dem bisherigen Recht. Wenn einzelne Rechtsnormen den Nazis nutzten, wurden sie angewandt. Waren gesetzliche Bestimmungen jedoch hinderlich, wurden sie umgangen, ignoriert oder einfach fallen gelassen. Ernst Fraenkel (1898–1975), ein emigrierter Rechtsanwalt und Politikwissenschaftler, hat daher bereits 1941 von einem Nebeneinander von Normen- und Maßnahmenstaat gesprochen: In der NS-Diktatur wurde das bestehende Recht nicht abgeschafft, sondern zunehmend ausgehöhlt und überlagert von den diktatorischen Maßnahmen des Führers. Sein Wille war nach nationalsozialistischer Auffassung allgemein verbindliches Recht (M 15).

Aushöhlung des Rechtsstaates
Die Aushöhlung des rechtsstaatlichen Legalitätsprinzips, das das gesamte staatliche Handeln an gesetzliche Normen bindet, zeigte sich am deutlichsten im Zuständigkeitsbereich von SA, SS und Polizei. Ihre Willkürmaßnahmen wurden stets mit dem Hinweis auf den „Führerwillen" begründet und dadurch „legalisiert". Aber auch der Strafjustiz konnten die Nationalsozialisten ihren Stempel aufdrücken. Ein eindrucksvolles Beispiel dafür

b) „Zum Deutschen Eck", Tuschezeichnung von Helen Ernst, um 1930. Die Zeichenlehrerin und Modedesignerin Helen Ernst (1904–1948) engagierte sich für die KPD, wurde deswegen 1933 verhaftet und emigrierte 1934 in die Niederlande. Dort wurde sie erneut verhaftet und kam von 1941 bis 1945 in das Frauenkonzentrationslager Ravensbrück.

1 Beschreiben Sie M 12 b und ordnen Sie das Bild in den historischen Kontext ein.
2 Bewerten Sie die Zeichnung quellenkritisch.

4 Nationalsozialismus

ist die sogenannte „Heimtückeverordnung" vom März 1933, die jede Kritik an der Regierung mit schweren Strafen belegte und die Aufgaben und Funktionen der bereits in der Weimarer Republik bestehenden Sondergerichte ausweitete. Nach 1933 wurden sie zuständig für alle „Verbrechen", die unter die „Verordnung zum Schutz von Volk und Staat" und die „Heimtückeverordnung" fielen. Während des Krieges erweiterte der NS-Staat die Zuständigkeit der Sondergerichte: Hinzu kamen jetzt Delikte wie das Abhören feindlicher Sender, Schwarzschlachten oder Plündern bei Verdunkelung (Kriegssonderstrafrechtsordnung). Alle diese Delikte konnten mit dem Tod bestraft werden. Zur „Aburteilung von Hoch- und Landesverratssachen" schufen die Nationalsozialisten im Jahre 1934 den Volksgerichtshof, dessen Richter von Hitler ernannt wurden und gegen dessen Entscheidungen keine Rechtsmittel zulässig waren. Gleichzeitig wurde der Begriff des „Hochverrats" neu gefasst: Schon der „Verdacht hochverräterischer Bestrebungen" reichte fortan für eine Verurteilung. Bereits im Juli 1933 waren Erbgesundheitsgerichte eingerichtet worden, die über die Zwangssterilisation von Behinderten zu urteilen hatten. Damit war die Justiz unmittelbar in den Maßnahmenstaat integriert und sie ließ sich in ihrer überwiegenden Mehrheit zum Handlanger des NS-Regimes machen. Die Mehrzahl der Richter war in einem erschreckenden Maße willfährig.

M13 Der Leipziger Oberbürgermeister Carl-Friedrich Goerdeler zur Konkurrenz zwischen unterschiedlichen Machtzentren im NS-Staat (1937)

Auf dem Gebiet der inneren Verwaltung herrscht ein heilloses Durcheinander. Außenstehende können sich davon überhaupt keine Vorstellung machen. […]
Neben dem Staat versucht die Partei das öffentliche
5 Leben zu beherrschen. Der öffentliche Diener weiß nicht mehr, an welche klaren Gesetze er sich zu halten hat. Viel schlimmer aber ist, dass der Beamte nicht mehr weiß, an welche Anstandsregeln er sich zu halten hat.
10 Die Zuständigkeiten, die früher klar geregelt waren, werden dauernd geändert. Hat man sich heute zum Grundsatz der Selbstverwaltung bekannt, so beraubt man morgen Provinzen und Gemeinden wichtiger, organisch ihnen zufallender Funktionen. Die Folge ist,
15 dass sich die Zahl der öffentlichen oder halb öffentlichen Beamten und Angestellten um einige Hunderttausend vermehrt hat, dass das Geld des deutschen Steuerzahlers benutzt wird, um mit diesen Kräften irgendetwas zu tun, zumindest untereinander Krieg zu
20 führen, und dass das moralische Bewusstsein sowie die Verantwortungsfreudigkeit ebenso schnell verblassen wie der Mannesmut. Der preußische Beamte war darauf erzogen, seinem Vorgesetzten zu gehorchen; aber er war auch verpflichtet, ihm gegenüber seine eigene
25 Meinung unerschrocken zu vertreten. Beamte, die das heute noch wagen, kann man in Deutschland allmählich mit der Laterne suchen. Damit aber ist die öffentliche Verwaltung unterminiert, muss immer haltloser werden und wird eines Tages dem Volke nur noch als
30 Last erscheinen.
Im Übrigen ist die Entwicklung zielbewusst darauf gerichtet, immer mehr Macht in den Händen der Polizei, einschließlich der Geheimen Staatspolizei, zu vereinigen. Das ist logisch. Ein System, das es sich zur Aufgabe gesetzt hat, unter allen Umständen an der Macht 35 zu bleiben, muss mehr und mehr auf das Mittel der Überzeugung verzichten und zu Mitteln des Zwanges greifen.

Friedrich Krause (Hg.), Goerdelers politisches Testament. Dokumente des anderen Deutschland, F. Krause 1945, New York City, S. 19 ff.

1 Untersuchen Sie die Auswirkungen des Parteieinflusses auf die innere Verwaltung Deutschlands aus der Perspektive des Leipziger Oberbürgermeisters.
2 Erörtern Sie anhand von M13 die grundsätzlichen Probleme des „Führerstaates".

M14 Die Entmachtung der SA am 30. Juni 1934

a) Der offizielle Kommentar der Reichspressestelle

Seit vielen Monaten wurde von einzelnen Elementen versucht, zwischen SA und Partei sowohl wie zwischen SA und Staat Keile zu treiben und Gegensätze zu erzeugen. Der Verdacht, dass diese Versuche einer beschränkten, bestimmt eingestellten Clique zuzuschrei- 5 ben sind, wurde mehr und mehr bestätigt. Stabschef Röhm, der vom Führer mit seltenem Vertrauen ausgestattet worden war, trat diesen Erscheinungen nicht nur nicht entgegen, sondern förderte sie unzweifelhaft. Seine bekannte unglückliche Veranlagung führte 10 allmählich zu so unerträglichen Belastungen, dass der Führer der Bewegung und Oberste Führer der SA selbst in schwerste Gewissenskonflikte getrieben wurde. Stabschef Röhm trat ohne Wissen des Führers mit Ge-

15 neral Schleicher in Beziehungen. Er bediente sich dabei neben einem anderen SA-Führer einer von Adolf Hitler schärfstens abgelehnten, in Berlin bekannten obskuren Persönlichkeit. Da diese Verhandlungen endlich – natürlich ebenfalls ohne Wissen des Führers – zu einer
20 auswärtigen Macht bzw. zu deren Vertretung sich hin erstreckten, war sowohl vom Standpunkt der Partei als auch vom Standpunkt des Staates ein Einschreiten nicht mehr zu umgehen.

Völkischer Beobachter [Berliner Ausgabe, A], 47. Jg., Nr. 182/83 vom 1./2. Juli 1934, S. 2

b) Erinnerungen des Staatssekretärs Otto Meissner (1950)

Der Plan Hitlers, unangemeldet und überraschend in Wiessee anzukommen, gelingt. Der Mann des Flugplatzes Hangelar, der von Röhm gewonnen war, Flüge des Führers und deren Ziel sofort zu melden, war
5 plötzlich erkrankt und konnte die verabredete Nachricht nicht – wie verabredet – an den Adjutanten Röhms durchsagen. So trifft Hitler mit seiner Begleitung und Sicherheitseskorte in den frühen Morgenstunden des 30. Juni völlig überraschend in München
10 ein, wo er einige der Mitverschwörer Röhms verhaften und erschießen lässt, fährt mit seinem Führerbegleitkommando nach Wiessee weiter und verhaftet dort unter persönlichen Beschimpfungen Röhm und die um ihn versammelten SA-Führer; sie werden in die
15 Strafanstalt Stadelheim bei München überführt und dort ohne Verfahren erschossen. Röhm hatte es abgelehnt, von der ihm gegebenen Möglichkeit, Selbstmord zu begehen, Gebrauch zu machen, und ein gerichtliches Verfahren gefordert.

Otto Meissner, Staatssekretär unter Ebert – Hindenburg – Hitler, Hamburg ³1950, S. 366 ff.

1 Vergleichen Sie die offizielle Darstellung über das Vorgehen gegen die SA mit den Erinnerungen Meissners.
2 Diskutieren Sie die Bedeutung des 30. Juni 1934 für die Geschichte der NS-Diktatur.

M15 Carl Schmitt, einer der führenden NS-Staatsrechtslehrer, über die Funktion des Rechts im NS-Staat anlässlich der Entmachtung der SA (Aug. 1934)

Der Führer schützt das Recht vor dem schlimmsten Missbrauch, wenn er im Augenblick der Gefahr kraft seines Führertums als oberster Gerichtsherr unmittelbar Recht schafft. […] Der wahre Führer ist immer
5 auch Richter. Aus dem Führertum fließt das Richtertum. Wer beides voneinander trennen oder gar entgegensetzen will, macht den Richter entweder zum Gegenführer oder zum Werkzeug eines Gegenführers und sucht den Staat mithilfe der Justiz aus den Angeln zu heben. […]
10 In Wahrheit war die Tat des Führers echte Gerichtsbarkeit. Sie untersteht nicht der Justiz, sondern war selbst höchste Justiz. […]
Das Richtertum des Führers entspringt derselben Rechtsquelle, der alles Recht jedes Volkes entspringt. In
15 der höchsten Not bewährt sich das höchste Recht und erscheint der höchste Grad richterlich rächender Verwirklichung des Rechts. Alles Recht stammt aus dem Lebensrecht des Volkes.

Carl Schmitt, Der Führer schützt das Recht, in: Deutsche Juristenzeitung vom 1. Aug. 1934, S. 945 ff.

1 Beschreiben Sie das nationalsozialistische Verständnis von Recht und Unrecht.
2 Analysieren Sie die Folgen, die dieses Rechtsverständnis für den einzelnen Menschen hat, und vergleichen Sie dieses mit der Praxis in demokratisch-liberalen Verfassungsstaaten.

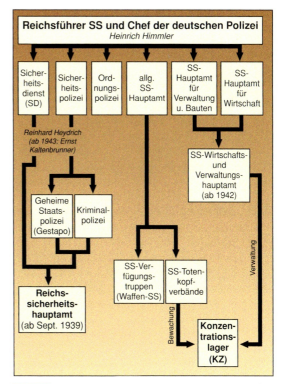

M16 Die Organisation der SS

1 Erläutern und beurteilen Sie die Stellung der SS im NS-Herrschaftssystem.

4 Nationalsozialismus

1.4 Die Herrschaftsmethoden des NS-Staates

Politische Gegner – der „innere Feind"

Die nationalsozialistische Ideologie kannte eigentlich keine Gegner, sondern nur Freund oder Feind. Mit den zu Feinden des Regimes erklärten Menschen gab es keine politische oder geistige Auseinandersetzung, sie mussten vernichtet werden (M 19 a, b). So herrschte für den Nationalsozialismus auch im Frieden schon Krieg gegen den „inneren Feind". In diesem Krieg wurden die Regeln der modernen Zivilisation außer Kraft gesetzt.

Zu den „inneren Feinden" zählten die Nationalsozialisten Kommunisten und Sozialdemokraten. Aber auch Liberale, Christen und Konservative, die mit dem Regime nicht einverstanden waren, wurden verfolgt. Mit der Machtübernahme begannen Diskriminierung, Entrechtung und Verfolgung von Juden, von Sinti und Roma. Aus der nationalsozialistischen „Volksgemeinschaft" ausgeschlossen wurden überdies Straftäter, allen voran die sogenannten „Berufs-" und „Gewohnheitsverbrecher", sowie später Homosexuelle, Geisteskranke, Behinderte und Gebrechliche.

Schutzhaft

Eine der ersten Maßnahmen bei der Verfolgung der „Reichsfeinde" war die Einführung der „Schutzhaft" durch die Reichstagsbrandverordnung (s. S. 233). Die politische Polizei bzw. die Gestapo konnte nun politische Gegner „zur vorbeugenden Bekämpfung" ohne gerichtliches Verfahren und gerichtliche Nachprüfung in Haft nehmen. Für diese illegale Freiheitsberaubung, die in der Regel eine zeitlich unbegrenzte Inhaftierung bedeutete, genügte in vielen Fällen schon der bloße Verdacht, Mitglied in einer von den Nazis als „feindlich" eingestuften Organisationen zu sein oder zu bestimmten „Feindgruppen" zu gehören. Oft wurden diese politischen Gefangenen nach Verbüßung einer von einem ordentlichen Gericht verhängten Strafe erneut von der Gestapo festgenommen und in ein Konzentrationslager gebracht. Diese Herrschaftspraxis führte zu einem sprunghaften Anstieg der Gefangenen: Bereits im März/April 1933 lag die Zahl der Festnahmen in Preußen bei 25 000 bis 30 000. Da die Haftanstalten rasch überfüllt waren, brachte man diese Gefangenen in alten Feldscheunen, Lagerhallen oder Hinterzimmern unter, die so zu den ersten „wilden" Konzentrationslagern wurden (M 20).

Konzentrationslager

Die bereits im Frühjahr 1933 errichteten Konzentrationslager (KZ) bildeten die eigentlichen Terror- und Zwangsinstrumente des NS-Regimes. Konzentrationslager waren Massenlager, in denen Menschen aus politischen, religiösen, rassischen oder anderen Gründen eingesperrt, misshandelt und ermordet wurden. Die Lager dienten den Nationalsozialisten zur Einschüchterung, Ausschaltung und Vernichtung ihrer „Feinde". Vom Jahre 1941 an wurden Vernichtungslager eingerichtet, in denen systematisch Menschen getötet wurden (s. M 53, S. 279).

Zunächst waren Kommunisten, Sozialdemokraten und andere Gegner für relativ kurze Zeit ohne jede rechtliche Grundlage in die schnell errichteten Barackenlager eingesperrt worden (M 17). Die Lebensverhältnisse der Häftlinge waren beträchtlich schlechter als in den normalen Gefängnissen und Zuchthäusern. Vor allem blieben die Gefangenen hilflos der Willkür der Wachmannschaften ausgeliefert.

Seit 1934 unterstanden die Konzentrationslager der SS, die die Lager nach einheitlichen bürokratischen Vorschriften organisierte (M 21). 1939 betrug die Zahl der Häftlinge etwa 25 000, 1944 waren es 397 000 Männer und 145 000 Frauen. Doch kann hinter diesen Zahlen weder das unsägliche Leid sichtbar werden, das den Gefangenen angetan wurde, noch geben sie Auskunft, wie viele Menschen insgesamt die Konzentrationslager „durchliefen".

Die **Vernichtungslager** dienten der bürokratisch organisierten Tötung der Juden und anderer als „minderwertig" betrachteter Menschen. Arbeitsfähige KZ-Häftlinge mussten Zwangsarbeit leisten oder wurden zu Sklavenarbeiten verpflichtet. SS-Ärzte führten grausame medizinische und andere Menschenversuche an den todgeweihten Opfern durch. Die mit Güterwagen der Reichsbahn antransportierten Juden aus allen Teilen Europas wurden in den Vernichtungslagern kurz nach ihrer Ankunft durch Gas oder durch Massenerschießungen getötet oder, soweit sie noch gesund und kräftig waren, zur Zwangsarbeit befohlen. Aufgrund der mangelhaften Ernährung und Unterbringung starben viele von diesen Häftlingen an der körperlichen und physischen Belastung. Die

Nationalsozialismus 4

Nationalsozialisten nannten das zynisch „Vernichtung durch Arbeit". Bis Kriegsende wurden in den Vernichtungslagern etwa 6 Mio. Juden und 500 000 Polen, Sinti und Roma und andere Menschen ermordet.

Zwangsarbeit Der NS-Staat benötigte vor allem in der Rüstungsindustrie Arbeitskräfte, die wegen des Arbeitskräftemangels nicht auf dem normalen Arbeitsmarkt zur Verfügung standen. Seit 1938 machte die SS regelrecht Jagd auf die arbeitsfähigen KZ-Häftlinge, um sie als Arbeitssklaven in Rüstungsbetrieben und SS-eigenen Produktionsstätten für Baustoffe oder in Steinbrüchen einzusetzen. In unmittelbarer Nähe von Granitsteinbrüchen errichtete die SS neue Konzentrationslager (Flossenburg in der Oberpfalz, Mauthausen bei Linz, Groß-Rosen in

M17 Verhaftete im Konzentrationslager Oranienburg bei Berlin, August 1933, Fotografie. Die Verhafteten sind von links nach rechts: Ernst Heilmann, Vorsitzender der preußischen SPD-Landtagsfraktion, Fritz Ebert, Sohn des ehemaligen Reichspräsidenten, Adolf Braun, Sekretär des SPD-Vorstandes in Berlin und Rundfunkreporter, Ministerialrat Giesecke vom Reichsrundfunk, Dr. Magnus, Direktor der Reichsrundfunkgesellschaft, und Dr. Flesch, Intendant der Berliner Funkstunde. Die Königsberger „Hartungsche Zeitung" schrieb zu der Verhaftung eine Meldung unter der Überschrift: „Rundfunksünder ins Konzentrationslager".

1 Interpretieren Sie die in M17 dargestellte Gefangennahme im Hinblick auf die Herrschaftsmethoden des NS-Staates.
2 **Referat:** Informieren Sie sich über Persönlichkeiten der 1950er-/60er-Jahre und deren Leben während der NS-Zeit (z. B. Politiker wie Konrad Adenauer, Walter Ulbricht, Kurt Schumacher, Willy Brandt, Theodor Heuss oder auch Filmstars). Besorgen Sie sich in der Schul- oder Stadtbibliothek Biografien oder Autobiografien der entsprechenden Personen und bereiten Sie ein Referat über deren Erfahrungen während der Zeit des Nationalsozialismus vor.

4 Nationalsozialismus

Niederschlesien und Natzweiler im Elsass) und bei den Konzentrationslagern Sachsenhausen und Buchenwald entstanden Großziegelwerke. Die Zwangsarbeit besaß für das NS-Regime in der Regel eine doppelte Funktion: Man wollte die Arbeitskraft der Häftlinge nutzen und gleichzeitig „unproduktive" und „minderwertige" Menschen durch Arbeit töten.

Propaganda Die nationalsozialistische Herrschaft beruhte auf Gewalt, Terror und Unterdrückung, aber auch auf Verführung. Durch glanzvolle Feiern und Inszenierungen wie am „Tag von Potsdam" (s. S. 235) sollten die Mitglieder und Anhänger der NSDAP in ihrem Glauben an die siegreiche Mission der Partei und ihres Führers bestärkt werden; gleichzeitig wollte man diejenigen Teile der Bevölkerung, die dem Regime skeptisch oder gleichgültig gegenüberstanden, für sich gewinnen. Denn die Nationalsozialisten wussten, dass sie mit Zwang allein ihre Herrschaft nicht sichern konnten. Das wichtigste Mittel zur Mobilisierung der öffentlichen Meinung zugunsten der Nationalsozialisten war die Propaganda. Das Wort (lat. propagare = ausbreiten) war ursprünglich ein Synonym für Werbung und bezeichnete vor allem die schriftliche und mündliche Verbreitung politischer Lehren und Ideen. Mit diesem Begriff verband sich zudem die Vorstellung von werbender und einseitiger Beeinflussung der öffentlichen Meinung (M 22).

Die NSDAP hatte bereits für ihren Aufstieg neue Werbemedien zur Mobilisierung der Bevölkerung zu nutzen gewusst. Wirkungsvoll inszenierte Großkundgebungen mit großen Lautsprecheranlagen, spektakuläre Flugzeugeinsätze für Hitlers reichsweite Wahlkampfeinsätze, der Ausbau einer aufwändigen Parteipresse sowie der Einsatz der Plakatkunst kennzeichnen den Stil der nationalsozialistischen Propaganda vor 1933 – und diese zeigte Wirkung.

Mit der NSDAP zogen die Mittel der modernen Verkaufswerbung in die politische Propaganda ein. Hitler und Propagandaminister Goebbels, die wirkungsvollsten Redner der Partei, verstanden es, in der Schulung der Parteiredner durchschlagende Stilmittel der Werbesprache zu verbreiten. Unter Ausnutzung der Mechanismen der Massenpsychologie wurden Volkstümlichkeit und extreme

M 18 NS-Propaganda

a) Ganz Deutschland hört den Führer", 1936, **Werbeplakat.** 1935/36 wurde in Firmenkooperation der erste preiswerte und leistungsfähige Rundfunkempfänger, der „Volksempfänger" VE 301, entwickelt. Er kostete 76 RM, was etwa dem Wochenlohn eines Facharbeiters entsprach.

Nationalsozialismus 4

b) Leni Riefenstahl filmt von einer beweglichen Kameraplattform (oben links zwischen den Hakenkreuzfahnen) Adolf Hitler auf dem Nürnberger Reichsparteitag für ihren Film „Der Triumph des Willens", September 1934, Fotografie

1 Untersuchen Sie M 18 a und b im Hinblick auf die Bedeutung der Propaganda im NS-Staat.
2 Diskutieren Sie über das Thema: „Rundfunk – Fernsehen – Computer: Fluch oder Segen für unsere heutige Demokratie?"

Vereinfachung zur Grundlage der Parteisprache erhoben. Die Beschränkung auf wenige einprägsame Merksprüche, die reklamehafte Wiederholung, die Wahl eingängiger Symbole, die Benutzung grobschlächtiger Freund-Feind-Bilder sowie eine zwischen Einfühlsamkeit und Gewalttätigkeit pendelnde Rhetorik sollten zur Identifikation mit der anscheinend allmächtigen NSDAP und ihrem Führer beitragen.

Presse, Rundfunk, Film Nach Hitlers Machtübernahme wurde die Propaganda zur Unterstützung der nationalsozialistischen Politik in allen Bereichen des politisch-gesellschaftlichen Lebens eingesetzt. Das von Goebbels geleitete neu eingerichtete „Reichsministerium für Volksaufklärung und Propaganda" überwachte alle Nachrichtenbüros, hielt in den Redaktionen interne Besprechungen ab, gab allgemein verbindliche Sprachregelungen und Weisungen aus und veranstaltete täglich eine Reichspressekonferenz. Bereits im Sommer 1933 hatten die Nationalsozialisten auf diese Weise die organisatorische und inhaltliche Gleichschaltung der Presse durchgesetzt.

Der halbstaatliche **Rundfunk**, der eben erst als Massenmedium aufgebaut worden war, wurde ebenfalls sehr schnell personell und inhaltlich gleichgeschaltet und vom NS-Staat für seine Propaganda erstmals voll genutzt. Eine Werbekampagne für den preiswerten sogenannten Volksempfänger verbreitete das Radio auch in den einfachen Haushalten – 1933 wurden über eine Million Geräte abgesetzt (M 18). Eine ähnlich große Bedeutung bei der Massenbeeinflussung kam der „Wochenschau" zu. Dieser filmische Nachrichtenüberblick im Vorprogramm der Kinos wurde eine eigene Kunstform und diente der Werbung für das NS-Regime.

Mithilfe aller dieser geschickt genutzten Medien versuchte die NS-Propaganda der Bevölkerung ihre Ideologie einzuhämmern. Bis zur totalen Niederlage des „Dritten Reiches" im Mai 1945 versuchten die Nationalsozialisten bei den Bürgern den „blinden" Glauben daran zu erwecken und zu erhalten, dass die Geschichte des NS-Staates eine beispiellose Erfolgsgeschichte sei.

4 Nationalsozialismus

M19 Der Umgang des NS-Regimes mit politischen Gegnern

a) Adolf Hitler in „Mein Kampf" (1925)

Die Gewinnung der Seele des Volkes kann nur gelingen, wenn man neben der Führung des positiven Kampfes für die eigenen Ziele den Gegner dieser Ziele vernichtet.
Das Volk sieht zu allen Zeiten im rücksichtslosen Angriff auf einen Widersacher den Beweis des eigenen Rechtes und es empfindet den Verzicht auf die Vernichtung des anderen als Unsicherheit in Bezug auf das eigene Recht, wenn nicht als Zeichen des eigenen Unrechtes.
Die breite Masse ist nur ein Stück der Natur und ihr Empfinden versteht nicht den gegenseitigen Händedruck von Menschen, die behaupten, Gegensätzliches zu wollen. Was sie wünscht, ist der Sieg des Stärkeren und die Vernichtung des Schwachen oder seine bedingungslose Unterwerfung. Die Nationalisierung unserer Masse wird nur gelingen, wenn bei allem positiven Kampf um die Seele unseres Volkes ihre internationalen Vergifter ausgerottet werden.

Adolf Hitler, Mein Kampf, München 1942, S. 371 f.

b) Schießerlass Hermann Görings an alle Polizeibehörden vom 17. Februar 1933

[D]em Treiben staatsfeindlicher Organisationen [ist] mit den schärfsten Mitteln entgegenzutreten. Polizeibeamte, die in Ausübung dieser Pflichten von der Schusswaffe Gebrauch machen, werden ohne Rücksicht auf die Folgen des Schusswaffengebrauchs von mir gedeckt; wer hingegen in falscher Rücksichtnahme versagt, hat dienststrafrechtliche Folgen zu gewärtigen.

Günter Schönbrunn (Hg.), Weltkriege und Revolutionen 1914–1945, bsv, München ²1970, S. 279

1 Analysieren Sie das Gesellschaftsbild Hitlers anhand von M19a.
2 Ordnen Sie M19b in den historischen Kontext ein und interpretieren Sie die Quelle im Hinblick auf den Umgang der Nationalsozialisten mit ihren Gegnern.

M20 Rudolf Diels, der erste Chef der Gestapo, über das Columbiagefängnis der SS in Berlin im Jahr 1933 (1950)

Nach den Berichten von Beamten und Freunden trat die SA mit eigenen „Vernehmungsstellen" in Berlin selbst in eine grauenvolle Tätigkeit ein. In den einzelnen Stadtteilen entstanden „Privatgefängnisse". Die „Bunker" in der Hedemann- und Voßstraße wurden zu infernalischen Stätten der Menschenquälerei. Es entstand das Columbiagefängnis der SS, die allerschlimmste Marterstätte. […]
Ich konnte nun mit den Polizeimannschaften die Marterhöhle betreten. Dort waren die Fußböden einiger leerer Zimmer, in denen sich die Folterknechte betätigten, mit einer Strohschütte bedeckt worden. Die Opfer, die wir vorfanden, waren dem Hungertod nahe. Sie waren tagelang stehend in enge Schränke gesperrt worden, um ihnen „Geständnisse" zu erpressen. Die „Vernehmungen" hatten mit Prügeln begonnen und geendet; dabei hatte ein Dutzend Kerle in Abständen von Stunden mit Eisenstäben, Gummiknüppeln und Peitschen auf die Opfer eingedroschen. Eingeschlagene Zähne und gebrochene Knochen legten von den Torturen Zeugnis ab. Als wir eintraten, lagen diese lebenden Skelette reihenweise mit eiternden Wunden auf dem faulenden Stroh. Es gab keinen, dessen Körper nicht vom Kopf bis zu den Füßen die blauen, gelben und grünen Male der unmenschlichen Prügel an sich trug. Bei vielen waren die Augen zugeschwollen und unter den Nasenlöchern klebten Krusten geronnenen Blutes. Es gab kein Stöhnen und Klagen mehr; nur starres Warten auf das Ende oder neue Prügel. Jeder Einzelne musste auf die bereitgestellten Einsatzwagen getragen werden; sie waren des Gehens nicht mehr fähig. Wie große Lehmklumpen, komische Puppen mit toten Augen und wackelnden Köpfen, hingen sie wie aneinandergeklebt auf den Bänken der Polizeiwagen. Die Schutzpolizisten hatte der Anblick dieser Hölle stumm gemacht.

Rudolf Diels, Lucifer ante portas. Es spricht der erste Chef der Gestapo, Deutsche Verlags-Anstalt, Stuttgart 1950, S. 220 und 254 ff.

1 Arbeiten Sie aus M20 das Vorgehen der Gestapo gegen die Gegner des NS-Regimes heraus.
2 Untersuchen Sie das Menschenbild und das Rechts- bzw. Unrechtsbewusstsein des Gestapo-Wachpersonals.

M21 Aus der „Disziplin- und Strafordnung des Konzentrationslagers Esterwegen" (1933/34)

Paragraf 8 Mit 14 Tagen strengem Arrest und mit je 25 Stockhieben zu Beginn und am Ende der Strafe wird bestraft: [...]
2. Wer in Briefen oder sonstigen Mitteilungen abfällige Bemerkungen über nationalsozialistische Führer, über Staat und Regierung, Behörden und Einrichtungen zum Ausdruck bringt, marxistische ober liberalistische Führer oder Novemberparteien verherrlicht, Vorgänge im Konzentrationslager mitteilt. [...]
Paragraf 11 Wer im Lager, an der Arbeitsstelle, in den Unterkünften, in Küchen und Werkstätten, Aborten und Ruheplätzen zum Zwecke der Aufwiegelung politisiert, aufreizende Reden hält, sich mit anderen zu diesem Zwecke zusammenfindet, Cliquen bildet oder umhertreibt, wahre oder unwahre Nachrichten zum Zwecke der gegnerischen Gräuelpropaganda über das Konzentrationslager oder dessen Einrichtungen sammelt, empfängt, vergräbt, weitererzählt, mittels Kassiber oder auf andere Weise aus dem Lager hinausschmuggelt, Entlassenen oder Überstellten schriftlich oder mündlich mitgibt, mittels Steinen usw. über die Lagermauer wirft oder Geheimschriften anfertigt, ferner, wer zum Zwecke der Aufwiegelung auf Barackendächer steigt, durch Lichtsignale oder auf andere Weise Zeichen gibt oder nach außen Verbindung sucht oder wer andere zur Flucht oder einem Verbrechen verleitet, hierzu Ratschläge erteilt oder durch andere Mittel unterstützt, wird kraft revolutionären Rechts als Aufwiegler gehängt!

Kurt Richard Grossmann, Ossietzky, ein deutscher Patriot, Kindler, München 1963, S. 483 f.

1 Diskutieren Sie über die Motive und Ziele dieser Vorschriften.
2 Erörtern Sie die Verhältnismäßigkeit von Strafen und Vergehen.

M22 Adolf Hitler in „Mein Kampf" über Propaganda (1925)

Jede Propaganda hat volkstümlich zu sein und ihr geistiges Niveau einzustellen nach der Aufnahmefähigkeit des Beschränktesten unter denen, an die sie sich zu richten gedenkt. Damit wird ihre rein geistige Höhe umso tiefer zu stellen sein, je größer die zu erfassende Masse der Menschen sein soll. Handelt es sich aber, wie bei der Propaganda für die Durchhaltung eines Krieges, darum, ein ganzes Volk in ihren Wirkungsbereich zu ziehen, so kann die Vorsicht bei der Vermeidung zu hoher geistiger Voraussetzungen gar nicht groß genug sein.
Je bescheidener dann ihr wissenschaftlicher Ballast ist und je mehr sie ausschließlich auf das Fühlen der Masse Rücksicht nimmt, umso durchschlagender der Erfolg. Dieser aber ist der beste Beweis für die Richtigkeit oder Unrichtigkeit einer Propaganda und nicht die gelungene Befriedigung einiger Gelehrter oder ästhetischer Jünglinge.
Gerade darin liegt die Kunst der Propaganda, dass sie, die gefühlsmäßige Vorstellungswelt der großen Masse begreifend, in psychologisch richtiger Form den Weg zur Aufmerksamkeit und weiter zum Herzen der breiten Masse findet. Dass dies von unseren Neunmalklugen nicht begriffen wird, beweist nur deren Denkfaulheit oder Einbildung.
Versteht man aber die Notwendigkeit der Einstellung der Werbekunst der Propaganda auf die breite Masse, so ergibt sich weiter schon daraus folgende Lehre:
Es ist falsch, der Propaganda die Vielseitigkeit etwa des wissenschaftlichen Unterrichts geben zu wollen. Die Aufnahmefähigkeit der großen Masse ist nur sehr beschränkt, das Verständnis klein, dafür jedoch die Vergesslichkeit groß. Aus diesen Tatsachen heraus hat sich jede wirkungsvolle Propaganda auf nur sehr wenige Punkte zu beschränken und diese schlagwortartig so lange zu verwerten, bis auch bestimmt der Letzte unter einem solchen Worte das Gewollte sich vorzustellen vermag. Sowie man diesen Grundsatz opfert und vielseitig werden will, wird man die Wirkung zum Zerflattern bringen, da die Menge den gebotenen Stoff weder zu verdauen noch zu behalten vermag. Damit aber wird das Ergebnis wieder abgeschwächt und endlich aufgehoben.
Je größer so die Linie ihrer Darstellung zu sein hat, umso psychologisch richtiger muss die Feststellung ihrer Taktik sein.

Adolf Hitler, Mein Kampf, München 1942, S. 197 f.

1 Bestimmen Sie die Zielgruppe in Hitlers Konzept politischer Propaganda.
2 Erläutern Sie die Mittel, die zu diesem Zweck eingesetzt werden sollen.

4 Nationalsozialismus

1.5 Alltag und Frauen

Widersprüchliche Erfahrungen — Das alltägliche Leben der Menschen unter der nationalsozialistischen Herrschaft, ihr Denken, Fühlen und Handeln sind nicht auf eine einfache Formel zu bringen. Einerseits wurde der „schöne Schein" des „Dritten Reiches" von vielen Deutschen zur Wirklichkeit umgedeutet, etwa die Inszenierung der „Volksgemeinschaft" bei den Feiern zum 1. Mai oder des Völkerfriedens anlässlich der Olympischen Spiele 1936 in Berlin. Auch der Abbau der Arbeitslosigkeit durch die Rüstungskonjunktur und die außenpolitischen Erfolge wie die Angliederung des Saarlandes im Jahr 1935 beeindruckten die Zeitgenossen und ließen die Vorkriegsjahre als Jahre der „Normalisierung" oder gar des glanzvollen Aufbruches in eine bessere Zeit erscheinen.

Andererseits höhlte das Regime die traditionellen Milieus, die schon in der Weimarer Republik an Bedeutung verloren hatten, weiter aus. Zwar konnte eine intakte Familie im katholischen Raum ebenso Schutz vor den Zugriffen des NS-Staates bieten wie die Milieus in den Arbeitersiedlungen; hier entstand sogar gelegentlich eine gewisse Gegenöffentlichkeit, die der Propaganda der NSDAP eine andere, kritische Sicht der Wirklichkeit entgegensetzte. Aber der Rückzug in private Nischen bedeutete ein passives Hinnehmen der herrschenden Ordnung. Zugleich stellte sich für jeden im Alltag immer neu die Frage, in welcher Weise und in welchem Umfang er sich anpassen sollte oder nicht: Für das Winterhilfswerk seinen Beitrag geben oder nicht? Die Fahne heraushängen oder nicht, und wenn ja, in welcher Größe?

Der Kriegsalltag, das Leben in den Luftschutzbunkern, verstärkte die widerspruchsvollen Erfahrungen. Die einen hofften nur, dass bald alles vorbei sei, die anderen glaubten wie Kinder an die Allmacht Hitlers und den Endsieg.

Spaltung des Bewusstseins — Das Bewusstsein vieler Menschen spaltete sich häufig auf, um die einander widersprechenden Erfahrungen zu verarbeiten. Zum einen galten die Vorkriegsjahre eher als Jahre der „Normalität", was durch die Angebote an Unterhaltung und durch die Rückzugsmöglichkeiten ins Privatleben begünstigt wurde. Zum anderen gab es immer auch die Öffentlichkeit des NS-Terrors und des Rassismus, zumal die Nationalsozialisten bewusst auf die Abschreckungswirkung ihrer Maßnahmen bzw. auf die Zustimmung zu ihrer rassistischen Diskriminierung und Verfolgung setzten. Viele wussten außerdem von den Arbeits- und Konzentrationslagern.

Dieses Nebeneinander von positiven und negativen Eindrücken führte in den Köpfen der Menschen dazu, dass Einzelerscheinungen immer weniger aufeinander bezogen wurden. „Politik" erschien zunehmend als etwas Bedrohliches und sollte möglichst vom „normalen" Leben ausgeschlossen bleiben.

Arbeiterschaft — Innerhalb der Arbeiterschaft gab es große soziale Unterschiede. Die Arbeiter in den Rüstungsbetrieben erhielten sehr viel höhere Löhne als die Landarbeiter, die immer am unteren Ende der Lohnskala blieben. Bis 1936 war der Alltag eines Arbeiters in der Regel von Entbehrungen gekennzeichnet (M 29). Die kontinuierliche Abnahme der Arbeitslosenzahl und die Aussicht, überhaupt Arbeit zu finden (M 28 c), weckte bei vielen Arbeitern jedoch die Bereitschaft, sich auf das Regime einzulassen. Ähnlich wirkten Modernisierungen im Alltag, wenn z. B. Vorortsiedlungen endlich an das Stromnetz angeschlossen wurden. Auch sozialpolitische Verbesserungen oder die Reise- und Wanderangebote von KdF sorgten für eine günstige Stimmung oder erleichterten zumindest den Rückzug ins „Unpolitische" (M 32 a und b). Mit dem Einsatz von 7 Mio. ausländischer Zwangsarbeiter im Krieg verstärkte sich die Aufwertung des deutschen Arbeiters, der dadurch im Betrieb seinen Status erhöhen konnte. Dennoch war der Zugriff des Regimes auf die Arbeiterschaft längst nicht so total, wie es seine Führer proklamierten und wie es Zeitgenossen im Rückblick schilderten. Besonders die ehemals politisch Organisierten und die in den Gewerkschaften verwurzelten Arbeiter blieben trotz der nationalsozialistischen Sozialpolitik gegenüber dem NS-Staat auf Distanz.

Nationalsozialismus 4

M 23 **Verweigerung des Hitlergrußes, 1936, Fotografie.** Arbeiter und Angestellte der Hamburger Werft Blohm & Voss grüßen während eines Stapellaufes mit dem erhobenen rechten Arm des Hitlergrußes. Mit einer Ausnahme: August Landmesser – dessen Beziehung zur jüdischen Mutter seiner beiden Kinder als „Rassenschande" gilt, für die er 1938 zu 2 ½ Jahren Zuchthaus verurteilt wird – verschränkt demonstrativ die Arme.

Bürgertum und Mittelstand

Auch große Teile des **Bürgertums** verhielten sich gegenüber den Nationalsozialisten durchaus reserviert, nicht selten aus einem ständischen Überlegenheitsgefühl gegenüber den „Massen" heraus. Allerdings arrangierten sich die alten Eliten mit dem Regime, zumal sich viele ihrer politischen und sozialen Ziele erfüllten. Nur wenige nahmen einen Karriereknick in Kauf, um nicht als Richter an einem Sondergericht oder als Arzt an Euthanasieaktionen mitzuwirken. Die Nationalsozialisten zwangen keinen Deutschen, am „Maßnahmenstaat" (s. S. 241) gerade auf höherer Ebene teilzunehmen.

Die Mittelschichten, die vor 1933 die Nationalsozialisten besonders unterstützt hatten, blieben ihnen auch nach 1933 weitgehend treu, wenngleich das NS-Regime die Forderungen des alten Mittelstandes der Handwerker und Einzelhändler auf Schutz vor der Konkurrenz von Industrie und Kaufhäusern nicht erfüllte. Lediglich im Handel zeigte sich größere Unzufriedenheit, da die versprochene Auflösung der „jüdischen" Warenhäuser zunächst ausblieb. Später entschädigten die „Arisierungen" (Übertragungen jüdischer Betriebe an Deutsche; M 30 a; s. auch S. 260) für die negativen Auswirkungen des industriellen Booms auf den Mittelstand.

Die Bauern schwankten trotz der nationalsozialistischen Blut-und-Boden-Ideologie zwischen Zustimmung und Ablehnung. Viele Wünsche der Bauern wurden zwar im Reichserbhofgesetz vom September 1933 berücksichtigt, das nur deutschen Bauern mit „arischer" Abstammung die Führung eines Hofes erlaubte und zur Erzeugungssteigerung die Erbteilung untersagte. Doch führte besonders der zunehmende Arbeitskräftemangel in der Landwirtschaft als Folge der Rüstungskonjunktur zu gewissen bäuerlichen Unmutsäußerungen, die die Nationalsozialisten in Verlegenheit brachten. Am ehesten profitierten die **neuen Mittelschichten** der Angestellten und Beamten vom NS-Staat (M 30 b). Der Bedarf an Technikern nahm zu, ihr Berufsstand wurde aufgewertet. Die auf Leistung orientierten Unternehmen boten neue Chancen an individueller Mobilität. Zudem kam die Verdrängung der Juden aus dem Berufsleben auch hier den anderen zugute.

4 Nationalsozialismus

M 24 Ludwig Hohlwein, Bund Deutscher Mädel in der Hitlerjugend, um 1935, Plakat

M 25 Verleihung des Mutterkreuzes, 1939, Fotografie

Frauen

Lange Zeit prägte in der historischen Forschung die Männerideologie und die Männerbündelei des Nationalsozialismus mit seinem **Mutterkult** das Bild der Frauen im „Dritten Reich". Frauen wurden wegen ihres Geschlechts meist als Opfer der Männerherrschaft gesehen. In letzter Zeit zeichnet sich ein differenzierteres Bild ab (M 24 bis M 27). Zwar erschwerte das Regime den Zugang der Frauen zur Universität und in die Beamtenlaufbahn. Generell wurden Frauen aus dem Erwerbsleben zugunsten der Männer zurückgedrängt – dies aber auch schon seit der Ende 1929 einsetzenden Wirtschaftskrise in der späten Weimarer Republik.

Die Krise bedrohte die Familie und die Frauen waren in einem besonderen Maße betroffen. Viele bürgerliche Frauen reagierten mit einer Flucht zurück in die vermeintliche Sicherheit der Rolle als Ehefrau und Mutter. Das NS-Regime förderte diesen Rückzug ins Private, eröffnete den Frauen jedoch gleichzeitig ein reiches Betätigungsfeld im karitativen Bereich (Winterhilfswerk, Nationalsozialistische Volkswohlfahrt). Von großer propagandistischer Bedeutung war anfangs das Ehestandsdarlehen, dessen Rückzahlung sich mit der Anzahl der Kinder verringerte. Weil die Gewährung der Darlehen außer der Nichtberufstätigkeit der Ehefrau eine Untersuchung beider Ehepartner auf erbbiologische Unbedenklichkeit voraussetzte, nahmen es allerdings viel weniger junge Ehepaare in Anspruch als von den Nationalsozialisten erwartet.

Doch bald geriet das NS-Frauenbild in Widerspruch zur Wirklichkeit. Die Rüstungskonjunktur verlangte die Eingliederung von Frauen in die Industrie, wenn auch meist auf Arbeitsplätze, die wenig oder keine Qualifikation erforderten und die schlechter bezahlt waren. Gleichwohl hielten die Nationalsozialisten an ihrem Frauenbild fest. Einer der beliebtesten Schlager jener Zeit, das Lied von der „lieben kleinen Schaffnerin", ist ein Zeugnis der pseudoemanzipatorischen Ideologie der Zeit. Aufstiegschancen eröffneten sich Frauen vor allem in den typischen „fürsorgenden" Frauenberufen.

Nationalsozialismus 4

M 26 „Hilf auch Du mit!", 1943, Plakat

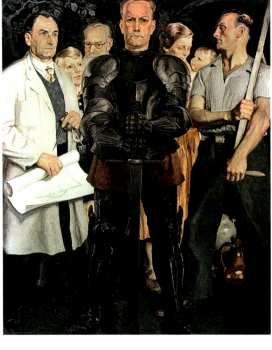

M 27 Hans Toepper, Deutsche Symphonie, ca. 1938, Öl auf Leinwand

1 Analysieren Sie die in M 24 bis M 27 dargestellten nationalsozialistischen Frauenbilder.
2 Erörtern Sie anhand der Abbildungen und unter Zuhilfenahme des Darstellungstextes die Frage, ob bzw. inwieweit es unter emanzipatorischen Gesichtspunkten während der NS-Zeit zu Modernisierungstendenzen gekommen ist.

Frauen waren auch an der Durchsetzung von rassenhygienischen Maßnahmen beteiligt. Ihr Engagement in diesem Bereich unterschied sich nicht grundsätzlich von dem der Männer; sie waren häufig Opfer und Täterinnen zugleich. Weil sie nur in Ausnahmefällen in Entscheidungspositionen standen oder direkt als Aufseherinnen in den Konzentrationslagern an Gewalttaten beteiligt waren, bestand ihr Mittun aber in der Regel mehr in Anpassung und im Unterlassen als im aktiven Handeln.

Jugend Um keine Gruppe kümmerte sich das NS-Regime intensiver als um die Jugend – und zwar mit Erfolg. Es trug dadurch zur weiteren Auflösung der Familie und anderer Solidargemeinschaften bei. Der Eintritt in die „**Hitlerjugend/HJ**" bzw. den „**Bund Deutscher Mädel/BDM**" unterlag bis 1936 keinem Zwang; Jugendliche und Eltern konnten entscheiden.
Für die meisten Jugendlichen waren die NS-Jugendorganisationen attraktiv (M 31). Sie ermöglichten es ihnen, die Generations- und Autoritätskonflikte mit Billigung des Staates zu lösen. Das galt für Jungen und Mädchen (M 24). Manchem Mädchen bot der BDM eine verstärkte Chance zur Emanzipation, da es hier dem häuslichen Zugriff entfliehen konnte und als Funktionärin den männlichen HJ-Funktionären gleichgestellt war.
Mit der Verfestigung von bürokratischen Strukturen in HJ und BDM verflachte allerdings die Attraktivität für Jugendliche, zumal der militärische Drill in der HJ zunahm. So lässt sich seit Ende der Dreißigerjahre in den Großstädten vermehrt eine Ablehnung der NS-Organisationen unter Jugendlichen feststellen, die wilde Cliquen gründeten und autonome Formen von Jugendkultur praktizierten.

4 Nationalsozialismus

Identifizierung und Distanzierung

Der kurze Blick in das Alltagsleben der verschiedenen sozialen Gruppen zeigt, dass das Leben der Deutschen in der NS-Zeit nicht einfach „regimekonformer nationalsozialistischer Alltag" oder der Alltag einer vom Terror bedrohten ohnmächtigen Bevölkerung war. Vielmehr gab es, wie der Historiker Alf Lüdtke formuliert hat, „eine langfristig formierte Gemengelage von Hinnehmen und eigensinniger Distanzierung, von Zustimmung, aber auch Sich-Widersetzen". Es dominierten die vielen Grauzonen zwischen Mitmachen und Widerstand.

Und nur allzu oft wird bis heute in unserem herkömmlichen „Alltags"-Verständnis das Leben all jener ausgeblendet, die die Nationalsozialisten nicht zur Volksgemeinschaft zählten und deren Leben bedroht war: Juden (s. S. 258 ff., S. 263 ff.), Behinderte und Kranke, Homosexuelle, jene, die sich der Lebensgemeinschaft verweigerten, und die Minderheit derer, die Widerstand (s. S. 293 ff.) leisteten.

M28 Soziale Verhältnisse im nationalsozialistischen Deutschland

a) Amtlicher Index der Lebenshaltungskosten 1929–1939 (Index 1913/14 = 100)

Amtlicher Index	1929	1932	1933	1935	1936	1939
Gesamt	154,0	120,6	118,0	123,0	124,5	126,2
Ernährung	155,7	115,5	113,3	120,4	122,4	122,8
Kleidung	172,0	112,2	106,7	117,8	120,3	133,3

Eberhard Aleff (Hg.), Das Dritte Reich, Verlag für Literatur, Hannover 1973, S. 120

b) Renten 1931–1939 (in RM)

Durchschnittliche Monatsrenten	1931	1933	1936	1938	1939
Sozialrentner-Fürsorge	18,47	16,22	16,37	17,05	16,96
Invaliden-Witwenrente	23,40	21,10	19,30	19,00	19,20
Invalidenrente	37,20	33,40	30,90	31,25	32,10
Angestelltenrente	65,51	56,98	54,69	54,01	68,46

Ebd., S. 119

c) Arbeitslosigkeit 1933–1938

Oktober	Beschäftigte	Arbeitslose (in Mio.)
1933 (Januar)	*	6,0
1933 (Dezember)	15,5	3,7
1934	16,1	2,3
1935	17,0	1,8
1936	18,3	1,1
1937	19,7	0,5
1938	20,8	0,2

Gustav Stolper, Deutsche Wirtschaft seit 1870, Mohr, Tübingen 1964, S. 155

M29 Zur sozialen Lage der Arbeiter

a) Arbeiter-Jahreseinkommen 1932 und 1940

Lohn (in RM; brutto)	%-Anteil aller Arbeiter	
	1932	1940
unter 1500	31	35
1500 bis 2400	35	27
2400 bis 4800	28	34
über 4800	6	4

Gustav Stolper, Deutsche Wirtschaft seit 1870, Mohr, Tübingen 1964, S. 120

1 Erläutern Sie, welche Aussagen Sie anhand der Statistiken M 28 a bis c über die sozialen Verhältnisse während der NS-Zeit treffen können.

2 Auf welche sozialen Aspekte geben die Statistiken keine Antwort?

4 Nationalsozialismus

b) Der Historiker Timothy W. Mason zur Lebenslage der Arbeiter 1933–1936 (1975)

Noch 1936 war der Alltag wohl der meisten deutschen Arbeiter von Armut und Entbehrung gezeichnet, ganz abgesehen von dem Druck des politischen Terrors. Einen ungefähren Eindruck von den damals noch vor-
5 herrschenden materiellen Lebensbedingungen mag der Versuch vermitteln, das Haushaltsbudget einer Arbeiterfamilie zu rekonstruieren. Nach einer etwas schematischen Kalkulation des Wirtschaftsreferenten in der Reichskanzlei hätte sich im Jahr 1934 der Lohn eines
10 niedrig bezahlten städtischen Arbeiters (25 RM pro Woche) in einem Fünf-Personen-Haushalt (Ehefrau und drei schulpflichtige Kinder) auf folgende Posten verteilen müssen: Abzüge 11%; Nahrungsmittel 54%; Miete, Heizung und Beleuchtung 30%; Bekleidung
15 2%. Zur besonderen Verwendung blieben ganze 73 Pf. übrig. Auffallend daran ist, dass Ausgaben für Verkehrsmittel, Bildung, Erholung oder für die Rückzahlung von Darlehen in der Aufstellung gar nicht vorkommen. Die bei diesem Einkommen mögliche
20 Ernährung war außerordentlich karg bemessen: So entfielen pro Woche auf fünf Personen nicht mehr als zwei Pfund Fett und zweieinhalb Pfund Fleisch. Eier, Käse, Obst und Gemüse werden in der Statistik gar nicht aufgeführt. Wie sich fünf Personen mit zwei RM
25 im Monat bekleiden sollten, wagte der Referent nicht zu schildern. Mochte auch in dieser Aufstellung, bei der die Zahlenangaben nur geschätzt waren, das Preisniveau zu hoch angesetzt worden sein, so vermittelt für das Jahr 1936 eine exakte Untersuchung der Haus-
30 haltsführung von Familien mit einem Durchschnittseinkommen von 32 RM pro Woche ein ähnliches Bild: Nur 1,5% des Einkommens blieben für Getränke übrig, nur 3,1% für Bildung, Unterhaltung und Erholung. Fast alle Familien dieser Einkommensgruppe
35 waren hin und wieder auf öffentliche und private Unterstützungsquellen angewiesen. Es ist nicht möglich, die Zahl der Arbeiterhaushalte genau zu errechnen, die mit 32 RM pro Woche oder weniger auskommen mussten, sie war bestimmt nicht gering.
40 Zu dieser Schicht der Not Leidenden gehörten ohne Zweifel die Arbeitslosen, im Herbst 1936 noch immer über 1 Mio. Personen, zu denen im Winter weitere 800 000 beschäftigungslose Saisonarbeiter hinzukamen.

Timothy W. Mason, Arbeiterklasse und Volksgemeinschaft, Westdeutscher Verlag, Wiesbaden 1975, S. 72

1 Untersuchen Sie mithilfe von M 29 a und b die Entwicklung der wirtschaftlichen Lage der Arbeiter während der NS-Zeit (s. auch M 28 b und c).

M 30 Mittelstand

a) Der Historiker B. Keller zur Bedeutung der „Arisierung" für den alten Mittelstand

Die „Arisierung" bot zunächst die Gelegenheit, mittellose Handwerker und Kleinhändler mit einem Betrieb zu „beschenken". In einem Erlass vom 2.8.1938 an alle Gauleiter erklärte Heß:
„Ich weise besonders darauf hin, dass die Überführung 5 jüdischer Betriebe in deutsche Hände der Partei die Möglichkeit gibt, eine gesunde Mittelstandspolitik zu betreiben und Volksgenossen, die politisch und fachlich geeignet sind, zu einer selbstständigen Existenz zu verhelfen, auch wenn sie finanziell nicht über die ent- 10 sprechenden Mittel verfügen."
Durch die Vergabe jüdischer Werkstätten und Geschäfte sowie durch die Beteiligung an jüdischem Haus- und Grundbesitz konnten die Nazis somit zahlreiche Kleingewerbetreibende korrumpieren und an 15 das System binden. Mit Freuden eigneten sich die Betreffenden die Werte ihrer jüdischen Mitbürger an.
Die Mehrzahl der Handwerker und Einzelhändler war jedoch an der Auflösung der jüdischen Betriebe interessiert, weil die Zahl der Unternehmungen dadurch 20 verringert und die eigenen Absatzchancen erhöht werden konnten. Die NS-Führung hat diesem Wunsch weitgehend entsprochen, zumal sie die Überbesetzung einiger Wirtschaftszweige beseitigen wollte. In Berlin z. B. wurden nur 700 der 3750 jüdischen Einzel- 25 handelsgeschäfte in „arische" Hände übergeben. Von den jüdischen Handwerksbetrieben, die im Dezember 1938 noch bestanden, wurden lediglich 6% „arisiert" und der Rest kurzerhand geschlossen.

Bernhard Keller, Das Handwerk im faschistischen Deutschland. Zum Problem der Massenbasis, Pahl-Rugenstein, Köln 1980, S. 129

1 Beschreiben Sie die soziale Funktion der NS-„Arisierungspolitik".
2 Diskutieren Sie die Wirkungen der „Arisierung" auf den Mittelstand.

b) Ein Marburger Gymnasiallehrer nach dem Zweiten Weltkrieg über seine soziale Stellung im „Dritten Reich"

Zum ersten Mal in meinem Leben stand ich wirklich auf gleichem Fuße mit Menschen, die in der Kaiserzeit und in der Weimarer Zeit immer höheren oder niedrigeren Klassen angehört hatten, Menschen, zu denen man hinaufgeschaut oder auf die man hinab- 5 geschaut, denen man aber nie in die Augen gesehen hatte […]. Der Nationalsozialismus löste diese

4 Nationalsozialismus

Klassenunterschiede auf. Die Demokratie – soweit wir eine hatten – brachte das nicht zu Wege und bringt es auch heute nicht zu Wege.

David Schoenbaum, Die braune Revolution. Eine Sozialgeschichte des Dritten Reiches, dtv, München 1980, S. 349

1 Diskutieren Sie diese Äußerung unter Berücksichtigung des Schicksals anderer sozialer Gruppen, z. B. der jüdischen Beamten und Schüler.
2 Bewerten Sie die These, dass der Nationalsozialismus die Klassenunterschiede aufgelöst hätte (s. auch M 29 a).

M 31 Jugend

a) Die Hitlerjugend eines Abiturienten im historischen Rückblick (1950)

Diese Kameradschaft, das war es auch, was ich an der Hitlerjugend liebte. Als ich mit zehn Jahren in die Reihen des Jungvolks eintrat, war ich begeistert. Denn welcher Junge ist nicht entflammt, wenn ihm Ideale, hohe Ideale wie Kameradschaft, Treue und Ehre, entgegengehalten werden. Ich weiß noch, wie tief ergriffen ich dasaß, als wir die Schwertworte des Pimpfen lernten: „Jungvolkjungen sind hart, schweigsam und treu; Jungvolkjungen sind Kameraden; des Jungvolkjungen Höchstes ist die Ehre!" Sie schienen mir etwas Heiliges zu sein. – Und dann die Fahrten! Gibt es etwas Schöneres, als im Kreis von Kameraden die Herrlichkeiten der Heimat zu genießen? Oft zogen wir am Wochenende in die nächste Umgebung von K. hinaus, um den Sonntag dort zu verleben. Welche Freude empfanden wir, wenn wir an irgendeinem blauen See Holz sammelten, Feuer machten und darauf dann eine Erbsensuppe kochten! [...] Diese Stunden waren wohl die schönsten, die uns die Hitlerjugend geboten hat. Hier saßen dann Lehrlinge und Schüler, Arbeitersöhne und Beamtensöhne zusammen und lernten sich gegenseitig verstehen und schätzen.

Kurt Haß (Hg.), Jugend unterm Schicksal. Lebensberichte junger Deutscher 1946–1949, Hamburg 1950, S. 61 ff.

1 Beschreiben Sie die Einstellung dieses Jugendlichen zur HJ.
2 Stellen Sie die Ideale der HJ dar und erklären Sie deren Faszination für viele Jugendliche.
3 **Referat:** Informieren Sie sich über die demokratischen Jugendverbände der Weimarer Republik und arbeiten Sie in einem Referat insbesondere deren Schicksal seit der „Machtergreifung" heraus.

b) Aus einer Aufzeichnung zu einer Tagung des Bundes Deutscher Mädel von 1935

Die vielen Kameradinnen, die in den Fabriken arbeiten, müssen in ihren Ferien herausgeholt werden aus den Betrieben und in eines der Freizeitlager des BDM gebracht werden. Gemeinsame Arbeit und Spiel verbindet sie dort alle miteinander und lässt sie für einige Zeit ihre Arbeit vergessen. Dort erleben sie auch die Kameradschaft. Mit dem Guten und Schönen, das sie in einem solchen Lager aufgenommen haben, können sie mit neuer Kraft an ihre schwere Arbeit gehen.
Und dann sind da noch die Umschulungslager des BDM. Die Mädchen aus Fabrik und Büro lernen dort die Arbeiten des Haushalts oder der Landwirtschaft kennen. Die Lagerleitung sorgt für gute Unterbringung der Mädchen in geprüften Haushalten, wo sie sich dann nutzbringend in einer ihrer Art entsprechenden Arbeit betätigen können. Ihr alle, die ihr keine feste Beschäftigung habt, lasst eure Kraft nicht brach liegen, wendet euch an die Sozialreferentin des BDM, meldet euch zu einem Umschulungskurs in eines unserer Lager! Ihr werdet viel Freude an der neuen Arbeit haben!

Margarete Hannsmann, Der helle Tag bricht an. Ein Kind wird Nazi, Knaus, München 1984, S. 74

1 Definieren Sie die selbst gestellte Aufgabe des BDM gegenüber den jungen Arbeiterinnen.
2 Beschreiben Sie nach M 31 b die Rolle der Frau in der NS-Weltanschauung; vergleichen Sie mit M 24 bis M 27.

M 32 Die NS-Freizeitorganisation „Kraft durch Freude"

a) Aus einem Bericht an den Exilvorstand der SPD über „Kraft durch Freude" (1936)

Einen Einblick in die Vielgestaltigkeit des KdF-Programms bieten die von den einzelnen Gauen herausgegebenen Prospekte und Monatshefte. So veranstaltet der Gau Sachsen vom Januar bis September 1936 46 Gaufahrten, darunter 4 Seefahrten, außerdem 104 Bezirksfahrten, darunter ebenfalls 4 Seefahrten. Der Gau München-Oberbayern, der allein in München 83 Geschäftsstellen unterhält, hat im Mai 1936 neben Urlaubs- und Wanderfahrten folgende Veranstaltungen durchgeführt: Theateraufführungen, Frauennachmittage, Kinderfeste, fröhliche Samstagsnachmittage, Gymnastikkurse, Leichtathletik (Reichssportabz.), Sportspiele (auch Tennis), Schwimmkurse, Reitunterricht, Segelsportfahren an d. Ostsee, Vorträge, Führungen d. Museen usw., Bildungs-Arbeitsgemeinschaften,

Nationalsozialismus 4

Fachkurse (Stenografie, Deutsch, Rechnen, Musik usw.), Kochkurse.
Unseren Berichten entnehmen wir:
Bayern. […] Die KdF hat jetzt ihre Wanderfahrten sehr ausgebaut. Es werden Tages- und Halbtagswanderungen, Radtouren usw. unternommen. Diese Wanderfahrten haben einen sehr großen Zuspruch, weil sie ausgezeichnet vorbereitet sind und glänzende Führer haben. Geologische und botanische Exkursionen, auch Führungen durch Kunstsammlungen sind in der letzten Zeit stark ausgebaut worden. Eigene KdF-Jugendwandergruppen haben sich gebildet. Die Beliebtheit der KdF-Veranstaltungen ist sehr groß geworden. Auch der einfache Arbeiter kann sich solche Wanderungen leisten, denn sie kommen meist billiger als jede Privatwanderung.
Die KdF wird bei fast allen Volksgenossen als eine wirklich anerkennenswerte Leistung des Nationalsozialismus gewertet. […]
Über Kraft durch Freude geht hier das geflügelte Wort um: „Die Bonzen fahren nach Madeira. Die Kleinen erhalten eine Straßenbahnrundfahrt in Dresden."
In Sachsen haben mehrere Korruptionsfälle bei der KdF viel Gemecker hervorgerufen. Die Art, wie die KdF Exkursionen durchführt, stößt viele Arbeiter ab. Man fährt aus wie eine Hammelherde und die alberne Erklärerei vor jedem Denkmal und jedem Bild, die der Vertiefung der nationalsozialistischen Weltanschauung dienen soll, widert manchen an. Für KdF hat man einige kräftige Namen gefunden: Bonzenbordell, Posten-Vermittlungs A. G., Ehevermittlung usw. […] Auf einem Schwimmkursus der „Kraft durch Freude", an dem über 50 Frauen teilnahmen, habe ich die Erfahrung machen müssen, dass es dort sehr wenig parteimäßig zugeht. Es handelt sich bei den Teilnehmerinnen durchweg um einfache Leute. Man hörte kaum ein „Heil Hitler" und wir, die wir früher bei den Arbeitssportlern waren, fühlten uns sozusagen zu Hause. Ich hatte zunächst Bedenken, an einer KdF-Veranstaltung teilzunehmen, aber es bleibt einem ja nichts anderes mehr übrig. Umso mehr war ich angenehm überrascht, bei der Zusammensetzung und der Handhabung dieses Kurses gar nichts Nationalsozialistisches zu finden.
Die Tatsache, dass man um KdF kaum noch herumkommt, wenn man Sport treiben oder Reisen machen will, ist ziemlich allgemein. So nehmen z. B. viele unserer Genossen, die früher bei den Naturfreunden waren, heute die Gelegenheit wahr, die Reisen mit KdF zu machen. Es bleibt einfach keine andere Möglichkeit. […]
Kraft durch Freude hat viel Zuspruch. Man kann doch für billiges Geld allerhand haben. Im Central-Theater in Dresden erhält man einen Platz im I. Rang, Tribüne, für 1,25 Mk., regulär kostet er 2,50 Mk., im III. Rang einen Platz für 40 Pf. Auch die Ferienreisen sind preiswert. […]
KdF arbeitet sehr ruhig. Die Ansichten über diese Organisation sind sehr geteilt. Es ist oft sehr schwer, den Leuten die demagogischen Absichten, die die Nazis damit verfolgen, klarzumachen. Benutzt wird KdF nur von Leuten mit mittleren Einkommen, da ja die schlecht bezahlten Arbeiter nicht einmal 20 Mk für eine Fahrt ins Erzgebirge sparen können.

Deutschlandberichte der Sozialdemokratischen Partei Deutschlands 3/1936, Frankfurt/Main 1980, S. 880 ff.

b) Axter Heudtlass, „Auch Du kannst jetzt reisen!", 1937, Plakat der NS-Organisation „Kraft durch Freude"

1 Arbeiten Sie aus M 32a und b die sozialpolitische Funktion der KdF-Organisation heraus (s. auch Darstellung S. 236 f.).
2 Nehmen Sie, ausgehend von M 32, Stellung zu der These, KdF hätte einen großen Beitrag zur Akzeptanz des NS-Regimes in der Bevölkerung geleistet.

4 Nationalsozialismus

1.6 Die Ausgrenzung und Entrechtung der deutschen Juden 1933–1939

Entwicklung der NS-Rassenpolitik

Fast alle Juden betrachteten die Machtübernahme durch die Nationalsozialisten mit großer Sorge (M 34). Doch ahnte im Januar 1933 wohl noch niemand, zu welch schrecklichen Konsequenzen der Judenhass in den nächsten Jahren führen sollte. Nur wenige jüdische Organisationen machten sich Illusionen über die Nationalsozialisten und zweifelten an deren Entschlossenheit, den Rassenantisemitismus tatsächlich in die politische Praxis umzusetzen.

Die nationalsozialistische Rassenpolitik entwickelte sich schrittweise, wobei sie sich Schritt für Schritt radikalisierte: Nach dem Boykott jüdischer Geschäfte und der Praxen von jüdischen Ärzten und Rechtsanwälten sowie der Entfernung jüdischer Beamter aus dem öffentlichen Dienst im April 1933 begann 1935 mit den „Nürnberger Gesetzen" die systematische Ausgrenzung aller Juden, die zu Staatsbürgern minderen Rechts herabgestuft wurden. In den folgenden Jahren wurden die Juden praktisch vollständig aus dem Berufs- und Kulturleben verdrängt, jüdische Schülerinnen und Schüler mussten die allgemein bildenden Schulen verlassen.

Die von der NSDAP und der SA initiierten und durchgeführten gewaltsamen Ausschreitungen gegen die Juden in der Nacht vom 9. auf den 10. November 1938, die sogenannte „Reichskristallnacht", zeigte dreierlei: den unverhüllten Vernichtungswillen des NS-Regimes, die inzwischen vollständige Rechtlosigkeit der Juden in Deutschland und das „Wegsehen" der deutschen Bevölkerung. Seit 1939 wurde schließlich der Krieg zum Motor der Vernichtung für die deutschen und europäischen Juden, aber auch für viele andere Gruppen von Verfolgten.

Judenboykott und antisemitische Gesetze 1933

Die Diskriminierung und Verfolgung der Juden begann bereits unmittelbar nach den Reichstagswahlen vom 5. März 1933. Örtliche Führer von NSDAP und SA sowie militante Funktionsträger des „Stahlhelm" verlangten die Umsetzung der antisemitischen Propaganda in konkrete politische Maßnahmen und organisierten Ausschreitungen gegen Juden.

Den NS-Machthabern kamen diese Unruhen ungelegen, weil sie den Prozess der Konsolidierung ihrer Herrschaft stören konnten. Noch musste Hitler Rücksicht nehmen auf seine bürgerlich-konservativen Koalitionspartner, den Reichspräsidenten, die Reichswehr, die staatliche Verwaltung und die Wirtschaft, deren Vertrauen er gewinnen wollte. Die antisemitischen Ausschreitungen belasteten außerdem die Beziehungen zum westlichen Ausland und schränkten die außenpolitischen Handlungsspielräume der neuen Regierung ein. Um den auf antijüdische Aktionen drängenden Gruppen entgegenzukommen und die Kontrolle über die nationalsozialistische Bewegung zurück-

M 33 Öffentliche Diskriminierungen
a) Boykottaktion von SA- und SS-Männern gegen jüdische Geschäfte in Mittweida, vermutlich am 1. April 1933. Eine Käuferin, die den Boykott missachtet, wird fotografiert.

Nationalsozialismus 4

b) Öffentliche Diskriminierung eines Paares in Cuxhaven, Juli 1933, Fotografie

1 Ordnen Sie M 33a und b in den historischen Kontext ein und interpretieren Sie die Abbildung unter dem Thema „Alltagsleben von Deutschen im Sommer 1933".

zugewinnen, entschloss sich Hitler zu einem straff organisierten und vom 1. bis zum 3. April 1933 befristeten Boykott (M 35). Auf diese Weise sollte den Juden deutlich gemacht werden, dass sie in Deutschland unerwünscht seien (M 33).
Im April 1933 verabschiedete die Regierung verschiedene Gesetze und Verordnungen, die mithilfe des „Arierparagrafen" den Ausschluss der Juden aus bestimmten Berufen vorantrieben. Der NS-Staat schloss jüdische Ärzte von der Zulassung zu den Krankenkassen aus und verbot jüdischen Rechtsanwälten, Richtern und Staatsanwälten die Berufsausübung. Vor allem aber versperrte das Regime den Juden die Beamtenlaufbahn bzw. es ordnete ihre Versetzung in den Ruhestand an. Auf die Intervention Hindenburgs hin wurden jedoch ehemalige Frontsoldaten von dieser Regelung ausgenommen. Überdies schränkten die Nationalsozialisten die Ausbildungs- und Studienmöglichkeiten für Juden stark ein. Ihr Anteil durfte an den einzelnen Schulen und Universitäten nicht höher als 5 % und im gesamten Reichsgebiet nicht höher als 1,5 % betragen.

„Nürnberger Gesetze" 1935

Der Judenboykott und die Aprilgesetze von 1933 hatten darauf abgezielt, die Juden zu entrechten und sie aus der Gesellschaft auszugrenzen. Mit den Nürnberger Gesetzen aus dem Jahre 1935 ging das NS-Regime noch einen Schritt weiter: Durch sie wurden die Juden aus der Gemeinschaft der Staatsbürger ausgeschlossen und zu Menschen zweiter Klasse degradiert. Das „Reichsbürgergesetz" vom 15. September 1935 nahm den Juden alle politischen Bürgerrechte; sie waren nur noch „Staatsangehörige", nicht mehr „Reichsbürger". Gleichzeitig verbot das Regime im „Gesetz zum Schutz des deutschen Blutes und der deutschen Ehre", dem so genannten „Blutschutzgesetz", die Mischehe und auch außereheliche Beziehungen zwischen „Ariern" und Juden. „Rassische" Mischehen konnten für nichtig erklärt werden. Die Beschäftigung „arischer" Dienstmädchen unter 45 Jahren in jüdischen Haushalten wurde für strafbar erklärt, ebenso das Hissen der Hakenkreuzfahne durch Juden (M 36).
In einer Vielzahl von Sondergesetzen und -verordnungen schränkte der NS-Staat in den nächsten Jahren die Lebensmöglichkeiten der jüdischen Bevölkerung ein. Die Juden wurden nun vollständig aus Beamtenpositionen entfernt und die bereits Entlassenen verloren ihre Pensionen. Jüdische Geschäftsleute und Industrielle bekamen keine Aufträge mehr oder wurden von Rohstofflieferungen abgeschnitten, sodass viele von ihnen ihre Unternehmen aufgeben mussten. Mit der Vernichtung der beruflichen Existenz ging die Entrechtung der Juden und ihre völlige gesellschaft-

4 Nationalsozialismus

liche Isolierung einher. Der NS-Staat entzog den Juden jeglichen Rechtsschutz. Verträge, die mit Juden abgeschlossen worden waren, wurden von Gerichten für ungültig erklärt. Juden durften nicht mehr in Hotels oder Pensionen übernachten, der Besuch von Theater-, Konzert- und Filmvorführungen, ja sogar das Betreten von Parkanlagen wurde ihnen vom NS-Regime verboten.

Als Reaktion auf diese Entwicklung beschlossen viele der Juden, die finanziell dazu in der Lage waren, auszuwandern. Die jüdischen Organisationen versuchten durch Information und Gegenpropaganda im Rahmen der noch vorhandenen Möglichkeiten auf das Unrecht hinzuweisen, das ihnen widerfuhr. Den Prozess der fortschreitenden Diskriminierung, Verfolgung und Entrechtung konnten sie dadurch jedoch nicht aufhalten.

Novemberpogrom 9./10. November 1938 Das Jahr 1938 bedeutete eine weitere Verschärfung der Judenverfolgungen in Deutschland. Schon seit Jahresbeginn hatte der NS-Staat einige Gesetze und Verordnungen erlassen, die auf eine Enteignung und Ausplünderung der noch in Deutschland lebenden jüdischen Bevölkerung zielten. Hauptzweck dieser Maßnahmen war die Aneignung jüdischer Vermögen und Wirtschaftsbetriebe. Diese planmäßige und praktisch entschädigungslose Enteignung der Juden wurde als „Arisierungs"-Politik deklariert.

In engem Zusammenhang mit dem „Arisierungs"-Programm standen auch die Abschiebung aller Juden mit polnischer Staatsangehörigkeit aus dem Deutschen Reich und die Pogrome vom 9./10. November 1938. Mit diesem Begriff wurden ursprünglich im zaristischen Russland die meist vom Staat ausgehenden Judenverfolgungen bezeichnet, die mit Plünderungen und Mord verbunden waren. Im 20. Jahrhundert versteht man unter Pogromen allgemein gewaltsame Ausschreitungen gegen Minderheiten, besonders aber gegen Juden. Zum Anlass für das Novemberpogrom (M 38) nahmen die Nationalsozialisten das Attentat des 17-jährigen Juden Herschel Grynszpan auf den Gesandtschaftsrat in der deutschen Botschaft in Paris am 7. November 1938. Aufgehetzt durch den Reichspropagandaminister Goebbels, der sein Vorgehen mit Hitler abgesprochen hatte, zerstörten nationalsozialistische Trupps 267 Synagogen durch Brandstiftung, 7500 Geschäfte, zahlreiche Wohnungen und jüdische Friedhöfe. Sie richteten einen Sachschaden von mindestens 25 Mio. Reichsmark an. Mehr als 20 000 vermögende Juden wurden verhaftet und in die KZs Buchenwald, Sachsenhausen und Dachau eingeliefert. Viele jüdische Mitbürger wurden misshandelt, manche gar ermordet: Die offizielle Statistik meldete 91 Tote. Nach diesen brutalen Pogromen bürdete das NS-Regime den Juden als „Sühneleistung" eine Sondersteuer von einer Milliarde Reichsmark sowie die Kosten für die entstandenen Schäden auf.

Nach den Novemberpogromen verschlechterten sich die Lebensbedingungen der Juden dramatisch (M 37). Der NS-Staat zwang sie, ihren Schmuck und alle Edelmetalle abzuliefern sowie „arische" Wohnhäuser zu räumen, Radios abzugeben und ihre Telefone zu kündigen. Ab 1. September 1941 mussten auch Juden in Deutschland öffentlich einen gelben Stern tragen. Im eroberten Polen, dem „Generalgouvernement", war dies schon seit dem 23. November 1939 Pflicht.

M 34 Stellungnahme des „Centralvereins der Juden" zur Ernennung des Kabinetts Hitler am 30. Januar 1933

Wir stehen einem Ministerium, in dem Nationalsozialisten maßgebendste Stellungen einnehmen, selbstverständlich mit größtem Misstrauen gegenüber, wenn uns auch bei der gegebenen Lage nichts anderes übrig bleibt, als seine Taten abzuwarten. Wir sehen als den ruhenden Pol […] den Herrn Reichspräsidenten an, zu dessen Gerechtigkeitssinn und Verfassungstreue wir Vertrauen haben. Aber auch abgesehen davon sind wir überzeugt, dass niemand es wagen wird, unsere
10 verfassungsmäßigen Rechte anzutasten. Jeder nachteilige Versuch wird uns in entschiedener Abwehr auf dem Posten finden.
Im Übrigen gilt heute ganz besonders die Parole: Ruhig abwarten!

Wieland Eschenhagen (Hg.), Die „Machtergreifung". Tagebuch einer Wende nach Presseberichten vom 1. 1.–6. 3. 1933, Darmstadt 1982, S. 151

1 Charakterisieren Sie die Reaktion der Juden in M 34 auf die NS-Machtübernahme.

2 Diskutieren Sie die Möglichkeiten der jüdischen Bevölkerung, Widerstand zu leisten.

Nationalsozialismus 4

M35 Aus der Anordnung der Parteileitung der NSDAP über die Durchführung antisemitischer Maßnahmen vom 28. März 1933

1. In jeder Ortsgruppe und Organisationsgliederung der NSDAP sind sofort Aktionskomitees zu bilden zur praktischen, planmäßigen Durchführung des Boykotts jüdischer Waren, jüdischer Ärzte und jüdischer Rechtsanwälte. Die Aktionskomitees sind verantwortlich dafür, dass der Boykott keinen Unschuldigen, umso härter aber die Schuldigen trifft. [...]
3. Die Aktionskomitees haben sofort durch Propaganda und Aufklärung den Boykott zu popularisieren. Grundsatz: Kein Deutscher kauft noch bei einem Juden. [...]
8. Der Boykott setzt nicht verzettelt ein, sondern schlagartig; in dem Sinne sind augenblicklich alle Vorarbeiten zu treffen. Es ergehen Anordnungen an die SA und SS, um vom Augenblick des Boykotts ab durch Posten die Bevölkerung vor dem Betreten der jüdischen Geschäfte zu warnen. Der Boykottbeginn ist durch Plakatanschlag und durch die Presse, durch Flugblätter usw. bekannt zu geben. Der Boykott setzt schlagartig Samstag, den 1. April, Punkt 10 Uhr vormittags ein. [...]
9. Die Aktionskomitees organisieren sofort in Zehntausenden von Massenversammlungen, die bis in das kleinste Dorf hineinzureichen haben, die Forderung nach Einführung einer relativen Zahl für die Beschäftigung der Juden in allen Berufen entsprechend ihrer Beteiligung an der deutschen Volkszahl. Um die Stoßkraft der Aktion zu erhöhen, ist diese Forderung zunächst auf drei Gebiete zu beschränken: a) auf den Besuch an den deutschen Mittel- und Hochschulen, b) für den Beruf der Ärzte, c) für den Beruf der Rechtsanwälte.

Völkischer Beobachter vom 30. März 1933

1 Erörtern Sie die Wirkung dieses Boykotts auf die nicht jüdische und jüdische Bevölkerung.

M36 Aus den Rassengesetzen des „Reichsparteitages der Freiheit" in Nürnberg 1935 (die sogenannten „Nürnberger Gesetze")

a) Das „Reichsbürgergesetz" vom 15. September 1935

§ 1 (1) Staatsangehöriger ist, wer dem Schutzverband des Deutschen Reiches angehört und ihm dafür besonders verpflichtet ist. (2) Die Staatsangehörigkeit wird nach den Vorschriften des Reichs- und Staatsangehörigkeitsgesetzes erworben.
§ 2 (1) Reichsbürger ist nur der Staatsangehörige deutschen oder artverwandten Blutes, der durch sein Verhalten beweist, dass er gewillt und geeignet ist, in Treue dem deutschen Volk und Reich zu dienen. (2) Das Reichsbürgerrecht wird durch Verleihung des Reichsbürgerbriefes erworben. (3) Der Reichsbürger ist der alleinige Träger der vollen politischen Rechte nach Maßgabe der Gesetze.
§ 3 Der Reichsminister des Innern erlässt im Einvernehmen mit dem Stellvertreter des Führers die zur Durchführung und Ergänzung des Gesetzes erforderlichen Rechts- und Verwaltungsvorschriften.

Reichsgesetzblatt, Jg. 1935, Teil 1, Nr. 100, S. 1146 f.

b) Aus dem „Gesetz zum Schutze des deutschen Blutes und der deutschen Ehre" vom 15. September 1935

Durchdrungen von der Erkenntnis, dass die Reinheit des deutschen Blutes die Voraussetzung für den Fortbestand des deutschen Volkes ist, und beseelt von dem unbeugsamen Willen, die deutsche Nation für alle Zukunft zu sichern, hat der Reichstag einstimmig das folgende Gesetz beschlossen [...]:
§ 1 (1) Eheschließungen zwischen Juden und Staatsangehörigen deutschen oder artverwandten Blutes sind verboten. Trotzdem geschlossene Ehen sind nichtig, auch wenn sie zur Umgehung dieses Gesetzes im Ausland geschlossen sind. [...]
§ 2 Außerehelicher Verkehr zwischen Juden und Staatsangehörigen deutschen oder artverwandten Blutes ist verboten.
§ 3 Juden dürfen weibliche Staatsangehörige deutschen oder artverwandten Blutes unter 45 Jahren in ihrem Haushalt nicht beschäftigen.
§ 4 (1) Juden ist das Hissen der Reichs- und Nationalflagge und das Zeigen der Reichsfarben verboten. (2) Dagegen ist ihnen das Zeigen der jüdischen Farben gestattet. Die Ausübung dieser Befugnis steht unter staatlichem Schutz.
§ 5 (1) Wer dem Verbot des § 1 zuwiderhandelt, wird mit Zuchthaus bestraft. (2) Der Mann, der dem Verbot des § 2 zuwiderhandelt, wird mit Gefängnis oder mit Zuchthaus bestraft. (3) Wer den Bestimmungen der §§ 3 oder 4 zuwiderhandelt, wird mit Gefängnis bis zu einem Jahr und mit Geldstrafe oder mit einer dieser Strafen bestraft.

Reichsgesetzblatt, Jg. 1935, Teil 1, Nr. 100, S. 1146 f.

1 Erläutern Sie die Auswirkungen des „Reichsbürgergesetzes" für Juden.
2 Untersuchen Sie die Folgen des Gesetzes für das Zusammenleben der jüdischen und nicht jüdischen Bevölkerung.

4 Nationalsozialismus

c) Juristischer Kommentar zu den Nürnberger Gesetzen von Staatssekretär Wilhelm Stuckart (1902–1953) und Ministerialrat Hans Globke (1898–1973) (Auszug; 1935)

Die nationalsozialistische Staatsführung hat den unerschütterlichen Glauben, im Sinne des allmächtigen Schöpfers zu handeln, wenn sie den Versuch macht, die ewigen ehernen Gesetze des Lebens und der Natur,
5 die das Einzelschicksal wie das der Gesamtheit beherrschen und bestimmen, in der staatlich-völkischen Ordnung des Dritten Reiches wieder zum Ausdruck zu bringen […]. Die Rechts- und Staatsordnung des Dritten Reiches soll mit den Lebensgesetzen, den für Körper, Geist und Seele des deutschen Menschen ewig
10 geltenden Naturgesetzen wieder in Einklang gebracht werden. Es geht also bei der völkischen und staatlichen Neuordnung unserer Tage um nicht mehr und nicht weniger als um die Wiederanerkennung der im
15 tiefsten Sinne gottgewollten organischen Lebensordnung im deutschen Volks- und Staatsleben. […]
Das Blutschutzgesetz zieht die Trennung zwischen jüdischem und deutschem Blut in biologischer Hinsicht. Der in dem Jahrzehnt vor dem Umbruch um sich greifende
20 Verfall des Gefühls für die Bedeutung der Reinheit des Blutes und die damit verbundene Auflösung aller völkischen Werte ließ ein gesetzliches Eingreifen besonders dringend erscheinen. Da hierfür dem deutschen Volk nur vonseiten des Judentums eine akute
25 Gefahr drohte, bezweckt das Gesetz in erster Linie die Verhinderung weiterer Blutmischung mit Juden. […] Kein nach der nationalsozialistischen Revolution erlassenes Gesetz ist eine so vollkommene Abkehr von der Geisteshaltung und der Staatsauffassung des vergangenen
30 Jahrhunderts wie das Reichsbürgergesetz. Den Lehren von der Gleichheit aller Menschen und von der grundsätzlich unbeschränkten Freiheit des Einzelnen gegenüber dem Staate setzt der Nationalsozialismus hier die harten, aber notwendigen Erkenntnisse von
35 der naturgesetzlichen Ungleichheit und Verschiedenartigkeit der Menschen entgegen: Aus der Verschiedenartigkeit der Rassen, Völker und Menschen folgen zwangsläufig Unterscheidungen in den Rechten und Pflichten der Einzelnen. Diese auf dem Leben und den
40 unabänderlichen Naturgesetzen beruhende Verschiedenheit führt das Reichsbürgergesetz in der politischen Grundordnung des deutschen Volkes durch.

Gerhard Schoenberner, Der gelbe Stern. Judenverfolgung in Europa 1933–1945, Bertelsmann, München 1978, S. 11

1 Untersuchen Sie die ideologischen Grundlagen der „Nürnberger Gesetze".
2 Erörtern Sie den Begriff von „Naturgesetz", der diesem Kommentar zugrunde liegt.

M 37 Praxisschild eines jüdischen Arztes in Berlin, 1938

1 Untersuchen Sie M 37 im Kontext der Entrechtung der Juden vor dem Zweiten Weltkrieg (s. auch die Chronologie in M 61, S. 284).

M 38 Aus einem geheimen Schreiben der Gestapo an alle Staatspolizeistellen vom 9. November 1938

1. Es werden in kürzester Frist in ganz Deutschland Aktionen gegen Juden, insbesondere gegen deren Synagogen, stattfinden. Sie sind nicht zu stören. Jedoch ist im Benehmen mit der Ordnungspolizei sicher-
5 zustellen, dass Plünderungen und sonstige besondere Ausschreitungen unterbunden werden können.
2. Sofern sich in Synagogen wichtiges Archivmaterial befindet, ist dieses durch sofortige Maßnahmen sicherzustellen.
10 3. Es ist vorzubereiten die Festnahme von etwa 20 000 bis 30 000 Juden im Reiche. Es sind auszuwählen vor allem vermögende Juden. Nähere Anordnungen ergehen noch im Laufe dieser Nacht.
4. Sollten bei den kommenden Aktionen Juden im Besitz von Waffen angetroffen werden, so sind die
15 schärfsten Maßnahmen durchzuführen. Zu den Gesamtaktionen können herangezogen werden Verfügungstruppen der SS sowie Allgemeine SS. Durch entsprechende Maßnahmen ist die Führung der Aktionen durch die Stapo auf jeden Fall sicherzustellen.
20

Ebd., S. 12

1 Analysieren Sie Motive und Ziele des Novemberpogroms.
2 Bewerten Sie das Vorgehen der Nationalsozialisten bei der Vorbereitung der Novemberpogrome, besonders die Geheimhaltung der Planungen.

Nationalsozialismus 4

2 Die nationalsozialistische Kriegs- und Vernichtungspolitik

2.1 Vorbereitung und Entfesselung des Zweiten Weltkrieges

Aufrüstung und Risikopolitik

Schon lange vor der Machtübernahme im Jahr 1933 war Hitler für eine kompromisslose Aufrüstung und die außenpolitische Konfrontation eingetreten. Als neuer Reichskanzler umriss er bereits am 3. Februar 1933 die Nah- und Fernziele seiner Außenpolitik (M 40). Der Versailler Vertrag sollte nicht mehr revidiert, sondern bekämpft werden, und zwar mithilfe des Militärs. Gleichzeitig dachte Hitler über die Zeit nach der Abschüttelung der Einschränkungen des Versailler Vertrages nach und kündigte Eroberungen im Osten und eine rücksichtslose Germanisierung dieser Länder an. Über die Risiken seiner aggressiven Außenpolitik, vor allem über die möglichen Reaktionen Frankreichs, war er sich von Anfang an im Klaren und kalkulierte sie bewusst ein.

Um die Risiken dieser Politik zu begrenzen, folgte dem **Austritt aus dem Völkerbund 1933** im Januar 1934 ein **Nichtangriffspakt mit Polen**. Damit war einer der stärksten französischen Verbündeten unter den osteuropäischen Staaten neutralisiert. Zugleich betonte Hitler nach außen in mehreren großen Reden den Friedenswillen der nationalsozialistischen Regierung (M 41). Dem aufmerksamen Beobachter blieb jedoch die starke militärische Ausrichtung der NS-Außenpolitik nicht verborgen (M 43 a, b). Als 1935 die allgemeine Wehrpflicht wieder eingeführt wurde, hatte die Armee die vom Versailler Vertrag vorgeschriebene Höchstgrenze von 100 000 Mann um mehr als das Dreifache überstiegen und Marine und Luftwaffe befanden sich in einem schnellen Neuaufbau. Hitler besaß keinerlei Skrupel, die durch die Aufrüstung gewonnene außenpolitische Beweglichkeit für seine Macht- und Gewaltpolitik zu nutzen. Das zeigte nicht nur der Einmarsch deutscher Truppen in die entmilitarisierte **Rheinlandzone** im März 1936, sondern auch die militärische Unterstützung, die Deutschland gemeinsam mit Italien der Falange Francos im spanischen Bürgerkrieg gewährte.

Im **März 1938** überschritten Wehrmachtseinheiten dann sogar die Grenze zu **Österreich**. Unter Ausnutzung innerer Schwierigkeiten hatten die Nationalsozialisten mit dazu beigetragen, die österreichische Republik zu destabilisieren. Die demokratischen Kräfte, insbesondere die der Sozialdemokraten, waren zu schwach, um sich der deutschen „Schutzmacht" zu widersetzen; die Mehrheit der österreichischen Bevölkerung hatte das Vereinigungsverbot mit Deutschland aus dem Versailler Vertrag ohnehin nicht akzeptiert. Österreich wurde als „Ostmark" dem Deutschen Reich eingegliedert. Damit war der letzte Souveränitätsvorbehalt für das Deutsche Reich aus dem Versailler Vertrag beseitigt worden.

Kriegskurs und Reaktionen des Auslands

Anders als die von Außenminister Gustav Stresemann (1878–1929, Außenminister 1923–1929) bevorzugte Verhandlungsdiplomatie während der Weimarer Zeit, die Deutschland durch eine Ausgleichspolitik neue Bewegungsfreiheit verschafft hatte, spaltete die nationalsozialistische Machtpolitik die europäischen Mächte in zwei Lager: Deutschland und Italien auf der einen und Frankreich und England auf der anderen Seite. Für Frankreich war diese Politik angesichts der Rückgliederung des Saargebietes 1935 und der Aufhebung der entmilitarisierten Zone 1936 am gefährlichsten. Die englische Regierung aber, und sie konnte sich hier auf die Stimmung in der Bevölkerung berufen, versuchte jeden offenen Konflikt mit dem NS-Staat zu vermeiden. Im Grunde genommen akzeptierten die englischen Politiker seit der Weltwirtschaftskrise, dass Schritt für Schritt der Versailler Vertrag faktisch aufgehoben wurde. Sie suchten nach einem neuen europäischen Ordnungssystem. Ein Gleichgewicht der Mächte auf dem Kontinent konnte aus britischer Sicht auf friedlichem Wege am besten dadurch erreicht werden, dass England der deutschen Revisionspolitik nachgab, allerdings in gegenseitigem Einverständnis und abgesichert durch entsprechende internationale Vereinbarungen: Diese englische „Appeasement"-Politik (engl. = Beschwichtigung; s. S. 456 f.) kehrte zurück zu den Methoden der Bündnispolitik vor dem Ersten Weltkrieg.

4 Nationalsozialismus

Selbst Repräsentanten der nationalsozialistischen Außenpolitik wie der deutsche Botschafter in London und spätere Außenminister Joachim von Ribbentrop (1893–1946) hofften auf einen diplomatischen Ausgleich mit England. In Hitlers Konzept allerdings passte eine solche Vorstellung nicht mehr. Nachdem es ihm gelungen war, „durch die Risikozone ungehindert hindurch" zu gehen, wie es Propagandaminister Joseph Goebbels formulierte, war er bereit, Friedenspropaganda und diplomatische Rücksichten fallen zu lassen.

Vierjahresplan und offene Konfrontation

Im Vierjahresplan von 1936 hatte Hitler bereits deutlich zum Ausdruck gebracht, dass es ihm um eine militärische Entscheidung ging (M 42). Das bedeutete eine Kraftprobe nach innen und nach außen. Die wirtschaftlichen Folgen dieser planmäßigen und bewussten Kriegspolitik bestanden in der endgültigen Abkehr von Export- und Weltmarktorientierung sowie in der Beschränkung des privaten Konsums und der zunehmenden Lenkung von Produktion und Verteilung der Güter. Deutschland konnte seinen Bedarf an Agrarprodukten, vor allem an Fett und Fleisch, traditionell nicht decken. Um aus dieser wirtschaftlichen Abhängigkeit vom Ausland nicht eine politische Schwäche entstehen zu lassen, importierte die Regierung verstärkt Agrargüter aus den politisch schwachen, unter sich rivalisierenden südosteuropäischen Ländern. Im Gegenzug legte sie diese auf den Bezug von deutschen Industriegütern fest. Auf diese Weise schuf sie einen von deutschen Interessen abhängigen Wirtschaftsraum, der zunehmend englische und französische Interessen berührte.

Diplomatisch und militärisch trat seit 1937/38 die offene Konfrontation an die Stelle einer diplomatisch verbrämten „Gleichberechtigungspolitik". Gegen diesen wirtschaftlichen und militärischen Risikokurs sprachen sich Repräsentanten der konservativen Elite wie Reichsbankpräsident Hjalmar Schacht (1877–1970) und Generalstabschef Ludwig Beck (1880–1944) aus, die bisher die Aufrüstung unterstützt hatten. Wie andere auch, wurden sie durch Personen ausgewechselt, die weder moralische noch politische Bedenken gegen den Kriegskurs besaßen.

Zerschlagung der Tschechoslowakei 1938/39

Hitler nahm Konflikte um die Rechte der Sudetendeutschen in der Tschechoslowakei zum Anlass, auf diese Druck auszuüben. Nur vordergründig ging es darum, einen autonomen Status für die dortige deutsche Minderheit zu erreichen. Hitlers Ziel war es, die Tschechoslowakei zu „zerschlagen", wie er in einer Rede am 30. Mai 1938 äußerte. Die Drohung eines militärischen Eingreifens führte zu diplomatischen Initiativen Frankreichs und Englands, die der Tschechoslowakei bei einem Angriff Beistand hätten leisten müssen. Der italienische Diktator Benito Mussolini (1883–1945) unterstützte Frankreich und England, weil er für sein Regime keinen Sinn in einem europäischen Krieg um einen Teil der Tschechoslowakei sah. So ließ sich Hitler unter diplomatischem Druck auf eine Konferenz mit dem britischen Premierminister Neville Chamberlain (1869–1940), dem französischen Ministerpräsidenten Edouard Daladier (1884–1970) und Mussolini ein, die 1938 in München stattfand.

Das **Münchener Abkommen** vom 29. September 1938 legte die Abtretung des Sudetenlandes an Deutschland fest. Unter dem Deckmantel des Selbstbestimmungsrechtes beschnitt es die territoriale Eigenständigkeit der Tschechoslowakei. Außerdem sollte der slowakische Landesteil gegenüber der Zentralregierung in Prag mehr Rechte erhalten; gleichzeitig wollte man das „Problem der ungarischen und polnischen Minderheit" „lösen", was zu weiteren Gebietsabtretungen führen musste. Die Regierung in Prag wurde von den Vertragsmächten gezwungen, dem Abkommen zuzustimmen. Innenpolitische Konflikte waren unvermeidbar, insbesondere Spannungen zwischen Tschechen und den Slowaken; Letztere konnten sich nun deutscher Unterstützung sicher sein.

Als die Prager Regierung Militär einsetzte, um die Einheit des Landes zu erhalten, nahm Hitler dies zum Anlass, den militärischen Angriff auszuführen, den das Abkommen von München noch verhindert hatte. Am 15. März 1939 besetzten deutsche Truppen Tschechien, das als „Protektorat Böhmen und Mähren" dem Reich eingegliedert wurde. Die Slowakei wurde formal souverän, war politisch und wirtschaftlich aber völlig vom nationalsozialistischen Deutschland abhängig (s. M 80, S. 307).

Nationalsozialismus 4

M 39 „Mal sehen, wie lange die Flitterwochen dauern werden!", englische Karikatur, September 1939

1 Erörtern Sie, ausgehend von M 39 und der Darstellung, die Haltung des Auslands zum deutschen Kriegskurs.

Entfesselung des Krieges

Der faktische Erfolg seiner Politik von Drohung und schnellem militärischem Eingreifen verleitete Hitler dazu, unmittelbar nach der Annexion Tschechiens das nächste Konfliktfeld auf ähnliche Weise zu behandeln. Jetzt richteten sich die deutschen Pressionen gegen Polen, das der Wiedereingliederung Danzigs ins Reich zustimmen sollte. Hitler beauftragte die Wehrmacht am 11. April 1939 mit der Vorbereitung eines „vernichtenden" Angriffs auf Polen.

Seit der Tschechoslowakei-Krise hatte sich das internationale Umfeld aber gewandelt. England und Frankreich waren nicht länger bereit, der immer skrupelloser vorgehenden Machtpolitik Hitlers tatenlos zuzusehen, und garantierten Polens Unabhängigkeit. Allerdings war dieses Versprechen nicht leicht einzulösen, da Polen für die Truppen beider Länder nicht unmittelbar erreichbar war. Deswegen nahmen Paris und London Verhandlungen mit der Sowjetunion auf. Ein militärisches Bündnis zwischen diesen drei Staaten schien jedoch nur möglich, wenn Polen der sowjetischen Armee ein Durchmarschrecht zugestand. Hiervor fürchtete sich Polen aber nicht weniger als vor einer deutschen Aggression. Die polnische Regierung versuchte daher ihre Unabhängigkeit zu wahren; die Verhandlungen der Westmächte mit der sowjetischen Führung zogen sich hin – von Stalin durchaus nicht ungewollt.

August 1939: Hitler-Stalin-Pakt

Während Polen um seine Unabhängigkeit bangen musste, verhandelte die sowjetische Regierung mit dem deutschen Außenminister. Dieser schien Stalin mehr bieten zu können als die Westmächte. Der am 23. August 1939 abgeschlossene deutsch-sowjetische Nichtangriffspakt, der so genannte Hitler-Stalin-Pakt (M 39), schloss ein geheimes Zusatzabkommen ein, in dem beide Mächte ihre Interessensphären absteckten (M 44): Finnland, die baltischen Staaten sowie das rumänische Bessarabien wurden der sowjetischen Interessensphäre zuerkannt. Das Zusatzprotokoll stellte den Fortbestand Polens historisch erneut infrage und sah eine Aufteilung zwischen Deutschland und der UdSSR vor.

Überfall auf Polen – Beginn des Weltkrieges

Durch die deutsch-sowjetische Bündniskonstellation vom August 1939 sah Hitler die Bedingungen für den Überfall auf Polen als gegeben an. Am 1. September 1939 überschritten die deutschen Truppen die polnische Grenze. England und Frankreich ließen sich durch den deutsch-sowjetischen Pakt – vermutlich gegen Hitlers Erwartungen – nicht davon abhalten, ihre Garantieerklärung einzulösen. Am 3. September erklärten sie Deutschland den Krieg.

4 Nationalsozialismus

Deutsche Gesellschaft und Kriegskurs

Im Gegensatz zur Kriegsschulddebatte 1914 gab und gibt es in der Geschichtswissenschaft keine Debatte über die deutsche Verantwortung für den Zweiten Weltkrieg, die von keinem ernsthaften Forscher angezweifelt wird. Wohl aber streiten Historiker darüber, wie konsequent der Weg in den Krieg von vornherein durch Hitlers „Lebensraum"- und Rassenideologie sowie durch seine außenpolitischen Auffassungen und seine Weltsicht vorgezeichnet war. Hitlers programmatische Schrift „Mein Kampf" lässt keinen Zweifel daran, dass sich nach seiner Überzeugung Nationen im Krieg zu bewähren hätten. Und die Rassenideologie zeichnete die „germanischen" Deutschen vor anderen Völkern aus und gab die Richtung von Expansion und Unterwerfungsanspruch vor: „Lebensraum im Osten".

Warum aber haben sich die Deutschen bereitwillig in den Krieg führen lassen, warum die anderen Mächte nicht frühzeitig ein Abwehrkonzept gegen eine deutsche Aggression entwickelt, die so offensichtlich festlag?

Die innere und äußere Machtentfaltung des nationalsozialistischen Staates beruhte vor allem darauf, dass die einzelnen Schritte von Machtsicherung und Expansion von der Masse der Bevölkerung und von einflussreichen Gruppen der Elite mitgetragen wurden, wie auch immer sie das Gesamtgebäude der nationalsozialistischen Ideologie beurteilten: Das Militär begrüßte die Aufrüstung, ohne dabei das Spiel mit dem großen Risiko gutzuheißen; aber es war bereit, den Erfolg zu honorieren, denn die Ehre, die der faktische Erfolg der hitlerschen Politik mit sich brachte, kam auch ihm zugute. Ähnliches gilt für die Großindustrie, die an der Rüstungskonjunktur gut verdiente. Auch hier regte sich in den Jahren 1936 bis 1938 Widerstand gegen den direkten Weg in den Krieg und den Rückzug vom internationalen Warenaustausch. Doch es gab auch mächtige Firmen wie die IG Farben, die eine nach Osten gerichtete Expansionspolitik als Garantie für den Absatz ihrer Chemieprodukte begriffen.

Hitlers Außenpolitik war in Deutschland populär (M 45), selbst bei solchen Männern und Frauen, die in einer gewissen Distanz zum Nationalsozialismus standen. Die Abschüttelung der Versailler Vertragsauflagen, die Wiederherstellung „nationaler Größe" ließen viele den „Führer" auf den großen Kundgebungen mit feiern. Nicht, als Kommunisten und Sozialdemokraten verhaftet wurden, nicht, als die Synagogen brannten, verbreitete sich Angst unter den Deutschen, sondern erst, als in der Krise um die Tschechoslowakei der große Krieg bevorstand. Doch wie hätte sich damals Angst in politisches Handeln, in Protest gegen die Regierung umsetzen können? Und schließlich prägte der Erfolg wieder die Emotionen, wandelte Angst in Erleichterung oder gar Zustimmung. In den Tagen des Münchener Abkommens berichtete der „Sicherheitsdienst" der SS Hitler, größere Teile der Bevölkerung seien politisch unsicher geworden. Auch hier ging Hitler zur Offensive über. Er verkündete vor der Presse, dass nun mit der aus taktischen Gründen offiziell betriebenen Friedenspropaganda Schluss sei. Den außenpolitischen Aggressionskurs begleitete so eine konsequente Militarisierung der Gesellschaft.

M 40 Aus den Aufzeichnungen über eine Besprechung Adolf Hitlers mit den Befehlshabern von Heer und Marine („Liebmann-Aufzeichnung") vom 3. Februar 1933

Ziel der Gesamtpolitik allein: Wiedergewinnung der pol. Macht. Hierauf muss gesamte Staatsführung eingestellt werden (alle Ressorts!).
1. Im Innern. Völlige Umkehrung der gegenwärt. in-
5 nenpol. Zustände in D. Keine Duldung der Betätigung irgendeiner Gesinnung, die dem Ziel entgegensteht (Pazifismus!). Wer sich nicht bekehren lässt, muss gebeugt werden. Ausrottung des Marxismus mit Stumpf und Stiel. Einstellung der Jugend u. des ganzen Volkes
10 auf den Gedanken, dass nur d. Kampf uns retten kann u. diesem Gedanken gegenüber alles zurückzutreten hat.
[…] Ertüchtigung der Jugend u. Stärkung des Wehrwillens mit allen Mitteln. Todesstrafe für Landes- u. Volksverrat. Straffste autoritäre Staatsführung. Beseitigung 15 des Krebsschadens der Demokratie!
2. Nach außen. Kampf gegen Versailles. Gleichberechtigung in Genf; aber zwecklos, wenn Volk nicht auf Wehrwillen eingestellt. Sorge für Bundesgenossen.
3. Wirtschaft! Der Bauer muss gerettet werden! Sied- 20 lungspolitik! Künft. Steigerung d. Ausfuhr zwecklos. Aufnahmefähigkeit d. Welt ist begrenzt u. Produktion ist überall übersteigert. Im Siedeln liegt einzige Mögl. Arbeitslosenheer z.T. wieder einzuspannen. Aber

Nationalsozialismus 4

braucht Zeit u. radikale Änderung nicht zu erwarten, da Lebensraum für d[eutsches] Volk zu klein.
4. Aufbau der Wehrmacht wichtigste Voraussetzung für Erreichung des Ziels: Wiedererringung der pol. Macht. Allg. Wehrpflicht muss wieder kommen. Zuvor aber muss Staatsführung dafür sorgen, dass die Wehrpflichtigen vor Eintritt nicht schon durch Pazif., Marxismus, Bolschewismus vergiftet werden oder nach Dienstzeit diesem Gifte verfallen.
Wie soll pol. Macht, wenn sie gewonnen ist, gebraucht werden? Jetzt noch nicht zu sagen. Vielleicht Erkämpfung neuer Export-Mögl., vielleicht – und wohl besser – Eroberung neuen Lebensraums im Osten u. dessen rücksichtslose Germanisierung. Sicher, dass erst mit pol. Macht u. Kampf jetzige wirtsch. Zustände geändert werden können. Alles, was jetzt geschehen kann – Siedlung – Aushilfsmittel.
Wehrmacht wichtigste u. sozialistischste Einrichtung d. Staates. Sie soll unpol. u. überparteilich bleiben. Der Kampf im Innern nicht ihre Sache, sondern der Nazi-Organisationen. Anders als in Italien keine Verquickung v. Heer u. SA beabsichtigt. – Gefährlichste Zeit ist die des Aufbaus der Wehrmacht. Da wird sich zeigen, ob Fr[ankreich] Staatsmänner hat; wenn ja, wird es uns Zeit nicht lassen, sondern über uns herfallen (vermutlich mit Ost-Trabanten).

Vierteljahreshefte für Zeitgeschichte, Jg. 2, 1954, S. 434 ff.

1 Stellen Sie Hitlers außenpolitische Ziele dar.
2 Erläutern Sie die innenpolitischen Bedingungen dieses Programms.

M41 Öffentliche Friedensbeteuerungen – aus der Reichstagsrede Adolf Hitlers vom 17. Mai 1933

Die Generation dieses jungen Deutschlands, die in ihrem bisherigen Leben nur die Not, das Elend und den Jammer des eigenen Volkes kennen lernte, hat zu sehr unter dem Wahnsinn gelitten, als dass sie beabsichtigen könnte, das Gleiche anderen zuzufügen. Unser Nationalismus ist ein Prinzip, das uns als Weltanschauung grundsätzlich allgemein verpflichtet. Indem wir in grenzenloser Liebe und Treue an unserem eigenen Volkstum hängen, respektieren wir die nationalen Rechte auch der anderen Völker aus dieser selben Gesinnung heraus und möchten aus tief innerstem Herzen mit ihnen in Frieden und Freundschaft leben. Wir kennen daher auch nicht den Begriff des „Germanisierens". Die geistige Mentalität des vergangenen Jahrhunderts, aus der man glaubte, vielleicht aus Polen oder Franzosen Deutsche machen zu können, ist uns genauso fremd, wie wir uns leidenschaftlich gegen jeden umgekehrten Versuch wenden. Wir sehen die europäischen Nationen um uns als gegebene Tatsachen. Franzosen, Polen usw. sind unsere Nachbarvölker und wir wissen, dass kein geschichtlich denkbarer Vorgang diese Wirklichkeit ändern könnte. […]
Deutschland ist nun jederzeit bereit, auf Angriffswaffen zu verzichten, wenn auch die übrige Welt ihrer entsagt. Deutschland ist bereit, jedem feierlichen Nichtangriffspakt beizutreten; denn Deutschland denkt nicht an einen Angriff, sondern an seine Sicherheit! […]. Die deutsche Regierung wünscht sich über alle schwierigen Fragen politischer und wirtschaftlicher Natur mit den anderen Nationen friedlich und verträglich auseinanderzusetzen. Sie weiß, dass jeder militärische Akt in Europa auch im Falle seines vollständigen Gelingens, gemessen an seinen Opfern, in keinem Verhältnis steht zum möglichen endgültigen Gewinn.

Franz A. Six (Hg.), Dokumente der deutschen Politik, Bd. 1, Junker Quennhaupt, Berlin ⁷1942, S. 102 ff.

1 Erörtern Sie, inwiefern Hitler taktische und ernsthafte Argumente für eine Friedenspolitik vorbringt.
2 Vergleichen Sie die Ziele in M40 und M41.

M42 Aus Adolf Hitlers geheimer Denkschrift zum Vierjahresplan 1936

Die wirtschaftliche Lage Deutschlands.
So wie die politische Bewegung in unserem Volk nur ein Ziel kennt, die Lebensbehauptung unseres Volkes und Reiches zu ermöglichen, d. h. alle geistigen und sonstigen Voraussetzungen für die Selbstbehauptung unseres Volkes sicherzustellen, so hat auch die Wirtschaft nur diesen einen Zweck. Das Volk lebt nicht für die Wirtschaft oder für die Wirtschaftsführer, Wirtschafts- oder Finanztheorien, sondern die Finanz und die Wirtschaft, die Wirtschaftsführer und alle Theorien haben ausschließlich diesem Selbstbehauptungskampf unseres Volkes zu dienen.
Die wirtschaftliche Lage Deutschlands ist aber, in kürzesten Umrissen gekennzeichnet, folgende:
1. Wir sind übervölkert und können uns auf der eigenen Grundlage nicht ernähren. […] Zahlreiche Produktionen können ohne weiteres erhöht werden. Das Ergebnis unserer landwirtschaftlichen Produktion kann eine wesentliche Steigerung nicht mehr erfahren. Ebenso ist es uns unmöglich, einzelne Rohstoffe, die uns in Deutschland fehlen, zurzeit auf einem künstlichen Wege herzustellen oder sonst zu ersetzen. […]
5. Es ist aber gänzlich belanglos, diese Tatsachen immer wieder festzustellen, d. h. festzustellen, dass uns Lebensmittel oder Rohstoffe fehlen, sondern es ist entscheidend, jene Maßnahmen zu treffen, die für die

4 Nationalsozialismus

Zukunft eine endgültige Lösung, für den Übergang eine vorübergehende Entlastung bringen können.

6. Die endgültige Lösung liegt in einer Erweiterung des Lebensraumes bzw. der Rohstoff- und Ernährungsbasis unseres Volkes. Es ist die Aufgabe der politischen Führung, diese Frage dereinst zu lösen. […]

Und ich stelle daher zu einer endgültigen Lösung unserer Lebensnot folgendes Programm auf:

I. Ähnlich der militärischen und politischen Aufrüstung bzw. Mobilmachung unseres Volkes hat auch eine wirtschaftliche zu erfolgen, und zwar im selben Tempo, mit der gleichen Entschlossenheit und, wenn nötig, auch mit der gleichen Rücksichtslosigkeit. […]

II. Zu diesem Zwecke sind auf all den Gebieten, auf denen eine eigene Befriedigung durch deutsche Produktionen zu erreichen ist, Devisen einzusparen, um sie jenen Erfordernissen zuzulenken, die unter allen Umständen ihre Deckung nur durch Import erfahren können.

III. In diesem Sinne ist die deutsche Brennstofferzeugung nunmehr im schnellsten Tempo vorwärtszutreiben und binnen 18 Monaten zum restlosen Abschluss zu bringen. Diese Aufgabe ist mit derselben Entschlossenheit wie die Rüstung eines Krieges anzufassen und durchzuführen; denn von ihrer Lösung hängt die kommende Kriegsführung ab und nicht von einer Bevorratung des Benzins. […]

Ich stelle damit folgende Aufgabe:

I. Die deutsche Armee muss in 4 Jahren einsatzfähig sein.

II. Die deutsche Wirtschaft muss in 4 Jahren kriegsfähig sein.

Vierteljahreshefte für Zeitgeschichte, Jg. 3, 1955, S. 184 ff.

1 Fassen Sie die wirtschaftliche Lagebeurteilung Hitlers zusammen.

2 Analysieren Sie die Ziele, die Hitler Wirtschaft und Militär setzte.

M43 Die Aufrüstung Deutschlands

a) Öffentliche Ausgaben im Deutschen Reich 1928–1938

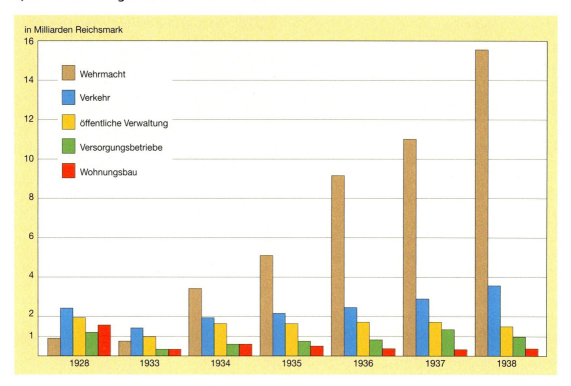

Nationalsozialismus 4

b) Rüstungsausgaben und Volkseinkommen im Deutschen Reich 1932–1938 (in Mrd. RM)

Haus-haltsjahr	Rüstungs-ausgaben	Volksein-kommen	Rüstungsausg. in % des Volks-einkommens
1932	0,6	45,2	1,3
1933	0,7	46,5	1,5
1934	4,1	52,8	7,8
1935	5,5	59,1	9,3
1936	10,3	65,8	15,7
1937	11,0	73,8	15,0
1938	17,2	82,1	21,0

Fritz Blaich, Wirtschaft und Rüstung im „Dritten Reich", Cornelsen, Düsseldorf 1987, S. 83

1 Klären Sie die Begriffe „Volkseinkommen" und „öffentliche Ausgaben".
2 Untersuchen Sie anhand von M 43 a und b die Bedeutung militärischer Rüstung für die NS-Politik.
3 Erörtern Sie die grundsätzliche Ausrichtung der nationalsozialistischen Wirtschaftspolitik.

M 44 Aus dem Geheimprotokoll zum Vertrag zwischen Deutschland und der UdSSR, dem sogenannten Hitler-Stalin-Pakt, vom 23. August 1939

Aus Anlass der Unterzeichnung des Nichtangriffsvertrages zwischen dem Deutschen Reich und der Union der Sozialistischen Sowjetrepubliken haben die unterzeichneten Bevollmächtigten der beiden Teile in streng
5 vertraulicher Aussprache die Frage der Abgrenzung der beiderseitigen Interessensphären in Osteuropa erörtert. Diese Aussprache hat zu folgendem Ergebnis geführt:
1. Für den Fall einer territorial-politischen Umgestal-
10 tung in den zu den baltischen Staaten (Finnland, Estland, Lettland, Litauen) gehörenden Gebieten bildet die nördliche Grenze Litauens zugleich die Grenze der Interessensphären Deutschlands und der UdSSR. Hierbei wird das Interesse Litauens am Wilnaer Gebiet bei-
15 derseits anerkannt.
2. Für den Fall einer territorial-politischen Umgestaltung der zum polnischen Staate gehörenden Gebiete werden die Interessensphären Deutschlands und der UdSSR ungefähr durch die Linie der Flüsse Narew,
20 Weichsel und San abgegrenzt.
Die Frage, ob die beiderseitigen Interessen die Erhaltung eines unabhängigen polnischen Staates erwünscht erscheinen lassen und wie dieser Staat abzugrenzen wäre, kann endgültig erst im Laufe der weiteren politischen Entwicklung geklärt werden. In
25 jedem Falle werden beide Regierungen diese Frage im Wege einer freundschaftlichen Verständigung lösen.
3. Hinsichtlich des Südostens Europas wird von sowjetischer Seite das Interesse an Bessarabien betont. Von deutscher Seite wird das völlige politische Desinteres-
30 sement an diesen Gebieten erklärt.

Eber Malcolm Carroll/Fritz Theodor Epstein (Hg.), Das nationalsozialistische Deutschland und die Sowjetunion 1939–1941, Berlin 1948, S. 84 ff.

1 Nennen Sie die Vereinbarungen des Hitler-Stalin-Paktes. Wo stehen die entscheidenden Punkte?
2 Untersuchen Sie die Folgen, die der Vertrag für das Verhältnis von Kommunisten und Nationalsozialisten in Europa zwischen 1939 und 1941 hatte.

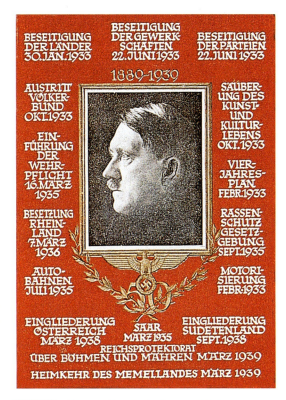

M 45 „1889–1939", Plakat zu Hitlers 50. Geburtstag

1 Interpretieren Sie das Plakat vor dem Hintergrund der deutschen Kriegspolitik.

4 Nationalsozialismus

2.2 Eroberungskrieg und Besatzungspolitik

Die Phase der „Blitzkriege" bis 1941

Der Erfolg schien Hitlers Aggressionskurs auch im Krieg zu bestätigen. Die polnische Armee konnte den technisch weit überlegenen deutschen Truppen nicht standhalten. Schon Mitte September 1939 standen deutsche Einheiten an der im „Hitler-Stalin-Pakt" markierten „Interessenlinie" zur UdSSR. Daraufhin besetzten sowjetische Truppen den östlichen Teil Polens. Deutschland und die Sowjetunion teilten Polen vollständig unter sich auf. In London bildete sich eine Exilregierung, die die polnische Nation und den polnischen Staat vertrat.

Die militärischen Planungen der nationalsozialistischen Führung nach dem Polenfeldzug richteten sich gegen den Westen. Die Strategien Deutschlands auf der einen und Englands und Frankreichs auf der anderen Seite waren einander entgegengesetzt. Die Westmächte setzten auf einen Ermattungs- und Abwehrkrieg, der die deutschen Kräfte aufreiben und die eigenen stärken sollte, bevor eine direkte militärische Konfrontation mit Deutschland gewagt werden konnte. Die deutsche Strategie beruhte auf der in den Dreißigerjahren im deutschen Generalstab entwickelten Konzeption der kurzen „Blitzkriege". Durch Überraschungsmomente und den massierten Einsatz von Panzern und Flugzeugen vor der eigentlichen kämpfenden Truppe sowie durch die Konzentration aller Kräfte für begrenzte Zeit auf jeweils ein strategisches Ziel sollte eine rasche Entscheidung erzwungen werden. Nach und nach galt es dann, die Ressourcen zu erobern, die Deutschland für eine langfristige Kriegführung bisher fehlten. Auf diese Weise wollten nationalsozialistische Führung und Generalstab die im Vergleich zu ihren Gegnern strukturelle militärische und industrielle Unterlegenheit des Deutschen Reiches ausgleichen.

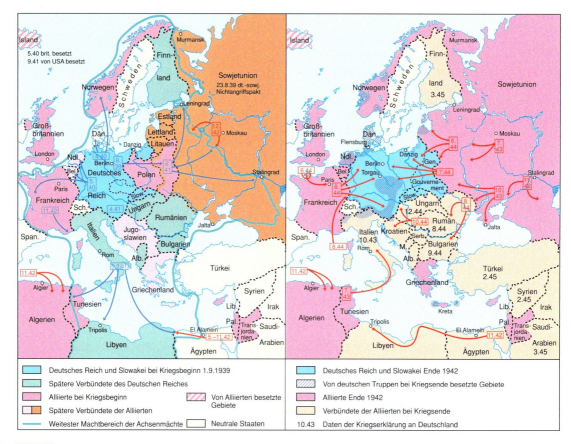

M 46 Der Zweite Weltkrieg in Europa 1939–1945

Nationalsozialismus 4

M 47 Deutsche Truppen beim Einmarsch in Paris, 14. Juni 1941, Fotografie

Im April 1940 besetzten deutsche Truppen Dänemark und Norwegen, um die Ost- und Nordseeschifffahrt und den Zugriff auf das schwedische Erz zu kontrollieren. Im Mai 1940 begann die Offensive gegen Frankreich. Um die starken französischen Grenzbefestigungen der „Maginotlinie" zu umgehen, stießen die deutschen Truppen über Holland und Belgien, deren Neutralität brechend, rasch nach Paris (M 47) vor. Englisch-französische Truppeneinheiten konnten sich an der Kanalküste bei Dünkirchen nur knapp vor einer verheerenden Niederlage nach England absetzen. Frankreich, auf dem Kontinent auf sich allein gestellt, verfügte weder über ausreichende militärische Stärke noch über die innere Entschlossenheit, um dem deutschen Angriff standzuhalten.
Angesichts der Aussichtslosigkeit der Lage zerbrachen dessen Kampfbereitschaft und politische Einheit faktisch schon, bevor die nationalsozialistische Führung am 22. Juni 1940 die Teilung des Landes dekretierte: Mittel- und Südfrankreich blieben unter der Regierung des Marschalls Philippe Pétain (1856–1951) formal selbstständig; diese repräsentierte die nationalkonservativen Kräfte und war zu einer Zusammenarbeit mit den siegreichen Deutschen bereit („Vichy"-Frankreich). Der Norden mit der Atlantikküste und Paris kam unter deutsche Militärverwaltung. Ähnlich wie im Falle Polens versuchte General Charles de Gaulle (1890–1970) in London die nationalen Ansprüche Frankreichs gegenüber der Außenwelt zu wahren und den französischen Widerstand (frz. = résistance) gegen die deutschen Besatzer zu unterstützen.
Am 10. Juni 1940 trat Italien auf Seiten Deutschlands in den Krieg ein. Um die italienischen Kriegsziele in Nordafrika und im Mittelmeer zu unterstützen, besetzten deutsche Truppen Jugoslawien und Griechenland und ein „Afrikakorps" setzte nach Tunesien und Libyen über.

Der Krieg gegen England

Das Kriegskonzept schien nahezu überall aufzugehen. Bis hin zur sowjetischen Grenze kontrollierte das nationalsozialistische Deutschland im Frühjahr 1941 praktisch den gesamten Kontinent (M 46). Wie aber würde sich dieses riesige Gebiet sichern lassen? Die Grenzen deutscher Militärmacht waren bereits sichtbar geworden. Gegenüber England hatte sich das Konzept der „Blitzkriege" als untauglich erwiesen. Die Luftwaffe hatte im Bombenkrieg England nicht so schwächen können, dass dieses sich friedensbereit zeigte. Der Luftkampf gegen England musste ergebnislos abgebrochen werden. England wurde zu dieser Zeit schon durch bedeutende Rüstungslieferungen aus den USA unterstützt. Obwohl die Bevölkerung der USA überwiegend für die weitere Neutralität eintrat, hatte Präsident Franklin D. Roosevelt (1882 bis 1945) im März 1941 im amerikanischen Kongress ein Gesetz durchgesetzt, das umfangreiche Warenlieferungen an Deutschlands Kriegsgegner erlaubte. Damit deutete sich – wie im Ersten Weltkrieg – die globale Dimension der europäischen Auseinandersetzung bereits an.

4 Nationalsozialismus

M 48 Frauen in Leningrad (heute St. Petersburg) bei der Trinkwasserbeschaffung während der Belagerung durch deutsche Truppen, Januar 1942, Fotografie

1 Analysieren Sie M 47 bis M 49 im Hinblick auf die deutsche Besatzungspolitik (s. auch Darstellung S. 273 f.).

Überfall auf die Sowjetunion 1941

Obwohl Deutschland Anfang 1941 den europäischen Kontinent beherrschte, war weder der Krieg gewonnen noch ein Konzept sichtbar, wie er beendet werden könnte. Es entsprach Hitlers Denken, die Entscheidung in der Offensive, in der Ausweitung des Krieges zu suchen und nun das Land anzugreifen, das in der nationalsozialistischen Ideologie ohnehin als der Hauptfeind und das eigentliche Ziel der „Lebensraumpolitik" galt: die kommunistische Sowjetunion. Trotz des deutsch-sowjetischen Nichtangriffspaktes hatten die militärischen Planungen dazu bereits im Sommer 1940 begonnen. Der sowjetische Diktator Josef W. Stalin (1879–1953) und die Armeeführung der UdSSR, obgleich von den Alliierten vor einem bevorstehenden deutschen Angriff gewarnt, wurden vom Beginn der Kampfhandlungen am 22. Juni 1941 überrascht. In den ersten Monaten erlitten die sowjetischen Armeen ungeheure Verluste; der größte Teil der westlichen Sowjetunion musste aufgegeben werden.

Doch im Winter 1941/42 erwies sich, dass ebenso wenig wie gegen England die „Blitzkriegs"-Strategie gegen die Sowjetunion aufgegangen war. Hatten sich die deutschen Truppen gegen England weder zu Wasser noch in der Luft durchsetzen können, waren sie im Osten auf einen Gegner gestoßen, der stärkere Panzer, Panzer abwehrende Waffen und zahlenmäßig überlegene Bodentruppen einsetzen konnte. 1942 erreichten die deutschen Truppen nur noch geringe Landgewinne, wurde die Verlustbilanz unter den Soldaten immer verheerender.

Die Einkesselung und Kapitulation der 6. Armee in **Stalingrad im Januar 1943** wurde zum Symbol der **Kriegswende**: der Erschöpfung der Soldaten, der Unmöglichkeit, hinreichend Nachschub zur Verfügung zu stellen, und eines sinnlosen Durchhaltewillens der politischen und militärischen Führung.

Die Kriegserklärung an die USA

Zur Jahreswende 1942/43 war der Krieg schon lange nicht mehr auf Europa beschränkt. Die Konfrontation zwischen Japan und den Vereinigten Staaten von Amerika hatte sich zugespitzt, nachdem Japan 1940 den nördlichen Teil von Französisch-Indochina besetzt hatte und sich anschickte, die Öffnung Ostasiens für den Weltmarkt, die nicht

Nationalsozialismus 4

zuletzt die USA im 19. Jahrhundert erzwungen hatten, wieder rückgängig zu machen. Als die USA ein Ölembargo gegen Japan verhängten und den Rückzug aus China verlangten, griffen japanische Flugzeuge überraschend am 7. Dezember 1941 den amerikanischen Stützpunkt Pearl Harbor auf Hawaii an. Die japanische Militärführung glaubte offenbar, mit einem dem deutschen ähnlichen „Blitzkriegs"-Konzept die USA aus dem ostasiatischen Raum vertreiben zu können, ohne das Risiko eines großen Krieges eingehen zu müssen.

In den USA und in Deutschland begriff man jedoch den japanisch-amerikanischen Konflikt als Teil des Machtkampfes um eine neue Weltordnung, der in Europa seit 1939 ausgefochten wurde. Der amerikanischen und britischen Kriegserklärung an Japan folgte die deutsche Kriegserklärung an die USA am 11. Dezember 1941, und zwar in der Erwartung, die USA zwingen zu können, ihre Kräfte zwischen Europa und Asien aufzusplittern – vergebens. England und die USA kamen überein, dass erst eine Entscheidung auf dem europäischen Kriegsschauplatz fallen müsse.

Nach der Niederlage der deutsch-italienischen Verbände in Afrika setzten die Alliierten im Sommer 1943 nach Italien über; das zog den Sturz Mussolinis nach sich, der sich auf das von deutschen Truppen gehaltene Gebiet in Norditalien zurückziehen musste. 1943 eröffneten England und die USA den Luftkrieg, dem die deutschen Städte bald schutzlos ausgeliefert waren. Im Osten mussten sich die deutschen Truppen schrittweise unter großen Verlusten zurückziehen. Im Juni 1944 begann mit der Invasion der westlichen Alliierten in der Normandie die Rückeroberung des europäischen Kontinents.

Besatzungspolitik

Der NS-Staat strebte die absolute Vormachtstellung zumindest in Europa und bis weit nach Asien an, wo nach der gemeinsamen Vorstellung der deutschen und japanischen Führungsschicht etwa entlang der chinesischen Grenze das Einflussgebiet Japans begann. Das Ziel der nationalsozialistischen Politik bestand darin, die Wirtschaft aller unterworfenen Gebiete auf die Konsumbedürfnisse der deutschen Bevölkerung und die Produktion der deutschen Industrie auszurichten. Das setzte eine effiziente Kontrolle der besetzten Gebiete voraus. Deren konkrete Ausgestaltung unterschied sich von Region zu Region und entsprechend der Kriegslage. Die rassenideologischen Annahmen spielten in der Ausprägung der jeweiligen Besatzungsherrschaft eine tragende Rolle (M49). In Polen und in der Sowjetunion (M50) wurden breite Bevölkerungsschichten regelrecht ausgehungert, in Razzien zusammengetrieben und erschossen oder zu Zehntausenden in Arbeits- und Konzentrationslager verschleppt, wo der größte Teil von ihnen innerhalb weniger Monate umkam. Die Dezimierung und Verschleppung der Bevölkerung war Teil des rassistischen Unterwerfungskonzeptes, nach dem „der Osten" vor allem

M49 Pogrom in Kowno/Litauen, Juni 1941, Fotografie. Die deutsche Sicherheitspolizei hatte Zuchthäusler freigelassen und mit Eisenstangen bewaffnet, um Juden totschlagen zu lassen.

4 Nationalsozialismus

Deutschen Siedlungsland zur Verfügung stellen sollte und der einheimischen Bevölkerung nur ein begrenztes Lebensrecht auf niedrigem Niveau zugestanden wurde.

Auf ehemaligem polnischem und sowjetischem Gebiet übten deutsche Organe ihre Herrschaft unmittelbar aus. In den Ländern Nord- und Westeuropas dagegen versuchten die deutschen „Reichskommissare" oder die Wehrmachtsverwaltung mit kollaborationswilligen Kräften zusammenzuarbeiten. Terrormaßnahmen wie Geiselerschießungen oder die gezielte Zerstörung von ganzen Ortschaften richteten sich hier gegen den wachsenden Widerstand.

Die Besatzungspolitik verdeutlicht, wie eng die „Lebensraumpolitik" des nationalsozialistischen Deutschland mit seiner Rassenideologie verbunden war (M 51). Das zentrale Ziel des vom NS-Regime entfesselten Zweiten Weltkrieges war nicht nur die Eroberung von „Lebensraum" im Osten, sondern auch die Vernichtung der europäischen Juden wie anderer „minderwertiger" Völker und Rassen. Dieser beispiellose Vernichtungswille verlieh dem „letzten deutschen Krieg", wie der Historiker Rolf-Dieter Müller den Zweiten Weltkrieg einmal nannte, seine Singularität.

Missachtung des humanitären Völkerrechts
Bei der Durchsetzung seiner verbrecherischen Ziele, besonders im Osten, missachtete das nationalsozialistische Deutschland alle völkerrechtlichen Beschränkungen und Regeln, die im internationalen Recht galten. Meilensteine im humanitären Völkerrecht waren die Haager Landkriegsordnung von 1907 und das Genfer Abkommen über die Behandlung von Kriegsgefangenen aus dem Jahre 1929, eines von zahlreichen Genfer Abkommen zur Humanisierung des Krieges.

Während des Hochimperialismus (1880/90–1914) wuchs die Gefahr eines Krieges zwischen den hochgerüsteten Mächten Europas. Auf den Haager Friedenskonferenzen von 1899 und 1907, die der russische Zar Nikolaus angeregt hatte, diskutierten zahlreiche Vertreter der europäischen und auch lateinamerikanischen Staaten Probleme der allgemeinen Friedenssicherung. Die erste Friedenskonferenz endete mit dem vagen Wunsch nach künftiger Rüstungsbegrenzung und beschloss das wenig wirksame Verbot bestimmter Waffen, z.B. Gas. Die auf der zweiten Konferenz verabschiedete Landkriegsordnung, die auf Drängen des Internationalen Komitees vom Roten Kreuz zustande kam, ist ein umfassendes Gesetzeswerk, das der Anwendung militärischer Gewalt enge Grenzen setzte. Das Abkommen wollte die Krieg führenden Truppen, Kriegsgefangene und Zivilisten vor Willkür und Plünderung, Mord und Quälerei schützen. Grundsätzlich stellte das Abkommen in Art. 22 fest: „Die Kriegführenden haben kein unbeschränktes Recht in der Wahl der Mittel zur Schädigung des Feindes." Im Einzelnen verbot der Art. 23 „die Verwendung von Gift oder vergifteten Waffen, die meuchlerische Tötung oder Verwundung von Angehörigen des feindlichen Volkes oder Heeres, die Tötung oder Verwundung eines die Waffen streckenden oder wehrlosen Feindes, der sich auf Gnade oder Ungnade ergeben hat, die Erklärung, dass kein Pardon gegeben wird, de[n] Gebrauch von Waffen, Geschossen oder Stoffen, die geeignet sind, unnötig Leiden zu verursachen, den Missbrauch der Parlamentärflagge, der Nationalflagge oder der militärischen Abzeichen oder der Uniform des Feindes sowie der besonderen Abzeichen des Genfer Abkommens, die Zerstörung oder Wegnahme feindlichen Eigentums außer in Fällen, wo diese Zerstörung oder Wegnahme durch die Erfordernisse des Krieges dringend erheischt wird, die Aufhebung oder zeitweilige Außerkraftsetzung der Rechte und Forderungen von Angehörigen der Gegenpartei oder die Ausschließung ihrer Klagbarkeit." Während und nach dem Ersten Weltkrieg verstärkte besonders das Rote Kreuz seine Bemühungen, nicht nur die Hilfsmaßnahmen für Kriegsgefangene, Deportierte, Flüchtlinge und Notleidende zu verbessern, sondern auch das humanitäre Völkerrecht auszubauen. Ein großer Erfolg war dabei die 1929 von 47 Staaten unterzeichnete Genfer Konvention, die Fortschritte im Kriegsgefangenenrecht brachte. Das Abkommen stärkte die Rechte der Gefangenen, indem es unter anderem die Organisation der Lager und die für Gefangene zumutbare Arbeit verbesserte, Kollektivstrafen und Repressalien verbot und die Einrichtung einer zentralen Auskunftsstelle durch das Internationale Komitees bestätigte.

Die Nationalsozialisten traten nicht nur dieses humanitäre Völkerrecht mit Füßen, sondern scheuten nicht vor einem „Zivilisationsbruch" zurück. Dieses Wort prägte der Historiker Dan Diner für den ideologischen Vernichtungskrieg der Nationalsozialisten, der die „Endlösung der Judenfrage" wie die Ausrottung der „Untermenschen" einschloss.

Nationalsozialismus 4

M 50 Deutsche Besatzungspolitik

a) Aus dem sogenannten Geiselmordbefehl in den besetzten sowjetischen Gebieten vom 16. September 1941

a) Bei jedem Vorfall der Auflehnung gegen die deutsche Besatzungsmacht, gleichgültig, wie die Umstände im Einzelnen liegen mögen, muss auf kommunistische Ursprünge geschlossen werden.
b) Um die Umtriebe im Keime zu ersticken, sind beim ersten Anlass unverzüglich die schärfsten Mittel anzuwenden, um die Autorität der Besatzungsmacht durchzusetzen und einem weiteren Umsichgreifen vorzubeugen. Dabei ist zu bedenken, dass ein Menschenleben in den betroffenen Ländern vielfach nichts gilt und eine abschreckende Wirkung nur durch ungewöhnliche Härte erreicht werden kann. Als Sühne für ein deutsches Soldatenleben muss in diesen Fällen im Allgemeinen die Todesstrafe für 50–100 Kommunisten als angemessen gelten. Die Art der Vollstreckung muss die abschreckende Wirkung noch erhöhen.

Der Prozess gegen die Hauptkriegsverbrecher vor dem Internationalen Militärgerichtshof, Bd. 2, Nürnberg 1946, S. 487f.

b) Aus Görings Richtlinien zur Ausbeutung der Sowjetunion vom Juni 1941

I. Nach den vom Führer gegebenen Befehlen sind alle Maßnahmen zu treffen, die notwendig sind, um die sofortige und höchstmögliche Ausnutzung der besetzten Gebiete zugunsten Deutschlands herbeizuführen. Dagegen sind alle Maßnahmen zu unterlassen oder zurückzustellen, die dieses Ziel gefährden könnten.
II. Die Ausnutzung der neu zu besetzenden Gebiete hat sich in erster Linie auf den Gebieten der Ernährungs- und der Mineralölwirtschaft zu vollziehen. So viel wie möglich Lebensmittel und Mineralöl für Deutschland zu gewinnen ist das wirtschaftliche Hauptziel der Aktion. Daneben müssen sonstige Rohstoffe aus den besetzten Gebieten der deutschen Kriegswirtschaft zugeführt werden, soweit das technisch durchführbar und im Hinblick auf die draußen aufrechtzuerhaltende Produktion möglich ist. Was Art und Umfang der in den besetzten Gebieten zu erhaltenden, wiederherzustellenden oder neu zu ordnenden gewerblichen Produktion anlangt, so ist auch das in allererster Linie nach den Erfordernissen zu bestimmen, die die Ausnutzung der Landwirtschaft und der Mineralölwirtschaft für die deutsche Kriegswirtschaft stellt. […]
Völlig abwegig wäre die Auffassung, dass es darauf ankomme, in den besetzten Gebieten einheitlich die Linie zu verfolgen, dass sie baldigst wieder in Ordnung gebracht und tunlichst wieder aufgebaut werden müssten.

Dietrich Eichholtz/Wolfgang Schumann (Hg.), Anatomie des Krieges, Deutscher Verlag der Wissenschaften, Berlin 1969, S. 333f.

1 Beschreiben Sie Form und Ziel (s. auch M 49) der Ausbeutungspolitik.
2 Formulieren Sie Hypothesen über die Wirkungen der wirtschaftlichen Ausbeutung der Sowjetunion bei der sowjetischen Bevölkerung in M 50 a und b.
3 Von welchem Endergebnis, die russische Bevölkerung betreffend, geht Göring in M 50 b aus?

M 51 Der Historiker Wolfgang Michalka über den ideologischen Vernichtungskrieg des NS-Regimes

Von Anfang an besaß der „programmatische" Krieg gegen die Sowjetunion für Hitler eine besondere Qualität, sodass er sich prinzipiell von den Feldzügen in Skandinavien und in Afrika, auf dem Balkan und gegen Frankreich unterschied. Diese vermögen trotz nicht zu übersehender Grausamkeiten und Exzesse durchaus noch dem Typus des „Normalkriegs" zu entsprechen. Für die Kriege in Osteuropa, gegen Polen und besonders gegen die Sowjetunion, dagegen erscheinen alle in der Forschung verwendeten Bezeichnungen und Charakterisierungen „geschönt"; denn sie verharmlosen und verfälschen regelrecht die historische Realität. Erst der Vernichtungskrieg gegen die UdSSR kann die unauflösbare Verbindung von Ideologie und Machtpolitik, von Lebensraumeroberung und radikalem Rassenantisemitismus demonstrieren und damit die unvergleichbare Singularität nationalsozialistischer Politik offenbaren. Dass die Vernichtung des Gegners und die Ausrottung der europäischen Juden nicht „lediglich" und „zufällig" das Resultat eines sich radikalisierenden Krieges war, belegen unmissverständlich die Anweisungen und Befehle, die Hitler lange vor Beginn des Unternehmens „Barbarossa" erteilte, sodass die daraus resultierenden Beherrschungs- und Vernichtungspraktiken systematisch geplant und […] langfristig vorbereitet erscheinen. Bereits im Frühjahr 1941 war den an der Planung des Angriffs auf die Sowjetunion Beteiligten klar, dass der Krieg im Osten neben strategisch-machtpolitischen und wirtschaftlichen vor allem ideologische Aufgaben zu erfüllen hatte und dass völkerrechtliche Beschränkungen und Regeln absolut fehl am Platze waren. Am deutlichsten zeigt sich dies im Komplex der sogenannten „verbrecherischen Befehle", vor allem im „Kriegsgerichtsbarkeitserlass" und im „Kommissarbefehl". Beide Direktiven erhielten ihre Begründung und Verbreitung in einer Rede vor etwa 230 Generalen – den Befehlshabern und Stabschefs der für den Ostkrieg vorgesehenen Verbände – am

4 Nationalsozialismus

30. März 1941, in der Hitler über den bevorstehenden „Kampf zweier Weltanschauungen" zur „Ausrottung" des Kommunismus „für alle Zeiten" offen und klar informierte und zur „Vernichtung der bolschewistischen Kommissare und kommunistischen Intelligenz" aufrief. Es handle sich „um einen Vernichtungskampf", in dem man den Feind nicht „konservieren" dürfe. In den folgenden Wochen wurden beide Befehle auf mittlerer Ebene [...] ausgearbeitet, ohne dass es weitere Anstöße von Seiten Hitlers bedurft hätte; dies bedeutet gleichzeitig, dass kein entschiedener Widerspruch von den militärischen Führungsstäben erfolgt ist.

Der „Kriegsgerichtsbarkeitserlass" bestimmte, dass „Straftaten feindlicher Zivilpersonen" nicht, wie üblich, durch Kriegsgerichte abgeurteilt werden durften. Zivilisten, die die Wehrmacht „angriffen", sollten erbarmungslos „niedergemacht" werden, sogenannte „verdächtige Elemente" auf Befehl eines Offiziers erschossen werden. Demgegenüber sollten Verbrechen deutscher Soldaten an sowjetischen Bürgern nicht verfolgt werden, wenn der Täter politische Motive geltend machte.

Der „Kommissarbefehl" forderte von der Truppe die sofortige Erschießung aller gefangen genommenen politischen Kommissare der Roten Armee. [...] Die Entscheidung, alle kommunistischen Funktionäre und darüber hinaus alle potenziellen Träger von Widerstand zu beseitigen, resultierte aus der Absicht, die Eroberung im Osten – die Basis der zukünftigen Weltmachtstellung – mit größter Rücksichtslosigkeit zu sichern. [...]

Eine weitere Entscheidung, die ebenfalls aus den globalen Kriegszielen deutscher Entscheidungsträger resultierte, betraf die Behandlung der russischen Kriegsgefangenen, die besonders zu Beginn des Angriffskrieges in sehr großen Zahlen den deutschen Aggressoren in die Hände fielen. Wenn auch keine konkreten Planungen hinsichtlich der Behandlung der Gefangenen vor Beginn des Krieges vorhanden waren, herrschte weitgehend Konsens darüber, dass die deutsche Bevölkerung möglichst „friedensmüßig" ernährt werden sollte, um die „Kriegsmoral der Heimatfront" nicht aufs Spiel zu setzen. Die besetzten Gebiete wurden in dieser Absicht systematisch nach Nahrungsressourcen ausgeplündert, und die Ernährungsrationen für die sowjetischen Kriegsgefangenen lagen weit unter dem Existenzminimum. Mangelnde Ernährung, unzureichende medizinische Versorgung, extreme Arbeitsbelastung und nicht zuletzt Massenerschießungen „vernichteten" 3,3 Millionen von insgesamt 5,7 Millionen sowjetischen Kriegsgefangenen. Das entsprach 57,8 % oder dem Zehnfachen der im Ersten Weltkrieg in deutscher Gefangenschaft umgekommenen Russen.

[...] Es ist [...] offensichtlich [...], dass zwischen der erklärten Absicht deutscher Führungseliten, die „Ostvölker" zu dezimieren, und dem Massensterben sowjetischer Gefangener ein enger Kausalzusammenhang besteht. Helmuth James Graf Moltke, [...] als Mitarbeiter der Völkerrechtsabteilung des Amtes Ausland/Abwehr im OKW[1] stets gut unterrichtet, schrieb schon im August 1941 über die Auswüchse des Vernichtungskriegs an seine Frau: „Die Nachrichten aus dem Osten sind wieder schrecklich. Wir haben offenbar doch sehr, sehr große Verluste. Das wäre aber noch erträglich, wenn nicht Hekatomben[2] von Leichen auf unseren Schultern liegen. Immer wieder hört man Nachrichten, dass von Transporten von Gefangenen und Juden nur 20 % ankommen, dass in Gefangenenlagern Hunger herrscht, dass Typhus und andere Mangel-Epidemien ausgebrochen seien."

Die Kontinuität und Verbindung von rassen- und raumpolitischen Leitideen bei Hitler lassen sich am eindeutigsten an dem Komplex „Endlösung der Judenfrage" demonstrieren: Die Eroberung von Lebensraum und die Vernichtung der Juden waren ideologische Axiome, die nun beim Angriff auf die Sowjetunion ihre Realisierung finden sollten. Wie sehr Krieg und Rassenfrage für Hitler zusammenfielen, hatte er selbst und für alle Welt unüberhörbar unterstrichen, als er in seiner Reichstagsrede am 30. Januar 1939 Krieg und Judenvernichtung in einen unmittelbaren Zusammenhang stellte.

Wolfgang Michalka, Das Dritte Reich 1933–1945, in: Martin Vogt (Hg.), Deutsche Geschichte. Von den Anfängen bis zur Gegenwart, Fischer Taschenbuch, Frankfurt/Main ²2003, S. 750 ff.

1 OKW: Oberkommando der Wehrmacht
2 Hekatombe (griech.): einem Unglück zum Opfer gefallene, erschütternd große Zahl von Menschen

1 Beschreiben Sie die Folgen des Krieges für die Menschen in der Sowjetunion und begründen Sie, warum von einem „Vernichtungskrieg" im Osten gesprochen werden kann.

2 Präsentation: In der unmittelbaren Nachkriegszeit entstand in der westdeutschen Öffentlichkeit das Bild der „sauberen Wehrmacht", die an den deutschen Kriegsverbrechen unbeteiligt war. Historische Forschungen seit den 1960er-Jahren und – in der breiteren Öffentlichkeit – vor allem die 1995 organisierte Ausstellung „Verbrechen der Wehrmacht. Dimensionen des Vernichtungskrieges 1941–1944" widerlegten diese Sichtweise. Die öffentliche Diskussion über die Ausstellung wurde von Kritik und massiven Protesten begleitet und führte zu einer teilweisen Überarbeitung der Ausstellung. Recherchieren Sie Inhalt und Verlauf dieser Kontroverse, erstellen Sie daraus eine Präsentation und ziehen Sie eine Bilanz.

Nationalsozialismus 4

2.3 Die Vernichtung der deutschen und europäischen Juden

Opfer der NS-Rassenideologie

Zu den ersten Opfern der nationalsozialistischen Rassenideologie gehörten die körperlich, seelisch und geistig Behinderten in Deutschland. Gleich nach Kriegsbeginn prüften Ärztekommissionen sie auf ihre „Arbeitstauglichkeit". Wer nicht als arbeitsfähig galt, wurde in als „Heil- und Pflegeheime" getarnten Vernichtungsanstalten ermordet – mitten in Deutschland (M 54). Die Vergasung der schwächsten und hilflosesten Mitglieder der Gesellschaft, die sogenannte „Euthanasie", war eine im nationalsozialistischen Sinne konsequente Folge der Rassenhygiene (M 55). Doch dagegen regte sich bei der deutschen Bevölkerung Widerstand, vor allem bei den Angehörigen der Ermordeten und bei den Kirchen. Die Vergasungsaktionen wurden deshalb offiziell eingestellt, doch starben weiterhin viele Behinderte an von Ärzten verabreichten Giftspritzen. Auch wurden die hier angewandten Mordmethoden später zur systematischen Ermordung der europäischen Juden eingesetzt. Insgesamt wurden während des Krieges etwa 120 000 behinderte, kranke und alte Menschen getötet. Seit 1943 erfasste die systematische Vernichtung auch die als „rassisch minderwertig" eingestuften „Zigeuner", d. h. die Sinti und Roma. Mindestens 20 000, vielleicht sogar 40 000 von ihnen wurden nach Auschwitz transportiert und dort von der SS ermordet.

Die Systematisierung des Rassenkrieges erreichte mit der Vernichtung der jüdischen Bevölkerung ihren mörderischen Höhepunkt (M 56). Zuerst wurden die Juden in Gettos zusammengetrieben. Nach der „Wannsee-Konferenz" zu Beginn des Jahres 1942 begann die planmäßige Deportation von Juden in die Vernichtungslager im Osten Europas. Etwa 6 Mio. Juden wurden umgebracht: durch Hungerrationen, durch Exekution, durch Gas – allein in Auschwitz etwa eine Million Menschen (M 52). An dieser Tötung haben in Deutschland und in Europa Hunderttausende mitgewirkt: als Ärzte, als Polizisten, als Eisenbahner, als Hersteller und Lieferanten von Giftgas, als Soldaten, als SS-Lagerpersonal. Nur wenige haben protestiert.

Die Vernichtung der deutschen und europäischen Juden war ein geplanter und systematisch durchgeführter Völkermord (M 61). Er schloss alle Juden vom Säugling bis zu den Alten ein. Und er richtete sich nicht nur gegen die Juden im eigenen Lande, sondern gegen alle in Europa lebenden Juden. Aus allen von deutschen Truppen eroberten und besetzten Gebieten wurden sie zusammengetrieben, deportiert und in die Konzentrations- und Vernichtungslager gebracht.

„Territoriale Endlösung"

Das Schicksal der deutschen und europäischen Juden war aufs engste mit dem Verlauf des Zweiten Weltkrieges verbunden. Vom Überfall auf Polen 1939 bis zum Stocken des deutschen Vormarsches an der russischen Front 1941 verfolgten die Nationalsozialisten verschiedene Pläne zur Deportation der Juden aus Deutschland und den eroberten Gebieten. Zunächst planten die NS-Machthaber die Zwangsumsiedlung der Juden nach Polen, wo sie in Gettos nach dem Muster von Warschau, Lodz und Lublin zusammengefasst und isoliert werden sollten. Nach dem Sieg über Frankreich 1940 schlug der Chef des Reichssicherheitshauptamtes, Heydrich, eine „territoriale Endlösung der Judenfrage", den so genannten „Madagaskar-Plan", vor: Heydrich wollte die Juden auf die Insel Madagaskar im Indischen Ozean umsiedeln, die Frankreich an Deutschland abtreten und die der Reichsführer SS verwalten sollte. Das hätte die Schaffung eines Großgettos unter nationalsozialistischer Herrschaft bedeutet. Doch dieses Vorhaben zerschlug sich mit dem Überfall auf die Sowjetunion 1941, der Millionen von Juden in die deutsche Machtsphäre brachte. Zwar überlegte der NS-Staat zeitweilig, die Juden nach Sibirien umzusiedeln. Aber die Ausweitung der deutschen Herrschaft in Europa machte schon allein wegen der völlig neuen quantitativen Dimension alle Umsiedlungsprojekte zunichte.

Beginn des Völkermords

Am 30. Januar 1939 hatte Hitler in prophetischen Worten vor dem Reichstag davon gesprochen, dass ein künftiger Krieg die „Vernichtung der jüdischen Rasse in Europa" zur Folge haben werde. Tatsächlich begann mit der Entfesselung des Zweiten Weltkrieges der systematische Völkermord an den Juden. Schon während der Eroberung Polens hatten SS-Einsatzgruppen hinter den Linien Massenerschießungen mit dem Ziel der Ausrottung der Juden begonnen. Den Gräueltaten dieser „Truppe des Weltanschauungskrieges" fielen in

4 Nationalsozialismus

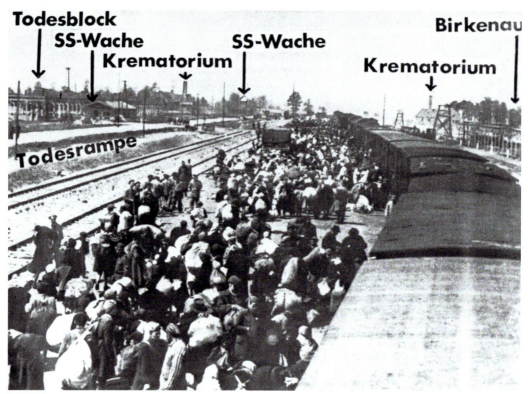

M 52 Ankunft eines Deportationszuges aus Ungarn in Auschwitz, Frühjahr 1944, Fotografie

den ersten sechs Kriegswochen etwa 5000 Juden zum Opfer. Diese Praxis der „möglichst restlosen Beseitigung des Judentums", wie es in einem mündlichen Befehl Heydrichs an die Einsatzgruppen hieß, wurde beim Krieg gegen die Sowjetunion wieder aufgenommen und verschärft. Die Tötungsaktionen wurden in der Hauptsache von der SS durchgeführt. Doch waren auch andere Institutionen am Massenmord beteiligt. Hierzu gehörten z.B. die sogenannten „Reserve-Polizeibataillone". Sie rekrutierten sich aus Männern, die zu alt für den Dienst in der Wehrmacht waren und aus allen Bevölkerungsschichten kamen – also aus „ganz normalen Männern", die keineswegs immer zu den engagierten Anhängern des Nationalsozialismus zählten. Hinzu traten bei den Vernichtungsaktionen weitere zivile und militärische Stellen sowie verbündete Truppen, besonders aus Weißrussland und Rumänien, die entsetzliche Massaker anrichteten. Von den insgesamt 4,7 Mio. Juden, die im Sommer 1941 auf dem Territorium der Sowjetunion lebten, verloren bis zum Ende des Jahres 1942 2,2 Mio., also fast die Hälfte, bei diesen Terror- und Vernichtungsmaßnahmen ihr Leben.

Wannsee-Konferenz Januar 1942

Bis zum Sommer/Herbst 1941 kann man noch nicht von einem „planmäßigen" Vorgehen gegen die Juden sprechen. Die unterschiedlichsten Maßnahmen liefen unkoordiniert nebeneinander her: Deportationen, Umsiedlungen, Arbeitslager, Gettoisierung und Massenerschießungen. Zur besseren Organisation der Judenverfolgung beauftragte Göring am 31. Juli 1941 Heydrich im Namen des „Führers" mit den „Vorbereitungen für eine Gesamtlösung der Judenfrage im deutschen Einflussbereich in Europa". Auf Einladung Heydrichs trafen sich am 20. Januar 1942 die Staatssekretäre der betroffenen Stellen (Partei- und Reichskanzlei, Innen-, Justiz- und Ostministerium, Auswärtiges Amt, Organisation des Vierjahresplans und das Amt des Generalgouverneurs), um die weiteren Maßnahmen zu beraten. Die Besprechungen dieser „Wannsee-Konferenz" (M 57) führten zu dem Beschluss, die Juden in ganz Europa zunächst als Arbeitskräfte optimal auszubeuten und sie anschließend zu ermorden.

Nationalsozialismus 4

Der Völkermord an den Juden war bereits vor der Wannsee-Konferenz in vollem Gange. Im Juni 1941 hatte Himmler dem Kommandanten des Konzentrationslagers Auschwitz befohlen, große, im „Euthanasie"-Programm erprobte Vergasungsanlagen zu besorgen, und im Herbst 1941 begann dort die physische Vernichtung der Juden Europas (M 52, M 58). Nach Auschwitz-Birkenau folgten im Frühjahr/Sommer 1942 die Vernichtungslager Belzec, Sobibor und Treblinka und im Oktober 1942 wurde das KZ Majdanek mit einer Vergasungsanlage ausgestattet (M 53). Zu den Lagern, in denen jüdisches Leben technisch-fabrikmäßig vernichtet wurde, gehörte zudem Chelmno. Die Wannsee-Konferenz schuf jedoch erst die organisatorischen Voraussetzungen für diesen unvorstellbaren Massenmord, indem sie die Bürokratie auf die bevorstehende „Endlösung" einschwor. Sie koordinierte die Maßnahmen der zuständigen Ministerien und der obersten Reichsbehörden und stellte so deren reibungsloses Zusammenspiel sicher. Da man bei diesem verbrecherischen Vorhaben das Licht der Öffentlichkeit scheute, wurden alle Vorbereitungs- und Vernichtungsaktionen unter striktem Stillschweigen durchgeführt (M 60).

Ursachen des Völkermords Welche Bedeutung die NS-Führung ihrem rassenideologisch begründeten Mordprogramm beimaß, zeigt sich nicht zuletzt daran, dass sie durch den Abzug von Transportkapazitäten für die Vernichtungslager sogar militärische Nachteile in Kauf nahm. Die Verwirklichung der Rassenideologie besaß gegen Kriegsende oberste Priorität vor militärischen Notwendigkeiten. Ohne den antisemitischen Rassenwahn Hitlers und seiner Gefolgsleute wäre es nicht zum Völkermord an den Juden gekommen.

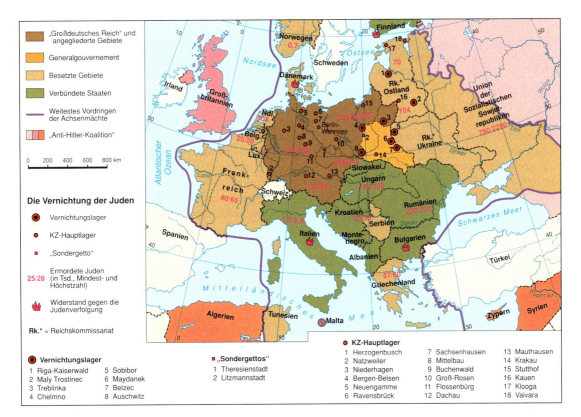

M 53 Die Vernichtung der europäischen Juden durch die Nationalsozialisten 1939–1945

1 Untersuchen Sie, welche Länder am stärksten von der Judenvernichtung betroffen waren.
2 Erklären Sie den Umfang der Judenvernichtung in den einzelnen Ländern aus dem Kriegsverlauf und der Ideologie der Nationalsozialisten.

4 Nationalsozialismus

Aber auch andere Faktoren müssen bei der Erklärung dieses Verbrechens mit herangezogen werden: Die Nationalsozialisten hatten seit ihrer Machtübernahme systematisch den Rechtsstaat ausgehöhlt und einen wirkungsvollen Apparat aufgebaut, der zur Überwachung der Bevölkerung sowie zur Unterdrückung und Verfolgung ihrer politischen Gegner wie der „rassisch minderwertigen" Bevölkerungsteile diente. Polizei, Gestapo und SS bildeten die Grundpfeiler dieses Systems. Von Anfang an indoktrinierten die Nationalsozialisten die Menschen mit rassischen Feindbildern, die die Juden und andere Gruppen bewusst aus der „Volksgemeinschaft" ausgrenzten. Diese Propaganda sowie der Terror von SA, Gestapo und SS zerstörten immer stärker das soziale Gefühl des Füreinander und damit solidarisches Denken und Handeln. Auch die Konkurrenz zwischen den unterschiedlichen Staats- und Parteiorganen trug entscheidend zur Radikalisierung der Judenverfolgung bei. Keiner der großen und kleinen Entscheidungsträger in den verschiedenen Organisationen des NS-Staates wollte sich bei der Erfüllung des „Führerwillens" von anderen übertreffen lassen, weil dies Machtzuwachs oder andere Vorteile bedeuten konnte. Der Völkermord an den Juden endete erst mit dem Selbstmord Hitlers und der bedingungslosen Kapitulation des nationalsozialistischen Deutschlands im Mai 1945.

M 54 Pirna-Sonnenstein in Sachsen – Von der reformpsychiatrischen Heil- und Pflegeanstalt zur nationalsozialistischen Tötungsanstalt

1811 wurde in der ehemaligen sächsischen Landesfestung auf dem Sonnenstein oberhalb Pirnas die „Königlich Sächsische Heil- und Verpflegungsanstalt Sonnenstein" eröffnet. Sie war die erste bedeutende staatliche Einrichtung Deutschlands, die sich ausdrücklich die Heilung von Kranken und nicht mehr nur deren Verwahrung zum Ziel gesetzt hatte.

Die Landesanstalt Sonnenstein wurde seit 1928 von Prof. Hermann Paul Nitsche […] geleitet. Nitsche, der Anfang Mai 1933 in die NSDAP eintrat, war ein starker Befürworter nationalsozialistischer Gesundheitspolitik,
5 was sich nicht nur in der raschen und umfassenden Umsetzung des Sterilisationsgesetzes auf dem Sonnenstein zeigte. Für chronisch kranke und sieche Patienten, die aus ärztlicher Sicht als „unheilbar" galten, brachten die Jahre nach 1933 eine starke Einschrän-
10 kung von Fürsorge und Therapie sowie alltägliche Diskriminierungen. Bei der Beschäftigung stand nicht mehr der therapeutische Effekt, sondern der wirtschaftliche Nutzen im Vordergrund. Die Versorgung der Patienten wurde von ihrer Arbeitsleistung abhän-
15 gig gemacht. Arbeitsunfähige – das waren rund ein Viertel der etwa 800 Sonnensteiner Patienten – erhielten ab 1936 eine von Nitsche eingeführte fettarme und weitgehend fleischlose „Sonderkost". Wie andere deutsche Anstalten diente auch der Sonnenstein den
20 Nationalsozialisten zu rassenhygienischen Demonstrationszwecken. Tausende Schüler, Studenten und Funktionsträger des NS-Staates wurden – staatlich organisiert – durch die Anstalt geführt, um durch das Vorzeigen „lebensunwerten Lebens" rassenhygie-
25 nische Vorträge zu illustrieren und zu untermauern.

Am 9. Oktober 1939 ordnete der Sächsische Innenminister die Auflösung der Landesanstalt Sonnenstein an, die bis zum 31. Dezember 1939 vollzogen wurde. Teile der Anstalt dienten bis Mai 1940 als Lazarett.
[…] Die „Organisation T4"[1] richtete im Deutschen 30 Reich in den Jahren 1940/41 sechs „Euthanasie"-Anstalten ein. In Brandenburg nutzte sie das alte Zuchthaus, in Bernburg, Grafeneck, Hadamar, Hartheim und Pirna psychiatrische Einrichtungen. In allen „T4"-Anstalten wurde mit Kohlenmonoxid gemordet. Die Ent- 35
scheidung, einen Teil der aufgelösten Landesanstalt Sonnenstein als Tötungsanstalt zu nutzen, fiel im Frühjahr 1940. Ein Komplex aus vier Häusern wurde an der Elb- und Parkseite mit einer Mauer […] umgeben. Im Keller des Gebäudes C 16 wurden eine Gaskammer 40
und ein Krematorium eingebaut. Am 28. Juni 1940 traf der erste Transport mit zehn Männern aus der Landesanstalt Waldheim in der Tötungsanstalt ein. Ihr Tod in der Gaskammer war der Auftakt des industriell betriebenen Massenmordes auf dem Sonnenstein. 45

Pirna-Sonnenstein. Von einer Heilanstalt zu einem Ort nationalsozialistischer Tötungsverbrechen. Begleitband zur ständigen Ausstellung der Gedenkstätte Pirna-Sonnenstein, hg. v. d. Stiftung Gedenkstätten zur Erinnerung an die Opfer politischer Gewaltherrschaft, erstellt v. Boris Böhm, Stiftung Sächsische Gedenkstätten, Dresden und Pirna 2001, S. 57, 63

1 die im Oktober 1939 eingerichtete Organisation zur Vorbereitung und Durchführung der Krankenmorde, benannt nach der Adresse ihres Dienstsitzes in der Berliner Tiergartenstraße 4

1 Beschreiben Sie am Beispiel von Pirna-Sonnenstein Entstehung und Umsetzung des NS-Euthanasieverbrechens.

2 **Recherche/Exkursion:** Informieren Sie sich über die Geschichte von Pirna-Sonnenstein bzw. organisieren Sie eine Exkursion zu dieser Gedenkstätte.

Nationalsozialismus 4

Literaturhinweis

Pirna-Sonnenstein. Von einer Heilanstalt zu einem Ort nationalsozialistischer Tötungsverbrechen. Begleitband zur ständigen Ausstellung der Gedenkstätte Pirna-Sonnenstein, hg. v. d. Stiftung Gedenkstätten zur Erinnerung an die Opfer politischer Gewaltherrschaft, erstellt v. Boris Böhm, Stiftung Sächsische Gedenkstätten, Dresden und Pirna 2001.
Nationalsozialistische Euthanasieverbrechen. Beiträge zur Aufarbeitung ihrer Geschichte in Sachsen, hg. v. d. Stiftung Sächsische Gedenkstätten, Michael Sandstein Verlag, Dresden 2004.

M 55 Nationalsozialistisches Propagandaplakat, abgedruckt in der Zeitschrift „Neues Volk. Die Monatshefte des Rassenpolitischen Amtes der NSDAP", um 1937

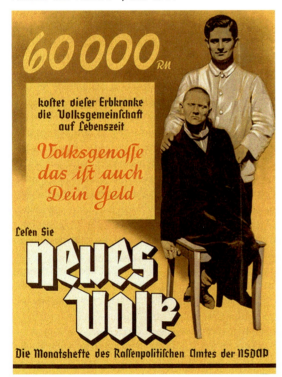

1 Erläutern Sie die Einstellung der Nationalsozialisten zu psychisch Kranken und geistig Behinderten (M 55).
2 Erörtern Sie anhand des Plakates Vorgehen und Ziel der NS-Propaganda. Formulieren Sie eine Hypothese über die Einstellung der Bevölkerung zur NS-Euthanasiepolitik und versuchen Sie, diese Hypothese anhand von Forschungsliteratur zu überprüfen.

Literaturhinweis

Götz Aly (Hg.), „Aktion T4" 1939–1945. Die „Euthanasie"-Zentrale in der Tiergartenstraße 4, Berlin 1987.
Ernst Klee, „Euthanasie" im NS-Staat. Die „Vernichtung lebensunwerten Lebens", Frankfurt am Main 1985.

M 56 Der Politikwissenschaftler Alfred Grosser über die unterschiedlichen Begriffe, mit denen der Völkermord an den Juden bezeichnet wird (1993)

Lange Zeit sprach man von der „Endlösung" und nahm dabei einen von den für die „Judenfrage" verantwortlichen Nationalsozialisten gebrauchten Terminus auf. Dann kam das Wort „Holocaust" in Mode, ein griechischer Begriff, der den Vorteil hatte, eine Einzigartigkeit zu suggerieren. Sein Gebrauch beruht auf einer Sinnentstellung. In der Bibel stellt der Holocaust ein vollkommenes Brandopfer dar; der Opfernde war allerdings ein Priester, das Opfer war Gott geweiht und es war vollkommen, weil das ganze Opfertier verbrannt und kein Teil für den Priester oder den Opfernden zurückbehalten wurde. Die Verwendung des Begriffs „Shoah" entspringt dem Bedürfnis, ein hebräisches Wort zu gebrauchen, das die Einzigartigkeit des Geschehens zum Ausdruck bringt. Die Wortwurzel bedeutet Nichtexistenz, das Nichts, und in der Bibel, namentlich im Buch Hiob (III, 1), entspricht es der Idee der Verheerung, absoluter Leere, totaler Zerstörung.

Alfred Grosser, Verbrechen und Erinnerung. Der Genozid im Gedächtnis der Völker, bsv, München 1993, S. 45

1 Diskutieren Sie die Vorzüge und Nachteile der zur Kennzeichnung der Judenvernichtung verwendeten Begriffe.

M 57 Aus dem Protokoll der „Wannsee-Konferenz" zur „Endlösung der Judenfrage" vom 20. Januar 1942

Anstelle der Auswanderung ist nunmehr als weitere Lösungsmöglichkeit nach entsprechender vorheriger Genehmigung durch den Führer die Evakuierung der Juden nach dem Osten getreten.
Diese Aktionen sind jedoch lediglich als Ausweichmöglichkeiten anzusprechen, doch werden hier bereits jene praktischen Erfahrungen gesammelt, die im Hinblick auf die kommende Endlösung der Judenfrage von wichtiger Bedeutung sind.
Im Zuge dieser Endlösung der europäischen Judenfrage kommen rund 11 Millionen Juden in Betracht. […]

4 Nationalsozialismus

Unter entsprechender Leitung sollen im Zuge der Endlösung die Juden in geeigneter Weise im Osten zum Arbeitseinsatz kommen. In großen Arbeitskolonnen, unter Trennung der Geschlechter, werden die arbeitsfähigen Juden Straßen bauend in diese Gebiete geführt, wobei zweifellos ein Großteil durch natürliche Verminderung ausfallen wird. Der allfällig endlich verbleibende Restbestand wird, da es sich bei diesen zweifellos um den widerstandsfähigsten Teil handelt, entsprechend behandelt werden müssen, da dieser, eine natürliche Auslese darstellend, bei Freilassung als Keimzelle eines neuen jüdischen Aufbaues anzusprechen ist. (Siehe die Erfahrung der Geschichte.)
Im Zuge der praktischen Durchführung der Endlösung wird Europa von Westen nach Osten durchgekämmt. Das Reichsgebiet, einschließlich Protektorat Böhmen und Mähren, wird allein schon aus Gründen der Wohnungsfrage und sonstiger sozialpolitischer Notwendigkeiten vorweggenommen werden müssen.

Léon Poliakov/Josef Wulf (Hg.), Das Dritte Reich und die Juden, Ullstein, Berlin 1955, S. 119 ff.

1 Arbeiten Sie die Kernaussagen des Dokuments heraus.
2 Analysieren Sie Sprache und Stil des Protokolls in M 56.
3 Erläutern Sie den historischen Stellenwert des Protokolls.

M 58 Rudolf Höß, der Kommandant von Auschwitz, beschreibt nach 1945 seine Tätigkeit

4. Massenhinrichtungen durch Vergasung begannen im Laufe des Sommers 1941 und dauerten bis zum Herbst 1944. Ich beaufsichtigte persönlich die Hinrichtungen in Auschwitz bis zum 1. Dezember 1943 und weiß aufgrund meines laufenden Dienstes in der Überwachung der Konzentrationslager WVHA, dass diese Massenhinrichtungen wie vorerwähnt sich abwickelten. Alle Massenhinrichtungen durch Vergasung fanden unter dem direkten Befehl, unter der Aufsicht und Verantwortlichkeit der RSHA statt. Ich erhielt unmittelbar von der RSHA alle Befehle zur Ausführung dieser Massenhinrichtungen. […]
6. Die „Endlösung" der jüdischen Frage bedeutete die vollständige Ausrottung aller Juden in Europa. Ich hatte den Befehl, Ausrottungserleichterungen in Auschwitz im Juni 1942 zu schaffen. Zu jener Zeit bestanden schon drei weitere Vernichtungslager im Generalgouvernement: Belzec, Treblinka und Wolzek. Diese Lager befanden sich unter dem Einsatzkommando der Sicherheitspolizei und des SD. Ich besuchte Treblinka, um festzustellen, wie die Vernichtungen ausgeführt wurden. Der Lagerkommandant von Treblinka sagte mir, dass er 80 000 im Laufe eines halben Jahres liquidiert hätte. Er hatte hauptsächlich mit der Liquidierung aller Juden aus dem Warschauer Getto zu tun. Er wandte Monoxid-Gas an und nach seiner Ansicht waren seine Methoden nicht sehr wirksam. Als ich das Vernichtungsgebäude in Auschwitz errichtete, gebrauchte ich also Zyclon B, eine kristallisierte Blausäure, die wir in die Todeskammer durch eine kleine Öffnung einwarfen. Es dauerte 3 bis 15 Minuten, je nach den klimatischen Verhältnissen, um die Menschen in der Todeskammer zu töten. Wir wussten, wann die Menschen tot waren, weil ihr Kreischen aufhörte. Wir warteten gewöhnlich eine halbe Stunde, bevor wir die Türen öffneten und die Leichen entfernten. Nachdem die Leichen fortgebracht waren, nahmen unsere Sonderkommandos die Ringe ab und zogen das Gold aus den Zähnen der Körper.
7. Eine andere Verbesserung gegenüber Treblinka war, dass wir Gaskammern bauten, die 2000 Menschen auf einmal fassen konnten, während die 10 Gaskammern in Treblinka nur je 200 Menschen fassten. Die Art und Weise, wie wir unsere Opfer auswählten, war folgendermaßen: Zwei SS-Ärzte waren in Auschwitz tätig, um die einlaufenden Gefangenentransporte zu untersuchen. Die Gefangenen mussten bei einem der Ärzte vorbeigehen, der bei ihrem Vorbeimarsch durch Zeichen die Entscheidung fällte. Diejenigen, die zur Arbeit taugten, wurden ins Lager geschickt. Andere wurden sofort in die Vernichtungsanlagen geschickt. Kinder im zarten Alter wurden unterschiedslos vernichtet, da aufgrund ihrer Jugend sie unfähig waren zu arbeiten. Noch eine andere Verbesserung, die wir gegenüber Treblinka machten, war diejenige, dass in Treblinka die Opfer fast immer wussten, dass sie vernichtet werden sollten, während in Auschwitz wir uns bemühten, die Opfer zum Narren zu halten, indem sie glaubten, dass sie ein Entlausungsverfahren durchzumachen hätten. Natürlich erkannten sie auch häufig unsere wahren Absichten und wir hatten deswegen manchmal Aufruhr und Schwierigkeiten. Sehr häufig wollten Frauen ihre Kinder unter den Kleidern verbergen, aber wenn wir sie fanden, wurden die Kinder natürlich zur Vernichtung hineingesandt. Wir sollten diese Vernichtungen im Geheimen ausführen, aber der faule und Übelkeit erregende Gestank, der von der ununterbrochenen Körperverbrennung ausging, durchdrang die ganze Gegend, und alle Leute, die in den umliegenden Gemeinden lebten, wussten, dass in Auschwitz Vernichtungen im Gange waren.

Nationalsozialismus 4

M 59 Nandor Glid, Skulptur in der Gedenkstätte Yad Vashem in Jerusalem

1 Erklären Sie die besondere Verantwortung, die der deutschen Bevölkerung aus dem Völkermord an den Juden erwächst.

8. Von Zeit zu Zeit kamen Sondergefangene an aus dem örtlichen Gestapo-Büro. Die SS-Ärzte töteten solche Gefangene durch Benzin-Einspritzungen. Die Ärzte hatten Anweisung, gewöhnliche Sterbeurkunden auszustellen, und konnten irgendeine Todesursache ganz nach Belieben angeben.

9. Von Zeit zu Zeit führten wir medizinische Experimente an weiblichen Insassen aus, zu denen Sterilisierung und den Krebs betreffende Experimente gehörten. Die meisten dieser Menschen, die unter diesen Experimenten starben, waren schon durch die Gestapo zum Tode verurteilt worden.

Léon Poliakov/Josef Wulf (Hg.), Das Dritte Reich und die Juden, Ullstein, Berlin 1955, S. 127 ff.

1 Untersuchen Sie Ziel und Verhalten des Kommandanten von Auschwitz.
2 Erörtern Sie die Methoden des Massenmords an den Juden.
3 Beurteilen Sie die Duldsamkeit der Opfer, wie sie in M 58 dargestellt wird.

M 60 Heinrich Himmler zur Forderung „Die Juden müssen ausgerottet werden" vor Reichs- und Gauleitern in Posen am 6. Oktober 1943

Ich bitte Sie, das, was ich Ihnen in diesem Kreise sage, wirklich nur zu hören und nie darüber zu sprechen. Es trat an uns die Frage heran: Wie ist es mit den Frauen und Kindern? – Ich habe mich entschlossen, auch hier eine ganz klare Lösung zu finden. Ich hielt mich nämlich nicht für berechtigt, die Männer auszurotten – sprich also umzubringen oder umbringen zu lassen – und die Rächer in Gestalt der Kinder für unsere Söhne und Enkel groß werden zu lassen. Es musste der schwere Entschluss gefasst werden, dieses Volk von der Erde verschwinden zu lassen. Für die Organisation, die den Auftrag durchführen musste, war es der schwerste, den wir bisher hatten. Er ist durchgeführt worden, ohne dass – wie ich glaube sagen zu können – unsere Männer und unsere Führer einen Schaden an Geist und Seele erlitten hätten. [...] Damit möchte ich die Judenfrage abschließen. Sie wissen nun Bescheid und Sie behalten es für sich. Man wird vielleicht in ganz später Zeit einmal überlegen können, ob man dem

4 Nationalsozialismus

deutschen Volke etwas mehr darüber sagt. Ich glaube, es ist besser, wir – wir insgesamt – haben das für unser Volk getragen, haben die Verantwortung auf uns genommen (die Verantwortung für eine Tat, nicht nur für eine Idee) und nehmen dann das Geheimnis mit in unser Grab.

Bradley F. Smith/Agnes F. Peterson (Hg.), Heinrich Himmler. Geheimreden 1933 bis 1945, Propyläen-Verlag, Frankfurt/Main u. a. 1974, S. 169 ff.

1 Erörtern Sie die Gründe dafür, dass Himmler das Vernichtungsprogramm einerseits als „Ruhmesblatt" bezeichnete, andererseits ewiges Stillschweigen darüber verhängte.

M61 Chronik der nationalsozialistischen Judenverfolgung und -vernichtung 1933–1945

1933	1. April	Boykott jüdischer Geschäfte, Rechtsanwalts-, Arztpraxen
	7. April	Gesetz „zur Wiederherstellung des Berufsbeamtentums": jüdische Beamte (Ausnahme: Kriegsteilnehmer) in den Ruhestand versetzt
	24. April	Verbot des rituellen Schächtens
1935	15. Sept.	„Nürnberger Gesetze": Juden können keinen Reichsbürgerstatus erwerben, sie werden zu „Staatsangehörigen" herabgestuft; Verbot „rassischer Mischehen" und des „außerehelichen Verkehrs zwischen Juden und Staatsangehörigen deutschen oder ‚artverwandten' Blutes"; Entlassung aller Juden aus dem öffentlichen Dienst
1938	26. April	Pflicht zur Angabe des jüdischen Vermögens über 5 000 RM
	14. Juni	Kennzeichnung jüdischer Gewerbebetriebe
	25. Juli bzw. 27. Sept.	Entzug der Zulassung für jüdische Ärzte und Rechtsanwälte
	17. Aug.	Zwangsvornamen „Sara" und „Israel" für weibliche bzw. männliche Juden
	Okt.	Ausweisung von mehr als 15 000 „staatenlosen" Juden nach Polen
	9./10./11. Nov.	Pogrom („Reichskristallnacht"): von NSDAP/SA initiiert und durchgeführt, den deutschen Juden wird eine „Sühneleistung" in Höhe von einer Milliarde RM auferlegt, Verhaftung von etwa 26 000 männlichen Juden und deren vorübergehende Einweisung in KZ
	Nov.	endgültige Verdrängung der Juden aus dem Wirtschaftsleben durch „Arisierung" ihrer Betriebe; Verbot des Besuchs „nicht jüdischer" Schulen für jüdische Schüler
	Dez.	Einschränkung der allgemeinen Bewegungsfreiheit für jüdische Deutsche, z. B. Ausgangssperre, Verbot des Theater- und Kinobesuchs, Führerscheinentzug
1939	ab Sept.	Zwangsarbeit für Juden, vor allem in der Rüstungsindustrie
1940	Febr.	Beginn der Deportationen einzelner Juden aus Österreich und Deutschland nach Polen
		Gettoisierung polnischer Juden bzw. deren Verbringung in Arbeitslager
1941	31. Juli	„Ermächtigung" des SS-Obergruppenführers Heydrich zur „Endlösung der Judenfrage"
	1. Sept.	Pflicht zum Tragen des „Judensterns" in Deutschland
	1. Okt.	Auswanderungsverbot für jüdische Deutsche
	14. Okt.	allgemeine Deportation der jüdischen Bevölkerung aus Deutschland
1942	20. Jan.	„Wannsee-Konferenz": Festlegung des Vernichtungsplans; Abtransport aller europäischen Juden nach Osten (Vernichtungslager Auschwitz, Chelmno, Belzec, Sobibor, Treblinka)
1942–1945		Systematische Vernichtung der meisten europäischen Juden: nach gesicherten Berechnungen zwischen 5,29 und knapp über 6 Mio.

Nationalsozialismus 4

2.4 Totaler Krieg und bedingungslose Kapitulation

Was ist ein totaler Krieg? Der Begriff wurde von General Erich Ludendorff (1865–1937) in der Endphase des Ersten Weltkrieges geprägt. Er meinte die Missachtung der völkerrechtlich bindenden Unterscheidung von Krieg führenden Truppen und nicht kämpfender Zivilbevölkerung, aber auch die Mobilisierung der gesamten eigenen Bevölkerung und Wirtschaft für den Krieg. Dieses Konzept wurde im Zweiten Weltkrieg erstmals in Deutschland, dann aber teilweise auch in anderen Staaten verwirklicht. Es schließt die politische und psychologische Ausrichtung der gesamten Bevölkerung auf den Krieg, die vollständige Orientierung der Wirtschaft auf die Kriegserfordernisse sowie die Entwicklung und Anwendung von Massenvernichtungswaffen („Bombenkrieg") mit ein. In einer weiteren wissenschaftlichen Bedeutung umfasst der Begriff für Deutschland auch rassenideologisch begründeten und bewusst geplanten Terror- und Vernichtungskrieg in Osteuropa, das „Euthanasie"-Programm sowie den Holocaust.

Mobilisierung der Gesellschaft Die Einstellung der Angriffsoperationen gegen Moskau Ende 1941 (wegen des einbrechenden Winters und der völligen Erschöpfung der deutschen Truppen) sowie der Kriegseintritt der USA zerstörten die Aussichten des nationalsozialistischen Deutschlands auf den „Endsieg". Die NS-Regierung war jedoch trotz der enormen Rüstungsanstrengungen auf einen lang andauernden Zermürbungskrieg nicht vorbereitet. In dieser Situation begannen die NS-Machthaber damit, alle gesellschaftlichen und wirtschaftlichen Kräfte für den totalen Krieg zu mobilisieren.

Ähnlich wie im Ersten Weltkrieg gab es eine **Tendenz zur Verstaatlichung** der Wirtschaft. Allerdings nicht beim Eigentum, sondern bei der Herstellung und Produktion von Gütern. Ein staatliches Zuteilungssystem sicherte die Versorgung der Menschen und die staatlichen Behörden regelten die Lebensmittel- und Rohstofflieferungen. Frauen wurden als „Luftwaffenhelferinnen" bei der Flugabwehr eingesetzt, zur Arbeit in der Rüstungsindustrie oder in der Verwaltung dienstverpflichtet. Viele Schulklassen wurden in Gebiete des Reiches evakuiert, die als weniger bombengefährdet galten. Diese „Kinderlandverschickung" hatte noch einen anderen Zweck: In diesen Lagern erprobte die NSDAP ihre Erziehungsmaßnahmen für die Zeit nach dem „Endsieg".

Zur Versorgung der eigenen Bevölkerung wurden Nahrungsmittel aus ganz Europa nach Deutschland geschafft. Im Reich selbst arbeiteten über 7 Mio. Zwangsarbeiterinnen und Zwangsarbeiter aus den besetzten Gebieten, die zusammen mit den Kriegsgefangenen bis zu 20 % aller Arbeitskräfte in Deutschland stellten (M 64 d). Der massive Einsatz von **Zwangsarbeitern** in der Landwirtschaft ermöglichte für die gesamte Kriegsdauer eine ausreichende Grundversorgung der Bevölkerung mit Lebensmitteln. Anders als zwischen 1914 und 1918 führte die Kriegswirtschaft so nicht zu einer Massenverelendung. Die relative Gleichheit in der Versorgung trug sicher mit dazu bei, die **Loyalität der Deutschen gegenüber dem Regime** fast bis zum Kriegsende zu sichern. Der Bombenkrieg der Alliierten gegen die Wohngebiete deutscher Städte und die Zentren der Rüstungsindustrie zerstörte diese Loyalität kaum. Die innere Abkehr vom NS-Regime setzte erst ein, als Deutschland selbst zum Kampfgebiet wurde und Millionen vor der heranrückenden Roten Armee aus den östlichen Reichsgebieten flüchten mussten.

Proklamation des totalen Krieges Die Trennung von Militär- und Zivilbereich geriet während des Zweiten Weltkrieges nicht nur dadurch ins Wanken, dass fast jedes Mitglied der Gesellschaft für den Kampf an Front und „Heimatfront" aktiviert wurde. Im Gegensatz zum Ersten Weltkrieg war auch die deutsche Zivilbevölkerung von den Kriegshandlungen direkt betroffen. Spätestens seit 1943 konnte die deutsche Luftwaffe den britischen und amerikanischen Bomberverbänden nicht mehr wirksam begegnen. Neue Zielmittel wie Radar erhöhten die Treffsicherheit der Flugzeugangriffe, die auf die Wohngebiete großer Städte und – verstärkt seit 1944 – auf Rüstungsbetriebe zielten. Noch am 13./14. Februar 1945 flogen alliierte Verbände auf die mit Flüchtlingen überfüllte Stadt Dresden einen Luftangriff, dem mindestens 40 000 Menschen zum Opfer fielen und der die gesamte Innenstadt verwüstete (M 63, M 67 a). Mit diesen **Flächenbombardements** gegen deutsche Städte sollte die Bevölkerung zermürbt werden, was allerdings nur zum Teil gelang. Denn

4 Nationalsozialismus

in einem Sieg der Alliierten sahen viele nicht die Lebensrettung, sondern die Auslieferung an den Feind. Die alliierte Forderung nach der „bedingungslosen Kapitulation" Deutschlands unterstützte diese Einstellung.

Die NS-Regierung benutzte ihrerseits Propaganda und Terror, um den Kriegseinsatz der Bevölkerung zu steigern und das Vertrauen auf den Sieg zu erhalten (M 62). An der „inneren Front" wurden die Strafen gegen „Wehrkraftzersetzer" und Saboteure sowie gegen Kritik und Opposition verschärft. Die Zahl der vom Volksgerichtshof verhängten Todesurteile stieg von 1941 bis 1942 von 102 auf 1192. Auf einer Großkundgebung im Berliner Sportpalast im Februar 1943 – drei Wochen nach der Niederlage von Stalingrad – rief Goebbels zum totalen Krieg auf (M 65).

Kriegskoalition der Alliierten

Der Überfall Deutschlands auf die Sowjetunion war im Juni 1941 auch für die gegnerischen Staaten ein tiefer Einschnitt in militärischer wie außenpolitischer Hinsicht. Die USA hoben die Beschränkungen für Waffenlieferungen an Krieg führende Staaten einschließlich der UdSSR auf. In der **Atlantikcharta** vom 14. August 1941 verständigten sich die USA und Großbritannien bereits auf die Prinzipien einer Nachkriegsordnung. Sie sollte einerseits Grundsätze aus der Friedensordnung von Versailles übernehmen, andererseits aus deren Fehlern lernen. So sollten die Alliierten auf Gebietsgewinne verzichten, das Selbstbestimmungsrecht der Völker achten und einen freien Welthandel garantieren.

Nach dem Kriegseintritt der USA entstand aus dem Kern der englisch-amerikanischen Zusammenarbeit eine breite, politisch-wirtschaftliche Systemabgrenzungen übersteigende Kriegskoalition gegen Deutschland, Italien und deren Verbündete. Anfang 1942 umfassten diese so genannten „**Vereinten Nationen**" bereits 26 Staaten.

Von weltpolitischer Bedeutung sollte werden, dass die bis dahin außenpolitisch weitgehend isolierte Sowjetunion durch den Krieg gegen das nationalsozialistische Deutschland als eine der drei entscheidenden Großmächte unter den Alliierten bestimmenden Einfluss auf die Gestaltung der

M62 „Harte Zeiten – Harte Pflichten – Harte Herzen", 1943, Plakat

1 Arbeiten Sie aus M62 und M63 die unterschiedlichen Sichtweisen auf den Krieg heraus.

Nationalsozialismus 4

M63 Die zerstörte Innenstadt von Dresden. Blick vom Rathausturm, 1945, Fotografie

Machtverhältnisse in der Welt gewann. Schon früh machte Stalin deutlich, dass die in der Atlantikcharta niedergelegten Prinzipien in Osteuropa den sowjetischen Sicherheitsinteressen nachgeordnet seien und die Gebietsgewinne der Sowjetunion durch den Hitler-Stalin-Pakt im Baltikum und in Polen nicht rückgängig gemacht werden könnten. Auf der **Konferenz von Teheran im November/Dezember 1943** forderten Roosevelt und Churchill für die baltischen Staaten von Stalin korrekte Volksabstimmungen über ihre Zugehörigkeit zur Sowjetunion. Der Abtretung Ostpolens an die UdSSR stimmten sie zu, wobei Polen mit Gebieten im Westen, also mit Ostpreußen und der Oder als Westgrenze, entschädigt werden sollte. Churchill wollte zwar eine sowjetische Vormachtstellung im Nachkriegseuropa vermeiden, wusste aber nur zu gut, dass die Westmächte die Unterstützung Stalins zum Sieg über Deutschland brauchten.

Alliierte Nachkriegsplanungen

Seit der **Konferenz von Casablanca im Januar 1943** waren sich Stalin, Roosevelt und Churchill darin einig, dass Deutschland vollständig besetzt werden sollte. Ziel war es, den Siegern die Möglichkeit zu geben, dieses Mal direkt wirtschaftliche und politische Bedingungen durchzusetzen, die eine erneute Gefährdung des Weltfriedens durch Deutschland ausräumen sollten. Dem entsprach die Forderung nach der **„unbedingten Kapitulation"**. Das bedeutete die vollständige Unterwerfung unter den Siegerwillen und schloss für Deutschland die Möglichkeit aus, sich auf die Atlantikcharta zu berufen. Zeitweilig bestanden sogar Pläne, Deutschland in verschiedene kleinere Staaten aufzuteilen oder, wie der US-Finanzminister Henry Morgenthau (1891–1967) forderte, es in Verbindung mit einer durchgreifenden Abrüstung zu deindustrialisieren. Angesichts der schwer berechenbaren politischen und wirtschaftlichen Rückwirkungen auf ganz Europa und der Konkurrenz der Großmächte untereinander wurden diese Vorstellungen aber niemals offizielles Programm.

Kurz vor Kriegsende einigten sich Stalin, Roosevelt und Churchill Anfang **Februar 1945** auf der **Konferenz von Jalta** (M 66) über die unmittelbar anstehenden Probleme: 1. Aufteilung Deutsch-

4 Nationalsozialismus

lands in getrennte Besatzungszonen – womit faktisch die spätere **Teilung Deutschlands** in Ost und West vorgegeben wurde, ohne dass dies damals schon beabsichtigt worden wäre; 2. die **Westverschiebung Polens** auf Kosten Deutschlands und als Ausgleich für die von der Sowjetunion einbehaltenen Gebiete. Bereits 1944 hatte Großbritannien der Sowjetunion Rumänien, Ungarn und Bulgarien als Einflussgebiete zugestanden. Damit war der Sowjetunion während und unter dem Druck des Krieges ein bedeutender Machtzuwachs in Europa gelungen. Freilich gingen Churchill und Roosevelt wie auch der große Teil ihrer Berater davon aus, dass sich die Zusammenarbeit mit der sowjetischen Führung nach dem Kriege würde fortsetzen lassen – ungeachtet der unterschiedlichen politischen Systeme. Diese Zusammenarbeit sollte im Rahmen einer **übernationalen Organisation zur Sicherung des Friedens** erfolgen, deren Gründung 1943 beschlossen worden war. Sie sollte aus der Kriegsallianz der „Vereinten Nationen" hervorgehen. Im Gegensatz zum Völkerbund sollten die USA und die UdSSR ihr von Anfang an angehören.

Alle diese Planungen zeigen, dass die Alliierten von der langfristigen Überlegenheit ihrer eigenen Kräfte überzeugt und vom Willen getragen waren, den diktatorischen Bewegungen in Deutschland und Japan keine Chance mehr zu lassen. Die Frage, wie die inneren Verhältnisse in den von Italien und Deutschland beherrschten Ländern nach dem Kriege ausgestaltet werden sollten und ob die Konkurrenz der Systeme zwischen USA und UdSSR eine allgemeine Demokratisierung und wirtschaftliche Öffnung behindern könnte, entwickelte sich erst nach der deutschen und japanischen Kapitulation 1945 zum beherrschenden Problem der internationalen Politik.

Ende der NS-Diktatur Zum Jahreswechsel 1944/45 standen die Truppen der Alliierten im Westen und Osten an den Reichsgrenzen. Aber noch fast weitere fünf Monate wurde erbittert gekämpft. Am 25. April 1945 endlich trafen sich amerikanische und sowjetische Verbände bei Torgau an der Elbe. Die deutsche Armeeführung kapitulierte erst vom 7. bis 9. Mai 1945, als Hitler bereits Selbstmord begangen hatte und die alliierten Truppen fast ganz Deutschland besetzt hielten. Aufgrund der **bedingungslosen Kapitulation** übernahmen die alliierten Militärbefehlshaber die Regierungsgewalt in Deutschland. Nach zwölf Jahren war damit die Diktatur der Nationalsozialisten zu Ende, nicht jedoch der Zweite Weltkrieg. Japan setzte den Kampf auch nach der deutschen Niederlage fort. US-Präsident Harry S. Truman (1884–1972, Präsident 1945–1953) gab daraufhin sein Einverständnis, die neu entwickelte **Atombombe** einzusetzen. Am 6. und 9. August 1945 wurden die ersten Bomben über **Hiroshima** und **Nagasaki** abgeworfen. Innerhalb von Minuten waren beide Städte fast völlig zerstört und über 100 000 Menschen sofort tot; viele weitere sollten den Langzeitwirkungen zum Opfer fallen. Am 2. September 1945 kapitulierte die japanische Regierung.

M 64 Die Mobilisierung der gesellschaftlichen und wirtschaftlichen Kräfte für den Krieg

a) Rüstungsproduktion 1943

	Deutsches Reich	England	USA	Sowjetunion	Japan
in Mrd. Dollar	13,8	11,1	37,5	13,9	4,9
Flugzeuge	25 220	26 300	30 912	34 900	16 700
Panzer	12 100	7 500	16 508	24 100	800
Kanonen	109 300	132 100	38 386	178 700	29 400

Hans-Ulrich Thamer, Verführung und Gewalt. Deutschland 1933–1945, Siedler Verlag, Berlin 1986, S. 718

Nationalsozialismus 4

b) Deutsche Industrieproduktion 1939–1944 (Index 1939 = 100)

Jahr	Insges.	Waffen u. Gerät	Konsumgüter	Wohnungsbau
1940	97	176	95	95
1941	99	176	96	53
1942	100	254	86	23
1943	112	400	91	–
1944	110	500	86	14

Ebd., S. 720 f.

c) Tribute der okkupierten Gebiete und deutsche Staatsausgaben 1940–1944 (in Mrd. Mark)

Jahr	Staatsausgaben	Kontributionen	Kontributionen in % der Gesamtausgaben
1940	62	8	11,4
1941	84	19	18,4
1942	100	28	21,9
1943	114	40	26,0
1944	134	48	26,4

Jürgen Kuczynski, Die Geschichte der Lage der Arbeiter unter dem Kapitalismus, Bd. 2, Erster Teil, Verlag Tribüne, Berlin 1953, S. 110

d) Mobilisierung der Arbeitskräfte im Deutschen Reich einschließlich Österreich, Sudeten- und Memelgebiet 1939–1944 (in Mio.)

Jahr	Zivile Arbeitskräfte		Ausländer und Kriegsgefangene
	Deutsche Männer	Frauen	
1939 (Mai)	24,5	14,6	0,3
1940	20,4	14,4	1,2
1941	19,0	14,1	3,0
1942	16,9	14,4	4,2
1943	15,5	14,8	6,3
1944	14,2	14,8	7,1
1944 (Sept.)	13,5	14,9	7,5

Jahr	Wehrmacht		
	insgesamt einberufen	kumulierte Verluste	Aktivbestand
1939 (Mai)	1,4	–	1,4
1940	5,7	0,1	5,6
1941	7,4	0,2	7,2
1942	9,4	0,8	8,6
1943	11,2	1,7	9,5
1944	12,4	3,3	9,1
1944 (Sept.)	13,0	3,9	9,1

Hans-Adolf Jacobsen, Der Weg zur Teilung der Welt, Wehr und Wissen, Koblenz u. a. 1977, S. 269

1 Vergleichen Sie die Rüstung der Krieg führenden Nationen 1943 (M 64 a und b).
2 Erläutern Sie die Rolle ausländischer Arbeiter und Kriegsgefangener sowie die Kriegstribute für den „totalen Krieg" (M 64 c und d).

M65 Aus der Rede von Reichspropagandaminister Joseph Goebbels im Berliner Sportpalast am 18. Februar 1943

Wir haben die Gefahr, die uns aus dem Osten bedrohte, immer hoch, aber leider nicht immer hoch genug eingeschätzt. Der Krieg hat auch hier unsere nationalsozialistischen Anschauungen nicht nur bestätigt, sondern überbestätigt. Da wir die Gefahr zwar sahen, aber nicht in ihrer ganzen Größe erkannten, haben wir dementsprechend auch den Krieg, man möchte fast sagen, mit der linken Hand zu führen versucht. Das Ergebnis ist unbefriedigend. Wir müssen uns also zu dem Entschluss durchringen, nun ganze Sache zu machen, das heißt den Krieg um das Leben unseres Volkes auch mit dem Leben des ganzen Volkes zu bestreiten. Der totale Krieg ist also das Gebot der Stunde. […]
Jedermann weiß, dass dieser Krieg, wenn wir ihn verlören, uns alle vernichten würde. Und darum ist das Volk mit seiner Führung entschlossen, nunmehr zur radikalsten Selbsthilfe zu greifen. […] Darum ist die totale Kriegführung eine Sache des ganzen Volkes.

Archiv der Gegenwart 13, 1943, S. 5837 f.

1 Beschreiben Sie die Ziele und Motive der Rede.
2 Erklären Sie Goebbels' Rede aus der Kriegslage.

4 Nationalsozialismus

M66 Alliierte Aufteilungspläne für Deutschland auf der Konferenz der „Großen Drei" in Jalta, nach dem Protokoll des amerikanischen Diplomaten Charles Bohlen (5. Februar 1945)

Der Präsident [Roosevelt] eröffnete die Sitzung mit der Feststellung, dass nach seiner Auffassung heute die politischen Angelegenheiten, die Deutschland betreffen, besprochen werden sollten. [...]
Der Premierminister [Churchill] sagte, dass nach seiner Meinung keine Notwendigkeit bestünde, mit irgendeinem Deutschen irgendeine Frage über ihre Zukunft zu besprechen – dass die bedingungslose Übergabe uns das Recht gäbe, die Zukunft Deutschlands zu bestimmen, was am besten im zweiten Stadium nach der bedingungslosen Übergabe geschehen könnte. Er betonte, dass die Alliierten unter diesen Bedingungen sich alle Rechte vorbehalten über das Leben, das Eigentum und die künftige Tätigkeit der Deutschen.
Marschall Stalin sagte, dass er nicht der Ansicht sei, dass die Frage der Aufteilung eine zusätzliche Frage sei, sondern eine von höchster Wichtigkeit. [...]
Der Präsident sagte dann, es scheine ihm, dass beide über denselben Gegenstand sprächen und was Marschall Stalin meine, bedeute, ob wir nicht im Prinzip hier und jetzt uns über den Grundsatz einer Aufteilung Deutschlands einigen sollten. Er sagte, dass er persönlich, wie er schon in Teheran festgestellt habe, für eine Aufteilung Deutschlands sei. [...]
Der Premierminister bemerkte, [...] dass wir das Schicksal eines Achtzig-Millionen-Volkes behandelten und dass dies mehr als achtzig Minuten Überlegung erfordere. Dies könnte erst etwa einen Monat, nachdem unsere Truppen Deutschland besetzt hätten, entschieden werden.

Die Konferenzen von Malta und Jalta. Dokumente. Department of State USA. Deutsche Ausgabe, Düsseldorf o. J., S. 573 ff.

1 Fassen Sie die Standpunkte der „Großen Drei" zusammen.
2 Erklären Sie die Gründe für die Gemeinsamkeiten und die Unterschiede zwischen den „Großen Drei".

M67 Sachsen im Februar 1945: Der Bombenangriff auf Dresden

a) Der Historiker Wolfgang Benz über den alliierten Luftangriff auf Dresden (1998)

In der Nacht vom 13. zum 14. und bei Tagesangriffen am 14. u. 15. 2. 1945 wurde Dresden durch Flächenbombardements, die durch Verbände der britischen, kanadischen und US-Luftwaffe in mehreren Angriffswellen erfolgten, weitgehend zerstört. Wegen des späten Zeitpunkts und wegen des Untergangs des künstlerisch einzigartigen barocken Stadtensembles, v. a. aber wegen der vielen Todesopfer wurde Dresden (ähnlich wie Coventry) zum Paradigma für einen militärisch sinnlosen terroristischen Luftkrieg gegen die Zivilbevölkerung. Die Großstadt Dresden war unverteidigt und mit Flüchtlingen überfüllt; die Zahl der Opfer wurde Gegenstand propagandistischer Spekulation und ist (nach ersten Schätzungen von 200 000) lange Zeit mit 135 000 angegeben worden. Nach überzeugenden, auf zeitgenössischen Meldungen und Berichten der Ordnungspolizei beruhenden Berechnungen (Götz Bergander 1977) liegt sie bei 35 000 Toten. Dem Angriff auf Dresden vorausgegangen war ein Bombardement Berlins am 3.2.1945 (22 000 Tote). Am 16.3.1945 wurde Würzburg fast völlig zerstört, am 14./15.4.1945 Potsdam (wie zuvor Hildesheim, Halberstadt, Hamburg mit etwa 30 000 Toten, Stuttgart, Köln, Königsberg, Heilbronn). Dabei kamen 5000 Menschen ums Leben.

Wolfgang Benz, Dresden Luftangriff, in: Wolfgang Benz, Hermann Graml u. Hermann Weiß (Hg.), Enzyklopädie des Nationalsozialismus, dtv, München ³1998, S. 434

b) Aus dem Tagebuch Victor Klemperers über den 13./14. Februar in Dresden

Der jüdische Gelehrte Victor Klemperer und seine Frau Eva erlebten die Bombardierung Dresdens und waren danach auf der Flucht durch Sachsen (M 67 c).

Das verkrustete Wundgefühl um das Auge herum, das Reiben der Decke, die Nässe wirkten auch betäubend. Ich war ohne Zeitgefühl, es dauerte endlos und dauerte auch wieder gar nicht so lange, da dämmerte es. Das Brennen ging immer weiter. Rechts und links war mir der Weg nach wie vor gesperrt – ich dachte immer: Jetzt noch zu verunglücken wäre jämmerlich. Irgendein Turm glühte dunkelrot, das hohe Haus mit dem Türmchen am Pirnaischen Platz schien stürzen zu wollen – ich habe aber den Einsturz nicht gesehen – das Ministerium drüben brannte silberblendend. Es wurde heller, und ich sah einen Menschenstrom auf der Straße an der Elbe. Aber ich getraute mich noch immer nicht hinunter. Schließlich, wohl gegen sieben, die Terrasse – die den Juden verbotene Terrasse – war schon ziemlich leer geworden, ging ich an dem immerfort brennenden Belvedere-Gehäuse vorbei und kam an die Terrassenmauer. Eine Reihe Leute saß dort. Nach einer Minute wurde ich angerufen: Eva saß unversehrt in ihrem Pelz auf dem Handkoffer. Wir begrüßten uns sehr herzlich, und der Verlust unserer Habe war uns vollkommen gleichgültig, und ist es uns auch heute noch. Eva war in dem kritischen Moment aus dem Flur der Zeughausstraße 3 von irgend jemandem buchstäblich in den arischen Luftkeller heruntergerissen worden, sie war durch das Kellerfenster auf die Straße gelangt, hatte beide Häuser 1 und 3 in vollen Flammen gesehen, war eine Weile im Keller des Albertinums gewesen, dann durch Qualm an die Elbe gelangt, hatte die weitere Nacht teils elbaufwärts mich gesucht, dabei die Vernichtung des Thammhauses (also unseres gesamten Mobiliars) festgestellt, teils in einem Keller unter dem Belvedere gesessen. Einmal auf ihrem Suchweg hatte sie eine Zigarette anzünden wollen und keine Streichhölzer gehabt; am Boden glühte ein Stück, sie wollte es benutzen – es war ein brennender Leichnam. Im Ganzen hatte sich Eva viel besser gehalten als ich, viel ruhiger beobachtet und sich selber dirigiert, trotzdem ihr beim Herausklettern Bretter eines Fensterflügels an den Kopf gefallen waren.

Victor Klemperer, Tagebücher 1945, hg. v. Walter Nowojski unter Mitarbeit von Hadwig Klemperer, Aufbau Taschenbuch, Berlin ²1999, S. 35 f.

c) Aus dem Tagebuch Victor Klemperers vom 19. Februar 1945

Immer wieder bewegt mich die doppelte Gefahr. Die Gefahr der Bomben und der Russen teile ich mit allen anderen; die der *Stella*[1] ist meine eigene und die weitaus größere. Das fing in der Terrornacht an; erst schlug ich die Decke darüber. Am Morgen sagte mir Eisenmann[2]: „Sie müssen ihn abnehmen, *ich* habe es schon getan." Ich machte den Mantel frei. Waldmann[3] beruhigte mich: In diesem Chaos und bei Vernichtung aller Amtsstellen und Verzeichnisse … Übrigens hätte ich gar keine Wahl; mit dem Stern würde ich sofort ausgesondert und getötet. Dem ersten Schritt folgten zwangsläufig die anderen. In Klotzsche ist die Aufnahmeliste mit Victor Klemperer senz'altro[4]. Erst vorsichtig von mir nur diktiert. Später bei Ausgabe von Essenmarken von mir unterschrieben. Danach brauchte ich Versorgungsschein. Jetzt auf zwei Ämtern in Stadt Klotzsche genaue Angaben und Unterschriften. Eva nahm auch eine Raucherkarte für mich. Ich unterzeichnete zweimal. Ich saß in Restaurants, ich fuhr Eisenbahn und Trambahn – auf alles das steht im 3. Reich für mich der Tod. Ich sagte mir immer, wer wolle mich kennen, zumal wir uns aus dem Dresdener Bezirk entfernten. Kamenz ist eigene Amtshauptmannschaft. […] Dann bei der Aufnahme des Nationalen die in Klotzsche nicht gestellte Frage: Religion? – Evangelisch. „Sie sind nicht jüdischer Abstammung oder Mischling?" – „Nein." Verabschiedung mit freundschaftlichem Händedruck; wir müssen wegen der Le-

d) Victor Klemperer, 1946, Fotografie

bensmittelkarten und des Bezugsscheines, genauer Wirtschaftspasses mit dem Vermerk der Ausbombung, noch einmal hin. Ich stehe dem Tod genauso nahe wie in der Bombennacht. –

Voces populi[5]. In Klotzsche. Eine junge Lübeckerin: „Sie wollen uns durch den Terror zur Kapitulation zwingen. (Mit ehrlicher Erbitterung:) Sie sollen sich getäuscht haben!" Ein paar ratschende Weiber, popularissime-, die in Dresden waren und etwas aus dem Keller gerettet haben. „Mutschmann[6] war da." – „Hätten Sie ihm doch gleich einen Stein in die Fresse gehauen!" Bei Tisch, eine Grauhaarige: Man könne den Heeresbericht nicht verstehen, weil die Junge gegenüber so laut rede. Die Junge: „Ich lasse mir den Mund nicht verbieten. Ich habe genug Führerreden gehört!" Ein andermal eine Matrone: „Unser guter Führer, der sooo den Frieden gewollt habe – aber die Feinde, und jetzt die Verräter unter uns, die an allem schuld sind, nur die Verräter sind schuld!" –

Genauso unübersichtlich und zwiespältig wie die Vox populi ist die Lage. Der Fliegerhorst Klotzsche machte in jeder Beziehung auf mich den Eindruck der ungemeinsten Solidität. Ich dachte wiederholt, sie sind unbesieglich. Einmal das Militärische. Die gediegene, schlicht-elegante künstlerische Anlage einer ganzen

4 Nationalsozialismus

Militärstadt. [...] Wo ist hier Menschenmangel oder Materialmangel oder Stimmungsmangel oder Lässigkeit oder Renitenz? Wo spürt man fünfeinhalb Jahre Krieg und nahen Niederbruch?

Aber viel imposanter noch als das militärische Element war das andere. In Massen strömten die Dresdener Obdachlosen hier heran, tausend soll man hierhin gebracht haben, und die plötzliche Anspannung wurde glatt ausgehalten. [...] „Es spurte", so wenige Kilometer vom Chaos fing sich die stürzende Organisation wieder. Danach muss Deutschland wirklich Meter für Meter vernichtet werden, ehe es ganz verloren ist. Danach kann es noch lange Widerstand leisten. – Aber dann gingen wir in die Stadt Klotzsche. Dreifaches Leben der Landstraße in ununterbrochenem Strömen. Einmal Militärtransporte, allerhand Train. Russengäulchen und russische Soldaten, oft mit asiatischen Gesichtern – deutsche Armee das zur Rettung Europas. Sodann von Dresden her Leute mit bepackten Handwagen, mit Resten, die sie unter Trümmern in Kellern gefunden. Ihnen entgegen Flüchtlingstrecks aus dem Osten. Lastwagen z. T. durch kunstvolle Strohdächer in Wohnwagen verwandelt. Gelegentlich ein kleiner Wagen oder eine Kutsche an den ersten Wagen gebunden. Hier dachte ich wieder, es könne doch nicht mehr lange dauern.

Victor Klemperer, Tagebücher 1945, hg. v. Walter Nowojski unter Mitarbeit von Hadwig Klemperer, Aufbau Taschenbuch, Berlin ²1999, S. 45 ff.

1 Judenstern
2 Mitbewohner Klemperers aus dem „Judenhaus" Zeughausstraße in Dresden
3 Verwalter der „Judenhäuser" in der Zeughausstraße
4 ital.: ohne weiteres; hier ohne den Zusatz „Israel"
5 lat.: Volkes Stimmen
6 Gauleiter der NSDAP in Sachsen

1 Beschreiben Sie mithilfe von M 66 und M 67 a–c die Folgen der Bombardierung Dresdens.

2 Vergleichen Sie den Text des Historikers (M 67 a) mit dem des Zeitzeugen Klemperer (M 67 b). Erörtern Sie Vorzüge und Nachteile der geschichtswissenschaftlichen Darstellung mit dem zeitgenössischen Tagebuch.

3 Erläutern Sie auf der Grundlage von M 67 c die Lage der deutschen Bevölkerung gegen Ende des Krieges (achten Sie auf die Unterschiede in einzelnen Bevölkerungsgruppen), die militärische Lage und die Situation der Bürokratie.

4 Erörtern und diskutieren Sie, ausgehend von den Beobachtungen Klemperers, die Haltungen der Deutschen zum NS-Regime.

5 Der britische Historiker Richard Overy hat 2002 die alliierten Bombardierungen deutscher Städte als „barbarisch, aber sinnvoll" beurteilt: „Der Einsatz von Bomben machte den Krieg barbarischer; nach wie vor ist er eine barbarische Strategie. Aber es war weder vorsätzlicher Massenmord noch ein Massaker. Niemals ging es um Terror als Selbstzweck, auch wenn die Folgen zweifellos schrecklich waren. Die Bomben haben die deutsche Wirtschaft nicht zerstört, aber Deutschland daran gehindert, zu einer unbesiegbaren Supermacht zu werden. Sie haben den Durchhaltewillen der Bevölkerung nicht gebrochen, aber doch der Mobilisierung im Lande selbst Grenzen gesetzt. Aus der Sicht des 21. Jahrhunderts mag dies als unzureichende Rechtfertigung erscheinen – 1945 schien die völlige Niederwerfung von Hitlers Deutschland Rechtfertigung genug zu sein, um bis zum Äußersten zu gehen." Diskutieren Sie diese These.

Nationalsozialismus 4

2.5 Widerstand gegen den Nationalsozialismus

Formen oppositionellen Verhaltens

Unter der Herrschaft des Nationalsozialismus gab es keinen einheitlichen und breiten politischen Widerstand gegen das Regime. Das lag vor allem daran, dass die Sicherheitsorgane des NS-Staates, besonders die Gestapo, durch frühzeitige Verhaftungswellen die Gegner des Nationalsozialismus ausschalten und so das Entstehen einer wirksamen Opposition verhindern konnten. Hinzu kam, dass dem Widerstand der Rückhalt in der Bevölkerung fehlte, weil die Politik Hitlers lange Zeit, bis zu den Niederlagen im Russlandfeldzug 1943, durchaus populär war. Der Widerstand gegen den Nationalsozialismus war daher ein „Widerstand ohne Volk".

Der **politische Widerstand** war in viele unabhängige kleine Gruppen gespalten, die sich uneinig in ihrer Strategie waren, nicht voneinander wussten oder aufgrund tiefer weltanschaulicher Gegensätze nicht zu gemeinsamem Handeln finden konnten. Im Wesentlichen wurde die politische Opposition von Mitgliedern der verbotenen Linksparteien (KPD, SPD), aus den Gewerkschaften und aus den Kreisen der evangelischen und katholischen Kirche gebildet. Aber auch bürgerlich-konservative Kreise entschlossen sich zum Widerstand, als ihnen bewusst wurde, dass Hitler mit seiner Kriegspolitik Deutschland in die Katastrophe führte. Ab 1938 entwickelte sich überdies eine militärische Opposition. Angesichts der Verfolgung durch das NS-Regime und der immer länger dauernden Herrschaft der Nationalsozialisten kam es zwischen den verschiedenen Widerstandsgruppen zu Kontakten, bei denen Fragen der Zukunftsgestaltung nach dem Sturz des NS-Regimes eine zentrale Rolle spielten.

Unterhalb der Ebene des politischen Kampfes gab es noch bestimmte Formen der **gesellschaftlichen Verweigerung**, bei der einzelne Menschen oder Gruppen versuchten, das Eindringen von Nationalsozialisten in ihre beruflichen Bereiche (Militär, Kirche, Bürokratie) zu verhindern. Eine andere Möglichkeit der Verweigerung bestand im Festhalten an dem hergebrachten Brauchtum, um so ein Zeichen gegen die Nationalsozialisten zu setzen. Die Ablehnung der nationalsozialistischen Ideologie konnte sich darüber hinaus in vielfältigen Formen **nonkonformistischen Verhaltens** ausdrücken. Das Spektrum reichte von der Verweigerung des Hitlergrußes bis zur Nichtteilnahme an offiziell angesetzten NS-Feiern und NS-Kundgebungen, vom Eintreten für christliche Prinzipien im Alltag bis zur Aufrechterhaltung des Kontaktes mit Juden. Auch die Hilfe für Verfolgte oder die Versorgung von ausländischen Zwangsarbeitern mit Lebensmitteln gehörte zu diesem Widerstand im Kleinen, der ebenso wie das Attentat auf Hitler manchmal mit dem Tode bestraft wurde (M 74).

Widerstand der Arbeiterbewegung

Aktiven politischen Widerstand leisteten die Kommunisten, Sozialdemokraten und Gewerkschaften durch den Aufbau von Untergrundorganisationen, die vor allem Gegeninformationen zur nationalsozialistischen Propaganda verbreiten sollten und Informationen über die NS-Herrschaft an das Ausland weiterleiteten. Solche Gruppen versuchten durch das Verteilen von heimlich hergestellten Flugblättern und durch den Aufbau von Betriebszellen in den Industriebetrieben den politischen Kampf zu organisieren. Sehr schnell wurden fast alle diese Gruppen von der Gestapo entdeckt und zerschlagen. Dieses Schicksal erlitten besonders die streng hierarchisch aufgebauten Untergrundgruppen der verbotenen KPD; es brachte deren Widerstand nach 1938 fast zum Erliegen. Die Arbeit dieser oppositionellen Zirkel musste sich, wie auch die Arbeit der Gewerkschaftsgruppen, immer stärker auf interne Schulung und die Weitergabe von Informationen beschränken. Der von Sozialdemokraten getragene Widerstand konzentrierte sich zunächst auf die Verbreitung von im Ausland gedruckten Flugblättern und Broschüren, mit denen die Leser über den Charakter des Regimes aufgeklärt werden sollten. Vertrauensleute sammelten Informationen für den Exilvorstand der SPD in Prag, der damit die Weltöffentlichkeit über das NS-Regime aufzuklären versuchte (M 73).

Kirchlicher Widerstand

Die Haltung der kirchlichen Amtsträger und – mehr noch – der aktiven Gemeindemitglieder zum Nationalsozialismus war uneinheitlich. Die evangelischen Landeskirchen spalteten sich bereits im Sommer 1933 in zwei Flügel. Die Mehrheit der Kirchenführer wünschte keinen dauerhaften Konflikt mit Staat und Partei. Sie öffneten die

4 Nationalsozialismus

M 68 **Die Geschwister Hans und Sophie Scholl mit Christoph Probst aus der Münchener Widerstandsgruppe „Die weiße Rose", 1942, Fotografie.** Der Widerstand aus Studentenkreisen war gering. Die deutschen Studenten zählten größtenteils zu den Anhängern des NS-Staates.

Kirche dem Einfluss der „Deutschen Christen", die Christentum und nationalsozialistische Weltanschauung zu verbinden suchten. Diejenigen Pfarrer und Gemeindemitglieder hingegen, die christliches Bekenntnis mit dem nationalsozialistischen Rassismus, mit kriegerischem Nationalismus und dem Führerkult als unvereinbar ansahen, fanden sich 1934 in der „Bekennenden Kirche" zusammen. Sie verteidigten die Autorität der Heiligen Schrift und den unverfälschten Glauben gegen den totalen Herrschaftsanspruch der Nationalsozialisten. Dabei traten besonders die Pfarrer Martin Niemöller (1892–1984) und Dietrich Bonhoeffer (1906–1945) hervor. Die Gestapo beobachtete häufig die Gottesdienste und verhaftete Pfarrer der „Bekennenden Kirche".

In den katholischen Kirchengemeinden entwickelte sich vor allem dann Opposition, wenn Staat oder Partei die Autonomie der Kirche bedrohten oder in das religiöse Leben eingriffen. So protestierte die katholische Kirche bei der erzwungenen Auflösung der katholischen Jugendverbände, die sich bis 1936 gegen die „Hitlerjugend" hatten behaupten können, oder anlässlich des Verbotes, Kreuze in Klassenräumen aufzuhängen. Grundlegenden politischen Widerstand, gegründet auf die Überzeugung, dass Nationalsozialismus und katholische Glaubenslehre unvereinbar seien, leisteten anfangs nur wenige. Erst der Massenmord an den Behinderten führte eine Wende herbei. Der Widerspruch gegen die „Euthanasie" durch den Münsteraner Bischof Clemens Graf von Galen (1878–1946) vom August 1941 auf katholischer und von evangelischer Seite durch Landesbischof Theophil Wurm (1868–1953) im Jahr 1940 bewirkte die Einstellung der Morde (M 73).

Bürgerlicher Widerstand Der bürgerliche Widerstand gegen das NS-Regime rekrutierte sich aus zwei Gruppen. Im „Kreisauer Kreis", benannt nach dem schlesischen Gut des Grafen Helmuth von Moltke (1907–1945), fanden sich hohe Offiziere, Diplomaten, Christen und Sozialdemokraten zusammen. Die Diskussionen dieses weltanschaulich breit gefächerten Gesprächskreises drehten sich um eine Staats- und Gesellschaftsordnung für Deutschland nach der erwarteten politisch-militärischen Niederlage des NS-Staates. Die nicht abgeschlossenen Debatten um die

Nationalsozialismus 4

innenpolitische Neuordnung zielten auf eine eher ständisch orientierte Staatsordnung hin. Allerdings gab es auch Vertreter eines christlichen Sozialismus. Einig war man sich weitgehend im Bekenntnis zu rechtsstaatlichen Prinzipien und zur Einhaltung der Menschenwürde. Wenngleich einige „Kreisauer" glaubten, die von Hitler errungenen außenpolitischen Positionen (Österreich, Sudetengebiete) erhalten zu können, lehnte man doch Hegemonialstreben ab. Als Fernziel visierte man die Eingliederung Deutschlands in eine europäische Union an. Zum „Tyrannenmord", also zur Ermordung Hitlers, konnte sich der „Kreisauer Kreis" nicht durchringen.

Ähnlich wie Moltke in Kreisau sammelte der ehemalige Leipziger Oberbürgermeister Carl Goerdeler (1884–1945) Oppositionelle unterschiedlichster ideologischer und gesellschaftlicher Herkunft um sich. Ehemalige Führer der freien, der christlichen, der Angestelltengewerkschaften und der SPD waren in seinem Kreis ebenso vertreten wie Offiziere, Mitglieder der militärischen Abwehr, der „Bekennenden Kirche" und der Polizei. Der Goerdeler-Kreis verfolgte das Ziel des Staatsstreiches mithilfe des Militärs und hielt daher engen Kontakt zum Widerstand im Auswärtigen Amt und zu hohen Militärs, wie dem 1938 von Hitler entlassenen General Ludwig Beck (1880–1944). Bei allen Meinungsverschiedenheiten gab es einen Minimalkonsens darüber, dass das zukünftige Deutschland ein Rechtsstaat sein müsse, in dem der Grundsatz der Sozialpflichtigkeit des Eigentums gelten sollte. Außenpolitisch strebte man ein großes und machtvolles Deutschland an, das unter den europäischen Mächten eine Führungsrolle spielen sollte.

20. Juli 1944: Attentat auf Hitler

Seit 1938 bildete sich innerhalb des Militärs ein Kreis von oppositionellen Offizieren, die den Kriegskurs Hitlers ablehnten. Diese Offiziere planten die Absetzung Hitlers, um dadurch Deutschlands Niederlage in einem kommenden Krieg zu verhindern. Angesichts der außenpolitischen und militärischen Erfolge Hitlers scheiterten die Pläne der militärischen Verschwörung mehrmals.

Angesichts des deutschen Massenmordes an Juden, Polen und Russen, aber auch unter dem Eindruck der drohenden militärischen Niederlage nach der Landung der Alliierten in Frankreich, den Einbrüchen an der Ostfront, den Verhaftungen im „Kreisauer Kreis" und der Fahndung nach Goerdeler entschloss sich Claus Graf Schenk von Stauffenberg (1907–1944) im Juli 1944 zum Attentat auf Hitler. Die Rettung Deutschlands vor Hitler betrachtete Stauffenberg als moralische Pflicht. Er hielt engen Kontakt zu Beck und Goerdeler, die nach erfolgreichem Attentat und Putsch eine deutsche Regierung bilden sollten (M 72).

Als Stabschef beim Ersatzheer hatte Stauffenberg Zutritt zum Führerhauptquartier. Am 20. Juli 1944 wollte er im Führerbunker Hitler mit einer Zeitzünderbombe töten und dann in Berlin den Staatsstreich überwachen. Weil aber die Lagebesprechung vom Führerbunker in eine Baracke verlegt worden war, verpuffte die Wirkung der Bombe und Hitler überlebte den Anschlag. Als sich die Nachricht von Hitlers Überleben verbreitete, brach der wohl vorbereitete Staatsstreich in Berlin wie in allen Reichsteilen zusammen. Die an der Verschwörung beteiligten Personen wurden verhaftet und entweder standrechtlich oder nach Volksgerichtsurteilen hingerichtet. Im Zusammenhang mit dem Attentatsversuch wurden etwa 7000 Personen verhaftet, Tausende von Menschen hingerichtet, keiner der Hauptbeteiligten, kaum einer der Mitwisser überlebte.

Andere Widerstandsaktionen

Mutigen Widerstand als Einzelner leistete der schwäbische Schreiner Georg Elser, der ohne Verbindung zu anderen Gruppen am 8. November 1939 versuchte, Hitler während der traditionellen Gedenkveranstaltung im Münchener Bürgerbräukeller durch eine Zeitbombe zu töten. Das Attentat misslang nur durch einen Zufall.

Auch – wenige – Studenten und Jugendliche leisteten Widerstand. Besonders im Rheinland bildeten sich spontan jugendliche Protestgruppen – ohne gemeinsames Programm, aber einig in der Gegnerschaft zum Nationalsozialismus. Aus diesen Gruppen fanden sich die „Edelweißpiraten" (M 71) zusammen, die als Erkennungszeichen ein Edelweiß trugen und sich zunächst nur durch ihr nonkonformistisches Verhalten von der „HJ" abgrenzen wollten. Einige der „Edelweißpiraten" schlossen sich in Köln Widerstandsgruppen an, verteilten Flugblätter oder beteiligten sich an Sabotageakten und Attentaten. An der Münchener Universität bildete sich um die Geschwister Hans (1918–1943) und Sophie Scholl (1921–1943) eine studentische Widerstandsgruppe, die sich „Weiße

4 Nationalsozialismus

Rose" (M 68) nannte. Vom Sommer 1942 bis zum Februar 1943 verbreitete sie Flugblätter, in denen die Studenten zur Abkehr vom Nationalsozialismus aufgefordert wurden. Nach dem Abwurf ihrer letzten Flugschrift am 18. Februar 1943 wurde die Gruppe verhaftet und vom Volksgerichtshof zum Tode verurteilt (s. Methodenseiten Filmanalyse: „Sophie Scholl – Die letzten Tage" S. 314 f.).
In ihrem vorletzten Flugblatt hatte die „Weiße Rose" die Fundamente für das zukünftige Europa präzisiert: „Freiheit der Rede, Freiheit des Bekenntnisses, Schutz des einzelnen Bürgers vor der Willkür verbrecherischer Gewaltstaaten, das sind die Grundlagen des neuen Europa." Dieses kompromisslose Eintreten für Freiheit und Menschenrechte bildet das **Vermächtnis des Widerstandes** nicht nur der „Weißen Rose". Gleichzeitig machte der mutige Widerstand einzelner Menschen und Gruppen deutlich, dass es auch „das andere Deutschland" gab, das nicht bereit war, die NS-Diktatur einfach hinzunehmen. Unter Einsatz ihres Lebens kämpften diese Menschen für die moralischen und politischen Prinzipien der modernen bürgerlich-liberalen Zivilisation (M 73).

M 69 Aus einem Gestapo-Bericht über kommunistischen und sozialdemokratischen Widerstand 1937

Im Jahre 1937 wurden wegen illegaler kommunistischer Betätigung 8068 Personen gegenüber 11 687 Personen im Jahre 1936 festgenommen. Davon ist über ca. 50% im Jahre 1937 im Vergleich zu ca. 60%
5 im Jahre 1936 Haftbefehl verhängt worden. Hierbei handelt es sich nicht in allen Fällen um Personen, die bis zu ihrer Festnahme illegal tätig waren, sondern ein großer Teil von ihnen ist erst neuerdings einer staatsfeindlichen Tätigkeit in früheren Jahren überführt wor-
10 den. Aufgetauchte kommunistische und marxistische Hetzschriften: Es sind im Jahre 1937: 927 430 (1936: 1 643 200) Hetzschriften zur Verbreitung gelangt, wovon ca. 70% kommunistische Erzeugnisse sind. Die Gesamtzahl setzt sich zusammen aus: 84 000 (1936:
15 222 000) getarnten Broschüren, 788 000 (1936: 1 234 000) anderen Schriften, die im Buchdruck, sowie aus 55 430 (1936: 187 200) Schriften, die im Abzugsverfahren hergestellt waren.

Guenther Weisenborn (Hg.), Der lautlose Aufstand, Rowohlt, Reinbek 1953, S. 135

1 Analysieren Sie diesen Bericht unter der Frage, welche Rückschlüsse er auf Umfang und Strategie der Widerstandsaktionen der beiden Parteien zulässt.

M 70 Landesbischof Theophil Wurm an Reichsinnenminister Wilhelm Frick in einem Brief vom 19. Juli 1940

Aber immerhin – bis heute steht der Führer und die Partei auf dem Boden des positiven Christentums, das die Barmherzigkeit gegen leidende Volksgenossen und ihre menschenwürdige Behandlung als eine Selbstver-
5 ständlichkeit betrachtet. Wird nun aber eine so ernste Sache wie die Fürsorge für hunderttausende leidende und pflegebedürftige Volksgenossen lediglich vom Gesichtspunkt des augenblicklichen Nutzens aus behandelt und im Sinne einer brutalen Ausrottung dieser Volksgenossen entschieden, dann ist damit der Schluss- 10 strich unter eine verhängnisvolle Entwicklung gezogen und dem Christentum als einer das individuelle und das Gemeinschaftsleben des deutschen Volkes bestimmenden Lebensmacht endgültig der Abschied gegeben. Damit ist aber auch § 24 des Parteiprogrammes 15 hinfällig geworden. Die Berufung darauf, dass nur das konfessionelle Christentum, nicht aber das Christentum als solches bekämpft werde, verfängt hier nicht; denn alle Konfessionen sind darin einig, dass der Mensch oder das Volk die ihm durch das Vorhanden- 20 sein pflegebedürftiger Menschen auferlegte Last als von Gott auferlegt und zu tragen hat und nicht durch Tötung dieser Menschen beseitigen darf. Ich kann nur im Grausen daran denken, dass so, wie begonnen wurde, fortgefahren wird. Der etwaige Nutzen dieser 25 Maßregel wird je länger je mehr aufgewogen werden durch den Schaden, den sie stiften werden. Wenn die Jugend sieht, dass dem Staat das Leben nicht mehr heilig ist, welche Folgerungen wird sie daraus für das Privatleben ziehen? Kann nicht jedes Rohheitsverbre- 30 chen damit begründet werden, dass für den Betreffenden die Beseitigung eines anderen von Nutzen war? Auf dieser schiefen Ebene gibt es kein Halten mehr. Gott lässt sich nicht spotten, er kann das, was wir auf der einen Seite als Vorteil gewonnen zu haben 35 glauben, auf anderen Seiten zum Schaden und Fluch werden lassen. Entweder erkennt auch der nationalsozialistische Staat die Grenzen an, die ihm von Gott gesetzt sind, oder er begünstigt einen Sittenverfall, der auch den Verfall des Staates nach sich ziehen würde. 40
Ich kann mir denken, Herr Minister, dass dieser Einspruch als unbequem empfunden wird. Ich wage auch kaum die Hoffnung auszusprechen, dass meine

Nationalsozialismus 4

Stimme gehört werden wird. Wenn ich trotzdem diese Darlegungen gemacht habe, so tat ich es in erster Linie deshalb, weil die Angehörigen der betroffenen Volksgenossen von der Leitung einer Kirche einen solchen Schritt erwarten. Sodann bewegt mich allerdings auch der Gedanke, dass dieser Schritt vielleicht doch zu einer ernsten Nachprüfung und zum Verlassen dieses Weges Anlass geben könnte.
Dixi et salvavi animam meam! Heil Hitler
Ihr ergebener gez. Wurm

Joachim Beckmann, Kirchliches Jahrbuch für die evang. Kirche in Deutschland 60–71, Bertelsmann, Gütersloh 1948, S. 414f.

1 Untersuchen Sie die Begründung des Protestes gegen die Tötung von Behinderten.
2 Bestimmen Sie, ausgehend von M70 und dem Darstellungstext, die Bedeutung des kirchlichen Widerstands gegen den Nationalsozialismus.

M71 „Einst wird kommen der Tag ...", Flugblatt der „Edelweißpiraten", undatiert. Das Blatt wurde vor allem im Ruhrgebiet und im Rheinland bis Herbst 1942 verbreitet.

1 Analysieren Sie Text und Symbolik des Flugblatts.
2 Bereiten Sie, ausgehend von M71 und dem Darstellungstext, ein Referat über den Widerstand der „Edelweißpiraten" vor.

M72 Der Widerstand des „20. Juli 1944"

a) Aus einem Gestapo-Bericht über Stauffenbergs politische Pläne vom 2. August 1944

Verbindung zum Ausland
Die neuere Vernehmung des Hauptmanns Kaiser gibt eine Reihe von Hinweisen, dass Stauffenberg über Mittelsmänner zwei Verbindungen zur englischen Seite hatte. Den Zusammenhängen wird im Augenblick im Einzelnen nachgegangen. Bereits am 25. Mai hat Kaiser für Stauffenberg eine Notiz ausgearbeitet, worüber mit der Feindseite verhandelt werden sollte:
1. Sofortiges Einstellen des Luftkrieges
2. Aufgabe der Invasionspläne
3. Vermeiden weiterer Blutopfer
4. Dauernde Verteidigungsfähigkeit im Osten, Räumung aller besetzten Gebiete im Norden, Westen und Süden
5. Vermeiden jeder Besetzung
6. Freie Regierung, selbstständige, selbst gewählte Verfassung
7. Vollkommene Mitwirkung bei der Durchführung der Waffenstillstandsbedingungen, bei der Vorbereitung der Gestaltung des Friedens
8. Reichsgrenze von 1914 im Osten.
Erhaltung Österreichs und der Sudeten beim Reich.
Autonomie Elsass-Lothringens.
Gewinnung Tirols bis Bozen, Meran
9. Tatkräftiger Wiederaufbau mit Mitwirkung am Wiederaufbau Europas
10. Selbstabrechnung mit Verbrechern am Volk
11. Wiedergewinnung von Ehre, Selbstachtung und Achtung

Gerhard Ritter, Carl Goerdeler und die deutsche Widerstandsbewegung, Deutsche Verlags-Anstalt, Stuttgart 1954, S. 609

b) Der Historiker Ludolf Herbst zum deutschen Widerstand des 20. Juli 1944 (1996)

[M]an darf ja nicht nur die Frage stellen, wogegen sich die Opposition wandte und wofür sie stritt, sondern muss umgekehrt auch fragen, wogegen sie sich nicht wandte und wofür sie nicht stritt. Dabei geht es nicht darum, die Vergangenheit in unhistorischer Weise an heutigen Normen und Vorstellungen zu messen, sondern darum, daran zu erinnern, dass Widerstand, der diesen Namen verdient, in einer abendländischen Tradition steht, die ohne die Rückbesinnung auf naturrechtliche Vorstellungen oder – wenn man noch weiter zurückgreifen will – auf göttliches Recht nicht auskommen kann. Zweifellos gab es im nationalsozialistischen Deutschland Widerstand im Sinne dieser Tradition, doch wird man skeptisch gegenüber allen Bemer-

297

4 Nationalsozialismus

kungen und Motivationen sein dürfen, die nicht deutlich erkennbar 1933 einsetzten, als gegenüber Kommunisten, Sozialdemokraten und Juden elementares Naturrecht verletzt wurde. Für große Teile des christlichen, sozialdemokratischen, gewerkschaftlichen und auch kommunistischen Widerstands trifft dieses Kriterium zweifellos zu. Bei jenen Kreisen, die den 20. Juli durchführten, bleibt Skepsis angebracht. Die Mehrzahl von ihnen begann als Parteigänger oder Sympathisant der Nationalsozialisten und nahm weder Anstoß an einem harten Durchgreifen gegen die Sozialdemokraten und Kommunisten noch gegen die Juden, auch wenn die Auswüchse keine Billigung fanden. […]
Der 20. Juli 1944 schließlich war der Aufstand eines sehr privaten Gewissens; denn zu diesem Zeitpunkt hatte das nationalsozialistische Deutschland nahezu 10 Mio. Juden, Polen, Russen, Zigeuner, Behinderte und vermeintlich „Asoziale" getötet. Für sie wurde der Staatsstreich nicht geplant, auch wenn das Morden bei einem Gelingen beendet worden wäre und es als Motiv zum Handeln erhebliche Bedeutung besaß. Gewiss muss man bei der Beurteilung des Widerstandes die jeweils gegebenen Handlungsmöglichkeiten berücksichtigen. Das ethische Dilemma des Widerstandes, die Macht des Reiches zu bewahren und die Verbrechen zu beenden, mit denen sie erworben worden war, war durchaus auch ein objektives Dilemma. Die Erfolge lähmten nicht nur die Handlungsmöglichkeiten, sondern mussten auch bewahrt werden, sollte der Neuanfang nicht von vornherein mit dem Odium des Verzichts und der Niederlage belastet sein. Dieses Dilemma offenbart aber zugleich das Fehlen einer politischen Zielsetzung, die in der Lage gewesen wäre, den Gesichtspunkt der äußeren Macht zu kompensieren. Die im Widerstand engagierten „Honoratioren" besaßen sie nicht und politisch wäre sie – wie auch immer sie ausgesehen hätte –, auch kaum durchsetzbar gewesen, zu sehr hatte das nationalsozialistische Herrschaftssystem jede Alternative ad absurdum geführt. Daher war es nur konsequent, dass die ethische Orientierung der Träger des Widerstands erst zur Tat befähigte, als es nur noch darum gehen konnte, ein moralisches Zeichen zu setzen, und niemand mehr davon überzeugt war, dass die Machtstellung des Reichs noch zu bewahren war.

Ludolf Herbst, Das nationalsozialistische Deutschland, Suhrkamp, Frankfurt/Main 1996, S. 447 ff.

1 Analysieren Sie die Ziele Stauffenbergs (M 72 a).
2 Erörtern Sie, ausgehend von den Zielen, die Motive Stauffenbergs für das Attentat auf Hitler.
3 Erläutern Sie die Position des Historikers Herbst (M 72 b) zum Widerstand des 20. Juli 1944.
4 Arbeiten Sie aus M 72 b die Wertmaßstäbe heraus, an denen der Autor sein Urteil über den NS-Widerstand misst.
5 Nehmen Sie Stellung zur Position von Herbst und diskutieren Sie sie im Kurs.

M 73 Der Historiker Richard Löwenthal über das Vermächtnis des Widerstands gegen den Nationalsozialismus (1982)

Es hat Widerstandsbewegungen gegen autoritäre Diktaturen gegeben, die zu ihrem revolutionären Sturz geführt haben, wie in einigen Ländern Lateinamerikas und in Griechenland – oder sogar zu ihrer Abschaffung auf dem Wege der Reform, wie in Spanien nach Francos Tod. Während dies geschrieben wird, erleben wir, wie der von außen geschaffene polnische Einparteistaat, der schon seit langem unter dem Druck des Volkswiderstandes seinen totalitären Charakter verloren hatte, auf dem Wege der Reform auf sein Organisationsmonopol verzichtet und die Existenz autonomer gesellschaftlicher Organisationen anerkennt. Der deutsche Widerstand dagegen war immer die Leistung einer Vielzahl zersplitterter, wenn auch qualitativ und manchmal quantitativ bedeutender Minderheiten – niemals eine Massenbewegung mit umwälzender Wirkung. Die totalitäre Diktatur Hitlers, gleich der Mussolinis, hat sich so je länger, je mehr verhärtet, bis die Niederlage im Weltkrieg ihrer Herrschaft ein Ende setzte. War der deutsche Widerstand also umsonst?
Natürlich nicht. Die Entschlossenheit der Träger des Widerstandes, dass sich die unkontrollierte Herrschaft der aller moralischen Maßstäbe baren Führer einer fanatisierten Bewegung niemals auf deutschem Boden wiederholen dürfe, teilte sich unter dem Eindruck der schließlichen nationalen Katastrophe und des Bekanntwerdens des vollen Umfangs der Verbrechen des Regimes der großen Mehrheit der Bevölkerung mit. Sie wurde die Grundlage für einen neuen demokratischen Konsens, der sich in den Westzonen und Berlin auch institutionell verwirklichen konnte. Die Menschen, die aus den Gefängnissen und Lagern kamen, wie Kurt Schumacher und Fritz Erler, oder die aus der politischen Emigration heimkehrten, wie Ernst Reuter und Willy Brandt, leisteten einen entscheidenden Beitrag zum demokratischen Wiederaufbau – und das Gleiche gilt auch für jene, die ohne aktiven politischen Kampf in schweigender Verweigerung ihre Integrität bewahrt hatten, wie Konrad Adenauer, und für die Schriftsteller der „inneren Emigration", die nun ihre Schubladen öffnen konnten. Sie alle haben auch wesentlich zur Glaubwürdigkeit des neuen, demokratischen Deutsch-

land gegenüber den Siegermächten und der Außenwelt im Allgemeinen beigetragen.

Sie alle haben so mitgeholfen, über die Jahre der Barbarei hinweg die moralischen und kulturellen Traditionen zu bewahren, die ein menschenwürdiges Deutschland braucht. Doch die meisten von uns Älteren, die sowohl die Schreckensjahre wie den Wiederaufbau erlebt haben, haben auch das Bewusstsein davongetragen, dass in einer Welt rapiden Wandels diese Traditionen immer wieder gefährdet sein werden und immer wieder erneuert werden müssen.

Richard Löwenthal, Widerstand im totalen Staat, in: ders./Patrik von zur Mühlen (Hg.), Widerstand und Verweigerung in Deutschland 1933 bis 1945, Dietz Verlag, Berlin 1982, S. 24

1 Fassen Sie die These Löwenthals über die bleibende Wirkung des Widerstands zusammen.

2 Vergleichen Sie die Urteile von Löwenthal (M 73) und Herbst (M 72 b).

3 Art. 20 Abs. 4 des Grundgesetzes lautet: „Gegen jeden, der es unternimmt, diese Ordnung zu beseitigen, haben alle Deutschen das Recht zum Widerstand, wenn andere Abhilfe nicht möglich ist." Erläutern Sie diese Grundgesetzbestimmung und stellen Sie dar, in welchen Situationen das „Recht zum Widerstand" gegeben sein könnte. Erörtern Sie, ob eine solche Bestimmung a) den Übergang von der Weimarer Republik zum „Dritten Reich" verhindert hätte, b) den Widerstand im Dritten Reich gestärkt hätte.

M74 Stufen abweichenden Verhaltens 1933–1945 (entwickelt von dem Historiker Detlev Peukert)

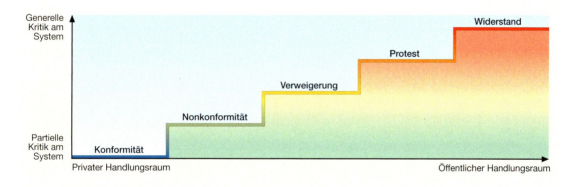

1 Erläutern Sie das Schema.
2 Diskutieren Sie über Leistungen und Grenzen solcher Darstellungsformen.

Methode

Schriftliche Quellen im Abitur – Probeklausur

Um Sie mit dem schriftlichen Abitur vertraut zu machen, drucken wir auf dieser Methodenseite eine Probeklausur ab, die den Anforderungen an eine Abiturklausur im Grundkurs Geschichte entspricht, und geben Ihnen auf der gegenüberliegenden Seite Hinweise zur Bearbeitung.

M 75 Aus der Reichstagsrede Adolf Hitlers vom 28. April 1939

Am 14. April 1939 warnt der amerikanische Präsident Roosevelt öffentlich vor einem großen Krieg und fordert zu einer friedlichen Konfliktlösung auf. Am 28. April 1939 antwortet Adolf Hitler vor dem eigens einberufenen Reichstag in einer zweieinhalbstündigen Rede dem amerikanischen Präsidenten:

Ich darf noch einmal feststellen, dass ich erstens keinen Krieg geführt habe, dass ich zweitens seit Jahren meinem Abscheu vor einem Krieg und allerdings auch meinem Abscheu vor einer Kriegshetze Ausdruck ver-
5 leihe, und dass ich drittens nicht wüsste, für welchen Zweck ich überhaupt einen Krieg führen sollte. Ich wäre Herrn Roosevelt dankbar, wenn er mir darüber Auskunft geben wollte. [...]
Ich habe das Chaos in Deutschland überwunden, die
10 Ordnung wiederhergestellt, die Produktion auf allen Gebieten unserer nationalen Wirtschaft ungeheuer gehoben, durch äußerste Anstrengungen für die zahlreichen uns fehlenden Stoffe Ersatz geschaffen, neuen Erfindungen die Wege geebnet, das Verkehrsleben
15 entwickelt, gewaltige Straßen in Bau gegeben. Ich habe Kanäle graben lassen, riesenhafte neue Fabriken ins Leben gerufen und mich dabei bemüht, auch den Zwecken der sozialen Gemeinschaftsentwicklung, der Bildung und der Kultur meines Volkes zu dienen.
20 Es ist mir gelungen, die uns alle so zu Herzen gehenden 7 Mio. Erwerbslosen restlos wieder in nützliche Produktionen einzubauen, [...] den deutschen Handel wieder zur Blüte zu bringen und den Verkehr auf das Gewaltigste zu fördern. Um Bedrohungen durch eine
25 andere Welt vorzubeugen, habe ich das deutsche Volk nicht nur politisch geeint, sondern auch militärisch aufgerüstet und ich habe weiter versucht, jenen Vertrag Blatt um Blatt zu beseitigen, der in seinen 448 Artikeln die gemeinste Vergewaltigung enthält, die je-
30 mals Völkern und Menschen zugemutet worden ist. Ich habe die uns 1919 geraubten Provinzen dem Reich wieder zurückgegeben, ich habe Millionen von uns weggerissener tief unglücklicher Deutscher wieder in die Heimat geführt, ich habe die tausendjährige histo-
35 rische Einheit des deutschen Lebensraumes wiederhergestellt und ich habe, Herr Präsident, mich bemüht, dieses alles zu tun, ohne Blut zu vergießen und ohne meinem Volk oder anderen daher das Leid des Krieges zuzufügen.
Ich habe dies, Herr Präsident, als ein noch vor 21 Jah- 40
ren unbekannter Arbeiter und Soldat meines Volkes, aus meiner eigenen Kraft geschaffen und kann daher vor der Geschichte es in Anspruch nehmen, zu jenen Menschen gerechnet zu werden, die das Höchste leisteten, was von einem Einzelnen billiger- und gerech- 45
terweise verlangt werden kann.
Sie, Herr Präsident, haben es demgegenüber unendlich leichter. [...] Sie haben das Glück, kaum 15 Menschen auf den Quadratkilometer Ihres Landes ernähren zu müssen. Ihnen stehen die unendlichsten Boden- 50
reichtümer der Welt zur Verfügung. Sie können durch die Weite Ihres Raumes und die Fruchtbarkeit Ihrer Felder jedem einzelnen Amerikaner das Zehnfache an Lebensgütern sichern, wie es in Deutschland möglich ist. Die Natur hat Ihnen dies jedenfalls gestattet. Ob- 55
wohl die Zahl der Einwohner Ihres Landes kaum ein Drittel größer ist als die Zahl der Bewohner Großdeutschlands, steht Ihnen mehr als fünfzehnmal so viel Lebensfläche zur Verfügung.

Max Domarus, Hitler. Reden und Proklamationen 1932–1945, Bd. 2, Würzburg 1963, S. 1158 f.

1 Interpretieren Sie M 75, indem Sie
– die Hauptaussagen thesenartig zusammenfassen und die von Hitler eingesetzten rhetorisch-propagandistischen Mittel charakterisieren,
– wesentliche ökonomische und außenpolitische Maßnahmen seit 1933 beschreiben,
– zu den von Hitler behaupteten ökonomischen Erfolgen (Z. 10–24) Stellung nehmen und
– die Rede in den außenpolitischen Zusammenhang einordnen und zeigen, welche Absicht Hitler damit verfolgte.

2 Hitler spricht vor dem Reichstag. Beschreiben Sie, wie sich die Bedeutung des Reichstages seit 1871 bis 1934 verändert hat.

3 Beurteilen Sie, warum das NS-Regime in den Jahren nach 1933 bei der Mehrzahl der Deutschen auf Zustimmung stieß.

Methode

Lösungshinweise

Zu Aufgabe 1:
Interpretieren wird in den schriftlichen, aber auch mündlichen Abiturprüfungen eine zentrale Aufgabenstellung sein. Dabei sind Sinnzusammenhänge aus einer Quelle zu erschließen und es soll eine begründete Stellungnahme mit Erläuterung und Bewertung abgegeben werden.

Dazu werden Ihnen die Teilaufgaben vorgegeben. Beachten Sie in diesem Zusammenhang auch die Methodenseiten zur Interpretation schriftlicher Quellen (S. 126 f.) und zur Quellenkritik (S. 146 f.) sowie die Hinweise zu den Operatoren im Anhang (S. 580–582).

Bei dem Arbeitsauftrag „zusammenfassen" sollen Sie die Hauptaussagen der vorliegenden Quelle in Form von Thesen formulieren und dabei die Darstellung mithilfe der rhetorisch-propagandistischen Mittel charakterisieren, d. h. die sprachlichen Eigenarten beschreiben. Diese Erkenntnisse helfen Ihnen dann beim Formulieren der Aussageabsicht (siehe Teilaufgabe 1.4).

In der vorliegenden Quelle wird auf Wirtschaft und Außenpolitik Bezug genommen. Beim „Beschreiben" wesentlicher Maßnahmen sollen Sie diejenigen auswählen, die typisch für die Zeit nach 1933 sind. Dabei geht es um historische Sachverhalte, die auf das Wesentliche reduziert werden sollen. Grundlegende Informationen finden Sie in der thematischen Einheit 2.1, insbesondere in der Darstellung auf den S. 263–265.

Bei dem Arbeitsauftrag „Stellung nehmen" (siehe 1.3) sollen Sie zu einem begründeten Sachurteil kommen und zusätzlich ein Werturteil formulieren. Abschließend sollen Sie die Rede „einordnen", d. h. in einen historischen Zusammenhang – hier 1938/39 – stellen und unter Einbeziehung der Teilaufgaben 1.1–1.3 zeigen, welche Absicht der Redner verfolgte. Dabei können Ihnen die Thesen, die sprachlichen Mittel, aber auch der historische Kontext Hilfen sein. Wesentlich sind auch die Maßnahmen im Bereich Propaganda. Dazu finden Sie Informationen auf den Seiten 246 f.

Zu Aufgabe 2:
Im Zentrum dieser Aufgabe steht der Reichstag: Sie sollen beschreiben, wie sich die Bedeutung seit 1871 bis 1934 gewandelt hat. Diese Aufgabenart kennen Sie von Längsschnittbetrachtungen aus dem Unterricht. Dabei müssen Sie die historischen Sachverhalte unter Beibehaltung des Sinnes auf das Wesentliche – hier die Bedeutung – reduzieren. Eine Kontextualisierung ist dabei hilfreich, indem Sie die Epochen für diesen Zeitabschnitt zunächst benennen und wesentliche Merkmale zuordnen, z. B.:

1871	1918	1933–1934
Kaiserreich	Weimarer Republik	Übergang zur NS-Diktatur
Obrigkeitsstaat	Demokratie	Abbau der Demokratie

Mithilfe der Kenntnisse zu den Epochen und der Verfassungen können Sie die Rolle des Reichstages vergleichend von 1871 bis 1934 erarbeiten.

Rolle des Reichstages
a) im Kaiserreich:
– Kompromisscharakter der Verfassung
– Wahl, aber insgesamt eine „schwache Stellung"
Hinweise finden Sie im Darstellungsteil S. 105 f. und ein Schema auf S. 108.

b) in der Weimarer Republik:
– freiheitliche Verfassungsstruktur
– Stärkung des Reichstages aufgrund der Machtbefugnisse
Grundlegende Aussagen dazu können Sie auf den Seiten 174 f. nachlesen.
Auch ein Vergleich der Materialien M 16 (S. 175) und M 35 (S. 108) ist hilfreich.

c) 1933/34, der Phase der Machtsicherung:
– systematische Ausschaltung des Reichstages
– Bedeutung des Ermächtigungsgesetzes vom März 1933
Informationen hierzu finden Sie im Darstellungsteil auf der S. 235; die Folgen des Ermächtigungsgesetzes thematisiert M 10 auf S. 237.

Zu Aufgabe 3:
„Beurteilen" bedeutet, den Stellenwert des historischen Sachverhaltes zu bestimmen und zu einem begründeten Sachurteil zu kommen. Beim Sachurteil sollen Sie Gründe nennen, warum die Deutschen dem NS-Regime mehrheitlich zugestimmt haben. Denken Sie dabei an die verschiedenen Herrschaftsmethoden und die Propaganda, wie sie auch in der Rede von Hitler deutlich wird. Grundlegende Informationen zu den Herrschaftsmethoden finden Sie im Kapitel 1.4 ab Seite 244.

4 Nationalsozialismus

3 Der Nationalsozialismus in der historischen Diskussion

Theorien über den Nationalsozialismus

Seit dem Entstehen der ersten faschistischen Bewegung in Italien (s. S. 307 ff.) in den Zwanzigerjahren hat es Versuche gegeben, diese Erscheinung des politisch-gesellschaftlichen Lebens auch theoretisch zu verstehen und zu erklären. Das galt und gilt besonders für die deutsche Variante einer faschistischen Bewegung, den Nationalsozialismus. Die Versuche, den Faschismus, insbesondere den deutschen Nationalsozialismus, theoretisch zu erklären, waren in erster Linie von dem Ziel geleitet, die Wiederholung eines solchen Herrschaftssystems in Deutschland frühzeitig zu verhindern. Mit den Theoriemodellen sollte aber auch versucht werden zu erklären, warum so viele Menschen sich von der NSDAP angezogen fühlten und bereit waren, sich für deren Ziele zu engagieren.

Totalitarismus und Faschismus

Marxistische Historiker begreifen den Nationalsozialismus als eine der radikalsten Formen bürgerlich-kapitalistischer Herrschaft. Sie richten ihr Augenmerk vor allem auf den Zusammenhang zwischen faschistischen Bewegungen und Kapital-/Industriegruppen. Sie verfolgen damit das Ziel, die gegenseitige Abhängigkeit bzw. die Vormachtstellung von politischer Bewegung oder Kapitalgruppen zu belegen (M 76 a).

Nicht marxistische **westliche Forscher** untersuchen den Nationalsozialismus dagegen als Sonderfall und nicht als eine Form bürgerlicher Herrschaft. Einige Wissenschaftler bevorzugen den Begriff des Totalitarismus zur Charakterisierung nationalsozialistischer Herrschaft. Das NS-Regime wird von ihnen als totalitäre Herrschaftsform angesehen, in der Menschenwürde und Menschenrechte, liberales Gedankengut und demokratische Regierungsformen missachtet werden. Die Anhänger der Totalitarismustheorie betonen die Vorrangstellung der Politik, das heißt die relativ große Autonomie der NS-Bewegung gegenüber den Kapital- und Industriegruppen. Sie bezweifeln, dass Hitler und die NSDAP lediglich die Erfüllungsgehilfen der gesellschaftlich und wirtschaftlich mächtigen Gruppen im Bürgertum oder in der Industrie gewesen seien.

Gegen einen solchen Totalitarismusbegriff wenden andere westliche Forscher ein, dass er allzu einseitig die Herrschaftsorganisation und die Herrschaftsmethoden der Nationalsozialisten in den Blick nehme. Diese Historiker und Sozialwissenschaftler benutzen lieber den Begriff des Faschismus. Denn er sei besser als der Totalitarismusbegriff geeignet, die politisch-sozialen Grundlagen und Funktionen nationalsozialistischer Politik herauszustellen. Aus dieser Sicht erscheint der Nationalsozialismus als eine Krisenerscheinung des bürgerlich-kapitalistischen Systems, in dem die unter Druck geratenen Mittelschichten Zuflucht suchten bei einer rechtsradikalen Protestbewegung mit antikapitalistischen wie antisozialistischen Zielsetzungen. Auch die sich in ihrer Vormachtstellung bedroht fühlenden Oberschichten suchten nach dieser Interpretation Schutz bei der faschistischen Partei. Sie hätten sich von ihr eine Stabilisierung der bestehenden Herrschafts- und Machtverhältnisse versprochen (M 76 b).

Modernisierung oder rückwärts gewandte Utopie

Einer der Hauptstreitpunkte der Forschung kreist um die Frage, ob der Nationalsozialismus moderne Züge aufwies. Einige Historiker vertreten dabei die Auffassung, dass vom NS-Regime Modernisierungsschübe ausgegangen seien. Besonders der amerikanische Geschichtswissenschaftler David Schoenbaum hat in seinem Aufsehen erregenden Buch über „Die **braune Revolution**. Eine Sozialgeschichte des Dritten Reiches" aus dem Jahre 1968 die These zu untermauern versucht, dass in der Zeit zwischen 1933 und 1945 moderne wirtschaftliche und gesellschaftliche Entwicklungen beschleunigt wurden. Hierzu zählt er die wachsende Industrialisierung Deutschlands, die zunehmende Kapitalkonzentration, die Erhöhung der sozialen Mobilität, verbunden mit Landflucht und Verstädterung, sowie beachtliche Fortschritte in der Technisierung. Bei diesen Modernisierungstendenzen handele es sich aber eher um unbeabsichtigte Folgen der NS-Politik, die nicht durch das NS-Parteiprogramm und den Willen Hitlers abgedeckt waren (M 78 a).

Die Kritiker der Modernisierungsthese, die auch unter deutschen Historikern Zustimmung fand, erkennen die modernisierenden Wirkungen nationalsozialistischer Herrschaft durchaus an. Sie

Nationalsozialismus 4

wenden jedoch ein, dass der Einsatz modernster Mittel, z. B. in der Propaganda, für die Nationalsozialisten von Anfang an im Dienst ihrer rückwärts gewandten Ideologie gestanden habe. Alles sei der reaktionären Agrarutopie sowie der rassistischen Volksgemeinschafts- und „Lebensraum"-Ideologie untergeordnet und zudem nur mit kriegerischen Methoden zu verwirklichen gewesen (M 78 b).

Nationalsozialismus und Bolschewismus

Im sogenannten Historikerstreit Mitte der Achtzigerjahre stand die Frage im Mittelpunkt, ob der Nationalsozialismus eine Folge der Furcht vor dem Bolschewismus gewesen sei. Ausgelöst wurde diese Kontroverse von dem Historiker Ernst Nolte, der den Erfolg der Nationalsozialisten und deren Politik auf die im deutschen Bürgertum tief verwurzelte Bolschewismusfurcht zurückführte. Ohne die Kenntnis dieses Motives könnten weder der Krieg gegen die Sowjetunion noch die nationalsozialistische Vernichtungspolitik erklärt werden. Dies dürfe jedoch nicht dazu führen, dass die nationalsozialistische Kriegs- und Vernichtungspolitik unter Hinweis auf die Taten und Absichten der Bolschewisten gerechtfertigt oder gar entschuldigt würden (M 79 a).

Die Gegner Noltes warfen ihm aber gerade vor, dass er mit seiner Interpretation allzu einseitig den Bolschewismus zur Hauptursache des Nationalsozialismus erkläre; er trage auf diese Weise dazu bei, Deutschland von der historischen Verantwortung für die Nazi-Barbarei zu entlasten. Die deutsche Bevölkerung habe sich im Jahre 1933 nicht zwischen Bolschewismus und Nationalsozialismus, sondern zwischen Demokratie und Diktatur entscheiden müssen (M 79 b).

M 76 Totalitarismus und Faschismus

a) Wolfgang Ruge, ein führender Historiker der ehemaligen DDR, zur Deutung des Nationalsozialismus (1983)

Die Hauptaufmerksamkeit der marxistischen Forschung gilt […] in erster Linie den sozialökonomischen Ursachen des Faschismus, den Bedingungen, die seinen Vormarsch ermöglichen, den pro- und antifa-
5 schistischen Haltungen und Aktivitäten der politischen Kräfte. Bei deren Analyse stützt sie sich auf Grunderkenntnisse der Klassiker des Marxismus und geht davon aus, dass – wie Engels hervorhob – die ökonomische Notwendigkeit wohl in letzter Instanz die his-
10 torische Entwicklung bestimmt, aber in jenem Prozess der Wechselwirkung keineswegs allein aktiv ist, in dem politische, rechtliche, philosophische, religiöse, literarische, künstlerische etc. Faktoren aufeinander und auf die ökonomische Basis reagieren. […]
15 Zu den Zufälligkeiten, die Engels als „Ergänzung und Erscheinungsform" der Notwendigkeit definiert, gehören nicht an letzter Stelle „die sogenannten großen Männer" […] mitsamt ihren persönlichen Eigenschaften. Indes können diese Männer nicht „an sich"
20 interessieren, sondern nur im Kontext mit dem gesellschaftlichen Umfeld, aus dem sie hervorgehen und auf das sie tatsächlich einzuwirken imstande sind. […]
Diese Eigenschaften, die sich in zufälligen Konstellationen objektiv bedingter Auseinandersetzungen als
25 Trümpfe erwiesen, ließen Hitler schließlich zur Galionsfigur der Oberschicht einer Klasse werden, die historisch abgewirtschaftet hatte und sich nur noch mit grenzloser Brutalität und nicht mehr zu überbietender Unmenschlichkeit an der Macht halten konnte.

Wolfgang Ruge, Das Ende von Weimar. Monopolkapital und Hitler, Deutscher Verlag der Wissenschaften, Berlin Ost ²1983, S. 13 ff.

b) Der Historiker Wolfgang Wippermann in seinen „Thesen zu einer Definition des Faschismus" (1981)

1. Historisch-beschreibende Elemente einer Definition des Faschismus
Faschistische Parteien waren nach dem Führerprinzip organisiert und verfügten über uniformierte und be-
5 waffnete Abteilungen. Sie vertraten eine Ideologie, die sowohl antisozialistische wie antikapitalistische Momente enthielt, von der die Moderne sowohl bejaht wie radikal verneint wurde und die schließlich extrem nationalistisch, antidemokratisch und Gewalt verherrli-
10 chend war.
2. Strukturelle Faktoren
Faschistische Parteien konnten eine Massenbasis erreichen, wenn es ihnen gelang, Menschen mit bestimmten psychischen Merkmalen („autoritärer Charakter")
15 und Bedürfnissen (Angst und Aggression) sowie vor allem Angehörige des Mittelstandes für ihre Ziele zu gewinnen und schließlich finanzielle Zuwendungen von einigen Industriellen zu erhalten.
Zur Macht gelangten sie nur dort, wo einflussreiche
20 Kreise in Industrie, Landwirtschaft, Militär und Bürokratie bereit waren, mit der jeweiligen faschistischen

4 Nationalsozialismus

M77 In der Gedenkstätte Bergen-Belsen, Fotografie, ca. 1996

1 Bereiten Sie den Besuch einer NS-Gedenkstätte oder einer laufenden Ausstellung zur Geschichte des Nationalsozialismus vor. Beurteilen Sie nach dem Besuch die Konzeption der Ausstellung bzw. Gedenkstätte und diskutieren Sie über Ihre persönlichen Eindrücke.

Partei ein Bündnis zu schließen. Gemeinsames Ziel dieser Bündnispartner war es, durch einen Lohnstopp die Zerschlagung der Organisationen der Arbeiterbewegung, durch Arbeitsbeschaffungsmaßnahmen und schließlich durch Aufrüstung und Raubkriege die Krise zu überwinden, die diese Länder getroffen hatte. […] Im Unterschied zum italienischen „Normal"-Faschismus gelang es jedoch dem deutschen „Radikal"-Faschismus, sich von seinen Bündnispartnern in der Industrie, Landwirtschaft, Bürokratie und Wehrmacht zumindest partiell und partikular so weit zu verselbstständigen, dass er seine „dogmatisch" geprägte Rassenpolitik mit ihrer Rassen züchterischen wie Rassen vernichtenden Komponente auch dann noch verwirklichte, als dies mit den rationalen Zielen der Sicherung der politischen und ökonomischen Macht nicht mehr zu vereinbaren war.

3. Historisch-singuläre Züge

Die genannten strukturellen Faktoren reichten jedoch nicht aus, um zu erklären, weshalb der Faschismus in einigen Ländern erfolgreich war, während er in anderen, die vergleichbare Strukturen aufwiesen, nicht erfolgreich war. […] In Deutschland konnte der Nationalsozialismus bei seinem Aufstieg folgende Momente ausnützen:

a) den verlorenen Krieg, die Erbitterung über den Versailler Vertrag […];
b) die antidemokratische Tradition und Haltung in Heer, Verwaltung und Justiz […];
c) das Vorhandensein starker verfassungsfeindlicher Parteien […] und das Versagen der demokratischen Parteien;
d) die Weltwirtschaftskrise, durch welche die permanente politische, soziale und ökonomische Krise der Weimarer Republik noch verschärft wurde.

Wolfgang Wippermann, Zur Analyse des Faschismus. Die sozialistischen und kommunistischen Faschismustheorien 1921–1945, Suhrkamp, Frankfurt/Main 1981, S. 146 f.

1 Erarbeiten Sie aus M 76 a, b
   a) die jeweilige Definition der Begriffe,
   b) Unterschiede und Übereinstimmungen mit Blick auf Hintergründe, Machterwerb und -ausübung,
   c) die potenzielle Vergleichbarkeit verschiedener Systeme des 20. Jahrhunderts.
2 Setzen Sie sich mit den Positionen von Ruge (M 76 a) und Wippermann (M 76 b) auseinander.

Nationalsozialismus 4

M78 Modernisierungstendenzen im nationalsozialistischen Deutschland?

a) Der Historiker David Schoenbaum über die sozialen Folgen des Nationalsozialismus (1968)

Als konsequente Verlängerung der deutschen Geschichte setzte das Dritte Reich die historische Kluft zwischen der objektiven sozialen Wirklichkeit und ihrer Deutung fort. Die objektive soziale Wirklichkeit in den statistisch messbaren Folgen des Nationalsozialismus war gerade das Gegenteil von dem, was Hitler versprochen und die Mehrheit seiner Anhänger von ihm erwartet hatte. Im Jahre 1939 waren die Städte nicht kleiner, sondern größer als zuvor; die Kapitalkonzentration war größer; die Landbevölkerung hatte sich vermindert, nicht vermehrt; die Frauen standen nicht am häuslichen Herd, sondern im Büro und in der Fabrik; die ungleiche Verteilung von Einkommen und Vermögen war größer, nicht geringer geworden; der Anteil der Industrie am Bruttosozialprodukt war gestiegen, der Anteil der Landwirtschaft gesunken; der Industriearbeiterschaft ging es verhältnismäßig gut und den kleinen Geschäftsleuten immer schlechter. Auf den ostelbischen Gütern herrschte nach wie vor der Adel, im Beamtentum herrschten Doktoren, im Heer Generale mit Adelsnamen. So ist die Geschichte des Dritten Reiches eine Geschichte voller Enttäuschung, Zynismus und Resignation, die Geschichte einer scheinbar verratenen Revolution, deren einstige Anhänger, Otto Strasser, Rauschning, Feder und Rosenberg, sie einer nach dem anderen ebenso heftig brandmarkten wie die Gegner der Bewegung.

Andererseits bot sich diese Gesellschaft dem, der ihre wirkliche Sozialstruktur zu deuten unternahm, so einheitlich wie keine andere in der neueren deutschen Geschichte dar; es war eine Gesellschaft voller Möglichkeiten für Jung und Alt, für Klassen und Massen, die New Deal und gute alte Zeit zugleich war. Wie keine andere seit 1914 war dies eine Welt der Berufsbeamten und eines autoritären Patriarchats, eine Welt der nationalen Ziele und Erfolge, in der die Armee wieder einmal „die Schule der Nation" war und Offiziere wie Soldaten das Gleiche aßen und sich „von Mensch zu Mensch" unterhielten.

David Schoenbaum, Die braune Revolution. Eine Sozialgeschichte des Dritten Reiches, dtv, München 1980, S. 348

1 Erläutern Sie die unterschiedlichen Erfahrungen im Dritten Reich nach M 78 a.

2 Stellen Sie dar, welche Entwicklungen während der NS-Zeit modern waren.

b) Der Historiker Bernd-Jürgen Wendt über die Modernisierungshese (1995)

Etiketts wie „modern" und „rational" werden gerade im Zusammenhang mit Hitler und seiner Politik sinnentleert und beliebig, wenn man sie nicht in den Gesamtkontext dieser Weltanschauung und der aus ihr abgeleiteten Weltanschauungspolitik zwischen 1933 und 1945 stellt und von hier aus genau bestimmt. Moderne Faszination und Lockung waren eben nur die eine Seite der Medaille. Im Mittelpunkt der nationalsozialistischen Ideologie und auch im Mittelpunkt der fanatischen Gedankenwelt ihres „Führers" stand ein zutiefst inhumanes und nach den Kriterien moderner Sittlichkeit und Rechtsstaatlichkeit […] verbrecherisches Wollen. Das nationalsozialistische Menschenbild wurde definiert nach den Prinzipien rassenbiologischer Wertigkeit und rassenhygienischer Gesundheit resp. Krankheit. Es konnte unter der Aura scheinbarer moderner Wissenschaftlichkeit kaum seine mehr als dürftige intellektuelle und erkenntnismäßige Substanz verbergen. Dessen ungeachtet entfaltete aber gerade das Rassedenken nach 1933 […] jene mörderische Konsequenz, die alle Bereiche von Politik und Gesellschaft durchdringen und bestimmen sollte. Mit dem Rassendogma verband sich ein zusätzlich radikalisierendes sozial-darwinistisches Politikverständnis. In ihm wurden das Recht des Stärkeren (und das meinte stets des „rassisch Höherwertigen") und seine brutale Durchsetzung als Grundgesetz menschlichen Zusammenlebens und des Zusammenlebens der Völker proklamiert.

Wenn wir also nur einzelne Segmente der nationalsozialistischen Herrschaft unter die Lupe nehmen und sie als „modern" […] herausstellen, ohne ihre funktionale Zwecksetzung und ihren Stellenwert im gesamten Ideologiegebäude des Nationalsozialismus zu untersuchen, verfallen wir demselben Irrtum wie die „Volksgenossen" von damals. Sie vermochten dem Regime doch immer eine „gute Seite" abzugewinnen und sahen darüber die negative Kehrseite entweder wirklich nicht oder wollten sie nach dem Motto „wo gehobelt wird, fallen Späne" nicht sehen bzw. sie bagatellisieren. Es gehörte zur Lebenswirklichkeit des nationalsozialistischen Diktaturstaates, dass sich die Menschen in der Regel mit einem Teil seiner Angebote und Leistungen, etwa in der Außen-, der Wirtschafts- und Sozialpolitik, identifizierten, vor allem wenn sie selbst deren Nutznießer waren, und andere Wesenszüge durchaus ablehnen konnten.

Bernd-Jürgen Wendt, Deutschland 1933–1945. Das „Dritte Reich". Handbuch zur Geschichte, Fackelträger-Verlag, Hannover 1995, S. 695

1 Stellen Sie dar, weshalb Wendt den Begriff „modern" zur Kennzeichnung des NS-Systems ablehnt.

305

4 Nationalsozialismus

M79 Der Nationalsozialismus – eine Folge des Bolschewismus? („Historikerstreit")

a) Der Historiker Ernst Nolte zum „Zusammenhang" der „biologischen Vernichtungsaktionen" des Nationalsozialismus und der „sozialen" des Bolschewismus (1986)

Es ist ein auffallender Mangel der Literatur über den Nationalsozialismus, dass sie nicht weiß oder nicht wahrhaben will, in welchem Ausmaß all dasjenige, was die Nationalsozialisten später taten, mit alleiniger Ausnahme des technischen Vorgangs der Vergasung, in einer umfangreichen Literatur der frühen Zwanzigerjahre bereits beschrieben war. […]

Es ist wahrscheinlich, dass viele dieser Berichte übertrieben waren. Es ist sicher, dass auch der „weiße Terror" fürchterliche Taten vollbrachte, obwohl es in seinem Rahmen keine Analogie zu der postulierten „Ausrottung der Bourgeoisie" [durch die Bolschewiki in der Sowjetunion] geben konnte. Aber gleichwohl muss die folgende Frage als zulässig, ja unvermeidbar erscheinen: Vollbrachten die Nationalsozialisten, vollbrachte Hitler eine „asiatische" Tat vielleicht nur deshalb, weil sie sich und ihresgleichen als potenzielle oder wirkliche Opfer einer „asiatischen" Tat betrachteten? War nicht der „Archipel GULag" ursprünglicher als Auschwitz? War nicht der „Klassenmord" der Bolschewiki das logische und faktische Prius[1] des „Rassenmords" der Nationalsozialisten? […]

Aber so wenig wie ein Mord, und gar ein Massenmord, durch einen anderen Mord „gerechtfertigt" werden kann, so gründlich führt doch eine Einstellung in die Irre, die nur auf den einen Mord und den einen Massenmord hinblickt und den anderen nicht zur Kenntnis nehmen will, obwohl ein kausaler Nexus wahrscheinlich ist.

Ernst Nolte, Vergangenheit, die nicht vergehen will, in: Frankfurter Allgemeine Zeitung, 6. Juni 1986

1 Prius (lat.): das Erstere, Vorausgehende

b) Der Historiker Jürgen Kocka zur Position von Ernst Nolte (1993)

Die nationalsozialistische Unterdrückungs-, Aggressions- und Ausrottungspolitik hat vorwiegend andere Gründe als die Furcht vor der sowjetischen Revolutionierung Europas. Extremer Nationalismus, Antisemitismus, Sozialdarwinismus sind da zu nennen, das Streben nach „Lebensraum", soziale Konflikte und Verwerfungen im Inneren, Eigenarten der politischen Verfassung und der politischen Kultur in Deutschland, kulturelle Desorientierung und anderes mehr, allgemein die Krise Europas, die besonderen Belastungen der deutschen Tradition und die Auswirkungen des Weltkriegs. Das sind fast durchweg Faktoren, die in die Zeit vor der Oktoberrevolution zurückreichen oder kausal mit ihr nichts zu tun haben. […]

Die Ursachen der deutschen Katastrophe waren größtenteils hausgemacht. Die Verantwortung lässt sich beim östlichen Nachbarn nicht so abladen, wie Nolte das will. Aus dem Kampf zwischen den westlichen Demokratien und dem östlichen Bolschewismus lässt sich ein historischer Sinn des deutschen Faschismus nicht begründen.

Überhaupt greift zu kurz, wer das „Wesen" der Epoche im Kampf zwischen Faschismus und Bolschewismus sieht. Zu Recht blickt Nolte auf die ganze Epoche vom Ersten Weltkrieg bis 1989/91. Diese war aber weniger vom Kampf zwischen Bolschewismus und Faschismus als vielmehr vom Kampf der westlichen Verfassungsstaaten gegen die faschistischen und kommunistischen Diktaturen geprägt, in dem sie sich am Ende als die überlegenen erwiesen – wie immer ihre Zukunft ohne die Diktaturen auch aussehen mag.

Jürgen Kocka, Durch und durch brüchig, in: Die Zeit, 12. November 1993

1 Analysieren Sie M 79 a und b und arbeiten Sie die Unterschiede in der Argumentation heraus.
2 Diskutieren Sie Jürgen Kockas Prämisse (M 79 b), der Bezugspunkt eines historischen Urteils über Faschismus und Bolschewismus müsse die westliche Demokratie sein.

Nationalsozialismus 4

4 Das faschistische Italien

Soziale Ursachen des Faschismus

Italien war mit das erste Land im Nachkriegseuropa, in dem das liberale System vor einer Diktatur kapitulierte (M 80). Die Wurzeln hierfür reichen bis in die Zeit der staatlichen Einigung Italiens Mitte des 19. Jahrhunderts zurück. Das Nord-Süd-Gefälle in der industriellen Entwicklung, die krasse unterschiedliche Besitzverteilung in der Landwirtschaft sowie die Gegnerschaft zwischen dem Königreich und der katholischen Kirche verhinderten eine innergesellschaftliche Einigung. Hinzu kamen die Defizite des parlamentarischen Systems, das aufgrund eines strengen Zensuswahlrechts – 1880 waren nur 2,2 % der Bevölkerung wahlberechtigt – eine Kluft zwischen der liberalen Honoratiorenschicht und der Masse der Bevölkerung entstehen ließ. Einschneidende soziale Reformen waren in dieser Situation kaum durchzusetzen.

Die ungelösten sozialen, ökonomischen und politischen Probleme erschwerten vor allem die Entstehung einer wirkungsvollen Opposition innerhalb des parlamentarischen Systems. Die Massenbewegungen der Arbeiterschaft und des politischen Katholizismus blieben von der Mitwirkung an politischen Entscheidungen ausgeschlossen. Die nach 1900 einsetzenden Versuche des linksliberalen

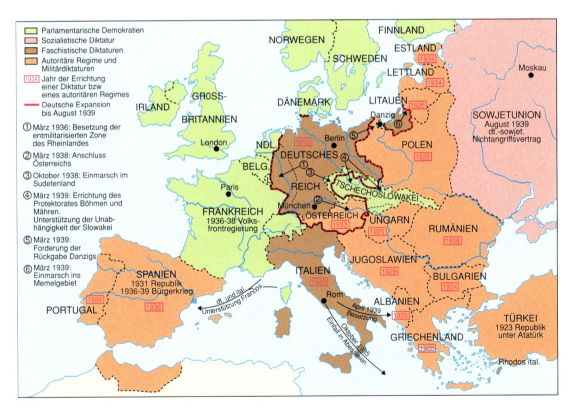

M 80 Europa zwischen Demokratie und Diktatur 1920–1939

1 Untersuchen Sie mithilfe von M 80 den Aufstieg diktatorischer Gewalten in Europa.
2 **Gruppenarbeit mit Referat:** Zeigen Sie, warum die Demokratien in Frankreich und Großbritannien den diktatorischen Herausforderungen der Zwischenkriegszeit widerstanden: Teilen Sie Ihren Kurs in zwei Gruppen; besorgen Sie sich historische Handbücher, die Ihnen Auskunft über die Geschichte Großbritanniens bzw. Frankreichs in der Zwischenkriegszeit geben, und bereiten Sie Ihre Ergebnisse in Form von Referaten auf.

4 Nationalsozialismus

Regierungschefs Giovanni Giolotti (1842–1928), durch Ausweitung des Wahlrechts, soziale Reformen und den Verzicht auf den traditionellen Antiklerikalismus die Bevölkerung stärker zu integrieren, hatten nur begrenzt Erfolg. Mit Recht darf deshalb Italien als eine gesellschaftlich gespaltene Nation bezeichnet werden.

Politische Instabilität nach dem Ersten Weltkrieg Während der Erste Weltkrieg in den meisten europäischen Ländern eine – zumindest vorübergehende – innere Einigung herbeiführte, blieb die Gesellschaft Italiens gespalten. Hier gewannen die „Interventionisten", die das Land in den Krieg führen wollten und mit dem sozialistischen Journalisten Mussolini und dem populären Dichter Gabriele D'Annunzio (1863–1938) an ihrer Spitze kämpften, die Auseinandersetzungen mit den „Neutralisten", die die Mehrheit im Parlament hielten. Sie nötigten die abwartende Staatsführung im Mai 1915 zum Eintritt in den Krieg auf der Seite der Entente. Damit hatten sich gewissermaßen die „Agitatoren der Straße" gegen die gewählten Volksvertreter durchgesetzt. Dies war ein Vorgang, der das System aus den Angeln heben konnte und 1922 in der erzwungenen Machtübertragung an Mussolini tatsächlich nachgeahmt wurde.

Der Krieg löste auch in Italien die Probleme nicht, sondern verschärfte die Krise des liberalen politischen Systems. Denn die Hoffnungen der Interventionisten auf große Gebietsgewinne Italiens erfüllten sich nicht. Das Land erhob Besitzansprüche auf Teile von Tunesien, die jugoslawische Adriaküste, Albanien, Korsika, Savoyen und Nizza, es erhielt von den „Großen Drei" aber nur Südtirol. So entstand das Wort vom „verstümmelten Sieg", das – ähnlich wie die Formel vom „Dolchstoß" in Deutschland – seine propagandistische Wirkung entfalten konnte. Nationalistischer Überschwang, gepaart mit Enttäuschungen über nicht erfüllte Hoffnungen, veranlassten D'Annunzio im September 1919, an der Spitze eines Freikorps in Fiume (Rijeka) einzumarschieren und einen 15 Monate lang existierenden, allen völkerrechtlichen Bestimmungen widersprechenden „Freistaat" zu errichten. Vorformen des faschistischen Regimes (Führerkult, Uniformierung, Massenaufmärsche) prägten sich hier bereits aus.

Die Regierung schritt gegen das „Fiume-Abenteuer" nicht ein. Für einen zusätzlichen Autoritätsschwund sorgten die von den Sozialisten initiierten Arbeitskämpfe und politischen Massenstreiks, die im Sommer 1920 in Fabrik- und Güterbesetzungen, besonders im Norden des Landes, ihren Höhepunkt fanden. Angesichts der chaotischen Zustände im Lande und nicht zuletzt deswegen, weil die Arbeiter mit dem Kampfruf „Viva Lenin" ihren wirtschaftlichen und politischen Forderungen Nachdruck verliehen, beschworen die bürgerlichen Kräfte die Gefahr einer bolschewistischen Revolution. Die Regierung verlor die Kontrolle über die Lage. Das Verhältniswahlrecht, erstmals in den Wahlen vom November 1919 angewandt, setzte neue politische Kräfte frei. Es brachte den Sozialisten und der katholischen Volkspartei, den „Populari", die Parlamentsmehrheit und bescherte den zersplitterten Liberalen eine Niederlage. Eine Kooperation der beiden Wahlsieger kam jedoch nicht zustande, sodass die Liberalen einen Teil ihres Einflusses wahren, aber nur lockere Regierungsbündnisse eingehen konnten. Die unsichere politische Situation äußerte sich in häufigen Regierungswechseln.

Faschistische Machtübernahme 1922 Die Lähmung des liberalen Systems wurde vollends deutlich, als der Terror der politischen Linken in der zweiten Hälfte des Jahres 1920 zu massivem Gegenterror von rechts führte: „Strafexpeditionen" gegen Arbeitskammern und Volkshäuser, aber auch gegen sozialistische Abgeordnete waren an der Tagesordnung – Aktionen, die oft Beifall in der bürgerlichen Presse, ja selbst bei der Polizei fanden. Die Regierung brachte nicht die Kraft auf, in diese Bürgerkriegssituation, die in den ersten Monaten des Jahres 1921 mehr als 200 Todesopfer kostete, ordnend einzugreifen. Damit ermöglichte sie es der politischen Rechten, ihren Terror in der Öffentlichkeit als Verteidigung von Recht und Ordnung darzustellen.

Der rechte Terror wurde von den „Fasci di Combattimento", den faschistischen Kampfbünden, getragen. Mussolini hatte sie 1919 als Sammelbecken der Enttäuschten und Unzufriedenen gegründet. Ursprünglich in ihrer Programmatik links orientiert und an revolutionäre Landarbeiterbewegungen auf Sizilien anknüpfend, wandelten sie sich 1920 in eine faschistische Organisation und erhielten so ihr eigentümliches Doppelgesicht der „revolutionären Reaktion" (M 83). Antiliberalis-

Nationalsozialismus 4

mus, Antimarxismus sowie Antiklerikalismus waren die Grundzüge dieser Bewegung. Von Anfang an setzte sie sich aus unterschiedlichen Gruppierungen zusammen (Nationalisten, Legionäre D'Annunzios, abtrünnige Sozialisten um Mussolini), die um verschiedene Kampftaktiken stritten: Sollte der Faschismus auf die direkte Aktion setzen und den Führern der paramilitärischen Squadren, der Kampftruppen, den Einfluss sichern? Oder sollte er als eine organisatorisch gefestigte und zentralistisch gelenkte Partei den Kampf gegen das „System" führen? Mussolini gelang es gegen innere Widerstände, beide Konzeptionen zu einer Doppelstrategie von Gewalt und Legalität zu verbinden: Als 1921 der Durchbruch zur Massenbewegung erfolgte – auch bürgerliche Kreise schlossen sich den Faschisten an –, leitete er die Umwandlung in eine Partei ein. Bei ihrer Gründung verfügte sie bereits über rund 300 000 Mitglieder.

Bei den vorzeitigen Neuwahlen im Mai 1921 versuchte Ministerpräsident Giolotti die Faschisten in einen „nationalen Block" einzubinden. Seine Strategie ging allerdings nicht auf. Sie ermöglichte vielmehr den Faschisten den Einzug ins Parlament, ohne dass diese sich an die parlamentarischen Spielregeln gebunden fühlten. Mussolini drohte etwa im Frühjahr 1922 mit einem faschistischen Aufstand, wenn ein Ministerpräsident ernannt würde, der eine antifaschistische Koalition anstrebe. Die Sozialisten und die Populari fanden sich auch jetzt nicht zur Zusammenarbeit mit der Regierung bereit. Stattdessen nutzte Mussolini im September 1922 einen fehlgeschlagenen sozialistischen Generalstreik dazu, die Mobilmachung der faschistischen Schwarzhemden anzuordnen und zum „Marsch auf Rom" aufzurufen. Gleichzeitig signalisierte er dem König und der Armee Verhandlungsbereitschaft. In dieser Situation verweigerte Viktor Emanuel III. dem Ministerpräsidenten Luigi Facta die Ausrufung des Belagerungszustandes und beauftragte Mussolini mit der Regierungsbildung. So ging das liberale System Italiens nach dem spektakulär inszenierten, dann aber stecken gebliebenen „Marsch auf Rom" ganz untheatralisch zugrunde.

M81 Mussolini bei einer Versammlung der faschistischen Schwarzhemden in Rom, 1935, Fotografie

1 Untersuchen Sie die Symbolik der Fotografie. Vergleichen Sie sie mit Selbstdarstellungen Hitlers (M2, S. 230).

4 Nationalsozialismus

Das faschistische Herrschaftssystem

Nach außen wirkte der halb legale Machtantritt Mussolinis nicht wie ein Bruch mit der Tradition, stand der neue Ministerpräsident doch einer Koalitionsregierung aus Faschisten, Liberalen, Populari sowie unabhängigen Persönlichkeiten vor. Es schienen genügend Sicherungen gegen eine faschistische Diktatur eingebaut zu sein. Doch sie erwiesen sich bald als unwirksam. Die Umwandlung der faschistischen Squadren in eine staatliche Miliz, die nicht dem König, sondern Mussolini unterstellt wurde, konnte noch als Maßnahme zur Bändigung der „revolutionären" Kräfte in den eigenen Reihen interpretiert werden. Aber schon das Wahlgesetz vom November 1923 zeigte, dass der „Duce", wie Mussolini sich nennen ließ, mit seiner Partei das weiterhin bestehende Parlament majorisieren wollte: Die stärkste Partei erhielt automatisch zwei Drittel der Sitze, sofern sie mindestens 25 % der Stimmen bekam. Selbst Altliberale wie Giolotti stimmten diesem Gesetz zu, ein Beleg dafür, wie sehr Mussolinis Formeln von der „Normalisierung" und der Sicherung der Regierungsfähigkeit das Bürgertum beeindruckt hatten. Dies, aber auch der Wahlterror sorgten im April 1924 für einen Stimmenanteil von 65 % für die faschistische Liste.

Doch bevor sich der Faschismus in Italien voll etablierte, durchlief er noch eine Krise. Als der populäre sozialistische Abgeordnete Giacomo Matteotti (1885–1924) kurz nach der Wahl 1924 von einem Squadristen ermordet wurde, reagierte die Öffentlichkeit mit Abscheu. Aber auch jetzt fand sich die Opposition nur zu einem symbolischen Akt bereit: Sie zog aus dem Parlament auf den

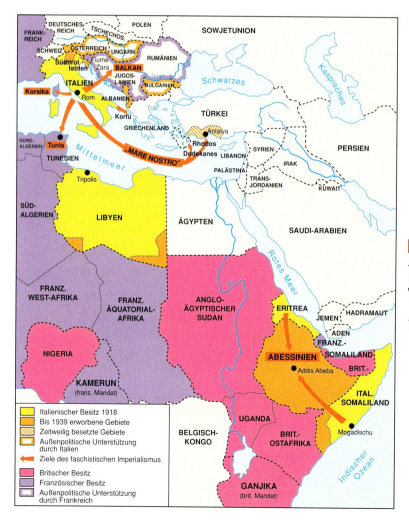

M 82 Expansion und Ziele des italienischen Faschismus zwischen den Weltkriegen

1 Arbeiten Sie mithilfe von M 82 die Ziele und die tatsächliche Expansion Italiens in der Zwischenkriegszeit heraus.

310

Nationalsozialismus 4

Aventin und brachte mit dieser Anknüpfung an die altrömische Tradition ihren Protest zum Ausdruck. Praktisch manövrierte sie sich mit diesem Schritt ins Abseits. Nutznießer der „Matteotti-Krise" war der geschickt taktierende Mussolini, der die Initiative zurückgewann und 1925 die Opposition ebenso ausschaltete wie die bisherigen Bündnispartner (Parteienauflösung, Verbot von Oppositionszeitungen, Rücktritt der nicht faschistischen Regierungsmitglieder).

Der ersten Etappe der faschistischen Machtdurchdringung folgte die **Errichtung einer Diktatur** und eines Korporativsystems (M 84). Mit dessen Hilfe sollten sowohl der Individualismus des liberalen Staates als auch der Klassenkonflikt überwunden werden. Doch stimmten Anspruch und Wirklichkeit weniger überein, als es das Modell des „totalitären Staates" glauben machen sollte, den das Italien Mussolinis zu verkörpern vorgab (M 85). Neben dem Duce bestanden als Machtzentren die Krone, die Kirche, der Industriellenverband und der Große Faschistische Rat weiter und wahrten eine gewisse Selbstständigkeit. Im damals bürokratisch noch wenig entwickelten Italien stieß zudem die Umsetzung der zentralistischen faschistischen Maßnahmen auf Schwierigkeiten. Der italienische Faschismus war weniger rassistisch als der Nationalsozialismus. In Italien setzte die Judenverfolgung erst 1938 ein und erfuhr niemals eine Systematisierung wie in Deutschland. Überdies erlaubte der italienische Faschismus eine größere Offenheit gegenüber modernen Strömungen in Kunst und Literatur (M 86). Er ist deshalb von manchen Intellektuellen in der Zwischenkriegszeit unterschätzt worden.

Außenpolitik Das außenpolitische Programm des italienischen Faschismus nahm die imperiale Tradition des alten Roms zum Vorbild und zielte darauf ab, rund um die Adria ein faschistisches Großreich zu errichten („mare nostro"; M 82). Die **Wiederherstellung der historischen „Größe Italiens"** wurde zum ideologischen Fundament des italienischen Faschismus (M 81).

Britische und französische Interessen im Mittelmeergebiet mahnten Mussolini bei der Verwirklichung seiner expansionistischen Pläne jedoch anfangs zur Vorsicht. Erst später verschafften ihm vier Ereignisse neuen Handlungsspielraum: Erstens, nach dem missglückten Putsch der Nationalsozialisten gegen die österreichische Regierung unter Engelbert Dollfuß (1892–1934) konnte Italien 1934 international als Garant für die Unabhängigkeit Österreichs auftreten. Zweitens, nach der Einführung der allgemeinen Wehrpflicht in Deutschland und, drittens, nach der Unterzeichnung eines deutsch-britischen Flottenabkommens im Jahr 1935 (das England mit der Hoffnung auf Rüstungsbegrenzungen abgeschlossen hatte) wurde Italien als möglicher Bündnispartner gegen das Deutsche Reich angesehen. Ein Abkommen mit Frankreich über Kolonialkompensationen in Nordfrankreich gab, viertens und letztens, den Rücken frei für den **Überfall Italiens auf Äthiopien im Oktober 1937**.

Dass das Land zwischen 1889 und 1896 für kurze Zeit als „Abessinien" italienische Kolonie gewesen war, genügte den Faschisten, um die Annexion zu legitimieren. Die Äthiopier hatten dem mit modernsten Waffen, Giftgas und äußerster Brutalität geführten Angriff nichts entgegenzusetzen. Bereits 1934 hatte das Völkerbundmitglied Äthiopien die Grenzverletzungen der von Eritrea und Somalia aus operierenden italienischen Truppen beim Völkerbund angezeigt – ohne Folgen. Auch 1935 blieben die Beschlüsse des Bundes halbherzig, weil vor allem England und Frankreich die Voten nicht mit wirksamen Sanktionen verbanden. Der Suezkanal, der entscheidend für den italienischen Nachschub war, wurde nicht gesperrt. Mussolinis Rechnung ging auf. Die ausfallenden Kohlelieferungen an Italien ersetzte das Deutsche Reich, weil es Italien nun aus der Siegerkoalition des Ersten Weltkriegs herauslösen und als Bündnispartner gewinnen wollte. Die beiden großen europäischen Aggressoren, Italien und Deutschland, kamen einander näher.

4 Nationalsozialismus

M83 Mussolini über den Aktivismus der Faschisten am 20. September 1922

Gewalt ist nicht unmoralisch, sie ist im Gegenteil manchmal moralisch. Unsere Gegner haben gar kein Recht, sich über unsere Gewaltmaßnahmen zu beklagen, denn verglichen mit den Terrorakten in den Unglücksjahren 1919 und 1920 und mit denen der Bolschewisten in Russland – wo zwei Millionen Menschen hingerichtet worden sind und weitere zwei Millionen noch im Gefängnis schmachten – sind unsere Maßnahmen ein Kinderspiel.

Andererseits führt Gewalt zum Ziele; denn Ende Juli und im August haben wir nach systematischer Anwendung von Gewalt binnen 48 Stunden erreicht, was wir mit Predigten und Unterweisungen nicht in achtundvierzig Jahren erreicht hätten. Wenn daher Gewalt einen Seuchenherd beseitigt, dann ist sie moralisch, unantastbar und notwendig. […]

Eine andere Größe, worauf unsere Gegner ihre Hoffnung stützten, bilden die Massen. Ihr wisst, ich bin kein Verehrer dieser neuen Gottheit der Masse. Sie ist eine Schöpfung der Demokraten und der Sozialisten. Nur weil sie zahlreich sind, sollten sie Recht haben. Das ist falsch; oft genug ist das Gegenteil bewiesen worden […].

Wir verehren die Massen nicht, selbst wenn sie arbeitende Hände und Hirne haben. Wir werden vielmehr bei der Prüfung des sozialen Lebens von Ideen und Gesichtspunkten ausgehen, die allen italienischen Kreisen neu sein dürften. Wir konnten uns der Massen nicht erwehren, sie sind zu uns gekommen.

Max H. Meyer (Hg.), Benito Mussolini. Reden, Leipzig 1925, S. 101 ff.

1 Arbeiten Sie Mussolinis Begründung für Gewaltanwendung heraus.
2 Analysieren Sie das Feindbild Mussolinis.
3 Erklären Sie seine Haltung zur Masse.

M84 Der Historiker Wolfgang Wippermann über den italienischen Faschismus (1983)

Auch das durch das Gesetz von 1926 und die Carta del Lavoro von 1927 eingeführte Korporativsystem entsprach nicht den Vorstellungen der faschistischen Syndikalisten von einer harmonischen und gleichberechtigten Zusammenarbeit von Arbeitgebern und Arbeitnehmern. Tatsächlich konnte von einer Gleichberechtigung der Vertreter der Arbeiterschaft und der Unternehmer in den zwölf verschiedenen Syndikaten, die wiederum zu Korporationen zusammengefasst waren, nicht die Rede sein. Die Unternehmer verfügten mit der „Confindustria" darüber hinaus über ein eigenes Vertretungsorgan, das über den Staatsapparat und den faschistischen Großrat die wirtschaftlichen und sozialen Interessen der Industrie geltend machen konnte. Auch in diesem Bereich kam es zu einem sehr labilen Gleichgewichtszustand. Einerseits konnte von einer Gleichschaltung der Industrie nicht die Rede sein, andererseits hatten die Industriellen den direkten Einfluss auf das politische Leben verloren und sahen sich in der Folgezeit zunehmend Eingriffen des Staates in das Wirtschaftsleben ausgesetzt.

Zusammenfassend wird man sagen können, dass der faschistische „stato totalitario" auf einem komplizierten und ambivalenten System wechselseitiger Kontrollen und Balancen basierte. […] Mussolinis Stellung hing wesentlich davon ab, ob es ihm gelang, die Unterstützung der aus sehr unterschiedlichen Kräften und Personen bestehenden faschistischen Partei und die auf plebiszitärem Wege gewonnene Zustimmung großer Teile der Bevölkerung zu erhalten und zu stärken. Das war mit ausschließlich repressiven Maßnahmen, von denen neben den Führern der organisierten Arbeiterschaft vor allem die nationalen Minderheiten, die Deutschen in Südtirol und die Slowenen und Kroaten in Istrien und Triest, betroffen waren, nicht zu erreichen. Bestand und Zusammenhalt des faschistischen Regimes konnten nur dann aufrechterhalten werden, wenn Mussolini Erfolge im Bereich der Wirtschafts- und Außenpolitik erzielte. Das war zunächst der Fall.

Wolfgang Wippermann, Europäischer Faschismus im Vergleich [1922–1982], Suhrkamp, Frankfurt/Main 1983, S. 34 f.

1 Beschreiben Sie das Herrschaftssystem des italienischen Faschismus.
2 Vergleichen Sie den „totalen Staat" Mussolinis mit dem nationalsozialistischen und beschreiben Sie Unterschiede und Gemeinsamkeiten.

M85 Aus dem Statut der Partito Nazionale Fascista vom Dezember 1929

Die Nationale Faschistische Partei ist eine bürgerliche Miliz im Dienst des Staates. Ihr Ziel ist es, die Größe des italienischen Volkes zu verwirklichen. Von ihren Ursprüngen an, die mit der Wiedergeburt des italienischen Selbstbewusstseins und mit dem Willen zum Siege in eins gehen, hat sich die Partei immer als im Kriegszustand befindlich betrachtet: zuerst, um diejenigen niederzuschlagen, die den Geist der Nation herabwürdigten; heute und in alle Zukunft, um die Macht des italienischen Volkes zu verteidigen und zu entwickeln. Der Faschismus ist nicht nur eine Vereinigung

Nationalsozialismus 4

von Italienern um ein bestimmtes Programm, das verwirklicht oder noch zu verwirklichen ist, sondern er ist vor allem ein Glaube, der seine Bekenner gehabt hat und in dessen Reihen die neuen Italiener als Soldaten wirken, welche von der Anstrengung des siegreichen Krieges und dem darauf folgenden Kampf zwischen Nation und Antination hervorgebracht worden sind. Die Partei ist der wesentliche Bestandteil dieser Reihen. […]

Artikel 1: Die Nationale Faschistische Partei wird aus den Fasci di combattimento gebildet, die auf provinzieller Ebene zusammengefasst sind. Der Fascio ist der fundamentale Organismus und muss um sein Gagliardetto die Italiener vereinigen, die nach Treue, Ehrenhaftigkeit, Mut und Verstand die zuverlässigsten sind. Die Provinzsekretäre dürfen die Fasci, sofern dazu eine Notwendigkeit vorliegt, in Kreis- und Bezirksgruppen organisieren, welche von einem Vertrauensmann und einem Ausschuss von fünf Mitgliedern geleitet werden […].

Artikel 2: Das Gagliardetto ist das Emblem des Fascio und das Symbol des Glaubens. Den Gagliardetti steht bei offiziellen Zeremonien ein Ehrengeleit unter Führung eines Offiziers zu. Dem Gagliardetto des Nationaldirektoriums und der Gaue sind auch die militärischen Ehrenbezeugungen zu erweisen.

Artikel 3: Die Nationale Faschistische Partei entfaltet ihre Tätigkeit unter der obersten Leitung des Duce und gemäß den Direktiven des Großrats mittels ihrer Führerschaft auf allen Ebenen. […]

Artikel 13: Die Mitgliedskarten werden den jungen Männern des Faschistischen Aufgebots am Sitz eines jeden Fascio mit feierlicher Zeremonie am 21. April überreicht. Die neuen Mitglieder leisten ihren Eid vor dem Sekretär mit folgenden Worten: „Ich schwöre, die Befehle des Duce ohne Diskussion auszuführen und mit allen meinen Kräften, wenn nötig mit meinem Blut, der Sache der faschistischen Revolution zu dienen." Am gleichen Tage werden sie Mitglieder der Miliz.

Ernst Nolte, Faschismus von Mussolini zu Hitler, Piper, München 1968, S. 19 ff.

1 Beschreiben Sie im Programm der Nationalen Faschistischen Partei Ziele und Organisationsstrukturen.

2 Beschreiben Sie die Bestimmungen für das Parteimitglied.

M86 Plakat zum Treffen der faschistischen Studenten in Rom, 1929

1 Analysieren Sie die Bilder- und Formensprache des italienischen Faschismus (ziehen Sie auch M 81 und die Darstellung heran).

Methode

Filminterpretation: Spielfilme als historische Quellen

Historische Themen erfreuen sich bei Filmemachern und Fernsehanstalten großer Beliebtheit. Dabei gilt es zwei Gattungen zu unterschieden: **Dokumentarfilme** geben mithilfe von authentischen Filmaufnahmen, Standfotos, Grafiken einschließlich animierter Computergrafiken sowie Karten oder Trickaufnahmen tatsächliche Begebenheiten der Vergangenheit dokumentarisch wieder. Aber auch **Spielfilme** stellen vergangenes Geschehen dar: Millionen sahen die Fernsehserie „Holocaust" (1978), in Massen strömen die Kinobesucher in Filme wie „Der Name der Rose" (1986) oder „Schindlers Liste" (1994). Über eine attraktive Story, die das Leben einzelner Personen, Paare oder Familien in den Mittelpunkt rückt, wird Geschichte in diesen Filmen dramatisiert und publikumswirksam inszeniert. Der Zuschauer muss nicht seine eigene Fantasie in Gang setzen, also selbst „Bilder im Kopf" produzieren; der Film scheint ihm ein Erlebnis mit hoher Realitätsnähe zu bieten.

Wie jede Quelle oder jeder Text müssen auch Filme kritisch analysiert, d. h. auf ihren Realitätsgehalt hin überprüft werden. Das gilt besonders für Spielfilme, die auf einer fiktionalen, also erdachten Vorlage beruhen. Der Zuschauer darf die „lebendigen" Bilder des Spielfilms deswegen nicht mit der geschichtlichen Wahrheit verwechseln.

Für den Historiker besitzen Spielfilme dennoch einen gewissen Wert. Sie erlauben Einsichten, wie und warum bestimmte historische Themen von späteren Generationen interpretiert worden sind. Insofern stellen Spielfilme eine wichtige Quelle für das Geschichtsbewusstsein der Zeit dar, in der sie gedreht und gezeigt wurden.

Arbeitsschritte für die Interpretation

1. **Formale Merkmale**
   - Wer ist der Autor, Auftraggeber und Regisseur?
   - Wann ist der Film gedreht bzw. gezeigt worden?
   - Aus welchem Anlass wurde der Film gedreht bzw. gezeigt?

2. **Filminhalt**
   - Mit welchem Thema bzw. welcher historischen Begebenheit beschäftigt sich der Film?
   - Welche szenischen Gestaltungsmittel (Großaufnahmen, Kameraposition und -bewegungen, Steuerung der Blickrichtung des Zuschauers, Schnitte, Verhältnis von kurzen und langen Einstellungen) sind verwendet worden?
   - Wie werden Ton (Geräusche, Musik, Sprache und Dialoge, Kommentare, Verhältnis Sprache und Bild) und Beleuchtung (Hell-Dunkel bzw. Farbkontraste) eingesetzt?
   - Welche Bedeutung besitzen diese Gestaltungselemente?
   - Wirkt die Bildfolge, Handlung logisch und glaubhaft?

3. **Historischer Kontext**
   - Warum thematisiert der Film gerade diese historische Begebenheit?
   - Auf welche Konflikte bzw. Auseinandersetzungen in der Gegenwart spielt der Film an?

4. **Aussageabsicht**
   - Welche Intentionen verfolgt der Film?
   - Welche Zielgruppe wird umworben?
   - Welche mögliche Wirkung sollte bei den (zeitgenössischen) Betrachtern erzielt werden?
   - Welche tatsächliche Wirkung hat der Film bei den (zeitgenössischen) Betrachtern erzielt?

5. **Fazit**
   - Welche Gesamtaussage lässt sich formulieren?

Methode

Übungsbeispiel: „Sophie Scholl – Die letzten Tage"

Der Spielfilm „Sophie Scholl – Die letzten Tage" kam im Jahre 2005 in die Kinos. Hans und Sophie Scholl – sie steht im Mittelpunkt des Films – gehörten zu der studentischen Widerstandsgruppe „Weiße Rose". Sie hat 1942/43 insgesamt sechs Flugblätter gegen die Nationalsozialisten verfasst und verteilt. Nach ihrer Festnahme leugneten die Geschwister zunächst die Aktion. Angesichts eindeutiger Indizien gestanden sie jedoch und blieben trotz der drohenden Todesurteile bei ihren politischen Positionen. Sophie und Hans Scholl fühlten sich ihrem Gewissen verpflichtet. Ihr Widerstand gegen das NS-Regime und ihre Haltung vor Gericht gelten als Beispiele für besonderen Mut und Zivilcourage, die im „Dritten Reich" mit Lebensgefahr verbunden war.

M 87 Szenenbild aus „Sophie Scholl – Die letzten Tage". Sophie und Hans Scholl werden in der Münchener Universität festgenommen, nachdem sie im Lichthof Flugblätter verteilt haben.

1 Bearbeiten Sie die Arbeitsschritte beispielhaft anhand des Szenenbildes M 87.

Hinweise zur Lösung finden Sie auf Seite 573.

Literaturhinweis
Bundeszentrale für politische Bildung (Hg.), Filmheft „Sophie Scholl – Die letzten Tage", Bonn 2005; online erhältlich unter: http://www.bpb.de/files/3B4VQJ.pdf

Weiterführende Arbeitsanregungen
1 Untersuchen Sie, in welcher Weise und mit welcher Aussageabsicht der Film mit dem Einsatz von Licht arbeitet.
2 Analysieren Sie die eingesetzten Kameraperspektiven in ihrer Wirkung auf den Zuschauer.

Grundwissen Nationalsozialismus

Zeittafel

1922 In Italien errichtet Mussolini eine Diktatur.

1933/34 In Deutschland errichten die Nationalsozialisten eine Diktatur.

28. Febr. 1933 Die „Reichstagsbrandverordnung" setzt die Grundrechte der Weimarer Verfassung außer Kraft.

23. März 1933 „Ermächtigungsgesetz": Die Reichsregierung kann Gesetze, auch Verfassungsänderungen, durch einfachen Beschluss in Kraft setzen.

1.–3. April 1933 Das NS-Regime ordnet einen befristeten Boykott jüdischer Geschäfte, Waren, Arztpraxen und Rechtsanwaltskanzleien an.

7. April 1933 Das „Gesetz zur Wiederherstellung des Berufsbeamtentums" erlaubt die Entlassung jüdischer und politisch andersdenkender Beamten.

1. Dez. 1933 Das „Gesetz zur Sicherung der Einheit von Partei und Staat" bestätigt die Alleinherrschaft der NSDAP.

30. Juni 1934 Ermordung von SA-Stabschef Ernst Röhm; die SS baut ihre Machtposition auf Kosten der SA aus.

1935 Die „Nürnberger Gesetze" bilden den Auftakt zur Verdrängung der Juden aus dem öffentlichen Leben.

März 1938 Deutsche Truppen besetzen Österreich, das als „Ostmark" dem Deutschen Reich eingegliedert wird.

9./10. Nov. 1938 Während der sogenannten Reichskristallnacht werden zahlreiche jüdische Synagogen, Wohnungen und Einrichtungen zerstört. Zehntausende Juden werden verhaftet, mindestens 91 ermordet, viele misshandelt.

15. März 1939 Deutsche Truppen besetzen Tschechien, das neue „Protektorat Böhmen und Mähren".

Aug. 1939 Der Hitler-Stalin-Pakt wird geschlossen.

1. Sept. 1939 Mit dem deutschen Überfall auf Polen beginnt der Zweite Weltkrieg.

Jan. 1940 Das NS-Regime beginnt das sogenannte Euthanasie-Programm.

Mai 1940 Die militärische Offensive gegen Frankreich beginnt.

22. Juni 1941 Deutsche Truppen überfallen die Sowjetunion.

14. Aug. 1941 In der Atlantik-Charta verständigen sich die USA und Großbritannien auf die Prinzipien der Nachkriegsordnung.

1. Sept. 1941 Im Deutschen Reich wird der Judenstern eingeführt.

11. Dez. 1941 Das Deutsche Reich erklärt den USA den Krieg.

20. Jan. 1942 Auf der Wannsee-Konferenz koordinieren führende Vertreter des NS-Regimes die Aktivitäten der Bürokratie für die Judenvernichtung.

28. Nov.–1. Dez. 1943 Auf der Konferenz von Teheran vereinbaren Stalin, Roosevelt und Churchill die Abtretung Ostpolens an die Sowjetunion.

20. Juli 1944 Nach dem misslungenen Attentat des Oberst Graf von Stauffenberg auf Hitler werden viele Widerstandskämpfer hingerichtet.

4.–11. Febr. 1945 Auf der Konferenz von Jalta beschließen Roosevelt, Churchill und Stalin die Aufteilung Deutschlands in Besatzungszonen.

7./9. Mai 1945 Mit der bedingungslosen Kapitulation der deutschen Wehrmacht übernehmen die alliierten Militärbefehlshaber die Macht in Deutschland.

Zentrale Begriffe

Antisemitismus: Die Ablehnung oder Bekämpfung von Juden aus religiösen, sozialen oder rassischen Gründen. Judenfeindschaft gab es schon in der Antike und im Mittelalter. Seit der zweiten Hälfte des 19. Jahrhunderts entwickelte sich ein rassisch und völkisch begründeter moderner Antisemitismus. Der Rassenantisemitismus war ein zentrales Element der NS-Ideologie und wurde vom NS-Regime systematisch bis zum Völkermord umgesetzt.

Führerstaat: Autorität wird in der Staats- und Parteiorganisation von oben nach unten ausgeübt, Verantwortung von oben nach unten verlagert. Der Führerstaat steht im Gegensatz zu jeder Form demokratischer Entscheidung und Mitbestimmung und basiert auf dem Prinzip von Befehl und Gefolgschaft.

Ideologie: Vor allem die Bezeichnung für eine umfassende Deutung gesellschaftlich-politischer Verhältnisse und historischer Entwicklungen. Diese Deutung ist durch Interessen bedingt und daher einseitig und verzerrt.

Nationalsozialismus: Bezeichnung für die nach dem Ersten Weltkrieg in Deutschland aufkommende rechtsradikale Bewegung, die auf einem extremen Nationalismus, Rassismus, Militarismus und Expansionismus beruhte. Der Nationalsozialismus bekämpfte wie andere faschistische Bewegungen alle individuellen und demokratischen Freiheiten, die seit der Französischen Revolution 1789 erkämpft worden waren. Die Verbindung der expansionistischen „Lebensraumpolitik" mit dem radikalen Rassenantisemitismus, die in einen ideologischen Vernichtungskrieg mündete, heben den Nationalsozialismus von anderen faschistischen Bewegungen ab.

Grundwissen Nationalsozialismus

Wiederholungsaufgaben: Inhalte – Zusammenhänge – Beurteilungen

1 Erläutern Sie die zentralen Merkmale der NS-Ideologie und untersuchen Sie deren Verwirklichung während der nationalsozialistischen Diktatur.
2 Erörtern Sie die Rolle der Gewalt sowohl für die Innen- als auch für die Außenpolitik des NS-Regimes.
3 Benennen Sie die wichtigsten Methoden und Stationen der NS-Außenpolitik und erklären Sie das Vorgehen Hitlers aus seinen Zielen.
4 Diskutieren Sie über das historisch-politische Vermächtnis des Widerstandes gegen den Nationalsozialismus und berücksichtigen Sie dabei Motive, Organisationsformen und Wirkungsmöglichkeiten der unterschiedlichen Widerstandsgruppen.
5 Der deutsche Philosoph Karl Jaspers schrieb 1950: „Was geschah, ist eine Warnung. Sie zu vergessen ist Schuld. Man soll ständig an sie erinnern. Es war möglich, dass dies geschah, und es bleibt jederzeit möglich. Nur im Wissen kann es verhindert werden." Diskutieren Sie, ausgehend von dieser Meinungsäußerung, über den Stellenwert des Nationalsozialismus in der deutschen Geschichte und erörtern Sie die historische Verantwortung, die sich aus der NS-Vergangenheit für die nachfolgenden Generationen ergibt.
6 Vergleichen Sie die Herrschaft des italienischen Faschismus und mit der NS-Herrschaft. Arbeiten Sie Gemeinsamkeiten und Unterschiede heraus.
7 Bereiten Sie eine Exkursion zu einer Gedenkstätte in Ihrer Region vor. Informieren Sie sich über Öffnungszeiten, Eintrittspreise und Anfahrtswege, lassen Sie sich vorab Informationsmaterial zuschicken und formulieren Sie Fragen und Einzelthemen, die Sie vor Ort untersuchen wollen. Erarbeiten Sie eventuell einen Fragebogen. Bilden Sie gegebenenfalls Gruppen.
8 Wählen Sie eine Debatte der letzten Jahre über den öffentlichen Umgang mit der NS-Vergangenheit aus (z. B. über die Gedenkrede des damaligen Bundestagspräsidenten Philipp Jenninger zum 50. Jahrestag der Reichspogromnacht im November 1988, das Holocaust-Mahnmal in Berlin, Daniel J. Goldhagens Buch „Hitlers willige Vollstrecker" oder die sog. Walser-Bubis-Kontroverse) und erstellen Sie eine Präsentation, in der Sie Inhalte und Verlauf dokumentieren sowie eine eigene Bewertung formulieren.

Exkursionstipps

Über die ausgezeichnete Internetseite *www.gedenkstaetten-uebersicht.de* lassen sich die in Sachsen bzw. in unmittelbarer Nähe zu Sachsen vorhandenen Gedenkstätten zur NS-Geschichte mit kurzem geschichtlichem Abriss, Adresse, Öffnungszeiten, Kontaktmöglichkeiten leicht und schnell erschließen. Folgende Gedenkstätten sind verzeichnet: Gedenkstätte Münchner Platz, Dresden; Gedenkstätte Pirna-Sonnenstein; Gedenkstätte Ehrenhain Zeithain; Dokumentations- und Informationszentrum Torgau; Mahn- und Gedenkstätte zum KZ Lichtenburg, Prettin; Gedenkstätte „Erinnern an die Zukunft", Leipzig; Gedenkstätte „Roter Ochse", Halle

M88 Eröffnung der ersten Teilstrecke der Reichsautobahn durch Hitler am 19. Mai 1935, Fotografie für die Presse

1 Überprüfen Sie die Frage nach den Modernisierungstendenzen des Nationalsozialismus (siehe dazu auch M 78 a und b, S. 305) am Beispiel des Autobahnbaus.
2 **Recherche:** Untersuchen Sie, wie in der zeitgenössischen (lokalen) Presse der Autobahnbau dargestellt wurde. Recherchieren Sie in lokalen Archiven.

Einführung

Demokratie und Diktatur im geteilten Deutschland

Deutsche Teilung

Die Geschichte der deutschen Teilung begann nicht erst 1949, nicht 1945 oder 1939, sondern mit der nationalsozialistischen Diktatur im Jahr 1933. In seiner Gedenkrede zum 40. Jahrestag der Beendigung des Krieges und der NS-Gewaltherrschaft am 8. Mai 1985 machte der ehemalige Bundespräsident Richard von Weizsäcker (Präs. 1984–1994) darauf aufmerksam, dass die Deutschen selbst die historische Verantwortung für die Spaltung Europas in zwei verschiedene politische Systeme trügen, weil diese ohne die nationalsozialistische Macht- und Gewaltpolitik nicht entstanden wäre: „Daran denken die betroffenen Völker zuerst, wenn sie sich des von der deutschen Führung ausgelösten Krieges erinnern. Im Blick auf die Teilung unseres eigenen Landes und auf den Verlust großer Teile des deutschen Staatsgebietes denken auch wir daran. In seiner Predigt zum 8. Mai sagte Kardinal Meißner in Ostberlin: ‚Das trostlose Ergebnis der Sünde ist immer die Trennung.'"

Nach dem Zweiten Weltkrieg war die Gründung eines westlichen und eines östlichen deutschen Teilstaates eine Folge des **Ost-West-Konfliktes**, der innerhalb von wenigen Jahren nach Kriegsende entstand und die Welt über vier Jahrzehnte bis etwa 1990 bestimmte. Während des Zweiten Weltkrieges hatten die USA, Großbritannien und die Sowjetunion ein Bündnis geschlossen, um Nationalsozialismus und Faschismus in der Welt zu vernichten. Die Interessenunterschiede zwischen der östlichen Supermacht und den Westmächten unter der Führung der USA erwiesen sich jedoch zu groß, als dass eine vertrauensvolle Zusammenarbeit entstehen konnte. Nach dem Zweiten Weltkrieg entfremdeten sich die ehemaligen Verbündeten immer mehr, die bisherige Kooperation wich zunehmend der Konfrontation zwischen USA und Sowjetunion.

Diese Veränderungen in der internationalen Politik betrafen auch Deutschland unmittelbar. Die „Großen Drei", wie die USA, die Sowjetunion und Großbritannien nach dem Krieg genannt wurden, sowie Frankreich hatten Deutschland 1945 in vier Besatzungszonen aufgeteilt. Da die Besatzungsmächte in ihren Zonen das politische Sagen hatten, trennten sich in der Deutschlandpolitik mit der Verschärfung des Ost-West-Gegensatzes die Wege. Aus den drei Westzonen wurde auf Veranlassung der Westmächte im Mai 1949 die Bundesrepublik Deutschland gegründet. Ein halbes Jahr später erklärte sich die Ostzone unter ihrer Führungsmacht Sowjetunion zum eigenständigen Staat, zur Deutschen Demokratischen Republik. Seitdem war Deutschland in zwei Staaten gespalten und wurde zu einem zentralen Schnittpunkt im weltweiten Ost-West-Konflikt. Beide Großmächte standen sich in machtpolitischer und militärischer Rivalität an der deutsch-deutschen Grenze gegenüber. Diese Grenze markierte zugleich eine Trennlinie zwischen zwei verschiedenen politisch-gesellschaftlichen Systemen und Weltanschauungen.

Deutsche Demokratische Republik

Nach der vollständigen militärischen Niederlage Deutschlands im Zweiten Weltkrieg gerieten die Gebiete östlich der Elbe unter sowjetischen Einfluss und die dort lebenden Deutschen erneut unter ein diktatorisches Regime. Die Bürger der 1949 gegründeten Deutschen Demokratischen Republik mussten ihr politisches und gesellschaftliches Leben nach dem Muster der Sowjetunion ausrichten. Politische Herrschaft wurde hier nicht, wie in den westlichen Demokratien, nach dem Prinzip der Gewaltenteilung organisiert, das die gegenseitige Kontrolle von Regierung, Parlament und einer unabhängigen Justiz vorsieht und dadurch die Menschen vor staatlicher Willkür bewahren soll. Stattdessen übernahm in der DDR die kommunistische Partei, die Sozialistische Einheitspartei Deutschlands (SED), die alleinige Macht. Innerparteiliches Organisationsprinzip war der „demokratische Zentralismus". Dies bedeutete sowohl die Ausrichtung der gesamten Partei an der vom Politbüro, dem eigentlichen Machtzentrum der DDR, vorgegebenen Parteilinie als auch die Kontrolle der Funktionäre und Mitglieder durch den Partei-

Einführung

apparat. Die SED besaß das Macht- und Meinungsmonopol im Staate und erhob den Anspruch auf den alleinigen Besitz der Wahrheit. Dieser Wahrheitsanspruch wurde aus der Theorie von Marx, Engels und Lenin abgeleitet und diente der Legitimierung aller Maßnahmen der Partei, auch von Gewalt und Terror. Zur Durchsetzung und Sicherung ihres Machtmonopols wandte die SED mehrere, sich ergänzende Methoden an. Hierzu gehörten Terror oder die Androhung von Terror, die „Gleichschaltung" aller politischen und gesellschaftlichen Organisationen außerhalb der SED und der Presse sowie die Etablierung einer neuen, auf den Kommunismus eingeschworenen Elite in Staat, Kultur und Wirtschaft. Die zentral vom Staat gelenkte Wirtschaft, in der Angebot, Preisfestsetzung und Verteilung der Güter nach gesamtwirtschaftlichen Plänen vorgenommen wurde (Planwirtschaft), entwickelte sich in der Praxis zu einer Mangelwirtschaft.

Bundesrepublik Deutschland

Die Bundesrepublik Deutschland erhielt dagegen eine demokratische Ordnung und wurde in die westliche Staatengemeinschaft integriert. Die Verfassung dieses Staates, das Grundgesetz, knüpfte an die bürgerlich-liberalen Traditionen der deutschen Geschichte seit der Revolution von 1848 an und reflektierte die Erfahrungen der Weimarer Republik. Das Grundgesetz garantierte den Staatsbürgern die Gleichheit vor dem Gesetz, parlamentarisch-demokratische Formen der politischen Mitsprache sowie die unbedingte Einhaltung der Menschen- und Bürgerrechte. Diese gewährleisteten nicht nur die Freiheitsrechte der Bürger und die Würde des Einzelnen. Sie legten dem Staat auch die Verpflichtung auf, in der Politik dafür zu sorgen, dass jeder Bürger sie wahrnehmen kann. Die Verfassung erklärte bestimmte Rechte und Prinzipien für unabänderlich: die Geltung der Grundrechte, Rechtsstaatlichkeit, Sozialstaatlichkeit, Gewaltenteilung und freie Wahlen, die den Kern des Grundgesetzes bilden. Den Parteien sprach das Grundgesetz im Gegensatz zur Weimarer Verfassung ein besonderes Mitwirkungsrecht bei der politischen Willensbildung zu. Zugleich wurden sie in Programm und Aufbau an die Grundwerte der Verfassung gebunden. Die soziale Marktwirtschaft, in der Produktion, Wirtschaftskreislauf, Preisbildung und Konsum über den freien Markt geregelt wurden und die den Bürgern bestimmte soziale Sicherheiten bot, war die Grundlage für die Entstehung einer erfolgreichen Wohlstandsgesellschaft.

Ende der Teilung

In der Nacht vom 9. auf den 10. November 1989 wurde die Berliner Mauer geöffnet. Das Symbol des Kalten Krieges war gefallen. Ein britischer Journalist kommentierte dieses unvorhergesehene Ereignis mit den Worten: „Was wir heute Nacht erlebt haben, war der Anfang vom Ende der Nachkriegsepoche." Ein Jahr später war aus dem zweigeteilten Deutschland wieder ein Staat geworden. Mit der Vereinigung endete für die Bürger der DDR gleichzeitig die vierzigjährige Geschichte der kommunistischen Diktatur.

Der Triumph der bürgerlich-liberalen Demokratie über ihren konkurrierenden Rivalen, den Kommunismus, war das Ergebnis tief greifender Veränderungen im Ostblock. Ausgangspunkt für eine demokratische Umgestaltung der kommunistischen Staaten war zunächst nicht die Sowjetunion, sondern Polen und danach Ungarn. In diesen beiden Staaten hatten sich während der 1970er/80er-Jahre oppositionelle Gruppen gebildet. Sie wollten die Einparteienherrschaft abschaffen, forderten Interessenvertretungen für die Arbeiter und strebten größere Freiräume für den Einzelnen im wirtschaftlichen Bereich an. Großen Auftrieb erhielt diese Opposition, als im Jahre 1985 Michail Gorbatschow (geb. 1931) in der Sowjetunion die Macht übernahm. Sein eigentliches Ziel bestand darin, dem Sozialismus eine neue, moderne Basis zu geben. Daher ermunterte er auch die anderen Staaten des Ostblocks dazu, die erstarrten Machtstrukturen zu überwinden. In allen kommunistischen Staaten entstanden daraufhin mächtige Reformbewegungen, die jedoch immer mehr der Kontrolle der jeweiligen Machthaber entglitten. Bei den Reformkräften gewannen zunehmend diejenigen die Oberhand, die die Reformfähigkeit des kommunistischen Systems bezweifelten und nach einer grundlegenden Alternative suchten. Zum dramatischen Höhepunkt wurde das Jahr 1989. Besonders in Polen, Ungarn und Rumänien rief die Bevölkerung auf eindrucksvollen Demonstrationen nach freien Wahlen und verlangte das Ende der kommunistischen Diktaturen.

Diese Aufbruchstimmung erfasste auch die Menschen in der DDR. Immer mehr Oppositionelle und Unzufriedene forderten eine Abkehr von der Unterdrückung grundlegender Freiheitsrechte.

Einführung

Anfangs wehrte sich die SED-Führung unter Erich Honecker (1912–1994) noch gegen jegliche Änderung ihrer Politik. Doch der Druck wuchs, als die ungarische Regierung am 2. Mai 1989 den „Eisernen Vorhang" zerschnitt und Tausende von DDR-Bürgern über die österreichisch-ungarische Grenze in die westliche Freiheit gelangten. Die Opposition organisierte sich und erhielt immer breitere Unterstützung in der Bevölkerung, sodass sich die SED am 9. November 1989 gezwungen sah, die Berliner Mauer zu öffnen und kurz danach auch die deutsch-deutsche Grenze. Waren bis zu diesem Zeitpunkt alle Energien nach innen, auf die Umgestaltung der DDR gerichtet gewesen, tat sich nun als sicherster Weg zu Demokratie und Wohlstand die Vereinigung mit der Bundesrepublik Deutschland auf. Ihre Schubkraft und ihre Unumkehrbarkeit erhielt die Forderung nach staatlicher Einheit aus der nationalen Westbindung der meisten DDR-Bürger: Der gemeinsame, „westliche" Nationalstaat war für große Teile der Bevölkerung während der gesamten vierzig Jahre SED-Herrschaft der Bezugspunkt ihres politischen Denkens geblieben. Im Revolutionsjahr 1989 wurde deutlich, wie unsicher die Loyalität der DDR-Bürger zum SED-Regime gewesen war (M 1).

Die Bundesregierung unter Kanzler Helmut Kohl (geb. 1930) hat die Herausforderung dieses Wandels rasch aufgenommen und die Weichen für die deutsche Einheit gestellt. Seit dem 3. Oktober 1990 gibt es wieder einen deutschen Nationalstaat. Dieser zweite deutsche Nationalstaat ist eine parlamentarische Demokratie mit einer freiheitlich-liberalen Verfassung und fester Verankerung in der westlichen Staaten- und Wertegemeinschaft (M 2).

M 1 Rudolf Schöppner, „Mauer, Stein und Eisen bricht, aber unsere Liebe nicht", Karikatur, 14. November 1989

1 Diskutieren Sie die Karikatur vor dem Hintergrund der Geschichte Deutschlands nach 1945.

Einführung

M 2 Der Historiker Jürgen Kocka über Nationalstaatsgründung und Demokratie im deutschen Vereinigungsprozess 1989/90 (1995)

Die nationale Wende der Revolution geriet mit dem Kampf für Demokratisierung und Liberalisierung nicht in Konflikt. Im Gegenteil, in der deutschen Konstellation von 1989/90 konnte man die Unterstützung für
5 nationale Ziele und den Einsatz für Menschen- und Bürgerrechte, parlamentarische Demokratie und freiheitlichen Verfassungsstaat unschwer miteinander verbinden. So geschah es auch, in fast allen Parteien. Der entstehende Konsens war breit. Man kann in der Tat
10 argumentieren, dass die Vereinigung mit der Bundesrepublik und ihrem eingespielten parlamentarisch-demokratischen System für die Bevölkerung der DDR der am ehesten Erfolg versprechende Weg ist, die zerstörerische Bürde von vielen Jahrzehnten Diktatur zu über-
15 winden und wichtige demokratisch-liberale Errungenschaften ihrer Revolution zu sichern. Jedenfalls standen nationale und liberal-demokratische Forderungen 1989/90 in engster Allianz, ähnlich wie 1848, aber im Gegensatz zum wilhelminischen Reich, zu Weimar und
20 zur NS-Diktatur: die bemerkenswerte Revision eines alten Musters.

Dagegen erschwerte die nationale Wende der Revolution ihre Fortsetzung mit radikal-demokratischen Mitteln: Die bundesrepublikanischen Regeln wurden rasch
25 maßgebend, die Regeln der repräsentativen Demokratie. Und mit ihrer nationalen Wende geriet die Revolution in scharfen Gegensatz zu jedwedem Sozialismus. Während die erste Phase der ostdeutschen Revolution mit der Idee einer selbstständig bleibenden und wei-
30 terhin sozialistischen, wenn auch demokratisierten und liberalisierten DDR verknüpft oder doch vereinbar gewesen war, implizierte die Hinwendung zur Bundesrepublik in der zweiten und dritten Phase nicht nur den Verzicht auf die Selbstständigkeit der DDR, son-
35 dern auch die Absage an jedwedes „Experiment" mit einem zugleich demokratisch-freiheitlichen und effizienten Sozialismus. Diejenigen, die die Revolution in ihrer ersten Phase geführt hatten – mit hohem Risiko, unkonventionellen Ideen und bewundernswertem
40 Mut –, gerieten nicht zuletzt deshalb so schnell ins Abseits: ohne starke Unterstützung in der breiten Bevölkerung, wie sich in den Wahlen vom 18. März zeigte. Doch sollte man hier zukünftigen Legenden vorbauen. Die Entwicklung eines demokratischen und leistungs-
45 fähigen Sozialismus in der DDR ist nicht etwa deshalb gescheitert, weil sich die DDR so schnell der Bundesrepublik in die Arme warf oder weil sie so schnell von der Bundesrepublik umarmt und gelenkt wurde. Es war eher umgekehrt: Gerade weil es in dieser historischen Situation an einem einigermaßen genauen, theore-
50 tisch durchdachten und praktikablen Modell des demokratischen Sozialismus als leistungsfähiger Alternative zum diskreditierten diktatorischen Staatssozialismus des Ostens einerseits, zur westlichen, sozialstaatlich überwölbten Marktwirtschaft (einschließlich ihrer sozi-
55 aldemokratischen Fortentwicklungsmöglichkeiten) andererseits fehlte, ließ es sich so schwer für die Fortexistenz eines selbstständigen ostdeutschen Staates argumentieren. Weil der Sozialismus so tief diskreditiert war, wandten sich so viele in der DDR der sich
60 anbietenden bundesrepublikanischen Alternative zu. Zwischen November 1989 und März 1990 bezog die Forderung nach nationalstaatlicher Einigung ihre Stoßkraft vor allem aus der DDR. Sie resultierte aus dem Zusammenbruch der Selbstanerkennung des DDR-
65 Staatsvolks, aus einem Kollaps, hinter dem die Unterlegenheit des Staatssozialismus im Systemwettbewerb stand.

Jürgen Kocka, Vereinigungskrise. Zur Geschichte der Gegenwart, Vandenhoeck & Ruprecht, Göttingen 1995, S. 20 f.

1 Stellen Sie nach M 2 die wichtigsten Ziele zusammen, die die Revolution 1989/90 in der ehemaligen DDR verfolgte.

2 Erörtern Sie die Alternativen, die die Opposition in der ehemaligen DDR bei der Umgestaltung des kommunistischen Regimes besaß, und diskutieren Sie die Chancen und Risiken dieser Alternativen.

3 Der deutsch-amerikanische Historiker Fritz Stern hat seinem Vortrag vom 7. Oktober 1991 vor der Robert-Bosch-Stiftung den Titel gegeben: „Die Zweite Chance? Deutschland am Anfang und am Ende des Jahrhunderts". In diesen Vortrag sagte er u. a.: „Das neue Deutschland ist nicht allein. Schon das macht den großen Unterschied zur ersten Chance: Es ist politisch, wirtschaftlich und – endlich – auch geistig mit dem Westen, mit Europa verbunden." Erläutern Sie dieses Zitat und den Titel vor dem Hintergrund der Geschichte von Demokratie und Diktatur in Deutschland während des 20. Jahrhunderts.

Literaturhinweis

Heinrich August Winkler, Der lange Weg nach Westen, Bd. 2: Deutsche Geschichte vom „Dritten Reich" bis zur Wiedervereinigung, C. H. Beck, München 2000.
Umfassende und spannend geschriebene Darstellung der deutschen Geschichte, die das Verhältnis Deutschlands zum Westen in den Mittelpunkt stellt.

Kapitel 5

Deutschland nach 1945: Politik und Gesellschaft

Auf die Frage, was auf dem linken Gemälde zu sehen sei, antwortete 1997 eine 15-jährige Schülerin spontan: „Eine gelbe Linie, eine Stadt." Was noch sieben Jahre zuvor sofort erkannt worden wäre, kam bei ihr erst auf Nachfrage in Erinnerung: die Berliner Mauer – Symbol der seit 1945 „geteilten Geschichte" Deutschlands, die 1989/90 durch die ostdeutsche Revolution und die Vereinigung zu Ende gegangen ist. Anfang des 21. Jahrhunderts beginnen sich die Erfahrungen zu überschneiden. Während die Erinnerungen vieler Menschen an das Leben in zwei Staaten noch in die gemeinsame Gegenwart hineinwirken, verblassen im Bewusstsein der nachwachsenden Generation die unmittelbaren Erfahrungen mit der Teilung.

Diese Teilung begann allerdings nicht 1949, als die beiden Staaten formal gegründet wurden, auch nicht 1945, als Nazi-Deutschland besiegt und unter den Siegermächten in Besatzungszonen aufgeteilt wurde. Die Teilung begann 1933, d. h. mit der Machtübertragung an die Nationalsozialisten. Sie ist daher als Folge der von den Deutschen zu verantwortenden Nazi-Diktatur zu verstehen.

Die Geschichte Deutschlands nach 1945 kann in vier Phasen eingeteilt werden. Die unmittelbare Nachkriegszeit 1945–1949 war eine Zeit des Umbruchs. Gemäß den Zielen der Alliierten wurde Deutschland in vier Besatzungszonen aufgeteilt und der Beschluss gefasst, das Land zu demilitarisieren, zu denazifizieren und zu demokratisieren. Neben der Politik der jeweiligen Besatzungsmacht haben Flucht und Vertreibung aus den ehemaligen Ostgebieten und die Entwurzelung vieler Menschen die Gesellschaft in Ost und West verändert. Die Herausbildung von zwei getrennten Staaten, eines demokratisch verfassten Gemeinwesens im Westen und einer sozialistischen Diktatur im Osten, vollzog sich schließlich in engem Zusammenhang mit der Herausbildung des Kalten Krieges, den die UdSSR und die USA ideologisch und machtpolitisch ausfochten.

In den Fünfzigerjahren verfestigten und vertieften sich die Gegensätze. Die beiden neuen deutschen Staaten wurden in die beiden militärischen Blocksysteme

M1 Rainer Fetting, Durchgang Südstern, 1988, Öl auf Leinwand

integriert (1955). Die Bundesrepublik entwickelte sich zu einer westlich-modernen Gesellschaft, in der der Sozialstaat und die Bürgerrechte kontinuierlich ausgebaut wurden und das so genannte „Wirtschaftswunder" in rasantem Tempo für privaten Wohlstand sorgte. In der DDR wirkte die ökonomische Last des verlorenen Krieges durch die Reparationsleistungen an die UdSSR länger nach. Nur im Vergleich mit ihren östlichen „Bruderstaaten" konnte sich die DDR zu einer relativen Wohlstandsgesellschaft entwickeln und soziale Sicherheit bieten, was nach dem Mauerbau 1961, ungeachtet der Ablehnung der SED-Diktatur, zu einer Identifikation vieler DDR-Bürger mit ihrem Staat führte. Aber diese Identifikation blieb letztlich immer unsicher.
Mit der „neuen Ostpolitik" unter Bundeskanzler Willy Brandt begann eine Verbesserung des deutsch-deutschen Verhältnisses. Die Abschlüsse des Moskauer Vertrages und des Warschauer Vertrages (1970) führten schließlich 1971 zum Berlinabkommen und 1972 zum Grundlagenvertrag, in dem die Bundesrepublik erstmals den souveränen Status der DDR akzeptierte.
Die Sechziger- bis Achtzigerjahre konfrontierten beide Staaten mit neuen Herausforderungen. Im Westen brachten die Diskussion um die Notstandsgesetze und die Studentenunruhen in den Sechzigerjahren eine lang anhaltende Diskussion um politische und gesellschaftliche Reformen (vor allem im Bildungsbereich) in Gang, während es in den Siebziger- und Achtzigerjahren um ökologische Fragen und die gesellschaftliche Gleichstellung der Frau ging. Hatten sich in der DDR mit dem Machtwechsel von Ulbricht zu Honecker 1971 Hoffnungen auf mehr Wohlstand und weniger Gängelung durch den SED-Staat verbreitet, kehrte gegen Ende der Siebzigerjahre die Mangelwirtschaft zurück und die ideologischen Auseinandersetzungen mit Regimekritikern verhärteten sich. Als sich die SED nach 1985 dem reformerischen „Perestroika"- und „Glasnost"-Programm von Michail Gorbatschow verschloss und Ende der Achtzigerjahre in unübersehbare wirtschaftliche Schwierigkeiten geriet, begann ihr Niedergang.

5 Deutschland nach 1945

1 Der Weg zur Teilung Deutschlands im Zeichen des Ost-West-Gegensatzes (1945–1949)

1.1 Das Kriegsende und seine gesellschaftlichen Folgen

Bedingungslose Kapitulation

Die Deutschen befreien sich nicht aus eigener Kraft von der Herrschaft des Nationalsozialismus. Erst die von den alliierten Streitkräften erzwungene bedingungslose Kapitulation bewirkte den Zusammenbruch der NS-Diktatur. Am 7. Mai 1945 unterzeichnete Generaloberst Alfred Jodl (1890–1946) in Reims im Hauptquartier des Oberbefehlshabers der westalliierten Streitkräfte, General Dwight D. Eisenhower (1890–1969), die Kapitulationsurkunde. Am 8./9. Mai wurde dieser Rechtsakt auf ausdrücklichen Wunsch der Sowjetunion in Berlin-Karlshorst wiederholt. Wenige Tage später wurde die Regierung des Großadmirals Karl Dönitz (1891–1980), den Hitler zu seinem Nachfolger bestimmt hatte, bei Flensburg abgesetzt. Die Regierungsgewalt in Deutschland ging auf die Oberkommandierenden der alliierten Streitkräfte über.

Das Territorium des Reiches wurde vollständig erobert und in eine sowjetische, amerikanische, britische und – etwas später – französische Besatzungszone aufgeteilt (M2). General Eisenhower verbot jede Verbrüderung mit der deutschen Bevölkerung, da Deutschland nicht zum Zwecke seiner Befreiung, sondern als besiegter Feindstaat besetzt worden sei. Die Hauptstadt Berlin wurde eben-

M2 Deutschland und Mitteleuropa 1945–1948

Deutschland nach 1945   5

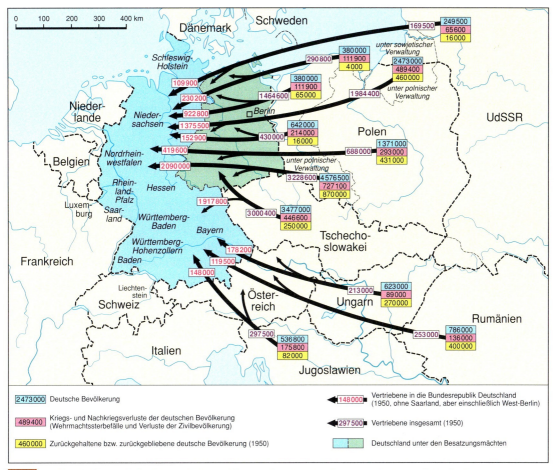

M3 Umsiedlung, Flucht und Vertreibung der Deutschen aus Ost- und Südosteuropa 1939–1950

1 Analysieren Sie die Karte im Hinblick auf die gesellschaftlichen Folgen, die die NS-Herrschaft für Deutschland nach 1945 hatte.

falls viergeteilt. Die Gebiete östlich der Oder-Neiße-Linie waren von Stalin bereits im April eigenmächtig unter polnische und sowjetische Verwaltung gestellt worden.

Demographische Veränderungen und Zerstörungen Die nationalsozialistische Herrschaft und der Zweite Weltkrieg veränderten Bevölkerung und Gesellschaft in Europa tief greifend: **55 Mio. Menschen waren gestorben**, 30 Mio. Menschen ohne Heimat und 35 Mio. verwundet. Mit über 20 Mio. Toten hatten die Bürger der Sowjetunion den größten Blutzoll gezahlt. Auf deutscher Seite mussten 4,3 Mio. Soldaten und 2,8 Mio. Zivilisten ihr Leben lassen.

Im Mai 1939 hatten in den Ostgebieten des Deutschen Reiches rund 9,6 Mio. Deutsche, in den anderen Staaten Ostmitteleuropas von der Ostsee bis nach Rumänien 7,4 Mio. gelebt. Mit dem Vorrücken der Roten Armee hatte im Herbst 1944 eine Flucht- und Vertreibungswelle dieser deutschen Bevölkerung nach Westen eingesetzt, die auch nach dem Ende des Krieges anhielt und der mindestens 2,2 Mio. Deutsche zum Opfer fielen (M3). Die Integration der **Vertriebenen** wurde zu einer der größten sozialen Herausforderungen der deutschen Nachkriegsgeschichte und bewirkte längerfristig, dass die konfessionelle Geschlossenheit vieler Gemeinden in rein katholisch bzw. protestantisch geprägte Milieus aufbrach.

5 Deutschland nach 1945

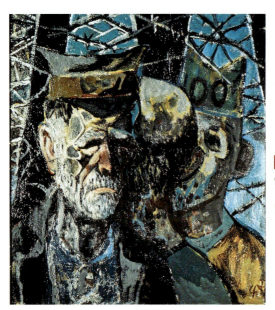

M 4 Otto Dix, Selbstbildnis als Kriegsgefangener, 1947, Öl auf Hartfaserplatte

1 Analysieren Sie M 4 und M 5 in Bezug auf die Erfahrungen der Deutschen in der unmittelbaren Nachkriegszeit und gehen Sie insbesondere auf geschlechterhistorische Probleme ein.

Am Ende des Krieges befanden sich außerdem 9 bis 10 Mio. Zwangsarbeiter, Kriegsgefangene und KZ-Häftlinge anderer Nationalitäten in Deutschland. Noch 1947 gab es eine Million solcher „displaced persons" in den vier Besatzungszonen. Nach Hause wollten auch die während des Krieges aus bombengefährdeten Städten evakuierten rund 10 Mio. Deutschen, überwiegend Frauen und Kinder, und die in Kriegsgefangenschaft geratenen Soldaten (M 4).

Die meisten Städte boten infolge der alliierten Luftangriffe ein Bild der Verwüstung. In Westdeutschland war ungefähr ein Viertel des Wohnraumes völlig zerstört, in der sowjetischen Besatzungszone ungefähr ein Zehntel. 40 % der Eisenbahnlinien und anderer Transportwege waren 1945 nicht mehr funktionsfähig, was die Verteilung von Nahrungs- und Versorgungsmitteln erheblich behinderte. Mit den seit April 1945 unter polnischer Verwaltung stehenden Ostgebieten verlor Deutschland ein Viertel seiner bisherigen landwirtschaftlichen Nutzfläche, 17 % der Steinkohlevorkommen und 6 % der Industrieanlagen.

Versorgungskrisen und Schwarzmarkt Die Wohnraumnot, der Hunger und die Kälte der Winter prägten das Alltagsleben der Menschen in der Nachkriegszeit. Viele lebten am Existenzminimum oder darunter. Mindestens 2000 Kalorien täglich für jeden wären notwendig gewesen, doch 1946 betrug die amtliche Zuweisung in der amerikanischen Zone lediglich 1330, in der russischen 1083, in der britischen 1056 und in der französischen 900 Kalorien. Die Unterernährung schwächte die körperlichen Widerstandskräfte und führte zu Mangelkrankheiten und einer erhöhten Sterblichkeit. Vor allem der harte Winter 1946/47 blieb als „Hungerwinter" in den Erinnerungen der Menschen hängen. Die Not förderte Kriminalität und Prostitution. Viele Bewohner der größeren Städte fuhren auf das Land, um sich dort mit dem Notwendigsten einzudecken. Die Rationierung der Lebensmittel und der Mangel vor allem an Brennstoffen ließen zudem einen Schwarzmarkt entstehen, auf dem knappe Güter gegen hohe Preise erworben werden konnten. Dies geschah häufig auch im direkten Austausch von Naturalien, während Zigaretten allerorten zur „Währung" avancierten.

Deutschland nach 1945 5

M 5 „Trümmerfrauen" bei Aufräumarbeiten in Dresden, 1945, Fotografie

Frauenrollen – Männerrollen

Obwohl die nationalsozialistische Propaganda die Frau auf die Rolle als Mutter und Hausfrau festlegen wollte, hatte die Kriegswirtschaft die zunehmende Integration der Frauen ins Erwerbsleben erzwungen. In der unmittelbaren Nachkriegszeit herrschte Arbeitskräftemangel, da die Zahl der Männer in den leistungsfähigsten Altersgruppen zwischen dem 25. und 40. Lebensjahr durch Tod oder Kriegsgefangenschaft zurückgegangen war (M 4). Ein Großteil des Wiederaufbaus lag daher zunächst in den Händen der Frauen, die bei der Beseitigung der Trümmer halfen (M 5) und ihre Kinder alleine durchbringen mussten. Dass die Frauen im Erwerbsleben und in der Familie über Jahre hinweg die Aufgaben der Männer übernommen hatten, stärkte ihr Selbstbewusstsein, sodass viele nach der Rückkehr ihrer Männer nicht mehr bereit waren, sich wieder in die traditionelle Rollenverteilung zu fügen. Von 1939 bis 1948 stieg die Scheidungsrate von 9 auf 19 %. Aber auch das Gegenteil lässt sich beobachten: Angesichts materieller Not und einer ungewissen Zukunft suchten nicht wenige Frauen Schutz und Geborgenheit durch die Rückkehr zu alten Rollenbildern.

5 Deutschland nach 1945

M6 Kriegsende in Deutschland

a) Eine Frau berichtet über ihre Ausweisung aus Brandenburg durch die Polen im Juni 1945 (berichtet am 5. Juli 1952):

Am 23. Juni 1945 wurden wir nun vollkommen überraschend binnen zehn Minuten vom Polen ausgewiesen. Ich lebte damals wieder in meinem Haus, das ging immer hin und her, mal wurde man herausgeschmissen, dann wagte man sich wieder hinein, schaffte den schlimmsten Schmutz heraus, um dann doch bald wieder herausgeworfen zu werden. Niemand von uns hatte mit einer Ausweisung gerechnet. Wohl kamen eine Woche vorher die Zivilpolen und uns wurde gesagt, dass wir nun polnisch verwaltet würden. Die Zivilpolen benahmen sich anständig, sie plünderten wohl auch noch, aber viel hatte der Russe ja nicht übrig gelassen. Aber Vergewaltigungen kamen da kaum vor. Bis dann am Morgen des 23. Juni 1945 die polnische Soldateska erschien, die so genannten Lubliner Polen, und die gesamte Bevölkerung Soraus, gegen 29 000 Menschen, an diesem Tag auswies. Nur ganz wenige, die in den Fabriken für den Russen arbeiteten, durften bleiben. Mir ließen sie wie allen genau zehn Minuten Zeit. […]

Es war ein Elendszug, denn Züge gingen ja nicht, und so zogen, man kann wohl sagen drei Monate lang, die Ausgewiesenen Schlesiens und Ostbrandenburgs auf diesen Landstraßen entlang: Kinderwagen, Leiterwagen, Schiebkarren, Sportwagen, man sah die unmöglichsten Gefährte.

Dokumentation der Vertreibung, Bd. I/2, Bonn 1955, S. 688 f.

b) Richard von Weizsäcker, Bundespräsident, zum 40. Jahrestag des 8. Mai 1945 (1985):

Wir Deutsche begehen den Tag unter uns, und das ist notwendig. Wir müssen die Maßstäbe allein finden. Schonung unserer Gefühle durch uns selbst oder durch andere hilft nicht weiter. Wir brauchen und wir haben die Kraft, der Wahrheit, so gut wir es können, ins Auge zu sehen, ohne Beschönigung und ohne Einseitigkeit. Der 8. Mai ist für uns vor allem ein Tag der Erinnerung an das, was Menschen erleiden mussten. Er ist zugleich ein Tag des Nachdenkens über den Gang unserer Geschichte. Je ehrlicher wir ihn begehen, desto freier sind wir, uns seinen Folgen verantwortlich zu stellen.

Der 8. Mai ist für uns Deutsche kein Tag zum Feiern. Die Menschen, die ihn bewusst erlebt haben, denken an ganz persönliche und damit ganz unterschiedliche Erfahrungen zurück. Der eine kehrte heim, der andere wurde heimatlos. Dieser wurde befreit, für jenen begann die Gefangenschaft. Viele waren einfach nur dafür dankbar, dass Bombennächte und Angst vorüber und sie mit dem Leben davongekommen waren. Andere empfanden Schmerz über die vollständige Niederlage des eigenen Vaterlandes. Verbittert standen Deutsche vor zerrissenen Illusionen, dankbar andere Deutsche für den geschenkten neuen Anfang.

Es war schwer, sich alsbald klar zu orientieren. Ungewissheit erfüllte das Land. Die militärische Kapitulation war bedingungslos. Unser Schicksal lag in der Hand der Feinde. Die Vergangenheit war furchtbar gewesen, zumal auch für viele dieser Feinde. Würden sie uns nun nicht vielfach entgelten lassen, was wir ihnen angetan hatten?

Die meisten Deutschen hatten geglaubt, für die gute Sache des eigenen Landes zu kämpfen und zu leiden. Und nun sollte sich herausstellen: Das alles war nicht nur vergeblich und sinnlos, sondern es hatte den unmenschlichen Zielen einer verbrecherischen Führung gedient. Erschöpfung, Ratlosigkeit und neue Sorgen kennzeichneten die Gefühle der meisten. Würde man noch eigene Angehörige finden? Hatte ein Neuaufbau in diesen Ruinen überhaupt Sinn?

Der Blick ging zurück in einen dunklen Abgrund der Vergangenheit und nach vorn in eine ungewisse dunkle Zukunft. Und dennoch wurde von Tag zu Tag klarer, was es heute für uns alle gemeinsam zu sagen gilt: Der 8. Mai war ein Tag der Befreiung. Er hat uns alle befreit von dem Menschen verachtenden System der nationalsozialistischen Gewaltherrschaft.

Niemand wird um dieser Befreiung willen vergessen, welche schweren Leiden für viele Menschen mit dem 8. Mai erst begannen und danach folgten. Aber wir dürfen nicht im Ende des Krieges die Ursache für Flucht, Vertreibung und Unfreiheit sehen. Sie liegt vielmehr in seinem Anfang und im Beginn jener Gewaltherrschaft, die zum Krieg führte. Wir dürfen den 8. Mai 1945 nicht vom 30. Januar 1933 trennen.

Wir haben wahrlich keinen Grund, uns am heutigen Tag an Siegesfesten zu beteiligen. Aber wir haben allen Grund den 8. Mai 1945 als das Ende eines Irrweges deutscher Geschichte zu erkennen, das den Keim der Hoffnung auf eine bessere Zukunft barg.

Richard von Weizsäcker, Von Deutschland aus, dtv, München o. J., S. 13–15

1 Erklären Sie den Unterschied zwischen Flucht und Vertreibung (M 6 a).
2 Untersuchen Sie, woher die in M 6 a geschilderte Härte gegenüber den Deutschen rührte.
3 Arbeiten Sie aus M 6 b heraus, welche Schwerpunkte Richard von Weizsäcker in seinem Rückblick auf das Kriegsende setzt.
4 Nehmen Sie Stellung zu der These von Richard von Weizsäcker: Der 8. Mai war ein Tag der Befreiung.

Deutschland nach 1945 5

1.2 Die Konferenz von Potsdam und die Entnazifizierung

Die Deutschlandpläne der Alliierten

Während des Krieges wirkte der gemeinsame Kampf gegen das nationalsozialistische Deutschland integrierend auf das Bündnis der Alliierten. Die ideologischen und machtpolitischen Interessengegensätze zwischen der Sowjetunion einerseits und den westlichen Verbündeten andererseits traten in den Hintergrund.

Bereits im Sommer 1941, d.h. noch vor Eintritt der USA in den Krieg, erklärten der englische Premierminister Winston Churchill und der US-Präsident Franklin D. Roosevelt in der Atlantikcharta, dass die „endgültige Vernichtung der Nazityrannei" die Voraussetzung für eine neue, friedliche und freie Weltordnung sei. Aus diesem Grunde wollte man das Selbstbestimmungsrecht der Völker, das in der Atlantikcharta auch festgelegt war, für Deutschland zunächst nicht gelten lassen. Bei Gesprächen Ende des Jahres in Moskau einigten sich Stalin und der britische Außenminister auf die Zerstückelung Deutschlands nach dem Krieg. Auf der Konferenz von Casablanca Anfang 1943 wiederum verständigten sich Roosevelt und Churchill auf die Forderung nach der **bedingungslosen Kapitulation** Deutschlands. Das erste gemeinsame Gipfeltreffen von Churchill, Roosevelt und Stalin fand Ende 1943 in Teheran statt, bei dem die Sowjetunion Anspruch auf Ostpolen erhob.

Im Oktober 1943 beschlossen die Außenminister der Alliierten die Grundsätze der Besatzungspolitik der Siegermächte nach 1945: Deutschland sollte in den Grenzen von 1937 in drei **Besatzungszonen** aufgeteilt werden, in der der jeweilige militärische Oberbefehlshaber die Regierungsgewalt innehatte; für **Berlin** hingegen war eine **gemeinsame Verwaltung** der Siegermächte vorgesehen. Für alle Angelegenheiten, die Deutschland als Ganzes betrafen, wurde ein **alliierter Kontrollrat** mit Sitz in Berlin eingerichtet, der sich aus den Oberkommandierenden der Besatzungsmächte zusammensetzte und in dem Beschlüsse einstimmig gefasst werden mussten. Damit besaß jede der drei Siegermächte ein Vetorecht im Kontrollrat, in den – gemäß den Beschlüssen der Konferenz von Jalta Anfang 1945 – später auch die französische Besatzungsmacht aufgenommen werden sollte.

Die Potsdamer Beschlüsse

Vom 17. Juli bis zum 2. August 1945 trafen sich die Siegermächte in Potsdam, um über die Nachkriegsordnung in Deutschland und Europa zu beraten, allerdings noch ohne Frankreich (M 8). Der amerikanische Präsident Harry S. Truman erstrebte in Fortsetzung der Politik seines Vorgängers Franklin D. Roosevelt, der im April gestorben war, die Errichtung einer stabilen internationalen Friedensordnung unter dem Dach der Vereinten Nationen, zunächst in Kooperation mit der Sowjetunion. Nach der Wahlniederlage der konservativen Partei wurde Winston S. Churchill als Premierminister und Leiter der englischen Delegation in Potsdam von Clement Attlee abgelöst, der jedoch seit Beginn an den Verhandlungen teilgenommen hatte.

Nach dem Ende des Zweiten Weltkrieges verband die Siegermächte das Interesse, dass von Deutschland nie wieder eine Bedrohung für den Frieden in der Welt ausgehen sollte. Daher mussten die für den Krieg Verantwortlichen bestraft und dem Militarismus und Nationalsozialismus für immer die Grundlagen entzogen werden. Einig waren sich die Siegermächte auch darüber, dass Europa und die Welt nur dann in Sicherheit vor den Deutschen leben würden, wenn das deutsche Rüstungspotenzial zerschlagen würde. Aus diesen Beweggründen wurden auf der Potsdamer Konferenz **Entnazifizierung, Entmilitarisierung und Dezentralisierung** zu den großen deutschlandpolitischen Zielen erklärt. Dies waren auch die Voraussetzungen, um einen Prozess der Demokratisierung in Gang zu setzen.

Jedoch wurden diese Ziele von jeder Besatzungsmacht im Lichte ihrer politischen Wertvorstellung und politischen Machtinteressen interpretiert, was bereits auf der Konferenz zu ersten Spannungen führte: Zwar wurde rein rechtlich die Festlegung der deutsch-polnischen Grenze auf eine zukünftige Friedenskonferenz vertagt, aber Stalins Rote Armee hatte bereits vor der Konferenz im sowjetischen Einflussgebiet vollendete Tatsachen geschaffen. Gegen den Widerstand Churchills wurde in Potsdam die Abtrennung der deutschen Ostgebiete, die Vertreibung der Deutschen und die **Oder-Neiße-Linie** als deutsche Ostgrenze festgeschrieben.

5 Deutschland nach 1945

M7 Anton Paul Weber, Zwischen Ost und West, 1946, Karikatur

1 Ziehen Sie aus der Karikatur Rückschlüsse auf die Stimmungen und Erfahrungen der deutschen Bevölkerung 1945/46.

Für Interessenkonflikte unter den Siegermächten sorgte auch die Frage der **Reparationen**, da ein großer Teil des deutschen Wirtschaftspotenzials in den westlichen Zonen lag. Stalin forderte für die durch den Krieg besonders geschwächte Sowjetunion 10 Mrd. Dollar Entschädigungsleistungen und eine Viermächtekontrolle des Ruhrgebietes. Dies wurde von Briten und Amerikanern abgelehnt, da sie ein wirtschaftliches Chaos befürchteten und letztlich auch verhindern wollten, dass sie für die Zahlung der Reparationen an die Sowjetunion aufzukommen hätten. Daher schlug der amerikanische Außenminister James F. Byrnes vor, dass jede Besatzungsmacht ihre Reparationsansprüche aus ihrer eigenen Zone befriedigen sollte; die Sowjetunion sollte zudem von den Reparationen, die die Westmächte entnehmen würden, 10 % gratis und 15 % im Austausch gegen Sachlieferungen erhalten. Damit wurde Deutschland ökonomisch in ein östliches und ein westliches Reparationsgebiet geteilt, auch wenn im Abschlusskommuniqué der Konferenz formal an der wirtschaftlichen Einheit Deutschlands festgehalten wurde.

Die Nürnberger Prozesse Zu den ersten Maßnahmen der Siegermächte gehörten die Auflösung der NSDAP und die Verhaftung und Internierung führender Parteifunktionäre, SS-Offiziere und leitender Beamter. Am 8. August 1945 wurde in Nürnberg der **Internationale Militärgerichtshof** gegründet, vor dem sich die Hauptkriegsverbrecher zu verantworten hatten. Den Angeklagten wurden Verbrechen gegen den Frieden, Kriegsverbrechen und **Verbrechen gegen die Menschlichkeit** zur Last gelegt. Juristisch war sowohl die Einrichtung dieses Tribunals als auch die Begründung der Anklagepunkte problematisch. Bisher gab es noch kein völkerrechtlich sanktioniertes Verbot von Angriffskriegen. Kriegsverbrechen und Verbrechen gegen die Menschlichkeit konnten auch den Siegermächten vorgeworfen werden. Vielen Deutschen erschienen daher die Nürnberger Prozesse nicht als gerechte Bestrafung der Hauptverantwortlichen des NS-Regimes, sondern als Justiz der Sieger über die Besiegten.

Hitler, Himmler und Goebbels hatten sich bereits vor Kriegsende durch Selbstmord der Verantwortung entzogen. Von den 22 Angeklagten wurden zwölf zum Tode durch den Strang verurteilt, darunter Hermann Göring, der vor der Hinrichtung Selbstmord beging. Sieben Angeklagte erhielten Haftstrafen, drei wurden freigesprochen. Allein von den Militärgerichten der drei Westmächte wurden 5006 Angeklagte verurteilt, davon 794 zum Tode (486 vollstreckt). Von den fast 13 000 Verurteilten in der SBZ wurden bis Anfang 1947 436 mit dem Tode bestraft.

Deutschland nach 1945 5

Entnazifizierung in den Westzonen

In den Westzonen konzentrierte sich die Entnazifizierung zunächst auf staatliche Einrichtungen. Alle Beamten und Angestellten des öffentlichen Dienstes hatten in einem Fragebogen Auskunft über ihre Tätigkeit in der Zeit des Nationalsozialismus zu geben. Dieses Verfahren wurde dann auf andere Berufsgruppen und in der amerikanischen Zone auf die gesamte Bevölkerung ausgedehnt. Den Grad der individuellen Verantwortung drückten fünf Kategorien von I (Hauptschuldiger) bis V (Unbelasteter) aus. Verdächtige durften bis zur Entscheidung lediglich manuelle Arbeit ausüben.

Ab 1946/47 übertrugen die Militärbehörden in den westlichen Zonen die Entnazifizierung deutschen „Spruchkammern", die zahlreiche Entlassungen aus dem öffentlichen Dienst aufhoben. Noch ausstehende Verfahren endeten fast immer mit dem Spruch „Mitläufer" (Kategorie IV) oder „Unbelasteter". „Mitläuferfabriken" hat daher ein Historiker diese Spruchkammern genannt. Waren Wissenschaftler für die Sieger von Nutzen, fragten sie nicht nach deren Vergangenheit; und bei Fachleuten, die für den Fortgang der Wirtschaft, Verwaltung und Versorgung unentbehrlich waren, sahen die Prüfer nicht genau hin. Bis zum Februar 1950 wurden in den drei Westzonen insgesamt über 3,6 Mio. Fälle behandelt. Aber nur 5 % wurden in die ersten drei Kategorien eingestuft, hingegen über 60 % als Mitläufer oder Entlastete; die Übrigen kamen in den Genuss einer Amnestie oder einer Verfahrenseinstellung. Bis heute werden allerdings nationalsozialistische Gewaltverbrechen vor Gericht gebracht.

Nach amerikanischer Vorstellung konnte allerdings dem Nationalsozialismus nur dann dauerhaft der Boden entzogen werden, wenn die deutsche Bevölkerung mit demokratischen Verhaltensstrukturen vertraut gemacht wurde. Dazu bedurfte es eines Lernprozesses, der nur auf dem Wege der Umerziehung zu erreichen war („reeducation"). Presse, Rundfunk und Film wurden daher anfangs kontrolliert. Die Reformen an Schulen und Universitäten waren nur bedingt erfolgreich. Eine Rückkehr zu Vorkriegstraditionen gab es vor allem an den Universitäten.

Entnazifizierung in der SBZ

In der sowjetischen Besatzungszone wurde die Entnazifizierung insgesamt rascher und konsequenter durchgeführt als in den Westzonen. Von Anfang an bildete sie einen festen Bestandteil zur radikalen Umgestaltung der gesellschaftlichen und politischen Verhältnisse. Die „Ausrottung der Überreste des Faschismus" legitimierte die Entmachtung der traditionellen Eliten in Justiz, Verwaltung, Polizei und Wirtschaft, die man häufig durch Kommunisten ersetzte. Aber auch ca. 150 000 Menschen, die keine Nazis waren, wurden interniert, teilweise sogar in den ehemaligen Konzentrationslagern Buchenwald oder Sachsenhausen. Anders als in den Westzonen wurde von Anfang an eine klare Unterscheidung zwischen aktiven und nominellen Nazis getroffen. Die Entnazifizierung konzentrierte sich auf die ehemals führenden Nationalsozialisten, die man zum Großteil aus ihren Stellungen entfernte – bis 1948 insgesamt etwa 520 000 Personen. Bei der Justizreform im September 1945 wurden 85 % der Richter entlassen und durch „Volksrichter" ersetzt; in ähnlichem Umfang betraf dies auch die Lehrer an den Schulen. Im Februar 1948 wurde die Entnazifizierung in der SBZ für beendet erklärt. Für alle ehemaligen Parteigenossen blieben auch in Zukunft leitende Funktionen in Justiz, Polizei und Verwaltung verschlossen.

5 Deutschland nach 1945

M 8 Aus den Deutschland betreffenden Abschnitten des „Potsdamer Abkommens" vom 2. August 1945

Es ist nicht die Absicht der Alliierten, das deutsche Volk zu vernichten oder zu versklaven. Die Alliierten wollen dem deutschen Volke die Möglichkeit geben, sich darauf vorzubereiten, sein Leben auf einer demokratischen
5 und friedlichen Grundlage von neuem wieder aufzubauen. Wenn die eigenen Anstrengungen des deutschen Volkes unablässig auf die Erreichung dieses Zieles gerichtet sein werden, wird es ihm möglich sein, zu gegebener Zeit seinen Platz unter den freien und
10 friedlichen Völkern der Welt einzunehmen. [...]

A. Politische Grundsätze

1. Entsprechend der Übereinkunft über das Kontrollsystem in Deutschland wird die höchste Regierungsgewalt in Deutschland durch die Oberbefehlshaber der
15 Streitkräfte der Vereinigten Staaten von Amerika, des Vereinigten Königreichs, der Union der Sozialistischen Sowjetrepubliken und der Französischen Republik nach den Weisungen ihrer entsprechenden Regierungen ausgeübt, und zwar von jedem in seiner Besat-
20 zungszone sowie gemeinsam in ihrer Eigenschaft als Mitglieder des Kontrollrates in den Deutschland als Ganzes betreffenden Fragen.

2. Soweit dieses praktisch durchführbar ist, muss die Behandlung der deutschen Bevölkerung in ganz
25 Deutschland gleich sein.

3. Die Ziele der Besetzung Deutschlands, durch welche der Kontrollrat sich leiten lassen soll, sind:

(I.) Völlige Abrüstung und Entmilitarisierung Deutschlands und die Ausschaltung der gesamten deutschen
30 Industrie, welche für eine Kriegsproduktion benutzt werden kann, oder deren Überwachung. [...]

(II.) Das deutsche Volk muss überzeugt werden, dass es eine totale militärische Niederlage erlitten hat und dass es sich nicht der Verantwortung entziehen kann
35 für das, was es selbst dadurch auf sich geladen hat, dass seine eigene mitleidlose Kriegsführung und der fanatische Widerstand der Nazis die deutsche Wirtschaft zerstört und Chaos und Elend unvermeidlich gemacht haben.

40 (III.) Die Nationalsozialistische Partei mit ihren angeschlossenen Gliederungen und Unterorganisationen ist zu vernichten; [...] es sind Sicherheiten dafür zu schaffen, dass sie in keiner Form wieder auferstehen können, jeder nazistischen und militärischen Betäti-
45 gung und Propaganda ist vorzubeugen.

(IV.) Die endgültige Umgestaltung des deutschen politischen Lebens auf demokratischer Grundlage und eine eventuelle friedliche Mitarbeit Deutschlands am internationalen Leben sind vorzubereiten. [...]

50 5. Kriegsverbrecher und alle diejenigen, die in der Planung oder Verwirklichung nazistischer Maßnahmen, die Gräuel oder Kriegsverbrechen nach sich zogen oder als Ergebnis hatten, teilgenommen haben, sind zu verhaften und dem Gericht zu übergeben. Nazisti-
55 sche Parteiführer, einflussreiche Nazianhänger und die Leiter der nazistischen Ämter und Organisationen und alle anderen Personen, die für die Besetzung und ihre Ziele gefährlich sind, sind zu verhaften und zu internieren. [...]

9. Die Verwaltung Deutschlands muss in Richtung auf
60 eine Dezentralisation der politischen Struktur und der Entwicklung einer örtlichen Selbstverwaltung durchgeführt werden. [...]

(II.) In ganz Deutschland sind alle demokratischen politischen Parteien zu erlauben und zu fördern, mit der
65 Einräumung des Rechtes, Versammlungen einzuberufen und öffentliche Diskussionen durchzuführen. [...]

(IV.) Bis auf weiteres wird keine zentrale deutsche Regierung errichtet werden. [...]

B. Wirtschaftliche Grundsätze

70 12. In praktisch kürzester Frist ist das deutsche Wirtschaftsleben zu dezentralisieren mit dem Ziel der Vernichtung der bestehenden übermäßigen Konzentration der Wirtschaftskraft, dargestellt insbesondere durch Kartelle, Syndikate, Trusts und andere Monopolverei-
75 nigungen. [...]

14. Während der Besatzungszeit ist Deutschland als eine wirtschaftliche Einheit zu betrachten [...].

Ernst Deuerlein (Hg.), Potsdam 1945. Quellen zur Konferenz der „Großen Drei", München 1963, S. 354 ff.

1 Fassen Sie die gemeinsamen Ziele der Alliierten in M 8 stichwortartig zusammen.

2 Erläutern Sie, wie es trotz unterschiedlicher politischer und gesellschaftlicher Ziele in Potsdam möglich wurde, sich auf eine gemeinsame Deutschlandpolitik zu einigen.

Deutschland nach 1945   5

1.3 Politischer Neuaufbau

Antifaschismus und Parteigründungen in der SBZ
Der politische Neuanfang in der Sowjetischen Besatzungszone (SBZ) erfolgte unter dem Vorzeichen der **Integrationsideologie des Antifaschismus** (M 10). Anfang Mai 1945 wurde eine Gruppe deutscher Kommunisten aus dem Moskauer Exil nach Berlin geflogen, der unter anderem Walter Ulbricht (1893–1973), der spätere Staatsratsvorsitzende der DDR, und Wilhelm Pieck (1876–1960), der spätere Staatspräsident der DDR, angehörten. Sie sollten die Besatzungsmacht beim Umbau der politischen und administrativen Strukturen unterstützen. Von Anfang an fehlte den Kommunisten im Gegensatz zu den Sozialdemokraten eine breite Basis in der Bevölkerung der SBZ. Sie konnten sich daher nur mit Hilfe der sowjetischen Besatzungsmacht etablieren und behaupten.

In der SBZ erfolgte die Zulassung von Parteien **zentral**. Bereits am 10. Juni 1945 erlaubte die sowjetische Militärverwaltung (SMAD) die „Bildung und Tätigkeit antifaschistischer Parteien". Am nächsten Tag wurde die KPD gegründet, am 15. Juni die SPD, am 26. Juni die Christlich-Demokratische Union (CDU) und am 5. Juli die Liberal-Demokratische Partei Deutschlands (LDPD); die Demokratische Bauernpartei Deutschlands (DBD) folgte erst am 29. April 1948. In ihrem Gründungsaufruf erklärte die KPD, ihr Ziel sei die Errichtung einer parlamentarisch-demokratischen Republik mit allen demokratischen Rechten und Freiheiten für das Volk. Zur Begründung hieß es, Deutschland dürfe nicht das Sowjetsystem aufgezwungen werden, da dieser Weg nicht den gegenwärtigen Entwicklungsbedingungen entspreche. Die ersten Bürgermeister in der SBZ waren daher vielfach Sozialdemokraten oder Vertreter bürgerlicher Parteien.

Von einer freien Entfaltung der Parteien konnte jedoch von Anfang an keine Rede sein. Am 14. Juli 1945 schlossen sich die vier Parteien zu einem **„Block antifaschistisch-demokratischer Parteien"** zusammen. Da Beschlüsse nur einstimmig gefasst werden konnten, wurde die Aktionsfreiheit von SPD, CDU und Liberalen entscheidend eingeschränkt; eine Koalitionsbildung gegen oder ohne die KPD war nicht mehr möglich.

Im Juni 1945 hatte sich der Vorsitzende des Zentralausschusses der Sozialdemokraten in der SBZ, Otto Grotewohl (1894–1964), vor dem Hintergrund der Erfahrungen der Weimarer Republik für die Vereinigung der Arbeiterparteien ausgesprochen. Dieses Angebot war von der KPD jedoch abgelehnt worden. Nach der vernichtenden Wahlniederlage der Kommunisten in Österreich im Oktober 1945 stand zu erwarten, dass auch in der SBZ freie Wahlen die fehlende demokratische Legitimation der KPD sichtbar machen würden. Ende 1945 lehnte nun seinerseits der SPD-Vorstand in der SBZ eine Fusion mit der KPD ab.

Am 22. April 1946 vollzogen 548 Delegierte der SPD und 507 Delegierte der KPD in Ostberlin unter dem Druck der sowjetischen Besatzungsmacht die **Gründung der Sozialistischen Einheitspartei Deutschlands (SED)**. Eine demokratische Urabstimmung in den Ortsverbänden der SBZ wurde verboten. Bei einer Urabstimmung in den Westsektoren Berlins sprachen sich jedoch im März 1946 über 80 % der SPD-Mitglieder gegen eine Fusion der beiden Arbeiterparteien aus und bewerteten die Fusion als **Zwangsvereinigung** (M 11).

Die Führungsposten der SED wurden zunächst paritätisch besetzt. Bei den Landtagswahlen 1946 in der SBZ erhielt die SED nach offiziellen Angaben 47,5 %, CDU und LDPD zusammen 49 % der Stimmen. Es waren die letzten Wahlen in der SBZ, bei der sich die Wähler zwischen den Kandidaten verschiedener Parteien entscheiden konnten. 1946 setzten die SED und mit ihr gemeinsam LDPD und Ost-CDU die Bodenreform und die Verstaatlichung großer Industriebetriebe durch (M 10). Aber die SED hatte längst die Schlüsselpositionen der staatlichen Macht in ihrer Hand. Spätestens seit 1948 wandelte sich die SED zu einer „Partei neuen Typs" nach sowjetischem Vorbild (M 12).

Anfänge der politischen Parteien in den Westzonen
In den westlichen Zonen begann der politische Wiederaufbau der Parteien später als in der SBZ: ab August 1945 in der amerikanischen, ab September in der britischen und ab November in der französischen Zone. Anders als in der SBZ erfolgte der Aufbau **dezentral** und demokratisch von „unten nach oben".

Lange bevor die Briten politische Parteien offiziell zuließen, trafen sich die **Sozialdemokraten** im April 1945 in Hannover auf Initiative von Kurt Schumacher (1895–1952), der kurze Zeit später zum

5 Deutschland nach 1945

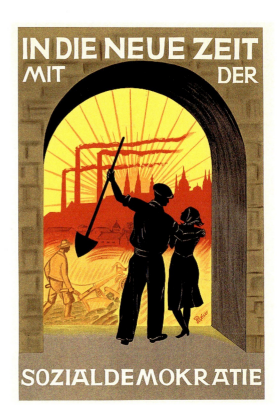

M 9 Carl Reiser, „In die neue Zeit mit der Sozialdemokratie", um 1946, Plakat

Beauftragten der SPD für die Westzonen gewählt wurde. Sein Stellvertreter wurde im Mai 1946 Erich Ollenhauer (1901–1963). Mit der Berliner SPD unter Otto Grotewohl kam es zum Konflikt in der Frage, ob sich SPD und KPD vereinigen sollten, denn Schumacher war ein radikaler Antikommunist und lehnte eine Fusion wegen der engen Bindung der KPD an die Sowjetunion ab. Damit zeichnete sich bereits 1945 innerhalb der SPD eine Spaltung in Ost und West ab. In ihren wirtschaftspolitischen Leitsätzen vom Oktober 1945 forderte die SPD die Sozialisierung der „Großindustrie, der Großfinanz und die Aufsiedlung des Großgrundbesitzes", um künftig die Konzentration ökonomischer und politischer Macht zu verhindern (M 9). Die Partei verfügte Ende 1947 zwar über rund 875 000 Mitglieder, aber bei den ersten Landtagswahlen gelang es ihr nur in Hessen, Württemberg-Baden, Bremen, Hamburg und Berlin, die CDU zu überflügeln. Bei den ersten Bundestagswahlen 1949 erreichte die SPD 29 % der Stimmen.

Die **Christlich-Demokratische Union** (CDU) entstand als überkonfessionelle bürgerliche Sammelpartei mit einem leichten Übergewicht der Katholiken. Der ehemalige Zentrumspolitiker und Kölner Oberbürgermeister Konrad Adenauer (1876–1967) wurde zum Vorsitzenden in der britischen Zone gewählt. Die Vereinigung der CDU zur Bundespartei erfolgte erst im Oktober 1950 in Goslar, da die alliierten Militärbehörden Zusammenschlüsse der Parteiorganisationen über die Zonengrenzen hinweg nicht zuließen. Von Anfang an gab es in dieser Partei zwei Richtungen: die Vertreter des „christlichen Sozialismus", die aus der christlichen Gewerkschaftsbewegung kamen, wie z. B. Jakob Kaiser (1888–1961); deren politische Zielvorstellungen fanden ihren Niederschlag im **Ahlener Programm** vom 3. Februar 1947, das noch sozialistische Züge trug. Und auf der anderen Seite der rechte Flügel von Konrad Adenauer, der die soziale Marktwirtschaft favorisierte und sich längerfristig in der Partei durchsetzte. In Bayern bildete sich als „Schwesterpartei" der CDU die Christlich-Soziale Union (CSU); bei den ersten Bundestagswahlen erreichten CDU und CSU zusammen 31 % der Stimmen.

Im Januar 1946 wurde in Nordbaden-Württemberg die Demokratische Volkspartei (DVP) gegründet, aber erst im Dezember 1948 schlossen sich die verschiedenen liberalen Landesverbände der

Deutschland nach 1945 5

M 10 D. Fischer, „Volksentscheid gegen Kriegsverbrecher", 1946, Plakat zum Volksentscheid über die Enteignung in Sachsen

1 Untersuchen Sie anhand von M 9, für welche politischen Ziele die SPD 1946 warb und welche Eindrücke das Plakat erzeugen sollte.
2 Analysieren Sie die Gestaltungsmittel, mit denen der Betrachter von M 10 für die Enteignungen in der sowjetischen Besatzungszone gewonnen werden sollte.
3 Informieren Sie sich über den Begriff des „Antifaschismus" und arbeiten Sie in einem Kurzreferat heraus, inwieweit man das Plakat M 10 als eine bildnerische Umsetzung dieses Begriffs verstehen kann.
4 **Präsentation:** Versetzen Sie sich in die Rolle eines Journalisten aus Großbritannien und schreiben Sie aus der Sicht des Jahres 1948 einen Zeitungsbericht über das Parteienspektrum in den Ost- und Westzonen. Bebildern Sie Ihren Bericht mit Parteiplakaten, die Ihrer Meinung nach typisch sind (s. Chroniken, historische Bildbände usw.), und begründen Sie die Auswahl gegenüber der Bildredaktion Ihrer Zeitung.

drei Westzonen zur **Freien Demokratischen Partei/FDP** zusammen, nachdem sie sich von der LDPD in der Sowjetzone getrennt hatten. Die Liberalen setzten sich für eine liberal-kapitalistische Wirtschaftsordnung ein. Zum Vorsitzenden wählten sie Theodor Heuss (1884–1963), den späteren ersten Präsidenten der Bundesrepublik. 12 % der Wähler stimmten bei den ersten Bundestagswahlen für die Liberalen.

Bei den ersten Landtagswahlen in den Westzonen erzielte die **Kommunistische Partei Deutschlands** (KPD) in keinem Land mehr als 15 % der Stimmen. In den ersten Bundestag wurden sie lediglich mit 6 % gewählt.

Die Neuanfänge der Gewerkschaften

In der SBZ vollzog sich der Aufbau der Gewerkschaften zentralistisch von oben nach unten. Bereits im Juni 1945 hatte sich in Berlin ein „Initiativausschuss zur Gründung antifaschistisch-demokratischer Gewerkschaften" gebildet. Im Februar 1946 folgte die offizielle Gründung des **Freien Deutschen Gewerkschaftsbundes (FDGB)**. Obwohl alle

5 Deutschland nach 1945

Parteien in der Leitung des FDGB vertreten waren, sicherten sich die Kommunisten mit ihren straff geführten Betriebsgruppen rasch die Vorherrschaft und schufen eine **Einheitsorganisation**.

Als es im Herbst 1947 wegen eines neuen Leistungslohnsystems zu Konflikten zwischen den Arbeitern in den Betrieben einerseits und der SED und der sowjetischen Militäradministration andererseits kam, trat die Umwandlung des FDGB in ein politisches Instrument der SED zur Massenbeeinflussung klar zutage. Die noch überwiegend sozialdemokratisch gesonnenen Betriebsräte opponierten mit den Arbeitern gegen das neue Lohnsystem und beharrten auf ihrer Selbstständigkeit gegenüber Anweisungen von außen. Daraufhin installierte die SED in den Betrieben von der Partei abhängige Betriebsgewerkschaftsleitungen. Im August 1950 schließlich formulierte die SED öffentlich ihren Führungsanspruch im FDGB.

Die Militärverwaltungen in den **Westzonen** verzögerten den politischen Neuaufbau der Gewerkschaften, weil sie einerseits den Deutschen misstrauten und andererseits den Ausbruch einer sozialen Revolution befürchteten, von der die Kommunisten profitieren könnten. Im August 1945 wurden in der britischen Zone zunächst Betriebsräte zugelassen, im September dann die Bildung von Gewerkschaften auf lokaler Ebene genehmigt. Der Streit um die Organisationsform der Gewerkschaften verzögerte zunächst den Neuaufbau. Die britische Militärregierung befürchtete, dass eine möglicherweise kommunistisch geführte Einheitsgewerkschaft zu mächtig werden könnte. Auf Wunsch der Militärregierung intervenierte der britische Gewerkschaftsverband. Ende 1945 fiel in Düsseldorf der Entschluss für das **Industrieverbandsprinzip**. Die einzelnen autonomen Industriegewerkschaften sollten in einem Dachverband zusammengefasst werden. Dieses Modell wurde im August 1946 auf der Gewerkschaftskonferenz in Bielefeld beschlossen. Dagegen bildeten die Gewerkschaften „Erziehung und Wissenschaft" und „Kunst" Berufsverbände. 1947 wurde in Bielefeld mit dem **Deutschen Gewerkschaftsbund (DGB)** der erste westzonale Dachverband gegründet. Im Oktober 1949 konstituierte er sich dann als bundesweite Organisation. Nachdem die Sozialisierung der Schlüsselindustrien in den westlichen Zonen am Widerstand der Besatzungsmächte gescheitert war, konzentrierten die Gewerkschaften ihre Tätigkeit auf die Tarifpolitik.

Reform der Länder und Aufbau der Verwaltungen Nach der bedingungslosen Kapitulation und der Übernahme der Regierungsgewalt in Deutschland sahen sich die Siegermächte zunächst vor die Aufgabe gestellt, in ihren Besatzungszonen eine funktionierende Verwaltung zu organisieren, um in Anbetracht der Flüchtlingsströme und der Nahrungsmittel- und Wohnraumknappheit die Versorgung der Bevölkerung zu sichern und soziale Unruhen zu vermeiden. Dazu benötigten sie die Mitarbeit der Deutschen.

Bereits im Juli 1945 setzte die SMAD in der **Ostzone** Regierungen in den Ländern Sachsen, Mecklenburg und Thüringen sowie in den Provinzen Brandenburg und Sachsen-Anhalt ein. Noch im gleichen Monat wurde die Errichtung von **elf deutschen Zentralverwaltungen** angeordnet. Fünf der von der SMAD eingesetzten Präsidenten dieser Verwaltungen gehörten der KPD, drei der SPD, je einer der CDU und der LDPD an, einer war parteilos.

Dass die SED von Anfang an bestrebt war, ihre Vorherrschaft mit allen Mitteln abzusichern und eine sozialistische Gesellschaft durchzusetzen, lässt sich eindrucksvoll an den Gemeinde- und Landtagswahlen in **Sachsen** 1946 (M 13 a, b) sowie der sächsischen Verfassung von 1947 (M 14 a, b) verdeutlichen.

Auch in den **Westzonen** waren die Weichenstellungen der Besatzungsmächte entscheidend. Am frühesten begann die US-Militärregierung mit dem Aufbau einer deutschen Zentralverwaltung. Im Oktober 1945 bildete sie in ihrer Zone einen **Länderrat**, der sich aus den drei von ihr ernannten Ministerpräsidenten der Länder Bayern, Württemberg-Baden und Hessen zusammensetzte. Bereits Anfang August waren Nord-Württemberg und Nord-Baden zum Land Württemberg-Baden mit Stuttgart als Regierungssitz zusammengefasst worden. Erster Ministerpräsident wurde der Vorsitzende der liberalen DDP, Reinhold Maier (1889–1971).

Im August 1946 löste die britische Militärregierung die bisherigen preußischen Provinzen auf und errichtete an ihrer Stelle die Länder Schleswig-Holstein, Hannover und Nordrhein-Westfalen und wenig später Niedersachsen. Eine dem Länderrat in der amerikanischen Zone vergleichbare Zentralverwaltung lehnte sie jedoch ab. Am 25. Februar 1947 wurde **Preußen** dann formal durch ein

Deutschland nach 1945   5

Kontrollratsgesetz aufgelöst. Mit der Errichtung des Landes Nordrhein-Westfalen wollte die britische Regierung vollendete Tatsachen schaffen, um eine von Frankreich und der Sowjetunion geforderte internationale Kontrolle des Ruhrgebietes zu verhindern.

Frankreich riegelte seine Besatzungszone sofort von den übrigen ab und förderte dort einen extremen Föderalismus. Das Land Rheinland-Pfalz wurde neu gegründet und ein durch Grenzkorrekturen vergrößertes Saarland politisch und wirtschaftlich von Deutschland abgetrennt, kam aber 1955 nach einer Volksabstimmung zur Bundesrepublik. Bis Herbst 1947 entstanden die Länder Württemberg-Hohenzollern mit der Hauptstadt Tübingen, Baden mit der Hauptstadt Freiburg und separat der Kreis Lindau auf bayerischem Gebiet. Die Bildung des heutigen Landes Baden-Württemberg geht auf das Jahr 1952 zurück.

Bodenreform und Verstaatlichung in der SBZ

In der sowjetischen Besatzungszone, die einen beträchtlichen Anteil des ehemaligen ostelbischen Großgrundbesitzes umfasste, bildete die Bodenreform einen integralen Bestandteil der Entnazifizierungspolitik. Im September 1945 begann die sowjetische Militäradministration unter der Losung „Junkerland in Bauernhand" mit der entschädigungslosen Enteignung des Grundbesitzes über 100 Hektar. Betroffen waren von den Maßnahmen rund 35 Prozent der landwirtschaftlichen Nutzfläche. Ungefähr zwei Drittel des enteigneten Bodens wurden an 599 000 Bauern, Landarbeiter und Umsiedlerfamilien in Parzellen zu 5 bis 10 Hektar verteilt. Die Mehrzahl der kleinen Betriebe erwies sich jedoch längerfristig als unrentabel. Ab 1952 mussten sie sich in Landwirtschaftlichen Produktionsgenossenschaften (LPG) zusammenschließen. Damit begann die Kollektivierung der Landwirtschaft nach sowjetischem Vorbild.

Nachdem im Juli 1945 bereits Banken und Sparkassen entschädigungslos enteignet worden waren, setzte gegen Ende des Jahres die Verstaatlichung der Industrie ein, die wie alle Sozialisierungsmaßnahmen mit der Enteignung von Kriegs- und Naziverbrechern legitimiert wurde (M10). Nach Anfängen in Sachsen erfolgte die Umwandlung der Unternehmen in Volkseigene Betriebe (VEB) auch in den anderen Gebieten der SBZ, allerdings nicht mehr, wie in Sachsen, per Volksabstimmung, sondern nur noch per Verordnung. Bis Mitte 1948 wurden mehr als 9000 Betriebe sozialisiert. 213 der wichtigsten Betriebe, die alleine fast 25–30 % der sowjetzonalen Gesamtproduktion erzeugten, gingen zunächst in das Eigentum der Sowjetunion über und wurden in 25 Sowjetische Aktiengesellschaften (SAG) umgewandelt. 1953 wurden sie für rund 2,5 Mrd. Mark von der DDR zurückgekauft.

Reparationen und Demontagen

In Potsdam hatten die Alliierten vereinbart, dass jede Besatzungsmacht ihre Reparationen durch Entnahme von Produktionsgütern aus ihrer eigenen Zone befriedigen sollte. Die USA interessierten sich vor allem für industrielles Know-how. Ungefähr 1000 Techniker, wie z. B. der Raketenbauer Wernher von Braun (1912–1977), wurden in die USA gebracht, um dort an ihren Projekten weiterzuarbeiten. Der Technologieraub dürfte einen Wert von 10 Mrd. Dollar gehabt haben, zu dem auch die Verfilmung der wichtigsten deutschen Patente gehörte.

Am längsten plünderte die UdSSR ihre Zone aus. Bis Frühjahr 1948 wurden nicht nur kriegswichtige Industrien, sondern auch für die Friedenswirtschaft unentbehrliche industrielle Betriebe demontiert. Hinzu kam die Entnahme von Reparationen aus der laufenden Produktion und die Demontage von Gleisanlagen. Auch die UdSSR nahm eine große Zahl deutscher Forscher in ihre Dienste, bemühte sich allerdings vergeblich, einen Zugriff auf das Industriepotenzial und die Rohstoffe im britisch besetzten Ruhrgebiet zu erhalten. Die rücksichtslose Entnahmepolitik der sowjetischen Besatzungsmacht hat das Wirtschaftspotenzial der Ostzone mehr zerstört als die unmittelbaren Kriegseinwirkungen. Die Belastung, die rein rechnerisch jeder Deutsche zu tragen hatte, war in der Ostzone dreimal so hoch wie in den Westzonen.

5 Deutschland nach 1945

M11 Zwangsvereinigung von SPD und KPD

Bericht von Christopher Steel, dem Leiter der politischen Abteilung der britischen Militärregierung in Deutschland, an das britische Außenministerium über ein Treffen mit den Ost-SPD-Mitgliedern Otto Grotewohl und Gustav Dahrendorf am 4. Februar 1946 (Auszug):

Was sie sagten, war nicht ermutigend. Grotewohl, anfangs noch guter Laune, sah mitgenommen und besorgt aus. Nach dem Essen kamen wir zur Sache, und als ich ihn nach den Einheitslisten fragte, sagte er, das
5 Ende stehe kurz bevor. Ich sagte, wir könnten nicht verstehen, dass die SPD wirklich mit den Kommunisten zusammengehen könnte, es gebe doch wahrlich noch einen Unterschied zwischen Freiheit und Totalitarismus. Grotewohl sagte, das sei keine Frage von
10 Programmen, sondern nackter Tatsachen. […] Sie würden nicht nur persönlich unter stärksten Druck gesetzt […], ihre Organisation in den Ländern sei vollkommen unterwandert. Männer, die ihm noch vor vier Tagen versichert hätten, sie seien entschlossen, Wider-
15 stand zu leisten, flehten ihn nun an, die Sache hinter sich zu bringen. Auf diese Leute sei jede nur mögliche Art von Druck ausgeübt worden, von dem Versprechen, ihnen einen Arbeitsplatz zu besorgen, bis zur Entführung am helllichten Tag, und wenn er, Grote-
20 wohl, zusammen mit dem Zentralausschuss den Widerstand fortsetzen würde, dann würden sie ganz einfach abgesetzt und durch Provinzausschüsse ersetzt werden. Im Übrigen habe weiterer Widerstand auch keinen Sinn mehr, da sie sich von uns keine Hilfe mehr
25 erhofften. Auf meine Frage, was er damit meine, sagte Grotewohl, offensichtlich sei der „Eiserne Vorhang" […] unverrückbar. Die Franzosen würden jeden Ansatz zur Einheit Deutschlands abblocken und unter diesen Umständen sei jede Unterstützung wirkungslos. Ich
30 fragte ihn, ob eine Einigung über die zentralen Verwaltungsstellen ihn ermutigen würde, an der Unabhängigkeit [der Partei] festzuhalten; darauf antwortete er mit großem Nachdruck, dass er das tun würde, selbst wenn die Behinderungen im Ost-West-Verkehr andau-
35 ern würden. […] Dahrendorf sprach davon, sie hätten bis zum Einsatz ihres Lebens Widerstand geleistet. […]
Dies alles hat mich sehr deprimiert; aber es sieht so aus, als würden die Russen jetzt ihre Glacéhandschuhe
40 ausziehen.

Rolf Steininger, Deutsche Geschichte seit 1945, Bd. 1, Fischer, Frankfurt/Main 1996, S. 191 f.

1 Ordnen Sie M11 historisch ein.
2 Diskutieren Sie die Handlungsspielräume, die der Ost-SPD bei der Fusion mit der KPD blieben.
3 Erörtern Sie, welche Gründe die Ost-SPD zur Zusammenarbeit bewogen haben könnten.

M12 Aus dem Beschluss der 1. Parteikonferenz der SED vom 28. Januar 1949

Die Kennzeichen einer Partei neuen Typs sind:
Die marxistisch-leninistische Partei ist die bewusste Vorhut der Arbeiterklasse. Das heißt, sie muss eine Arbeiterpartei sein, die in erster Linie die besten Elemente der Arbeiterklasse in ihren Reihen zählt, die ständig ihr
5 Klassenbewusstsein erhöhen. Die Partei kann ihre führende Rolle als Vorhut des Proletariats nur erfüllen, wenn sie die marxistisch-leninistische Theorie beherrscht, die ihr die Einsicht in die gesellschaftlichen Entwicklungsgesetze vermittelt. Daher ist die erste
10 Aufgabe zur Entwicklung der SED zu einer Partei neuen Typus die ideologisch-politische Erziehung der Parteimitglieder und besonders der Funktionäre im Geiste des Marxismus-Leninismus.
Die Rolle der Partei als Vorhut der Arbeiterklasse wird
15 in der täglichen operativen Leitung der Parteiarbeit verwirklicht. Sie ermöglicht es, die gesamte Parteiarbeit auf den Gebieten des Staates, der Wirtschaft und des Kulturlebens allseitig zu leiten. Um dies zu erreichen, ist die Schaffung einer kollektiven operativen
20 Führung der Partei durch die Wahl eines Politischen Büros (Politbüro) notwendig. […]
Die marxistisch-leninistische Partei beruht auf dem Grundsatz des demokratischen Zentralismus. Dies bedeutet die strengste Einhaltung des Prinzips der Wähl-
25 barkeit der Leitungen und Funktionäre und der Rechnungslegung der Gewählten vor den Mitgliedern. Auf dieser innerparteilichen Demokratie beruht die straffe Parteidisziplin, die dem sozialistischen Bewusstsein der Mitglieder entspringt. Die Parteibeschlüsse haben
30 ausnahmslos für alle Parteimitglieder Gültigkeit, insbesondere auch für die in Parlamenten, Regierung, Verwaltungsorganen und in den Leitungen der Massenorganisationen tätigen Parteimitglieder.
Demokratischer Zentralismus bedeutet die Entfaltung
35 der Kritik und Selbstkritik in der Partei, die Kontrolle der konsequenten Durchführung der Beschlüsse durch die Leitungen und die Mitglieder.
Die Duldung von Fraktionen und Gruppierungen innerhalb der Partei ist unvereinbar mit ihrem marxis-
40 tisch-leninistischen Charakter.

Hermann Weber (Hg.), DDR, Oldenbourg, München 1986, S. 134

1 Beschreiben Sie die Merkmale der SED als einer Partei „neuen Typs". Prüfen Sie die These, die SED sei „stalinisiert" worden.

Deutschland nach 1945   5

M13   Die Wahlen in Sachsen 1946

a) Der Politikwissenschaftler Hermann Weber über die Wahlkampfstrategie der SED bei den Gemeindewahlen in Sachsen 1946 (1999)

Die ersten Wahlen fanden am 1. September 1946 in Sachsen statt. In diesem Land, in dem traditionell die Arbeiterparteien einen Vorsprung hatten, waren die Ausgangsbedingungen bei den Gemeindewahlen für die SED daher besonders günstig. Es durften nur lizenzierte Ortsverbände der Parteien und Massenorganisationen Listen aufstellen; indessen hatte die Besatzungsmacht die Registrierung der LDP- und CDU-Ortsgruppen verzögert (die CDU war bis dahin nur in 593 von 2402 Orten zugelassen). Auch bei der Papierzuteilung wurde die SED bevorzugt, ihre Presse hatte erheblich größere Auflagen. […]
Die SED-Führung ordnete an, ihre Kandidatenlisten zum „Spiegelbild aller Gruppen des gesamten werktätigen Volkes" zu machen und darauf zu achten, dass „eine paritätische Zusammensetzung – ohne Schema – nach der früheren Zugehörigkeit zur SPD und KPD erfolgt". Den Wahlkampf wollte die SED zwar so führen, dass die Voraussetzungen für die „Zusammenarbeit im Einheitsblock" nicht verschüttet würden. Doch da die SED erhebliche Vorteile genoss, war dies schwer zu praktizieren. Immerhin konnte sich die Bevölkerung noch zwischen verschiedenen Parteien entscheiden: von 3,5 Millionen Wahlberechtigten beteiligten sich 3,2 Millionen; 326 000 Stimmen waren ungültig (die Berliner SPD hatte aufgerufen, ungültig zu stimmen). Die SED erhielt mit 1,6 Millionen Stimmen über 53 Prozent, die LDP kam auf 671 000 (22 Prozent) und die CDU auf 655 000 (21 Prozent); der Rest verteilte sich auf Bauernhilfe, Frauenausschüsse usw. Die SED setzte sich zwar als stärkste Partei durch, aber in Städten wie Dresden, Leipzig, Zwickau, Plauen, Bautzen usw. erhielten LDP und CDU zusammen mehr Stimmen als die SED.

Hermann Weber, Geschichte der DDR, dtv, München 1999, S. 87

b) Die Historiker Manfred und Agatha Kobuch über die Landtagswahl in Sachsen 1946 (1999)

Am 20. Oktober 1946 fanden in Sachsen Landtags- und Kreistagswahlen statt. […] Die 120 Abgeordnetensitze des Sächsischen Landtages verteilten sich entsprechend dem Abstimmungsergebnis folgendermaßen: SED 59, LDPD 30, CDU 28, Vereinigung der gegenseitigen Bauernhilfe (VdgB) 2, Kulturbund zur demokratischen Erneuerung Deutschlands 1. Da die beiden letztgenannten Organisationen nicht nur von der SED gelenkt, sondern ihre Vertreter entweder überwiegend deren Mitglieder waren oder sich zu deren politischen Zielen bekannten, verfügte die vereinigte Arbeiterpartei über die absolute Mehrheit im Landtag.

Otto Kaemmel, Sächsische Geschichte. In der Überarbeitung v. Manfred Kobuch u. Weiterführung v. Agatha Kobuch, Hellerau-Verlag, Dresden 1999, S. 162f.

1 Erläutern Sie Strategie und Ziele der SED bei den Wahlen in Sachsen 1946 (M13 a, b).

2 Diskutieren Sie, ob und inwieweit die sächsischen Wahlen 1946 freie demokratische Wahlen waren (M13 a, b).

M14   Die sächsische Verfassung von 1947

a) Aus der Verfassung des Landes Sachsen vom 28. Februar 1947

Artikel 7 Bei der Ausübung der Staatsgewalt, die dem Wohle des Volkes zu dienen hat, sind die Gesetze der Menschlichkeit zu achten und die nachfolgenden Menschen- und Grundrechte zu wahren.
Artikel 8 (1) Vor dem Gesetz sind alle gleich. (2) Alle Bürger haben die gleichen staatsbürgerlichen Pflichten und Rechte, es sei denn, dass die staatsbürgerlichen Rechte ihnen durch Entscheid aufgrund rechtsgültiger Bestimmungen wegen eines Verbrechens oder wegen nazistischer, faschistischer oder militaristischer Betätigung aberkannt worden sind. (3) Personen, die derartige Auffassungen verbreiten oder unterstützen, sind aus den öffentlichen Diensten sowie aus allen leitenden Stellungen zu entfernen und vom Wahlrecht auszuschließen. Volksvertretern wird in solchen Fällen durch Beschluss der Volksvertretung mit Zweidrittelmehrheit das Mandat aberkannt. (4) Jede Bekundung nationalen, religiösen oder Rassenhasses wird bestraft.
Artikel 9 (1) Die Freiheit der Person ist unverletzlich. Eine Beeinträchtigung oder Entziehung der persönlichen Freiheit ist nur aufgrund von Gesetzen zulässig. (2) Personen, denen die Freiheit entzogen wird, sind spätestens innerhalb 24 Stunden in Kenntnis zu setzen, von welcher Stelle und aus welchem Grunde die Entziehung der Freiheit angeordnet worden ist. Unverzüglich ist ihnen Gelegenheit zu geben, Einwendungen gegen die Freiheitsentziehung vorzubringen. Binnen 48 Stunden sind sie dem zuständigen Richter zur Entscheidung über die Haft vorzuführen. Binnen gleicher Frist sind auf ihren Wunsch die nächsten Angehörigen von der Verhaftung zu benachrichtigen.

5 Deutschland nach 1945

Artikel 10 Jeder Bürger hat das Recht, sich in jeder beliebigen Gemeinde niederzulassen.

Artikel 11 (1) Jeder Bürger hat im Rahmen der allgemeinen demokratischen Gesetze das Recht, seine Meinung durch Wort, Schrift, Druck, Bild oder in sonstiger Weise frei zu äußern und sich an Versammlungen und Demonstrationen der demokratischen Organisationen zu beteiligen. In der Ausübung dieses Rechtes darf er nicht behindert und deshalb in seinem Arbeitsverhältnis nicht benachteiligt werden. (2) Jeder Bürger hat das Recht, Eingaben an die Volksvertretungen und an die Regierung zu richten.

Artikel 12 (1) Jeder Bürger genießt volle Glaubens- und Gewissensfreiheit. (2) Die Kunst und die Wissenschaft und ihre Lehre sind frei.

Artikel 13 Die Wohnung jedes Bürgers ist für ihn eine Freistätte und unverletzlich.

Artikel 14 Das Briefgeheimnis, das Post-, Telegrafen- und Fernsprechgeheimnis sind unverletzlich.

Artikel 15 (1) Alle Bürger haben das Recht, zu Zwecken, die den Strafgesetzen nicht zuwiderlaufen und die nicht der Verbreitung faschistischer, nazistischer oder militaristischer Auffassungen dienen, Vereine oder Gesellschaften zu bilden. (2) Das Recht der Arbeiter und Angestellten, Vereinigungen zur Förderung der Lohn- und Arbeitsbedingungen zu bilden, und das allgemeine Streikrecht sind gewährleistet. Maßnahmen, die geeignet sind, diese demokratischen gewerkschaftlichen Rechte zu beeinträchtigen, sind unzulässig.

Artikel 16 Jeder Bürger hat das Recht auf Arbeit. Durch Wirtschaftslenkung ist jedem Bürger Arbeit und Lebensunterhalt zu sichern. Soweit ihm angemessene Arbeitsgelegenheit nicht nachgewiesen werden kann, wird für seinen notwendigen Unterhalt gesorgt.

Artikel 21 (1) Die Ehe beruht auf der Gleichberechtigung beider Geschlechter. Sie bildet die Grundlage des Volkslebens. (2) Die Familie steht unter dem besonderen Schutze der Verfassung. (3) Die Erziehung der Kinder im Geiste der Demokratie und zur leiblichen, seelischen und gesellschaftlichen Tüchtigkeit ist ein natürliches Recht der Eltern und die oberste Pflicht der Eltern und der Gemeinschaft.

Artikel 25 (1) Gesetzliche Bestimmungen, die infolge der aus der nazistischen Katastrophenpolitik entstandenen Notlage seit dem 8. Mai 1945 ergangen sind oder noch ergehen werden, können unerlässliche Eingriffe vornehmen in Grundrechte der Freizügigkeit nach Artikel 10, der Unverletzlichkeit der Wohnung nach Artikel 13, der eigenen Verfügung über die Arbeitskraft nach Artikel 16, des gewährleisteten Eigentums nach Artikel 19. (2) Die Bestimmungen dieses Artikels 25 dürfen nach dem 31. Dezember 1950 nicht mehr angewendet werden. (3) Der Landtag kann diese Frist durch Beschluss mit einfacher Mehrheit seiner Mitgliederzahl jeweils um ein Jahr verlängern.

Artikel 26 (1) Der Landtag ist das höchste demokratische Organ des Landes. Ihm obliegt die Gesetzgebung. Er übt die oberste Kontrolle über alle Regierungsmaßnahmen und über die gesamte Verwaltung und Rechtsprechung aus. (2) Der Landtag wählt den Ministerpräsidenten und bestätigt die von ihm vorgeschlagenen Minister. Die Regierung in ihrer Gesamtheit und jeder Minister bedürfen zur Führung ihrer Geschäfte des Vertrauens des Landtages.

Artikel 62 (1) Die Richter sind in ihrer Rechtsprechung unabhängig und nur dem Gesetz unterworfen. Die Staatsanwälte sind an Weisungen ihrer vorgesetzten Stellen gebunden. (2) Die Präsidenten der obersten Gerichte des Landes und der Generalstaatsanwalt werden vom Landtag gewählt. Sie müssen die Befähigung zum Richter haben.

Artikel 66 Kein Strafgesetz hat rückwirkende Kraft. Das soll jedoch nicht Maßnahmen und die Anwendung von Bestimmungen hindern, die zur Überwindung des Nazismus, des Faschismus und des Militarismus getroffen werden oder die zur Ahndung von Verbrechen gegen die Menschlichkeit notwendig sind.

Artikel 71 (1) Die Ordnung des Wirtschaftslebens muss den Grundsätzen der sozialen Gerechtigkeit mit dem Ziele der Gewährleistung eines menschenwürdigen Daseins für alle entsprechen. (2) In diesen Grenzen ist die wirtschaftliche Freiheit des Einzelnen gewährleistet. (3) Die Bauern, die Handwerker und die sonstigen selbstständigen Gewerbetreibenden sind in der Entfaltung ihrer privaten Initiative besonders zu unterstützen. Die Freiheit des Handels und Gewerbes ist nach Maßgabe der Gesetze gewährleistet. (4) Die geistige Arbeit, das Recht der Urheber, der Erfinder und der Künstler genießen den Schutz und die Fürsorge des Landes.

Artikel 72 (1) Es ist die Aufgabe der Landesregierung, durch Planung die Wirtschaft sinnvoll zu lenken, um sie durch Steigerung ihrer Leistungsfähigkeit und Ausnutzung aller wirtschaftlichen Möglichkeiten den Bedürfnissen des Volkes anzupassen. (2) Der Wirtschaftsplan ist für alle an seiner Durchführung Beteiligten bindend. Das Nähere bestimmt ein Gesetz. (3) Der Landtag kann den von der Regierung festgestellten Wirtschaftsplan zum Gesetz erheben. Änderungen an dem zum Gesetz erhobenen Wirtschaftsplan können, falls es sich nicht um eine Regierungsvorlage handelt, vom Landtage nur mit Zweidrittelmehrheit beschlossen werden.

Artikel 73 Alle privaten Monopolorganisationen, wie Kartelle, Syndikate, Konzerne, Truste, und ähnliche auf

Preis- oder Gewinnsteigerung durch Produktions-, Preis- und Absatzregelung oder auf Marktbeherrschung gerichteten privaten Zusammenschlüsse sind verboten. Alle Bestrebungen dieser Art sind zu bekämpfen.

Artikel 75 Die durch Volksentscheid oder aufgrund anderer gesetzlicher Bestimmungen in das Eigentum des Landes übergegangenen Betriebe sind landeseigene Betriebe der öffentlichen Hand. Die landeseigenen Betriebe und die Beteiligung des Landes an wirtschaftlichen Unternehmungen unterstehen der Kontrolle der Regierung. Sie können nach wirtschaftlichen Gesichtspunkten zusammengefasst werden.

Artikel 76 (1) Veräußerungen von Eigentum des Landes an Grund und Boden oder von landeseigenen Betrieben und Beteiligungen des Landes an wirtschaftlichen Unternehmungen bedürfen der Zustimmung von zwei Dritteln der Mitglieder des Landtages. (2) Eine Enteignung kann nur zum Wohle der Allgemeinheit und auf gesetzlicher Grundlage vorgenommen werden. Sie erfolgt gegen angemessene Entschädigung, soweit nicht ein Gesetz für den einzelnen Enteignungsfall etwas anderes bestimmt. Wegen der Höhe der Entschädigung ist im Streitfalle der Rechtsweg bei den ordentlichen Gerichten offenzuhalten, soweit Gesetze nichts anderes bestimmen.

Artikel 78 (1) Den Bauern wird das Eigentum an Grund und Boden und am landwirtschaftlichen Inventar gewährleistet. Das gilt auch für den Boden und das Inventar, die den Bauern aufgrund der Bodenreform zugeteilt worden sind. (2) Der Besitz an land- und forstwirtschaftlich genutztem Boden wird auf 100 ha begrenzt. Die Nutzung des Bodens und seine Verteilung wird im Interesse einer gesunden Volkswirtschaft überwacht.

Suzanne Drehwald/Christoph Jestaedt, Sachsen als Verfassungsstaat, Edition Leipzig. Sonderausgabe der Sächsischen Landeszentrale für politische Bildung, Leipzig 1998, S. 157–161

b) Der Rechtshistoriker Christoph Jestaedt über Anspruch und Wirklichkeit der sächsischen Verfassung von 1947 (1998)

So ging [...] die sächsische Verfassung bei der rechtlichen Sanktionierung politischer Gegner am weitesten. Nachdem Art. 8 sächs[ischer] Verf[assung] 1947 erklärt hatte, dass alle Bürger die gleichen staatsbürgerlichen Pflichten und Rechte besäßen, machte er dann die gewichtige Ausnahme, „es sei denn, dass die staatsbürgerlichen Rechte wegen eines Verbrechens oder wegen nazistischer, faschistischer oder militaristischer Betätigung aberkannt worden sind". Abs. 3 bestimmte sodann, dass „Personen, die derartige Auffassungen verbreiten oder unterstützen, aus dem öffentlichen Dienst sowie aus allen leitenden Stellungen zu entfernen und vom Wahlrecht auszuschließen" sind. Diese Verfassungsvorschrift erwies sich auch im Vergleich zu denen der anderen Landesverfassungen als besonders weitgehend, weil sie neben den Tatbestandsmerkmalen „nationalsozialistisch" und „militaristisch" auch noch das Tatbestandsmerkmal „faschistisch" aufführte. Da der Faschismusbegriff nach dem Verständnis der Kommunisten besonders weit ist und alle Gegner des Kommunismus umfasst, machte dieses Tatbestandsmerkmal Art. 8 sächs[ischer] Verf[assung] 1947 zu einem politischen „Gummiparagrafen", der die Ausgrenzung nahezu jedes beliebigen Gegners ermöglichte. [...] Gerade die Aberkennung auch des aktiven Wahlrechts und der damit verfügte Ausschluss aus der Wählerschaft bezeugt einen zutiefst undemokratischen Zug dieser Verfassung. [...] Art. 25 sächs[ische] Verf[assung] 1947 ließ „unerlässliche Eingriffe in Grundrechte durch gesetzliche Bestimmungen" zu, die „infolge der aus der nazistischen Katastrophenpolitik entstandenen Notlage ergangen sind". Betroffen waren die Grundrechte auf Freizügigkeit, auf Unverletzlichkeit der Wohnung, der eigenen Verfügung über die Arbeitskraft und des Eigentums. Nicht nur diese Auswahl von Grundrechten musste schon recht suspekt erscheinen. Rechtsstaatlich besonders problematisch war, dass, obgleich Art. 25 Abs. 2 sächs[ische] Verf[assung] 1947 die Anwendung dieser Bestimmung nur bis zum 31. Dezember 1950 zuließ, der nachfolgende Absatz 3 dem Landtag das Recht gab, diese Frist mit nur einfacher Mehrheit und ohne zeitliche Begrenzung um jeweils ein Jahr zu verlängern.

Art. 66 sächs[ische) Verf[assung] 1947 durchlöcherte ein unverzichtbares Grundprinzip eines rechtsstaatlichen Strafrechts. Es hieß zwar zunächst in Satz 1 der Vorschrift: „Kein Strafgesetz hat rückwirkende Kraft." Doch der folgende Satz entwertete diese Vorschrift. „Das soll jedoch nicht Maßnahmen und die Anwendung von Bestimmungen hindern, die zur Überwindung des Nazismus, des Faschismus und des Militarismus getroffen werden oder die zur Ahndung von Verbrechen gegen die Menschlichkeit notwendig sind." Gerade da, wo der Staat zeigen musste, ob er sich durch die Menschenwürde gebunden sah, nämlich beim politischen Gegner, kam die Ausnahmevorschrift.

Bei den Bestimmungen im Abschnitt H, der der Wirtschaft gewidmet ist, waren die sozialistischen Schatten zwar durchaus zu erahnen. Dass das Wort „sozialistisch" kein einziges Mal vorkommt, dürfte aber gewollt gewesen sein. Diese Bestimmungen waren weitgehend der Weimarer Reichsverfassung entnommen und

5 Deutschland nach 1945

dürften Teil der wohlmeinenden Maske der neuen Machthaber gewesen sein. [...] Die Bodenreform, die die sächs[ische] Verf[assung] 1947 ohne das sonst übliche Adjektiv „demokratisch" erwähnte, war systembedingtes Standardunrecht des werdenden Arbeiter- und-Bauern-Staates. Wie die Nationalsozialisten entsprechend ihrer Ideologie Menschen verfolgten, die aus ihrer Sicht „Juden" waren, so verfolgten die neuen Herren Menschen, die aus ihrer Sicht „Junker" waren, teils sogar mit zum Verwechseln ähnlichen Methoden bis hin zur „Umrüstung" nationalsozialistischer Konzentrationslager in sowjetische Internierungslager. Die so genannte demokratische Bodenreform diente der „Liquidierung" dieser Klasse, und dieser Sprachgebrauch stimmt nicht von ungefähr mit dem Sprachgebrauch des Dritten Reiches überein. „Junker" und ihre Familien wurden aus dem Land getrieben oder sie verschwanden auf Nimmerwiedersehen mit oder ohne Verfahren in den Internierungslagern der Besatzungsmacht. Art. 78 Abs. 2 sächs[ische] Verf[assung] 1947 ließ zwar auch einen durchaus ansehnlichen Landbesitz zu, wenn er vorsah: „Der Besitz an land- und forstwirtschaftlich genutztem Boden wird auf 100 ha begrenzt", aber auch hier war die Rechtswirklichkeit eine gänzlich andere, denn die Bodenreformverordnung nahm demjenigen, der insgesamt mehr als 100 Hektar Land besaß, alles und nicht etwa nur das, was 100 Hektar überstieg. Dass ein solches Vorgehen grob verfassungswidrig war, konnte nicht geltend gemacht werden, belegt aber wieder den politischen Charakter der Bodenreform, die nicht die Eigentumsverhältnisse auf dem Land ändern, sondern bestimmten Eigentümern die wirtschaftliche Lebensgrundlage nehmen sollte, damit diese als „reale Klassenkraft aufhörten zu existieren". [...]

Auch das Prinzip des demokratischen Zentralismus, damals noch als Gewalteneinheit bezeichnet, das wesentliche Strukturmerkmal des Arbeiter-und-Bauern-Staates, das nach dem Willen der SED das Prinzip der Gewaltenteilung ersetzen sollte, ist bereits erkennbar. So erklärte Art. 26 sächs[ische] Verf[assung] 1947 den Landtag zum „höchsten demokratischen Organ des Landes", um dann fortzufahren: „Ihm obliegt die Gesetzgebung. Er übt die oberste Kontrolle über alle Regierungsmaßnahmen und über die gesamte Verwaltung und Rechtsprechung aus." Vor allem durch die Unterwerfung auch der Rechtsprechung unter die Kontrolle des Landtages werden die Gewaltenteilung in ihrem Kern ausgehöhlt und auch andere rechtsstaatliche Verfassungsprinzipien – wie z. B. die Unabhängigkeit des Richters – durchlöchert. Der Landtag hatte nach Art. 62 sächs[ische] Verf[assung] 1947 das Recht, die Präsidenten der obersten Gerichte des Landes und den Generalstaatsanwalt zu wählen. In diesen Zusammenhang gehört auch, dass die sächs[ische] Verf[assung] 1947 mit ihrem Art. 60 ausdrücklich untersagte, die Verfassungsmäßigkeit der Gesetze zu prüfen. „Sofern Zweifel über die Verfassungsmäßigkeit ordnungsgemäß verkündeter Gesetze erhoben werden, entscheidet darüber der Landtag, dem der Verfassungsausschuss einen Vorschlag zu unterbreiten hat" (Art. 60 Satz 2 sächs[ischen] Verf[assung] 1947). Damit wurde der Landtag in Fragen der Verfassungsmäßigkeit der von ihm beschlossenen Gesetze zum „Richter in eigener Sache". Dass es auf diesem rechtsstaatlich zwielichtigen Hintergrund kein Verfassungsgericht geben konnte, versteht sich von selbst.

Suzanne Drehwald/Christoph Jestaedt, Sachsen als Verfassungsstaat, Edition Leipzig. Sonderausgabe der Sächsischen Landeszentrale für politische Bildung, Leipzig 1998, S. 58–62

1 Der Historiker Christoph Jestaedt leitet seine Interpretation der sächsischen Verfassung von 1947 mit den Worten ein: „Die sächsische Verfassung von 1947 ist das zweifelhafteste Stück Verfassungsrecht, das in Sachsen je gegolten hat. Zwar lehnte sich diese Verfassung in vielen Regelungen an die Weimarer Reichsverfassung an und könnte von daher auch der Wertschätzung teilhaft werden, die dieser deutschen Verfassung entgegengebracht wird, aber sie lässt eben auch erkennen, wohin die Entwicklung gehen sollte, weil sie in vielen Bestimmungen die rechtsstaatliche Tradition Deutschlands verriet, um dem Antifaschismus und Sozialismus zu dienen." Analysieren Sie die Argumente, mit denen Jestaedt diese Auffassung begründet (M14b) und überprüfen Sie die Thesen mithilfe des Verfassungstextes (M14a).

Deutschland nach 1945　5

1.4 Der Weg zur Gründung zweier deutscher Staaten

Der Zerfall der Kriegsallianz

Das Abschlusskommuniqué der Konferenz von Potsdam ging noch von einem einvernehmlichen Handeln der Siegermächte gegenüber Deutschland aus. Die weltweit ausgetragenen machtpolitischen und ideologischen Gegensätze zwischen der Sowjetunion und den Westmächten führten jedoch zum Zerfall der Kriegsallianz und letztlich zur Spaltung Deutschlands. Die bedingungslose Kapitulation, durch die die Deutschen alle Souveränitätsrechte verloren hatten, erlaubte es den Besatzungsmächten, in ihren Zonen ihre unterschiedlichen Ordnungsvorstellungen durchzusetzen, was letztlich zur Ausbildung zweier verschiedener wirtschaftlicher, gesellschaftlicher und politischer Systeme und zur Gründung zweier deutscher Staaten führte.

Britische und amerikanische Außenpolitik

Bereits am 12. Mai 1945, wenige Tage nach Kriegsende, sprach der englische Premierminister Winston Churchill von einer sich abzeichnenden Spaltung Deutschlands und Europas, als er erklärte, entlang der russischen Front verlaufe ein „Eiserner Vorhang". Aber konkrete Initiativen zur Errichtung eines deutschen Teilstaates begannen erst ein Jahr später und gingen von Briten und Amerikanern aus, die ein vereintes Deutschland unter kommunistischer Herrschaft befürchteten (M 17a).
Die Wende in der britischen Deutschlandpolitik wurde mit der Erklärung des Außenministers **Ernest Bevin** in der geheimen Kabinettssitzung vom Mai 1946 eingeleitet. Wenig später ging auch die amerikanische Regierung auf Konfrontationskurs mit der Sowjetunion. Im Mai 1946 stellte sie die in Potsdam vereinbarten Reparationslieferungen aus ihrer Zone aufgrund fehlender Gegenleistungen ein, nachdem der sowjetische Außenminister Wjatscheslaw Molotow (1890–1986) eine Entmilitarisierung Deutschlands unter gemeinsamer Kontrolle der Alliierten auf der Pariser Außenministerkonferenz im April 1946 abgelehnt hatte. Im September stellte der amerikanische Außenminister Byrnes in Stuttgart die Rückgabe von Kompetenzen an die Länderregierungen und die Wiederherstellung der wirtschaftlichen Einheit in Aussicht, gegebenenfalls auch ohne die Sowjetunion (M 17b, c). Um den ökonomischen Aufschwung in ihren Zonen zu beschleunigen, vollzogen die Briten und Amerikaner am 1. Januar 1947 den wirtschaftlichen Zusammenschluss ihrer beiden Besatzungszonen **(Bizone)**. Im März 1947 machte Präsident Truman deutlich, dass sich die USA einer weiteren Expansion der Sowjetunion widersetzen würden. Mit dem Scheitern der Londoner Außenministerkonferenz im Dezember 1947 zeichnete sich schließlich immer deutlicher die Errichtung zweier deutscher Teilstaaten ab. Im März 1948 stimmte Frankreich der Vereinigung der drei westlichen Zonen zur **Trizone** zu.

Marshallplan

Vertieft wurde die Spaltung zwischen Ost und West durch zwei entscheidende wirtschaftspolitische Maßnahmen: den **Marshallplan** und die Währungsreform. Die US-Regierung hatte bereits 1945 ein Nothilfeprogramm zur Bekämpfung von Hunger und Seuchen in den von amerikanischen Truppen besetzten Gebieten begonnen. An die Stelle dieses Hilfsprogramms trat seit Ende 1948 der Marshallplan, der den ökonomischen Aufschwung in ganz Europa beschleunigen sollte **(European Recovery Program/ERP)**. Im April 1948 schlossen die daran beteiligten Länder einen Vertrag über die Gründung einer Organisation zur wirtschaftlichen Zusammenarbeit (OEEC).
Die westlichen Zonen erhielten insgesamt 1,56 Mrd. Dollar, wovon der größte Teil auf industrielle Rohstoffe entfiel, die die rohstoffabhängige westdeutsche Wirtschaft dringend benötigte. Die Lieferungen aus den USA wirkten als Anschub, der den Kreislauf zwischen Import und Export belebte und der westdeutschen Wirtschaft erlaubte, ihre alte Rolle als größter Exporteur von Werkzeugmaschinen und Fertigprodukten und als größter Importeur von Rohstoffen und Nahrungsmitteln in Europa wieder zurückzugewinnen. Der Marshallplan verlieh dem Aufschwung, der bereits zuvor eingesetzt hatte, Dynamik und Dauer und konnte das westliche politische Modell gegenüber dem kommunistischen als die erfolgreichere Alternative präsentieren. Weil die Staaten im sowjetischen Machtbereich unter dem Druck der UdSSR die Finanzhilfe nicht annehmen konnten, vertieften sich die Unterschiede zur SBZ.

5 Deutschland nach 1945

Verkauf ohne Marken, Juni 1948, Fotografie. Mit der Einführung des neuen Geldes fiel das bisherige Markensystem weg und die Geschäfte füllten sich mit zuvor gehorteten Waren.

Währungsreform und Berlinblockade

Die Entscheidung zur Errichtung eines deutschen Weststaates fiel 1948 auf der Londoner Sechsmächtekonferenz (März–Juni). Als am 20. März 1948 die Vertreter der Sowjetunion auf Weisung ihrer Regierung den Alliierten Kontrollrat in Berlin verließen, bedeutete dies den **endgültigen Zerfall der Kriegsallianz**.

Auf dem Weg zur Gründung zweier deutscher Staaten wurde die insbesondere von den Amerikanern forcierte und im Juni 1948 vollzogene **Währungsreform** zu einem weiteren entscheidenden Schritt. Um die Versorgung der Bevölkerung in den Westzonen zu sichern und den Wirtschaftsaufschwung zu konsolidieren, sollte und musste die Bevölkerung wieder Vertrauen in die Währung gewinnen.

Am **20. Juni 1948** brachten die Amerikaner 500 Tonnen neue Banknoten im Gesamtwert von 5,7 Milliarden DM (ca. 2,9 Mrd. Euro) über das deutsche Bankensystem in allen drei westlichen Zonen in Umlauf. Bereits am 1. März 1948 war die **Bank deutscher Länder** als Bank der Landeszentralbanken durch eine britisch-amerikanische Gemeinschaftsinitiative gegründet worden, der die Landeszentralbank der französischen Zone am 16. Juni 1948 beigetreten war. Auf diese Weise wurde das Notenbanksystem zur ersten Einrichtung, die alle drei Westzonen umfasste. Die Umtauschrelation zwischen alter RM und neuer DM wurde auf 10:1 festgelegt. Jede Person erhielt einen „Kopfgeld"-Betrag von 60 DM (ca. 30 Euro). Für Löhne, Gehälter, Miet- und Pachtzinsen, Pensionen und Renten galt eine Relation von 1:1. Während Bank- und Sparkassenguthaben im Verhältnis 10:1 abgewertet wurden, blieben Produktivvermögen, Haus- und Immobilienbesitz unangetastet. Dadurch wurden besonders Flüchtlinge und Vertriebene benachteiligt, was jedoch durch die bereits im August 1948 als „Soforthilfe" beginnende Lastenausgleichsgesetzgebung abgemildert wurde.

Der **psychologische Effekt der westlichen Währungsreform** war enorm. Die Lebensmittelkarten verschwanden und die Schaufenster füllten sich. Die Liberalisierung des Warenverkehrs bot einen Leistungsanreiz und steigerte die Arbeitsmoral. Im November 1948 wurde der Lohnstopp aufgehoben, 1950 der Außenhandel liberalisiert. In der Erinnerung vieler Westdeutscher wurde die Währungsreform zum „eigentlichen" Gründungsdatum der späteren Bundesrepublik; der zunächst rasche Anstieg der Arbeitslosigkeit und der Preise und das geringe Lohnniveau traten dabei in den

Deutschland nach 1945   5

Hintergrund, da die „Gründungskrise" mit dem 1950 ausbrechenden Koreakrieg relativ rasch überwunden werden konnte.

Mit der Währungsreform endete im Westen zugleich die Zwangswirtschaft. Zwar wurde drei Tage später auch in der SBZ eine Währungsreform durchgeführt und die Ost-DM eingeführt, aber weniger erfolgreich. Die Rationierung von Fleisch, Fett und Zucker endete erst 1958. Erst jetzt verschwanden die Lebensmittelkarten aus dem Leben der DDR-Bürger.

Stalin reagierte auf den wirtschaftlichen und politischen Zusammenschluss der Westzonen und die Währungsreform mit der Blockade aller Zufahrtswege nach Berlin (24. Juni 1948–12. Mai 1949). Die Berlinblockade scheiterte jedoch an der amerikanisch-britischen „Luftbrücke" und am Durchhaltewillen der Westberliner Bevölkerung. Im Westen bewirkte sie endgültig einen Stimmungsumschwung und verstärkte die antikommunistischen Ressentiments.

Währungsreform und Luftbrücke verstärkten bei den Westdeutschen den Wunsch nach Integration in den „erfolgreichen" Westen. Aus Siegern wurden Freunde, aus Besatzern die Schutzmacht gegen den Kommunismus.

Die „deutsche Frage": die Frage der Einheit
Die politische Initiative lag in der unmittelbaren Nachkriegszeit zunächst bei den Siegermächten. Aber auch unter den westdeutschen Politikern bestand Konsens, dass die Einheit nicht um den Preis einer Sowjetisierung ganz Deutschlands erkauft werden dürfe. Auf der Konferenz der Ministerpräsidenten aller vier Zonen in München im Juni 1947 scheiterte der letzte Versuch, die Teilung in zwei Staaten zu verhindern. Die westdeutschen Regierungschefs, von denen die Mehrheit der SPD angehörten, sprachen den Vertretern der SBZ jede demokratische Legitimation ab. 1948 zogen 95 % der Westdeutschen einen Weststaat einem kommunistisch kontrollierten Gesamtdeutschland vor.

Im Mai 1947 hatte der SPD-Vorsitzende Kurt Schumacher die sogenannte „Magnettheorie" begründet, die in den folgenden Jahren in der „deutschen Frage" auch die Politik der Regierung Adenauer bestimmen sollte: „Man muss soziale und ökonomische Tatsachen schaffen, die das Übergewicht der drei Westzonen über die Ostzone deklarieren. […] Es ist realpolitisch vom deutschen Gesichtspunkt aus kein anderer Weg zur Erringung der deutschen Einheit möglich als diese ökonomische Magnetisierung des Westens, die ihre Anziehungskraft auf den Osten so stark ausüben muss, dass auf die Dauer die bloße Innehabung des Machtapparates dagegen kein sicheres Mittel ist. Es ist gewiss ein schwerer und vermutlich langer Weg."

Gründung der Bundesrepublik
Im Juli 1948 überreichten die drei westlichen Militärgouverneure den Ministerpräsidenten der Länder die sogenannten Frankfurter Dokumente. Sie enthielten das Angebot zur Errichtung eines westdeutschen Bundesstaates und Grundsätze für dessen Verfassung. Die Regierungschefs wurden ermächtigt, bis zum 1. September von den Landtagen eine verfassunggebende Versammlung wählen zu lassen. Im August 1948 erarbeitete eine Kommission aus Sachverständigen auf Herrenchiemsee einen Verfassungsentwurf, der dem ab 1. September 1948 in Bonn tagenden „Parlamentarischen Rat" als Beratungsgrundlage diente. Von den 65 Abgeordneten dieses Rates waren 61 Männer und vier Frauen. Jeweils 27 gehörten den Fraktionen der CDU/CSU und der SPD an, fünf der FDP, je zwei dem Zentrum, der Deutschen Partei und der KPD; die fünf Berliner Vertreter, darunter drei der SPD, waren nicht stimmberechtigt.

Der zu gründende Staat war als Provisorium gedacht. Dies fand seinen Ausdruck bereits in der Wahl der Begriffe: „Parlamentarischer Rat" anstelle von „Verfassunggebender Nationalversammlung" und „Grundgesetz" anstelle von „Verfassung". Der Entwurf nahm die demokratischen Traditionen der deutschen Verfassungsgeschichte seit 1848 auf und reflektierte die Erfahrungen der Weimarer Republik und der nationalsozialistischen Diktatur. Durch Kompromisse musste ein Konsens gefunden werden, der schließlich die Grundlage für die Stabilität der demokratisch-pluralistischen Ordnung der Bundesrepublik bildete. Die im Grundgesetz verbrieften Menschen- und Bürgerrechte (Art. 1–17) dürfen „in ihrem Wesensgehalt" nicht verändert werden (Art. 19); Artikel 1 (Menschenrechte) sowie Artikel 20 (Demokratie, Bundes-, Rechts- und Sozialstaatsprinzip) sind unaufhebbar. Die CDU/CSU verhinderte allerdings im Parlamentarischen Rat die Aufnahme sozialer Grundrechte.

5 Deutschland nach 1945

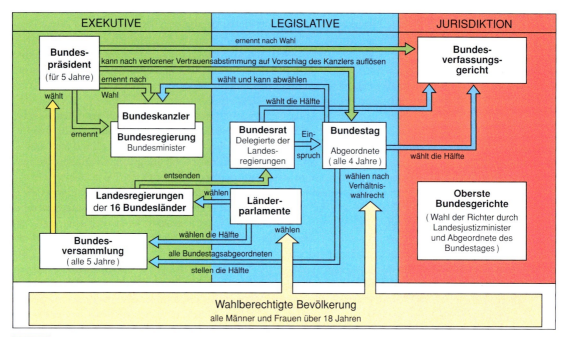

M15 Das Grundgesetz der Bundesrepublik Deutschland (mit Änderungen aufgrund der Vereinigung 1990)

1 Erläutern Sie mithilfe des Schemas, wie in der Verfassung der Bundesrepublik folgende Prinzipien verankert wurden: a) parlamentarische Demokratie, b) Rechtsstaatlichkeit, c) Föderalismus, d) Gleichheit von Frau und Mann.
2 Informieren Sie sich (s. S. 175 ff.) über die Verfassungsgrundsätze der Weimarer Republik und schreiben Sie – mit Blick auf die Veränderungen in der Verfassungsgebung – eine Erörterung zu der These „Bonn ist nicht Weimar".

Auf plebiszitäre Elemente wurde nach den Erfahrungen der Weimarer Republik zugunsten indirekter Formen der politischen Willensbildung fast vollständig verzichtet. Die Ziele der Parteien müssen mit dem Grundgesetz vereinbar sein und ihre innere Ordnung demokratischen Prinzipien entsprechen. Das **konstruktive Misstrauensvotum** (Art. 67) soll verhindern, dass bei schwierigen Mehrheitsverhältnissen eine regierungslose Zeit entstehen könnte. Danach kann ein Kanzler nur durch die Wahl eines neuen Kanzlers gestürzt werden. Eine allzu große Parteienvielfalt soll durch das im Wahlgesetz festgelegte personalisierte Verhältniswahlrecht verhindert werden. Die **Fünfprozentklausel** kam erst bei der zweiten Bundestagswahl 1953 hinzu. Um die Mitwirkung und Mitbestimmung der Länder bei der Gesetzgebung des Bundes zu stärken, erhielt der Bundesrat im Vergleich zur Weimarer Verfassung mehr Befugnisse. Erst nach massiver Mobilisierung der Öffentlichkeit konnte es den weiblichen Vertreterinnen, vor allem Elisabeth Selbert (1896–1986), gelingen, die **allgemeine rechtliche Gleichstellung von Mann und Frau** (im Gegensatz zur rein politischen wie in der Weimarer Verfassung) durchzusetzen. Weniger umstritten war die **soziale Marktwirtschaft**, d. h. ein kapitalistisch organisiertes Wirtschaftssystem mit sozialstaatlicher Bindung auf der Grundlage des Privateigentums an den Produktionsmitteln. Wie viel Kapitalismus und wie viel Sozialstaatlichkeit sie enthalten sollte, blieb aber umstritten.
Am 8. Mai 1949 wurde das Grundgesetz mit 53 zu elf Stimmen verabschiedet und trat am 23. Mai 1949 in Kraft, nachdem es von den Militärgouverneuren und zehn der insgesamt elf Landtage – mit Ausnahme Bayerns, dem die föderativen Elemente zu schwach erschienen – gebilligt worden war. Bonn wurde zum vorläufigen Sitz der Bundesorgane bestimmt.

Deutschland nach 1945 5

Die Bundesrepublik erhielt mit der Staatsgründung keineswegs die volle Souveränität zurück. Am Tag nach der Regierungserklärung vom 20. September 1949 trat das Besatzungsstatut in Kraft. Es sicherte den Westmächten, vertreten durch zivile Hohe Kommissare, die an die Stelle der drei Militärgouverneure traten und die Alliierte Hohe Kommission bildeten, Vorbehaltsrechte. Wichtige Sektoren wie Abrüstung, Ruhrkontrolle und Außenhandel blieben der deutschen Zuständigkeit entzogen. Das Besatzungsstatut wurde erst durch den Deutschlandvertrag im Mai 1955 aufgehoben. Auch das Ruhrstatut schränkte die Handlungs- und Entscheidungsfreiheit der Bundesregierung ein; Förderung und Verteilung der Ruhrkohle unterstanden der Kontrolle einer internationalen Behörde. Die Westmächte garantierten durch ihre Streitkräfte die Sicherheit der Bundesrepublik, übten durch ihre Präsenz aber auch Kontrolle aus. Mit Verabschiedung des Grundgesetzes im Mai 1949 genehmigten die Westmächte seine Geltung für Westberlin, mit dem Vorbehalt, dass die Berliner Mitglieder des Bundestages und Bundesrates kein Stimmrecht erhielten. Am 14. August 1949 wählte die westdeutsche Bevölkerung die Abgeordneten des ersten Deutschen Bundestages, in dem die CDU/CSU und die SPD zwar fast gleich stark waren, insgesamt aber die bürgerlichen Parteien eine deutliche Mehrheit besaßen. Am 12. September wurde Theodor Heuss (FDP) zum ersten Bundespräsidenten gewählt, drei Tage später der damals 73-jährige Konrad Adenauer (CDU) zum ersten Bundeskanzler.

Adenauer formulierte in seiner ersten Regierungserklärung den bereits in der Präambel des Grundgesetzes enthaltenen Alleinvertretungsanspruch der Bundesrepublik und begründete ihn mit der fehlenden demokratischen Willensbildung in der DDR. Dieser Anspruch, der einen überparteilichen Konsens artikulierte und von den Westmächten wiederholt vertraglich bestätigt wurde, bestimmte in den 1950er-/60er-Jahren die bundesdeutsche Position in der „deutschen Frage".

Gründung der DDR

Die Gründung der DDR vollzog sich parallel zur Herausbildung der Bundesrepublik. Konkrete Überlegungen zur Bildung einer eigenen Regierung in der sowjetischen Besatzungszone hatte es aufseiten der SED-Führung seit Mitte 1948 gegeben. Die deutschen Kommunisten wollten die Errichtung eines eigenen Staates volksdemokratischen Typs wie in anderen Ländern Osteuropas forcieren, um die Herrschaft der SED zu konsolidieren.

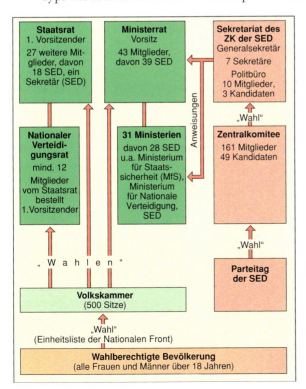

M 16 Partei und Staat in der DDR

1. Arbeiten Sie das Verhältnis von Partei, Volk und Staat heraus.
2. Erläutern Sie mithilfe des Schemas den Begriff „demokratischer Zentralismus".

347

5 Deutschland nach 1945

Stalin mahnte dagegen zur Mäßigung, weil er noch immer auf eine gesamtdeutsche Lösung setzte. Der Mitte März 1948 zusammengetretene Zweite Deutsche Volkskongress setzte sich aus knapp 2000 Delegierten der verschiedenen Parteien und Massenorganisationen zusammen. Er wählte aus seiner Mitte einen „Deutschen Volksrat", der aus 400 Mitgliedern bestand und eine Verfassung für „eine unteilbare deutsche demokratische Republik" ausarbeiten sollte. Am 19. März 1949 verabschiedete der Volksrat seinen Verfassungsentwurf, der anschließend von der sowjetischen Besatzungsmacht genehmigt wurde.

Nachdem der Parlamentarische Rat in Bonn am 8. Mai 1949 das Grundgesetz gebilligt hatte und vier Tage später die Berlinblockade ihr Ende fand, wurde Mitte Mai der Dritte Deutsche Volkskongress von der Bevölkerung der sowjetischen Besatzungszone gewählt. Es gab eine Einheitsliste, die nur die Entscheidung zwischen Ja und Nein ließ. Der so „gewählte" dritte Volkskongress, in dem rund ein Drittel Nein-Stimmen gar nicht repräsentiert waren und auf dem keine westdeutschen Delegierten mehr vertreten waren, trat Ende Mai 1949 zusammen und wählte den Zweiten Deutschen Volksrat. Dieser erklärte sich am 7. Oktober 1949 zur „Provisorischen Volkskammer" und setzte die „Verfassung der Deutschen Demokratischen Republik" nach Bestätigung durch den Volkskongress in Kraft. Das Datum wurde offizieller Gründungstag der DDR. Die DDR-Regierung übernahm die Funktionen des sowjetischen Militärgouverneurs. Einige Tage später traten Volkskammer und Länderkammer zusammen. Letztere war provisorisch aus 34 Abgeordneten der fünf Länderparlamente gebildet worden. Sie wählten Wilhelm Pieck zum Präsidenten der DDR. Am folgenden Tag wählte die provisorische Volkskammer Otto Grotewohl zum Ministerpräsidenten und als einen der drei Stellvertreter Walter Ulbricht (SED). Berlin wurde zur Hauptstadt der DDR erklärt.

Wie das Grundgesetz erhob die Verfassung der Deutschen Demokratischen Republik den Anspruch, für ganz Deutschland zu gelten. Der Staatsaufbau sollte zentralistisch sein. Eine Trennung von Legislative, Exekutive und Judikative sollte es nicht geben. Grundsätzlich garantierte die DDR-Verfassung die bürgerlichen Grundrechte, freie Wahlen und das Streikrecht der Gewerkschaften (M 16). Verfassungstext und -wirklichkeit klafften jedoch weit auseinander. Artikel 6 stellte nicht nur Glaubens-, Rassen- und Völkerhass sowie Kriegshetze unter Strafe, sondern definierte auch „Boykotthetze gegen demokratische Einrichtungen und Organisationen" als „Verbrechen im Sinne des Strafgesetzbuches". Dies war die Rechtsgrundlage, um jede politische Opposition gegen die SED und die DDR zu verfolgen.

M17 Auf dem Weg zur deutschen Spaltung

a) Aus den Memoiren des amerikanischen Geschäftsträgers in Moskau, George F. Kennan, zur Lage Sommer 1945 (1968)

Die Idee, Deutschland gemeinsam mit den Russen regieren zu wollen, ist ein Wahn. Ein ebensolcher Wahn ist es, zu glauben, die Russen und wir könnten uns eines schönen Tages höflich zurückziehen und aus
5 dem Vakuum werde ein gesundes und friedliches, stabiles und freundliches Deutschland steigen. Wir haben keine andere Wahl, als unseren Teil von Deutschland – den Teil, für den wir und die Briten die Verantwortung übernommen haben – zu einer Form von Unab-
10 hängigkeit zu führen, die so befriedigend, so gesichert, so überlegen ist, dass der Osten sie nicht gefährden kann […]. Zugegeben, dass das Zerstückelung bedeutet. […] Besser ein zerstückeltes Deutschland, von dem wenigstens der westliche Teil als Prellbock für die Kräf-
15 te des Totalitarismus wirkt, als ein geeintes Deutschland, das diese Kräfte wieder bis an die Nordsee vorlässt.

George F. Kennan, Memoiren eines Diplomaten, Stuttgart 1968, S. 262f.

1 Vergleichen Sie Kennans Analyse der deutschen Frage (M 17a) mit den Beschlüssen von Potsdam (M 8).
2 Erörtern Sie den Zusammenhang zwischen der in M 8 vertretenen Politik der USA mit der Spaltung Deutschlands.

b) Aus der Rede des amerikanischen Außenministers James F. Byrnes in Stuttgart am 6. September 1946

Es liegt weder im Interesse des deutschen Volkes noch im Interesse des Weltfriedens, dass Deutschland eine Schachfigur oder ein Teilnehmer in einem militärischen Machtkampf zwischen dem Osten und dem Westen wird. […]

Die jetzigen Verhältnisse in Deutschland machen es unmöglich, den Stand der industriellen Erzeugung zu erreichen, auf den sich die Besatzungsmächte als absolutes Mindestmaß einer deutschen Friedenswirtschaft geeinigt hatten. Es ist klar, dass wir, wenn die Industrie auf den vereinbarten Stand gebracht werden soll, nicht weiterhin den freien Austausch von Waren, Personen und Ideen innerhalb Deutschlands einschränken können. Die Zeit ist gekommen, wo die Zonengrenzen nur als Kennzeichnung der Gebiete angesehen werden sollten, die aus Sicherheitsgründen von den Streitkräften der Besatzungsmächte besetzt gehalten werden, und nicht als eine Kennzeichnung für in sich abgeschlossene wirtschaftliche oder politische Einheiten. […]

Wir treten für die wirtschaftliche Vereinigung Deutschlands ein. Wenn eine völlige Vereinigung nicht erreicht werden kann, werden wir alles tun, was in unseren Kräften steht, um eine größtmögliche Vereinigung zu sichern.

Die amerikanische Regierung steht auf dem Standpunkt, dass jetzt dem deutschen Volk innerhalb ganz Deutschlands die Hauptverantwortung für die Behandlung seiner eigenen Angelegenheiten bei geeigneten Sicherungen übertragen werden sollte. […]

Die Vereinigten Staaten treten für die baldige Bildung einer vorläufigen deutschen Regierung ein. Fortschritte in der Entwicklung der öffentlichen Selbstverwaltung und der Landesselbstverwaltungen sind in der amerikanischen Zone Deutschlands erzielt worden und die amerikanische Regierung glaubt, dass ein ähnlicher Fortschritt in allen Zonen möglich ist. […]

Während wir darauf bestehen, dass Deutschland die Grundsätze des Friedens, der gutnachbarlichen Beziehungen und der Menschlichkeit befolgt, wollen wir nicht, dass es der Vasall irgendeiner Macht oder irgendwelcher Mächte wird oder unter einer in- oder ausländischen Diktatur lebt. Das amerikanische Volk hofft ein friedliches und demokratisches Deutschland zu sehen, das seine Freiheit und seine Unabhängigkeit erlangt und behält. […]

Die Vereinigten Staaten können Deutschland die Leiden nicht abnehmen, die ihm der von seinen Führern angefangene Krieg zugefügt hat. Aber die Vereinigten Staaten haben nicht den Wunsch, diese Leiden zu vermehren oder dem deutschen Volk die Gelegenheit zu verweigern, sich aus diesen Nöten herauszuarbeiten, solange es menschliche Freiheit achtet und vom Wege des Friedens nicht abweicht.

Das amerikanische Volk wünscht, dem deutschen Volk die Regierung Deutschlands zurückzugeben. Das amerikanische Volk will dem deutschen Volk helfen, zurückzufinden zu einem ehrenvollen Platz unter den freien und friedliebenden Nationen der Welt.

Rolf Steininger, Deutsche Geschichte seit 1945, Bd. 1, Frankfurt/Main 1996, S. 264–266

1 Fassen Sie Byrnes' deutschlandpolitische Ziele zusammen. Erläutern Sie, inwiefern die Rede von Byrnes eine Wende in der amerikanischen Deutschlandpolitik darstellte.

c) Beobachtungen des SED-Vorsitzenden Wilhelm Pieck im September 1946 (nach den Erinnerungen eines sowjetischen Offiziers)

Ich glaube, dass eine Teilung Deutschlands nicht vermeidbar ist. Praktisch ist das Land schon jetzt in zwei Teile gespalten. Die Westmächte fühlen schon heute, dass der östliche Teil Deutschlands für die Welt des Kapitalismus verloren ist. Deshalb werden sie alles versuchen, um wenigstens den westlichen Teil für ihre Gesellschaftsordnung zu retten […]. Sie werden so aus ihren westdeutschen Besatzungszonen wieder einen bürgerlichen, einen kapitalistischen Staat zimmern. Uns in der sowjetischen Besatzungszone wird nur die Alternative bleiben, darauf mit der Bildung eines eigenen deutschen Staates, eines Staates der Arbeiter und Bauern, zu antworten.

Dietrich Staritz, Pieck 1946 in Ballenstedt: Spaltung perfekt, in: Deutschland-Archiv 17, 1984, S. 305 f.

1 Erklären Sie, warum Pieck die Teilung Deutschlands für unvermeidbar hält.

2 Erläutern Sie anhand dieser Quelle den Begriff der „Systemkonkurrenz".

5 Deutschland nach 1945

2 Die Konsolidierung der parlamentarischen Demokratie und die Errichtung der SED-Herrschaft (1949–1961)

2.1 Die Integration der beiden deutschen Staaten in die Blocksysteme und die Erlangung der vollen Souveränität

Systemkonkurrenz

Die Fünfzigerjahre waren für die Ausbildung der Identität der beiden deutschen Staaten und Gesellschaften von grundlegender Bedeutung. Die Westintegration der Bundesrepublik und die Ostintegration der DDR vertieften die Spaltung Deutschlands und führten zur Ausbildung zweier konkurrierender politischer, gesellschaftlicher und wirtschaftlicher Systeme, für die die Grundlagen durch die Besatzungsmächte 1945 bis 1949 gelegt worden waren. Ausdruck dieser Teilung wurde die 1961 auf Befehl der DDR-Regierung errichtete Mauer.

„Ära Adenauer", Antikommunismus

Von 1949 bis 1963 wurde die Politik der Bundesrepublik entscheidend von Konrad Adenauer geprägt, sodass man im historischen Rückblick von einer „Ära Adenauer" spricht. Es gab keinen Außenminister und keinen Auswärtigen Ausschuss im Bundestag, alle Kontakte der Alliierten liefen über den Kanzler. Außenpolitisch erstrebte er die Wiedererlangung der Souveränität durch die feste Einbindung der Bundesrepublik in den Westen. Er setzte auf eine Politik der militärischen Stärke gegenüber Moskau, da seiner Ansicht nach nur auf diese Weise vermieden werden konnte, dass ganz Deutschland unter kommunistischen Einfluss kam. Für Adenauer hatte die **Westintegration der Bundesrepublik Priorität vor der Einheit** Deutschlands. Die SPD-Opposition unter Kurt Schumacher und Erich Ollenhauer bekämpfte dagegen bis 1960 diese Politik der engen Anbindung an den Westen (M 19 a), da sie ihrer Ansicht nach die Teilung des Landes zementierte.

Westintegration und Wiederbewaffnung

Das Besatzungsstatut vom September 1949 bedeutete zunächst das Ende der direkten alliierten Militärregierung. Im **Petersberger Abkommen** vom November 1949 wurde dann die Aufnahme der Bundesrepublik in die Internationale Ruhrbehörde, der Beitritt zum Europarat und die Einrichtung von Konsulats- und Handelsbeziehungen mit anderen westlichen Ländern vereinbart. Am 9. Juni 1951 beendeten die Westmächte den Kriegszustand mit Deutschland. Mit dem Beitritt zum Allgemeinen Zoll- und Handelsabkommen **(GATT)** einige Monate später gewann die Bundesrepublik größere Freiheit im Außenhandel. Im selben Jahr wurde sie in den Europarat aufgenommen. Mit dem Londoner Abkommen von 1953 gelang es, sowohl Vorkriegsschulden des Deutschen Reiches über 6,9 Mrd. Euro als auch Nachkriegsschulden über 8,2 Mrd. Euro zu regulieren und künftige Reparationszahlungen zu vermeiden.

Frankreich widersetzte sich zunächst einem erneuten Erstarken Deutschlands, konnte sich aber gegenüber Amerikanern und Engländern nicht durchsetzen, die an einem schnellen Wiederaufbau ganz Westeuropas unter Einbindung der Bundesrepublik als Bollwerk gegen eine befürchtete sowjetische Expansion nach Westen interessiert waren. Im Mai 1950 schlug der französische Außenminister Robert Schuman (1886–1963) die Bildung einer **westeuropäischen Montanunion** mit Einbindung der Bundesrepublik vor. Zwei Jahre später ratifizierte der Bundestag den Vertrag über die Gründung der **Europäischen Gemeinschaft für Kohle und Stahl/EGKS** (Montanunion), der das Ruhrstatut beendete.

Seit dem Ausbruch des Koreakrieges zeichnete sich die Mitgliedschaft der Bundesrepublik in einem westlichen Verteidigungsbündnis ab. Dies veranlasste **Stalin am 10. März 1952 zu einer Note** an die USA, Großbritannien und Frankreich, in der er einen Friedensvertrag mit Deutschland und die Wiedervereinigung in Aussicht stellte. Innerhalb eines Jahres sollten die Streitkräfte der Besatzungsmächte abziehen. Das vereinigte Deutschland sollte zur bündnispolitischen Neutralität verpflichtet sein und eine demokratische Ordnung mit allen Grundrechten und politischer Freiheit erhalten. Hinzuweisen ist, dass Begriffe wie „demokratische Ordnung" aus marxistisch-leninistischer Sicht andere Inhalte besitzen als in westlich-bürgerlichen Gesellschaften. Das Territorium

Deutschland nach 1945   5

M18 „Offene Türen in Bonn", Mai 1952, Karikatur

1 Analysieren Sie die Position des Karikaturisten zur „deutschen Frage".

sollte in den Grenzen festgelegt werden, wie sie die Potsdamer Konferenz vorsah. Im Westen wurde die Stalin-Note als Versuch gedeutet, die Vertiefung der Westbindung der Bundesrepublik zu verhindern, um sie langfristig doch noch unter kommunistischen Einfluss zu bekommen. Weder die Westmächte noch die Regierung Adenauer waren daher bereit, die Chancen für eine Wiedervereinigung auszuloten (M 18).

Der Plan einer Europäischen Verteidigungsgemeinschaft (EVG) unter Einschluss Deutschlands scheiterte 1954 in der französischen Nationalversammlung. Im gleichen Jahr beschloss der Bundestag den Aufbau der Bundeswehr, im Jahr darauf wurde die Bundesrepublik in die NATO und die Westeuropäische Union (WEU) aufgenommen. Die Pariser Verträge vom Mai 1955 hoben schließlich das Besatzungsstatut auf und die Bundesrepublik wurde zu einem souveränen Staat. Ein Jahr später folgte die Einführung der allgemeinen Wehrpflicht und Adenauer erreichte die Angliederung des Saarlandes an die Bundrepublik. Die Zustimmung zum Kurs der Regierung spiegeln die Wahlergebnisse wider. Bei den Bundestagswahlen 1954 erreichten CDU und CSU über 45 % der Stimmen, 1957 sogar die absolute Mehrheit, obwohl die Wiederbewaffnung heftig umstritten gewesen war.

1957 gehörte die Bundesrepublik zu den Gründungsmitgliedern der Europäischen Wirtschaftsgemeinschaft (EWG) und der Europäischen Atomgemeinschaft (EURATOM). Der Elysée-Vertrag von 1963 besiegelte schließlich die Aussöhnung mit Frankreich.

Die wirtschaftliche Einbindung war der politischen und militärischen Integration der Bundesrepublik in die westliche Staatengemeinschaft vorausgegangen. Erst nachdem sie fest in den westlichen Block integriert war, hatte sie 1955 ihre staatliche Souveränität erhalten.

Ostintegration der DDR, Antifaschismus

Auch die DDR-Führung hielt nach der Gründung zweier deutscher Staaten offiziell an der Wiedervereinigung fest, betrieb gleichzeitig aber die ökonomische, politische und militärische Einbindung in den Ostblock (M 19b). Das vom anderen Staat entworfene Feindbild diente zur Legitimation des eigenen Handelns und hatte die Funktion einer Integrationsideologie, die auf dem Begriff des Antifaschismus basierte. Die Aufnahme der Bundesrepublik in die NATO und die Wiederbewaffnung verstärkten in der DDR und in der Sowjetunion die Furcht vor einer möglichen Aggression aus dem Westen. Die enge ökonomische Anbindung der Bundesrepublik an die USA, personelle Kontinuitäten zwischen Wehrmacht und

5 Deutschland nach 1945

Bundeswehr und die Aufrüstung wurden als Beweis für die imperialistischen Ziele des Westens betrachtet.

Die DDR erkannte 1950 in einem Vertrag mit Polen die Oder-Neiße-Grenze an und wurde in den Rat für gegenseitige Wirtschaftshilfe (RGW) – im Westen COMECON genannt – aufgenommen. Bereits 1954 entfielen fast 75 % des DDR-Außenhandels auf den Ostblock.

Der Kurswechsel der sowjetischen Deutschlandpolitik begann nach dem Scheitern der Berliner Außenministerkonferenz der Großmächte von 1954. Die DDR erhielt „erweiterte Souveränitätsrechte" und die Sowjetunion stellte ihre Demontagen in der DDR ein, um das Land nicht noch mehr zu destabilisieren. Schon im März 1954 hatte die sowjetische Regierung eine Erklärung über die Anerkennung der Unabhängigkeit der DDR veröffentlicht, die sie jedoch endgültig erst im September 1955 bestätigte. Nachdem die Bundesrepublik Mitglied der NATO geworden war, trat die DDR im gleichen Jahr dem Warschauer Pakt bei. Nach der Aufstellung der Nationalen Volksarmee (NVA) 1956 integrierte sich die DDR auch militärisch in den Ostblock. Die allgemeine Wehrpflicht wurde aber erst im Jahr 1962, d. h. nach dem Bau der Mauer, eingeführt.

Nach der Genfer Gipfelkonferenz der Großmächte 1955 – an der erstmals, wenn auch nicht gleichberechtigt, die Außenminister der Bundesrepublik und der DDR teilnahmen – entstand auf östlicher Seite die „Zwei-Staaten-Theorie". Sie besagte, dass mit der Gründung von BRD und DDR zwei selbstständige deutsche Staaten entstanden seien. Der Alleinvertretungsanspruch der Bundesrepublik in internationalen Beziehungen wurde damit infrage gestellt. Mit der Erklärung der Sowjetunion und der DDR, dass eine Vereinigung der beiden deutschen Staaten nur unter Wahrung der „sozialistischen Errungenschaften" in der DDR möglich sei, hörten die Wiedervereinigungsbestrebungen der DDR auf. Das außenpolitische Hauptziel war von nun an die völkerrechtliche Anerkennung als selbstständiger Staat. Die Bundesrepublik brach ihrerseits die diplomatischen Beziehungen zu allen Ländern ab, die die DDR anerkannten. Lediglich die UdSSR war von dieser „Hallstein-Doktrin" ausgenommen.

M19 Westintegration, Ostintegration und Wiedervereinigung

a) Aus einem Brief des SPD-Vorsitzenden Erich Ollenhauer zu den Pariser Verträgen (23. Januar 1955)

Die Abstimmung der gesetzgebenden Körperschaft der Bundesrepublik über das Pariser Vertragswerk, dessen Kernstück die Aufstellung deutscher Streitkräfte im Rahmen der Westeuropäischen Union und der NATO ist, ist von schicksalsschwerer Bedeutung für die Zukunft des ganzen deutschen Volkes. Die Annahme des Vertragswerkes führt nach unserer Überzeugung zu einer verhängnisvollen Verhärtung der Spaltung Deutschlands. Der Deutsche Bundestag dagegen hat wiederholt einstimmig beschlossen, die Wiederherstellung der Einheit Deutschlands als die vordringlichste Aufgabe der deutschen Politik zu behandeln.

Die Wiederherstellung der Einheit Deutschlands ist nur möglich auf dem Wege von Verhandlungen zwischen den vier Besatzungsmächten.

Die Haltung der Sowjetunion lässt erkennen, dass nach der Ratifizierung der Pariser Verträge Verhandlungen über die deutsche Einheit nicht mehr möglich sein werden.

Dies bedeutet: Die Bundesrepublik und die sogenannte Deutsche Demokratische Republik bleiben gegen den Willen des deutschen Volkes nebeneinander bestehen. Zugleich werden dadurch die Spannungen zwischen West und Ost verschärft, deren schwerste Last vom ganzen deutschen Volk diesseits und jenseits des Eisernen Vorhangs zu tragen wäre.

Diese Lage erfordert nach Auffassung weitester Kreise des deutschen Volkes jede mögliche Anstrengung der Bundesrepublik, eine solche Entwicklung um der Einheit, der Freiheit und des Friedens unseres Volkes willen zu verhindern. Ohne eine solche Anstrengung bleibt im Ausland der Irrtum bestehen, als ob man in Deutschland die Wiedervereinigung in Freiheit nicht als das vordringlichste Ziel betrachte. […] Die Sozialdemokratische Partei Deutschlands ist der Überzeugung, dass noch nicht alle Möglichkeiten erschöpft sind, um vor der Ratifizierung der Pariser Verträge endlich einen ernsthaften Versuch zu unternehmen, auf dem Wege von Vier-Mächte-Verhandlungen die Einheit Deutschlands in Freiheit wiederherzustellen. Die Erklärung der Sowjetregierung vom 15. Januar 1955 enthält hinsichtlich der in allen vier Zonen Deutschlands und Berlin durchzuführenden Wahlen Vorschläge, die Verhandlungen über diesen Punkt aussichts-

Deutschland nach 1945   5

reicher machen als während der Berliner Konferenz im Januar 1954. Die Sowjetunion hat in ihrer Erklärung außerdem zum ersten Mal dem Gedanken einer internationalen Kontrolle der Wahlen zugestimmt.

Christoph Kleßmann, Die doppelte Staatsgründung. Deutsche Geschichte 1945–1955, Vandenhoeck, Göttingen ⁵1991, S. 479

1 Nennen Sie die Argumente, mit denen sich Ollenhauer gegen das Pariser Vertragswerk wendet, und skizzieren Sie seine Position zur Deutschland- und Außenpolitik.

b) Bundeskanzler Konrad Adenauer, CDU, 1955 zur Frage der Westintegration

Nach der Genfer Außenministerkonferenz im Oktober 1955 hatte der Unterstaatssekretär im britischen Außenministerium, Sir Ivone Kirkpatrick, dem deutschen Botschafter in London, Herwarth von Bittenfeld, in einem Gespräch eine mögliche Veränderung der britischen Politik angedeutet, um die festgefahrenen Vier-Mächte-Verhandlungen über Deutschland wieder in Gang zu bringen: Die Briten könnten sich vorstellen, mit der UdSSR einen Sicherheitsvertrag zu schließen, wenn diese ihrerseits einer Wiedervereinigung Deutschlands nach westlichen Vorstellungen (freie gesamtdeutsche Wahlen, völlige Handlungsfreiheit einer gesamtdeutschen Regierung nach innen und außen) zustimmte. Bittenfeld teilte Adenauer die britischen Pläne mit und übermittelte dessen Reaktion Kirkpatrick am 15. Dezember 1955. Kirkpatrick schrieb am 16. Dezember 1955 in einem „streng geheimen" Bericht (Auszug):

2. Der Botschafter sagte mir, er habe diese Möglichkeit sehr vertraulich mit dem Kanzler erörtert. Dr. Adenauer wünschte mich (Kirkpatrick) wissen zu lassen, dass er es missbilligen würde. Der entscheidende Grund ist, dass Dr. Adenauer kein Vertrauen in das deutsche Volk habe. Er sei äußerst besorgt, dass sich eine künftige deutsche Regierung zulasten Deutschlands mit Russland verständigen könnte, wenn er von der politischen Bühne abgetreten sei. Folglich sei er der Meinung, dass die Integration Westdeutschlands in den Westen wichtiger als die Wiedervereinigung Deutschlands sei. Wir (die Briten) sollten wissen, dass er in der ihm noch verbleibenden Zeit alle Energien darauf verwenden werde, dieses zu erreichen, und er hoffe, dass wir alles in unserer Macht Stehende tun würden, um ihn bei dieser Aufgabe zu unterstützen.

3. Bei dieser Nachricht an mich betonte der Botschafter nachdrücklich, dass der Kanzler wünsche, dass ich seine Meinung kenne, aber es würde natürlich katastrophale Folgen für seine politische Position haben, wenn seine Ansichten, die er mir (Kirkpatrick) in solcher Offenheit mitgeteilt habe, jemals in Deutschland bekannt würden.

Handschriftlicher Zusatz des britischen Außenministers Harold Macmillan zu dem Bericht am 19. Dezember: Ich denke, er (Adenauer) hat Recht.

Josef Foschepoth (Hg.), Adenauer und die Deutsche Frage, Göttingen 1988, S. 55 und 289f.

c) SED-Plakat gegen Adenauers Politik der Westintegration, 1951

1 Vergleichen Sie die Kernaussagen von Ollenhauer und Adenauer zur Frage der Westintegration.

2 Erörtern Sie – unter Zuhilfenahme von M 17 a und b, M 19 a und b sowie des Darstellungstextes – die Möglichkeiten einer deutschen Wiedervereinigungspolitik in den Fünfzigerjahren.

3 Bewerten Sie die Positionen Ollenhauers und Adenauers (M 19 a, b).

5 Deutschland nach 1945

2.2 Soziale Marktwirtschaft und „Wirtschaftswunder"

Soziale Marktwirtschaft Die Auseinandersetzung um die Wirtschaftsordnung beherrschte in der Bundesrepublik den Wahlkampf von 1949. Die Durchsetzung der von Ludwig Erhard (1897–1977) und seinem Mitarbeiter und späteren Staatssekretär im Wirtschaftsministerium Alfred Müller-Armack (1901–1978) vertretenen sozialen Marktwirtschaft bildete eine der wichtigsten Voraussetzungen für die ökonomische und politische Konsolidierung der Bundesrepublik. Individuelle Freiheit und soziale Gerechtigkeit sollten zu Wohlstand für alle führen (M 21). Mit dieser Wirtschaftsordnung wurde sowohl einem reinen liberalkapitalistischen Modell als auch der nationalsozialistischen oder sozialistischen Planwirtschaft eine Absage erteilt. Die Produktion müsse sich vielmehr an der Nachfrage ausrichten und nicht umgekehrt. Nur die freie Preisbildung durch den Markt garantiere die optimale Deckung der individuellen Bedürfnisse der Verbraucher. Der Markt müsse jedoch einer gesetzlichen Rahmenordnung unterworfen werden, um Absprachen zwischen den Unternehmern zu verhindern, die zu einer Wettbewerbsverzerrung führen und damit zulasten der Verbraucher gehen würden. Daher verbot ein Gesetz 1957 Wettbewerbsbeschränkungen durch marktwidrige Absprachen und Kartelle. Um das Konkurrenz- und Leistungsprinzip zu erhalten, müsse der Markt auch für neue Bewerber offen gehalten werden. Aufgabe des Staates sei es, den freien Wettbewerb durch kontrollierende Institutionen und eine aktive Wirtschaftspolitik zu schaffen. Dazu gehöre auch die Geldwertstabilität. 1957 verbriefte ein Gesetz über die Deutsche Bundesbank deren Unabhängigkeit. Das durch das Grundgesetz garantierte Recht auf Privateigentum an Produktionsmitteln, die Berufs- und Gewerbefreiheit, die Konsum- und Vertragsfreiheit einschließlich freier Preisgestaltung seien Voraussetzungen eines funktionierenden Leistungswettbewerbs, ohne die keine Marktwirtschaft sinnvoll überdauern kann. Die staatliche Sozialpolitik sollte sich auf die Absicherung sozialer Härten beschränken. In seiner ersten Regierungserklärung sagte Bundeskanzler Adenauer: „Die beste Sozialpolitik ist eine gesunde Wirtschaftspolitik."

„Wirtschaftswunder" Eine wichtige Voraussetzung für die Akzeptanz und damit Konsolidierung der parlamentarischen Demokratie und den sozialen Konsens in der Bundesrepublik in den Fünfzigerjahren war das sogenannte „Wirtschaftswunder". Die Westdeutschen machten erstmals in ihrer Geschichte die Erfahrung, dass parlamentarische Demokratie mit politischer Stabilität und wachsender Prosperität breiter Bevölkerungsschichten einhergehen kann. Auch in der DDR und in anderen Staaten gab es nach dem Krieg einen „Rekonstruktionseffekt", aber in keinem anderen westlichen Land waren die Wachstumsraten so hoch und dauerte der Aufschwung so lange wie in der Bundesrepublik. Die Leistung des ökonomischen Wiederaufbaus nach dem Krieg wurde zum **identitätsstiftenden Konsens** der Nachkriegsgeneration. Zwischen 1950 und 1960 verdreifachte sich das Bruttosozialprodukt, bis 1970 verdoppelte es sich nochmals. Das Wirtschaftswachstum führte zu einem Rückgang der Arbeitslosenquote fast bis zur Vollbeschäftigung (M 23 a, b). Im gleichen Zeitraum stiegen die Reallöhne um das Zweieinhalbfache. Diese einmalige Phase der Hochkonjunktur endete erst mit der Rezession von 1966/67, sodass Historiker auch von den „langen Fünfzigern" sprechen.

Die soziale Marktwirtschaft, die Währungsreform und die amerikanische Finanzhilfe im Rahmen des Marshallplans (s. S. 343) bildeten wichtige Voraussetzungen für den schnellen Wiederaufbau der Bundesrepublik. Die Kriegswirtschaft hatte bereits einen Modernisierungsschub bewirkt, der sich nun fortsetzte. Die zerstörten oder demontierten alten Produktionsanlagen wurden durch moderne ersetzt. Das im „Dritten Reich" von Ferdinand Porsche entwickelte Projekt eines Volkswagens wurde zu einem Symbol des ökonomischen Wiederaufstiegs der Bundesrepublik. Der Koreakrieg löste 1950 eine weltweite Hochkonjunktur aus und eröffnete damit deutschen Produkten Exportmärkte. Dabei wirkte der starre Wechselkurs von 4,20 DM (ca. 2,5 Euro) für 1 Dollar wie eine indirekte Exportsubvention. Eine wichtige Rolle spielte auch die hohe technische und wissenschaftliche Qualifikation der arbeitenden Menschen. Die Vertriebenen und Flüchtlinge aus den Ostgebieten und der DDR vergrößerten das Arbeitskräftepotenzial und die Nachfrage auf dem Binnenmarkt. Auch waren die Löhne und Sozialleistungen in der Bundesrepublik zunächst niedriger und die Arbeitszeiten länger als in anderen westlichen Industriestaaten.

Deutschland nach 1945 5

M 20 Friedensdemonstration in Düsseldorf, Mai 1955, Fotografie

1 Erörtern Sie, ausgehend von M 20, das Verhältnis von Konsens und Opposition in der Bundesrepublik der Fünfzigerjahre.

Gesellschaftlicher Strukturwandel

Der Krieg und der Wiederaufbau bewirkten einen tief greifenden wirtschaftlichen und gesellschaftlichen Strukturwandel. Die Bundesrepublik entwickelte sich zu einer modernen **Dienstleistungs- und Massenkonsumgesellschaft** (M 23 c, d, M 24). Der Lebensstandard stieg auch für die unteren sozialen Schichten und entzog, wie die Wahlergebnisse zeigen (M 26), Klassenkampfparolen den Boden. 1953 erhielten die Kommunisten bei der Bundestagswahl nur noch 2,2 %. In den Fünfzigerjahren kam es zu einem Prozess der **Parteienkonzentration**. Ursache war weniger die seit der Bundestagswahl von 1953 geltende Fünfprozentklausel als der grundlegende gesellschaftliche Wandel und das Verschwinden der traditionellen Klassen- und Konfessionslinien. Auf diese Veränderungen in der Gesellschaft reagierte die SPD durch ihr **Godesberger Programm** von 1959. Programmatische Grundlagen, die noch auf dem Marxismus beruhten, gab sie damit auf und öffnete sich endgültig den Mittelschichten. Sie vollzog die Wende von einer Arbeiter- zu einer Volkspartei und schuf eine der Voraussetzungen für ihre Wahlerfolge in den Sechzigerjahren (M 27).

Der Konsens der Fünfzigerjahre

Das „Wirtschaftswunder" darf nicht übersehen lassen, dass in den ersten Jahren der Bundesrepublik zunächst ein raues soziales Klima herrschte. Die Einführung der Mitbestimmung in der Montanindustrie 1951 und das Betriebsverfassungsgesetz von 1952, das den Betriebsräten Mitbestimmungsrechte in personellen und sozialen Angelegenheiten zusprach, erfolgte erst nach schweren Auseinandersetzungen zwischen Regierung und Gewerkschaften und unter britischem Druck. Die Gewerkschaften konzentrierten sich auf die Durchsetzung der sozialen Interessen der Arbeitnehmer. Im Rahmen der Tarifvertragsautonomie setzten sie höhere Löhne und Gehälter, kürzere Arbeitszeiten und verbesserte Arbeitsschutzbestimmungen durch. Den neuen kooperativen Stil drückte der Begriff **„Sozialpartnerschaft"** aus (M 28). Die ökonomische Dynamik, steigender Wohlstand breiter Bevölkerungsschichten und der Ausbau der sozialen Sicherungen stabilisierten die politische Ordnung.

Der Ausbau des Sozialstaates

Gewerkschaften, SPD, Teile der Kirchen und die Sozialausschüsse der CDU/CSU verlangten eine gerechtere Verteilung der Früchte des „Wirtschaftswunders". Schritt für Schritt kehrte die Bundesrepublik zur klassischen Sozialstaatspolitik zurück, weil die Mehrheit der Bevölkerung es wünschte und das Wirtschaftswachstum Verteilungsspielräume eröffnete.
Durch das **Lastenausgleichsgesetz** von 1952 erhielten Vertriebene, Flüchtlinge und Ausgebombte eine Entschädigung für den kriegsbedingten Verlust von Vermögen. Der Durchbruch zum Sozialstaat gelang 1957 mit dem von Regierung und Opposition gemeinsam erarbeiteten Rentenreformgesetz, das die bedrückende materielle Not im Alter verminderte. So betrug 1950 die durchschnitt-

5 Deutschland nach 1945

liche Arbeitsrente nur 60,50 DM im Monat (rd. 30,90 Euro). Kern der Rentenreform war die „Dynamisierung" der Renten. 1957 erhöhten sich die Renten mit einem Schlag um rund 60 % und folgen seitdem den durchschnittlichen Lohn- und Gehaltserhöhungen. Gleichzeitig trat an die Stelle des bis dahin gültigen Versicherungsprinzips, d. h. der Rentenzahlung aus angesparten Versicherungsbeiträgen, der „Generationenvertrag", d. h., die Renten wurden aus den aktuellen Versicherungsbeiträgen der Arbeitnehmer gezahlt.

Die Opposition

Die politische Stabilität in der Bundesrepublik beruhte unter anderem darauf, dass Oppositionsparteien im Bundestag gleichzeitig Regierungsparteien in einem Bundesland waren und umgekehrt. Der notwendige innerparteiliche Interessenausgleich in den Volksparteien und zwischen Bundestag und Bundesrat führte in den Fünfziger- und Sechzigerjahren zu einer Abschleifung der ideologischen Gegensätze und zu der in Deutschland bis dahin wenig verbreiteten Bereitschaft zum politischen Kompromiss.
Rechts- und linksradikale Parteien verloren mit der wirtschaftlichen Konsolidierung an Bedeutung. 1952 wurde die Sozialistische Reichspartei (SRP) vom Bundesverfassungsgericht als nationalsozialistische Nachfolgeorganisation verboten, 1956 auch die KPD für verfassungswidrig erklärt. Im Urteil des Bundesverfassungsgerichts hieß es, dass sowohl die proletarische Revolution als auch die Diktatur des Proletariats mit der freiheitlich-demokratischen Grundordnung unvereinbar seien.
Die zu Beginn der Fünfzigerjahre einsetzende Debatte um die Wiederaufrüstung und die NATO-Aufnahme der Bundesrepublik rief den Widerstand der Friedensbewegung hervor (M 20), der jedoch in der zweiten Hälfte der Fünfzigerjahre wieder abebbte. Der Kalte Krieg, die verbreitete Angst vor einem „kommunistischen Überfall" und eine allgemeine Tendenz zum Rückzug ins „Private" waren die hauptsächlichen Gründe dieser Entwicklung.

Mentalitäten in den Fünfzigerjahren

Nach den Jahren der Entbehrung sehnte sich die Kriegsgeneration nach einem intakten Familienleben, nach privatem Glück in einer konfliktfreien Welt. Heimatfilme propagierten das Idyll einer bürgerlich-patriarchalischen Familienordnung (M 22). Das Streben nach Sicherheit führte zur Rückwendung zu vertrauten Strukturen, die nicht durch die NS-Herrschaft diskreditiert worden waren. An die Vergangenheit wollte niemand gerne erinnert werden, man genoss die Konsummöglichkeiten, die das „Wirtschaftswunder" eröffnete. Die Wiederaufbauleistung wurde zum identitätsstiftenden Konsens dieser Generation. Erich Kästner hat daher die Fünfzigerjahre auch als „motorisiertes Biedermeier" bezeichnet. Viele konnten sich erstmals einen Urlaub leisten (M 24, M 25). Die Schlager der Fünfzigerjahre, wie z. B. „Capri-Fischer" oder „Zwei kleine Italiener", spiegeln die Sehnsüchte der Kriegsgeneration. Der Kommunismus wurde als Bedrohung dieser bürgerlichen Kultur gesehen. „Keine Experimente", lautete der Slogan der Adenauer-Regierung, mit dem sie die Wahlen von 1957 gewann. Gegen diese bürgerlich-patriarchalische Welt ihrer Eltern rebellierten viele Jugendliche. Ihre Bewunderung galt dem „American way of life" und dem Rock'n'Roll, den vor allem Elvis Presley in Deutschland populär machte.

M 21 Alfred Müller-Armack über die soziale Marktwirtschaft (Mai 1948)

Die Lage unserer Wirtschaft zwingt uns zu der Erkenntnis, dass wir uns in Zukunft zwischen zwei grundsätzlich voneinander verschiedenen Wirtschaftssystemen zu entscheiden haben, nämlich dem System der anti-
5 marktwirtschaftlichen Wirtschaftslenkung und dem System der auf freie Preisbildung, echten Leistungswettbewerb und soziale Gerechtigkeit gegründeten Marktwirtschaft. Alle Erfahrungen mit wirtschaftlichen Lenkungssystemen verschiedenster Schattierungen
10 haben erwiesen, dass sie unvermeidlich zu einer mehr oder weniger weitgehenden Vernichtung der Wirtschaftsfreiheit des Einzelnen führen, also mit demokratischen Grundsätzen unvereinbar sind, und zweitens mangels zuverlässiger Maßstäbe infolge der Aufhebung des Preismechanismus nicht in der Lage sind, die 15 verschiedenen Knappheitsgrade zuverlässig zu erkennen. Jede Lenkungswirtschaft hat daher in der Praxis am wirklichen volkswirtschaftlichen Bedarf „vorbeigelenkt".

Die angestrebte moderne Marktwirtschaft soll betont 20 sozial ausgerichtet und gebunden sein. Ihr sozialer Charakter liegt bereits in der Tatsache begründet, dass sie in der Lage ist, eine größere und mannigfaltigere Gütermenge zu Preisen anzubieten, die der Konsu-

Deutschland nach 1945 5

25 ment durch seine Nachfrage entscheidend mitbestimmt und die durch niedrige Preise den Realwert des Lohnes erhöht und dadurch eine größere und breitere Befriedigung der menschlichen Bedürfnisse erlaubt.

30 Durch die freie Konsumwahl wird der Produzent gezwungen, hinsichtlich Qualität, Sortiment und Preis seiner Produkte auf die Wünsche der Konsumenten einzugehen, die damit eine echte Marktdemokratie ausüben. Eine ähnliche, die Wirtschaft maßgeblich be-
35 stimmende Stellung vermag eine Lenkungswirtschaft der Masse der Verbraucher nicht einzuräumen. Demokratie und Lenkungswirtschaft sind eben nicht vereinbar.

Um den Umkreis der sozialen Marktwirtschaft ungefähr
40 zu umreißen, sei folgendes Betätigungsfeld künftiger sozialer Gestaltung genannt:

1. Schaffung einer sozialen Betriebsordnung, die den Arbeitnehmer als Mensch und Mitarbeiter wertet, ihm ein soziales Mitgestaltungsrecht einräumt, ohne dabei
45 die betriebliche Initiative und Verantwortung des Unternehmers einzuengen.

2. Verwirklichung einer als öffentliche Aufgabe begriffenen Wettbewerbsordnung, um dem Erwerbsstreben der Einzelnen die für das Gesamtwohl erforderliche
50 Richtung zu geben.

3. Befolgung einer Antimonopolpolitik zur Bekämpfung möglichen Machtmissbrauches in der Wirtschaft.

4. Durchführung einer konjunkturpolitischen Beschäf-
55 tigungspolitik mit dem Ziel, dem Arbeiter im Rahmen des Möglichen Sicherheit gegenüber Krisenrückschlägen zu geben. Hierbei ist außer kredit- und finanzpolitischen Maßnahmen auch ein mit sinnvollen Haushaltssicherungen versehenes Programm staatlicher
60 Investitionen vorzusehen.

5. Marktwirtschaftlicher Einkommensausgleich zur Beseitigung ungesunder Einkommens- und Besitzverschiedenheiten, und zwar durch Besteuerung und durch Familienzuschüsse, Kinder- und Mietbeihilfen
65 an sozial Bedürftige.

6. Siedlungspolitik und sozialer Wohnungsbau.

7. Soziale Betriebsstrukturpolitik durch Förderung kleinerer und mittlerer Betriebe und Schaffung sozialer Aufstiegschancen.

70 8. Einbau genossenschaftlicher Selbsthilfe in die Wirtschaftsordnung.

9. Ausbau der Sozialversicherung.

10. Städtebauplanung.

11. Minimallöhne und Sicherung der Einzellöhne
75 durch Tarifvereinbarungen auf freier Grundlage. Es kommt also darauf an zu erkennen, dass der Übergang zur Marktwirtschaft als einem System freiheitlicher

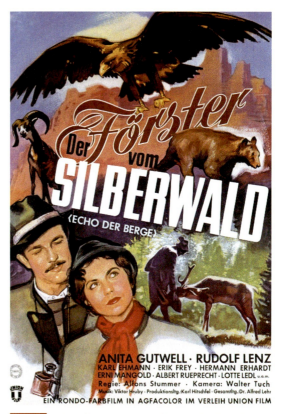

M 22 „Der Förster vom Silberwald", 1954, westdeutsches Filmplakat

1 Analysieren Sie M 22 unter alltagsgeschichtlichen Aspekten und vergleichen Sie diesbezüglich die Entwicklung der BRD mit der der DDR (s. S. 356 und 363 ff.).

und demokratischer Wirtschaftsordnung zugleich die Gewinnung der deutschen Menschen für die Ideale der persönlichen Freiheit und Selbstbestimmung in 80 sich schließt. Die letzten Ziele staatsbürgerlicher Freiheit müssen mit den Zielen der wirtschaftlichen Freiheit des Einzelnen übereinstimmen.

Alfred Müller-Armack, Vorschläge zur Verwirklichung der Sozialen Marktwirtschaft, in: Genealogie der Sozialen Marktwirtschaft, Paul Haupt, Bern 1974, S. 98 ff.

1 Nennen Sie Voraussetzungen und Ziele der sozialen Marktwirtschaft.

2 Erläutern Sie, von welchen Wirtschaftsformen sich die soziale Marktwirtschaft abgrenzt. Nennen Sie Beispiele aus der Geschichte.

3 Diskutieren Sie das Menschenbild, das der sozialen Marktwirtschaft zugrunde liegt.

4 Erörtern Sie den Zusammenhang von sozialer Marktwirtschaft und Demokratie.

5 Deutschland nach 1945

M23 Die wirtschaftliche Entwicklung der Bundesrepublik Deutschland

a) Das jährliche Wirtschaftswachstum der Bundesrepublik 1950–2005 (in Prozent)

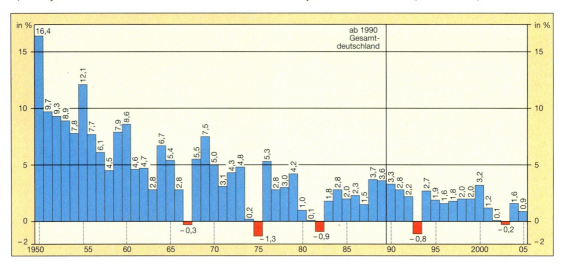

b) Arbeitslose in der Bundesrepublik 1950–2004 (in Mio. Personen)

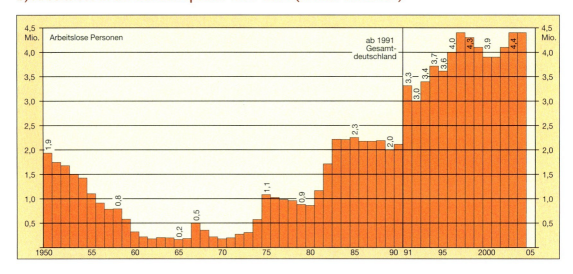

c) Soziale Stellung der Erwerbsbevölkerung in der Bundesrepublik 1950–1990 (in Prozent)

	1950	1960	1970	1980	1990
Selbstständige/mithelfende Familienangehörige	28,3	22,2	17,1	12,0	10,8
Beamte/Angestellte	20,6	28,1	36,2	45,6	51,8
Arbeiter	51,0	49,7	46,5	42,3	37,4

Werner Abelshauser, Die langen Fünfzigerjahre, Cornelsen, Düsseldorf 1987, S. 88; Statistisches Bundesamt (Hg.), Datenreport 1992, Bonn 1992, S. 98 f.; Statistisches Bundesamt (Hg.), Statistisches Jahrbuch 2006, S. 244

Deutschland nach 1945 5

d) Langlebige Konsumgüter in Haushalten der Bundesrepublik 1949–1962 (in Prozent)

Bestand im Jahr 1962		davon wurden angeschafft in den Jahren				
		vor 1949	1949–52	1953–57	1958–60	1961–62
Fernsehgerät	34,4			14,9	51,5	32,0
Radio	79,3	5,8	21,9	39,8	22,4	8,0
Plattenspieler	17,7	1,3	6,5	32,0	39,5	18,7
Kühlschrank	51,8	0,6	3,8	25,2	45,4	23,5
Staubsauger	64,7	6,9	13,7	36,1	28,8	12,2
Waschmaschine	25,3	2,0	7,7	38,2	33,7	16,3
Tiefkühltruhe	2,7		1,2	15,6	50,1	30,7
Fotoapparat	41,7	8,8	13,9	29,8	30,9	13,8

Ebd., nach Tab. 15 und 17

1 Beschreiben Sie anhand von M 23 a–d die wirtschaftliche Entwicklung der Bundesrepublik in der Ära Adenauer.
2 Erklären Sie in diesem Zusammenhang den Begriff des „Wirtschaftswunders" und setzen Sie sich kritisch mit ihm auseinander.
3 Erörtern Sie die politischen Folgen des „Wirtschaftswunders".

M 24 Urlaubsreiseintensität[1] in der Bundesrepublik 1949–1989

Jahr	1949	1954	1957	1960	1964	1968	1972	1976	1980	1984	1987	1989
Urlaubsreise-intensität	21,0	24,0	27,0	28,0	39,0	39,0	49,0	53,0	57,7	55,3	64,6	66,8

1 Urlaubsreiseintensität: Zahl der über 14-jährigen Bundesbürger, die im Vorjahr eine mindestens 5-tägige Urlaubsreise unternommen haben

Christine Keitz, Reisen als Leitbild. Die Entstehung des modernen Massentourismus in Deutschland, dtv, München 1997, S. 336

M 25 Westdeutsche Familie auf einer Urlaubsreise am Gardasee in Italien, 1955, Fotografie

1 Interpretieren Sie M 24 und M 25 mit Blick auf den gesellschaftlichen Stellenwert von Urlaubsreisen in der Bundesrepublik der Fünfzigerjahre.
2 Interpretieren Sie M 24 und M 25 vor dem Hintergrund des „Wirtschaftswunders".

5 Deutschland nach 1945

M 26 Bundestagswahlen 1949–2005 (Ergebnisse in Prozent der gültigen Zweitstimmen in dem jeweiligen Gebietsstand)

	1949	1953	1957	1961	1965	1969	1972	1976	1980	1983	1987	1990	1994	1998	2002	2005
Wahlber. (Mio.)	31,2	33,1	35,4	37,4	38,5	38,7	41,4	42,1	43,2	44,1	45,3	60,9	60,5	60,8	61,4	61,9
Wahlbet. (%)	78,5	86,0	87,8	87,7	86,8	86,7	91,1	90,7	88,6	89,1	84,3	77,8	79,0	82,2	79,1	77,7
CDU/CSU	31,0	45,2	50,2	45,4	47,6	46,1	44,9	48,6	44,5	48,8	44,3	43,8	41,4	35,1	38,5	35,2
SPD	29,2	28,8	31,8	36,2	39,3	42,7	45,8	42,6	42,9	38,2	37,0	33,5	36,4	40,9	38,5	34,2
FDP	11,9	9,5	7,7	12,8	9,5	5,8	8,4	7,9	10,6	7,0	9,1	11,0	6,9	6,2	7,4	9,8
Die Grünen	–	–	–	–	–	–	–	–	1,5	5,6	8,3	3,8	–	–	–	–
Bündnis 90/Grüne	–	–	–	–	–	–	–	–	–	–	–	1,2	7,3	6,7	8,6	8,1
PDS	–	–	–	–	–	–	–	–	–	–	–	2,4	4,4	5,1	4,0	8,7
DP	4,0	3,3	3,4	–	–	–	–	–	–	–	–	–	–	–	–	–
GB/BHE	–	5,9	4,6	2,8	–	0,1	–	–	–	–	–	–	–	–	–	–
Zentrum	3,1	0,8	0,3	–	–	–	–	–	–	–	–	–	–	–	–	–
Bayernpartei	4,2	1,7	0,5	–	–	0,2	–	–	–	–	–	–	–	–	–	–
DRP, NPD, Republikaner	1,8	1,1	1,0	0,8	2,0	4,3	0,6	0,3	0,2	0,2	0,6	2,1	–	–	1,0	2,2
KPD, DFU, DKP	5,7	2,2	–	1,9	1,3	–	0,3	0,3	0,2	0,2	–	–	–	–	–	–
Sonstige	9,1	1,5	0,5	0,1	0,3	0,8	–	0,3	0,1	–	0,2	2,2	3,6	5,9	1,8	1,6

DP = Deutsche Partei; GB/BHE = Gesamtdeutscher Block/Bund der Heimatvertriebenen und Entrechteten;
DRP = Deutsche Reichspartei; DFU = Deutsche Friedensunion

Statistische Jahrbücher für die Bundesrepublik Deutschland; Bundeswahlleiter

M 27 Aus dem Godesberger Programm der SPD, beschlossen auf dem Parteitag 1959

Freiheit, Gerechtigkeit und Solidarität, die aus der gemeinsamen Verbundenheit folgende gegenseitige Verpflichtung, sind die Grundwerte des sozialistischen Wollens. [...] Aus der Entscheidung für den demokra-
5 tischen Sozialismus ergeben sich Grundforderungen, die in einer menschenwürdigen Gesellschaft erfüllt sein müssen:
Alle Völker müssen sich einer internationalen Rechtsordnung unterwerfen, die über eine ausreichende Exe-
10 kutive verfügt. Der Krieg darf kein Mittel der Politik sein.
Alle Völker müssen die gleiche Chance haben, am Wohlstand der Welt teilzunehmen. Entwicklungsländer haben Anspruch auf die Solidarität der anderen
15 Völker.

Wir streiten für die Demokratie. Sie muss die allgemeine Staats- und Lebensordnung werden, weil sie allein Ausdruck der Achtung vor der Würde des Menschen und seiner Eigenverantwortung ist.
Wir widerstehen jeder Diktatur, jeder Art totalitärer 20 Herrschaft; denn diese missachten die Würde des Menschen, vernichten seine Freiheit und zerstören das Recht. Sozialismus wird nur durch die Demokratie verwirklicht, die Demokratie durch den Sozialismus erfüllt. 25
Zu Unrecht berufen sich die Kommunisten auf sozialistische Traditionen. In Wirklichkeit haben sie das sozialistische Gedankengut verfälscht. Die Sozialisten wollen Freiheit und Gerechtigkeit verwirklichen, während die Kommunisten die Zerrissenheit der Gesellschaft 30 ausnutzen, um die Diktatur ihrer Partei zu errichten.

Deutschland nach 1945

Im demokratischen Staat muss sich jede Macht öffentlicher Kontrolle fügen. Das Interesse der Gesamtheit muss über dem Einzelinteresse stehen. In der vom Gewinn- und Machtstreben bestimmten Wirtschaft und Gesellschaft sind Demokratie, soziale Sicherheit und freie Persönlichkeit gefährdet. Der demokratische Sozialismus erstrebt darum eine neue Wirtschafts- und Sozialordnung.

Alle Vorrechte im Zugang zu Bildungseinrichtungen müssen beseitigt werden. Nur Begabung und Leistung sollen jedem den Aufstieg ermöglichen.

Heino Kaack, Geschichte und Struktur des deutschen Parteiensystems, Opladen 1971, S. 406 ff.

1 Fassen Sie die Grundforderungen des „demokratischen Sozialismus" aus M 27 zusammen.

2 Vergleichen Sie das Sozialismusverständnis im Godesberger Programm (M 27) mit der sozialen Marktwirtschaft (M 21) und dem Sozialismusverständnis der SED (M 12).

M 28 Der Historiker Klaus Schönhoven über die Gewerkschaften in der Bundesrepublik Deutschland (1987)

Die Niederlage der Gewerkschaften im Kampf um die Erweiterung der paritätischen Mitbestimmung über den Montanbereich hinaus im Jahr 1952 und der überwältigende Wahlsieg des bürgerlich-konservativen Lagers bei der Bundestagswahl von 1953 zwangen den DGB, seine Hoffnungen auf eine Demokratisierung der Wirtschaft zurückzustecken. In den Fünfziger- und frühen Sechzigerjahren, in denen Wohlstand und soziale Sicherheit unter privat-kapitalistischen Vorzeichen expandierten, konzentrierte sich das Hauptinteresse der Gewerkschaften auf die Lohn- und Arbeitszeitpolitik. Gleichzeitig veränderten sich die Beziehungen zwischen Kapital und Arbeit. Die nun fast konfliktfreie Kooperation der beiden Tarifparteien ließ die Bundesrepublik zum Modellstaat der „Sozialpartnerschaft" werden, in dem fleißig gearbeitet, wenig gestreikt und gut verdient wurde. Die Integration der Gewerkschaften in diesen Staat dokumentierte das Düsseldorfer Grundsatzprogramm des DGB von 1963, das dem tagespolitischen Pragmatismus verpflichtet war und deshalb auch als gewerkschaftliches Plädoyer für eine ökonomisch krisenfeste und sozial fortschrittliche Marktwirtschaft gedeutet werden kann.

Seit der Rezession von 1966/67, vor allem aber seit dem in der Mitte der Siebzigerjahre einsetzenden Anstieg der Massenarbeitslosigkeit haben sich die Rahmenbedingungen für gewerkschaftliche Reformbestrebungen gewandelt, obwohl nach dem Machtwechsel in Bonn und dem Regierungsantritt der sozialliberalen Koalition 1969 der politische Einfluss und das gesellschaftliche Ansehen der Gewerkschaften wuchsen. Dennoch war ihr Weg in die Achtzigerjahre mit Enttäuschungen gepflastert. Die Verteilungskonflikte zwischen Kapital und Arbeit verschärften sich unter dem Druck der Beschäftigungskrise; die Rationalisierungsoffensive der Unternehmer erforderte tarifpolitisch neue Antworten; der Strukturwandel der Industriegesellschaft konfrontierte die Gewerkschaften organisatorisch wie programmatisch mit bis dahin unbekannten Problemen.

Heute befindet sich die Gewerkschaftsbewegung im Umbruch und muss zugleich darauf bedacht sein, in einer politisch für sie schwierigen Situation ihre Handlungsfähigkeit als soziale Schutz- und Gestaltungsmacht der Arbeitnehmer nicht zu verlieren.

Klaus Schönhoven, Die deutschen Gewerkschaften, edition suhrkamp, Frankfurt/Main 1987, S. 198 f.

1 Überprüfen Sie mithilfe von M 28 die folgende These: Die Gewerkschaften des DGB betrachteten sich immer weniger als politische Gegenmacht gegen die Regierung zur Überwindung des Kapitalismus, sondern definierten sich immer stärker als gesellschaftliche und wirtschaftliche Interessenvertretung der Arbeitnehmer zur Aushandlung von Tarifverträgen, in welchen die Arbeitsbedingungen und -entgelte regelmäßig neu bestimmt und die Lebensverhältnisse der Bevölkerungsmehrheit beeinflusst wurden. Erörtern Sie dabei Ziele und Wirkungsmöglichkeiten der Gewerkschaften.

5 Deutschland nach 1945

2.3 Aufbau des Sozialismus im SED-Staat, Arbeiteraufstand und Mauerbau

Demokratischer Zentralismus

Die Sowjetisierung oder Stalinisierung der SED hatte bereits 1946 begonnen und verstärkte sich ab 1948 mit der Umwandlung der SED zu einer „Partei neuen Typs" (s. S. 338, M 12). Ihr Ziel war die Umgestaltung von Wirtschaft, Staat und Gesellschaft nach sowjetischem Vorbild. Die Partei legitimierte ihren Führungsanspruch mit den Lehren von Marx, Engels, Lenin und Stalin und der Notwendigkeit, den Aufbau des Sozialismus gegen den kapitalistischen Westen verteidigen zu müssen. Innerparteiliches Organisationsprinzip wurde der „demokratische Zentralismus", d. h., der hierarchisch gegliederte Parteiapparat hatte die von den Spitzenfunktionären im Politbüro ausgegebenen Direktiven in Wirtschaft, Staat und Gesellschaft auszuführen. 1950/51 kam es zu einer umfassenden Säuberungswelle innerhalb der SED. 150 000 nonkonforme Mitglieder wurden aus der Partei ausgeschlossen. Spätestens 1952 war die Stalinisierung der SED abgeschlossen.

Im Unterschied zur Sowjetunion und den Volksdemokratien Osteuropas blieb die DDR formal bis zu ihrer Auflösung ein Mehrparteiensystem, aber faktisch setzte die SED ihr Macht- und Meinungsmonopol durch. Am 4. Oktober 1949 proklamierte der Parteivorstand der SED die Zusammenfassung der Blockparteien und verschiedener gesellschaftlicher Massenorganisationen zur „Nationalen Front des demokratischen Deutschland". Die Wahlen zur Volkskammer, den Land- und Kreistagen sowie den Gemeinden im Oktober 1950 erfolgten nach vorgegebenen Einheitslisten. Nach offiziellen Angaben betrug die Wahlbeteiligung 98,5 %. Davon sollen 99,7 % für die Nationale Front gestimmt haben. Die Blockparteien wurden systematisch gleichgeschaltet (M 34). Im Juni 1952 erkannte die CDU „die führende Rolle der SED als Partei der Arbeiterklasse vorbehaltlos an" und erklärte den „Aufbau des Sozialismus in der DDR […] auf der Grundlage des Marxismus-Leninismus" zu ihrem Ziel. Auch die Massenorganisationen – der Freie Gewerkschaftsbund (FDGB), die Freie Deutsche Jugend (FDJ), die Gesellschaft für Deutsch-Sowjetische Freundschaft (DSF), der Kulturbund (KB), der Demokratische Frauenbund Deutschlands (DFD), die Vereinigung der gegenseitigen Bauernhilfe (VdgB) – wurden von hauptamtlichen SED-Funktionären geleitet und kontrolliert.

1952 wurde die Verwaltung durch Abschaffung der Länder zentralisiert. An ihre Stelle traten 14 Bezirke (M 30, M 36). Bei der Verteilung der Posten in den neu geschaffenen Räten und Kreisen dominierte seitdem die SED. Im Staats- und Militärapparat, in der Wirtschaft, der Justiz, in Schulen, Hochschulen und Massenmedien besetzten „Kader" der SED nach und nach alle Leitungspositionen. Die Loyalität zur Partei war in der Regel wichtiger als Sachkompetenz. Diese neue Elite

M 29 „Von den Sowjetmenschen lernen heißt siegen lernen!", 1952, Plakat der SED

1 Erklären Sie, ausgehend von M 29, den „Aufbau des Sozialismus".

Deutschland nach 1945 5

M30 Bezirksgliederung der DDR seit 1952

zählte ungefähr eine halbe Million Menschen. Ihre Linientreue wurde mit Privilegien wie besonderen Lebensmittel- und Wohnungszuweisungen prämiert.

Zu einem wichtigen Instrument der Herrschaftssicherung wurde das im Februar 1950 gegründete **Ministerium für Staatssicherheit (MfS)**, „Stasi", das direkt dem Politbüro der SED unterstellt war. Durch Einschüchterung und Verhaftungen von Oppositionellen und Belohnungen für kooperationswillige Kräfte baute die Partei ihre Macht aus.

Zentrale Planwirtschaft Auch in der DDR waren bereits vor der Staatsgründung entscheidende ordnungspolitische Weichenstellungen erfolgt. Im Juni 1948 verabschiedete der Parteivorstand den ersten Zweijahresplan für die Jahre 1949/50, für 1951–1955 einen Fünfjahresplan. Auf der 2. Parteikonferenz im Juli 1952 erklärte Walter Ulbricht den **planmäßigen**

5 Deutschland nach 1945

M31 „Die Kurorte gehören den Werktätigen", 1954, Plakat des Feriendienstes des FDGB

1 Vergleichen Sie M 31 mit M 25 im Hinblick auf alltägliche Hoffnungen und Wünsche der Bürger in der DDR und in der Bundesrepublik der Fünfzigerjahre.

„Aufbau des Sozialismus" in der DDR zur neuen Hauptaufgabe. Im friedlichen Wettstreit sollte der Beweis für die Überlegenheit der sozialistischen Wirtschafts- und Gesellschaftsordnung gegenüber dem kapitalistischen System im Westen erbracht werden (M 31). Als Vorbild diente die zentrale Planwirtschaft der Sowjetunion (M 29).

Die Kollektivierung der Landwirtschaft wurde in den Fünfzigerjahren systematisch vorangetrieben, auch mittlere Betriebe enteignet und die Bauern gegen ihren Willen in Landwirtschaftlichen Produktionsgenossenschaften zusammengeschlossen. Von 1950 bis 1960 stieg der Anteil der sozialistischen Betriebe an der landwirtschaftlichen Nutzfläche von 6 auf 92 %.

In der Industrie erfolgte nach sowjetischem Vorbild der forcierte Aufbau der Schwerindustrie auf Kosten der Leicht- und Konsumgüterindustrie. Bis Ende der Fünfzigerjahre stieg der Anteil der in „Volkseigenen Betrieben" erzeugten Industrieproduktion auf über 90 %. Auch im Handel dominierte der staatliche oder quasi-staatliche genossenschaftliche Sektor, während das Handwerk von Verstaatlichungsmaßnahmen noch weitgehend ausgenommen blieb.

Mit der Änderung der Eigentumsverhältnisse vollzog sich ein grundlegender Wandel der Sozialstruktur (M 35). 1961 arbeiteten über 95 % der Erwerbstätigen in staatlich kontrollierten Betrieben. Die große Mehrzahl der Beschäftigten war direkt oder indirekt vom Staat abhängig, die Betriebe wurden von den Parteifunktionären kontrolliert, die Arbeiter und Angestellten hatten keine eigenen unabhängigen Interessenvertretungen.

Um die Wirtschaftspläne zu erfüllen, schuf die SED seit 1948 Leistungsanreize für die Arbeiter. Der Staat honorierte das als freiwillig ausgegebene Engagement einzelner „Aktivisten" oder Kollektive, die sich durch Leistungsrekorde, Betriebsverbesserungen und Erfindungen hervortaten. Frauen wie Männer wurden zu „Helden der Arbeit" stilisiert und mit Geldzulagen prämiert.

Auch in der DDR gab es in der Wiederaufbauphase ein beschleunigtes Wirtschaftswachstum, ein „kleines" Wirtschaftswunder, auch wenn die Entwicklung nicht mit derjenigen der Bundesrepublik vergleichbar war. Denn der Wiederaufbau wurde erschwert durch die Demontage von Industrieanlagen und die Entnahme von Reparationen aus der laufenden Produktion, den Kapitalmangel, die

Deutschland nach 1945 5

Abwanderung qualifizierter Arbeitskräfte und das ökonomisch weniger effiziente System der zentralen Planwirtschaft; es kam zu Versorgungsengpässen. Dennoch wuchs das Bruttosozialprodukt in der zweiten Hälfte der Fünfzigerjahre jährlich um mehr als 10 %.
Obwohl die DDR im Ostblock eine Spitzenposition erringen konnte, gab es weiterhin Versorgungsmängel. Auch der Wohnraum blieb knapp und Preissteigerungen und Arbeitsnormerhöhungen verschlechterten die Stimmung in der Bevölkerung. Eine Reaktion war die Flucht in den Westen. Von 1949 bis zum Mauerbau im August 1961 verließen fast 3 Mio. Menschen die DDR, überwiegend jüngere und gut ausgebildete (M 37). Die Diskrepanz zwischen ideologischem Anspruch und politischer Realität wuchs, während im Westen der Wirtschaftsaufschwung mit rasantem Tempo die Befriedigung von Konsumwünschen für immer breitere Schichten der Bevölkerung ermöglichte. Propaganda und Repression überspielten das Legitimationsdefizit des SED-Staates (M 32), die Kluft zwischen der politischen Führung und der Bevölkerung der DDR.

Der DDR-Volksaufstand vom 17. Juni 1953 Die unklaren Machtverhältnisse in der Sowjetunion nach Stalins Tod im März 1953 und die wachsende Unzufriedenheit der Bevölkerung mit der SED-Herrschaft lösten den Volksaufstand vom 17. Juni 1953 aus (M 38 a, b).
Am 9. Juni 1953 hatte das Politbüro den „Neuen Kurs" verkündet, mit dem einige Maßnahmen revidiert wurden, die zum „Aufbau des Sozialismus" führen sollten. Die politischen Repressionen wurden gelockert, die Konsumgüterproduktion erhöht und Preissteigerungen zurückgenommen. In Kraft blieben jedoch die im Mai um 10 % erhöhten Arbeitsnormen. Am 16. Juni 1953 legten daher die Bauarbeiter in der Berliner Stalinallee die Arbeit nieder und zogen in Demonstrationszügen zum Sitz der SED. Die Bewegung breitete sich über das ganze Land aus (M 38 c, d). Neben wirtschaftliche traten von Anfang an auch politische Forderungen wie Rücktritt der Regierung, Wiederherstellung der Einheit Deutschlands auf der Grundlage freier Wahlen, die Freilassung politischer Gefangener sowie die Zulassung freier Parteien und Gewerkschaften.
In der Nacht zum 17. Juni zogen in Berlin sowjetische Panzer auf und drängten die Demonstranten mit Warnschüssen zurück. Mindestens 51 Menschen wurden bei den Demonstrationen getötet, 20 standrechtlich erschossen, über 6000 verhaftet, zwei zum Tode verurteilt. Fast zwei Drittel der Opfer des 17. Juni waren Arbeiter. Das sowjetische Militär hatte die DDR-Regierung vor dem Zusammenbruch gerettet (M 38 e). Die Westmächte schauten hingegen tatenlos zu – zur Enttäuschung der Aufständischen. In der Bundesrepublik wurde der 17. Juni zum Feiertag („Tag der deutschen Einheit") erklärt.

M 32 Leipziger Messe, 1959, Fotografie

1 Ordnen Sie M 32 in den historischen Zusammenhang ein und interpretieren Sie die Parolen, mit denen die DDR auf der Leipziger Messe warb.

5 Deutschland nach 1945

M33 Flucht eines Soldaten der Nationalen Volksarmee am 15. August 1961, Fotografie

1 Vergleichen Sie M 32 und M 33.
2 Skizzieren Sie, ausgehend von M 33, Ursachen, Verlauf und Folgen des Mauerbaus für die SED-Herrschaft.

Die SED reagierte auf die Volkserhebung mit einer Säuberungswelle gegen „feindliche Elemente" und baute den Repressionsapparat des Ministeriums für Staatssicherheit aus. Mit Paraden wurden bei Jahrestagen die sowjetische Waffenbrüderschaft und die Einheit von Partei und Volk beschworen. Andererseits drosselte die Partei das Tempo beim Aufbau der Schwerindustrie. Auch verzichtete die UdSSR ab 1954 auf direkte Reparationsleistungen. Die Versorgungslage der Bevölkerung verbesserte sich langsam, aber viele gaben die Hoffnung auf politische Reformen auf. Allein 1953 flohen über 330 000 Menschen aus der DDR in die Bundesrepublik.

Der Bau der Berliner Mauer 1961 Chruschtschows Versuch, Westberlin in das Hoheitsgebiet der DDR einzubeziehen, löste im November 1958 die zweite Berlinkrise aus – nach der Blockade 1948/49. Viele DDR-Bürger befürchteten, dass ihnen dadurch die Möglichkeit genommen würde, künftig ihren Wohnsitz frei zu wählen. Die Folge war ein erneuter **Anstieg der Flüchtlingszahlen**. Besonders hoch war der Anteil der Jugendlichen, Akademiker, Intellektuellen und qualifizierten Facharbeiter.

Der Beschluss zum Bau der Mauer erfolgte nach langen geheimen Beratungen in Gremien des Warschauer Paktes. Geleitet wurde die Aktion von Erich Honecker. Ulbricht legitimierte den Bau der Mauer als **„antifaschistischen und antiimperialistischen Schutzwall"**. In der Nacht vom 12. auf den 13. August 1961 sperrte die Nationale Volksarmee die Zonengrenze des Ostsektors mit Barrikaden und Stacheldrahtverhauen ab (M 33).

Deutschland nach 1945 5

Die Westmächte protestierten zwar gegen den Bruch der Verträge von 1944/45, nahmen den Bau der Mauer aber letztlich hin. Drei Tage später sperrte die DDR auch die innerdeutsche Grenze für Einwohner der DDR und Ostberlins vollständig ab. Die Mauer wurde als Grenze zur BRD ausgebaut und ließ die Flucht in den Westen zu einem lebensgefährlichen Unternehmen werden. Diese Abschließung beendete die Massenflucht. Zugleich beendete der Bau der Mauer das Experiment, den Sozialismus in einem Land mit offener Grenze aufzubauen. Die Mehrheit der Bevölkerung musste sich mit dem Regime und der Teilung in zwei deutsche Staaten abfinden.

Akzeptanz und Widerstand Während ein Teil der Ostdeutschen der DDR in den Fünfzigerjahren den Rücken kehrte und in Richtung Westen aufbrach, gab es viele Bürger, die dem SED-Staat loyal gegenüberstanden. Die Gründe waren zum einen der langsam, aber stetig wachsende Lebensstandard (M 31) und die Arbeitsplatzgarantie. Auch wurde das fehlende Leistungs- und Konkurrenzprinzip innerhalb des Systems als human empfunden. Die kostenlose ärztliche Versorgung wurde als wichtige soziale Errungenschaft betrachtet, auch wenn großen Teilen der Bevölkerung wichtige Medikamente vorenthalten wurden. Partei- und Staatsorgane sowie die Massenorganisationen (s. S. 362) boten darüber hinaus Möglichkeiten des sozialen Aufstiegs (M 39).

Das Schul- und Hochschulwesen wurde nach 1950 am Modell der Sowjetunion ausgerichtet, der Marxismus-Leninismus zur Grundlage von Unterricht und Studium gemacht, der russische Sprachunterricht obligatorisch eingeführt. Schon 1959/60 besuchten 65 % der Jugendlichen länger als acht Jahre die Schule. Der Akademisierungsgrad wuchs rasch; 1959/60 studierten über 20 % der jüngeren Jahrgänge an einer Universität oder Fachschule. Von 1950 bis 1970 stieg der Anteil der weiblichen Studenten von 21 % auf 35 %, in der Bundesrepublik dagegen lediglich von 21 % auf 26 %. Wer sich dem Wahrheits- und Machtmonopol der SED beugte, konnte in Frieden leben und es zu bescheidenem Wohlstand bringen. Aktiven Widerstand gegen den dogmatischen Führungsanspruch der SED und die Gleichschaltung leisteten vor allem einzelne Intellektuelle und die Kirchen (Junge Gemeinde); sie waren daher in besonderer Weise Gegenstand der Überwachung und Infiltration durch den Staatssicherheitsdienst. Der Widerstand der evangelischen Kirche richtete sich gegen den totalen Machtanspruch der SED, die Abschaffung des Religionsunterrichts an den Schulen, die Diskriminierung und Verfolgung der jungen Gemeinden und die sozialistische Jugendweihe, die als Konkurrenz zur Konfirmation angesehen wurde. Anfang 1953 verhaftete die „Stasi" etwa 50 Pfarrer, Diakone und Laien. Die Kirche blieb bis zum Ende der DDR die einzige gesellschaftliche Organisation, die nicht direkt von der SED beherrscht wurde.

M 34 Parteien und Wahlen in der DDR

Für die Wahlen in der DDR stellte entsprechend Art. 3 Abs. 1 der DDR-Verfassung der „Demokratische Block", in dem alle Parteien und Massenorganisationen zusammengeschlossen waren, eine Einheitsliste auf. Ein weiteres Indiz für die Bedeutung der Parteien im Blockparteiensystem ist deren Mitgliederzahl (Abkürzungen s. S. 333 und S. 362).

a) Mitglieder der Parteien in der DDR 1987 (in Personen)

SED	2 328 000
LDPD	104 000
NDPD	110 000
DBD	115 000
CDU	140 000

b) Wahlbeteiligung bei den Wahlen zur Volkskammer der DDR 1950–1986 (in Prozent)

1950	98,53
1954	98,51
1958	98,90
1963	99,25
1967	98,82
1971	98,48
1976	98,58
1981	99,21
1986	99,74

5 Deutschland nach 1945

c) Zusammensetzung der Volkskammer der DDR[1], 9. Wahlperiode, 1986–1990 (in Prozent)

SED	25,4
KB	4,2
FDGB	12,2
CDU	10,4
LDPD	10,4
NDPD	10,4
DBD	10,4
VdgB	2,8
DFD	6,4
FDJ	7,4

1 Die Zusammensetzung der Volkskammer blieb die längste Zeit in der DDR praktisch unverändert.

Alexander Fischer (Hg.), Ploetz. Die Deutsche Demokratische Republik. Daten, Fakten, Analysen, Ploetz, Freiburg u. a. 1988, S. 191f., 207 und 209; Hermann Weber, DDR. Grundriss der Geschichte 1945–1990, Fackelträger, Hannover 1991, S. 232

1 Vergleichen Sie anhand von M 34 a–c die Funktion von Parteien und Wahlen in der DDR.
2 Erklären Sie mithilfe der Darstellung (s. S. 362) Wesen und Funktion des Systems der Blockparteien in der DDR.

M 35 Sozialökonomische Struktur der Erwerbsbevölkerung in der DDR 1955–1985 (in Prozent)

	1955	1970	1985
Arbeiter und Angestellte (einschl. Lehrlinge)	78,4	84,5	89,2
Mitglieder von Produktionsgenossenschaften[1]	2,4	12,3	8,9
Komplementäre und Kommissionshändler[2]	–	0,5	0,3
Übrige Berufstätige[2] darunter:	19,3	2,8	1,6
Einzelbauern und private Gärtner	12,6	0,1	0,1
private Handwerker	3,9	1,7	1,2
private Groß- und Einzelhändler	1,8	0,3	0,1
Freiberuflich Tätige	0,4	0,2	0,1

1 einschl. Mitglieder von Rechtsanwaltskollegien
2 einschl. mithelfende Familienangehörige

Hermann Weber (Hg.), DDR, Oldenbourg, München 1986, S. 331; Gert Joachim Glaeßner, Am Ende der Klassengesellschaft? Sozialstruktur und Sozialstrukturforschung in der DDR, in: Aus Politik und Zeitgeschichte, Jg. 1988, B. 32, S. 32

1 Erläutern Sie den Begriff des „gesellschaftlichen Strukturwandels".
2 Skizzieren Sie anhand von M 35 den gesellschaftlichen Strukturwandel in der DDR zwischen den Fünfziger- und Achtzigerjahren. Berücksichtigen Sie auch M 37.
3 Vergleichen Sie diese Entwicklung mit der Entwicklung in der BRD (M 23 c).
4 Diskutieren Sie die Bezeichnung der DDR als „Arbeiter-und-Bauern-Staat" ausgehend von den Daten in M 35.

M 36 Der Rechtshistoriker Christoph Jestaedt über die Auflösung des Landes Sachsen im Jahre 1952 (1998)

[Das] „Gesetz über die weitere Demokratisierung des Aufbaus und der Arbeitsweise der staatlichen Organe in den Ländern der DDR vom 23. Juli 1952" […] fällt vor allem durch seine eingehende sozialistische Präambel auf, die zunächst zu Recht darauf hinweist, „dass das noch vom kaiserlichen Deutschland stammende System der administrativen Gliederung in Länder mit eigenen Landesregierungen sowie in große Kreise" nicht „die Lösung der neuen Aufgaben unseres Staates" gewährleiste. Mit der Beseitigung eines der zentralen, die Freiheit sichernden Verfassungsprinzipien der deutschen Geschichte, des Föderalismus, meinten die Einheitssozialisten „ihren Staat zu stärken, der eines der wichtigsten Instrumente des Aufbaus des Sozialismus in unserem Land" sei. Zu diesem Zweck mussten die Länder die Gebiete ihrer Kreise neu gliedern, und das hieß in der Umsetzung vorhandene Kreise teilen (§ 1), mehrere Kreise zu Bezirken zusammenfassen (§ 2), um nach dieser von oben verordneten „Selbstverstümmelung" durch § 3 und § 4 ihre Aufgaben genommen zu bekommen. § 5 bestimmte dann, dass die für die Haushalte der Länder im Staatshaushalt der DDR von 1952 bestätigten Einnahmen und Ausgaben vom Ministerrat der DDR auf die neuen Bezirke und Kreise umzulegen seien. Damit sollten die Länder nach ihrem letzten Beitrag sang- und klanglos in die Geschichte hinüberwechseln.
Bereits am 25. Juli 1952 trat der Sächsische Landtag unter seinem Präsidenten Otto Buchwitz (SED, vormals SPD) zu einer nur 80 Minuten dauernden Sitzung zusammen, in deren Verlauf das „Gesetz über die weitere Demokratisierung des Aufbaus und der Arbeits-

Deutschland nach 1945 5

weise der staatlichen Organe im Lande Sachsen" angenommen wurde. Der Landtag sanktionierte damit die Neugliederung in die Bezirke Chemnitz, Dresden und Leipzig, nahm die Aufteilung der Abgeordneten auf die drei Bezirkstage vor und bestätigte damit nicht nur das eigene Ende sondern besiegelte damit auch die Auflösung des Landes Sachsen – allerdings nicht für immer, wie Otto Buchwitz und Genossen in ihrer ideologisch bedingten Verblendung meinten.

Das sozialistische Einerlei, das bis 1989/90 an die Stelle des Landes Sachsen trat, ist kein Teil der sächsischen Verfassungs- und Verwaltungsgeschichte mehr, was den Vorteil mit sich bringt, dass Sachsen die totalitäre Rechtsordnung des SED-Unrechtsregimes ebenso wenig mitzuverantworten hat wie die des NS-Regimes. Gerade weil die Länder für die beiden totalitären politischen Bewegungen des 20. Jahrhunderts eigentlich immer nur im Wege standen und daher nur mit einem zeitlichen Aufschub für ihre Beseitigung rechnen konnten, haben sie in den Augen der Menschen eine Nähe zu Demokratie und Rechtsstaat gewonnen, die in dieser Form nicht selbstverständlich ist. Hier mag auch ein Grund dafür liegen, dass es nach der friedlichen Revolution geradezu einer Selbstverständlichkeit gleichkam, die 1952 liquidierten Länder wiederzubegründen. Es ist schon eine besondere Ironie der Geschichte, die die SED immer wieder zum Zeugen ihres Handelns aufgerufen hat, dass die Länder, die nach dem Willen der SED nur ein Durchgangsstadium in die Diktatur des Proletariats sein sollten, beim Abgang der nur zu ihrer eigenen Auflösung demokratisch legitimierten Republik wieder da waren, um diesem ungeliebten staatlichen Experiment der deutschen Geschichte ein „Auf Nimmerwiedersehn" nachzurufen.

Suzanne Drehwald/Christoph Jestaedt, Sachsen als Verfassungsstaat, Edition Leipzig. Sonderausgabe der Sächsischen Landeszentrale für politische Bildung, Leipzig 1998, S. 64f.

1 Untersuchungen Sie anhand von M 36 die Motive der SED a) für die Abschaffung der Länder 1952 und b) für die Gliederung der DDR in Bezirke. Berücksichtigen Sie dafür auch M 30.

2 Diskutieren Sie, ob und inwieweit die Sowjetisierung bzw. Stalinisierung von SED und DDR überhaupt mit der Existenz von Ländern mit eigenen Kompetenzen vereinbar war. Ziehen Sie dafür außer M 36 auch die Darstellung heran.

M 37 Anzahl und soziale Zuordnung der DDR-Flüchtlinge[1] 1949–1961

Jahr	Alter (Angaben in %)						Flüchtlinge[1] insgesamt (in Personen)	Verteilung nach Berufsgruppen 1957 (in Prozent)	
	bis 3	14–17	18–24	25–44	45–65	über 65			
1949	11,1	7,5	27,6	36,1	16,3	1,4	129 245	Pflanzenb./Tierwirtsch.	6,0
1950	10,7	7,7	23,4	38,8	17,9	1,5	197 788	Industrie u. Handwerk	23,6
1951	14,7	8,0	22,5	35,3	18,0	1,5	165 648	technische Berufe	2,1
1952	19,9	8,7	19,1	32,2	18,6	1,5	182 393	Handel und Verkehr	12,0
1953	22,7	11,8	14,2	30,0	18,8	2,5	331 390	Haushalts- und Gesund-	
1954	21,0	12,9	15,2	29,4	17,2	4,3	184 198	heitsdienst/Körperpflege	5,2
1955	17,4	9,6	25,5	27,0	16,5	4,0	252 870	Verwaltung und Recht	3,3
1956	17,5	9,4	22,1	27,4	18,9	4,7	279 189	Geistes- und Kulturleben	1,4
1957	16,5	9,2	26,5	26,2	16,7	4,9	261 622	unbestimmte Berufe	11,0
1958	17,3	8,1	22,7	25,2	20,5	6,2	204 092	**Erwerbstätige**	**64,6**
1959	15,5	7,0	25,8	21,8	20,6	9,4	143 917	Pensionäre/Rentner	5,8
1960	17,4	5,7	25,6	23,4	20,7	7,1	199 188	Hausfrauen	10,0
1961	17,3	5,2	26,6	23,8	19,6	7,3	207 026	Kinder und Schüler	18,9
Anteil an der Bevölkerung der DDR 1957 (17,7 Mio.):								Studenten	0,7
	19,1	6,5	10,9	21,7	28,6	13,2		**Nicht-Erwerbstätige**	**35,4**

1 Zahl der Zuwanderer, die das Notaufnahmeverfahren durchlaufen haben

Helge Heidemeyer, Flucht und Zuwanderung aus der SBZ/DDR, Droste, Düsseldorf 1994, S. 51 f.

5 Deutschland nach 1945

M38 Der 17. Juni 1953

a) Die Ereignisse des 17. Juni 1953 in dem DDR-Schulbuch „Lehrbuch für Geschichte der 10. Klasse der Oberschule, Berlin 1960"

Das Beispiel des friedliebenden sozialistischen Aufbaus strahlte immer mehr auf Westdeutschland aus, und die Anfangsschwierigkeiten sowie einige Mängel und Fehler beim Aufbau des Sozialismus wurden überwunden. Die reaktionären Kräfte erkannten, dass die Einheit zwischen der Partei der Arbeiterklasse, der Staatsmacht und den breiten Massen des Volkes sich immer enger gestaltete und dass damit ihre Absichten zur „Aufrollung" der Deutschen Demokratischen Republik immer aussichtsloser wurden. In dieser Situation versuchten sie am 17. Juni 1953 einen faschistischen Putsch anzuzetteln, der die Arbeiter- und Bauern-Macht stürzen sollte.

Rowdys aus halbfaschistischen Organisationen, arbeitsscheue und kriminelle Elemente wurden von den Westsektoren her in den demokratischen Teil Berlins eingeschleust. Die Leitung lag in Händen des amerikanischen Geheimdienstes und Bonner Regierungsstellen.

Der Putsch wurde von unseren Staatsorganen gemeinsam mit den klassenbewussten Werktätigen niedergeschlagen. Die in der Deutschen Demokratischen Republik stationierten Streitkräfte der UdSSR verhinderten, dass es zu einem militärischen Überfall auf unseren Staat und damit zum Beginn eines neuen Krieges in Europa kam. [...] In geradezu erschreckendem Ausmaß zeigte sich in den letzten Jahren die Durchdringung des gesamten Staatsapparates [der Bundesrepublik] [...] mit ehemaligen aktiven Nazis. In die Bundesregierung kamen ehemalige Nazis, wie Innenminister Schröder und die Minister Oberländer und Seebohm. Von über 70 Botschaften und Gesandtschaften des Bonner Staates werden 54 von Nazidiplomaten geleitet. Zwei Drittel aller westzonalen Richter und Staatsanwälte sind aktive Nazis gewesen. Darunter befinden sich auch etwa 1000 „Blutrichter", die in der Zeit des Faschismus an Sondergerichten oder als Wehrmachtsrichter zahlreiche Todesurteile gegen Widerstandskämpfer, ausländische Zwangsarbeiter oder Kriegsgegner verhängt haben. Der Bonner Staat beschäftigte 1956 über 180000 Beamte und Angestellte, die sich schon während der faschistischen Zeit als ergebene Lakaien des deutschen Imperialismus und Militarismus erwiesen hatten. Am deutlichsten drückte sich der neofaschistische Geist des westdeutschen Staates in seiner Revanchepolitik gegenüber den Nachbarstaaten Deutschlands aus.

Hermann Langer, Der „Bonner Staat" – ein „militaristisch-klerikales Regime", in: Praxis Geschichte 6/1996, S. 51

b) Bertolt Brecht, „Die Lösung" (1953)

Nach dem Aufstand des 17. Juni
Ließ der Sekretär des Schriftstellerverbandes
In der Stalinallee Flugblätter verteilen,
Auf denen zu lesen war, daß das Volk
Das Vertrauen der Regierung verscherzt habe
Und es nur durch verdoppelte Arbeit
Zurückerobern könne. Wäre es da
Nicht einfacher, die Regierung
Löste das Volk auf und
Wählte ein anderes?

Bertolt Brecht, Gesammelte Werke 10, Suhrkamp, Frankfurt/Main 1967, S. 1009f.

c) Der Historiker Hermann Weber über die Ausbreitung der Protestbewegung in der DDR (1999)

Mit dem Streik der Bauarbeiter in der Berliner Stalinallee entwickelte sich der Aufstand in der ganzen DDR, es kam zu Proteststreiks und Demonstrationen. Es waren vor allem die wichtigen Zentren, in denen gestreikt wurde: außer in Ost-Berlin im mitteldeutschen Industriegebiet sowie im Raum Magdeburg, in Jena, Gera, Brandenburg und Görlitz. Das Rückgrat der Revolution bildeten die diszipliniert aufmarschierenden Arbeiter der Großbetriebe (Leuna, Buna, Wolfen, Hennigsdorf). Außer Zusammenstößen zwischen Demonstranten und Polizei gab es auch Einzelaktionen und erregte Ausschreitungen.

In vielen Orten der DDR fanden am 18. Juni weitere Demonstrationen statt. Im Bezirk Halle-Merseburg (Hochburg der KPD in der Weimarer Republik) und in Magdeburg (einer früheren SPD-Hochburg) übernahmen Streikkomitees der Arbeiter zeitweise die Macht. Sie befreiten Gefangene und formulierten die Aufstandsziele.

Begonnen hatten die Streiks und Demonstrationen mit wirtschaftlichen Forderungen, doch haben sofort politische Parolen den Aufstand bestimmt: der Ruf nach freien Wahlen und dem Ende der Diktatur. Der Aufstand vom 17. Juni widerlegte die Legende, die DDR sei ein „Arbeiterstaat". Denn es waren gerade die Arbeiter, die diese SED-Diktatur, die sich mit den Begriffen „Sozialismus" und „Arbeiterstaat" tarnte, zerschlagen wollten.

Inzwischen ist der ganze Umfang des Juni-Aufstandes in der DDR bekannt. In etwa 600 Betrieben kam es zu Streiks, an denen sich eine halbe Million Beschäftigte beteiligten. „Vor allem in den Städten der industriellen Ballungsräume entfaltete der Aufstand seine größte Kraft." Es gab in über 560 Orten Demonstrationen, Kundgebungen, Streiks, Gewalttätigkeiten gegen offizielle Personen oder Einrichtungen. Der Aufstand hatte „tatsächlich das gesamte Land, und zwar in weitaus stärkerem Maße als bisher angenommen, erfasst".

Hermann Weber, Geschichte der DDR, dtv, München 1999, S. 165

d) Zeitzeugen erinnern sich im Jahre 2003 an den 17. Juni 1953

Frank R. Müller, Lehrling, Dresden

Mein jüngerer Bruder machte mich am Nachmittag des 17. Juni darauf aufmerksam, dass in der Stadt Außergewöhnliches passiere. Als Mitglied einer re-
5 gimekritischen Familie wurde ich hellwach, als er versuchte, mir Näheres zu erläutern, und begab mich ins nahegelegene Stadtzentrum. In einer großen Menschenansammlung kamen Demonstrationszüge verschiedener Dresdner Großbetriebe auf dem Postplatz
10 an, und ich kann mich noch an Spruchbänder erinnern: „Wir Sachsenwerker fordern die Rücknahme der Normerhöhung" und „Nieder mit der Regierung Ulbricht". Der Postplatz und die benachbarten Straßen und Plätze waren derartig mit Menschen überfüllt,
15 dass man sich kaum bewegen konnte. Ich kann mich noch an einen uniformierten Volkspolizisten erinnern, der neben mir versuchte, sich aus der Menschenmenge herauszudrängen, was ihm aber nicht gelang. Er wurde nicht angegriffen, hatte aber sichtlich große
20 Angst davor. Einzelne Demonstranten versuchten, sich Gehör zu verschaffen und zu reden, aber erst als es gelang, die Lautsprecheranlage der Verkehrsbetriebe in der „Käseglocke", einem jetzt noch existierenden Pavillon auf dem Postplatz, zu benutzen, kam es zu
25 regimekritischen Reden. Gegenüber dem Fernmeldeamt befand sich damals ein hoher Trümmerhaufen, auf dem stand ich mit anderen Demonstranten, und wir bewarfen blau uniformierte Ordnungskräfte (KVP?)[1] mit Trümmerbrocken, auch ich habe mich be-
30 teiligt. Ein Höhepunkt ergab sich, als Demonstranten erwähntes Fernmeldeamt erstürmten, und die großen Spruchbänder mit politischen Losungen, die sich am Haus befanden, lösten und herab warfen.
Später war ich bis zum Pirnaischen Platz geeilt, etwa
35 gegen 18 Uhr, als ich eine von einer Menschengruppe eingeschlossene sowjetische Militärstreife, bestehend aus drei Soldaten auf einem Beiwagenkrad sah, die sich in heftigen Rededuellen mit Demonstranten befanden. Plötzlich griff ein Jugendlicher einen der Sol-
40 daten tätlich an, worauf dieser mit seiner MP Schüsse abgab. Ich stand so nah, dass ich eine kurze Zeit taub durch die Schüsse wurde. Der Jugendliche lief davon und ich glaube nicht, dass er getroffen wurde; sicher waren es auch nur Warnschüsse.

Manfred Schulze, Modelltischler-Lehrling, am 17. Juni in 45
der Berufsschule, Dresden

Kurz vor Unterrichtsbeginn kam ein Mitschüler, der in Dresden-Reick wohnte, in die Klasse gestürmt und schrie: „Jungs, die ‚Gardine' streikt". Im Klartext heißt das, dass die damalige Gardinen- und Spitzenmanufak- 50
tur – damals auch schon VEB geworden, wo fast 100 % Frauen arbeiteten – auf die Straße gegangen war, um gegen die neuen Leistungslöhne zu protestieren. Also um es den Bauarbeitern von der Stalinallee in Berlin gleich zu tun. Das versetzte uns natürlich in helle Auf- 55
regung. [...] Es dauerte nicht lange und es erschien ein Fachlehrer, der uns die Anweisung gab, schnellstens mit der Straßenbahn nach Hause zu fahren und nicht auf die Idee zu kommen, in die Innenstadt zum Postplatz zu gehen. Das hätte er lieber nicht sagen sollen, 60
denn das war ein Signal für uns, da müssen wir hin.
Als wir am späten Vormittag am Postplatz ankamen, waren schon die „Sachsenwerker", ein großer Elektromotorenbetrieb und andere große Betriebe, in einem Demonstrationszug angekommen. Nun war am Post- 65
platz, unmittelbar am Zwinger, ein mit Blumen bepflanztes Rundteil, in dem ein Stahlgerüst aufgestellt war, was ein übergroßes Bildnis mit dem Kopf von Stalin trug. An diesem Gerüst kletterten gerade auf jeder Seite drei Demonstranten nach oben. Oben angekom- 70
men, schrieen sie „soll der runter?". Ein lautstarkes „ja!" war die Antwort. Daraufhin schwebte Stalin unsanft zu Boden. Und schon trampelten, so viele wie Platz hatten, auf dem alten „Josef" herum. Bis dahin war alles ruhig verlaufen. Den Genossen, die vergessen 75
hatten, ihre Parteiabzeichen von den Revers zu nehmen, wurden sie manchmal auch mit Revers abgenommen und dem Straßenstaub übereignet. Von Polizei war bis dahin nichts zu bemerken. Das alles spielte sich so in einem Zeitraum von 2 Stunden ab, als 80
plötzlich von Ferne Panzerketten zu hören waren. Und nach kurzer Zeit tauchten auch die ersten russischen T34[2] auf. Das war für uns das Signal, schnellstens abzuhauen. Ich bin dann irgendwie noch mit der Straßenbahn nach Hause gekommen. 85
Es wurde ja dann der Ausnahmezustand ausgerufen, was bedeutete, dass nicht mehr als 3 Personen zusammenstehen durften. Damals war unser Ort noch nicht nach Dresden eingemeindet. Vielleicht war so zu erklären, dass bis zum Abend sehr viele Leute am Gasthof 90
zusammenstanden, obwohl ständig die Einheiten der KVP aus Arnsdorf vorbeifuhren.
Mir ist nicht bekannt, dass in Dresden Schusswaffen eingesetzt wurden, aber es kam zu Verhaftungen.

Käthe Miercke, SED-Aktivistin, Berlin 95

Ich fühlte mich wie innerlich ausgehöhlt, vor allem aber beunruhigt wegen der Verletzlichkeit unseres jun-

5 Deutschland nach 1945

gen Staates, für dessen Aufbau ich mich mit all meinen Kräften einsetzte. Es stimmt wirklich, dass unpopuläre und schädliche Maßnahmen der Regierung Tage vor dem 17. Juni zurück genommen worden waren und dass nun ein „Weicher Kurs" das Leben bestimmen sollten. Rundfunk und Presse hatten ausführlich darüber berichtet.

Was am 17. Juni 1953 geschah, war kein Volksaufstand, es war der Beginn des „Tages X", lange vorausgesagt und lange geplant. Es war ja in keinem Land so leicht, ein solches Spektakel zu inszenieren, zumal es – wie schon geschrieben – berechtigte Verärgerung in einigen Kreisen der Bevölkerung gab.

Peter Lange u. Sabine Roß (Hg.), 17. Juni 1953 – Zeitzeugen berichten. Protokoll eines Aufstands, Lit Verlag, Münster 2004, S. 153–155, 415

1 Kasernierte Volkspolizei
2 Russische Panzer

1 Skizzieren Sie die offizielle Darstellung der DDR über die Ereignisse des 17. Juni 1953 (M 38 a).
2 Vergleichen Sie M 38 a mit der Darstellung in diesem Schulbuch (s. S. 365 f.) und diskutieren Sie über die unterschiedlichen Funktionen des Geschichtsunterrichts in der ehemaligen DDR und der BRD.
3 Arbeiten Sie mithilfe von M 38 c und 38 d heraus, wie der 17. Juni 1953 in der gesamten DDR verlief, welche Gruppen sich an der Protestbewegung beteiligten und welche Ziele diese verfolgte.
4 Erörtern Sie anhand der Zeitzeugenberichte M 38 d und des Bildes M 38 e die Handlungsspielräume der Protestbewegung bzw. die Machtverhältnisse in der DDR.
5 Brecht schrieb am 20. August 1953 in seinem Arbeitsjournal über den 17. Juni: „Der 17. Juni hat die ganze Existenz verfremdet. In aller ihrer Richtungslosigkeit und jämmerlicher Hilflosigkeit zeigen die Demonstrationen der Arbeiterschaft immer noch, dass hier die aufsteigende Klasse ist. Nicht die Kleinbürger handeln, sondern die Arbeiter. Ihre Losungen sind verworren und kraftlos, eingeschleust durch den Klassenfeind, und es zeigt sich keinerlei Kraft der Organisation, es entstehen keine Räte, es formt sich kein Plan. Und doch hatten wir hier die Klasse vor uns, in ihrem depraviertesten Zustand, aber die Klasse." Vergleichen Sie die Position mit der Haltung im Gedicht und beziehen Sie Stellung.

e) Mit dem Knüppel gegen einen sowjetischen Panzer – der 17. Juni 1953 unmittelbar an der Berliner Sektorengrenze, Fotografie

Deutschland nach 1945 — 5

M 39 Wirtschaftsentwicklung und Alltagserfahrungen in der DDR der Fünfzigerjahre

a) Die Historikerin Ina Merkel schreibt 1994:
Seit Ende der Vierzigerjahre lässt sich eine allmähliche Verbesserung der Lebenssituation konstatieren. Sie betraf vor allem die Ernährungs- und Versorgungslage und die Wohnraumsituation. […] Die scheinbar unpolitischen Bilder aus dem ostdeutschen Familienleben verstehen sich als Illustrationen des erreichten sozialen Fortschritts. Es sind zugleich auch Propagandamittel im Kampf um das bessere soziale System. […] In dem Ende der Fünfzigerjahre propagierten Slogan „Chemie gibt Brot, Wohlstand und Schönheit" kommt ein verändertes Konsumkonzept zum Vorschein. Es beginnt der Wettlauf mit der BRD um das bessere Auto, den billigeren Kühlschrank und den moderneren Fernseher. […] Eine Generation, die in ihrer Kindheit nur Hunger und Entbehrung kennen gelernt hat und die jetzt endlich leben will. Der Lebensstil dieser zweiten Aufbaugeneration, der FDJ-Generation, wie ich sie zur Unterscheidung nennen will, war geprägt vom sozialen Aufstieg. Arbeiter- und Bauernkinder, darunter fast die Hälfte Frauen, erfuhren von diesem ersten deutschen Arbeiter-und-Bauern-Staat alle Förderung, die ihm möglich war. Stipendien, verbilligtes Mensaessen, Wohnheimplätze und Bücher. Sie lernten und studierten an den Hochschulen und Universitäten nach bildungsbürgerlichen Idealen und Maßstäben. Zugleich sollten sie der Klasse verbunden bleiben, der sie entstammten. Keine andere soziale Gruppe stand unter derartigem sozialem und ideologischem Druck wie die neue Intelligenz. Sie musste sich des Aufstiegs als würdig erweisen und wurde dabei schlechter bezahlt als die einfachen Produktionsarbeiter. […] Zugleich begann die Auseinandersetzung mit der Elterngeneration. Und sie führte sie weniger auf dem Felde der Politik, wie die 68er in Westdeutschland, sondern auf dem Felde der Lebensweise. Die erste FDJ-Generation kämpfte gegen den „kleinbürgerlichen Muff und Mief". Sie wollte ein neues und modernes Leben beginnen. Sie befreite sich von altväterlichen Erziehungsvorstellungen und von traditionellen Geschlechterstereotypen. Sie propagierte die Gleichberechtigung in der Ehe, sie war für die Berufstätigkeit der Frau und für geteilte Hausarbeit. […] Und so erlebte auch die DDR Ende der Fünfzigerjahre eine Modernisierung des Alltagslebens, allerdings in den ihr möglichen einfachen Standards. Es war eben eine Moderne der kleinen Leute, geprägt von der Gemeinschaftlichkeit des Aufstiegs. […]

b) „Gleiche Leistung – gleicher Lohn", Plakat der SED, 1954

Die propagandistische Leitlinie jener Jahre war klar gezeichnet: Die moderne Frau, das ist die berufstätige Frau. Die Arbeitstätigkeit von Frauen wurde zum dominierenden Bildmotiv vor allem in Frauenzeitschriften.

Ina Merkel, Leitbilder und Lebensweisen von Frauen in der DDR, in: Hartmut Kaelble u. a. (Hg.), Sozialgeschichte der DDR, Klett, Stuttgart 1994, S. 365–367.

1 Untersuchen Sie in M 39, worauf sich die Loyalität vieler Bürger zum SED-Staat begründete.
2 Vergleichen Sie anhand von M 39, M 31 und der Darstellung S. 362 ff. das Alltagsleben in der DDR der Fünfzigerjahre mit dem Alltagsleben in der Bundesrepublik (s. M 22, M 25 und die Darstellung S. 354 ff.).

Methode

Fotografien interpretieren: Ausbesserungsarbeiten nach einem Sprengstoffanschlag auf die Berliner Mauer am 26. Mai 1962

„Es ist fotografiert worden, also existiert es!" – inwieweit kann der Historiker dieser plakativen Äußerung des bedeutenden österreichischen Fotografen Karl Pawlek zustimmen? Sicherlich dokumentiert jedes Foto Wirklichkeit. Was nicht existiert, kann auch nicht fotografiert werden. Aber gibt die Fotografie die Wirklichkeit direkt bzw. objektiv wieder? Das darf bezweifelt werden: Denn der Fotograf bestimmt nicht nur das Motiv, sondern auch die Perspektive, aus der er fotografiert. Dennoch sind Fotografien wichtige Quellen für die Geschichtsforschung, weil sie vergangene Ereignisse im Bild festhalten, diese dadurch für die Nachwelt bewahren und jederzeit wieder anschaulich machen können. Fotografen haben die politische Geschichte der letzten hundert Jahre nicht nur illustrierend und interpretierend begleitet, sondern ihre Fotos auch für Propagandazwecke gemacht.

Bei der Interpretation von Fotografien muss der Historiker daher, wie bei jeder anderen Quelle auch, die Methoden der Quellenkritik beachten. Mit besonderer Aufmerksamkeit muss dabei die Seriosität der Quelle überprüft werden: Wann und wo ist die Fotografie entstanden? Wer hat das Foto gemacht und weiterverbreitet?

Die Fotografie (M40) auf S. 375 verdeutlicht, wie wichtig es ist, dass man den historischen Hintergrund eines Bildes kennt. Das Foto dokumentiert nicht den Mauerbau am 13. August 1961, wie man zunächst vermuten könnte; vielmehr entstand es am 26. Mai 1962 und zeigt Ausbesserungsarbeiten nach einem Sprengstoffanschlag auf die Berliner Mauer in Ostberlin. Dazu schreibt die Fotoagentur: „Unter der Bewachung von sowjetischen Grenzpolizisten beseitigen Bauarbeiter am 26.5.1962 die Sprengstoffschäden an der Berliner Mauer in der Bernauer Straße/Ecke Schwedter Straße. Eine Explosion kurz nach Mitternacht hatte ein zwei Meter breites Loch in die Mauer gerissen. Zwei Minuten zuvor hatte sich bereits eine ähnliche Detonation am Gleimtunnel im Sowjetsektor ereignet. Eine dritte Explosion hörten Westberliner Grenzposten etwa eine Stunde später aus der Gegend hinter dem Weddinger Bahngelände zwischen Bernauer Straße und Gleimstaße. Über mögliche Schäden wurde nichts bekannt."

Arbeitsschritte für die Interpretation

1. Formale Merkmale
- Wer ist der Fotograf bzw. der Auftraggeber?
- Wann ist die Fotografie entstanden?
- Wann, wo und von wem ist das Foto veröffentlicht worden?
- Für welche(n) Adressaten ist das Foto gemacht worden?
- Welche Bedeutung bzw. welche Funktion besitzt das Foto (Gebrauchs- oder professionelle Fotografie, z. B. von Fotoreportern, Modefotografen, Amateurfotografie, eigenständiges Kunstwerk)?

2. Bildinhalt
- Was wird auf dem Foto gezeigt?
- Welche inhaltlichen Schwerpunkte werden in den Vordergrund gerückt?
- Welchen Bildausschnitt und welchen Blickwinkel hat der Fotograf bestimmt?
- Wie hat der Fotograf das Objekt zur Geltung gebracht (Nähe oder Ferne bzw. Dehnung oder Stauchung des Objektes)?
- Welche Retuschierung hat der Fotograf möglicherweise vorgenommen?

3. Historischer Kontext
- Auf welches Ereignis bzw. auf welche historische Epoche bezieht sich das Foto?
- Auf welchen Konflikt spielt das Foto an?

4. Aussageabsicht
- Welche Absicht verfolgte der Fotograf bzw. sein Auftraggeber?
- Welche mögliche Wirkung sollte (bei dem zeitgenössischen Betrachter) von dem Foto ausgehen?

5. Fazit
- Welche Gesamtaussage lässt sich formulieren?

Methode

M40 Arbeiten an der Berliner Mauer, 26. Mai 1962, Fotografie

1 Interpretieren Sie M 40 anhand der skizzierten Arbeitsschritte.

Lösungshinweise

1. Formale Merkmale
- Fotograf/Auftraggeber: unbekannt
- Zeitpunkt der Aufnahme: 26.5.1962, nach Sprengstoffanschlägen auf die Berliner Mauer
- Umstände der Veröffentlichung (wann, wo, von wem): unbekannt
- Frage nach Adressaten: nicht zu beantworten, da Entstehung des Fotos unbekannt
- Bedeutung/Funktion des Fotos: Pressefoto, dpa

2. Bildinhalt
- Beschreibung des Bildinhaltes: Zwei Maurer, die Mauer hochziehen; ein Soldat mit Gewehr im Anschlag steht hinter ihnen; Stacheldraht, etliche spanische Reiter und ein Straßenschild mit der Aufschrift „Bernauer Straße".
- Bild ist im Vordergrund zweigeteilt: links die hochaufragende fertige Mauer, rechts die vom Soldaten bewachten Maurer bei der Arbeit.
- Bildausschnitt ist so gewählt, dass Straßenschild die Authentizität des Geschehens absichert, Bild gilt damit als „wahr".
- Fotograf steht leicht erhöht, Draufsicht gewährt Überblick.
- keine Anzeichen für Retusche

3. Historischer Kontext
- Foto zeigt Ausbesserungsarbeiten an der Berliner Mauer nach einem Sprengstoffanschlag, ein dreiviertel Jahr nach dem Mauerbau.

4. Aussageabsicht
- Es gibt gewaltsamen Widerstand gegen den Mauerbau in der DDR; die Schutzmacht Sowjetunion befürwortet den Mauerbau, ja sichert den Wiederaufbau ab.
- Foto soll bei dem westdeutschen Betrachter Wut auf das SED-Regime und deren Schutzmacht Sowjetunion auslösen, evtl. Mitleid mit den DDR-Bewohnern.

5. Fazit
- Das Foto dokumentiert die Unmenschlichkeit und mangelhafte Legitimation des SED-Staates.

5 Deutschland nach 1945

3 Grundzüge der Entwicklung und Herausforderungen im geteilten Deutschland (1961–1989)

3.1 Krise und Protest: Die Bundesrepublik 1961–1969

Das Ende der „Ära Adenauer"

Der Machtverfall der seit 1957 allein regierenden CDU/CSU begann eigentlich schon mit der „Präsidentschaftskrise" des Jahres 1959. Konrad Adenauer hatte als amtierender Bundeskanzler erklärt, er wolle Nachfolger des ersten Bundespräsidenten Theodor Heuss werden. Als sich dann abzeichnete, dass die CDU/CSU den populären Wirtschaftsminister Ludwig Erhard zum Bundeskanzler wählen würde, sprach Adenauer diesem öffentlich die Qualifikation zum Regierungschef ab und zog seine Präsidentschaftskandidatur zurück. Er beschädigte damit nicht nur Erhards Ansehen, sondern auch sein eigenes und das des Präsidentenamtes. Zum Bundespräsidenten wurde im Juli 1959 der Landwirtschaftsminister Heinrich Lübke (1894–1972; CDU) gewählt. Adenauers Reaktion auf den **Bau der Berliner Mauer** im August 1961 beschleunigte den Autoritätsverfall des Kanzlers. Es erbitterte nämlich viele Deutsche, dass Adenauer scheinbar ungerührt seinen Wahlkampf mit heftigen Angriffen gegen Willy Brandt (1913–1992), den Kanzlerkandidaten der SPD und Regierenden Bürgermeister von Berlin, fortsetzte und erst am 22. August Berlin besuchte. Die **„Spiegel"-Affäre** von 1962 mündete sogar in eine ernsthafte Regierungskrise: Nach einem kritischen Bericht des Nachrichtenmagazins über ein NATO-Manöver wurden auf Veranlassung des Verteidigungsministers Franz Josef Strauß (1915–1988) die Redaktionsräume des „Spiegel" besetzt und der Herausgeber Rudolf Augstein sowie mehrere Redakteure wegen des Verdachts auf Landesverrat verhaftet. Der Koalitionspartner FDP, auf den die CDU seit den Bundestagswahlen von 1961 wieder angewiesen war, sah darin eine Verletzung von Grundrechten und zog ihre Minister aus dem Kabinett zurück. Adenauer konnte die Krise nur dadurch überwinden, dass er Strauß zum Rücktritt drängte und einen raschen Wechsel im Kanzleramt ankündigte.

Die Regierung Erhard

1963–1966 folgte die kurze und glücklose Kanzlerschaft Ludwig Erhards, die überschattet war von der ersten **Wirtschaftsrezession** in der Geschichte der Bundesrepublik (s. S. 358, M 23 a). Mit der Rezession und dem sie begleitenden Anstieg der Arbeitslosenzahlen traten die Versäumnisse der „Aufbaujahre" seit 1949, die bisher nur von Minderheiten diskutiert wurden, ins Bewusstsein breiter Schichten der Bevölkerung: die Vernachlässigung der personellen und sozialen Infrastruktur, besonders des Bildungswesens; die ungleiche Verteilung der Früchte des „Wirtschaftswunders"; die Perspektivlosigkeit der Deutschland- und Ostpolitik; die Defizite in der politischen Beteiligung der Bürger; das Fortwirken autoritärer Verhaltensweisen und der Mangel an Kritik. Die Mitte der Sechzigerjahre bildete aber nicht nur wirtschafts- und mentalitätsgeschichtlich, sondern auch für die politische Entwicklung einen wichtigen Einschnitt in der westdeutschen Nachkriegsgeschichte: 1966 endete – mit dem Eintritt der SPD in die so genannte Große Koalition mit der CDU/CSU – die Führungsrolle der Unionsparteien auf Bundesebene.

Große Koalition und Notstandsgesetze

Die neue Regierung mit Kurt-Georg Kiesinger (1904–1988; CDU) als Bundeskanzler und Willy Brandt (SPD) als Außenminister war ausdrücklich eine Koalition auf Zeit. Sie sollte die Wirtschaftsrezession und den politischen „Reformstau" überwinden, die Notstandsgesetze verabschieden, auch dem erneut **aufflackernden Rechtsradikalismus** das Wasser abgraben, wenn nötig, durch die Einführung des Mehrheitswahlrechts. Während der Wirtschaftsrezession hatte die neu gegründete NPD 1966 bei den Landtagswahlen in Hessen und Bayern mit 7,9 bzw. 7,4 % spektakuläre Wahlerfolge erzielt. Würde sich die Geschichte der Weimarer Republik wiederholen? War die Bundesrepublik nur eine „Schönwetterdemokratie"? Das fragten sich besorgt viele Bürger.

Die Wirtschaftskrise konnte bald mithilfe einer antizyklischen Wirtschaftspolitik überwunden werden, die auf den Lehren des englischen Ökonomen John Maynard Keynes beruhte und von dem

Deutschland nach 1945 5

M41 Demonstration gegen die Notstandsgesetze, Anfang 1968, Fotografie

1 Arbeiten Sie mithilfe von M41, M42b und der Darstellung heraus, von wem der Protest gegen die Notstandsgesetze der Bundesrepublik getragen wurde.

populären Wirtschaftsminister Karl Schiller (1911–1995; SPD) durchgesetzt wurde. Statt den Markt „dem freien Spiel der Kräfte" zu überlassen, plädierte Schiller für eine staatliche Globalsteuerung der Wirtschaft, deren Ziele er gemeinsam mit Franz-Josef Strauß im Stabilitätsgesetz von 1967 umriss. Sie sind als das „magische Viereck" bekannt geworden: Preisstabilität, außenwirtschaftliches Gleichgewicht, gleichmäßiges Wirtschaftswachstum und hoher Beschäftigungsstand. Grundlegend für die antizyklische Konjunkturpolitik war, dass der Staat in Zeiten der Rezession durch Investitions- und Arbeitsbeschaffungsprogramme sowie durch Steuersenkungen die Wirtschaft ankurbelte; die dafür notwendigen Mittel sollten in Zeiten der Hochkonjunktur angespart werden. Ab 1968 stieg die Wachstumskurve der Wirtschaft wieder steil an, die Arbeitslosenquote sank bis 1970 auf 0,7 % (s. S. 358, M 23 a, b).

Bei den Notstandsgesetzen ging es vor allem um die Ablösung noch bestehender Souveränitätsrechte der ehemaligen Besatzungsmächte (M41, M42a). Relativ unumstritten war, dass die Bundesrepublik Verfassungsregelungen für den „äußeren Spannungsfall" brauchte, umstritten waren hingegen besonders in der SPD die Notstandsregelungen für „innere Unruhen". Viele Bürger hatten Angst vor einem schleichenden Übergang in die Diktatur, die Gewerkschaften vor einem Einsatz von Polizei und Bundeswehr bei Streiks (M42b). Nach langen Auseinandersetzungen verabschiedete der Bundestag im Mai 1968 schließlich die Notstandsgesetze (M42c), nachdem in Artikel 9 des Grundgesetzes die Geltung von Notstandsregelungen für Arbeitskämpfe ausgeschlossen und in Artikel 20 Absatz 4 ein Widerstandsrecht der Bürger gegen eine missbräuchliche Anwendung der Notstandsgesetze eingeführt wurde.

Die neue Außenpolitik kam allerdings nur zögernd voran. Die „Hallstein-Doktrin" (s. S. 352) wurde 1967 mit der Aufnahme diplomatischer Beziehungen zu Rumänien zwar faktisch außer Kraft gesetzt und mit einem Brief des Bundeskanzlers an die DDR-Führung auch der innerdeutsche Kontakt gesucht. Gegen diese Politik gab es in der CDU/CSU aber massiven Widerstand. Überdies

5 Deutschland nach 1945

verschlechterte sich nach dem Einmarsch der Sowjetunion in die Tschechoslowakei im August 1968 das Klima für die Entspannungspolitik. Vor allem aber mauerten nun die DDR und ihre Verbündeten. In einer Art umgekehrter „Hallstein-Doktrin" wollten sie erst nach einer völkerrechtlichen Anerkennung der DDR verhandeln oder diplomatische Beziehungen zur Bundesrepublik aufnehmen. Die Befürworter der Entspannungspolitik in der Bundesrepublik waren jedoch nicht bereit, diesen Preis zu entrichten.

Die Einführung des angestrebten Mehrheitswahlrechts lehnte der SPD-Parteitag 1968 ab. Die Delegierten befürchteten, das Mehrheitswahlrecht werde die CDU/CSU begünstigen; außerdem verstoße es gegen die deutsche Verfassungstradition. Die CDU/CSU reagierte aufgebracht, das Ende der Gemeinsamkeiten der ungleichen Koalitionspartner deutete sich an.

Die „außerparlamentarische Opposition" (APO)

Die „außerparlamentarische Opposition" entstand in den frühen Sechzigerjahren und entwickelte sich in der Zeit der Großen Koalition zu einer Massenbewegung. Ihre sozialen Träger waren Intellektuelle, auch Gewerkschafter, vor allem jedoch Studenten und Studentinnen. Ein organisatorisches Zentrum gab es nicht; die APO bestand aus vielen kleinen Gruppen mit unterschiedlichen Zielen. Sie protestierten gegen rückständige Bildungspolitik, Notstandsgesetze (M41) und das Verdrängen der NS-Vergangenheit, kritisierten die Vietnampolitik der USA, entdeckten erschreckt das Nord-Süd-Problem und solidarisierten sich mit Befreiungsbewegungen in der Dritten Welt, verurteilten das Konsum- und Wohlstandsdenken der Älteren ebenso wie deren Antikommunismus und forderten mehr gesellschaftliche Gleichheit. Vor allem aber war man „antiautoritär". Die Studierenden lasen außer Karl Marx und Sigmund Freud die Schriften von Wissenschaftlern und Schriftstellern, die 1933 Deutschland hatten verlassen müssen. Das sowjetische Modell des Kommunismus befürworteten die wenigsten, reformsozialistische Vorstellungen faszinierten dagegen viele.

In mancher Hinsicht war es ein normaler Generationenkonflikt wie die gleichzeitigen Studentenbewegungen in Frankreich und den USA, von denen die deutschen Studierenden neue Protestformen wie Go-ins oder Sit-ins übernahmen. In Deutschland war es jedoch mehr. Zumindest die Kritik an Schulen und Hochschulen und die Demonstrationen gegen die Notstandsgesetze vereinten viele Bürger und Studierende. Das intellektuelle Klima veränderte sich, politisches Interesse und politische Beteiligung besonders der Jüngeren stiegen. Viele Bürger waren aber auch entsetzt über die Protestbewegung und sahen das Ende von Gesetz und Ordnung gekommen. Die konservative Massenpresse, an ihrer Spitze die „Bild"-Zeitung, heizte diese negative Stimmung an, vor allem im Zentrum der Studentenbewegung, in Berlin. Hier kam es im April 1968, als ein junges NPD-Mitglied einen der studentischen Sprecher, Rudi Dutschke (1940–1980), mit drei Schüssen lebensgefährlich verletzte, zu Straßenkrawallen, die auf westdeutsche Städte übergriffen.

Die Spaltung der APO

Der äußere Höhepunkt der „Studentenrevolte" war gleichzeitig ihr Wendepunkt (daher die Bezeichnung „68er"); 1968 war das Jahr der Spaltung der Studentenbewegung. Am Gewaltproblem, der Beurteilung der parlamentarischen Demokratie nach der Verabschiedung der Notstandsgesetze Ende Mai 1968 und der militärischen Beendigung des „Prager Frühlings" durch Truppen der Sowjetunion im August 1968 schieden sich die Geister. Ganz wenige der „68er" gingen als Rote Armee Fraktion (RAF) in den Untergrund, nahmen – wie sie es nannten – den „militärischen Kampf" gegen Staat und Gesellschaft auf, schreckten vor Mord nicht zurück. Eine Minderheit organisierte sich in einer Vielzahl von kleinen, sich gegenseitig befehdenden kommunistischen Splitterparteien. Die größte war die 1968 gegründete Deutsche Kommunistische Partei/DKP, die in der SED ihr Vorbild sah und von dieser finanziert wurde. Bundesweit hat die DKP bis 1990 kaum mehr als ein Prozent der Wählerstimmen gewinnen können. Die große Mehrheit aus der Studentenbewegung führte ein ganz normales bürgerliches Leben, bewahrte in der Regel aber ein überdurchschnittliches Interesse an Politik. Ein Teil von ihnen begann den „Marsch durch die Institutionen", wollte die Reformvorstellungen auf parlamentarischem Wege durchsetzen. Insgesamt hat die „68er"-Bewegung die Entwicklung durchaus positiv beeinflusst: Sie stieß einen politischen und gesellschaftlichen Modernisierungsschub an, der, nach Meinung mancher Historiker, langfristig die Demokratie in der Bundesrepublik Deutschland stärkte.

Deutschland nach 1945 5

M42 Die Notstandsgesetze

a) Bundesinnenminister Paul Lücke (CDU) zum Ziel der Notstandsgesetze (1967)

Das Ziel der Regierungsvorlage ist und bleibt die Sicherheit der äußeren und inneren Freiheit der Bundesrepublik Deutschland und die Schaffung ausreichender Rechtsgrundlagen für wirksame Schutzmaßnahmen
5 zugunsten der deutschen Bevölkerung. Die Grundsätze des neuen Regierungsentwurfs sind:
Unter keinen Umständen werden die freiheitlichen, rechtsstaatlichen und bundesstaatlichen Grundlagen der Verfassung preisgegeben.
10 Die Entscheidungen über den Eintritt des äußeren Notstandes und seine Dauer liegen beim Parlament, also nicht bei der Bundesregierung.
Sollte das Parlament in einem Zustand der äußeren Gefahr gehindert sein, seine Aufgaben wahrzunehmen,
15 so werden seine Befugnisse durch den „Gemeinsamen Ausschuss" – Notparlament – wahrgenommen. Dieser „Gemeinsame Ausschuss" besteht aus Vertretern des Bundestages und des Bundesrates.
Die Kontrollbefugnisse des Parlaments bleiben unein-
20 geschränkt erhalten. Das Gleiche gilt für die Zuständigkeit des Bundesverfassungsgerichts. […]
Mit der Notstandsverfassung sollen die alliierten Vorbehaltsrechte vollständig abgelöst werden, die noch der vollen Souveränität der Bundesrepublik Deutsch-
25 land entgegenstehen.

Vorbereitung auf den Notstand? 10 Antworten auf eine aktuelle Frage, Frankfurt/M. 1967, S. 10 f.

b) Aus der Rede des IG-Metall-Vorsitzenden Georg Benz auf der Jahrestagung des Kuratoriums „Notstand der Demokratie" (Okt. 1967)

Die Machtverschiebungen, die sich bereits mit der Gründung der Bundesrepublik zugunsten der Großindustrie abzeichneten und mit wechselnder Konzentration in der Zusammenballung wirtschaftlicher Kraft
5 parallel mit der Einflussnahme einer konservativen Ministerialbürokratie und der Militärs weiterentwickelten, sollen durch Notstandsgesetze verfassungsrechtlich abgesichert werden. […] Eine historisch-politische Analyse der im Notstandsverfassungsentwurf vorgese-
10 henen Bestimmungen zeigt eindeutig, dass sich diese vor allem gegen die arbeitende Bevölkerung und die Gewerkschaften richten. Das gilt nicht nur für die Regelungen des so genannten inneren Notstands; auch der angeblich äußere Notstand kann jederzeit als Vor-
15 wand benutzt werden, um innere soziale Konflikte zu unterdrücken. […] Insofern stellt die Notstandsverfassung ein Aktionsprogramm dar, mit dem die Folgen sozialer Erschütterung in der „Stunde der Exekutive" durch politische Gewalt von oben bekämpft und ernst-
20 hafte sozio-ökonomische Veränderungen grundsätzlich ausgeschlossen werden. Die politische Demokratie würde durch die Verwirklichung der vorliegenden Notstandsgesetzgebungspläne zu einem System formaler Spielregeln herabgewürdigt, die durch die
25 Machtpositionen herrschender Gruppen beliebig außer Kraft gesetzt werden könnten. […] Die seit nunmehr fast zehn Jahren ausreichend bekannten allzu eifrigen Notstandsplaner sehen in diesen zusätzlichen Notstandsgesetzen ein Instrument, mit dem sie in
30 einer autoritären Leistungsgesellschaft den sozialen Konflikt […] unterdrücken können. Nach ihren Vorstellungen sollen für alle Zukunft unveränderbar die durch die Phrase vom Gemeinwohl kaum noch verhüllten Interessen der gegenwärtigen Machteliten vorherr-
35 schen. Das ist das Gegenteil jenes „sozialen Bundesstaates", wie er in der Verfassung verankert ist und von uns verteidigt wird.

Jahrestagung des Kuratoriums „Notstand der Demokratie", 24. Oktober 1967

c) Sitzstreik auf den Straßenbahnschienen der Stuttgarter Königsstraße gegen die Notstandsgesetze, 1968, Fotografie

379

5 Deutschland nach 1945

d) Aus der Notstandsgesetzgebung vom 24. Juni 1968

Artikel 12a […]

(3) Wehrpflichtige, die nicht zu einem Dienst nach Absatz 1 oder 2 [Militärdienst mit Waffe] herangezogen sind, können im Verteidigungsfalle durch Gesetz oder aufgrund eines Gesetzes zu zivilen Dienstleistungen für Zwecke der Verteidigung einschließlich des Schutzes der Zivilbevölkerung in Arbeitsverhältnisse verpflichtet werden; Verpflichtungen in öffentlich-rechtlichen Dienstverhältnissen sind nur zur Wahrnehmung polizeilicher Aufgaben oder solcher hoheitlichen Aufgaben der öffentlichen Verwaltung, die nur in einem öffentlich-rechtlichen Dienstverhältnis erfüllt werden können, zulässig. Arbeitsverhältnisse nach Satz 1 können bei den Streitkräften, im Bereich ihrer Versorgung sowie bei der öffentlichen Verwaltung begründet werden; Verpflichtungen in Arbeitsverhältnisse im Bereiche der Versorgung der Zivilbevölkerung sind nur zulässig, um ihren lebensnotwendigen Bedarf zu decken oder ihren Schutz sicherzustellen.

(4) Kann im Verteidigungsfalle der Bedarf an zivilen Dienstleistungen im zivilen Sanitäts- und Heilwesen sowie in der ortsfesten militärischen Lazarettorganisation nicht auf freiwilliger Grundlage gedeckt werden, so können Frauen vom vollendeten achtzehnten bis zum vollendeten fünfundfünfzigsten Lebensjahr durch Gesetz oder aufgrund eines Gesetzes zu derartigen Dienstleistungen herangezogen werden. Sie dürfen auf keinen Fall Dienst mit der Waffe leisten.

(5) Für die Zeit vor dem Verteidigungsfalle können Verpflichtungen nach Absatz 3 nur nach Maßgabe des Artikels 80a Abs. 1 begründet werden. Zur Vorbereitung auf Dienstleistungen nach Absatz 3, für die besondere Kenntnisse oder Fertigkeiten erforderlich sind, kann durch Gesetz oder aufgrund eines Gesetzes die Teilnahme an Ausbildungsveranstaltungen zur Pflicht gemacht werden. Satz 1 findet insoweit keine Anwendung.

(6) Kann im Verteidigungsfalle der Bedarf an Arbeitskräften für die in Absatz 3 Satz 2 genannten Bereiche auf freiwilliger Grundlage nicht gedeckt werden, so kann zur Sicherung dieses Bedarfs der Deutschen, die Ausübung eines Berufs oder den Arbeitsplatz aufzugeben, durch Gesetz oder aufgrund eines Gesetzes eingeschränkt werden. Vor Eintritt des Verteidigungsfalles gilt Absatz 5 Satz 1 entsprechend. […]

Artikel 87a […]

(4) Zur Abwehr einer drohenden Gefahr für den Bestand oder die freiheitliche demokratische Grundordnung des Bundes oder eines Landes kann die Bundesregierung, wenn die Voraussetzungen des Artikels 91 Abs. 2 und die Polizeikräfte sowie der Bundesgrenzschutz nicht ausreichen, Streitkräfte zur Unterstützung der Polizei und des Bundesgrenzschutzes beim Schutze von zivilen Objekten und bei der Bekämpfung organisierter und militärisch bewaffneter Aufständischer einsetzen. Der Einsatz von Streitkräften ist einzustellen, wenn der Bundestag oder der Bundesrat es verlangen. […]

Artikel 91

(1) Zur Abwehr einer drohenden Gefahr für den Bestand oder die freiheitliche demokratische Grundordnung des Bundes oder eines Landes kann ein Land Polizeikräfte anderer Länder sowie Kräfte und Einrichtungen anderer Verwaltungen und des Bundesgrenzschutzes anfordern.

(2) Ist das Land, in dem die Gefahr droht, nicht selbst zur Bekämpfung der Gefahr bereit oder in der Lage, so kann die Bundesregierung die Polizei in diesem Lande und die Polizeikräfte anderer Länder ihren Weisungen unterstellen sowie Einheiten des Bundesgrenzschutzes einsetzen. Die Anordnung ist nach Beseitigung der Gefahr, im Übrigen jederzeit auf Verlangen des Bundesrates aufzuheben. Erstreckt sich die Gefahr auf das Gebiet mehr als eines Landes, so kann die Bundesregierung, soweit es zur wirksamen Bekämpfung erforderlich ist, den Landesregierungen Weisung erteilen; Satz 1 und Satz 2 bleiben unberührt.

Ferdinand Siebert, Von Frankfurt nach Bonn. Hundert Jahre deutsche Verfassungen, Cornelsen, Frankfurt/M. [13]1982, S. 174 und 215f.

1 Erörtern Sie Zielsetzung, Motive und Grundsätze, die die Bundesregierung bei der Ausarbeitung der Notstandsgesetze leiteten (M 42a und d).

2 Erörtern Sie, in welchen Fällen der Notstand erklärt werden kann (M 42d).

3 Nennen Sie die wichtigsten Einschränkungen der Grundrechte für die Fälle inneren und äußeren Notstandes (M 42d).

4 Fassen Sie die Bedenken der Gewerkschaften zusammen (M 42b).

Deutschland nach 1945

3.2 Aufbruch und Wandel: Die Bundesrepublik 1969–1982

Machtwechsel 1969: Die sozial-liberale Koalition

Die Bildung einer sozial-liberalen Koalition aus SPD und FDP im Jahre 1969 veränderte das politische Kräfteverhältnis in der Bundespolitik nachhaltig. Nach zwanzig Jahren Regierungszeit stand die CDU/CSU erstmals in der Opposition. Ermöglicht wurde dieser Machtwechsel durch einen programmatischen Wandel der bis Mitte der Sechzigerjahre eher national-liberal geprägten FDP hin zu einer Reformpartei mit sozial-liberalem Profil, die sich neuen gesellschaftlichen Entwicklungen öffnen und mit außenpolitischen Tabus brechen wollte. Dieser Kurswechsel zeigte sich erstmals bei der Wahl des Bundespräsidenten im März 1969: Nachdem sich die Parteien der Großen Koalition auf keinen gemeinsamen Kandidaten einigen konnten, unterstützte die FDP den Kandidaten der SPD, Gustav Heinemann (1899–1976). Dieser interpretierte seine Wahl bereits als „ein Stück Machtwechsel", der nach den Bundestagswahlen im Herbst 1969 weitergeführt werden sollte. Tatsächlich reichte die dünne Mehrheit im neu gewählten Parlament für einen Regierungswechsel: 251 von 495 Abgeordneten wählten im Oktober 1969 Willy Brandt zum Bundeskanzler; Vizekanzler und Außenminister wurde Walter Scheel (geb. 1919; FDP).

Die erste sozial-liberale Regierung verfügte nur über eine Mehrheit von zwölf Mandaten. Da einige Abgeordnete der Koalitionsfraktionen den entschiedenen Reformkurs der Regierung, besonders aber die neue Ostpolitik ablehnten und zur CDU wechselten, sank die Koalitionsmehrheit bis April 1972 auf zwei Stimmen. Die daraufhin von der CDU/CSU beantragte Wahl ihres Fraktionsvorsitzenden Rainer Barzel (CDU) zum Kanzler (über ein konstruktives Misstrauensvotum; s. S. 346) scheiterte jedoch. Nur Neuwahlen boten einen Ausweg aus der verfahrenen Situation. Die Wahlen im November 1972 wurden zu einem Votum über die Deutschland- und Ostpolitik: Die Wähler bestätigten klar den Regierungskurs. Die SPD wurde vor der CDU/CSU stärkste Partei, die Koalition erhielt eine solide Mehrheit von 271 zu 225 Stimmen im Bundestag.

Im Mai 1974 erklärte Willy Brandt allerdings seinen Rücktritt. Anlass war die Spionageaffäre Guillaume, die Entdeckung eines von der DDR eingeschleusten Agenten in seinem engsten Mitarbeiterstab. Ein weiterer Grund für den Rücktritt war die durch den „Ölschock" ausgelöste Wirtschaftskrise, die die Politik der inneren Reformen vorübergehend lähmte.

Nachfolger von Brandt und dem im Mai 1974 zum Bundespräsidenten gewählten Scheel wurden Bundeskanzler Helmut Schmidt (geb. 1918; SPD) und Außenminister Hans-Dietrich Genscher (geb. 1927; FDP). Sie stellten ihre Regierungspolitik unter das Motto „Kontinuität und Konzentration". Die Reformpolitik wurde fortgesetzt, aber unter „Finanzierungsvorbehalt" gestellt. Belastet wurde die Regierung Schmidt/Genscher vor allem durch Probleme der inneren Sicherheit im Zusammenhang mit dem Terrorismus und den Auswirkungen der weltweiten Wirtschaftskrise. Als diese um 1980 auf Deutschland übergriff und durch eine Strukturkrise verschärft wurde, begann das Ende der sozial-liberalen Koalition.

Die neue Ostpolitik

Die Entspannungspolitik der sozial-liberalen Koalition verfolgte zwei grundlegende Ziele: Erstens sollten die durch den Zweiten Weltkrieg in Europa geschaffenen Realitäten, insbesondere die Oder-Neiße-Grenze, anerkannt werden. Es ging zweitens darum, die politischen, wirtschaftlichen und kulturellen Beziehungen zwischen Ost und West zu vertiefen, um dadurch die immer deutlicher werdende Entfremdung zwischen den Menschen aufzuhalten. Außerdem erschien ein „geregeltes Nebeneinander" eher als Boykott und Abgrenzung dazu geeignet, die Spannungen zwischen den Militärblöcken zu vermindern und ein Klima des Vertrauens für Verhandlungen und gesellschaftliche Veränderungen im Ostblock zu schaffen (M 43, M 45). Zwischen 1969 und 1979 vereinbarten die sozial-liberalen Regierungen mit allen Ostblockstaaten die Aufnahme diplomatischer Beziehungen und regelten in mehreren Verträgen die Deutschland- und Ostpolitik neu. Grundlage aller Verträge war der Verzicht auf Gewalt zur Durchsetzung von Grenzveränderungen und eine Garantie der Sicherheit Westberlins. Im Moskauer Vertrag vom August 1970 erkannte die Bundesrepublik gegenüber der UdSSR die bestehenden Grenzen in Europa einschließlich der Oder-Neiße-Grenze und der Demarkationslinie zwischen den beiden deutschen Staaten faktisch an. Die UdSSR verzichtete ihrerseits auf das ihr als

5 Deutschland nach 1945

M 43 Bundeskanzler Willy Brandt kniet anlässlich seines Warschaubesuches 1970 vor dem Denkmal der Gefallenen des Getto-Aufstandes nieder, Fotografie

1 Interpretieren Sie M 43 im Zusammenhang mit der neuen Ostpolitik der sozial-liberalen Koalitionsregierung Brandt/Scheel.

Siegermacht noch zustehende Interventionsrecht in der Bundesrepublik. Im Warschauer Vertrag vom Dezember 1970 folgte die De-facto-Anerkennung der Oder-Neiße-Grenze gegenüber Polen. In einem separaten Abkommen wurde gleichzeitig den noch in Polen lebenden Deutschen das Recht auf Übersiedlung in die Bundesrepublik zugesichert. Das Viermächteabkommen vom September und das Transitabkommen zwischen der Bundesrepublik und der DDR vom Dezember 1971 garantierten die von der UdSSR und der DDR bisher immer bestrittenen Bindungen Westberlins an die Bundesrepublik und die Zugangswege zu dieser Stadt. Im Grundlagenvertrag vom November 1972 akzeptierte die Bundesrepublik den souveränen Status der DDR, vermied aber deren völkerrechtliche Anerkennung als Ausland.

Folgen der Entspannungspolitik Ungeachtet der heftigen innenpolitischen Auseinandersetzungen um die Ostverträge ermöglichte die Entspannungspolitik in den Siebziger- und Achtzigerjahren zahlreiche Abkommen über Rüstungsbegrenzungen sowie intensivere kulturelle und wirtschaftliche Kontakte zwischen Ost und West. Deutliches Zeichen für die Normalisierung der Ost-West-Beziehungen war die bereits im Moskauer Vertrag angekündigte Aufnahme der beiden deutschen Staaten in die UNO im September 1973. Ein Höhepunkt der Entspannungspolitik war zweifellos die Konferenz für Sicherheit und Zusammenarbeit in Europa (KSZE) mit ihrer Gewaltverzichtserklärung und der Anerkennung der Menschenrechte (1975; s. S. 469 f.). Allerdings verlief der Entspannungsprozess keineswegs geradlinig. Die DDR-Führung blockierte manche Bemühungen der Bundesregierung zu einer engeren Zusammenarbeit, weil sie die politischen Auswirkungen menschlicher Kontakte fürchtete und die Bundesregierung auf dem „besonderen Charakter" der Beziehungen zur DDR bestand. Nach 1975/76 verringerte sich der Spielraum für die Entspannungspolitik durch die Aufrüstung der Sowjetunion mit atomaren Mittelstreckenwaffen, die entsprechende „Nachrüstung" der NATO und den Einmarsch der Sowjetunion in Afghanistan 1980.

Die CDU/CSU-Opposition reagierte auf die sozial-liberale Entspannungspolitik unsicher und uneinheitlich. Einerseits unterstützten die Westmächte, die Kirchen, selbst die Mehrheit der CDU/CSU-Wähler die neue Deutschland- und Ostpolitik; andererseits drängten die Vertriebenenverbände und die CSU auf Ablehnung. Schließlich enthielten sich in der Bundestagsabstimmung zu den Moskauer und Warschauer Verträgen die meisten CDU/CSU-Abgeordneten der Stimme, einige lehnten sie ab, wenige stimmten zu, darunter der Fraktionsvorsitzende Rainer Barzel und der spätere Bundespräsident Richard von Weizsäcker (geb. 1920). Der Grundlagenvertrag mit der DDR wurde gegen die Stimmen der CDU/CSU verabschiedet. In den folgenden Jahren setzte die CDU/CSU ihre Ablehnungspolitik fort, sie verweigerte sogar als eine von wenigen europäischen Parteien dem KSZE-Vertrag die Zustimmung.

Deutschland nach 1945   5

Konjunkturentwicklung und Wirtschaftspolitik

Die Wirtschaftsentwicklung der Siebzigerjahre (s. S. 358, M 23 a, b) zerfällt in deutlich unterscheidbare Phasen:
– eine Hochkonjunktur mit Vollbeschäftigung bis 1974;
– ein scharfer Wachstumseinbruch 1974/75 mit einem Anstieg der Arbeitslosenzahl von 273 000 auf über eine Million, verursacht durch das Ende der Weltwirtschaftskonjunktur und den „Ölschock", der wiederum eine Folge der politisch begründeten Preiserhöhung der Ölländer war;
– eine Phase der konjunkturellen Stabilisierung bis 1980, in der jedoch die Arbeitslosenzahl nur auf 876 000 sank, weil die westdeutsche Wirtschaft in eine Strukturkrise geriet. Die umfassende Rationalisierung von Produktion und Dienstleistungen als Folge neuer mikroelektronischer Techniken, auch der Niedergang „alter" Industrien wie der Montanindustrie an Rhein, Ruhr und Saar oder der Textilindustrie führten zu einer hohen „Sockelarbeitslosigkeit";
– die **„Stagflation"** der Jahre 1980–1982, als die Weltwirtschaftskrise endgültig auf Deutschland übergriff, die Strukturkrise verschärfte, die Arbeitslosenzahl auf 1,8 Mio. hochschnellen ließ und die Inflation trotz der wirtschaftlichen Stagnation kaum zurückging.

Im Ganzen gelang es der Bundesregierung unter dem als Wirtschafts- und Finanzfachmann international geachteten Helmut Schmidt, die Auswirkungen der Weltwirtschaftskrise auf Deutschland bis 1980 durch staatliche Konjunkturprogramme zu mildern. Die Strukturkrise war jedoch staatlichen Konjunktursteuerungsmaßnahmen nicht zugänglich und nahm in der Bundesrepublik teilweise dramatische Ausmaße an, weil der industrielle Sektor größer war als in vergleichbaren Ländern und viele Möglichkeiten zur Rationalisierung bot.

Ökologische Probleme

Neben die Erfahrung der ökonomischen Grenzen des Wachstums trat in den Siebzigerjahren die der ökologischen Wachstumsgrenzen. Die Ölkrise verwies erstmals auf die Begrenztheit der Ressourcen für das Wachstum. Umweltzerstörende Produktionstechniken gerieten in die Kritik; die Auswirkungen des rasant ansteigenden Autoverkehrs auf die Wohnqualität in den Städten und auf die Natur traten mehr und mehr ins Bewusstsein. Das Verhältnis von Ökonomie und Ökologie entwickelte sich zu einem zentralen gesellschaftlichen Problem (M 44, M 48).

Ausbau des Sozialstaates

Der Ausbau des Sozialstaates war ein Kernstück der **sozial-liberalen Reformpolitik**. Zu Beginn dominierten kostenintensive Reformen: die zweite Rentenreform von 1972, die einkommensunabhängige Zahlung von Kindergeld, die Krankenhausreform, die Erhöhung des Wohngeldes. Für die ausländischen Arbeitnehmer wurden erst-

M 44 Bergkuppe im Oberharz vor und nach dem Waldsterben, ca. 1960 und 1983, Fotografien

5 Deutschland nach 1945

mals Mindeststandards für Wohnungen festgelegt, überhaupt wurden sie mehr in das deutsche Arbeits- und Sozialrecht integriert. Ein weiterer Reformschwerpunkt war das Programm zur Humanisierung der Arbeitswelt, z. B. das Betriebsärztegesetz von 1974. Trotz der negativen wirtschaftlichen Entwicklung nach dem „Ölschock" 1974/75 setzte die Regierung die Reformen in der Gesundheitsfürsorge und im Arbeitsschutz fort und erhöhte dadurch die Staatsverschuldung. Das 1976 verabschiedete Sozialgesetzbuch, das alle Sozialleistungen zusammenfasste, symbolisiert den hohen Stellenwert der Sozialpolitik in der sozial-liberalen Koalition. Mit dessen Paragraf 1 fanden erstmals die Begriffe „soziale Gerechtigkeit" und „soziale Sicherheit" Eingang in die deutsche Rechtssprache.

Die materiellen Lebensbedingungen für die große Mehrheit der Bevölkerung verbesserten sich in den Siebzigerjahren erheblich. Während 1969 erst 44 % aller Haushalte über ein Auto verfügten, waren es 1978 schon 62 %. Im gleichen Zeitraum stieg die Wohnfläche pro Person von rund 24 auf 32 qm; vor allem aber verbesserte sich die Qualität der Wohnungen; Bad und Heizung gehörten nun zum normalen Standard. Die wöchentliche Arbeitszeit sank, der Jahresurlaub verlängerte sich. Für Reisen und Bildung gaben die Bürger mehr aus als je zuvor und selbst der „kleine Mann" konnte sparen. Während Mitte der Sechzigerjahre nur rund ein Drittel der Arbeitnehmer ein Haus oder eine Wohnung als Eigentum besaß, war es Anfang der Achtzigerjahre fast die Hälfte. Insgesamt kam es in den Siebzigerjahren zwar nicht zu der von manchen befürchteten, von anderen geforderten „Vermögensumverteilung", aber die „Verteilungsgerechtigkeit" nahm zu. Das zeigte nicht nur der Anstieg der Sozialleistungsquote am Bruttosozialprodukt von gut 20 auf über 30 %. Auch die Lohnquote, d. h. der Anteil aller Arbeitnehmereinkommen am jährlichen Volkseinkommen, stieg 1970–1982 von 68 auf fast 77 %. Insgesamt hat der Ausbau des Sozialstaates die Identifikation der Bürger mit „ihrer" Bundesrepublik verstärkt. Aber, so fragten die Kritiker, war das alles zu bezahlen? Und sollte der Staat eigentlich für alles zuständig sein?

„Mehr Demokratie wagen"

„Mehr Demokratie wagen" hatte Bundeskanzler Willy Brandt in seiner ersten Regierungserklärung 1969 gefordert. Und die Bürger wagten mehr Demokratie, das Interesse an Politik und das politische Engagement nahmen zu (M 46). Das merkten die Parteien und Gewerkschaften, deren „Basis" immer aktiver wurde und sich bisweilen gegen die eigene Führung stellte. Neu war das „objektbezogene" politische Engagement: Der Bürgerprotest richtete sich gegen die Betonierung der Städte, den Bau von Atomkraftwerken, die Nachrüstung oder die Zerstörung der Natur. Es entstanden „neue soziale" oder „alternative" Bewegungen: die ökologische Bewegung, die Anti-Atomkraft-Bewegung, die Friedensbewegung. Auch die Frauenbewegung erhielt großen Auftrieb (s. S. 403 ff.). Die Tradition der Studentenbewegung fortsetzend (s. S. 378 f.) und weiterführend, waren Straßendemonstrationen, symbolische Besetzungen oder Mahnwachen Ausdruck und Mittel ihres Protests. Problematisch war die Beschränkung auf jeweils ein einziges Ziel, was in einzelnen Fällen zur kompromisslosen Interessenvertretung durch gewaltsame Aktionen führen, aber auch leicht in politische Resignation oder Apathie umschlagen konnte. In manchen Gruppen breitete sich Antiparlamentarismus und Mangel an Konsensdenken aus. Die meisten zogen jedoch aus der Schwäche der „reinen" außerparlamentarischen Protestpolitik den Schluss, selbst eine Partei zu gründen. Im Frühjahr 1979 entstand aus diesen Beweggründen die „Grüne Partei", die bei Wahlen in Bremen und Baden-Württemberg auf Anhieb den Sprung in die Länderparlamente schaffte. Bei den Bundestagswahlen von 1980 scheiterte sie allerdings noch mit 4,3 % an der Fünfprozentklausel. Ursache des Erfolges der Grünen war deren entschiedenes Eintreten für Umweltfragen und die Enttäuschung besonders jüngerer Wählerinnen und Wähler über die immer vorsichtigere Politik der SPD, der mangelnder Reformeifer nachgesagt wurde.

Gefährdung der Demokratie?

Überschattet wurde die neue, den Regierenden oft unbequeme Bürgerpartizipation durch den „Extremistenbeschluss" und den Terrorismus. Die von Bundeskanzler Willy Brandt und den Ministerpräsidenten der Länder 1972 vereinbarten „Grundsätze über die Mitgliedschaft von Beamten in extremen Organisationen" zielten auf den Ausschluss von Rechts- und Linksextremisten aus dem öffentlichen Dienst. Weniger das Ziel als vielmehr die Überprüfungspraxis der Behörden rief bald Misstrauen, ja massiven Protest hervor.

Deutschland nach 1945 5

Jeder Bewerber für den öffentlichen Dienst wurde vom Verfassungsschutz auf „verfassungsfeindliche" Aktivitäten hin überprüft. Aufgrund der öffentlichen Kritik kündigten SPD und FDP 1976 den „Extremistenbeschluss" formell auf. Nur bei begründeten Zweifeln an der Verfassungstreue eines Bewerbers sollte ermittelt werden. Bund und SPD-geführte Länder verzichteten seitdem auf die „Regelanfrage" beim Verfassungsschutz, in den CDU/CSU-Ländern bestand sie fort. Dieselben Frontstellungen ergaben sich bei der Bekämpfung des **RAF-Terrorismus (Rote-Armee-Fraktion),** der in den Siebziger- und Achtzigerjahren mit Bombenanschlägen und Attentaten auf führende Personen des öffentlichen Lebens, wie z. B. 1977 auf den Arbeitgeberpräsidenten Hanns-Martin Schleyer, die Bundesrepublik erschütterte. Fragwürdig und wirklichkeitsfremd war die Solidarisierung mancher alternativer und „autonomer" Gruppen mit den Terroristen. Die Maßnahmen der sozial-liberalen Koalition zur Terrorismusbekämpfung, z. B. die Einschränkung der Rechte der Verteidiger von Terroristen reichten der CDU/CSU-Opposition jedoch nicht aus; sie hielt härtere Maßnahmen für notwendig (M 47 a, b).

Gesellschaftliche Veränderungen

Zu den herausragenden gesellschaftspolitischen Veränderungen der Siebzigerjahre gehört die „Bildungsrevolution", die sich in einer bis dahin beispiellosen **Expansion des Bildungswesens** und in einem Wandel der Erziehungsziele von Eltern und Lehrern niederschlug. Zwischen 1965 und 1980 stiegen die Bildungsausgaben von Bund, Ländern und Gemeinden von 15,7 auf 77,1 Mrd. DM. Kein anderes staatliches Aufgabengebiet wies vergleichbar hohe Steigerungsraten auf. Der Besuch einer höheren Schule und der Universität wurde für viele junge Menschen zur Selbstverständlichkeit. 1960 waren von allen 15- bis 19-Jährigen nur 19 % Schülerinnen, Schüler oder Studierende, 1980 schon 49 %. Wie es der Soziologe Ralf Dahrendorf 1965 gefordert hatte, avancierte Bildung zum „Bürgerrecht", ermöglicht durch steigende Einkommen der Eltern und die 1972 eingeführte Studienförderung für Schüler und Studierende **(BAföG)**. Von dieser Expansion profitierten besonders die Arbeiterkinder und die Frauen. Der Anteil der Arbeiterkinder unter den Studierenden stieg von 1965 bis 1982 von sechs auf 16 %, der der Frauen von knapp 25 auf fast 40 %.

Parallel dazu vollzog sich ein **Wandel der Erziehungsziele**. Während in den Sechzigerjahren von den Eltern „Ordnungsliebe und Fleiß" als zentrale Ziele genannt wurden, hielten sie seit den Siebzigerjahren „Selbstständigkeit und freien Willen" für wichtiger. Überhaupt änderten sich die gesellschaftlichen Einstellungen und Alltagsnormen. Soziologen sprechen von einem **„Wertewandel"**, besonders bei den jüngeren Menschen. Die strengen Umgangsformen verschwanden, Frisur und Kleidung wurden lässiger und aus dem Urlaub brachte man griechische Essgewohnheiten mit. Wohngemeinschaften und „Ehen ohne Trauschein" zogen nicht länger gesellschaftliche Ächtung nach sich. Konflikt und Kritik galten als notwendige Elemente der Demokratie.

5 Deutschland nach 1945

M45 Die neue Ostpolitik – aus dem Referat des Leiters des Presse- und Informationsamtes des Landes Berlin, Egon Bahr, vor der Evangelischen Akademie Tutzing am 15. Juli 1963

Die Änderung des Ost-West-Verhältnisses, die die USA versuchen wollen, dient der Überwindung des Status quo, indem der Status quo zunächst nicht verändert werden soll. Das klingt paradox, aber es eröffnet Aussichten, nachdem die bisherige Politik des Drucks und Gegendrucks nur zu einer Erstarrung des Status quo geführt hat. Das Vertrauen darauf, dass unsere Welt die bessere ist, die im friedlichen Sinne stärkere, die sich durchsetzen wird, macht den Versuch denkbar, sich selbst und die andere Seite zu öffnen und die bisherigen Befreiungsvorstellungen zurückzustellen. [...] Die erste Folgerung, die sich aus einer Übertragung der Strategie des Friedens auf Deutschland ergibt, ist, dass die Politik des „Alles oder nichts" ausscheidet. Entweder freie Wahlen oder gar nicht, entweder gesamtdeutsche Entscheidungsfreiheit oder ein hartes Nein, entweder Wahlen als erster Schritt oder Ablehnung, das alles ist nicht nur hoffnungslos antiquiert und unwirklich, sondern in einer Strategie des Friedens auch sinnlos. Heute ist klar, dass die Wiedervereinigung nicht ein einmaliger Akt ist, der durch einen historischen Beschluss an einem historischen Tag auf einer historischen Konferenz ins Werk gesetzt wird, sondern ein Prozess mit vielen Schritten und vielen Stationen. Wenn es richtig ist, was Kennedy sagte, dass man auch die Interessen der anderen Seite anerkennen und berücksichtigen müsse, so ist es sicher für die Sowjetunion unmöglich, sich die Zone zum Zwecke einer Verstärkung des westlichen Potenzials entreißen zu lassen. Die Zone muss mit Zustimmung der Sowjets transformiert werden. Wenn wir so weit wären, hätten wir einen großen Schritt zur Wiedervereinigung getan. [...] Das ist eine Politik, die man auf die Formel bringen könnte: Wandel durch Annäherung. Ich bin fest davon überzeugt, dass wir Selbstbewusstsein genug haben können, um eine solche Politik ohne Illusion zu verfolgen, die sich außerdem nahtlos in das westliche Konzept der Strategie des Friedens einpasst, denn sonst müssten wir auf Wunder warten, und das ist keine Politik.

Archiv der Gegenwart 33, 1963, S. 10700f.

1 Analysieren Sie die Aussagen von Bahr unter den Gesichtspunkten a) politische Grundpositionen, b) Beurteilung der „deutschen Frage", c) politische Strategie.
Der Historiker Timothy G. Ash bewertete die „Neue Ostpolitik" 1993 wie folgt: „Die menschlichen Erleichterungen waren groß. [...] Doch diesen spezifischen Erleichterungen für einzelne Menschen muss man die Nachteile gegenüberstellen, die aus der Stabilisierung eines unreformierten kommunistischen Staates für alle entstanden, die in ihm lebten." Nehmen Sie Stellung.

M46 „Mehr Demokratie wagen" – aus der Regierungserklärung von Bundeskanzler Willy Brandt (SPD) vom 28. Oktober 1969

Unsere parlamentarische Demokratie hat 20 Jahre nach ihrer Gründung ihre Fähigkeit zum Wandel bewiesen und damit ihre Probe bestanden. Dies ist auch außerhalb unserer Grenzen vermerkt worden und hat unserem Staat zu neuem Vertrauen in der Welt verholfen.
Die strikte Beachtung der Formen parlamentarischer Demokratie ist selbstverständlich für politische Gemeinschaften, die seit gut 100 Jahren für die deutsche Demokratie gekämpft, sie unter schweren Opfern verteidigt und unter großen Mühen wieder aufgebaut haben. Im sachlichen Gegeneinander und im nationalen Miteinander von Regierung und Opposition ist es unsere gemeinsame Verantwortung und Aufgabe, dieser Bundesrepublik eine gute Zukunft zu sichern. [...]
Unser Volk braucht, wie jedes andere, seine innere Ordnung. In den Siebzigerjahren werden wir aber in diesem Lande nur so viel Ordnung haben, wie wir an Mitverantwortung ermutigen. Solche demokratische Ordnung braucht außerordentliche Geduld im Zuhören und außerordentliche Anstrengung, sich gegenseitig zu verstehen. Wir wollen mehr Demokratie wagen. Wir werden unsere Arbeitsweise öffnen und dem kritischen Bedürfnis nach Information Genüge tun. Wir werden darauf hinwirken, dass durch Anhörungen im Bundestag, durch ständige Fühlungnahme mit den repräsentativen Gruppen unseres Volkes und durch eine umfassende Unterrichtung über die Regierungspolitik jeder Bürger die Möglichkeit erhält, an der Reform von Staat und Gesellschaft mitzuwirken.
Wir wenden uns an die im Frieden nachgewachsenen Generationen, die nicht mit den Hypotheken der Älteren belastet sind und belastet werden dürfen; jene jungen Menschen, die uns beim Wort nehmen wollen – und sollen. Diese jungen Menschen müssen aber verstehen, dass auch sie gegenüber Staat und Gesellschaft Verpflichtungen haben. Wir werden dem Hohen Hause ein Gesetz unterbreiten, wodurch das aktive Wahlalter von 21 auf 18, das passive von 25 auf 21 Jahre herabgesetzt wird. Wir werden auch die Volljährigkeitsgrenze überprüfen.

Deutschland nach 1945　5

Mitbestimmung, Mitverantwortung in den verschiedenen Bereichen unserer Gesellschaft werden eine bewegende Kraft in den kommenden Jahren sein. Wir können nicht die perfekte Demokratie schaffen. Wir wollen eine Gesellschaft, die mehr Freiheit bietet und mehr Mitverantwortung fordert. Diese Regierung sucht das Gespräch, sie sucht die kritische Partnerschaft mit allen, die Verantwortung tragen, sei es in den Kirchen, der Kunst, der Wissenschaft und der Wirtschaft oder in anderen Bereichen der Gesellschaft.

Bundeskanzler Brandt, Reden und Interviews, Hamburg 1971, S. 11 f.

1 Analysieren Sie M 46 und ordnen Sie es in die Geschichte der Sechziger- und Siebzigerjahre ein.
2 Erörtern Sie das Demokratieverständnis in Brandts Rede.

M 47 Bekämpfung des Terrorismus (1977)

a) Aus der Regierungserklärung Helmut Schmidts

Jedermann hat Anspruch auf ein ordnungsgemäßes Gesetzesverfahren. Ein Sonderprozessrecht für Terroristen darf es nicht geben. […] Wer einer falschen und verhängnisvollen Solidarisierung mit Desperados von großer krimineller Energie entgegenwirken will und wer die Täter von der Gemeinschaft total isolieren will, darf dabei nicht riskieren, dass die Freiheit der Person zu einem Ausstellungsstück wird, das nicht mehr berührt, sondern nur noch in der Vitrine besichtigt werden kann. Wir haben in Wahrheit zwei Aufgaben zu leisten: zum Ersten den Terrorismus ohne Wenn und ohne Aber und ohne jede sentimentale Verklärung der Tätermotive zu verfolgen, bis er aufgehört haben wird, ein Problem zu sein. Aber die andere Aufgabe muss es sein, die Meinungsfreiheit kämpferisch und entschlossen zu verteidigen und über jeden Zweifel klarzumachen, dass Kritik an den vielerlei Obrigkeiten nicht nur statthaft ist, sondern dass sie für jeden demokratischen Staat prinzipiell erwünscht ist.

b) Aus der Antwort Helmut Kohls, des Vorsitzenden der CDU/CSU-Bundestagsfraktion

Leider müssen wir feststellen, dass bestimmte Kreise innerhalb der Sozialdemokratie immer noch ein gestörtes Verhältnis zur Ausübung rechtsstaatlicher Macht haben, die notwendig ist, um diesem Staat seine Zukunft zu garantieren. Staatliche Macht erscheint diesen Kreisen als etwas Anstößiges. Sie unterliegen immer noch dem Vorurteil, dass nur der Staat Freiheit und Sicherheit gefährden könne. Hier herrscht doch noch die Utopie von der herrschaftsfreien Gesellschaftsordnung, in der sich alle Bürger friedlich der Einsicht in das Notwendige beugen. Ideologisches Vorbild ist eine marxistische Doktrin vom Absterben des Staates. Der Staat erscheint solchen Leuten immer noch als ein Herrschaftsinstrument der Privilegierten, als eine Form gewaltsamer Unterdrückung. […] Die Gefahren, die von einzelnen Gruppen ausgehen, die sich verbunden haben, diesen Staat zu zerstören, werden […] unterschätzt. Solche ideologischen Konzepte sind nicht geeignet, notwendiges Vertrauen in die Autorität des demokratischen Rechtsstaats zu stärken. Sie sind immer und stets der Versuchung ausgesetzt, die Legitimität der staatlichen Macht infrage zu stellen. Sie sind ein ideologischer Nährboden auch für manchen Sympathisanten, der in der gewaltsamen Auflehnung gegen unseren Staat eine Fortsetzung der Politik mit anderen Mitteln sieht.

M 47 a und b: Keesings Archiv der Gegenwart, 1977, S. 20968 ff.

1 Charakterisieren Sie die beiden Standpunkte zur Terrorismusbekämpfung (M 47 a, b).
2 Erörtern Sie die Lage, in die die Bundesrepublik durch den Terrorismus versetzt worden ist.

c) Fahndungsplakat nach RAF-Mitgliedern, 1977

5 Deutschland nach 1945

3.3 „Wende" und Kontinuität: Die Bundesrepublik 1982–1989

1982: Die christlich-liberale Koalition

Nicht ein Wählervotum, sondern ein Koalitionswechsel der FDP beendete im Oktober 1982 die sozial-liberale Ära und ermöglichte die Gründung einer christlich-liberalen Koalition unter Bundeskanzler Helmut Kohl (geb. 1930) und Außenminister Hans-Dietrich Genscher. Wie immer gab es dafür nicht nur einen Grund, sondern ein Ursachenbündel. Der Regierungswechsel hatte zum einen außenpolitische Gründe. Spätestens mit dem Einmarsch der Sowjetunion in Afghanistan 1979/80 war deutlich geworden, dass die Entspannungs- und Rüstungskontrollpolitik auf einem zerbrechlichen Konsens beruhte. Als sich die Sowjetunion Anfang der Achtzigerjahre weigerte, ihre in Osteuropa stationierten nuklearen Mittelstreckenraketen abzubauen, reagierten die USA mit der Remilitarisierung ihrer Außenpolitik, die wieder auf eine Politik der Stärke gegenüber der UdSSR setzte. Das Scheitern der Abrüstungsverhandlungen der Weltmächte brachte die Regierung Schmidt in Bedrängnis. Sollte sie die „**Nachrüstung**" gegen drohende sowjetische Mittelstreckenraketen, konkret: die Lagerung von atomaren Raketensprengköpfen auf dem Territorium der Bundesrepublik erlauben? Dagegen lief die Friedensbewegung Sturm, aber auch in der SPD gab es heftigen Widerstand. Zum anderen stürzte die zweite Welle der Ölpreiserhöhungen seit 1979 das Land in wirtschaftliche Turbulenzen. Die FDP profilierte sich als Sparpartei, verlangte Kürzungen bei den Sozialleistungen. Das war für die SPD unannehmbar. Im Oktober 1982 wurde Helmut Schmidt durch ein konstruktives Misstrauensvotum gestürzt und Helmut Kohl, Fraktionsführer der CDU/CSU, zum neuen Bundeskanzler gewählt. Die FDP geriet durch den Koalitionswechsel in eine schwere Krise. Viele prominente Mitglieder verließen die Partei oder gingen zur SPD, Hans-Dietrich Genscher trat wegen der Kritik am Koalitionswechsel als FDP-Parteichef zurück. Dennoch erhielt die neue Regierung bei den vorgezogenen Bundestagswahlen 1983 eine Mehrheit.

Sozialabbau und Arbeitslosigkeit

Ziel der neuen Koalition war eine „Wende" in der Politik, aber das war in mancher Hinsicht mehr „Schlagwort als Ereignis", wie der Zeithistoriker Wolfgang Benz meint. Als Regierungspartei setzte die CDU/CSU die von ihr vorher bekämpfte Deutschland- und Ostpolitik der sozial-liberalen Koalition fort (M 49 a–d). Das rief Irritationen bei den rechten Wählern der CDU/CSU hervor. Schärfer trat die **Wende in der Wirtschafts- und Sozialpolitik** hervor. Mit einer Sparpolitik, die staatliche Sozialleistungen einschränkte, und Steuersenkungen sollten Gewinne und Investitionskraft der Unternehmen gestärkt, Arbeitsplätze geschaffen und die Staatsverschuldung abgebaut werden. Doch trotz eines durch die Weltwirtschaftskonjunktur der Achtzigerjahre begünstigten Aufschwungs von 1983 bis 1990 verschwand der hohe Sockel der Arbeitslosigkeit nicht (M 50). Mehr und mehr entwickelte sich die Bundesrepublik zu einer „**Zwei-Drittel-Gesellschaft**": Der größere Teil der Bevölkerung verdiente gut, konnte sich mehr leisten als je zuvor. Ein kleinerer Teil war häufig von Arbeitslosigkeit und sozialem Abstieg bedroht und von Sozialleistungen wie Arbeitslosen- und Sozialhilfe abhängig (M 51 b, c).

Die Gesellschaft der 1980er: Widersprüche

Die gesellschaftliche Entwicklung der Achtzigerjahre lässt sich durchaus mit dem soziologischen Begriff der „**Pluralisierung der Lebensstile**" charakterisieren. Einerseits breitete sich ein wirtschaftsliberaler Zeitgeist aus, Leistung sollte sich wieder lohnen. Der wachsende Wohlstand der Mehrheit äußerte sich in einem demonstrativen Konsum. Niemals zuvor haben die Bundesbürger so viel Geld für Luxusgüter ausgegeben. Andererseits stieg das Verständnis für Fragen des Umweltschutzes (M 48), der Friedenspolitik, für Probleme der Dritten Welt. Das Bundesverfassungsgericht stärkte in verschiedenen Urteilen die Stellung der Bürger gegenüber dem Staat. So erhob es in einem Grundsatzurteil zur Sammlung und Verwertung von bei Volkszählungen erhobenen Daten das „informationelle Selbstbestimmungsrecht" der Bürger zu einem Quasi-Grundrecht. Die Reformbewegung insgesamt war zwar schwächer, aber im Bundestag und in mehreren Länderparlamenten etablierten sich die Grünen als vierte Partei. Eine Mehrheit aus SPD und Grünen, ein „rot-grünes Bündnis", schien gegen Ende der Achtzigerjahre nicht mehr ausgeschlossen. Meinungsumfragen reflektierten die komplizierte Gemengelage der Stimmungen. Generell nahm das politische Interesse ab; **Parteiverdrossenheit** breitete sich aus. Eine Partei-

Deutschland nach 1945　5

spendenaffäre („Flick-Affäre") Mitte der Achtzigerjahre, in die CDU und FDP verwickelt waren und in deren gerichtlicher Klärung zwei ehemalige Wirtschaftsminister der FDP rechtskräftig verurteilt wurden, trug dazu ebenso bei wie ein Finanzskandal des gewerkschaftseigenen „Neue Heimat"-Konzerns und die „Barschel-Affäre" in Schleswig-Holstein, wo der CDU-Ministerpräsident im Wahlkampf staatliche Macht missbraucht haben sollte. Gleichzeitig war die Zufriedenheit mit den eigenen Lebensumständen und die grundsätzliche Zustimmung zur Idee der Demokratie und zum wirtschaftlichen System der Bundesrepublik in der Bevölkerung groß.

M 48 Klaus Staeck, „Die Zukunft gehört dem Auto", 1984, Plakat

1　Vergleichen Sie M 48 mit dem Foto M 25 aus den Fünfzigerjahren. Inwieweit kommen in der Gegenüberstellung gesellschaftspolitische Wandlungen in der Bundesrepublik zum Ausdruck?

M 49　Das Verhalten der bundesrepublikanischen Parteien zur DDR zehn Jahre nach Abschluss der Ostverträge

a) Alois Mertes (CDU), 1982

Der wesentliche Unterschied zwischen menschlichen Erleichterungen und Menschenrechten besteht in der jederzeitigen Widerrufbarkeit der Gewährung solcher Erleichterungen. Die Erhöhung der Zwangsumtauschsätze für Besucher in der DDR, die schikanöse Behinderung der Arbeit westlicher Journalisten durch Ostberlin, die Störung von westlichen Rundfunksendungen, die Unterbrechungen des Telefonverkehrs, die brutale Zerschlagung der Helsinki-Gruppen durch Moskau sind Beispiele dafür, wie brüchig die These vom „Wandel durch Annäherung" ist. Gleichzeitig offenbarten diese Vorgänge und anschließenden Auseinandersetzungen über notwendige westliche Reaktionen das grundlegende Dilemma der Entspannungspolitik. Mit der Stabilisierung östlicher Regime durch Hinnahme des Status quo [...] sollte den kommunistischen Herrschern der Spielraum für systemimmanente Lockerungen des Drucks im Inneren und nach außen eingeräumt werden. Die Grenzen dieser Konzeption wurden sehr bald deutlich. Nicht unsere Verteidigungswaffen, sondern die reale Existenz von Freiheit und Menschenrechten im Westen und die davon ausgehende Ansteckungsgefahr empfinden die kommunistischen Regime als fundamentale Bedrohung ihrer Herrschaft.

Alois Mertes, Bilanz der Entspannungspolitik, in: Aus Politik und Zeitgeschichte, 18. Dez. 1982, S. 6

b) Richard von Weizsäcker (CDU), 1984

Mein Eindruck ist, dass die Existenz von Berlin (West) im Grunde unter allen Elementen der einschneidende Motor für die Entwicklung der Beziehungen zwischen den beiden deutschen Staaten ist. Es gibt eine politische, verfassungsmäßige und menschliche Verantwortung der Bundesrepublik für Berlin (West). Ihr gerecht zu werden führt sie notwendigerweise, ganz unabhängig davon, was sie sonst denken und ansteuern mag, in Verhandlungen mit der Regierung der DDR, überdies auch in Verhandlungen mit anderen Regierungen des Warschauer-Pakt-Systems.

Informationen zur politischen Bildung 1984, Heft 202, S. 35

c) Hans-Jürgen Wischnewski (SPD), 1982

Mit Abschluss der Ostverträge und des Vier-Mächte-Abkommens über Berlin konnte sich die Bundesrepublik voll in die Entspannungspolitik des Westens einschalten und so die Isolierungsgefahr im Westen überwinden. Es gab wieder einen ostpolitischen Gleichklang im westlichen Bündnis. [...] Insgesamt kommen

5 Deutschland nach 1945

die Regelungen, die als Folge der neuen deutschen Ostpolitik in Bezug auf Berlin, Deutschland und die Verhältnisse in Europa getroffen werden konnten, einer friedensvertraglichen Regelung durchaus nahe. Dies gilt vor allem für die KSZE-Schlussakte, die Europa eine neue Perspektive der Zusammenarbeit gegeben hat. Die KSZE-Schlussakte ist bisher der umfassendste Versuch multilateraler Zusammenarbeit trotz unterschiedlicher Gesellschaftssysteme. Gerade weil die deutsche Frage auf der Konferenz über Sicherheit und Zusammenarbeit in Europa ausgeklammert wurde […], konnte die Konferenz erfolgreich abgeschlossen werden.

Hans-Jürgen Wischnewski, Vom Feindstaat zum Vertragspartner, in: Aus Politik und Zeitgeschichte, 18. Dez. 1982, S. 12 ff.

d) Uwe Ronneburger (FDP), 1982

Es war und konnte nicht die Absicht sein, die besondere Lage in Deutschland zu verändern, vor allem auch deshalb nicht, weil eine friedensvertragliche Regelung für Deutschland noch immer aussteht und weil bis zu diesem Zeitpunkt die Rechte und Verantwortlichkeit der vier Mächte in Bezug auf Berlin und Deutschland als Ganzes unverändert fortbestehen. Dessen ungeachtet war es möglich, von einer Politik der Konfrontation zu einem gemeinsamen Bemühen der Zusammenarbeit auf vielen Gebieten zu gelangen. Dennoch kann und darf nicht unberücksichtigt bleiben, dass Rückschläge und Enttäuschungen über Verhaltensweisen der Führung der DDR zu verzeichnen sind. […] Es kann auch nicht übersehen werden, dass in den Bereichen des Umweltschutzes, der Rechts- und Amtshilfe zwischen Gerichten und Staatsanwaltschaften, der Wissenschaft und Technik sowie der Kultur bisher keine vertraglichen Regelungen möglich waren.

Uwe Ronneburger, Die deutsch-deutschen Beziehungen in den 70er-Jahren, in: Aus Politik und Zeitgeschichte, 18. Dez. 1982, S. 21 f.

1 Fassen Sie die Positionen in M 49 a–d zusammen.
2 Untersuchen Sie Unterschiede und Gemeinsamkeiten.

M 50 Der Historiker Manfred Görtemaker über die Wirtschafts- und Finanzpolitik der Regierung Kohl (2002)

Ohne große Verzögerungen wurden nun innerhalb von elf Wochen der unter der Regierung Schmidt liegen gebliebene Haushalt 1983 über die Bühne gebracht und eine Reihe von Begleitgesetzen initiiert, die Signale für eine Wiederbelebung der Konjunktur setzen und die Voraussetzungen für eine Verbesserung der Leistungsbilanz schaffen sollten. Auch wenn diese Ziele im Einzelnen nicht immer erreicht wurden […], waren die wirtschaftspolitischen Erfolge der neuen Regierung doch beträchtlich. So lag das Wachstum des Bruttosozialprodukts, das 1982 noch um 1,0 Prozent abgenommen hatte, ab 1983 wieder über 2,5 Prozent. Durch eine restriktive Haushaltspolitik unter dem neuen Finanzminister Gerhard Stoltenberg wurde die öffentliche Verschuldung deutlich vermindert. Ein Rekord-Außenhandelsüberschuss von 110 Milliarden DM machte die Bundesrepublik bereits ab 1986 zur stärksten Handelsnation der Welt. Die Inflationsrate wurde von 5 Prozent 1982 auf –0,2 Prozent 1986 gedrückt (zuletzt waren die Preise 1953 gesunken).

Ein Schatten auf dieser Erfolgsbilanz war allerdings die Arbeitslosigkeit. Zwar wurden seit dem Sommer 1983 etwa 600 000 neue Arbeitsplätze geschaffen. Aber die Zahl der Arbeitslosen, die 1982 1,83 Millionen und 1983 2,26 Millionen betragen hatte, verringerte sich dadurch kaum. Sie lag 1989 weiterhin bei 2,04 Millionen und sank erst im Zuge der deutschen Vereinigung 1990 bis 1993 vorübergehend unter die Zwei-Millionen-Marke. Die Beseitigung der Arbeitslosigkeit blieb daher ein Dauerthema. In den Achtzigerjahren hoffte man dabei seitens der Bundesregierung, dass die Verbesserung der wirtschaftlichen Rahmenbedingungen letztlich auch zu mehr Investitionen und damit zur Schaffung neuer Arbeitsplätze führen würde. Außenwirtschaftliche Faktoren gaben dieser Hoffnung zusätzlich Auftrieb: Der Preisverfall beim Erdöl bewirkte Mitte der Achtzigerjahre einen Kaufkraftschub von etwa 40 Milliarden DM und kam damit einem gigantischen Konjunkturprogramm gleich, dessen Umfang in der Geschichte der Bundesrepublik beispiellos war. Der Exportboom, der die Konkurrenzfähigkeit deutscher Waren auf dem Weltmarkt bewies, würde – wenn er anhielt – der deutschen Wirtschaft die nötige Stärkung auch im Innern geben. Die wirtschafts- und finanzpolitische Solidität der Regierung Kohl würde sich dann auch für die Arbeitnehmer auszahlen, die zunächst durch Arbeitslosigkeit und Leistungseinschränkungen in der Sozialpolitik einen erheblichen Teil der Lasten tragen mussten.

Abgesehen von der Arbeitslosigkeit erschien die Wirtschaft damit wieder in einem günstigen Licht. Die positiven wirtschaftlichen Rahmendaten boten auch gute Voraussetzungen für die Befriedigung des gewaltigen staatlichen Finanzbedarfs im Zuge der deutschen Einigung.

Manfred Görtemaker, Kleine Geschichte der Bundesrepublik Deutschland, C. H. Beck, München 2002, S. 327 f.

Deutschland nach 1945

1 Fassen Sie die Bilanz Görtemakers zur Wirtschafts- und Finanzpolitik der Regierung Kohl zusammen.

2 Der Historiker Andreas Rödder bilanziert, dass unter Bundeskanzler Kohl „eine ‚sanfte Konsolidierung des westdeutschen Sozialstaates' (Claus Offe) [...] unter Wahrung des sozialen Konsens" gelungen sei. Nehmen Sie zu dieser Einschätzung begründet Stellung, indem Sie die wirtschafts- und sozialpolitischen Daten aus M 50 und M 51 a–c berücksichtigen.

M 51 Finanz- und Sozialpolitik in der Bundesrepublik der 1980er-Jahre

a) Ausgaben und Einnahmen des öffentlichen Haushalts in der Bundesrepublik 1982–1989 (in Mrd. DM; in laufenden Preisen)

Jahr	Ausgaben	Einnahmen	Finanzierungssaldo	Kredite (netto)
1982	561,61	491,64	–69,64	68,20
1983	570,08	514,77	–55,29	56,16
1984	583,58	537,06	–46,50	49,78
1985	604,40	565,07	–39,30	40,49
1986	628,60	586,27	–42,30	41,60
1987	651,33	600,24	–51,07	48,69
1988	671,47	619,66	–51,78	55,61
1989	701,48	674,38	–27,07	33,61

b) Sozialhilfeaufwand und Sozialhilfeempfänger in der Bundesrepublik 1965–1990 (in Mrd. DM; in laufenden Preisen)

Jahr	insg.	Hilfe zum Lebensunterhalt	Hilfe in besonderen Lebenslagen	Empfänger in 1000
1965	2,11	0,83	1,27	1404
1970	3,34	1,18	2,15	1491
1975	8,41	3,02	5,38	2049
1980	13,27	4,34	8,93	2144
1985	20,85	8,02	12,82	2814
1987	25,20	10,27	14,93	3136
1989	28,77	11,81	16,96	3626
1990	31,78	12,98	18,81	3754

c) Soziale Leistungen der öffentlichen Haushalte an private Haushalte in der Bundesrepublik 1960–1989 (ohne Sachleistungen; in laufenden DM-Preisen; früheres Bundesgebiet)

Jahr	insgesamt Mio. DM	%	Anteil in %[2]	vom Staat[1] Sozialversicherung	Gebietskörperschaften	von Privat[3]	öffentl. Pensionen und Beihilfen insgesamt[4]
1960	40 140		13,2	24 750	7 020	1 260	7 110
1970	94 460	+ 9,2	14,0	59 970	14 100	3 360	17 030
1975	195 590	+24,2	19,0	125 600	34 940	6 330	28 720
1980	265 720	+ 6,4	18,0	174 390	43 210	9 830	38 290
1981	288 120	+ 8,4	18,7	188 440	48 420	10 680	40 580
1982	305 360	+ 6,0	19,2	203 430	48 700	11 560	41 670
1983	309 980	+ 1,5	18,5	206 830	48 400	12 350	42 400
1984	314 380	+ 1,4	17,8	210 200	48 340	13 160	42 680
1985	323 390	+ 2,9	17,6	215 260	49 070	15 120	43 940
1986	336 930	+ 4,2	17,4	220 980	52 980	17 100	45 870
1987	354 060	+ 5,1	17,7	232 050	55 500	18 690	47 820
1988	370 450	+ 4,6	17,6	245 000	55 950	20 180	49 320
1989	385 770	+ 4,1	17,2	254 320	58 350	21 800	51 300

1 Ohne Pensionen und Beihilfen.   2 Anteil am Bruttosozialprodukt.   3 Von Unternehmen, privaten Haushalten, privaten Organisationen ohne Erwerbszweck und Ausland ohne Pensionen und Beihilfen.   4 Vom Staat, von öffentlichen Unternehmen und privaten Organisationen ohne Erwerbszweck (z. B. Kirchen).

M 51 a–c: Dieter Grosser u. a. (Hg.), Deutsche Geschichte in Quellen und Darstellung, Bd. 11, Reclam, Stuttgart 1996, S. 134 f., 158

1 Vergleichen Sie die Entwicklung von Ausgaben und Einnahmen des Bundeshaushaltes 1980–1989.

2 Untersuchen Sie den Anteil der Sozialausgaben am Bundeshaushalt von 1960 bis 1989 und erklären Sie Anstieg und Rückgang dieser Ausgaben aus der politischen und wirtschaftlichen Situation.

3 Untersuchen Sie den Aufwand für Sozialhilfe von den Sechzigerjahren bis in die Achtzigerjahre und erörtern Sie dabei die wirtschaftlichen Ursachen und sozialen Folgen der Entwicklung.

5 Deutschland nach 1945

3.4 Abschottung und Resignation: Die DDR 1961–1982

Wirtschaftliche Reformversuche

Der Mauerbau beendete das Experiment, den Sozialismus in einem Land mit offener Grenze aufzubauen, und nicht zu Unrecht galt der 13. August 1961 als „heimlicher Gründungstag" der DDR. „Wissenschaftlich-technische Revolution" – das war der Schlüsselbegriff der nach dem Mauerbau in der DDR einsetzenden „Modernisierungs"-Politik. Mit wissenschaftlichen Planungs- und Produktionsmethoden sollte die Wirtschaft selbstverantwortlich und effizienter arbeiten, eine „sozialistische" Leistungsgesellschaft entstehen. Jüngere Fachleute und Wissenschaftler stiegen in die Führungen von Partei, Staat und Wirtschaft auf. Das 1963 verkündete Neue Ökonomische System der Planung und Leitung (NÖSPL) zeigte zunächst Erfolge. 1969 war die Industrieproduktion der DDR mit 17 Mio. Einwohnern größer als die des Deutschen Reiches 1936 mit 60 Mio. Einwohnern. Die Produktion von Konsumgütern stieg und damit der Lebensstandard sowie vorübergehend die Zufriedenheit der Bevölkerung. 1970 besaßen von 100 Haushalten 15 ein Auto, 53 eine Waschmaschine und 56 einen Kühlschrank. Der Erfolg der NÖSPL wurde jedoch von der SED selbst teilweise verspielt, um ihr Machtmonopol zu sichern. Zwischen den alten Parteifunktionären und den jungen Fachleuten gab es Zuständigkeitskonflikte. Als auch die Sowjetunion Druck auf die DDR-Führung ausübte, wurde ab 1967 die Planung wieder stärker zentralisiert.

Ausbau des Bildungswesens

Um das angestrebte „Weltniveau" in der Wirtschaft zu erreichen, mobilisierte die SED alle Arbeitskraftreserven und baute das Bildungssystem aus. Schon 1960 übten rund 70 % aller Frauen im arbeitsfähigen Alter einen Beruf aus, bis 1970 stieg die Quote auf über 80 % und bis 1988 auf mehr als 90 %. Seit den Sechzigerjahren strebte die DDR-Führung dazu eine bessere berufliche Ausbildung der Frauen an. Diesem Zweck diente auch das 1965 beschlossene „Gesetz über das einheitliche sozialistische Bildungssystem". Nach den neuen Lehrplänen hatten Mathematik und Naturwissenschaften als Basis der „wissenschaftlich-technischen Revolution" einen viel höheren Stellenwert als zur gleichen Zeit in der Bundesrepublik. Zudem führte die von allen Schülerinnen und Schülern besuchte zehnklassige „allgemein bildende polytechnische Oberschule" in die Grundlagen der Produktionstechnik ein. Übergeordnet blieb trotz allem der ideologische Erziehungsauftrag. Schüler und Studierende waren laut Gesetz „zur Liebe zur DDR und Stolz auf die Errungenschaften des Sozialismus zu erziehen, um bereit zu sein, alle Kräfte der Gesellschaft zur Verfügung zu stellen, den sozialistischen Staat zu stärken und zu verteidigen".

Resignation und Nischengesellschaft

Unmittelbar nach dem Mauerbau gab es Unruhen in der DDR-Bevölkerung, aber schon bald resignierten die DDR-Bürger und richteten sich notgedrungen in der neuen Situation ein. Die SED, durch die Mauer in ihrer Machtposition geschützt, konnte ihre Herrschaft festigen. 1967 zählte sie 1,8 Mio. Mitglieder. Trotz der weiter bestehenden stalinistischen Struktur der Partei veränderten sich unterdessen deren Herrschaftsmethoden. Der Terror nahm ab. Ideologische Überzeugungsarbeit und bessere Lebensverhältnisse sollten die Loyalität der Bevölkerung sichern.

In der durch die Mauer abgeschotteten DDR arrangierten sich Regierende und Regierte: Die Bevölkerung nahm den Herrschaftsanspruch der SED hin, bestätigte ihn auf den pflichtgemäßen Versammlungen und Demonstrationen sowie durch passives „Zettelfalten" bei den Wahlen. Die Nationale Front (Dachverband aller Parteien und gesellschaftlichen Gruppen) stellte bei Wahlen eine Einheitsliste auf, bei der die Mandate nach einem bestimmten Schlüssel im Voraus zugeteilt waren. Von der Möglichkeit, auf der Liste einzelne Kandidaten zu streichen und damit andere „hochzuwählen", machten nur wenige Wähler Gebrauch. Nach dem Wahlgesetz konnte geheim gewählt werden. Als „normaler" Wahlakt galt jedoch das öffentliche Einwerfen des unveränderten Stimmzettels („Zettelfalten").

Im Gegenzug ließ die SED die Bevölkerung, soweit sie nicht offen gegen die kommunistische Herrschaft opponierte, weitgehend in Ruhe. Kennzeichnend für das Denken und Handeln vieler DDR-Bürger war ein gespaltenes Bewusstsein: Öffentlich heuchelte man Zustimmung zur DDR, privat

Deutschland nach 1945 5

M 52 Aufmarsch von Betriebskampfgruppen zum 30. „Geburtstag der DDR" 1979, Fotografie. Solche militärischen Aufmärsche überdecken für Außenstehende das Alltagsleben in der DDR.

zog man sich in „Nischen" im Familien- und Freundeskreis zurück (M 52). Ansätze zu einer politischen Opposition zeigten sich erstmals wieder 1968 im Zusammenhang mit dem reformkommunistischen Kurs in der ČSSR. Der „Prager Frühling" wurde im August 1968 durch den Einmarsch von Soldaten des Warschauer Pakts beendet. Für die DDR-Opposition um den Physikprofessor Robert Havemann (1910–1982) und den Liedermacher Wolf Biermann (geb. 1936) aber blieb der „demokratische Kommunismus" die große Alternative zum SED-Staat.

Von Ulbricht zu Honecker Die relativen ökonomischen Erfolge und die politische „Friedhofsruhe" in den Sechzigerjahren hatten das Selbstbewusstsein der DDR-Führung gestärkt; sie verstand sich mehr und mehr als „Juniorpartner" der Sowjetunion im Ostblock. Als diese um 1970 auf die Entspannungspolitik der sozial-liberalen Koalition in Bonn einging, verweigerte sich die SED. Wie wenig stabil deren Herrschaftssystem tatsächlich war, offenbarten Ovationen von DDR-Bürgern für Bundeskanzler Willy Brandt anlässlich seines Erfurtbesuches im Jahr 1970. Zur Sicherung ihrer eigenen Entspannungspolitik drängte die sowjetische Führung auf Ablösung Walter Ulbrichts. Im Mai 1971 trat dieser als 1. Sekretär der SED zurück, sein Nachfolger wurde Erich Honecker (1912–1994), der die Führungsrolle der UdSSR wieder als verbindlich anerkannte. 1971/72 wurden das Berlinabkommen und der Grundlagenvertrag vereinbart (s. S. 382).

„Real existierender Sozialismus" Die ersten Amtsjahre Honeckers gelten heute noch manchem als die besten Jahre der DDR: Sie wurde als souveräner Staat weltweit diplomatisch anerkannt; der Wohlstand des „kleinen Mannes" stieg; die katastrophale Wohnungslage verbesserte sich durch den Neubau von zwei Millionen Wohnungen zwischen 1971 und 1984; die Jugendlichen spürten weniger Gängelung, durften lange Haare und Jeans tragen und westliche Musik hören; die Künstler und Intellektuellen forderte Honecker gar auf, kritischer und farbiger zu werden. Der „real existierende Sozialismus", wie die kommunistischen Gesellschaften des Ostblocks in Abgrenzung zu freiheitlich-demokratischen Sozialismusvorstellungen bezeichnet werden, sollte verbessert, die Menschen nicht auf eine Utopie in ferner Zukunft vertröstet werden. Unverändert blieb jedoch der absolute Herrschaftsanspruch der SED bestehen. Von der neuen Sozialpolitik profitierten besonders die Frauen. Der Ausbau von Kindergärten und Vorschulklassen entlastete die überwiegend berufstätigen Mütter. Für Frauen mit Kindern verminderte sich die Wochenarbeitszeit auf 40 Stunden. 1976 wurde ein bezahltes „Babyjahr" ab dem zweiten und 1986 auch für das erste Kind eingeführt. Die Konzentration der Frauenförderung auf die Mütter verfestigte allerdings auch die traditionelle Rollenverteilung der Geschlechter und die Doppelbelastung der Frauen durch Familie und Beruf.

5 Deutschland nach 1945

M 53 Käuferschlange vor einer Fleischerei in Leipzig, 1980, Fotografie

Wirtschaftskrisen und ideologische Verhärtungen Die SED konnte ihre neue Sozialpolitik in der zweiten Hälfte der Siebzigerjahre nicht fortsetzen. Denn die Öl- und die Weltwirtschaftkrise brachten auch die seit 1972 praktisch völlig verstaatlichte DDR-Wirtschaft in Schwierigkeiten; hohe Auslandsschulden mussten getilgt werden. Der Lebensstandard stagnierte. Zwar war er so hoch wie nie und weit höher als in den anderen Ostblockstaaten. Dennoch kehrte die Unzufriedenheit über die sozialistische Mangelwirtschaft zurück (M 53, M 54).

Die vorsichtige Öffnung des Systems als Konsequenz der Entspannungspolitik und der KSZE-Schlussakte von Helsinki 1975 ermunterte die Opposition in der DDR zur Forderung nach einer Liberalisierung des Systems. Robert Havemann verlangte 1976 die Zulassung unabhängiger Oppositionsparteien und Zeitungen. Rudolf Bahros (geb. 1935) im Westen erschienenes Buch „Die Alternative" erregte Aufsehen, weil es vom marxistischen Standpunkt aus eine radikale Kritik am sozialistischen System der DDR formulierte. Die Unzufriedenheit mit den Verhältnissen soll 1976 100 000 Bürger dazu bewogen haben, einen Antrag auf Übersiedelung in die Bundesrepublik zu stellen. Die SED reagierte erneut mit Repression. Havemann wurde unter Hausarrest gestellt, Bahro zu acht Jahren Zuchthaus verurteilt, Wolf Biermann 1976 während einer Vortragsreise im Westen ausgebürgert; Proteste von Schriftstellern und Künstlern gegen die Ausbürgerung ihres Kollegen wurden bestraft und 1979 das politische Strafrecht verschärft.

M 54 Die Unzufriedenheit der DDR-Bürger über die Mangelwirtschaft des Sozialismus

a) Ausstattung privater Haushalte in der DDR mit hochwertigen Konsumgütern 1960–1987

	1960	1970	1980	1987	BRD 1987
Personenkraftwagen	3,2	15,6	36,8	49,9	94,8
Fernsehempfangsgeräte	16,7	69,1	88,1	95,2	100,0
darunter: Farbfernsehgeräte	–	0,2	16,8	46,5	91,2
Haushaltskälteschränke	6,1	56,4	99,0	99,0	100,0
darunter: Gefrierschränke	–	0,5	12,5	38,2	76,0
Haushaltswaschmaschinen	6,2	53,6	80,4	96,9	98,2
Telefon		9,7	11,6	15,5	96,5

Werner Weidenfeld/Hartmut Zimmermann (Hg.), Deutschland-Handbuch, Bonn 1989, S. 300

Deutschland nach 1945

b) Zwei Gedichte zur Erfolgsideologie der Planwirtschaft von Wolfgang Hinkeldey

ERFOLGSMELDUNG
Auch in diesem Jahr traten
Beim Zersägen unserer Bretter
Keinerlei Späne auf

ERFOLG UNSER
ERFOLG UNSER, der
Du stehst in der Zeitung
Geheiligt werde dein Wortlaut
Deine Ziffer melde
Dein Optimismus blühe
Wie im Rundfunk
Also auch im Fernsehen
Unser ruhiges Gewissen
Gib uns täglich
Und vergib uns unsere Kritik
Wie wir vergeben
Unseren Kritikern
Und führe uns
Nicht in Versuchung
Sondern erlöse uns
Von allen Zweifeln
Denn dein ist die Genehmigung
Und unsere Karriere
Also auch unser Beifall
In Ewigkeit
Hurra

Thomas Auerbach, DDR-Konkret, Berlin 1984, S. 61

c) Der westdeutsche Journalist Theo Sommer beschreibt 1964 die Bedürfnisse der DDR-Bevölkerung

Die Wünsche der Zonenbevölkerung sind daher schon weniger auf das Elementare gerichtet als vielmehr auf ein bescheidenes Quäntchen Luxus, auf ein bisschen Exquisites: auf ein Stück französischer Seife oder eine bestimmte Marke amerikanischer Rasierklingen. Nicht Schokolade wollen sie, sondern gute Schokolade, vielleicht aus der Schweiz, nicht Zigaretten, sondern West-Zigaretten; nicht Nylons, sondern nahtlose Nylons. Und sie träumen vom eigenen Wagen wie die Menschen diesseits der Grenze – bloß dass die Wagen jahrelange Lieferfristen haben und dreimal so teuer sind wie bei uns.

Theo Sommer, Zwischen Mauer und Plakatwand, in: Marion Gräfin Dönhoff, Reise in ein fernes Land, Hamburg 1965, S. 101

d) Die „Frankfurter Rundschau" zur Mangelwirtschaft (1980)

„Aushalten" und „Durchstehen": Daran haben sich die Bürger […] in 30 Jahren DDR durchaus gewöhnt. Man weiß längst, dass die beste Qualitätsarbeit der Betriebe des Landes nie auf den heimischen Markt kommt. Beliefert wird in der Regel in dieser Reihenfolge: Armee, NSW (nicht sozialistisches Wirtschaftsgebiet, also westliche Länder), Sowjetunion, SW (sozialistisches Wirtschaftsgebiet), DDR. Mit anderen Worten: Die DDR-Betriebe liefern ihre beste Qualitätsware […] für den Westexport oder in die Sowjetunion, sieht man einmal von der Armee ab.

Frankfurter Rundschau, 18. Februar 1980

1 Interpretieren Sie die beiden Gedichte zur DDR-Erfolgsideologie in M 54 b:
a) Beschreiben Sie, welche Mittel der Staat einsetzte, um die DDR-Bürger von der Richtigkeit der sozialistischen Planwirtschaft zu überzeugen.
b) Skizzieren Sie die wichtigsten Kritikpunkte des Dichters an der offiziellen Propaganda des DDR-Regimes.

2 Untersuchen Sie nach M 54 a die Erfolge der DDR-Wirtschaftspolitik.

3 Analysieren Sie nach M 54 c und d die Ursachen für die Unzufriedenheit der DDR-Bürger (s. auch M 53).

5 Deutschland nach 1945

3.5 Niedergang und Verfall: Die DDR 1983–1988

Wirtschaftskrisen und soziale Unzufriedenheit

Die Stagnation seit 1976 mündete in den Achtzigerjahren in eine **allgemeine Systemkrise** der DDR ein, die lange verdeckt blieb: durch den weiterlaufenden Partei- und Staatsapparat, die Vorteile der von der EG privilegierten Wirtschaftsbeziehungen zur Bundesrepublik und glanzvolle Ereignisse wie die Eröffnung der wieder aufgebauten Semper-Oper in Dresden 1985 oder den Besuch Erich Honeckers in Bonn 1987 (M 55). Die Systemkrise zeigte sich erstens als Wirtschaftskrise. Schon 1982 drohte der DDR ein finanzieller Ruin, der durch einen vom CSU-Vorsitzenden Franz-Josef Strauß 1983 vermittelten Milliardenkredit abgewendet werden konnte. Diese finanzielle Unterstützung verhinderte jedoch nicht den **ökonomischen Niedergang** der veralteten und technologisch rückständigen DDR-Industrie und auch nicht die sich ausweitende **Umweltkatastrophe**, weil für Umweltschutz kein Geld vorhanden war. Die Bürger verdienten zwar gut, hochwertige Konsumgüter waren aber teuer und nur schwer zu bekommen.

Die Unzufriedenheit der DDR-Bürger mit der wirtschaftlichen und sozialen Situation führte zweitens zu einer **Glaubwürdigkeitskrise**. Viele Bürger gaben die Hoffnung auf bessere Verhältnisse auf. Die politische **Distanz zum Staat** wuchs, vor allem bei den Jüngeren. Mitverantwortlich dafür waren die „bedarfsgerecht" gelenkte Berufsausbildung und die eingeschränkte Möglichkeit zu studieren. 1972 gab es insgesamt rund 150 000 Studierende in der DDR, 1984 nur noch 130 000. Die Jüngeren fühlten sich um ihre Zukunft betrogen: Weder sozialen Aufstieg wie den Älteren noch die Verwirklichung individueller Lebensentwürfe gestand ihnen ihr „vormundschaftlicher" Staat zu. Es wurde immer deutlicher, dass das Regime nicht in der Lage war, die Versprechungen auf die Verbesserung der allgemeinen Lage einzulösen.

Die innere Krise wurde drittens verstärkt durch die zunehmende **außenpolitische Isolierung** der DDR. Ängstlich auf ihre Macht bedacht, vergaß sie, wer diese Macht garantierte: die Sowjetunion. Zwar begrüßte die SED die vom sowjetischen Parteichef Michail Gorbatschow 1985 eingeleitete neue Runde der Entspannungspolitik, weigerte sich aber, die innenpolitischen Reformen, **„Perestroika"** und **„Glasnost"**, auf die DDR zu übertragen. „Keine Fehlerdiskussion", lautete die Devise. Damit begab sich die DDR-Führung in einen ideologischen Zweifrontenkrieg. Wie sollte sie ihren Bürgern klarmachen, dass nicht nur der „imperialistische Westen", sondern auch die „brüderliche Schutzmacht" Sowjetunion eine Gefahr für die DDR darstellte?

Welche Ursachen es auch für das schnelle Ende der DDR gegeben haben mag, ein Grund war das nie ausgelöschte Bewusstsein der Menschen zwischen Elbe und Oder, die DDR sei ein **Staat auf Zeit**, denn eigentlich gehörten sie einem größeren nationalen Zusammenhang an. Für die „Gründerväter" der DDR schlossen sich **„sozialistisch" und „deutsch"** nicht aus. Artikel 1 der DDR-Verfassung von 1949 lautete: „Deutschland ist eine unteilbare demokratische Republik." Wie die Bundesrepublik beanspruchte die DDR in den ersten Jahren, der eigentliche Kern eines gesamtdeutschen Nationalstaates zu sein. Die Verse „Wenn wir brüderlich uns einen, schlagen wir des Volkes Feind!" in der Nationalhymne der DDR reflektierten dieses Selbstverständnis.

„Zwei-Staaten-Theorie"

Nach 1955, nach der Verkündung der „Zwei-Staaten-Theorie" (s. S. 352), definierte sich die DDR mehr und mehr durch **Abgrenzung zur Bundesrepublik**. Schöpfer der Verfassung von 1968 war dann auch nicht mehr das „deutsche Volk", sondern das „Volk der Deutschen Demokratischen Republik" gab sich eine „sozialistische Verfassung" für einen „sozialistische[n] Staat deutscher Nation" (Artikel 1). Der Text der Nationalhymne wurde seit Anfang der Siebzigerjahre bei offiziellen Anlässen nicht mehr gesungen. Mit der Verfassung von 1974 entfiel jeder Hinweis auf die deutsche Nation. Artikel 1 bestimmte, die DDR sei ein „sozialistischer Staat der Arbeiter und Bauern". Das Wort „deutsch" ließ sich in der DDR zwar nicht vermeiden, aber der Begriff „Deutschland" verschwand weitgehend aus der offiziellen Sprache – mit drei Ausnahmen: Die Staatspartei hieß bis 1989 „Sozialistische Einheitspartei Deutschlands", ihr Zentralorgan „Neues Deutschland". Und die sowjetischen Truppen in der DDR bezeichneten sich weiterhin als „Gruppe der sowjetischen Streitkräfte in Deutschland".

Deutschland nach 1945 5

Integrationsideologien des SED-Regimes

Allein mit dem Sozialismus ließ sich die Loyalität der Bevölkerung jedoch offensichtlich nicht begründen. Seit Anfang der Achtzigerjahre traten zwei Elemente hinzu. Zum einen versprach die DDR-Führung ihren Bürgern „Gesetzlichkeit, Ordnung und Sicherheit". „Geborgenheit" lautete die neue Losung. Zum anderen beschwor die DDR das „Erbe" der ganzen deutschen Geschichte. Das „Erbe" der revolutionären Traditionen hatte man stets für sich reklamiert, 1984 erklärte die DDR-Führung erstmals, die DDR sei „tief und fest" in der „ganzen deutschen Geschichte verwurzelt". Die DDR-Geschichtswissenschaft entdeckte an Martin Luther oder Otto von Bismarck plötzlich „progressive Züge". Unbefangener als westdeutsche Historiker bezeichnete Honecker den Preußenkönig Friedrich II. als „den Großen". Die Geschichte öffnete so ein Hintertürchen fürs Nationale.

Formen und Möglichkeiten der Opposition

Nach 1961, nach dem Mauerbau, artikulierte sich Widerstand oder Distanz zum System in der DDR in drei Formen: als Ausreisebegehren, als praktiziertes Christentum oder als politische Opposition. Zwischen den drei Gruppen bestand ein spannungsreiches Miteinander, manchmal auch Gegeneinander.

Die Ausreisewelle nahm in den Achtzigerjahren eine neue Qualität an. Die Zahl der Anträge auf „Entlassung aus der Staatsbürgerschaft" stieg. Ausreisewillige schlossen sich in Gruppen zusammen, suchten die Öffentlichkeit, besetzten spektakulär Botschaften westlicher Staaten (M56).

Die Kirchen bildeten von jeher den einzigen staatsfreien Raum in der DDR, von der SED zwar nicht geliebt, aber anders als in der Sowjetunion im Großen und Ganzen geduldet, solange sie sich auf kirchliche und karitative Aufgaben beschränkten. 1989 gehörte noch mehr als ein Drittel der DDR-Bürger einer Kirche an, allein 30 Prozent der evangelischen. Ihrem Verständnis von der Aufgabe der Christen in der Welt folgend, ließ sich die evangelische Kirche die Grenzen ihres Handelns nicht von der SED vorschreiben, geriet immer wieder in Konflikt mit der „Obrigkeit" DDR. Vor allem wegen ihrer Proteste führte die DDR 1964 als einziger Ostblockstaat eine Art zivilen Ersatzdienst ein. Statt als Soldaten wurden religiös motivierte Pazifisten als „Bausoldaten" eingesetzt. Bis 1969 bildeten die evangelischen Kirchen Deutschlands in der EKD sogar noch eine gesamtdeutsche Einheit, erst dann erfolgte mit der Gründung des „Bundes der evangelischen Kirchen in der DDR" eine kirchliche Spaltung. Seit 1971 benutzten die kirchlichen Vertreter die mehrdeutige Formel „Kirche im Sozialismus". Das eröffnete Freiräume der Kritik, auch am „real existierenden Sozialismus". Und obwohl die meisten evangelischen Gemeinden sich eher als „unpolitisch" verstanden, solange Staat und Partei sie in Ruhe ließen, engagierte sich eine wachsende Zahl überwiegend jün-

M55 Empfang des Staatsratsvorsitzenden der DDR, Erich Honecker, durch die Bundesrepublik, 1987, Fotografie. Als die Bundesrepublik Honecker erstmals mit militärischen Ehren und den nationalen Symbolen der DDR empfing, symbolisierte dies für die SED-Führung endgültig die Akzeptanz der DDR als gleichberechtigten, selbstständigen Staat – auch wenn die Bundesregierung an der deutschen Einheit als Ziel festhielt.

5 Deutschland nach 1945

gerer Menschen in kirchlichen Bürgerrechts-, Ökologie- und Friedensgruppen. Kirchengruppen und -leitungen forderten Reisefreiheit und die Achtung von Menschenrechten und entwickelten sich zum Kristallisationspunkt oppositionellen Verhaltens. Seit Ende der Siebzigerjahre entstanden auch unabhängige Oppositionsgruppen, so 1985 die „Initiative Frieden und Menschenrechte". Dem unterschiedlich motivierten Widerstand bzw. der eindeutigen Distanz zum System gesellte sich scheinbar unpolitische Widersetzlichkeit bei. In Leipzig organisierten 1985 einige Maler staatsunabhängige Ausstellungen, die Zehntausende besuchten. 1987 versammelten sich bei Rockkonzerten vor dem Berliner Reichstag auf Ostberliner Seite der Mauer Tausende von Jugendlichen und riefen: „Die Mauer muss weg!" Die DDR-Führung reagierte auf den neuen zivilen Ungehorsam wie gewohnt mit Verhaftungen und Ausweisungen. Das Ministerium für Staatssicherheit steigerte seine Macht; am Ende der DDR soll es 85 000 hauptamtliche und 108 000 Inoffizielle Mitarbeiter (IM) beschäftigt haben (M 57).

M 56 Aus einem Lagebericht des Ministeriums für Staatssicherheit über die Motive für Ausreiseanträge und „Republikflucht" (1989)

Die zu diesem Komplex in den letzten Monaten zielgerichtet erarbeiteten Erkenntnisse beweisen erneut, dass die tatsächlichen Handlungsmotive zum Verlassen der DDR sowohl bei Antragstellungen auf ständige
5 Ausreise als auch für das ungesetzliche Verlassen im Wesentlichen identisch sind.

Sie haben sich in der Regel im Ergebnis eines längeren Prozesses der Entwicklung bestimmter Auffassungen und Haltungen und des Abwägens daraus abzuleiten-
10 der persönlicher Schlussfolgerungen herausgebildet und sind häufig verfestigt. Im Wesentlichen handelt es sich um ein ganzes Bündel im Komplex wirkender Faktoren.

Es zeigt sich, dass diese Faktoren unter dem Einfluss
15 der ideologischen Diversion des Gegners, insbesondere über die Massenmedien, und durch andere westliche Einflüsse – zunehmend vor allem über Rückverbindungen von ehemaligen Bürgern der DDR, Besuchsaufenthalte von DDR-Bürgern im westlichen
20 Ausland bzw. von Personen des nicht sozialistischen Auslandes in der DDR usw. – bei einer nicht unerheblichen Anzahl von Bürgern der DDR als Gründe/Anlässe sowohl für Bestrebungen zur ständigen Ausreise als auch des ungesetzlichen Verlassens der DDR genom-
25 men werden.

Die überwiegende Anzahl dieser Personen wertet Probleme und Mängel in der gesellschaftlichen Entwicklung, vor allem im persönlichen Umfeld, in den persönlichen Lebensbedingungen und bezogen auf die so
30 genannten täglichen Unzulänglichkeiten, im Wesentlichen negativ und kommt, davon ausgehend, insbesondere durch Vergleiche mit den Verhältnissen in der BRD und in Westberlin, zu einer negativen Bewertung der Entwicklung in der DDR.

35 Die Vorzüge des Sozialismus, wie z. B. soziale Sicherheit und Geborgenheit, werden zwar anerkannt, im Vergleich mit aufgetretenen Problemen und Mängeln jedoch als nicht mehr entscheidende Faktoren angesehen. Teilweise werden sie auch als Selbstverständlich-
40 keiten betrachtet und deshalb in die Beurteilung überhaupt nicht mehr einbezogen oder gänzlich negiert. Es kommt zu Zweifeln bzw. zu Unglauben hinsichtlich der Realisierbarkeit der Ziele und der Richtigkeit der Politik von Partei und Regierung, insbesondere bezo-
45 gen auf die innenpolitische Entwicklung, die Gewährleistung entsprechender Lebensbedingungen und die Befriedigung der persönlichen Bedürfnisse. Das geht einher mit Auffassungen, dass die Entwicklung keine spürbaren Verbesserungen für die Bürger bringt, son-
50 dern es auf den verschiedensten Gebieten in der DDR schon einmal besser gewesen sei. Derartige Auffassungen zeigen sich besonders auch bei solchen Personen, die bisher gesellschaftlich aktiv waren, aus vorgenannten Gründen jedoch „müde" geworden seien,
55 resigniert und schließlich kapituliert hätten.

Es zeigt sich ein ungenügendes Verständnis für die Kompliziertheit des sozialistischen Aufbaus in seiner objektiven Widersprüchlichkeit, wobei aus ihrer Sicht nicht erreichte Ziele und Ergebnisse sowie vor-
60 handene Probleme, Mängel und Missstände dann als fehlerhafte Politik interpretiert und gewertet werden.

Diese Personen gelangen in einem längeren Prozess zu der Auffassung, dass eine spürbare, schnelle und dauerhafte Veränderung ihrer Lebensbedingungen, vor
65 allem bezogen auf die Befriedigung ihrer persönlichen Bedürfnisse, nur in der BRD oder Westberlin realisierbar sei.

Obwohl in jedem Einzelfall ganz konkrete, individuelle Fakten, Erscheinungen, Ereignisse, Erlebnisse usw. im
70 Komplex auf die Motivbildung zum Verlassen der DDR einwirken, wird im Folgenden eine Zusammenfassung wesentlicher, diesbezüglicher zur Motivation führender Faktoren vorgenommen.

Deutschland nach 1945 5

Als wesentliche Gründe/Anlässe für Bestrebungen zur ständigen Ausreise bzw. das ungesetzliche Verlassen der DDR – die auch in Übereinstimmung mit einer Vielzahl Eingaben an zentrale und örtliche Organe/Einrichtungen stehen – werden angeführt:
- Unzufriedenheit über die Versorgungslage;
- Verärgerung über unzureichende Dienstleistungen;
- Unverständnis für Mängel in der medizinischen Betreuung und Versorgung;
- eingeschränkte Reisemöglichkeiten innerhalb der DDR und nach dem Ausland;
- unbefriedigende Arbeitsbedingungen und Diskontinuität im Produktionsablauf;
- Unzulänglichkeiten/Inkonsequenz bei der Anwendung/Durchsetzung des Leistungsprinzips sowie Unzufriedenheit über die Entwicklung der Löhne und Gehälter;
- Verärgerung über bürokratisches Verhalten von Leitern und Mitarbeitern staatlicher Organe, Betriebe und Einrichtungen sowie über Herzlosigkeit im Umgang mit den Bürgern;
- Unverständnis über die Medienpolitik der DDR.

Dieter Grosser u. a. (Hg.), Deutsche Geschichte in Quellen und Darstellung, Bd. 11, Reclam, Stuttgart 1996, S. 320–323

1 Bewerten Sie diese Analyse der Stasi unter der Fragestellung, ob und inwieweit sie die Motive der Menschen angemessen berücksichtigt hat.

M 57 Das Stasi-Spitzelsystem

a) Aus einem Interview mit einer ehemaligen „IM" (1990)

Monika H. war seit 1981 Inoffizielle Mitarbeiterin (IM) der Stasi. In deren Auftrag ging sie 1983 in die Oppositionsgruppe „Frauen für den Frieden" und später in die „Initiative Frieden und Menschenrechte". Ende Mai 1989 offenbarte sie selbst ihre Stasi-Mitarbeit. Im Frühjahr 1990 führten Irena Kukutz und Katja Havemann, über deren oppositionelle Aktivitäten sie jahrelang ebenfalls der Stasi berichtet hatte, mehrere Gespräche mit ihr.

Red.: Also, wie hast du dich eigentlich anfangs der Stasi verpflichtet?
Monika H.: Ich habe ganz zu Anfang eine Erklärung geschrieben. Die haben sie mir diktiert. Es stand darin, dass ich für sie arbeite, dass ich das freiwillig tue und dass ich mit niemandem darüber rede […].
Red.: Ich stelle mir vor, dass sie dir auch gesagt haben, was auf dich zukommt.
Monika H.: Nein, die wollten nur, dass ich ihnen berichte, was ich höre.
Red.: Hast du zu dieser Zeit Zweifel gehabt, ob du das Richtige tust?
Monika H.: Offen gestanden, nein. Ich habe mich im Gegenteil gewundert, dass die Stasi nicht schon viel früher auf mich gekommen ist. Weil ich doch wirklich eine absolut zuverlässige Genossin war. […]
Red.: Bist du später in Zweifel gekommen?
Monika H.: Na, und ob.
Red.: Wie kam das?
Monika H.: Ihr wart nicht die Feinde, wie ich mir Feinde vorgestellt hatte. Ich musste mir das immer wieder kräftig einreden, dass ihr was ganz Schlimmes gegen den Staat tut. […]
Red.: Bei den „Frauen für den Frieden" und dann in der „Initiative Frieden und Menschenrechte", welche speziellen Aufgaben hattest du da?
Monika H.: Ich bin nie auf jemanden angesetzt worden. […] Natürlich habe ich von der „Initiative" erzählt, natürlich habe ich erzählt, was die „Frauen" vorhaben. Meine Aufgabe bestand darin, Gerüchte zu streuen und dies und jenes zu stören. […] Berichte schreiben musste ich nicht. Nur Frage, Gegenfrage. […]
Red.: Du hast uns für deine Feinde gehalten. War da Verachtung oder Überlegenheit? Ich kann mir nicht vorstellen, mit welchen Gefühlen du uns gesehen hast.
Monika H.: Ihr wart Feinde, obwohl ich wusste, dass ihr nicht den Staat stürzen wolltet. […] Ich habe doch viele Dinge, die wir gemeinsam gemacht haben, wirklich ehrlich mitgetragen. Das war ja auch die fiese Praxis, wie ich es heute sehe: Genossen, die innerhalb der Partei kritisch, aufmüpfig waren, zur Stasi zu bringen. Dann konnten die in den „feindlichen" Gruppen voll agieren, unter der schützenden Hand der Stasi ihr kritisches Potenzial verwirklichen. Das ist ja der Wahnsinn, diese Schizophrenie. […]
Red.: Fühlst du dich heute mehr als Täter oder als Opfer?
Monika H.: Das ist wirklich eine schwierige Frage. Ich bin Opfer meiner Erziehung, meines ganzen bisherigen Lebens. Und auf diesem Hintergrund war das eigentlich nur möglich. Zugleich fühle ich mich auch sehr als Täter. Ich empfinde mich immer stärker als Täter. Heute habe ich eine riesengroße Scham, die Schuld, Vertrauen benutzt zu haben. Ach, hör auf, ich finde das Ganze so schlimm. […]
Red.: Es waren ja nicht nur unsere politischen Aktivitäten, an denen du beteiligt warst. Auch persönlich hast du uns gut kennen gelernt. Welche Bedeutung hatte das für deine Auftraggeber?
Monika H.: Soweit ich über persönliche Dinge was erzählt habe, war das schon interessant für die. Aber ich

399

5 Deutschland nach 1945

b) Stasi-Observanten, fotografiert aus der Ständigen Vertretung der Bundesrepublik Deutschland in Ostberlin, 1982, Fotografie

habe mich da immer zurückgehalten. […] Es ging denen immer darum, in der Intimsphäre Zwiste zu säen, zu zerstören, wo man konnte.

Red.: Also war dieser Bereich für die Stasi sehr wohl interessant?

Monika H.: Er war äußerst interessant, wenn nicht interessanter als andere. Denn dort wart ihr ja zu treffen. […] Aber ich habe da nicht mitgemacht. […]

Red.: Hast du nicht selbst bemerkt, wie man entwurzelt wird, wenn man in diese Stasi-Arbeit einsteigt?

Monika H.: Ich war vorher entwurzelt. Und die Stasi hat mir die Wurzeln gegeben. Die hat mir scheinbar Geborgenheit gegeben. Für mich war das damals keine scheinbare Geborgenheit, sondern eine ganz reale Geborgenheit. Ich war ja wirklich mit Leib und Seele dabei: Ich war ja auch bei euch ganz dabei, aber renne gleichzeitig dahin und erzähle alles. […] Wenn ich mit euch spreche, schäme ich mich so. Ihr sitzt mir gegenüber, ich habe euch im Grunde genommen ständig missbraucht. […]

Red.: Ich habe einen schönen Satz gehört, der zu dem passt, worüber wir die ganze Zeit reden, und zwar: Geschichte kann man nicht bewältigen, weil Geschichte Erfahrung ist, mit der man täglich leben muss. Was sagt dir dieser Satz?

Monika H.: Das ist eine Aussage, die ich nicht teilen kann. Wenn ich aus der Geschichte, die ich erlebt habe, gewisse Erfahrungen ziehe, schlussfolgere, dann bewältige ich sie doch auch. […] Bewältigen würde für mich heißen, dass ich damit umgehen kann.

Red.: Was meinst du mit diesem Umgehenkönnen?

Monika H.: Dass ich jedem sagen kann, wer ich bin und was ich getan habe. Und auch welche Schlussfolgerungen ich aus meinen Erfahrungen gezogen habe, damit ich wieder ein normales Leben führen kann. Ich will offen sagen: Ich bin Monika H., ich habe für die Stasi gespitzelt, aus guten Gründen und bestem Gewissen heraus. Nun habe ich erkannt, dass es das Schlimmste war, was ich tun konnte. Eine ganz üble Geschichte. Mir hilft es, dass gerade du mit mir redest, der ich das angetan habe. Das ist der Versuch, dies gemeinsam zu bewältigen, denn es ist auch zugleich deine Erfahrung. – Jedoch wenn einer unter Bewältigung versteht, dass dann alles wieder gut ist und er genauso ein feiner Kerl ist wie vorher, dann ist das falsch. Mich bestraft ja nun keiner, ich kann mich nur selber bestrafen. Das kann mitunter quälender sein, als wenn du bestraft wirst. Dieses Schuldgefühl, ich weiß nicht, wie man das loswerden kann. Ich denke schon, ich muss an die Öffentlichkeit gehen, ich denke das wirklich. […] Mir helfen ja keine Ausflüchte. Ich habe ja auch mit dazu beigetragen, dass Leute in den Knast gekommen sind, egal, ob direkt oder nicht. Das ist so fürchterlich. Damit kann ich nur schlecht leben. Ich werde damit nicht fertig. Ich habe ja nicht im Affekt irgendjemandem geschadet, ich habe doch viel Schlimmeres gemacht. Das kann man nicht entschuldigen.

Irena Kukutz/Katja Havemann, Geschützte Quelle. Gespräche mit Monika H. alias Karin Lenz, Basisdruck, Berlin 1990, S. 35 ff.

1 Untersuchen Sie anhand von M 57 die konkrete Praxis der Stasi-Arbeit.

2 Versetzen Sie sich in die Rolle eines ausländischen Journalisten und schreiben Sie einen Bericht über die Folgen der Aufdeckung privater Bespitzelungen durch „IMs" in der ehemaligen DDR.

3.6 Frauen in Ost und West

Alltagsprobleme der Nachkriegszeit

Nach Kriegsende verfügten die Alliierten die **Arbeitspflicht** für Frauen im Alter von 15 bis 50 Jahren und für Männer von 14 bis 65 Jahren. Überall verrichteten Frauen in der Nachkriegszeit Schwerstarbeit, so bei der Schuttbeseitigung („Trümmerfrauen"), in Fabriken und auf dem Bau. Die Familie, oftmals die einzige Institution, die Schutz und emotionalen Halt bot, war aufs Äußerste belastet: Nicht selten reduzierte sie sich auf eine verwandtschaftliche Zwangsgemeinschaft und ökonomische Notgemeinschaft, in der die Frauen die Verantwortung für das „Durchkommen" trugen. Die aus dem Krieg heimkehrenden Männer, durch Betriebszerstörungen, Flucht und Vertreibung häufig ohne Arbeit und nicht mehr in der Rolle des Familienernährers, fühlten sich oft überflüssig, an den Rand gedrängt. Die Zahl der Ehescheidungen stieg zunächst stark an (s. auch S. 327).

Ein großer Teil der Frauen musste sich ohnehin alleine helfen, weil ihre Männer im Krieg getötet worden waren. Ihre Kinder waren früh selbstständig und sorgten für den Haushalt und die Geschwister. Trotz oder vielleicht wegen solcher Familienverhältnisse war das **Frauenideal** der Fünfziger- und frühen Sechzigerjahre in der Bundesrepublik die nicht berufstätige Hausfrau, die in der Sorge für ihren Ehemann und ihre Kinder aufging – ein Ideal, das die in den Kriegs- und Nachkriegsjahren extrem belasteten Frauen auch als Entlastung empfanden. Die Zurückdrängung bzw. der Rückzug der Frauen in die Familien zog jedoch die **Zurückdrängung aus dem öffentlichen Leben** nach sich: Der Anteil der Frauen an den Bundestagsabgeordneten sank zwischen 1957 und 1972 um ein Drittel (M 63). Langfristig veränderten die Kriegs- und Nachkriegserfahrungen dennoch die Rolle der Frauen: Mochten die Mütter für sich auch die alten Verhaltensmuster wählen, ihre Töchter sollten neue Selbstständigkeit gewinnen.

Rechtliche Gleichstellung der Frau

Die **Bundesrepublik** hat die Gleichberechtigung der Geschlechter in Artikel 3 des Grundgesetzes verankert. Geplant hatte die Mehrheit im Parlamentarischen Rat aber zunächst nur die politische Gleichberechtigung wie in der Weimarer Verfassung. Frauen hätten demnach zwar das Wahlrecht besessen, aber die wirtschaftliche Gleichberechtigung wäre nicht berücksichtigt worden, d. h., es wäre weiterhin rechtens gewesen, Frauen für gleiche Arbeit schlechter zu bezahlen als Männer. Der Gleichheitsgrundsatz **„Männer und Frauen sind gleichberechtigt"** kam erst nach massiven Protesten der vier „Mütter" des Grundgesetzes – Elisabeth Selbert (SPD, 1896–1986), Helene Wessel (Zentrum, 1898–1969), Helene Weber (CDU, 1881–1962) und Friederike Nadig (SPD, 1897–1970) – in die endgültige Fassung und ist seither für die gesamte Rechtsprechung verbindlich. Besonders das Bundesverfassungsgericht hat in der Folgezeit in einigen Entscheidungen die Anpassung des Rechts an den Gleichheitsgrundsatz erzwungen und dadurch die rechtliche Situation der Frauen verbessert. So musste der Gesetzgeber im Ehe- und Familienrecht die Gleichstellung der Ehefrauen sichern. Die Reformen des Ehe- und Familienrechts von 1957 und 1959 entzogen dem Patriarchat in der Familie die Rechtsgrundlage, aber erst die **Ehe- und Familienrechtsreform von 1977** gab die Hausfrauenehe als Leitbild auf (M 60 a, b). Gleichzeitig sorgte diese Reform durch die Neuregelung des Scheidungsrechts für eine größere Unabhängigkeit des sozial Schwächeren. Das Zerrüttungsprinzip ersetzte das Verschuldungsprinzip, Unterhalt und Versorgung wurden nach sozialen Kriterien geregelt. Dieses Gesetz ermöglichte es vor allem Frauen, Beziehungen, die persönlichkeitszerstörend wurden oder in denen sich die Partner auseinandergelebt hatten, zu lösen, ohne ins soziale Abseits zu geraten und ohne in langwierigen und kostspieligen Prozessen die Schuld für das Scheitern der Ehe zu klären. Trotz rechtlicher Gleichstellung bestehen Benachteiligungen von Frauen jedoch weiter: Zwar hatte das Bundesarbeitsgericht 1955 „Frauenlohngruppen" verboten, aber es gab seitdem so genannte „Leichtlohngruppen", in denen fast ausschließlich Frauen vertreten waren. Dies bedeutete konkret: 1960 erhielten Industriearbeiterinnen rund 60 % des Verdienstes ihrer männlichen Kollegen, 1980 69 % und 1988 70 %.

Die rechtliche Gleichstellung der Frau wurde auch in der **DDR** durch die Verfassung garantiert, die darüber hinaus Staat und Gesellschaft zur besonderen Förderung der Berufsausbildung und der Erwerbstätigkeit von Frauen verpflichtete. Dieses Verfassungsgebot beruhte auf der **sozialistischen**

5 Deutschland nach 1945

M 58 Fritz Skade, Mutti kommt heim, 1964, Öl auf Leinwand

1 Untersuchen Sie Thema des Bildes, Bildaufbau, Farben und Symbole und die dargestellten Menschen und ihre Umgebung im Hinblick auf die Stellung der Frauen in der DDR.

Emanzipationstheorie, die die Lösung der „Frauenfrage" in der Abschaffung kapitalistischer Produktionsverhältnisse und ganz besonders in der vollständigen Integration der Frauen in das Erwerbsleben gewährleistet sah (M 61). Die starke Verengung der Frauenpolitik auf das Leitbild der berufstätigen Frau führte allerdings dazu, dass bestimmte Benachteiligungen wie die „Doppelbelastung" durch Haushalt und Beruf nicht öffentlich thematisiert wurden (M 58).

Frauenerwerbstätigkeit Innerhalb der vergangenen Jahrzehnte hat sich die Erwerbstätigkeit von Frauen in der alten Bundesrepublik beträchtlich erhöht. 1950 war nur jede vierte Mutter mit Kindern unter 15 Jahren erwerbstätig, 1960 jede dritte und nunmehr fast jede zweite. Die **verstärkte Erwerbstätigkeit** resultierte weniger aus dem Zwang zum Geldverdienenmüssen, sondern vor allem aus dem Wunsch nach einer Berufstätigkeit, die größere Selbstständigkeit und Unabhängigkeit bedeutete. Aber auch das höhere Bildungsniveau trug zur wachsenden Berufsorientierung von Frauen bei (M 62b). Noch nie hat es so viele Frauen mit einem qualifizierten Bildungsabschluss gegeben wie in der Gegenwart: aufgrund des Wunsches nach finanzieller Selbstständigkeit und nach einem eigenen Rentenanspruch oder wegen der gefürchteten sozialen Isolierung der „Ganztags"-Hausfrau. Hinzu kam, dass sich die öffentliche Einstellung zur Erwerbstätigkeit von Frauen sehr stark gewandelt hat. Wurde die Berufstätigkeit von Müttern – vor allem mit Kleinkindern – in den Fünfziger- und Sechzigerjahren geradezu „bekämpft" und von den Frauen Gründe zur Rechtfertigung erwartet, so ist heute die Grundeinstellung offener geworden. Allerdings bejahen Männer wesentlich weniger als die Frauen die mütterliche Erwerbstätigkeit und innerhalb der Gruppe der Frauen sind es wiederum die besser ausgebildeten und jene mit höherem Sozialstatus, die dieser „Doppelorientierung" (Erwerbs- und Familientätigkeit) positiv gegenüberstehen bzw. die sie für sich gewählt haben.

Dagegen war in der **DDR** mütterliche Erwerbstätigkeit wie selbstverständlich verbreitet und wurde durch die Einrichtung von Kinderkrippen, Horten und andere Maßnahmen **stark unterstützt**. Diese Maßnahmen und Vergünstigungen dienten aber weniger der Einlösung frauenpolitischer Ziele als wirtschaftlichen und bevölkerungspolitischen Zwecken. Der Mehrzahl der Mütter war dieses staatliche Interesse gleichgültig; sie konnten sich einfach ein Leben ohne Beruf nicht vorstellen.

Die gestiegene Berufsorientierung und Erwerbstätigkeit von Frauen hat nicht zu einer Abnahme ihrer Familienorientierung geführt. Die meisten wollen heute beides: Familie und Beruf, so wie es vormals allein für die Männer galt.

Deutschland nach 1945　5

Doppelbelastung von Frauen

Von allen Personengruppen verfügen erwerbstätige Mütter über die geringste Freizeit. Sie haben weiterhin neben ihrer Erwerbsarbeit die Hauptlast der Arbeiten im Haushalt zu tragen. Das galt sowohl für die Bundesrepublik als auch für die DDR (M 58). An dieser „Doppelbelastung" hat der Wandel der Hausarbeit wenig verändert. Die hauswirtschaftlichen Tätigkeiten sind stärker technisiert. Sie erfordern weniger Zeit – bei gestiegenen Ansprüchen an den Haushalt. Manche Hausarbeiten sind allerdings nur weniger körperlich anstrengend, nicht weniger zeitraubend geworden. So ist der durchschnittliche Hygienestandard höher als noch in den Fünfzigerjahren oder gar vor hundert Jahren; die Wäsche wird viel häufiger gewechselt und gewaschen. Und auch das Kochen dauert relativ länger, weil die Ernährung gesundheitsbewusster, aber auch luxuriöser geworden ist. Im Haushalt vollzog sich zudem immer stärker ein Wandel von der physischen zur psychischen Versorgungsleistung, für die den Müttern in allen modernen Massengesellschaften fast die Alleinzuständigkeit zugeschrieben wird. Für die Mütter unter den Erwerbstätigen gilt, was Regina Becker-Schmidt beschrieb: Beides, Erwerbstätigkeit und Hausarbeit, zu vereinen ist zu viel, aber nur auf einen Bereich verwiesen zu sein, ist zu wenig.

Frauenpolitik und Frauenbewegung

Obwohl Frauen gleichberechtigten Zugang zu allen politischen Positionen haben, sind sie auf allen Ebenen stark unterrepräsentiert, besonders in den höheren Entscheidungsgremien (M 63 a, b). In der DDR gab es wegen des Organisationsmonopols der kommunistischen Partei für Frauen außerdem keine Möglichkeit, ihre Interessen mithilfe von Frauengruppen oder einer Frauenbewegung zu artikulieren und durchzusetzen. Die einzige offiziell zugelassene Interessenorganisation von Frauen war der Demokratische Frauenbund Deutschlands (DFD). Er durfte jedoch keine eigenständige Politik betreiben, sondern war eine Vermittlungsinstanz zwischen SED und den Frauen. Der DFD hatte die marxistisch-leninistische Ideologie und die Beschlüsse der SED zu propagieren und sollte dabei vor allem die Frauen für den Einsatz in der Produktion mobilisieren.

Im westlichen Teil Deutschlands entwickelte sich dagegen Ende der Sechzigerjahre eine eigenständige und immer selbstbewusster auftretende Frauenbewegung. Sie entstand während der Studentenbewegung und trat in den frühen Siebzigerjahren hervor mit spektakulären Aktionen gegen den Paragrafen 218, der den Schwangerschaftsabbruch unter Strafe stellte. Entscheidend an dieser neuen Frauenbewegung war jedoch, dass sie sich eher still in allen Parteien und Organisationen ausbreitete, sich der politischen Einordnung nach „Männerkategorien" wie „links", „rechts" oder „alternativ" entzog (M 59). Überall forderten die Frauen Chancengleichheit in Beruf und Politik, die Vereinbarkeit von Familie und Beruf für Frauen und Männer. Als Erfolg der neuen Frauenbewegung in den Siebziger- und Achtzigerjahren gelten weniger konkrete Gesetze, ihr Erfolg lag in der Erzeugung eines neuen gesellschaftlichen Problembewusstseins. Trotz rechtlicher Gleichstellung werden Frauen nach wie vor in vielen gesellschaftlichen Bereichen benachteiligt. Aber die sozialen Ungleichheiten zwischen den Geschlechtern erscheinen heute nicht mehr als naturgegeben, sondern als begründungs- und korrekturbedürftig.

M 59 Frauenmotorradklub in Hainburg bei Offenbach, 1979, Fotografie

1 Interpretieren Sie die Abbildung mit Blick auf die Entstehung der neuen Frauenbewegung in der Bundesrepublik.

5 Deutschland nach 1945

M 60 Die Reformen des Ehe- und Familienrechts 1957 und 1977

a) Auszug aus dem Ehegesetz von 1957 (BGB)

§ 1356. (1) Die Frau führt den Haushalt in eigener Verantwortung. Sie ist berechtigt, erwerbstätig zu sein, soweit dies mit ihren Pflichten in Ehe und Familie vereinbar ist. […]

§ 1360. Die Ehegatten sind einander verpflichtet, durch ihre Arbeit und mit ihrem Vermögen die Familie angemessen zu unterhalten. Die Frau erfüllt ihre Verpflichtung, durch Arbeit zum Unterhalt der Familie beizutragen, in der Regel durch die Führung des Haushalts; zu einer Erwerbsarbeit ist sie nur verpflichtet, soweit die Arbeitskraft des Mannes und die Einkünfte der Ehegatten zum Unterhalt der Familie nicht ausreichen.

b) Auszug aus dem Ehegesetz von 1977 (BGB)

§ 1356. Die Ehegatten regeln die Haushaltsführung in gegenseitigem Einvernehmen. Ist die Haushaltsführung einem der Ehegatten überlassen, so leitet dieser den Haushalt in eigener Verantwortung. Beide Ehegatten sind berechtigt, erwerbstätig zu sein. Bei der Wahl und Ausübung einer Erwerbstätigkeit haben sie auf die Belange des anderen Ehegatten und der Familie die gebotene Rücksicht zu nehmen. […]

§ 1360. Die Ehegatten sind einander verpflichtet, durch ihre Arbeit und mit ihrem Vermögen die Familie angemessen zu unterhalten. Ist einem Ehegatten die Haushaltsführung überlassen, so erfüllt er seine Verpflichtung […] in der Regel durch die Führung des Haushaltes.

Susanne Asche/Anne Huschens, Frauen – Gleichberechtigung, Gleichstellung, Emanzipation?, Diesterweg, Frankfurt/Main 1990, S. 125

1 Fassen Sie die Neubestimmungen aus den Ehegesetzen von 1957 und 1977 zusammen.
2 Analysieren Sie die Unterschiede zwischen beiden Gesetzen.

M 61 Die Politikwissenschaftlerin Virginia Penrose über die Ziele und Defizite der Frauenpolitik in der DDR (1996)

Die Frauenpolitik der SED basierte auf der sozialistischen Emanzipationstheorie, die die Lösung der „Frauenfrage" in der Umwälzung der kapitalistischen Produktionsweise, der Aufhebung männlicher Vorrechte in Gesellschaft und Familie und der vollen Integration der Frauen in die Arbeitswelt sah. Nachdem die Partei die rechtliche Gleichstellung von Mann und Frau durch die Verfassung von 1949 und das Gesetz über Mutter- und Kinderschutz und die Rechte der Frau (1950) garantiert hatte, konzentrierte sie ihre Politik auf die Einbeziehung der Frauen in die Arbeitswelt und ab 1971 auf die Vereinbarkeit von Beruf und Familie für die Frau. […]

Trotz beachtlicher Verbesserungen der Chancengleichheit und Erleichterungen weiblichen Daseins blieb die DDR-Frauenpolitik – wie inzwischen oft diskutiert – in verschiedener Hinsicht unzulänglich: Die traditionelle Arbeitsteilung wurde nur berufsbezogen thematisiert; die gesellschaftlich bedingte Verknüpfung der weiblichen generativen Reproduktionsrolle mit der Hauptverantwortung für die Versorgung von Kindern und Haushalt ist z. B. nie öffentlich diskutiert worden. Geschlechtsspezifische Machtstrukturen sowie der geltende gesellschaftliche Wertmaßstab des Mannes wurden nie in Frage gestellt […]. Ein dogmatisiertes Emanzipationsverständnis, verbunden mit einem „geschlossenen" – also für alternative Leitbilder und Lebensstile fast undurchlässigen – Gesellschaftsverständnis und ein entsprechender gesellschaftlicher Konformitätszwang verstärkten die normative Wirkung staatlicher Erziehung und öffentlicher Frauenleitbilder in der DDR. Das Ergebnis solcher gesellschaftlichen Rahmenbedingungen war ein stark vereinheitlichtes Konzept der „idealen (sozialistischen) Frau", das sich über unterschiedliche Herkunft, Berufswege und Bildungsstände hinwegsetzte: hoch qualifizierte, erwerbstätige, politisch engagierte Frauen mit durchschnittlich zwei Kindern; das Weiblichkeitsbild der DDR war vor allem besonders eng an die Mutterschaft gebunden. Trotz der hohen Anforderungen im Beruf und in der politischen Tätigkeit waren Frauen die Organisatorinnen der Familie und des Haushalts. Ihre Männer übernahmen zu Hause meist nur die Rolle eines Handlangers. In Beruf und Politik aber ordnete sich die ideale Frau dennoch freiwillig dem Mann als Chef und „besserem Leiter" unter.

Virginia Penrose, Der feine Unterschied. Staatsverständnis und politische Handlungsstrategien von Frauen in Deutschland, in: dies., Clarissa Rudolph (Hg.), Zwischen Machtkritik und Machtgewinn. Feministische Konzepte und politische Realität, Frankfurt/Main 1996, S. 115

1 Arbeiten Sie anhand von M 61 die Ziele der DDR-Frauenpolitik heraus.
2 Diskutieren Sie die tatsächliche Situation der Frauen in der DDR.
3 Beschreiben Sie das Frauenbild in M 58.

Deutschland nach 1945

M62 Frauenbildung in der Bundesrepublik und in der DDR 1960–1989

a) Qualifikation der weiblichen Berufstätigen in der DDR (in Prozent)

Jahr	Anteil der weiblichen Berufstätigen an den			
	Hochschulabsolventen	Fachschulabsolventen	Meistern	Facharbeitern
1961	23,6	31,8	–	–
1965	25,3	34,5	–	–
1970	27,0	36,6	–	–
1975	31,1	43,3	9,5	45,8
1980	35,0	57,5	10,6	47,1
1983	36,8	60,1	11,6	47,4
1985	38,2	61,8	12,4	48,0

b) Schülerinnen an Gymnasien und Studentinnen in der Bundesrepublik (in Prozent)

Jahr	Gymnasien		Hochschulen
	Klassenstufe 5 bis 10	Jahrgangsstufe 11 bis 13	(Deutsche u. Ausländer)
1960	41,1	36,5	23,9
1970	44,7	41,4	25,6
1975	48,5	46,4	33,7
1980	50,4	49,4	36,7
1985	50,9	49,9	37,9
1987	50,8	49,8	38,0
1988	50,9	50,1	38,2
1989	51,1	50,5	38,2

Dieter Grosser u. a. (Hg.), Deutsche Geschichte in Quellen und Darstellung, Bd. 11, Reclam, Stuttgart 1996, S. 251 und 162

1 Untersuchen Sie anhand von M 62 a die Qualifikation der weiblichen Berufstätigen in der DDR. Vergleichen Sie mit der Bundesrepublik (M 62 b).

M63 Frauen im deutschen Parlament 1919–1994[1]

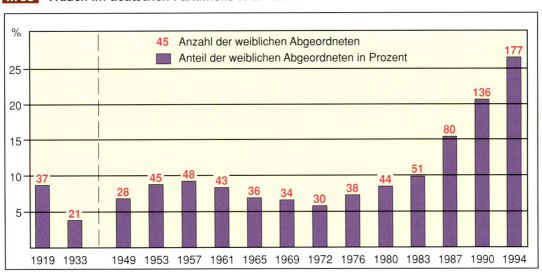

1 1919–1933: Reichstag; 1949–1994: Bundestag; 1949–1987: nur alte Bundesländer; Anteil der Frauen im Bundestag 1998: 206 Frauen (= 30,8 %).

1 Arbeiten Sie anhand von M 63 die Präsenz von Frauen im politischen Leben der Bundesrepublik im Vergleich zur Weimarer Republik heraus.

5 Deutschland nach 1945

M 64 Frauen im öffentlichen Leben der Bundesrepublik und der DDR in den 1980er-Jahren

a) Ausgewählte Daten zum Frauenanteil in beruflichen und politischen Positionen in der Bundesrepublik Deutschland (in Prozent)

Weibliche Abgeordnete im 10. Deutschen Bundestag 1983–1987	9,8
Frauen im Parteivorstand von Parteien (1982/83)	
– CDU	6,3
– CSU	7,0
– FDP	12,1
– SPD	17,5
– Grüne	30,0
Frauen in Führungspositionen von Gewerkschaften (1983)	
– Handel, Banken und Versicherungen (HBV)	22,7
– Öffentlicher Dienst, Transport und Verkehr (ÖTV)	6,6
Frauen in Hochschulen (1987)	
– Professorinnen	7,6
– Assistentinnen, Akademische Rätinnen etc.	21,0
– Studentinnen	38,0
Richterinnen (1989)	18,0
Ärztinnen (1987)	26,2
Führungspositionen in der Wirtschaft (1986)	4,0
Frauenanteil bei den	
– Teilzeitbeschäftigten (1987)	92,7
– Arbeitslosen (1987)	48,6

Quotierung – Reizwort oder Lösung? Expertenanhörung der hessischen Landesregierung am 2. Mai 1985. Wortprotokoll, Wiesbaden [1985], S. 26 ff.; Rainer Geißler, Soziale Ungleichheit zwischen Frauen und Männern im geteilten und im vereinten Deutschland, in: Aus Politik und Zeitgeschichte, 1991, B 14/15, S. 17; Statistische Jahrbücher für die Bundesrepublik Deutschland 1987 ff.

b) Die Historikerin Martha Ibrahim über Frauen im öffentlichen Leben der DDR (1988; Lexikonartikel, F. = Frau/en)

[In] der DDR hat es bisher keinen weiblichen Regierungschef gegeben. Nur rund 23 v. H. der Bürgermeister oder Ratsvorsitzenden sind F., das heißt, unter den fünfzehn Bezirksratsvorsitzenden findet sich nur eine F.
5 Es gibt nur fünf weibliche Mitglieder des Staatsrats und im 45 Mitglieder zählenden Ministerrat nur eine Ministerin. [...]
In der DDR stellen F. zwischen 30 und 40 v. H. der Parteimitglieder, der Frauenanteil in der führenden
10 SED ist dabei mit einem Drittel (1981) am geringsten. Unter den 17 stimmberechtigten Vollmitgliedern des Politbüros befindet sich keine einzige F. Der Frauenanteil in den parlamentarischen Vertretungskörperschaften lag 1980 zwischen 33,6 v. H. in der Volkskammer und
15 41,7 v. H. in den Kreistagen und Stadtverordnetenversammlungen der kreisfreien Städte, womit die F. zwar relativ stärker, im Verhältnis zu ihrem Anteil an der Bevölkerung aber immer noch zu schwach repräsentiert sind. Im FDGB stellen die F. mehr als 50 v. H. der Mit-
20 glieder, aber gleichzeitig nur den stellvertretenden Vorsitzenden und eine von fünfzehn Bezirksvorsitzenden. Grundsätzlich ist die F. in der DDR in den führenden Positionen der gesellschaftlichen Organisationen, der Parteien und des Staatsapparates unterrepräsen-
25 tiert, und zwar umso mehr, je einflussreicher diese Positionen sind. Die Dominanz des Mannes in der „hohen" Politik ist ein gemeinsames und hervorstechendes Merkmal beider politischer Systeme.

Martha Ibrahim, Frau, in: Wolfgang R. Langenbücher u. a. (Hg.), Handbuch zur deutsch-deutschen Wirklichkeit, Metzler, Stuttgart 1988, S. 212

1 Untersuchen Sie anhand von M 64 die Repräsentanz von Frauen in politischen und gesellschaftlichen Führungspositionen. Stellen Sie dabei die Bereiche heraus, in denen Frauen besonders häufig bzw. besonders gering vertreten sind.

2 Diskutieren Sie die Möglichkeiten und Grenzen von Frauen, spezifische Fraueninteressen in Politik und Gesellschaft zur Sprache zu bringen.

Weiterführende Arbeitsanregung

1 Untersuchen Sie, ob und inwieweit sich die Lebensverhältnisse der Frauen in Ost und West nach der Wiedervereinigung 1989/90 angeglichen haben. Konzentrieren Sie sich dabei auf die Entwicklung der Frauenerwerbstätigkeit sowie die Einstellungen der Frauen zu Ehe, Familie, Geburten und Kinderbetreuung.

Literaturhinweis

Klaus Schroeder, Die veränderte Republik. Deutschland nach der Wiedervereinigung, Verlag Ernst Vögel, München 2006, S. 408 ff.

Deutschland nach 1945

4 Die staatliche Einheit

4.1 Die friedliche Revolution in der DDR und das Ringen um die Einheit 1989/90

Wachsende Opposition

Am Anfang vom Ende der DDR standen die Kommunalwahlen im Mai 1989. Wie üblich stimmten nach dem offiziellen Wahlergebnis fast 99 Prozent der Bevölkerung dem „gemeinsamen Wahlvorschlag der Nationalen Front" zu und wie üblich war das Wahlergebnis gefälscht. Nicht üblich war der Protest von oppositionellen Gruppen und von Kirchengemeinden: Sie erstatteten Strafanzeigen gegen die Wahlfälscher. An manchen Orten sollen bis zu zwanzig Prozent der Wahlberechtigten mit Nein gestimmt haben.

Parallel zu den Konflikten um die Kommunalwahlen steigerte sich die Ausreisewelle. Tausende von DDR-Bürgern besetzten im Sommer 1989 die Ständige Vertretung der Bundesrepublik in Ostberlin und ihre Botschaften in Budapest, Prag und Warschau, ließen sich auch nicht von deren zeitweiliger Schließung abschrecken. Mitte Juni 1989 forderte die „Initiative Frieden und Menschenrechte" öffentlich eine Diskussion über den Stalinismus in der DDR. Am 24. Juni rief eine Initiativgruppe zur Gründung einer sozialdemokratischen Partei in der DDR auf. Obwohl die Opposition wuchs und immer selbstbewusster auftrat, glaubte das DDR-Regime, dass es die innenpolitische Situation unter Kontrolle habe. In einer Dienstbesprechung des Ministeriums für Staatssicherheit am 31. August hieß es, trotz der sich häufenden Vorfälle und Kritik, selbst unter Parteigenossen, sei „die Gesamtlage stabil", ein neuer 17. Juni drohe nicht.

Die Opposition organisiert sich

Als Ungarn ab 10./11. September 1989 ohne Absprache mit der DDR-Regierung auch DDR-Bürger unbehelligt über die seit Mai geöffnete Grenze nach Österreich ausreisen ließ, brachen die Dämme. Noch im September wechselten über 25 000 Menschen in die Bundesrepublik über. Als ebenso bedrohlich für die Stabilität der DDR erwies sich die immer mutiger werdende Opposition, die häufig unter dem Dach und dem Schutz der evangelischen Kirche agierte. Die unabhängige Opposition setzte sich bis dahin im Grunde aus Hunderten von Freundesgruppen zusammen, ihr fehlte eine organisatorische Struktur. Das änderte sich. Am 12. September veröffentlichte die Bürgerbewegung „Demokratie jetzt" einen Gründungsaufruf; am 19. September beantragte das „Neue Forum" offiziell die Zulassung als politische Vereinigung. Das war in den Augen der DDR-Führung unglaublich und wurde wegen der „staatsfeindlichen" Ziele des „Neuen Forums" auch abgelehnt. Trotzdem trugen sich Tausende in die Mitgliederlisten ein. In Leipzig demonstrierten Montag für Montag immer mehr Bürger im Anschluss an ein Friedensgebet in der Nikolaikirche. Am 4. Oktober forderten die Oppositionsgruppen in einem gemeinsamen Aufruf erstmals freie Wahlen unter UN-Kontrolle und damit die Abschaffung der SED-Diktatur. Wegen der Feiern zum 40. Gründungstag der DDR am 7. Oktober 1989, aber nicht nur deshalb, reagierte der Staatsapparat hart. Oppositionelle wurden verhaftet, nicht genehmigte Massendemonstrationen gewaltsam aufgelöst.

Der Durchbruch der Opposition

Die Wende brachte die Teilnahme des sowjetischen Präsidenten Gorbatschow an den Gründungsfeierlichkeiten der DDR. Verklausuliert forderte er die DDR-Führung zu Reformen auf, warnte vor den Gefahren für „jene, die nicht auf das Leben reagieren". Der Volksmund machte daraus „Wer zu spät kommt, den bestraft das Leben" und drohte damit der SED auf Spruchtafeln. Am Tage der Gründungsfeierlichkeiten riefen DDR-Bürger die „Sozialdemokratische Partei der DDR" ins Leben.

Den Durchbruch für die Oppositionsbewegung brachte die Leipziger Montagsdemonstration am 9. Oktober 1989 (M 65). 70 000 Menschen nahmen teil, obwohl Gerüchte über den Einsatz der Volksarmee gegen die Demonstration umliefen. „Keine Gewalt!", riefen die Menschen und: „Wir bleiben hier!", vor allem aber: „Wir sind das Volk!". Am 17. Oktober setzte das Politbüro der SED Erich Honecker als Generalsekretär ab; sein Nachfolger wurde Egon Krenz (geb. 1937). Mit personellen Retuschen war die Systemkrise der DDR jedoch nicht mehr zu lösen. Allein in Leipzig demonstrierten jetzt jeden Montag Hunderttausende. Am 4. November erreichte die Demonstra-

5 Deutschland nach 1945

tionswelle in Ostberlin ihren Höhepunkt. Eine halbe Million Menschen forderte Presse-, Reise-, Meinungs- und Versammlungsfreiheit, Rechtsstaatlichkeit und freie Wahlen und damit eine grundlegende Umgestaltung von Staat und Gesellschaft.

Der Fall der Berliner Mauer

Am 9. November 1989 fiel die Mauer, wie sie am 13. August 1961 gekommen war: nachts und unerwartet. Aus einer im beiläufigen Ton angekündigten Mitteilung des SED-Politbüromitglieds Günter Schabowski am Abend des 9. November, es werde sehr bald befriedigende Regelungen für Westreisen der DDR-Bürger geben, wurde innerhalb weniger Stunden eine faktische Öffnung der DDR-Grenzen. Noch in der Nacht des 9. November strömten Zehntausende von Ostberlinern in den Westen der Stadt.

Von einem zum anderen Tag änderte sich fast alles, auch für die Westdeutschen. Bis zum 9. November hatten sie die Ereignisse in der DDR fasziniert, aber in sicherer Entfernung am Fernsehschirm verfolgt. Plötzlich gingen die Ereignisse sie direkt an und sie ahnten, dass ihr Staat Bundesrepublik nicht unverändert bleiben würde. „Jetzt wächst zusammen, was zusammengehört", sagte Willy Brandt am 10. November auf einer Kundgebung in Berlin. Zumindest nachträglich erscheint es so, als habe mit dem Fall der Mauer auch die staatliche Souveränität der DDR geendet.

Alles, was in den folgenden Wochen von den Politikern in Ost und West erdacht und besiegelt wurde, wie die Vereinbarungen zwischen der Bundesrepublik und der DDR zur Regelung des Grenzverkehrs, wirkte merkwürdig nachholend. Denn den Gang der Ereignisse bestimmten die Menschen auf den Demonstrationen in der DDR. Statt „Wir sind das Volk" riefen sie bald „Wir sind ein Volk". Der sicherste Weg zu Wohlstand und Demokratie schien den meisten die Vereini-

M65 Montagsdemonstration, Leipzig, 9. Oktober 1989, Fotografie

1 Erläutern Sie, ausgehend von M65, den Begriff der „friedlichen Revolution".
2 Vergleichen Sie die Proteste des 17. Juni 1953 (s. S. 365f.) mit den Protesten von 1989 und erklären Sie den Erfolg von 1989.

Deutschland nach 1945 5

gung mit der Bundesrepublik zu sein. Nicht noch einmal sozialistische Experimente – das war die Stimmung bei der Mehrheit. Die Bürgerbewegungen erhielten viel Zulauf und Zuspruch, wenn sie alte Machtstrukturen beseitigten, in Städten und Gemeinden die Bürgermeister der Kontrolle eines Runden Tisches unterstellten, die Zentrale und die Zweigstellen der „Stasi" besetzten. Doch wenn sie von Reformen oder von einer neuen Verfassung für die DDR sprachen, vor einem zu schnellen Einigungstempo warnten, hörte niemand mehr hin.

Bis Ende Januar 1990 zerfiel die DDR zusehends. Die SED schrumpfte von 2,6 Mio. auf 700 000 Mitglieder. Sie wählte eine neue Führung, benannte sich zweimal um, zuletzt in **Partei des demokratischen Sozialismus (PDS)** – umsonst. Besser erging es den im November/Dezember 1989 rasch gewendeten Blockparteien, die sich nun den Bonner Regierungsparteien CDU und FDP als Partner empfahlen. Der neuen DDR-Regierung unter Hans Modrow (geb. 1928) fehlte es an Autorität; überall im Staatsapparat saßen noch die alten Kader. Ende Januar beschlossen die Vertreter des Runden Tisches bei der Regierung Modrow, die geplanten **Neuwahlen** für die Volkskammer auf den **18. März 1990** vorzuziehen. Der Wahlkampf drehte sich nur um die Frage „Wie schnell kommt die Einheit?". Wahlsieger am 18. März 1990 war die CDU und so sollte es auch bei den folgenden Wahlen des Jahres 1990 in der DDR oder dann ehemaligen DDR bleiben.

1989 – die friedliche Revolution

Viele Zeitgenossen und Historiker verwenden den Begriff der „friedlichen Revolution", um die dramatischen Ereignisse in der DDR 1989/90 zu charakterisieren. In der **Geschichtswissenschaft** kennzeichnet der Revolutionsbegriff Veränderungen, die vollständig mit der Vergangenheit brechen bzw. einen radikalen Neuanfang markieren, d. h.: Erstens sind Revolutionen bewusst angestrebte und erfahrene Umwälzungen, die auf umfassenden politischen und gesellschaftlichen Wandel zielen; zweitens werden sie von dem Bewusstsein getragen, dass die Umgestaltung der Verhältnisse zu einem Fortschritt der Menschheit führt; drittens werden Revolutionen häufig durch gewaltsame Aktionen ausgelöst, die offen Widerstand gegen die bestehende Ordnung leisten. Diese Definition lässt sich durchaus auf den Umbruch in der DDR anwenden. Zwar vertrat die Opposition in der DDR keine neuen, utopischen Ideen, aber ihre Forderung nach Abschaffung der Parteidiktatur und nach der Durchsetzung der Prinzipien der bürgerlichen Gesellschaft sowie einer demokratischen, rechts- und verfassungsstaatlichen Regierungsform bedeutete einen radikalen Bruch mit dem bisherigen kommunistischen System. Im Unterschied zu früheren Revolutionen (Französische Revolution 1789, Oktoberrevolution in Russland 1917) verzichtete die Opposition in der DDR allerdings auf die Anwendung von Gewalt – daher auch die Bezeichnung „friedliche Revolution".

Die Siegermächte und die Vereinigung

Die Vereinigung setzte die Zustimmung der Siegermächte des Zweiten Weltkrieges voraus. Und so wie der Beginn des Kalten Krieges zur deutschen Spaltung geführt hatte, war das **Ende des Ost-West-Konfliktes** 1990 die Voraussetzung für die Vereinigung der beiden deutschen Staaten. Die außenpolitische Absicherung der Vereinigung gelang der Bundesregierung überraschend schnell, nachdem sich die CDU/CSU im Westen nach anfänglichem Zögern zur Anerkennung der Oder-Neiße-Grenze durchgerungen hatte. Die uneingeschränkte **Unterstützung der USA** für den Vereinigungsprozess beseitigte auch einige Zweifel bei der französischen und britischen Regierung. Entscheidend war danach die **Zustimmung der Sowjetunion**. Würde sie die NATO-Mitgliedschaft eines vereinten Deutschlands und das Vorrücken des NATO-Gebietes bis an die Oder akzeptieren? Was konnte die Bundesrepublik bieten, um die legitimen Sicherheitsbedürfnisse der Sowjetunion zu befriedigen?

Die Einigung zwischen der deutschen und der sowjetischen Regierung Mitte Juli 1990 bestand darin, dass die Sowjetunion dem neuen Staat in der Frage der Bündniszugehörigkeit freie Hand ließ. Die Bundesrepublik ihrerseits garantierte die Abrüstung der gesamtdeutschen Bundeswehr auf 370 000 Mann und die Finanzierung des Rückzugs der sowjetischen Truppen aus der DDR mit 14 Mrd. DM (rd. 7,1 Mrd. Euro). Am 12. September 1990 unterzeichneten die Außenminister der Siegermächte und der beiden deutschen Staaten in Moskau den **„Vertrag über die abschließende Regelung in Bezug auf Deutschland"**. Die Nachkriegszeit war zu Ende.

5 Deutschland nach 1945

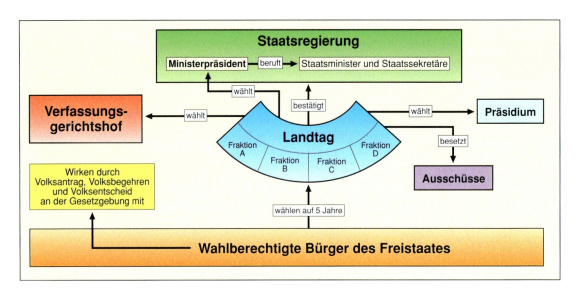

M 66 Die sächsische Landesverfassung

3. Oktober 1990: Die Vereinigung Deutschlands

Im innerdeutschen Verhältnis war seit den Wahlen in der DDR am 18. März 1990 alles klar. Gleichwohl gab es über die Modalitäten der Vereinigung zwischen der Regierung in Bonn und der neuen CDU-geführten Regierung in Ostberlin unter Lothar de Maizière (geb. 1940) manchen Streit, der heute entschieden ist. Die Vereinigung erfolgte nach Artikel 23 und nicht nach Artikel 146 des Grundgesetzes (M 67 a–d), also ohne Verfassungsänderungen. Auch die Hauptstadtfrage ist geklärt: Nicht Bonn, sondern Berlin machte das Rennen. Sicherlich gibt es nach wie vor Diskussionen darüber, ob es nicht besser gewesen wäre, für die Wiedergutmachung von Enteignungen in der DDR das Prinzip „Entschädigung statt Rückerstattung" durchzusetzen. Auch wird man noch lange darüber reden, ob die rechtliche und ökonomische Angleichung in einem Schritt hätte erfolgen sollen oder ob die Regierung nicht hätte Übergangsregelungen ausarbeiten müssen, um einen Veränderungsschock zu vermeiden. Aber in einer Frage gibt es keine Grundsatzdebatten mehr: Sollte die ehemalige DDR ein Bundesland bilden oder sollten die alten Länder wieder erstehen? Wie sich am Beispiel Sachsens eindrucksvoll belegen lässt, entschieden sich nicht nur die Politiker, sondern auch die Bürger für die Wiederherstellung der Länder.

„Die Bundesrepublik ist ein demokratischer und sozialer Bundesstaat" – so knapp definiert Absatz 1 des Artikels 20 des Grundgesetzes der Bundesrepublik Deutschland die Grundlagen der staatlichen Ordnung. Um jeden Zweifel an der unverbrüchlichen Bejahung des Föderalismus im Keim zu ersticken und den Bundesländern für alle Zukunft wesentliche Rechte bei Gesetzgebung und Verwaltung zu sichern, legt Artikel 20 Absatz 4 fest: „Gegen jeden, der es unternimmt, diese Ordnung zu beseitigen, haben alle Deutschen das Recht zum Widerstand, wenn andere Abhilfe nicht möglich ist." Der Grund dafür, dass in der ehemaligen DDR die Bezirke abgeschafft und die Länder wiederhergestellt wurden, liegt jedoch nicht nur im Verfassungsrecht der Bundesrepublik Deutschland begründet. Hier spielten wie im Falle Sachsens alte Traditionen der Beziehung zur Heimat und Bindungen an die eigene Region eine wichtige Rolle. Nach den Erfahrungen mit den totalitären Regimes der Nationalsozialisten und der kommunistischen SED wollte man außerdem allen zentralistischen Bestrebungen im Staate eine Absage erteilen und eigene Kompetenzen, besonders auf den Gebieten der Kultur, des Erziehungswesens, aber auch der regionalen Wirtschaftsförderung, für sich in Anspruch nehmen. Diese Bestrebungen führten nicht nur zur Gründung eines neuen Bundesstaates Sachsen mit einer eigenen freiheitlich-liberalen Verfassung (M 66; M 68 a, b), sondern auch zu einem landesspezifischen Selbstbewusstsein.

Deutschland nach 1945 5

Der erste Schritt zur Vereinigung war am 1. Juli 1990 die **Einführung von D-Mark und Marktwirtschaft** in der DDR. „Es wird niemandem schlechter gehen als zuvor – dafür vielen besser", versprach Bundeskanzler Kohl am Vorabend der Währungsumstellung im Fernsehen. Das war, wie sich zeigen sollte, eine viel zu optimistische und gegen den Rat von Wirtschaftsexperten abgegebene Prognose. Mit der Einführung der D-Mark verbesserte sich zwar schlagartig das Warenangebot, aber der ebenso plötzliche Sprung der rückständigen DDR-Wirtschaft in die Weltmarktkonkurrenz ließ die Arbeitslosenzahlen steigen. Die wirtschaftlichen Probleme der Vereinigung sind von vielen Politikern in Ost und West unterschätzt worden. Im Juli/August handelten die Regierungen unter Zeitdruck den **„Einigungsvertrag"** aus (M 69), der manches ganz genau, manches ungenau und manches, wie die Regelung der Schwangerschaftsunterbrechung im vereinten Deutschland, gar nicht regelte. Unklar blieben vor allem die Finanzfragen. Am 20./21. September verabschiedeten der Bundestag in Bonn und die Volkskammer in Ostberlin sowie der Bundesrat den Einigungsvertrag. Er legte als Termin für den Beitritt nach Artikel 23 des Grundgesetzes den 3. Oktober 1990 fest, entsprechend dem Beschluss der Volkskammer vom 23. August. Seit diesem Tag ist Deutschland wieder ein souveräner Staat. Die Freude über das Ende der staatlichen Teilung und die neue Freiheit verdrängten freilich nur für kurze Zeit die Tatsache, dass der schwierigere Teil der Vereinigung noch bevorstand.

Neue Herausforderungen und Aufgaben Der 3. Oktober 1990 markiert zwar das Ende der staatlichen Teilung, aber nicht das „Ende der Geschichte". Die Bürgerinnen und Bürger in Deutschland haben vielmehr eine Reihe von neuen und alten Problemen zu lösen – solche, die mit der Vereinigung entstanden sind, und solche, die von der Vereinigung nur kurzfristig überdeckt oder durch sie verändert wurden.

Zu den alten Problemen zählen der Umweltschutz oder die tatsächliche Gleichstellung der Frauen. Zu den vordringlichsten neuen Aufgaben der deutschen Politik gehört die gesellschaftliche Integration von Ost und West. Die ökonomische Angleichung der beiden ehemaligen Teilstaaten ist dabei ein wichtiger Punkt, doch nicht der einzige und langfristig vielleicht noch nicht einmal der schwierigste. Vierzig Jahre unterschiedliche Wertesysteme, Wirtschaftsformen, Rechtsvorschriften, Sozialregelungen und Bildungsinstitutionen haben unterschiedliche Lebenserfahrungen erzeugt, die nur langsam einer gemeinsamen Erfahrung weichen werden. Ferner hat das größere und vollständig souveräne Deutschland seinen Platz in der Staatengemeinschaft neu zu finden. Welche Position kann, muss und will die Bundesrepublik künftig in der UNO einnehmen? Sollen deutsche Soldaten für andere Zwecke als die Verteidigung mit Waffen kämpfen?

Eine nicht weniger große Herausforderung stellt die europäische Einigung dar. Wie soll ein demokratisches und soziales Europa aussehen? Wie können die mittelost- und südosteuropäischen Staaten und die Nachfolgestaaten der ehemaligen Sowjetunion, in denen es nach 1990 zu einer Renaissance des Nationalismus kam, in ein neues Europa eingebunden werden? Am Beginn des 21. Jahrhunderts gilt es mit den Erfahrungen der Geschichte neue Wege zu beschreiten.

5 Deutschland nach 1945

M 67 Staatliche Vereinigung oder eine Verfassung durch das Volk?

a) Der Runde Tisch

Anlässlich der Einbringung eines Verfassungsentwurfes für den „Runden Tisch" in der DDR am 4. April 1990 führte Gerd Poppe, Vertreter der „Initiative Frieden und Menschenrechte" und seit dem 5. Februar 1990
5 „Minister der nationalen Verantwortung", aus, die Kompetenz zum Erlass einer Verfassung liege „unmittelbar und unveräußerlich beim Volk" (Tonbandmitschnitt).
Niemand darf dem Volk, das in einer friedlichen Revo-
10 lution seine Fesseln selbst gesprengt hat, dieses Recht bestreiten. Diejenigen, die die Voraussetzung für eine neue Ordnung geschaffen haben, dürfen ihres Rechts nicht beraubt werden. Deshalb legt der Runde Tisch als der legitime Sachwalter derjenigen Kräfte, die die
15 Erneuerung bewirkten, einen Entwurf für eine neue Verfassung vor, über deren Annahme nach öffentlicher Diskussion ein Volksentscheid befinden soll. Dabei handelt es sich um eine Verfassung für die DDR, mit deren Annahme wir eine gegenüber der durch das
20 Grundgesetz für die Bundesrepublik gegebenen gleichrangige und damit gleichberechtigte Ordnung schaffen. Mit diesem Entwurf einer neuen Verfassung tritt der Runde Tisch Bestrebungen entgegen, sich durch die Abgabe von Beitrittserklärungen einer ande-
25 ren Verfassungsordnung, dem Grundgesetz der BRD, nach Artikel 23 zu unterwerfen. Wer auf einen solchen Weg der Einheit Deutschlands zustrebt, verletzt […] das Selbstwertgefühl und damit die Würde dieses Volkes […].

Uwe Thaysen, Der Runde Tisch, Opladen 1990, S. 146

b) Aus dem Grundgesetz für die Bundesrepublik Deutschland vom 23. Mai 1949

Artikel 23 (Geltungsbereich des Grundgesetzes)
Dieses Grundgesetz gilt zunächst im Gebiet der Länder Baden, Bayern, Bremen, Groß-Berlin, Hamburg, Hessen, Niedersachsen, Nordrhein-Westfalen, Rhein-
5 land-Pfalz, Schleswig-Holstein, Württemberg-Baden und Württemberg-Hohenzollern. In anderen Teilen Deutschlands ist es nach deren Beitritt in Kraft zu setzen.
Artikel 146 (Geltungsdauer des Grundgesetzes)
10 Dieses Grundgesetz verliert seine Gültigkeit an dem Tage, an dem eine Verfassung in Kraft tritt, die von dem deutschen Volke in freier Entscheidung beschlossen worden ist.

Grundgesetz für die Bundesrepublik Deutschland. Textausgabe, Bonn 1982, S. 32 und 105

c) Der Bonner Professor für Öffentliches Recht Josef Isensee äußerte in einem Beitrag der Wochenzeitung „Die Zeit" (8. Juni 1990):

Da sich […] in Ost und West keine ernsthafte Alternative zum Grundgesetz zeigt, beschränkt sich manche Forderung nach einem Verfassungsreferendum darauf, dieses solle das Grundgesetz nur bestätigen und ihm neue Legitimation zuführen. Die weit hergeholte Be-
5 gründung für einen Legitimationsbedarf lautet dann: Das Grundgesetz sei im Jahre 1949 in Unfreiheit unter der Besatzungsmacht zustande gekommen. Doch was immer an anfänglicher Entscheidungsfreiheit gefehlt haben mag – das Grundgesetz hat in den vier Jahr-
10 zehnten seiner Geltung ein Maß an Zustimmung des Volkes erreicht wie keine deutsche Verfassung zuvor. […] Was dem Grundgesetz in vier Jahrzehnten an demokratischer Akzeptanz zugewachsen ist, lässt sich nicht mit einer Volksabstimmung aufwiegen, die nicht
15 mehr ist als Momentaufnahme einer bestimmten politischen Stimmungslage.
Ein Volksentscheid aber, der nichts entscheiden, sondern nur einlösen soll, was die führenden Kräfte im Lande vorgeben, kann nicht Integration fördern, wie
20 manche Demokratietheoretiker erhoffen. Ein Volksentscheid, der nichts zu entscheiden hat, ist nicht Demokratie, sondern demokratisches Placebo. Die Deutschen der DDR, demnächst um ihrer demokratischen Integration willen zum gesamtdeutschen Volksent-
25 scheid vergattert, könnten böse erinnert werden an die Akklamationsprozedur des weiland real existierenden Sozialismus.

d) Ernst Gottfried Mahrenholz, Vizepräsident des Bundesverfassungsgerichts, schrieb am 8. Juni 1990 ebenfalls in „Die Zeit":

Das Wort „Wir sind das Volk", das so unbezähmbar schien, soll offenbar doch noch gezähmt werden. Seine Kraft hatte es aus der Idee der Volkssouveränität empfangen, es nahm den grotesken Begriff „Volksdemokratie" beim Wort.
5
„Genug des Volkes" – so lässt sich die Diskussion darüber verstehen, ob eine Verfassung für das ganze deutsche Volk auch von diesem gebilligt werden muss. […]
An den Fernsehern konnten die Bürger der Bundesre-
10 publik noch einmal sehen, was es heißt, dass die Staatsgewalt vom Volke ausgeht. Gleichsam handgreiflich war, dass der Staat ein freiheitlicher Staat sein muss, wenn es der Staat des Volkes sein soll, ein Volksstaat, wie es in früheren Landesverfassungen hieß.
15
Es gibt also eine notwendige Beziehung zwischen Volk und Verfassung. Sie hat mit freier Wahl, freier Meinungsäußerung und unabdingbarer Rechtsstaatlich-

keit zu tun, mit der Absage an jede auch noch so verborgene Nische willkürlicher Herrschaft; sie betrifft die Gleichheit aller Menschen vor dem Gesetz, das freie Bekenntnis jeder Überzeugung, Respektierung des Elternrechts, Sozialstaat und einiges mehr. All dies hatte drüben gefehlt, all dies ist in genauem Sinne in dem Wort „Wir sind das Volk" enthalten.

Hier scheint mir kein Ausweichen möglich. Entweder ist die Verfassung die des Volkes (und nichts anderes besagt der Begriff der Volkssouveränität), dann muss das Volk zu ihr „Ja" gesagt haben; oder es ist die Verfassung seiner Vertreter, die gewiss trotz allen Streits nach bestem demokratischem Gemeinsinn entscheiden, aber doch nicht „wissen, was für das Volk gut ist". Denn dann wären sie das Volk der Verfassung. [...] Artikel 23 des Grundgesetzes steht im Abschnitt „Der Bund und die Länder". Der Artikel spricht vom Geltungsbereich des Grundgesetzes und niemand hat bei den Beratungen dieses Artikels darauf hingewiesen, dass hier die Alternative zum Artikel 146 formuliert werde. Das Grundgesetz kann also nicht – auch nicht nach einem Beitritt gemäß Artikel 23 – neue gesamtdeutsche Verfassung sein.

M 67 c und d: Die Zeit, 8. Juni 1990

1 Stellen Sie aus M 67 a bis d die Argumente für die Beitritts- und für die Volksabstimmungslösung zusammen. Welche Einzelargumente erscheinen Ihnen für die eine oder andere Lösung überzeugend?

2 Erläutern Sie im Zusammenhang mit der Beantwortung von Frage 1 die Begriffe Volkssouveränität und Volksentscheid.

M68 Die Verfassung des Bundeslandes Sachsen von 1992

a) Der sächsische Staatsminister der Justiz, Steffen Heitmann, in einer Rede über Grundlagen und Ziele der Verfassung von 1992

Im Zuge der Revolution im Herbst 1989 zeigte sich sehr schnell, wie sehr die Menschen sich mit ihrem unmittelbaren Lebensraum, ihrer Geschichte und ihrer Zukunft verbunden fühlten. Obwohl es nationalsozialistischer und kommunistischer Ideologie entsprach, das regionale Bewusstsein der Menschen auszulöschen – Diktaturen leben vom Zentralismus –, ist das in fast 60 Jahren zentralstaatlicher Regierung nicht gelungen.

Es gibt jetzt und es gab in den letzten zweieinhalb Jahren berechtigte und unberechtigte Kritik an der Entwicklung in Deutschland; die Wiedererrichtung des Freistaates Sachsen wurde und wird ungeteilt begrüßt. Der Freistaat besteht und hat sich seinen Platz im Deutschland des Grundgesetzes bereits wieder erobert, aber ihm fehlte bisher noch das Fundament seiner Existenz, seine Staatsverfassung.

Das Grundgesetz ist der fernere Rahmen, der uns hält, die sächsische Verfassung ist das nahe Fundament, das uns trägt. [...]

Nach fast sechzigjähriger zentralstaatlicher Fremdbestimmung wird ein neues Staatswesen begründet. Eine revolutionäre und dann nachrevolutionäre Aufbruchstimmung hat die Verfassungsdiskussion beflügelt. Das war gut so. [...]

Diese Verfassung ist ein Lehrstück der Demokratie. Es hat noch nie eine sächsische Verfassung gegeben, die so direkt aus dem Volk geboren wurde und so intensiv mit dem Volk und durch das Volk beraten wurde. Wer jetzt das Gegenteil behauptet, sagt nicht die Wahrheit. Sie, der Sächsische Landtag, sind als verfassunggebende Landesversammlung gewählt und dazu berufen, die Verfassung in Kraft zu setzen. Wer behauptet, das sächsische Volk sei von dieser Verfassungsgebung ausgeschlossen gewesen, hat nur die Absicht, dieses Parlament zu desavouieren[1]. Ich bin überzeugt, dass diese Verfassung ein tragfähiges Fundament unseres neuen alten Freistaates Sachsen sein wird.

Verfassung des Freistaates Sachsen vom 27. Mai 1992, hg. v. Sächsischen Landtag, Referat Öffentlichkeitsarbeit, Dresden o. J., S. 71–73

[1] desavouieren = ableugnen, missbilligen, für unbefugt erklären, bloßstellen

b) Rundfunk – Ehe – Familie – Grundrechte – Umwelt: Suzanne Drehwald über Besonderheiten der sächsischen Verfassung von 1992 (1998)

Nach dem bisherigen Stand der bundesverfassungsgerichtlichen Rechtsprechung, den die sächsische Verfassung festgeschrieben hat, haben die öffentlich-rechtlichen Rundfunkanstalten im Rahmen einer dualen Rundfunkordnung die „Grundversorgung", mithin die umfassende Information der gesamten Bevölkerung, zu übernehmen. Die deshalb erforderliche Bestands- und Entwicklungsgarantie des öffentlich-rechtlichen Rundfunks ist „verfassungsrechtlich geboten, solange die privaten Veranstalter den klassischen Rundfunkauftrag [...] nicht in vollem Umfang erfüllen. [...] Unter dieser Bedingung [...] obliegt die – umfassend zu verstehende – Grundversorgung der Bevölkerung den öffentlich-rechtlichen Rundfunkanstalten." Unter anderen Bedingungen, wenn also private Rundfunkveranstalter in Zukunft der Aufgabe der Grundversorgung gerecht werden könnten, wäre vom Grundgesetz her die Garantie des öffentlich-rechtlichen Rundfunks nicht mehr zwingend gefordert, das Land aber aufgrund Art. 20 Abs. 3 sächs[ische] Verf[assung] weiterhin zu einer ihr entsprechenden dualen Rundfunkordnung verpflichtet. […]

Ehe und Familie stellt die sächsische Verfassung ebenso wie das Grundgesetz unter den besonderen Schutz des Landes. Familie ist dabei umfassend unabhängig vom Bestand einer Ehe als Gemeinschaft von Eltern (auch eines alleinerziehenden Elternteils) und Kindern zu verstehen. Entgegen Forderungen, die vonseiten der Linken Liste/PDS erhoben wurden, verzichtete der Verfassungs- und Rechtsausschuss aber zu Recht darauf, nicht-ehelichen kinderlosen Lebensgemeinschaften denselben Schutz angedeihen zu lassen. Erst recht wurde davon abgesehen, die Schutzbedürftigkeit anderer – auch gleichgeschlechtlicher – auf Dauer angelegter Lebensgemeinschaften anzuerkennen und damit die Privilegierung der Ehe zu unterlaufen. […]

Die sächsische Verfassung garantiert die Versammlungs- und die Berufsfreiheit (Art. 23 und 28 sächs[ische]Verf[assung]) als so genannte Jedermanngrundrechte. Die sonst inhaltsgleichen Grundrechte der Art. 8 und 12 GG[1] sind dagegen nur Deutschen vorbehalten. […]

Gewährleistet die Landesverfassung ein Grundrecht, welches das Grundgesetz Deutschen vorbehält, als „Jedermanngrundrecht", so bedeutet dies folglich eine echte Erweiterung des grundrechtlichen Schutzbereichs […]. Ohne Verstoß gegen das Grundgesetz ist das nur dann möglich, wenn dessen „Deutschenvorbehalte" als Mindeststandard verstanden werden, über die hinauszugehen dem Landesverfassunggeber nicht verwehrt ist. Für das nach der sächsischen Verfassung auch Ausländern verbürgte Grundrecht der Versammlungsfreiheit ist dies nicht zweifelhaft, da bereits durch das Versammlungsgesetz des Bundes das Recht „jedermann" eingeräumt ist. Auch bei der Berufsfreiheit ergeben sich keine Bedenken. Soweit sie für Ausländer nach höherrangigem Bundesrecht eingeschränkt ist, beugt die in das sächsische Grundrecht aufgenommene salvatorische Klausel[2] „soweit Bundesrecht nicht entgegensteht" einem Normkonflikt vor. […]

Art. 26 sächs[ische] Verf[assung] garantiert die Mitbestimmung in Betrieben, Dienststellen und Einrichtungen des Landes als Grundrecht. Ein vergleichbares Recht für die Beschäftigten in Bundeseinrichtungen ist dem Grundgesetz unbekannt. Die Reichweite der landesverfassungsrechtlichen Bestimmung ist bislang nicht geklärt. Nach zutreffender Ansicht ist ihr keine Verpflichtung des Gesetzgebers zu entnehmen, die landesrechtlichen Mitbestimmungsrechte gegenüber dem Personalvertretungsrecht des Bundes oder anderer Länder zu verstärken. Art. 26 sächs[ische] Verf[assung] gewährleistet die Mitbestimmung „nach Maßgabe der Gesetze", ohne von Verfassung wegen ein höheres Mitbestimmungsniveau festzuschreiben, als es nach den rahmenrechtlichen Vorschriften des Bundespersonalvertretungsgesetzes geboten ist. Ein Mehr an Mitbestimmung hat in das sächsische Personalvertretungsgesetz auch keinen Eingang gefunden. […]

Wie bereits ausgeführt, wird das Staatsziel Umweltschutz in der Landesverfassung stärker betont als im Grundgesetz. Seiner Bedeutung entspricht es, dass mit Art. 34 sächs[ische] Verf[assung] ein völlig neues Grundrecht geschaffen wurde. Es handelt sich um ein subjektives Informationsrecht, gerichtet auf Auskunft über die durch das Land erhobenen und gespeicherten Umweltdaten, das sich den klassischen Kategorien der Freiheits- und Gleichheitsgrundrechte nicht zuordnen lässt. Das Auskunftsrecht ist als verfassungsunmittelbarer Anspruch konzipiert, der keinem Regelungsvorbehalt unterliegt. Als Grundrechtsschranken nennt Art. 34 sächs[ische] Verf[assung] Bundesrecht, rechtlich geschützte Interessen Dritter und überwiegende Belange der Allgemeinheit. Interessen Dritter müssen dabei zumindest gleichrangig, also ebenfalls grundrechtlich geschützt sein. Belange der Allgemeinheit müssen höherrangig sein, was im Einzelfall durch Abwägung der entgegenstehenden Rechtsgüter zu ermitteln ist.

Suzanne Drehwald/Christoph Jestaedt, Sachsen als Verfassungsstaat, hg. v. Thomas Pfeiffer, Edition Leipzig. Sonderausgabe der Sächsischen Landeszentrale für politische Bildung, Leipzig 1998, S. 109–112

1 GG = Grundgesetz
2 salvatorische Klausel = die einem Vertrag beigefügte Abrede, dass bestehende Rechte der Vertragsparteien unberührt bleiben

c) Aus der sächsischen Verfassung von 1992
Präambel

Anknüpfend an die Geschichte der Mark Meißen, des sächsischen Staates und des niederschlesischen Gebietes, gestützt auf Traditionen der sächsischen Verfassungsgeschichte, ausgehend von den leidvollen Erfahrungen nationalsozialistischer und kommunistischer Gewaltherrschaft, eingedenk eigener Schuld an seiner Vergangenheit, von dem Willen geleitet, der Gerechtigkeit, dem Frieden und der Bewahrung der Schöpfung zu dienen, hat sich das Volk im Freistaat Sachsen dank der friedlichen Revolution des Oktobers 1989 diese Verfassung gegeben.

1. Abschnitt: Die Grundlagen des Staates

Artikel 1 Der Freistaat Sachsen ist ein Land der Bundesrepublik Deutschland. Er ist ein demokratischer, dem

Schutz der natürlichen Lebensgrundlagen und der Kultur verpflichteter sozialer Rechtsstaat.

Artikel 2 (1) Die Hauptstadt des Freistaates ist Dresden. (2) Die Landesfarben sind Weiß und Grün. (3) Das Landeswappen zeigt im neunmal von Schwarz und Gold geteilten Feld einen schrägrechten grünen Rautenkranz. Das Nähere bestimmt ein Gesetz. (4) Im Siedlungsgebiet der Sorben können neben den Landesfarben und dem Landeswappen Farben und Wappen der Sorben, im schlesischen Teil des Landes die Farben und das Wappen Niederschlesiens gleichberechtigt geführt werden.

Artikel 3 (1) Alle Staatsgewalt geht vom Volk aus. Sie wird vom Volk in Wahlen und Abstimmungen sowie durch besondere Organe der Gesetzgebung, der vollziehenden Gewalt und der Rechtsprechung ausgeübt. (2) Die Gesetzgebung steht dem Landtag oder unmittelbar dem Volk zu. Die vollziehende Gewalt liegt in der Hand von Staatsregierung und Verwaltung. Die Rechtsprechung wird durch unabhängige Richter ausgeübt. (3) Die Gesetzgebung ist an die verfassungsmäßige Ordnung, die vollziehende Gewalt und die Rechtsprechung sind an Gesetz und Recht gebunden.

Artikel 4 (1) Alle nach der Verfassung durch das Volk vorzunehmenden Wahlen und Abstimmungen sind allgemein, unmittelbar, frei, gleich und geheim. (2) Wahl- und stimmberechtigt sind alle Bürger, die im Land wohnen oder sich dort gewöhnlich aufhalten und am Tag der Wahl oder Abstimmung das 18. Lebensjahr vollendet haben. (3) Das Nähere bestimmen die Gesetze. Dabei kann das Wahl- und Stimmrecht von einer bestimmten Dauer des Aufenthaltes im Land und, wenn die Wahl- und Stimmberechtigten mehrere Wohnungen innehaben, auch davon abhängig gemacht werden, dass ihre Hauptwohnung im Land liegt.

Artikel 5 (1) Dem Volk des Freistaates Sachsen gehören Bürger deutscher, sorbischer und anderer Volkszugehörigkeit an. Das Land erkennt das Recht auf die Heimat an. (2) Das Land gewährleistet und schützt das Recht nationaler und ethnischer Minderheiten deutscher Staatsangehörigkeit auf Bewahrung ihrer Identität sowie auf Pflege ihrer Sprache, Religion, Kultur und Überlieferung. (3) Das Land achtet die Interessen ausländischer Minderheiten, deren Angehörige sich rechtmäßig im Land aufhalten.

Artikel 6 (1) Die im Land lebenden Bürger sorbischer Volkszugehörigkeit sind gleichberechtigter Teil des Staatsvolkes. Das Land gewährleistet und schützt das Recht auf Bewahrung ihrer Identität sowie auf Pflege und Entwicklung ihrer angestammten Sprache, Kultur und Überlieferung, insbesondere durch Schulen, vorschulische und kulturelle Einrichtungen. (2) In der Landes- und Kommunalplanung sind die Lebensbedürfnisse des sorbischen Volkes zu berücksichtigen. Der deutsch-sorbische Charakter des Siedlungsgebietes der sorbischen Volksgruppe ist zu erhalten. (3) Die landesübergreifende Zusammenarbeit der Sorben, insbesondere in der Ober- und Niederlausitz, liegt im Interesse des Landes.

Artikel 7 (1) Das Land erkennt das Recht eines jeden Menschen auf ein menschenwürdiges Dasein, insbesondere auf Arbeit, auf angemessenen Wohnraum, auf angemessenen Lebensunterhalt, auf soziale Sicherung und auf Bildung, als Staatsziel an. (2) Das Land bekennt sich zur Verpflichtung der Gemeinschaft, alte und behinderte Menschen zu unterstützen und auf die Gleichwertigkeit ihrer Lebensbedingungen hinzuwirken.

Artikel 8 Die Förderung der rechtlichen und tatsächlichen Gleichstellung von Frauen und Männern ist Aufgabe des Landes.

Artikel 9 (1) Das Land erkennt das Recht eines jeden Kindes auf eine gesunde seelische, geistige und körperliche Entwicklung an. (2) Die Jugend ist vor sittlicher, geistiger und körperlicher Gefährdung besonders zu schützen. (3) Das Land fördert den vorbeugenden Gesundheitsschutz für Kinder und Jugendliche sowie Einrichtungen zu ihrer Betreuung.

Artikel 10 (1) Der Schutz der Umwelt als Lebensgrundlage ist, auch in Verantwortung für kommende Generationen, Pflicht des Landes und Verpflichtung aller im Land. Das Land hat insbesondere den Boden, die Luft und das Wasser, Tiere und Pflanzen sowie die Landschaft als Ganzes einschließlich ihrer gewachsenen Siedlungsräume zu schützen. Es hat auf den sparsamen Gebrauch und die Rückgewinnung von Rohstoffen und die sparsame Nutzung von Energie und Wasser hinzuwirken. (2) Anerkannte Naturschutzverbände haben das Recht, nach Maßgabe der Gesetze an umweltbedeutsamen Verwaltungsverfahren mitzuwirken. Ihnen ist Klagebefugnis in Umweltbelangen einzuräumen; das Nähere bestimmt ein Gesetz. (3) Das Land erkennt das Recht auf Genuss der Naturschönheiten und Erholung in der freien Natur an, soweit dem nicht die Ziele nach Absatz 1 entgegenstehen. Der Allgemeinheit ist in diesem Rahmen der Zugang zu Bergen, Wäldern, Feldern, Seen und Flüssen zu ermöglichen.

Artikel 11 (1) Das Land fördert das kulturelle, das künstlerische und wissenschaftliche Schaffen, die sportliche Betätigung sowie den Austausch auf diesen Gebieten. (2) Die Teilnahme an der Kultur in ihrer Vielfalt und am Sport ist dem gesamten Volk zu ermöglichen. Zu diesem Zweck werden öffentlich zugängliche Museen, Bibliotheken, Archive, Gedenkstätten, Theater, Sportstätten, musikalische und weitere kulturelle Einrich-

5 Deutschland nach 1945

tungen sowie allgemein zugängliche Universitäten, Hochschulen, Schulen und andere Bildungseinrichtungen unterhalten. (3) Denkmale und andere Kulturgüter stehen unter dem Schutz und der Pflege des Landes. Für ihr Verbleiben in Sachsen setzt sich das Land ein.

Artikel 12 Das Land strebt grenzüberschreitende regionale Zusammenarbeit an, die auf den Ausbau nachbarschaftlicher Beziehungen, auf das Zusammenwachsen Europas und auf eine friedliche Entwicklung in der Welt gerichtet ist.

Artikel 13 Das Land hat die Pflicht, nach seinen Kräften die in dieser Verfassung niedergelegten Staatsziele anzustreben und sein Handeln danach auszurichten.

2. Abschnitt: Die Grundrechte

Artikel 14 (1) Die Würde des Menschen ist unantastbar. Sie zu achten und zu schützen ist Verpflichtung aller staatlichen Gewalt. (2) Die Unantastbarkeit der Würde des Menschen ist Quelle aller Grundrechte.

Artikel 15 Jeder Mensch hat das Recht auf die freie Entfaltung seiner Persönlichkeit, soweit er nicht die Rechte anderer verletzt und nicht gegen die verfassungsmäßige Ordnung oder das Sittengesetz verstößt.

Artikel 16 (1) Jeder Mensch hat das Recht auf Leben und körperliche Unversehrtheit. Die Freiheit der Person ist unverletzlich. In diese Rechte darf nur aufgrund eines Gesetzes eingegriffen werden. (2) Niemand darf grausamer, unmenschlicher oder erniedrigender Behandlung oder Strafe und ohne seine freiwillige und ausdrückliche Zustimmung wissenschaftlichen oder anderen Experimenten unterworfen werden.

Artikel 17 (1) Die Freiheit der Person kann nur aufgrund eines förmlichen Gesetzes und nur unter Beachtung der darin vorgeschriebenen Formen beschränkt werden. Die betroffene Person muss unverzüglich über die Gründe der Freiheitsbeschränkung unterrichtet werden. (2) Über die Zulässigkeit und Fortdauer einer Freiheitsentziehung hat nur der Richter zu entscheiden. Bei jeder nicht auf richterlicher Anordnung beruhenden Freiheitsentziehung ist unverzüglich eine richterliche Entscheidung herbeizuführen. Die Polizei darf aus eigener Machtvollkommenheit niemanden länger als bis zum Ende des Tages nach dem Ergreifen in eigenem Gewahrsam halten. Das Nähere bestimmt ein Gesetz. (3) Jede wegen des Verdachtes einer strafbaren Handlung vorläufig festgenommene Person ist spätestens am Tag nach der Festnahme dem Richter vorzuführen, der ihr die Gründe der Festnahme mitzuteilen, sie zu vernehmen und ihr Gelegenheit zu Einwendungen zu geben hat. Der Richter hat unverzüglich entweder einen mit Gründen versehenen schriftlichen Haftbefehl zu erlassen oder die Freilassung anzuordnen. (4) Von jeder richterlichen Entscheidung über die Anordnung oder Fortdauer einer Freiheitsentziehung ist unverzüglich eine Vertrauensperson oder ein Familienmitglied der festgehaltenen Person zu benachrichtigen.

Artikel 18 (1) Alle Menschen sind vor dem Gesetz gleich. (2) Frauen und Männer sind gleichberechtigt. (3) Niemand darf wegen seines Geschlechtes, seiner Abstammung, seiner Rasse, seiner Sprache, seiner Heimat und Herkunft, seines Glaubens, seiner religiösen oder politischen Anschauungen benachteiligt oder bevorzugt werden.

Artikel 19 (1) Die Freiheit des Glaubens, des Gewissens und die Freiheit des religiösen und weltanschaulichen Bekenntnisses sind unverletzlich. (2) Die ungestörte Religionsausübung wird gewährleistet.

Artikel 20 (1) Jede Person hat das Recht, ihre Meinung in Wort, Schrift und Bild frei zu äußern und zu verbreiten und sich aus allgemein zugänglichen Quellen ungehindert zu unterrichten. Die Pressefreiheit und die Freiheit der Berichterstattung durch Rundfunk und Film werden gewährleistet. Eine Zensur findet nicht statt. (2) Unbeschadet des Rechtes, Rundfunk in privater Trägerschaft zu betreiben, werden Bestand und Entwicklung des öffentlich-rechtlichen Rundfunks gewährleistet. (3) Diese Rechte finden ihre Schranken in den Vorschriften der allgemeinen Gesetze, den gesetzlichen Bestimmungen zum Schutz der Jugend und in dem Recht der persönlichen Ehre.

Artikel 21 Kunst und Wissenschaft, Forschung und Lehre sind frei. Die Freiheit der Lehre entbindet nicht von der Treue zur Verfassung.

Artikel 22 (1) Ehe und Familie stehen unter dem besonderen Schutz des Landes. (2) Wer in häuslicher Gemeinschaft Kinder erzieht oder für Hilfsbedürftige sorgt, verdient Förderung und Entlastung. (3) Pflege und Erziehung der Kinder sind das natürliche Recht der Eltern und die zuerst ihnen obliegende Pflicht. Über ihre Betätigung wacht das Land. (4) Gegen den Willen der Erziehungsberechtigten dürfen Kinder nur aufgrund eines Gesetzes von der Familie getrennt werden, wenn die Erziehungsberechtigten versagen oder wenn die Kinder aus anderen Gründen zu verwahrlosen drohen. (5) Jede Mutter hat Anspruch auf den Schutz und die Fürsorge der Gemeinschaft.

Artikel 23 (1) Alle haben das Recht, sich ohne Anmeldung oder Erlaubnis friedlich und ohne Waffen zu versammeln. (2) Für Versammlungen unter freiem Himmel kann dieses Recht durch Gesetz oder aufgrund eines Gesetzes beschränkt werden.

Artikel 24 (1) Alle Bürger haben das Recht, Vereinigungen zu bilden. (2) Vereinigungen, deren Zwecke oder deren Tätigkeit den Strafgesetzen zuwiderlaufen oder die sich gegen die verfassungsmäßige Ordnung oder gegen den Gedanken der Völkerverständigung richten, sind verboten.

Artikel 25 Das Recht, zur Wahrung und Förderung der Arbeits- und Wirtschaftsbedingungen Vereinigungen zu bilden, ist für jede Person und für alle Berufe gewährleistet. Abreden, die dieses Recht einschränken oder zu behindern suchen, sind nichtig; hierauf gerichtete Maßnahmen sind rechtswidrig.

Artikel 26 In Betrieben, Dienststellen und Einrichtungen des Landes sind Vertretungsorgane der Beschäftigten zu bilden. Diese haben nach Maßgabe der Gesetze das Recht auf Mitbestimmung.

Artikel 27 (1) Das Briefgeheimnis sowie das Post- und Fernmeldegeheimnis sind unverletzlich. (2) Beschränkungen dürfen nur aufgrund eines Gesetzes angeordnet werden. Dient die Beschränkung dem Schutz der freiheitlichen demokratischen Grundordnung oder dem Bestand oder der Sicherung des Bundes oder eines Landes, so kann das Gesetz bestimmen, dass sie dem Betroffenen nicht mitgeteilt wird und dass an die Stelle des Rechtsweges die Nachprüfung durch von der Volksvertretung bestellte Organe und Hilfsorgane tritt. Für diesen Fall ist vorzusehen, dass die Beschränkungsmaßnahmen dem Betroffenen nach ihrem Abschluss mitzuteilen sind, wenn eine Gefährdung des Zweckes der Beschränkung ausgeschlossen werden kann.

Artikel 28 (1) Beruf und Arbeitsplatz können frei gewählt werden, soweit Bundesrecht nicht entgegensteht. Die Berufsausübung kann durch Gesetz oder aufgrund eines Gesetzes geregelt werden. (2) Erwerbsmäßige Kinderarbeit ist grundsätzlich verboten. (3) Niemand darf zu einer bestimmten Arbeit gezwungen werden, außer im Rahmen einer herkömmlichen allgemeinen, für alle gleichen öffentlichen Dienstleistungspflicht.

Artikel 29 (1) Alle Bürger haben das Recht, die Ausbildungsstätte frei zu wählen. (2) Alle Bürger haben das Recht auf gleichen Zugang zu den öffentlichen Bildungseinrichtungen.

Artikel 30 (1) Die Wohnung ist unverletzlich. (2) Durchsuchungen dürfen nur durch den Richter, bei Gefahr im Verzug auch durch die in den Gesetzen vorgesehenen anderen Organe angeordnet und nur in der dort vorgeschriebenen Form durchgeführt werden. (3) Eingriffe und Beschränkungen dürfen im Übrigen nur zur Abwehr einer gemeinen Gefahr oder einer Lebensgefahr für einzelne Personen, aufgrund eines Gesetzes auch zur Verhütung dringender Gefahren für die öffentliche Sicherheit und Ordnung, insbesondere zur Behebung der Raumnot, zur Bekämpfung von Seuchengefahr oder zum Schutz gefährdeter Jugendlicher vorgenommen werden.

Artikel 31 (1) Das Eigentum und das Erbrecht werden gewährleistet. Inhalt und Schranken werden durch die Gesetze bestimmt. (2) Eigentum verpflichtet. Sein Gebrauch soll zugleich dem Wohl der Allgemeinheit dienen, insbesondere die natürlichen Lebensgrundlagen schonen.

Artikel 32 (1) Eine Enteignung ist nur zum Wohl der Allgemeinheit zulässig. Sie darf nur durch Gesetz oder aufgrund eines Gesetzes erfolgen, das Art und Ausmaß der Entschädigung regelt. (2) Grund und Boden, Naturschätze und Produktionsmittel können zum Zweck der Vergesellschaftung durch ein Gesetz, das Art und Ausmaß der Entschädigung regelt, in Gemeineigentum oder in andere Formen der Gemeinwirtschaft überführt werden. (3) Die Entschädigung ist unter gerechter Abwägung der Interessen der Allgemeinheit und der Beteiligten zu bestimmen.

Artikel 33 Jeder Mensch hat das Recht, über die Erhebung, Verwendung und Weitergabe seiner personenbezogenen Daten selbst zu bestimmen. Sie dürfen ohne freiwillige und ausdrückliche Zustimmung der berechtigten Person nicht erhoben, gespeichert, verwendet oder weitergegeben werden. In dieses Recht darf nur durch Gesetz oder aufgrund eines Gesetzes eingegriffen werden.

Artikel 34 Jede Person hat das Recht auf Auskunft über die Daten, welche die natürliche Umwelt in ihrem Lebensraum betreffen, soweit sie durch das Land erhoben oder gespeichert worden sind und soweit nicht Bundesrecht, rechtlich geschützte Interessen Dritter oder überwiegende Belange der Allgemeinheit entgegenstehen.

Artikel 35 Jede Person hat das Recht, sich einzeln oder in Gemeinschaft mit anderen schriftlich mit Bitten oder Beschwerden an die zuständigen Stellen und an die Volksvertretung zu wenden. Es besteht Anspruch auf begründeten Bescheid in angemessener Frist.

Artikel 36 Die in dieser Verfassung niedergelegten Grundrechte binden Gesetzgebung, vollziehende Gewalt und Rechtsprechung als unmittelbar geltendes Recht.

Artikel 37 (1) Soweit nach dieser Verfassung ein Grundrecht durch Gesetz oder aufgrund eines Gesetzes eingeschränkt werden kann, muss das Gesetz allgemein und nicht nur für den Einzelfall gelten. Außerdem muss das Gesetz das Grundrecht unter Angabe des Artikels nennen. (2) In keinem Fall darf ein Grundrecht in seinem Wesensgehalt angetastet werden. (3) Die Grundrechte gelten auch für juristische Personen mit Sitz innerhalb der Bundesrepublik Deutschland, soweit sie ihrem Wesen nach auf diese anwendbar sind.

Artikel 38 Wird jemand durch die öffentliche Gewalt in seinen Rechten verletzt, so steht ihm der Rechtsweg

5 Deutschland nach 1945

offen. Soweit eine andere Zuständigkeit nicht begründet ist, ist der ordentliche Rechtsweg gegeben. Artikel 27 Absatz 2 Satz 2 bleibt unberührt.

Verfassung des Freistaates Sachsen vom 27. Mai 1992, hg. v. Sächsischen Landtag, Referat Öffentlichkeitsarbeit, Dresden o. J.

1. Erläutern Sie anhand von M 68 a und der Präambel der sächsischen Verfassung (M 68 c) die Gründe für die Wiedererrichtung des Freistaates Sachsen auf der Grundlage einer liberal-demokratischen und rechtsstaatlichen Verfassung.
2. Besorgen Sie sich in der Schulbibliothek ein Exemplar des Grundgesetzes der Bundesrepublik Deutschland. Vergleichen Sie den Grundrechtskatalog des Grundgesetzes mit dem der sächsischen Verfassung. Arbeiten Sie Unterschiede oder Gemeinsamkeiten heraus (M 68 b).
3. In seinem 1997 erschienenen Buch „Der Staat des Grundgesetzes" schreibt der Verfassungsrechtler Konrad Löw: „Keine Grundrechte sind die so genannten ‚Staatszielbestimmungen'. Sie binden zwar auch die staatlichen Organe. Der Bürger kann sich aber nicht dergestalt darauf berufen, dass er, um ihre Missachtung zu beenden oder ihre Beachtung sicherzustellen, einen Prozess führt. Es sind nicht seine Rechte." Diskutieren Sie diese These am Beispiel der sächsischen Verfassung (M 68 c, 1. Abschnitt: Die Grundlagen des Staates). Untersuchen Sie den Verfassungstext und stellen Sie die dort genannten Staatsziele zusammen. Erörtern Sie, warum diese Staatsziele für den Einzelnen nicht vor Gericht einklagbar sind, z. B. das Recht auf Arbeit.
4. Beschreiben Sie anhand von M 66 die Staatsorganisation des Freistaates Sachsen.

M 69 Aus dem „Vertrag zwischen der Bundesrepublik Deutschland und der Deutschen Demokratischen Republik über die Herstellung der Einheit Deutschlands" vom 31. August 1990

Art. 3 Inkrafttreten des Grundgesetzes.
Mit dem Wirksamwerden des Beitritts tritt das Grundgesetz für die Bundesrepublik Deutschland […] in den Ländern Brandenburg, Mecklenburg-Vorpommern, Sachsen, Sachsen-Anhalt und Thüringen sowie in dem Teil des Landes Berlin, in dem es bisher nicht galt, mit den sich aus Artikel 4 ergebenden Änderungen in Kraft, soweit in diesem Vertrag nichts anderes bestimmt ist. […]
Art. 4 Abs. 6
Artikel 146 wird wie folgt gefasst:
„Artikel 146
Dieses Grundgesetz, das nach Vollendung der Einheit und Freiheit Deutschlands für das gesamte deutsche Volk gilt, verliert seine Gültigkeit an dem Tage, an dem eine Verfassung in Kraft tritt, die von dem deutschen Volke in freier Entscheidung beschlossen worden ist."
Art. 5 Künftige Verfassungsänderungen.
Die Regierungen der beiden Vertragsparteien empfehlen den gesetzgebenden Körperschaften des vereinten Deutschlands, sich innerhalb von zwei Jahren mit den im Zusammenhang mit der deutschen Einigung aufgeworfenen Fragen zur Änderung oder Ergänzung des Grundgesetzes zu befassen, insbesondere
– in Bezug auf die Möglichkeit einer Neugliederung für den Raum Berlin-Brandenburg, abweichend von den Vorschriften des Artikels 29 des Grundgesetzes durch Vereinbarung der beteiligten Länder,
– mit den Überlegungen zur Aufnahme von Staatszielbestimmungen in das Grundgesetz sowie
– mit der Frage der Anwendung des Artikels 146 des Grundgesetzes und in dessen Rahmen einer Volksabstimmung.

Die Verträge zur Einheit Deutschlands [Stand: 15. Oktober 1990], München 1990, S. 44 ff.

1. Informieren Sie sich über Stand und Ausgang der in M 69 vorgesehenen Verfassungsänderungen.
2. Beurteilen Sie Verfahren und Lösung.

Deutschland nach 1945   5

4.2 Deutschland nach der Wiedervereinigung – Probleme und Chancen

Ein Staat, zwei Gesellschaften?

Seit dem Beitritt der neuen Bundesländer zur Bundesrepublik Deutschland am 3. Oktober 1990 leben die Deutschen wieder in einem Staat. Aber leben sie auch in einer Gesellschaft oder besteht das wiedervereinigte Deutschland aus zwei Gesellschaften? Tatsächlich haben sich die beiden Teilgesellschaften während der 45-jährigen Trennung sehr unterschiedlich entwickelt. Die Planwirtschaft der DDR war eine Mangelwirtschaft, die im Vergleich zur Bundesrepublik Deutschland einen wissenschaftlich-technologischen Modernisierungsrückstand von etwa 25 Jahren aufwies. Auf allen Gebieten (Produktivität, Lebensstandard, Wohlstand) erwies sich die westdeutsche soziale Marktwirtschaft als überlegen. Der DDR-Versorgungsstaat gewährleistete seinen Bürgern eine umfassende soziale Absicherung, allerdings auf niedrigem Niveau. Der Preis für die Garantie des Rechts auf Arbeit waren staatlich festgelegte Löhne und eine zentrale Arbeitskräftelenkung. Da der westdeutsche Teilstaat das Privateigentum und die Tarifautonomie voraussetzte, griff die Regierung weniger stark in das gesellschaftliche Leben ein. Die Leistungen des bundesdeutschen Sozialstaats wurden jedoch seit den Fünfzigerjahren dynamisiert und damit automatisch der allgemeinen Wohlstandsentwicklung angepasst. Die gegensätzlichen politisch-sozialen und wirtschaftlichen Systeme prägten außerdem unterschiedliche Mentalitäten. Wurden in der westlichen Demokratie mit ihrer Marktwirtschaft vor allem Eigeninitiative und Flexibilität belohnt, verlangte das diktatorische Regime mit seiner Zentralverwaltungswirtschaft in erster Linie Anpassung und Unterordnung.

„Mauer in den Köpfen"?

Bereits 1982, also acht Jahre vor der Wiedervereinigung Deutschlands, hat der Schriftsteller Peter Schneider in seinem Roman „Der Mauerspringer" prophezeit: „Die Mauer im Kopf einzureißen wird länger dauern, als irgendein Abrissunternehmen für die sichtbare Mauer braucht." Obwohl viele Menschen in den neuen Bundesländern in Umfragen ihre hohe persönliche Zufriedenheit mit den materiellen Lebensbedingungen nach der Wiedervereinigung bekunden, verringerte sich ihre Zustimmung zum gesellschaftlichen, vor allem aber zum politischen und wirtschaftlichen System der Bundesrepublik Deutschland. Mitte der Neunzigerjahre waren 70 % der Westdeutschen, jedoch nur 30 % der Ostdeutschen mit der demokratischen Regierungsform „zufrieden". Ähnliche Ergebnisse erhielten die Meinungsforschungsinstitute, wenn sie nach der deutschen Demokratie als „bester Staatsform" fragten. 1990 fanden lediglich 19 % der Ostdeutschen ihr altes DDR-System rückblickend „ganz erträglich", bis Ende der Neunzigerjahre stieg diese Zahl auf über ein Drittel – trotz intensiver **Aufarbeitung der SED-Diktatur**, wobei besonders das umfassende Überwachungssystem und die Verbrechen der Staatssicherheit (Stasi) (s. S. 363 und M57, S. 399 ff.) zur Sprache kamen. Während 1990 77 % der Ostdeutschen die Prinzipien der Marktwirtschaft befürworteten, war es 1995 nur noch ein Drittel.

Diese mentalen Unterschiede zwischen Ost und West bestehen zu Beginn des 21. Jahrhunderts fort. Seit 1998 gibt es einen kleinen, aber zunehmenden Anteil von Westdeutschen, die stärker der alten Bundesrepublik nachtrauern als sich mit dem wiedervereinigten Deutschland zu identifizieren. Im Osten Deutschlands fällt die Bilanz negativer aus. „Hier haben sich", schreibt die Sozialwissenschaftlerin Katja Neller 2006, „eher die pessimistischen als die optimistischen Einschätzungen zum Zusammenwachsen der beiden politischen Kulturen in Ost- und Westdeutschland bestätigt. […] Nach wie vor identifizieren sich die Ostdeutschen weniger als die Westdeutschen mit der politischen Gemeinschaft Deutschlands. Darüber hinaus existiert ein beträchtlicher und zudem wachsender Teil der Ostdeutschen, der sich stärker mit der früheren DDR verbunden fühlt als mit Deutschland."

Diese „Ostalgie", wie die Verklärung der DDR gelegentlich genannt wird, lässt sich nicht nur auf die lange Trennung zurückführen, sondern beruht auch auf einem Bündel an Erfahrungen während des Einigungsprozesses. Dieser sei, schreibt Katja Neller, durch eine **„Asymmetrie der Betroffenheit"** gekennzeichnet gewesen: „Sie wurde durch die sozialen, kulturellen und politischen Veränderungen ausgelöst, die der Vereinigungsprozess mit sich brachte. Diese Veränderungen waren in Ostdeutschland unvermeidlich sehr viel größer und unmittelbarer als in Westdeutschland. Die

5 Deutschland nach 1945

Ausgangspositionen für den Vereinigungsprozess waren in Ost- und Westdeutschland strukturell verschieden. Diese Unterschiede bauen sich sehr viel langsamer ab als erwartet."
So betrachten manche ehemaligen DDR-Bürger die Vereinigung als einen einseitigen Vorgang, bei dem das westdeutsche System den Ostdeutschen übergestülpt worden sei. Waren die Bürger der neuen Bundesländer daher eher Objekte als Subjekte des Wandels? Das mögen viele vielleicht so empfunden haben. Denn sie mussten sich nach Regeln ändern, die sie nicht selbst geschaffen hatten. Bei einigen entstand das Gefühl von Abwertung der eigenen Biografie, von Abhängigkeit und zweitklassischem Status (M 71).
Während des Vereinigungsprozesses sind sicherlich auch die allzu hohen Erwartungen (M 70) enttäuscht worden, die viele Ostdeutsche hegten. Besonders die Massenarbeitslosigkeit nach der Wende trug dazu bei. In der DDR war Arbeitslosigkeit nahezu unbekannt. Es war daher für die ehemaligen DDR-Bürger ein Schock, als nach der Wende mit der Privatisierung der Wirtschaft plötzlich viele Menschen ihren Arbeitsplatz verloren. Zahlreiche frühere DDR-Staatsbetriebe – sie wurden von der 1990 gegründeten Treuhandanstalt verwaltet – erwiesen sich unter marktwirtschaftlichen Bedingungen nicht als konkurrenzfähig.

Wirtschaft und Wohlstand Die Umstellung von der Plan- zur Marktwirtschaft sowie die Währungsunion bewirkten einen massiven Rückgang der Produktion und damit den Verlust von Millionen an Arbeitsplätzen. In den ersten Jahren nach der Vereinigung konnte ein Teil der Arbeitsplatzverluste aufgefangen werden durch staatliche Arbeitsmarktpolitik oder andere Maßnahmen, die z. B. Personen über 55 Jahren den Übergang in den Vorruhestand erleichterten. Besonders betroffen von der nach wie vor anhaltenden Beschäftigungskrise und dem Mangel an regulären Arbeitsplätzen waren Frauen (M 72 a, b).
Zwar stieg im Osten Deutschlands das Bruttoinlandsprodukt in den Jahren 1992, 1993, 1994 und 1995 um 7,8 %, 9,3 %, 9,6 % bzw. 5 % stark an. Allerdings startete die Wirtschaft nach 1990 auf einem sehr geringen Niveau. Das Wirtschaftswachstum glich sich seit Ende der Neunzigerjahre dem des Westens an. Dennoch gelang im Osten kein sich selbst tragender Wirtschaftsaufschwung, obwohl sich die Wirtschaftsstruktur der neuen Bundesländer modernisierte (M 73). Einige Länder bzw. Regionen erlebten dabei einen beschleunigten Strukturwandel – so z. B. Sachsen im Automobilbau und in der Elektronik (M 74).
Die Modernisierung der ostdeutschen Wirtschaft sowie die beträchtlichen Finanzhilfen, die von den alten in die neuen Bundesländer flossen, haben der Mehrheit der ostdeutschen Bevölkerung einen bedeutenden Wohlstandsgewinn gebracht. „Schon Mitte der Neunzigerjahre lebten", schreibt der Politikwissenschaftler Klaus Schroeder 2006, „etwa drei Viertel der Deutschen in Ost und West unter fast gleichen Bedingungen. […] Der durchschnittliche Lebensstandard ostdeutscher Haushalte hat sich sowohl im Ausstattungsgrad mit langlebigen Konsumgütern als auch bei den Wohnverhältnissen dem westdeutschen weitgehend angeglichen […]. Auch wenn sich durch die Verfestigung der Massenarbeitslosigkeit und den hohen Anteil von Langzeitarbeitslosen die durchschnittlichen Einkommens- und Vermögenspositionen ostdeutscher Haushalte in den letzten drei Jahren gegenüber dem Westen wieder etwas verschlechtert haben, bedeutet das erreichte Niveau einen historisch einmaligen Wohlstandstransfer und Wohlstandsgewinn."
Die Modernisierung der Wirtschaft und die Wohlstandsgewinne im Osten Deutschlands haben jedoch nicht verhindern können, dass die neuen Bundesländer Teile ihrer Bevölkerung an die alten Bundesländer verloren. In den Jahren von 1990 bis 2003 gewannen die zehn alten Bundesländer etwa vier Millionen Einwohner hinzu. Ein knappes Drittel davon kam aus den neuen Bundesländern, deren Einwohnerzahl um ca. 8 % (Berlin 7 %) abgenommen hat. Viele dieser Migranten von Ost nach West waren gut ausgebildete und junge Fachkräfte, die im Westen neue berufliche und private Perspektiven suchten. Ein hoher Prozentsatz dieser mobilen Menschen waren und sind Frauen.

Deutschland nach 1945　5

Rechtsextremismus

„Der Osten ist rechtsextrem und ausländerfeindlich. Er bedroht die Demokratie in Deutschland." – Diese These zählt der sozialdemokratische Politiker und evangelische Theologe Richard Schröder, ein ehemaliger Bürger der DDR und engagierter Anhänger der deutschen Einheit, mit Recht zu den „wichtigsten Irrtümern über die deutsche Einheit", wie der Titel seines 2007 erschienenen Buches heißt. Bei diesem Thema sollten Vorurteile zugunsten sorgfältiger Analyse und differenzierter Beurteilung überwunden werden: Obwohl fremdenfeindliches und rechtsextremes Denken und Handeln in den neuen Bundesländern zum Teil auf die Zustimmung in der Bevölkerung treffen, sind sie keine spezifisch ostdeutschen Erscheinungen. Auch in den alten Bundesländern gab und gibt es rechtsextreme und ausländerfeindliche Organisationen, die finanziell und personell den Aufbau ostdeutscher Netzwerke und Aktionen unterstützen. Trotz mancher gewaltsamer Anschläge, bei denen Rechtsradikale Ausländer angriffen (Hoyerswerda, September 1991, und Rostock-Lichtenhagen, August 1992), und trotz mancher Erfolge bei Landtagswahlen bedrohen Rechtsradikale nicht die Demokratie der Bundesrepublik Deutschland. Dennoch sind die Taten rechtsextremistischer Gruppen nicht zu verharmlosen, sondern die Gesellschaft muss nach Wegen suchen, um vor allem Jugendliche vor diesem Milieu zu schützen (M 75).

Bilanz

Sicherlich unterscheiden sich große Teile der Bevölkerung in Ost und West in ihrem Selbstverständnis, ihrer sozialen Struktur und den Mentalitäten nach wie vor. Ungeachtet großer Erfolge bei der Herstellung der „inneren Einheit" sind sich Ost- und Westdeutsche immer noch fremd geblieben. Die Schaffung einer gemeinsamen Identität bleibt eine der zentralen Aufgaben der Deutschen. Der Stolz auf ihre Leistungen seit 1989/90 kann durchaus zu einem Gemeinschaftsbewusstsein beitragen, schließlich hat man erreicht, was kaum noch für möglich gehalten wurde, wie der Politikwissenschaftler Klaus Schroeder im Jahr 2000 geschrieben hat: »Deutschland hat sich friedlich und in Freiheit vereint, bisher keine Großmachtallüren gezeigt und ist fest verankert in der westlichen Werte- und Staatengemeinschaft. Dennoch muss es vorrangige Aufgabe sein, die Akzeptanz und das Vertrauen in die Institutionen des demokratischen Verfassungsstaates auch in Ostdeutschland zu erhöhen; hierzu gibt es keine Alternative."

M 70 Hoffnungen in Deutschland nach der Wiedervereinigung, „Spiegel"-Titel 1995

5 Deutschland nach 1945

M71 Die dreifache „Enteignung" der Ostdeutschen durch den Westen – eine Interpretation des Publizisten und Historikers Peter Bender (1992)

– Die ökonomische Enteignung habe mit dem millionenfachen Verlust eines Guts, dessen sich die Bürger der DDR absolut sicher zu sein glaubten, nämlich ihres Arbeitsplatzes, begonnen und dann sich fortgesetzt im Verlust von Produktionsmitteln, die schon die SED mit in Beschlag genommen hatte; „aus dem Volkseigentum wurde größtenteils Westeigentum. Sie stiftet immer noch große Unruhe, wenn die Regel ‚Rückgabe vor Entschädigung' exekutiert wird."

– Die politische Enteignung bestehe darin, dass die Ostdeutschen sich erst dann als Bürger der Bundesrepublik fühlen könnten, wenn ihre Interessen angemessen vertreten würden. Aber keine Partei leiste das, weil alle gesamtdeutsch organisiert seien. Das klinge nach Gemeinsamkeit, erweise sich jedoch als das Gegenteil, denn die Ostmitglieder befänden sich überall in schwacher Minderheit; sie sähen sich missverstanden und missachtet, bekämen einige Posten, freilich niemals Macht; sie dürften reden, fänden allerdings wenig Gehör.

– Die moralische Enteignung sei darin zu sehen, dass vierzig Jahre lang die Westdeutschen die Bundesrepublik als Deutschland betrachtet hätten (so hat es auch offiziell geheißen), das Übrige war Zone oder DDR. „An dieser Denkweise hat sich wenig geändert. Ostdeutschland heißt amtlich das ‚Beitrittsgebiet' und im allgemeinen Sprachgebrauch ‚die neuen Länder', als ob das Kunstgebilde Nordrhein-Westfalen älter sei als das Königreich Sachsen."

Zit. nach: Hermann Glaser (Hg.), Die Mauer fiel, die Mauer steht. Ein deutsches Lesebuch 1989–1999, dtv, München 1999, S. 8 f.

1 Fassen Sie die zentrale Argumentation Benders (M 71) zusammen. Nehmen Sie zu seinen Thesen Stellung.

M72 Erwerbstätigkeit und Arbeitslosigkeit in Deutschland nach der Wiedervereinigung

a) Der Historiker Gerhard A. Ritter über die Arbeitslosigkeit von Frauen in Ostdeutschland (2006)

Besonders ausgeprägt war die Arbeitslosigkeit der Frauen, die mit 21,5 Prozent im Jahresdurchschnitt 1994 doppelt so hoch war wie die der Männer (10,9 Prozent). Dafür gab es mehrere Gründe. Frauen waren in der DDR überproportional in der Landwirtschaft und in Industriebereichen beschäftigt gewesen, die – wie die Textil- und Bekleidungsindustrie, die Nahrungs- und Genussmittelindustrie, die chemische Industrie und die Leichtindustrie – besonders starke Einbrüche erlitten, während die zunächst boomende Bauindustrie eine ausgesprochene Männerdomäne war. Frauen stellten auch einen relativ hohen Anteil der geringer qualifizierten Arbeitskräfte, die durch die Umstrukturierung der Wirtschaft und die Wegrationalisierung von Arbeitsplätzen besonders gefährdet waren. Sie erwiesen sich aufgrund familiärer Bindungen zudem vielfach als weniger mobil als Männer. Aufgrund des Wegfalls der in der DDR gewährten Vergünstigungen für alleinerziehende Frauen und Ehefrauen mit kleinen Kindern waren Beruf und Familie nun schwerer zu vereinbaren, und die Betriebe zeigten sich angesichts des Überangebots an Arbeitskräften weniger bereit, auf die besondere Situation von Frauen mit kleinen Kindern Rücksicht zu nehmen. Angesichts solcher struktureller Schwierigkeiten war der Anteil der Frauen an den Langzeitarbeitslosen mit einer Arbeitslosigkeit von über einem Jahr mit 68,9 Prozent Ende September 1992 und sogar 76,7 Prozent drei Jahre später besonders hoch. Während ein großer Teil der über 55-jährigen Frauen dauerhaft aus dem Arbeitsprozess ausschied – zwischen 1989 und 1991 schrumpfte der Anteil der erwerbstätigen Frauen im Alter von 55 bis 59 Jahren von 77,8 Prozent auf 36,6 Prozent, der der 60- bis 64-jährigen von 29,7 Prozent auf 8,1 Prozent –, blieb die Erwerbsquote der Frauen im Osten insgesamt weiterhin sehr hoch.

Gerhard A. Ritter, Der Preis der deutschen Einheit. Die Wiedervereinigung und die Krise des Sozialstaates, C. H. Beck, München 2006, S. 118 f.

Deutschland nach 1945 — 5

b) Entwicklung der Erwerbstätigkeit im Ost-West-Vergleich

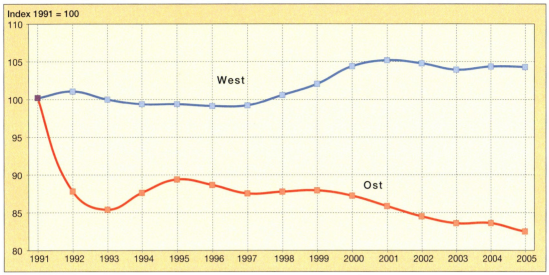

Klaus Schroeder, Die veränderte Republik. Deutschland nach der Wiedervereinigung, Verlag Ernst Vögel, München 2006, S. 210

1 Arbeiten Sie anhand von M 72 a, b zentrale Tendenzen bei der Entwicklung der Arbeitslosigkeit und der Erwerbstätigkeit in Ostdeutschland nach der Wiedervereinigung heraus.

2 Fassen Sie anhand von M 72 a die wesentlichen Ursachen der hohen Frauenarbeitslosigkeit in den neuen Bundesländern nach der Wiedervereinigung zusammen.

M73 Erwerbstätige nach Wirtschaftsbereichen im Ost-West-Vergleich (in Prozent)

Jahr/Region	1989 W	1989 O	1992 W	1992 O	1995 W	1995 O	1999 W	1999 O	2003 W	2003 O
Primärer Sektor	4	11	3,5	4,9	3,1	3,9	2,6	3,9	2,3	3,2
Sekundärer Sektor	41	50	40	39	36	36	34	31	31,6	28,8
Tertiärer Sektor	55	40	57	57	61	60	64	65	66	68

Klaus Schroeder, Die veränderte Republik. Deutschland nach der Wiedervereinigung, Verlag Ernst Vögel, München 2006, S. 226

1 Beschreiben und erklären Sie mithilfe der Statistik (M 73) die Modernisierung der Wirtschaftsstruktur in Deutschland nach der Wiedervereinigung.

M74 Die Modernisierung der sächsischen Wirtschaft nach der Wiedervereinigung – das Beispiel der Automobilindustrie und Elektronik (2006)

Im Dezember 1990 wurde die VW Sachsen GmbH als hundertprozentige VW-Tochter gegründet. Diese Firma plante und realisierte von nun an den gesamten Aufbau des Werkes in Mosel. Ab Juli 1992 wurde hier nur noch der Golf III produziert. Zur selben Zeit stellte VW die Fertigungsorganisation um und schuf rund um Mosel ein breites Netzwerk an Zulieferern.

Im Jahr 1988 zählte der VEB Sachsenring Zwickau ca. 11 200 Mitarbeiter. Davon waren allein 1470 in der Bauabteilung und 1080 im Werkzeug- und Maschinenbau tätig. Der Kernbereich des Automobilbaus verfügte über 8865 Mitarbeiter. In der Fahrzeugfertigung der VW Sachsen GmbH in Mosel und in der Motorenproduktion in Chemnitz waren im Jahr 2004 rund 7100 Beschäftigte tätig. Es gab also nur einen vergleichsweise geringen Beschäftigtenrückgang im Kernbereich des Automobilbaus, bei einer inzwischen um ein Mehrfaches höheren Produktivität. Von 1990

5 Deutschland nach 1945

bis 2005 hat VW in der Zwickauer Region mehr als 2,5 Mio. Autos verschiedener Baureihen hergestellt. Mit einem Umsatz von mehr als 3,5 Mrd. Euro war VW Sachsen im Jahr 2005 hinter dem Energieversorger Vattenfall zweitgrößter Konzern in den neuen Bundesländern.

Etwas ganz Besonderes schuf VW mit der „Gläsernen Manufaktur" in Dresden. Mit der Bezeichnung knüpfte der Konzern an alte sächsische Traditionen an. Die „Gläserne Manufaktur" wurde hochmodern und exklusiv ausgestattet und ging Ende 2001 in Betrieb. 800 Mitarbeiter fertigen hier Luxusmodelle.

Dem Engagement von VW in Zwickau, Chemnitz und Dresden folgten nach der Jahrhundertwende der Bau eines neuen Werkes von BMW und eines Werkes von Porsche nahe Leipzig. Das Porsche-Werk nahm Mitte 2003 die Produktion auf und beschäftigt rund 400 Mitarbeiter. BMW entschied sich für den Standort Leipzig vor allem aufgrund der dort vorhandenen qualifizierten und flexiblen Arbeitskräfte, den guten infrastrukturellen Voraussetzungen und staatlichen Investitionszulagen. Für die Neuansiedlung investierte BMW 1,3 Mrd. Euro und schuf mehr als 5500 neue Arbeitsplätze.

In Sachsen haben sich inzwischen nicht nur die Endproduzenten VW, BMW und Porsche angesiedelt, sondern auch zahlreiche Zulieferer. Nach optimistischen Schätzungen sind im Bereich des Automobilbaus heute in Sachsen knapp 450 Betriebe mit bis zu 60 000 Arbeitskräften tätig. Von ca. 45 000 Arbeitsplätzen, die in der sächsischen Automobilzulieferindustrie bestehen, entfallen mehr als 9000 auf ausländische Unternehmen.

Die Automobilindustrie konnte ihre Jahresumsätze von weniger als 1 Mrd. Euro 1992 auf rund 7,5 Mrd. Euro 2004 steigern. Die Produktivität liegt über dem Branchendurchschnitt in Deutschland.

Anfang des 21. Jahrhunderts begann das „Automobildreieck" Zwickau-Chemnitz-Leipzig mehr und mehr Gestalt anzunehmen. In der Wirtschaftsliteratur wird dafür auch die Netzwerk- und Clustertheorie bemüht. Darunter versteht man relativ kleinräumige Ansiedlungen von Industrien einer Branche bzw. artverwandter Branchen, die eine höhere Produktivität erzeugen als räumlich weiter aufgefächerte Strukturen. Endproduzenten sollten in der Lage sein, die meisten der für sie besonders relevanten Zulieferungen, aber auch wissenschaftlich-technische Dienstleistungen aus einem begrenzten Umkreis zu erhalten.

Neben dem Automobilbau entwickelte sich die Elektronikindustrie vor allem dank der Ansiedlungen von Siemens, AMD und Motorola in Dresden zu einem zweiten Wachstumskern. Die Wirtschaftspresse prägte dafür sogar den Begriff „Silicon Saxony", in übertriebener Anspielung auf das kalifornische Silicon Valley. Tatsache ist, dass zum sächsischen Netzwerk in der Elektronik inzwischen 760 Unternehmen mit 22 000 Beschäftigten gehören. Der Freistaat förderte die neuen Industrien ganz gezielt. Ein Großteil der Fördermittel floss in den Raum Dresden. Allein das Siemens-Halbleiterwerk bekam 800 Mio. DM Fördermittel vom Freistaat, darüber hinaus 300 Mio. vom Bund und 450 Mio. von der EU, wodurch 2600 Arbeitsplätze entstanden. Um die Großunternehmen gruppierten sich ungefähr 350 mittelständische Zulieferer. Außerdem siedelten sich in Freiberg Unternehmen zur Herstellung von Siliziumscheiben und von Gallium-Arsenid-Kristallen an. Viele dieser Firmen waren von ehemaligen Mitarbeitern des Kombinates Robotron gegründet worden. Inzwischen ist das regionale Kompetenzzentrum Mikroelektronik in Dresden gut mit anderen Standorten in Südwestsachsen und den Forschungs- und Bildungseinrichtungen vernetzt. Dresden mit dem Ballungsgebiet Oberes Elbtal gilt daher als Subregion mit besonders guten Entwicklungschancen. So kamen Ende der Neunzigerjahre rund 4 Prozent der weltweit hergestellten Halbleiterprodukte aus Dresden.

Rainer Karlsch, Michael Schäfer, Wirtschaftsgeschichte Sachsens im Industriezeitalter, Edition Leipzig, Leipzig 2006, S. 283 f.

1 Die Überschrift über diesem Kapitel lautet: „Clusterbildung in der Automobilindustrie und der Elektronik". Erklären Sie mithilfe von M 74 diese Überschrift.

M75 **Der Politikwissenschaftler Klaus Schroeder über Rechtsextremismus und Fremdenfeindlichkeit in Ostdeutschland nach der Wiedervereinigung (2006)**

Wenngleich sich Befürchtungen, die Vereinigung würde Nationalismus und Rechtsextremismus in Deutschland wieder aufleben lassen, als übertrieben, wenn nicht sogar unberechtigt herausstellen, kann das vor allem in einigen Regionen Ostdeutschlands vorhandene Ausmaß von Fremdenfeindlichkeit und rechtsextremistischen Einstellungen nicht übersehen werden. Zwar lässt sich beides auch in Westdeutschland beobachten, aber deutlich weniger ausgeprägt und stärker politisch und gesellschaftlich geächtet. Über die letzten anderthalb Jahrzehnte hinweg registrierten Verfassungsschützer in den neuen Ländern ein relativ etwa doppelt so hohes Personenpotenzial im rechtsextremistischen und gewaltbereiten Milieu. Die Zahl der von diesem Personenkreis ausgeübten Gewalttaten fiel sogar proportional bis zu dreimal so hoch aus als im Westen. [...]

Im letzten Jahrzehnt des SED-Staates entwickelte und verfestigte sich ein rechtsextremes Milieu, das trotz massiver Anstrengungen seitens der Sicherheits- und Repressionsorgane nicht mehr eingedämmt werden konnte. […] Zwar agieren rechtsextremistische Parteien und Neonazi-Gruppen in beiden Landesteilen, aber vor allem die Anhängerschaft zeigt ein unterschiedliches Bild. Im Osten dominieren junge, überwiegend männliche Mitglieder und Sympathisanten, im Westen sind es immer noch überwiegend ältere „Ewiggestrige", die zumindest die führenden Funktionen in rechtsextremen Parteien und Gruppen einnehmen. Inzwischen erzielen die rechtsextremen Parteien bei Landtags- und Bundestagswahlen in den neuen Ländern durchweg signifikant bessere Ergebnisse.

In den letzten Jahren lässt sich ein programmatischer Wandel in der rechtsextremen Szene – von der NPD bis zu diversen Neonazi-Gruppen – beobachten. Jetzt sollen ausdrücklich die Erfahrungen in der DDR sowie Elemente einer sozialistischen Ideologie einbezogen werden. Die SED-Diktatur wird von diesen Rechtsextremisten als der bessere deutsche Staat angesehen, da Arbeitslosigkeit dort unbekannt war und nur wenige Ausländer ins Land gelassen wurden. Agitatorisch stellt der aktuelle Rechtsextremismus soziale Probleme und Konflikte in den Vordergrund. Die Kampagne gegen Hartz IV, verknüpft mit ausländerfeindlichen Parolen, brachte Rechtsextremen, wie insbesondere die letzten Landtagswahlen in Sachsen und Brandenburg dokumentieren, breite Zustimmung über das eigene Lager hinaus.

Die von Polizei und Verfassungsschutz als rechtsextrem eingestuften Gewalttaten […] entspringen einer rassistischen und gewaltbereiten Grundhaltung. Die oftmals situativ unter erheblichem Alkoholeinfluss verübten Übergriffe richten sich gegen Ausländer, aber auch gegen Behinderte, Obdachlose, Punks und Autonome. […]

Trotz einiger Wahlerfolge auf Landesebene und der Existenz subkultureller Jugendmilieus insbesondere in Ostdeutschland stellt der Rechtsextremismus aber bisher kein den Bestand von Freiheit und Demokratie im vereinten Deutschland gefährdendes Problem dar. Die eigentliche Gefahr liegt darin, dass es vor allem in den neuen Ländern viele politisch Heimatlose gibt, die sich nicht mit dem politischen und gesellschaftlichen System identifizieren, geschweige denn es für verteidigenswert halten. Aus dieser inneren Distanz zu einem demokratisch-pluralistischen System kann mittel- und langfristig eine Gefahr für die Demokratie erwachsen […].

Die Außenstehenden oft sinnlos erscheinende Gewalt von und unter Jugendlichen taucht jedoch nicht nur im Zusammenhang mit rechtsextremistischen Einstellungen auf, sondern findet sich ebenfalls in bestimmten sozialen und ethnischen Milieus. Orientierungslose Jugendliche lassen sich überdurchschnittlich häufig unter Migranten und Spätaussiedlern beobachten. Sie suchen ebenso wie diffus rechtsextrem eingestellte einheimische Jugendliche die Gemeinschaft und kultivieren einen Männlichkeits- und Gewaltkult. Auf eine für sie unübersichtliche und individualisierte Gesellschaft reagieren sie mit der Flucht in die Gemeinschaft, auf die politische und kulturelle Vielfalt der Gesellschaft reagieren sie mit einfachen, mitunter totalitär gestrickten Welt- und Menschenbildern.

Eine aggressive Grundhaltung und ausgeprägte Gewaltbereitschaft lassen sich bei bestimmten Personen, die später in den beschriebenen Milieus aktiv werden, schon im frühen Kindesalter beobachten. In einer zivilen Gesellschaft muss deshalb mit der Zurückdrängung solcher Einstellungen schon begonnen werden, bevor sie manifest geworden sind. Keinesfalls dürfen sich Eltern und Lehrer auf die Auseinandersetzung mit menschenverachtenden Ideologien beschränken.

Klaus Schroeder, Die veränderte Republik. Deutschland nach der Wiedervereinigung, Verlag Ernst Vögel, München 2006, S. 590 ff.

1 Arbeiten Sie die zentralen Thesen in M 75 heraus.
2 Gruppenarbeit mit Präsentation: Bilden Sie Arbeitsgruppen. Informieren Sie sich über Gewalttaten mit rechtsextremistischen Hintergrund in Sachsen seit 1990 und über Maßnahmen gegen rechtsextremistische Propaganda und Gewalt auf Bundes-, Landes- und Kommunalebene. Präsentieren Sie Ihre Ergebnisse.
3 Diskutieren Sie, ob und inwieweit Rechtsextremismus und Fremdenfeindlichkeit an Ihrer Schule, in Ihrem Heimatort oder in Ihrer Region eine Rolle spielen. Erörtern Sie in diesem Zusammenhang die Frage, ob rechtsextremistische Gruppen eine Gefahr für ein friedliches Zusammenleben in unserer demokratisch-pluralistischen Ordnung darstellen.

5 Deutschland nach 1945

5 Jüdisches Leben in Deutschland nach 1945

Nach der Shoah

„Es nimmt sich wie eine Ironie der Geschichte aus", schreibt der Historiker Arno Herzig 2002 in seinem Buch „Jüdische Geschichte in Deutschland", „dass das durch die Shoah verfemte Deutschland noch einmal für kurze Zeit zu einem Zentrum des aschkenasischen (deutschen bzw. mitteleuropäischen) Judentums wurde." In den ersten Nachkriegsjahren lebten mehr als 200 000 Juden in Deutschland. Zu ihnen gehörten die wenigen Juden, die versteckt im Lande überlebt hatten, die aus den Konzentrationslagern befreiten Juden sowie mehr als 140 000 Glaubensgenossen, die nach erneuten Pogromen in Polen illegal in die drei Westzonen flohen. Sie gehörten mit vielen Überlebenden aus den Konzentrationslagern zu den sogenannten **Displaced Persons (DPs)** und mussten zeitweilig in Lagern leben. Ihre Zahl stieg von 1946 bis 1947 von 40 000 auf 182 000 an. Überzeugt davon, dass Deutschland nicht länger ein Ort für Juden sein könne, wartete die überwiegende Mehrheit auf die Auswanderung in die USA oder nach Palästina (M 76). Mit der Gründung des Staates Israel im Jahre 1948 endete für viele Juden das Lagerleben. In den Monaten zwischen April und Oktober 1949 ging die Zahl der jüdischen DPs von 165 000 auf 30 000 zurück, 1952 lebten noch 12 000 Juden in Lagern. Das letzte Lager, Föhrenwald bei München, wurde 1957 geschlossen.

Westzonen und Bundesrepublik

Die Überlebenden der Shoah wurden in Deutschland nicht mit offenen Armen empfangen, sondern von der Bevölkerung oft feindselig behandelt. Sie besaßen meist weder Familien noch Besitz. Seelisch gebrochen und gesundheitlich angeschlagen lebten sie in den Lagern, wo drangvolle Enge herrschte, oder zurückgezogen von ihrer Umwelt (M 77).

Zusammen mit einer etwa gleich großen Zahl deutscher Juden, die die Shoah überlebt hatten, bildeten die 12 000 bis 15 000 vorwiegend aus Osteuropa stammenden DPs die **Keimzelle für neue jüdische Gemeinden in Deutschland**. Heinz Galinski (1912–1992, Präsident des Zentralrates der Juden in Deutschland 1954–1963, 1988–1992), der Auschwitz überlebt hatte und die jüdische Gemeinde (West-)Berlins mit aufbauen half, begründete sein Engagement einmal so: „Ich habe immer den Standpunkt vertreten, dass die Wannsee-Konferenz nicht das letzte Wort sein kann im Leben der jüdischen Gemeinschaft in Deutschland. […] [M]ein Bestreben ging dahin, den Menschen, die überlebt hatten, den Glauben wiederzugeben an ein wiedergeschenktes, an ein neues Leben." Es dauerte jedoch Jahrzehnte, bis sich viele der in Deutschland lebenden Juden als „deutsche Juden" verstanden. Die 1950 gegründete politische und religiöse Gesamtvertretung der jüdischen Gemeinden gab sich bezeichnender Weise den Namen „Zentralrat der Juden in Deutschland". Die Bundesregierung unter Kanzler Adenauer bemühte sich schon früh um die Aussöhnung mit den Juden im In- und Ausland. So verabschiedete sie in den 1950er-Jahren Gesetze zur **„Wiedergutmachung"** – allerdings ein problematischer Begriff, wie die Abgeordneten des Bundestages ausdrücklich erklärten. Die begangenen Verbrechen seien angesichts des individuellen Schicksals des Betroffenen nicht „wieder gutzumachen". Bei diesen Maßnahmen ging es nicht nur darum, durch finanzielle Leistungen an die Opfer nationalsozialistischer Gewaltherrschaft und ihre Hinterbliebenen die materiellen Folgen geschehenen Unrechts zu lindern, sondern auch um die Rückerstattung entzogenen Eigentums oder den Ersatz anderer Schäden (Amtsenthebung oder Berufsverbot).

SBZ und DDR

In der sowjetisch besetzten Zone lebten unmittelbar nach dem Zweiten Weltkrieg etwa 4000 Juden. Sie hatten dort im Untergrund oder als Zwangsarbeiter überlebt. Einige kehrten aufgrund ihrer kommunistischen Überzeugung nach Deutschland zurück, um am Aufbau eines vorbildlichen sozialistischen Staates teilzunehmen. Religion besaß für diese Kommunisten jüdischer Herkunft keine Bedeutung, sodass sie sich nicht für jüdische Interessen engagierten. Die Mitglieder der jüdischen Gemeinde sahen sich schon bald in der DDR Anfeindungen ausgesetzt. Ihnen unterstellte die kommunistische Führung Zionismus, d. h. die Identifikation mit Israel. Bis zum Ende der DDR verweigerte die SED-Regierung Juden bzw. deren

Deutschland nach 1945 5

M76 Jüdische Jugendliche aus deutschen DP-Lagern bei ihrer Ankunft in Tel Aviv, Mai 1948, Fotografie

Nachkommen Entschädigung für erlittenes Unrecht. Vermögen oder Immobilien wurden nicht zurückgegeben, „arisierte" Betriebe vielfach in „volkseigene Betriebe" umgewandelt. Als die DDR ihre antisemitische Agitation (M78) gegen angebliche „Kosmopoliten" verschärfte und jüdische Repräsentanten verhaften ließ, flohen 1953 viele Juden. Einige, unter ihnen prominente Gelehrte wie der Philosoph Ernst Bloch oder der Literaturwissenschaftler Hans Mayer, gingen in die Bundesrepublik, weil sie über die stalinistische Parteidiktatur der SED enttäuscht waren. Im Jahre 1989 gab es in der DDR nur noch etwa 400 Mitglieder in den jüdischen Gemeinden.

Nach der Wiedervereinigung Ein zentrales Problem der jüdischen Gemeinden im vereinigten Deutschland ist die Eingliederung zahlreicher Einwanderer aus der ehemaligen Sowjetunion bzw. Russland. Bis zum Jahr 2000 ermöglichte die Bundesregierung, die dabei einer Anregung der frei gewählten Regierung der DDR kurz vor der Wiedervereinigung folgte, rund 120 000 Juden die Einwanderung. Diese machen heute etwa drei Viertel aller Mitglieder der jüdischen Gemeinden aus. Abgesehen davon, dass alle sich eine neue berufliche Existenz aufbauen und in einer für sie fremden Gesellschaft zurechtfinden müssen, haben viele auch eine neue Sprache zu lernen. Die Integration in die jüdischen Gemeinden ist für zahlreiche Einwanderer zudem mit einer intensiven Auseinandersetzung mit ihrem Glauben verbunden, hatten manche von ihnen in der Sowjetunion doch ihre Verbindung zum Judentum weitgehend verloren. Und nicht zuletzt beherrscht nach wie vor die Frage die innerjüdische Diskussion: Dürfen oder sollen Juden in Deutschland leben (M 79)?

Dieses Problem geht jedoch nicht nur die Deutschen jüdischen Glaubens, sondern auch und vor allem die nicht jüdischen Deutschen etwas an. Das betont der Historiker Arno Herzig im letzten Satz seiner „Jüdische[n] Geschichte in Deutschland", wobei er sich auf Paul Spiegel (1937–2006), von 2000 bis 2006 Präsident des Zentralrates der Juden in Deutschland, beruft: „In ihrer über tausendjährigen Geschichte steht die deutschen Judenheit heute nach ihrer Revitalisierung seit 1945 in einem schwierigen Entwicklungsprozess. Aber trotz aller Schwierigkeiten, die ihnen immer wieder bereitet werden, setzen die jüdischen Bürger auf eine Zukunft in Deutschland. Ob sie diese Zukunft haben werden, das hängt, wie Paul Spiegel bemerkt, von den nicht-jüdischen Deutschen ab."

5 Deutschland nach 1945

M 77 Josef Warscher über sein Leben in Stuttgart nach der Befreiung

Josef Warscher wuchs in Stuttgart auf und verbrachte fünf Jahre im KZ Buchenwald. Im Mai 1945 kehrte er nach Stuttgart zurück. Warscher gehörte zwischen 1945 und 1960 dem Vorstand der israelitischen Religionsgemeinschaft an.

Die Befreiung war am 11. April 1945. Man hörte immer wieder Schießen, man sah sogar Luftkämpfe über dem Lager. Dann hat die SS jeden Tag Häftlinge auf Transport gebracht, zu Fuß, und wer nicht laufen konnte, wurde unterwegs erschossen. [...]

Also von wegen Empfangskomitee und so – null. Es gab Städte, da ist der Oberbürgermeister selber gekommen, um seine Häftlinge abzuholen. Der Bus hat uns im Osten der Stadt abgesetzt – und da war ich eben. Es ist schon komisch, Sie steigen in irgendeinem Stadtteil aus, stehen mitten auf der Straße und fragen sich, was jetzt? Ich kam heim und es gab kein Heim mehr. Die ersten Nächte in Stuttgart habe ich in einer Schule verbracht, in einem Klassenzimmer geschlafen. Dann sind wir zum Wohnungsamt gegangen. Schließlich erhielten wir eine beschlagnahmte Nazi-Wohnung zugewiesen, die war vollständig eingerichtet. Dort wohnten wir zu dritt.

In der Reinsburgstraße haben die Amerikaner ein Haus für die jüdische Gemeinde beschlagnahmt. Die alte Synagoge war ja zerstört. Erhalten waren nur noch die Gesetzestafeln und eine große Wandtafel mit den Namen der Gefallenen des Ersten Weltkriegs. Wir hatten also in der Reinsburgstraße 26 ein ganzes Haus, das übrigens früher Juden gehört hatte, für die jüdische Gemeinde. Es hieß nach dem Chaplain, Chaplain-Eskin-Haus. Im Parterre war das Büro des JOINT[1], im ersten Stock das Gemeindebüro.

Ich habe ungefähr zwei Jahre gebraucht, bis ich fähig war, wieder in ein Café oder Restaurant hineinzugehen. Es gab da eine unsichtbare Wand. Es hat lange gedauert, bis ich wieder Kontakt mit der nichtjüdischen Bevölkerung aufnehmen konnte. Das war nicht aus Absicht, nein, ich konnte es einfach nicht. Es waren natürlich auch nicht viele Juden da, mit denen man Kontakt hatte. Dafür hat man viel Zeit für die Arbeit gehabt. Vor allem die Wiedergutmachungsangelegenheiten haben viel Zeit in Anspruch genommen.

Michael Brenner, Nach dem Holocaust. Juden in Deutschland 1945–1950, C. H. Beck, München 1995, S. 162–164

1 Amerikanisch-jüdische Hilfsorganisation, gegründet 1914

1 Beschreiben Sie, wie Josef Warscher (M 77) die Befreiung von der Nazi-Barbarei erlebte.

M 78 Zur Situation der Juden in der DDR

Im Nachrichtenblatt des Verbandes der Jüdischen Gemeinden in der DDR veröffentlichte das Redaktionskollegium (Siegmund Rotstein, Karl-Marx-Stadt; Dr. Peter Kirchner; Berlin, Hans-Joachim Ley, Magdeburg; Raphael Scharf Katz, Erfurt) im Januar 1990 eine kritische Bilanz über die Situation der Juden in der DDR bzw. über die Haltung der DDR gegenüber Juden und Israel:

Heute können wir Bilanz ziehen und müssen erkennen, dass die Hinterlassenschaft dieses gestürzten selbstherrlichen Apparates einen Scherbenhaufen darstellt. Nicht nur wirtschaftlich wurde dem Staat ungeheurer Schaden zugefügt, sondern auch politisch. Jahrzehntelang versuchte man immer wieder den Antisemitismus als mit der Wurzel ausgerottet hinzustellen. Heute müssen wir erkennen, dass Antisemitismus, Rassenhass, Ausländerfeindlichkeit und Überheblichkeit in aller Stille gewachsen sind. [...]

Wir glauben, dass es vielerlei Faktoren gab, die diese Entwicklung ermöglicht haben. Dazu gehören der verordnete Antifaschismus, der eine verfehlte Schulpolitik mit einer in Überheblichkeit dargestellten Gleichstellung von Antifaschismus und der als kommunistisch deklarierten Staatspolitik verband. Die Schande des nationalsozialistischen Vandalismus wurde im Hinblick auf die Shoah in einer Weise behandelt, die den Schülern keinen Spielraum gab, mit notwendigen didaktischen Methoden diese grausame Zeit von 1933–1945 und die Wurzeln des Antijudaismus und späteren Antisemitismus ernsthaft zu erforschen. [...] Dazu kam noch eine Medienpolitik, die antizionistisch ausgerichtet war und leider auch von vielen jungen Menschen als antisemitisch verstanden wurde. [...]

Die Öffnung der Grenzen, die Freiheit des Reisens und die Begegnung aller Menschen in beiden deutschen Staaten ist natürlich eine vorzügliche und beachtliche Entwicklung. Auch die Bestrebungen zur Vertragsgemeinschaft und späteren Konföderation sind mit Besonnenheit [...] zu verwirklichen. [...] Dabei aber [...] dürfen die durch die Entfesselung des Zweiten Weltkriegs durch den Nationalsozialismus entstandenen neuen Grenzen keinerlei Diskussion ausgesetzt werden und müssen als Grundlage eines friedlichen Miteinanders aller europäischen Völker völkerrechtlich anerkannt werden. Beide Staaten haben bekannt: Von deutschem Boden darf kein Krieg, sondern muss immer nur Frieden ausgehen. Hier ist die Tat gefordert!

Nachrichtenblatt des Verbandes der Jüdischen Gemeinden in der Deutschen Demokratischen Republik, Pessach 1990, Dresden 1990, S. 2

1 Untersuchen Sie mithilfe von M 78 die Situation von Juden in der DDR.

Deutschland nach 1945

M 79 Eine junge russische Einwanderin über ihre Probleme in Deutschland (2001)

Die junge Frau kam als Schülerin nach Deutschland und machte hier das Abitur.

Mein Jüdischsein lernte ich in meinem Geburtsland auf andere Weise kennen, als jüdische Kinder anderswo auf der Welt. Unsere Großeltern und teilweise auch noch unsere Eltern kannten nach dem Ende der Stalinzeit nur die Lasten und die Schattenseiten der jüdischen Existenz. Ich bekam nur selten von meinen Mitschülern zu spüren, wer ich bin und wozu ich gehöre: eine zydowka, wie das ukrainische Schimpfwort für Juden heißt. Ich freute mich auf „gefillte Fisch" und andere Leckerbissen bei Oma und Opa zu Rosch ha Schana, Sukkot, Pessach oder Schawuot.

Aber obwohl ich keine negativen Erfahrungen mit meiner Nationalität in der Ukraine gemacht habe (vielleicht war ich auch nur zu jung, um einiges richtig einordnen und bewerten zu können), fühlte ich mich bereits bei meiner Ankunft in Deutschland dem jüdischen Volk zugehörig.

Es ist mir daher nicht leicht gefallen, Deutschland als meine zweite Heimat zu akzeptieren. Schon seit langem hatte ich das heilige Land vergöttert und seine Bewohner bewundert und beneidet. Ich war mehr oder weniger davon überzeugt, dass der Entschluss meiner Eltern, in Deutschland ein neues Leben zu beginnen, ein großer Fehler war. Ich hätte mir gewünscht, in das Land meiner Vorväter zu emigrieren (oder wie es auf Hebräisch heißt: aufzusteigen). Ich konnte mir nicht vorstellen, in dem Land Wurzeln zu schlagen, dessen Vertreter einen Teil meiner Familie ausgerottet hatten. Ich war zu 100 Prozent sicher, wo und unter welchen Umständen ich einmal meine Kinder zur Welt bringen möchte. […]

Dass ich wieder zur Schule gehen musste, war noch nicht einmal das Schlimmste. Ich habe mich schnell damit abgefunden. Aber das Gefühl, eine Außenseiterin, gleichsam ein „Nichts" zu sein, das war tödlich. Meine Mitschüler/-innen konnten sich nicht mit mir unterhalten und folglich auch nichts mit mir anfangen. Ich fühlte mich damals […] deprimiert, eingeschüchtert und minderwertig. Aus einer Schulbesten wurde ein Dummerchen.

Es ist daher wirklich an der Zeit, sich darüber Gedanken zu machen, wie man mit den russischen Juden umgeht. Sie sind da, mit ihrer besonderen Mentalität, ihrer menschlichen Wärme, ihren besonderen Sitten und Gebräuchen. Sie wollen nicht mehr wie die armen Verwandten aus dem Osten behandelt werden. Sie sind ein Teil der russischen Intelligenz, die meisten besitzen einen Hochschulabschluss. Die jungen russischen Juden nehmen die deutsche Staatsbürgerschaft an und verbinden ihre Zukunft mit Deutschland, wo sie eine zweifache Akkulturationsleistung[1] vollbringen müssen: diejenige an die deutsche Kultur und Gesellschaft und diejenige an die eigene jüdische Kultur, die lange Zeit unterdrückt war und von der sie in ihrer alten Heimat nur unzureichende Kenntnisse erlangen konnten. Sie sind aber den Herausforderungen der deutschen Gesellschaft gewachsen und bereit, Leistungen zu erbringen.

Inge Blank (Hg.), Wir melden uns zu Wort. Interviews mit Frauen aus der Jüdischen Gemeinde Düsseldorf, Medienverband der Evangelischen Kirche im Rheinland, Düsseldorf 2001, S. 102–109

1 Angleichung an eine Kultur

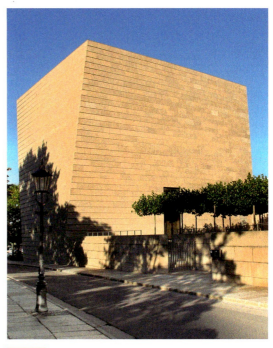

M 80 Die am 9. November 2001 eingeweihte neue Synagoge in Dresden, Fotografie von 2004

1 Erläutern Sie am Beispiel der jungen Jüdin aus der ehemaligen Sowjetunion die Integrationsprobleme jüdischer Einwanderer in der Bundesrepublik Deutschland (M 79).

Methode

Sekundärliteratur II: Zur Vergleichbarkeit von Diktaturen – am Beispiel von Nationalsozialismus, Stalinismus und SED-Staat

Wer sich mit der Entstehung, der Geschichte und den Folgen moderner Diktaturen im 20. Jahrhundert beschäftigen will, muss sich intensiv mit den Forschungsergebnissen der Geschichts- und Sozialwissenschaften, also mit der Sekundärliteratur (s. S. 214 ff.) auseinandersetzen. Das gilt auch für diejenigen, die die Unterschiede und Gemeinsamkeiten zwischen den verschiedenen Diktaturen in den Blick nehmen wollen. Es müssen dabei miteinander verglichen werden die kommunistische Herrschaft in der Sowjetunion, besonders unter Stalin, und diejenige in anderen Ländern sowie das faschistische und das nationalsozialistische Herrschaftssystem in Italien bzw. Deutschland.

Seit dem Zusammenbruch der kommunistischen Staaten Ende der 1980er- und zu Beginn der 1990er-Jahre hat das Interesse von Historikern und Sozialwissenschaftlern am Vergleich moderner Diktaturen stark zugenommen. Einige Forscher verwenden Totalitarismustheorien bei der Aufarbeitung moderner Diktaturgeschichte. Darunter verstehen die Wissenschaftler Theorien, die den italienischen Faschismus, den deutschen Nationalsozialismus oder den Stalinismus in der Sowjetunion als eine bestimmte Form der Herrschaft einordnen und erklären. Als Hauptmerkmal dieser Diktaturen gilt die totale Unterwerfung von Gesellschaft und Individuen unter einen Staat, dessen Macht weder durch Gewaltenteilung noch durch Grundrechte eingeschränkt ist. Der Begriff der „totalitären Herrschaft" lässt sich durchaus als Gegenbegriff zur modernen westlichen Demokratie verstehen, die Gewaltenteilung und Menschenrechte garantiert.

Auch der Text des Berliner Politikwissenschaftlers Klaus Schroeder (M 80) benutzt den Begriff der „totalitären Herrschaft" beim Vergleich der DDR mit Nationalsozialismus und Stalinismus. Er untersucht nicht nur Ähnlichkeiten und Unterschiede zwischen diesen Herrschaftssystemen, sondern geht auch darauf ein, inwieweit Totalitarismustheorien beim Vergleich von Diktaturen nützlich sind. Für die Interpretation dieses Textes gelten die Regeln für die Untersuchung von Sekundärliteratur, die auf S. 214 entwickelt worden sind.

M 80 Die Vergleichbarkeit totalitärer Diktaturen – am Beispiel von Nationalsozialismus, Stalinismus und SED-Staat

Der Politikwissenschaftler Klaus Schroeder schreibt:
Der von der stalinistischen Sowjetunion implantierte[1] Sozialismus hatte anfangs zweifellos eine totalitäre Gestalt. Spätestens ab Anfang der Fünfzigerjahre erfüllte die SBZ/DDR alle von der klassischen Totalitarismustheorie aufgestellten Kriterien: eine allgemeinverbindliche Ideologie mit endzeitlichem Anspruch; eine hierarchisch und oligarchisch organisierte Monopolpartei als ausschließlicher Träger der Macht; ein von der Partei und ihrer Geheimpolizei organisiertes und kontrolliertes physisches und psychisches Terrorsystem; ein nahezu vollkommenes Monopol der Massenkommunikationsmittel; ein Gewaltenmonopol sowie eine zentrale Kontrolle und Lenkung der gesamten Wirtschaft. Auch wenn vor allem die frühe DDR die meisten dieser Eigenschaften mit dem nationalsozialistischen Deutschland gemein hatte, verbietet sich doch eine einfache Gleichsetzung beider Systeme. Weder hat der SED-Staat Millionen Menschen nahezu fabrikmäßig umgebracht, noch hat er einen Weltkrieg entfesselt. Die rechtstotalitäre Diktatur war zudem „hausgemacht", die linkstotalitäre fremdbeherrscht. SED wie NSDAP nutzten zwar alle Möglichkeiten zur Etablierung und Aufrechterhaltung ihrer jeweiligen Diktatur, aber nicht zuletzt wegen des mangelnden Zuspruchs mussten Ulbricht und Honecker die eigene Bevölkerung noch stärker kontrollieren, und hatten – anders als Hitler – keine Möglichkeit und auch kein Machtpotenzial für eine eigenständige expansive und aggressive Politik nach außen.

Eine derartige Gleichsetzung wird auch ernsthaft nicht behauptet, sondern zumeist von Kritikern eines Totalitarismuskonzepts seinen Befürwortern unterstellt. Angebracht und sinnvoll bleibt dagegen die Betonung von Analogien zwischen stalinistischer Sowjetunion und nationalsozialistischem Deutschland – bei allen auch hier gegebenen Unterschieden. Beide strebten nach einer – ideologisch verschieden begründeten – Weltherrschaft, unterwarfen – mit unterschiedlicher

Methode

Intensität und Dauer sowie unterschiedlichem Erfolg – Staat und Gesellschaft der Parteiherrschaft, und beide setzten zur Erreichung ihres Zieles terroristische Mittel ein. Der rassistische Vernichtungswahn des NS-Regimes war sicher systematischer als Unterdrückung und Ermordung in der stalinistischen Sowjetunion. Die Zahl der Opfer war hingegen in beiden Fällen historisch beispiellos.

Die DDR als von der Sowjetunion dominierter und abhängiger Staat konnte allein aufgrund dieser Rahmenbedingung den totalitären Macht- und Gestaltungsanspruch nur im Inneren durchsetzen.

Klaus Schroeder, Der SED-Staat. Partei, Staat und Gesellschaft 1949–1990, Propyläen Taschenbuch, München 2000, S. 644 f.

1 implantieren = einpflanzen

1 Interpretieren Sie den Text anhand der auf S. 214 genannten Arbeitsschritte.

Lösungshinweise

1. Formale Merkmale
- Verfasser: Politikwissenschaftler
- Veröffentlichung: 2000, in einem westdeutschen Verlag
- Adressaten: sowohl Fachpublikum als auch an deutscher Nachkriegsgeschichte – speziell DDR-Geschichte – interessiertes breiteres Publikum

2. Textinhalt
- Textform: wissenschaftliche Abhandlung, aber ohne Fußnoten
- Sprache: verständlich, für gebildetes Publikum
- Thema: Überprüfung, ob im Vergleich mit Nationalsozialismus und Stalinismus Merkmale der Totalitarismustheorien auf die DDR zutreffen und diese als totalitärer Staat einzuordnen ist
- zentrale Aussagen beziehen sich auf Unterschiede zwischen Nationalsozialismus und DDR (Vernichtung der Gegner, Zustimmungsgrad innerhalb der Bevölkerung, Machtpotenzial für aggressive Außenpolitik) und Gemeinsamkeiten zwischen Nationalsozialismus und Sowjetunion (Streben nach Weltherrschaft, Terroreinsatz, Zahl der Opfer)
- Argumentation: zunächst Benennung der Kriterien für totalitäre Herrschaft, dann Anwendung auf Vergleich der drei Diktaturen: SED-Staat, Stalinismus, NS-Regime

3. Historischer Kontext
- Deutsche Vergangenheitsbewältigung: Einordnung und Bewertung der DDR in die deutschen Traditionen; Vergleich des SED-Staates mit anderen modernen Diktaturen; historisch-politische Auseinandersetzung mit Totalitarismus

4. Aussageabsicht
- Autor möchte totalitäre Züge des DDR-Regimes im Vergleich mit Nationalsozialismus und Stalinismus festhalten, ohne Unterschiede zu leugnen.

5. Fazit
- Der Autor versucht die folgenden Thesen zu untermauern: 1. Die DDR war, trotz mancher Unterschiede, ähnlich wie das NS-Regime oder der Stalinismus ein totalitärer Staat; 2. Totalitarismustheorien eignen sich zur Analyse und zum Vergleich moderner Diktaturen.

Grundwissen Deutschland nach 1945

Zeittafel

1945 Mit der bedingungslosen Kapitulation Deutschlands endet die NS-Herrschaft; die Siegermächte übernehmen die Macht in ihren Besatzungszonen und über Deutschland. Auf der Potsdamer Konferenz einigen sich die USA, Großbritannien und die Sowjetunion auf Demokratisierung, Entmilitarisierung, Entnazifizierung, Dezentralisierung Deutschlands.

1948 Mit der Währungsreform wird die D-Mark in den Westzonen eingeführt. Die SBZ erhält ebenfalls eine neue Währung.

1949 Die Bundesrepublik Deutschland und die DDR werden gegründet.

1949–1963 Bundeskanzler Adenauer prägt die westdeutsche Politik nachhaltig.

1952 In der Stalin-Note bietet die Sowjetunion die Wiedervereinigung Deutschlands an. Der Westen lehnt ab.

1953 Der Aufstand vom 17. Juni in der gesamten DDR wird von sowjetischen Truppen niedergeschlagen.

1955 Die Bundesrepublik und die DDR erhalten die volle Souveränität. Die Bundesrepublik tritt der NATO bei, die DDR dem Warschauer Pakt.

1961 Der Bau der Berliner Mauer beginnt.

1966 Der CDU-Politiker Kurt-Georg Kiesinger wird Bundeskanzler einer Koalitionsregierung aus CDU/CSU und SPD.

1968 Der Bundestag billigt die Notstandsgesetze.

1969 Sozialdemokraten und Liberale bilden eine Koalition unter Bundeskanzler Willy Brandt (SPD) und Vizekanzler und Außenminister Walter Scheel (FDP).

1970 Der Moskauer Vertrag zwischen der Bundesrepublik und der UdSSR und der Warschauer Vertrag zwischen der Bundesrepublik und der Volksrepublik Polen werden unterzeichnet.

1971 Im Viermächteabkommen über Berlin werden die engen Bindungen Westberlins an die Bundesrepublik bestätigt. Die Sowjetunion garantiert den freien Zugang nach Westberlin.

1972 Im Grundlagenvertrag akzeptiert die Bundesrepublik den souveränen Status der DDR, vermeidet aber deren völkerrechtliche Anerkennung.

1973 Bundesrepublik und DDR treten der UNO bei.

1982 CDU/CSU und FDP bilden eine Koalition. Helmut Kohl (CDU) wird am 1. Oktober durch ein konstruktives Misstrauensvotum zum Kanzler gewählt.

1989 In einer friedlichen Revolution überwinden die Bürger der DDR die kommunistische Herrschaft der SED. Der Fall der Berliner Mauer beschleunigt die Auflösung der DDR: Die Bürger fordern den Beitritt zur Bundesrepublik.

1990 Die Volkskammer der DDR beschließt den Beitritt der DDR nach Artikel 23 des Grundgesetzes zur Bundesrepublik Deutschland. Seit der Vereinigung der beiden deutschen Teilstaaten (3. Oktober) gibt es wieder einen deutschen Nationalstaat.

1998 Die rot-grüne Koalitionsregierung unter Bundeskanzler Gerhard Schröder (SPD) und Außenminister Joschka Fischer (Die Grünen) übernimmt die Regierung.

2005 Die rot-grüne Koalition wird durch eine Große Koalition aus SPD und CDU/CSU abgelöst. Zum ersten Mal übernimmt mit Angela Merkel eine Frau das Bundeskanzleramt.

Zentrale Begriffe

Entnazifizierung: Von den Alliierten eingeleitete und von den Deutschen übernommene Maßnahmen zur Ausschaltung des NS-Einflusses in Politik, Wirtschaft und Kultur.

Bürgerrechtsbewegung: Seit den 1970er-Jahren gegründete Oppositionsgruppen in der DDR und in den anderen Ostblockstaaten zur Durchsetzung von Menschen- und Bürgerrechten; sie hatten maßgeblichen Anteil an der friedlichen Revolution 1989/90.

Ministerium für Staatssicherheit (MfS): Wichtigstes SED-Machtinstrument zur Überwachung, Einschüchterung und Bestrafung politischer Opposition, gleichzeitig Geheimdienst; 1950 nach dem Vorbild der sowjetischen Geheimpolizei gegründet und keinen gesetzlichen Beschränkungen unterworfen.

Planwirtschaft: Wirtschaftsordnung, in der die ökonomischen Prozesse einer Volkswirtschaft, v. a. Produktion und Verteilung von Gütern und Dienstleistungen planmäßig und zentral gesteuert werden.

Real existierender Sozialismus: Begriff für die kommunistischen Parteidiktaturen in den osteuropäischen Ländern und der DDR, der auf die Diskrepanz zwischen der Theorie demokratisch-freiheitlicher Sozialismusvorstellungen und deren praktischer Umsetzung verweist.

Soziale Marktwirtschaft: Wirtschaftsordnung, die ihrem Anspruch nach im Gegensatz zum frühliberalen wie zum sozialistischen Wirtschaftssystem steht; wichtigste Elemente: Garantie und der Schutz des wirtschaftlichen Wettbewerbs, die soziale Abfederung negativer Auswirkungen marktwirtschaftlicher Prozesse (z. B. Arbeitslosigkeit) durch den Staat sowie die Verbreitung des Privateigentums an Produktionsmitteln.

Grundwissen Deutschland nach 1945

Wiederholungsaufgaben: Inhalte – Zusammenhänge – Beurteilungen

1 Erläutern Sie die Aussage Richard von Weizsäckers, dass die Teilung Deutschlands nicht auf das Jahr 1945, sondern auf das Jahr 1933 zurückgehe.
2 Diskutieren Sie die These: „Das Ende des Zweiten Weltkriegs ist für Deutschland eine ‚Stunde Null' gewesen."
3 Beurteilen Sie, inwieweit die Teilung Deutschlands durch die ideologische und machtpolitische Blockbildung nach dem Zweiten Weltkrieg sowie durch die Weichenstellungen der Besatzungsmächte mitbestimmt wurde.
4 Entwickeln Sie, wie sich in den 1950er-Jahren in Deutschland zwei unterschiedliche politische Systeme herausgebildet haben und wie diese in die jeweiligen Blocksysteme in Ost und West integriert wurden.
5 Vergleichen Sie die Entwicklung von Politik und Gesellschaft in der Bundesrepublik Deutschland und in der DDR miteinander. Legen Sie dabei die Schwerpunkte auf folgende Aspekte: Wie sind beide Systeme a) mit den Problemen der NS-Vergangenheit und b) mit den Herausforderungen der modernen Industriegesellschaft umgegangen?
6 Untersuchen Sie Ursachen und Umstände, die zum Zusammenbruch des SED-Staates und zur Vereinigung der beiden deutschen Teilstaaten geführt haben.

Weiterführende Arbeitsanregung

1 Planen und führen Sie zwei Projekte zur Geschichte der Jugend in Deutschland nach 1945 durch:
  a) Jugend in der DDR: Jugend zwischen Vereinnahmung und „Nische";
  b) Jugend in der Bundesrepublik: Jugendliche zwischen Spaßgesellschaft und politischem Engagement.
2 Präsentieren Sie Ihre Ergebnisse.

Literaturhinweis

Konrad H. Jarausch, Jugendkulturen und Generationskonflikte 1945 bis 1990. Zugänge zu einer deutsch-deutschen Nachkriegsgeschichte, in: Christoph Kleßmann/Peter Lautzas (Hg.), Teilung und Integration. Die doppelte deutsche Nachkriegsgeschichte als wissenschaftliches und didaktisches Problem, Bundeszentrale für politische Bildung, Bonn 2005, S. 216–231.

M81 „Tag der Einheit", Karikatur von Rainer Schwalme, 2003

1 Beschreiben Sie die Karikatur und diskutieren Sie ihre Aussage.
2 Sammeln Sie weitere Karikaturen zum Stand der „inneren Einheit" und gestalten Sie daraus eine Collage. – Tipp: Ordnen Sie nach Erscheinungsdatum und/oder Karikaturist. Lassen sich Entwicklungslinien herausarbeiten?
3 Formulieren Sie Ihren eigenen Standpunkt und entwerfen Sie eine eigene Karikatur.

Einführung

Die Herausforderung „Frieden" im 20. Jahrhundert

Nach dem Ersten Weltkrieg

Das **Zeitalter der beiden Weltkriege von 1914 bis 1945** gilt einigen Historikern als **„Zweiter Dreißigjähriger Krieg"**. Der deutsch-amerikanische Historiker Fritz Stern hat die Gemeinsamkeiten zwischen dem „entsetzlichen 17. und dem noch schlimmeren 20. Jahrhundert" mit einem Zitat Friedrich Schillers (1759–1805) zu verdeutlichen versucht. Der Dichter schrieb in seiner 1791–93 entstandenen „Geschichte des Dreißigjährigen Krieges": „[…] ein dreißigjähriger verheerender Krieg, der von dem Innern des Böhmerlandes bis an die Mündung der Schelde, von den Ufern des Po bis an die Küsten der Ostsee Länder entvölkerte, Ernten zertrat, Städte und Dörfer in die Asche legte; ein Krieg, in welchem viele Tausend Streiter ihren Untergang fanden, der den aufglimmenden Funken der Cultur in Deutschland auf ein halbes Jahrhundert verlöschte […]." Fritz Stern fügte 2006 hinzu: „Nicht nur im Ausmaß der Zerstörung, sondern auch im Charakter ähnelten sich beide dreißigjährige Kriege, denn beide waren Bürgerkriege. Und beide hinterließen eine tiefe Trauer, eine Trauer, über die man sich wenig bewusst geworden ist und über die man nicht genügend gesprochen hat."

Ist nach Kriegen, die so viel Leid und Hass hervorgerufen haben, auf absehbare Zeit ein friedliches Zusammenleben der Völker möglich? Wie können sich Sieger und Besiegte auf eine stabile Friedensordnung einigen? Welche Bedingungen muss ein dauerhafter Frieden erfüllen? Diese Fragen beschäftigten die europäischen Völker und ihre Regierungen im 20. Jahrhundert. Obwohl der Erste Weltkrieg durch seine bis dahin beispiellose Grausamkeit und Zerstörungskraft den Fortschrittsoptimismus der Menschen nachhaltig zerstörte (s. S. 148 ff.), keimte gegen Kriegsende doch Hoffnung auf eine friedlichere und bessere Welt auf. Sie beruhte weniger auf den Verheißungen der gewaltsamen russischen Revolution von 1917, die bei vielen Europäern mehr Furcht als Zuversicht auslöste. Wegweisend erschien vielmehr das **Friedensprogramm**, das **US-Präsident Woodrow Wilson** (1856–1924, Präs. 1913–1921) in seinen 14 Punkten vom 8. Januar 1918 verkündete (s. S. 163 f.). Wilson hatte die USA 1917 in den Krieg geführt, um Kriege ein für alle Mal abzuschaffen. Als Mittel dafür empfahl er die Demokratisierung der Welt, was für ihn die Achtung des Selbstbestimmungsrechts der Völker einschloss, und die Schaffung eines Völkerbundes als Schiedsrichter zwischen den Nationen sowie Gerechtigkeit für die Kolonialvölker.

„Zwischenkriegszeit" versus Friedenssicherung

War die Zeit zwischen 1919 und 1939 lediglich eine „Zwischenkriegszeit", in der es nur darum ging, den nächsten Krieg vorzubereiten? Manche Zeitgenossen sahen das tatsächlich so, in Deutschland vor allem die Deutschnationalen und die Nationalsozialisten. Es gab jedoch auch ernsthafte Versuche, Konsequenzen aus dem Zusammenbruch des internationalen Systems im Ersten Weltkrieg zu ziehen. Denn dieser Krieg hatte eines gezeigt: Wenn eine ähnliche Katastrophe für die Zukunft verhindert werden sollte, dann galt es, ein System der internationalen Zusammenarbeit, des freien Handelsaustausches und der friedlichen Konfliktaustragung zwischen den Staaten zu schaffen. Dafür wurde 1919 auf der Pariser Friedenskonferenz der Völkerbund gegründet. Doch das Misstrauen der Regierungen, die Ablehnung, ja Hassgefühle zwischen Angehörigen gerade benachbarter Völker waren zu groß und zu sehr durch historisch entstandene nationale Feindbilder geprägt, als dass die Regierungen darauf vertraut hätten, im Völkerbund einvernehmliche Regelungen zum Ausgleich ihrer jeweiligen Interessen zu erreichen. Die Mittel der Zeit vor 1914, Beziehungen zwischen den Staaten zu regeln, behielten ihre Gültigkeit: zwei- und mehrseitige Wirtschaftsverträge, politische Bündnisse, Militärallianzen, die eben nicht allein die Verhältnisse zwischen den Vertragspartnern betrafen, sondern sich oft gegen andere richteten, die nicht am Vertrag beteiligt waren. Das Scheitern des Völkerbundes in den 1930er-Jahren war eine Folge dieser Politik, aber auch der Tatsache, dass wichtige Staaten wie die USA oder die neue Sowjetunion ihm gar nicht oder sehr spät beitraten.

Einführung

Der Wendepunkt in der internationalen Politik zwischen 1919 und 1939 war allerdings nicht das Scheitern des Völkerbundes, sondern die Weltwirtschaftskrise ab 1929. Sie machte viele Ansätze zu friedlicher Konfliktregelung und freiem Handelsaustausch zunichte. In ihrem Gefolge schotteten sich viele Staaten wirtschaftlich ab, während Deutschland, Japan und Italien versuchten, mit Krieg und Eroberungen das bestehende internationale System zu ihren Gunsten umzustürzen.

Ost-West-Konflikt

Der vom nationalsozialistischen Deutschland 1939 entfesselte Zweite Weltkrieg entwickelte sich nicht nur zu einem langwierigen totalen Krieg, sondern war seit dem Überfall auf die Sowjetunion ein rassenideologischer Eroberungs- und Vernichtungskrieg. In diesem Krieg gehörten Kriegsverbrechen zum Alltag, und der Massenmord an den Juden mündete im Genozid. Seit Dezember 1941, mit dem Kriegseintritt Japans und der USA, hatte der Zweite Weltkrieg globale Ausmaße angenommen.

Eine Antwort auf den Zweiten Weltkrieg war die Gründung der UNO im Jahre 1945. Besser als der nach dem Ersten Weltkrieg ins Leben gerufene und bei der Friedenssicherung gescheiterte Völkerbund sollte die UNO ein System kollektiver Sicherheit begründen, das eine friedliche und bessere Welt garantierte. „Wir, die Völker der Vereinten Nationen", heißt es gleich im ersten Satz der Charta der Vereinten Nationen, sind „fest entschlossen, die kommenden Generationen vor der Geißel des Krieges zu bewahren, die zweimal zu unseren Lebzeiten unsägliches Leid über die Menschheit gebracht hat."

Eines der wichtigsten Entscheidungsorgane der UNO war und ist der Sicherheitsrat, in dem die fünf „Weltpolizisten" USA, Sowjetunion, Frankreich, Großbritannien und China sich miteinander abstimmen müssen. Jede Macht kann durch ihr Vetorecht jederzeit Beschlüsse verhindern. Während des Ost-West-Konfliktes, der unmittelbar nach 1945 zur Konfrontation zwischen den ehemaligen Verbündeten USA und UdSSR führte, blockierte dieses Vetorecht jedoch die Handlungsfähigkeit der Vereinten Nationen. Bis 1989/90 wurde die Welt vom Ost-West-Gegensatz bestimmt (M 1). Drei Aspekte dieses Konfliktes, bei dem die Supermächte USA und Sowjetunion ihre jeweiligen Machtblöcke scharf gegeneinander abgrenzten, verdienen besondere Beachtung:

– **Machtpolitisch** suchten beide Mächte, ihren Einflussbereich weltweit auszudehnen, militärisch abzusichern und auf Kosten des Gegners auszuweiten.

– **Ideologisch** war der Gegensatz bestimmt von der weltweiten Auseinandersetzung zwischen dem Kommunismus mit seinen staatssozialistischen Ordnungsvorstellungen auf der einen Seite und den Ideen der liberal-westlichen Demokratien mit ihrer kapitalistischen Wirtschaftsordnung auf der anderen Seite. Von beiden Seiten wurde der Konflikt mit propagandistischen Mitteln ausgetragen, wobei teilweise klischeehafte Feindbilder und Kampfbegriffe wie z. B. „Reich des Bösen", „kapitalistischer Imperialismus", „kommunistische Zersetzung" zum Tragen kamen. Die politische und psychologische Kriegführung war eine Konstante in diesem „Kalten Krieg", in dem beide Seiten das Feindbild immer wieder neu aktivierten, um die Weltöffentlichkeit von der Notwendigkeit ihrer Politik zu überzeugen.

– **Militärisch** hat der Ost-West-Konflikt dazu geführt, dass beide Supermächte ein Arsenal an Kriegstechnik und neuartigen Waffensystemen produzierten, die immer noch ausreichen, um das gesamte Leben auf dem Planeten Erde mehrfach auszulöschen. Ungeheure Summen sind in Ost und West in immer gigantischere Rüstungsvorhaben gesteckt worden. Das „Neue" bei diesem weltweiten Konflikt war, dass die Angst vor der möglichen Selbstvernichtung der Menschheit durch die Atomwaffen zu einem politisch einsetzbaren Faktor gemacht wurde.

Herausforderungen der Gegenwart

Die Weltordnung nach dem Ende des Ost-West-Gegensatzes seit den 1990er-Jahren unterscheidet sich grundlegend von derjenigen, die sich nach 1945 unter den Bedingungen des Bilateralismus und der Blockbildung entwickelt hatte. Diese Ordnung schrieb ein bestimmtes Verhalten vor – nämlich die Gefolgschaft gegenüber dem jeweiligen Block und seiner Vormacht – und belohnte diese mit Schutz und positiven Sanktionen wie Auslandshilfe und Exportgarantien. Die internationale Politik wird im beginnenden 21. Jahrhundert zwar maßgeblich von der einzigen verbliebenen Weltmacht, den USA, bestimmt. Doch das muss nicht so bleiben, da regionale Großmächte wie China oder Indien zu Weltmächten aufsteigen kön-

Einführung

nen. Das internationale System der Zukunft dürfte dann durch Multipolarität gekennzeichnet sein.

Diese Welt muss nicht notwendig friedlicher sein als die bis 1989/90 existierende Welt der Bipolarität. Dass mit dem Ende der Blockkonfrontation bei regionalen Konflikten der Krieg wieder als ein Mittel der Politik eingesetzt wird, haben der Golfkrieg von 1990/91, die Kriege im ehemaligen Jugoslawien 1991–1999, der Afghanistankrieg 2001 und der Irakkrieg 2003 eindringlich vor Augen geführt.

Aber nicht nur diese Kriege verdeutlichen, dass die Weltgemeinschaft nach wie vor nach Lösungen für ein dauerhaft friedliches Zusammenleben suchen muss. Die internationale Staatenwelt wie die einzelnen Gesellschaften stehen auch vor neuen Herausforderungen: Der internationale Terrorismus darf spätestens seit den Anschlägen islamistischer Terroristen auf das New Yorker World Trade Center und das amerikanische Verteidigungsministerium vom 11. September 2001 nicht mehr unterschätzt werden. Man stelle sich nur vor, Terroristen gelangten in den Besitz von Massenvernichtungswaffen wie Atombomben, biologischen oder chemischen Kampfmitteln. Aus diesem Grund wird die Bekämpfung des Terrorismus eine Aufgabe aller Staaten bleiben. Der Frieden könnte in Zukunft noch durch ganz andere Konflikte bedroht werden. Eine Möglichkeit besteht darin, dass Klimaveränderungen in einigen Regionen Kriege um Wasser oder andere Rohstoffe auslösen. Hier muss die Weltgemeinschaft staatenübergreifende Antworten finden. Auch die Ungleichheit zwischen Arm und Reich kann auf nationaler wie internationaler Ebene Unruhen hervorrufen. Regierungen und Nichtregierungsorganisationen sind aufgefordert, die seit dem ausgehenden 20. Jahrhundert beschleunigte Globalisierung so zu gestalten, dass der Wohlstand möglichst vielen Menschen zugute kommt (M 2).

Einige Sozialwissenschaftler, allen voran der amerikanische Politikwissenschaftler Samuel P. Huntington – 1996 erschien sein Aufsehen erregendes Buch „Kampf der Kulturen" –, warnen auf der internationalen Ebene vor der Gefahr neuer „Kulturkonflikte". Sie vertreten die Auffassung, dass sich nach dem Ende des Kalten Krieges zwischenstaatliche Spannungen immer stärker zwischen unterschiedlichen und oft auch verschieden bewerteten Kulturen entzünden könnten. Wer diesen Aspekt der modernen Welt genauer betrachten will, darf nicht bei der Analyse religiös motivierter Auseinandersetzungen stehen bleiben. Er sollte darüber hinaus auch nach dem Verhältnis von Geschichtskultur und Identität fragen. So besitzen historische Mythen eine wichtige Funktion für das Selbstverständnis von Staaten und Nationen, die nach innen wie nach außen wirksam werden können.

M1 Herfried Münkler, Politikwissenschaftler, über das Verhältnis von Krieg und Frieden in der Staatenwelt während und nach dem Ost-West-Konflikt (1992)

Das Ende der Ost-West-Konfrontation, das für einen kurzen Augenblick sich als der Beginn eines dauerhaften und stabilen Friedens in Europa und den angrenzenden Regionen ausgenommen hatte, hat den Krieg wieder führbar gemacht […]. Viele Konflikte, die lange, sei es durch die lastende Hand der sowjetischen Macht, sei es durch die Drohung, ein begrenzt angelegter Krieg werde zum atomaren Konflikt eskalieren, gleichsam ‚eingefroren' waren, sind jetzt wieder aufgetaut: klassische Nationalitätenkonflikte oder Auseinandersetzung um die Rechte ethnischer Minderheiten wie im zerfallenden Jugoslawien, von denen die europäische Geschichte des 19. und 20. Jahrhunderts voll ist, ebenso wie Konflikte um Ressourcen bzw. die legitime Form ihrer Aneignung, wie am Golf. Im Nachhinein hat sich die verschiedentlich geäußerte These von der friedenssichernden Funktion der Atompotenziale in Europa bestätigt – aber in einer ganz anderen Form, als diejenigen meinten, die diese These vertreten haben. Offensichtlich hing der Zwang zum Frieden nicht an den Atomwaffen selbst, denn die sind, wenn auch reduziert, nach wie vor in Europa vorhanden; der Zwang zum Frieden, unter dem Europa nach dem Ende des Zweiten Weltkriegs über vierzig Jahre lang gestanden hat, ging aus von der Verbindung zwischen Atomwaffen und der machtpolitischen Konstellation der Bipolarität. Unter der Bedingung dieser Verbindung sind alle Veränderungen, die nur mittels Gewalt hätten vonstattengehen können oder doch zumindest die Gefahr der gewaltsamen Konfliktaustragung eingeschlossen hätten, unterbunden worden. Dass eine solche Konstellation als Modell der Friedenssicherung

Einführung

M2 Lebensstandard, Karikatur von Gerd Mester, 1993

auf Dauer gewollt sein und ertragen werden kann, muss bezweifelt werden: Gewaltverhinderung ist in dieser Ordnung nämlich davon abhängig, dass die Gewaltdrohung allgegenwärtig wird. Die Verhinderung des konventionellen durch die Drohung des atomaren Krieges ist Gewaltvermeidung durch wechselseitige Geiselnahme: Man schützt die eigene Bevölkerung vor der atomaren Drohung des angenommenen Gegners, indem man seinerseits dessen Bevölkerung mit Atomwaffen bedroht. […]
So war das Ende der Ost-West-Konfrontation nicht, wie zumeist unterstellt worden war, gleichbedeutend mit dem Ende der Gewaltanwendung, weder im zwischenstaatlichen noch im innerstaatlichen Bereich. Eruptive Gewalt als ein Faktor bei der Auflösung und Neukonstituierung sozialer wie politischer Ordnung ist wieder hervorgetreten. Was heraufkam, war nicht der Frieden, sondern ein verändertes Arrangement von Gewalt und Ordnung, eines, in dem die atomare Drohung, zum Teil zumindest, wieder durch den begrenzten Krieg und die latente Drohung der Gewalt wieder durch deren manifesten Ausbruch ersetzt worden sind. Und in dem Maße, wie das Ziel der allgemeinen und umfassenden Ächtung des Krieges als Mittel der Politik misslang, wurde erneut die Hegung des Krieges, die Begrenzung seiner destruktiven Gewalt auf bestimmte Ziele unter weitestgehender Schonung der Zivilbevölkerung zur politischen Aufgabe. Solange die Herstellung einer Ordnung ohne Gewalt nicht gelingt, kommt es darauf an, die Gewalt in eine bestimmte Ordnung zu bringen.

Herfried Münkler, Gewalt und Ordnung. Das Bild des Krieges im politischen Denken, Frankfurt/M. 1992, S. 7 f.

1 Erörtern Sie anhand von M1 die grundsätzliche Problematik der Friedenssicherung während des Ost-West-Konfliktes.

2 Diskutieren Sie über Aufgaben und Ziele, die in M1 der Politik bei der Friedenssicherung nach dem Ende des Ost-West-Konfliktes zugewiesen werden.

3 Beschreiben Sie die Welt, wie Sie in der Karikatur (M2) dargestellt wird. Erörtern Sie, ausgehend von der Karikatur, das Verhältnis von Arm und Reich in unserer Zeit beschleunigter Globalisierung.

4 Der deutsch-amerikanische Historiker Fritz Stern charakterisierte 2006 die Geschichte des 20. Jahrhunderts so: „Ein Begriff wie ‚Zivilisationsbruch' zeugt von einem einmaligen zerstörerischen Geschehnis, und doch hat sich Europa in der zweiten Hälfte des Jahrhunderts auf etwas Neues eingelassen. […] Man sollte die erste Hälfte des 20. Jahrhunderts mit Trauer, aber ohne Hass betrachten. Und vielleicht kann man hinzufügen, dass man die zweite Hälfte mit Dankbarkeit, aber ohne Hochmut betrachten soll." Diskutieren Sie diese These.

Literaturhinweis

Michael Howard, Die Erfindung des Friedens. Über den Krieg und die Ordnung der Welt. Aus dem Englischen von Michael Haupt, zu Klampen Verlag, Lüneburg 2001.
Das gut lesbare Taschenbuch des angesehenen englischen Militärhistorikers zeigt, dass der Krieg seit der Aufklärung als das Übel schlechthin gilt, während der Friede seitdem als Ziel der Politik angesehen wird.

Herfried Münkler, Der Wandel des Krieges. Von der Symmetrie zur Asymmetrie, Velbrück Wissenschaft, Weilerswist 2006.
Der Berliner Politikwissenschaftler beschreibt den Wandel vom klassischen Staatenkrieg vergangener Jahrhunderte zu neuen Kriegen der Gegenwart. Eine zentrale Frage ist dabei: Ist der Krieg abschaffbar?

Kapitel 6

Europa und die Welt: Wege und Strukturen im 20. und 21. Jh.

Die Geschichte des 20. Jahrhunderts wurde bestimmt durch extreme Gegensätze: Die erste Jahrhunderthälfte war einerseits geprägt durch zwei Weltkriege, die ein bis dahin ungeahntes Ausmaß an Grausamkeit entfalteten. Das Zeitalter der Weltkriege zwischen 1914 und 1945 entwickelte sich zu einer Ära der Massenkriege und Massenmorde. Bereits der Erste Weltkrieg trug Züge eines totalen Krieges, in dem die Trennung zwischen Militär- und Zivilbereich zunehmend ins Wanken geriet. Der vom nationalsozialistischen Deutschland im Osten geführte ideologische Vernichtungskrieg, der in den systematischem Massenmord und Genozid mündete, hob die Grenzen zwischen Zivilbevölkerung und Militär endgültig auf.

Andererseits gab es in der Geschichte des 20. Jahrhunderts Versuche, den Frieden mit neuen Mittel zu bewahren und zu sichern. Nach dem Ersten Weltkrieg schufen die Siegermächte 1919 auf der Pariser Friedenskonferenz ein System kollektiver Sicherheit. Das Instrument dafür war der Völkerbund. Er sollte die internationale Zusammenarbeit fördern und militärische Konflikte verhindern. Doch das Misstrauen, die Ablehnung, ja Hassgefühle zwischen Angehörigen gerade benachbarter Völker waren zu groß und zu sehr durch historisch entstandene nationale Feindbilder geprägt, als dass die Regierungen auf im Völkerbund beschlossene einvernehmliche Regelungen vertrauten. Die Staaten setzten nach wie vor auf Machtpolitik. Nach dem Zweiten Weltkrieg riefen 50 Staaten die UNO ins Leben, die bis in die Gegenwart hinein den Weltfrieden sichern und bewahren soll.

Auch die Schübe des Europa-Bewusstseins und der Europabewegung nach 1945 waren Reaktionen auf die beiden Weltkriege. Der Zusammenschluss der europäischen Staaten sollte die Wiederkehr der blutigen Katastrophen verhindern und den Menschen ein Leben in Frieden und Wohlstand ermöglichen. Von der europäischen Integration profitierten bis zum Zusammenbruch des Sowjetimperiums 1990/91 zunächst die westeuropäischen Staaten, danach auch die Osteuropäer. Das entscheidende Merkmal der internationalen Bezie-

hungen während des Ost-West-Konfliktes zwischen 1945 und 1990/91 war jedoch der weltweite Gegensatz zwischen den Machtblöcken mit den USA und der Sowjetunion als jeweiligen Zentren. Die wichtigsten Mittel im Kampf der verfeindeten Lager waren Militärbündnisse, Wettrüsten, diplomatisch-politischer Druck, Propaganda, wirtschaftliche Kampfmaßnahmen (Embargo) und militärisch-politisches Eingreifen in regionalen Konflikten („Stellvertreterkriege").
Die Globalisierung, die sich seit dem ausgehenden 20. und beginnenden 21. Jahrhundert beschleunigt, hat das Augenmerk von Politik und Öffentlichkeit erneut auf die Verteilung von Armut und Reichtum zwischen den Staaten des Nordens und des Südens gelenkt. Unter Berufung auf das Selbstbestimmungsrecht hatten die Kolonialvölker der sogenannten Dritten Welt seit dem Ersten Weltkrieg den Prozess der Dekolonisation eingeleitet, der nach dem Zweiten Weltkrieg zum Abschluss kam. Sicherlich sind Hunger, Armut, Unterdrückung und Kriege in den Staaten des Südens zum Teil Auswirkungen des Kolonialismus und einer Weltwirtschaftsordnung, die von den Handelsinteressen und Versorgungsbedürfnissen der Industrieländer des Nordens geprägt ist. Aber es sind auch die einheimischen Eliten der Dritten Welt verantwortlich dafür, dass viele Konflikte nicht gelöst werden.
Zu den alten Bedrohungen des Friedens kamen im 21. Jahrhundert neue hinzu: Eine der wichtigsten Herausforderungen für das friedliche Zusammenleben der Völker stellt der internationale Terrorismus dar. Und auch die von den Menschen mit verursachte Erwärmung der Atmosphäre verändert die ökologischen Grundlagen großer Teile der Weltbevölkerung nachhaltig. Die dadurch entstehenden Konflikte zwischen sozialen Gruppen und Staaten müssen friedlich gelöst, der Wohlstand möglichst gerecht verteilt werden.

M1 „Nie wieder Krieg", Lithografie von Käthe Kollwitz, 1924

6 Europa und die Welt

1 Ursachen und Charakter der beiden Weltkriege

Kriegsursachen

„Mit voller Absicht sprechen wir von einer ‚Entfesselung' und nicht von einem ‚Ausbruch' des Zweiten Weltkrieges. Ein Vulkan ‚bricht aus', eine Epidemie ‚bricht aus' – der Krieg von 1939 ist nicht in diesem Sinne ‚ausgebrochen', sondern lange geplant, genau vorbereitet und schließlich bewusst ausgelöst worden, vom Führer des Dritten Reiches [...]. Der Begriff ‚Ausbruch', mit seinem Element des Passiven, des Schicksalhaften, mit seiner Vorstellung des Einbrechens höherer, außermenschlicher Mächte, ist nur geeignet, die wahren Zusammenhänge und die menschlichen Verantwortlichkeiten, die mit der Katastrophe von 1939 verbunden sind, zu verschleiern. Durch Anwendung des Begriffes der ‚Entfesselung' auf den Krieg von 1939 wird auch der volle Unterschied zum Kriegsbeginn von 1914 sichtbar. Der Erste Weltkrieg ist tatsächlich in gewissem Sinne über die in der politischen Führung der Völker und Staaten tätigen Menschen ‚hereingebrochen'."

Selten sind die Unterschiede zwischen der Entstehung des Ersten und des Zweiten Weltkrieges so anschaulich beschrieben worden wie vom Schweizer Historiker Walther Hofer im Jahre 1960. Kein ernsthafter Forscher zweifelt heute daran, dass das nationalsozialistische Deutschland den **Zweiten Weltkrieg** planmäßig vorbereitet und bewusst **entfesselt** hat. Aber war der Zweite Weltkrieg „Hitlers Krieg"? Die Historiker diskutieren nach wie vor intensiv darüber, welche politisch-sozialen und wirtschaftlichen Gruppen die Kriegspolitik des NS-Regimes unterstützt (s. S. 266) und welche internationalen Rahmenbedingungen sie begünstigt haben (s. S. 263ff.). „Hitlers Kriegswille war offensichtlich", argumentierte 2000 der Historiker Klaus-Jürgen Müller: „Allerdings: Ein Mann allein konnte nicht die ganze Welt in Brand setzen, da musste schon weiteres Brandmaterial vorhanden sein." (M 3)

Ganz anders verlief die geschichtswissenschaftliche Auseinandersetzung über den **Ausbruch des Ersten Weltkrieges**. Der Artikel 231 des Versailler Vertrages von 1919 (s. S. 178) löste in der Weimarer Zeit eine leidenschaftliche Debatte über die deutsche Kriegsschuld aus. Auch nach 1945 führte die deutsche Geschichtswissenschaft eine heftige und kontroverse Diskussion über den Anteil des wilhelminischen Deutschland am Kriegsausbruch 1914 (s. S. 146f.). Dabei ging es nicht mehr um die Berechtigung des sogenannten Versailler Kriegsschuldparagrafen. Vielmehr stand nach dem Zweiten Weltkrieg das Problem im Vordergrund, ob Deutschland grundsätzlich eine kriegerische Nation sei, die beide Weltkriege zu verantworten habe. Seit den 1980er-Jahren hat sich die Auseinandersetzung versachlicht. Die Historiker lehnen heute sowohl die Unschulds-These als auch die These vom deutschen Angriffs- und Eroberungskrieg ab. In der modernen Kriegsursachenforschung gibt es unterschiedliche Deutungen, die eine Vielzahl struktureller Gründe innenpolitischer wie internationaler Art für den Ersten Weltkrieg herausarbeiten (M 4 a–c).

Charakter der Weltkriege

War der Zweite Weltkrieg für das Deutsche Reich die Fortsetzung des Ersten Weltkrieges oder eine neuartige Form des modernen Krieges? Diese Frage lässt sich nicht beantworten, wenn man diese Kriege nur von ihrer Entstehung her beurteilt. Um ihren Charakter zu bestimmen, sollten auch die Kriegsziele, die Begründung für den Waffengang, die Art der Kriegführung und die dafür verwendeten Ressourcen und Waffen, die vom Krieg direkt und indirekt betroffenen Gebiete sowie die Kriegsfolgen in den Blick genommen werden.

– **Kriegsziele:** Das wilhelminische Reich strebte im Ersten Weltkrieg die Erweiterung des Kolonialreiches und eine Hegemonie über den europäischen Kontinent an. Umstritten ist, ob die im Septemberprogramm von 1914 zusammengefassten Kriegszielforderungen im Überschwang der nationalen Begeisterung erst während des Krieges entstanden. Oder hatte das Deutsche Reich 1914 aktiv einen Krieg herbeigeführt, um seine kontinentaleuropäische Position zu festigen und auszubauen (s. S. 147)? Einigkeit besteht in der Geschichtswissenschaft hingegen darin, dass Deutschland im Zweiten Weltkrieg einen Eroberungs-, Raub- und Vernichtungskrieg führte. Spätestens seit dem Überfall auf die Sowjetunion 1941 ging es dem NS-Regime nicht mehr nur um den Sieg über und die Ausschaltung der feindlichen Streitkräfte, sondern um die Ausbeutung, Versklavung und Ver-

6 Europa und die Welt

M2 Kriegsbild und Kriegswirklichkeit vor und im Ersten Weltkrieg

a) Das Kriegsbild vor 1914: Sturmangriff der Infanterie, zeitgenössische Lithografie

b) Flammenwerfer im Einsatz, um 1917, Fotografie

nichtung großer Teile der Zivilbevölkerung in den eroberten Gebieten. Der nationalsozialistische „Lebensraumkrieg" sollte im Osten Raum für die deutsche bzw. arische „Herrenrasse" schaffen (s. S. 273 ff.).

– **Begründung für den Krieg:** Vom Beginn des Ersten Weltkrieges 1914 bis zu dessen Ende 1918 hielt die deutsche Reichsleitung an ihrer Auffassung fest, dass Deutschland einen Verteidigungskrieg führe. Die überwiegende Mehrheit der Bevölkerung und der politischen Parteien wie gesellschaftlichen Interessenorganisationen teilte diese Überzeugung. Deutsche Professoren, Intellektuelle und Schriftsteller erklärten den Krieg darüber hinaus zu einer existenziellen Auseinandersetzung zwischen deutscher „Kultur" und der zerstörerischen, verderbten westlichen „Zivilisation". Die nationalsozialistische Kriegs- und Vernichtungspolitik beruhte dagegen auf der sozialdarwinistischen Sicht der Geschichte, dem Rassenantisemitismus und dem Konzept der „Lebensraumpolitik". Den Krieg gegen die Sowjetunion erklärten die Nationalsozialisten zum antibolschewistischen Kreuzzug, mit dem die „Festung Europa" verteidigt werden solle (s. S. 273 ff.).

– **Art der Kriegführung:** Eine „industrialisierte" Kriegführung ermöglichte im Ersten Weltkrieg die Mobilisierung fast aller gesellschaftlichen Ressourcen. Diese „Industrialisierung" des Tötens lässt sich an den Materialschlachten erkennen: Im Stellungskrieg sollte der Gegner ausbluten und zermürbt werden. Stabil ausgebaute Gräben und Gefechtsstände bildeten die Verteidigungslinien. Stacheldrahtverhaue sicherten sie. Die Soldaten verteidigten sich mit neuartigen Waffen der Kriegstechnik: Maschinengewehren, Handgranaten oder Minen. Die Materialschlacht war das neue Mittel, mit dem die Verantwortlichen in den Generalstäben diese Verteidigung zu überwinden suchten. Möglich machte das die Industrie mit ihrer schier ununterbrochenen Waffenproduktion.

6 Europa und die Welt

c) Flandernschlacht: Schwer verwundete deutsche Soldaten nach ihrer Einlieferung auf dem englischen Verbandsplatz bei Potijze, 20. September 1917, Fotografie

Zum Symbol der Materialschlacht wurde die „Hölle von Verdun". Für diese französische Festung sollte nach den Plänen der Obersten Heeresleitung die Hauptmacht des französischen Heeres verbluten. Im Dauerfeuer trommelten die Geschütze ihre Granaten auf die Stellungen der Gegner. Sie sollten so lange beschossen werden, bis jeder Widerstand endete. Im anschließenden Sturmlauf hoffte man dann, das Gelände so gut wie kampflos zu besetzen. Doch kamen dabei oft nicht mehr als 50 oder 100 Meter Geländegewinn heraus, oft gar nichts, bezahlt mit gewaltigen Opfern. 240 000 Deutsche und 275 000 Franzosen fielen vom Februar bis Juni 1916 allein vor Verdun, wurden verwundet oder vermisst. In der Schlacht an der Somme von Juli bis August desselben Jahres starben 273 000 deutsche Soldaten und nicht viel weniger auf alliierter Seite.

Im Zweiten Weltkrieg waren die deutschen Truppenverbände nicht nur erheblich mobiler (Bewegungskrieg), sondern die Kriegführung nahm andere, brutalere Formen an: Die Mittel im ideologischen Vernichtungskrieg gegen den „jüdischen Bolschewismus" im Osten reichten von der totalen Unterdrückung und Ausplünderung der sowjetischen Völker einschließlich des Hungertodes und der Verschleppung der Zivilbevölkerung zur Zwangsarbeit ins Deutsche Reich bis zu systematischem Massenmord und Genozid. Bei dieser Art der Kriegführung war die Grenze zwischen Zivil und Militär aufgehoben.

Die Zivilbevölkerung war Hauptleidtragende des Bombenkriegs. Das galt sowohl für die deutschen Bombenangriffe auf London im Jahre 1940 als auch für den alliierten Luftkrieg gegen deutsche Städte seit 1940, wie das Beispiel Dresdens verdeutlicht (s. S. 290 ff.). Mit den Atombombenabwürfen auf die japanischen Städte Hiroshima und Nagasaki 1945 (s. S. 288) begann das Atomzeitalter.

– **Kriegsopfer und Zerstörungspotenzial:** „1914 begann das Zeitalter des Massakers." Mit diesen drastischen Worten beschreibt der Historiker Eric Hobsbawm die Zeit der Weltkriege. Tatsächlich kostete der Erste Weltkrieg über neun Millionen Menschen das Leben, und diese Opferzahl erhöhte sich im Zweiten Weltkrieg dramatisch (Schätzungen gehen weltweit von ca. 55 Mio. Toten aus). Das lag zu gewichtigen Teilen an der Modernisierung der Waffentechnologie im industriellen Zeitalter, die die Zerstörungskraft von Waffen und Streitkräften vervielfachte. Man denke nur an die Wirkung von Maschinengewehren, von Tanks bzw. Panzern oder der modernen Luftstreitkräfte mit ihren Flächenbombardements.

– **Kriegsräume:** Hauptkriegsschauplatz des Ersten Weltkrieges war Europa. Dagegen war der Zweite Weltkrieg eine weltweite Auseinandersetzung, wobei die Schwerpunkte der Kriegshandlungen in Europa und Ostasien lagen.

– **Kriegsfolgen:** Das Deutsche Reich verlor beide Weltkriege. Der Versailler Vertrag, den die Regierung nach dem Ersten Weltkrieg unterzeichnen musste, zwang Deutschland zu Gebietsabtretungen

Europa und die Welt 6

und Reparationen sowie zur Entmilitarisierung und sprach dem Land die Schuld am Kriegsausbruch 1914 zu. Betrachteten die Zeitgenossen aller politischen Lager den Friedensvertrag als ein demütigendes Vertragswerk und als eine Hauptursache für die Misere der Weimarer Republik, herrscht heute eine nüchterne und gerechtere Bewertung vor. Dazu trugen nicht zuletzt die Erfahrungen des Zweiten Weltkrieges und der bedingungslosen Kapitulation des Deutschen Reiches im Jahre 1945 bei. Vor dem Hintergrund der Ergebnisse des Zweiten Weltkrieges – vor allem der deutschen Teilung 1949 bis 1990 – nahmen sich die Bestimmungen des Versailler Vertrages relativ „gemäßigt" aus. Der Friedensvertrag von 1919 ließ das Deutsche Reich als Nationalstaat und längerfristig auch als Großmacht weiterbestehen.

M3 Der Historiker Eric Hobsbawm über die Ursachen des Zweiten Weltkrieges (1994)

Die Frage, wer oder was den Zweiten Weltkrieg ausgelöst hat, kann ganz einfach mit zwei Wörtern beantwortet werden: Adolf Hitler.
Aber Antworten auf historische Fragen sind natürlich
5 niemals derart einfach. Wie wir wissen, hatte der Erste Weltkrieg eine völlig instabile Lage in der Welt und vor allem in Europa und im Nahen Osten geschaffen. Deshalb konnte der Friede nicht von Dauer sein. Und Unzufriedenheit mit dem Status quo herrschte nicht nur
10 in den besiegten Staaten, obwohl gerade sie – vor allem Deutschland – eine Menge von Gründen zu haben meinten und auch tatsächlich hatten, Groll zu hegen. Die Parteien in Deutschland, von den Kommunisten auf der extremen Linken bis hin zu den Natio-
15 nalsozialisten auf der extremen Rechten, wetteiferten dabei, den Friedensvertrag von Versailles zu verteufeln, weil sie ihn ungerecht und unannehmbar fanden. Paradoxerweise hätte eine wirklich deutsche Revolution auch ein international weit weniger explosives
20 Deutschland hervorbringen können, wie am Beispiel jener beiden besiegten Staaten zu sehen ist, die sich tatsächlich revolutionierten, nämlich Russland und die Türkei: Diese waren viel zu sehr mit ihren eigenen Angelegenheiten und der Verteidigung ihrer Grenzen
25 beschäftigt, um auch noch die internationale Lage destabilisieren zu können. Im Gegenteil, in den Dreißigerjahren wirkten sie sogar stabilisierend; und die Türkei blieb im Zweiten Weltkrieg neutral. Aber auch in Japan und Italien herrschte Unzufriedenheit, obwohl beide
30 Staaten zur Siegerseite gehörten. Die Japaner bewiesen allerdings etwas mehr Realismus als die Italiener, deren imperialer Appetit die unabhängige Macht des Staates, ihn zu stillen, bei weitem überschritt. Italien war jedenfalls aus dem Krieg mit beträchtlichen terri-
35 torialen Zugewinnen in den Alpen, an der Adria und sogar in der Ägäis hervorgegangen, wenn auch nicht mit der ganzen Ausbeute, die dem Staat von den Alliierten als Gegenleistung für seinen Kriegsbeitritt 1915 versprochen worden war. Der Sieg des Faschismus,
40 einer konterrevolutionären und daher ultranationalistischen und imperialistischen Bewegung, förderte diese Unzufriedenheit in Italien jedoch noch zusätzlich. Japan half die beträchtliche Stärke seines Militärs und seiner Marine, um zur stärksten Macht im Fernen
45 Osten zu werden, vor allem nachdem Russland von der Bildfläche verschwunden war. Bis zu einem gewissen Grad wurde diese Rolle auch noch international durch das Washingtoner Marineabkommen von 1922 anerkannt. Mit diesem Abkommen wurde schließlich
50 der Überlegenheit der britischen Navy ein Ende gesetzt, indem die Stärke der amerikanischen, britischen und japanischen Marine im Verhältnis 5:5:3 festgelegt wurde. Doch Japan, dessen Industrialisierung im Eiltempo voranschritt […], fand zweifellos, dass ihm ein
55 größeres Stück vom fernöstlichen Kuchen gebührte, als die weißen Imperialmächte ihm zugestehen wollten. […]
Doch wie instabil der Frieden nach 1918 und wie groß die Wahrscheinlichkeit seines Zusammenbruchs auch
60 gewesen sein mögen, es gilt als völlig unbestritten, dass der Zweite Weltkrieg durch die Aggression dieser drei unzufriedenen Mächte ausgelöst wurde, die zudem seit Mitte der Dreißigerjahre durch mancherlei Verträge miteinander verbunden waren. Meilensteine
65 auf dem Weg zum Krieg waren die japanische Invasion in der Mandschurei 1931, die italienische Invasion in Äthiopien 1935, die deutsche und italienische Intervention im Spanischen Bürgerkrieg 1936–39, die deutsche Invasion in Österreich Anfang 1938, die deutsche
70 Beschneidung der Tschechoslowakei etwas später im selben Jahr, die deutsche Okkupation der verbliebenen Tschechoslowakei im März 1939 (gefolgt von der italienischen Okkupation Albaniens) und die deutschen Gebietsansprüche gegenüber Polen, die schließlich
75 zum Ausbruch des Krieges führten. Wir können solche Meilensteine aber auch in negativer Spiegelung aufzählen: das Versäumnis des Völkerbunds, gegen Japan einzuschreiten und 1935 wirkungsvolle Maßnahmen gegen Italien zu ergreifen; das Versäumnis Großbritan-
80 niens und Frankreichs, auf die unilaterale Kündigung des Versailler Vertrages durch Deutschland und vor allem 1936 auf dessen militärische Wiederbesetzung

6 Europa und die Welt

des Rheinlands zu reagieren; ihre Weigerung, im Spanischen Bürgerkrieg zu intervenieren („Nichteinmischung"); ihr Versäumnis, auf die Besetzung Österreichs zu reagieren; ihr Kleinbeigeben bei der deutschen Erpressung gegenüber der Tschechoslowakei (das „Münchener Abkommen" von 1938); und 1939 die Weigerung der Sowjetunion, die Opposition gegen Hitler fortzusetzen (Hitler-Stalin-Pakt vom August 1939).

Und dennoch, selbst wenn die eine Seite eindeutig keinen Krieg gewollt haben und alles nur Erdenkliche getan haben mag, um ihn zu verhindern, und die andere Seite den Krieg glorifizierte und ihn, wie Hitler, gewiss auch aktiv herbeisehnte, so hat doch keiner der Aggressoren jenen Krieg gewollt, den er bekommen hat. Und auch keiner von ihnen hatte Krieg gegen all die Feinde führen wollen, denen er sich nun ausgesetzt sah.

Eric Hobsbawm, Das Zeitalter der Extreme. Weltgeschichte des 20. Jahrhunderts. Aus dem Englischen von Yvonne Badal, Hanser Verlag, München 1994, S. 55 ff.

M4 Die Ursachen des Ersten Weltkrieges

a) Die Interpretation des Historikers Jost Dülffer (2003)

Internationale Krisen wurden also mehr oder weniger intensiv von militärischen Maßnahmen begleitet. Konkrete Absichten, nunmehr aktiv einen großen Krieg zu provozieren, standen aber jeweils nicht im Vordergrund. Wohl aber war die Sorge um die eigene Position im Staatensystem entscheidend. Mit sehr unterschiedlichen Argumenten und aus verschiedenen Gründen glaubte man bei allen beteiligten europäischen Großmächten, in der Zukunft gegenüber einer gegnerischen Koalition im Kriege schlechter dazustehen. War es in Frankreich die Sorge um die innenpolitische Möglichkeit, die dreijährige Dienstpflicht und das Bündnis mit Russland beizubehalten, so waren es in Großbritannien Befürchtungen über irische Unruhen, in Russland revolutionäre Umbrüche bei einem autokratischen System, in Österreich-Ungarn die Nationalitätenfragen und im Deutschen Reich der Widerspruch von industrieller Modernisierung und rückständigem politischem System, der sich nicht zuletzt in der Frage von Rüstungsfinanzierung niederschlug. Darüber hinaus sahen sich die Staatsführungen unter innenpolitischem Erfolgsdruck, den sie zum Teil selbst erzeugt hatten und an den sie auch glaubten. Die […] Dynamik des Zwangs zu sichtbaren und auf die Bevölkerung integrativ wirkenden weltpolitischen Erfolgen wies vielfach nur geringe oder gar keine öffentlich verwertbaren Erfolge auf. Das galt zumal für das Deutsche Reich, wo man nach weit verbreiteter Auffassung immer wieder zurückgesteckt und sich als schwächlich erwiesen hatte. Und je mehr man während derartiger Krisen in militärischen Kategorien dachte und sich entsprechend verhielt, desto mehr mussten auch militärische Erwägungen zu Erfolgen kommen. Während man überall nach außen den Optimismus eines kurzen und siegreichen Krieges zur Schau trug, beherrschte doch die Sorge vor einem „Sprung ins Dunkle" – so Theobald von Bethmann Hollweg – viele der führenden Politiker in Berlin und Wien, in Paris, London und St. Petersburg. Dieser Sprung wurde in der Julikrise 1914 gewagt – und endete in der Katastrophe des Weltkriegs.

Jost Dülffer, Der Weg in den Krieg, in: Gerhard Hirschfeld, Gerd Krumeich, Irina Renz (Hg.), Enzyklopädie Erster Weltkrieg, Schöningh, Paderborn 2003, S. 240

b) Die Interpretation des Historikers Jörg Fisch (2002)

Sucht man […] nach strukturellen Ursachen für den Krieg, so liegen sie auf einer allgemeineren Ebene. Das System benötigte zu seinem Funktionieren keinen tatsächlich geführten Krieg – aber es benötigte den Krieg der Möglichkeit nach. Die Souveränität der Staaten war das oberste Prinzip, und zu ihr gehörte, innerhalb gewisser Schranken, das Recht und sogar die Bereitschaft, den Krieg als Mittel der Politik einzusetzen. Das Risiko, ja die Möglichkeit und zuweilen sogar die Wahrscheinlichkeit eines Krieges wurde von allen Beteiligten in Kauf genommen, nicht zuletzt deshalb, weil die möglichen Folgen eines Krieges zu wenig erwogen wurden. So gesehen war der Weltkrieg kein unentrinnbares Verhängnis der Epoche; er war nicht die unvermeidliche Auflösung eines in den vorangegangenen Jahrzehnten geschürzten Knotens, auch wenn gerade in dieser Zeit die Auffassung, der Krieg gehöre gewissermaßen zum moralischen Haushalt der Menschheit, die ohne ihn degenerieren würde, weit verbreitet war – freilich nicht bei den Massen, die ihn schließlich auskämpften und in ihm starben. Aber man hatte andererseits auch nicht wirklich versucht, diese Möglichkeit zu bannen. Hierin äußerte sich die Unfähigkeit Europas, die potenziell destruktiven Wirkungen der industriellen Revolution zu bändigen – eine Unfähigkeit, die 1939 noch bekräftigt wurde.

So gesehen ist der Erste Weltkrieg in der Tat, mit dem berühmten Wort George F. Kennans, die „Urkatastrophe des 20. Jahrhunderts", weil der Krieg inzwischen eine solche Zerstörungsgewalt gewonnen hatte, dass er alle früheren Kämpfe in den Schatten stellen musste. Aber er war nicht der notwendige Abschluss einer

Europa und die Welt 6

zum Untergang verurteilten Epoche. Daran ändert auch die Tatsache nichts, dass Prophezeiungen eines
35 großen und verheerenden Krieges gerade in den letzten Jahren vor 1914 verbreitet waren.

Jörg Fisch, Europa zwischen Wachstum und Gleichheit 1850–1914, UTB, Stuttgart 2002, S. 358

c) Die Deutung des Historikers Harald Kleinschmidt (1998)

Im Spiel um die Modalitäten der Kriegserklärung und der Kriegsausdehnung kam es nach dem Attentat von Sarajevo nur noch darauf an, wer als Erster den Krieg erklärte, mit anderen Worten, bei wem der Schwarze
5 Peter der völkerrechtlichen Kriegsverursachung liegen blieb. Dieses Spiel wurde so gespielt, dass jede der beteiligten imperialistischen Regierungen ebenso Gründe hatte, den Krieg zu beginnen, wie Motive, den Kriegseintritt zu verzögern. Auf deutscher und öster-
10 reich-ungarischer Seite hoffte man darauf, dass der Schwarze Peter in Russland bleiben werde, auf englischer und französischer Seite erklärte man abwartend, dass der „Schlüssel zum Frieden" im Deutschen Reich liege. In Russland schließlich war man entschlossen, sich zu gedulden, bis es zu Kriegshandlungen 15 Österreich-Ungarns gegen Serbien kommen würde. Es gab weder einen Automatismus noch einen festliegenden „Stundenplan" zum Krieg. Die Regierungen entschieden, jeder auf seine Weise, autonom und in vollem Bewusstsein des Risikos. Zum Krieg kam es also, 20 weil die beteiligten Regierungen ihn wollten. Warum schließlich der Schwarze Peter in Deutschland blieb, ist unklar, aber das deutsche Vorpreschen mit den Kriegserklärungen an Russland und Frankreich lässt sich mit der Angst Wilhelms II. erklären, dass weiteres Warten 25 für den Bestand der Nation gefährlicher sei als der Kriegsbeginn. [...] Und der große Krieg begann.

Harald Kleinschmidt, Geschichte der internationalen Beziehungen, Reclam, Stuttgart 1998, S. 311

M 5 Die Kriegswirklichkeit im Zweiten Weltkrieg

a) Ein Flugzeug der deutschen Luftwaffe (Focke-Wulf FW 190) verfolgt am Cap Gris-Nez eine Maschine der britischen Luftstreitkräfte (Spitfire), 1940, Fotografie

6 Europa und die Welt

b) Massenerschießungen in der Ukraine, um 1941, Fotografie

M6 Zwangsarbeit in den beiden Weltkriegen

a) Die Historikerin Uta Hinz über Zwangsarbeit im Ersten Weltkrieg (2003)

Praktiken der Z. (= Zwangsarbeit) im Zweiten Weltkrieg hatten somit Vorbilder in den Jahren zwischen 1914–1918. Die Z. im Ersten Weltkrieg unterlag aber in doppelter Hinsicht Grenzen: Aufgrund noch beste-
5 hender Skrupel der politischen Stellen wurden nicht alle verfügbaren Gewaltmittel eingesetzt, wie z. B. die 1917 vollzogene Abkehr von den Deportationen zeigt. Zugleich bestand ein bleibendes Interesse daran, die Arbeitsfähigkeit (und somit die Gesundheit) der frem-
10 den Arbeitskräfte zu erhalten: Dies war der zentrale Unterschied zur Zwangsarbeiter-Politik der Jahre 1939–1945.

Uta Hinz, Artikel „Zwangsarbeit", in: Gerhard Hirschfeld, Gerd Krumeich, Irina Renz (Hg.), Enzyklopädie Erster Weltkrieg, Schöningh, Paderborn 2003, S. 980

b) Der Historiker Wolf Gruner über die Rekrutierung von Zwangsarbeitern im Zweiten Weltkrieg (1998)

Der NS-Staat nutzte Z. (= Zwangsarbeit) als Mittel sowohl der politischen als auch der wirtschaftlichen Herrschaftssicherung. Zu diesem Zweck wurden u. a. im Krieg diverse Z.-Formen entwickelt, vom Arbeits-
5 zwang für sozial oder rassisch definierte Gruppen in der dt. Gesellschaft über den Arbeitsdienst für die Einwohner der besetzten Länder bis hin zum Industrieeinsatz von KZ-Häftlingen. [...] Für die Aufrüstung sollten künftig „alle Personen, die sich dem Arbeitsleben
10 der Nation" nicht anpassten, zwangsweise beschäftigt werden. „Arbeitsscheue", Landstreicher und mehrmals vorbestrafte Personen brachte man mittels mehrerer Razzien in der ersten Hälfte des Jahres 1938 zur Z. in Konzentrationslager [...]. Ab Ende 1938 organisierten
15 Arbeitsämter den „geschlossenen Arbeitseinsatz" zunächst der sozialunterstützten, ab 1940 aller deutschen Juden, von denen schließlich 1941 über 50 000 auf dem Bau, im Forst oder in der Industrie in isolierten Kolonnen zwangsbeschäftigt waren. Nach Bildung des
20 Generalgouvernements im besetzten Polen wurde am 26.10.1939 Z. für jüdische Polen verhängt. Deren Organisation in Lagern oder Gettofabriken garantierte zunächst die SS, ab Mitte 1940 die Arbeitsverwaltung, 1942 wieder die SS bis zur Deportation und Ermor-
25 dung der Juden [...].
Zum System der Z. gehörten auch die Fremdarbeiter in Deutschland. Die Transformation traditioneller Vertragsarbeit von Ausländern erfolgte seit 1938/39 schrittweise, vom freiwilligen Einsatz „arischer" Öster-
30 reicher über die Verschickung österreichischer Juden, die Arbeitsverpflichtung von Tschechen nach Bildung des Protektorats Böhmen und Mähren bis hin zur Arbeit polnischer Kriegsgefangener in der deutschen Wirtschaft, die gegen internationales Recht verstieß.
35 Gleichzeitig kam es nach Kriegsbeginn in Polen zu massiven Anwerbungen für den „Reichseinsatz", die ab Anfang 1940 zu regelrechten Menschenjagden ausarteten. [...] Im Dt. Reich arbeiteten im Spätsommer 1944 rund 5,9 Mio. Ausländer, 1,9 Mio. Kriegsge-
40 fangene aus 26 Ländern sowie 400 000 KZ-Häftlinge. Mehr als 30 000 Arbeitslager existierten allein in Deutschland [...]. Darüberhinaus existierten in den besetzten Gebieten Tausende von Lagern für das gigantische Z.system, denn auch in ihrer Heimat mussten
45 unzählige Menschen Z. für die dt. Kriegswirtschaft leisten.

Wolf Gruner, Artikel „Zwangsarbeit". in: Wolfgang Benz, Hermann Graml u. Hermann Weiß (Hg.), Enzyklopädie des Nationalsozialismus, dtv, München ³1998, S. 813 f.

c) Der Historiker Bernd Jürgen Wendt über die Ausbeutung der Zwangsarbeiter im Zweiten Weltkrieg (1995)

Nach Ausweis der Statistik waren bis Herbst 1944 aus 26 Ländern knapp 8 Mio. Arbeitskräfte als Zivilarbeiter und Kriegsgefangene nach Deutschland verbracht, [...] die meisten zwangsverpflichtet oder in brutalen

Europa und die Welt 6

Menschenjagden etwa in der Ukraine von der Straße weg deportiert. Es waren Menschen aus allen sozialen Schichten und jedes Alters, die in der Regel unter ihrer beruflichen Qualifikation eingesetzt wurden. Bis Kriegsende dürfte die Zahl auf insgesamt 10 Millionen angewachsen sein, nach anderen Schätzungen auch 12 oder 14 Millionen. […]
Behandlung, Löhne und Lebensmittelrationen, Unterbringung und Art der Beschäftigung waren abgestuft nach Nationalität und „rassischen" Prinzipien. Grundsätzlich standen alle deutschen und auch die west- und nordeuropäischen Arbeiter und Arbeiterinnen weit über den Ostarbeitern. Nach der Einberufung von 9,5 Mio. deutschen Soldaten wurden ausländische Arbeitskräfte in der Landwirtschaft (hier fast die Hälfte der Beschäftigten in Deutschland!) in Staatsbetrieben, Großkonzernen und Kleinbetrieben sowie in Privathaushalten beschäftigt. Die „rassisch minderwertigen" Ostarbeiter hatten besonders unter dem Lagersystem und unter Entbehrungen zu leiden. Viele von ihnen kamen in Deutschland um. Verachtung und Herrenmenschendünkel ihnen gegenüber vermischte sich mit Mitleid über ihre katastrophalen Lebensbedingungen und wachsender Achtung für ihren Fleiß und Arbeitseinsatz. Sie wollten so gar nicht in das indoktrinierte Bild vom „slawischen Untermenschentum" passen, und die Machthaber sahen sich deshalb teilweise gezwungen, propagandistisch in der Bevölkerung gegenzusteuern. In Kleinbetrieben, in der Landwirtschaft und in den Privathaushalten konnten die Zwangsarbeiter oft besser überleben als in den Großbetrieben. […]

Bernd Jürgen Wendt, Deutschland 1933–1945. Das „Dritte Reich". Handbuch zur Geschichte, Fackelträger, Hannover 1995, S. 596 f.

1 Arbeitsteilige Gruppenarbeit: a) Untersuchen Sie jeweils einen Text der Materialien M 3 und M 4 a–c über die Ursachen des Ersten bzw. Zweiten Weltkrieges. b) Präsentieren Sie Ihre Ergebnisse und führen Sie diese in einer Tabelle zusammen. c) Erörtern Sie Vorzüge und Nachteile der Deutungen. Konzentrieren Sie sich dabei auf die Frage, welche Kriegsursachen – z.B. innen- oder außenpolitische Entscheidungen und Handlungen, Strukturen des internationalen Systems – die jeweiligen Interpretationen berücksichtigen. d) Überprüfen Sie die These Walther Hofers (S. 440). Formulieren Sie gegebenenfalls eine Gegenthese. Ziehen Sie dabei nicht nur die Materialien M 3 und M 4, sondern auch Darstellung und Materialien, S. 270 ff., mit heran.

2 a) Beschreiben Sie mithilfe von M 2 a die Vorstellungen von einem zukünftigen Krieg, wie es sie bei einigen Zeitgenossen vor 1914 gab. b) Skizzieren Sie anhand von M 2 b und c den Einsatz und die Auswirkungen moderner Waffen im Ersten Weltkrieg. c) Erörtern Sie, wie die Zerstörungskraft moderner Waffen die Einstellung der Zeitgenossen zu Krieg und Frieden während des Ersten Weltkrieges verändert hat bzw. haben könnte. Berücksichtigen Sie dabei außer M 2 a–c auch Darstellungstext und Materialien, S. 148 ff.

3 Beschreiben Sie mithilfe von M 6 a, b sowie auf der Grundlage der Darstellung und Materialien, S. 270 ff., die Kriegführung im Zweiten Weltkrieg und ihre Folgen.

4 Untersuchen Sie am Beispiel der Zwangsarbeit in den beiden Weltkriegen (M 6 a–c) die Auswirkungen der Kriegführung auf die Zivilbevölkerung. Erörtern Sie dabei auch die Unterschiede beim Einsatz von Zwangsarbeitern im Ersten und Zweiten Weltkrieg.

5 Der Historiker Eric Hobsbawm hat einmal über die zunehmende Brutalisierung im Ersten Weltkrieg geschrieben: „Ein wichtiger Grund für diese Brutalisierung lag vielmehr in der seltsamen Demokratisierung des Krieges. Totale Kriege verwandelten sich in ‚Volkskriege', weil Zivilisten und ziviles Leben zum geeigneten und manchmal auch eigentlichen Ziel der Strategie wurden und weil in demokratischen Kriegen der Gegner ebenso dämonisiert wird wie in der demokratischen Politik – denn nur so kann erreicht werden, dass er wirklich hassenswert oder zumindest verabscheuungswürdig erscheint. […] Ein weiterer Grund für diese Brutalisierung war jedoch die neue Unpersönlichkeit der Kriegsführung, die das Töten oder Verstümmeln auf einen Akt reduzierte, der sich auf das Drücken einer Taste oder Bewegen eines Hebels beschränkte. Technologie macht ihre Opfer unsichtbar." – Diskutieren Sie diese These. Beziehen Sie in Ihre Überlegungen auch den Zweiten Weltkrieg mit ein. Ziehen Sie den Darstellungstext, S. 441 ff., sowie die Materialien M 2, M 5 heran.

Weiterführende Arbeitsanregung

1 Recherchieren Sie die Darstellung der Kriegswirklichkeit des Ersten Weltkrieges in der zeitgenössischen Literatur, z.B. bei Ernst Jünger, In Stahlgewittern (1920), oder Erich Maria Remarque, Im Westen nichts Neues (1929). Untersuchen Sie dabei den Aspekt der „industrialisierten Kriegführung".

6 Europa und die Welt

2 Internationale Friedensregelungen

Pariser Friedensordnung 1919/20

Der Versailler Vertrag (s. S. 178 ff.) war nur einer von mehreren Friedensverträgen, die die Siegerstaaten in der Umgebung von Paris 1919/20 mit den Verliererstaaten des Ersten Weltkrieges schlossen (M 9). An den Konferenzen waren nur die Siegermächte beteiligt. Die besiegten Staaten konnten in schriftlichen Noten zu den Friedensbedingungen Stellung nehmen.

Ein zentrales Merkmal der neuen Friedensordnung war der **Widerspruch zwischen nationalem Selbstbestimmungsrecht und europäischer Sicherheitsordnung**. Das in Paris geschaffene internationale System beruhte einerseits auf den Grundsätzen des Selbstbestimmungsrechts und der Gleichberechtigung der Völker, die in internationalen Gremien und mithilfe internationaler Abkommen einen friedlichen Interessenausgleich organisieren sollten. Damit die Kriegsverlierer den Frieden in Europa in Zukunft nicht mehr stören konnten, beschnitten die Siegerstaaten andererseits einseitig die Rechte der ehemaligen Kriegsgegner. Diese mussten außerdem territoriale Verluste, die Vielvölkerreiche sogar ihre Auflösung hinnehmen. Aus den Verliererstaaten gingen neue selbstständige Nationalstaaten wie Polen, Tschechoslowakei, Ungarn und Jugoslawien hervor, die durch ethnische und kulturelle Spannungen sowie wirtschaftlich-soziale Ungleichheiten geprägt waren (M 7–9). So sorgte die Verwirklichung des Selbstbestimmungs- und Staatengründungsrechts in Ost- und Südosteuropa für eine Verschärfung der Nationalitätenkonflikte statt für mehr Gerechtigkeit. Aber auch die europäischen Großmächte waren keineswegs mit der Nachkriegsordnung zufrieden. Besonders die Verliererstaaten, allen voran Deutschland, versuchten von Anfang an, das in ihren Augen ungerechte internationale System zu verändern.

M 7 Europa vor dem Ersten Weltkrieg

Europa und die Welt 6

Potsdamer Konferenz 1945

Die Potsdamer Konferenz im Juli/August 1945 (s. S. 329 ff.) war, so beschreibt der Geschichtswissenschaftler Bernd Stöver deren völkerrechtliche Bedeutung, „keine Friedenskonferenz für Gesamtdeutschland, sondern ein Abschlusstreffen für das Ende des Krieges gegen Hitler. Eine Friedenskonferenz mit Deutschland gab es nicht mehr. Sie wurde 1990 durch die ‚Zwei-plus-Vier-Verhandlungen' der beiden Hauptsiegermächte mit den zwei deutschen Staaten ersetzt." Dementsprechend endete die Konferenz nicht mit einem völkerrechtlich verbindlichen „Abkommen". Die Ergebnisse wurden vielmehr in einem gemeinsamen „Kommuniqué" zusammengefasst. Es beruht auf einem Protokoll der Beschlüsse, das erst 1947 vollständig veröffentlicht wurde.

Die „Großen Drei" bekundeten in Potsdam zwar ihren Willen zur gemeinsamen Deutschlandpolitik, in Wirklichkeit entfremdeten sich die Sowjetunion und die USA sowie Großbritannien immer stärker. Je intensiver die Amerikaner auf das Selbstbestimmungsrecht – besonders in der Polenfrage – pochten, desto größer wurde die Furcht der Sowjetunion vor möglichen Bedrohungen ihrer Sicherheit. Und je massiver die kommunistische Führung die Sowjetisierung der Länder betrieb, in denen die Rote Armee stand, desto stärker wuchs bei Amerikanern und Briten die Sorge, dass die Sowjetunion das Selbstbestimmungsrecht generell ausschalten wolle und nur auf eine Gelegenheit warte, ihr Machtgebiet weiter nach Westen auszudehnen.

Angesichts des zunehmenden Misstrauens lösten auch die in Potsdam vereinbarten Außenministerkonferenzen in den folgenden Monaten keine der offenen Fragen. Deshalb blieben ungelöst: die innere Ordnung Polens und die Regelung seiner Grenzen im Westen, außerdem das für die Sowjetunion so wichtige Problem der Reparationsleistungen aus Deutschland. Bald zeigte sich nun auch ein neuer Stil in den Verhandlungen: Gegenseitige Vorhaltungen und Schuldzuweisungen führten zu ergebnislosen Konfrontationen. Das Ergebnis der zunehmenden **Konfrontation zwischen den ehemaligen Verbündeten** waren die deutsche Teilung sowie die Spaltung Europas und der Welt (M 10 a, b und M 11 a–c).

M8 Europa 1923

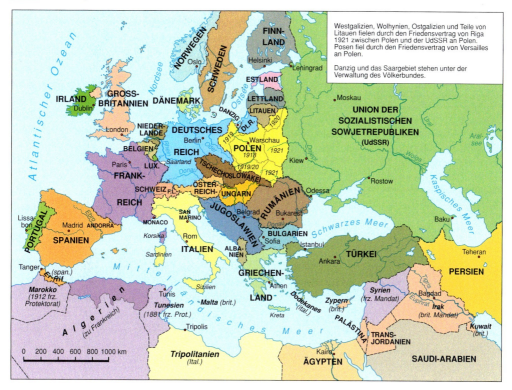

449

6 Europa und die Welt

Zwei-plus-Vier-Vertrag 1990

Am 12. September 1990 unterzeichneten die Außenminister in Moskau den Zwei-plus-Vier-Vertrag (s. S. 454; M 14). Mit dieser feierlichen Zeremonie ging nicht nur ein atemberaubendes diplomatisches Ringen zu Ende, bei dem die ehemaligen Siegermächte des Zweiten Weltkrieges ihre anfänglichen Vorbehalte gegen eine deutsche Wiedervereinigung aufgaben. Darüber hinaus hob der Vertrag internationale Bestimmungen auf, die die Handlungsfreiheit der beiden deutschen Teilstaaten nach der bedingungslosen Kapitulation des Deutschen Reiches 1945 beschränkt hatten (M 12 a–c, M 13). Europa erhielt nun ein anderes Gesicht. Die historische und rechtliche Bedeutung des Vertrages hat der Historiker Andreas Wirsching in seinem 2006 erschienenen Buch „Abschied vom Provisorium" kurz und prägnant zusammengefasst: „In Bezug auf Deutschland erfüllte der Vertrag **völkerrechtlich die Funktion eines Friedensvertrags**. Er legte die Grenzen des vereinigten Deutschland fest, beendete die Vorrechte der Vier Mächte und stattete den ehemaligen Kriegsgegner mit der vollen Souveränität nach außen und nach innen aus."

M9 Zentrale Inhalte der Pariser Vorortverträge 1919/20

a) Vertrag von St. Germain-en-Laye mit Österreich

- Auflösung Österreich-Ungarns; Anerkennung der neuen (den Siegerländern zugerechneten) Staaten Tschechoslowakei, Polen, Ungarn, Jugoslawien
- Abtretung von Südtirol und anderen kleinen Gebieten an Italien und Jugoslawien
- Verbot des Namens „Deutsch-Österreich" und des Anschlusses an das Deutsche Reich
- In der Tschechoslowakei dürfen sich die Sudetendeutschen nicht an Österreich anschließen.
- Abrüstung auf ein Heer von 30 000 Soldaten
- Entschädigungen; Kriegsverbrecherregelungen

b) Vertrag von Neuilly mit Bulgarien

- Abtretung thrakischer Gebiete an Griechenland
- Abrüstung auf ein Heer von 20 000 Soldaten
- Entschädigungen

c) Vertrag von Trianon mit Ungarn

- Abtretung von rund zwei Dritteln des ungarischen Gebiets: Slowakei an die Tschechoslowakei; West-Ungarn (Burgenland) an Österreich; Kroatien an Jugoslawien; Banat an Jugoslawien und Rumänien, Siebenbürgen an Rumänien
- Abrüstung auf ein Heer von 35 000 Soldaten

d) Vertrag von Sèvres mit der Türkei

- Internationalisierung der Meerengen
- Gebietsabtretungen: ägäische Inseln, Smyrna, thrakische Gebiete an Griechenland; Syrien, Kilikien an Frankreich; Irak, Palästina und die Schutzherrschaft über Arabien an Großbritannien (Zypern, Ägypten bleiben britisch); Rhodos, Dodekanes an Italien.
- Türkisch-Armenien wird selbstständiger Staat (1919/20 türkisch bzw. sowjetisch besetzt).
- Abrüstung, Entschädigungen

Zusammengestellt vom Verfasser

M10 Zeitgenössische Urteile über die Nachkriegspolitik der Siegermächte

a) Aus den Erinnerungen des amerikanischen Geschäftsträgers in Moskau, George F. Kennan, über die amerikanische Politik 1945

Die Idee, Deutschland gerne gemeinsam mit den Russen regieren zu wollen, ist ein Wahn. Ein ebensolcher Wahn ist es, zu glauben, die Russen und wir könnten uns eines schönen Tages höflich zurückziehen und aus dem Vakuum werde ein gesundes und friedliches, stabiles und freundliches Deutschland steigen. Wir haben keine andere Wahl, als unseren Teil von Deutschland – den Teil, für den wir und die Briten die Verantwortung übernommen haben – zu einer Form von Unabhängigkeit zu führen, die so befriedigend, so gesichert, so überlegen ist, dass der Osten sie nicht gefährden kann. Das ist eine gewaltige Aufgabe für Amerikaner. Aber sie lässt sich nicht umgehen; und hierüber, nicht über undurchführbare Pläne für eine gemeinsame Militärregierung, sollten wir uns Gedanken machen. Zugegeben, dass das Zerstückelung bedeutet. [...] Besser ein zerstückeltes Deutschland, von dem wenigstens der westliche Teil als Prellbock für die Kräfte des Totalitarismus wirkt, als ein geeintes Deutschland, das diese Kräfte wieder bis an die Nordsee vorlässt. [...]

Es versteht sich – bei solchen Überzeugungen –, dass ich die Arbeit der Konferenz von Potsdam mit Skepsis und Entsetzen verfolgte. Ich kann mich an kein politisches Dokument erinnern, das mich je so deprimiert hätte wie das von Truman unterzeichnete Kommuniqué am Ende dieser wirren und verwirrenden Verhandlungen. Nicht nur weil ich wusste, dass die Idee einer gemeinsamen Vier-Mächte-Kontrolle, die man jetzt zur Grundlage für die Regierung Deutschlands gemacht hatte, abwegig und undurchführbar sei. Auch die unpräzise Ausdrucksweise, die Verwendung so dehnbarer Begriffe wie „demokratisch", „friedlich", „gerecht" in einem Abkommen mit den Russen lief

Europa und die Welt 6

b) Karikatur des Satiremagazins „Krokodil", Sowjetunion, ca. Ende 1947

allem direkt zuwider, was siebzehn Jahre Russlanderfahrung mich über die Technik des Verhandelns mit der sowjetischen Regierung gelehrt hatten. [...] Jeder Mensch in Moskau hätte unsern Unterhändlern sagen können, was die sowjetische Führung unter „demokratischen Parteien" verstand. Die Irreführung der Öffentlichkeit in Deutschland und im Westen durch die Verwendung eines solchen Ausdrucks in einem Dokument, das außer von Stalin auch von den Herren Truman und Attlee unterzeichnet war, ließ sich selbst mit allergrößter Naivität nicht entschuldigen.

Zit. nach: Rolf Steininger, Deutsche Geschichte. Darstellung und Dokumente in vier Bänden, Bd. 1: 1945–1947, Fischer Taschenbuch Verlag, Frankfurt/Main 2002, S. 96 f.

M11 Urteile deutscher Historiker über die Potsdamer Konferenz

a) Der Historiker Wolfgang Malinowski (1985)

Es waren lauter faule Kompromisse, die auf der Potsdamer Konferenz – zwischen Krieg und Kaltem Krieg – erzielt wurden, das lag an der Natur der Sache: Drei Großmächte mit grundverschiedenen Gesellschaftssystemen und Ideologien beherrschten ein Land, in dem es keine Regierungen und keine Verwaltungen mehr gab. Regieren war nun Sache des Alliierten Kontrollrats in Berlin, in dem jede Besatzungsmacht das Vetorecht hatte; der Zerfall in vier Zonen war vorgezeichnet.

Wolfgang Malinowski, 1945. Deutschland in der Stunde Null, Rowohlt, Reinbek 1985, S. 44

b) Der Historiker Rolf Steininger (1986)

In Potsdam wurde de facto die Teilung Deutschlands beschlossen. Deutschland wurde [...] in ein westliches und ein östliches Reparationsgebiet geteilt, damit wurde die gleichzeitig bekundete Absicht, Deutschland als „wirtschaftliche Einheit" zu behandeln, was ja die politische Einheit implizierte, auch wenn vorläufig keine zentrale Regierung eingerichtet werden sollte, ad absurdum geführt.

Rolf Steininger, Deutsche Geschichte 1945–1961, Fischer Taschenbuch Verlag, Frankfurt/Main 1986, S. 63 f.

c) Der Historiker Hermann Weber (1991)

Das Abkommen [bot] einen breiten Spielraum für unterschiedliche Auslegung: Deutschland sollte Wiedergutmachung leisten, die Alliierten wollten „Militarismus und Nazismus" ausrotten, ein demokratisches Staatswesen schaffen und eine einheitliche Wirtschaftsordnung erhalten. Diese Vereinbarungen dienten der UdSSR in den folgenden Jahren als Legitimation, um stufenweise ihre veränderte Politik in Deutschland durchzusetzen.

Hermann Weber, DDR – Grundriss der Geschichte 1945–1990, Fackelträger Verlag, Hannover 1991, S. 20

d) Der Historiker Rolf Badstübner und weitere DDR-Historiker (1989)

Im Potsdamer Abkommen widerspiegelte sich das neue internationale Kräfteverhältnis, das entscheidend vom Sieg der Sowjetunion im Großen Vaterländischen Krieg und von der Befreiermission der UdSSR beeinflusst war. Das Abkommen bildete eine tragfähige Grundlage für eine gemeinsame Politik der Alliierten, für deren Partnerschaft bei der Schaffung einer Nachkriegsordnung mit gesichertem Frieden. [...] Während die Sowjetunion die Potsdamer Beschlüsse als eine Bekräftigung ihrer bereits praktizierten Besatzungspolitik werten konnte, war die uneinheitliche und widersprüchliche Besatzungspolitik der Westalliierten erst auf dessen völkerrechtlichen Boden zu stellen. [...] Für die antifaschistisch-demokratischen Kräfte des deutschen Volkes wurde das Potsdamer Abkommen zur völkerrechtlichen Grundlage ihres Wirkens, ihres Kampfes um Demokratie, sozialen Fortschritt und gerechten Frieden.

Rolf Badstübner u. a., Deutsche Geschichte, Bd. 9, Verlag der Wissenschaften, Berlin (Ost) 1989, S. 103

6 Europa und die Welt

M12 Das Ausland und die deutsche Wiedervereinigung I: Karikaturen

a) Jean Plantureux, „Ich habe Hunger für zwei!", Le Monde, 16. November 1989, Frankreich

c) Ya'cov Farkas, ohne Titel, Ha'aretz, 13. November 1989, Israel. Auf den Ärmeln steht „Westdeutschland" und „Ostdeutschland".

b) Bill Cadwell, „March of the Fourth Reich", Daily Star, 26. Febr. 1990, Großbritannien

M13 Das Ausland und die deutsche Wiedervereinigung II: Der Journalist Klaus Wiegrefe (Der Spiegel) über die Überzeugungsarbeit auf dem Weg zur deutschen Einheit

Jahrzehntelang waren die Deutschen in NATO und EG als Musteralliierte aufgetreten, die mit ihrer Mark stets gern aushalfen. Briten, Franzosen, Italiener und Holländer hatten dafür in feierlichen Kommuniqués das Recht aller Deutschen auf Selbstbestimmung unterstützt. Als die Mauer fiel, wollte sich daran niemand mehr erinnern. [...] Der Präsident (hatte an diesem Tag) nur eine Sorge: Die Deutschen könnten sich mit Gorbatschows Sowjetunion verbünden und die USA aus Europa herausdrängen. Doch Kanzler Kohl konnte ihn beruhigen. Bei einem Abendessen im Brüsseler Château Styvenberg versprach der Kanzler, „nichts zu tun, was unvernünftig ist", und Washington umfassend zu informieren. Bush war zufrieden. [...]
Vergeblich versuchte Premierministerin Margaret Thatcher, „my dear George" für eine gemeinsame Front gegen die Deutschen zu gewinnen. Für den Aufstand der Ostdeutschen gegen das SED-Regime hatte die Antikommunistin zwar Sympathie. Die Teilung überwinden aber sollten die Deutschen nicht; ein wiedervereinigtes Deutschland, fürchtete sie, würde „viel zu groß und zu mächtig". [...]
Zunächst standen Thatchers Chancen, die Wiedervereinigung zu verhindern, nicht schlecht. Kohl glaubte

Europa und die Welt 6

noch im Dezember 1989, die Einheit werde erst in fünf bis zehn Jahren kommen, und die meisten Europäer teilten die britische Haltung.

Die Atmosphäre sei „eisig" gewesen, erinnerte sich Kohl später an den ersten regulären EG-Gipfel wenige Wochen nach dem Mauerfall. Von Kollegen sei er einer „fast tribunalartigen Befragung" unterzogen worden. Dem Holländer Ruud Lubbers, der vorschlug, besser „nicht von einem deutschen Volk zu sprechen", nahm der Kanzler die antideutschen Ressentiments so übel, dass er 1994 den Aufstieg des Niederländers zum Präsidenten der EU-Kommission verhinderte.

Am liebsten hätte Thatcher auf die alten Besatzungsrechte aus der Nachkriegszeit zurückgegriffen. [...] [Doch] Genscher war [...] empört über den Versuch, die Westdeutschen als Partner zweiter Klasse zu behandeln. „Sie müssen sich entscheiden zwischen der Zusammenarbeit mit uns oder mit der Sowjetunion im Kontrollrat", fuhr er die Kollegen an. Baker legte ihm die Hand auf den Arm: „Hans-Dietrich, wir haben dich verstanden." Weitere Viermächtetreffen, von den Briten gewünscht, blockten die Amerikaner ab.

Thatcher sah daraufhin die „letzte und auch größte Chance" in einer „stabilen politischen Achse zwischen Großbritannien und Frankreich". Zweimal traf sie sich im Dezember 1989 inoffiziell mit Präsident François Mitterrand. Gemeinsam lästerten sie über den „deutschen Moloch". [...]

Doch beiden mangelte es an Ideen, wie die Deutschen zu stoppen seien. Zeitweise hoffte Mitterrand, aus der ersten freien Volkskammerwahl in der DDR werde eine starke SED hervorgehen. Am 20. Dezember 1989 flog er nach Ost-Berlin. Dort versprach er den Genossen aus Partei- und Staatsführung: „Sie können mit der Solidarität Frankreichs rechnen."

Kanzler Kohl lockte den Franzosen mit der Deutschen Mark. Er sei bereit, signalisierte er ihm Ende 1989, die eigene Währung zu Gunsten des Euro aufzugeben, wenn Paris sich mit der Einheit abfinde. Mitterrand gefiel der Deal: „Man kann nicht gegen den Strom der Geschichte schwimmen." Thatcher war empört: Mitterrand leide an einem „Hang zur Schizophrenie".

Dabei zeigte der Zug des Franzosen Raffinesse. Kohls Zusage war verbindlich, das Schicksal der DDR hingegen noch keineswegs besiegelt. Mitterrand hoffte auf Moskau: „Gorbatschow wird niemals ein wiedervereintes Deutschland in der NATO akzeptieren, und die Amerikaner werden niemals zulassen, dass die Bundesrepublik die NATO verlässt. Wir können deshalb beruhigt sein."

Im Februar 1990 allerdings war es mit der Ruhe des Präsidenten vorbei. Gorbatschow entschied: „Die Deutschen müssen selbst wissen, welchen Weg sie gehen." Nur über die äußeren Bedingungen der deutschen Einheit wollte Moskau mitreden.

Verhindern konnten die Westeuropäer die Vereinigung fortan nicht mehr. Doch es gab genug Gelegenheiten, den Deutschen den Weg zu erschweren.

Zuerst drängten Holländer und Italiener darauf, an den 2+4-Verhandlungen zwischen den beiden deutschen Staaten und den Weltkriegsalliierten teilzunehmen. „Die letzten 40 Jahre haben wir immer alles in der Allianz besprochen", beschwerte sich Italiens Außenminister Gianni De Michelis. „You are not part of the game", fauchte Genscher den Nobile an.

Dann forderten die Franzosen einen KSZE-Gipfel als Ersatzfriedenskonferenz, auf dem die 35 KSZE-Mitglieder jahrelang über die deutsche Einheit verhandeln sollten. Die Amerikaner lehnten ab. Schließlich schlug Thatcher dem US-Präsidenten vor, einem unbegrenzten Verbleib sowjetischer Truppen in Deutschland zuzustimmen. Doch Bush zeigte kein Interesse.

Er hatte bereits im Januar 1990 erkannt, dass die DDR nicht mehr zu halten war, und beschloss, das Unvermeidliche zu nutzen, solange er dafür etwas bekam. In Camp David vereinbarte der Präsident am 24. Februar mit dem Kanzler einen Deal.

Bush versprach, die Wiedervereinigung mit ganzer Kraft zu unterstützen. Die USA, fand er, hätten „die Verpflichtung zu helfen". Kohl wiederum versicherte, er werde dafür sorgen, dass ein geeintes Deutschland westlich orientiert bleibe. [...]

Im April 1990 bewegte der Präsident seine renitenten Partner Mitterrand und Thatcher dazu, ihre alliierten Rechte aufzugeben. Später offerierte er dem Osten Abrüstungsschritte, die es Gorbatschow erleichterten, seinen Einheitskurs in Moskau durchzusetzen. [...]

Am 31. Mai war es so weit. Gorbatschow ließ sich von den Amerikanern neun Sicherheitsgarantien dafür geben, dass das vereinte Deutschland friedlich bleibe. Dann stimmte er zu.

Der Spiegel 50/1999

6 Europa und die Welt

M 14 Zentrale Inhalte des Zwei-plus-Vier-Vertrages vom 12. September 1990

M 15 Joschka Fischer, Außenminister der Bundesrepublik Deutschland von 1998 bis 2005, über die internationale Rolle des wiedervereinigten Deutschland (1998)

Die für Europa noch offene und in der näheren Zukunft zu beantwortende ‚deutsche Frage' wird nunmehr sein, was Deutschland mit seiner wiedererlangten Macht anzustellen gedenkt. Wie verantwortlich und
5 vernünftig wird dieses unter historischem Generalverdacht stehende Deutschland mit seiner Macht umgehen? Freilich ist die deutsche Lage kompliziert. Denn es sind nicht nur das strategische Potenzial des Landes und seine geopolitische Lage – also objektive Faktoren
10 –, die dabei eine beherrschende Rolle spielen werden, sondern angesichts der furchtbaren deutschen Geschichte im 20. Jahrhundert ist im Inland wie im Ausland auch ein subjektiver Faktor von außerordentlicher Bedeutung, nämlich die Macht der kollektiven Erinne-
15 rung. Und diese beiden Faktoren, Deutschlands strategisches Potenzial und die Macht der kollektiven Erinnerung stehen in einem Widerspruch zueinander, der das ‚deutsche Dilemma', ja die deutsche Zwangslage ausmacht. Deutschland, obwohl zur Hegemonie zu
20 schwach und kulturell dazu absolut ungeeignet, wird dennoch kraft seines Potenzials mehr und mehr in eine Führungsrolle hineinwachsen, ja durch die politischen Verhältnisse Europas in diese Rolle hineingedrängt, während die anhaltende kollektive Erinnerung bei sei-
25 nen Nachbarn und Partnern exakt jene Führungsrolle mit anhaltendem Misstrauen begleiten wird. Anders gesagt, die deutsche Außenpolitik befindet sich, bedingt durch dieses Dilemma, in einer klassischen Double-bind-Situation: Verweigert sich Deutschland einer
30 Führungsrolle, gerät es in die Kritik. Nimmt es die Rolle aber wahr, schlägt ihm sehr schnell Misstrauen und die Angst vor einer drohenden „Germanisierung" entgegen. [...] Die Lösung des Dilemmas liegt [...] in der Vollendung der europäischen Integration, im Zusam-
35 menschluss der beteiligten Nationalstaaten zu einer souveränen Europäischen Union.

Joschka Fischer, Vorwort. Von der Macht und ihrer Verantwortung, in: Andrei S. Markovits u. Simon Reich, Das deutsche Dilemma. Die Berliner Republik zwischen Macht und Machtverzicht. Aus dem Amerikanischen von Gisela Schillings, Alexander Fest Verlag, Berlin 1998, S. 12f., 15

1 Untersuchen Sie die wesentlichen Folgen der Pariser Vorortverträge:

a) Stellen Sie mithilfe von M 9 die zentralen Bestimmungen für die einzelnen betroffenen Staaten dar.

b) Arbeiten Sie die wichtigsten territorialen Unterschiede heraus (M 7 und M 8).

Europa und die Welt 6

c) Untersuchen Sie, inwieweit bei der Entstehung neuer Staaten in Ost- und Südosteuropa ethnische und kulturelle Identitäten der Menschen eine Rolle gespielt haben. Kann man von ethnisch und kulturell einheitlichen Nationen sprechen? Ziehen Sie dafür auch die Karte M 72, S. 143 heran.

2 Erklären Sie die politischen und territorialen Veränderungen durch die Friedensverträge von 1919/20. Ziehen Sie dafür die Darstellungen, S. 178 ff und 448, heran.

3 Der Historiker Gunter Mai hat in seinem Buch über „Europa 1918–1939" (2001) die Pariser Friedensverträge mit den Ergebnissen des Wiener Kongresses von 1814/15 verglichen: „Dass die Besiegten zu mündlichen Verhandlungen nicht zugelassen wurden, war [...] zugleich ein Anzeichen dafür, dass das alte europäische Staatensystem als Konsens- und Gleichgewichtsordnung durch den Krieg zerstört worden war und dass, anders als in Wien 1815, an eine Restauration der inneren und äußeren Ordnung dieser Staatenwelt nicht gedacht war. Und auch die Prinzipien, nach denen die neue Ordnung gestaltet wurde, unterschieden sich radikal von denen der Wiener Ordnung: Das demokratische Selbstbestimmungsrecht trat an die Stelle der monarchischen Solidarität, der ethnisch begründete und territorial geschlossene Nationalstaat an die des künstlich konstruierten Fürstenstaates."
a) Arbeiten Sie die zentralen Punkte der These von Mai heraus.
b) Überprüfen Sie die These Mais von der Neuartigkeit der Pariser Friedensordnung nach dem Ersten Weltkrieg. Ziehen Sie dafür die Kapitel über den Wiener Kongress, S. 78 ff., über Versailles, S. 178 ff., und über die Pariser Vorortverträge, S. 448, heran. Formulieren Sie gegebenenfalls eine andere These.

4 a) Arbeiten Sie die zentralen Kritikpunkte Kennans (M 10 a) am Potsdamer Abkommen und an der Politik Trumans heraus.
b) Charakterisieren Sie die sowjetische Sicht der amerikanischen Nachkriegsdiplomatie (M 10 b).
c) Der Historiker Jost Dülffer hat in einem Aufsatz über „Frieden nach dem Zweiten Weltkrieg?" aus dem Jahre 2002 die Politik der USA und der Sowjetunion auf der Potsdamer Konferenz so kommentiert: „Doch scheint es mir nicht ein Prinzipien- und Auslegungsstreit über Begriffe und damit materielle und politische Werte gewesen zu sein, sondern dass vor allem die Sowjetunion und die USA sich zunehmend durch die Politik der anderen Seite herausgefordert fühlten und ihre Vorbedingungen in der Konfrontation zunehmend schärfer formulierten. Das hatte mit Sowjetisierung bzw. Amerikanisierung in Deutschland zu tun, jedoch war diese eingebettet in eine weltweite Konfrontation zwischen den beiden mächtigsten Staaten der Anti-Hitler-Koalition". – Diskutieren Sie diese These. Berücksichtigen Sie dabei auch Darstellung und Materialien, S. 466 ff.

5 Beschreiben Sie in einem ersten Arbeitsschritt die historisch-politischen Standorte, von denen aus die Historiker in M 11 a–d das Potsdamer Abkommen beurteilen. Untersuchen Sie in einem zweiten Schritt die Ursachen, warum es während des Kalten Krieges zwischen 1945 bis 1989/90 zu einem Streit über die Potsdamer Konferenz kommen konnte.

6 Arbeiten Sie, ausgehend von den zentralen Inhalten des Vertrages, die historische und völkerrechtliche Bedeutung des Zwei-plus-Vier-Vertrages heraus.

7 a) Erläutern Sie mithilfe von M 13 die Ängste und Vorbehalte des Auslandes gegenüber der deutschen Wiedervereinigung.
b) Untersuchen Sie, wie die Bundesregierung die ausländischen Argumente gegen die Wiedervereinigung entkräftet hat (M 14).

8 Diskutieren Sie, ausgehend von den Einschätzungen des ehemaligen Außenministers Fischer (M 15), die machtpolitische Bedeutung des wiedervereinigten Deutschland. Formulieren Sie gegebenenfalls eine ausführlichere Gegenthese.

6 Europa und die Welt

3 Die Entwicklung kollektiver Sicherungssysteme: Völkerbund und Vereinte Nationen

Völkerbund Während des Ersten Weltkrieges hatte der amerikanische Präsident Woodrow Wilson in seinem 14-Punkte-Programm vom 8. Januar 1918 den Gedanken einer internationalen Friedensorganisation formuliert (M 18). Auf der Pariser Friedenskonferenz 1919 wurde diese Forderung erfolgreich umgesetzt: Die Vollversammlung verabschiedete Ende April 1919 die Satzung des Völkerbundes (M 17). Er sollte die durch die Pariser Verträge geschaffene internationale Ordnung garantieren sowie die internationale Zusammenarbeit fördern, die internationale Vertragstreue sichern und militärische Konflikte verhindern. 1920 nahm die Organisation des Völkerbundes konkrete Gestalt an (M 19–M 21). Alle Mitglieder besaßen eine Stimme in der Vollversammlung, die einmal im Jahr zusammentreten sollte. Daneben gab es einen Rat, dem als ständige Mitglieder Großbritannien, Frankreich, Italien und Japan angehörten. Die nicht ständigen Mitglieder wurden von der Vollversammlung gewählt. Rat und Vollversammlung konnten jede Frage auf die Tagesordnung setzen, die den Frieden in der Welt berührte. Beschlüsse durften in beiden Gremien nur einstimmig gefasst werden. Der Rat verfügte über ein ständiges Sekretariat, das die laufenden Geschäfte erledigte und seinen Sitz in Genf hatte.

Die Mitgliedsstaaten des Völkerbundes mussten sich auf folgende Grundsätze verpflichten: Verzicht auf den Krieg als Mittel der Politik, Anerkennung des internationalen Rechts, Beschränkung der eigenen Rüstung auf ein Maß, das für die nationale Sicherheit notwendig ist, Anerkennung der territorialen Integrität aller anderen Länder. Außerdem hatten sie sich den Schiedsverfahren zu stellen und die Urteilssprüche der internationalen Gerichtshöfe anzuerkennen. Gegen Friedensbrecher sah die Satzung Sanktionen vor, die vom Abbruch der Handelsbeziehungen bis zu gemeinsamen militärischen Aktionen reichen sollten.

Appeasement-Politik Die historisch-politische Auseinandersetzung über das Scheitern der durch die Pariser Friedenskonferenzen geschaffenen Staatenordnung kreist nicht nur um die Stärken und Schwächen des Völkerbundes. Ein zentrales Thema ist auch die Frage, ob die Siegermächte die Entfesselung des Zweiten Weltkrieges durch das nationalsozialistische Deutschland hätten verhindern können. In dieser Debatte taucht immer wieder das Schlagwort „Appeasement" auf. Das Wort stammt aus dem Englischen und lässt sich mit „Beschwichtigung",

M 16 „Spineless ‚leaders' of democracy", Karikatur von David Low aus dem „Evening Standard" vom 8. Juli 1936

456

Europa und die Welt 6

„Beruhigung" übersetzen. Bis heute wird es benutzt, um eine **Politik des ständigen Nachgebens gegenüber totalitären Staaten** zu charakterisieren (M 16). Während der 1930er-Jahre diente der Begriff „Appeasement" als polemischer Vorwurf an die britische Außenpolitik zwischen 1933 und 1939. Die Kritik richtete sich besonders gegen den Versuch der Regierung Chamberlain seit 1937, den Frieden zu erhalten durch Zugeständnisse an Deutschland und Italien (M 22 a, b). Höhepunkt und gleichzeitig Ende der Appeasement-Politik war das Münchener Abkommen 1938 und die Besetzung der Tschechoslowakei durch deutsche Truppen 1939 (s. S. 263 f.).

Spätestens im März 1939, als Hitler unter Androhung militärischer Gewalt von Polen die Wiedereingliederung Danzigs in das Deutsche Reich verlangte, wurde den Westmächten bewusst, dass der deutsche Diktator den Krieg wollte. Großbritannien, aber auch Frankreich rückten jetzt von ihrer Appeasement-Politik ab. Sie verkündeten, dass jeder militärische Angriff des Deutschen Reiches mit Gewalt beantwortet werden würde, und sie erneuerten ihre Garantieversprechen gegenüber Polen. Hatten die Westmächte aus Furcht vor einer Weltrevolution den sowjetischen Diktator Stalin noch 1938 von der Münchener Konferenz ausgeschlossen, nahmen Frankreich und Großbritannien nun Verhandlungen mit der Sowjetunion auf. Der Kreml hatte schon seit dem sowjetischen Beitritt zum Völkerbund 1934 versucht, sich durch internationale Diplomatie gegen die wachsende Stärke des nationalsozialistischen Deutschland abzusichern.

Vereinte Nationen

Auf der Moskauer Außenministerkonferenz 1943 beschlossen die Hauptmächte der Anti-Hitler-Koalition, die USA, Großbritannien und die Sowjetunion, dass „zur Gewährleistung des Friedens und der Sicherheit" eine internationale Organisation zu schaffen sei. Bereits 1944 wurde die Satzung dieser neuen Organisation auf der Konferenz von Dumbarton Oaks von den USA, der UdSSR, Großbritannien und Nationalchina (Taiwan) ausgearbeitet. Die **Charta der Vereinten Nationen** (United Nations/UN oder UNO) wurde schließlich von 50 Staaten unterzeichnet und trat am 24. Oktober 1945 in Kraft. Anders als beim 1919 gegründeten Völkerbund waren bei der UNO-Gründung die UdSSR und die USA von Anfang an dabei.

Die Organe der UNO (M 24) sind die Generalversammlung, der Wirtschafts- und Sozialrat, der Treuhandrat, der Internationale Gerichtshof sowie das Sekretariat. In der **Generalversammlung** hat jedes Mitglied Sitz und Stimme. Sie tritt mindestens einmal jährlich zusammen. Ihre Beschlüsse besitzen den Charakter von „Empfehlungen", deren Durchsetzbarkeit von der öffentlichen Weltmeinung und der Haltung der Großmächte abhängt.

Der **Sicherheitsrat** setzt sich zusammen aus fünf ständigen Mitgliedern, die jeweils ein Vetorecht besitzen – Frankreich, Großbritannien, UdSSR bzw. Russland, USA, die Republik China (seit 1971 die Volksrepublik China) –, und zehn nichtständigen Mitgliedern. Eine Reform, die insbesondere auf die Erhöhung der Anzahl der ständigen Mitglieder hinausläuft, wird diskutiert.

Der Sicherheitsrat erhielt seine endgültige Gestalt auf der Konferenz von Jalta im Februar 1945. Dabei setzten die USA ihre Konzeption der Regelung von Konflikten und der Gewährleistung kollektiver Sicherheit weitgehend durch: Beschlussfassungen über Zwangsmaßnahmen gegen Mitgliedsländer bedurften stets der Zustimmung aller fünf ständigen Mitglieder des Sicherheitsrates (s. S. 287 f.). Im nach 1945 rasch aufkommenden Ost-West-Konflikt blockierten die Supermächte jedoch den Sicherheitsrat in seiner Handlungsfähigkeit, indem sie ihr Veto gegen Beschlüsse einlegten, die ihren Interessen widersprachen. Das trifft besonders auf die UdSSR zu, die zwischen 1946 und 1964 103-mal von ihrem Vetorecht Gebrauch machte, da sie sich im Sicherheitsrat und in der Vollversammlung stets einer westlichen Mehrheit gegenübersah; Großbritannien legte dagegen vier- und Frankreich dreimal ein Veto ein.

Der **Wirtschafts- und Sozialrat**, der der Generalversammlung verantwortlich ist, befasst sich mit Fragen des wirtschaftlichen und sozialen Fortschritts, gibt Studien in Auftrag und hat weitere Ausschüsse und Hilfsorganisationen zur Verfügung.

Der **Treuhandrat**, zuständig für die seit 1918 unter internationales Mandat gestellten Kolonien, verlor durch Entkolonialisierung stark an Einfluss.

Der **Internationale Gerichtshof in Den Haag** geht auf den Internationalen Gerichtshof des Völkerbundes zurück. An der Spitze des Sekretariats steht der auf fünf Jahre von der Generalversamm-

6 Europa und die Welt

lung gewählte Generalsekretär. Er kann Fälle, in denen der Frieden bedroht ist, vor den Sicherheitsrat bringen (M 23).

Die Vereinten Nationen verfolgen insbesondere vier Ziele: Sicherung des Weltfriedens, Schutz der Menschenrechte, Gleichberechtigung aller Völker und Verbesserung des allgemeinen Lebensstandards in der Welt. Die Mitgliedsstaaten verpflichten sich zu aktiver Friedenssicherung mit friedlichen Mitteln (Art. 35), durch politische und wirtschaftliche Sanktionen (Art. 41) oder durch den Einsatz von Streitkräften (Art. 42), die von den Mitgliedsstaaten gestellt werden (Art. 43). Dabei wird zwischen dem Instrument der **Friedenssicherung** (peace keeping) durch Friedenstruppen („Blauhelme") und dem der **Friedenserzwingung** (peace enforcement) durch Kampftruppen unterschieden (M 25, M 26). Die Friedenstruppen werden nicht nur in zwischenstaatlichen, sondern auch in innerstaatlichen Konflikten eingesetzt. War lange Zeit die Verletzung der Menschenrechte in autoritären oder totalitären Staaten kein Interventionsgrund, so hat seit dem zweiten Golfkrieg (1990/91), in dem der Irak Kuwait überfiel und die Kurden im Norden seines Landes brutal bekämpfte, in diesem Punkt ein Umdenken eingesetzt.

Die **Ausweitung von UN-Missionen auf innerstaatliche Konflikte** zeigt deutlich: Das allgemeine Völkerrechtsdenken ist so weit entwickelt worden, dass die Durchsetzung und Bewahrung der Menschenrechte dem innenpolitischen Gestaltungsmonopol des Staates ansatzweise übergeordnet wird. Der UN-Sicherheitsrat hat so z. B. mit seiner berühmten Resolution 688 vom 5. April 1991 und mit der Errichtung von Schutzzonen für die vom Völkermord bedrohten Kurden in die „inneren Angelegenheiten" des Iraks eingegriffen. Ein weiteres Beispiel: Libyen weigerte sich 1992, zwei mutmaßliche Flugzeugattentäter auszuliefern. Als es sich nach der am 15. April 1992 erfolgten Androhung von Sanktionen durch den UN-Sicherheitsrat darauf berief, dass die Forderung nach Auslieferung eine Einmischung in seine inneren Angelegenheiten bedeute, wurde dies von der UNO unter Verweis auf die Internationalität des Terrorismus bestritten. Das aus dem Souveränitätsprinzip des Staates historisch hervorgegangene Verbot, das die äußere Einmischung in die inneren Angelegenheiten untersagt, gilt nun bei Menschenrechtsverletzungen, Terrorismus und verbotenem Nuklearbesitz nicht mehr uneingeschränkt. Als problematisch für die effektive Umsetzung der UN-Friedensmissionen erweisen sich jedoch zum Teil unklar formulierte Mandate und eine unzureichende personelle und materielle Ausstattung der UN-Schutztruppen (M 27, M 28).

M17 Die Präambel der Völkerbundsatzung

Die Satzung wurde als Teil I des Versailler Vertrages (Art. 1–26) im Juni 1919 veröffentlicht:

In der Erwägung, dass es zur Förderung der Zusammenarbeit unter den Nationen und zur Gewährleistung des internationalen Friedens und der internationalen Sicherheit wesentlich ist,

5 bestimmte Verpflichtungen zu übernehmen, nicht zum Kriege zu schreiten;
in aller Öffentlichkeit auf Gerechtigkeit und Ehre gegründete internationale Beziehungen zu unterhalten;
die Vorschriften des internationalen Rechts, die fürder-
10 hin als Richtschnur für das tatsächliche Verhalten der Regierungen anerkannt sind, genau zu beobachten;
die Gerechtigkeit herrschen zu lassen und alle Vertragsverpflichtungen in den gegenseitigen Beziehungen der organisierten Völker peinlich zu achten, nehmen
15 die Hohen vertragschließenden Teile die gegenwärtige Satzung, die den Völkerbund errichtet, an.

Günter Schönbrunn (Hg.), Geschichte in Quellen, Bd. 5, bsv, München 1970, S. 131 f.

M18 Henry A. Kissinger, Politikwissenschaftler und 1973–1977 US-Außenminister, über das Konzept der kollektiven Sicherheit von US-Präsident Woodrow Wilson (1996)

Wilson schlug eine Friedensordnung nach den Prinzipien kollektiver Sicherheit vor, da ein allgemeingültiges und juristisch fixiertes Konzept von dem, was man unter Frieden versteht, für die Sicherheit der Welt
5 viel entscheidender sei als die bloße Verteidigung nationaler Interessen und nationaler Sicherheit. Die Frage, wann ein Frieden tatsächlich verletzt worden ist und wann nicht, konnte demnach nur eine internationale Organisation klären. Wilson favorisierte als solches
10 Gremium den Völkerbund. […]
Niemals zuvor waren so revolutionäre Ziele mit so wenigen praktischen Richtlinien zur Debatte gestellt worden. Wie nämlich die Vision einer Welt, die statt auf Macht auf Prinzipien, statt auf Interessen auf Gesetzen
15 beruhen sollte, durchzusetzen und zu schützen sei, ließ Wilson weitgehend offen. Darüber hinaus sollte die neue Weltordnung für Sieger und Besiegte glei-

Europa und die Welt 6

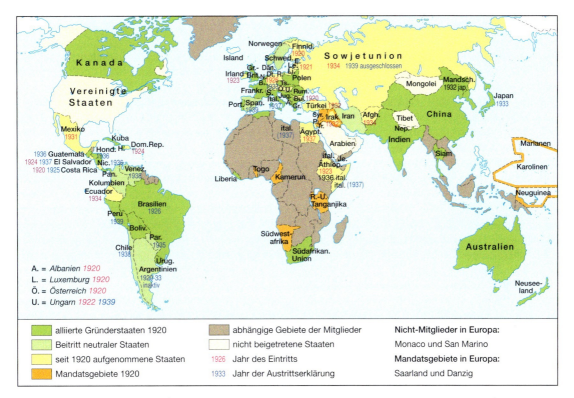

M 19 Der Völkerbund 1920–1939

chermaßen gelten. Wilson propagierte also nicht weniger als einen „Frieden ohne Sieg", mit anderen Worten: eine totale Umkehr der historischen Erfahrung und der Handlungsmuster der europäischen Großmächte. […]
Letzten Endes scheiterte die kollektive Sicherheit an ihrer wichtigsten Prämisse: der Annahme, dass alle Nationen ein gleich starkes Interesse daran hatten, Aggressionen abzuwehren, dass alle bereit seien, dafür dasselbe Risiko einzugehen. Die Erfahrung hat gezeigt, wie verfehlt diese Einschätzung war. Kein Akt der Aggression, in den eine Großmacht verwickelt war, ist je durch einen Appell an das Prinzip kollektiver Sicherheit beendet worden. Entweder weigerte sich die Völkergemeinschaft, die Aggression als solche zu bezeichnen, oder sie war sich über die angemessenen Sanktionen uneins. Und wenn doch einmal Sanktionen verhängt wurden, reflektierten diese nahezu unvermeidlich den kleinsten gemeinsamen Nenner und brachten mehr Schaden als Nutzen.

Henry A. Kissinger, Die Vernunft der Nationen. Über das Wesen der Außenpolitik, btb Taschenbücher im Goldmann Verlag, Berlin 1996, S. 238f., 242, 269

1 a) Nennen Sie die Ziele und Prinzipien der vom Völkerbund angestrebten internationalen Ordnung (M 17 und M 18). b) Erörtern Sie, inwiefern das mit dem Völkerbund geschaffene System kollektiver Sicherheit eine Antwort auf den Imperialismus und den Ersten Weltkrieg war.
2 Kommentieren Sie die Zusammensetzung des Völkerbundes (M 19).
3 Diskutieren Sie, ob der Versailler Vertrag (S. 178ff.), die Prinzipien Wilsons (S. 150f.) und der Völkerbund geeignet waren, eine stabile Friedensordnung in Europa herzustellen.

M 20 Aus der Rede des deutschen Außenministers Gustav Stresemann (1878–1929) zum Eintritt Deutschlands in den Völkerbund, 10. September 1926

Seit der Begründung des Völkerbundes ist ein Zeitraum von mehr als sechs Jahren verstrichen. Es hat somit einer längeren Entwicklung bedurft, bis die politische Gesamtlage so gestaltet war, dass die deutsche Mitgliedschaft im Völkerbund möglich wurde. […] Deutschland tritt mit dem heutigen Tage in die Mitte von Staaten, mit denen es zum Teil seit langen Jahr-

6 Europa und die Welt

zehnten in ungetrübter Freundschaft verbunden ist, die zum anderen Teil im letzten Weltkrieg gegen Deutschland verbündet waren. Es ist von geschichtlicher Bedeutung, dass Deutschland und diese letzteren Staaten sich jetzt im Völkerbund zu dauernder, friedlicher Zusammenarbeit zusammenfinden. Diese Tatsache zeigt, deutlicher als Worte und Programme es können, dass der Völkerbund berufen sein kann, dem politischen Entwicklungsgang der Menschheit eine neue Richtung zu geben. […] Ich bin der Meinung, dass keine Nation, die dem Völkerbund angehört, dadurch ihr nationales Eigenleben irgendwie aufgibt. […] Die politische Auswirkung dieser Gedanken liegt in einer inneren Verpflichtung zu friedlichem Zusammenwirken. Diese innere Verpflichtung zu friedlichem Zusammenwirken besteht auch für die großen moralischen Menschheitsfragen. […] Denn das sicherste Fundament für den Frieden ist eine Politik, die getragen wird von gegenseitigem Verstehen und gegenseitiger Achtung der Völker. Deutschland hat sich schon vor seinem Eintritt in den Völkerbund bemüht, im Sinne friedlichen Zusammenwirkens zu arbeiten, davon zeugt die deutsche Initiative, die zu dem Pakt von Locarno führte. Davon zeugen die jetzt nahezu mit allen Nachbarstaaten abgeschlossenen deutschen Schiedsverträge. […] Noch hat der Völkerbund nicht sein Ziel erreicht, alle Weltmächte in sich zu umfassen. […] Erst durch die Universalität wird der Bund vor der Gefahr geschützt, seine politische Kraft zu anderen Diensten als zu reinen Friedensdiensten einzusetzen. Nur auf der Grundlage einer Gemeinschaft, die alle Staaten ohne Unterschied in voller Gleichberechtigung umspannt, können Hilfsbereitschaft und Gerechtigkeit die wahren Leitsterne des Menschenschicksals werden. Nur auf dieser Grundlage lässt sich der Grundsatz der Freiheit aufbauen, um den jedes Volk ringt wie jedes Menschenwesen.

Peter Wende (Hg.), Politische Reden III, Deutscher Klassikerverlag, Frankfurt/M. 1994, S. 466–471

M21 Aus der Rede des französischen Außenministers Aristide Briand (1862–1932), gehalten vor der Bundesversammlung des Völkerbundes am 5. September 1929

Ich denke, dass unter den Völkern, deren Länder geografisch zusammengehören wie die der europäischen Völker, eine Art von einem föderativen Band bestehen sollte. Diese Völker müssen in jedem Augenblick die Möglichkeit haben, in Kontakt miteinander zu treten, über ihre gemeinsamen Interessen zu diskutieren, gemeinsame Entschlüsse zu fassen, kurz, sie müssen untereinander ein Band der Solidarität knüpfen, das es ihnen erlaubt, widrigen Verhältnissen im gewünschten Augenblick zu begegnen, wenn sie eintreten sollten. Alle meine Anstrengungen sind darauf gerichtet, dieses Band zu schaffen.
Selbstverständlich wird die Gemeinschaft vor allem auf dem Gebiet der Wirtschaft tätig sein: Dort ist es am nötigsten. Ich glaube, dass man auf diesem Gebiet Erfolge erzielen kann. Aber ich bin mir auch sicher, dass das föderative Band, ohne die Souveränität irgendeiner Nation anzutasten, die an dieser Gemeinschaft teilnehmen könnte, vom politischen oder sozialen Standpunkt aus gesehen von Nutzen sein könnte. Ich habe vor, diejenigen meiner Kollegen, die hier die europäischen Nationen vertreten, während dieser Sitzungsperiode offiziös zu bitten, diese Anregung aufzunehmen und sie ihren Regierungen zum Studium vorzuschlagen, um später – vielleicht während der nächsten Versammlung – die Möglichkeiten zur Verwirklichung meines Planes, die ich zu erkennen glaube, zu klären.

Günter Schönbrunn (Hg.), Geschichte in Quellen, Bd. 5, bsv, München 1970, S. 225

1 Recherche: Informieren Sie sich mithilfe historischer Handbücher und Lexika über die Politiker Stresemann und Briand sowie ihre Politik während der 1920er-Jahre.

2 Erklären Sie anhand von M20, warum Deutschland in den Völkerbund eintrat.

3 Erläutern Sie, warum und in welcher Form Briand eine Föderation in Europa anstrebte (M21).

4 Diskutieren Sie die These Kissingers (M18, Z. 24 ff.) über das Scheitern des Völkerbundes. Ziehen Sie dafür auch die Darstellungen, S. 151 und S. 456, heran.

M22 Die Appeasement-Politik in der zeitgenössischen Auseinandersetzung

a) Clement Attlee
In der Debatte des britischen Unterhauses vom 3. bis 6. Oktober 1938 zum Münchner Abkommen prallten die Meinungen über das „Appeasement" heftig aufeinander. Labour-Führer Clement Attlee führte aus:
Wir alle fühlten Erleichterung, dass es diesmal nicht zum Krieg gekommen ist. Jeder von uns hat Tage der Angst durchlebt; wir können aber nicht das Gefühl haben, dass Frieden erreicht ist; wir haben eher das Gefühl, dass wir nur einen Waffenstillstand in einem Kriegszustand haben. […] Wir dürfen nicht nur die dramatischen Ereignisse der letzten paar Wochen

Europa und die Welt 6

betrachten, die im Lande so viel Besorgnis ausgelöst haben, sondern den Kurs der Politik, die Jahr für Jahr verfolgt wurde und die uns aus einer Position des Friedens und der Sicherheit in die unsichere Lage heute geführt hat, in der der Krieg zwar abgewandt worden ist, die Bedingungen aber, die zu einem Krieg führen können, immer noch gegenwärtig sind. […] Vor allem muss die Welt, wenn sie Frieden haben soll, zur Herrschaft des Rechts zurückkehren. Bei so vielen Menschen in unserem Lande hat sich, einmal ganz abgesehen von der tiefen Sympathie mit dem tschechischen Volk, das Gefühl eingestellt, dass moralische Vorstellungen der nackten Gewalt unterlegen sind, und die Besorgnis in den Herzen so vieler Menschen lautet: Sie begrüßen die Erleichterung, die ihnen die Bemühungen des Premierministers gebracht haben; sie erkennen diese Bemühungen an; aber sie fragen, wo wir jetzt stehen; denn obwohl diese Anstrengungen den unmittelbaren Krieg abgewendet haben, war die schließliche Wirkung der ganzen Episode, die Überzeugung in der Welt zu stärken, dass Gewalt, Gewalt allein sich durchsetzt. Das ist die Gefahr, die die Gemüter der Leute bewegt.

Parliamentary Debates, House of Commons, Vol. 339, Spalte 511–543, übers. von B. J. Wendt

b) Winston Churchill

Der konservative Abgeordnete Winston Churchill in der gleichen Debatte:

Ich will damit beginnen zu sagen, was jeder gern ignorieren oder vergessen möchte, aber was nichtsdestoweniger festgestellt werden muss, nämlich dass wir eine totale und vollständige Niederlage erlitten haben und dass Frankreich noch mehr hat zahlen müssen als wir. […] Man muss diplomatische und korrekte Beziehungen haben, aber es kann niemals Freundschaft geben zwischen der britischen Demokratie und der Nazimacht, der Macht, die christliche Ethik mit den Füßen tritt, die ihren Kurs mit einem barbarischen Heidentum weitertreibt, die sich brüstet mit dem Geist der Aggression und Eroberung, die Stärke und perverse Freude aus Verfolgung schöpft und die, wie wir gesehen haben, mit erbarmungsloser Brutalität die Drohung mörderischer Gewalt benutzt. Diese Macht kann niemals ein verlässlicher Freund der britischen Demokratie sein. Was ich unerträglich finde, ist das Gefühl, dass unser Land in den Machtbereich und die Einflusssphäre Nazideutschlands fällt und dass unsere Existenz von seinem guten Willen oder seinem Gutdünken abhängig wird.

Zit. nach: Parliamentary Debates, House of Commons, Vol. 339, Spalte 360f. und 370, übers. von B. J. Wendt

1. Erarbeiten Sie aus M 22 a und b die Argumente, mit denen beide Redner ihre Thesen stützen.
2. Entwerfen Sie selbst eine Rede, in der Sie – als britischer Abgeordneter – zur Appeasement-Politik Stellung beziehen.

M 23 Der Internationale Gerichtshof

Die Sozialwissenschaftler Sven Bernhard Gareis und Johannes Varvick schreiben in ihrem Lehrbuch:

Der Internationale Gerichtshof (IGH) in Den Haag ist das aus 15 unabhängigen Richtern bestehende Hauptrechtsprechungsorgan der Vereinten Nationen (Art. 92). Die Richter werden in einem gemeinsamen Verfahren durch Sicherheitsrat und Generalversammlung bestimmt. Seine Befugnisse und Zuständigkeiten sind im Kapitel XIV der Charta wie auch in einem eigenen Statut verankert. Dieses Statut, das im Wesentlichen dem des Ständigen Internationalen Gerichtshofes des Völkerbundes entspricht, ist integraler Bestandteil der Charta, so dass jedes Mitgliedsland mit dem Beitritt zu den Vereinten Nationen automatisch Vertragspartei des IGH wird. Ferner können Nichtmitglieder der VN (= Vereinte Nationen) dem Statut beitreten, wie dies etwa die Schweiz bereits 1948 getan hat, oder aber sich generell bzw. im Einzelfall der Zuständigkeit des Gerichts unterwerfen. Parteien vor dem IGH können nur Staaten sein (Art. 34. Abs. 1 des IGH-Statuts), im Gegensatz zu zwei anderen Gerichtshöfen, die ihren Sitz ebenfalls in Den Haag haben: Vor dem 1993 als Nebenorgan durch den Sicherheitsrat geschaffenen Straftribunal für die Verbrechen im ehemaligen Jugoslawien werden Individuen zur Verantwortung gezogen. Gleiches gilt für den Internationalen Strafgerichtshof, der nach Inkrafttreten seines 1998 verabschiedeten Statuts zum Juli 2002 eine allgemeine Zuständigkeit für die Verfolgung gravierender internationaler Verbrechen gegen die Menschlichkeit hat.

Die Rolle des IGH kann nicht mit der eines innerstaatlichen Gerichts verglichen werden. Es gibt keinen Rechtssatz im Völkerrecht, aus dem eine obligatorische internationale Gerichtsbarkeit gefolgert werden könnte […].

Vielmehr erfordert es der genossenschaftliche Charakter des Völkerrechts, dass der Unterwerfung unter ein internationales Gericht eine entsprechende Parteienvereinbarung vorausgeht. Fehlt diese Bereitschaft auch nur eines Staates, kann der IGH in einer Streitsache nicht tätig werden. Auch binden die Urteile des IGH nur die betroffenen Parteien in der verhandelten Streitsache, eine allgemeine Wirkung entfaltet seine Rechtsprechung nicht. Mit der sogenannten Fakultativklausel des Art. 36, Abs. 1 können sich Staaten zwar

6 Europa und die Welt

uneingeschränkt oder vorbehaltlich bestimmter Bedingungen allgemein der Zuständigkeit des IGH in Fragen einer Vertragsauslegung, des Völkerrechts, der Verletzung internationaler Verpflichtungen sowie der aus diesen resultierenden Wiedergutmachungen unterwerfen […]. In der Praxis hat jedoch nur eine Minderheit der Staaten Erklärungen auf der Basis dieser Fakultativklausel beim VN-Generalsekretär hinterlegt, sodass eine Entwicklung hin zur Ausübung einer obligatorischen internationalen Gerichtsbarkeit durch den IGH nur schwer vorstellbar bleibt. Mit 91 Urteilen (Stand: Januar 2006) in über fünf Jahrzehnten hat der IGH keine allzu aktive Rolle in der internationalen Politik gespielt, durch seine Entscheidungen und seine 25 Rechtsgutachten jedoch in den von ihm behandelten Gebieten maßgebliche Arbeit bei der Fortentwicklung des Völkerrechts geleistet. Seine Bedeutung liegt in seiner besonderen Stellung als „universelles Rechtsprechungsorgan und der daraus fließenden Autorität seiner Rechtssprechung" […]. Zudem ist er immerhin die einzige internationale gerichtliche Instanz, die ohne Beschränkung auf ein spezifisches Vertragssystem das Völkerrecht auslegen kann.

Sven Bernhard Gareis, Johannes Varwick, Die Vereinten Nationen. Aufgaben, Instrumente und Reformen, UTB, Opladen ⁴2006, S. 48 f.

1 Die UNO verstand sich von Anfang an als eine Organisation, die die Herrschaft des Rechts über die ungezügelte Machtkonkurrenz der Staaten in den internationalen Beziehungen stellen wollte. Untersuchen Sie mithilfe von M 23 die Möglichkeiten des Internationalen Gerichtshofs, diesem Grundsatz Geltung zu verschaffen.

M 24 Organisation der UNO (Stand 2007)

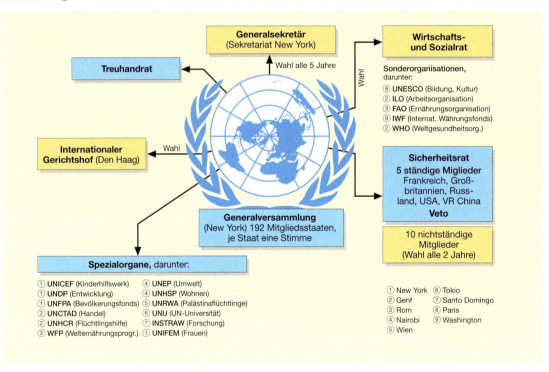

Europa und die Welt 6

M 25 Beendete Friedensmissionen der Vereinten Nationen seit 1989 (Stand: Dez. 2005)

Name der Mission	Zeitraum	Einsatzort
UNAVEM I	1/1989–5/1991	Verifikationsmission in Angola
UNTAG	4/1989–3/1990	Unterstützungseinheit für die Übergangszeit in Namibia
ONUCA	11/1989–1/1992	Beobachtertruppe in Zentralamerika
UNIKOM	4/1991–10/2003	Beobachtung der demilitarisierten Zone zwischen Irak und Kuwait
UNAVEM II	6/1991–2/1995	Verifikationsmission in Angola
ONUSAL	7/1991–4/1995	Beobachtermission in El Salvador
UNAMIC	10/1992–3/1992	Vorausmission in Kambodscha
UNPROFOR	2/1992–3/1995	Schutztruppe im ehemaligen Jugoslawien
UNTAC	3/1992–9/1993	Übergangsbehörde in Kambodscha
UNOSOM I	4/1992–3/1993	Operation in Somalia
ONUMOZ	12/1992–12/1994	Operation in Mosambik
UNOSOM II	3/1993–3/1995	Operation in Somalia
UNOMUR	6/1993–9/1994	Beobachtermission in Ruanda/Uganda
UNMIH	9/1993–6/1996	Beobachtermission in Haiti
UNOMIL	9/1993–9/1997	Beobachtermission in Liberia
UNAMIR	10/1993–3/1996	Hilfsmission für Ruanda
UNASOG	5/1994–6/1994	Beobachtertruppe im Tschad
UNMOT	12/1994–5/2000	Beobachtertruppe in Tadschikistan
UNAVEM III	2/1995–6/1997	Verifikationsmission in Angola
UNCRO	3/1995–1/1996	Mission in Kroatien
UNPREDEP	3/1995–2/1999	Präventionstruppe in Mazedonien
UNTAES	1/1996–1/1998	Übergangsverwaltung in Teilen Kroatiens
UNSMIH	7/1996–7/1997	Unterstützungsmission in Haiti
MINUGUA	1/1997–5/1997	Verifikationsmission in Guatemala
MONUA	6/1997–2/1999	Bebachtermission in Angola
UNTMIH	8/1997–11/1997	Übergangsmission in Haiti
MIPONUH	12/1997–3/2000	Zivile Polizeimission in Haiti
UNPSG	1/1998–10/1998	Zivile Polizeimission in Kroatien
UNOMSIL	7/1998–10/1999	Beobachtermission in Sierra Leone
MINURCA	4/1998–2/2000	Mission in der Zentralafrikanischen Republik
UNTAET	9/1999–5/2002	Übergangsverwaltung in Osttimor
UNMIBH	12/1995–12/2002	Mission in Bosnien-Herzegowina
UNMOP	1/1996–12/2002	Mission in der kroatischen Halbinsel Prevlaka
UNMISET	5/2002–5/2005	Unterstützung des Friedensprozesses in Osttimor

Sven Bernhard Gareis, Johannes Varwick, Die Vereinten Nationen. Aufgaben, Instrumente und Reformen, UTB, Opladen ⁴2006, S. 128

1 Fassen Sie die UN-Friedensmissionen unter übergeordneten Stichpunkten zusammen (M 25). Auf welchen Kontinenten fanden die Einsätze statt?

6 Europa und die Welt

M 26 Bestandteile komplexer Friedensmissionen

Show of force	Absicherung eines stabilen Umfeldes für die Verwirklichung der politischen Ziele des Einsatzes durch Abschreckung möglicher Friedensstörer; Entwaffnung von Banden
Militärische Aufbauhilfe	Überwachung des Aufbaus/der Umstrukturierung der Streitkräfte des Einsatzlandes
Humanitäre Hilfe	Bereitstellung von Lebensmitteln, Versorgungsgütern, medizinischer Hilfe; Repatriierung von Flüchtlingen
Disarmament, Demobilisation, Reintegration (DDR)	Maßnahmen zur Entwaffnung und Demobilisierung von Kämpfern und deren Wiedereingliederung in ein ziviles Leben
Zivil-Militärische Zusammenarbeit (ZMZ, CIMIC)	Vertrauensbildung zwischen Friedenstruppe und Bevölkerung im Einsatzland als Teil von force protection
Zusammenarbeit mit Nichtregierungsorganisationen (NGOs)	Kooperation zwischen militärischen und anderen staatlichen Mandatsträgern mit unabhängigen Hilfsorganisationen
Zivilpolizei und Rechtspflege	Aufbau rechtsstaatlicher Strukturen; Ausbildung von Polizeikräften und Richtern
Aufbau administrativer Strukturen	Befristete Wahrnehmung von Verwaltungsaufgaben, Hilfe und Ausbildung beim Aufbau neuer Strukturen
Hoheitliche Aufgaben	Zeitweise Übernahme staatlicher Souveränitätsrechte durch vom Sicherheitsrat ernannte Mandatsträger

Sven Bernhard Gareis, Johannes Varwick, Die Vereinten Nationen. Aufgaben, Instrumente und Reformen, UTB, Opladen [4]2006, S. 132

1 Erläutern Sie Methoden, die der UNO bei komplexen Friedensmissionen zur Verfügung stehen (M 26).

M 27 Ziele und Grundsätze der UN-Charta versus politische Realität

Souveräne Gleichheit aller Mitgliedsstaaten	Ausgeprägtes Machtgefälle zwischen Staaten und Regionen
Erfüllung der mit der UN-Charta übernommenen Verpflichtungen	Verweigerungen von Beiträgen und Leistungen je nach nationaler Interessenlage
Verpflichtung zur friedlichen Streitbeilegung	Allgegenwärtige Gewalt im internationalen System
Allgemeines Gewaltverbot	Praktiziertes Recht einzelner Staaten auf unilaterale Gewaltanwendung
Weltfrieden und internationale Sicherheit als kollektive Aufgabe aller Mitgliedsstaaten	Interessendominanz der Industriestaaten und vergessene Konflikte in Entwicklungsländern
Verbot der Einmischung in innere Angelegenheiten der Mitgliedsstaaten	Globalisierung grundlegender Probleme erzwingt Erosion staatlicher Souveränität

Sven Bernhard Gareis, Johannes Varwick, Die Vereinten Nationen. Aufgaben, Instrumente und Reformen, UTB, Opladen [4]2006, S. 314

Europa und die Welt

M 28 Szenarien zur Zukunft der Vereinten Nationen

	‚Titanic'	‚Weltregierung'	‚Muddling Through'
Im Bereich der Friedenssicherung	spielen die UN keine Rolle, das Gewaltverbot erodiert und die Kriegshäufigkeit nimmt zu	spielen die UN eine zentrale Rolle, erhalten das Gewaltmonopol und es entsteht ein funktionierendes kollektives Sicherheitssystem	werden die UN fallweise übergangen oder gelegentlich einbezogen, wenn sie ihre Handlungsfähigkeit beweisen
Im Bereich des Menschenrechtsschutzes	bleiben zwar die einzelnen Konventionen bestehen, es gibt aber kein globales Forum mehr für Debatte, Normenentwicklung und Kontrolle	werden die zahlreichen kodifizierten Abkommen nicht nur weiterentwickelt, sondern auch mit wirksamen Durchsetzungsmechanismen versehen	muss weiterhin hingenommen werden, dass eine Lücke zwischen Kodifizierung und Durchsetzung der Normen besteht und Menschenrechtspolitik interessengeleiteter Selektivität unterworfen bleibt
In den Bereichen Wirtschaft, Entwicklung, Umwelt …	entstehen jenseits der UN problemspezifische Organisationen ohne zentrale Steuerungsinstanz	sind die UN das institutionelle Zentrum der globalen Strukturpolitik mit direkter Regelungskompetenz für vormals nationalstaatliche Aufgabenfelder	sind die UN ein Akteur unter vielen und nur sehr unzureichend in der Lage, die ambitionierten Ziele zu erreichen
Die UN spielen in der internationalen Politik	keine Rolle	die Rolle als zentraler Akteur	mal die Rolle als Akteur, mal als Instrument und mal als Arena

Sven Bernhard Gareis, Johannes Varwick, Die Vereinten Nationen. Aufgaben, Instrumente und Reformen, UTB, Opladen ⁴2006, S. 315

1 Podiumsdiskussion: a) Organisieren Sie in Ihrer Klasse bzw. Ihrem Kurs eine Podiumsdiskussion zum Thema: „Welche UNO wollen wir? – Anspruch und Wirklichkeit der Vereinten Nationen". Bestimmen Sie zwei Vertreter für folgende kontroverse Positionen: 1. Die UNO ist von Grund auf reformbedürftig. 2. Die UNO bedarf keiner grundlegenden Reform. Nutzen Sie M 27 und M 28 als Grundlage für Ihre Argumentation.
b) Die übrigen Schülerinnen und Schüler formulieren gezielte Fragen an die beiden Diskutanten, mit deren Hilfe die unterschiedlichen Positionen überprüft werden können. Zum Beispiel ist das Problem zu klären, inwieweit die UNO die Ansprüche ihrer Charta erfüllt. Außerdem muss geklärt werden, in welche Richtung sich die UNO in Zukunft entwickeln soll. Hier sind vor allem die Werturteile offenzulegen, die das historisch-politische Urteil mitprägen. Oder es kann nach den Fakten, die bestimmte Interpretationen über die UNO stützen oder widerlegen, gefragt werden.
c) Nach der Überprüfung der kontroversen Urteile ist abschließend gemeinsam zu erörtern, ob und inwieweit sich die anfangs geäußerten Thesen aufrechterhalten lassen oder verändert werden müssen. Und nicht zuletzt sollte die Debatte unter dem Gesichtspunkt beurteilt werden, welche Regeln in einem solchen Streitgespräch zu beachten sind, um eine nüchterne und sachliche Auseinandersetzung zu garantieren.

Internettipp
Unter www.spun.de finden Sie Informationen zum Schüler-Planspiel United Nations (SPUN), das eine Sitzungswoche der Vereinten Nationen simuliert.

6 Europa und die Welt

4 Entstehung und Überwindung des Ost-West-Konfliktes

Ursachen des Ost-West-Gegensatzes

Bis heute streiten Politiker, Intellektuelle und Historiker über die Ursprünge des Kalten Krieges. Die traditionelle Auffassung des Westens macht die aggressive Expansionspolitik der kommunistischen Sowjetunion dafür verantwortlich, dass aus den ehemaligen Verbündeten USA und UdSSR nach 1945 erbitterte Feinde wurden. Seit den 1960er-Jahren haben amerikanische Forscher diese Auffassung kritisiert und den USA eine Mitverantwortung zugesprochen. Die US-Regierung habe die durch den Zweiten Weltkrieg geschwächte Sowjetunion unter Druck gesetzt, zum einen militärisch durch ihr Atomwaffenmonopol und zum anderen wirtschaftlich durch ihre Forderung des freien Zugangs zu allen Märkten („Open Door Policy"). „Aber wann schon in der Geschichte lässt sich so eindeutig urteilen?", kommentieren die Historiker Edgar Wolfrum und Cord Arendes in ihrem Buch „Globale Geschichte des 20. Jahrhunderts" (2007) diesen Meinungsstreit. Sie reden einer dritten Position das Wort, die Ende der 1970er- bzw. Anfang der 1980er-Jahre in der westlichen Geschichtswissenschaft entwickelt wurde und zwischen den bisherigen Deutungen vermittelt. „Beide Supermächte, aber auch die europäischen Länder hatten", argumentieren Wolfrum und Cordes, „Anteil am Scheitern einer kooperativen Nachkriegsordnung. Es gab eine Fülle von Weichenstellungen, der Kalte Krieg war keineswegs unvermeidlich. Das lag an dem missionarischen Anspruch der beiden Hauptsieger des Zweiten Weltkrieges und auch daran, dass Fremdheit und die Neigung zu ideologischer Verallgemeinerung eine Verständigung, die sicherlich kompliziert gewesen wäre, erschwerten. Europa und die Welt in gegensätzliche Einflusssphären aufzuspalten – dies war die ‚bequemere' Lösung. Angesichts des repressiven Herrschaftsanspruchs der Sowjetunion und der amerikanischen Eindämmungspolitik kann man natürlich nicht davon sprechen, dass der Kalte Krieg ein bloßes Missverständnis gewesen sei. Aber er erwuchs doch auch aus gegenseitigen Fehlwahrnehmungen. Es kam zu einer **Eskalation der Ängste** und diese wiederum rief Präventivmaßnahmen hervor."

Truman-Doktrin und „Zwei-Lager-Theorie"

Tatsächlich wich in den USA schon bald nach dem Ende des Zweiten Weltkrieges der Gedanke der Kooperation in der internationalen Politik der Furcht vor dem Kommunismus. Diese verband sich mit der Vorstellung, die Politik der UdSSR ziele immer noch auf den Untergang des Kapitalismus und auf die Eroberung des gesamten europäischen Kontinents. Der allmählichen Vereinnahmung der ost- und südosteuropäischen Staaten durch die Sowjetunion seit 1944/45 stand auf amerikanischer Seite eine ebenso deutliche Interessenpolitik gegenüber: Im September 1946 stellte der amerikanische Außenminister James F. Byrnes klar, die drei Westzonen Deutschlands seien zum Selbstbestimmungsrecht zurückzuführen. Ein Jahr später erklärte Präsident Harry S. Truman, Amerika sei verpflichtet, allen vom Kommunismus bedrohten demokratischen Staaten zu helfen, und begründete mit dieser **Truman-Doktrin** die sogenannte **Politik der „Eindämmung"** (engl.=**containment**) des Sowjetimperiums. Der Marshallplan, ein Programm zum Wiederaufbau Europas, versprach 1948 allen kooperationswilligen Staaten amerikanische Finanz- und Wirtschaftshilfe. 1949 wurde der Plan um ein Hilfsprogramm für die unterentwickelten Länder der Dritten Welt erweitert und im gleichen Jahr mit der NATO die militärische Sicherheitsgarantie für die westeuropäischen Staaten übernommen.

Ähnlich wie in den USA kehrten nach Kriegsende auch in der Sowjetunion die alten Feindbilder zurück. Der enge Kreis um Stalin betrachtete die amerikanische Politik zunehmend als **globalen Klassenkampf** gegen die kommunistischen Parteien der UdSSR und der mit ihr befreundeten Staaten. Ausdrücklich lehnte die Sowjetunion eine Beteiligung der osteuropäischen Länder an dem wirtschaftlichen Hilfsprogramm des Marshallplans ab. Dieser war aus sowjetischer Sicht nur ein wirtschaftliches Instrument zur Ausbreitung des Kapitalismus bzw. zur Eindämmung des Kommunismus. Mit der Zunahme der Spannungen zwischen der westlichen und östlichen Supermacht seit den ausgehenden 1940er-Jahren nahm die antiwestliche Propaganda der Sowjetunion zu: „Zwei Lebensweisen" prägten die Weltpolitik, erklärte der sowjetische Delegationsleiter Andrei Schdanow Ende September 1947 auf einer Versammlung der europäischen kommunistischen Parteien. Nach dieser **„Zwei-Lager-Theorie"** stand auf der einen Seite das fortschrittliche sozialistische

Europa und die Welt 6

Lager, auf der anderen das reaktionäre, imperialistische Lager. Um die Reihen innerhalb des sozialistischen Lagers zu schließen, organisierte die Sowjetunion den festen Zusammenschluss aller kommunistischen Parteien unter Führung der UdSSR im 1947 gegründeten Kommunistischen Informationsbüro („**Kominform**"). Schnell zeigte es sich, dass die Kominform ein Mittel zur Durchsetzung der politischen Linie der stalinistischen Sowjetunion war. So mussten auf Befehl aus Moskau die kommunistischen Parteien Frankreichs und Italiens Streiks gegen den Marshallplan durchsetzen.

Blockbildung
Die Verhärtung der Fronten zwischen den USA und der Sowjetunion bewirkte zunehmend die Spaltung Europas. Der **Systemgegensatz** zeigte sich zuerst auf gesellschaftspolitischem und wirtschaftlichem Gebiet: Westlich der Elbe festigte sich die marktwirtschaftlich-kapitalistische Ordnung, östlich der Elbe wurde die zentrale Planwirtschaft durchgesetzt. Mit der Integration der westeuropäischen und osteuropäischen Staaten in jeweils **feindliche Militärbündnisse** verstärkte sich die Blockbildung: Während die Sowjetunion mit ihren osteuropäischen Satellitenstaaten zweiseitige „Freundschafts- und Beistandsverträge" abschloss, entstand im Westen mit dem zwischen Großbritannien, Frankreich und den drei Benelux-Staaten geschlossenen Brüsseler Vertrag vom Mai 1948 das erste Verteidigungsbündnis in Europa, das sich gegen einen möglichen Angriff der UdSSR richtete. Die westeuropäischen Staaten mussten allerdings die amerikanische Nuklearmacht in ihr Sicherheitskonzept einbeziehen, da sie nur auf diese Weise die UdSSR wirksam abschrecken konnten. Mit dem Nordatlantikvertrag (North Atlantic Treaty Organization/**NATO**) vom April 1949 übernahmen die USA diese Sicherheitsgarantie für die westeuropäischen Staaten. Der Westen begründete seine Militär- und Bündnispolitik auch mit dem politischen Hinweis auf den gewaltsamen Sturz der bürgerlich-demokratischen Regierung in der Tschechoslowakei und der sowjetischen Blockade Berlins. Beide Ereignisse des Jahres 1948 erschienen dem Westen als Beweis für die aggressive und expansionistische Politik der Sowjetunion.

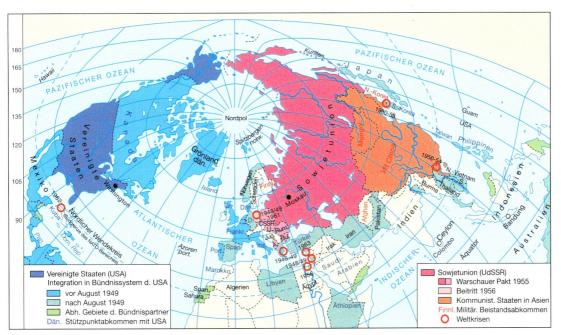

M 29 Die militärische Blockbildung im Kalten Krieg

1 a) Charakterisieren Sie die in M 29 dargestellte weltpolitische Lage. b) Erarbeiten Sie mithilfe von M 29 und der Darstellung Kurzreferate zu den in der Karte (M 29) eingezeichneten Weltkonflikten und der jeweiligen Rolle der Supermächte. Ziehen Sie außerdem Lexika und historische Handbücher heran.

6 Europa und die Welt

Nachdem 1955 die Bundesrepublik Deutschland in die NATO aufgenommen worden war, gründete die Sowjetunion im gleichen Jahr den „Warschauer Pakt", dem auch die DDR beitrat.
Die Blockbildung machte nicht vor den Toren Europas Halt, sondern erfasste die gesamte Welt (M 29). Zwei Ereignisse stachelten im Westen die Furcht vor dem Kommunismus dramatisch an: 1949 riefen die chinesischen Kommunisten die „Volksrepublik China" aus und schienen das kommunistische Lager zu stärken. Seit 1949 verfügte auch die Sowjetunion über die Atombombe. Beide Supermächte reagierten auf die wachsende Konfrontation, indem sie weltweit nach Unterstützung für ihre Politik suchten. Immer mehr Staaten wurden politisch, militärisch und wirtschaftlich in die jeweiligen Machtblöcke der Supermächte eingebunden. Das heizte nicht nur den weltweiten Rüstungswettlauf an, sondern beschleunigte auch die Aufteilung der Welt in feindliche Blöcke.

Zwischen Konfrontation und Kooperation
Der Kalte Krieg (M 31) war nach einer Definition des Historikers Bernd Stöver aus dem Jahre 2003 „ein permanenter und aktiv betriebener ‚Nicht-Frieden', in dem alles das eingesetzt wurde, was man bisher nur aus der militärischen Auseinandersetzung kannte. Hinzu kam etwas, was bisher unbekannt war: Dieser ‚Nicht-Frieden' konnte binnen Stunden zu einem unbegrenzten atomaren Krieg werden und einen Großteil der Menschheit vernichten." Tatsächlich prägte die Auseinandersetzung zwischen den beiden Supermächten die gesamte Weltpolitik. Jeder Konflikt barg die Gefahr eines Krieges in sich und jeder Krieg die Gefahr atomarer Vernichtung. Allerdings gab es in der Geschichte des Kalten Krieges nicht nur Phasen der Konfrontation, sondern auch Perioden der Entspannung und Kooperation.
Schon die Zeitgenossen glaubten in der unmittelbaren Nachkriegszeit, dass ein Krieg zwischen den Westmächten und der Sowjetunion unmittelbar bevorstehe. Aber nicht in Europa, sondern 1950 in Korea gab es Krieg. Das Land war seit 1948 entlang des 38. Breitengrades geteilt. Die „Republik Korea" im Süden stand unter dem Schutz der USA, die „Demokratische Volksrepublik Korea" war und ist eine kommunistische Diktatur.
1950 griffen nordkoreanische Truppen Südkorea an. Als die USA im Auftrag der UNO in Korea eingriffen, um den Vormarsch des kommunistischen Nordkorea aufzuhalten, folgte ihre Außenpolitik endgültig den Bedingungen des Kalten Krieges. Im „Kampf der Systeme" sahen sie sich als Vormacht der „freien Welt", die Demokratie, Menschenrechte und die Freiheit des Individuums gegen den totalitären Herrschaftsanspruch des Sozialismus sowjetischer Prägung verteidigte.
Während des Koreakrieges wuchs außerdem die Gefahr militärischer Auseinandersetzungen zwischen den USA und China, das Nordkorea unterstützte. Der amerikanische Oberbefehlshaber McArthur erwog dabei sogar den Einsatz von Atomwaffen. Das lehnte US-Präsident Truman strikt ab, um einen dritten Weltkrieg zu vermeiden. Dieses Risiko wollte keine der beiden Supermächte eingehen. 1953 wurde der ursprüngliche Zustand der Teilung Koreas wiederhergestellt.

„Gleichgewicht des Schreckens"
Ein zentrales Merkmal des Ost-West-Konfliktes war das Wettrüsten. Bereits 1949 hatten die USA ihr Atomwaffenmonopol verloren. Mit dem Start des ersten sowjetischen Satelliten „Sputnik", der 1957 auf einer Langstreckenrakete ins All geschossen wurde, zog die neue Atommacht UdSSR im Rüstungswettlauf gleich. Das Kräfteverhältnis im Ost-West-Konflikt war nun durch eine Pattsituation geprägt. Wie dieses „Gleichgewicht des Schreckens" funktionierte, zeigte der Bau der Berliner Mauer 1961: Die Amerikaner protestierten zwar durch den Aufmarsch von Panzern, griffen jedoch militärisch nicht ein. Der Friede war immer gefährdet, aber beide Weltmächte respektierten ihre Einflusszonen.
In der Kubakrise von 1962 drohte jedoch der „Nicht-Friede" erneut in einen „heißen" Krieg umzuschlagen, der sich zum Atomkrieg ausweiten konnte. Durch die Stationierung sowjetischer Mittelstreckenraketen auf Kuba, das nur wenige Seemeilen vom amerikanischen Festland entfernt liegt und seit 1959 von dem Sozialisten Fidel Castro (geb. 1927) regiert wird, hatte Moskau den machtpolitischen Staus quo zu seinen Gunsten verändert. Das Staatsgebiet der USA war jetzt direkt bedroht. US-Präsident John F. Kennedy (1917–1963, Präs. 1961–1963) reagierte scharf: Er mobilisierte die Streitkräfte und forderte den sowjetischen Staats- und Parteichef Nikita S. Chruschtschow ultimativ auf, die Raketen wieder abzuziehen. Beide Seiten lenkten ein. Die UdSSR zog ihre Raketen

Europa und die Welt 6

M 30 „Einverstanden, Herr Präsident, wir wollen verhandeln …", britische Karikatur, Oktober 1962

1 Erläutern Sie mithilfe von M 30 und der Darstellung, S. 468 f., warum gerade die Kubakrise die Welt an den Rand eines Atomkrieges brachte.

ab. Im Gegenzug sicherten die Amerikaner zu, auf Kuba nicht zu intervenieren und ihre Raketen in der Türkei abzubauen, da diese unmittelbar auf die Sowjetunion gerichtet waren.

Die Kubakrise markiert den Wendepunkt im Kalten Krieg. Beide Supermächte erkannten, dass die Konfrontation in einen Atomkrieg eskalieren könnte (M 30). Um dieses Risiko auszuschalten, waren sie zu militärpolitischen Absprachen und Verhandlungen gezwungen. Man ging in kleinen Schritten aufeinander zu, ohne die Aufrüstung grundsätzlich zu stoppen. So wurde 1963 eine direkte Nachrichtenverbindung zwischen Washington und Moskau („heißer Draht") eingerichtet, um internationale Konflikte rascher entschärfen zu können.

Abrüstungsverhandlungen 1963 einigten sich die USA, Großbritannien und die Sowjetunion auf die Einstellung der Kernwaffenversuche in der Atmosphäre, im Weltraum und unter Wasser. Fünf Jahre später folgte der Atomwaffensperrvertrag, in dem sich die Mächte verpflichteten, keine Kernwaffen weiterzugeben. Er trat 1970 in Kraft und steht allen Staaten zum Beitritt offen.

Damit wuchs die Bereitschaft der Weltmächte zu Verhandlungen über die strategischen Nuklearwaffen. Im Mittelpunkt stand dabei die Frage, wie man bei den strategischen Rüstungen zu einer Begrenzung kommen könne (Strategic Arms Limitation Talks/SALT). Diese Verhandlungen überdauerten auch politische Spannungen, wie sie 1968 durch den Einmarsch der Warschauer-Pakt-Staaten in der Tschechoslowakei oder durch den amerikanischen Kriegseinsatz in Vietnam (1964 bis 1973) auftraten.

In einer 1972 unterzeichneten Grundsatzerklärung über die amerikanisch-sowjetischen Beziehungen bekannten sich beide Staaten zu ihrer besonderen Verantwortung in der Weltpolitik. Sie bekundeten ihre Bereitschaft, Konflikte mit friedlichen Mitteln beizulegen, auf den eigenen Vorteil zu verzichten und in gefährlichen Situationen Zurückhaltung zu üben. Die guten Vorsätze führten 1972 zur Beschränkung der land- und seegestützten Interkontinentalraketen und der Raketenabwehrsysteme (ABM-Vertrag) und 1973 dazu, bei Gefahr eines Nuklearkrieges „sofortige Konsultationen" aufzunehmen.

Politik der Stärke und KSZE-Prozess Neue Spannungen und regional begrenzte Konflikte begleiteten die Annäherung zwischen Ost und West. So intervenierte die Sowjetunion 1975 gemeinsam mit Kuba im angolanischen Bürgerkrieg, Ende 1979 besetzten sowjetische Truppen Afghanistan. Die US-Regierung verschärfte daraufhin ihren außenpolitischen Kurs, indem sie die Militärausgaben erhöhte und ein Weizenembargo gegen die UdSSR verhängte.

1980 schien die Entspannungspolitik der Supermächte am Ende zu sein. Die Sowjetunion weigerte sich, die in Osteuropa stationierten nuklearen Mittelstreckenraketen abzubauen, die die europäischen NATO-Staaten bedrohten. Der Ende 1980 gewählte US-Präsident Ronald Reagan (Reg. 1981–1989) erhöhte 1981 die Militärausgaben und beschleunigte die Entwicklung eines weltraumgestützten Raketenabwehrsystems. Im Nahen Osten versuchten die USA, Israel und die ara-

6 Europa und die Welt

bischen Staaten in ihre globale Strategie gegen die Sowjetunion einzubeziehen. Für die Dritte Welt entwickelten die USA das Konzept einer „Kriegführung mit niedriger Intensität". Der amerikanischen Exportindustrie wurden harte Beschränkungen im Osthandel auferlegt, und die westeuropäischen Bündnispartner wurden aufgefordert, ihre Geschäfte mit Moskau aufzuschieben.

Seit Mitte der 1980er-Jahre kam wieder Bewegung in die Beziehungen zwischen den Supermächten, die zum Abbau der Konfrontation beitrugen. Gefördert wurde die Entspannung durch den **KSZE-Prozess**, d. h. die Arbeit der Konferenz für Sicherheit und Zusammenarbeit in Europa. Die KSZE begann 1972 ihre Tätigkeit und verabschiedete 1975 die „Schlussakte von Helsinki". 35 Staaten Europas und Nordamerikas unterzeichneten dieses Dokument, das den politischen Status quo in Europa garantierte. Darüber hinaus verpflichteten sich die Unterzeichnerländer zur Einhaltung der Menschenrechte – auch die Regierungen der Ostblockländer. Damit besaßen die dortigen Oppositionsgruppen eine anerkannte Grundlage, auf die sie ihre Forderungen nach Freiheit stützen konnten. Da man in Helsinki auch die Folgekonferenzen festlegte, blieb die KSZE ein Forum, auf dem, ungeachtet neuer politischer Turbulenzen, weiter verhandelt, zumindest aber das Gespräch miteinander aufrechterhalten wurde. Die **MBFR-Verhandlungen** (Mutual balanced Force Reduction), die die Rüstung betrafen, scheiterten allerdings zunächst und kamen erst nach 1989 weiter voran. Die amerikanische Politik der Stärke ab 1981 verschärfte den Rüstungswettlauf in den 1980er-Jahren derart, dass er für die UdSSR wirtschaftlich ruinös wurde. Erst Michail Gorbatschow, der 1985 in der Sowjetunion die politische Führung übernahm, leitete eine neue Entspannungspolitik ein. Diese Entschärfung des internationalen Konfliktpotenzials erleichterte es den USA, seit Mitte der 1980er-Jahre wieder zur Kooperation zurückzukehren.

Ende des Ost-West-Konfliktes Die Jahre 1989/90 bildeten einen entscheidenden Wendepunkt für Europa und die gesamte Welt. In der Sowjetunion brach die kommunistische Diktatur zusammen. Weil die Sowjetunion seither das Prinzip **„Freiheit der Völker und Staaten"** weitgehend befolgte, konnten die osteuropäischen und andere Völker die kommunistische Herrschaft abschütteln und ihren eigenen Weg bestimmen. Dabei orientierten sie sich an den marktwirtschaftlichen, offenen Gesellschaften des Westens.

Der Zusammenbruch des Sowjetsystems und das Ende der sowjetischen Hegemonie in Osteuropa bedeuteten auch das Ende des Ost-West-Konflikts. Der Systemkonflikt zwischen den westlichen Demokratien mit ihrer Führungsmacht USA auf der einen Seite und den kommunistischen Diktaturen unter der Herrschaft der Sowjetunion auf der anderen Seite, der sich über Jahrzehnte zum Kalten Krieg zugespitzt hatte, bestimmte nicht länger die internationale Politik.

Der Triumph der bürgerlich-liberalen Demokratie über den Kommunismus war das Ergebnis eines tief greifenden Wandels im Ostblock:

1. Zu den wichtigsten längerfristigen Veränderungen gehört der bereits erwähnte KSZE-Prozess.
2. Die Reformpolitik in der Sowjetunion unter **Michail Gorbatschow** (geb. 1931), der ab 1985 die Politik seines Landes maßgeblich prägte, verlieh der Opposition in den osteuropäischen „Bruderstaaten" großen Auftrieb und Legitimation. Einer der Gründe für die Veränderungen in der Sowjetunion war die amerikanische Politik der Stärke, wie sie seit 1981 vor allem US-Präsident Ronald Reagan betrieb. Diese Politik brachte einen Rüstungswettlauf in Gang, der für die Volkswirtschaft der Sowjetunion ruinös war. Gorbatschow ging davon aus, dass die Erhaltung der sowjetischen Macht nur durch einen innenpolitischen Umbau zu erreichen sei, der außenpolitisch von einem Kurs der Entspannung begleitet werden müsse. Seine populär gewordenen Leitbegriffe lauteten „Perestroika" (= Umbau), „Glasnost" (= Öffentlichkeit) und **„Neues Denken"**. Die beiden ersten Begriffe bezogen sich vornehmlich auf die Innenpolitik und meinten die marktwirtschaftliche und demokratische Öffnung der sowjetischen Gesellschaft – allerdings immer zentral gelenkt durch die kommunistische Partei. Im Begriff des „Neuen Denkens" wurde eine neue Konzeption der sowjetischen Außen- und Sicherheitspolitik erkennbar. Eine defensive Militärdoktrin sollte das Streben nach militärischer Dominanz ablösen. Gorbatschow betonte die Einheit der Welt und die globale Geltung des Prinzips der „friedlichen Koexistenz". Seit 1987 baute er auch das weltpolitische Engagement der Sowjetunion ab, indem er z. B. die Truppen aus Afghanistan zurückzog.

Europa und die Welt

3. Die Neuorientierung der sowjetischen Außen- und Innenpolitik eröffnete Ende der 1980er-Jahre allen Staaten des Ostblocks Freiräume, die vor allem in Osteuropa genutzt wurden. Die Reformkräfte in Polen und Ungarn beriefen sich auf das sowjetische Vorbild und öffneten sich nach Westen.

4. Seit den 1970er-, vor allem aber in den 1980er-Jahren wuchsen in der Sowjetunion und den osteuropäischen Staaten die **Wirtschaftsprobleme** der kommunistischen Planwirtschaften. Der allgemeine Lebensstandard sank, die Versorgung mit Konsumgütern verschlechterte sich und der Abstand zum Westen wurde größer. Der Anspruch der Kommunisten, mehr Wohlstand und Gleichheit zu schaffen, geriet immer mehr in Widerspruch zur Realität.

5. Mit dem ökonomischen Niedergang verloren die kommunistischen Eliten und die Partei rapide und nachhaltig Ansehen und Legitimität. Partei- und Staatsführungen trugen immer weniger zur Lösung der Schwierigkeiten bei und isolierten sich zunehmend von Bevölkerungen und Realitäten.

All diese Entwicklungen verliefen in den osteuropäischen Staaten jedoch nicht gleichmäßig und gleichförmig, sondern unterschieden sich vor allem im Tempo des Wandels. Der Historiker Timothy Garton Ash hat dabei eine Beschleunigung der Veränderungen festgestellt: Was in Polen zehn Jahre, in Ungarn zehn Monate und in der DDR zehn Wochen dauerte, geschah in Prag in zehn Tagen, nämlich die Entmachtung der kommunistischen Parteien. Und das kommunistische Regime in Rumänien fiel in nur wenigen Stunden.

Die unmittelbaren Auswirkungen des Zusammenbruchs des Kommunismus, der Auflösung des Sowjetimperiums – 1991 wurde der Warschauer Pakt aufgelöst – und des Endes des Ost-West-Konflikts sind ebenso unübersichtlich und schwer einzuschätzen wie die langfristigen Folgen. Der Friede bleibt nach wie vor eine große Herausforderung für die Politik (M32). Für Historiker und Sozialwissenschaftler leichter zu beantworten ist die Frage, welche Entwicklungen mit den Ereignissen der Jahre 1989/90 ihr Ende fanden. Dazu schreibt der Politikwissenschaftler Peter J. Opitz 2001: „Die Bedeutung dieser Ereignisse erschöpft sich nicht allein darin, dass sie das Ende jener bipolaren Weltstruktur markieren, die das internationale System seit dem Ende des Zweiten Weltkrieges bestimmt hat. Sie markieren darüber hinaus zwei weitere Zäsuren von nicht minder großer Bedeutung: das Ende des Zeitalters der totalitären Ideologien, die nicht nur dem 20. Jahrhundert auf seiner ganzen Länge, sondern auch der Welt in ihrer ganzen Weite ihren blutigen Stempel aufgedrückt haben, sowie das Ende des letzten europäischen Kolonialreichs, des russischen Imperiums, das sich seit dem 17. Jahrhundert kontinuierlich nach Zentralasien bis zum Pazifik vorgeschoben und nach der kommunistischen Revolution noch einmal eine letzte Blüte erlebt hatte."

M31 Der Historiker Jost Dülffer über die Begriffe „Kalter Krieg" und „Ost-West-Konflikt" (2004)

Die Geschichte Europas nach dem Zweiten Weltkrieg muss insgesamt zwar welthistorisch eingebettet werden, aber zentral die Wechselwirkungen zwischen „Westen" und „Osten" berücksichtigen. […] Gemein-
5 hin wird dieses Beziehungsgeflecht als „Kalter Krieg" bezeichnet. In einer gängigen Lesart dieses Kalten Krieges kam es noch im, dann aber vor allem nach dem Zweiten Weltkrieg, zu einer „Teilung der Welt" […] – und damit auch Europas –, die bis 1989/90 an-
10 dauerte. Dieser Begriff „Kalter Krieg" wird seither häufig gebraucht, ist jedoch problematisch. Kalter Krieg bezeichnet einen Zustand des Staatssystems, der kriegsähnlich ist, bei dem sich aber die beiden Seiten unter amerikanischer bzw. sowjetischer Führung nicht
15 direkt militärisch bekämpften. […] Tatsächlich wurde aber auch im Kalten Krieg zwischen den Blöcken geschossen: Das galt etwa in Korea 1950–53, in Vietnam in den Sechziger- und Siebzigerjahren, sodann in einer Reihe von weiteren, „Stellvertreterkriege" genannten Konflikten in der Dritten Welt während des gesamten 20
Zeitraums. Der Kalte Krieg schloss also herkömmliche, „heiße" Kriege ein. Ferner fanden mehrere Aufstände im sowjetischen Machtbereich statt, die auch mit Kriegen und dem Ost-West-Problem zu tun hatten. Diese Aufstände weiteten sich nur deswegen nicht zu Bür- 25
gerkriegen aus, weil die sowjetische Macht die von ihr gestützten Regierungen mit militärischen Mitteln schützte – so vor allem in der DDR 1953, in Ungarn und Polen 1956, in der ČSSR 1968. Der Begriff Kalter Krieg ist schließlich deswegen problematisch, weil er 30
ein hohes Maß an Geschlossenheit und Permanenz für die Zeit zwischen 1945 und 1990 signalisiert und den ständigen Wandel der Beziehungen zwischen den

6 Europa und die Welt

„Blöcken" vernachlässigt. „Kalter Krieg" wird zwar weiter als Epochenbezeichnung gebraucht, ist aber ein vereinfachender Begriff für wesentlich komplexere Vorgänge. Besser sollte man von einem Ost-West-Gegensatz sprechen, der allerdings zwischen 1945 und 1990 in Europa dreimal akut bedrohlichen Charakter annahm. Nur diese Phasen können tatsächlich als „Kalte Kriege" bezeichnet werden – in ihnen drohte zeitweilig die Eskalation zu einem heißen Krieg. Zunächst war dies die Krise um die Berlin-Blockade 1948/49, die mit dem Koreakrieg in seiner Anfangsphase 1950 im ersten Kalten Krieg kulminierte. Berlin stand auch beim zweiten Kalten Krieg 1958 bis 1962 im Mittelpunkt, gefolgt von der Kuba-Krise 1962. Es gab sodann als dritten Kalten Krieg einen Streit um die Mittelstreckenraketen von etwa 1979 bis 1982/83. Zwischen diesen Phasen gab es aber Perioden geringerer Intensität des Konfliktes oder eben auch der „Entspannung". Der häufig gebrauchte Begriff „Kalter Krieg" akzentuiert demgemäß eher die fortlaufenden strukturellen Bedingungen der Jahrzehnte nach dem Zweiten Weltkrieg, während die Bezeichnung Ost-West-Konflikt den Blick stärker für situative Aspekte und Wandel in dieser Zeit öffnet.

Ein Ost-West-Gegensatz oder -Gefälle ist in der europäischen Geschichte nicht neu; er geht auf die Antike zurück [und] setzte sich in der Neuzeit während der Aufklärung in Westeuropa fort. Er schlug sich in einem wirtschaftlich-sozialen Modernisierungsgefälle nieder. Schließlich wurde dieses Ost-West-Verhältnis auch durch die ideologischen Gegensätze unterschiedlicher Ausprägungen von Sowjetkommunismus und liberalkapitalistischer Demokratie in dem hier behandelten Zeitraum [von 1945–1990] geprägt. Der „Osten" reichte aber je nach Deutung mehr oder weniger weit in die „Mitte" Europas hinein und bestimmte daher unterschiedlich das Sein und Bewusstsein der Menschen.

Jost Dülffer, Europa im Ost-West-Konflikt 1945–1990, Oldenbourg, München 2004, S. 4f.

1 Diskutieren Sie, ausgehend von M 31, die Vorzüge und Schwächen der Begriffe „Kalter Krieg" und „Ost-West-Konflikt".

M 32 Der Friedensforscher Karl Kaiser über Gefahren für den Weltfrieden nach dem Ende des Ost-West-Konfliktes (1993)

An die Stelle der theoretischen Möglichkeit des großen Krieges im Norden ist die grausame Realität einer Vielfalt zwischenstaatlicher und ethnischer Konflikte sowie von Bürgerkriegen getreten. [...]

– Massive Menschenrechtsverletzungen, Unterdrückung und Vernichtung von Minderheiten, „ethnische Säuberungen" und Völkermord haben zugenommen, auch in Europa.
– Das militärische Zerstörungspotenzial, das in den heutigen Konflikten wirksam werden kann, ist massiv angewachsen, quantitativ wie qualitativ. Moderne konventionelle Waffen aus den Arsenalen des Kalten Krieges sind billig und überall verfügbar. Die verdeckte und offene [Weiterverbreitung] von nuklearen und chemischen Waffen, oft in der Nachbarschaft schwelender Konflikte, [erzeugt] [...] eine nicht gekannte Brisanz. [...]
– Die Verelendung in großen Teilen der Dritten Welt nimmt zu. In Verbindung mit mannigfachen ungelösten zwischenstaatlichen Problemen, inneren Wirren und leichter Verfügbarkeit von Waffen bilden diese Regionen Herde der Instabilität und von Konflikten, die globale Wirkung haben können.
– In [vielen] Regionen des ehemaligen Sozialismus wie der Dritten Welt findet ein rapider Verfall politischer Autorität mit zunehmender Unregierbarkeit, Kriminalisierung und Ausbreitung anarchischer Zustände statt. [...] Als Partner für internationale Abkommen, etwa über Abrüstung, [wirtschaftliche Zusammenarbeit], Bekämpfung internationaler Kriminalität [...] fallen derartige Regionen aus, da die Regierungen über die zur Umsetzung notwendige Autorität nicht mehr verfügen. [...]
– Ökologische Krisen können bei einer weiteren Verschärfung friedensbedrohende Dimensionen annehmen. [...]
– Die [Wanderung] wird [...] zu einem [schwerwiegenden] Problem der Weltpolitik. Die Bevölkerungsexplosion in den armen Regionen der Welt drängt zunehmend in die [...] reichen Regionen und führt zu Belastungen, die Abschottungseffekte sowie innere Konflikte zur Folge haben. Von politischer Unterdrückung, Katastrophen und Kriegen ausgelöste Flüchtlingswellen verstärken diese Problematik.

Karl Kaiser, Die ständige Mitgliedschaft im Sicherheitsrat, in: Europa-Archiv, Nr. 19/1993, S. 542 f.

1 Erörtern Sie, ausgehend von M 32 und der Darstellung, S. 470, die veränderte weltpolitische Lage nach 1989/90: Welche Herausforderungen für eine Friedenspolitik bestanden nach dem Ende des Ost-West-Konfliktes nicht mehr, welche neuen Probleme stellen sich seitdem?

Europa und die Welt 6

5 Auf dem Weg zur europäischen Einigung

M 33 „Europäische Gemeinschaft souveräner Nationalstaaten", ca. 1980, Karikatur

1 Erarbeiten Sie aus M 33 die grundlegende Problemstellung des europäischen Einigungsprozesses und formulieren Sie Leitfragen, unter denen Sie die folgende Einheit untersuchen wollen.

Europäische Einigungsgeschichte nach 1945

Der Erste und der Zweite Weltkrieg ließen in Europa die Erkenntnis reifen, dass diese Weltregion politisch und wirtschaftlich zusammenwachsen müsste, um Frieden, Wohlstand und Demokratie zu sichern und ihre Interessen neben den Großmächten USA und UdSSR durchzusetzen (M 39). Um zudem einen Rückfall in den Nationalismus zu verhindern, sollte Deutschland als gleichberechtigter Partner in ein europäisches Vertragsnetz eingebunden werden.

Die Integration der osteuropäischen Staaten in die sowjetische Einflusssphäre bewirkte allerdings, dass die europäischen Einigungsbestrebungen auf Westeuropa beschränkt blieben. Schon 1947 untersagte die UdSSR den Staaten ihres Machtbereiches die Teilnahme am Marshallplan; bei der Gründung der Organization for European Economic Cooperation (OEEC), die die Marshallplangelder verteilte, blieben die westeuropäischen Staaten unter sich.

Als 1947/48 abzusehen war, dass die Gründung eines westdeutschen Staates bevorstand, drängte Frankreich in der 1948 in Brüssel gegründeten „Europabewegung" darauf, einen Europarat unter Einschluss Deutschlands einzurichten. Dieser wurde ein Jahr später auch tatsächlich gegründet, allerdings nur als eine beratende Versammlung ohne konkrete Machtbefugnisse. 1950/51 scheiterte das Ziel, eine föderalistisch organisierte „Europa-Union" zu gründen, erneut. Großbritannien hatte sein Veto eingelegt.

Der französische Außenminister Robert Schuman (1886–1963) entschloss sich daraufhin, erstens die politische Integration zunächst auf wirtschaftliche Ziele zu beschränken und zweitens die überstaatliche (supranationale) Einigung auch ohne Großbritannien voranzutreiben. Seine Bemühungen führten im Jahr 1951 zur Gründung der Europäischen Gemeinschaft für Kohle und Stahl (EGKS/Montanunion) und begründeten den ersten gemeinsamen Markt für die damaligen Schlüsselindustrien. Der deutsche Bundeskanzler Konrad Adenauer (1876–1967) hatte bei der Errichtung der Montanunion maßgeblich mitgewirkt, weil er die junge Bundesrepublik als gleichberechtigtes Mitglied in die westliche Staatengemeinschaft integrieren wollte (s. S. 350).

Aus Furcht vor der Sowjetunion suchten die westeuropäischen Staaten auch die gemeinsame militärische Organisation. Diese sollte die Vereinigten Staaten mit einbeziehen, da nur die wirtschaftliche und politische Stärke der USA eine glaubwürdige Abschreckung der Sowjetunion garantieren konnte. Nachdem die Beneluxstaaten, Großbritannien und Frankreich 1948 einen (zunächst gegen Deutschland gerichteten) westeuropäischen Verteidigungspakt (die spätere Westeuropäische Union/WEU) geschlossen hatten, gelang es ihnen 1949, die USA in einen Atlantikpakt einzubinden. Europa war seither militärisch in die NATO integriert. Praktisch wurde die militärische Integration Westeuropas vor allem durch den Koreakrieg 1950–1953 und durch die Aufnahme der Bundesrepublik in die NATO 1955 verstärkt.

6 Europa und die Welt

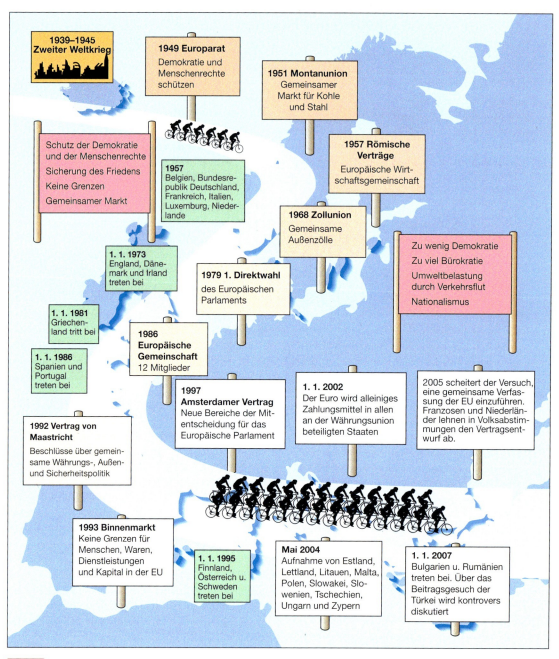

M34 Stationen auf dem Weg zur Einigung Europas

Die nächsten Schritte im Integrationsprozess bildeten die **Europäische Wirtschaftsgemeinschaft (EWG)** und die **Europäische Atomgemeinschaft (EURATOM)**, beide 1957 in Rom gegründet. Da vorerst nur die sechs Gründungsmitglieder der EGKS beteiligt waren, standen hinter diesen Gründungen nur zum Teil wirtschaftliche Interessen an einem größeren europäischen Markt. Wichtiger war das Bestreben, die Bundesrepublik einzubinden und sich durch diesen Zusammenschluss als Europäer eigenständig gegenüber den Großmächten zu behaupten. Großbritannien, Dänemark, Norwegen, Schweden, Portugal, Österreich und die Schweiz beteiligten sich aus nationalpolitischen Vorbehalten nicht an der EWG, schlossen sich aber zu einer „Europäischen Freihandelszone"

Europa und die Welt 6

(**European Free Trade Association/EFTA**) zusammen, um den Rückgang ihres Handels mit der EWG teilweise zu kompensieren.

Der wirtschaftliche Zusammenschluss der „Sechs" in der EWG wurde zum Erfolg. Der Wettbewerb auf dem größer gewordenen europäischen Markt stärkte die internationale Konkurrenzfähigkeit. Der Außenhandel verdoppelte sich in den Jahren zwischen 1958 und 1968 und der Binnenhandel nahm sogar um über 230 % zu. Mit einem Anteil von ca. 30 % erreichte die EWG eine Spitzenstellung im Welthandel. Der Zusammenschluss wirkte sich auch positiv auf das Bruttosozialprodukt aus. Die Volkseinkommen stiegen um mehr als 50 %, die allgemeinen Einkommensverhältnisse verbesserten sich merklich.

Entsprechend gewann die Wirtschaftsgemeinschaft in der Bevölkerung ihrer Mitgliedsländer an Unterstützung und wurde auch für andere europäische Länder attraktiv. 1967 beschlossen die Sechs, EWG, EGKS und EURATOM zur **Europäischen Gemeinschaft (EG)** zusammenzufassen. Die Sogkraft ihres ökonomischen Erfolgs zeigte sich bei der Nord- und Süderweiterung in den Siebziger- und Achtzigerjahren. Durch den Beitritt von Irland, Großbritannien und Dänemark wurde aus dem Europa der Sechs ein Europa der Neun und schließlich – als Griechenland, Spanien und Portugal beitraten – ein Europa der Zwölf. Anfang 1995 schlossen sich dann auch Schweden, Finnland und Österreich an (M 35) und wurden Mitglied in der seit den **Verträgen von Maastricht** 1992 in **Europäische Union (EU)** umgewandelten EG.

Maastricht bedeutet aber mehr als nur eine Umbenennung. Der Vertrag legte Grundsätze für eine gemeinsame Wirtschafts-, Währungs- und Außen- bzw. Sicherheitspolitik fest und übertrug damit die klassischen Felder des modernen Nationalstaats auf das vereinigte Europa.

Mit der Verabschiedung des Maastrichter Vertrages wurden die Kompetenzen des **Europäischen Parlamentes** ein kleines Stück erweitert. Es konnte jetzt auch einen Gesetzentwurf gegen das Votum des Ministerrates zu Fall bringen. Indem der am 1. Mai 1999 in Kraft getretene **Amsterdamer Vertrag** die Mitbestimmungsrechte des Parlamentes von früher 15 auf nunmehr 38 Sachgebiete ausdehnte, erhielt es zusätzliche Macht. Außer bei Landwirtschaftsfragen kann das Parlament seitdem bei so gut wie allen Fragen mitsprechen, in denen der Europäische Rat per Mehrheitsvotum beschließt. Die Europaabgeordneten müssen außerdem allen Gesetzen zustimmen, die jeden Bürger betreffen. Hierzu gehören Fragen des Binnenmarktes, des Verbraucher- und Umweltschutzes sowie der Gesundheits- und Verkehrspolitik. Wo die Souveränität der Mitgliedsstaaten berührt wird und diese daher auf ihrem Vetorecht beharren, kann das Europaparlament nicht mitsprechen. Das gilt besonders für die Steuer- sowie die Außen-, Sicherheits- und Verteidigungspolitik. Und dem Europäischen Parlament fehlt mit dem Initiativrecht nach wie vor das wichtigste Parlamentsrecht: Es kann keine eigene Gesetze einbringen, sondern muss den Rat und die Kommission auffordern, Gesetzentwürfe auszuarbeiten.

Osterweiterung und Verfassung

Das Europäische Parlament musste auch die Osterweiterung der EU genehmigen, die seit dem Zusammenbruch des Sowjetimperiums 1989/90 auf der politischen Tagesordnung stand. Die osteuropäischen Staaten, die vorher im Machtbereich der Sowjetunion lebten, strebten alle in die EU. Bei diesen Ländern handelte es sich jedoch zumeist um strukturschwache, von der Landwirtschaft geprägte Gesellschaften, die eine grundlegende und umfassende Modernisierung nachzuholen hatten. Deswegen formulierte der EU-Gipfel von Kopenhagen 1993 die folgenden konkreten Voraussetzungen für einen EU-Beitritt (**Kopenhagener Beitrittskriterien**):

– institutionelle Stabilität als Garantie für eine demokratische und rechtsstaatliche Ordnung, für die Wahrung der Menschenrechte sowie die Achtung und den Schutz von Minderheiten;

– eine funktionsfähige Marktwirtschaft sowie die Fähigkeit, dem Wettbewerbsdruck und den Marktkräften der Europäischen Union standzuhalten;

– die Übernahme eines Regelwerks, des Acquis Communautaire, das in 31 Kapiteln und auf mehr als 80 000 Seiten bislang alle Prinzipien, Ziele und Politikfelder der EU regelt.

Auf dem EU-Gipfel in Kopenhagen im Dezember 2002 wurde schließlich der Beschluss gefasst, die EU am 1. Mai 2004 von 15 auf 25 Mitglieder zu erweitern: Estland, Lettland, Litauen, Polen, Tsche-

6 Europa und die Welt

chien, die Slowakei, Ungarn, Slowenien, Malta und Zypern wurden aufgenommen. Unter Auflagen konnten 2007 ebenfalls Rumänien und Bulgarien Mitglieder werden (M 34).
Als die EU die Voraussetzungen für ihre Osterweiterung formulierte, stellte sie sich selbst die Aufgabe, Erweiterung und innere Reform zu verbinden. Da die Organe der EU in einem erweiterten Europa handlungsfähig bleiben sollten, musste ihre Arbeitsweise den veränderten Bedingungen angepasst werden. Dabei stellte sich nicht nur die Frage nach der Gestaltung der Entscheidungsprozesse (z. B. Mehrheitsbeschlüsse oder Einstimmigkeit), sondern auch nach der demokratischen Legitimität ihrer Entscheidungsstrukturen und den Grenzen ihrer Zuständigkeit. 2001 setzte sie einen Konvent ein, der die Reform vorzubereiten hatte. Das Reformwerk sollte in einer Verfassung zusammengefasst werden. Der Konvent erarbeitete von Februar 2002 bis Juli 2003 einen Entwurf (M 41). Nachdem sich die Konferenz der EU-Regierungsvertreter von September 2003 bis Juni 2004 mit dem Verfassungsvertrag befasst hatte, wurde er am 29. Oktober 2004 feierlich unterzeichnet. Bis zum Oktober 2006 sollte der Verfassungsvertrag in allen EU-Staaten ratifiziert werden. Dieser Zeitplan konnte nicht eingehalten werden, weil 2005 bei Referenden in den Niederlanden und Frankreich eine Mehrheit gegen die Europäische Verfassung stimmten. Mit dem „Vertrag von Lissabon" vom Dezember 2007 beschlossen die Regierungen, dass bis zum Jahr 2017 im Rat eine neue qualifizierte Mehrheitsentscheidung eingeführt werden solle. EU-Beschlüsse erfordern dann eine Mehrheit von 55 % der Staaten, die 65 % der Bevölkerung auf sich vereinen. Außerdem wird ein „Hoher Vertreter der Europäischen Union für Außen- und Sicherheitspolitik" und ein ständiges Präsidentenamt des Europäischen Rats eingerichtet.
Bereits auf dem Gipfel von Nizza im Jahre 2000 hatten die Staats- und Regierungschefs der EU eine „Grundrechtecharta" verabschiedet, die ursprünglich als integraler Bestandteil in die Verfassung

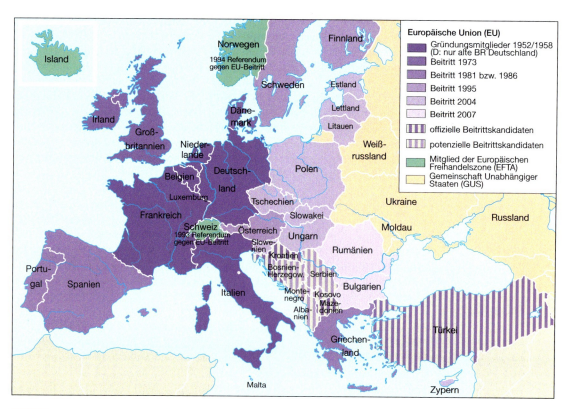

M 35 Zusammenschlüsse in Europa nach dem Zweiten Weltkrieg (Stand: 2008)

1 Beschreiben Sie das Zusammenwachsen Europas seit 1952.

Europa und die Welt 6

aufgenommen werden sollte. Nach neuem Beschluss von 2007 ist die Grundrechtecharta nicht mehr Teil des Verfassung, wird jedoch durch einen Verweis für alle Staaten, ausgenommen Großbritannien, für bindend erklärt.

Über dieses Dokument schreibt der Historiker Gerhard Brunn 2002 in dem Buch „Die Europäische Einigung": „Die Charta [...] nahm eine Sammlung von Grundrechten (Würde des Menschen, Grundfreiheiten, soziale und bürgerliche Grundrechte) auf, die teils in der Konvention des Europarates zum Schutz der Menschenrechte, teils in Verträgen der Gemeinschaft, teils in den Verfassungen der Mitgliedsstaaten schon enthalten sind. Die Charta wurde vorerst nicht in die EU-Verträge übernommen; sie blieb ein ‚Dekorationsstück'. Die Rechte sind von den Bürgern nicht einklagbar. Aber sie gab dem Europäischen Gerichtshof Leitlinien für seine ständige Rechtsprechung."

Türkei-Beitritt

Die Türkei suchte nicht erst nach 1945 Anschluss an Europa, aber seitdem bemühte sie sich mit großem Engagement um die Integration in die westliche Staatenwelt. Zum Schutz vor der kommunistischen Sowjetunion trat sie 1952 der NATO bei, und seit den 1960er-Jahren arbeitet sie auf eine Mitgliedschaft in der Europäischen Gemeinschaft bzw. der Europäischen Union hin. Einen Erfolg konnte die Türkei im Jahre 1963 verbuchen, als die EG mit ihr das „Ankara-Abkommen" unterzeichnete, das drei lange Phasen der Annäherung vorsah. Die EG setzte es jedoch 1982 aus, nachdem zwei Jahre zuvor das türkische Militär zum dritten Mal geputscht hatte. Erst nach freien Parlamentswahlen kam es 1987 zu einer erneuten Annäherung zwischen EG und Türkei. Den im gleichen Jahr eingereichten Antrag auf eine Vollmitgliedschaft lehnte die EG jedoch 1989 ab. Das Ankara-Abkommen wurde allerdings 1986 wieder in Kraft gesetzt, was zur Einleitung von Verhandlungen über eine Zollunion führte (1996 umgesetzt).

Neue Verhandlungen begannen 1999. Sie bewirkten, dass die Türkei 2002 den offiziellen Kandidatenstatus erhielt und im selben Jahr offiziell um Eröffnung des EU-Beitrittverfahrens nachsuchte. Der Türkei ist dabei bewusst, dass sie das Land durchgreifend reformieren muss, wenn die Verhandlungen zum Erfolg führen sollen. Die Abschaffung der Todesstrafe, die Garantie bürgerlicher Freiheitsrechte und Minderheitenrechte für die Kurden sind ebenso notwendig wie die Anpassung der Wirtschaft an marktwirtschaftliche Bedingungen. Wenngleich Regierung und Parlament seit 2001/02 wichtige Reformen in die Wege geleitet haben, bleibt offen, wie weit sie Staat und Gesellschaft nach westlichen Vorbildern umgestalten wollen oder können. Eine Frage aber gewann in den letzten Jahrzehnten immer größeres Gewicht in der öffentlichen Diskussion: Nähert sich die Türkei auch kulturell dem Westen an oder entwickelt sich eine eigenständige Kultur, in der der Islam eine prägende Rolle einnimmt? Dieses Problem spielt eine zentrale Rolle in der kontroversen Debatte über den EU-Beitritt der Türkei, die auch in Deutschland mit großer Leidenschaft geführt wird (M 42 a–d).

Die Regionen in Europa – das Beispiel Sachsen

Mit der zunehmenden Integration der europäischen Staaten in die EU wuchs in Politik und Gesellschaft aber auch die Sorge vor einer allzu zentralistischen Entwicklung. Viele Europäer warben daher für ein Europa der Regionen, das stärker als bisher föderalen Prinzipien gehorcht und die Interessen und Eigenarten der unterschiedlichen Regionen besser zur Geltung bringt. Allerdings verbinden sich mit der Forderung nach einem Europa der Regionen verschiedene Erwartungen und Strukturen:

1. Der Begriff „Europa der Regionen" bezeichnet sowohl die innerstaatliche als auch die grenzüberschreitende wirtschaftliche Zusammenarbeit, um wichtige Infrastrukturmaßnahmen durchzuführen. So haben sich die Alpenländer oder die Regionen um den Bodensee in einer Arbeitsgemeinschaft bzw. Konferenz organisiert, die solche Vorhaben koordiniert. Auch der Freistaat Sachsen bemüht sich um eine enge Kooperation mit den Nachbarländern Polen und Tschechien. Dabei haben sich die Gemeinden und Landkreise entlang der Grenze zu Europaregionen zusammengeschlossen; sie betätigen sich als Mittler zu den staatlichen Stellen Sachsens und seiner Nachbarn. Regionalpolitisch ebenso bedeutsam ist der Erfahrungsaustausch mit europäischen Partnerregionen, z. B. innerhalb der zahlreichen Städtepartnerschaften.

6 Europa und die Welt

2. Beim Zusammenschluss sächsischer Gemeinden und Landkreise zu Europaregionen kommt auch der Wunsch zum Ausdruck, dass sich vor allem solche Räume enger zusammenschließen sollen, die gemeinsame geografische oder ethnische, kulturelle sowie historisch entstandene Gemeinsamkeiten aufweisen. Die Europapolitik soll diese Verbundenheiten in der Wirtschaft oder der Lebensweise der Bevölkerung bei ihren Entscheidungen stärker beachten.

3. Unter Regionen versteht die Gesetzgebung der Mitgliedsstaaten und der EU aber auch Gebietskörperschaften, die unterhalb der nationalen Regierungen handeln und die über demokratisch gewählte politische Institutionen verfügen. Das gilt in der Bundesrepublik Deutschland für die Bundesländer. Bei der Ratifikation des Vertrages über die Europäische Union im Jahre 1992 änderte der Verfassunggeber den **Artikel 23 des Grundgesetzes** und garantierte den Ländern verstärkte Mitsprachemöglichkeiten an der Europapolitik des Bundes. Dieser „Europa-Artikel" macht die deutsche Zustimmung zu Änderungen des europäischen Vertragsrechts von einer Zweidrittelmehrheit im Bundesrat abhängig. Außerdem wirken die Länder über den Bundesrat grundsätzlich in Angelegenheiten der Europäischen Union mit und sind auf dem gleichen Wege an Entscheidungen des Bundes zu beteiligen, soweit sie innerstaatlich zuständig sind. Wenn geplante Gesetze der EU in die Gesetzgebungsbefugnisse der Länder eingreifen, die Einrichtung ihrer Behörden oder ihre Verwaltungsverfahren betreffen, muss die Bundesregierung die Auffassung des Bundesrates „maßgeblich berücksichtigen". Damit verfügt der Bundesrat in diesen Fällen faktisch über ein Letztentscheidungsrecht in der Frage, welche Haltung die deutschen Vertreter im Ministerrat der EU einzunehmen hat. Werden die Interessen der Länder bei der Europapolitik berührt, muss die Bundesregierung zumindest die Interessen der Länder berücksichtigen. Und bei Angelegenheiten, in denen die ausschließliche Ländergesetzgebung betroffen ist, verlangt der Artikel 23, dass die Bundesrepublik Deutschland von einem durch den Bundesrat zu benennenden Ländervertreter, z. B. einen Landesminister, repräsentiert wird.

Einer der wichtigsten Erfolge der so gestärkten Regionen bestand darin, dass sie im Vertrag von Maastricht das **Subsidiaritätsprinzip** verankern konnten, nach dem die jeweils übergeordneten Stellen der EU nur die Aufgaben an sich ziehen dürfen, die von der untergeordneten Stelle der Länder nicht erfüllt werden können. Der Maastrichter Vertrag schrieb die Einrichtung eines Ausschusses der Regionen vor, der 222 Mitglieder umfasst und den europäischen Regionen politische Mitsprache gewährt. Allerdings besitzt dieser Ausschuss keine Entscheidungskompetenz, sondern beratende Funktionen bei der Jugendbildungspolitik, der Kulturpolitik, der Gesundheitspolitik sowie bei der Gestaltung transeuropäischer Netze und der Vergabepolitik unterschiedlicher Fonds, z. B. des Regionalfonds, der der Verbesserung der Infrastruktur dient.

Die Länder sind fest entschlossen, ihre Interessen in europäischen Fragen zu wahren und durchzusetzen. Diese Aufgabe nehmen die Minister und Staatssekretäre für Europaangelegenheiten wahr. Für den Freistaat Sachsen ist das ihre Landesvertretung beim Bund, die vom Bevollmächtigten und Staatssekretär für Bundes- und Europaangelegenheiten geleitet wird. Er ist das Ohr und die Stimme des Freistaates in der Bundeshauptstadt. Überdies richtete Sachsen bei der Europäischen Gemeinschaft in Brüssel ein eigenes Büro ein, das bei den EU-Institutionen, dem Europäischen Parlament und dem Wirtschafts- und Sozialausschuss den Interessen des Freistaates Gehör verschafft.

Die EU ist eine Solidargemeinschaft, die mithilfe der Strukturpolitik den ärmeren Regionen den Anschluss an die reicheren ermöglichen will. Davon profitieren auch die neuen Länder der Bundesrepublik Deutschland, also auch Sachsen, weil sie Gelder aus dem Regionalfonds erhalten, mit denen sie ihre Infrastruktur ausbauen können.

Europas neue Rolle in der internationalen Politik Die Umbrüche in Osteuropa haben die Aufgaben der Konferenz für Sicherheit und Zusammenarbeit in Europa (KSZE, s. S. 470) bisher stärker verändert als die Aufgaben der NATO und der EU. Das liegt auch daran, dass die KSZE bisher das einzige Forum war, auf dem sich alle Staaten Europas und die USA und die UdSSR trafen. Mit der **Charta von Paris** vom November 1990 wurde die KSZE dergestalt weiterentwickelt, dass durch sie die Spaltung Europas beendet werden konnte: Vereinbart wurde die Einrichtung eines ständigen Sekretariats in Prag, eines Zentrums für Konfliktverhinderung in Wien und eines Büros für freie Wahlen in Warschau. Die Charta verpflichtete alle KSZE-Mitgliedsstaaten zur Verwirklichung von

Europa und die Welt

M 36 Die Organisation für Sicherheit und Zusammenarbeit in Europa (OSZE, bis 1994 KSZE; Stand: 2008)

1 Vergleichen Sie die Aufgaben der OSZE mit denen der WEU (s. Darstellung unten).

Menschenrechten, Demokratie und Marktwirtschaft als unverzichtbare Elemente einer europäischen Friedensordnung. Nach der offiziellen Auflösung des Warschauer Paktes im Juli 1991 und dem Ende der UdSSR im Dezember 1991 stieg die Zahl der Mitglieder auf 53 Staaten. Mit der OSZE – wie sich die KSZE seit dem 1. Januar 1995 nennt – ist jetzt ein Rahmen für eine europäische Sicherheitsstruktur geschaffen, die Konflikte innerhalb ihres Einzugsbereiches beeinflussen könnte (M 36). Von einer wirklich funktionierenden Sicherheitsstruktur zu sprechen wäre allerdings verfrüht. Dies zeigen die hilflosen Reaktionen auf die Nationalitätenkonflikte in der GUS und im ehemaligen Jugoslawien.

Neben der OSZE ist die EU die zweite europäische Sicherheitsarchitektur (M 37). Denn in den Verträgen von Maastricht (1991) verpflichtet sie sich neben wirtschaftspolitischen Grundsätzen auch zu einer Gemeinsamen Außen- und Sicherheitspolitik (GASP). Als die EU versuchte, auf die Nationalitätenkonflikte im ehemaligen Jugoslawien deeskalierend einzuwirken, zeigten sich aber auch bei ihr wie bei der OSZE Handlungsdefizite. Im Jugoslawienkonflikt wurde deutlich, wie unvereinbar zum Beispiel britische und französische Interessen waren. Wie angesichts der unverändert hohen Bewertung nationaler Interessen eine funktionierende europäische Außenpolitik zustande kommen soll, stellt eines der großen Probleme der europäischen Integration dar.

Die Frage, ob die mit militärischen Zielen 1954 aus dem Brüsseler Pakt (s.o.) hervorgegangene Westeuropäische Union (WEU) als sicherheits- und verteidigungspolitische Institution zu einem dritten Pfeiler einer europäischen Friedensordnung werden kann, ist noch offen. Mit dem Vertrag von Maastricht haben die europäischen Politiker die Absicht bekundet, die WEU zu einem „bewaffneten Arm" der Europäischen Union auszubauen, und konkrete Planungen in die Wege geleitet. Da die WEU-Einsätze nicht an einstimmige Beschlüsse des WEU-Rates, sondern nur an die Zustimmung der sich beteiligenden Staaten gebunden sind, könnte mit der Aufwertung der WEU ein sicherheits- und militärpolitisches Instrument entstehen. Es soll allerdings die NATO nicht ersetzen; die NATO wird nach wie vor für die Verteidigung der Atlantischen Gemeinschaft zuständig bleiben. Für alle anderen Fälle innerhalb wie außerhalb des NATO-Einzugsbereiches steht indes mit der WEU ein rein europäisches Instrument zur Verfügung, da anders als in der NATO die USA nicht Mitglied der WEU sind (M 38). Manche europäische Staaten sehen darin einen Vorteil. Allerdings bleibt wie bei der GASP das Problem, wie die WEU-Staaten ihre außenpolitischen Ziele auf einen Nenner bringen. Der Krieg im ehemaligen Jugoslawien konnte erst durch militärisches Eingreifen der im NATO-Auftrag operierenden USA beendet werden.

6 Europa und die Welt

Die USA und Europa

Die USA sahen die Versuche, mit der WEU und der EU eine spezifisch europäische Außen- und Sicherheitspolitik zu betreiben, sehr kritisch, hatten sie doch mehr als vierzig Jahre als Führungsmacht der NATO unter erheblichem Aufwand die Sicherheit Europas garantiert. Aus amerikanischer Sicht hatten die Auflösung des Warschauer Paktes und der Zerfall der Sowjetunion an der Funktion der NATO als Bindeglied zwischen Nordamerika und Westeuropa und als Strukturrahmen für die transatlantische Kooperation nichts geändert; die NATO blieb das Standbein für die amerikanische Europapolitik, über das Washington seinen Einfluss auf die zukünftige europäische Friedensordnung ausüben konnte. Allerdings versuchten die USA der NATO eine stärkere politische Rolle zuzuschreiben: zum Beispiel im Hinblick auf neue Herausforderungen durch regionale Konflikte oder auf das Problem der Nichtverbreitung von Massenvernichtungswaffen. Die USA und die EU lehnten – teilweise aus Rücksicht auf Russland – einen NATO-Beitritt der osteuropäischen Staaten zunächst ab. Mit der Gründung eines Nordatlantischen Kooperationsrates 1991 (seit 1997: Euro-Atlantischer Partnerschaftsrat) und der „Partnerschaft für den Frieden" (der 1995 schon 26 europäische Nicht-NATO-Staaten beigetreten waren) wurden aber Foren geschaffen, die die Beziehungen zwischen der NATO, Russland und den osteuropäischen Staaten klären können. Ein erster Schritt war 1997 die Gründung des NATO-Russland-Rats. Damit wurde Russland ein privilegierter Sonderstatus zugebilligt und der Weg frei für die Aufnahme von Beitrittsverhandlungen mit Polen, Tschechien und Ungarn, die inzwischen mit weiteren osteuropäischen Ländern Mitglied der NATO sind.

Europäische Identität

Im Jahre 2007 feierte die Europäische Union ihr 50-jähriges Bestehen. Als Gründungsdatum gilt dabei die Unterzeichnung der Römischen Verträge (M 40), die den Kern der heutigen Union bilden. Angesichts dieses Jubiläums ist oft gefragt worden, ob sich in den Mitgliedsstaaten eine übernationale europäische Identität herausgebildet hat. Fühlen sich die Bürgerinnen und Bürger der einzelnen Länder auch als Europäerinnen und Europäer? Ist Europa ein Teil ihrer Identität geworden? Damit verbunden ist eine Reihe von Einzelfragen: Wird das Bewusstsein für die gemeinsamen kulturellen Traditionen und deren kritische Aneignung künftig breitere Kreise erreichen? Welche Bedeutung wird die europäische Staatsbürgerschaft erlangen: Werden sich die nationalstaatlichen Bindungen, die seit dem 19. Jahrhundert gewachsen sind, zugunsten der europäischen lockern? Wird sich die EU gar zu einem Hoffnungsträger in Politik und Wirtschaft, in der Umwelt und im Wohlfahrtswesen entwickeln? Alle diese Fragen lassen sich jedoch nicht beantworten ohne das Wissen, was eigentlich „europäisch" sei. Darüber wird in Europa leidenschaftlich und kontrovers diskutiert (M 43 a–c), und das Ergebnis ist offen.

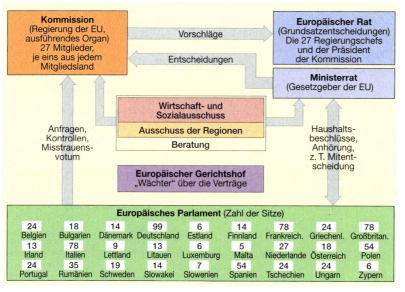

M 37 Die Europäische Union (Stand: 2008)

1 Arbeiten Sie heraus, welche Einrichtungen der Europäischen Union an der Formulierung einer gemeinsamen Außen- und Sicherheitspolitik beteiligt sind.

Europa und die Welt 6

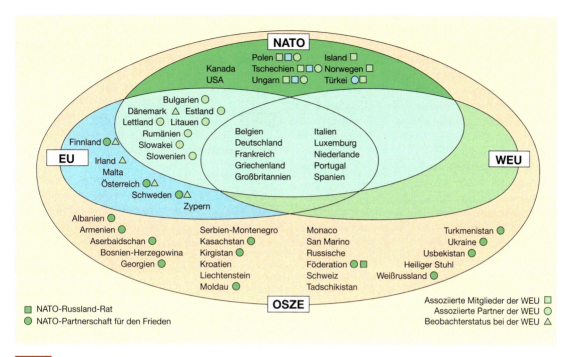

M38 Mitgliedschaft in den Institutionen der euro-atlantischen Sicherheitsordnung (Stand: 2008)

1 Erörtern Sie mit Blick auf eine europäische Außen- und Sicherheitspolitik die Handlungsspielräume der EU, der WEU und der OSZE.

M39 Auszug aus dem Projekt einer Deklaration, die im Frühjahr 1944 von europäischen Widerstandskämpfern entworfen wurde

I. Der Widerstand gegen die nationalsozialistische Unterdrückung, der die Völker Europas in einem gemeinsamen Kampf verbindet, hat zwischen ihnen eine Solidarität sowie eine Gemeinschaft der Ziele und Interessen geschaffen, die ihre ganze Bedeutung und ihre ganze Tragweite in der Tatsache sich haben niederschlagen lassen, dass die Delegierten der europäischen Widerstandsbewegungen sich zusammengefunden haben, um die gegenwärtige Deklaration zu formulieren [...]. Indem sie die wesentlichen Bestimmungen der Atlantik-Charta sich zu eigen machen, erklären sie, dass das Leben der Völker, die sie vertreten, auf die Achtung der Person, die Sicherheit, die soziale Gerechtigkeit, die umfassende Nutzung der wirtschaftlichen Hilfsquellen zugunsten der Gemeinschaft in ihrer Gesamtheit und die autonome Entfaltung des nationalen Lebens begründet sein muss.

II. Diese Ziele können nur erreicht werden, wenn die verschiedenen Länder der Welt sich bereit erklären, das Dogma der absoluten Staatssouveränität abzustreifen, indem sie sich einer gemeinsamen Bundesorganisation eingliedern. [...]

III. Der Frieden in Europa stellt den Schlüssel zum Frieden in der Welt dar. Tatsächlich ist Europa im Zeitraum einer einzigen Generation das Auslösezentrum zweier Weltkriege geworden, wobei hierfür wesentlich maßgebend war, dass auf diesem Kontinent 30 souveräne Staaten existierten. Es ist unerlässlich, gegen diese Anarchie anzugehen, indem eine Bundesordnung für die europäischen Völker geschaffen wird. Nur eine Bundesordnung wird die Teilnahme des deutschen Volkes am europäischen Leben gestatten, ohne dass es zur Gefahr für andere Völker würde. Nur eine Bundesordnung wird es gestatten, die Probleme der Grenzziehung in Gebieten mit gemischter Bevölkerung zu lösen, sodass diese Gebiete aufhören, Gegenstand irrer nationalistischer Begehrlichkeit zu sein. [...] Nur eine Bundesordnung wird die Erhaltung der demokratischen Institutionen in solcher Weise gestatten, dass die noch nicht politisch voll gereiften Völker die allgemeine Ordnung nicht gefährden können. Nur eine Bundesordnung wird den wirtschaftlichen Wiederaufbau des Kontinents und die Ausschaltung der Monopole wie der nationalen Autarkie gestatten. [...]

6 Europa und die Welt

IV. Es ist nicht möglich, schon jetzt die geografischen Grenzen einer Bundesordnung vorzusehen, die den europäischen Frieden gewährleisten soll. Jedoch ist es angebracht festzustellen, dass diese Bundesordnung von Anfang an stark und umfassend genug sein muss, um der Gefahr zu entgehen, nur die Einflusszone eines fremden Staates zu sein oder das Instrument für die Hegemoniepolitik eines Mitgliedes. Darüber hinaus muss sie von Anfang an allen Ländern offenstehen, deren Gebiet ganz oder teilweise in Europa liegt und die Mitglieder werden können oder wollen.

Die Bundesordnung muss sich auf eine Deklaration der Menschenrechte gründen, die die freie Entwicklung der menschlichen Person und das normale Funktionieren der demokratischen Funktion gewährleisten. Darüber hinaus muss sie sich auf eine Deklaration der Minderheitsrechte stützen, die eine autonome Existenz dieser Minderheiten insoweit sicherstellt, wie dies mit der Integrität der Nationalstaaten vereinbar ist, auf deren Staatsgebiet sie sich befinden. Die Bundesordnung darf nicht das Recht eines jeden Mitgliedsstaates einschränken, die ihm eigenen Probleme in Übereinstimmung mit seinen völkischen und kulturellen Eigenarten zu lösen. Jedoch werden die Staaten, in Erinnerung an die Erfahrungen und Fehlschläge des Völkerbundes, unwiderruflich an den Bund diejenigen Kompetenzen ihrer Souveränität abtreten müssen, die die Verteidigung des Territoriums, die Beziehungen mit Mächten außerhalb des Bundes, die Wirtschaftsbeziehungen und die internationalen Verbindungswege zum Gegenstand haben.

V. Der Frieden, der aus dem Krieg geboren werden soll, muss sich auf Gerechtigkeit und auf den Fortschritt gründen, nicht auf Rache und Reaktion. Dennoch wird eine unnachsichtige Einstellung gegenüber allen Kriegsverbrechen erforderlich sein, die ungestraft zu lassen eine Beleidigung für das Opfer der Kriegstoten und insbesondere der namenlosen Helden des europäischen Widerstandes wäre. Deutschland und seine Satelliten werden am wirtschaftlichen Wiederaufbau der Gebiete mitwirken müssen, die von ihnen verwüstet wurden, aber Deutschland muss geholfen werden, notwendigenfalls sogar gezwungen, seine politische und wirtschaftliche Struktur zu ändern, damit es sich dem europäischen Bunde eingliedern könne.

Centre d'action pour la Féderation européenne (Hg.), L'Europe de demain, Neuchatel 1945, S. 70 ff.

1 Arbeiten Sie heraus, auf welchen Grundsätzen und mit welchen Zielen das neue Europa errichtet werden soll.

2 Ziehen Sie aus Ihren Ergebnissen Rückschlüsse auf die politische Position der Verfasser.

3 Nehmen Sie Stellung zu den Vorstellungen über die Kompetenzen der Bundesordnung und die Einbindung Deutschlands, die in M 39 dargelegt werden.

M 40 Auszug aus den „Römischen Verträgen", mit denen 1957 die Europäische Wirtschaftsgemeinschaft (EWG) gegründet wurde

Artikel 3: Die Tätigkeit der Gemeinschaft umfasst:
a) die Abschaffung der Zölle und mengenmäßigen Beschränkungen bei der Ein- und Ausfuhr von Waren sowie aller sonstigen Maßnahmen gleicher Wirkung zwischen den Mitgliedsstaaten;
b) die Einführung eines gemeinsamen Zolltarifs und einer gemeinsamen Handelspolitik gegenüber dritten Ländern;
c) die Einführung einer gemeinsamen Politik auf dem Gebiet der Landwirtschaft; [...]
e) die Einführung einer gemeinsamen Politik auf dem Gebiet des Verkehrs;
f) die Errichtung eines Systems, das den Wettbewerb innerhalb des Gemeinsamen Marktes vor Verfälschungen schützt;
g) die Anwendung von Verfahren, welche die Koordinierung der Wirtschaftspolitik der Mitgliedsstaaten und die Behebung von Störungen im Gleichgewicht ihrer Zahlungsbilanzen ermöglichen;
h) die Angleichung der innerstaatlichen Rechtsvorschriften, soweit dies für das ordnungsgemäße Funktionieren des Gemeinsamen Marktes erforderlich ist;
i) die Schaffung eines Europäischen Sozialfonds, um die Beschäftigungsmöglichkeiten der Arbeitnehmer zu verbessern und zur Hebung ihrer Lebenshaltung beizutragen;
j) die Errichtung einer Europäischen Investitionsbank, um durch Erschließung neuer Hilfsquellen die wirtschaftliche Ausweitung in der Gemeinschaft zu erleichtern;
k) die Assoziierung der überseeischen Länder und Hoheitsgebiete, um den Handelsverkehr zu steigern und die wirtschaftliche und soziale Entwicklung durch gemeinsame Bemühungen zu fördern.

Europa, Verträge und Gesetze, Bonn 1972, S. 75 f.

1 Beurteilen Sie die Vereinbarungen, die in den Römischen Verträgen 1957 getroffen worden sind, für den weiteren Prozess der europäischen Integration.

Europa und die Welt

M41 Der Politologe Frank R. Pfetsch über die Grundzüge der Europäischen Verfassung (2005)

In den Verfassungsdebatten sowie in der informierten Öffentlichkeit zeichnen sich drei kontroverse Themen ab: Die eine Debatte dreht sich um eine Kontroverse, die seit Bestehen der Gemeinschaft die Diskussion bestimmte, nämlich die Frage nach dem Grad der Integration, die sich zwischen staatszentriertem Intergouvernementalismus einerseits und gemeinschaftsorientiertem Föderalismus andererseits abspielt. Die Intergouvernementalisten vertreten das Konzept einer losen Union, in der die Einzelstaaten das Sagen haben und somit der Ministerrat das eigentliche Organ der Union darstellt und die Zahl der Unionsmitglieder nicht von großer Bedeutung ist. Die zweite Debatte ist fokussiert auf die sozioökonomische Dimension der Union. Hier stehen sich Liberale und Sozialdemokraten gegenüber. Jene betonen die Freizügigkeit innerhalb der Union und den Freihandel außerhalb. Die ökonomische Effizienz steht im Vordergrund, Unternehmerinitiativen sollen gefördert, die Marktkräfte gestärkt werden. Auf sozialdemokratischer Seite steht die soziale Absicherung, das Wohl der abhängig Beschäftigten, kurz das soziale Europa im Mittelpunkt.

Das dritte kontroverse Thema kreist um das säkulare und das christliche Europa. Jenes ist Erbe der Aufklärung und der religiösen Toleranz verpflichtet und plädiert für die Trennung von Staat und Religion. Dieses versteht sich in der Tradition des christlichen Abendlandes stehend und will dem Christentum Verfassungsrang einräumen. Der Verweis auf den christlichen Gott ist ein Anliegen, das die Befürworter dieser Position vertreten. […]

Dieser Verfassungsentwurf wurde in der abschließenden Beratung vor allem in drei Punkten geändert:

Die Europäische Kommission wird für fünf Jahre gewählt: Ende der ersten Kommission wird die Zahl der Kommissionsmitglieder auf zwei Drittel der Mitglieder reduziert. Der Präsident der Kommission kann Mitglieder der Kommission entlassen und (zusammen mit anderen) auch den Außenminister.

Der Ministerrat beschließt mit qualifizierter Mehrheit, die 55 % der Mitglieder beträgt, vorausgesetzt, mindestens 15 Mitglieder stimmen zu und mindestens 65 % der Bevölkerung stehen hinter dem Votum.

Das Europaparlament soll maximal 750 Mitglieder umfassen, und ein einzelnes Land soll nicht mehr als 96 Mitglieder stellen können.

Als Sieger und/oder Verliererin der drei genannten Debatten lassen sich die folgenden nennen:

In der Debatte zwischen Intergouvernementalisten und Integrationisten oder Föderalisten gibt es weder Gewinner noch Verlierer: Beide Seiten haben eine Stärkung erfahren. Die Anliegen der Intergouvernementalisten wurden mit der Stärkung des Europäischen Rats durch Einrichtung eines Präsidenten und eines Außenministers sowie durch Stärkung des Mehrheitsprinzips bei Abstimmungen im Ministerrat bedient; die Föderalisten erhielten die Konkretisierung des Subsidiaritätsprinzips im Bereich der Kompetenzabgrenzung. Die vier Ebenen der Union (Union, Nationalstaaten, Regionen, Lokale Gebietskörperschaften) teilen sich die Zuständigkeit, wobei die Union nur dann in Politikbereichen tätig werden kann, wenn die anderen Ebenen dazu nicht in der Lage sind. Auch die Stärkung des zentralen Gemeinschaftsorgans der Kommission und seines Präsidenten gehört zu den Errungenschaften der Föderalisten.

In der zweiten Debatte sind die Liberalen etwas im Vorteil geblieben, es ist weder zur Verankerung sozialer Rechte (z. B. Recht auf Arbeit, Mitbestimmung) gekommen noch zur Stärkung der Zuständigkeit der Union in der Sozialpolitik. Zwar gehören sozialer Fortschritt, Gerechtigkeit und Solidarität zu den Zielen der Union, ihre Zuständigkeit teilt sie mit den Mitgliedsstaaten. Die Union hat in der Sozialpolitik lediglich eine Koordinierungsfunktion. Den Wohlstand der Unionsbürger sehen die Konventmitglieder aber vor allem im Wirtschaftswachstum einer wettbewerbsfähigen sozialen Marktwirtschaft.

Die dritte Debatte hat einen eindeutigen Sieg der Säkularisten erbracht: Das Christentum oder der Verweis auf den christlichen Gott, wie es einige gefordert haben, hat keinen Eingang in den Verfassungstext gefunden. Stattdessen ist in der Präambel von den „kulturellen, religiösen und humanistischen Überlieferungen" die Rede. Wohl tangieren die Werte der Union „Menschenwürde, Freiheit, Demokratie, Gleichheit, Rechtstaatlichkeit und die Wahrung der Menschenrechte", wie sie in Art. 2 beschrieben sind, Werte, die im Christentum hochgehalten werden, jedoch sind diese auch in anderen Religionen zu finden, sodass die exklusive Zuständigkeit des Christentums hierzu vermieden wurde.

Frank R. Pfetsch, Die Europäische Union. Geschichte, Institutionen, Prozesse, Wilhelm Fink Verlag, München ³2005, S. 358–362

1 a) Erläutern Sie die zentralen Streitpunkte in der Diskussion um die EU-Verfassung.
b) Arbeiten Sie die wichtigsten Strukturelemente der EU-Verfassung heraus (M 41).

6 Europa und die Welt

M42 EU-Staat Türkei – eine Debatte

a) Der Historiker Hans-Ulrich Wehler (2002)

Soll der Türkei tatsächlich der Weg in die EU frei gemacht werden? Ist es politisch klug, historisch begründet, vor allem aber vom Ergebnis her legitimierbar, sich auf dieses riskanteste Unternehmen in der Geschichte der europäischen Einigung einzulassen? [...]
1. Die EU hat bisher nicht riskiert, ihre Grenzen im Osten, im Südosten und Süden zu definieren. Im Norden und Westen gibt es keine Probleme, doch im Süden müsste klargestellt werden, dass weder die maghrebinischen Staaten noch der Nahe Osten und Israel zu Europa gehören. Die Hauptprobleme tun sich im Osten und Südosten auf. Die Ukraine, Weißrussland und Russland sollten zwar an Europa gebunden, ihre Stabilisierung nach Kräften unterstützt werden. Sie sind indes kein Teil Europas und gehören deshalb nicht in die EU. Sie haben Europa zwar manchmal massiv beeinflusst, aber die jüdisch-griechisch-römische Antike, die protestantische Reformation und die Renaissance, die Aufklärung und die Wissenschaftsrevolution haben diese Länder nicht geprägt. Diese Einwände gegen einen EU-Beitritt stechen noch mehr, wenn es um die Türkei geht.
2. Das muslimische Osmanenreich hat rund 450 Jahre lang gegen das christliche Europa nahezu unablässig Krieg geführt; einmal standen seine Heere sogar vor den Toren Wiens. Das ist im Kollektivgedächtnis der europäischen Völker, aber auch der Türkei tief verankert. Es spricht darum nichts dafür, eine solche Inkarnation der Gegnerschaft in die EU aufzunehmen. Das mag man noch als Vorurteil eines Historikers abtun. Doch ändert das nichts an dem Tatbestand, dass eine politische Union über Kulturgrenzen hinweg noch nie und nirgendwo Bestand gehabt hat. [...]
4. Warum sollte, da nach europäischen Kriterien rund 30 Prozent des türkischen Arbeitskräftepotenzials als arbeitslos gelten, einem anatolischen Millionenheer die Freizügigkeit in die EU eröffnet werden? Überall in Europa erweisen sich muslimische Minderheiten als nicht assimilierbar und igeln sich in ihrer Subkultur ein. [...] Die Zahl von 67 Millionen Türken [...], die sich aufgrund der demografischen Explosion mit einem Zuwachs von etwa 2,4 Prozent pro Jahr dramatisch weiter erhöht, übertrifft bereits die Anzahl der europäischen Protestanten. Im Fall eines Beitritts um 2012/14 stellten 90 Millionen Türken die größte Bevölkerung eines EU-Mitgliedsstaates. Das könnte den Anspruch auf finanzielle Sonderleistungen und eine politische Führungsrolle begründen. [...]
6. Die Osterweiterung der EU wird und muss kommen, damit diese Zone Europas endlich politisch stabilisiert und gewissermaßen nach Europa heimgeholt wird. [...] Wie aber kann man, da diese enorme Belastung längst klar erkennbar ist, politisch so von Sinnen sein, dass man sich die völlige Überdehnung aller restlichen Ressourcen auflädt, da doch die EU-Mitgliedschaft der Türkei geradewegs in die finale Zerreißprobe hineinführen muss?
7. Das bestürzende Demokratiedefizit, das die Beitrittsgeschichte der Türkei kennzeichnet, wirft ein grelles Licht auf die Missachtung des Souveräns und seiner gewählten Vertreter. [...]
8. Käme es trotz aller erdrückenden Gegenargumente dennoch zur Eröffnung von Beitrittsverhandlungen mit diesem muslimischen Großland, würde sich eine Euroskepsis ausbreiten. [...]
Anstatt Beitrittsverhandlungen zu erwägen, sollte man endlich über Kompensationen nachdenken, wie durch Assoziation, Zollunion, Finanzhilfen und andere Kooperationsformen die türkische Enttäuschung über die gebotene Absage auf längere Sicht auszugleichen wäre und der Türkei auf ihrem Weg in die westliche Moderne geholfen werden könnte.

Hans-Ulrich Wehler; Das Türkenproblem, in: Die Zeit, 12. September 2002

b) Mehmet Ali Birand, Chefkommentator des TV-Senders CNN Tür (2002)

Ich war gerade 18 Jahre alt geworden, als die Türkei und Griechenland 1959 um den Beitritt zur Europäischen Wirtschaftsgemeinschaft (EWG) ersuchten, so hieß die heutige Europäische Union damals. [...] Die Türkei und Griechenland hatten damit die EWG der EFTA (Europäischen Freihandelszone), die unter britischer Vorherrschaft stand, vorgezogen. [...]
Inzwischen bemüht sich die Türkei seit 43 Jahren um die volle Mitgliedschaft. [...]
Ankara will in Kopenhagen [im Dezember 2002] wenigstens ein konkretes Datum für Beitrittsverhandlungen erhalten, aber es gibt großen Widerstand dagegen in konservativen Kreisen Europas. Es ist, als ob sie zum ersten Mal entdeckten, dass die Mehrzahl der Türken Muslime sind. Die Konservativen sprechen von kulturellen Differenzen; davon, dass der größte Teil der Türkei in Asien liege, dass die Demokratie noch nicht gefestigt und die Türkei groß, bevölkerungsreich und ein sehr armes Land sei.
Die öffentliche Meinung in der Türkei betrachtet den Gipfel von Kopenhagen als historischen Scheideweg für die Beziehungen zu Europa. Sollte es kein konkretes Datum geben, wird das zu einer immensen Enttäuschung führen. Die Türken werden den Schluss ziehen, dass Europa ihnen 43 Jahre lang falsche Hoffnungen

Europa und die Welt 6

gemacht hat. Das Gefühl, im Kalten Krieg ausgenutzt worden zu sein und jetzt als überflüssig abgelehnt zu werden, wird sich noch mehr verbreiten. Die Türkei wird sich selber isolieren. Die demokratischen Kräfte im Land werden geschwächt werden, die Identitätskrise wird sich verschärfen.

Sollte es in Kopenhagen kein konkretes Datum geben, wird dies einer negativen Botschaft für die gesamte islamische Welt gleichkommen. Der Ausschluss der Türkei wird der islamischen Bewegung in der Türkei sowie der gesamten islamischen Welt zeigen, dass die EU ein christlicher Klub ist, in dem Muslime keinen Platz haben. Radikale islamistische Zirkel werden durch den Ausschluss des türkischen Modells an Stärke gewinnen. Der 43 Jahre alte Traum wird zu einem Albtraum werden. Die Zeit für Europa ist gekommen, sich endgültig zu entscheiden.

Mehmet Ali Birand, Ein christlicher Klub, in: Die Zeit; 5. Dezember 2002

c) „Die Türken vor Brüssel", Karikatur von Luis Murschetz, Deutschland, 2002

d) Der Publizist Gustav Seibt (2003)

Es ist die Stunde der kollektiven Zuschreibungen, und wenn wir nicht aufpassen, dann bekommen wir den Kampf der Kulturen, den wir nicht wollen: nicht die unvermeidliche Auseinandersetzung über Werte und Lebensformen, sondern die Frontstellung von ganzen Regionen und Bevölkerungsgruppen. [...]

Der Terror erzeugt überall, wo er auftritt, den Wunsch nach Quarantäne [...], die Entflechtung von islamischer Welt und Westen. [...] Die Quarantänesehnsüchte, die diese trotz allem ausweglos wirkende Situation auslöst, haben in Europa zwei unterschiedliche, aber oft sich verbindende Gestalten: die wehrhafte und die sich pazifistisch gebende. Der wehrhafte Wunsch nach Quarantäne will Mauer, Einwanderungsbeschränkungen, ein Europa mit historischer Identität. Die pazifistische, genauer: die kulturrelativistische Version des Abschottungswunsches zweifelt an der Möglichkeit, islamische Länder im westlichen Sinn zu demokratisieren. [...]

Diese Widersprüche lösen sich auf, wenn man einsieht, dass eine Trennung in Wirklichkeit keine Option mehr ist, weil der Westen und Europa längst viel zu tief in die islamische Welt verstrickt sind, und wenn man auf die Überzeugungskraft westlicher Lebensformen und Werte vertraut. Sie werden allerdings in Verbindung mit dem Islam historisch neuartige Gestalten annehmen müssen. In der Auseinandersetzung der Kulturen kann es Sieg oder Niederlage nicht geben, sondern immer nur neue Symbiosen. [...]

Was folgt daraus für Europa? Alles spricht dafür, die mühselige und riskante Aufgabe anzugehen, die Türkei in die Europäische Union zu integrieren oder sie jedenfalls aufs Engste anzubinden; gewiss nicht automatisch und wohl kaum zu denselben Bedingungen wie Griechenland oder Polen und jedenfalls mit Berücksichtigung des ökonomisch Machbaren. Aber auf längere weltpolitische Sicht führt wohl kein Weg daran vorbei. Die Chance, welche die gegenwärtige Mäßigung des rabiaten, militärisch geprägten Säkularismus der Türkei durch eine islamisch-konservative, aber demokratische Partei bietet, sollte nicht verschenkt werden. Istanbul, das alte Konstantinopel, ist auch eine europäische Stadt, und die Türkei kann zum überzeugenden Vorposten der Demokratie in der islamischen Welt werden.

Gustav Seibt, In weltpolitischer Perspektive, in: Süddeutsche Zeitung, 29./30. November 2003

1 Der Karikaturist spielt in M 42 c mit der Figur des Münchhausen. Interpretieren Sie, hiervon ausgehend, die Karikatur.

2 Erarbeiten Sie in Gruppenarbeit die Positionen der Autoren zum EU-Beitritt der Türkei und diskutieren Sie diese (M 42 a, b, d).

3 a) Führen Sie im Kurs/in der Klasse eine Umfrage zum EU-Beitritt der Türkei durch. Neben einem Ja/Nein sollte jede/-r drei Argumente aufführen.
b) Halten Sie das Wahlergebnis fest.

4 Bilden Sie einen EU-Gipfel und verfassen Sie auf der Basis des Abstimmungsergebnisses und der vorgebrachten Argumente ein Beschlusspapier zur Frage des EU-Beitritts der Türkei. Gehen Sie dabei auch auf die Identität der EU ein.

6 Europa und die Welt

M43 Was ist „europäisch"? Antworten auf die Frage nach der „europäischen" Identität

a) Der italienische Philosoph Gianni Vattimo (1994)

Wenn es heute eine europäische Identität gibt, dann ist es eine Identität der Differenzen. Europa ist ja in seiner Geschichte dadurch entstanden, dass es sich auf die Idee seiner Unterschiede gründete; erst auf diesem
5 Boden ist die Idee einer einheitlichen Kultur entstanden und gewachsen. In einer anderen Welt gibt es dieses Konzept nicht: Der Gedanke einer einheitlichen Kultur hat sich durch eine ständige Diskussion über und zwischen verschiedenen Identitäten herausgebil-
10 det. Europa rekonstruiert sich also durch einen ökonomischen Prozess hindurch als eine kulturelle Einheit. Die beiden Dimensionen Ökonomie und Kultur sind in Wirklichkeit engstens miteinander verbunden: Die europäische Kultur organisiert sich ja gleichsam wie
15 ein Markt, auf dem jeder in einer Art freiem Wettbewerb oder freier Konfrontation das Seine anbietet. Darin liegt weniger eine Begrenzung als vielmehr ein Vorteil.

Zit. nach: Hans-W. Ballhausen u. a., Geschichte und Geschehen II, Oberstufe Ausgabe A/B, Klett, Stuttgart 1995, S. 523

b) Aus der Rede des früheren Staatspräsidenten von Tschechien, Vaclav Havel, gehalten am 8. März 1994 vor dem Europäischen Parlament in Straßburg

Die Europäische Union beruht auf einem großen Ensemble zivilisatorischer Werte, deren Wurzeln zweifellos auf die Antike und das Christentum zurückgehen und die sich durch zwei Jahrtausende hindurch zu der
5 Gestalt entwickelt haben, die wir heute als die Grundlagen der modernen Demokratie, des Rechtsstaates und der Bürgergesellschaft begreifen. Das Ensemble dieser Werte hat sein klar umrissenes sittliches Fundament und seine manifeste metaphysische Veranke-
10 rung, und zwar ungeachtet dessen, inwieweit der moderne Mensch sich das eingesteht oder nicht. Man kann also nicht sagen, der Europäischen Union mangele es an einem eigenen Geist, aus dem alle ihre konkreten Prinzipien, auf denen sie beruht, hervorgegan-
15 gen sind. Nur scheint es, dass dieser Geist zu wenig sichtbar wird. So, als ob er sich hinter all den Bergen von systematisierenden, technischen, administrativen, ökonomischen, wechselkursregelnden und sonstigen Maßnahmen, in die er eingegangen ist, allzu gründ-
20 lich verberge. Und so kann bei manchen Menschen der durchaus begreifliche Eindruck entstehen, die Europäische Union bestehe – etwas vulgarisierend [= oberflächlich] formuliert – aus nichts anderem als aus endlosen Debatten darüber, wie viele Mohrrüben irgendwer irgendwoher irgendwohin ausführen darf, 25 wer diese Ausfuhrmenge festlegt, wer sie kontrolliert und wer im Bedarfsfall den Sünder zur Rechenschaft zieht, der gegen die erlassenen Vorschriften verstößt. [...]
Deswegen scheint mir, dass die wichtigste Anforde- 30 rung, vor welche die Europäische Union sich heute gestellt sieht, in einer neuen und unmissverständlich klaren Selbstreflexion dessen besteht, was man europäische Identität nennen könnte, in einer neuen und wirklich klaren Artikulation europäischer Verantwort- 35 lichkeit, in verstärktem Interesse an einer eigentlichen Sinngebung der europäischen Integration und aller ihrer weiteren Zusammenhänge in der Welt von heute und in der Wiedergewinnung ihres Ethos oder – wenn Sie so wollen – ihres Charismas. 40
Wenn die Einwohner Europas begreifen, dass es sich hier nicht um ein bürokratisches Monstrum handelt, das ihre Eigenständigkeit einschränken oder gar leugnen möchte, sondern lediglich um einen neuen Typus menschlicher Gemeinschaft, der ihre Freiheit vielmehr 45 wesentlich erweitert, dann braucht der Europäischen Union um ihre Zukunft nicht bange zu sein.

Vaclav Havel, Über europäische Identität, Rede vor dem Europäischen Parlament vom 8. März 1994, zit. nach: www.europaweb.de/europa/02wwswww/203chart/chartade.htm (26. Januar 2004)

c) Der deutsche Historiker Jürgen Kocka (2002)

Man weiß aus der Geschichte, wie normal der Krieg als Geburtshelfer von Nationalstaaten ist. Kaum einer der westlichen Nationalstaaten ist ohne Krieg entstanden. Der Kampf mit anderen förderte die eigene Identität. Die Erinnerung an Blut, Sieg oder Niederlage, an Tri- 5 umphe und Katastrophen hat im kollektiven Gedächtnis der Nationen immer eine zentrale Rolle gespielt, oft mythisch überhöht, in Denkmälern verkörpert, auch instrumentalisiert. Das stärkte den inneren Zusammenhalt, bis hin zur Bereitschaft der Einzelnen, für ihr 10 Land, falls nötig, zu sterben. Kann sich eine europäische Identität, eine staatsähnliche europäische Union ohne die Geburtshilfe des Krieges herausbilden – auf Dauer, stabil und verankert nicht nur in den Köpfen, sondern auch in den Herzen der Europäer? 15
Die kurze Antwort: Krieg und Kriegsgefahr haben bereits kräftig zur Herausbildung eines europäischen Selbstverständnisses, eines europäischen Zusammenhalts beigetragen. [...]
Aber zwei entscheidende Einschränkungen sind am 20 Platz. Erstens antworten der Appell an Europa, die

Europa und die Welt

Hoffnung auf Europa, die Betonung der europäischen Gemeinsamkeit meist nicht auf die Erfahrung des Kriegs mit anderen, sondern auf das Leiden am Krieg innerhalb Europas. Auf die blutigen Religionskriege und den Dreißigjährigen Krieg folgten Beschwörungen Europas als eines gemeinsamen Friedensraums. Nachdem Ludwig XIV. und Napoleon Europa mit Kriegen überzogen hatten, wurde im Gegenzug die Besinnung auf das gemeinsame Europa stärker. Auch die beiden Weltkriege des 20. Jahrhunderts, die Schübe des Europabewusstseins und der Europabewegung auslösten, waren zunächst und vor allem innereuropäische Kriege. In den folgenden Generationen hat die Furcht vor einer Wiederkehr der blutigen Exzesse des Nationalismus dazu geführt, auf die Vereinigung Europas zu setzen. Weniger der äußere Feind als vielmehr die innere Zwietracht hat blutige Geburtshelferdienste für Europa geleistet.

Zweitens sollte die Analogie zwischen Nationalstaatsbildung und europäischer Integration nicht überstrapaziert werden. Die europäische Integration verläuft in vieler Hinsicht anders als die Konstituierung der Nationalstaaten. Sie ist etwas Neues und historische Parallelen zu ziehen führt deshalb rasch in die Irre. Insgesamt ist die Hoffnung berechtigt, dass sich europäische Identität und Europäische Union zukünftig ohne den großen äußeren Feind vorantreiben lassen, ohne Krieg und ohne den Zusammenstoß der Zivilisationen [...]. Ohne Krieg wird es hoffentlich gehen, ohne Differenz und Differenzbestimmung aber nicht. Europabewusstsein bildete sich im Vergleich, im Selbstvergleich mit anderen heraus, durch Betonung der Unterschiede zwischen Europa und den nicht-europäischen Teilen der Welt. [...]

Zwei Referenzregionen sind heute wie früher zentral: die islamische Welt und das nördliche Amerika. Die ausgeprägte Differenz zwischen Europa und der islamischen Welt ist unübersehbar, erfahrbar und nicht wegzureden. Die Differenz zu Amerika ist subtiler, fragwürdiger und ungesicherter. Zur Befestigung europäischer Identität und gesamteuropäischer Handlungsfähigkeit ist die Abgrenzung gegenüber Amerika jedoch unabdingbar, auch wenn in Bezug auf grundsätzliche Werte Übereinstimmung besteht. An relevanten amerikanisch-europäischen Unterschieden fehlt es keineswegs. Europa hat auf dem Weg zu seiner Einheit mit erheblich mehr eingeschliffener und institutionalisierter Vielfalt von Nationen und Traditionen zurechtzukommen. Anders als in Amerika ist der europäische Einigungsversuch durch die Erfahrung vorangegangener Katastrophen geprägt. Er ist der Versuch, daraus zu lernen. Das Verhältnis von individueller Freiheit und Solidarität, von Konkurrenz und Wohlfahrt wird in Europa anders bestimmt als in den USA. Durch den Sozialstaat unterscheiden wir uns von den Amerikanern. Dessen gegenwärtige Krise gefährdet nicht nur Wachstum und Wohlstand, sondern auch das sich mühsam herausbildende europäische Selbstbewusstsein. Leider sieht es jedoch zurzeit nicht danach aus, dass der nötige Umbau des Sozialstaats gelingen wird.

Jürgen Kocka, Wo liegst Du, Europa?, in: Die Zeit, 28. November 2002, zit. nach: www.zeit.de/archiv/2002/49/Essay_Kocka (26. Januar 2004)

1 Gruppenarbeit: a) Arbeiten Sie in arbeitsteiliger Gruppenarbeit die zentralen Merkmale der Vorstellungen europäischer Identität bei Vattimo (M 43 a), Havel (M 43 b) und Kocka (M 43 c) heraus.
b) Vergleichen Sie die Konzepte europäischer Identität (M 43 a–c) miteinander. Welche Rolle spielt z. B. die Geschichte?
c) Diskutieren Sie mithilfe der Materialien (M 43 a–c), ob sich bereits eine „europäische" Identität herausgebildet hat. Zeigen Sie anhand von Beispielen, wo es (noch) Unterschiede gibt. Erörtern Sie abschließend, ob weitere Annäherungen sinnvoll und wünschenswert sind.

6 Europa und die Welt

6 Neue Herausforderungen der Weltgemeinschaft

6.1 Dekolonisation und Überwindung des Nord-Süd-Gefälles

Anfänge der Dekolonisation

Die europäischen Kolonialreiche, die seit der Entdeckung Amerikas und dem 1880 einsetzenden Hochimperialismus entstanden waren, erlangten zwischen den beiden Weltkriegen des 20. Jahrhunderts ihre größte Ausdehnung. In dieser Zeit begann gleichzeitig der Prozess der Dekolonisation (M 44). Die so bezeichnete Ablösung der Kolonien vom jeweiligen „Mutterland" durch Verhandlungen, Aufstände oder Kriege wurde maßgeblich durch den **Ersten Weltkrieg** beschleunigt. Die Kolonien verlangten die staatliche Souveränität dafür, dass sie den Kolonialmächten Soldaten und Zwangsarbeiter zur Verfügung stellten. Ihre Forderung begründeten die Kolonialvölker außerdem mit dem **Recht auf nationale Selbstbestimmung**. Dabei konnten sie sich auf die „14 Punkte" Wilsons (s. S. 150) und das während der Oktoberrevolution in Russland 1917 von Wladimir I. Lenin (1870–1924) proklamierte „Dekret für den Frieden" berufen. Beide Dokumente erklärten das nationale Selbstbestimmungsrecht zur Grundlage der internationalen Staatenordnung.

Die Siegerstaaten des Ersten Weltkrieges formulierten in Artikel 22 des **Völkerbundvertrages** von 1919 einen mühsam ausgehandelten Kompromiss in der Kolonialfrage. Das nationale Selbstbestimmungsrecht galt danach weder für die Kolonien, die den Verliererstaaten Deutschland und Italien aberkannt wurden, noch für die arabischen Teile des Osmanischen Reiches. Sie wurden stattdessen als „Treuhandgebiete" der internationalen Kontrolle des Völkerbundes unterstellt und waren damit formell keine Kolonien mehr.

Während die Verlierer des Ersten Weltkrieges auf ihre Kolonien verzichten mussten, waren die Sieger dazu nicht bereit. Großbritannien gestand seiner Kolonie **Indien** lediglich ein Stück Selbstverwaltung zu, was die Inder jedoch nicht zufrieden stellte. Deshalb begann **Mahatma Gandhi** (1869–1948) mit seinem gewaltfreien Widerstand gegen die britische Kolonialherrschaft und erregte damit weltweites Aufsehen.

Folgen des Zweiten Weltkrieges

Im **Zweiten Weltkrieg** erlitten die bedeutendsten Kolonialmächte Frankreich und Großbritannien demütigende Niederlagen – besonders in Südostasien und China gegen die neue Industriemacht Japan. Dadurch geschwächt mussten Briten und Franzosen den unterworfenen Völkern Zugeständnisse machen, die vor Kriegsbeginn noch undenkbar schienen. Die USA und die Sowjetunion, die sich als antikoloniale Mächte zu profilieren versuchten und bei den Unabhängigkeitsbewegungen Sympathien sammeln wollten, trieben die Dekolonisation zusätzlich voran. US-Präsident Franklin D. Roosevelt hatte schon in der Atlantikcharta vom 14. August 1941 gegen heftigen britischen Widerstand das allgemeine Selbstbestimmungsrecht der Völker festgeschrieben. Allerdings blieb die Politik der USA halbherzig. Bei den Verhandlungen über die Charta der Vereinten Nationen 1945 (s. S. 457) verzichteten sie auf Wunsch Großbritanniens darauf, das neue UN-Treuhandsystem auf alle Kolonien anzuwenden. Die USA konnten jedoch den Artikel 73 durchsetzen. Er verpflichtete die Kolonialmächte dazu, das Wohl der noch abhängigen Völker „aufs Äußerste" zu fördern und die „Selbstregierung zu entwickeln". Die Allgemeine Erklärung der Menschenrechte 1948 bekräftigte diesen Auftrag.

Aber auch die Kolonialvölker selbst kämpften nach dem Zweiten Weltkrieg für ihre Befreiung. Den Anstoß für den **antikolonialen Widerstand** gaben häufig nationalistische Eliten, die sich oft mit **sozialrevolutionären Bewegungen** verbündeten. So organisierte in Vietnam Ho Chi Minh den Kampf der „Vietminh" gegen Frankreich, indem er das Streben nach nationaler Unabhängigkeit mit dem Kampf für eine neue gerechtere Gesellschaftsordnung verknüpfte.

Die westlichen Industriestaaten betrachteten den antikapitalistischen Kampf der kolonialen Unabhängigkeitsbewegungen bzw. ihr Bekenntnis zum Kommunismus mit großem Argwohn. Dieser verstärkte sich während des Ost-West-Konfliktes (s. S. 466 ff.), da Erfolge kommunistischer Befreiungsbewegungen als Erfolge der Sowjetunion im Kampf um die Weltherrschaft interpretiert wurden. Wirtschaftshilfe oder militärische Unterstützung besaßen für den „Westen" wie für den

Europa und die Welt 6

„Osten" im Kalten Krieg daher stets auch eine wichtige politische Funktion: Es ging nicht nur um die Bekämpfung von Armut, sondern auch um die Stärkung und den Ausbau des jeweils eigenen Machtbereichs in der Welt.

Zahlreiche Länder in Afrika und Asien versuchten deswegen, sich keinem der Machtblöcke im Ost-West-Konflikt anzuschließen. Um ihre eigenen Interessen wirkungsvoller zu vertreten, schlossen sie sich der Bewegung der Blockfreien an. Aus diesem Versuch, einen „dritten Weg" zwischen den Blöcken zu finden, leitete sich bald die allgemeine Bezeichnung „Dritte Welt" – in Abgrenzung zur „Ersten Welt", den Industriestaaten, und zur „Zweiten Welt", den sozialistischen Staaten – für diese Staaten ab. Sie verurteilten den Kolonialismus, die Rassendiskriminierung und sprachen sich auch gegen Atomwaffen aus. Ein wichtiger Schritt zur Organisation dieser Bewegung war die Bandung-Konferenz in Indonesien im April 1955. Auf ihr versammelten sich bereits vierundzwanzig asiatische, aber erst fünf afrikanische Staaten. Die Dekolonisationswelle sollte Afrika erst in den 1960er-Jahren erfassen. Wortführer der Blockfreien waren der ägyptische Präsident Gamal Abdel Nasser (1918–1964), der indonesische Präsident Sukarno (1901–1970), der indische Ministerpräsident Jawaharlal Nehru (1889–1964) und Josip Tito (1892–1980), der Präsident des blockfreien Jugoslawiens.

Verlauf der Dekolonisation

Im Südosten Asiens waren im Zweiten Weltkrieg die Japaner häufig als Befreier vom kolonialen Joch gefeiert worden. Sie förderten – während ihrer oft brutalen Besetzung – nationalistische Bewegungen und gewährte lokale Autonomie. Nach dem japanischen Abzug traten westlich erzogene Eliten mit revolutionären Befreiungsprogrammen gegen die Kolonialmächte auf. Die Philippinen erhielten 1946 von den USA die Unabhängigkeit, die Niederlande entließen nach vier Jahren Krieg Indonesien 1949 in die Unabhängigkeit.

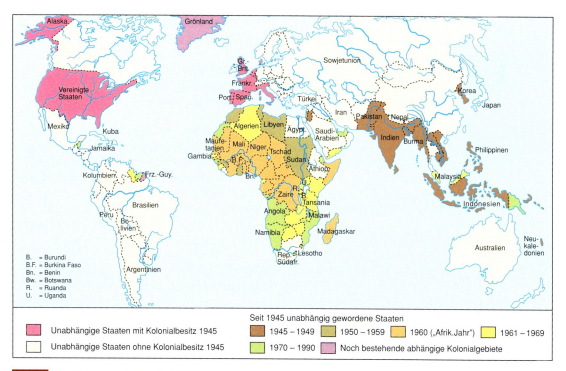

M44 Dekolonisation seit 1918

1 Arbeiten Sie aus der Karte (M44) die wichtigsten Phasen der Dekolonisation heraus und beschreiben Sie deren jeweilige Merkmale. Welche Phasen im Prozess der Dekolonisation gehen aus der Karte nicht hervor? Ziehen Sie auch die Darstellung heran.

6 Europa und die Welt

M 45 „Tanz in die Unabhängigkeit", März 1957, Fotografie. Der erste Staatspräsident von Ghana, Kwame Nkrumah, beim Tanz mit der Herzogin von Kent, die bei den Unabhängigkeitsfeierlichkeiten im Jahre 1957 die britische Königin vertrat.

Bereits im August 1947 waren Indien und Pakistan souveräne Staaten geworden, nachdem im „Mutterland" Großbritannien eine sozialistische die konservative Regierung unter Churchill abgelöst hatte. Das war auch ein Erfolg des indischen Unabhängigkeitskampfes, der nicht nur geprägt worden war durch den gewaltlosen Protest Mahatma Gandhis, sondern auch durch gewaltsame Aktionen. Im August 1942 und im November 1945 waren in allen größeren Städten Indiens antikoloniale Unruhen ausgebrochen, und im Februar 1946 gab es Meutereien in der britisch-indischen Marine, der wichtigsten Stütze britischer Herrschaft. Außerdem wurde die Teilung Britisch-Indiens in die Staaten Indien und Pakistan 1947 von Gewalttaten zwischen Hindus und Muslimen – denen auch Gandhi zum Opfer fiel – und riesigen Flüchtlingswellen begleitet.

Auch in **Afrika** forderten die neuen Eliten politische Mitsprache, gelegentlich sogar gegen die traditionellen einheimischen Autoritäten. Auf Missionsschulen und britischen oder französischen Universitäten hatten diese neuen Eliten die Ideen der Französischen Revolution, des britischen Parlamentarismus oder des Marxismus-Leninismus kennen gelernt. Zwar waren die frühen antikolonialen Aufstände auf Madagaskar (1947), in Kamerun (1955) und in Angola (seit 1961) eher die Ausnahme als die Regel in der afrikanischen Dekolonisation; aber dieser Prozess entwickelte eine Eigendynamik. Beginnend mit der Unabhängigkeit Ghanas 1957 wurde die letzte Dekolonisationswelle in den 1960er-Jahren eingeleitet und Mitte der 1970er-Jahre mit der Unabhängigkeit Angolas und Mosambiks abgeschlossen.

Politik der Kolonialmächte Um dem wachsenden Unabhängigkeitsstreben der Kolonialvölker die Spitze zu nehmen, erklärte **Frankreich** 1946 zunächst alle Einwohner seiner Kolonien zu gleichberechtigten französischen Bürgern. Die Unabhängigkeitsbestrebungen waren aber nicht mehr zu stoppen – auch nicht durch die Gewährung innerer Autonomie in einem von Frankreich geführten Staatenbund. Zum Trauma für Frankreich entwickelte sich der **Algerienkrieg** (1954–1962), der von Frankreich mit brutalen und terroristischen Mitteln geführt worden war und vor allem unter der Zivilbevölkerung unzählige Opfer forderte (M 47 a–c). Dieser Krieg bewirkte in der Weltöffentlichkeit einen großen Ansehensverlust Frankreichs, das seine Kolonialpolitik immer mit seiner „zivilisatorischen Mission" begründet hatte. Ähnlich verlief die Entwicklung 1958 in Guinea. Ungeachtet der harten kolonialpolitischen Haltung ist die Bindung der ehemaligen französischen Kolonien an Frankreich stärker geblieben als die der ehemals britischen Kolonien an Großbritannien im Rahmen des „Commonwealth of Nations". Bis in die Gegenwart spielt Frank-

Europa und die Welt 6

M46 Euphorie in Südafrika, Karikatur, 1994

reich daher in den Staaten West- und Zentralafrikas eine wichtige politische und wirtschaftliche Rolle.

Für den Prozess der schrittweisen „Entlassung" in die Unabhängigkeit von **Großbritannien** steht modellhaft das westafrikanische Ghana unter **Kwame Nkrumah** (1909–1972). Er gründete nach dem Zweiten Weltkrieg eine gewaltfreie Unabhängigkeitsbewegung und übernahm im Einvernehmen mit der britischen Kolonialmacht 1951 die Regierungsgewalt, die sich zunächst auf die innere Autonomie beschränkte und 1957 zur vollen Souveränität ausgeweitet wurde. Nkrumah war ein typischer Vertreter der Eliten in den jungen Staaten Afrikas, die an Missionsschulen ausgebildet wurden und an westlichen Universitäten studiert hatten.

Die Dekolonisation gestaltete sich vor allem dort schwierig, wo weiße Bevölkerungsgruppen Herrschaftspositionen räumen und Privilegien aufgeben mussten wie in Kenia, Rhodesien, Namibia und Südafrika. In Südafrika wurde erst 1994 nach Jahren der Apartheid die Vorherrschaft der weißen Buren (Nachfahren niederländischer Siedler) beendet. Freie und allgemeine Wahlen fanden statt, aus denen **Nelson Mandela** (geb. 1918), der Führer des ANC (African National Congress), der jahrzehntelang für die Gleichberechtigung der Schwarzen gekämpft hatte, als Präsident hervorging (M 46).

Portugal sperrte sich am längsten gegen die Auflösung seines Kolonialreiches. Jahrelange Guerillakriege prägten in Angola, Mosambik und Guinea-Bissau den Unabhängigkeitskampf der Kolonien. Dabei unterstützten die Sowjetunion und das kommunistische Kuba die Befreiungsbewegungen, während die Westmächte und Südafrika den Portugiesen halfen. Die Niederlage der demoralisierten portugiesischen Armee hatte enorme Auswirkungen auf das Mutterland. In der sogenannten „Nelkenrevolution" von 1974 wurde die Diktatur Salazars durch „linke" Militärs beendet, die den Aufbau einer Demokratie einleiteten (M 44).

Folgen der Dekolonisation Nach dem Kampf um die politische Unabhängigkeit stand in vielen der jungen Staaten die Organisation einer erfolgreichen Volkswirtschaft auf der Tagesordnung. Dabei gingen die Länder der Dritten Welt ganz unterschiedliche Wege. Im Jahr 1960 schlossen sich die **Ölländer** zur OPEC (Organization of the Petroleum Exporting Countries) zusammen. Damals lag die Erdölförderung noch ganz in den Händen großer multinationaler Konzerne der westlichen Länder. Seit 1950 hatten aber die Förderländer, die in kolonialen Zeiten kein Geld für ihre Rohstoffe bekommen hatten, nach und nach höhere Gewinn- und Kapitalbeteili-

6 Europa und die Welt

gungen erkämpft. Der israelisch-arabische Krieg von 1973 beschleunigte die Neuordnung des Ölgeschäfts: Die Verstaatlichung des Kapitals der westlichen Ölgesellschaften, ein Ölembargo der arabischen Staaten gegen die USA, eine allgemeine Produktionsdrosselung und ein drastisches Anheben des Ölpreises sollten die USA und die westeuropäischen Staaten wegen ihrer Unterstützung des Erzfeindes Israel in ihrem industriellen Lebensnerv treffen.

Die nach dem „Ölschock" erzielten Ölpreissteigerungen ließen die Einnahmen der im OPEC-Kartell organisierten Staaten enorm ansteigen. Dieser neue Reichtum verteilt sich jedoch bis heute sehr ungleich: Bevölkerungsarme Länder wie Saudi-Arabien und die Scheichtümer profitierten vom Ölgeschäft stärker als bevölkerungsreiche Staaten wie Irak, Algerien, Nigeria, Venezuela, Mexiko oder Indonesien. Die Ölländer erlebten durch die Steigerung der Ölpreise zwar Einkommenssprünge, die Entwicklung der Produktivkräfte ihrer Gesellschaften zur eigenständigen Versorgung mit materiellen und kulturellen Gütern sowie Dienstleistungen blieb dennoch ungenügend.

Eine andere Entwicklung nahmen die „Schwellenländer". Der Begriff entstand in den 1970er-Jahren, um die Entwicklung der „kleinen Tiger" Taiwan, Hongkong, Südkorea, Singapur zu charakterisieren. Diese halbindustrialisierten Länder hatten große Fortschritte dabei erzielt, den Entwicklungsstand der Industriestaaten zu erreichen. Seit den 1980er-Jahren kam eine „zweite Generation" von „kleinen Tigern" hinzu. Hierzu gehörten Malaysia, Thailand, Indonesien und die Philippinen. Sie erreichten einen wachsenden Anteil an der weltweiten Industrieproduktion und am weltweiten Export von industriellen Fertigwaren. Im Energieverbrauch, bei der Alphabetisierungsrate oder der durchschnittlichen Lebenserwartung und im Pro-Kopf-Einkommen näherten sie sich zum Teil den Industrieländern an. Dabei besaßen diese „Schwellenländer" unterschiedliche Ausgangsbedingungen: Es gab rohstoffarme Länder mit hoher Exportquote („Billiglohnländer") wie Hongkong oder Südkorea und rohstoffreiche Länder mit einer niedrigen Exportquote wie Brasilien und Mexiko. Auch China, das sich seit den 1980er-Jahren der Marktwirtschaft geöffnet hat, zählte dazu und schließt wie Indien im beginnenden 21. Jahrhundert zu den Industriestaaten auf.

Die am wenigsten entwickelten Länder der Erde, die „Vierte Welt", erreichen lediglich einen Anteil am Welthandel von unter 1 %. Drei Merkmale prägen diese Länder: 1. Das Pro-Kopf-Einkommen ist sehr niedrig. 2. Der Anteil der Industrieproduktion am Bruttosozialprodukt liegt unter 10 %. 3. Die Alphabetisierungsrate übersteigt nicht 20 % der Bevölkerung. In dieser Staatengruppe sind die afrikanischen Staaten bis heute überdurchschnittlich stark vertreten.

Über die Ursachen dieser relativen Rückständigkeit und Stagnation gibt es eine bis heute andauernde kontroverse Diskussion. Manche Politiker und Forscher deuten die fortbestehende Abhängigkeit von den Industriestaaten und deren Hilfsleistungen als eine Form des Neokolonialismus. Andere argumentieren, dass auch die einheimischen Eliten einen wesentlichen Anteil an der Verantwortung trügen (M 48 a, b).

Entwicklungspolitik Eine Möglichkeit, das Nord-Süd-Gefälle zu überwinden, bestand in der Entwicklungshilfe. Bei diesem Konzept, das in den 1950er-Jahren entstand, gewährten Regierungen, Parteien, politische Stiftungen, kirchliche und private Hilfsorganisationen der Industrieländer den Entwicklungsländern Hilfe in Form von Geld- und Sachleistungen zur Entwicklung ihrer Wirtschaft. So förderten die Industriestaaten den Bau von Großprojekten (z. B. des Assuan-Staudamms in Ägypten durch die Sowjetunion oder des Stahlwerks Rourkela in Indien durch die Bundesrepublik), um die Entwicklungsländer möglichst schnell zu industrialisieren und in der Zeit des Ost-West-Konfliktes an das eigene Lager zu binden. Auch Waffenlieferungen (Militärhilfe) gehörten im Kalten Krieg zur „Entwicklungshilfe". Militärische Konflikte zwischen den Dritte-Welt-Ländern wurden häufig als „Stellvertreterkriege" zwischen den Großmächten geführt.

Seit den 1960er-Jahren hat sich die Politik der Industrieländer gegenüber dem Süden in Einstellung und Zielrichtung immer wieder verändert. Im ersten Jahrzehnt hofften die Regierungen des Nordens, dass wirtschaftliche Unterstützung die Industrialisierung in der Dritten Welt nach dem Muster der Industrieländer anstoßen könne. Die Wirtschaftshilfe sollte Hilfe zur Selbsthilfe sein bzw. Entwicklung durch Wachstum fördern. Diese Strategie verfehlte jedoch weitgehend ihr Ziel. Unfaire Handels- und Kapitalbedingungen verstärkten oft die wirtschaftlichen Schwierigkeiten, statt sie zu beheben. Gelegentlich profitierte eine kleine Schicht von der Entwicklungspolitik, die Massenarmut blieb jedoch bestehen.

Die 2. Welternährungskonferenz 1974 erklärte die Befriedigung der Grundbedürfnisse zum Schwerpunkt: Nach Ablauf eines Jahrzehnts sollte kein Kind mehr hungrig zu Bett gehen, und keine Familie sollte sich um das tägliche Brot sorgen müssen. Doch die Schulden der Entwicklungsländer wuchsen enorm, und nach 1982 mussten sie einige Jahre für den Schuldendienst mehr Geld aufbringen als vom Norden in den Süden floss. Hinzu kam wirtschaftliches Missmanagement von inkompetenten Regierungen, sodass die externe Hilfe relativ wirkungslos blieb. Für viele Länder der Dritten Welt – nicht für alle – galten die 1980er-Jahre daher als „verlorenes Jahrzehnt".

Da die Verschuldungskrise Entwicklung behinderte, erhofften sich die Regierungen der Industriestaaten seitdem von Strukturanpassungen und „Schuldenmanagement" neue Impulse wirtschaftlichen Wandels. Sie organisierten Umschuldungen, bei denen die Rückzahlungen von Krediten für eine gewisse Zeit gestundet oder die Schulden zum Teil völlig gestrichen wurden. Dafür band der Internationale Währungsfonds (IWF) die Kreditvergabe an strenge Vorgaben (z. B. Senkung der Staatsverschuldung und Inflationsbekämpfung), um eine menschliche und umweltverträgliche Entwicklung zu gewährleisten.

Nach 1990 verlagerte sich erneut der Schwerpunkt der Entwicklungspolitik. Private Initiativen von Unternehmen und Nichtregierungsorganisationen (NGO – Nongovernmental Organizations) traten in den Vordergrund. Die deutschen NGOs, wie z. B. kirchliche Hilfswerke, terre des hommes, Welthungerhilfe, politische Stiftungen, arbeiteten eng mit dem Bundesministerium für Entwicklung und Zusammenarbeit zusammen. Besonders die Förderprogramme der Kirchen waren so angelegt, dass die Einheimischen in die Planung und Durchführung der Vorhaben einbezogen wurden.

Jede einzelne Organisation wie auch jede nationale Entwicklungspolitik ist jedoch überfordert bei der Lösung des sich verschärfenden Armutsproblems, das das Schlüsselproblem der Nord-Süd-Beziehungen darstellt und im Mittelpunkt vieler globaler Risiken und Friedensgefährdungen steht. Der Politikwissenschaftler Franz Nuscheler schreibt 2005: „Die Entwicklungspolitik [...] kann diese Herkulesaufgabe nur bewältigen, wenn sie in das Projekt einer globalen Strukturpolitik eingebunden wird, die auf die Schaffung neuer internationaler Ordnungsstrukturen abzielt. Konkreter: Ohne Reform der Finanz- und Handelsbeziehungen, die dem Recht und der Macht der Stärkeren das Prinzip eines fairen Interessenausgleichs entgegensetzt; ohne Aufbau einer internationalen Sozialordnung, die der sozialen Blindheit eines globalisierten „Turbo-Kapitalismus" die Prinzipien einer internationalen sozialen Marktwirtschaft entgegensetzt; ohne eine Friedensordnung, die stärker auf Konfliktprävention setzt; ohne eine globale Umweltpolitik, die sich auf völkerrechtlich verbindliche Regelwerke einlässt und sich am Leitbild der Nachhaltigkeit orientiert; ohne eine glaubwürdige Menschenrechtspolitik und ohne gleichzeitige interne Strukturveränderungen zu mehr Demokratie und marktwirtschaftlicher Entfesselung der Produktivkräfte („freedom of choice") müsste die Entwicklungspolitik bleiben, was sie bisher war: der sprichwörtliche Tropfen auf den heißen Stein."

M47 Der Dekolonisationsprozess: Das Beispiel Algeriens

a) Der Historiker Martin Robbe über den Verlauf des Algerienkriegs (2006)

Nach dem Zweiten Weltkrieg erreichte die Zahl der europäischen Siedler, es waren vor allem Franzosen, eine Million. Sie hatten sich den fruchtbaren Boden angeeignet und die algerischen Bauern und Vieh-
5 züchter in weniger fruchtbare Gebiete zurückgedrängt. Um die Algerier, 1954 waren es fast neun Millionen, in ihrer Identität zu treffen, unterdrückten die Franzosen den Islam und das Arabische. Neunzig Prozent der einheimischen Bevölkerung waren Analphabeten. Viele Algerier wanderten, da sie zu Hause ihre Existenz- 10 möglichkeiten verloren, nach Frankreich aus; bis 1954 waren es 300 000.

In den sich nach dem Ersten Weltkrieg formierenden Befreiungsbewegungen waren Auseinandersetzungen um die Programmatik entbrannt. Sollten sich die Alge- 15 rier, wie Reformisten vorschlugen, für Gleichberechtigung innerhalb eines französischen Staatswesens einsetzen? Oder sollten sie einen unabhängigen Staat erkämpfen? Patrioten artikulierten ihr wachsendes Selbstbewusstsein in der Losung: „Der Islam ist meine 20 Religion, das Arabische meine Sprache und Algerien

6 Europa und die Welt

mein Vaterland." Beflügelt von der französischen Niederlage in Indochina nahmen sie, geführt von der Nationalen Befreiungsfront (Front de Libération Nationale, FLN), in der Nacht vom 31. Oktober zum 1. November 1954 den bewaffneten Kampf auf, der sich zu einem Befreiungskrieg ausweitete.

Anders als die ägyptische Revolution [von 1952] verlangte er große Opfer. Der Nationalen Befreiungsarmee (Armée de Libération Nationale, ALN), die aus Partisaneneinheiten hervorging und deren Kern 1956 ungefähr 30 000 Mann zählte, gehörten hauptsächlich arme Bauern und Landarbeiter an. Erst im Verlauf der Kämpfe bildete sich begrenzt eine zentral geleitete politisch-militärische Organisation der ALN heraus. Auf französischer Seite kämpften im Sommer 1956 360 000 gut ausgerüstete Soldaten. Hinzu kamen etwa 200 000 Mann Polizei, Milizen der Siedler und algerische Söldner. Obwohl mit einer solchen Übermacht konfrontiert, kontrollierte die ALN Anfang 1956 ein Drittel des ländlichen algerischen Raumes. Nachdem im März 1956 Marokko und Tunesien, bis dahin gleichfalls von Frankreich abhängig, die staatliche Souveränität erlangt hatten, verbesserte sich die Situation der algerischen Befreiungsbewegung. Über Marokko und Tunesien erhielt die ALN nunmehr verstärkt Nachschub an Waffen und Munition; zudem richtete sie in beiden Staaten Ausbildungslager ein. Beide Seiten kämpften gnadenlos. Die Algerier mussten Niederlagen, etwa in der „Schlacht von Algier" (1956/57), und sehr hohe Verluste hinnehmen. Mit Terror suchten die Kriegsgegner einander zu demoralisieren.

In Frankreich rief der Algerienkrieg eine Krise hervor. Nach vier Jahren waren 10 000 Franzosen gefallen. Täglich verschlang er drei Milliarden „alte Francs" beziehungsweise dreißig Millionen „neue Francs".¹ Immer mehr Bürger forderten „Frieden in Algerien". Von der Kompromissbereitschaft der Regierung herausgefordert, ergriffen nationalistische Kräfte unter Führung der Generäle Jacques Massu und Raoul Salan mit der Parole „Algerie Française" am 13. Mai 1958 in Algerien die Macht. In dieser Krise trat General Charles de Gaulle, populär durch sein Engagement als politischer Kopf der Résistance [Widerstand gegen die NS-Besatzung] im Zweiten Weltkrieg, an die Spitze Frankreichs. Er verschärfte zunächst den Krieg in Algerien; die Zahl der dort kämpfenden französischen Soldaten wuchs auf 800 000 an. Fast zwei Millionen Algerier wurden aus ihren Dörfern vertrieben und in „Umgruppierungslager" eingewiesen. Doch der algerische Widerstand blieb ungebrochen. De Gaulle hatte sich zudem mit den Verfechtern des „Französischen Algerien" auseinanderzusetzen, die mit der OAS eine eigene Organisation schufen; fast hätte der Präsident selbst zu den 12 000 Menschen gehört, die ihr Opfer wurden.

International nahm die Sorge, der Algerienkrieg könne ausufern, zu. 1960 bekräftigte die Generalversammlung der UNO das „Recht des algerischen Volkes auf Selbstbestimmung und Unabhängigkeit". Die französische Regierung und die 1958 im Exil konstituierte „Provisorische Regierung der Algerischen Republik" nahmen schließlich Verhandlungen auf und unterzeichneten am 18. März 1962 das Abkommen von Évian-les-Bains, in dessen Rahmen Frankreich am 3. Juli 1962 die staatliche Souveränität Algeriens anerkannte.

Martin Robbe, „Algerien ist mein Vaterland": Der Algerienkrieg, in: Die Zeit, Welt- und Kulturgeschichte, Bd. 14: Zweiter Weltkrieg und Nachkriegszeit, Zeitverlag, Hamburg 2006, S. 510 ff.

1 Am 1. Januar 1960 trat in Frankreich eine Währungsreform in Kraft.

b) Der Fernsehjournalist Peter Scholl-Latour über den Beginn des Aufstandes in Algerien (1983)

Die Geburtsstunde der bewaffneten algerischen Revolution [schlug] am Allerheiligentag 1954. Wenn man in Paris in den ersten Monaten noch hoffen konnte, dieser sporadischen Rebellion Herr zu werden – im August 1955 geschah das Unwiderrufliche. Die algerischen Partisanen der „nationalen Befreiungsfront" ermordeten in der Gegend von Philippeville 123 französische Siedler auf ihren isolierten Höfen. Darauf antworteten die bewaffneten Milizen der Pieds Noirs[1] wie Berserker mit dem Massaker Tausender Moslems […]. Täglich wird die Ausdehnung des Aufstandsgebietes auf neue Landstriche gemeldet. Es fängt meist damit an, dass auf ein einsam fahrendes Auto Schüsse aus dem Hinterhalt abgegeben werden. Zwei Tage später werden die ersten Attentate auf muselmanische Hilfspolizisten oder Tabakhändler gemeldet, bis jeder Verkehr bei Nacht stillliegt, die isolierten Kolonistenhöfe sich mit Sandsäcken und Schutzmauern befestigen und die kleinen Kampftrupps der Nationalen Befreiungsarmee aus ihren abgelegenen Verstecken den Terror in jede Meschta, in jedes Eingeborenendorf, tragen. Im Unterschied zu Marokko, wo die Unruheherde seinerzeit in den übervölkerten Städten zu suchen waren, verlegt die algerische Revolution das Schwergewicht ihrer Aktionen auf das offene Land. Dort bietet das Bauernproletariat fruchtbaren Nährboden für jede Revolte. Parallel zur militärischen Tätigkeit setzt der politische Druck der „Nationalen Befreiungsfront" ein. Der Streik gegen jede Steuereintreibung der französischen Verwaltung ist in der Regel das untrügliche Symptom dafür, dass die Aufständischen sich durchzusetzen beginnen. Diese Weigerung geht nämlich par-

Europa und die Welt

allel zu drastischen Erhebungen an Geld und Nahrungsmitteln, die die „Front de Libération Nationale" (FLN) bei ihren Glaubensgenossen vornimmt. Es bestätigt sich, dass in mehr als einem Drittel Algeriens kein Straßentransport von Gütern und Personen mehr stattfindet, dessen Sicherheit nicht mit klingender Münze von den Fellaghas [Rebellen] erkauft worden ist. […]

Das Unheimliche an dieser Revolte ist ihre Anonymität. Der französische Nachrichtendienst hat zwar die Namen der höchsten Verantwortlichen beschaffen können, soweit sie im Ausland, in Ägypten oder Libyen, an obskuren Drähten ziehen. Die Führer der Nationalen Befreiungsfront im Innern sind meist unbekannt. Das Programm der FLN beschränke sich auf die kompromisslose Unabhängigkeitsforderung für Algerien: staatsrechtliche, wirtschaftliche oder gar soziale Fragen würden in keinem der Geheimdokumente berührt.

Peter Scholl-Latour, Allah ist mit den Standhaften. Begegnungen mit der islamischen Revolution, Deutsche Verlags-Anstalt, Stuttgart 1983, S. 224–230

1 In Algerien geborene und lebende Franzosen

c) Soldaten der französischen Kolonialarmee revoltierten im Januar 1960 unter General Jacques Massu mit einem Barrikadenaufstand („la semaine des barricades") gegen die Unabhängigkeitspolitik des französischen Staatspräsidenten de Gaulle, Fotografie

1 Beschreiben Sie den Verlauf des Algerienkrieges (M 47 a).

2 Charakterisieren Sie die Befreiungsbewegung in Algerien nach dem Bericht von Peter Scholl-Latour (M 47 b).

3 Der Algerienkrieg war ein besonders brutaler Kolonialkrieg beider Seiten. Benennen Sie Gründe dafür anhand von M 47 a–c.

M 48 Hunger und Armut in der Dritten Welt – eine Folge des Kolonialismus?

a) Der algerische Staatschef Houari Boumedienne auf der UN-Sonderversammlung über „Rohstoffe und Entwicklung"

Darum müssen wir zuerst feststellen, dass gegenwärtig alle Schalthebel der Weltwirtschaft in den Händen einer Minderheit von hoch entwickelten Ländern sind. Diese Minderheit setzt aufgrund ihrer Machtvorstellung allein fest, wie – unter Berücksichtigung ihrer Bedürfnisse – die Rohstoffe aufgeteilt werden. Aus dieser Situation konnte sich, gewissermaßen als universelles Gesetz, eine Dynamik entwickeln, derzufolge die einen immer reicher und die anderen immer ärmer werden. Der Wille, die Rohstoffe der ganzen Welt in Besitz zu bekommen und zu behalten, bildete die Richtschnur für die imperialistischen Großmächte. Kolonialismus und Neo-Kolonialismus haben zwar im Verlauf der Geschichte verschiedene Formen angenommen, drehten sich im Grunde aber immer darum, dass die Stärkeren – zum Schaden der Schwächeren – den Besitz der Rohstoffquellen anstrebten. Tatsächlich hielten sich die kolonialistischen und imperialistischen Mächte immer dann erst an das Grundrecht der Völker auf Selbstbestimmung, wenn es ihnen gelungen war, Strukturen und Mechanismen einzuführen, mit denen das Ausbeutungssystem aus Zeiten der Kolonialherrschaft aufrechterhalten werden konnte.

Die hoch entwickelten Länder halten den Hauptanteil an Rohstoffmärkten in Händen, sie verfügen über das Quasi-Monopol der Fabrikation von Manufakturwaren und Ausrüstungsgütern ebenso wie über Kapital- und Dienstleistungsmonopole: Sie können darum ganz nach ihren Bedürfnissen die Preise für Rohstoffe festsetzen, die sie auf dem Weg der Entwicklungshilfe von den Ländern beziehen, wie auch die Preise für Güter und Dienstleistungen, die sie an jene liefern. Auf diese Weise können sie zu ihrem Nutzen durch eine Vielzahl von Kanälen die Bodenschätze aus den Ländern der Dritten Welt herauspumpen. So sieht also das Fundament der bestehenden Wirtschaftsordnung aus. In den Augen der überwiegenden Mehrzahl der Menschen

Europa und die Welt

stellt sie sich als eine Ordnung dar, die ebenso ungerecht und veraltet ist wie die Kolonialordnung, aus der sie sich entwickelt hat und ihre Inhalte bezieht. Weil die Weltwirtschaftsordnung weiter besteht, sich konsolidiert und aufblüht […], bildet sie das Haupthindernis für jede Aussicht auf Entwicklung und Fortschritt für alle Länder der Dritten Welt.

Volker Matthies, Neue Weltwirtschaftsordnung. Hintergründe – Positionen – Argumente, Leske + Budrich, Opladen 1980, S. 105

b) Der Historiker Gerhard Drekonja-Kornat über die Ungleichheit in der Welt (2002)

Die Frage, warum wir in den reifen Industriestaaten reich sind, während eine ganze Reihe von Gesellschaften in Afrika, Asien und Lateinamerika arm bleiben, kann jetzt nicht mehr mit der These der imperialistischen Ausbeutung der Dritten Welt bequem beantwortet werden. Stattdessen ist vielschichtig zu argumentieren. […]

Warum also sind wir reich? Vom lieben Gott kommt das „europäische Wunder" bestimmt nicht […]: Seit rund eintausend Jahren war die jüdisch-christliche Denkweise, welche die westliche Zivilisation gebar, die treibende Kraft auf dem Kontinent, dank ihres geradlinigen Vorwärtsdenkens […], dem technische, institutionelle und geistige Errungenschaften entsprangen. […] Unterm Strich: Geografie ist nützlich; Ressourcen helfen; jedoch entscheidend ins Gewicht fällt die Kulturökonomie einer Gesellschaft, die erzieht, ausbildet, Freiräume für Kritik gewährt, ein Minimum an Gleichheit garantiert und Bürokratie und Korruption unter Kontrolle hält. […] Zwischen 20 000 und 30 000 Dollar beträgt heute das Pro-Kopf-Einkommen in den reichen Industriestaaten, während die erfolgsarmen Teilstücke der Dritten Welt bei 4000 und weniger dahindümpeln. Dritte-Welt-Staaten blieben arm, weil sie (Hypothek des Kolonialismus) Nachzügler waren, Bürgerkriege ausfochten, Caudillos[1] und Diktatoren ausgeliefert blieben, der Korruption nie Herr wurden, kein unternehmerisches Bürgertum entwickelten, bei Ausbildung versagten, Gleichheit vergaßen, keine autonome Wissenskultur aufbauten. Daher konnten auch vier Dekaden mit Entwicklungshilfe nichts ausrichten, weil gute Gaben keine effiziente Modernität herbeizaubern können. Erst die Eigenanstrengung bringt qualitative Sprünge. Solche Einsichten stechen besonders ins Auge, wenn man bedenkt, dass einige starke Leistungen in der Dritten Welt nicht etwa mit Entwicklungshilfe, sondern ohne sie oder gar gegen den Widerstand aus den Metropolen gelangen, nämlich bei Raketentechnologie oder Atomrüstung, wie die Beispiele des Irak, Argentiniens und Brasiliens und neuerdings auch von Indien und Pakistan bezeugen: In diesen verbotenen Bereichen wurden Kräfte konzentriert, Wissen gebündelt, vorwärtsschauend gehandelt – und plötzlich sind Hochleistungen auch in der Dritten Welt möglich! […] Nach fünfhundert Jahren Modernitätsschöpfung, die auf Kosten der Peripherie geht, gibt es massiven Hass. Und erstmals Gegenschläge aus dem fundamentalistischen Islam. […] Jetzt wird die Entscheidung fällig: Entweder wir „Westler" wehren uns entschieden, igeln uns ein […]; oder wir bemühen uns ernsthaft um European values und versuchen, im Rahmen ernsthafter postkolonialer Politik die besten Elemente unseres Erbes – Freiheit, Gleichheit, Brüderlichkeit – allen zugänglich zu machen. Angesichts des grimmigen Hasses auf unsere säkulare Modernität mag es für die zweite Möglichkeit allerdings schon zu spät sein.

Gerhard Drekonja-Kornat, Warum sind wir reich? Warum sind die anderen arm? Oder muss man die Frage ganz anders stellen?, in: Blätter für deutsche und internationale Politik, 1/2002, S. 85 ff.

1 Spanischer Begriff für „Führer", oft im Sinne von „Diktator" verwendet

1 a) Arbeiten Sie die Argumente heraus, mit denen Boumedienne (M 48 a) die These eines Neokolonialismus begründet.
b) Benennen Sie die Argumente, mit denen Drekonja-Kornat (M 48 b) die These des Neokolonialismus zu entkräften versucht.
c) Vergleichen Sie die Positionen von Boumedienne (M 48 a) und Drekonja-Kornat (M 48 b) miteinander und nehmen Sie Stellung zu den Standpunkten.

2 Referat: Erarbeiten Sie ein Referat zu dem Thema „Institutionen, in denen die Dritte-Welt-Länder ihre Forderungen anmelden und durchzusetzen versuchen". Berücksichtigen Sie dabei die Rolle der UNO, der Weltbank oder des Internationalen Währungsfonds. Erläutern Sie auch Motive und Ziele der „Gruppe der 77".

Literaturhinweis

Franz Nuscheler, Lern- und Arbeitsbuch Entwicklungspolitik, Verlag J. H. W. Dietz Nachf., Bonn [6]2005.

Europa und die Welt

6.2 Globalisierung

Was ist Globalisierung? Will man den Zeitgeist der letzten Jahrzehnte in einem Begriff zusammenfassen, schreiben die Historiker Jürgen Osterhammel und Niels P. Petersson 2003, „dann bleibt tatsächlich kaum eine Alternative zu der immerfort wiederholten Versicherung, wir seien in die Epoche der Globalisierung eingetreten." Denn „immer wieder bestätigt sich", erläutern die beiden Forscher, „der triviale Kern, der sich im Innern des Begriffs verbirgt: Die Welt wird zusehends ‚kleiner', und Entferntes wird immer stärker miteinander verknüpft. Zugleich wird sie ‚größer', weil wir noch niemals weitere Horizonte überschauen konnten."

Das Wort „Globalisierung", das ursprünglich vor allem Wirtschaftswissenschaftler benutzt haben, ist in den letzten Jahrzehnten tatsächlich in den Mittelpunkt der politischen Diskussion gerückt. In der Debatte stehen jedoch eine Vielzahl an Definitionen nebeneinander, die auf jeweils unterschiedliche Gesichtspunkte des welthistorischen Wandels aufmerksam machen: Wer sich auf die Wirtschaft konzentriert, betont die Internationalisierung der Produktion und die Ausdehnung des Welthandels. Bei der Analyse gesellschaftlicher Trends fallen die Vermehrung und Verdichtung transnationaler sozialer Beziehungen und das Zusammenwachsen der nationalen Gesellschaften zu einer Weltgesellschaft ins Gewicht. Im politischen Bereich gerät der Bedeutungsverlust der Nationalstaaten ins Blickfeld. Und auf kulturellem Gebiet wird entweder die zunehmende Vereinheitlichung der nationalen Kulturen vorhergesagt oder die Gefahr eines Zusammenpralls der Kulturen beschworen.

Diese Diskussion verdeutlicht, dass die Globalisierung ein mehrdimensionaler Prozess ist, der soziale, kulturelle, politische und ökonomische Aspekte umfasst (M 49 a–b, M 50). Dementsprechend muss Globalisierung als vielschichtiger und komplexer historischer Vorgang aufgefasst werden, der auf verschiedenen Ursachen und Voraussetzungen beruht. Globalisierung ist dabei keine neue Erscheinung in der Geschichte. Eines der zentralen Merkmale der sich herausbildenden modernen Welt bestand darin, dass geografisch weit voneinander entfernte Kulturen und Gesellschaften miteinander in Kontakt traten und „gemeinsame" Erfahrungen machten. Bereits die europäische Überseeexpansion im 15. Jahrhundert verdichtete den wirtschaftlichen wie geistigen Austausch zwischen unterschiedlichen Kontinenten. Die Industrialisierung beschleunigte im 18. und 19. Jahrhundert die Entstehung eines Weltmarktes. Dieser Prozess lief aber keineswegs auf die geradlinige und stetige Liberalisierung und Ausweitung des Welthandels hinaus. In der Geschichte der Globalisierung gab es immer auch Phasen der Stagnation und des Rückschritts. So wuchsen in vielen Industriestaaten an der Wende von 19. zum 20. Jahrhunderten die Bedenken gegen den freien Handel. Die Regierungen reagierten darauf, indem sie Handelsbarrieren zum Schutz der eigenen Produkte errichteten oder wie die USA Einwandererstopps verfügten. Die Weltwirtschaftskrise nach 1929 verstärkte diesen Trend zu nationaler Abschottung. Erst in der zweiten Hälfte des 20. Jahrhunderts beschleunigte sich der Globalisierungsprozess dramatisch.

Chancen und Risiken Diese Beschleunigung hat zu einer intensiven Debatte über die Chancen und Risiken der Globalisierung geführt (M 52). Die Optimisten sehen mit ihr die klassische Freihandelslehre des Liberalismus und die Möglichkeit einer gerechteren Verteilung des Wohlstands verwirklicht. Die klassische Industriegesellschaft, in der der typische Arbeitnehmer in einer Stahlfabrik oder einem Automobilwerk arbeite, wandle sich zu einer Dienstleistungs- sowie zur Informations- und Wissensgesellschaft, in der immer klügere Maschinen dem Menschen schwere Arbeit abnähmen. Für die gesellschaftliche Stellung und das Verdienst der Menschen würden ihr Wissen und ihre Intelligenz immer wichtiger. Dies stärke die Demokratie und verhelfe den Werten, die den Menschen besonders wichtig seien, zum Durchbruch: Freiheit und Gleichheit. So wachse die Freiheit der Auswahl z. B. in der Bildung und im Beruf durch die Möglichkeiten, im Ausland zu studieren oder zu arbeiten. Gleichzeitig nehme auch die Freiheit der Auswahl bei Fernsehkanälen, billigen Einkaufsmöglichkeiten oder Gesprächen im Internet explosionsartig zu. Da eine Wirtschaftsweise, die auf Wissen beruhe, dem Einzelnen „Macht" verleihe, indem sie ihm freien Zugang zu Informationen garantiere, verlören Hierarchien in Politik und Unternehmen an Bedeutung. Im Zeitalter des Internets könnten Regierungen nicht mehr das Wissen

Europa und die Welt

ihrer eigenen Staatsbürger kontrollieren und reglementieren. Und gerade solche Unternehmen, die ihren Mitarbeitern größere Mitsprachemöglichkeiten böten und flachere Hierarchien einführten, erwiesen sich im Vergleich zu traditionellen Betrieben als flexibler und damit konkurrenzfähiger. Im Bereich der Politik sei zudem die Wahrscheinlichkeit von Kriegen zwischen den Industriestaaten aufgrund der engen ökonomischen Verflechtungen gering geworden.

Die Pessimisten (M 51 a–b) warnen dagegen vor wachsender Arbeitslosigkeit und Ungleichheit sowie vor sozialer Zersplitterung. Die verschärfte Konkurrenz um die billigsten Produktionsbedingungen und die stetige Rationalisierung der Unternehmen vermehre die Arbeitslosigkeit sowohl in den hoch entwickelten Gesellschaften als auch in den Entwicklungsländern. Dadurch wachse die Ungleichheit zwischen Arm und Reich auf nationaler wie internationaler Ebene. Zunehmende Kriminalität und die Auflösung traditioneller Institutionen wie der Familie seien die Folge. Auch die zwischenmenschlichen Beziehungen litten unter der neuen Wirtschaftsweise: Anonymität und soziale Bedrohungsgefühle kennzeichneten das Verhalten in der modernen Welt, die Kontakte gestalteten sich weniger dauerhaft und weniger tiefgehend. Hinzu komme, dass das Tempo der Globalisierung die Menschen überfordere; verunsicherte Bürger versuchten dem kalten Wettbewerb zu entfliehen, indem sie sich unter die Obhut radikaler Verführer mit einfachen, aber für die Demokratie gefährlichen Heilslehren begäben. Außerdem nähme das Vertrauen in die Regierungen und die politischen Einrichtungen der Demokratie immer mehr ab. Auf internationaler Ebene bestehe die Gefahr neuer „Kulturkonflikte", weil die zwischenstaatlichen Spannungen nach dem Ende des Kalten Krieges immer stärker als Auseinandersetzungen zwischen unterschiedlichen und oft auch verschieden bewerteten Kulturen aufgefasst würden.

Solche kontroversen Debatten prägten die Geschichte der Industrialisierung von Anfang an. Hoffnung und Zukunftsangst lagen oft eng beieinander. Das gilt besonders für solche Epochen, in denen mit großer Beschleunigung etwas Neues entsteht. Chancen und Risiken der globalisierten Welt lassen sich heute noch nicht genau abschätzen; vielleicht wird man erst in fünfzig oder hundert Jahren genau wissen, in welche Richtung sich die Welt im ausgehenden 20. und beginnenden 21. Jahrhundert entwickelt hat.

M 49 Aspekte der Globalisierung

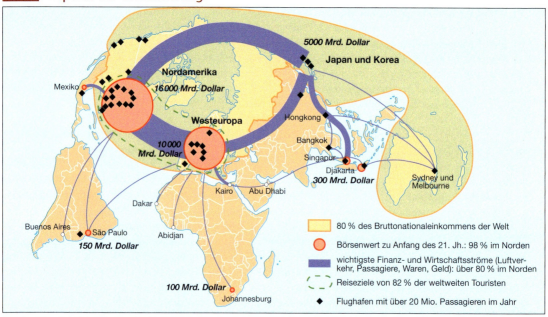

Quelle: Atlas der Globalisierung, Berlin 2006, S. 43

a) Geld-, Waren- und Touristenströme (2006)

Europa und die Welt 6

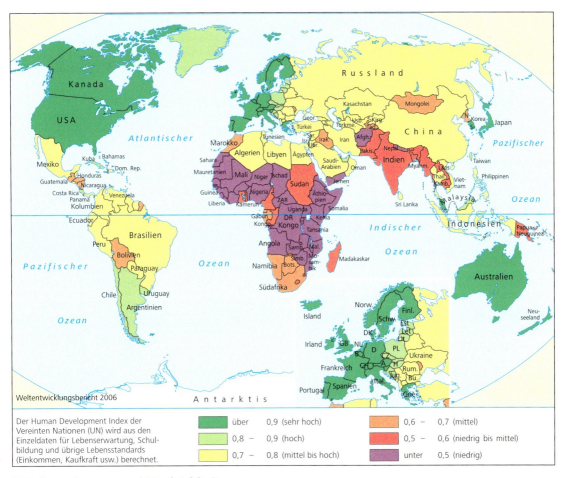

Weltentwicklungsbericht 2006

Der Human Development Index der Vereinten Nationen (UN) wird aus den Einzeldaten für Lebenserwartung, Schulbildung und übrige Lebensstandards (Einkommen, Kaufkraft usw.) berechnet.

- über 0,9 (sehr hoch)
- 0,8 – 0,9 (hoch)
- 0,7 – 0,8 (mittel bis hoch)
- 0,6 – 0,7 (mittel)
- 0,5 – 0,6 (niedrig bis mittel)
- unter 0,5 (niedrig)

b) Lebenschancen und Ungleichheiten

1 Erläutern Sie die in M 49 a, b dargestellten Aspekte der Globalisierung: a) Arbeiten Sie dabei die in den Karten dokumentierten wichtigsten Tendenzen der Globalisierung heraus. b) Erörtern Sie, inwieweit die dargestellten Entwicklungen charakteristisch für die Globalisierung sind. Ergänzen Sie eventuell durch weitere Gesichtspunkte und Informationen.

M 50 Der Soziologe Ulrich Beck über Begriff und Bedeutung der „Globalisierung" (1997)

Mit *Globalismus* bezeichne ich die Auffassung, dass der Weltmarkt politisches Handeln verdrängt oder ersetzt, d. h. die Ideologie der Weltmarktherrschaft, die Ideologie des Neoliberalismus. Sie verfährt monokausal, öko-
5 nomistisch, verkürzt die Vieldimensionalität der Globalisierung auf eine, die wirtschaftliche Dimension, die auch noch linear gedacht wird, und bringt alle anderen Dimensionen – ökologische, kulturelle, politische, zivilgesellschaftliche Globalisierung wenn überhaupt
10 nur in der unterstellten Dominanz des Weltmarktsystems zur Sprache. Selbstverständlich soll damit nicht die zentrale Bedeutung wirtschaftlicher Globalisierung, auch als Option und Wahrnehmung betrieblicher Akteure geleugnet oder geschmälert werden. […] Die zentrale Aufgabe der Politik, die rechtlichen, sozialen 15 und ökologischen Rahmenbedingungen abzustecken, unter denen wirtschaftliches Handeln überhaupt erst gesellschaftlich möglich und legitim wird, gerät aus dem Blick oder wird unterschlagen. Der Globalismus unterstellt, dass ein so komplexes Gebäude wie 20 Deutschland – also der Staat, die Gesellschaft, die Kultur, die Außenpolitik – wie ein Unternehmen zu führen sei.

Globalität meint: *Wir leben längst in einer Weltgesellschaft*, und zwar in dem Sinne, dass die Vorstellung 25 geschlossener Räume fiktiv wird. Kein Land, keine Gruppe kann sich gegeneinander abschließen. Damit

6 Europa und die Welt

prallen die verschiedenen ökonomischen, kulturellen, politischen Formen aufeinander, und die Selbstverständlichkeiten, auch des westlichen Modells, müssen sich neu rechtfertigen. Wobei „Weltgesellschaft" die Gesamtheit sozialer Beziehungen meint, die *nicht* in nationalstaatliche Politik integriert oder durch sie bestimmt (bestimmbar) sind. [...]

„Welt" in der Wortkombination „Welt-Gesellschaft" meint demnach *Differenz, Vielheit,* und „Gesellschaft" meint Nicht-Integriertheit, sodass man [...] Weltgesellschaft als *Vielheit ohne Einheit* begreifen kann. Dies setzt [...] sehr Unterschiedliches voraus: transnationale Produktionsformen und Arbeitsmarktkonkurrenz, globale Berichterstattung in den Medien, transnationale Käuferboykotts, transnationale Lebensformen, als „global" wahrgenommene Krisen und Kriege, militärische und friedliche Nutzung von Atomkraft, Naturzerstörung usw.

Globalisierung meint demgegenüber die *Prozesse,* in deren Folge die Nationalstaaten und ihre Souveränität durch transnationale Akteure, ihre Machtchancen, Orientierungen, Identitäten und Netzwerke unterlaufen und querverbunden werden.

Ein wesentliches Unterscheidungsmerkmal zwischen Erster und Zweiter Moderne ist die *Unrevidierbarkeit entstandener Globalität.* [...] Was aber macht Globalität unrevidierbar? Acht Gründe – mit Stichwörtern vornweg benannt:

1. geographische Ausdehnung und zunehmende Interaktionsdichte des internationalen Handels, die globale Vernetzung der Finanzmärkte und der Machtzuwachs transnationaler Konzerne,
2. die informations- und kommunikationstechnologische Dauerrevolution,
3. die universal durchgesetzten *Ansprüche* auf Menschenrechte – also das (Lippen-) Demokratieprinzip,
4. die Bilder-Ströme der globalen Kulturindustrien,
5. die postinternationale, polyzentrische Weltpolitik – neben den Regierungen gibt es an Macht und Zahl zunehmende transnationale Akteure (Konzerne, Nicht-Regierungsorganisationen, Vereinte Nationen),
6. die Fragen der globalen Armut,
7. der globalen Umweltzerstörungen und
8. transkultureller Konflikte am Ort.

Ulrich Beck, Was ist Globalisierung?, Suhrkamp Verlag, Frankfurt/M. 1997, S. 26–30

1 Der Soziologe Ulrich Beck unterscheidet zwischen Globalismus, Globalität und Globalisierung (M 50). Versuchen Sie anhand von Beispielen, seine Definitionen nachzuvollziehen. Überlegen Sie, welchen Sinn solche Abgrenzungen machen.

M 51 Kritik an der Globalisierung

a) Französische Bauern protestieren mit LKW-Plünderungen gegen billige Lebensmittelimporte, 1996, Fotografie

Europa und die Welt 6

b) Die Welt ist keine Ware, Karikatur der Organisation attac

1 Arbeiten Sie mithilfe von M 51 a–b zentrale Argumente der Globalisierungskritiker heraus.
2 Erörtern Sie die Chancen des Protestes der Globalisierungskritiker am Beispiel der französischen Bauern und von attac.

M 52 Chancen und Risiken der Globalisierung

Kommunikation „Vernetzte Welt"	Ökonomie „Weltbinnenmarkt"	Politik „Welt als Risikogesellschaft"	Gesellschaft „Welt als globales Dorf"
Merkmale			
Innovationen in den Transport- und Kommunikationstechnologien	Abbau von Handlungsschranken, internationale Arbeitsteilung, Mobilität des Kapitals	Globale Probleme (u.a. Klima, Migration, Armut, Terrorismus), internationale Organisationen und Verträge	Nationalstaaten und kulturelle Eigenheiten verlieren an Bedeutung
Chancen (+) und Gefahren (–)			
+ Teilhabe an weltweiter Kommunikation + Vertiefung internationaler Kontakte und Beziehungen + mehr Wissen über die Welt und rasche Verbreitung von Informationen + sinkende Transportkosten – Entstehung einer Informationselite – Überflutung mit Informationen	+ Schaffung neuer Arbeitsplätze im Weltmaßstab + Verbilligung der Produktionskosten – Konkurrenzdruck auf dem Weltmarkt – Verlust von Arbeitsplätzen in Regionen und Branchen – Soziale Unsicherheit in den Industriestaaten – Vertiefung der Ausbeutung in den Entwicklungsländern	+ Zwang zur Kooperation + Stärkung internationaler Organisationen – Komplexität der Probleme – Überforderung nationalstaatlicher Politik – Delegation von Verantwortung	+ Demokratisierung + globale Handlungsmöglichkeiten gesellschaftlicher Gruppen – Verlust von Identität und Heimat – neuer Nationalismus als Gegenbewegung zur Globalisierung – starker Einfluss der Wirtschaft auf politische Entscheidungen – Unkontrollierbarkeit politischer Entscheidungen auf globaler Ebene

Josef Schmid u.a., Wirtschaftspolitik für Politologen, Schöningh, Paderborn 2006, S. 268, Abb. 71

1 Im Darstellungstext, S. 498, steht: „Chancen und Risiken der globalisierten Welt lassen sich heute noch nicht genau abschätzen; vielleicht wird man erst in fünfzig oder hundert Jahren genau wissen, in welche Richtung sich die Welt im ausgehenden 20. und beginnenden 21. Jahrhundert entwickelt hat. Dennoch zeigen derartige Diskussionen, wie vielgestaltig und widersprüchlich die Moderne war und ist." Diskutieren Sie, ausgehend von M 52, diese Auffassung.

Methode

Karikaturen interpretieren

Der Begriff „Karikatur" stammt aus dem Italienischen. Die deutsche Übersetzung des Wortes „caricare" lautet „übertreiben", „verzerren". Damit sind bereits wesentliche Merkmale der Karikatur genannt, die der Historiker Joachim Rohlfes so definiert hat: „Karikaturen sind Denkanstöße. Sie leben nicht allein von der zeichnerischen Ausdruckskraft, sondern mindestens so sehr von dem zündenden Einfall, der witzigen Pointe. Karikaturen sind gezeichnete Witze und wie diese haben sie auch etwas von einem Rätsel. Die Anspielung, der chiffrierte Hinweis, die Verfremdung sind ihre typischen Stilmittel und das Vergnügen des Betrachters hängt entscheidend davon ab, dass er die Anspielungen und Parallelisierungen vollständig versteht. Das Verständnis von Karikaturen setzt Sachverstand voraus; wer die Sachverhalte, die der Zeichner karikiert, nicht kennt, kann mit der Karikatur wenig anfangen. Historische Karikaturen sind kommentierte und gedeutete Geschichte. Durch bissige Übertreibung will der Karikaturist Missstände anprangern, Verfehlungen aufspießen, Verhaltensweisen der Lächerlichkeit preisgeben [...]. Der Hauptzweck ist das Nachdenken über die Aussage, die der Künstler vermitteln will. Die gelungene Karikatur rührt an den Nerv der Dinge, macht betroffen, verkündet eine wirkliche Wahrheit."

Tatsächlich stehen historische Karikaturen immer in Bezug zu realen Personen, Geschehnissen oder Zuständen der Vergangenheit. Der Karikaturist übertreibt Aspekte dieser Wirklichkeit, ja er verzerrt diese bewusst, um auf Missstände hinzuweisen. Und er kritisiert die Wirklichkeit, um sie zu verändern. Es geht darum, eine bessere Welt, eine Gegenwelt, sichtbar zu machen.

Arbeitsschritte für die Interpretation

1. Formale Merkmale
- Wer ist der Autor bzw. Auftraggeber?
- Wann ist die Karikatur entstanden bzw. veröffentlicht worden?
- Wo wurde die Karikatur veröffentlicht?
- Aus welchem Anlass wurde die Karikatur veröffentlicht?

2. Inhalt der Karikatur
- Was wird in der Karikatur thematisiert?
- Welche Gestaltungsmittel (Schrift, Personen, Gegenstände, Symbole, Farbgebung, Komposition, Proportionen) sind verwendet worden?
- Was bedeuten diese Gestaltungsmittel?

3. Historischer Kontext
- Auf welche Person, welches Ereignis oder welche Zustände bezieht sich die Karikatur?
- Auf welchen Konflikt spielt die Karikatur an?
- Welche Kritik übt der Karikaturist an der Wirklichkeit?

4. Aussageabsicht
- Welche Absichten bzw. Ziele verfolgt der Karikaturist bzw. sein Auftraggeber?
- Welche Zielgruppe wird angesprochen?
- Für wen ergreift der Karikaturist Partei?
- Welche vermutliche Wirkung sollte (bei dem zeitgenössischen) Betrachter erzielt werden?

5. Fazit
- Welche Gesamtaussage lässt sich formulieren?

Methode

M 53 Karikatur zur Entwicklungshilfe, 1976

1 Interpretieren Sie die Karikatur mithilfe der genannten Arbeitsschritte.

Lösungshinweise

1. Formale Merkmale
- Der Autor hat die Karikatur unter dem Pseudonym „Gaubius" veröffentlicht. Nähere Angaben zu seiner Peson sind nicht bekannt.
- Laut Signatur ist die Karikatur 1976 entstanden.
- Die Erstveröffentlichung ist unbekannt, Wiederabdruck z. B. in Politik und Unterricht, H. 2/1978, Landeszentrale für politische Bildung
- Anlass der Karikatur: öffentliche Diskussion über Nutzen und Nachteile der Entwicklungshilfe bzw. -politik

2. Inhalt
- Es geht um Kapitalhilfe für die Dritte Welt, allen Anschein nach für Afrika
- Gestaltung: zeichnerische Mittel und Schwarz-Weiß-Kontraste, weder Text noch Schrift
- Bei der Darstellung der Personen werden gängige Klischees genutzt (reicher, weißer Mann – arme Schwarze).

3. Historischer Kontext
- Kapitalhilfe war in den 1970er-Jahren ein Schwerpunkt der Entwicklungshilfe bzw. -politik.
- Kapitalleistungen vergrößern die Abhängigkeit der Entwicklungsländer, ihre Schulden steigen.
- Entwicklungshilfe, so lautet ein häufiger zeitgenössischer Vorwurf, kommt nicht dem Empfänger, sondern den Gebern zugute.

4. Aussageabsicht
- Nicht Nächstenliebe, sondern Eigennutz ist das Motiv des reichen „weiße Mannes" im Norden bei der Gewährung von Kapitalhilfe.
- Zielgruppe: sozial engagierte Menschen und Gruppen in den Industriestaaten, die sich die Beseitigung der Massenarmut in den Entwicklungsländern auf ihre Fahnen geschrieben haben
- Die bisherige Entwicklungspolitik verfehlt ihren Zweck, den Armen zu helfen.
- Die Entwicklungspolitik muss überdacht und verändert werden.
- Der Karikaturist ergreift für die Armen im Süden Partei und kritisiert die reichen Staaten und Unternehmen des Nordens.

5. Fazit
- Die Entwicklungspolitik der reichen Industriestaaten des Nordens nützt nur ihnen selbst: Der scheinbar freundliche und großzügige, reiche „weiße Mann" spendet den armen Menschen der Dritten Welt, die als unmündige Bettler erscheinen, ein Almosen. Von diesem Almosen profitiert er selbst. Entwicklungshilfe ist daher keine Hilfe zur Entwicklung.

6 Europa und die Welt

6.3 Internationaler Terrorismus

11. September 2001   Am 11. September 2001 steuerten islamistische Terroristen zwei von ihnen entführte US-Passagiermaschinen in die beiden Türme des New Yorker World Trade Centers und eine weitere in das US-Verteidigungsministerium. Die Mordanschläge kosteten mindestens 3000 Menschen das Leben. Das World Trade Center, einst ein Wahrzeichen New Yorks und darüber hinaus ein Symbol für den American Way of Life, stürzte in sich zusammen (M 53). Die Anschläge gingen auf das Konto des aus Saudi-Arabien stammenden **Osama bin Laden** und der von ihm gegründeten terroristischen Gruppe **Al Qaida**. Sie hatte bereits am 7. August 1998 Bombenanschläge auf die US-Botschaften in Nairobi (Kenia) und Daressalam (Tansania) verübt. Die Anschläge erschütterten nicht nur die amerikanische Bevölkerung (M 54), sondern riefen in der gesamten Welt Entsetzen hervor. Die US-Regierung unter George W. Bush (Präs. seit 2001) reagierte auf die Bedrohung im Oktober/November 2001 mit einem **Krieg gegen Afghanistan**, der von UNO und NATO gestützt wurde und siegreich endete. Afghanistan wurde zwischen 1996 und 2001 von den radikalen islamistischen Taliban beherrscht, die in diesem Land einen totalitären islamischen Staat aufgebaut sowie Osama bin Laden und Al Qaida Schutz gewährt hatten. Von Afghanistan aus planten und steuerten diese ihre terroristischen Aktivitäten. Außerdem verabschiedete die US-Regierung im September 2002 eine **neue Sicherheitsstrategie**. Sie bekräftigte darin ihre Auffassung, dass sie die Anschläge vom 11. September als Kriegserklärung verstanden und den internationalen Terrorismus weltweit bekämpfen wollten. Die entscheidende strategische Neuerung bestand dabei in militärischen „Präemptivschlägen" gegen Terroristen. Nach diesem Konzept, das 2006 bestätigt wurde, fühlen sich die Vereinigten Staaten legitimiert, einen Staat oder eine Gruppe militärisch anzugreifen, wenn diese für sie in Zukunft einmal gefährlich werden könnten. Im Unterschied zu einem völkerrechtlich legitimierten „Präventivkrieg" muss hierbei keine konkrete Aggression stattgefunden haben oder nachweisbar bevorstehen.

Die Regierung Bush nahm die Anschläge überdies zum Anlass, im März 2003 mit Großbritannien und einer „Koalition der Willigen" den vom Diktator Saddam Hussein beherrschten **Irak** anzugreifen – diesmal ohne UN-Mandat. Begründet wurde der Angriff mit dem Verdacht, der Irak verfüge über Massenvernichtungswaffen. Dies stellte sich im Nachhinein als falsch heraus. Der Krieg endete Ende April/Anfang Mai 2003 mit der Kapitulation der irakischen Streitkräfte und dem Sturz des irakischen Diktators. Gewaltkriminalität, Terroranschläge und Kriegshandlungen bestimmen seitdem die ohnehin komplizierte innere Situation im Irak (M 55). Die Aufständischen sind zersplittert

M 53 Zwei von islamistischen Terroristen entführte Flugzeuge explodieren in den Türmen des World Trade Center in New York, Fotografie, 11. September 2001

Europa und die Welt 6

M 54 Friedensdemonstration in Washington, Ende September 2001, Fotografie

und bekämpfen nicht nur die fremden Truppen, sondern führen auch untereinander Krieg um die Macht im Lande. Hauptleidtragende der Auseinandersetzungen ist die irakische Bevölkerung.
Die Bilder vom 11. September haben sich den Zeitgenossen tief eingeprägt, und sie werden so schnell nicht wieder aus dem Gedächtnis verschwinden. „Nichts wird mehr so sein wie früher", lautete einer der am häufigsten gesprochenen Kommentare. Ob die Ereignisse dieses Septembertages eine „Zeitenwende" in der Weltpolitik waren, werden die Historiker mit Sicherheit erst in vielen Jahren bestimmen können. Doch so viel lässt sich schon jetzt feststellen: Der 11. September stellte und stellt für die Weltmacht USA, aber auch für die westlichen Demokratien und ihre liberalen Gesellschaften eine neue Herausforderung (M 56) dar. Er markiert zudem eine neue Eskalationsstufe in der Geschichte des internationalen Terrorismus nach 1945.

Begriff „Terrorismus" Politischer Terror hat eine lange Geschichte und viele Gesichter. So haben in der gewaltreichen Vergangenheit des 20. Jahrhunderts die Nationalsozialisten (s. S. 244 ff.) und Kommunisten (s. S. 362 ff.) Terror und Gewalt zur Einschüchterung der Bürger sowie zur Abschreckung und Vernichtung ihrer Feinde eingesetzt. Es spricht jedoch viel dafür, diesen vom Staat ausgehenden Terror vom Terrorismus abzugrenzen. Auch terroristische Gewalt will vor allem Furcht und Schrecken verbreiten, zielt aber darauf, bestehende Herrschaftssysteme auszuhöhlen bzw. eine grundlegende politisch-soziale Umwälzung herbeizuführen. Während der nationale Terrorismus, z. B. der der „Roten-Armee-Fraktion" in der Bundesrepublik Deutschland (s. S. 384 f.), die Ordnung im eigenen Land destabilisieren und umstürzen wollte, strebt der internationale Terrorismus eine Veränderung der Machtverteilung in der Welt an (M 57 a–b). Das trifft auf den islamistischen Terrorismus im ausgehenden 20. und beginnenden 21. Jahrhundert zu. Er möchte die Vorherrschaft des Westens durch eine des Islams ablösen sowie westliche Normen und Werte durch islamische ersetzen.
Der Begriff „Terrorismus" ist eindeutig negativ bestimmt. Wenn Politiker oder Staaten bestimmte Gruppen oder Personen als Terroristen bezeichnen, machen sie deutlich, dass deren Ziele nicht verhandelbar sind. Dagegen beanspruchen die terroristischen Gruppierungen für sich, Freiheitskämpfer zu sein, die einen Guerilla- bzw. Partisanenkampf führten. Dem ist entgegenzuhalten, dass es dem Terrorismus vor allem um die psychischen Wirkungen von Gewalt geht; Terroristen wollen in erster Linie Furcht und Schrecken verbreiten. Durch spektakuläre Gewaltaktionen gegen militärische, vor allem aber zivile Einrichtungen soll so die moralische Kraft der Gegenseite, ihr Durchsetzungs- und Selbstbehauptungswillen zerstört werden. Dagegen kämpft der Partisan gegen regu-

6 Europa und die Welt

läre Truppen, die mit gezielten Aktionen aus dem Hinterhalt geschwächt werden sollen. Terrorismus bzw. Guerilla- und Partisanenkampf tritt stets in **asymmetrischen Konfliktsituationen** auf, in denen eine Seite der Kampfkraft der anderen weit unterlegen ist. Mit terroristischen Aktionen und der Guerillataktik glauben Terroristen und Partisanen ihre militärische Schwäche ausgleichen zu können.

Internationalisierung des Terrorismus
Die Anschläge des terroristischen Netzwerkes Al Qaida vom 11. September 2001 stehen nicht in der Tradition des **Befreiungskampfes der Dritten Welt** gegen die Kolonialmächte im 20. Jahrhundert. Vielen Untergrundbewegungen, die die Dekolonisation (s. S. 488 ff.) vorantreiben wollten, dienten terroristische Aktionen als Auftakt eines Partisanenkampfes. Terroranschläge gegen die Truppen und Einrichtungen der Kolonialherren sollten der duldsamen eigenen Bevölkerung die Verletzbarkeit der scheinbar übermächtigen Kolonialmacht verdeutlichen. In der Regel verschärfte diese im Gegenzug ihre Unterdrückungspolitik und stärkte so den Widerstandswillen der einheimischen Bevölkerung. Harte Vergeltungsmaßnahmen der Kolonialmacht sicherten damit den Befreiungsbewegungen den für ihren Kampf notwendigen Rückhalt in der Bevölkerung und Zulauf an Kampfwilligen. Um dieses Ziel nicht zu gefährden, durften bei den Anschlägen möglichst keine Opfer in den Bevölkerungsschichten entstehen, für die man den Kampf führte oder zu führen vorgab. Außerdem planten die Untergrundorganisationen terroristische Aktionen nur für eine kurze, vorübergehende Phase des Befreiungskampfes ein.

Diese Selbstbegrenzung des Terrorismus endet mit der Internationalisierung des Terrorismus, die in den 1960er-Jahren begann und in den 1990er-Jahren voll zur Entfaltung kam. Bei ihrem kompromisslosen Kampf gegen Israel setzte die Palästinensische Befreiungsorganisation (PLO) in den Jahren 1967 bis 1974 auf weltweite Gewalt- und Terroraktionen. Ihre spektakulären Flugzeugentführungen konnten jeden Passagier treffen. Das war durchaus erwünscht, stieg dadurch doch die internationale Aufmerksamkeit für diese Aktionen. Hinzu kam die Internationalisierung der Terrorkommandos, die immer stärker auf ideologisch nahestehende „Verbündete" aus anderen Nationen zurückgriffen. Ein prominentes Beispiel dafür ist der Aufstieg des Venezolaners Ilich Ramirez Sanchez zum sogenannten Topterroristen, der unter dem Decknamen Carlos in den 1970er- und 1980er-Jahren zahlreiche Terroranschläge verübte.

Die **Entgrenzung der Gewalt** nahm weiter zu, als religiös-fundamentalistische Gruppen für ihren „heiligen Krieg" gegen den Westen zu Terrormaßnahmen griffen. Der Anschlag vom 11. September 2001 bildet den vorläufigen Höhepunkt dieser Entwicklung. Zwei Merkmale dieses Anschlages verdienen besondere Beachtung: Der Terrorismus war – erstens – für die islamistischen Attentäter eine Strategie, mit der militärisch schwache, ja kleinste Gruppierungen einer Groß- und Supermacht beträchtlichen Schaden zufügen konnten. Und – zweitens – war den Terroristen eine größtmögliche Öffentlichkeit sicher. Sie benötigten die über das Fernsehen weltweit übertragenen Bilder des Grauens, um im Westen Angst und Schrecken zu verbreiten (M 58). Darüber hinaus sollten die Bilder die Bevölkerung in den muslimischen Ländern aufstacheln und so Solidarität in der islamischen Welt hergestellt werden (M 59). Offensichtlich war den Terroristen dabei die Herkunft ihrer Opfer gleichgültig. Denn unter ihnen waren auch zahlreiche Muslime.

Zwar gehören die Mordanschläge islamistischer Netzwerke im beginnenden 21. Jahrhundert zu den spektakulärsten Aktionen. Terrorismus ist und bleibt aber eine weltweite Erscheinung. Die terroristische Bedrohung darf auf keinen Fall unterschätzt werden. So könnten Terroristen durchaus Anschläge mit **Massenvernichtungswaffen** (Atombomben, biologische und chemische Kampfmittel) planen und durchführen. Aus diesem Grund wird die Bekämpfung des Terrorismus auf absehbare Zeit eine Aufgabe aller Staaten im beginnenden 21. Jahrhundert bleiben.

Europa und die Welt 6

M55 Der Irak-Krieg

a) Der dreigeteilte Irak (Stand: 2008)

b) Explosion von zwei Autobomben an einem Busbahnhof in Bagdad mit 35 Toten und über 50 Verletzten, 2006, Fotografie

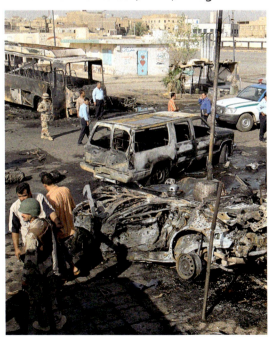

M56 Der Politikwissenschaftler Ernst-Otto Czempiel über die Bedeutung des 11. September 2001 für die USA (2002)

Dabei war dieser erste Angriff auf das amerikanische Mutterland seit beinahe 200 Jahren nicht von einem Staat, sondern von einer gesellschaftlichen Gruppierung, nicht mit Waffen, sondern mit der Umfunktionierung herkömmlicher Transportmittel ausgeführt worden. Über dieses Novum nachzudenken, gab es also jeden Anlass. Hatte sich schon in den Neunzigerjahren des 20. Jahrhunderts gezeigt, dass der vertraute zwischenstaatliche Krieg eine Rarität geworden, die Gewalt in die Staaten eingewandert und dort zum Bürgerkrieg mutiert war, so zeigte der 11. September, dass sich eine weitere Struktur geändert hatte. Was sich bisher als Terrorismus mit Nadelstichen gegen Einrichtungen der westlichen Welt manifestiert hatte, war erstmals umgeschlagen in die direkte Herausforderung der Weltführungsmacht USA durch eine gesellschaftliche Gruppe. Mit mehr als 3000 Toten hatte dieser Überfall durchaus die Größenordnung einer herkömmlichen Bataille[1].

Ernst-Otto Czempiel, Weltpolitik im Umbruch, C. H. Beck, München 2002, S. 12

1 veralteter Begriff für Schlacht, Kampf, Gefecht

M57 Terrorismus – Begriff und Motive

a) Der Terrorismusforscher Kai Hirschmann über die Merkmale des Terrorismus (2003)

Terroristische Gewalt [hat] folgende Grundcharakteristika: Erstens ist sie vorsätzlich, systematisch geplant und zielt auf extreme Emotionen wie Angst und Verunsicherung in der Bevölkerung. Zweitens verfolgt sie eine psychologische Wirkung und richtet sich an eine breite Öffentlichkeit. Drittens verübt sie Angriffe auf willkürlich gewählte symbolische Ziele und Personen. Viertens bricht der terroristische Gewaltakt soziale Normen, wird folglich als Gräueltat wahrgenommen und zielt fünftens auf eine Beeinflussung des Verhaltens des Gegners. […]
„Internationaler Terrorismus" liegt vor, wenn eine der drei nachfolgenden Bedingungen erfüllt ist:
– Die Zielsetzungen und Begründungen der Terroristen für ihre Anschläge beziehen sich nicht auf eine begrenzte Region, sondern sind überregional bzw. global angelegt.
– Der Aktionsraum der Terroristen ist nicht auf eine bestimmte Region beschränkt, sondern sie operieren überregional bzw. global.

6 Europa und die Welt

– Die Mitglieder der Terrorgruppe stammen aus unterschiedlichen Ländern, sodass mit der Ausweitung ihrer Aktivitäten in dieses Umfeld gerechnet werden muss.

Kai Hirschmann, Terrorismus, Europäische Verlagsanstalt, Hamburg 2003, S. 9 f.

b) Der Soziologe Peter Waldmann über die Motive und Spielarten des Terrorismus (2001)

Legt man die Motivation und die unterschiedlichen Zielsetzungen der Gewaltgruppen zugrunde, so lassen sich vier Hauptformen des T[errorismus] (T. = Terrorismus) erkennen, zwischen denen es allerdings Überschneidungen gibt. [...]

1. Sozialrevolutionärer T. (RAF; Bewegung 2. Juni; Rote Brigaden; Action directe). Durchweg in der zweiten Hälfte der 1960er-Jahre im geistigen Umfeld der „Neuen Linken" entstanden, stellten sozialrevolutionäre Terrorgruppen nicht nur eine ernsthafte Herausforderung für die jeweiligen Regierungen, sondern darüber hinaus auch eine Bewährungsprobe für die gesamte rechtsstaatl[iche] Ordnung der betroffenen Länder dar. Ihre Anschläge sollten einer grundlegenden Umwälzung der Besitz- und Herrschaftsverhältnisse, vor allem in den hoch industrialisierten Ländern, den Weg bereiten, ein Ziel, das sie durchweg verfehlten. In den 1980er-Jahren merklich geschwächt, büßten sie nach dem Zusammenbruch des sozialistischen Blocks jegliche Bedeutung ein. Gegenwärtig gibt es nur noch in Lateinamerika marxistisch inspirierten Terrorismus.

2. Ethnisch-nationalistischer Terrorismus. Hinter ihm stehen militante Organisationen von Minderheitspopulationen, die sich oft durch eine eigene Tradition und Sprache, vor allem jedoch durch ein spezifisches Identitätsbewusstsein, das mit dem Anspruch auf ein bestimmtes Gebiet gekoppelt ist, von der jeweiligen Mehrheitsbevölkerung des betreffenden Nationalstaates abheben. Wie in Europa das Beispiel der Basken und Nordiren, der Korsen, Südtiroler, Bretonen und vieler anderer beweist, haben Regionalismus und Minderheitenprobleme trotz Modernisierung nichts von ihrer Virulenz eingebüßt. Nach dem Zusammenbruch des realen Sozialismus sind auch im Osten Separatismus und Nationalismus zu sprengenden kollektiven Kräften geworden. Sie verdanken ihre Bedeutung nicht zuletzt dem Fehlen zugkräftiger alternativer Formeln polit[ischer] Mobilisierung und Organisation.

3. Religiöser Terrorismus. In den vergangenen eineinhalb Jahrzehnten hat vor allem der durch fundamentalistische Strömungen gespeiste religiöse T. von sich reden gemacht. Man begegnet ihm sowohl bei radikalen protestantischen Sekten (Anschlag von Oklahoma, 1995) als auch vonseiten islamischer Splittergruppen in Algerien, im Libanon und bei den Palästinensern. Einige Experten schätzen diese jüngste (und zugleich älteste) Variante terroristischer Bewegungen als bes[onders] gefährlich ein. Unter Verweis auf die japanische Aum-Sekte, die durch das Versprühen von Giftgas in der Untergrundbahn von Tokio 1995 zehn Menschen tötete und vielen weiteren ernsthafte Gesundheitsschäden zufügte, argumentieren sie, religiöse Terroristen schreckten vor nichts zurück, auch nicht vor dem Einsatz sog. ABC-Waffen (= atomar, biologisch, chemisch). Denn sie hätten aufgrund ihres religiösen Fanatismus bereits die Brücken zu dieser Welt abgebrochen, weshalb sie sich nicht scheuten, diese dem Untergang preiszugeben. Bei solchen Überlegungen handelt es sich zunächst nur um Spekulationen, da man viel zu wenig über Hintergründe und Ziele des religiösen T. weiß. So beeindruckend und „effizient" einerseits religiös motivierte Selbstmordattentate (etwa der palästinensischen Hamas) nach außen hin erscheinen, so wäre es andererseits voreilig zu glauben, sie entbehrten jeglichen Maßes und jeglicher Kontrolle.

4. Vigilantistischer Terrorismus. Hier handelt es sich um keine genuine Form des T., sondern um eine Mischform von „Terror" (von oben) und „Terrorismus" (von unten). Der vigilantistische T. zielt mit seinen Gewaltaktionen nicht darauf ab, die staatl[iche] Autorität zu untergraben, sondern will diese im Gegenteil stärken. Allerdings auf eine spezifische Art und Weise, nämlich indem er die Gesetze verletzt, auf denen staatl[iche] Autorität und Ordnung beruhen. Beispiele für vigilantistischen T. sind die Ku-Klux-Klan-Bewegungen in den USA, die parapolizeilichen und paramilitärischen Todesschwadronen in einigen lateinamerikanischen Staaten (etwa in Kolumbien und Guatemala), aber auch die neuen Formen des aggressiven Rechtsextremismus in der BRD.

Peter Waldmann, Artikel „Terrorismus", in: Dieter Nohlen (Hg.), Kleines Lexikon der Politik, C. H. Beck, München 2001, S. 514 f.

1 Untersuchen Sie mithilfe des Darstellungstextes und M 57 a–b die Erscheinungsformen des Terrorismus: a) Arbeiten Sie, ausgehend von den Motiven der Terroristen, die wichtigsten Spielarten des Terrorismus heraus.
b) Skizzieren Sie die Methoden und Ziele des Terrorismus.

Europa und die Welt 6

2 Beurteilen Sie am Beispiel der Anschläge vom 11. September 2001 terroristische Gewaltanwendung: a) Informieren Sie sich anhand von Lexika, Handbüchern oder des Internets über unbekannte Begriffe (z. B. islamistisch, Taliban), Personen (z. B. Osama bin Laden) oder Organisationen (z. B. Al Qaida).
b) Arbeiten Sie die Entstehungsbedingungen und Ziele des Terroranschlags heraus und charakterisieren Sie die Form des Anschlags. Welche Wirkung wollten die Terroristen erzielen?
c) Skizzieren Sie die Reaktionen von Bevölkerung und Regierung in den USA auf den Anschlag.
d) Erläutern Sie mithilfe der Karte M 55 die Schwierigkeiten, den Irak zu stabilisieren.
e) Diskutieren Sie über die These: „Der internationale Terrorismus ist eine der größten Herausforderungen für den Westen im 21. Jahrhundert." Berücksichtigen Sie sowohl den Darstellungstext, S. 504 ff., als auch die Materialien M 53–M 59.

M 58 Der Politikwissenschaftler Herfried Münkler über den Terrorismus im ausgehenden 20. und beginnenden 21. Jahrhundert (2002)

Ausschlaggebend für die Verselbstständigung des Terrorismus ist […] die Verbindung der Gewaltanwendung mit der Mediendichte und dem offenen Medienzugang in den attackierten Ländern, wodurch bei relativ geringem Gewalteinsatz maximale Effekte erzielt werden können. Fehlt eine entsprechende Mediendichte oder unterliegt die Berichterstattung einer politischen Zensur, haben terroristische Strategien nur geringe Erfolgsaussichten: Ohne mediale Verstärkung sind die physischen Folgen der angewandten Gewalt (der Anschlag auf das World Trade Center stellt hier sicherlich eine Ausnahme dar) zu gering, um der ökonomischen Infrastruktur dieser Länder einen schweren Schaden zuzufügen.

Die Verselbstständigung bislang untergeordneter taktischer Elemente der Kriegführung zu selbstständigen Strategien beruht also auf einer weit reichenden Ausweitung der Konfliktfelder und einer grundlegenden Umdefinition der Gewaltmittel. Die privilegierte Alleinverfügung des Militärs über die Gewalt des Krieges, wie sie für die europäische Kriegsgeschichte vom 17. bis 20. Jahrhundert kennzeichnend war, ist damit definitiv zu Ende. Aus dem Terrorismus ist damit […] der Terrorkrieg geworden, der weltweit und ohne jede Selbstbeschränkung bei der Auswahl der Opfer geführt wird. […]

Noch stärker als der Partisanenkrieg ist der Terrorismus eine Strategie, mit der sich militärisch Schwache, sogar kleinste Gruppierungen, die Möglichkeit des Gewalteinsatzes gegen Groß- und Supermächte verschaffen. Es sind nur minimale Mittel für den Aufbau einer eigenen operativen Logistik, für die Entwicklung und Bereitstellung von Waffen und schließlich für Ausbildung und Versorgung von Kämpfern erforderlich, da die Durchführung terroristischer Aktionen wesentlich auf der Nutzung von Fremdressourcen beruht. Das macht den Einstieg in den Terrorismus und die Eröffnung einer terroristischen Kampagne im Vergleich mit der Vorbereitung und Eröffnung eines Partisanenkrieges, von konventionellen Kriegen ganz zu schweigen, so leicht und verführerisch. […]

Die Verwandlung der Berichterstattung über den Krieg in ein Mittel seiner Führung war der wahrscheinlich größte Schritt bei der Asymmetrisierung des Krieges. Durch ihn ist es möglich geworden, die militärischen Asymmetrien der „neuen Weltordnung" zu unterlaufen, freilich nicht auf dem Wege ihrer Resymmetrisierung, sondern durch die gezielte und entschlossene Entwicklung neuer Asymmetrien, wie sie die neuen Terrorkriege kennzeichnen. […] Das wichtigste Charakteristikum des jüngsten international agierenden Terrorismus ist also die Verkoppelung von Gewalt und medialer Präsentation. […]

Die Verbindung von religiöser Motivation und terroristischer Strategie hat dazu geführt, dass sich die Eskalationsspirale terroristischer Gewalt immer schneller dreht. Religiös motivierte Terroristen brauchen keinen zu interessierenden Dritten als Legitimationsgrundlage und Adressaten ihrer Aktionen. Legitimation und möglicherweise sogar Adressat der Anschläge ist Gott oder das Göttliche, jedenfalls ein Bezug, der keinerlei politisches Kalkül bei der Begrenzung der Schäden und Opfer von Anschlägen erzwingt. Das Erfordernis, im Hinblick auf die Verstärkereffekte der Medien möglichst spektakuläre Anschläge zu planen, und die Auflösung der herkömmlichen politisch-legitimatorischen Gewaltbegrenzungen durch religiöse Motivations- und Rechtfertigungsstrukturen sind, wie die Anschläge vom 11. September zeigen, inzwischen eine fatale Verbindung miteinander eingegangen.

Herfried Münkler, Die neuen Kriege, Rowohlt, Reinbek bei Hamburg 2002, S. 189 f., 192 f., 197 f., 200

1 Diskutieren Sie die These Münklers, wonach der neue Terrorismus den Gewalteinsatz zum Transport politischer Botschaften strategisch nutzt.

6 Europa und die Welt

M 59 Der Politikwissenschaftler Jochen Hippler über die Folgen des islamistischen Terrorismus (2006)

Vor dem Hintergrund realer Konflikte und Probleme und deren ideologischer Überhöhung zu einem grundlegenden Kulturkonflikt hat sich der internationale Terrorismus in seiner islamistischen Ausprägung als ein wesentlich verschärfender Faktor erwiesen. Er gibt Teilen der muslimisch geprägten Gesellschaften eine Projektionsfläche, auf die die antiwestlichen Einstellungen fokussiert werden, er wird – meist situativ, nicht prinzipiell – auch von Teilen der Bevölkerung emotional begrüßt, die selbst nicht zur Gewalt neigen oder mit islamistischer Ideologie wenig im Sinn haben, die aber die anti-amerikanische (oder anti-westliche) Stoßrichtung begrüßen. Auch wenn der allergrößte Teil muslimisch geprägter Gesellschaften von der Brutalität vieler terroristischer Anschläge schockiert ist, so existiert gleichzeitig ein unterschwelliges Gefühl, es dem übermächtigen Gegner endlich einmal gezeigt zu haben. Angesichts der selbst erlittenen Ungerechtigkeiten und Erniedrigungen mögen die Anschläge – so dieses vorpolitische Empfinden – zwar „eigentlich" falsch und unmenschlich sein, aber in gewissem Sinne sei der Westen doch selber Schuld. Dabei geht häufig der entscheidende Unterschied verloren, dass zwar Widerstand gegen Bevormundung und Unterdrückung legitim sein mag, dessen terroristische Ausprägung (also Gewalt gegen Zivilisten) aber immer verbrecherisch ist.

Umgekehrt stärkt der internationale Terrorismus in westlichen Gesellschaften die Bedrohungsvorstellungen, vertieft die Angst vor den Fremden und die Wahrnehmung ihrer selbst als Opfer statt als Täter, und er fördert die Wahrnehmung muslimischer Gesellschaften als irrational, gefährlich und fanatisch – was insgesamt zu einer Verhärtung eigener Sichtweisen, zur politischen Betonung von „Sicherheit" über andere Fragen und zu einer Militarisierung des Denkens und Handelns führen kann und (nicht nur in den USA) oft auch führt.

Die negativen Auswirkungen des Terrorismus auf die wechselseitige Wahrnehmung westlich und muslimischer Gesellschaften sind nicht die Ursache des verschärften Klimas, aber ein wichtiger zusätzlicher Faktor. Sie treffen auf eine Situation, in der konservative, islamische und islamistische Kräfte einerseits und kulturalistische Kräfte im Westen andererseits sich gegenseitig die Bälle zuspielen und wechselseitig als Beleg dafür vorweisen, dass es sich bei den politischen Konflikten zwischen beiden Seiten vor allem um eine kulturelle Auseinandersetzung handele. Die internationalen Beziehungen werden dadurch indirekt beeinflusst, indem so das innenpolitische Klima in westlichen und nahöstlichen Ländern verändert wird und auf die Außenpolitik entsprechend einwirkt. Andererseits vermag auch die Außenpolitik solche Stimmungen für sich instrumentalisieren. In diesem Feld wechselseitiger Beeinflussung innenpolitischer Wahrnehmungen und Stimmungen hat sich der internationale Terrorismus als ein wichtiger Faktor erwiesen, der gegenseitige Bedrohungsvorstellungen und die Bereitschaft zu offensiven Reaktionsformen zuspitzt. Seine Wirkung bestand zugleich in der Auslösung von Bemühungen um einen „Dialog der Kulturen" zwischen der westlich und der muslimisch geprägten Welt, der zur Dämpfung der konfrontativen Atmosphäre beitragen soll, in den vergangenen Jahren in der Emotionalisierung zwischen Terrorismus und Irakkrieg aber wenig bewirken konnte.

Jochen Hippler, Internationaler Terrorismus und seine Folgen für die internationalen Beziehungen, in: Stiftung Entwicklung und Frieden/Institut für Entwicklung und Frieden, Globale Trends 2007. Frieden – Entwicklung – Umwelt, hg. v. Tobias Debiel, Dirk Messner, Franz Nuscheler, Fischer Taschenbuch, Frankfurt/Main 2006, S. 105–122, hier S. 118

1 Erläutern Sie, inwiefern der Terrorismus „gegenseitige Bedrohungsvorstellungen und die Bereitschaft zu offensiven Reaktionsformen zuspitzt" (Z. 58 ff.).

2 Pro-und-Kontra-Diskussion: Mit dem Hinweis auf die drohende Terrorgefahr wurden in den letzten Jahren in Deutschland Gesetze zur inneren Sicherheit verschärft bzw. neue Gesetzesvorhaben diskutiert. Informieren Sie sich über einzelne Gesetzesvorhaben wie der Sicherung biometrischer Daten oder Onlinedurchsuchungen und führen Sie in Ihrem Kurs eine Pro-und-Kontra-Diskussion durch.

Internettipp:
http://www.zeit.de/themen/deutschland/ueberwachung/index

Europa und die Welt 6

6.4 Klimawandel

Treibhauseffekt

Die Geschichte der modernen Welt ist geprägt durch wachsende **Naturbeherrschung**. Sie wird ermöglicht durch die Fortschritte in den Naturwissenschaften, die von Ingenieuren in technologische Neuerungen umgesetzt werden. Ohne Erfindungen wie Dampfmaschine, Automobil oder Kühlschrank und ohne die immer effizientere Ausbeutung natürlicher Rohstoffe wie Kohle oder Erdöl wäre die Entfesselung der wirtschaftlichen Produktivkräfte seit der Industrialisierung im ausgehenden 18. Jahrhundert nicht denkbar gewesen. Diese wirtschaftliche Dynamik ging jedoch bereits im 19. Jahrhundert einher mit Umweltproblemen. Der Raubbau an der Natur in der nicht nachhaltigen Industriewirtschaft bewirkte etwa Wasser- und Luftverschmutzung, die den Ruf nach Natur- und Umweltschutz lauter werden ließ (s. S. 48). Im 20. Jahrhundert haben die ökologischen Herausforderungen eine neue Dimension erhalten. Einige Forscher vertreten die Auffassung, dass die 1950er-Jahre einen tiefen Einschnitt in der Umweltgeschichte der Menschheit markierten. Von da an sei die globale Gefährdung, die wesentlich durch den Treibhauseffekt (M 60) hervorgerufen wird, nicht mehr zu übersehen. Alle vergangenen Gefährdungen seien harmlos verglichen mit der **Umweltkatastrophe**, die die Menschen im 21. Jahrhundert zu bewältigen hätten.

Der natürliche Treibhauseffekt erwärmt die Erde auf eine Durchschnittstemperatur von 15 °C und ermöglicht auf diese Weise überhaupt erst Leben. Die Forschung geht heute davon aus, dass dieser Vorgang durch den Menschen in gefährlichem Ausmaß verstärkt wird: Die Verbrennung fossiler Brennstoffe wie Kohle, Erdgas und Erdöl sowie der Ausstoß von Spurengasen wie Kohlenstoffdioxid, Methan, Ozon und FCKW, die zudem die Erdatmosphäre schädigen (sog. Ozonloch), verursachen eine zusätzliche Erwärmung der Atmosphäre in den nächsten 100 Jahren um 1,5 bis 4,5 %.

Folgen der Erwärmung

Über Art und Ausmaß der Folgen herrscht noch keine wissenschaftliche Einigkeit. Bisher beobachten ließen sich ungewöhnlich lange El-Niño-Warmphasen, ein Anstieg der Meeresspiegel um 10–25 cm innerhalb der letzten 100 Jahre sowie der Oberflächentemperaturen in Alaska um 2–4 °C, eine Zunahme der Luftfeuchtigkeit in den Tropen, eine Zunahme von Wolken über Land und ein Rückgang der Schnee- und Eisfläche in den Alpen. Zukünftige Auswirkungen könnten im Abschmelzen der Polkappen, in einem weiteren Anstieg des Meeresspiegels und einer Zunahme von Extremereignissen wie Trockenheit und Überschwemmungen bestehen. Schätzungen gehen daher von 80–400 Millionen sog. Klimaflüchtlingen bis zum Jahre 2050 aus.

Rohstoff Wasser

Am Beispiel der Wasservorsorgung lassen sich die politischen Folgen dieses Klimawandels exemplarisch verdeutlichen. Eine Konsequenz der Erwärmung der Erdatmosphäre besteht darin, dass in einigen Regionen der Welt die Wasserknappheit dramatische Ausmaße annehmen wird. Nach UN-Angaben hat bereits heute mehr als eine Milliar-

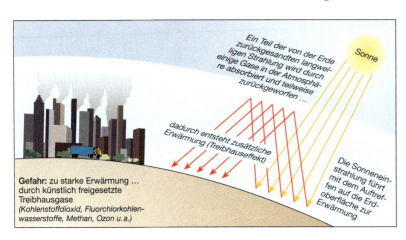

M 60 Die Entstehung des Treibhauseffekts

6 Europa und die Welt

de Menschen keinen Zugang zu sicherem Trinkwasser, sterben jedes Jahr rund vier Millionen Menschen an Krankheiten, die durch verschmutztes Wasser verursacht werden. Ganze Landschaften werden in den nächsten Jahrzehnten wahrscheinlich austrocknen (M 61). Der Mangel an dem Rohstoff Wasser hat bereits in einigen Teilen der Welt politische Konflikte hervorgerufen. Kann es aber zu Kriegen um Wasser kommen? Darüber lässt sich keine solide Voraussage formulieren (M 62). Eines allerdings steht fest: Umweltpolitik, die auf die Entwicklung nachhaltiger Wirtschaftsformen zielt, wird in Zukunft an Bedeutung gewinnen – für alle Nationen der Welt.

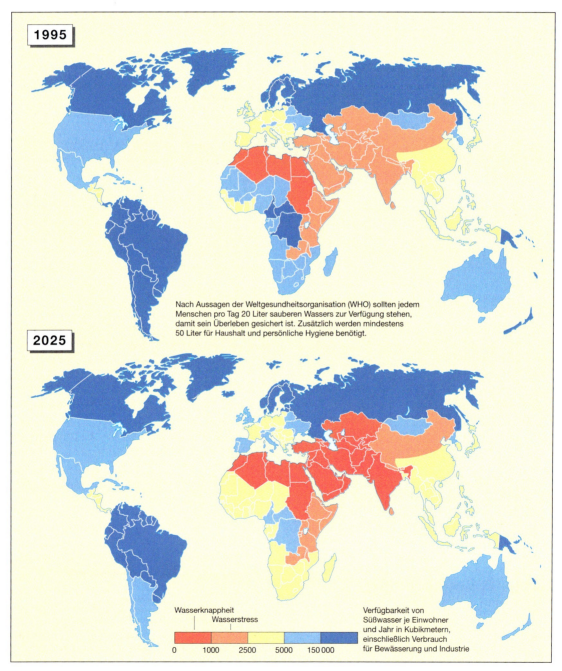

M61 Von Wasserknappheit betroffene Regionen, 1995 und 2025 (Prognose)

Europa und die Welt 6

M62 Wasser als Konfliktursache und Kriegsgrund – ein Überblick (2006)

Wie die Trends bei der Wasserverfügbarkeit verdeutlichen, wird sich die Konkurrenz um nutzbares Süßwasser noch verstärken. [...] Derartige Konfliktkonstellationen führen bereits heute zu gewaltsamen Auseinandersetzungen, so etwa im Sommer 2000 in der chinesischen Provinz Shandong zwischen Bauern und der Polizei. Tausende Bauern, die das Wasser für die Bewässerung ihrer Felder reklamierten, protestierten gegen die Wasserentnahme aus Reservoirs für die städtische und industrielle Nutzung. Bei der Niederschlagung der Proteste kamen mehrere Bauern ums Leben. Derartige Zusammenstöße werden nicht selten durch ethnische Konflikte überlagert. Im Januar 2005 kam es am Fluss Ewaso Kedong in Kenia zu gewaltsamen Zusammenstößen zwischen Massai und Kikuyu. Die nomadisch lebenden Hirten der Massai warfen den sesshaften Kikuyu-Bauern vor, dem Fluss zu große Wassermengen zu entnehmen. Auch infolge dieser Auseinandersetzung waren Todesopfer zu beklagen, ferner kam es zur Massenflucht aus dem Gebiet.

Konfliktträchtig ist schließlich die Frage, ob die Wasserversorgung in öffentlicher oder privater Hand liegen soll. Der öffentliche Versorgungsauftrag wird mit der zentralen Stellung des Gutes im menschlichen Alltag begründet – ein Gedanke, der sich auch in der Debatte um ein Menschenrecht auf Wasser widerspiegelt. Die Befürworter einer Privatisierung der Wasserversorgung argumentieren, mit der Einführung von Gebühren könne eine effizientere Nutzung erreicht werden. Die Privatisierung hat bisher jedoch vielerorts zur weiteren Marginalisierung[1] armer Bevölkerungsgruppen geführt: Da das Trinkwasser unerschwinglich wurde, mussten sie oftmals auf schmutziges Trinkwasser ausweichen [...]. Die Folge waren die Verbreitung von Cholera und anderen Krankheiten. Auch zu gewaltsamen Ausschreitungen ist es bereits infolge von Privatisierungen gekommen. [...]

Bei grenzüberschreitenden Gewässern wird die sicherheitspolitische Dimension von Ressourcenknappheit besonders augenfällig. Die Art und Weise der Nutzung durch Oberanrainer beeinflusst unmittelbar die Bedingungen für die Unteranrainer – fließt das Wasser über Grenzen, wird es zum Gegenstand internationaler Politik. Auch hier gilt: Streitigkeiten durch divergierende Nutzungsinteressen, etwa bei der Wasserentnahme für Bewässerungszwecke, sind selten allein vom Konfliktgegenstand Wasser bestimmt. Entsprechend schwierig ist es, Lösungen zu finden.

Vor diesem Hintergrund erscheint die These von Wasserkriegen plausibel, die Erfahrungen sprechen jedoch dagegen [...]. Bislang haben Konflikte um Wasser in einem der weltweit 263 grenzüberschreitenden Flussgebiete noch zu keinem internationalen Krieg geführt [...]. Dies ist das Ergebnis von Forschungen an der Oregon State University, die in einer Datenbank grenzüberschreitende Flussgebietsstreitigkeiten zusammengestellt hat. Zwischen 1948 und 1999 hat es demnach lediglich 37 Fälle von gewaltsamen Streitigkeiten gegeben. Der letzte Wasserkrieg zwischen Staaten wird gar auf einen Disput zwischen den Stadtstaaten von Lagasg und Ummas im Euphrat- und Tigrisbecken vor 4500 Jahren datiert. Beispiele am Euphrat oder am Nil belegen, dass Staaten zwar immer wieder mit militärischer Gewalt drohen, aber selbst in politischen Spannungsgebieten Lösungen gefunden und Kooperationsabkommen geschlossen werden.

Den Kern dieser grenzüberschreitenden Wasserkooperationen bilden institutionelle Arrangements, die die Zusammenarbeit zwischen den Anliegern verstetigen und zur Vertrauensbildung beitragen [...]. Verschiedene Flussgebietskommissionen zeigen, dass ein institutioneller Rahmen die Zusammenarbeit stabilisieren und dadurch Konflikte entschärfen oder verhindern kann. Die Flusskommission am Indus (Pakistan, Indien) hat zwei Kriege überstanden und auch das Mekong Committee, mit Vertretern aus Kambodscha, Laos, Thailand und Vietnam, wurde während des Vietnamkriegs fortgeführt. Besonders komplex erweisen sich die Verhandlungen am Nil, zählen doch zehn Staaten zu den Anrainern des Flusses. Analysen der Konfliktkonstellation in diesem Gebiet verdeutlichen, dass Wasser zwar als strategisches und konfliktträchtiges Gut wahrgenommen wird. Dennoch konnten bislang die Interessendivergenzen zwischen Ober- und Unteranrainern zumindest partiell überwunden und eine Zusammenarbeit im Rahmen der Nile Basin Initiative erreicht werden [...].

Stiftung Entwicklung und Frieden/Institut für Entwicklung und Frieden, Globale Trends 2007. Frieden, Entwicklung, Umwelt, hg. v. Tobias Debiel, Dirk Messner, Franz Nuscheler, Fischer Taschenbuch, Frankfurt/Main 2006, S. 368–371

1 Vorgang, bei der eine Einzelperson oder Gruppe ins politische Abseits geschoben wird.

1 Erklären Sie den Zusammenhang zwischen Klimawandel, Wasserknappheit und Frieden (M 61 und M 62).

2 Ist das Klima ein Politikum? – Diskutieren Sie diese Frage.

Grundwissen Europa und die Welt

Zeittafel

1914–18 Der Erste Weltkrieg trägt Züge eines totalitären Krieges.

1919/20 Die Siegermächte des Ersten Weltkrieges arbeiten Friedensverträge für eine neue internationale Ordnung aus. Der Völkerbund sollte dabei die friedliche Konfliktschlichtung garantieren. Die Kolonien der besiegten Mächte wurden als Mandatsgebiete dem Völkerbund unterstellt.

1938 Im Münchener Abkommen (Sept.) zwischen Deutschland, Italien, Großbritannien und Frankreich wird die Abtretung Böhmens (Sudetenland) von der Tschechoslowakei beschlossen. Das Abkommen bedeutet Höhepunkt und Anfang des Scheiterns der englischen Appeasementpolitik. England und Frankreich beginnen, für einen Krieg gegen den deutschen Aggressor aufzurüsten. Im August schließen Hitler und Stalin einen deutsch-sowjetischen Nichtangriffspakt.

1939–45 Der Zweite Weltkrieg war nicht nur ein totaler Krieg, sondern spätestens seit dem deutschen Überfall auf die Sowjetunion 1941 ein ideologischer Vernichtungskrieg.

1941 Die USA treten in den Zweiten Weltkrieg ein.

1945 Mit der Gründung der UNO soll der Weltfrieden gesichert und der Schutz der Menschenrechte verbessert werden. Auf der Potsdamer Konferenz über die Nachkriegsordnung beginnt die Entfremdung zwischen den Westmächten (USA und Großbritannien) und der Sowjetunion.

1945–1989/90 Der Ost-West-Konflikt bestimmt die internationale Politik.

1949 Die NATO wird als kollektives Sicherheits- und Defensivbündnis des Westens gegründet.

1955 Auf der Bandung-Konferenz organisiert sich die Bewegung der blockfreien Staaten.

1955–89 Im Warschauer Pakt schließen sich die Ostblockländer zu einem militärischen Bündnis zusammen.

1962 In der Kubakrise gerät die Welt an den Rand eines Atomkrieges. Die Supermächte beginnen einen Dialog.

1975 In der KSZE-Schlussakte von Helsinki versprechen auch die Ostblockstaaten die Einhaltung der Menschenrechte.

1990 Der Zwei-plus-Vier-Vertrag garantiert der Bundesrepublik die innere und äußere Souveränität.

1999 In elf EU-Staaten wird der Euro als neue gemeinsame eigenständige Währung eingeführt (1. Jan.).

2001 Am 11. September fliegen von islamistischen arabischen Terroristen entführte Flugzeuge in das amerikanische Verteidigungsministerium und in das New Yorker World Trade Center. Die USA beginnen einen groß angelegten Kampf gegen den internationalen Terrorismus. Der erste militärische Angriff richtet sich gegen Afghanistan (Okt./Nov.), das seit 1996 von den islamistischen Taliban regiert wurde und als Zentrum des Terrorismus galt.

2004 Mit der Osterweiterung nimmt die EU zehn neue Mitgliedsstaaten auf: Estland, Lettland, Litauen, Malta, Polen, Slowenien, Slowakei, Tschechien, Ungarn, Zypern. 2007 kommen Bulgarien und Rumänien hinzu.

Zentrale Begriffe

Dekolonisation: Ablösung der Kolonien vom jeweiligen „Mutterland".

Europäische Integration: Die langfristig angelegte und friedliche Zusammenführung der europäischen Staaten. Sie betraf nach 1945 zunächst nur das westliche, ab 1989/90 auch das östliche Europa.

Globalisierung: Prozess der Zunahme und Verdichtung weltweiter Beziehungen in allen Lebensbereichen.

Kollektives Sicherungssystem: Die internationalen Beziehungen werden so organisiert, dass die Zusammenarbeit der Nationen gefördert und Konflikte friedlich beigelegt werden können. Die wichtigsten Einrichtungen zur Friedenssicherung: Völkerbund und UNO.

Ost-West-Konflikt: Die internationale Ordnung zwischen 1945 und 1990 war bipolar. Internationale Politik wurde bestimmt durch den Gegensatz zwischen den von den USA und der Sowjetunion geführten Machtblöcken.

Terrorismus: Die systematische und gleichzeitig willkürliche Androhung und Anwendung von Gewalt durch politisch-soziale Gruppen, die Furcht und Schrecken verbreiten wollen.

Totaler Krieg: Krieg, in dem alle verfügbaren Ressourcen einer Gesellschaft für die Vernichtung des Feindes mobilisiert werden. Der Unterschied zwischen zivilem und militärischem Bereich löst sich auf.

Grundwissen Europa und die Welt

Wiederholungsaufgaben: Inhalte – Zusammenhänge – Beurteilungen

1. Das Zeitalter der beiden Weltkriege von 1914 bis 1945 gilt einigen Historikern als „Zweiter Dreißigjähriger Krieg". Eine andere Epochenbezeichnung schlägt der Historiker Eric Hobsbawm in seiner Geschichte des 20. Jahrhunderts (1994) vor. Er spricht vom „Zeitalter der Katastrophen". Fassen Sie die wichtigsten Merkmale dieser Zeit zusammen. Diskutieren Sie, ausgehend von Ihrem Merkmalskatalog, welche Formulierung das Wesen des Zeitalters der Weltkriege angemessen beschreibt. Schlagen Sie gegebenenfalls eine andere Epochenbezeichnung vor.
2. Der Widerspruch zwischen nationaler Großmachtpolitik und internationalen Ordnungsprinzipien war ein zentrales Problem der dauerhaften Friedenssicherung nach dem Ersten bzw. vor dem Zweiten Weltkrieg. Überprüfen Sie diese These am Beispiel der Entstehung und Folgen der Pariser Friedensverträge von 1919/20.
3. Arbeiten Sie heraus, inwieweit die Wege und Strukturen der internationalen Politik zwischen 1945 und 1989/90 von der ideologischen und machtpolitischen Blockbildung des Ost-West-Konfliktes geprägt waren.
4. Die Jahre 1989/90 bedeuteten das Ende der ideologischen und machtpolitischen Blockbildung in der Weltpolitik. Nennen und beschreiben Sie zentrale Herausforderungen der internationalen Politik, die sich aus diesem Wandel ergeben haben.
5. Charakterisieren Sie die Dekolonisation in ihrem räumlichen und zeitlichen Ablauf.
6. Die ehemalige indische Ministerpräsidentin Indira Gandhi (1917–1984) hat einmal gesagt: „Für die entwickelten Länder geht es nicht darum, den Entwicklungsländern zu helfen, sondern um die Frage, ob sie es sich leisten können, ihnen nicht zu helfen." Nehmen Sie Stellung zu dieser These. Erörtern Sie in diesem Zusammenhang auch die Probleme der Entwicklungsländer, deren historische und aktuelle Ursachen und Folgen.

M63 „Hilfe, ich werde verfolgt". Karikatur von Horst Haitzinger, 1981

Kapitel 7

Historisches Erinnern und nationale Identität

Deutschland war von 1949 bis 1990 kein Nationalstaat, sondern ein geteiltes Land. Die Bürger des westlichen Teilstaates lebten in einer parlamentarischen Demokratie, im östlichen Teilstaat entstand nach dem Zweiten Weltkrieg eine von der Sowjetunion kontrollierte kommunistische Diktatur. Während der Zeit der Teilung blieb das Gefühl nationaler Zusammengehörigkeit erhalten. Hier liegt eine Bedingung dafür, dass die Wiedervereinigung so rasch gelingen konnte.

An der Wiedervereinigung zeigte sich, dass politisches Denken und Handeln nach wie vor stark durch nationale Mentalitäten mitgeprägt wird. Der moderne Nationalismus, der im ausgehenden 18. Jahrhundert entstand, war und ist keine einheitliche Erscheinung. Er besaß unterschiedliche Ausprägungen, wie der Vergleich mit Frankreich verdeutlicht. Verstand sich Deutschland lange Zeit als Kulturnation, herrschte im westlichen Nachbarland die Vorstellung einer Staatsnation vor. Das nationale Selbstverständnis wurde maßgeblich mitbestimmt durch Mythen, die dem Willen zur Nation und zum Nationalstaat Würde und historische Legitimität verschaffen sollten. Das historische Erinnern formt das nationale Selbstverständnis entscheidend mit, umgekehrt beeinflusst auch der Verlauf der Nationalgeschichte die Auseinandersetzung mit der Geschichte. So nimmt das Gedenken an die Geschichte der beiden Weltkriege in verschiedenen Staaten unterschiedliche Formen an, wie die Analyse von Denkmälern verdeutlicht. Bei der Untersuchung nationaler Geschichtskulturen

muss man immer auch die politisch-gesellschaftlichen Strukturen eines Landes berücksichtigen. Das lässt sich eindrucksvoll dokumentieren an der Aufarbeitung des NS-Unrechts im geteilten Deutschland, die gegensätzlicher nicht sein konnte.

Die Geschichte des Nationalismus und der Nationalstaaten in Europa vom 18. Jahrhundert bis in die Gegenwart hinein ist auch eine Geschichte nationaler Feindbilder, an deren Entstehung und Verbreitung Historiker mitgewirkt haben. Deutsche und Franzosen galten vom 19. Jahrhundert bis zur Mitte des 20. Jahrhunderts als „Erbfeinde". Und auch das Verhältnis zwischen Deutschen und Polen war lange Zeit durch nationale Stereotype vergiftet. Erst mit der Aussöhnung zwischen Deutschland und seinen Nachbarn verschwanden diese nationalen Vorurteile. Heute sind Deutsche, Franzosen und Polen ganz normale Nachbarn.

M1 **Denkmal für die ermordeten Juden Europas, Berlin, Teilansicht, Fotografie von 2005.** Das vom amerikanischen Architekten Peter Eisenman entworfene Denkmal besteht aus 2711 Betonstelen (die Zahl hat keinerlei symbolische Bedeutung) in unterschiedlicher Höhe und einem unterirdischen „Ort der Information". Nach über zehnjähriger Debatte um seine Errichtung wurde es am 10. Mai 2005 eingeweiht.

7 Historisches Erinnern

1 Geschichtsbewusstsein und nationale Identität in Deutschland (Wahlpflicht 4)

Historische Erfahrungen

Im Deutschen wird der Begriff „Nationalismus" häufig zur moralischen Abwertung einer übersteigerten Form nationaler Selbstsucht benutzt, die mit Intoleranz und Aggressivität gegenüber fremden Völkern verbunden ist. Das hat mit den Erfahrungen der neueren deutschen Geschichte zu tun. In den Jahren zwischen 1933 und 1945 behaupteten die Nationalsozialisten die Überlegenheit des „germanischen Herrenmenschen". Dieser völkisch-rassistische Nationalismus diente ihnen zur Rechtfertigung ihrer Kriegs- und Eroberungspolitik sowie der Vernichtung der europäischen Juden. Das darf nie vergessen werden. Aber war und ist der Wille zur Nation und zum Nationalstaat immer und überall mit Hass und Aggression verbunden? Die Wiedervereinigung Deutschlands 1989/90 spricht gegen diese Verallgemeinerung. Als demonstrierende DDR-Bürger im Herbst 1989 riefen „Wir sind das Volk!", wollten sie die kommunistische Diktatur abschütteln. Und die schon bald danach zu hörende nationale Parole „Wir sind ein Volk!" unterstrich diesen Freiheitsdrang. Nicht die Sehnsucht nach nationaler Größe, sondern demokratische Selbstbestimmung war das Ziel.

Vormoderner Nationsbegriff

Die Problematik des Begriffs „Nation" lässt sich am ehesten erfassen mithilfe eines historischen Rückblickes auf seine unterschiedlichen Bedeutungen. Das Wort stammt aus der Antike und erklärte Geburt oder Abstammung zum Unterscheidungsmerkmal von Gruppen. Im Mittelalter bezeichnete es eine Rechtsgemeinschaft, z.B. einen Stand (Adel, Klerus, Bauern), der jemand aufgrund seiner Geburt angehörte. Die mittelalterlichen und die frühneuzeitlichen Universitäten gliederten sich in *nationes*. Das waren Zusammenschlüsse von Lehrern und Studenten, die aus derselben Gegend oder Landschaft kamen. Darüber hinaus dachten die Menschen in der frühen Neuzeit an einzelne Stammesgruppen (Baiern, Sachsen) und die sie beherrschende Adelsschicht, wenn von Nationen die Rede war. Darunter verstanden die Zeitgenossen politische Einheiten, die einen gemeinsamen Mittelpunkt, einen König oder ein Reich, besaßen. Der Begriff „Nation" taucht um 1500 auch im offiziellen Titel „Heiliges Römisches Reich Deutscher Nation" auf. Dieses Reich war ein Zusammenschluss selbstständiger Reichsfürsten aus verschiedenen Territorien oder Völkern, die sich gemeinsame Institutionen (Kaiser, Reichstag, Reichsgericht) schufen. Neben diesen politischen Bedeutungen von Nation gab es bereits ein kulturell gefärbtes Nationenverständnis, das auf gemeinsamer Sprache und Geschichte beruhte.
Dieses vormoderne Nationalbewusstsein prägte vom hohen Mittelalter bis ins 18. Jahrhundert das Denken und Handeln einer Elite, nämlich des sozial und politisch herrschenden Adels. Die große Masse der Menschen war dagegen fest eingebunden in die „natürlichen Ordnungen" des Lebens: in Familie und Verwandtschaft, Dorf und Pfarrei, Kirche und Religion sowie in das von einem Fürsten regierte Territorium. Diese Bindungen bestimmten die unterschiedlichsten Loyalitäts- und Zugehörigkeitsgefühle der Menschen: landschaftliches Zusammengehörigkeitsbewusstsein, Stammesstolz, Heimatgefühl oder Royalismus, d.h. die Treue zu einem bestimmten Königs- oder Herrscherhaus.

Moderner Nationalismus

Dagegen ist für den modernen Nationalismus die Zugehörigkeit zu einer Nation bzw. das nationale Selbstverständnis wichtiger als andere Loyalitäten. Die Nation steigt in der politisch-sozialen Normenhierarchie nicht nur zum höchsten Wert auf. Ein zentrales Ziel des modernen Nationalismus besteht überdies in der Selbstbestimmung der Nation in einem Nationalstaat. Außerdem legitimiert er die besondere Wertschätzung der Nation säkular, d.h. weltlich; religiöse Begründungen spielten in den meisten Ländern nur noch eine untergeordnete Rolle.
Dieser moderne Nationalismus entfaltete sich seit dem ausgehenden 18. und beginnenden 19. Jahrhundert, als die Amerikanische und die Französische Revolution die Grundlagen der feudalständischen Ordnung erschütterten und der bürgerlichen Gesellschaft zum Durchbruch verhalfen.

Historisches Erinnern 7

M2 Karikatur von Mester, 1999

Grundlage der bürgerlichen Gesellschaft war und ist die Überzeugung, dass der Wille der souveränen Nation das Schicksal des Gemeinwesens zu bestimmen habe. Damit ging ein Wandel der Loyalitätsbindungen einher: Der Einzelne sollte sich nicht länger primär als Mitglied eines Standes oder einer Konfession verstehen, sondern zuallererst als Mitglied einer nationalen Lebensgemeinschaft. Allerdings konnte die eigene Nationalität durchaus unterschiedlich bestimmt werden, sei es durch die Gleichheit der Sprache oder Kultur, sei es durch Abstammung oder die Zugehörigkeit zu einem Volk.

Der moderne Nationalismus vermittelte dem Einzelnen ein Stück Lebenssinn und war dadurch in der Lage, ein Volk oder eine große Bevölkerungsgruppe zu mobilisieren. Nationale Gefühle konnten die Integration und Solidarität in einer Gesellschaft dadurch stärken, dass sie einer Gemeinschaft ihre Zusammengehörigkeit bewusst machten und dieser Zusammengehörigkeit einen besonderen Stellenwert zuschrieben. Mit dem Argument, die Interessen der Nation oder des Nationalstaates besäßen Vorrang vor allen anderen Normen und Werten, ließen sich die Mitglieder einer Gesellschaft auf ein gemeinsames Ziel einschwören. Diese Hochschätzung des Nationalen konnte aber derart übersteigert werden, dass der Nationalismus zum Religionsersatz wurde. Ein solcher Nationalismus mündete leicht in ein rauschhaftes Gemeinschafts- und Solidaritätserlebnis, das den Zusammenhalt und die Selbstbehauptung der Nation von Opfern bis hin zum Tod abhängig machte. Die geschichtliche Erfahrung hat gezeigt, dass ein derart extremer Nationalismus häufig mit nationalem Sendungsbewusstsein nach außen verbunden war und in Aggression und Krieg umschlagen konnte.

Staats- und Kulturnation „Man wird […] die Nationen einteilen können in Kulturnationen und Staatsnationen, in solche, die vorzugsweise auf einem irgendwelchen gemeinsam erlebten Kulturbesitz beruhen, und solche, die vorzugsweise auf der vereinigenden Kraft einer gemeinsamen politischen Geschichte und Verfassung beruhen." Die Unterscheidung in Kultur- und Staatsnation geht auf den Historiker Friedrich Meinecke (1862–1954) zurück. An ihr wird deutlich, dass nationale Einstellungen auf ganz unterschiedlichen identitätsstiftenden Faktoren beruhen können. Der Historiker Thomas Nipperdey hat dies in seinem Buch „Deutsche Geschichte 1800–1866" (1983) anschaulich erläutert: Da gibt es „einmal die Staatsnation, aus subjektivem und gemeinsamem Willen, aus Kontrakt, damit klar und geradezu juristisch fixiert (Nationalität ist gleich Staatsangehörigkeit), aus der Gegenwart geboren und auf die Zukunft gerichtet und an der Idee der Souveränität orientiert; und dagegen die Kultur- und Volksnation, objektiv vorgegeben durch Sprache und gemeinsame Herkunft, und so auch dem Einzelnen vorgeordnet,

7 Historisches Erinnern

mit fließenden offenen Grenzen, denn Volk ist gegenüber Staat ein offener Begriff. Dem einen sind die Elsässer Franzosen, weil sie Bürger des französischen Staates sein wollen, dem anderen Deutsche, weil Sprache, Kultur und Geschichte die Zugehörigkeit zum deutschen Volk definieren."
In der Geschichtsschreibung hat es sich eingebürgert, **Frankreich** als Paradebeispiel für eine **Staatsnation** anzuführen. **Deutschland** gilt dagegen als eine klassische **Kulturnation**. Entstanden seien diese unterschiedlichen Ausprägungen nationalen Denkens und Handelns an der Wende vom 18. zum 19. Jahrhundert.
Tatsächlich war in Europa die **Französische Revolution** die Geburtsstunde des modernen Nationalismus. Hier entstand die demokratische **Idee von der selbstbestimmten Nation**. Indem das französische Volk unter Führung des aufstrebenden Bürgertums die Kontrolle der bisher vom König und dem Adel ausgeübten Macht im Staate beanspruchte, sah es sich als den allgemeinen Stand an und erklärte sich zur Nation (M 3). Von ihr sollte nun alle Macht ausgehen. Nach diesem Verständnis war die Nation eine politische und soziale Gemeinschaft rechtsgleicher Staatsbürger, die durch ihre Vertretungsorgane die Zukunft des Landes mitgestalteten. Dieser Nationalgedanke verband sich in den Kriegen des revolutionären und später auch des napoleonischen Frankreich mit einem nationalen Überlegenheitsgefühl und Sendungsbewusstsein. Die französischen Truppen zogen in den Kampf, um die Ideale der Revolution „Freiheit, Gleichheit, Brüderlichkeit" zu verbreiten bzw. die Völker vom Tyrannenjoch zu befreien. Eine ihrer Losungen lautete dementsprechend: „Krieg den Palästen und Friede den Hütten."
Auch in den verschiedenen Staaten, Fürstentümern, Reichsstädten, kleinen und kleinsten Herrschaften, die im „Heiligen Römischen Reich Deutscher Nation" miteinander verbunden waren, entstand im ausgehenden 18. Jahrhundert das Bewusstsein einer nationalen Zusammengehörigkeit. Eine kleine gebildete Elite verstand unter der Nation eine Kulturgemeinschaft mit einer gemeinsamen Geschichte. Einer der herausragenden Verfechter der Kulturnation war der Theologe und Philosoph Johann Gottfried Herder (1744–1803). Er argumentierte 1784, dass die Sprache „alle Eigenheiten der Völker in ihrem praktischen Verstande, in ihren Phantasien, Sitten und Lebensweisen" repräsentiere. Außerdem forme sie dieses Volk immer wieder aufs Neue: „Wer in derselben Sprache erzogen ward, wer sein Herz in sie schütten, seine Seele in ihr ausdrücken lernte, der gehört zum Volk dieser Sprache." Herder veröffentlichte Volkslieder, weil er eine existierende einheitliche deutsche Nation bzw. den deutschen Nationalgeist in der sprachlichen Überlieferung und dem kulturellen Erbe aufzeigen wollte (M 4). In der gleichen Absicht sammelten die Gebrüder Grimm Volksmärchen. Die Unterscheidung zwischen Staats- und Kulturnation ist alles andere als abstrakt oder weltfremd, sondern hatte für die Menschen konkrete praktische Konsequenzen. Denn sie bestimmte vom 19. Jahrhundert bis in unsere Gegenwart hinein das **Staatsangehörigkeitsrecht in Frankreich und Deutschland** (M 5 a, b) maßgeblich mit.

DDR und Nation

„1989/90 war nun zu entdecken", kommentierte 1995 der Historiker Jürgen Kocka die friedliche Revolution in der DDR, „dass die mehr als vierzig Jahre getrennter Geschichte unter entgegengesetzten Systembedingungen nicht ausgereicht haben, die kollektiven Identitäten beider deutscher Bevölkerungen so unterschiedlich und in ihrer Unterschiedlichkeit zugleich so legitim zu machen, dass sie trotz des Wandels der internationalen Bedingungen und trotz des Zusammenbruchs der Systemdifferenzen staatliches Selbstständigkeitsstreben auch in der DDR hätten abstützen können." Und er fügte hinzu: Die **Wiedervereinigung Deutschlands** habe gezeigt, „dass auch in Deutschland nationale Identitäten überlebt haben, politisch tragfähig sind und abgerufen werden können".
Dass diese **Gefühle nationaler Zusammengehörigkeit** während der jahrzehntelangen deutschen Teilung nicht abgestorben sind, ist nicht selbstverständlich. Die DDR-Führung unternahm seit den 1970er-Jahren besondere Anstrengungen, um nationale Einstellungen in der Bevölkerung abzubauen. 1974 änderte die Volkskammer die Verfassung der DDR. War die „Deutsche Demokratische Republik" nach Artikel 1 der Fassung von 1968 „ein sozialistischer Staat deutscher Nation", hieß es jetzt: „Die Deutsche Demokratische Republik ist ein sozialistischer Staat der Arbeiter und Bauern." Mit welcher Konsequenz die SED bei ihren Staatsbürgern nationales Denken auslöschen wollte, verdeutlicht die Welle von Umbenennungen, bei denen sie die Bezeichnung „deutsch" bzw.

Historisches Erinnern 7

„Deutschland" getilgt hat. Die wichtigsten Beispiele hat der Historiker Stefan Wolle in seinem Buch „Die heile Welt der Diktatur. Alltag und Herrschaft in der DDR 1971–1989" (1998) beschrieben: „In Leipzig wurde das ‚Hotel Deutschland' in ‚Hotel am Ring' umbenannt. Lediglich die SED, ihr Zentralorgan, die vier Blockparteien, die Massenorganisationen und die wegen internationaler Verträge bis 1989 gebundene ‚Deutsche Reichsbahn' machten eine Ausnahme. Ansonsten behalf man sich mit Abkürzungen. Zum Beispiel stand nun auf den Briefmarken in der Regel nicht mehr die vollständige offizielle Staatsbezeichnung, sondern nur noch das Kürzel ‚DDR'. Konsequenterweise wurde das Stichwort ‚Deutschland' auch aus der zweiten Ausgabe von Meyers Neuem Lexikon gänzlich gestrichen. […] Die systemübergreifende Dauerkomödie der Deutschen im Umgang mit ihren nationalen Symbolen fand in der DDR ihren Höhepunkt im faktischen Verbot der Nationalhymne. Der Text von Johannes R. Becher wurde seit 1974 weder gesungen noch gedruckt. Die markante Zeile ‚Deutschland einig Vaterland' skandierten im Herbst 1989 die Demonstranten und sangen voll böser Ironie den Text, soweit sie sich noch an ihn erinnern konnten. So wurde die ‚Spalter-Hymne' – wie sie in den Fünfzigerjahren der Westen genannt hatte – zum Totengesang des sozialistischen deutschen Teilstaates."

Die DDR wollte die nationale Selbstbesinnung außerdem dadurch verhindern, dass sie in der Bevölkerung das Bewusstsein von einer gemeinsamen deutschen Geschichte zerstörte. Nach dem Willen der SED sollte die Bundesrepublik Deutschland als Erbe aller reaktionären Traditionen dargestellt werden. Die DDR galt dagegen als Staat des sozialistischen Fortschritts, der alle progressiven und humanistischen Ideale der Vergangenheit verwirkliche. Historische Forschung und Lehre an Universitäten und Schulen wurden rücksichtslos und konsequent zur Verbreitung dieses Geschichtsbildes genutzt. Forscher und Lehrer hatten die Geschichte nach den Richtlinien der SED, also „parteilich", darzustellen. Sie mussten die Ideologie des Marxismus-Leninismus und das auf ihm beruhende historisch-politische Selbstverständnis der SED bestätigen und so die kommunistische Diktatur historisch legitimieren. Mit dieser Funktion der Herrschaftslegitimierung war die Aufgabe der Bewusstseinsbildung eng verbunden. Ein einheitliches sozialistisches Geschichtsbild sollte ein Geschichtsbewusstsein hervorbringen, das jeden Bürger der DDR befähigt, aktiv für seinen Staat einzutreten. Im Rahmen der ideologischen Auseinandersetzung mit der Bundesrepublik Deutschland hatten Wissenschaftler und Lehrer überdies eine politische Kampffunktion zu erfüllen. Dabei sollten sie den „imperialistischen" bzw. Klassencharakter der bundesrepublikanischen Gesellschaft nachweisen und so den westdeutschen Staat in ein schlechtes Licht rücken.

Nachträgliche Ost-Identität? Die massenhafte Forderung nach staatlicher Einheit in Freiheit, die die DDR-Bürger während der friedlichen Revolution 1989/90 erhoben, verdeutlichte das Scheitern aller Bemühungen, eine eigene DDR-Identität aufzubauen bzw. durchzusetzen. „Erst als die DDR gestorben war", schreibt der Historiker Stefan Wolle 2004, „entstand so etwas wie eine ‚DDR-Identität', jenes Gefühl der Zusammengehörigkeit, das die SED-Propaganda vergeblich zu erzeugen versucht hatte. Im Laufe der vergangenen Jahre wuchs das Gefühl einer Schicksalsgemeinschaft, deren Angehörige oftmals mit dem Beiwort ‚ehemalig' bezeichnet werden." Ein Grund für diese „Ost-Identität" liegt sicherlich in dem mit der Wiedervereinigung einsetzenden beschleunigten und revolutionären Wandel, der alle Lebensbereiche – Politik, Recht, Wirtschaft, Gesellschaft und Kultur – von Grund auf veränderte (s. S. 419 ff.). Die Menschen im Osten Deutschlands mussten viele alte Gewohnheiten aufgeben und nach neuen Orientierungen suchen. Dieser Prozess rief in weiten Teilen der Bevölkerung Ängste hervor, da gewachsenes Vertrauen und Selbstsicherheiten zutiefst erschüttert wurden. Die Ungewissheit, ob in der neuen Gesellschaft die Chancen oder die Risiken überwogen, löste bei zahlreichen Menschen Unsicherheit, wenn nicht sogar eine Identitätskrise aus. Ein Ausweg aus dieser Krise war der verklärende Blick auf die untergegangene DDR. Aber schließen „Ostalgie", das Festhalten an überkommenen Verhaltensmustern oder die Vorliebe für „Ost-Produkte" den Wunsch nach der Wiederherstellung der SED-Diktatur ein? Vieles spricht dafür, dass die überwiegende Mehrheit der deutschen Bevölkerung die Wiedervereinigung und den 1990 gegründeten Nationalstaat nach wie vor befürwortet. Und es besteht in der Bundesrepublik Deutschland ein breiter Konsens über die Westorientierung dieses Nationalstaates (M 7 a, b).

7 Historisches Erinnern

M3 Der französische Revolutionär und Politiker Abbé Sieyès über den Dritten Stand als Nation (1789)

Was ist eine Nation? Eine Gesellschaft, welche unter einem gemeinschaftlichen Gesetz lebt und durch ein und dieselbe gesetzgebende Versammlung vertreten wird.
Ist es nicht eine Tatsache, dass der Adelsstand Vorrechte und Privilegien genießt, welche er seine Rechte zu nennen sich erdreistet und welche von den Rechten des großen Ganzen der Bürger abgesondert sind? Er tritt dadurch aus der gemeinsamen Ordnung und dem gemeinschaftlichen Gesetz heraus. Also schon seine bürgerlichen Rechte machen aus ihm ein eigenes Volk in der Nation. Das ist wahrlich ein imperium in imperio.
Was seine politischen Rechte betrifft, so übt er auch sie besonders aus. Er hat eigene Stellvertreter, welche keineswegs die Vollmacht des Volkes haben. Seine Abgeordneten halten ihre Sitzungen gesondert ab. [...]
Der Dritte Stand umfasst alles, was zur Nation gehört. Und alles, was nicht der Dritte Stand ist, kann sich nicht als ein Bestandteil der Nation betrachten. Was ist der Dritte Stand? Alles. [...]
Allein, man sage uns einmal, von welchen Standpunkten und Interessen her man der Nation hätte eine Verfassung geben können. Die Nation existiert vor allem anderen; sie ist der Ursprung von allem. Ihr Wille ist immer legal; sie ist das Gesetz selbst.

Abbé Sieyès, Was ist eine Nation? 1789, in: Peter Alter (Hg.), Nationalismus. Dokumente zur Geschichte und Gegenwart eines Phänomens, Piper Verlag, München 1994, S. 37

1 Erläutern Sie am Beispiel des Textes des Abbé Sieyès (M 3) die Idee von der selbstbestimmten Nation bzw. den Begriff der „Staatsnation".

M4 Der Historiker Eugen Lemberg über den Begriff der „Nation" bei Herder (1967)

In der Volksdichtung etwa erkennt er die Denkweise, das Gefühlsleben, die soziale Ordnung, Charakter und Lebensprinzip jedes Volkes [...].
Hier zeigt sich ein von jenem westeuropäischen sehr verschiedener Zugang zur Demokratie: aus unpolitischen, den Zufälligkeiten von Machtverhältnissen und Herrschaftsgrenzen nicht unterworfenen Gegebenheiten wird hier eine Autonomie ethnischer Gruppen begründet. [...]
Das revolutionäre Prinzip des romantischen Weltbildes, dem diese Geburt der neuen Nationen zu verdanken ist, war eben der eine Grundgedanke, den Herder hier ausgesprochen und zunächst in skizzenhaften Entwürfen dargetan hat: dass nämlich alle diese bisher gesondert betrachteten und wie Selbstzwecke durchforschten Lebensbereiche, Sprache, Dichtung, Musik, Recht, Philosophie, Politik, Wirtschaft, Religion usw., Äußerungen eines Volkes seien und damit Ausstrahlungen eines Lebensprinzips, das man wie immer nennen mochte, Volksseele oder Volksgeist oder einfach Volk. So hatte das Volk den Charakter eines Individuums, einer Persönlichkeit erhalten. Es war zu jener überindividuellen Individualität geworden, wie sie in den Lehren der nationalen Erwecker nicht nur der europäischen Völker des 19. [...] Jahrhunderts lebten.
Überall dort, wo nicht einfach ein fertiger Staat mit Nationalbewusstsein zu erfüllen war, sondern neue und anders abgegrenzte Gesellschaften darangingen, sich als Nationen zu konstituieren und die überlieferten Staaten und Staatensysteme nach ihrem Bilde umzugestalten, sehen wir diesen Gedanken auftreten und die führenden Geister für sich gewinnen, ganze Völker zur Hingabe und Selbstaufopferung für dieses überindividuelle Individuum, für ihre neu bewusst gewordene Nation, in Bewegung treten.
Für die Wirkung auf das Erwachen der Völker ist ein zweiter Grundgedanke Herders bestimmend: der Gedanke der Eigengesetzlichkeit und Eigenwertigkeit der Völker. [...] Jede Nation hat – das sieht er von seinem Blickpunkt aus besonders deutlich – verschiedene geographische, klimatische, rassische und geschichtliche Voraussetzungen, also von Gott verschiedene Möglichkeiten bekommen.
Nach diesen Möglichkeiten und nicht nach dem zufälligen Standort des Betrachters muss sie beurteilt werden, denn nur diesen Möglichkeiten angemessen kann der Auftrag sein, den Gott diesem Volke gegeben, die Rolle, die er ihm in seinem Schöpfungsplan zugewiesen hat.

Eugen Lemberg, Nationalismus I: Psychologie und Geschichte, Rowohlt Verlag, Reinbek bei Hamburg 1967, S. 171 ff.

1 Charakterisieren Sie auf der Grundlage von M4 und des Darstellungstextes, S. 519 f., den Begriff der „Kulturnation".
2 Analysieren Sie Unterschiede des Nationsbegriffs von Herder zu dem von Sieyès (M 3). Erklären Sie die Abweichungen aus der historischen Situation heraus.

Historisches Erinnern 7

M5 Nationsvorstellungen und Staatsangehörigkeitsrecht

a) Deutsches und französisches Staatsangehörigkeitsrecht – ein Vergleich (1994)

Dieser Text fasst die Thesen des Soziologen Rogers Brubaker zusammen, der in seinem wegweisenden Buch „‚Staats-Bürger'. Frankreich und Deutschland im historischen Vergleich" (1994) die politisch-kulturellen Leitbilder des Staatsangehörigkeitsrechts in beiden Staaten analysiert hat.

In Deutschland blieb die Vorstellung der Entstehung der Nation vor dem Staat bestimmend. Dadurch konnte sich ein ethnisch-kulturelles, am vorstaatlichen Begriff des Volkes orientiertes Leitbild ausprägen. Es
5 trat in Spannung zum Staat, setzte auf restriktive, objektive Kriterien, welche die Einbürgerung beschränkten. Dieser restriktive Grundcharakter war im herrschenden Abstammungsprinzip *(ius sanguinis)* verkörpert, das vom Reichs- und Staatsangehörigkeitsge-
10 setz 1913 auf Dauer gestellt wurde. In Frankreich dagegen entwickelte sich ein Leitbild, das auf die Nation und den Staat zugleich bezogen war. Diese staatsnationale Konzeption der Staatsangehörigkeit verknüpfte sich mit der Staatsform der Republik. Sie setzte auf As-
15 similation und erleichterte die Einbürgerung. Ihre Verkörperung fand sie in einem weit gefassten Territorialprinzip *(ius soli)*, das sich mit dem republikanischen Gesetz von 1889 durchsetzte.

Die beiden Leitbilder waren freilich nicht immer unan-
20 gefochten. Sie wurden geprägt, aufrechterhalten und verteidigt durch nationale Eliten, die sie zu nationalen, kulturellen ‚Idiomen' *(cultural idioms)* verfestigten. So entstanden zwei polare Leitbilder, die die Praxis der Einbürgerung bis in die Gegenwart hinein prägten: ein
25 relativ geschlossenes, volksbezogenes Modell in Deutschland; ein offenes, auf Assimilation angelegtes, staatsbezogenes Modell in Frankreich.

Zusammengefasst und anders gewendet: Die bekannte Gegenüberstellung des deutschen und des franzö-
30 sischen Nationsbegriffs – ‚Staatsnation versus Kulturnation' – erhält eine neue, vertiefte Begründung. Das Wesen, die Essenz der differenten Nationsbegriffe wird historisch geradezu herauspräpariert, indem mit der Staatsangehörigkeit die Wirkung einer zentralen Institu-
35 tion des Nationalstaats in ihren gegensätzlichen historischen Wirkungen gezeigt wird.

Dieter Gosewinkel, Staatsangehörigkeit in Deutschland und Frankreich im 19. und 20. Jahrhundert, in: Christoph Conrad u. Jürgen Kocka (Hg.), Staatsbürgerschaft in Europa. Historische Erfahrungen und aktuelle Debatten, edition Körber-Stiftung, Hamburg 2001, S. 49f.

b) Die Reform des deutschen Staatsangehörigkeitsrechts 1999/2000

Die wichtigsten Neuerungen des neuen Staatsangehörigkeitsgesetzes sind die Einführung von Elementen des Geburtsortsprinzips verbunden mit einer „Optionspflicht" sowie Änderungen der Vorschriften für die Anspruchseinbürgerung. […]
5 Erstmalig in der deutschen Rechtsgeschichte wurde im Staatsbürgerschaftsrecht das Abstammungsprinzip *(„ius sanguinis")* durch Elemente des Geburtsortsprinzips *(„ius soli")* ergänzt. Abstammungsprinzip heißt:
10 Ein Kind erhält bei der Geburt die deutsche Staatsbürgerschaft, wenn es einen deutschen Vater oder eine deutsche Mutter hat – dies bleibt auch so. Geburtsortsprinzip heißt: Ein Kind ausländischer Eltern, das in Deutschland geboren wird, erhält neben der Staats-
15 angehörigkeit seiner Eltern automatisch die deutsche Staatsbürgerschaft. Voraussetzung ist unter anderem, dass zumindest ein Elternteil zum Zeitpunkt der Geburt des Kindes seit acht Jahren rechtmäßig in Deutschland gelebt hat und über eine Aufenthaltsberechtigung
20 oder seit drei Jahren über eine unbefristete Aufenthaltserlaubnis verfügt. In einer Übergangsregelung erhielten auch ausländische Kinder einen entsprechenden Einbürgerungsanspruch, die zum 1. Januar 2000 das zehnte Lebensjahr noch nicht vollendet hatten
25 und für die zum Zeitpunkt ihrer Geburt in Deutschland die entsprechenden Voraussetzungen vorgelegen hatten. Die Möglichkeit der „Kindereinbürgerung" auf Antrag war allerdings bis zum 31.12.2000 befristet. Auf diesem Weg sind immerhin 43 700 Kinder einge-
30 bürgert worden. […]

Der Erwerb der Staatsangehörigkeit nach dem Geburtsortsprinzip wurde mit einer Optionspflicht verbunden, die in Paragraf 29 Staatsangehörigkeitsgesetz geregelt ist. Diese verlangt von jungen Menschen mit
35 einem deutschen Pass und dem ihres Herkunftslandes (sog. Doppelstaatler aus Drittstaaten) im Alter zwischen 18 und 23 Jahren eine Entscheidung, ob sie zukünftig die deutsche Staatsbürgerschaft oder die des Herkunftslandes besitzen wollen. Mit der Volljährigkeit
40 werden sie von den Behörden über eine entsprechende Erklärungspflicht informiert. Erklären sie, dass sie die ausländische Staatsangehörigkeit behalten wollen, verlieren sie die deutsche. Dies gilt auch, wenn bis zur Vollendung des 23. Lebensjahres keine Erklärung ab-
45 gegeben wird. Entscheiden sie sich für die deutsche Staatsangehörigkeit, müssen sie bis zum vollendeten 23. Lebensjahr nachweisen, dass sie die ausländische Staatsangehörigkeit nicht mehr besitzen, andernfalls verlieren sie den deutschen Pass. Ist die Aufgabe der
50 anderen Staatsangehörigkeit nicht möglich oder unzumutbar, kann Mehrstaatigkeit hingenommen werden,

7 Historisches Erinnern

wenn bis spätestens zum 21. Lebensjahr eine Beibehaltungsgenehmigung beantragt wurde. […]
Dauerhaft in Deutschland lebende Nichtdeutsche haben nach acht Jahren dauerhaften und rechtmäßigen Aufenthalts einen Anspruch auf Einbürgerung. Bis 1999 hatte diese Frist 15 Jahre betragen. Für Anspruchseinbürgerungen müssen folgende weitere Voraussetzungen erfüllt sein:
– „ausreichende Kenntnisse" der deutschen Sprache;
– Straffreiheit: Nicht berücksichtigt wurden Geldstrafen bis zu 180 Tagessätzen bzw. Bewährungsstrafen unter sechs Monaten (bei Jugendlichen Bewährungsstrafe bis zu einem Jahr);
– eigene Existenzsicherung (Arbeitslosenhilfe- oder Sozialhilfebezug schaden nur, wenn er zu vertreten ist), sie wurde nicht gefordert bei Personen unter 23 Jahren;
– Aufgabe der Herkunftsstaatsbürgerschaft (Hinnahme von Mehrstaatlichkeit nur in Ausnahmefällen);
– Bekenntnis zur Freiheitlich-Demokratischen Grundordnung, verbunden mit einer Erklärung, keine verfassungsfeindlichen Bestrebungen verfolgt zu haben.
Die „Allgemeinen Verwaltungsvorschriften zum Staatsangehörigkeitsgesetz" des Bundes binden zwar die Bundesländer, lassen ihnen aber Raum für länderspezifische Bestimmungen und deren Auslegung, etwa bei der Feststellung von „ausreichenden Kenntnissen" der deutschen Sprache bei den Einbürgerungsbewerbern. Hier haben die Bundesländer zunächst unterschiedliche Verfahrensweisen entwickelt. In dem Anfang 2005 in Kraft getretenen Zuwanderungsgesetz – neben der Reform des Staatsangehörigkeitsgesetzes die zweite große Reform des Ausländerrechts der rot-grünen Koalition – wurde ein Integrationskurs für „Neuzuwanderer" eingerichtet, der einen Sprachkurs (600 Stunden) und einen Orientierungskurs zu Grundkenntnissen der „Rechts- und Gesellschaftsordnung und der Lebensverhältnisse in Deutschland" (30 Stunden) enthält.

Henning Storz/Bernhard Wilmes, Die Reform des Staatsangehörigkeitsrechts und das neue Einbürgerungsrecht, zit. nach: http://www.bpb.de/themen/=OHCOPK.html

1 Arbeiten Sie mithilfe von M 5 a, b die zentralen Merkmale der Begriffe aus dem Staatsangehörigkeitsrecht „Abstammungsprinzip" und „Geburtsprinzip" heraus.
2 Erläutern Sie anhand von M 5 a, wie sich in Deutschland und Frankreich zwei gegensätzliche politisch-kulturelle Leitbilder der Staatsangehörigkeit bildeten.
3 Skizzieren Sie die Leitgedanken der Reform des deutschen Staatsangehörigkeitsrechts (M 5 b).

M6 Demonstration in der DDR, 1989

M7 Nation und Nationalbewusstsein nach der Wiedervereinigung Deutschlands 1990

a) Wege zur inneren Einheit – Vorschläge des Politikers und Theologen Richard Schröder (1995)

„So habe ich mir die Einheit nicht vorgestellt" – das ist schon fast ein geflügeltes Wort. Was da aufgezählt wird an Enttäuschungen und Ärgernissen, ist jeweils für die Betroffenen wahrhaftig keine Lappalie und uns allen wohl bekannt. Trotzdem ist der Satz „So habe ich mir die Einheit nicht vorgestellt" nicht ganz koscher, denn Hand aufs Herz: Wann habt ihr euch denn die Einheit vorgestellt? Und für wann? Und wie? […]
Die deutsche Einigung war für die DDR der kürzeste Weg zur Freiheit und der kürzeste, wenn auch schmerzliche Weg zum wirtschaftlichen Neuanfang und zum Anschluss an den Weltmarkt. Für den Westen war sie die Einlösung einer Selbstverpflichtung im Grundgesetz. Also: Genauer hat sich keiner von uns die deutsche Einheit vorgestellt. Deshalb hatte auch niemand etwas für diesen unwahrscheinlichen Fall in der Schublade […].
Und was muss geschehen, damit die Einheit gelingt? Obwohl das manchen übel in den Ohren klingt: Wir müssen uns wieder als ein Volk oder eine Nation verstehen lernen. Das Problem dabei ist ja gar nicht dies, dass wir in vierzig Jahren der Trennung zu zwei Völkern geworden wären. Dann würde nämlich der Wunsch nach Trennung hörbar werden, wie er sich in der Tschechoslowakei auf friedliche und in Jugoslawien auf brutalste Weise zur Geltung gebracht hat. Das Problem ist vielmehr, dass vielen die Wörter Volk und Na-

tion schon anrüchig sind. Aber sowenig die Dimension des Sozialen dadurch diskreditiert ist, dass die Kommunisten sie zur Legitimation ihrer Diktatur missbraucht haben, sowenig ist die Dimension des Nationalen dadurch diskreditiert, dass die Nazis sie zum Rassenwahn pervertiert haben. [...]

Wer erklärt: „Ich kenne keine Völker mehr, ich kenne nur noch Menschen", hat eben dadurch seine Menschlichkeit schon eingeschränkt, denn er will offenbar an den anderen nicht ernst nehmen, was sie selbst sehr ernst nehmen: dass sie nämlich Polen, Franzosen, Russen oder Briten sind. Er will „die Menschen" nur abstrakt, bloß als Menschen, nicht aber konkret, mit Haut und Haar, mit ihrer Nationalität und Geschichte anerkennen. Mit alldem aber bekommen wir es bei den echten, nicht nur touristischen Begegnungen mit anderen Völkern sehr schnell zu tun, bei den privaten wie den offiziellen. [...] Toleranz wird übrigens zur Farce, wenn sie die Unterschiede gar nicht mehr ernst nimmt, die – und sei es im Widerspruch – ertragen zu können (tolerare heißt ertragen) erst die Mühen der Toleranz ausmachen. Also: Wir müssen bereit sein, uns als deutsche Nation zu verstehen, wenn „wir", nämlich die Deutschen, unser Verhältnis zu den anderen Völkern pflegen und verbessern wollen.

Was heißt: „Ich bin Deutscher"? Ich antworte: nichts Besonderes, aber etwas Bestimmtes. Der nationale Zusammenhalt pflegt leider im Gegenüber zu einem gemeinsamen Gegner, wohl gar einem Erbfeind, am kräftigsten zu sein. Dieser Mechanismus der Gruppendefinition durch Gegnerschaft ist aber nicht auf den Nationalismus beschränkt. Die ideologische Feindbildpflege der Kommunisten war nicht weniger aggressiv. Nichts Besonderes, aber etwas Bestimmtes, das ist die schwierige Aufgabe, sich als Nation zu verstehen ohne den zweifelhaften Kitt einer verbindenden Feindschaft.

[...] Deutschland [ist] das europäische Land mit den meisten Nachbarn. Es steht unter dem geografischen Imperativ, ringsum guter Nachbar zu sein, und dies ist bei seinem erheblichen Gewicht nach Größe, Bevölkerungszahl und Wirtschaftskraft eine schwierige Aufgabe, die Takt verlangt. Deshalb braucht Deutschland die europäische Integration zum Schutz vor der altbekannten Gefahr der Selbstüberhebung, aber auch vor der spiegelbildlichen neueren Gefahr der Selbstverkleinerung. Beide Sonderrollen sind integrationsfeindlich.

Die Ostdeutschen können in das gute nachbarschaftliche Verhältnis Westdeutschlands zu seinen westlichen Nachbarn einrücken. Das Verhältnis zu dem neuen östlichen Nachbarn dagegen bedarf noch erheblicher Pflege und Anstrengung, denn die Oder-Neiße-Grenze ist eine harte Grenze, bisher noch ohne die Tradition eines [...] Handelns und Heiratens über die Grenze hinweg, wie es früher in Oberschlesien selbstverständlich war, und zudem nunmehr eine Wohlstandsgrenze. Das darf nicht so bleiben. [...]

Wir können unsere Verhältnisse nach außen nicht klären, wenn wir nicht Nation sein wollen, aber wir können auch die innere Vereinigung nicht vorantreiben, wenn wir uns nicht als Nation verstehen.

Wie lange müssen wir noch für den Osten zahlen? Wann endlich wird der Solidaritätszuschlag abgeschafft (er wird übrigens auch im Osten bezahlt!)? Warum müssen wir überhaupt für „die da" zahlen, anderen in der Welt geht es doch viel schlechter?

Die Antwort lautet: Die Einigungskosten sind verspätete Kriegsfolgelasten. Diesen Krieg haben unsere Eltern begonnen und verloren. Es war nicht die Schuld der Ostdeutschen, dass sie die weniger erfreuliche Besatzungsmacht hatten, die ihnen die Diktatur aufzwang, die Unterstützung des Marshallplans verweigerte, dafür aber gewaltige Reparationen abverlangte [...], und ihnen zudem eine ineffektive Wirtschaftsform aufnötigte, an deren Folgen der Osten bis heute zu tragen hat durch einen Umstrukturierungsprozess, von dem so oder so 75 Prozent aller Arbeitsplätze betroffen sind. Der Einigungsprozess fordert den Ostdeutschen an Unsicherheiten und Umstellungen viel mehr ab als den Westdeutschen, und es wäre sehr freundlich, wenn das wahrgenommen würde. [...] Anders kommen die Ostdeutschen aus der peinlichen Rolle des unliebsamen Kostgängers und des unbequemen Bittstellers mit dem Makel der östlichen Geburt nicht heraus.

Wir müssen unsere Geschichten vereinigen. Ein Herz und eine Seele müssen wir gar nicht werden. Wenn sich Ostdeutsche und Westdeutsche so gut – und so schlecht – verstehen wie Ostfriesen und Bayern, ist die Einigung gelungen. Probleme werden wir dann trotzdem noch reichlich haben. Denn unsere deutschen Einigungsprobleme sind wahrhaftig nicht die größten der Welt.

Richard Schröder, Gemeinsam die Hypotheken abtragen. Wir können die innere Vereinigung nicht vorantreiben, wenn wir uns nicht als Nation verstehen, in: Die Zeit, 22. September 1995, zit. nach: Die Zeit, Welt- und Kulturgeschichte. Epochen, Fakten, Hintergründe in 20 Bdn., Bd. 16: Die Welt heute, Zeitverlag, Hamburg 2006, S. 570–577

b) Was ist des Deutschen Vaterland? – Eine Bilanz und Prognose des Historikers Hagen Schulze nach der Wiedervereinigung (2007)

Zum ersten Mal in ihrer Geschichte können die Deutschen beides ganz haben: Einheit und Freiheit. Seit dem Beginn der Moderne hatte es so ausgesehen, als

7 Historisches Erinnern

sei das nicht möglich, als könnten die Deutschen von der Freiheit und der Einheit immer nur das eine ganz, das andere allenfalls verkrüppelt bekommen. Dem „Vertrag zur deutschen Einheit" von 1990 zufolge sollte die Präambel des Grundgesetzes geändert werden. An die Stelle der Aufforderung an das deutsche Volk, die Einheit und Freiheit Deutschlands zu vollenden, trat der Satz: „Damit gilt dieses Grundgesetz für das gesamte deutsche Volk." Das heißt: Die alte Diskussion darüber, ob die Identität der Deutschen durch nationale Tradition oder durch Verfassungsbindung bestimmt sei, […] diese Diskussion hatte sich erledigt. Künftig ist der deutsche Nationalstaat das Gehäuse für die freiheitlichen Institutionen des Grundgesetzes.

[…] Zum ersten Mal in ihrer Geschichte haben sich die Deutschen nicht gegen ihre Nachbarn, sondern mit deren Zustimmung zusammengeschlossen. Das vereinigte Deutschland wird nicht mehr als Störenfried Europas wahrgenommen. Bei allen verständlichen historisch begründeten Reminiszenzen, bei allen Befürchtungen angesichts der wirtschaftlichen und demografischen Ballung in der Mitte des Kontinents: Deutschland wird als notwendiger Bestandteil des europäischen Systems, aber auch als künftige Großmacht akzeptiert. Der Grund dafür ist klar: Deutschland ist in mehrere wirtschaftliche, militärische und politische Vertragssysteme eingebunden, und diese Einbindung ist nicht rückgängig zu machen. Die Folgerung daraus liegt auf der Hand: Im Interesse Deutschlands wie Europas muss die europäische Einigung vorangetrieben werden, damit nie wieder eine Konstellation entsteht, in der Deutschlands Macht für die Völkergemeinschaft unberechenbar würde.

[…] Zum ersten Mal in seiner Geschichte ist der deutsche Nationalstaat unwiderruflich an den Westen gebunden. Gerade der Umsturz in der DDR hat aller Welt gezeigt, dass die Menschen in Ostdeutschland nicht nur der wirtschaftlichen Ordnung, sondern auch der politischen Kultur des Westens angehören wollen. […]

Nun haben wir ihn von neuem, den Staat der deutschen Nation, wenn auch seine innere Gründung noch viel Zeit und Geduld erfordern wird. Aber gerade hier zeigt sich, wie notwendig dieses Staatswesen ist – nur in nationaler Solidarität sind die schweren inneren Verwerfungen Deutschlands in absehbarer Zeit auszugleichen. Und beweist nicht der Blick auf unsere westlichen und nördlichen Nachbarn, dass es seit dem 19. Jahrhundert der Nationalstaat und nur er vermocht hat, dauerhaften demokratischen Institutionen eine stabile Hülle zu sein? Die Abgesänge auf den Nationalstaat waren voreilig; solange nicht die entsprechenden demokratisch legitimierten Institutionen auf europäischer Ebene bereitstehen, gibt es zum Nationalstaat keine erkennbare Alternative, und auch nach dem Entstehen eines europäischen Staatswesens wird eine Reihe staatlicher Aufgaben weiterhin auf den nationalen Ebenen erfüllt werden müssen. […]

Dass die zweite Gründung eines Staats der Deutschen unter weitaus glücklicheren Vorzeichen stand als die erste, begründet die Zuversicht, dass Deutschland sich langfristig innerhalb seiner europäischen Bindungen in eine westliche Normallage einpendeln wird. […] Die „deutsche Frage", die so lange die Deutschen wie die Europäer beunruhigt hat, ist beantwortet: Wir wissen, was Deutschland ist, was es sein kann und was es sein soll.

Hagen Schulze, Kleine deutsche Geschichte, erweiterte und aktualisierte Sonderausgabe, C. H. Beck, München 2007, S. 270 ff.

1 Erläutern Sie die Forderung Schröders (M 7 a): „Wir müssen uns wieder als ein Volk oder eine Nation verstehen lernen." Welche Ziele strebt Schröder an? Welche Mittel will er dafür einsetzen?

2 Im letzten Satz seines Textes (M 7 b) sagt Schulze: „Wir wissen, was Deutschland ist, was es sein kann und was es sein soll." Erörtern Sie die Bedeutung dieser These: Was für eine Art von Nation bzw. Nationalstaat ist Deutschland heute? Welche Formen des Nationalismus sollen vermieden werden? Wie soll die Zukunft der deutschen Nation aussehen?

3 Erörtern Sie anhand des Darstellungstextes und M 7 Kontinuitäten und Brüche im nationalen Denken und Handeln der Deutschen seit dem 18. Jahrhundert.

Weiterführende Arbeitsanregung

1 In seinem Buch „Staat und Nation in der europäischen Geschichte" (1994) hat der Historiker Hagen Schulze diese These vertreten: „Nationen beruhen auf Nationalbewusstsein. Nationen erkennen sich in einer gemeinsamen Geschichte, in gemeinsamem Ruhm und gemeinsamen Opfern wieder – man muss hinzufügen, dass diese gemeinsame Geschichte in aller Regel von begrenzter Realität ist, in aller Regel mehr erträumt und konstruiert als wirklich."

Erörtern Sie, ausgehend von dieser Definition, das Verhältnis von Geschichtsbewusstsein und nationaler Identität in der deutschen Geschichte um 1800 und in der DDR sowie nach der Wiedervereinigung 1990. Berücksichtigen Sie dafür den Darstellungstext, S. 518 ff., sowie die folgenden Begriffsbestimmungen (M 8–M 9).

Historisches Erinnern 7

M8 Der Historiker Klaus Bergmann definiert den Begriff „Identität"

Identität kann zunächst in zwei Hinsichten betrachtet werden – als Eigenschaft und Fähigkeit sprach- und handlungsfähiger Subjekte (Ich-Identität) und als Eigenschaft und Fähigkeit von Gruppen (kollektive Identität), sich im zeitlichen Wandel ohne Einbuße an innerer und äußerer Glaubwürdigkeit zu behaupten und zugleich zu ändern. [...]

Ich-Identität bedeutet die nur menschlichen Wesen eigentümliche Eigenschaft und Fähigkeit, sich selbst – vor allem: vor sich selbst – im zeitlichen Wandel der Lebenswelt erkennbar gleich oder ähnlich zu bleiben. Dazu gehört die Fähigkeit, die eigene Lebensgeschichte so als an und für sich sinnvoll zusammenhängend zu gestalten, dass das eigene Verhalten in unterschiedlichen Situationen und gegenüber unterschiedlichen sozialen Erwartungen nicht nur vom Individuum selbst als stimmig empfunden, sondern auch von anderen verlässlich und als verlässlich eingeschätzt werden kann [...].

„Auch soziale Systeme haben ihre Identität" (Habermas [...]). Sie liegt in der Fähigkeit von Gruppen, sich als Zusammenschluss von Menschen zu begreifen und darzubieten, deren innerer und äußerer Zusammenhalt ungeachtet aller Unterschiedlichkeiten der sie tragenden Individuen in der Anerkennung gemeinsamer Vorstellungen über Gegenwart, Vergangenheit und Zukunft durch die in ihr zusammengeschlossenen und an sie gebundenen Personen begründet ist. Wie das Individuum eine für seine Ich-Identität bedeutsame Lebensgeschichte hat, so haben auch Gruppen ihre Geschichte, die ihrer Selbstvergewisserung dient (Selbstidentifikation) und von anderen Gruppen als die unverwechselbare Geschichte dieser Gruppe ausgemacht werden kann. Dieses historische Selbstverständnis einer Gruppe kann auch als ihre historische Identität bezeichnet werden [...].

Klaus Bergmann, Artikel „Identität", in: Klaus Bergmann u. a. (Hg.), Handbuch der Geschichtsdidaktik, Schwann, Düsseldorf ³1985, S. 29

M9 Der Historiker K. E. Jeismann definiert den Begriff „Geschichtsbewusstsein"

„Geschichtsbewusstsein meint die ständige Gegenwart des Wissens, dass der Mensch und alle von ihm geschaffenen Einrichtungen und Formen seines Zusammenlebens in der Zeit existieren, also eine Herkunft und eine Zukunft haben, dass sie nichts darstellen, was stabil, unveränderlich und ohne Voraussetzungen ist" (Schieder). Mehr als bloßes Wissen oder reines Interesse an der Geschichte, umgreift Geschichtsbewusstsein den Zusammenhang von Vergangenheitsdeutung, Gegenwartsverständnis und Zukunftsperspektive. Da „Geschichte" aber nicht als Abbild vergangener Realität, sondern nur als ihre aus Zeugnissen erstellte, auswählende und deutende Rekonstruktion ins Bewusstsein treten kann, ist Geschichtsbewusstsein die Art, in der Vergangenheit in Vorstellung und Erkenntnis gegenwärtig ist [...].

Die Formen, Inhalte und Reflexionsgrade des Geschichtsbewusstseins sind von Person zu Person, von Gruppe zu Gruppe sehr unterschiedlich. Es [...] kann zu Klischees, „Geschichtsbildern" oder Parolen erstarren, kann tief fundiert, vielfältig und offen für neue Erkenntnisse und Erfahrungen sein. Auf verschiedensten Wegen wird Geschichtsbewusstsein in der Gesellschaft erzeugt, weitergegeben, verändert; immer weist es zurück auf die Erkenntnisfähigkeit, -möglichkeit und -willigkeit seiner Träger.

Identifizierungs- und Legitimationsbedürfnisse prägen mit elementarer sozialer Kraft das Geschichtsbewusstsein. Liegt die Identität des Individuums in der Möglichkeit, sich durch sein Leben hindurch als mit sich selbst übereinstimmende Person zu verstehen, so die des Kollektivs, sich als eine Gruppe von Menschen zu begreifen, deren Gemeinsamkeiten die Unterschiede überwiegen und sie von anderen Gruppen als Einheit abheben. Dieser Aufweis von Zusammengehörigkeit ist nur durch akzentuierte Rekonstruktion von Geschichtsvorstellungen dauernd möglich. An Symbolen, Bildern, Geschichtsvorstellungen wird die Gleichheit der Erfahrungen festgemacht [...].

Rationaler vermittelt sich das Legitimationsbedürfnis: durch argumentierenden Nachweis historischer Berechtigungen und Ansprüche, durch Aufbau von Kontinuitätsbehauptung, durch Analogieschlüsse, durch interessierte Sinngebungen historischer Verläufe. Bleibt Geschichtsbewusstsein im Bereich dieser Prägekräfte, ist es Teil einer „Ideologie" im allgemeinen Sinne eines Überzeugungssystems [...]. Geschichtswissenschaft kann zu einer bloßen Rationalisierung solcher elementaren Prägungen des Geschichtsbewusstseins werden; sie kann (und sollte) aber durch methodische Distanzierung die Verfälschungen und Einseitigkeiten abbauen, die das Geschichtsbewusstsein oft in Widerspruch zur begründbaren Vergangenheitskonstruktion bringen. [...] Unterschiedliche oder gar gegensätzliche Formen von Geschichtsbewusstsein innerhalb einer gesellschaftlichen Gruppe sind Ursachen und Folgen starker politischer Gegensätze und Spannungen.

Karl-Ernst Jeismann, Artikel „Geschichtsbewusstsein", in: Bergmann u. a. (Hg.), a.a.O., S. 40 f.

7 Historisches Erinnern

2 Zweierlei Erinnerung – Der Umgang mit der NS-Vergangenheit im geteilten Deutschland (Wahlpflicht 3)

Zweierlei Erinnerung

„Alle Geschichte von 1945 an ist Geschichte im Schatten und im Bewusstsein der einmal geschehenen Katastrophe. Natürlich verbinden zahllose Kontinuitätslinien das Davor und das Danach miteinander. Aber was den Abgrund überbrückt, ist nur noch gebrochene Kontinuität. Das heißt, es gilt beides: Die deutsche Geschichte diesseits der Katastrophe ist wirklich eine neue Geschichte, kein anderes Volk hat in einer vergleichbaren Weise mit einer ‚zweiten Geschichte' neu begonnen. Und: Die deutsche Geschichte, die 1945 begonnen hat, ist und bleibt in einem einzigartigen Sinn eine Geschichte, die eine Vorgeschichte hat." Diese Gedanken stehen am Anfang der „Geschichte des geteilten Deutschland", die der Politikwissenschaftler Peter Graf Kielmannsegg im Jahr 2000 unter dem Titel „Nach der Katastrophe" veröffentlicht hat. Tatsächlich hat die Auseinandersetzung mit der Geschichte des Nationalsozialismus die historisch-politische Auseinandersetzung in Deutschland vom Ende des Zweiten Weltkrieges bis heute nachhaltig geprägt. In dieser Debatte ging und geht es immer auch darum, eine Wiederholung der Nazi-Barbarei zu vermeiden.

Die beiden 1949 gegründeten deutschen Teilstaaten haben **unterschiedliche Konsequenzen aus der Geschichte** gezogen. In der Bundesrepublik Deutschland entstand aus den Erfahrungen mit dem Scheitern der Weimarer Republik eine stabile **parlamentarische Demokratie**, während in der DDR eine **sozialistische Staats- und Gesellschaftsordnung** nach dem Muster der Sowjetunion aufgebaut wurde (s. S. 362 ff.). Beide Staaten beanspruchten, die richtige Antwort gefunden zu haben, um ein erneutes Aufleben des Nationalsozialismus zu verhindern. Diese Lehren aus der Geschichte beruhten auf gegensätzlichen Interpretationen der Vergangenheit, die der Soziologe M. Rainer Lepsius in seinem 1989 erschienenen Aufsatz „Das Erbe des Nationalsozialismus und die politische Kultur der Nachfolgestaaten des ‚Großdeutschen Reiches'" so zusammengefasst hat: „Für die Bundesrepublik galt: Eine funktional effektive und wertbezogene parlamentarische Demokratie hätte trotz Wirtschaftskrise den Nationalsozialismus nicht zur Macht kommen lassen; die neue Ordnung hatte dementsprechend die parlamentarische Demokratie institutionell zu festigen und einen Wertkonsens normativ zu bekräftigen. Für die DDR galt: Eine sozialistische Gesellschaftsordnung hätte den Kapitalismus beseitigt, der seinerseits die Basis der Entwicklung zum Faschismus darstellt; die neue Ordnung hatte dementsprechend den Kapitalismus zu beseitigen und die Herrschaft der Partei der Arbeiterklasse zu sichern."

Holocaust

Das nationalsozialistische Deutschland hat den Zweiten Weltkrieg nicht nur planmäßig vorbereitet und bewusst entfesselt, sondern auch einen ideologischen Vernichtungskrieg geführt (s. S. 270 ff.). Der Völkermord an den europäischen Juden, in den der Krieg mündete, wurde in den beiden deutschen Staaten verschieden interpretiert. Außerdem besaß er in der öffentlichen Erinnerungskultur einen unterschiedlichen Stellenwert. Politiker und Historiker der **DDR** betrachteten den Holocaust als eines der schwersten Verbrechen des Faschismus, die historische Einmaligkeit der Judenvernichtung wurde jedoch nicht dokumentiert. Für die marxistische Geschichtsschreibung stand die Klassenfrage, nicht jedoch die Rassenfrage im Mittelpunkt. Nach diesem Geschichtsverständnis herrschten im NS-Staat – nach einer berühmten, auf den kommunistischen Politiker Georgi Dimitroff (1882–1949) zurückgehenden Formel – die am „meisten chauvinistischen, imperialistischen und aggressiven Teile des deutschen Finanzkapitals". Sie hätten gemeinsam mit der Großindustrie mithilfe des „faschistischen" Hitler-Regimes eine von der KPD geführte proletarische Revolution in Deutschland unterdrücken und einen Eroberungskrieg vom Zaun brechen wollen, der sich vor allem gegen die kommunistische Sowjetunion gerichtet habe. Kommunisten seien die ersten und wichtigsten Gegner des nationalsozialistischen Terrors gewesen, Antikommunismus und Antibolschewismus die Hauptpfeiler der NS-Ideologie. Das bedeutete eine Relativierung des Rassismus: Die antisemitische und nationalistische Propaganda galten den Historikern der DDR als Manipulationsinstrumente zur Integration des Bürgertums und der Mittelschichten in das faschistische System sowie als Deckmantel für den

Historisches Erinnern 7

M10 Junge Pioniere marschieren zur Einweihung der „Nationalen Mahn- und Gedenkstätte" des ehemaligen Konzentrationslagers Buchenwald bei Weimar, 14. September 1958, Fotografie

Kampf gegen die revolutionäre Arbeiterbewegung und die Sowjetunion. Außerdem betonte die DDR-Geschichtsschreibung, dass die faschistische Judenpolitik dem Profitstreben der herrschenden Klasse gedient habe. Das treffe besonders auf die Plünderung des jüdischen Besitzes zu, die bis zur Aneignung ganzer Industriebetriebe gereicht habe.

Diese Deutung prägte auch die offizielle Erinnerungskultur der DDR. Der Gedenkkult gedachte nicht primär der verfolgten Juden, sondern stellte die politisch Verfolgten in den Vordergrund. Sie wurden zu Vorkämpfern und Märtyrern des antifaschistischen Kampfes erklärt. Überdies benutzte die DDR Mahn- und Gedenkfeiern dazu, antifaschistische Bündnisse und die internationale Solidarität über Parteigrenzen hinweg zu fordern (M10, M11 a,b).

Dass „das größte Verbrechen des Nationalsozialismus, die Ermordung von beinahe 6 Millionen Juden, weder intensiv erforscht noch unvoreingenommen diskutiert, sondern vielmehr bagatellisiert und in den vorgegebenen Rahmen der kommunistischen Faschismusdoktrin gezwängt wurde, erweist sich im Rückblick als Ausdruck des Versagens nicht nur der politischen Führung, sondern auch der Geschichtswissenschaft der DDR vor der Herausforderung durch die Geschichte" – so der Historiker Olaf Groehler 1992. Er fügt hinzu, dass dieses harte Urteil nicht durch die intensivere Beschäftigung mit der jüdischen Lebens- und Leidensgeschichte in den ausgehenden 1980er-Jahren relativiert werden müsse: „Jetzt erst, viel zu spät, und für einen großen Teil der DDR-Bevölkerung nicht mehr glaubwürdig, stellte man sich der Aufgabe, nicht allein die Verfolgung der Juden durch Staat, Partei und Bürokratie des Nationalsozialismus, sondern auch das Verhalten der deutschen Bevölkerung bei der Diskriminierung, Deportation und Ermordung der Juden wahrzunehmen und zu untersuchen."

In der **Bundesrepublik Deutschland** steht die Entrechtung, Verfolgung und Vernichtung der Juden seit den 1960er-Jahren im Mittelpunkt der historisch-politischen Diskussion, die wesentliche Anstöße von israelischen und amerikanischen Historikern erhielt. Aber auch Gerichtsprozesse gegen NS-Täter beschleunigten die Aufarbeitung nationalsozialistischen Unrechts. Das gilt besonders für die Frankfurter **Auschwitz-Prozesse**, die der hessische Generalstaatsanwalt Fritz Bauer mit einer kleinen Gruppe engagierter Kollegen in Gang brachte. Vor dem Schwurgericht in Frankfurt am Main mussten sich in den Jahren 1963–1965 und 1977–1981 Mitglieder der Lagermannschaft des nationalsozialistischen Vernichtungslagers Auschwitz verantworten. Diese und andere

7 Historisches Erinnern

Gerichtsverhandlungen bewirkten, dass die Forderung nach einem „Schlussstrich" unter die NS-Vergangenheit wirkungslos blieb.
Im Gegenteil: In der westdeutschen Geschichtswissenschaft begann eine intensive Debatte über die Ursachen, die Verantwortlichen und die Rahmenbedingungen der Judenverfolgung und -vernichtung. Die Historiker nahmen nicht nur Täter und Opfer in den Blick, sondern betteten den Holocaust in umfassende Ereignis- und Erklärungszusammenhänge ein. Hier sind das Verhältnis von Judenmord und Krieg, die Bevölkerungs- und Umsiedelungspolitik der Nationalsozialisten oder die Mitwirkung der Staatsbürokratie bzw. die – meist passive – Rolle der deutschen Bevölkerung zu nennen. Eine Vielzahl von Erklärungen kamen zur Sprache und mussten gegeneinander abgewogen werden: Lässt sich die systematische Ausrottung der europäischen Juden auf den Judenhass des Führers Adolf Hitler zurückführen, der seinen „Vernichtungsplan" während der NS-Herrschaft unerbittlich und planmäßig durchführte? Oder kam die Shoah ohne den Willen oder einen Befehl Hitlers zustande? War sie das Ergebnis einer allmählichen Radikalisierung der nationalsozialistischen Politik, bei der miteinander konkurrierende Institutionen die Verfolgung der Juden immer weiter verschärften bis hin zur Vernichtung?
Über die zeitliche Abfolge der Ereignisse und das Ausmaß der Mordaktionen, die zum welthistorisch einzigartigen Völkermord an den Juden führten, ist sich die Geschichtswissenschaft einig. Meinungsverschiedenheiten gibt es jedoch nach wie vor, wie die verschiedenen Ursachen (M 12) zu gewichten und zu bewerten sind. In seinem Buch „Moderner Antisemitismus in Deutschland" (1988) nennt der Historiker Helmut Berding vier Faktoren, die bei einer Analyse des Verfolgungs- und Vernichtungsprozesses berücksichtigt werden müssen.
1) **Der ideologische Faktor**: Die NS-Weltanschauung und der Rassenantisemitismus besaßen zentrale Bedeutung für den Völkermord an den Juden.
2) **Der personale Faktor**: Die herausragende Stellung des „Führers" und damit die unmittelbare Verantwortung Adolf Hitlers stehen außer Frage; zusätzlich kamen auch von anderen NS-Größen wie Rudolf Heß, Heinrich Himmler oder Joseph Goebbels wichtige Anstöße für Verfolgungsmaßnahmen.
3) **Der systemstrukturelle Faktor**: Der „Führerstaat" mit seiner polykratischen (= Herrschaft mit mehreren konkurrierenden Herrschaftszentren) Struktur stellte nach 1933 genauso ein dynamisches Element dar wie das „Führerprinzip" der NS-Bewegung vor 1933.
4) **Die „Banalität des Bösen"** (Hannah Arendt): Nicht jede Verfolgungsmaßnahme ging unmittelbar aus rassenpolitischen Motiven hervor. Zu einem beträchtlichen Teil trug das technokratisch-subalterne Verhalten von NS-Funktionären und Staatsbeamten, die nicht unbedingt antisemitisch eingestellt waren, zur „Endlösung der Juden" bei.

Flucht und Vertreibung Der Zweite Weltkrieg bedeutete für viele Deutsche Umsiedlung, Flucht und Vertreibung (s. S. 325 f.). Die Historiker der **Bundesrepublik Deutschland** haben sich erst in den letzten Jahrzehnten intensiver mit den Lebensschicksalen und dem Leiden der Flüchtlinge und Vertriebenen befasst. Bis 1989/90 blieben sie gegenüber dieser Thematik ausgesprochen zurückhaltend (M 13). Die Flüchtlinge und Vertriebenen mussten ihre Erinnerungen im privaten Bereich austauschen oder sich Landsmannschaften und Vertriebenenverbänden anschließen, die ihre Interessen vertraten und das Brauchtum der alten Heimat pflegten.
In der **DDR** war die Beschäftigung mit Flucht und Vertreibung tabuisiert. Anders als in der Bundesrepublik Deutschland durften die Vertriebenen und Flüchtlinge hier weder eigene Parteien oder Interessenvertretungen gründen noch öffentlich ihr Brauchtum pflegen. Die politische Führung tat alles, um die Entstehung eines Sonderbewusstseins bei den Neuankömmlingen zu verhindern, die im offiziellen Sprachgebrauch „Umsiedler" genannt wurden. Sie sollten wie alle anderen DDR-Bürger ein sozialistisches Klassen- und Staatsbewusstsein entwickeln und sich vorbehaltlos mit der DDR identifizieren. Darüber hinaus unterdrückte die SED schon im Ansatz Forderungen der Vertriebenen und Flüchtlinge nach einer Rückkehr in die alte Heimat. Die DDR-Führung wollte jeden Anschein vermeiden, dass ihre Staatsbürger die durch die sowjetische Expansion in Ost- und Mitteleuropa entstandene politische Landkarte sowie innenpolitischen und innergesellschaftlichen

Verhältnisse in den von kommunistischen Parteien beherrschten Ländern infrage stellten. Offiziell erklärte daher die Staats- und Parteiführung der DDR Anfang der 1950er-Jahre die Integration der „Umsiedler" für vollständig gelöst.

Die Rolle der Wehrmacht In der unmittelbaren Nachkriegszeit bzw. der frühen bundesrepublikanischen Geschichte haben vor allem ehemalige Generäle das Bild von der Wehrmacht im „Dritten Reich" geprägt. In ihren Memoiren oder in der sogenannten Generalsdenkschrift vom November 1945 vertraten sie die Auffassung, dass die Wehrmacht trotz aller Beeinflussungsversuche vonseiten der Nationalsozialisten „sauber" geblieben sei. Sie habe sich auf die militärischen Aufgaben konzentriert, die Verbrechen habe allein die SS verübt. Dieser Sicht, die der Wehrmacht ein Eigenleben innerhalb des NS-Regimes unterstellte, setzte die DDR eine pauschale Verurteilung des Militärs entgegen. Nach der marxistisch-leninistischen Ideologie der DDR galt die Wehrmacht – so das 1985 in der DDR erschienene „Wörterbuch zur deutschen Militärgeschichte" – als „das wichtigste Instrument der deutschen Monopolbourgeoisie zur Sicherung der Herrschaft über das eigene Volk, insbesondere zur Niederhaltung der Arbeiterbewegung, und zur Durchsetzung der Weltmachtpläne der Großbourgeoisie, vor allem der reaktionären Klassenziele gegenüber der Sowjetunion".

Die Geschichtswissenschaft der Bundesrepublik Deutschland hat seit den 1960er-Jahren die tiefe Verstrickung der Wehrmacht in den nationalsozialistischen Unrechtsstaat nachweisen können. Spätestens seit dem Überfall auf die Sowjetunion 1941 müsse, schreibt der Historiker Rolf-Dieter Müller, der Wehrmachtführung „eine umfassende Mitverantwortung für eine verbrecherische Kriegführung" zugesprochen werden, „die beispiellos in der deutschen Militärgeschichte ist". In der Zeit der NS-Herrschaft habe sich die Armee von einem Teil der Gesellschaft zu ihrem Abbild gewandelt und an der nationalsozialistischen Bevölkerungs-, Ausbeutungs- und Vernichtungspolitik aktiv mitgewirkt. Doch warnt Müller vor einer generellen Verdächtigung der Wehrmacht und fordert eine differenzierte Sicht: Neuere Forschungen belegten „nicht nur die passive Hinnahme der Vernichtungspolitik, sondern bis in höhere Ränge hinein sogar nicht selten Bejahung und Unterstützung der brutalsten Verbrechen und rassistischer Massenmorde, wie sie von Hitler angeordnet worden waren. Dennoch gab es auch Widerspruch und Bedenken. Der Staatsstreich vom 20. Juli 1944 wurde auch von Scham über diese Verbrechen angetrieben. Das Gesamtbild der Wehrmacht ist voller Widersprüchlichkeiten. Es gab Traditionalisten im Generalstab, die unbeirrt von der NS-Ideologie auf ein Bündnis mit den angeblichen ‚Untermenschen' Russlands setzten, die sich immer wieder bemühten, verbrecherische Befehle einzugrenzen oder aufzuheben."

Widerstand In der DDR besaß die Erinnerung an den Widerstand gegen das NS-Regime (s. S. 293 ff.) eindeutig eine politische Funktion. Geschichtswissenschaft und öffentliche Gedenkfeiern sollten den heldenhaften Widerstand der KPD würdigen, um so die DDR und die SED als Nachfolgepartei der KPD historisch zu legitimieren (M14). Die Bedeutung anderer Widerstandsgruppen wurde dagegen heruntergespielt.

Die Memoiren und wissenschaftlichen Darstellungen über den Widerstand gegen den Nationalismus, die während der 1950er-Jahre in der Bundesrepublik Deutschland erschienen, konzentrierten sich auf den Widerstand der Eliten, des Bürgertums, des Militärs und der Kirchen. Im Mittelpunkt stand jedoch das Attentat vom 20. Juli 1944. Historiker und ehemalige Widerstandskämpfer wollten der eigenen Bevölkerung wie auch den ehemaligen Kriegsgegnern verdeutlichen, dass nicht alle Deutschen Nazis gewesen seien. Es sollte gezeigt werden, dass es auch das „andere Deutschland" gegeben habe und dass diese Gegner des Nationalsozialismus Patrioten, nicht aber Verräter gewesen seien. Vielmehr hätten sie aus moralischer Überzeugung ihr Leben riskiert, um in einem totalitären Staat die Hoffnung auf Freiheit und Demokratie wachzuhalten. Allerdings wiesen einige Historiker in den 1960er-Jahren darauf hin, dass der nationalkonservative Widerstand der Gruppe um Stauffenberg keine liberaldemokratische Ordnung nach dem Muster des Grundgesetzes angestrebt habe. Die Verschwörer des 20. Juli und ihre Anhänger hätten der modernen Massendemokratie misstraut und autoritäre politische Vorstellungen geteilt. Seit den 1970er-Jahren hat sich das Interesse am Widerstand ausgeweitet. Der Widerstand der Arbeiter geriet stärker ins Blickfeld. Historiker und

7 Historisches Erinnern

an der Alltagsgeschichte interessierte Bürger beschäftigten sich zudem intensiver mit den aktiven und passiven Verhaltensweisen der durchschnittlichen Bevölkerung, die mit den Nationalsozialisten nicht einverstanden war bzw. sich nicht in allen Lebensbereichen anpassen wollte. Auf diese Weise entstand ein farbiges Bild von den unterschiedlichen Formen nonkonformistischen Verhaltens (z. B. Jugendgruppen, die sich nach westlichen Modevorstellungen kleideten oder Swingmusik hörten und Jazzkonzerte besuchten) über Sabotageakte von Arbeitern bis hin zu politischem Widerstand, der auf den Sturz des NS-Regimes hinarbeitete. Und in der Öffentlichkeit wuchs die Einsicht in den Prozesscharakter des Widerstandes. Menschen, die zunächst das NS-System gebilligt oder sogar unterstützt hatten, wandten sich im Laufe der Zeit vom Nationalsozialismus ab und bekämpften ihn schließlich.

Kriegsende 1945

Welchen hohen politischen Stellenwert die DDR dem Kriegsende 1945 beimaß, lässt sich am ehesten verdeutlichen an den Erinnerungsritualen der SED. Das Schlüsseldatum für alle Feierlichkeiten war der 8. Mai 1945, an dem die deutsche Wehrmacht die Kapitulationsurkunden unterzeichnen musste (7. bis 9. Mai 1945). Jährlich am 8. Mai begingen nicht nur die Sowjets ihre Siegesfeiern. Auch die Staats- und Parteiführung der DDR organisierte in Berlin und an anderen Orten Kundgebungen und Kranzniederlegungen, an denen in der Regel Angehörige der sowjetischen Streitkräfte oder sowjetische Ehrengäste teilnahmen. Schauplätze dieser Feierlichkeiten waren die zahlreichen sowjetischen Ehrenfriedhöfe und Denkmäler. Besondere symbolische Bedeutung besaß das am 8. Mai 1949 eingeweihte sowjetische Ehrenmal in Berlin-Treptow (M 15). Alle diese Feiern am „Fest der Befreiung" sollten eine eindeutige politische Botschaft vermitteln, die der Historiker Jürgen Danyel einmal treffend so zusammengefasst hat: „Die DDR habe die historische Chance, die ihr mit der Befreiung 1945 gegeben wurde, genutzt. Zusammen mit den Kommunisten, die an der Seite der Roten Armee gekämpft hatten, waren die Ostdeutschen gewissermaßen auf die Seite der Sieger übergetreten und hatten die richtigen Lehren aus der Geschichte gezogen. In dieser geschichtspolitischen Konstruktion verblasste die konkrete Erinnerung an den Nationalsozialismus und den von den Deutschen verschuldeten Krieg nahezu völlig."

Das Gedenken an den 8. Mai 1945 war in der Bundesrepublik Deutschland lange Zeit durch gemischte Gefühle geprägt. Die einen erinnerten sich in den 1950er- und 1960er-Jahren an Niederlage bzw. Zusammenbruch und beklagten das Ende des deutschen Nationalstaates. Andere feierten die Befreiung von der Nazi-Barbarei und den politischen Neubeginn. Aber auch für sie war der 8. Mai ein sperriger Gedenktag, wie das folgende Zitat des Politikwissenschaftlers Wolfgang Abendroth aus einer Rede vor der Frankfurter Universität aus dem Jahre 1965 zeigt: „Als heute vor 20 Jahren die deutsche Wehrmacht kapitulierte, wurde damit zugleich das deutsche Volk vom Dritten Reich befreit, und insoweit ist es angebracht, in diesem Tag nicht nur das Ende des Zweiten Weltkrieges und eines verbrecherischen Regimes zu sehen, sondern auch den Tag eines neuen Anfangs für Europa und für Deutschland. Aber das deutsche Volk wurde vom Dritten Reich befreit, es befreite sich nicht selbst. Deshalb begann an diesem Tag auch die Entwicklung zu unserer heutigen Situation, die der Spaltung des deutschen Volkes in zwei Staaten, die entgegengesetzten Bündnissystemen angehören." Seit Mitte der 1980er-Jahre verbindet die überwiegende Mehrheit der Deutschen mit dem Ende des Zweiten Weltkrieges die Befreiung von einer menschenverachtenden und verbrecherischen Diktatur sowie demokratischen Neubeginn. Zu diesem Bewusstseinswandel trug maßgeblich Bundespräsident Richard von Weizsäcker (geb. 1920, Präs. 1984–1994) bei. Im Jahre 1985, anlässlich der 40. Wiederkehr des 8. Mai 1945, bezeichnete er in einer weithin beachteten und vielfach gerühmten Rede das Kriegsende als Befreiung, weil damals der „Irrweg deutscher Geschichte" zum Abschluss gelangt sei. Differenziert würdigte er die Opfer des Nationalsozialismus ebenso wie den Widerstand gegen das NS-Regime. Weizsäcker räumte der Erinnerung an die NS-Zeit eine große Bedeutung für die politische Kultur der Bundesrepublik Deutschland ein. Das „historische Gedächtnis", mahnte er, müsse „als Leitlinie für unser Verhalten in der Gegenwart" genutzt werden. Das gelte für den Umgang mit Geisteskranken, Asylsuchenden, Dissidenten, aber auch mit dem Staat Israel und den östlichen Nachbarn.

Historisches Erinnern 7

M11 Die Erinnerungskultur der DDR

a) Aus dem „Statut der Nationalen Mahn- und Gedenkstätten" vom 28. Juni 1961

Das Statut galt für die drei Nationalen Mahn- und Gedenkstätten Sachsenhausen, Ravensbrück und Buchenwald.

(1) Die Nationale Mahn- und Gedenkstätte hat die Aufgabe:
a) den Kampf der deutschen Arbeiterklasse und aller demokratischen Kräfte gegen die drohende faschistische Gefahr;
b) die Rolle der KPD als der stärksten und führenden Kraft gegen das verbrecherische Naziregime;
c) den antifaschistischen Widerstand in den Jahren 1933 bis 1945 in Deutschland und in den europäischen Ländern;
d) den SS-Terror im Lager und seine Methoden der Missachtung des menschlichen Lebens;
e) den gemeinsamen Kampf der Angehörigen der europäischen Nation, besonders den Kampf der sowjetischen Häftlinge, gegen den SS-Terror, die besondere Bedeutung der internationalen Solidarität in diesem Kampf und die Maßnahmen, die zur Befreiung des Lagers führten;
f) den wiedererstandenen Faschismus und Militarismus in Westdeutschland;
g) die historische Rolle der Deutschen Demokratischen Republik darzustellen und zu erläutern.

Hasko Zimmer, Der Buchenwald-Konflikt. Zum Streit um Geschichte und Erinnerung im Kontext der deutschen Vereinigung, Agenda Verlag, Münster 1999, S. 76 f.

b) Aus den Richtlinien für Weiterbildungskurse von Lehrern in der Gedenkstätte Buchenwald (1963)

[Anliegen der Lehrveranstaltung war:]
1. die Lehrer zu befähigen, ihre Schüler, besonders Teilnehmer an der Jugendweihe, in qualifizierter Form auf den Besuch der Nationalen Mahn- und Gedenkstätte vorzubereiten und sie selbst zu führen;
2. den Lehrern spezielle Kenntnisse über die faschistische Periode der deutschen Geschichte, über die gefährliche Rolle und Politik des deutschen Imperialismus und Militarismus zu vermitteln und
3. ihnen, ausgehend von dem erfolgreichen antifaschistischen Widerstandskampf im Lager Buchenwald, die Politik der Arbeiterklasse, wie sie während des Faschismus durch die KPD verwirklicht worden ist, zu erläutern und ihre Rolle beim Aufbau einer Welt des Friedens und Fortschritts deutlich zu machen.

Hasko Zimmer, Der Buchenwald-Konflikt. Zum Streit um Geschichte und Erinnerung im Kontext der deutschen Vereinigung, Agenda Verlag, Münster 1999, S. 77

1 Erläutern Sie mithilfe von M11 die These, dass die Gedenkstätten in der DDR eine „wichtige Rolle bei der sozialistischen Bewusstseinsbildung, bei der politischen klassenmäßigen Erziehung" zu spielen hatten.

2 Untersuchen Sie, welche Folgen die DDR-Erinnerungskultur für das Gedenken an die Judenverfolgung und Judenvernichtung hatte. Berücksichtigen Sie dafür auch den Darstellungstext, S. 528 ff.

M12 Der Historiker Dieter Pohl über den Völkermord an den Juden (2003)

Der Mord an den europäischen Juden ragt unter den nationalsozialistischen Gewaltverbrechen eindeutig heraus. Ausschließlich hier bestand ein staatliches Programm, eine Gruppe von Menschen – Männer, Frauen, Kinder – allein wegen ihrer Herkunft restlos und in kürzester Zeit zu ermorden. Grundlage dafür war eine langlebige und weit verbreitete Judenfeindschaft. Diese Vorurteile wurden zur Staatsdoktrin des Deutschen Reiches. Sie erlebten in der Bevölkerung während der Dreißigerjahre eine enorme kulturelle Aufladung, d. h. lange bestehende Stereotypen breiteten sich rasant aus und wurden für weite Kreise handlungsrelevant. Für die Explosivität des Antisemitismus im Vergleich zu den anderen Vorurteilen sorgte vor allem der von vielen geteilte Glaube, Juden seien als Kollektiv dabei, die Welt zu beherrschen, sie seien eine Bedrohung für die Menschheit.

Und doch führte der Antisemitismus nicht zwangsläufig zum Massenmord. Vielmehr ist die fundamentale Bedeutung der Expansionspolitik für die Eskalation der Gewalt zu unterstreichen, die generell mörderische Politik in Osteuropa wie auch die Zersetzung konventioneller Politikstrukturen. Utopische Pläne zur Neugestaltung und die radikale Ausbeutung der besetzten Gebiete setzten jegliche Ansätze zu einer rechtmäßigen Politik außer Kraft. Immer mehr Extremisten wetteiferten um ein möglichst radikales Vorgehen gegen die Juden. Dieses Verbrechen war zugleich von einem gigantischen Raubzug begleitet. In den Köpfen der Antisemiten geisterte die Vorstellung, Europas Juden besäßen sagenhafte Reichtümer. So war jede Verfolgungsmaßnahme auch von der Enteignung begleitet, zunächst der Immobilien, Betriebe, dann der Wertsachen, und schließlich wurde den Opfern noch bei den Mordaktionen die letzte Habe genommen, selbst die Leichen geplündert.

An der Ermordung der Juden entzündeten sich im Herrschaftsapparat kaum interne Diskussionen, wie dies etwa beim Massensterben der sowjetischen Kriegsgefangenen oder bei der brutalen Anti-Partisa-

533

7 Historisches Erinnern

nenbekämpfung der Fall war. Schließlich setzte sich niemand mehr gegen antisemitische Vorurteile zur Wehr, vielmehr fanden sie im Reich weite Verbreitung, zum Teil auch im besetzten und verbündeten Europa. Selbst wenn dazu die Möglichkeit bestanden hätte, wollte kaum jemand den Verfolgten zu Hilfe eilen. Das neutrale und alliierte Ausland, wo bruchstückhafte Informationen kursierten, war dieser moralischen Herausforderung offensichtlich nicht gewachsen.

Dieter Pohl, Verfolgung und Massenmord in der NS-Zeit 1933–1945, Wissenschaftliche Buchgesellschaft, Darmstadt 2003, S. 109 f.

1 Fassen Sie mithilfe von M 12 und des Zitates von Berding im Darstellungstext, S. 530, die wichtigsten Ursachen für den Völkermord an den europäischen Juden zusammen.

2 Arbeiten Sie die zentralen Unterschiede der Diskussion über den Holocaust in der DDR und Bundesrepublik Deutschland heraus. Ziehen Sie dafür sowohl den Darstellungstext, S. 528 ff., als auch die Materialien M 11 und M 12 heran.

M 13 Der Historiker Hans-Ulrich Wehler über die verspätete Aufarbeitung des Vertriebenenelends (2002)

SPIEGEL: Herr Professor Wehler, war das Schicksal der deutschen Flüchtlinge und Vertriebenen, das nun in vielstimmigen Erinnerungen wieder auflebt, während der zurückliegenden Jahrzehnte ein Tabuthema?
Wehler: Der Begriff Tabu ist zu stark. Es gab aber eine tief sitzende Scheu, die Vertreibung nach dem Zusammenbruch des Dritten Reichs gleichgewichtig mit den anderen großen Fragen jener Zeit zu behandeln. Die Deutschen sollten sich erst einmal ihren eigenen Verbrechen stellen, was Völker denkbar selten tun. Das wollte man nicht relativieren durch den offenen Blick auf die Tragödie von Millionen Menschen, die ganz überwiegend weder den Zweiten Weltkrieg verursacht hatten noch an den Verbrechen der Nazis beteiligt waren.
SPIEGEL: Die Gräuel des nationalsozialistischen Völkermords und die Schrecken von Flucht und Vertreibung lassen sich doch nicht einfach gleichsetzen.
Wehler: Sicher nicht, denn der Holocaust läuft auf die industrielle Massentötung ohne Ansehen von Alter, Person und Geschlecht hinaus, während die Vertriebenen ungleich verteilte Überlebenschancen hatten. Aber viele in der Bundesrepublik hatten Angst, es könnte zu einer Aufrechnung kommen, in der die gewaltige Anzahl von 14 Millionen Landsleuten aus dem ehemaligen deutschen Osten, von denen viele unter grässlichen Umständen ums Leben gekommen waren, aufgewogen würde gegen die Summe der eigenen Verbrechen. Abseits der Gedenktage und außerhalb der Landsmannschaften und Vertriebenenverbände gab es deshalb für diesen Teil der gemeinsamen Geschichte keine nennenswerte Öffentlichkeit. […]
SPIEGEL: Welche Rolle spielten der Mauerfall 1989 und der Zusammenbruch des Ostblocks für die Beschäftigung mit diesem Kapitel der Geschichte?
Wehler: Zum ersten Mal leben die Deutschen in einem Staat, der keine schwelenden Grenzkonflikte hat. Das erleichtert es, über die Schrecken in den ehemaligen Ostgebieten, auf die nun hier zu Lande niemand mehr Anspruch erhebt, neu zu reden. Wir haben dann die Bilder der sogenannten ethnischen Säuberung auf dem Balkan gesehen. Die Flüchtlingstrecks in einem ziemlich nahen Teil Europas riefen sicher bei vielen die Erinnerung wach: Das sind ja Vorgänge, wie Deutsche sie selbst vor gut 50 Jahren mitgemacht haben. Davon ging vielleicht auch für Jüngere, die das nur aus Erzählungen kennen, eine Art Weckeffekt aus.
SPIEGEL: Beginnt durch diese Wiederkehr des Verdrängten jetzt ein heilsamer Prozess?
Wehler: Für die Überlebenden der Trecks war es eine jahrzehntelang andauernde Zumutung, dass sie ihr Leid privatisieren mussten. Gewisse Ventile boten zwar die Landsmannschaften und anfangs auch der „Block der Heimatvertriebenen und Entrechteten". Aber die Botschaft der bundesdeutschen Mehrheit hieß: Ihr müsst mit eurem Leid allein fertig werden. Wenn das jetzt im Abstand von gut einem halben Jahrhundert neu aufgerollt wird, kann das nicht schaden, denn wir haben ein zeitliches und emotionales Sicherheitspolster. […]
SPIEGEL: Es ist aber ein Teil der historischen Wahrheit, die Gräuel zu benennen und sie nicht hinter Zahlen und Strukturen verschwinden zu lassen.
Wehler: In einer Kosten-Nutzen-Analyse würde ich sagen: Im Augenblick besteht der Gewinn einer Debatte darin, dass sie befreiend wirkt, dass ein abgesunkenes Stück der kollektiven Leidensgeschichte des Zweiten Weltkriegs hochtransportiert wird und ruhig besprochen werden kann.

„Die Debatte wirkt befreiend". Der Historiker Hans-Ulrich Wehler über die verspätete Aufarbeitung des Vertriebenen-Elends und den langsamen Abbau eines deutschen Tabus, in: Spiegel Spezial: Die Flucht der Deutschen. Die Spiegel-Serie über Vertreibung aus dem Osten, Nr. 2, Spiegel-Verlag, Hamburg 2002, S. 19–21

1 Erläutern Sie mithilfe von M 13, warum sich die westdeutschen Historiker erst sehr spät intensiver mit der Geschichte von Flucht und Vertreibung im Zweiten Weltkrieg beschäftigt haben.

Historisches Erinnern 7

2 Zurückhaltung in der Bundesrepublik Deutschland gegenüber der Erforschung von Flucht und Vertreibung, Tabuisierung des Themas in der DDR – Untersuchen Sie die Gründe für diese unterschiedlichen Erinnerungskulturen im geteilten Deutschland. Berücksichtigen Sie dabei auch den Darstellungstext, S. 530 f.

M14 Aus dem Klappentext eines weit verbreiteten DDR-Lehrbuchs zum Widerstand (1974)

Die deutsche antifaschistische Widerstandsbewegung, besonders die KPD und die mit ihr verbündeten Kräfte, verkörperte die progressive Linie deutscher Politik. Die konsequenteste politische Kraft dieser Bewegung, die
5 KPD, führte vom ersten Tage der faschistischen Diktatur an organisiert und zentral geleitet den Kampf gegen Imperialismus und Kriegsvorbereitung, in dem sie von der Kommunistischen Internationale und den anderen Bruderparteien unterstützt wurde und in den
10 sie immer neue Bundesgenossen einzubeziehen suchte. Das von der KPD mit Hilfe der Kommunistischen Internationale erarbeitete antifaschistische, demokratische Programm stellte eine echte Alternative zu faschistischer Barbarei und Krieg dar. [...] Ausdruck
15 des Sieges der entschiedenen Antifaschisten nach der Zerschlagung des Faschismus durch die Sowjetunion und die anderen Staaten der Antihitlerkoalition und der Niederlage des deutschen Imperialismus ist die Existenz der DDR, in der das Vermächtnis der Besten
20 des deutschen Volkes, die im antifaschistischen Kampf ihr Leben einsetzten, verwirklicht wurde.

Zit. nach: Ian Kershaw, Der NS-Staat. Geschichtsinterpretationen und Kontroversen im Überblick. Deutsch von Jürgen Peter Krause, Rowohlt Taschenbuch, Reinbek bei Hamburg 1999, S. 282

1 Erläutern Sie die politische Funktion der Interpretation des deutschen Widerstandes in der DDR (M14).

Weiterführender Arbeitsanregung

1 Untersuchen Sie die Rede von Bundespräsident Richard von Weizsäcker zum 40. Jahrestag des Kriegsendes am 8. Mai 1985. Arbeiten Sie dabei heraus, wie er das Kriegsende historisch einordnet und politisch-moralisch bewertet. Sie finden die Rede im Internet unter: http://www.bundestag.de/geschichte/parlhist/dokumente/dok08.html
2 Diskutieren Sie über die Wirkung der Rede.

M15 Sowjetisches Ehrenmal in Berlin-Treptow, Fotografie von 1999.
Das am 8. Mai 1949 eingeweihte Ehrenmal besteht aus einem Ehrenfriedhof, auf dem rund 7000 gefallene sowjetische Soldaten beigesetzt sind, und einem Mausoleum mit einer 11,6 m hohen Bronzefigur eines Sowjetsoldaten. Dieser hält in der rechten Hand ein Schwert, mit dem er ein am Boden liegendes Hakenkreuz zerschlagen hat, und trägt auf dem linken Arm ein gerettetes Kind.

1 Erläutern Sie, inwiefern das Ehrenmal als „Versteinerung des DDR-Gründungsmythos" bezeichnet werden kann.

Literaturhinweis

Ulrich Gill u. Winfried Steffani (Hg.), Eine Rede und ihre Wirkung. Die Rede des Bundespräsidenten Richard von Weizsäcker vom 8. Mai 1985 anlässlich des 40. Jahrestages der Beendigung des Zweiten Weltkrieges. Betroffene nehmen Stellung, Verlag Rainer Röll, Berlin 1986.

7 Historisches Erinnern

3 Die Bedeutung von Mythen für das nationale Selbstverständnis – Beispiele aus Europa (Wahlpflicht 5)

Hermannsdenkmal „Deutschlands Einigkeit meine Stärke, Deutschlands Stärke meine Macht". – Diese Inschrift trägt das zum Himmel gestreckte Schwert der 26 Meter hohen Kriegerfigur, die sich auf der Kuppel des Hermannsdenkmals (M 18) bei Detmold erhebt. „Hermann den Deutschen" nannte Kaiser Wilhelm I. 1875 bei der Denkmalsenthüllung den in Siegerpose dargestellten cheruskischen Häuptling und römischen Ritter Arminius. Unter dessen Führung hatten 9 n. Chr. germanische Stämme im Teutoburger Wald die Legionen unter dem römischen Statthalter P. Quinctilius Varus vernichtet. In seinem populären Lied „Als die Römer frech geworden" verknüpfte der Schriftsteller Victor von Scheffel (1826–1886) den Bau des Denkmals mit der Schlacht im Teutoburger Wald. Sein Lied endet mit den Versen:
„Und zu Ehren der Geschichten
Tat ein Denkmal man errichten,
Deutschlands Kraft und Einigkeit
Verkündet es jetzt weit und breit:
‚Mögen sie nur kommen'."
Diese Verse verdeutlichen die historisch-politische Bedeutung des Monuments: Im 19. Jahrhundert diente die Erinnerung an den Sieg des Arminius im Teutoburger Wald dazu, das nationale Zusammengehörigkeitsgefühl der Deutschen zu stärken und wachzuhalten. Arminius, dessen Name bereits in der frühen Neuzeit zu Hermann („Ehren-Mahner", dann „Heer-Mann") eingedeutscht wurde, sollte zum Vorbild nationaler Selbstbehauptung stilisiert werden. Gleichzeitig galt es, die Deutschen zu nationaler Einigkeit zu ermahnen (M 17). Das „sie" in der letzten Zeile des scheffelschen Liedes bezog sich ursprünglich auf die Römer. Während der Zeit des Kulturkampfes im kaiserlichen Deutschland (s. S. 109 f.) war diese antirömische Orientierung durchaus beabsichtigt. Doch seit der Reichsgründung waren damit zunehmend die Franzosen gemeint, die als „Erbfeinde" der Deutschen galten (s. S. 556 ff.) und gegen die Hermann sein Schwert richtete.
Aber entspricht dieses Bild vom germanischen Freiheitskämpfer der historischen Realität? „Arminius war", schreibt der Historiker Wolfgang Schuller 2006, „römischer Bürger – so römisch übrigens, dass wir nicht einmal seinen germanischen Namen kennen – und kannte als römischer Offizier und Chef einer Germaneneinheit im römischen Heer die römische Kampfesweise gut. Bei Kalkriese in Westfalen legte er sich mit seinen Germanen, die durch abtrünnige germanische Hilfstruppen der Römer verstärkt waren, an einer engen Stelle zwischen Wald und Moor in einen Hinterhalt und vernichtete drei römische Legionen. Das war ein Schlag, der die römische Politik letzten Endes dazu führte, auf die Eroberung Germaniens zu verzichten." (M 19)

Mythos Im 19. Jahrhundert wurde die Schlacht im Teutoburger Wald zum Ursprungsereignis deutscher Nationalgeschichte aufgewertet und Arminius zum Ursprungshelden der deutschen Nationalbewegung instrumentalisiert – ein eindrucksvolles Beispiel dafür, dass Ereignisse und Personen zum Mythos werden können. Dieser Begriff stammt aus dem Griechischen und lässt sich mit Wort, Rede, Erzählung oder Sage übersetzen. Unter Mythen versteht man Überlieferungen aus der Vergangenheit, oft aus der Vorzeit eines Volkes, die meist in Form von Legenden, Götter- oder Heldensagen erscheinen. Aber auch die Verklärung von Personen und Ereignissen, die dadurch zur Legende werden, wird als Mythos bezeichnet.
Mythen verbinden in der Regel tote und lebende Generationen zu einer Traditionsgemeinschaft. Einige beschwören dafür eine glanzvolle Vergangenheit, die es in der Gegenwart wieder herzustellen gilt. Solche Mythen enthalten ein Sinn- bzw. Heilsversprechen, das den Menschen in einer als trostlos erfahrenen Welt Orientierung und Halt geben soll. Und sie sollen Sehnsüchte nach einer besseren Welt befriedigen und in eine bestimmte Richtung lenken. So können Mythen den Zusammenhalt einer Nation stärken oder die Forderung nach nationaler Einigung untermauern. Die Historiker sprechen dann von der Legitimationsfunktion von Mythen: Der Hinweis auf Ereignisse oder Personen der Vergangenheit dient der Legitimation politisch-ideologischer Ziele in der Gegen-

Historisches Erinnern 7

wart. Aber auch nationale Bewegungen, die Fremdherrschaft abschütteln wollen, berufen sich auf Mythen. Diese sind Ausdruck des Kampfes gegen Unterdrückung und für Freiheit und sollen dem Widerstand gegen die Besatzungsmacht Sinn und Würde verleihen.

Johanna von Orléans

Eine der bekanntesten französischen Nationalmythen ist Johanna von Orléans bzw. die heilige Johanna, die sich selbst Jeanne la Pucelle, die Unberührbare, nannte. Wer war diese Jeanne d'Arc, so ihr Geburtsname, die 1411 als einfaches Bauernmädchen geboren und zur französischen Nationalheldin wurde?
Der Historiker Udo Sautter, der sie in sein 2002 erschienenes Buch „Die 101 wichtigsten Personen der Weltgeschichte" aufgenommen hat, fasst ihre Biografie so zusammen: „Zur Zeit ihrer Geburt hatten englische Könige im Hundertjährigen Krieg schon generationenlang versucht, ihre Herrschaft auf Frankreich auszudehnen. Das lothringische Bauernmädchen hörte nun ‚Stimmen' von Heiligen, die es aufforderten, das französische Heer gegen die Engländer zu führen und dem Thronfolger Karl VII. zur Krönung in Reims zu verhelfen. 1429 gelang es der Siebzehnjährigen, im Loireschloss Chinon von Karl empfangen zu werden. Sie überzeugte ihn von ihrer gottgewollten Mission, und es wurde ihr gestattet, in Männerkleidung und bewaffnet die französischen Truppen zu begleiten. Von ihrem Enthusiasmus mitgerissen, befreite das Heer das von den Engländern seit fünf Monaten belagerte Orléans. Ein weiterer glänzender Sieg bei Patay öffnete den Weg nach Reims, wo Karl am 17. Juli 1429 in Jeannes Gegenwart gekrönt wurde. Danach ging ihr Einfluss am Hofe zurück. Im Mai 1430 fiel sie bei Compiègne den Burgundern in die Hände, die sie den Engländern auslieferten. Von einem Inquisitionsgericht in Rouen wegen Hexerei verurteilt, wurde sie am 30. Mai 1431 auf dem Scheiterhaufen verbrannt. 1456 wurde das Urteil widerrufen, und 1920 wurde sie, schon seit Jahrhunderten in Frankreich als Nationalheilige verehrt, offiziell kanonisiert (= heiliggesprochen)."
Jeanne d'Arc war in der historischen Erinnerung der Franzosen nicht immer die strahlende Heldin. Drohte das Andenken an sie vom 16. bis zum 18. Jahrhundert fast zu verblassen, erlebte sie im 19. Jahrhundert eine außergewöhnliche Wiederkehr (M 20). Seitdem erfreut sie sich bei ihren Landsleuten großer Verehrung. Johanna von Orléans stieg nicht nur zur Identifikationsfigur der Franzosen auf, wobei ihr Bild durch aktuelle religiös-moralische und politisch-ideologische Überzeugungen mitgeprägt wurde (M 21 a–c), sondern erhielt zunehmend Züge einer mythischen Gestalt (M 22 a, b). Ihre außerordentliche historische Bedeutung unterstreicht der Geschichtswissenschaftler Gerd Krumeich in seinem 2006 erschienenen Buch über „Jeanne d'Arc. Die Geschichte der Jungfrau von Orléans": „In gewisser Weise war Jeanne d'Arc tatsächlich die Frau des Jahrtausends, denn es gibt keine andere historisch belegte Frauengestalt, die noch nahezu 600 Jahre nach ihrem Tod im kulturellen Gedächtnis der Menschheit so lebendig geblieben ist."

Freiheitsmythen der USA

Mit der Unabhängigkeitserklärung von 1776 und den Verfassungen von 1781/87 waren aus britischen Kolonisten bzw. Untertanen Seiner Britischen Majestät Amerikaner geworden. In den USA entstand seitdem ein Gefühl der nationalen Zusammengehörigkeit, das eng verbunden war mit liberal-demokratischen Freiheitsidealen und dem Bekenntnis zu den Menschen- und Bürgerrechten. Darüber hinaus wurde das nationale Selbstverständnis der Amerikaner, das sich im 19. Jahrhundert herausbildete und festigte, geprägt durch den Pioniergeist der Frontierbewegung, den „Spirit of the Frontier". Der Begriff der „frontier", d.h. Grenze, bezieht sich dabei weniger auf eine feste Grenzlinie als vielmehr auf das Gebiet, das sich im Verlauf der Westexpansion ständig verschob. Die Siedler handelten in dem Bewusstsein, sie müssten sich immer neue Ziele setzen, um die menschliche Kultur und Zivilisation zu verbreiten. Außerdem glaubten sie, dass sie ein vorbestimmtes Schicksal des weißen Mannes erfüllten. Dieses Auserwähltheits- und Sendungsbewusstsein, das in der Kolonialzeit entstand und bis in die Gegenwart hinein den Zug nach Westen bis zur Küste des Pazifiks zur nationalen Bestimmung Amerikas, zu seiner „Manifest destiny", verklärt, ist ein weiteres zentrales Merkmal der US-amerikanischen Identität. Überdies bestimmt bis heute das Bekenntnis zu individueller Entfaltung und Leistungsbereitschaft wie das Ideal einer Gesellschaft rechtlich freier und gleicher Staatsbürger das amerikanische Selbstverständnis.

7 Historisches Erinnern

Diese Freiheitsideale prägen zahlreiche Filme aus den USA. Besonders die vielen amerikanischen Western haben das amerikanische Freiheitsverständnis mit seinem ausgeprägten Auserwähltheits- und Sendungsbewusstsein zu einem Freiheitsmythos verdichtet (M 23).

Rütlischwur der Schweiz In Friedrich Schillers 1804 uraufgeführten Schauspiel „Wilhelm Tell" schwören die Landleute von Uri, Schwyz und Unterwalden im erhabenen Licht der Morgendämmerung den Rütli-Schwur, den der Historiker Volker Reinhardt einmal den „folgenreichsten Eid der Literaturgeschichte" genannt hat. Sie schwören:
„Wir wollen sein ein einzig Volk von Brüdern,
In keiner Not uns trennen und Gefahr.
Wir wollen frei sein, wie die Väter waren,
Eher der Tod, als in der Knechtschaft leben.
Wir wollen trauen auf den höchsten Gott
Und uns nicht fürchten vor der Macht der Menschen."
Wurde das Stück Schillers anfänglich in der Schweizerischen Eidgenossenschaft eher zurückhaltend aufgenommen, entwickelte es im Verlauf des 19. Jahrhunderts eine große und nachhaltige Wirkung. Es eignete sich hervorragend zur Vergegenwärtigung des mythischen Anfangs der Schweizerischen Nationalgeschichte. Die Schweiz erscheint danach als rechtmäßiges, heldenmütig und ehrenvoll entstandenes, freiheitliches Staatswesen, das durch Abgrenzung von einer feindlichen Macht seine Selbstständigkeit erworben hat. Entspricht dieses Nationalepos der historischen Wirklichkeit? In Band 7 der von der „Der Zeit" herausgegebenen „Welt- und Kulturgeschichte" (2006) werden die Anfänge der Schweizer Geschichte weitaus nüchterner so zusammengefasst: „Als sich Uri, Schwyz und Unterwalden 1291 aus einem im Grunde nichtigen Anlass zu einem Bündnis zusammenfanden, ging es noch keineswegs um die Loslösung vom Heiligen Römischen Reich. Man wollte nur den Verkehr über die neu gebaute Gotthardstraße und seine Zölle unter sich aufteilen. Dass Wilhelm Tell – wenn es ihn denn je gegeben hat – einen Totschlag an einem Habsburger Beamten beging, der in den Bergen einen Mordfall schlichten wollte, wäre Zeichen reinen politischen Unverstandes gewesen. Doch der Bündnisbrief der drei Waldstätte entwickelte sich zum Symbol, die Tell-Legende zum Nationalepos (das freilich erst Friedrich Schiller unter dem Einfluss der Französischen Revolution in seiner endgültigen Form geschaffen hat)."

M 17 Der Historiker Thomas Nipperdey über die nationalpolitische Bedeutung des Hermannsdenkmals (1968)

Das im Denkmal Gestalt werdende Nationalgefühl ist nationale Erinnerung, die sich an der germanischen Frühgeschichte orientiert, […], und das Denkmal versucht, den historischen Helden dieser Frühzeit in die
5 Dimension des nationalen Mythos zu erheben und ihm damit eine konkrete politische Funktion zu geben. […] Das Denkmal ist Denkmal für den „Befreier Deutschlands" und damit für die Befreiung, und ist ein „Mahnzeichen der Einigkeit aller deutschen Stämme".
10 Denn die Befreiung ist zugleich die Einigung, ist die Gründung der Nation: Hermann ist der „Retter und Gründer" und darum „Träger und Repräsentant der deutschen Nationalität". […]
Hermann als Begründer der deutschen Nationalität
15 nun ist Symbol und Vorbild, das angerufen wird, um das gegenwärtige Bewusstsein und Gefühl der Nationalität zu intensivieren: Er soll das Volk „erheben und zu steter Nacheiferung […] stärken". Insbesondere soll das Denkmal […] die „Treueinigkeit unserer Volksstämme" beschwören, es ist ein „Mahnzeichen zur Einig- 20 keit aller deutschen Stämme". Auf einer Tafel im Grundstein heißt es: „Hermann dem Befreier Deutschlands gründen dies Denkmal Deutschlands Fürsten und Volksstämme in Eintracht verbunden. Er bleibe und dauere, der Sinn der Eintracht, welcher dies Denk- 25 mal schuf, und getilgt sei der Fluch der Zwietracht, den der Zorn des Überwundenen an der Wiege unseres Volkes aussprach". In der Dunkelheit der Frühgeschichte konnte man die späteren Stammesgegensätze symbolisch überwinden, hier war die Einheit 30 sozusagen archaisch präfiguriert (= vorgeformt). Auch Gedanken des Liberalismus strömen in die Denkmalsbewegung ein, ihre Träger sind die „Freunde der Freiheit", und diese Freiheit ist auch nach innen gewandt […]. Schließlich spielt der Gedanke der Macht, der 35 Stärke und Größe der Nation in der Denkmalsbewegung eine besondere Rolle […]. Dargestellt wird Armins „Schwerterhebung", aber in einem Augenblick nach dem errungenen Siege. Trotzdem bleibt das

Historisches Erinnern 7

40 Schwert aufgereckt, weil es die Garantie der nationalen Existenz ist, weil Feind und Gefahr nicht und niemals vorüber sind. [...]
Der politische Sinn, der im Denkmal gegeben wurde, zeigt sich auch in den Bau- und Formideen. Die Wahl
45 des Ortes ist nicht nur historisch bedingt, bei Bandel[1] kann man deutlich eine antiurbane Stimmung, eine Mythisierung des Waldes als der eigentlich deutschen Seelenlandschaft und die romantische Neigung zum Bergheiligtum bemerken. Der Unterbau sollte, in
50 einem romanisch-gotischen Mischstil ausgeführt, spezifisch deutsch sein, nur ein „deutscher" Stil schien dem Nationaldenkmal angemessen [...]. [...] Die endgültige Gestalt, die straff hochgereckte Figur mit dem gerade in die Höhe gestreckten Schwert, das drohend
55 in die Ferne weist, [...] die herausfordernde, auf Kampf, Sieg und Kraft abgestellte Haltung des Helden. [...]
Das Ganze bekommt so einen aggressiven und herausfordernden Zug, der unsichtbare Feind ist in das Denkmal mit einbezogen, der Beschauer wird in diese
60 Frontstellung mit hineingenommen: Im Kampf gegen den Feind konstituiert sich die hier gemeinte Nation als ein Machtgebilde, in ihrer Macht hat sie ihre Identität. Auch in der Orientierung des Nationalbewusstseins an der germanischen Frühgeschichte, am Teuto-
65 nischen, schwingt dieses Moment mit: Hermann und die Germanen repräsentieren nicht nur und vielleicht nicht einmal in erster Linie die Freiheit, sondern auch das vorzivilisatorische Gewaltige, eben Kraft und Macht. [...]
70 Das nationaldemokratische Motiv klingt noch in der Bezeichnung „Fest der Übergabe des Denkmals an das deutsche Volk" an. Daneben stehen die zunächst nicht selbstverständliche Einladung des Kaisers und der Fürsten, die Betonung der Einigkeit von Fürsten und Volk
75 in den Festreden und die Ehrung des Kaisers am Denkmal als nationalmonarchische Momente. [...]
Die anderen politischen Motive gewannen in der neuen Lage eine veränderte Funktion. Mit der ersten Befreiung wurde die gegenwärtige Abwehr des franzö-
80 sischen Angriffs, der Sieg über „welschen Übermut", über „romanische Anmaßung" gefeiert. Aus dem Mahnzeichen, dem Symbol einer Hoffnung, wurde ein „Ehrenzeichen, ein Ruhmesmal der vollbrachten Einigung", ja der „wiedererstandenen (!) Herrlichkeit des
85 Deutschen Reiches". [...] Der Machtstaatsgedanke gewinnt so die Oberhand über ursprünglich liberale Vorstellungen [...].

Thomas Nipperdey, Nationalidee und Nationaldenkmal in Deutschland im 19. Jahrhundert, in: ders., Gesellschaft, Kultur, Theorie. Gesammelte Aufsätze zur neueren Geschichte, Vandenhoeck & Ruprecht, Göttingen 1976, S. 159–162

1 Ernst von Bandel ist der Erbauer des Denkmals.

M18 Das Hermannsdenkmal von 1875, Fotografie von 2006

1 Beschreiben Sie das Hermannsdenkmal (M18). Berücksichtigen Sie dabei die auf den Methodenseiten, S. 554f., genannten Kriterien.
2 Arbeiten Sie mithilfe von M17 die historisch-politische Bedeutung und Funktion des Hermannsdenkmals heraus.

M19 Der Historiker Dieter Timpe über die Bedeutung der Schlacht im Teutoburger Wald (1970)

Dass alle Lehrmeinungen über die Biografie des Cheruskers an bedenklichen Widersprüchen zu leiden scheinen, die aber auf die Unverträglichkeit der Quellenaussagen selbst zurückgehen, lenkte die Untersuchung auf die Ausdrucksweise des Tacitus[1]. [...] [Es 5 besteht die] durch Analogien (Laufbahnen anderer germanischer Auxiliaroffiziere) und das Zeugnis Dios gestützte Vermutung, dass Arminius in seiner Eigenschaft als ritterlicher Offizier nach Germanien auch zurückgekehrt ist. Die entscheidende Konsequenz daraus 10 wiederum liegt nun darin, dass der Cherusker dann

7 Historisches Erinnern

auch die Erhebung gegen Varus als römischer Offizier und nicht als Stammeshäuptling begonnen haben müsste und dass die Varus-Katastrophe mithin nicht die Folge eines germanischen Stammesaufstandes gegen die römische Okkupationsmacht, sondern die einer Meuterei der germanischen Auxilien gegen die Legionen des Rheinheeres gewesen wäre. Nicht ein auf breiter Basis geführter Volkskampf gegen die aufgezwungene Fremdherrschaft, sondern eine interne militärische Revolte ist die Ursache einer der berühmtesten und geschichtlich folgenreichsten Schlachten der Antike gewesen. Es liegt auf der Hand, dass damit endlich das oft ventilierte und namentlich für das nationale deutsche Geschichtsbild so ungemein konstitutive Ereignis der clades Variana² in ein völlig anderes Verständnis rückt. […]

Historisch letztlich entscheidend ist aber vielleicht folgende Überlegung: Auch wer glaubt, bei der Meinung bleiben zu müssen, Arminius habe ein Stammesaufgebot gegen Varus geführt, muss zumindest zugeben, dass der römische Bürger und Ritter Arminius seine Landsleute schon einmal, für die Römer, in den Kampf führte. Nicht freie, unberührte Germanen, nicht die geschichtliche Elementarkraft des Volkstums, sondern erst römisch geschulte und beeinflusste Germanen sind gegen die Römer mit Erfolg angetreten. Wenn nach dem romantisch-idealistischen Geschichtsbild die Völker Ideen Gottes und Akteure des geschichtlichen Dramas sind, so zeigt sich aus dem Erfahrungshorizont des Jahrhunderts der Dekolonisierung einerseits, dass die unberührten „Naturvölker" und die großen Zivilisationsimperien einander kaum verstehen, dass aber andererseits die Auseinandersetzung der technisch und geistig irreversibel beeinflussten Barbaren mit den Zivilisationsimperien, die die Herrschaft über sie als ihr geschichtliches Amt ergriffen haben, die Weltgeschichte in Bewegung setzen kann. Diese Einsicht lässt für den Arminiusaufstand die Volkstumskategorie nicht als den geeigneten Hebel des geschichtlichen Verhältnisses erscheinen.

Dieter Timpe, Arminius-Studien, Carl-Winter-Universitätsverlag, Heidelberg 1970, S. 49, 80

1 Tacitus: römischer Geschichtsschreiber (um 55 bis nach 116 n. Chr.), seine Schrift über Germanien ist eine der wichtigsten Quellen über Altgermanien.
2 (lat.): Varusniederlage

1 Erörtern Sie mithilfe des Textes M 19 und des Darstellungstextes, S. 536, die historische Bedeutung der Schlacht im Teutoburger Wald und des Arminius.

M 20 Der Historiker Michel Winock über die Wiederentdeckung der Jungfrau von Orléans im 19. Jahrhundert (2005)

Gleich mehrere Faktoren sorgen dafür, dass das 19. Jahrhundert zum „Jahrhundert der Jeanne d'Arc" wird: zunächst die romantische Bewegung, in der man nach den Worten Georges Goyaus „mit einer zuweilen leicht nebulösen Begeisterung die historischen Erscheinungen, in denen sich die Volksseele spiegelte, und die Persönlichkeiten liebte, in denen das kollektive Bewusstsein aufging und sich ausdrückte: Die Romantiker waren von Johanna hingerissen […]. Johanna war als Entdeckerin des Vaterlands eine glanzvolle Zukunft verhießen. Dieser zweite Faktor – der Patriotismus – gab den Anstoß zu einigen besonders berühmten Werken um die Befreierin von Orléans. „Die Patronin der Eroberten", wie Deroulede sie später nannte, setzte sich als Gründermythos der französischen Nation durch. Henri Martin machte sie zum „Messias der Nationalität". Als dritter Faktor wirkte schließlich der wieder erstarkende Katholizismus nach dem Sturz Napoleons. Während Johanna immer häufiger in frommen Darstellungen verewigt wurde, setzte sich Monseigneur Dupanloup, seit 1849 Bischof von Orléans, mit unermüdlicher Begeisterung für ihre Heiligsprechung ein. „Ich begrüße in ihr die Heilige", verkündete er in seinem Lobpreis von 1869. […]

Im Übrigen ist die Wiederentdeckung der Jungfrau von Orléans im 19. Jahrhundert der Besinnung auf das Quellenstudium zu verdanken, eine Auswirkung des Aufschwungs der historischen Forschung, als deren offizieller Begründer François Guizot gelten kann. 1840 beauftragt die von ihm gegründete Societe de l'histoire de France Jules Quicherat, einen jungen Studenten der Ecole nationale des chartes, mit der vollständigen Edition der Akten zum Prozess und zur Rehabilitierung Jeanne d'Arcs. Neun Jahre seines Lebens verwendet Quicherat auf die Arbeit […]. Fünf Bände im Oktavformat machten so, wenn auch in Latein, auf der Grundlage der Handschriften aus der französischen Nationalbibliothek, „gefolgt von sämtlichen historischen Dokumenten, die man zusammentragen konnte, und von Anmerkungen und Erläuterungen begleitet", die beiden Prozesse Jeanne d'Arc erstmals der Öffentlichkeit zugänglich. […]

Die militärische Niederlage von 1871 und das von ihr ausgelöste lange Nachdenken über das Schicksal der Nation, die politischen Kämpfe zwischen Republikanern und Monarchisten, die Erstarrung eines Katholizismus, der an Autorität verliert und sich antiklerikalen Attacken ausgesetzt sieht – alle diese Leidenschaften

Historisches Erinnern 7

fördern Jeanne d'Arcs Glorifizierung. Die Erinnerung an sie wird dabei zum Zankapfel der verschiedenen Parteien.

Michel Winock, Jeanne d'Arc, in: Pierre Nora (Hg.), Erinnerungsorte Frankreichs, C. H. Beck, München 2005, S. 371 ff.

1 Arbeiten Sie die wichtigsten Entwicklungen heraus, die im Frankreich des 19. Jahrhunderts zur Wiederentdeckung Jeanne d'Arcs führten (M 20).

M 21 Ein umstrittenes Andenken – Bilder von Jeanne d'Arc im 19. Jahrhundert

a) Der Historiker Jules Michelet (1798–1874) schreibt 1841:

Zum ersten Mal wird [Frankreich] so geliebt wie eine Person. Und zu einer Person wird es auch ab dem Tag, da es geliebt wird. Bisher war es ein Zusammenschluss von Provinzen gewesen, ein riesiges Chaos aus Lehen und ein großes Land vager Vorstellungen. Aber von diesem Tag an wurde es Kraft des Mutes zu einem Vaterland.

Schönes Mysterium! Anrührend und erhaben! Wie entflammte doch die grenzenlose reine Liebe eines jungen Herzens eine ganze Welt, gab ihr ein zweites, das wahre Geben, das allein die Liebe gibt.

Als Kind liebte sie einfach alles, sagen die Zeugen ihrer Zeit. Sogar die Tiere liebte sie:

Die Vögel hatten Zutrauen zu ihr und pickten aus ihrer Hand. Sie liebte ihre Freunde, ihre Eltern, aber vor allem die Armen. Nun war sie die allerärmste, die elendste und in diesem Moment bemitleidenswerteste Person Frankreich.

So sehr liebte sie Frankreich …! Und gerührt fing Frankreich an, sich selbst zu lieben.

Man sieht dies ab dem ersten Tag, da sie vor Orléans erschien. Das ganze Volk vergisst seine Gefahr; das zum ersten Mal gesehene liebliche Bild des Vaterlands erfasst Frankreich und begeistert es. Kühn tritt es aus dem Schutz der Mauern heraus, entfaltet seine Fahne und marschiert unter den Augen der Engländer vorbei, die sich nicht mehr aus ihren Zwingern wagen.

Franzosen! Erinnern wir uns stets daran, dass unser Vaterland aus dem Herzen einer Frau geboren wurde, aus ihrer Zärtlichkeit, ihren Tränen und aus dem Blut, das sie für uns hingab.

Michel Winock, Jeanne d'Arc, in: Pierre Nora (Hg.), Erinnerungsorte Frankreichs, C. H. Beck, München 2005, S. 385 f.

b) Der Bischof von Aix argumentiert 1894 zu Beginn des Prozesses zur Heiligsprechung:

Ach! Wir gestehen, sie wurde von einem Bischof in den Tod geschickt […], der nichts Französisches mehr hatte, verkaufte er sich doch an die Engländer.

Aber Papst Kalixt III. hat die Jungfrau von Domrémy gerächt. Er hat die Überprüfung des Prozesses angeordnet: Er hat das Urteil als das ungeheuerlichste seit dem des Pilatus kassiert und aufgehoben. Wir erwarten, dass den zahllosen unschuldigen Opfern, die durch Revolutionstribunale abgeurteilt worden sind, das Gleiche widerfährt.

Der Bischof Cauchon gehört so wenig zu uns wie Judas, denn wir haben ihn mit dem öffentlichsten und feierlichsten Urteil verstoßen – Cauchon war der Vorläufer von Voltaire, diesem Schänder unseres strahlendsten und reinsten nationalen Glanzes.

Michel Winock, Jeanne d'Arc, in: Pierre Nora (Hg.), Erinnerungsorte Frankreichs, C. H. Beck, München 2005, S. 381

c) Der Philosoph und sozialistische Politiker Jean Jaurès (1859-1914) schreibt 1910:

Nicht der Geist der Auflehnung erfüllte sie; sie wollte ein ganzes großes Frankreich befreien, um es späterhin dem Gottesdienst, der Christenheit und der Gerechtigkeit zu weihen. Ihr Ziel erschien ihr so hoch und gottgefällig, dass sie, um es zu erreichen, später den Mut findet, sich sogar der Kirche zu widersetzen und sich auf eine Offenbarung zu berufen, die hoch über jeder anderen Offenbarung stehe. Den Theologen, die sie drängen, aus den heiligen Büchern ihre Wunder und ihre Mission zu rechtfertigen, antwortet sie: „Im Buche Gottes steht mehr als in allen euren Büchern." Ein wunderbares Wort, das in gewisser Beziehung im Gegensatz zu der Bauernseele steht, deren Glaube vor allem im Herkommen wurzelt. Wie fern ist das alles vom dumpfen engherzig-beschränkten Patriotismus des Grundbesitzes! Johanna aber vernimmt die göttlichen Stimmen ihres Herzens, indem sie zu den strahlenden und sanften Himmelshöhen aufblickt.

Michel Winock, Jeanne d'Arc, in: Pierre Nora (Hg.), Erinnerungsorte Frankreichs, C. H. Beck, München 2005, S. 390

1 a) Untersuchen Sie die wesentlichen Merkmale der Vorstellungen von Jeanne d'Arc, die die unterschiedlichen Texte aus dem 19. Jahrhundert formulieren (M 21 a–c).
b) Bestimmen Sie die religiös-moralische oder politisch-ideologische Funktion der Texte über Jeanne d'Arc (M 21 a–c).

541

7 Historisches Erinnern

M22 Frankreich und Jeanne d'Arc im 20. Jahrhundert

a) Jeanne d'Arc als Opfer der Engländer nach der Bombardierung Rouens, Plakat aus dem Zweiten Weltkrieg

1 a) Beschreiben Sie die Bilder M22a und b.
b) Arbeiten Sie heraus, welche politische Funktion Jeanne d'Arc für die Gegenwart zugewiesen wird.
2 Erläutern Sie am Beispiel von Jeanne d'Arc (M21 a–c, M22 a, b) die Bedeutung von Mythen für das nationale Selbstverständnis einer Nation.

b) Jeanne d'Arc gegen die Deutschen, Stich von Solom, 1914

Historisches Erinnern 7

M 23 Western-Filme – die Darstellung eines amerikanischen Freiheitsmythos

Die Publizisten Norbert Grob und Bernd Kiefer über die Helden in Westernfilmen (2003):

Die Männer des Western bewegen sich da – mit Revolver im Gürtel – auf Pferden durch weite, oft raue und kantige Landschaften, suchen einen Pass oder ruhen am Lagerfeuer in der Prärie. Dann, auf Ranches oder
5 Farmen oder in kleinen Städten, geraten sie in einen Konflikt und werden zum Handeln gezwungen – und gewinnen durch dieses Handeln zugleich ihre Identität und zeigen, wer und was sie im Innersten sind. Diese Westerner mögen dabei sterben oder schwer verwun-
10 det werden oder einfach weiterziehen, immer setzen ihre Taten ein Signal, das von Mut und Entschlossenheit kündet; und von individueller Würde, die sie dem Wirrwarr aus Gier, Intrige und Gewalt, aus Geschäfts- und Machtinteressen entgegensetzen.
15 Westerner sind positive Helden, die in einem Spannungsfeld agieren zwischen ihrem Sinn für die Gemeinschaft und ihrem Hang zu einsamen Entscheidungen und Alleingängen. […]
Der Westerner ist eine in der historischen Ära des Wild
20 West entwickelte, amerikanische Form der Männlichkeit. Als Hunter (Trapper und Jäger) oder als einsamer Waldläufer und Indianerkämpfer (Scout), als herumziehender Revolvermann (Gunfighter) oder später als Ordnungshüter (Sheriff oder Marshall) oder als Kopf-
25 geldjäger (Bounty Hunter). Männer ziehen los, auf der Suche nach Abenteuern, nach Gelegenheiten, sich zu bewähren: Go west, young man, and grow up with your country. Sie agieren im Rahmen der mythisierten historischen Landnahme: Der Zug von Osten nach
30 Westen; der Krieg gegen die Ureinwohner des Landes, die Indianer […]; die langsame Zivilisierung in den Siedlungen, die Befriedung der noch rauen und wilden Städte; der Kampf zwischen Bürgern und Gesetzlosen.

Norbert Grob, Bernd Kiefer, Einleitung, in: Bernd Kiefer u. Norbert Grob (Hg.), Filmgenres Western, Reclam, Stuttgart 2003, S. 12f., 16f.

1 Erläutern Sie mithilfe von M 23 den amerikanischen Freiheitsmythos, wie er in Western dargestellt wird.

Weiterführende Arbeitsanregung

1 Untersuchen Sie den Inhalt ausgewählter Western aus den USA. Arbeiten Sie dabei die in den Filmen propagierten Freiheitsvorstellungen heraus und diskutieren Sie deren politisch-moralische Bedeutung für das nationale Selbstverständnis der USA.

Literaturhinweis

Bernd Kiefer u. Norbert Grob (Hg.), Filmgenres Western, Reclam, Stuttgart 2003.

Projektarbeit:

Apfelschuss und Tyrannenmord – ein produktiver Mythos? Die Entstehung der Schweiz
Untersuchen Sie in diesem Projekt folgende Aspekte:
– Der Gründungsmythos der Schweiz in Friedrich Schillers Schauspiel „Wilhelm Tell"
– Die Entstehung des Gründungsmythos
– Die Entstehung der Schweiz aus der Sicht der heutigen Geschichtswissenschaft

Literaturhinweise

Friedrich Schiller, Wilhelm Tell. Schauspiel, Reclam, Stuttgart 2000.
Volker Reinhardt, Geschichte der Schweiz, C. H. Beck, München 2006.
Manfred Hettling u. a., Eine kleine Geschichte der Schweiz. Der Bundesstaat und seine Traditionen, edition suhrkamp, Frankfurt/M. 1998.

7 Historisches Erinnern

4 Geschichtskultur und Erster Weltkrieg – ein europäischer Vergleich (Wahlpflicht 2)

Geschichtskultur

„Geschichte – wir erfahren es bei jeder Gelegenheit – ist immer schon dargestellte Geschichte", schreibt der Schriftsteller Siegfried Lenz 1982 in seinem Buch „Über das Gedächtnis". „Was sich auch wo und wann begeben hat, es kommt auf uns durch einen Vermittler, durch einen Augenzeugen, einen Betroffenen, einen Chronisten. So sehr wir uns auch bemühen, menschliche Vergangenheit in reinem, in purem Zustand zu erfahren, am Ende zeigt sich, dass es vergeblich ist: **Das Überlieferte ist immer schon interpretiert**. Gebrochen durch ein Temperament, verdunkelt durch Interessen, entstellt durch unzureichendes Wissen oder in Anspruch genommen durch Ideologie".

Alles, was wir über Geschichte wissen, wissen wir in der Tat durch „einen Vermittler" oder, moderner ausgedrückt, durch bestimmte Medien. Hierzu gehören Lehrbücher oder die Werke von Historikern, Fernseh- und Radiosendungen. Auch Museen sind beliebte Orte, um den historischen Erkenntnisstand zu erweitern. Und nicht zuletzt bieten Nationalfeiertage, historische Gedenkfeiern, Mahn- und Gedenkstätten oder Denkmäler die Möglichkeit, sich mit der Vergangenheit auseinanderzusetzen. Alle diese Medien prägen unser Geschichtsbewusstsein, sie gehören zur Geschichtskultur eines Landes, einer Gesellschaft (M 28). Und diese Medien vermitteln uns, wie Lenz zu Recht betont, immer eine bestimmte Sicht auf die Geschichte, sie bieten uns eine Deutung der Geschichte an.

Denkmäler

Eines der wichtigsten Medien, um Geschichte im öffentlichen Raum zu präsentieren, sind Denkmäler. Seit der Antike dienten sie dazu, die Erinnerung an Herrscher und später auch Kirchenfürsten wachzuhalten. Das änderte sich im ausgehenden 18. Jahrhundert, als sich mit der Französischen Revolution von 1789 die bürgerliche Gesellschaft in Europa allmählich durchsetzte. Das neue Selbstverständnis der modernen Nationalstaaten kam in neuen Denkmälern zum Ausdruck. Und auch das immer selbstbewusster werdende Bürgertum stellte seine kulturellen Leistungen in der Öffentlichkeit dar. Neben die alten dynastischen Denkmäler traten solche für Künstler, Dichter oder Wissenschaftler und Politiker.

Diese Demokratisierung des Denkmals zeigt sich eindrucksvoll am **Kriegerdenkmal**. Spätestens seit der Einführung der allgemeinen Wehrpflicht im revolutionären Frankreich oder während der preußischen Reformzeit wurde jeder Bürger denkmalfähig. Der Tod jedes Einzelnen, der sich für das Vaterland geopfert hat, soll im Gedächtnis bewahrt werden. Das gilt auch für die nicht mehr identifizierbaren oder ganz verschwundenen Leichname der Soldaten, die in den Materialschlachten seit dem Ersten Weltkrieg umkamen. „Und die vollends Vermissten erhielten", schreibt der Historiker Reinhart Koselleck 1994, „ihre speziellen Großmonumente, auf denen nurmehr ihre Namen verzeichnet werden konnten – ein angestrengter Versuch, jeden Verschwundenen einzeln – insgesamt viele hunderttausend – der Vergessenheit zu entreißen. In Wirklichkeit gerieten die Großdenkmäler […] zu Kultstätten für den anonymen Massentod. Davon zeugen nun die zentralen Gedenkstätten. Der namenlose, nicht identifizierbare, der unbekannte Soldat wurde zur Symbolfigur, in der sich die Erinnerung der gesamten Nation vereinigte. […] Er erhielt Zutritt in jene Weihehalle, in der bisher nur die adligen oder bürgerlichen, die politischen, militärischen, wissenschaftlichen, literarischen und künstlerischen Größen der guten Gesellschaft unter sich geblieben waren, – ein Akt der Demokratisierung gleichsam von außen und von unten her."

Nationale Kriegerdenkmäler

Nach dem Ersten Weltkrieg entstand in London der zentrale Erinnerungsort der Nation für das offizielle Gedenken an die Gefallenen des „Great War", wie der Krieg zwischen 1914 und 1918 in Großbritannien heute noch genannt wird. Marschierten 1919 die Truppen noch an einem provisorisch errichteten Denkmal vorbei, wurde 1920 der **Cenotaph** aus hellgrauem Portland-Stein ersetzt und feierlich enthüllt. Cenotaph, das englische Wort für Ehrenmal, bezeichnet in diesem Fall ein leeres Grabmal zur Erinnerung an einen Toten, der dort nicht begraben ist. Allerdings wurde der **Sarg des Unbekannten Soldaten** 1920 nach der

7 Historisches Erinnern

M 25 „Feld der Erinnerung" vor der Westminster-Abtei zum Remembrance Day 2005, Fotografie

offiziellen Zeremonie in die Westminster-Abtei überführt. Bis 1947 fanden die offiziellen britischen Gedenkfeiern am 11. November, dem Waffenstillstandstag (Armistic Day) statt, seitdem sind sie auf den zweiten Sonntag im November, dem „Remembrance Day" (M 25), verlegt worden. Reden werden bei den Feierlichkeiten, an denen die Bevölkerung großen Anteil nimmt, nicht gehalten. Vielmehr beschränkt sich das Erinnern auf symbolische Handlungen wie das Abspielen der Nationalhymne oder den Vorbeimarsch der Veteranen. Seit 1921 entwickelte sich die Kranzniederlegung am Cenotaph und dem Grab des Unbekannten Soldaten zum selbstverständlichen Bestandteil bei Staatsbesuchen (M 29 a, b).

Eine wichtige Funktion von Kriegerdenkmälern besteht darin, die Einheit der Nation zu beschwören. Im öffentlichen Gedenken an die Gefallenen und Vermissten des Krieges unter Beteiligung der obersten Repräsentanten des Staates erscheint die Nation wenigstens zeitweilig über alle sozialen Gegensätze und Ungleichheiten geeint. Diese sozialintegrierende, klassenübergreifende Form des Erinnerns gilt nicht nur für Großbritannien, sondern auch für Frankreich. Ähnlich wie ihre britischen Nachbarn erklärten die Franzosen nach dem Ersten Weltkrieg den Tag des Waffenstillstandes, den 11. November – Onze Novembre – zum Nationalfeiertag, der bis heute besteht. Dieser Tag war nie ein Tag der Siegesfreude, sondern stets ein Tag der gemeinsamen Trauer und Erinnerung. Nach der Besetzung durch deutsche Truppen im Jahre 1940 erhielt der französische Nationalfeiertag eine weitere Funktion: Der 11. November sollte die Nation im Widerstand – Résistance – gegen das nationalsozialistische Deutschland zusammenschweißen.

Zwei Vorgänge beleuchten den hohen politischen Stellenwert des Ersten Weltkrieges im Geschichtsbewusstsein der Franzosen. General Charles de Gaulle, einer der entscheidenden Führer der Résistance, erinnerte in seinen Rundfunkreden aus dem Londoner Exil immer wieder an den Sieg Frankreichs 1918. Indem er seinen Landsleuten zurief, sie hätten sich stets aus verzweifelten Situationen befreit, wollte er ihnen Mut machen. Und trotz scharfer Überwachung und Repression durch die deutschen Besatzer gelang es französischen Studenten in den Jahren nach 1940 immer wieder, am 11. November Demonstrationen in Paris zu organisieren. Als Ort für ihre Proteste wählten sie bewusst das Grab des Unbekannten Soldaten (M 30). Am 11. November 1920 war unter dem Triumphbogen am Place de l'Etoile der Leichnam eines anonymen Soldaten bestattet worden, der auf dem Schlachtfeld von Verdun gefallen war. Denn Verdun war und ist für die Franzosen Inbegriff

7 Historisches Erinnern

M 26 Ehrenmal Neue Wache (Unter den Linden), Berlin, um 1935, Fotopostkarte

für das mörderische und sinnlose Kriegsgeschehen und fasst somit das ganze Leiden der französischen Soldaten zusammen.

Wenn in Deutschland nach dem Ersten Weltkrieg kein Grabmal des Unbekannten Soldaten errichtet wurde, lag das weniger daran, dass nationalistische Kreise in der Zwischenkriegszeit solche Denkmäler als westliche Erfindung und damit als Erfindung der Siegerstaaten ablehnten. Das war eine ideologische Schutzbehauptung. Der eigentliche Grund liegt in der föderalistischen Struktur Deutschlands, wo eine Vielzahl konkurrierender Gedenkstätten entstand. Zwar gestaltete der Architekt Heinrich Tessenow (1876–1950) im Jahr 1930/31 das Gebäude der Neuen Wache (M 26, M 31) in Berlin-Mitte zu einem Denkmal für die Gefallenen des Ersten Weltkrieges um. Aber erst während der NS-Herrschaft wurde das Denkmal zu einem Reichsehrenmal erklärt.

Denkmalsgeschichte „Schmerzen werden vergessen. So hat die Nation die Scheußlichkeit des Krieges verwunden. Freundliche Lappalien wachsen über diese Regionen der Erinnerung, und die Äußerlichkeiten bleiben: ein Teemädchen in Baranowitschi, die Geschichte mit den zwei Schweinen in Flandern, der verzögerte Feldpostbrief, der Krach mit dem Bataillonsführer wegen des Hanseatenkreuzes – das wird behalten. Aber der Schmerz, der Schmerz ist fast vergessen. Und da nur ein beschränkter Teil aller Erfahrungen vererbt wird (denn wie weise wären wir sonst!), so ist noch gar nicht gesagt, dass nicht die nächste Generation mit frisch-dämlicher Begeisterung, die Geschäfte der Börsen und der Ämter besorgend, die Knarre wieder auf den Buckel nimmt." Diese Zeilen schrieb der deutsche Schriftsteller und überzeugte Pazifist Kurt Tucholsky 1922 in seinem Aufsatz „Das Felderlebnis". Er beschreibt darin einen Wandel der Erinnerung an den Ersten Weltkrieg, der die historisch-politische Auseinandersetzung in Deutschland während der Zwischenkriegszeit (1918–1939) prägte: Überwogen in der unmittelbaren Nachkriegszeit Erbitterung über das Grauen und Entsetzen des Krieges sowie tief empfundene Friedenssehnsucht, wichen diese Einstellungen und Denkweisen allmählich dem Vergessen und der Gleichgültigkeit gegenüber dem Leid. Mythologische Verklärungen der Kameradschaft in den Schützengräben

Historisches Erinnern 7

oder des soldatischen Heldentums begünstigten die neuerliche Idealisierung von Krieg und Gewalt, an die die Nationalsozialisten anknüpfen konnten.

Kriegerdenkmäler sind nicht nur Ausdruck der Stimmungen in Politik und Gesellschaft, sondern können und wollen diese auch mitprägen. Dies lässt sich am Beispiel von Kriegerdenkmälern aus der ostwestfälischen Stadt Bielefeld dokumentieren. Sie verdeutlichen, dass in der Weimarer Zeit Kriegerdenkmäler auch von nationalistischen Gruppen benutzt wurden, um das Soldatische zu verherrlichen. Diese Gewaltverherrlichung nahm immer offenere und radikalere Formen an, wie der Vergleich zweier Denkmäler aus den Jahren 1922 und 1931 zeigt (M 32 a–c).

Soldatenfriedhöfe In seinem Buch „Gefallen für das Vaterland. Nationales Heldentum und namenloses Sterben" aus dem Jahre 1993 schreibt der Historiker George L. Mosse: „Soldatenfriedhöfe, die im Ausland und im eigenen Land weit verstreut lagen, eigneten sich nicht als zentrale nationale Gedenkstätte für die Gefallenen […]. Nach dem Kriege benötigten die Nationen ein Zentrum für ihren Gefallenenkult, das die Lebenden an ihre Toten und deren anschließende nationale Mission erinnern würde – einen Ort, wo die Bevölkerung an regelmäßigen Zeremonien teilnehmen konnte."

Wenngleich man dieser These weitgehend zustimmen kann, so gibt es doch Ausnahmen: Hierzu gehört das Beinhaus von Douaumont und der dazu gehörende Soldatenfriedhof (M 27, M 33), die auf dem Schlachtfeld von Verdun errichtet wurden. Beides, Beinhaus und Friedhof, entwickelten sich während der Zwischenkriegszeit zum nationalen Gedenkort der Franzosen. Veteranen, Soldaten und Zivilbevölkerung fuhren in Gruppen an diese Stätte, um der Weltkriegstoten zu gedenken. Ein wesentliches Merkmal war dabei das Schweigen, wie der Historiker Antoine Prost einmal schrieb: „Ein Hauptcharakteristikum dieser soldatischen Gedächtnisfahrten waren ihre Schweigemärsche, die alle am Beinhaus endeten. Das Schweigen war von Anfang an die Regel: Schon das vor dem provisorischen Beinhaus aufgestellte Standbild der ‚Schicksalsergebenheit' hielt einen Finger vor den Mund, um zum Schweigen zu mahnen. Man spricht nicht in Gegenwart eines Toten, und hier war man überall von Toten umgeben."

M 27 Das Beinhaus von Douaumont, Fotografie von 2007

7 Historisches Erinnern

Die Initiative zur Errichtung eines Beinhauses ergriff unmittelbar nach dem ersten Weltkrieg der Bischof von Verdun, Monseigneur Ginisty. Obwohl der Grundstein schon 1920 gelegt wurde, dauerte es bis 1932, bis das gesamte Gebäude eingeweiht werden konnte. Für den Erfolg dieses Unternehmens waren zahlreiche Menschen verantwortlich, die mit ihren Spenden die Vollendung des Projekts ermöglichten.

Das Beinhaus von Douaumont besaß nicht nur für die Franzosen während der Zwischenkriegszeit eine besondere Bedeutung. Es ist auch nach dem Zweiten Weltkrieg ein wichtiger Erinnerungsort geblieben. Das dokumentiert die Versöhnungsfeier zwischen dem französischen Staatspräsidenten François Mitterand und Bundeskanzler Helmut Kohl, die sich am 22. September 1984 vor dem Eingang des Beinhauses die Hände reichten (s. S. 556, M 35).

M 28 Der Begriff der Geschichtskultur – eine Definition des Historikers Wolfgang Hardtwig (1990)

Geschichtliche Überlieferung und Wissen über Geschichte treten in modernen Gesellschaften in den vielfältigsten Formen auf, sei es als Resultat historischer Forschung in der Wissenschaft oder als Argument in
5 der gesellschaftlich-politischen Selbstverständigung, als Sachüberlieferung der materiellen Kultur oder als gestaltete Umwelt der sozialen Räume. Seit dem späten 18. Jahrhundert hat sich zudem ein offenbar unabweisbares Bedürfnis neu artikuliert, geschichtliche
10 Erinnerung in Symbolen zu verdichten und künstlerisch zu überhöhen. Im Denkmal nimmt die Geschichtsdeutung sinnlich-anschauliche Gestalt an. Diese unterliegt künstlerischen Formprinzipien, aber sie bringt auch die öffentliche Konsensbildung über
15 Ereignisse und Personen aus der Vergangenheit und deren Bedeutung für die Gegenwart und die Zukunft zum Ausdruck. Die Gesamtheit der Formen, in denen Geschichtswissen in einer Gesellschaft präsent ist, lässt sich in dem Begriff der Geschichtskultur zusammenfas-
20 sen. Geschichtskultur – das ist eine Sammelbezeichnung für höchst unterschiedliche, sich ergänzende oder überlagernde, jedenfalls direkt oder indirekt aufeinander bezogene Formen der Präsentation von Vergangenheit in einer Gegenwart. Sie ist nichts Sta-
25 tisches, sondern permanent im Wandel, und entsteht als Ergebnis einer Vielzahl von Bedingungsfaktoren. Die nationale Geschichte weist mit ihren Katastrophen und Brüchen, aber auch mit ihren Leistungen und Kontinuitäten der individuellen und kollektiven Erinne-
30 rungsarbeit die Richtung. Der Staat organisiert und finanziert aus seinem selbst im Wandel befindlichen kulturell-politischen Selbstverständnis heraus die historische Forschung und die geschichtswissenschaftliche Ausbildung – mit wechselnden unmittelbaren Zielen
35 und Interessen. Im innerwissenschaftlichen Erkenntnisprozess lösen sich divergierende Wissenschaftskonzeptionen und Deutungs- und Erklärungsmuster ab; in der relativen, aber immer prekären Autonomie des wissenschaftlichen Erkenntnisfortschritts hinterlassen die Forscher der jeweils nachfolgenden Gelehrtengeneration 40 ungelöste wissenschaftliche Aufgaben. Das kulturelle Selbstverständnis der Gesellschaft – selbst im Wandel und von vielen Faktoren beeinflusst – misst der Wissenschaft im Ganzen wie den jeweiligen Einzelwissenschaften einen bestimmten Stellenwert zu. Die poli- 45 tische Öffentlichkeit stellt unterschiedlich dichte und durchlässige Kommunikationsstrukturen für die Selbstverständigung der Gesellschaft bereit. Der Entwicklungsstand der politischen Sinnlichkeit gibt die Rezeptionsmuster vor, von denen die Aussagekraft und die 50 Wirkungschance der politischen Symbole abhängt. Geschichtskultur in diesem Sinn ist ihrerseits historisch geworden und an ganz bestimmte Entstehungsbedingungen gebunden. Der Begriff lässt sich nur anwenden, wo eine Gesellschaft bzw. ihre intellektuellen Re- 55 präsentanten von einem primär tradierenden zu einem primär reflektierenden Verhältnis zur Geschichte übergegangen sind. Dies ist in Deutschland wie in den vergleichbaren europäischen Staaten seit der Aufklärung, verstärkt seit dem Durchbruch zum „Revolutionszeital- 60 ter" ab 1789 der Fall. Erst im Zeichen des Traditionsbruchs entsteht Geschichtskultur als prinzipiell reflexives Verhältnis zur Vergangenheit.

Wolfgang Hardtwig, Vorwort, in: ders., Geschichtskultur und Wissenschaft, dtv, München 1990, S. 8 f.

1 a) Arbeiten Sie mithilfe von M 28 die zentralen Merkmale des Begriffs „Geschichtskultur" heraus.
b) Erläutern Sie den Satz Hardtwigs (Z. 61 ff.): „Erst im Zeichen des Traditionsbruchs entsteht Geschichtskultur als prinzipiell reflexives Verhältnis zur Vergangenheit."

Historisches Erinnern 7

M29 Der Erste Weltkrieg im kollektiven Gedächtnis Großbritanniens

a) Der Cenotaph in London, Fotografie von 2005

b) Der Historiker Peter Alter über die Bedeutung des Ersten Weltkrieges für das britische Geschichtsbewusstsein (2000)

Unzweifelhaft steht der Erste Weltkrieg in Großbritannien immer dann im Zentrum des öffentlichen Gedenkens, wenn es darum geht, sich ganz allgemein an Krieg zu erinnern und an alles, was damit zusammenhängt. Der Erste Weltkrieg dient bis heute als Symbol für Krieg überhaupt; er hat für die britische Bevölkerung das Bild vom Krieg, von seinen Schrecken und Opfern in einer Weise geprägt, die noch heute unübertroffen ist und deshalb das Geschehen in den Jahren 1914 bis 1918 nicht verblassen lässt. […]
[W]egen seiner ungeheuren Opfer [ist der Erste Weltkrieg] in Großbritannien […] immer noch der „Große Krieg" […], „the Great War". Die Vorstellung vom Großen Krieg wird dabei bestimmt von Bildern des Graben- und Abnutzungskrieges in Nordfrankreich und Flandern. Die damaligen militärischen Ereignisse auf anderen Kriegsschauplätzen, etwa in Russland, im Nahen Osten oder in Afrika, fallen mehr oder weniger unter den Tisch, ebenso andere „Austragungsarten" wie der See- oder der Luftkrieg. Der „Great War" war und ist in der öffentlichen Wahrnehmung der Briten primär der Krieg der Infanterie, der Massenheere und Materialschlachten in Frankreich und Belgien.
[…] Das ist einmal die außerordentliche Präsenz des „Great War" im öffentlichen Bewusstsein des Landes selbst noch achtzig Jahre nach seinem Ende. Zwar wird am „Remembrance Sunday" auch der Opfer des Zweiten Weltkrieges gedacht. Doch dieser zweite Weltkrieg, in den Großbritannien in diesem Jahrhundert verwickelt und in dem seine staatliche Existenz eigentlich viel stärker bedroht war als 1914/18, steht im Schatten des ersten Krieges: wahrscheinlich deshalb, weil die Zahl der Opfer, die Großbritannien und sein damals noch bestehendes Empire zu beklagen hatten, im ersten Krieg so ungleich viel größer war als im zweiten und die Dimensionen des Grauens alles bis dahin Dagewesene und Erlebte übertroffen hatten. Die auffällige Präsenz des „Great War" im öffentlichen Bewusstsein des Landes dokumentiert sich in der angesprochenen großen Anteilnahme der britischen Bevölkerung an der nationalen Gedenkfeier im November jedes Jahres, an der die Spitzen von Staat und Regierung teilnehmen.

Peter Alter, Der Erste Weltkrieg in der englischen Erinnerungskultur, in: Helmut Berding, Klaus Heller, Winfried Speitkamp (Hg.), Krieg und Erinnerung. Fallstudien zum 19. und 20. Jahrhundert, Vandenhoeck & Ruprecht, Göttingen 2000, S. 113 f.

1 a) Beschreiben Sie den Cenotaph (M29a).
b) Skizzieren Sie die Bedeutung des Ersten Weltkrieges für die britische Erinnerungskultur (M29b).

7 Historisches Erinnern

M 30 Grabmal des Unbekannten Soldaten unter dem Arc de Triomphe, Fotografie von 2004

1 Beschreiben Sie das Grabmal des Unbekannten Soldaten unter dem Triumphbogen in Paris.

M 31 Der Historiker Jürgen Tietz über das Ehrenmal in der Neuen Wache in Berlin (2002)

In der klassizistischen Neuen Wache von Karl Friedrich Schinkel, die Heinrich Tessenow 1930/31 zur „Gedächtnisstätte für die Gefallenen des Weltkrieges" insgesamt umgestaltete, herrschte eine betont gedämpfte
5 Beleuchtung vor, die sich weitgehend auf ein rundes Oberlicht beschränkte. Diese an eine Gruft erinnernde Lichtinszenierung unterstützte die Konzentration der Raumwirkung auf einen leicht aus der Mitte gerückten schwarzen Steinblock, der von einem Eichenkranz aus
10 Metall bekrönt war. Der Entwurf für den Kranz stammte vom Bildhauer Ludwig Gies. Die Kombination aus altarartigem Stein und stilisiertem Eichenkranz – einem „betont Symbolischen", wie Tessenow es ausdrückte – war für das Verständnis des Denkmals wichtig. Erst
15 der Eichenkranz und seine aus den Befreiungskriegen hergeleitete Symbolik der Eiche erklärten die Funktion des Denkmals als eines gemeinschaftlichen Gedächtnisortes für die Gefallenen von nationaler (preußischer) Bedeutung. Das aus Sakralräumen bekannte Motiv brennender Kandelaber, die den Stein zu beiden Sei- 20 ten flankierten, führte zusätzlich zu einer bewussten Überhöhung des Raumes, zu einer stimmungsvollen Inszenierung, in dem die persönliche Erinnerung ebenso einen Platz finden konnte wie das offizielle Gedenken. Sie kam dem von Fischer eingeführten Motiv des 25 Heiligtums von allen Denkmälern der Weimarer Republik wohl am nächsten.

Jürgen Tietz, Weltliche Heiligtümer. Anmerkungen zu architektonischen Denkmälern in Deutschland nach den beiden Weltkriegen, In: Bruno Thoß u. Hans-Erich Volkmann (Hg.), Erster Weltkrieg – Zweiter Weltkrieg. Ein Vergleich. Krieg, Kriegserlebnis, Kriegserfahrung in Deutschland, Schöningh, Paderborn 2002, S. 719

1 a) Beschreiben Sie das Ehrenmal in M 26.
b) Erörtern Sie, ausgehend von M 31, ob das Denkmal als „weltliches Heiligtum" gelten kann.

M 32 Kriegerdenkmäler in Bielefeld – ein historischer Vergleich

a) Die Historiker Kai und Wolfgang Kruse über die Entstehung und Einweihung Bielefelder Kriegerdenkmäler in der Weimarer Zeit (1994)

Die meisten Denkmalstiftungen hatten einen militaristischen und revanchistischen Charakter. Da es keine militärischen und politischen Erfolge zu feiern gab, stieg nun anstelle der Insignien militärischer Siege und nationaler Größe [...] vor allem der in den Inschriften 5 zum Helden verklärte Soldat selbst auf den Denkmalssockel. Er erschien hier stilisiert als trotz Verwundung tapfer weiterkämpfend, hingebungsvoll für die Fahne fallend und Kinder beschützend; er wurde zum mythisch verklärten Jüngling der gefallenen Kriegsgene- 10 ration, oder er betrauerte selbst die gefallenen Kameraden, die zu Vorbildern soldatischer Tugenden stilisiert wurden [...].
Dementsprechend standen auch die Einweihungsfeiern im Zeichen der Vereinnahmung der Gefallenen 15 für nationalistisch-militaristische Intentionen, wobei ein deutlicher Radikalisierungsprozess feststellbar ist. Als der Kriegerverband des Stadt- und Landkreises Bielefeld am Totensonntag 1922 gemeinsam mit dem Schützenverein und dem Kyffhäuserbund sein von 20 dem Fabrikanten Georg Kisker gestiftetes Kriegerdenkmal auf dem Johannisberg einweihte, verlief die als „Ehrenpflicht" empfundene Feier noch „weihevoll und schlicht", wie es zeitgenössisch hieß. Pfarrer Quistorp verband in seiner Weiherede allerdings wie üblich 25

550

Historisches Erinnern 7

christliche und nationale Elemente, wobei er mit der Beschwörung, dass der „Passionszeit des deutschen Volkes" bald ein „deutsches Ostern" folgen werde, die Gefallenen implizit zu sinnvollen Opfern für eine künftige außenpolitische Stärke stilisierte. Zwei Jahre später, als eine Vielzahl Schildescher Vereine mit umflorten Fahnen und Trauerkränzen zur Einweihung des neuen Kriegerdenkmals an der Gemeindekirche zogen, klangen in den wiederum von den lokalen Pfarrern gehaltenen Weihereden schon wesentlich martialischere Töne an. Der Kriegstod der „großen Helden" wurde als Glück interpretiert, denn sie „haben unsere Schmach und Schande nicht erlebt". Zugleich wurde die Erinnerung an die Gefallenen benutzt, um die Überlebenden dazu anzuhalten, „stark zu neuen Taten" zu werden: „Die Namen sind Schall und Rauch. Sie sollen nicht alte Wunden aufreißen, sondern hart, stahlhart machen."

Im Jahre 1931 bei der Einweihung des Denkmals für die Gefallenen des 2. Lothringischen Infanterieregiments Nr. 131, das während des Krieges zeitweilig in Bielefeld stationiert gewesen war und dem mehrere Gefallene aus der Stadt angehört hatten, war die militaristische Vereinnahmung der Gefallenen noch weiter fortgeschritten. Den größeren Rahmen bildeten die Feierlichkeiten zum 50-jährigen Bestehen des inzwischen in Münster stationierten Regiments mit einem Festumzug und einem gut besuchten Platzkonzert in der Bielefelder Innenstadt. Die Einweihung des Denkmals selbst fand im Rahmen eines Feldgottesdienstes statt. Während der katholische Militärpfarrer sich in eher mystischen Spekulationen erging, stellte Oberst Petri seine Weiherede unter das Motto „Deutschland muss leben, auch wenn wir sterben müssen", das Heinrich Lersch bereits zu Beginn des Krieges im Jahre 1914 in seinem berühmten Gedicht „Soldatenabschied" formuliert hatte. Es ging dem Oberst dabei jedoch nicht um die Vergangenheit, sondern um die Zukunft: „Möge – so sagte der Redner zum Schluss – die sinkende Fahne und die Berührung des Trägers mit

b) **Kriegerdenkmal des Bielefelder Schützenvereins, in Serie gefertigtes Modell, gestiftet von dem Industriellen Georg Kisker, 1922**

c) **Regimentsdenkmal an der Bielefelder Sparrenburg, 1931.** Die Gedenktafel für die Toten des in Bielefeld stationierten Nachfolgeregiments stammt aus dem Jahre 1989.

551

7 Historisches Erinnern

der heiligen Mutter Erde, als Sinnbild recht verstanden werden; möge aus dieser Erde ein neuer Wald flatternder Feldzeichen und eine neue Generation todesmutiger Männer emporwachsen." Der protestantische Pfarrer Bonhoff stilisierte die Gefallenen abschließend gar zu mythischen Akteuren eines neuen Krieges: „In unser Sein werf euer Ruhm die Saat, ihr steht vor uns als Richter unserer Tat, ihr seid der Wille, der das All durchrinnt, der Menschen bricht, der sich die Welt gewinnt. Ihr seid der Sturm, der durch die Müden saust, in dem des Weltgerichtes Stimme braust, das Schmiedefeuer, das zusammenschweißt, ein deutsches Volk, durchglüht von deutschem Geist."
Hier trat bereits der Geist der „nationalen Erhebung" zutage, die zwei Jahre später die Nationalsozialisten in Deutschland an die Macht brachte. Allerdings stand die Bevölkerung keineswegs einhellig hinter dieser Entwicklung.

Kai Kruse u. Wolfgang Kruse, Kriegerdenkmäler in Bielefeld. Ein lokalhistorischer Beitrag zur Entwicklungsanalyse des deutschen Gefallenenkultes im 19. und 20. Jahrhundert, in: Reinhart Koselleck, Michael Jeismann (Hg.), Der politische Totenkult. Kriegerdenkmäler in der Moderne, Wilhelm Fink Verlag, München 1994, S. 111f.

1 a) Beschreiben Sie die Kriegerdenkmäler in Bielefeld von 1922 und 1931 (M 32 b, c).
b) Stellen Sie Unterschiede zwischen den beiden Kriegerdenkmälern fest.
c) Beschreiben und erklären Sie diese Unterschiede mithilfe von M 32 a.

M33 Der Historiker Antoine Prostl über Begriff und Architektur des Beinhauses (2005)

Damals [1919] tauchte zum ersten Mal der Gedanke auf, in Verdun ein „Ossuarium", ein „Beinhaus", zu errichten. Das Wort selbst verdient es, festgehalten zu werden, denn es zeugt von einer Bedeutungsänderung. Ursprünglich gebrauchten nämlich diejenigen, die in Verdun eine Gedenkstätte errichten wollten, eher den Begriff „Mausoleum", was viel literarischer und großartiger klang. Die Grabmalfunktion des Mausoleums wird durch einen gewissen architektonischen Glanz gemildert; „Beinhaus" bekennt sich dagegen offen zur Funktion einer anonymen Grablege für ungezählte Gefallene. Nun war die Idee eines Mausoleums schon im Jahre 1917 aufgetaucht. Die Bibliothek von Verdun bewahrt den Plan eines „Nationalen Mausoleums, das dem Andenken der auf dem Feld der Ehre gefallenen französischen und alliierten Helden geweiht ist" aus dem Jahre 1916 auf, der vom Sekretär der Nationalen Gesellschaft der Schönen Künste stammt. Und gewiss richtete sich die Bildunterschrift einer Zeichnung in L'Illustration vom 23. Februar 1915 ein wenig gegen solche monumentalen Planungen: „Das schönste Mausoleum für die Toten von Verdun: die in Trümmern liegende große Mauer des Forts Douaumont". [...]
Als durch seine Finanzierung wahrhaft nationales Monument weist das Beinhaus von Douaumont eine Architektur auf, die es von den anderen Grabmonumenten des Ersten Weltkriegs unterscheidet. Es hat nichts mit den Kirchen von Notre-Dame-de-Lorette oder Dormans gemein, auch wenn man es nicht gerade schön nennen kann. Tatsächlich wählte die Jury im Jahre 1923 den Entwurf von Leon Azéma hauptsächlich wegen seiner funktionalen Qualitäten aus: einem ziemlich großen Innenraum, um darin auch die größten Feierlichkeiten ausrichten zu können, einer strikten Trennung der dem Kult gewidmeten Räume von denjenigen, in denen die Gebeine gesammelt und die Besucher empfangen werden, sowie einer modularen Struktur, die einen je nach Eingang der Gelder etappenweisen Bau ermöglichen würde und es im Übrigen erlaubte, auf ungefähr ein Drittel des Projekts zu verzichten, wenn die Spenden plötzlich ausbleiben sollten.
So wie es sich heute, weit mehr als ein halbes Jahrhundert später, präsentiert, ist das Beinhaus von Douaumont ein nicht einzuordnendes, weder religiöses noch ziviles noch militärisches Monument. Sein wuchtiger Sockel soll zwar den sinnbildlichen Damm darstellen, den die Verteidiger von Verdun gegen die Eindringlinge in ihr Land errichtet hatten, ähnelt aber tatsächlich eher einem Bunker. Der Turm, der mit seinen 46 Metern Höhe das ganze Plateau dominiert, ist dagegen weder ein Leucht- noch ein Glockenturm, auch wenn sein Grabmalcharakter es gestattete, allen seinen vier Seiten eine kreuzförmige Struktur zu geben. Tatsächlich handelt es sich hier um eine riesige Grabstele: Das Beinhaus ist ein ungeheures Totenmal.

Antoine Prostl, Verdun, in: Pierre Nora (Hg.), Erinnerungsorte Frankreichs, C. H. Beck, München 2005, S. 264, 267

1 a) Beschreiben Sie Ihren Eindruck von Beinhaus und dem Soldatenfriedhof von Verdun (M 27, S. 547).
b) Erläutern Sie mithilfe von M 33 den Begriff „Beinhaus" und die Architektur dieser Erinnerungsstätte.

Historisches Erinnern 7

Weiterführende Arbeitsanregung
Internetrecherche zu Kriegerdenkmälern in Deutschland und Frankreich

In einem Aufsatz schreiben die Historiker Michael Jeismann und Rolf Westheider 1994: „Beim Überblick über die Denkmäler des Ersten Weltkriegs in Deutschland und Frankreich fällt auf, dass die deutschen Kriegerdenkmäler in ihrer politischen Aussage relativ homogen sind. Die überwiegende Mehrzahl der Denkmäler ist geprägt durch einen – oft christlich verbrämten – dumpfen Heroismus, in dem die Niederlage verdrängt oder gar in einen Sieg uminterpretiert wird. Denkmäler, die Trauer vermitteln, sind sehr selten; solche hingegen, die einen unverhohlenen Revanchismus verkünden („im Felde unbesiegt"), wurden zahlreich errichtet. Weder Trauerbekundungen mit rein pazifistischen Aussagen noch politische Bekenntnisse für eine demokratisch verfasste Gesellschaft waren in Deutschland denkmalsfähig. In den wenigen Fällen, in denen von „Freiheit" die Rede ist, erscheint diese in Anknüpfung an die Befreiungskriege als ein Komplementärbegriff zu der auf nationale Erfüllung zielenden „Erhebung". Die Sinnstiftung war jedenfalls nur möglich durch eine wie immer geartete Affirmation des vergangenen Krieges.

In Frankreich dagegen war das Spektrum dessen, was durch und mithilfe eines Denkmals sagbar war, größer. Antimilitaristische und pazifistische Denkmäler finden sich ebenso wie katholische oder republikanisch-nationalistische Ehrenmale. Auffällig ist insbesondere die große Zahl der Trauerdenkmäler, auf denen weniger die Nation als der Bürger emphatisiert wird. Es handelt sich im Vergleich zu Deutschland dabei um eine Akzentverschiebung insofern, als man durch die Evokation des Opfers nicht primär der Nation huldigt, sondern den Verlust des einzelnen Bürgers, der für sein Vaterland starb, beklagt. So werden relativ häufig in der figürlichen Gestaltung der Denkmäler Frauen und Kinder dargestellt: Der Soldat, gleichviel ob gefallen oder überlebend, erscheint in seinem familiären oder beruflichen Bezug. Die Hochschätzung der Familie auch in der Gefallenenerinnerung kann somit als ein Indiz für Zivilität gelten. So stellte die Rückführung der toten Soldaten gerade unter diesem Aspekt ein wichtiges Anliegen dar, das von Teilen der Presse nachdrücklich unterstützt wurde […]. In Deutschland dagegen thematisieren die Denkmäler in der überwältigenden Mehrzahl den männlich-soldatischen Kriegseinsatz, selten dagegen die zivile Existenz und die Bürde des Kriegsalltags, die in einem zuvor unbekannten Ausmaß von Frauen getragen werden musste."

Michael Jeismann u. Rolf Westheider, Wofür stirbt der Bürger? Nationaler Totenkult und Staatsbürgertum in Deutschland und Frankreich seit der Französischen Revolution, in: Reinhart Koselleck, Michael Jeismann (Hg.), Der politische Totenkult. Kriegerdenkmäler in der Moderne, Wilhelm Fink Verlag, München 1994, S. 29f.

1 Überprüfen Sie diese These. Untersuchen Sie dafür Bilder von deutschen und französischen Kriegerdenkmälern aus der Zwischenkriegszeit.

Internettipp
Einen guten Ausgangspunkt für die Recherche bietet der Wikipedia-Artikel über Kriegerdenkmäler (http://de.wikipedia.org/wiki/Kriegerdenkmal). Hier finden sich auch weiterführende Links zu Deutschland und Frankreich:
http://www.denkmalprojekt.org/ und
http://www.memorial-genweb.org/

Methode

Die Interpretation von Denkmälern

Zur Rezeption einer historischen Person – Bismarck-Türme (Wahlpflicht 1)

Denkmäler sind Bauwerke oder Werke der Bildhauerkunst, die die Erinnerung an bedeutende Ereignisse oder Persönlichkeiten wachhalten wollen. Denkmäler sind Kunstwerke. Sie bilden weder die geschichtliche Wirklichkeit ab, wie sie war oder ist, noch sind sie alleine eine Erfindung des Architekten bzw. Bildhauers oder seine ästhetische Interpretation der Realität. Die Themen oder die Form von Denkmälern reflektieren vielmehr epochenspezifische Einstellungen und Denktraditionen. Deshalb sind sie für den Historiker wertvolle Quellen.

Bismarck-Türme und Bismarck-Säulen sollten im ausgehenden 19. Jahrhundert die historische Bedeutung des „Reichsgründers" Otto von Bismarck (1815–1898) würdigen und der Nachwelt veranschaulichen. Seit 1895, also fünf Jahre nach seiner Entlassung durch Kaiser Wilhelm II. (1859–1941, Kaiser 1888–1918), wurden in Deutschland zahlreiche Bismarck-Türme gebaut. Die Initiative dafür ging vom jungen Monarchen aus, der die Verehrung des ersten Reichskanzlers zur Befriedung innerer Konflikte nutzen wollte. Der Bismarck-Kult erfasste breite Bevölkerungsschichten. Bis zum Todesjahr Bismarcks 1898 waren Bismarck-Türme die vorherrschenden Denkmäler für den „Eisernen Kanzler". Von diesem Zeitpunkt an kamen Bismarck-Säulen hinzu, die besonders von den national gesinnten Studenten gefordert und gefördert wurden. Auf den Türmen wurde an besonderen Tagen (z. B. Bismarcks Geburtstag) zu Bismarcks Ehren ein Feuer als weithin sichtbares Zeichen angezündet.

Arbeitsschritte für die Interpretation

1. Formale Merkmale
- Wer ist der Baumeister oder Künstler bzw. der Auftraggeber?
- Wann ist das Denkmal geplant, in Auftrag gegeben und errichtet worden?
- Welches Material wurde verwendet?

2. Inhalt
- Wer oder was wird durch das Denkmal dargestellt oder symbolisiert?
- Welche Gestaltungsmittel (Schrift, Personen, Gegenstände, Formen, Symbole, Komposition, Proportionen bzw. Größe) sind verwendet worden?
- Was bedeuten diese Gestaltungselemente?
- In welcher Umgebung steht das Denkmal?

3. Historischer Kontext
- Aus welchem Anlass wurde das Denkmal geplant bzw. errichtet?
- Auf welche Person, welches Ereignis, welchen Vorgang bzw. welche Epoche bezieht sich das Denkmal?
- Welche politisch-gesellschaftliche oder kulturelle Bedeutung besaß die geehrte Person?
- Welche historische Bedeutung besaß bzw. besitzt das dargestellte Ereignis?

4. Aussageabsicht
- Welche Intention verfolgte der Baumeister, der Künstler bzw. der Auftraggeber?
- Welche Zielgruppe wird angesprochen oder umworben?
- Welche vermutliche oder mögliche Wirkung sollte (bei dem zeitgenössischen Betrachter) erzielt werden?

5. Fazit
- Welche Gesamtaussage lässt sich formulieren?

Methode

M 34 Bismarck-Turm von Hagen in Nordrhein-Westfalen

1. Interpretieren Sie den Bismarck-Turm von Hagen (M 34) anhand der skizzierten Arbeitsschritte.
2. Recherchieren Sie nach Bismarck-Denkmälern in Ihrer Nähe und stellen Sie sie in einer Präsentation vor. Die Internetseiten www.bismarcktuerme.de und www.wikipedia.org/wiki/Bismarck-Denkmal geben Hinweise.

Lösungshinweise

1. Formale Merkmale
- Das Bauvorhaben wurde durch die Hagener Ortsgruppe des Alldeutschen Verbandes 1899 initiiert.
- Ein Turm-Komitee sammelte Spenden in Höhe von 60 000 Mark zur Finanzierung der Baukosten; das Baugrundstück war eine Schenkung der Stadt.
- Architekt: Wilhelm Kreis
- Baumaterial: Ruhrsandstein (außen) und Grauwacke (innen)
- Höhe: 24 m
- Einweihung: 2. Juli 1901

2. Inhalt
- Der Hagener Turm wurde in Form einer Feuersäule gebaut: quadratischer Grundriss eines blockartigen Turmbaus, der an den Kanten von vier Säulen begrenzt wird (die geplante Feuerschale oben auf dem Turm kam aus unbekannten Gründen nicht zur Ausführung).
- Einziger Außenschmuck: Relief des Reichsadlers mit Bismarckwappen an der Eingangsseite
- Bismarck-Türme und -Säulen knüpfen an Traditionen der Sachsen und Normannen an (Steinsäulen auf Gräbern gefallener Recken).
- Der Turm steht auf dem Goldberg nahe der Stadt Hagen; Bismarck-Türme stehen meist in der Landschaft, häufig als Aussichtsturm. Auch die Säulen stehen an markanten landschaftlichen Punkten überall in Deutschland.

3. Historischer Kontext
- Die „Deutsche Studentenschaft" hatte 1898 einen Architektenwettbewerb für ein Bismarck-Denkmal ausgeschrieben. Der preisgekrönte Entwurf von Wilhelm Kreis mit dem Titel „Götterdämmerung" wurde bis 1911 47-mal gebaut; auch der Hagener Turm entspricht ihm.
- Bismarck wurde immer stärker als der eigentliche Begründer des Reiches gesehen; er steht für Sicherheit und Dauerhaftigkeit – im Gegensatz zu Wilhelm II. Die Bismarck gewidmeten Türme und Säulen werden damit zu Nationaldenkmälern.
- Die Ehrung Bismarcks verrät die Sehnsucht nach Glanz und Größe, Sicherheit und Dauerhaftigkeit der Reichsgründung.

4. Aussageabsicht
- Die Erinnerung an Bismarck soll Kontinuität verkörpern und Konflikte durch Berufung auf die verehrte Person entschärfen.
- Schlichtheit und Monumentalität der Türme und Säulen sowie die geehrte Person sollen signalisieren, dass man in gesicherten Verhältnissen und einer bedeutenden Nation lebt.

5. Fazit
- Bismarck-Türme sollen die Erinnerung an die Reichsgründung und den „Reichsgründer" Bismarck wach halten. Auf diese Weise soll Nationalbewusstsein und Nationalstolz erzeugt bzw. gestärkt werden.

7 Historisches Erinnern

5 Die Entstehung und der Abbau von Feindbildern (Wahlpflicht 6)

5.1 Deutschland und Frankreich

Ende der „Erbfeindschaft" Dass Frankreich und Deutschland einmal Kriege gegeneinander geführt haben, erscheint heute kaum noch vorstellbar. Das liegt daran, dass die enge Zusammenarbeit zwischen der alten Bundesrepublik Deutschland und auch dem wiedervereinigten Deutschland mit Frankreich – das gilt nicht für die DDR – in Europa ohne Vergleich dasteht. Das Auswärtige Amt spricht sogar von einem **deutsch-französischen Sonderverhältnis**, das in seiner Funktion als „Motor der europäischen Einigung" nicht zu ersetzen sei und weiterhin einzigartig bleibe. Aber auch in der politischen Elite Frankreichs ist die Pflege der Beziehungen zum östlichen Nachbarn unumstritten. Beide Regierungen treffen sich regelmäßig zu Konsultationen und stimmen in verschiedenen Organisationen ihre Politik miteinander ab.

Vorbei sind damit die Zeiten, als von einer deutsch-französischen „Erbfeindschaft" die Rede war. Zentrale Behauptung dieser Ideologie war die These, dass beide Völker jahrhundertelang in Rivalität und Furcht voreinander gelebt hätten. Die Überwindung deutsch-französischer Vorurteile bzw. der Aufbau freundschaftlicher Beziehungen geschah jedoch nicht gleichsam über Nacht, sondern entstand in einem langen Prozess gegenseitiger Aussöhnung nach 1945.

Feindbilder Konflikte zwischen Deutschland und Frankreich gab es in der neuzeitlichen Geschichte bereits vor dem 19. Jahrhundert. So verleibte sich Frankreich unter Ludwig XIV. 1679 Teile des Elsass ein, 1674 und 1689 verwüsteten französische Truppen die Pfalz. Diese Auseinandersetzungen, in denen europäische Staaten in wechselnden Konstellationen um die Vorherrschaft rangen, blieben weitgehend eine Angelegenheit der herrschenden Dynastien, Kabinette und Armeen. Erst nach der Französischen Revolution, vor allem aber mit dem anschwellenden Nationalismus im 19. Jahrhundert wühlten Kriege die gesamte Nation auf. Es entstanden nationale Stereotype (M36), die sich zu wirkungsmächtigen Feindbildern entwickelten. Seit den napoleonischen Kriegen und dem Deutsch-Französischen Krieg (M37 a, b) bzw. der **Reichsgründung 1870/71** (s. S. 100 ff.) bildete sich die Legende von der deutsch-französischen „Erbfeindschaft" heraus. Auf deutscher Seite begünstigte der militärische Sieg, die Annexion von Elsass-Lothringen und die Kaiserkrönung Wilhelms I. in Versailles die Entstehung von Überheb-

M35 Frankreichs Präsident Mitterrand (l.) und Bundeskanzler Kohl reichen sich über den Gräbern von Verdun die Hand, 22. Sepember 1984, Fotografie

Historisches Erinnern 7

lichkeitsgefühlen. In Frankreich kamen dagegen nach der militärischen Niederlage Revanchegedanken auf, die durch die hohen deutschen Reparationsforderungen verstärkt wurden.
Der Erste Weltkrieg 1914–1918 endete für das Deutsche Reich mit einer Niederlage, während Frankreich zu den Siegermächten gehörte. Diese schränkten auf Betreiben der französischen Regierung im Versailler Friedensvertrag 1919 (s. S. 178 ff.) die Macht Deutschlands maßgeblich ein (M 38). Deswegen machten sich nun in Deutschland Revanchegefühle breit (M 39). Zusätzlich schürten die französische Besatzungspolitik und die Wirtschaftsauflagen an Ruhr, Rhein und Saar antifranzösische Ressentiments. Die Aussöhnungspolitik von Gustav Stresemann und Aristide Briand Mitte der 1920er-Jahre konnte daran wenig ändern. Während des Zweiten Weltkrieges verstärkte die deutsche Besatzung in Frankreich von 1940 bis 1944 die deutsch-französischen Hassgefühle (s. S. 271).

Aussöhnung Nach der bedingungslosen Kapitulation Deutschlands 1945 erhielt Frankreich als einer der vier Alliierten eine eigene Besatzungszone in Südwestdeutschland. In dem Maße, wie sich seit 1947 der Ost-West-Gegensatz verschärfte, musste Frankreich seine Forderung aufgeben, Deutschland entscheidend zu schwächen. Die westliche Führungsmacht USA strebte vielmehr ein stabiles, wirtschaftlich selbstständiges, mit ihnen weltpolitisch und weltwirtschaftlich zusammenarbeitendes Westeuropa an. Ohne das politische Hauptziel, das Überleben Frankreichs als Großmacht, aufzugeben, veränderte die französische Regierung seit den 1950er-Jahren die Methoden ihrer Politik. Sie ging über zur Kooperation mit der Bundesrepublik Deutschland im Rahmen der nun beginnenden europäischen Einigung. Die Annäherung gipfelte 1962 in gegenseitigen Staatsbesuchen der Regierungschefs und im Vertrag über die deutsch-französische Zusammenarbeit, dem Elysee-Vertrag von 1963 (M 40). Das Abkommen sah regelmäßige deutsch-französische Konsultationen und Absprachen vor und legte als besonders wichtige Bereiche die europäische Zusammenarbeit, die Ost-West-Beziehungen, die NATO, den Jugendaustausch und die Kulturbeziehungen fest.

Nach dem Fall der Berliner Mauer (s. S. 408 ff.) herrschten in Paris zunächst große Unsicherheit und Sorge über die Zukunft Deutschlands. Staatspräsident François Mitterrand (Präs. 1981–1995) lehnte zunächst ein wiedervereinigtes Deutschland ab. Als neutrale bzw. „eigenständige Macht, unkontrolliert" erschien es ihm unerträglich für Europa. Seine Bemühungen, in Gesprächen mit dem sowjetischen Präsidenten Gorbatschow die deutsche Vereinigung zu verhindern, blieben jedoch erfolglos. Ausschlaggebend dafür, dass er seinen Widerstand aufgab, war die feste Einbindung Deutschlands in westliche Institutionen. Da Bundeskanzler Helmut Kohl ebenfalls von der Notwendigkeit einer gesicherten Westintegration deutscher Politik überzeugt war, entstand kein Konflikt zwischen beiden Staaten. Mitterand wie Kohl arbeiteten folgerichtig auf eine „Europäische Union" und eine gemeinsame europäische Währung hin. Deutsch-französische Absprachen beschleunigten die Verabschiedung des Vertrages von Maastricht am 7. Februar 1992 und die Einführung des Euro zum 1. Januar 1999 (s. S. 475 ff.). Diese konsequente proeuropäische Position der deutschen Regierung erleichterte Frankreich seine Zustimmung zur Wiedervereinigung.

M 36 Der Historiker Arnold Suppan über nationale Stereotype (1991)

Das Bild vom anderen, das Fremdbild, ebenso wie das Selbstbild entsteht aus dem Bedürfnis von Individuen, Gruppen und Nationen, sich eine klar geordnete Welt einzurichten und sich in dieser sozial bestätigt zu
5 sehen. [...] Dabei bedienen sie sich gedanklich gebildeter Stereotype [...].
Im Entstehungsprozess der modernen Nationalbewegungen [im 19. Jahrhundert] kam der Verankerung der nationalen Gruppe im Vergangenheitserlebnis besonders
10 große Bedeutung zu, da die Geschichtsschreibung daraus die nationale Sendungsidee zu formulieren hatte. Daher feierten die Historiker die nationalen Siege und beklagten die eigenen Niederlagen, daher zeichneten sie Feindbilder gegen den äußeren Gegner und den Verräter im Innern. [...] 15
Stereotype sind schematisierte Selbst- und Fremdbilder in der logischen Form eines Urteils, das in ungerechtfertigt vereinfachender und generalisierender Weise, mit emotional wertender Tendenz, einer Gruppe von Personen bestimmte Eigenschaften oder Ver- 20
haltensweisen zu- oder abspricht. Der Erwerb solcher Stereotype erfolgt nicht aufgrund eigener Erfahrung,

7 Historisches Erinnern

sondern wird über Erziehung, Sozialisation und öffentliche Meinung vermittelt. [...] Allgemein lässt sich festhalten, dass aus der politisch-gesellschaftlichen Wirklichkeit in Verbindung mit einer programmatischen Ideologie und mit sich verfestigender Meinungsbildung bestimmte Einstellungen ausgebildet werden, die zum Entstehen von Selbst- und Fremdbildern, von Freund- und Feindbildern führen, die sich bei entsprechender Breitenwirkung etwa im Verlaufe einer Generation zu Stereotypen verdichten können.

Arnold Suppan, Nationale Stereotype in der Karikatur, in: Wolfram Herwig/Walter Pohl (Hg.), Probleme der Geschichte Österreichs und ihrer Darstellung; Verlag der Österr. Akademie, Wien 1991, S. 277ff.

1 a) Erläutern Sie, wie Suppan den Begriff Stereotyp definiert (M 36). Sind für ihn die Begriffe Fremd-/Selbstbild und Stereotyp synonym?
b) Untersuchen Sie die Rolle, die für Suppan die Geschichte bei der Bildung von Stereotypen spielt.
c) Diskutieren Sie die Eingangsthese des Autors. Inwieweit ist sie heute noch zutreffend?

M 37 Feindbilder während des Deutsch-Französischen Krieges 1870/71

a) Otto von Bismarck, preußischer Ministerpräsident, in einem Erlass an den preußischen Botschafter in London vom 21. August 1870

Wir stehn heute im Felde gegen den 12. oder 15. Überfall und Eroberungskrieg, den Frankreich seit 200 Jahren gegen Deutschland ausführt. 1814 und 1815 suchte man Bürgschaften gegen Wiederholung dieser Friedenstörungen in der schonenden Behandlung Frankreichs. Die Gefahr liegt aber in der unheilbaren Herrschsucht und Anmaßung, welche dem französischen Volkscharakter eigen ist und sich von jedem Herrscher des Landes zum Angriff auf friedliche Nachbarstaaten missbrauchen lässt. Gegen dieses Übel liegt unser Schutz nicht in dem unfruchtbaren Versuche, die Empfindlichkeit der Franzosen momentan abzuschwächen, sondern in der Gewinnung gut befestigter Grenzen für uns. Wir müssen dem Druck ein Ende machen, den Frankreich seit zwei Jahrhunderten auf das

b) „Le Roi s'amuse", französische Karikatur, 1870/71. Übersetzung des Textes: „Wilhelm: Glaubst Du, Bismarck, dass ich als Landplage erfolgreich genug bin? – Bismarck: Neben Ihrer Majestät wäre Attila sozusagen ein Wohltäter der Menschheit. – Wilhelm: Schmeichler!"

ihm schutzlos preisgegebene Süddeutschland ausübt, und der ein wesentlicher Hebel für die Zerrüttung der deutschen Verhältnisse geworden ist. Frankreich hat sich durch die konsequent fortgesetzte Aneignung deutschen Landes und aller natürlichen Schutzwehren desselben in den Stand gesetzt, zu jeder Zeit mit einer verhältnismäßig kleinen Armee in das Herz von Süddeutschland vorzudringen, ehe eine bereite Hilfe da sein kann.

Zit. nach: Otto von Bismarck, Die gesammelten Werke, Bd. 6 b, Otto Stollberg, Berlin 1931, S. 454 f.

c) „Adieu" – „Nein, auf Wiedersehen! Besuche pflegt man zu erwidern." Karikatur in der französischen Zeitschrift „Le Charivari", 1871

1 Beschreiben und interpretieren Sie die Karikaturen M 37 b und c:
a) Erläutern Sie die Sichtweise der Karikaturisten auf die deutsche Politik 1870/71.
b) Formulieren Sie eine Hypothese zum deutsch-französischen Verhältnis nach dem Krieg 1870/71.
2 Untersuchen Sie den Erlass Bismarcks (M 37 a) unter dem Gesichtspunkt, ob darin Feindbilder enthalten sind bzw. ob der Autor Stereotype benutzt. Ziehen Sie dafür auch M 36 mit heran.

M 38 Aus einer Rede des deutschen Sozialdemokraten Philipp Scheidemann vom 12. Mai 1919 zum Versailler Vertrag vor der deutschen Nationalversammlung

Lassen Sie mich ganz ohne taktische Erwägungen reden: Was unseren Beratungen zugrunde liegt, dieses dicke Buch (auf die Friedensbedingungen weisend), in dem hundert Absätze beginnen: „Deutschland verzichtet – verzichtet – verzichtet", dieser schauerlichste und mörderischste Hexenhammer, mit dem einem großen Volk das Bekenntnis der eigenen Unwürdigkeit, die Zustimmung zur erbarmungslosen Zerstückelung, das Einverständnis mit Versklavung und Helotentum abgepresst und erpresst werden soll – dies Buch darf nicht zum Gesetzbuch der Zukunft werden! [...] Heute verbleicht das Bild des Friedensbringers [Wilson] [...] hinter der finsteren Gestalt des Kerkermeisters, an deren einen, an Clemenceau, dieser Tage ein Franzose schrieb: „Die wilde Bestie ist bei Wasser und Brot in den Käfig gesteckt und geprügelt worden. Man hat ihr aber noch die Zähne gelassen und kaum die Krallen beschnitten." [...]
Würde dieser Vertrag wirklich unterschrieben, so wäre es nicht Deutschlands Leiche allein, die auf dem Schlachtfelde von Versailles liegen bliebe. Daneben würden als ebenso edle Leichen liegen das Selbstbestimmungsrecht der Völker, die Unabhängigkeit freier Nationen, der Glaube an all die schönen Ideale, unter deren Banner die Entente zu fechten vorgab, und vor allem der Glaube an die Vertragstreue. Eine Verwilderung der sittlichen und moralischen Begriffe, das wäre die Folge eines solchen Vertrages von Versailles, das Signal für den Anbruch einer Zeit, in der wieder, wie vier Jahre lang, nur heimtückischer, grausamer, feiger, die Nation das mörderische Opfer der Nation, der Mensch des Menschen Wolf wäre.

Zit. nach: Peter Wende (Hg.), Politische Reden III. 1919–1945, Deutscher Klassiker Verlag, Frankfurt/M. 1994, S. 466–470

1 Erörtern Sie auf der Grundlage von M 38, wie der Versailler Vertrag die deutsch-französischen Beziehungen und die Vorstellungen von Franzosen und Deutschen vom jeweils anderen beeinflusst hat.

7 Historisches Erinnern

M 39 „Hände weg", deutsches Plakat, 1923

1 Beschreiben Sie das Plakat M 39 und ordnen Sie es in den historischen Kontext ein. Beurteilen Sie die Wirkungsmöglichkeiten. Ziehen Sie dafür auch den Darstellungstext, S. 556 f., mit heran.

M 40 Der Historiker Hagen Schulze über die politische Bedeutung des Elysee-Vertrages von 1963 (1998)

Der französische Staatschef General Charles de Gaulle […] setzte auf die enge und dauerhafte Bindung zwischen Frankreich und Deutschland, wobei er Frankreich die Führungsrolle in Europa, Deutschland die
5 Rolle des Juniorpartners zudachte, und war sich darin mit dem deutschen Bundeskanzler Konrad Adenauer einig, der schon als Erster Bürgermeister der Stadt Köln zu Zeiten der Weimarer Republik das Schwanken der deutschen Außenpolitik zwischen Ost und West kritisiert
10 und ein enges Bündnis Deutschlands mit Frankreich gefordert hatte. Wie tief die Welt sich verändert hatte, wurde sichtbar, als Adenauer und de Gaulle nach dem Abschluss des Vertrags über die deutsch-französische Zusammenarbeit vom 22. Januar 1963
15 auf den Feldern der Champagne, die vom Blut so vieler deutsch-französischer Schlachten getränkt waren, eine gemeinsame Parade französischer und deutscher Truppen abnahmen. Von der Erbfeindschaft binnen weniger Jahre zur Schicksalsgemeinschaft – nach Jahrhunderten heilloser deutsch-französischer Verstrickungen 20 war das eine tiefe Zäsur der europäischen Geschichte.

[…] Der deutsch-französische Vertrag schien auf eine Alternative hinauszulaufen. De Gaulle hegte ein tiefes Misstrauen gegen die Ideen der atlantischen und euro- 25 päischen Integration, die ihm wirklichkeitsfremd und unhistorisch vorkamen. „Welch tiefer Illusion und Voreingenommenheit", schrieb er in seinen Memoiren, „muss man verfallen, um glauben zu können, europäische Nationen, die der Hammer ungezählter Mühen 30 und zahlloser Leiden auf dem Amboss der Jahrhunderte schmiedete, deren jede ihre eigene Geografie, ihre Geschichte, ihre Sprache, ihre besonderen Traditionen und Institutionen hat, könnten ihr Eigenleben ablegen und nur noch ein einziges Volk bilden? Wel- 35 che Kurzsichtigkeit verrät der oft von naiven Gemütern vorgebrachte Vergleich dessen, was Europa tun sollte, mit dem, was die Vereinigten Staaten getan haben, die doch von Wellen um Wellen entwurzelter Siedler, ausgehend vom Nichts, auf jungfräulichem Boden ge- 40 schaffen wurden?"

De Gaulles Vision eines künftigen Europas beruhte auf der Realität der Nationen; er glaubte an eine umfassende, immer engere Zusammenarbeit zwischen den bestehenden europäischen Staaten, nicht an suprana- 45 tionale Einrichtungen, und der deutsch-französische Vertrag sollte den Anfang für ein „Europa der Vaterländer" machen – unter Ausschluss Großbritanniens, das sich allerdings einstweilen selbst außerhalb der europäischen Einigung eingerichtet hatte. Auch dieser Vor- 50 stoß scheiterte – diesmal war es der deutsche Bundestag, der ein deutsch-französisches Ziel zu Fall brachte, indem er den Vertrag mit einer Präambel versah, die die fortdauernde atlantische Bindung Westdeutschlands betonte und damit den eigentlichen Vertrag in 55 den Augen de Gaulles entwertete.

Hagen Schulze, Phoenix Europa. Die Moderne. Von 1740 bis heute, Siedler, Berlin 1998, S. 464 f.

1 Erörtern Sie mithilfe von M 40 die politische Bedeutung des Elysee-Vertrages von 1963 für das deutsch-französische Verhältnis. Analysieren Sie dabei auch die Absichten von de Gaulle und Adenauer.

Historisches Erinnern 7

5.2 Deutschland und Polen

Historische Belastungen

Obwohl es in den beiden letzten Jahrhunderten auch Phasen einer engen deutsch-polnischen Freundschaft gegeben hat – zum Beispiel im „Vormärz", d. h. vor der Revolution 1848/49 – standen sich Deutsche und Polen in den Jahrzehnten um 1900 ausgesprochen feindlich gegenüber. Maßgebend waren tief in der Geschichte verwurzelte Vorurteile: Deutsche warfen den Polen politische Unfähigkeit, Unreinlichkeit und Faulheit, kurz „polnische Wirtschaft", vor; Polen fühlten sich als Opfer eines jahrhundertealten aggressiven „deutschen Dranges nach Osten". Zu diesen tradierten und auf beiden Seiten nicht infrage gestellten Stereotypen (M 41–M 43) kamen leidvolle historische Erfahrungen. Polen war Ende des 18. Jahrhunderts von seinen Nachbarn Österreich, Preußen und Russland geteilt worden, was auch nach dem napoleonischen „Zwischenspiel", d. h. der Errichtung des Großherzogtums Warschau 1807, auf dem Wiener Kongress 1815 nicht rückgängig gemacht wurde.

Erst nach dem Zusammenbruch seiner ehemaligen Teilungsmächte im Ersten Weltkrieg entstand im November 1918 wieder ein unabhängiger polnischer Staat. Seither umfasste das Land allerdings Gebiete, in denen neben anderen Minderheiten auch Deutsche lebten. Dies und die Abtrennung der einstmals preußischen Ostgebiete Posen, Westpreußen sowie großer Teile Oberschlesiens wurden in Deutschland als ungerecht empfunden. Die Weimarer Republik war nicht bereit, die neue polnische Westgrenze anzuerkennen (M 44).

An diese revisionistische Politik knüpften die Nationalsozialisten an, um sie zugleich zu radikalisieren: Am 1. September 1939 wurde Polen von der deutschen Wehrmacht überfallen, besiegt und gemäß dem Hitler-Stalin-Pakt vom August 1939 zwischen Deutschland und der Sowjetunion aufgeteilt. Das nationalsozialistische Deutschland annektierte die westpolnischen Gebiete und wandelte sie in die deutschen „Gaue" Danzig-Westpreußen und „Wartheland" um. Aus dem Rest Polens entstand das „Generalgouvernement", das 1941 nach dem Überfall auf die Sowjetunion um die eroberten sowjetischen Gebiete erweitert wurde. Bis 1944/45 unterstanden die Polen einer beispiellosen brutalen Besatzungsherrschaft (s. S. 273 f.).

Der von Deutschland entfesselte Zweite Weltkrieg bedeutete für Millionen Polen und Deutsche eine Zeit der Flucht und Vertreibung. Die Sowjetunion annektierte 1939 die durch den Hitler-Stalin-Pakt gewonnenen ostpolnischen Gebiete, vertrieb die polnischen Bewohner und siedelte sie in den deutschen Ostprovinzen an. Nach Kriegsende wiederum wurden das ehemals deutsche Ostpreußen (ohne das Gebiet um Königsberg, das zur Sowjetunion kam) sowie Pommern, die Gebiete Brandenburgs östlich der Oder und ganz Schlesien polnisch. Die meisten deutschen Bewohner wurden aus diesen Gebieten vertrieben, sofern sie nicht schon vorher vor der Roten Armee nach Westen geflohen waren.

Vertreibung und polnische Westgrenzen

Nach 1945 wurde die von der UdSSR erzwungene „Westverschiebung" Polens von den Westmächten zwar nicht ausdrücklich gebilligt, aber toleriert. Auf der Konferenz von Potsdam (s. S. 329 ff.) fanden die Siegermächte einen Kompromiss: Die deutschen Ostgebiete jenseits von Oder und Neiße wurden (mit Ausnahme des nun sowjetischen Gebietes um Königsberg) „polnischer Verwaltung" unterstellt. Wenn damit eine nur zeitweilige Besiedlung der ehemals deutschen Ostgebiete gemeint gewesen sein sollte, wollten und konnten sich die Polen mit dieser Interpretation der Beschlüsse von Potsdam nicht zufrieden geben. Sie beharrten auf ihrem Recht, hier für alle Zeiten wohnen bleiben zu können. Die zahlreichen deutschen Flüchtlinge und Vertriebenen wollten und konnten das durch und bei der Vertreibung erlittene Leid nicht vergessen und hofften, eines Tages in ihre alte Heimat zurückkehren zu können. Bestärkt fühlten sie sich dabei durch die Regierung der Bundesrepublik Deutschland, die sich zunächst konsequent und kompromisslos weigerte, die neue polnische Westgrenze anzuerkennen. Dagegen schloss die DDR-Regierung im Juli 1950 mit Polen den Görlitzer Vertrag, in dem die, wie man im Westen sagte, „Oder-Neiße-Linie" als gemeinsame Grenze anerkannt wurde.

7 Historisches Erinnern

Annäherung So kam es, dass der Kalte Krieg vor allem das Verhältnis zwischen Polen und der alten Bundesrepublik Deutschland belastete. Deutsche aus der Bundesrepublik und Polen hatten in den 1950er-Jahren kaum Beziehungen miteinander. Erst in den 1960er-Jahren setzte ein langsamer Wandel ein. Den Anfang machten allerdings nicht die Regierungen beider Länder, sondern parteipolitische und gesellschaftliche Organisationen. Die politische Jugendgruppe „Die Falken" oder die von Repräsentanten der evangelischen Kirche gegründete Vereinigung „Aktion Sühnezeichen" führten Gedenkstättenfahrten nach Polen durch. Dabei kam es zu ersten Kontakten, vor allem unter Jugendlichen. Dann schalteten sich auch die Kirchen in den neuen Dialog ein. Im November 1965 richtete die katholische Kirche Polens ein Versöhnungsschreiben an die Glaubensbrüder in der Bundesrepublik; es wurde jedoch zunächst nicht beantwortet. Anders erging es der Denkschrift des Rates der Evangelischen Kirchen in Deutschland vom Oktober 1965 über „Die Lage der Vertriebenen und das Verhältnis des deutschen Volkes zu seinen östlichen Nachbarn". Diese Schrift, in der ebenfalls zur Versöhnung und zur Anerkennung der polnischen Westgrenze aufgerufen wurde, fand in der Öffentlichkeit beider Länder ein großes Echo. Publizisten und Politiker forderten, neben den ökonomischen nun auch die politischen Beziehungen zu intensivieren.

Aussöhnung Schon die Bundesregierung der Großen Koalition aus SPD und CDU unter Bundeskanzler Kurt Georg Kiesinger (1966–1969) fand sich dazu grundsätzlich bereit. Allerdings zögerte man noch, die Oder-Neiße-Grenze anzuerkennen. Das wiederum wurde von polnischer Seite als Vorbedingung und Voraussetzung aller weiteren Beziehungen angesehen. Die nachfolgende sozial-liberale Koalitionsregierung unter Bundeskanzler Willy Brandt (1969–1974) wagte schließlich den entscheidenden Schritt. Bereits im Moskauer Vertrag vom August 1970 erklärte sie, dass sie keinerlei Gebietsansprüche habe, und bezeichnete zugleich die Grenze zwischen Polen und der DDR als „unverletzlich". Diese Erklärung bildete dann auch den Kern des Warschauer Vertrages, der im Dezember 1970 zwischen der Bundesrepublik und Polen abgeschlossen wurde (M 45). Vielleicht noch wichtiger als der Vertrag selbst war die spontane Geste von Willy Brandt, der vor dem Denkmal, das an den Warschauer Getto-Aufstand von 1943 erinnert, niederkniete (s. Foto S. 382).

Brandts Kniefall wirkte als politischer Durchbruch. Zwar gab es in der Bundesrepublik noch heftige Diskussionen über die Ratifizierung der Verträge von Moskau und Warschau, die fast zum Sturz Brandts geführt hätten. Doch immer mehr Menschen im Westen erkannten, dass sie auf etwas verzichteten, was sie schon längst verloren hatten, und zwar durch und als Folge eines Krieges, den Deutschland begonnen und im Osten mit beispielloser Brutalität geführt hatte. Dieses Umdenken erleichterte auch den Prozess der Versöhnung, der langsam und im Schatten der hohen Politik der Konferenzen und Verträge einsetzte: Auf verschiedenen Schulbuchkonferenzen berieten westdeutsche und polnische Historiker und Pädagogen über eine Veränderung und Anpassung der Schulbücher, während Schulklassen und Jugendgruppen vermehrt Gedenkstätten in Polen besuchten.

In den 1980er-Jahren kam vonseiten der Bundesrepublik die Sympathie für die mutigen Reformbemühungen der Gewerkschaft Solidarnoćś hinzu, der es bereits im August 1980 gelang, von der polnischen Partei- und Staatsführung anerkannt zu werden. Zwar wurde die weitere Demokratisierung Polens 1982 durch die Verhängung des Ausnahmezustands wieder gestoppt. Doch dies führte nicht zur Verringerung, sondern – im Gegenteil – zu einer Intensivierung der Beziehungen zur Bundesrepublik Deutschland. Als es in Polen zu einer großen Versorgungskrise kam, schickten viele Bürgerinnen und Bürger Pakete nach Polen. Das rief bei den östlichen Nachbarn viel Sympathie hervor. Umgekehrt erfuhr Lech Wałęsa, der als Vorsitzender der Solidarnoćś mit dem Friedensnobelpreis ausgezeichnet worden war, im Westen große Anerkennung. Im April 1989 gelang es Solidarnoćś, wieder offiziell zugelassen zu werden und halbfreie Wahlen zu erzwingen. Im Juni endeten sie mit einem großen Erfolg der Solidarnoćś. Polen befand sich schon auf dem Weg zur Demokratisierung, als Ungarn im September 1989 seine Westgrenze öffnete und damit den Fall der Berliner Mauer und das Ende der DDR und der alten Bundesrepublik mit herbeiführte.

Historisches Erinnern 7

Nach der Vereinigung der beiden deutschen Staaten am 3. Oktober 1990 standen sich also ein demokratisches Gesamtdeutschland und ein ebenfalls demokratisches Polen gegenüber. Und beide Staaten zeigten sich ihrer Verantwortung vor der Geschichte gewachsen: In dem gemeinsamen Abkommen vom November 1990 wurde erneut – dieses Mal aber endgültig – die Oder-Neiße-Linie als gemeinsame Grenze bestimmt und anerkannt. Der Vertrag wurde durch vielfältige gesellschaftliche und politische Begegnungen mit Leben erfüllt und führte zu einem rasch ansteigenden Besuchsverkehr. Polen ist nun ein ganz normaler Nachbar Deutschlands.

M41 Deutsche Vorurteile gegenüber Polen (1855)

a) Textauszug aus dem Roman „Soll und Haben" (1855) von Gustav Freytag (1816 bis 1895)

Das Buch erlebte zahllose Auflagen, war also ein Bestseller. Es dürfte daher das Polenbild der Deutschen stark geprägt haben. Die Handlung spielt u. a. während der polnischen Aufstände in Krakau (1846) und in der Provinz Posen (1848).

[Der Breslauer Kaufmann Schröter spricht:]

„Es wird dort drüben viel Pulver unnütz verschossen werden, alles Ausgaben, welche nichts einbringen, und Kosten, welche Land und Menschen ruinieren. Es
5 gibt keine Rasse, welche so wenig das Zeug hat, vorwärtszukommen und sich durch ihre Kapitalien Menschlichkeit und Bildung zu erwerben, als die slawische. Was die Leute dort im Müßiggang durch den Druck der rohen Masse zusammengebracht haben,
10 vergeuden sie in phantastischen Spielereien. Bei uns tun so etwas doch nur einzelne bevorzugte Klassen, und die Nation kann es zur Not ertragen. Dort drüben erheben die Privilegierten den Anspruch, das Volk darzustellen. Als wenn Edelleute und leibeigene Bauern
15 einen Staat bilden könnten! Sie haben nicht mehr Berechtigung dazu, als dieses Volk Sperlinge auf den Bäumen. Das Schlimme ist nur, dass wir ihre unglücklichen Versuche auch mit unserem Gelde bezahlen müssen."

„Sie haben keinen Bürgerstand", sagte Anton, eifrig
20 beistimmend.

„Das heißt, sie haben keine Kultur", fuhr der Kaufmann fort; „es ist merkwürdig, wie unfähig sie sind, den Stand, welcher Zivilisation und Fortschritt darstellt, und welcher einen Haufen zerstreuter Ackerbau-
25 er zu einem Staate erhebt, aus sich heraus zu schaffen."

Gustav Freytag, Soll und Haben, Bd. 1, Leipzig [20]1922, S. 382f.

b) Karikatur aus der deutschen satirischen Zeitschrift „Kladderadatsch" Nr. 30/1919.
Der populäre Kladderadatsch setzte das Stereotyp der „polnischen Wirtschaft" häufig ein. Abbildungen dieser Art sind von 1863 bis zum Ende der Weimarer Republik nachgewiesen.

Die deutsche Wirtschaft und —

ihre Umwandlung in eine polnische Wirtschaft.

1 Arbeiten Sie die Eigenschaften heraus, die der Schriftsteller Freytag Deutschen und Polen zuschreibt (M 41 a). Ziehen Sie dafür auch die Karikatur M 41 b heran.

7 Historisches Erinnern

M 42 „Studt bringt den polnischen Kindern das deutsche Vaterunser bei." Karikatur aus „Der wahre Jacob" Nr. 532, 1906. Konrad von Studt war der Kultusminister der preußischen Provinz Posen.

M 43 Der Historiker Wolfgang Wippermann zur Polenpolitik des Kaiserreiches (1992)

Am 15. Januar 1886 bezeichnete der sozialdemokratische Abgeordnete Wilhelm Liebknecht im Reichstag die bevorstehende Ausweisung von 35 000 Polen (und Juden) aus Preußen als einen ‚Akt der Barbarei, der im
5 Namen der Kultur begangen wird'. Dies war eine polemische, aber durchaus zutreffende Charakterisierung nicht nur der Massenausweisung von 1886/87, sondern der gesamten Polenpolitik des deutschen Kaiserreiches. Schon vor der Gründung des Kaiserreiches
10 hatte sich die preußische Polenpolitik verhärtet. Bereits unmittelbar nach der Niederschlagung der Revolution wurden alle polnischen Sonderrechte im bisherigen Großherzogtum Posen, das fortan als ‚Provinz Posen' bezeichnet wurde, beseitigt. 1852 wurde Deutsch zur
15 alleinigen Verhandlungssprache bei Gerichten. Als 1863 im russischen Teil Polens ein Aufstand ausbrach, schloss Bismarck am 8.2.1863 die sog. ‚Alvenslebensche Konvention' ab, in der sich Preußen verpflichtete, den russischen Truppen bei der Niederschlagung des
20 polnischen Aufstandes zu helfen. […]

1873 wurde Deutsch zur alleinigen Unterrichtssprache in der Provinz Posen. Nur der Religionsunterricht durfte vorerst noch in der Muttersprache der Kinder erteilt werden. 1876 wurde angeordnet, dass bei allen Behörden und politischen Körperschaften nur die 25 deutsche Sprache zu verwenden sei. 1886 wurde das ‚Gesetz betreffend die Beförderung deutscher Ansiedlungen in den Provinzen Westpreußen und Posen' erlassen. Der Staat verpflichtete sich darin, insgesamt 100 Millionen Mark zur Verfügung zu stellen, um pol- 30 nischen Grundbesitz aufzukaufen und zu günstigen Konditionen an deutsche Bauern zu vergeben. […] Nachdem 1901 und 1906 auch der Gebrauch der polnischen Sprache im Religionsunterricht untersagt worden war, kam es zunächst in Wreschen, dann in der 35 gesamten Provinz Posen zu ausgedehnten Schulstreiks, die von den deutschen Lehrern und Schulbeamten mit beispielloser Härte unterdrückt wurden.

Wolfgang Wippermann: Geschichte der deutsch-polnischen Beziehungen. Darstellung und Dokumente. Berlin: Pädagogisches Zentrum 1992, S. 26 f.

1 Interpretieren Sie die Karikatur M 42 mithilfe der Informationen aus M 43.

M 44 Deutsch-polnische Stereotype in der Zwischenkriegszeit 1918–1939

Der Historiker Heinrich August Winkler schreibt 2003:
Auf der Ebene der populären Klischees blieb für Polen „der" Deutsche in der Zwischenkriegszeit ein martialisches Wesen, das entweder eine preußische Pickelhaube oder den Mantel der Kreuzritter trug. Umge- 5 kehrt wurden die Polen in deutschen bildlichen Darstellungen häufig als heruntergekommenes Diebsgesindel gekennzeichnet und mit Schweinen und Läusen, Ratten und Wölfen verglichen. „In den antipolnischen Feindbildern der Weimarer Republik mischt 10 sich ohnmächtige Wut und tiefe Verachtung für den neuen Nachbarn im Osten", urteilt der deutsche Historiker Rudolf Jaworski. „Der polnische ‚Saison- und Räuberstaat' wurde nicht einmal als ebenbürtiger Kontrahent anerkannt, geschweige denn als möglicher 15 Partner. Dass sich ausgerechnet dieser Staat ehemals preußische Territorien einverleibt hatte und sich auch noch zu den Siegermächten zählen durfte, wurde als besondere Demütigung empfunden. Denn hier glaubte man ein in jeder Beziehung niedriger stehen- 20 des Volk über die große Kulturnation und ehemalige Weltmacht Deutschland ungestraft triumphieren zu sehen."
Die „Aggressivität, die sich aus der Frustration einer geschlagenen Großmacht ergibt", hatte, um noch- 25

Historisches Erinnern 7

mals Jaworski zu zitieren, notwendigerweise eine andere Qualität als diejenige, „die aus der euphorischen Hochstimmung eines Volkes entspringt, das nach über hundert Jahren endlich wieder seine Freiheit erlangt hat und in dem Bemühen, die Gunst der historischen Stunde optimal auszunützen, da und dort über seine eben wiedergewonnenen machtpolitischen Möglichkeiten hinausdrängt, um dann gleich wieder in eine Schutzstarre zu verfallen, weil es sich seiner Grenzen und inneren Einheit nicht sicher sein kann".

Die Arroganz gegenüber Polen, die sich in Deutschland lange vor 1918 eingebürgert hatte, war ein Teil jener kollektiven Gefühlslage, die den Nationalsozialismus erst möglich machte. Der Nationalsozialismus steigerte die kulturelle Verachtung Polens bis zur physischen Vernichtung der polnischen Intelligenz. Am Ende des von Hitler entfesselten Zweiten Weltkrieges stand der Verlust des deutschen Ostens. Es vergingen Jahrzehnte, bis die Deutschen in ihrer überwältigenden Mehrheit die Endgültigkeit dieses Verlustes akzeptierten. Inzwischen tun sie es.

Heinrich August Winkler, Im Schatten von Versailles. Das deutsch-polnische Verhältnis während der Weimarer Republik, in: Deutsche und Polen. Geschichte, Kultur, Politik, hg. v. Andreas Lawaty u. Hubert Orlowski, Deutsches Polen-Institut im Auftrag der Robert Bosch Stiftung, C. H. Beck, München 2003, S. 66f.

1 Untersuchen Sie die deutsch-polnischen Vorurteile in der Zwischenkriegszeit (M 44).

2 Fassen Sie die deutschen Stereotype von den Polen bzw. die polnischen Stereotypen von den Deutschen im 19. und der ersten Hälfte des 20. Jahrhunderts zusammen (M 41–M 44). Erklären Sie die deutsch-polnischen Stereotype aus dem historischen Kontext. Ziehen Sie dafür gegebenenfalls ein historisches Handbuch und einen Geschichtsatlas heran.

M45 Aussöhnung zwischen Polen und Deutschen

a) Aus der Rede Willy Brandts zum Warschauer Vertrag von 1970

Die Zeit ist gekommen für einen Schlussstrich und für einen Neubeginn […]. Das polnische Volk hat Unsagbares erleiden müssen. Der Krieg und seine Folgen haben beiden Völkern, auch uns Deutschen, unendlich viele Opfer abverlangt. Jetzt geht es um die friedliche Zukunft zwischen den beiden Ländern und Völkern. Wer seine Angehörigen verloren hat, wem seine Heimat genommen wurde, der wird nur schwer vergessen können […]. Trotzdem muss ich gerade in dieser Stunde die heimatvertriebenen Landsleute bitten, nicht in Bitterkeit zu verharren, sondern den Blick in die Zukunft zu richten. Der Vertrag bedeutet selbstverständlich nicht, dass Unrecht nachträglich legitimiert wird. Er bedeutet also auch keine Rechtfertigung der Vertreibung. Worum es geht, ist der ernste Versuch, ein Vierteljahrhundert nach dem Krieg der Kette des Unrechts politisch ein Ende zu setzen […]. Unserem Volk wird nicht heute aus heiterem Himmel ein Opfer abverlangt. Dies hat längst gebracht werden müssen als Ergebnis der Verbrechen Hitlers.

Bulletin des Presse- und Informationsamtes der Bundesregierung, Nr. 161, Bonn 1970, S. 1693f.

b) „Die Unterschrift des Jahres", Karikatur von H. E. Köhler, 1970

1 Arbeiten Sie die Bedeutung des Kniefalls von Brandt (s. S. 381 f.) und der in M 45 a genannten Ereignisse und Entwicklungen für das Verhältnis zwischen Polen und der Bundesrepublik Deutschland heraus.

2 Diskutieren Sie über die These Brandts (M 45 a), der Kette des Unrechts solle „politisch" ein Ende gesetzt werden. Erörtern Sie dabei auch die Konsequenzen der deutsch-polnischen Aussöhnung für die in der Geschichte entstandenen nationalen Stereotype zwischen beiden Völkern.

Methode

Tondokumente interpretieren

Rhetorische Quellen wie politische Reden werden oft pauschal den schriftlichen Quellen zugerechnet, doch unterscheiden sie sich von diesen durch ihre Einbettung in einen historisch geprägten kommunikativen Zusammenhang: Im besonderen Maße sind sie geprägt vom Willen des Redners, eine bestimmte Situation im eigenen Sinne zu beeinflussen, seine Zuhörer emotional und appellativ auf seine Seite zu ziehen.

Zusätzlich zu den Kriterien für schriftliche Quellen (s. S. 126 f. und S. 146 f.) sind daher bei der Interpretation von Tondokumenten weitere Aspekte zu beachten: die Stimme des Redners, die Einbeziehung des Publikums und die hervorgerufene Wirkung bzw. Reaktionen des Publikums. Die konkrete Redesituation zu rekonstruieren, wird dabei nicht immer möglich sein, doch können hier zusätzliche Materialien wie Zeitungsberichte, Briefe oder Erinnerungen Anhaltspunkte geben.

Die Nationalsozialisten nutzten in besonderer Weise die propagandistische Wirkung geschickt formulierter und inszenierter Reden. Dazu bedienten sie sich auch der neuen Rundfunktechnik (S. 246 f.): Der „Volksempfänger" wurde in Großserie hergestellt, um den Kauf für jedermann erschwinglich zu machen. Alle wichtigen Reden Hitlers und anderer Parteigrößen wurden übertragen, und um auch diejenigen zu erreichen, die sich kein eigenes Gerät leisten konnten, trafen sich Arbeiter und Angestellte in den Betrieben zum befohlenen „Gemeinschaftsempfang".

Arbeitsschritte für die Interpretation

1. Formale Merkmale
- Welche Art von Tondokument liegt vor (Rede, Lied, Radiobeitrag, Stellungnahme zu einem Ereignis, Nachrichtenbeitrag, Kundgebungsbeitrag, Interview)?
- Wann wurde der Text aufgenommen (Originalaufnahme, nachträglich aufgenommen oder nachgesprochen)?
- Wer ist der Redner/Sänger bzw. der Verfasser?
- Wer ist der direkte bzw. indirekte Adressat der Rede?
- Wurde der Text verändert (Kürzungen, Schnitte, eingefügte Kommentare)?

2. Inhalt
- Wie ist der Text strukturiert/aufgebaut?
- Was ist die Grundaussage und welche Leitgedanken werden dabei deutlich?
- Welche sprachlich-stilistischen Mittel werden eingesetzt (z.B. Schlagwörter, Leerformeln, Superlative, auffällige Abweichungen von der alltäglichen Sprache oder rhetorische Figuren wie Wiederholung, Ersetzungen)?
- Welchen Zusammenhang gibt es zwischen dem Inhalt und der gewählten Form?

3. Historischer Kontext
- Auf welches Ereignis, welche Entwicklung bezieht sich der Inhalt des Tondokuments?
- Was war der Anlass dafür?
- Was ist über die Zuhörer (Zusammensetzung, Anzahl) und ihre Reaktionen (Beifall, Zwischenrufe oder Ablehnung) bekannt?

4. Aussageabsicht
- Welche Absichten verfolgt der Redner bzw. der Verfasser?
- Welche Zielgruppe wird angesprochen?
- Welche vermutliche Wirkung sollte beim Hörer erzielt werden?
- (Berücksichtigen Sie dabei die historische Situation zum Zeitpunkt der Entstehung.)
- Welche Wirkung hat das Tondokument heute?

5. Fazit
- Welche Gesamtaussage lässt sich formulieren?

Internettipp

Ausschnitte aus der Goebbels-Rede finden Sie unter:
www.nationalsozialismus.de/dokumente/tondokument/joseph-goebbels-rede-vom-18021943-im-berliner-sportpalast-wollt-ihr-den-totalen-krieg-35-min-mp3

Methode

M1 Aus der Rede des Reichspropagandaministers Joseph Goebbels im Berliner Sportpalast vom 18. Februar 1943

Ich habe heute zu dieser Versammlung nun einen Ausschnitt des deutschen Volkes im besten Sinne des Wortes eingeladen. [...] Kein Stand, kein Beruf und kein Lebensjahr blieb bei der Einladung unberücksichtigt. Ich kann also mit Fug und Recht sagen: Was hier vor mir sitzt, ist ein Ausschnitt aus dem ganzen deutschen Volk an der Front und in der Heimat. Stimmt das? Ja oder nein!

Ihr also, meine Zuhörer, repräsentiert in diesem Augenblick die Nation. Und an euch möchte ich zehn Fragen richten, die ihr mir mit dem deutschen Volke vor der ganzen Welt, insbesondere aber vor unseren Feinden, die uns auch an ihrem Rundfunk zuhören, beantworten sollt:

Die Engländer behaupten, das deutsche Volk habe den Glauben an den Sieg verloren. Ich frage euch: Glaubt ihr mit dem Führer und mit uns an den endgültigen, totalen Sieg der deutschen Waffen? Ich frage euch: Seid ihr entschlossen, dem Führer in der Erkämpfung des Sieges durch dick und dünn und unter Aufnahme auch der schwersten persönlichen Belastungen zu folgen?

Zweitens: Die Engländer behaupten, das deutsche Volk sei des Kampfes müde. Ich frage euch: Seid ihr bereit, mit dem Führer, als Phalanx der Heimat hinter der kämpfenden Wehrmacht stehend, diesen Kampf mit wilder Entschlossenheit und unbeirrt durch alle Schicksalsfügungen fortzusetzen, bis der Sieg in unsern Händen ist?

Drittens: Die Engländer behaupten, das deutsche Volk hat keine Lust mehr, sich der überhandnehmenden Kriegsarbeit, die die Regierung von ihm fordert, zu unterziehen. Ich frage euch: Soldaten, Arbeiter und Arbeiterinnen, seid ihr und ist das deutsche Volk entschlossen, wenn der Führer es einmal in der Notzeit befehlen sollte, zehn, zwölf, wenn nötig vierzehn und sechzehn Stunden täglich zu arbeiten und das Letzte für den Sieg herzugeben?

Viertens: Die Engländer behaupten, das deutsche Volk wehrt sich gegen die totalen Kriegsmaßnahmen der Regierung. Es will nicht den totalen Krieg, sagen die Engländer, sondern die Kapitulation! Ich frage euch: Wollt ihr den totalen Krieg? Wollt ihr ihn, wenn nötig, totaler und radikaler, als wir ihn uns heute überhaupt erst vorstellen können?

Fünftens: Die Engländer behaupten, das deutsche Volk hat sein Vertrauen zum Führer verloren! Ich frage euch: Vertraut ihr dem Führer? Ist eure Bereitschaft, ihm auf allen seinen Wegen zu folgen und alles zu tun, was nötig ist, um den Krieg zum siegreichen Ende zu führen, eine absolute und uneingeschränkte?

Ich frage euch als sechstes: Seid ihr von nun ab bereit, eure ganze Kraft einzusetzen und der Ostfront, unsern kämpfenden Vätern und Brüdern, die Menschen und Waffen zur Verfügung zu stellen, die sie brauchen, um den Bolschewismus zu besiegen? Seid ihr dazu bereit?

Ich frage euch als siebentes: Gelobt ihr mit heiligem Eid der Front, dass die Heimat mit starker, unerschütterlicher Moral hinter der Front steht und ihr alles geben wird, was sie zum Siege nötig hat?

Ich frage euch achtens: Wollt ihr, insbesondere ihr Frauen selbst, dass die Regierung dafür sorgt, dass auch die letzte Arbeitskraft auch der Frau der Kriegsführung zur Verfügung gestellt wird und dass die Frau überall da, wo es nur möglich ist, einspringt, um Männer für die Front frei zu machen? Wollt ihr das?

Ich frage euch neuntens: Billigt ihr, wenn nötig, die radikalsten Maßnahmen gegen einen kleinen Kreis von Drückebergern und Schiebern, die mitten im Kriege Frieden spielen wollen und die Not des Volkes zu eigensüchtigen Zwecken ausnutzen? Seid ihr damit einverstanden, dass, wer sich am Kriege vergeht, den Kopf verliert?

Und nun frage ich euch zehntens und zuletzt: Wollt ihr, dass, wie das nationalsozialistische Parteiprogramm das vorschreibt, gerade im Krieg gleiche Rechte und gleiche Pflichten vorherrschen, dass die Heimat die schwersten Belastungen des Krieges solidarisch auf ihre Schultern nimmt und dass sie für Hoch und Niedrig und Arm und Reich in gleicher Weise verteilt werden? [...]

Der Führer hat befohlen und wir werden ihm folgen! Wenn wir je treu und unverbrüchlich an den Sieg geglaubt haben, dann in dieser Stunde der nationalen Besinnung und der inneren Aufrichtung. Wir sehen ihn greifbar nahe vor uns liegen; wir müssen nur zufassen! Wir müssen nur die Entschlusskraft aufbringen, alles seinem Dienste unterzuordnen; das ist das Gebot der Stunde! Und darum lautet von jetzt ab die Parole: Nun, Volk, steh' auf und Sturm, brich los!

Heinz Hürten (Hg.), Deutsche Geschichte in Quellen und Darstellung, Bd. 9: Weimarer Republik und Drittes Reich 1918–1945, Stuttgart 1995, S. 408 ff.

1 Interpretieren Sie die Rede anhand der genannten Arbeitsschritte.

Hinweise zur Lösung finden Sie auf S. 574.

Lösungshinweise zu den Methodenseiten

Lösungshinweise zu den Methodenseiten

Arbeit mit dem Internet (S. 30–31)

Text/Aussagen zur Biografie
- Haubold stammt aus kleinen Verhältnissen
- Aufstieg durch harte Arbeit
- Haubold ist ein herausragender Vertreter der sächsischen Industrie: Er hat Erfolge in Maschinenbau und Textilindustrie.

→ Ergebnis: Text eignet sich für Einstieg in Beschäftigung mit der Biografie Haubolds

Quellenbeurteilung
- ausführliches Impressum; Homepage von Privatperson, mit voller Adresse und E-Mail-Kontakt genannt
- ausführlicher Haftungsausschluss
- Dokumentation aller Text- und technischer Änderungen der Homepage seit 7/2004
- ausführliches Gästebuch
- aktuelles Update

→ Ergebnis: seriöse Seite

Weiterarbeit
- Links zu weiterführenden historischen Aspekten direkt eingebaut (Kartellbildung, Fabrikordnungen)
- ausführliche Quellensammlung und Links zu anderen Institutionen auf der Homepage

→ Ergebnis: Text geeignet als Einstieg in weitere Arbeit mit sächsischer Wirtschaftsgeschichte

Lösungshinweise zu den Methodenseiten

Geschichtskarten analysieren (S. 64–56)

Titel
- Anfänge der Industrialisierung in drei Schüben 1830 – 1850 – 1910

Legende der Zeichen
- Informationen zur
  - Struktur der Industrie
  - Bevölkerungsentwicklung
  - Entwicklung der Arbeiterbewegung.

Karteninhalt
- Entwicklung industrieller Zentren zu Beginn der 1830er-Jahre
- Konzentration der Industrie um Großstädte ab der zweiten Hälfte des 19. Jh.s
- Spezialisierung von Industrieregionen auf die Herstellung bestimmter Güter, in Sachsen Textilindustrie und Maschinenbau
- Verstädterung der Industrieregionen
- Flüsse und Kanäle fördern industrielle Entwicklung
- Entwicklung der Arbeiterbewegung: mit der Ausweitung der Industrialisierung nehmen Parteigründungen/Streiks zu

Lösungshinweise zu den Methodenseiten

Analyse schriftlicher Quellen I: Textsorten (S. 126–127)

1. Formale Merkmale
- Autor/Auftraggeber des Telegramms: Wilhelm I., König von Preußen
- Auftraggeber und Verfasser der Pressemitteilung: Reichskanzler
- Entstehungsdaten der Texte: Telegramm wird am 13.7.1870 übermittelt; das genaue Datum für die Pressemitteilung von Bismarck wird nicht genannt (14.7.)
- Anlass des Textes: Begegnung des Königs mit dem Grafen Benedetti, der ihn zu einer bestimmten Entscheidung drängen will. Dieses Verhalten wird vom preußischen König entschieden zurückgewiesen.
- Textveröffentlichung bzw. -geheimhaltung: Das Telegramm bietet die geheime Vorlage für die Veröffentlichung.

2. Textinhalt
- Gemeinsamkeit: Forderung des französischen Botschafters, König solle sich in Zukunft nicht mehr in spanische Thronangelegenheiten einmischen; königliche Weigerung, den Botschafter nochmals zu empfangen
- Unterschied: Begründung für Gesprächsverweigerung fehlt in Pressemitteilung.
- Erklärung der Unterschiede: Das Telegramm dient der internen Information; die Pressemitteilung soll französische Politik beeinflussen.

3. Historischer Kontext
- Ereignis bezieht sich auf die Vorgeschichte bzw. den unmittelbaren Anlass für den Deutsch-Französischen Krieg 1870/71.
- Die hohenzollersche Thronkandidatur in Spanien hat die gespannten Beziehungen zwischen Frankreich und Deutschland verschärft.

4. Aussageabsicht
- Der König will seinen Kanzler informieren und lässt ihn über weiteres Verfahren (Information von Botschafter, Presse) entscheiden. Kanzler will Frankreich provozieren.
- Bismarck will die französische Regierung bloßstellen.
- Der Adressat, die französische Regierung, soll sich gedemütigt fühlen und zur Kriegserklärung getrieben werden.

5. Fazit
- Sprache wird im diplomatischen Verkehr als Mittel und Waffe eingesetzt; durch sprachliche Verkürzung und Verschärfung des Tons werden bestimmte politische Wirkungen erzielt: Der Veröffentlichung des Telegramms folgt die Kriegserklärung Frankreichs an Preußen.

Lösungshinweise zu den Methodenseiten

Analyse schriftlicher Quellen II: Quellenkritik (S. 146–147)

1. Formale Merkmale
- drei Texte von unterschiedlichen Autoren: a) zeitgenössische Quelle von Bethmann Hollweg und b) Sekundärliteratur von zwei Historikern.
- Autor der Quelle, Bethmann Hollweg, ist Reichskanzler.
- Quelle ist ca. einen Monat nach Kriegsausbruch (August 1914) entstanden, Entstehungsmonat hat zum Namen „Septemberprogramm" geführt.
- Genauer Anlass, Umstände des Textes und Adressatenkreis gehen aus Quellenausschnitt nicht hervor.
- Quelle ist für interne Verständigung gedacht.
- Quelle formuliert Ziele, die das Kaiserreich in diesem Krieg erreichen sollte.

2. Textinhalt
- Text ist in Telegrammstil abgefasst: knappe Sprache, alles wird aufs Wichtigste reduziert, z. T. fehlen Verben, Satzteile.
- Aufzählung von wichtigen durchnummerierten Kriegszielen.
- Sprachliche Reduzierung und Durchnummerierung der Punkte soll nüchterne, „geschäftsmäßige" Behandlung der Kriegsziele verdeutlichen.

3. Historischer Kontext
- Kurz nach Ausbruch des Ersten Weltkrieges formuliert – zumindest intern – der deutsche Kanzler die Ziele des Krieges.
- Bethmann Hollweg bestimmt als Handelnder das Geschehen mit.

4. Aussageabsicht
- Die konkrete Aussageabsicht lässt sich aus der isolierten Quelle selbst nicht ableiten; historischer Kontext muss analysiert werden.
- Zur Interpretation der Quelle muss Sekundärliteratur herangezogen werden.
- Die Historiker interpretieren das Septemberprogramm kontrovers:
  – Für Fischer ist Septemberprogramm Zielprojektion deutscher Eliten, für Erdmann ist Septemberprogramm widersprüchliches, im Krieg improvisiertes Sammelsurium unterschiedlichster und unverbindlicher Vorstellungen.
  – Fischer betrachtet die Kriegsziele als Kriegsursachen, für Erdmann scheiden sie als Kriegsursache aus.

5. Fazit
- Deutschland besaß im Ersten Weltkrieg ein umfassendes Kriegszielprogramm.
- Die Bedeutung des deutschen Kriegszielprogramms wird in der Geschichtswissenschaft kontrovers beurteilt.
- Einige Historiker vertreten die Auffassung, Deutschland habe zur Durchsetzung umfassender Kriegsziele den Krieg riskiert oder herbeigeführt. Andere sprechen der deutschen Politik defensiven Charakter zu: Kriegsziele entstanden erst nach Kriegsausbruch.

Lösungshinweise zu den Methodenseiten

Analyse von Diagrammen: Wahlergebnisse (S. 208–209)

1. Formale Merkmale
- Autor/Auftraggeber: keine Angabe möglich
- Veröffentlichung: keine Angabe möglich
- Anlass: keine Angabe möglich
- Kategorien: prozentualer Anteil der Parteien am Wahlergebnis sowie ihre Sitzverteilung im Parlament
- Besondere Aussage: Diagramme wollen Entwicklungen veranschaulichen

2. Inhalt und Gestaltungselemente
- Sachverhalt: Ergebnisse der Reichstagswahlen 1919–33 sowie die Sitzverteilung im Parlament
- Art der Diagramme: Säulendiagramme als Basis, verbunden mit Elementen von Kurvendiagrammen
- Aufbau: keine Symbole, vor allem Farben zur Verdeutlichung
- Zahlenwerte: Größe der Säulen wird durch genaue Zahlenangaben zusätzlich verdeutlicht

3. Historischer Kontext
- Beide Diagramme beziehen sich auf die Weimarer Republik, 1919–33.
- Beide Diagramme wollen den Aufstieg der NSDAP verdeutlichen.

4. Aussagegehalt und -absicht
- Intention: Diagramm 1 will veranschaulichen, dass die Gewinne der NSDAP den Verlusten von SPD, Zentrum, DDP und DNVP entsprechen; Diagramm 2 veranschaulicht, dass SPD, Zentrum, USPD/KPD relativ konstant bleiben, nur DDP und DNP verlieren Sitze.
- Zielgruppe: keine Angabe möglich
- Wirkung: Diagramm 1 erweckt den Eindruck, dass die Schwäche der demokratischen Parteien zum Aufstieg der NSDAP führe. Diagramm 2 drängt die Frage auf, wie bei gleich bleibender Stärke der anderen Parteien die NSDAP dennoch stärkste Fraktion wird.
- Einzelinformation: Diagramm 1 vermittelt den Eindruck, dass die USPD verschwindet, Gründe für das Hochschnellen des NSDAP-Anteils im Juli 1932 sind nicht aus den Diagrammen ersichtlich (Weltwirtschaftskrise); der einmalig hohe Anteil „Sonstiger" 1930 fällt auf.

5. Fazit
- Diagramm 1 suggeriert Seriosität durch die vielen Informationen/Details, Diagramm 2 wirkt dagegen zunächst plakativ und schlicht. Diagramm 1 gibt jedoch falsches Bild wieder: NSDAP-Zuwachs auf Kosten der anderen Parteien. Richtig ist jedoch Zuwachs aufgrund bisheriger Nichtwähler. Auf diese Schlussfolgerung weist Diagramm 2 indirekt hin, da es die reale Sitzverteilung im Reichstag zeigt. Diagramm 2 kann um Informationen zu den Besonderheiten des Wahlrechts und der Aufschlüsselung der Nichtwähler sinnvoll erweitert werden.

Lösungshinweise zu den Methodenseiten

Filmanalyse: Spielfilme als historische Quelle (S. 314–315)

1. Formale Analyse
- Drehbuchautor ist Fred Breinersdorfer, Regisseur Marc Rothemund, Auftraggeber bzw. Produzent ist ein Zusammenschluss mehrerer Produktionsfirmen, an denen Drehbuchautor und Regisseur beteiligt sind.
- Gedreht 2004, ab 2005 in den Kinos, Silberne Bären für Regie und Darstellung auf den Internationalen Filmfestspielen Berlin 2005
- kein konkreter Anlass; Hintergrund: veränderte Quellenlage → seit der deutschen Wiedervereinigung sind Dokumente aus den Beständen des Ministeriums für Staatssicherheit und dem zentralen Parteiarchiv der SED der früheren DDR zugänglich, v. a. die Verhörprotokolle des Gestapobeamten Robert Mohr und die Prozessakten des sogenannten Volksgerichtshofes

2. Filminhalt
- Thema: Widerstandsaktionen, Verhaftung und Hinrichtung der Mitglieder der „Weißen Rose"
- Das Foto zeigt als Großaufnahme von leicht oben die Verhaftung von Sophie und Hans Scholl in der Universität; trotz vieler Personen sind im Vordergrund die beiden zusammen mit zwei Polizeibeamten eindeutig herausgehoben.
- Die Gesichter von Sophie und Hans Scholl sind hell ausgeleuchtet; die Gesichter der Zuschauer und Uniformierten im Hintergrund sind zwar dunkel, aber klar erkennbar.
- Sophie und Hans Scholl sind als „helle" Vorbilder herausgehoben. Der Kriminalbeamte Mohr neben Sophie Scholl wirkt ruhig, gelassen, nicht unsympathisch. Der zweite Beamte schützt seine Augen mit dem Hut vor zu indiskreten Blicken, schließt die Gruppe nach hinten ab. Die Gesichter der Zuschauer wirken ernst und betroffen. Sie distanzieren sich nicht vom Geschehen, schämen sich nicht.
- Logik von Bildfolge/Handlung aufgrund von Foto: keine Aussage möglich

3. Historischer Kontext
- Für die heutige gesellschaftliche Identität wichtiger Aspekt der jüngeren deutschen Geschichte: Es werden Vorbilder gezeigt.
- kein Hinweis auf konkrete heutige Auseinandersetzungen

4. Aussageabsicht
- Identifikationsangebote machen: Präsentation von Vorbildern
- Zielgruppe: jüngere Zuschauer (aufgrund des Alters der Hauptpersonen), historisch Interessierte
- Film provoziert dazu, über Zivilcourage, Mut zum Widerspruch, die Bedeutung individueller Moral für Politik und Gesellschaft nachzudenken
- Wirkung: unbekannt

5. Fazit
- Der Film will jüngere Zuschauer an Geschichte heranführen.
- Der Film will die Bedeutung der „kleinen" individuellen Entscheidungen bei jedem Einzelnen und zu jedem Zeitpunkt hervorheben.

Lösungshinweise zu den Methodenseiten

Analyse von Tondokumenten: Joseph Goebbels' Sportpalastrede vom 18. Februar 1943 (S. 566–567)

1. Formale Merkmale
- Goebbels hielt diese Rede im Berliner Sportpalast vor ca. 14 000 ausgesuchten Zuhörern.
- Sie wurde mit einer Stunde Zeitversetzung am 18. Februar 1943 im Radio übertragen. Möglicherweise wurde die Übertragung technisch bearbeitet, indem Applaus und Zurufe des Publikums verstärkt wurden.
- Der Redner, Joseph Goebbels, ist Minister für Volksaufklärung und Propaganda und zugleich „Generalbevollmächtigter für den totalen Kriegseinsatz".

2. Inhalt des Tondokumentes
- Über die direkte Ansprache formuliert der Redner fünf vermeintliche Behauptungen der Engländer über „das deutsche Volk" und wendet sich anschließend mit zehn Fragen an die Zuhörer.
- Zielgerichtet führt der Redner zu dem Aufruf („Nun, Volk, steh' auf und Sturm, brich los!" Z. 90) am Ende der Rede. Diese Zeilen sind ein Zitat Theodor Körners aus der Zeit der Befreiungskriege 1812/13 gegen Napoleon.
- Es werden u. a. folgende spachlich-stilistischen Mittel eingesetzt:
  - direkte Anrede („Und an euch möchte ich zehn Fragen richten, […]", Z. 10 f.),
  - Antithesen („Die Engländer behaupten… Ich frage euch…" Z. 15 f.)
  - Wiederholungen/Anapher zur Verstärkung der Aussage („Ich frage euch…"),
  - häufige Verwendung des Schlüsselwortes „Sieg",
  - rhetorische Fragen.
- Auch Betonung, Lautstärke und Sprechpausen setzt Goebbels gezielt ein, um die Wirkung seiner Rede zu steigern.
- Die Behauptungen und Fragen bauen derart aufeinander auf, dass am Ende – scheinbar zwangsläufig – die Zustimmung zum „totalen Krieg" steht.

3. Historischer Kontext
- Mit der Kriegswende seit 1942 und den verstärkten Angriffen der Alliierten auf deutsche Städte beginnt die Phase des Zusammenbruchs des NS-Regimes.
- Die Kapitulation der 6. Armee bei Stalingrad im Januar 1943 liegt erst zwei Wochen zurück; die Grundstimmung der deutschen Bevölkerung ist daher durch Niedergeschlagenheit und Kriegsmüdigkeit geprägt.
- Die ausgewählten Zuhörer reagieren teilweise fanatisch mit tosendem Applaus, Jubel und begeisternden Zurufen auf die von Goebbels dargelegten Behauptungen und Fragen.

4. Aussageabsicht
- In der Vorrede bezeichnet Goebbels den geladenen „Ausschnitt des deutschen Volkes" als Repräsentation der deutschen Nation und konstruiert auf diese Weise ein starkes Wir-Gefühl der Anwesenden.
- Die zehn Fragen spielen auf die zehn Gebote der Bibel an; die Ideologie des Nationalsozialismus wird religiös überhöht; die Zustimmung zum „totalen Krieg" als „Glaubensakt" dargestellt.
- Mit dieser Propagandarede soll einerseits Begeisterung bewirkt, andererseits aber auch der Durchhaltewillen der Bevölkerung demonstriert werden.
- Die stark appellative Rede soll die Bevölkerung dabei auch langfristig auf weitere kriegsbedingte Entbehrungen einstimmen.

5. Fazit
- Im geschickten Zusammenspiel von Inhalt und Darbietung lässt sich insgesamt das Ziel ableiten, mit dieser Propagandarede den Kriegseinsatz der Bevölkerung in der Phase des militärischen Niedergangs zu steigern und das Vertrauen auf den „Endsieg" zu erhalten und propagandistisch zu instrumentalisieren.

Probeklausur

Probeklausur zum Thema „Deutsch-deutsche Beziehungen in den 1960er- und 1970er-Jahren"

Hinweis: Zukünftig werden Ihnen im Abitur auch Aufgabenarten ohne Textgrundlage begegnen. Hierbei sollen Sie Bildquellen wie Karikaturen, Gemälde oder Plakate mit einer entsprechenden Aufgabenstellung bearbeiten. Die folgende Probeklausur bietet Ihnen die Möglichkeit, diese neue Aufgabenart auszuprobieren.

M 1 „Menschliche Erleichterungen", Karikatur 1973

1 Skizzieren Sie die Grundsätze der Deutschland- und Außenpolitik der Regierung Brandt und vergleichen Sie diese mit den Grundsätzen der Regierung Adenauer.
2 Interpretieren Sie die Karikatur M 1, indem Sie
   2.1 die Ursachen, die zum Bau der Berliner Mauer führten, erklären,
   2.2 die Auswirkungen für die Bevölkerung auf beiden Seiten beschreiben und
   2.3 die Aussage in der Karikatur zur Neuen Ostpolitik bewerten.
3 Erörtern Sie, ob die Neue Ostpolitik die Wiedervereinigung gefördert oder die SED-Herrschaft eher gefestigt hat.

Arbeitstechniken

1 Das mündliche und schriftliche Referat

A Thema eingrenzen
1. Wählen Sie sich zunächst ein Thema aus und grenzen Sie es ein.
2. Stellen Sie ggf. eine konkrete Frage, die Ihnen hilft, Ihr Ziel, das Sie thematisch verfolgen, besser zu verstehen. Beispielthemen aus diesem Schulbuch:
   – Die Aktualität des 19. Jahrhunderts: Welche Modernisierungsvorgänge des 19. Jahrhunderts prägen die moderne Welt bis heute?
   – „Demokratie ohne Demokraten": Welche Faktoren führten zum Scheitern der Weimarer Republik?
   – Der Umgang mit der nationalsozialistischen Vergangenheit in der Bundesrepublik und der DDR – „Zweierlei Erinnerung" aus ideologisch-politischen Gründen?
   – Bilanz der Wiedervereinigung: Eine „zweite Chance" für Deutschland in außenpolitischer Hinsicht?
3. Klären Sie alle unbekannten Begriffe (Lexika, Register des Buches).
4. Bestimmen Sie genau den Zeitraum, mit dem Sie sich beschäftigen, und charakterisieren Sie dessen zentrale Merkmale. Überlegen Sie, ob eine Beziehung des Themas zum bisherigen Unterricht besteht.

B Recherchieren
1. Orientieren Sie sich über das Thema anhand von Überblicksdarstellungen und Lexika. Ggf. Gespräch mit einer Expertin/einem Experten, der Fachlehrerin/dem Fachlehrer führen.
2. Formulieren Sie erste Fragen und Einzelthemen.
3. Informationen aus Büchern (Bibliothek) besorgen (Stichwortkatalog, Autorenkatalog, Inhaltsverzeichnisse und Register von Büchern durchsehen; siehe auch das Literaturverzeichnis im Anhang, S. 581 ff., mit Handbüchern und Einzeldarstellungen).
4. Informationen aus dem Internet besorgen (Suchprogramme, z. B. *www.excite.de*, *www.yahoo.de*). Verlassen Sie sich aber niemals allein auf das Internet, das Sie in der Regel nur ergänzend zu Büchern nutzen sollten.
5. Quellenarbeit in Archiven (vorher Öffnungszeiten und Kopiermöglichkeiten erfragen).
6. Kopieren (nicht zu viele Kopien anfertigen); exzerpieren (stichpunktartig für jede wichtige Information eine Karteikarte anfertigen); zitieren (nur zentrale Aussagen wörtlich übernehmen).

C Erstellen einer Gliederung
1. Gliedern Sie Ihr Material (z. B. Karteikarten sortieren, zu Teilbereichen gruppieren).
2. Material, visuell gestützt, gedanklich verarbeiten:
   – Stichwortbilder
   – Tabellen
   – Diagramme
3. Präzisierung der Fragestellung; die endgültige Gliederung erarbeiten.
4. Die Gliederung festhalten (die sortierten Karteikarten mit Kapitelüberschriften versehen).

D Vortrag vorbereiten
1. Untergliedern Sie den Vortrag (klassisch ist die Dreiteilung Einleitung – Hauptteil – Schluss) und erstellen Sie einen Ablaufplan.
2. Planen Sie genau die zur Verfügung stehende Zeit. Ein Referat sollte nie länger als 45 Minuten dauern, ein Kurzreferat 10 bis 15 Minuten.
3. Wählen Sie eine geeignete Anrede bzw. einen geeigneten Einstieg aus, um die Aufmerksamkeit der Hörerinnen und Hörer zu gewinnen (z. B. aktueller Bezug, Bericht von einem Einzelereignis, bewusste Falschmeldung, eine direkte Frage stellen, Zitat einer Persönlichkeit).

4. Zu Beginn des Hauptteils sollte die Gliederung kurz vorgestellt werden. Auf einem Flipchart, einer OH-Folie oder mithilfe einer Powerpoint-Präsentation kann die Gliederung während des gesamten Referats sichtbar bleiben (den jeweiligen Punkt mit einem Pfeil markieren). Markieren Sie schwer zu merkende Daten, Namen usw. auf Ihren Karteikarten farbig. Notieren Sie die gedanklichen Zusammenhänge und Übergänge.
5. Ein kurzes Hand-out mit Gliederung und wichtigen Ergebnissen, Tabellen usw. erstellen.
6. Der Abschluss sollte die Leitfrage aufgreifen; ggf. Details aus dem Einstieg wieder aufnehmen.
7. Überlegen Sie, wie Sie Ihren Vortrag angemessen veranschaulichen können (Bilder, Grafiken etc.).

E Vortrag halten

1. Vorträge sollten Sie immer frei halten.
2. Der mündliche Vortrag sollte gegliedert sein: neue Teilbereiche jeweils erst benennen, dann in die Einzelheiten übergehen; legen Sie fest, wann Sie welches Material zur Veranschaulichung zeigen.
3. Blickkontakt mit den Zuhörern halten.
4. Pausen machen, Redetempo und Lautstärke variieren. Gestik und Mimik bewusst einsetzen.
5. Reaktionen der Zuhörerinnen und Zuhörer aufnehmen, ggf. Gedanken nochmals präzisieren.
6. Zum Schluss das Publikum um Rückmeldungen und Fragen bitten.

F Schriftliches Referat ausarbeiten

1. Das Referat fertigen Sie am PC an.
2. Layout für den Gesamttext entwerfen und Anfertigen der Niederschrift:
    – Deckblatt erstellen.
    – Inhaltsverzeichnis mit Seitenangaben anlegen.
    – Den Hauptteil schreiben.
    – Belege und Zitate in Fußnoten nachweisen. Auch Informationen und Zitate aus dem Internet müssen nachgewiesen werden. Ggf. Bildmaterial einfügen.
    – Einleitung (mit Fragestellung) und Schluss (Zusammenfassung/Ausblick) schreiben.
    – Literatur- und Quellenverzeichnis anlegen.
3. Endkorrektur: Seitenverweise, Zitate prüfen; Grammatik, Orthografie, Interpunktion prüfen.

Arbeitstechniken

2 Richtig zitieren – aus Büchern und dem Internet

1. Printmedien

Bei **Büchern** werden genannt: Name des Autors oder Herausgebers, Herausgeberhinweis (Hg. oder Hrsg.), Buchtitel, Erscheinungsort, Erscheinungsjahr und Seite:
Manfred Görtemaker, Kleine Geschichte der Bundesrepublik Deutschland, München 2002, S. 327.
Bei **bis zu zwei Autoren** eines Buches werden alle genannt:
Rainer Karlsch, Michael Schäfer, Wirtschaftsgeschichte Sachsens im Industriezeitalter, Edition Leipzig, Leipzig 2006.
Bei **mehr als drei Autoren** wird in der Regel nur der erste genannt, dann kann man die Abkürzung u. a. anfügen, um zu verdeutlichen, dass weitere Autoren an dem Buch beteiligt sind:
Ulf Dirlmeier u. a., Kleine deutsche Geschichte, Stuttgart 1995.
Sind **Autor und Herausgeber unterschiedliche Personen**, werden beide genannt:
Victor Klemperer, Tagebücher 1945, hg. v. Walter Nowojski unter Mitarbeit von Hadwig Klemperer, Aufbau Taschenbuch, Berlin ²1999.
Bei **Übersetzungen** wird der Name des Übersetzers genannt:
Eric Hobsbawm, Das Zeitalter der Extreme. Weltgeschichte des 20. Jahrhunderts. Aus dem Englischen von Yvonne Badal, Hanser Verlag, München 1994.
Bei **mehrbändigen Werken** wird die Bandnummer hinzugefügt:
Iring Fetscher / Herfried Münkler (Hg.), Pipers Handbuch der politischen Ideen, Bd. 4: Neuzeit: Von der Französischen Revolution bis zum europäischen Nationalismus, München 1986.
Bei **Beiträgen in Sammelwerken** werden der Beitrag und der Sammelband wie folgt aufgeführt:
Konrad H. Jarausch, Jugendkulturen und Generationskonflikte 1945 bis 1990. Zugänge zu einer deutsch-deutschen Nachkriegsgeschichte, in: Christoph Kleßmann/Peter Lautzas (Hg.), Teilung und Integration. Die doppelte deutsche Nachkriegsgeschichte als wissenschaftliches und didaktisches Problem, Bundeszentrale für politische Bildung, Bonn 2005, S. 216–231.
Bei **Zeitschriftenartikeln oder Zeitungsartikeln** werden das Erscheinungsdatum oder die laufende Nummer der Zeitschrift mit angegeben. Der Erscheinungsort darf fehlen:
Herfried Münkler, Die politischen Mythen der Deutschen, in: Blätter für deutsche und internationale Politik 2/2007, S. 160–172.
Zitiert man **Wörterbücher oder Lexika**, gibt man Autor und Stichwort an:
Wolfgang Benz, Dresden (Luftangriff), in: Wolfgang Benz, Hermann Graml u. Hermann Weiß (Hg.), Enzyklopädie des Nationalsozialismus, dtv, München ³1998, S. 434.

2. Elektronische Medien

Nicht nur Printmedien, sondern auch elektronische Quellen sind in Hausarbeiten, Facharbeiten usw. in das Quellenverzeichnis aufzunehmen.
Im Folgenden sind einige Vorschläge der amerikanischen Modern Language Association wiedergegeben, die auch beim Zitieren von Printmedien einen Orientierungsstandard gesetzt hat.

- Datenbankartikel werden mit Stichwort, Titel der Datenbank, soweit möglich, Versionsnummer, Datum, Referenzdatum und Adresse zitiert:
  „Das Europäische Parlament", Europa, 1995–1999 (16. November 2005).
  http://europa.eu.int/inst-de.htm
- Bei Online-Zeitungsartikeln werden, wenn möglich, Autor, Titel, Titel der Homepage, Erscheinungsdatum, letztes Update, Referenzdatum und Adresse genannt.
  „Europawahl 1999", *SZ on net*, 15.6.1999 (5. Dezember 1999).
  http://www.sueddeutsche.de/politik/html
- Offizielle Homepages von Instituten, Ämtern, Verbänden, Firmen etc. sollten den Titel des zitierten Artikels, Erscheinungsdatum, Homepagetitel, Referenzdatum und Adresse enthalten.
  „Eröffnungserklärung bei der Dritten Europa-Mittelmeerkonferenz des Außenministers", Stuttgart 15. April 1999. Auswärtiges Amt (5. Januar 2006).
  http://www.auswaertiges-amt.de/6_archiv/index.htm

Arbeitstechniken

3 Die Nutzung von CD-ROMs

CD-ROMs sehen äußerlich genauso aus wie Musik-CDs und sie beruhen grundsätzlich auch auf der gleichen Technik. Auf diesem Medium können die unterschiedlichsten Daten gespeichert werden. Ähnlich wie im herkömmlichen Schulbuch finden sich auf CD-ROMs Texte, Bilder, Fotos, Grafiken oder Schemata. Darüber hinaus bieten CD-ROMs Tondokumente, Filmausschnitte oder Videos. Auch können so genannte aktive geografische und historische Karten gespeichert werden, die je nach Fragestellung die entsprechenden Informationen bereitstellen. Und CD-ROMs zeichnen sich dadurch aus, dass sie vielfältige audio-visuelle Medien enthalten, die wiederum durch netzartige Verbindungen (Links) miteinander verknüpft sind. Viele dieser CD-ROMs ermöglichen durch strukturierte und oft kommentierte Linklisten überdies Brücken in das Internet. Auf diese Weise kann man direkt von der CD-ROM aus online gehen – vorausgesetzt, der Computer hat Zugang zum Internet.
Wesentlich bei der Arbeit mit CD-ROMs sind folgende Leitfragen:

a) Analyse der inhaltlichen Merkmale
1. Unter welcher Leitfrage soll die CD-ROM untersucht werden?
2. Zu welchen Einzelthemen gibt die CD-ROM Auskunft? Auf welchen Zeitraum und welchen geografischen Raum bezieht sie sich?
3. Wie zuverlässig sind die Informationen? Dabei ist nach den Methoden der Quellenkritik (s. S. 146 ff.) vorzugehen: So wird man, wenn möglich, die Herkunft des Materials überprüfen oder die Daten mit anderen Materialien vergleichen müssen.

b) Analyse der formalen Merkmale
1. Welche Materialien oder Kategorien werden präsentiert und miteinander in Beziehung gesetzt?
2. Ergeben sich aus der Darstellungsform besondere Aussagen? Handelt es sich um die Aussage eines Zeitzeugen oder einer Zeitzeugin, ist nach der Perspektive des Betrachters/der Betrachterin zu fragen. Wird eine historische Situation in einem Spielfilm nachgestellt oder bietet die CD-ROM Dokumentaraufnahmen?

c) Beschreiben, Werten und Beurteilen des Aussagegehalts
1. Welche Einzelinformationen vermitteln die Materialien? Werden bestimmte Schwerpunkte gesetzt: Lassen sich eher Strukturen oder eher Entwicklungen historischer Epochen erkennen? Zu welchem Gesamtbild fügen sich die Einzelinformationen?
2. Reichen die Materialien zur Beantwortung der eingangs gestellten Leitfrage aus oder kann man nur vorläufige Schlüsse ziehen?

"Operatoren"

4 Hinweise zu den "Operatoren" in Klausuren[1]

Anforderungsbereich I
Der Anforderungsbereich I umfasst das Wiedergeben von Sachverhalten aus einem abgegrenzten Gebiet und im gelernten Zusammenhang unter rein reproduktivem Benutzen eingeübter Arbeitstechniken. Dies erfordert vor allem **Reproduktionsleistungen**, insbesondere:
- Wiedergeben von grundlegendem historischem Fachwissen
- Bestimmen der Quellenart
- Unterscheiden von Quellen und Darstellungen
- Entnehmen von Informationen aus Quellen und Darstellungen
- Bestimmen von Raum und Zeit historischer Sachverhalte

Nennen, aufzählen: zielgerichtet Informationen zusammentragen, ohne diese zu kommentieren.
Bezeichnen, schildern, skizzieren: Historische Sachverhalte, Probleme oder Aussagen erkennen und zutreffend formulieren.
Aufzeigen, beschreiben, zusammenfassen, wiedergeben: Historische Sachverhalte unter Beibehaltung des Sinnes auf Wesentliches reduzieren.

Anforderungsbereich II
Der Anforderungsbereich II umfasst das selbstständige Erklären, Bearbeiten und Ordnen bekannter Inhalte und das angemessene Anwenden gelernter Inhalte und Methoden auf andere Sachverhalte. Dies erfordert vor allem **Reorganisations- und Transferleistungen**, insbesondere:
- Erklären kausaler, struktureller bzw. zeitlicher Zusammenhänge
- sinnvolles Verknüpfen historischer Sachverhalte zu Verläufen und Strukturen
- Analysieren von Quellen oder Darstellungen
- Konkretisieren bzw. Abstrahieren von Aussagen der Quelle oder Darstellung

Analysieren, untersuchen: Materialien oder historische Sachverhalte kriterienorientiert bzw. aspektgeleitet erschließen.
Begründen, nachweisen: Aussagen (z. B. Urteil, These, Wertung) durch Argumente stützen, die auf historischen Beispielen und anderen Belegen gründen.
Charakterisieren: Historische Sachverhalte in ihren Eigenarten beschreiben und diese dann unter einem bestimmten Gesichtspunkt zusammenfassen.
Einordnen: Einen oder mehrere historische Sachverhalte in einen historischen Zusammenhang stellen.
Erklären: Historische Sachverhalte durch Wissen und Einsichten in einen Zusammenhang (Theorie, Modell, Regel, Gesetz, Funktionszusammenhang) einordnen und begründen.
Erläutern: Wie erklären, aber durch zusätzliche Informationen und Beispiele verdeutlichen.
Herausarbeiten: Aus Materialien bestimmte historische Sachverhalte herausfinden, die nicht explizit genannt werden, und Zusammenhänge zwischen ihnen herstellen.
Gegenüberstellen: Wie skizzieren, aber zusätzlich argumentierend gewichten.
Widerlegen: Argumente dafür anführen, dass eine Behauptung zu Unrecht aufgestellt wird.

Anforderungsbereich III
Der Anforderungsbereich III umfasst den reflexiven Umgang mit neuen Problemstellungen, den eingesetzten Methoden und gewonnenen Erkenntnissen, um zu eigenständigen Begründungen, Folgerungen, Deutungen und Wertungen zu gelangen.
Dies erfordert vor allem Leistungen der **Reflexion und Problemlösung**, insbesondere:
- Entfalten einer strukturierten, multiperspektivischen und problembewussten historischen Argumentation
- Diskutieren historischer Sachverhalte und Probleme
- Überprüfen von Hypothesen zu historischen Fragestellungen
- Entwickeln eigener Deutungen
- Reflektieren der eigenen Urteilsbildung unter Beachtung historischer bzw. gegenwärtiger ethischer, moralischer und normativer Kategorien

„Operatoren"

Beurteilen: Den Stellenwert historischer Sachverhalte in einem Zusammenhang bestimmen, um ohne persönlichen Wertebezug zu einem begründeten Sachurteil zu gelangen.

Bewerten, Stellung nehmen: Wie Operator „beurteilen", aber zusätzlich mit Offenlegen und Begründen der eigenen Wertmaßstäbe, die Pluralität einschließen und zu einem Werturteil führen, das auf den Wertvorstellungen des Grundgesetzes basiert.

Entwickeln: Gewonnene Analyseergebnisse synthetisieren, um zu einer eigenen Deutung zu gelangen.

Sich auseinandersetzen, diskutieren: Zu einer historischen Problemstellung oder These eine Argumentation entwickeln, die zu einer begründeten Bewertung führt.

Prüfen, überprüfen: Aussagen (Hypothesen, Behauptungen, Urteile) an historischen Sachverhalten auf ihre Angemessenheit hin untersuchen.

Vergleichen: Auf der Grundlage von Kriterien historische Sachverhalte problembezogen gegenüberstellen, um Gemeinsamkeiten, Unterschiede, Teil-Identitäten, Ähnlichkeiten, Abweichungen oder Gegensätze zu beurteilen.

Übergeordnete Operatoren, die Leistungen in allen drei Anforderungsbereichen verlangen

Interpretieren: Sinnzusammenhänge aus Quellen erschließen und eine begründete Stellungnahme abgeben, die auf einer Analyse, Erläuterung und Bewertung beruht.

Erörtern: Eine These oder Problemstellung durch eine Kette von Für-und-Wider- bzw. Sowohl-als-Auch-Argumenten auf ihren Wert und ihre Stichhaltigkeit hin abwägend prüfen und auf dieser Grundlage eine eigene Stellungnahme dazu entwickeln. Die Erörterung einer historischen Darstellung setzt deren Analyse voraus.

Darstellen: Historische Entwicklungszusammenhänge und Zustände mithilfe von Quellenkenntnissen und Deutungen beschreiben, erklären und beurteilen.

Weiterführende Arbeitsanregung

Im Folgenden sind wiederholend Aufgaben aus diesem Lehrwerk aufgeführt. Skizzieren Sie mithilfe der Hinweise zu den Operatoren, wie Sie bei der Bearbeitung der Aufgaben jeweils vorgehen würden:

S. 11 **2** Untersuchen Sie, welche unterschiedlichen Erfahrungen mit der Modernisierung zu den jeweiligen Grundpositionen der beiden Bilder geführt haben. Ziehen Sie dazu die Informationen aus M 2 und M 4 hinzu.

S. 107 **1** Erklären Sie, was Bebel mit „Cäsarismus" und „Scheinkonstitutionalismus" meint (M 34 a).

S. 129 **3** „Vom Patriarchat zur Partnerschaft" lautet der Titel eines Buches zum Strukturwandel der Familie. Ordnen Sie mithilfe des Darstellungstextes, S. 128 f., und der Materialien M 55–M 59 die Geschlechterrollen im kaiserlichen Deutschland ein.

S. 136 **1** Fassen Sie die Vertragsbestimmungen zusammen (M 64).

S. 173 **3** Informieren Sie sich mithilfe des Internets über die Entstehung des Begriffes „Freistaat". Benutzen Sie dafür die Internetseite Sachsens: www.sachsen.de. Diskutieren Sie, ob und inwiefern der Begriff heute noch angemessen ist.

S. 221 **2** Vergleichen Sie die Stellung des Reichskanzlers in der Weimarer Reichsverfassung mit der Praxis der Regierungsbildung 1930 bis 1933.

S. 223 **3** Diskutieren Sie, warum diese Bestimmungen nicht als Notverordnung des Reichspräsidenten eingeführt wurden.

S. 256 **2** Bewerten Sie die These, dass der Nationalsozialismus die Klassenunterschiede aufgelöst hat.

S. 335 **4** Versetzen Sie sich in die Rolle eines Journalisten aus Großbritannien und schreiben Sie aus der Sicht des Jahres 1948 einen Zeitungsbericht über das Parteienspektrum in den Ost- und Westzonen. Bebildern Sie Ihren Bericht mit Parteiplakaten, die Ihrer Meinung nach typisch sind (s. Chroniken, historische Bildbände usw.), und begründen Sie die Auswahl gegenüber der Bildredaktion Ihrer Zeitung.

S. 447 **3** Beschreiben Sie mithilfe von M 6 a, b sowie auf der Grundlage der Darstellung und Materialien, S. 270 ff., die Kriegführung im Zweiten Weltkrieg und ihre Folgen.

---

[1] Die Beschreibungen der Operatoren sind zitiert nach: Einheitliche Prüfungsanforderungen in der Abiturprüfung. Geschichte. Beschluss der Kultusministerkonferenz vom 1.12.1989 i. d. F. vom 10.02.2005, hg. v. Sekretariat der Ständigen Konferenz der Kultusminister der Länder in der Bundesrepublik Deutschland, München/Neuwied 2005, S. 11–14

Interpretation schriftlicher Quellen

Interpretation schriftlicher Quellen in Klausuren

Anforderungsbereich I

1. Erarbeitung der formalen Merkmale („W-Fragen")

WER? Bestimmen Sie die Persönlichkeit des Autors/der Autorin. Bekleidete er/sie eine öffentliche Stellung, ein Amt? Aus welcher sozialen Schicht kam er/sie? In welchem Verhältnis stand er/sie zum Geschehen und zu den Beteiligten? Aus welcher Perspektive/Weltanschauung urteilt bzw. wertet er/sie?

WAS? Bestimmen Sie das Thema, über das der Autor/die Autorin spricht.

WO/WANN? Bestimmen Sie Entstehungsort und Datierung der Quelle.

WIE? Bestimmen Sie die Textart (Urkunde, Gesetz, Memorandum, Protokoll, Presseerzeugnis, Parteiprogramm, Brief, Autobiografie, Tagebuch usw.; unterscheiden Sie zwischen internen und öffentlichen Texten). Bestimmen Sie den Sprachstil (polemisch, sachlich, argumentativ, beschreibend usw.).

WARUM? Bestimmen Sie Anlass und Adressaten (Freunde, Öffentlichkeit, Machtträger, Nachwelt).

2. Erarbeitung der inhaltlichen Merkmale

Bei diesem Schritt sind Kernaussagen, Hauptanliegen, Leitgedanken und zentrale Begriffe zu erfassen. Dies soll mit eigenen Worten geschehen. Aussagen und Begriffe sind mit Zitaten aus der Textquelle zu belegen (An- und Abführungszeichen nicht vergessen).

Anforderungsbereich II

3. Einordnung in den historischen Zusammenhang

Sie sollen einen Sachverhalt, der in einer schriftlichen Quelle thematisiert wird, durch zusätzliche historische Informationen (Ereignisse, Personen, Prozesse, Begriffe) verständlich machen und sinnvoll zu Entwicklungen und Strukturen verknüpfen. Erläutern Sie Anlässe/Ursachen und Effekte/Wirkungen; unterscheiden Sie zwischen (kurzfristigen) Anlässen und (längerfristigen) Ursachen, ebenso zwischen (kurzfristigen) Effekten und (längerfristigen) Wirkungen. Vergleichen Sie ggf. mit anderen Quellen und Sichtweisen.

Anforderungsbereich III

4. Beurteilung und Bewertung des Sachverhalts

Die Quelle und der historische Sachverhalt sind zu problematisieren. Sie sollen eine strukturierte, verschiedene Standpunkte berücksichtigende Argumentation vorbringen. Thesen können unterstützt oder verworfen oder differenziert werden. Aus Vergleichen sollen Sie Schlüsse ziehen. Bei Ihren Urteilen und Wertungen können Sie auch andere Epochen oder die Gegenwart einbeziehen.

Literaturhinweise

Kapitel 1
Hahn, Hans-Werner, Die Industrielle Revolution in Deutschland, Oldenbourg München ²2005.
Henning, Friedrich-Wilhelm, Die Industrialisierung in Deutschland 1800–1914, UTB, Paderborn ⁹1995.
Hentschel, Volker, Geschichte der deutschen Sozialpolitik 1880–1980, Suhrkamp, Frankfurt/Main ⁴1991.
Hobsbawm, Eric J., Industrie und Empire. Britische Wirtschaftsgeschichte seit 1750, 2 Bde., Suhrkamp, Frankfurt/Main 1969.
Kiesewetter, Hubert, Industrielle Revolution in Deutschland 1815–1914, Suhrkamp, Frankfurt/Main ³1996.
Kiesewetter, Hubert, Das einzigartige Europa. Zufällige und notwendige Faktoren der Industrialisierung, Vandenhoeck & Ruprecht, Göttingen 1996.
Landes, David S., Der entfesselte Prometheus. Technologischer Wandel und industrielle Entwicklung in Westeuropa von 1750 bis zur Gegenwart, dtv, München 1983.
Landes, David S., Wohlstand und Armut der Nationen. Warum die einen reich und die anderen arm sind, Siedler, Berlin 1999.
Pierenkemper, Toni, Umstrittene Revolutionen. Die Industrialisierung im 19. Jahrhundert, Fischer, Frankfurt/Main 1996.
Reulecke, Jürgen, Geschichte der Urbanisierung in Deutschland, Suhrkamp, Frankfurt/Main ³1992.

Kapitel 2
Alter, Peter, Nationalismus, Suhrkamp, Frankfurt/Main ⁴1993.
Fehrenbach, Elisabeth, Verfassungsstaat und Nationsbildung 1815–1871, Oldenbourg, München ²2007.
Hirschfeld, Gerhard, Krumeich, Gerd, Renz, Irina (Hg.), Enzyklopädie Erster Weltkrieg, Schöningh, Paderborn 2003.
Langewiesche, Dieter, Liberalismus in Deutschland, Suhrkamp, Frankfurt/Main ⁴1995.
Nipperdey, Thomas, Deutsche Geschichte 1800–1866. Bürgerwelt und starker Staat, C. H. Beck, München 1983.
Nipperdey, Thomas, Deutsche Geschichte 1866–1918, 2 Bde., C. H. Beck, München 1990 u. 1992.
Siemann, Wolfram, Vom Staatenbund zum Nationalstaat. Deutschland 1806–1871, C. H. Beck, München 1995.
Ullmann, Hans-Peter, Das Deutsche Kaiserreich 1871–1918, Suhrkamp, Frankfurt/Main 1995.
Ullrich, Volker, Die nervöse Großmacht 1871–1918, C. H. Beck, München 1997.
Wehler, Hans-Ulrich, Deutsche Gesellschaftsgeschichte, Bde. 2 u. 3, C. H. Beck, München 1987 u. 1995.

Kapitel 3
Kolb, Eberhard, Die Weimarer Republik, Oldenbourg, München ⁶2002.
Longerich, Peter, Deutschland 1918–1933. Die Weimarer Republik, Fackelträger, Hannover 1995.
Michalka, Wolfgang u. Gottfried Niedhart (Hg.), Die ungeliebte Republik. Dokumente zur Innen- und Außenpolitik Weimars 1918–1933, dtv, München ⁴1985.
Mommsen, Hans, Aufstieg und Untergang der Republik von Weimar 1918–1933, Propyläen, Berlin 1998.
Wehler, Hans-Ulrich, Deutsche Gesellschaftsgeschichte, Bd. 4: Vom Beginn des Ersten Weltkriegs bis zur Gründung der beiden deutschen Staaten : 1914–1949, C. H. Beck, München 2003.
Winkler, Heinrich August, Weimar 1918–1933. Die Geschichte der ersten deutschen Demokratie, C. H. Beck, München 1993.
Winkler, Heinrich August, Der lange Weg nach Westen, Bd. 1: Deutsche Geschichte vom Ende des Alten Reiches bis zum Untergang der Weimarer Republik, C. H. Beck, München 2000.

Literaturhinweise

Kapitel 4
Benz, Wolfgang, Hermann Graml u. Hermann Weiß (Hg.), Enzyklopädie des Nationalsozialismus, dtv, München ⁵2007.
Borejsza, Jerzy W., Schulen des Hasses. Faschistische Systeme in Europa, Fischer, Frankfurt/Main 1999.
Herbst, Ludolf, Das nationalsozialistische Deutschland 1933–1945, Suhrkamp, Frankfurt/Main 1996.
Benz, Wolfgang u. Walter H. Pehle (Hg.), Lexikon des deutschen Widerstandes, Fischer, Frankfurt/Main ²2004.
Hildebrand, Klaus, Das Dritte Reich, Oldenbourg, München ⁶2003.
Hehl, Ulrich von, Nationalsozialistische Herrschaft, Oldenbourg, München ²2001.
Kershaw, Ian, Der NS-Staat. Geschichtsinterpretationen und Kontroversen im Überblick, Rowohlt, Reinbek bei Hamburg ⁴2006.
Recker, Marie-Luise, Die Außenpolitik des Dritten Reiches, Oldenbourg, München 1990.
Wendt, Bernd Jürgen, Deutschland 1933–1945. Das „Dritte Reich", Fackelträger, Hannover 1995.
Wippermann, Wolfgang, Europäischer Faschismus im Vergleich 1922–1982, Suhrkamp, Frankfurt/Main 1983.

Kapitel 5
Görtemaker, Manfred, Kleine Geschichte der Bundesrepublik Deutschland, C. H. Beck, München 2002.
Jarausch, Konrad, Die Umkehr. Deutsche Wandlungen 1945–1995, Deutsche Verlagsanstalt, München 2004.
Kleßmann, Christoph, Die doppelte Staatsgründung. Deutsche Geschichte 1945–1955, Vandenhoeck und Ruprecht, Göttingen ⁵1991.
Kleßmann, Christoph, Zwei Staaten, eine Nation. Deutsche Geschichte 1955–1970, Bundeszentrale für politische Bildung, Bonn ²1997.
Kocka, Jürgen, Vereinigungskrise. Zur Geschichte der Gegenwart, Vandenhoeck & Ruprecht, Göttingen 1995.
Ritter, Gerhard A., Über Deutschland. Die Bundesrepublik in der deutschen Geschichte, C. H. Beck, München 1998.
Schildt, Axel, Ankunft im Westen. Ein Essay zur Erfolgsgeschichte der Bundesrepublik, Fischer, Frankfurt/Main 1999.
Schöllgen, Gregor, Die Außenpolitik der Bundesrepublik Deutschland. Von den Anfängen bis zur Gegenwart, C. H. Beck, München 1999.
Schroeder, Klaus, Der SED-Staat. Partei, Staat und Gesellschaft 1949–1990, Propyläen Taschenbuch, München 2000.
Schroeder, Klaus, Die veränderte Republik. Deutschland nach der Wiedervereinigung, Verlag Ernst Vögel, München 2006.
Steininger, Rolf, Deutsche Geschichte. Darstellung und Dokumente in vier Bänden, Fischer Taschenbuch Verlag, Frankfurt/Main 2002.
Weber, Hermann, Die DDR 1945–1990, Oldenbourg, München ⁴2006.
Winkler, Heinrich August, Der lange Weg nach Westen, Bd. 2: Deutsche Geschichte vom „Dritten Reich" bis zur Wiedervereinigung, C. H. Beck, München ⁴2002.
Wolfrum, Edgar (Hg.), Die Deutschen im 20. Jahrhundert, Wissenschaftliche Buchgesellschaft, Darmstadt 2004.
Wolfrum, Edgar, Die geglückte Demokratie. Geschichte der Bundesrepublik Deutschland von ihren Anfängen bis zur Gegenwart, Klett-Cotta, Stuttgart 2006.
Wolle, Stefan, Die heile Welt der Diktatur. Alltag und Herrschaft in der DDR 1971–1989, Econ & List, München 1999.

Literaturhinweise

Kapitel 6
Czempiel, Ernst-Otto, Weltpolitik im Umbruch. Das internationale System nach dem Ende des Ost-West-Konfliktes, C. H. Beck, München ⁴2003.
Debiel, Tobias u. a. (Hg.), Globale Trends 2007. Frieden – Entwicklung – Umwelt, Fischer Taschenbuch Verlag, Frankfurt/Main 2006.
Diner, Dan, Das Jahrhundert verstehen. Eine universalgeschichtliche Deutung, Fischer Taschenbuch Verlag, Frankfurt/Main ²2001.
Dülffer, Jost, Europa im Ost-West-Konflikt 1945–1990, Oldenbourg, München 2004.
Hobsbawm, Eric J., Das Zeitalter der Extreme. Weltgeschichte des 20. Jahrhunderts, Hanser, München 1995.
Kleinschmidt, Harald, Geschichte der internationalen Beziehungen, Reclam, Stuttgart 1998.
Möller, Horst, Europa zwischen den Weltkriegen, Oldenbourg, München 1998.
Nohlen, Dieter (Hg.), Lexikon Dritte Welt, Neuausgabe, Rowohlt, Reinbek bei Hamburg 2002.
Schöllgen, Gregor, Geschichte der Weltpolitik von Hitler bis Gorbatschow 1941–1991, C. H. Beck, München 1996.
Wolfrum, Edgar u. Arendes, Cord, Globale Geschichte des 20. Jahrhunderts, Verlag W. Kohlhammer, Stuttgart 2007.

Kapitel 7
Berding, Helmut u. a. (Hg.), Krieg und Erinnerung. Fallstudien zum 19. und 20. Jahrhundert, Vandenhoeck & Ruprecht, Göttingen 2000.
François, Etienne (Hg.), Deutsche Erinnerungsorte, Bde. 1–3, C. H. Beck, München 2001.
Koselleck, Reinhart u. Jeismann, Michael (Hg.), Der politische Totenkult. Kriegerdenkmäler in der Moderne, Wilhelm Fink Verlag, München 1994.
Nipperdey, Thomas, Nationalidee und Nationaldenkmal in Deutschland im 19. Jahrhundert, in: ders., Gesellschaft, Kultur, Theorie. Gesammelte Aufsätze zur neueren Geschichte, Vandenhoeck & Ruprecht, Göttingen 1976.
Nora, Pierre (Hg.), Erinnerungsorte Frankreichs, C. H. Beck, München 2005.
Schlie, Ulrich, Die Nation erinnert sich. Die Denkmäler der Deutschen, C. H. Beck, München 2002.
Schulze, Hagen, Kleine deutsche Geschichte, erweiterte und aktualisierte Sonderausgabe, C. H. Beck, München 2007.
Schulze, Hagen, Staat und Nation in der europäischen Geschichte, C. H. Beck, ²2004.

Regionalgeschichte Sachsens
Drehwald, Suzanne u. Jestaedt, Christoph, Sachsen als Verfassungsstaat. Hg. v. Thomas Pfeiffer, Edition Leipzig. Sonderausgabe der Sächsischen Landeszentrale für politische Bildung, Leipzig 1998.
Kaemmel, Otto, Sächsische Geschichte, in der Überarbeitung v. Manfred Kobuch u. Weiterführung von Agatha Kobuch, Hellerau-Verlag, Dresden 1999.
Karlsch, Rainer und Schäfer, Michael, Wirtschaftsgeschichte Sachsens im Industriezeitalter, Edition Leipzig, Leipzig 2006.
Lässig, Simone u. Pohl, Karl Heinrich (Hg.), Sachsen im Kaiserreich. Politik, Wirtschaft und Gesellschaft im Umbruch, Böhlau, Köln 1997.
Ludwig, Jörg u. Neemann, Andreas, Revolution in Sachsen 1848/49. Darstellung und Dokumente, hg. v. d. Sächsischen Landeszentrale für politische Bildung u. d. Sächsischen Hauptstaatsarchiv Dresden, Eigenverlag, Dresden 1999.
Zwahr, Hartmut, Revolutionen in Sachsen. Beiträge zur Sozial- und Kulturgeschichte, Böhlau, Weimar 1996.

Zu allen Kapiteln
Die ZEIT Welt- und Kulturgeschichte, Bde. 11–16, Bibliographisches Institut, Mannheim 2006.

Internethinweise

Wichtige Adressen für den Unterricht
http://www.zum.de
Dahinter verbirgt sich der bedeutendste Anbieter für Unterrichtsmaterialien im Netz, nämlich die Zentrale für Unterrichtsmedien im Internet e. V. Geboten werden u. a. Materialien und Linklisten zum Fach Geschichte.

http://www.dbs.schule.de
Das Projekt der Humboldt-Universität Berlin bietet alles zum Thema Schule. Bei der Suche nach Unterrichtsmaterial erhält man eine Inhaltsbeschreibung, Zuordnung zu Schulstufen, wissenschaftliche Einordnung des Inhalts in Fachdisziplin usw.

http://www.suchfibel.de
Das o. g. Buch ist auch als ausgezeichnete Suchmaschine im Netz vertreten.

Ausgewählte Adressen für Geschichte
http://www.lbw.bwue.de
Sammlung von Links, u. a. Nachrichtenarchive, Suchmaschinen.

http://www.geschichte.2me.net/
2000 Jahre Geschichte, nach Jahresereignissen, Ländern, Orten, Regenten, historischen Karten geordnet.

http://www.phil.uni-erlangen.de/~p1ges/-vl-dtld.html
Thematisch gegliederte Linksammlung zu allen Bereichen der Geschichte.

http://www.lehrernet.de/faecher/geschichte.html
Unterrichtsmaterialien von der Antike bis zur Wende in der DDR 1989.

http://www.bpb.de/publikationen/
Die Bundeszentrale für politische Bildung stellt einige ihrer Publikationen zu historischen Themen online bereit.

http://www.documentarchiv.de/
Historische Dokumenten- und Quellensammlung zur deutschen Geschichte ab 1800.

http://www.ieg-maps.uni-mainz.de/
Digitale Karten zur deutschen und europäischen Geschichte zu den Themenbereichen Politik, Wirtschaft, Verwaltung und Verkehr, bereitgestellt vom Institut für Europäische Geschichte Mainz.

http://www.dhm.de/lemo/home.html
Multimedial aufbereitete Informationen zur deutschen Geschichte von 1871 bis zur Gegenwart – bereitgestellt vom „Lebendigen virtuellen Museum Online", einem gemeinsamen Projekt des Deutschen Historischen Museums, des Hauses der Geschichte der Bundesrepublik Deutschland und des Fraunhofer-Instituts.

http://www.shoa.de/
Das größte deutschsprachige Internetportal zum Thema Holocaust/Antisemitismus und Drittes Reich bietet redaktionelle Artikel, einen Linkkatalog, ein Online-Diskussionsforum, Zeitzeugenberichte und Rezensionen.

http://www.sachsen.de
Die offizielle Internetseite des Bundeslandes Sachsen bietet einen ersten Einstieg in regionalgeschichtliche Themen.

Lexikon

A

Antifaschismus: Der Begriff bezeichnet ursprünglich die Gegnerschaft zum Faschismus und Nationalsozialismus. Vor und nach 1945 benutzte die Sowjetunion und entsprechend die SED ihn als Integrationsideologie, um demokratische Gegner des Faschismus und Nationalsozialismus zu einem Bündnis unter kommunistischer Führung („Einheitsfront", „Demokratischer Block") zu bewegen. Während des Ost-West-Konflikts verschmolz der Begriff häufig mit dem des „Antiimperialismus" zu einem ideologischen Kampfbegriff, der die politisch-moralische Überlegenheit des Ostens zum Ausdruck bringen sollte.

Anti-Hitler-Koalition: Sie war im Zweiten Weltkrieg ein informelles Zweckbündnis zwischen den USA, Großbritannien und der UdSSR mit dem einzigen Ziel, Hitler zu besiegen. Die USA bauten seit 1939 ihre Neutralitätsgesetzgebung ab, um Großbritannien und seine Verbündeten gegen Deutschland unterstützen zu können. Trotz der Spannungen zwischen Großbritannien und der UdSSR kam es ab 1941 zur Zusammenarbeit zwischen den „Großen Drei". Auf mehreren Konferenzen während des Krieges (Moskau 1943; Dumbarton Oaks 1944; Jalta 1945) stimmten die drei Alliierten ihr militärisches Vorgehen ab und berieten darüber, wie Deutschland nach dem Krieg behandelt werden sollte.

Antisemitismus: Ablehnung oder Bekämpfung von Juden aus rassischen, religiösen oder sozialen Gründen. Der Begriff wurde im Jahre 1879 geprägt, aber Judenfeindschaft gab es schon in der Antike und im Mittelalter. In der zweiten Hälfte des 19. Jh.s entwickelte sich ein rassisch begründeter Antisemitismus, mit dem gesellschaftliche Konflikte auf die Juden als Feindbild übertragen wurden. In der NS-Ideologie bildete der Antisemitismus ein zentrales Element. Das NS-Regime setzte seinen Rassenantisemitismus systematisch bis zum Völkermord um: Ausschaltung aus dem politischen, wirtschaftlichen und kulturellen Leben (Nürnberger Gesetze von 1935), Pogrom am 9./10. November 1938 („Reichskristallnacht"), Gettoisierung und die Verpflichtung, den Judenstern zu tragen, schließlich die physische Vernichtung. Etwa 6 Mio. Juden wurden in den Konzentrations- und Vernichtungslagern 1933–1945 getötet.

Appeasement (engl. = Beschwichtigung, Beruhigung): Appeasement wird als Schlagwort gebraucht, um in abwertendem Sinne eine Politik des ständigen Nachgebens, besonders totalitären Staaten gegenüber, zu bezeichnen. Appeasement war ein polemischer Vorwurf an die britische Außenpolitik von 1933–1939, insbesondere für den Versuch der Regierung Chamberlain, seit 1937 durch Zugeständnisse an Deutschland und Italien den Frieden zu erhalten. Höhepunkt und Ende der Appeasementpolitik war das Münchner Abkommen (1938) und die Besetzung der Tschechoslowakei durch deutsche Truppen (1939).

Arbeiter: In der kapitalistischen Industrieproduktion führt der Arbeiter persönlich frei und ohne Besitz von Produktionsmitteln in einem Vertragsverhältnis mit einem Unternehmer gegen Lohn fremdbestimmte Arbeit aus. Viele Arbeiter entwickelten das Bewusstsein, als Klasse zusammenzugehören. Sie verstanden sich als Proletariat, dessen Situation durch Reformen oder Revolution zu verbessern sei.

Arbeiterbewegung: Gewerkschaftlicher, genossenschaftlicher und politischer (Parteien) Zusammenschluss von Arbeitern seit dem zweiten Drittel des 19. Jh.s. Die Arbeiterbewegung, d. h. die Institutionen, die für die Verbesserung der politischen und sozialen Lage der Arbeiter kämpften, ist begrifflich von der Arbeiterschaft als sozialer Schicht zu unterscheiden.

B

Bevölkerungswachstum: Der Industrialisierung geht das Bevölkerungswachstum voraus und begleitet sie anfangs verstärkend. Gespeist wird es aus der sinkenden Sterblichkeitsrate (= Todesfälle pro 1000 Einwohner), einer zeitweise hohen Geburtenziffer (= Lebendgeburten pro 1000 Einwohner) und vor allem durch eine hohe Fruchtbarkeitsziffer bzw. Fertilität (= Lebendgeborene auf 1000 Frauen im Alter von 15 bis unter 45 Jahren). Im weiteren Verlauf der Industrialisierung nähern sich Sterbe- und Geburtenraten immer stärker an.

Bipolarität: Bezeichnet eine Struktur des Staatensystems, bei dem sich zwei hegemoniale Machtzentren, wie die USA und die UdSSR von 1945 bis 1991, gegenüberstehen. Die Weltpolitik war in dieser Zeit nahezu vollständig diesem Gegensatz untergeordnet („Kalter Krieg"). Politische, wirtschaftliche und militärische Entscheidungen fielen überwiegend unter der Prämisse der ideologischen und machtpolitischen Parteinahme für je eine Führungsmacht.

Blockfreie Staaten: Die Konferenz von Bandung 1955 war der Beginn der Bewegung der blockfreien Staaten, die sich in der Zeit des Kalten Krieges weder dem Ostblock/UdSSR noch dem Westblock/USA anschließen wollten. Ziele ihrer Politik waren Neutralitätsprinzip, Antiimperialismus, Antikolonialismus und weltweite Abrüstung.

Lexikon

Bundesstaat: Aus Einzelstaaten zusammengesetzter Gesamtstaat, wobei die Einzelstaaten einen Teil ihrer souveränen Rechte in der Gesetzgebung und Verwaltung an den Gesamtstaat übertragen, z. B. Außen-, Verteidigungs- und Finanzpolitik, einen anderen Teil aber behalten, z. B. Schul- und Kulturpolitik. Man bezeichnet dieses Gestaltungsprinzip von Staaten als Föderalismus. Bsp.: USA, Bundesrepublik Deutschland, Schweiz.

Bürger, Bürgertum: Im Mittelalter und in der frühen Neuzeit vor allem die freien und vollberechtigten Stadtbewohner, im Wesentlichen die städtischen Kaufleute und Handwerker; in einigen Ländern (z. B. England) auch schon im 18. Jh. die Angehörigen einer durch Besitz, Bildung und spezifische Einstellungen gekennzeichneten Bevölkerungsschicht, die sich von Adel und Klerus, Bauern und Unterschichten (einschließlich der Arbeiter) unterscheidet. Zu ihr gehören Besitz- oder Wirtschaftsbürger (= Bourgeoisie, also größere Kaufleute, Unternehmer, Bankiers, Manager), Bildungsbürger (Angehörige freier Berufe, höhere Beamte und Angestellte zumeist mit akademischer Bildung), am Rande auch die Kleinbürger (kleinere Handwerker, Krämer, Wirte). Staatsbürger meint dagegen alle Einwohner eines Staates ungeachtet ihrer sozialen Stellung, soweit sie gleiche „bürgerliche" Rechte und Pflichten haben (vor Gericht, in Wahlen, in der öffentlichen Meinung). Staatsbürger im vollen Sinne waren lange Zeit nur Männer und nur die Angehörigen der besitzenden und gebildeten Schichten, im 19. Jh. allmähliche Ausweitung auf nicht besitzende männliche Schichten, im 20. Jh. auf Frauen.

Bürgerliche Gesellschaft: Die Gesellschaft, in der das Bürgertum, insbesondere die Bourgeoisie (also das Wirtschaftsbürgertum) zur führenden Schicht oder Klasse wird. Sie löste im 18. und 19. Jh. die alte Feudalgesellschaft ab, in der Adel und Klerus die bestimmenden Stände waren. Mit der Industriellen Revolution und dem nach und nach durchgesetzten Verfassungsstaat gewann das Bürgertum immer mehr Einfluss und Macht.

Bürgerrechtsbewegung: Seit den 1970er-Jahren gegründete Oppositionsgruppen in der DDR und in den anderen Ostblockstaaten zur Durchsetzung von Menschen- und Bürgerrechten; zunächst oft unter dem Dach der Kirchengemeinden, dann auch als unabhängige Gruppen hatten sie maßgeblichen Anteil an der friedlichen Revolution 1989/90.

D

Dekolonisation: Die einvernehmlich oder gewaltsam erlangte Aufhebung der Kolonialherrschaft. Das Ende des Kolonialismus wurde – nach ersten Ansätzen in der Zwischenkriegszeit – vor allem durch den Zweiten Weltkrieg beschleunigt, und zwar durch Schwäche und Prestigeverlust der europäischen Mächte, den zunehmenden Druck der öffentlichen Meinung und das wachsende Selbstbewusstsein der Kolonialvölker.

Demokratie: Regierungsform, in der der Wille des Volkes ausschlaggebend ist. Die direkte Demokratie beruht auf der unmittelbaren Teilhabe der Bürger an politischen Entscheidungen. In der modernen Form der Demokratie als mittelbare oder repräsentative Demokratie wird die Herrschaft nicht direkt vom Volk ausgeübt, sondern durch vom Volk gewählte Repräsentanten, die Abgeordneten. Kennzeichen der modernen freiheitlichen Demokratie sind: Garantie der Menschenrechte, allgemeines, gleiches, geheimes und freies Wahlrecht, Gewaltenteilung, Parlamente, Mehrparteiensystem, Minderheitenschutz.

Deutsche Frage: Bez. für die Probleme, die sich aus der deutschen Teilung nach der Niederlage des Deutschen Reiches im Zweiten Weltkrieg ergaben. Die Bundesrepublik bestand seit ihrer Gründung 1949 darauf, für das ganze deutsche Volk zu sprechen (Alleinvertretungsanspruch). Unter der sozialliberalen Regierung Brandt (1969–1974) kam es im Zuge der neuen Ost- und Deutschlandpolitik zum Grundlagenvertrag von 1972, der zu einer Verbesserung des Verhältnisses beider deutschen Staaten führte. Die Frage der Wiedervereinigung wurde dabei bewusst ausgeklammert. Durch die friedliche Revolution in der DDR 1989, die Öffnung der Grenzen und den Zusammenbruch des SED-Regimes kam der Vereinigungsprozess in Gang. Mit der Zustimmung der ehemaligen Siegermächte zur Wiedervereinigung und der Vereinigung am 3. Oktober 1990 ist die deutsche Frage gelöst.

Dienstleistungssektor: Produktionssektor, zu dem keine Sachgüter, sondern Handel, Verkehr, Versicherungen, Gastronomie usw. gehören.

Diktatur: Herrschaftssystem, bei dem ein Einzelner, eine Gruppe oder eine Partei mit Gewalt herrscht.

Dritte Welt: Dazu gehören alle industriell schwach entwickelten Länder in Afrika, Asien und Lateinamerika. Die Erste Welt bilden die industrialisierten Staaten Europas, die USA, Kanada, Australien, Neuseeland und Japan. Zur Zweiten Welt zählten die später industrialisierten sozialistischen Staaten des Ostblocks. Obwohl es diesen nicht mehr gibt, wird weiterhin von der Dritten Welt im herkömmlichen Sinn gesprochen.

Die Dritte Welt fordert von den reichen Industriestaaten mehr Hilfe und Gleichberechtigung auf dem Weltmarkt (Nord-Süd-Konflikt).
Dynastie: Herrschergeschlecht.

E

egalitär: Auf politische oder soziale Gleichheit und Gerechtigkeit bedacht.
elitär: Einer Elite angehörend, auserlesen.
Entnazifizierung: Von den Alliierten eingeleitete und von den Deutschen übernommene Maßnahmen zur Ausschaltung des NS-Einflusses in Politik, Wirtschaft und Kultur.
Entwicklungshilfe: Bez. für alle Maßnahmen privater und öffentlicher, nationaler und internationaler Organisationen zur Unterstützung der Entwicklungsländer. Dazu zählen z. B. zinsverbilligte Kredite, nicht rückzahlbare Zuschüsse, technische Hilfsmaßnahmen, Ausbau des Bildungs- und Gesundheitswesens, Familienplanung, Wasserversorgung, Energie. Die UNO hat als Zielwert für Entwicklungshilfe 0,7 % des Bruttosozialprodukts eines jeden Industrielandes vorgegeben; die tatsächlichen Werte liegen niedriger.
Entwicklungsländer: Länder, die gemessen an „hoch entwickelten" Ländern „unterentwickelt" sind. Merkmale bzw. Ursachen sind: Ein großer Anteil der Bevölkerung ist in der Landwirtschaft tätig; hohe Arbeitslosigkeit und Unterbeschäftigung; wenig Bildungsmöglichkeiten; niedriges Pro-Kopf-Einkommen; Kapitalmangel; ungenügende Infrastruktur; unzureichende medizinische Versorgung; einseitige Abhängigkeit von der Weltwirtschaft.
Europäische Integration: Die langfristig angelegte und friedliche Zusammenführung der europäischen Staaten. Sie betraf nach 1945 zunächst nur das westliche, ab 1989/90 auch das östliche Europa.
Expansion: Vergrößerung eines Staatsgebietes durch Krieg oder Schaffung von Einflusszonen.

F

Familie: In der vorindustriellen Zeit Haus-, Schutz- und Herrschaftsverband, der neben den Blutsverwandten auch alle übrigen Arbeitenden des Hauses und der dazugehörigen Wirtschaft umfasste (Ganzes Haus). Dieser Familienverband wandelte sich zuerst bei Beamten und Gebildeten im 18. Jh., dann beschleunigt in fast allen Gruppen der Gesellschaft unter dem Einfluss der Industrialisierung. Das Ergebnis dieses Prozesses war die Familie als Verwandtschaftsfamilie, heute überwiegend die Kern- oder Kleinfamilie.

Frühkapitalismus: Die Epoche des Frühkapitalismus (15.–18. Jh.) ist dadurch gekennzeichnet, dass einzelne Unternehmer, Unternehmerfamilien und Handelsgesellschaften alle für Produktion und Handel erforderlichen Mittel besaßen, nämlich Geld, Gebäude und Arbeitsgeräte (Kapital). Sie versuchten häufig eine marktbeherrschende Stellung für bestimmte Waren durchzusetzen (Monopole).
Führerprinzip: Im weiteren Sinne ist ein Führer jemand, der eine Gruppe von Menschen leitet. Im 20. Jh. ist die historische Bedeutung von Führer, Führerprinzip und Führerstaat untrennbar verbunden mit den Diktaturen des Faschismus, insbesondere des Nationalsozialismus und der Person Adolf Hitlers. Der Führer vereint in sich die oberste vollziehende, gesetzgebende und richterliche Gewalt und kennt keine Gewaltenteilung; er bedarf keiner Legitimation und verlangt unbedingten Gehorsam. Seine Person wird fast kultisch verehrt. Der Führerstaat funktioniert nach dem Führerprinzip: Autorität wird in der Staats- und Parteiorganisation von oben nach unten ausgeübt, Verantwortung von unten nach oben verlagert. Das Führerprinzip wird ergänzt durch die Ideologie der Volksgemeinschaft.

G

Gewaltenteilung: Trennung zwischen den drei Staatsorganen Legislative (Parlament), Exekutive (Verwaltung einschließlich Regierung) und Judikative (Rechtssprechung). Mit der Gewaltenteilung soll der Einfluss einer Staatsgewalt auf die anderen begrenzt werden.
Glasnost (russ. = Offenheit, Öffentlichkeit, Transparenz): Schlüsselbegriff der Reformen Gorbatschows seit 1985 in der UdSSR; beinhaltete die Überwindung der alten politischen und gesellschaftlichen Strukturen durch freieren Zugang zu Informationen, offene Diskussion von Missständen, Ermutigung zur Kritik, Transparenz staatlicher Entscheidungsprozesse und politische Beteiligung des Volkes.
Globalisierung: Prozess der Zunahme und Verdichtung weltweiter Beziehungen in allen Lebensbereichen.
Gründerzeit: Kulturgeschichtlicher Epochenbegriff für die Jahrzehnte zwischen Reichsgründung und Jahrhundertwende. Der Begriff hat seinen Ursprung in der kurzen Phase der Gründerjahre 1871–1873, in denen im Deutschen Reich, anknüpfend an den Optimismus der Reichsgründung, viele Unternehmen entstanden und die Produktion stark anstieg. Im Zuge der 1874 einsetzenden „Großen Depression" gab es zwar Einbrüche und nur geringe Wachstumsraten.

Lexikon

Aber Mitte der 1890er-Jahre begann erneut eine lang anhaltende Hochkonjunkturphase, von der auch Arbeiter (kürzere Arbeitszeiten, wachsende Löhne) profitierten.

H

Hegemonie: Bezeichnet die Vormachtstellung eines Staates innerhalb einer Gruppe von Staaten. Sie stützt sich in der Regel auf militärische Überlegenheit, die eine politische Führungsrolle begründet. Sie kann sich aber auch nur auf das wirtschaftliche Gebiet beziehen.

Heiliges Römisches Reich Deutscher Nation: Das deutsche Kaiserreich erhob im Mittelalter den Anspruch, als Kaiserreich den Königreichen übergeordnet zu sein. Die Kaiser sahen sich als Nachfolger der römischen Kaiser; ihr Reich wurde daher „Heiliges Römisches Reich" genannt. Es ging über die heutigen Grenzen Deutschlands hinaus. Im 15. Jh. erhielt der Name den Zusatz „Deutscher Nation"; wurde im Zuge der napoleonischen Kriege 1806 aufgelöst.

I

Ideologie: Vor allem die Bezeichnung für eine umfassende Deutung gesellschaftlich-politischer Verhältnisse und historischer Entwicklungen. Diese Deutung ist durch Interessen bedingt und daher einseitig und verzerrt; sie soll bestehende Verhältnisse begründen bzw. rechtfertigen.

Immunität: Unantastbarkeit; gesetzlicher Schutz vor Strafverfolgung für Abgeordnete und Diplomaten.

Imperialismus: Während der Phase des Hochimperialismus (1880/90–1914) bezeichnet das Wort ein ausgeprägtes politisches und wirtschaftliches Ausnutzungs- und Abhängigkeitsverhältnis zwischen fortgeschrittenen Industriestaaten und wenig entwickelten Ländern besonders in Afrika und Asien. Die Herrschaft kann formellen oder informellen Charakter besitzen.

Indikator: In der Geschichtswissenschaft ein Merkmal (z. B. Zahl der in der Industrie Tätigen, Sozialprodukt), das als beweiskräftiges Zeichen für einen historischen Prozess (z. B. Industrialisierung) dient.

Industrielle Revolution: Durch den englischen Sozialreformer Arnold Toynbee (1852–1883) verbreiteter Begriff. Bezeichnet die erste Phase der Industrialisierung, die in England um 1770 einsetzte (Deutschland von ca. 1840–1870). Sie stellt die Anschubphase eines tief greifenden wirtschaftlichen und gesellschaftlichen Wandlungsprozesses dar, der bis heute nicht abgeschlossen ist (Industrialisierung). Im Mittelpunkt stehen Einführung und Fortentwicklung der industriellen Produktionsweise (neue Energiequellen, Maschinen, Fabrik, Arbeitsteilung auf zunehmend wissenschaftlicher Grundlage, Wachstum des Sozialprodukts) und die Umverteilung der Erwerbstätigen von der Landwirtschaft in das Gewerbe und den Dienstleistungsbereich. Bestimmten mechanische Webstühle, Dampfschiffe, Kohle- und Eisentechnologie im Wesentlichen die „erste" Industrielle Revolution, werden die Einführung der Chemie- und Elektroindustrie sowie die Erfindung des Verbrennungsmotors um 1900 als „zweite" Industrielle Revolution, die Einführung der Raumfahrt und Computertechnologie nach 1945 als „dritte" Industrielle Revolution bezeichnet.

Innovationen: Neuerungen.

Internationaler Währungsfonds/IWF: 1945 als Sonderorganisation der UNO gegründet, um eine Neuordnung und Stabilisierung der internationalen Wirtschaftsbeziehungen auf der Basis fester Wechselkurse zwischen konvertiblen Währungen mit dem Dollar als Leitwährung institutionell abzusichern. Der IWF wurde zu einem wichtigen, von den Interessen der kapitalkräftigen Industrieländer abhängigen Steuerungsinstrument der internationalen Währungs- und Finanzpolitik; seit den 1980er-Jahren ist er Hauptakteur des internationalen Schuldenabkommens.

K

Kapitalismus: Wirtschaftsordnung, in der sich das Produktivkapital in den Händen von Privatpersonen bzw. -personengruppen befindet, d. h. der Kapitalisten und Unternehmer. Diesen stehen die Lohnarbeiter gegenüber. Der erwirtschaftete Gewinn geht wieder an den Unternehmer und führt zur Vermehrung des Produktivkapitals. Die wichtigsten wirtschaftlichen Entscheidungen werden in den Unternehmen im Hinblick auf den Markt und die zu erwirtschaftenden Gewinne getroffen, nicht aber vom Staat.

Klasse, Klassengesellschaft: Bez. für gesellschaftliche Großgruppen seit Ende des 18. Jh.s, deren Angehörige durch Besitz bzw. Nichtbesitz von Produktionsmitteln und den sich daraus ergebenden gemeinsamen bzw. entgegengesetzten Interessen gekennzeichnet sind. Im 19. Jh. lief in den Industriestaaten ein Prozess der Klassenbildung zwischen Unternehmern (Bougeoisie) und Arbeitern (Proletariat) ab. Wenn sich Klassenspannungen in einer Gesellschaft deutlich ausprägen, spricht man von einer Klassengesellschaft.

Lexikon

Klerus: Gesamtheit der Personen, die durch eine kirchliche Weihe in den Dienst der Kirche getreten sind (= Geistliche). Als eigener Stand besaßen die Geistlichen bis ins 19. Jh. hinein politische und wirtschaftliche Vorrechte: Recht zur Erhebung von Kirchenabgaben (Zehnt), eigene Gerichtsbarkeit, Steuerfreiheit.

Kollektives Sicherungssystem: Die internationalen Beziehungen werden so organisiert, dass die Zusammenarbeit der Nationen gefördert und Konflikte friedlich beigelegt werden können. Die wichtigsten Einrichtungen zur Friedenssicherung: Völkerbund und UNO.

Kolonialismus: Die Errichtung von Handelsstützpunkten und Siedlungskolonien in militärisch und politisch schwächeren Ländern (vor allem in Asien, Afrika und Amerika) sowie deren Inbesitznahme durch überlegene Staaten (insbesondere Europas) seit dem 16. Jh. Die Kolonialstaaten verfolgten dabei vor allem wirtschaftliche und militärische Ziele.

kommerzialisieren: Werte und Handlungen wirtschaftlichen Interessen unterordnen.

Kommunismus: Seit dem 19. Jh. Bezeichnung für eine politische Ideologie und Bewegung, die durch eine Revolution die bürgerliche Gesellschaft beseitigen und durch eine klassenlose Gesellschaft ohne Privatbesitz an Produktionsmitteln ersetzen will. Die Lehre des Kommunismus wurde vor allem durch Karl Marx und Friedrich Engels begründet.

Konfessionalisierung: Bezeichnet den im letzten Viertel des 16. Jh.s einsetzenden Prozess der intensiven Durchdringung von Staat und Gesellschaft mit Regelungen und Einstellungen, die unmittelbar mit dem jeweiligen Glauben (katholisch, lutherisch, reformiert bzw. calvinistisch) zusammenhängen. Innerstaatlich ist die Etablierung einer vorherrschenden Religion durch Verwaltungs-, Kirchen- und Schulreformen, aber auch den Ausschluss Andersgläubiger aus führenden Stellungen gemeint. Zwischenstaatlich bewirkte die Konfessionalisierung eine massive Abgrenzung konfessionell geprägter Territorien voneinander.

Konjunktur: Periodisch wiederkehrende Schwankungen einer Volkswirtschaft oder der Weltwirtschaft. Ein Konjunkturzyklus besteht in der Regel aus vier Phasen: 1. Aufschwung (Gewinne, Investitionen und Beschäftigung steigen); 2. Hochkonjunktur (hohe Gewinne und Vollbeschäftigung); 3. Abschwung (sinkende Gewinne und Investitionen, mehr Arbeitslose); 4. Konjunkturkrise oder Depression (wenig Investitionen, hohe Arbeitslosigkeit).

konstitutionell: Auf einer Verfassung beruhend.

Konzentrationslager/KZ: Massenlager, in denen Menschen aus politischen, religiösen, rassischen oder anderen Gründen eingesperrt, misshandelt und ermordet werden, vor allem zur Zeit des Nationalsozialismus. Die Konzentrationslager waren Mittel zur Einschüchterung, Ausschaltung und Vernichtung der Gegner der nationalsozialistischen Diktatur. Mit ihrer Organisation waren SS-Einheiten betraut. Seit Kriegsanfang mussten KZ-Insassen schwere Zwangsarbeit für die Rüstungsindustrie verrichten. Seit 1941 wurden Vernichtungslager errichtet, in denen bis Kriegsende etwa 6 Mio. Juden und 500 000 Polen, Sinti und Roma und andere ermordet wurden. In den meisten NS-Konzentrationslagern wurden grausame medizinische Versuche an Menschen durchgeführt.

L

„Lebensraumpolitik": Der aus der wissenschaftlichen Schule der „Geopolitik" stammende Begriff (1897) bez. den Raum, den bestimmte Bevölkerungen angeblich „objektiv" zum Leben benötigen. In der Weimarer Republik entwickelte sich aus diesem wissenschaftlich umstrittenen Begriff das politische Schlagwort vom „Volk ohne Raum". In Hitlers Buch „Mein Kampf" und in seinem unveröffentlichten „Zweiten Buch" ist „Lebensraum" einer der Zentralbegriffe der NS-Ideologie und bez. die militärisch-gewaltsame Ausdehnung des deutschen Gebietes in den europäischen Osten unter Verdrängung, Versklavung und Ausrottung der dort lebenden slawischen Völker.

Liberalismus: Politische Bewegung seit dem 18. Jh.; betont die Freiheit des Individuums gegenüber kollektiven Ansprüchen von Staat und Kirche. Merkmale: Glaubens- und Meinungsfreiheit, Sicherung von Grundrechten des Bürgers gegen staatliche Eingriffe, Unabhängigkeit der Rechtsprechung (Gewaltenteilung), Teilnahme an politischen Entscheidungen; der wirtschaftliche Liberalismus fordert die uneingeschränkte Freiheit aller wirtschaftlichen Betätigungen.

M

„Machtergreifung": Begriff aus der nationalsozialistischen Propagandasprache. Er beschreibt selbstverherrlichend die auf Druck der konservativen Eliten erfolgte Ernennung Adolf Hitlers zum Reichskanzler am 30. Januar 1933; tatsächlich ist eher von einer Machtübertragung zu sprechen.

Lexikon

Menschen- und Bürgerrechte: Der durch die Aufklärung verbreitete und in der Amerikanischen und Französischen Revolution mit Verfassungsrang ausgestattete Begriff besagt, dass jeder Mensch unantastbare Rechte besitzt, die der Staat achten muss, vor allem das Recht auf Leben, Glaubens- und Meinungsfreiheit, Versammlungs- und Vereinigungsfreiheit, Freizügigkeit, persönliche Sicherheit, Eigentum und Widerstand im Fall der Verletzung von Menschenrechten. Im 19. und 20. Jh. wurden auch soziale Menschenrechte, besonders von sozialdemokratisch-sozialistischer Seite, formuliert, so das Recht auf Arbeit, soziale Sicherheit und Bildung.

Militarismus: Bezeichnet das Vorherrschen militärischer Grundsätze und Wertvorstellungen im öffentlichen und privaten Leben (z. B. Autoritätsgläubigkeit, Untertanengeist, bedingungsloser Gehorsam).

Mobilität: Ausdruck der Bevölkerungsstatistik für Bevölkerungsbewegungen. Horizontale Mobilität meint die Wanderung aus einem Gebiet in ein anderes, wobei zwei Formen zu unterscheiden sind: Binnenwanderung innerhalb eines Landes und Auswanderung von einem Land in ein anderes Land. Voraussetzung für horizontale Mobilität ist in der Regel ein ausgebautes Verkehrssystem. Soziale Mobilität meint den Auf- oder Abstieg von einer sozialen Schicht in eine andere. Dabei sind die intergenerationelle Mobilität (der Sohn oder die Tochter erreichen eine höhere soziale Schicht als die Eltern bzw. steigen ab) und die intragenerationelle Mobilität (Auf- und Abstieg innerhalb eines Lebensschicksals) zu unterscheiden.

Modernisierung: Prozess der beschleunigten Veränderung einer Gesellschaft in Richtung auf einen entwickelten Status, meistens verbunden mit dem in der Aufklärung entwickelten Fortschrittsbegriff und bezogen auf den Übergang von der Agrar- zur Industriegesellschaft. Kennzeichen der Modernisierung: Verstädterung, Säkularisierung, Rationalisierung, Erhöhung des technischen Standards (Produktion von Gütern mit Maschinen), permanentes wirtschaftliches Wachstum, Ausbau und Verbesserung der technischen Infrastruktur (Verkehrswege, Massenkommunikationsmittel), Verbesserung des Bildungsstandes (allgemeine Schulpflicht, Alphabetisierung, Wissenschaft), räumliche und soziale Mobilität, Parlamentarisierung und Demokratisierung, Nationalstaatsbildung. Wegen seiner Verbindung mit dem Fortschrittsbegriff ist der Begriff politisch und wissenschaftlich umstritten, weil als Maßstab der jeweilige Entwicklungsstand der westlichen Gesellschaften gilt und weil die „Kosten", vor allem ökologische Probleme, bisher wenig berücksichtigt wurden. – Mit dem Zusatz „von oben" wird darauf hingewiesen, dass die entscheidenden Anstöße zur Veränderung von der Staatsspitze bzw. von einzelnen Neuerern aus den Spitzenpositionen des Staatsapparates kommen; die politische Modernisierung, also die Verbreitung der Demokratie, bleibt häufig zurück.

„Modernisierung von oben": Siehe Modernisierung.

Montanindustrie: Gesamtheit der bergbaulichen Industrieunternehmen.

N

Nation (lat.: Abstammung): Bezeichnet große Gruppen von Menschen mit gewissen, ihnen bewussten Gemeinsamkeiten, z.B. gemeinsame Sprache, Geschichte, Verfassung sowie inneren Bindungen und Kontakten (wirtschaftlich, politisch, kulturell). Diese Bindungen werden von den Angehörigen der Nation positiv bewertet. Nationen haben oder wollen eine gemeinsame staatliche Organisation (Nationalstaat) und grenzen sich von anderen Nationen ab.

Nationalismus: Politische Ideologie zur Integration von Großgruppen. Der demokratische Nationalismus entstand in der Französischen Revolution; er war verbunden mit den Ideen der Menschen- und Bürgerrechte, mit dem Selbstbestimmungsrecht und der Volkssouveränität. Der integrale Nationalismus entstand Ende des 19. Jh.s und lehnte die Gleichberechtigung der Nationen ab. Die Interessen der eigenen Nation wurden denen aller anderen Nationen übergeordnet. Dadurch erhielt diese Spielart eine aggressive Komponente nach außen.

Nationalsozialismus: Bez. für die nach dem Ersten Weltkrieg in Deutschland aufkommende rechtsradikale Bewegung, die auf einem extremen Nationalismus, Rassismus und Expansionismus beruhte und die deutsche Ausprägung des Faschismus darstellte. Der Nationalsozialismus bekämpfte wie andere faschistische Bewegungen alle individuellen und demokratischen Freiheiten, die seit der Französischen Revolution erkämpft worden waren. Die besondere ideologische Bedeutung der expansionistischen „Lebensraumpolitik" und der Rassenlehre mit der Übersteigerung des „germanischen Herrenmenschen", der Antisemitismus und der Aufbau eines umfassenden Propaganda- und Vernichtungsapparates heben ihn von anderen faschistischen Bewegungen ab.

Naturrecht: Das in der „Natur" des Menschen begründete, ihr „entspringende" Recht, das dem positiven oder „gesetzten" Recht gegenübersteht und ihm übergeordnet ist. Historisch wurde das Naturrecht zur Begründung entgegengesetzter Posi-

Lexikon

tionen benutzt, und zwar abhängig vom jeweiligen Menschenbild: Entweder ging man davon aus, dass alle Menschen von Natur aus gleich sind, oder, umgekehrt, dass alle Menschen von Natur aus verschieden sind. Die griechischen Sophisten leiteten aus dem Naturrecht das Recht des Stärkeren ab; Aristoteles rechtfertigte damit die Sklaverei. In der Neuzeit wurde es sowohl zur Legitimation des absoluten Fürstenstaates (Recht des Stärkeren) benutzt wie, über die Begründung des Widerstandsrechts, zu dessen Bekämpfung (Gleichheit aller Menschen). Für die politische Theorie der Neuzeit zentral sind die aus dem Naturrecht entwickelten Begriffe Souveränität und Gleichheit.

Neokolonialismus: Durch das wirtschaftliche und kulturelle Erbe der früheren Kolonialmacht und wegen der fortdauernden Abhängigkeit von Hilfen, vom Weltmarkt und insbesondere wegen ihrer Verschuldung stehen die formal souveränen Staaten der Dritten Welt in wirtschaftlicher und politischer Abhängigkeit der Industrieländer bzw. der ehemaligen Kolonialmächte; ihre tatsächliche Gleichberechtigung wird dadurch verhindert.

„Neues Denken": Der Ausdruck wurde von Michail Gorbatschow geprägt, der von 1985 bis 1990 Generalsekretär der KPdSU war. Er hatte erkannt, dass der Rüstungswettlauf mit den USA zum Ruin der UdSSR führen würde. Durch eine deutliche Deeskalation der Außenpolitik – die „friedliche Koexistenz" sollte weltweit gelten – sollten die Voraussetzungen geschaffen werden, um sein wirtschafts- und innenpolitisches Reformprogramm umzusetzen. Die Verständigung mit den USA führte nicht nur – wie bisher – zur Rüstungsbegrenzung, sondern zur tatsächlichen Abrüstung.

Neuzeit: Epochenbez. für die Geschichte seit ca. 1500; häufig unterteilt in frühe Neuzeit (16.–18. Jh.) und Moderne (ab der Zeit um 1800).

Notstandsgesetze: Bezeichnung für die Verfassungsbestimmungen und Gesetze, die das politisch-gesellschaftliche Leben für den äußeren Notstand (Spannungs- und Verteidigungsfall) sowie den inneren Notstand (Hilfe bei Naturkatastrophen und schweren Unfällen, Abwehr drohender Gefahren für die freiheitlich-demokratische Grundordnung) regeln. Nach heftigen Debatten am 30. Mai 1968 vom Bundestag beschlossen; damit wurden alliierte Vorbehaltsrechte aus dem Deutschlandvertrag abgelöst.

Notverordnungen: Auf den Artikel 48 der Weimarer Reichsverfassung gestütztes Recht der Exekutive, in Notzeiten unter Umgehung des Reichstags Gesetze zu erlassen; 1930–1933 regierten die Kanzler Brüning, von Papen und von Schleicher mithilfe von Notverordnungen.

O

Open door policy (wörtl.: Politik der offenen Tür): Politik der USA Ende des 19. Jh.; zielte darauf ab, sich im Wettbewerb mit den europäischen Großmächten gleichen Zugang und gleiche Handelsmöglichkeiten auf dem chinesischen Markt zu sichern. Nach dem Ersten Weltkrieg ist damit allgemein der freie Zugang aller Staaten zu allen Märkten gemeint, um wirtschaftliches Wachstum und internationale Kooperation zu sichern.

opportunistisch: Angepasst, auf persönliche Vorteile bedacht.

Ost-West-Konflikt: Die internationale Ordnung zwischen 1945 und 1990 war bipolar. Internationale Politik wurde bestimmt durch den Gegensatz zwischen den von den USA und der Sowjetunion geführten Machtblöcken.

P

Parlament, Parlamentarisierung: In parlamentarischen Regierungssystemen ist das Parlament das oberste Staatsorgan. Es entscheidet mit Mehrheit über die Gesetze und den Haushalt und kontrolliert oder wählt die Regierung. Das Parlament kann aus einer oder zwei Kammern (Häusern) bestehen. Im Einkammersystem besteht das Parlament nur aus der Versammlung der vom Wahlvolk gewählten Abgeordneten (Abgeordnetenhaus), im Zweikammersystem tritt dazu ein nach ständischen oder regionalen Gesichtspunkten gewähltes oder ernanntes Haus. Im demokratischen Parlamentarismus herrscht allgemeines und gleiches Wahlrecht. Im Deutschen Reich bestand seit 1871 ein Zweikammersystem: Reichstag und Bundesrat, heute: Bundestag und Bundesrat.

Pauperismus (lat. pauper = arm): Bez. für Massenarmut, besonders in der ersten Hälfte des 19. Jh.s. Er wurde hervorgerufen durch das schnelle Bevölkerungswachstum, dem eine nur langsam steigende Nahrungsmittelproduktion und ein Mangel an Arbeitsplätzen bzw. Verdienstmöglichkeiten gegenüberstanden; er endete mit der Industriellen Revolution.

Perestroika (russ. = Umgestaltung): Schlüsselbegriff Gorbatschows zur Modernisierung der Sowjetunion. Ziel war die Demokratisierung von Politik (Verfassungsreform) und Wirtschaft (Zulassung von Privatbetrieben, Reduzierung des Staatseinflusses), aber unter Beibehaltung der Grundzüge des Sozialismus.

Planwirtschaft: Wirtschaftsordnung, in der die ökonomischen Prozesse einer Volkswirtschaft, insbesondere die Produktion und die Verteilung von

Lexikon

Gütern und Dienstleistungen planmäßig und zentral gesteuert werden.

Proletarier: Siehe Arbeiter.

Protektionismus: Schutz der einheimischen Produktion vor ausländischer Konkurrenz (z. B. durch Zölle).

Protoindustrialisierung: „Industrialisierung" vor der Industrialisierung. Gemeint ist die ausschließlich für den Markt (also nicht für den Eigenverbrauch) und nach kommerziellen Gesichtspunkten, aber noch nicht mit Maschinen organisierte dezentrale Produktion von Gütern (vor allem Leinenstoffe); produziert wurde insbesondere in solchen Familien, die vom Ertrag ihrer „ersten" Arbeit nicht existieren konnten, z.B. Heuerlinge, Dorfhandwerker, -krämer oder -schankwirte. Der im 18. Jh. relativ gute Verdienst in Regionen mit ausgedehntem ländlichem Heimgewerbe führte zu einer tief greifenden Umgestaltung der dörflichen Lebenswelt: Das Heiratsalter sank, die Familiengrößen nahmen rasch zu, die Bedeutung der Landwirtschaft verringerte sich. Das Ende der Protoindustrialisierung kam mit der industriellen, d. h. mit Maschinen betriebenen Produktion von billigeren Baumwollstoffen. Die eigentliche Industrialisierung vollzog sich aber in der Regel an anderen als den Standorten der Protoindustrialisierung.

R

„Rassenlehre": Bezeichnet die pseudo-wissenschaftliche Anwendung der biologischen Unterscheidung von menschlichen Gruppen ähnlicher erblicher Merkmale (z.B. der Hautfarbe) auf das gesellschaftlich-politische Leben; dabei wird die Höher- bzw. Minderwertigkeit verschiedener „Rassen" unterstellt. Der auf das 19. Jh. zurückgehende Rassismus (Sozialdarwinismus) erfuhr im nationalsozialistischen Antisemitismus mit der systematischen Verfolgung und Vernichtung der Juden seine bisher fürchterlichste Konsequenz.

Rätesystem: Demokratieform, die alle Einwohner an der Ausübung und Kontrolle der Herrschaft direkt beteiligt. Auf der untersten Ebene werden in den Vollversammlungen von Betriebs-, Wohn- und Verwaltungseinheiten Beauftragte direkt und öffentlich gewählt; bei allen weiteren Entscheidungen sind die Beauftragten durch ein imperatives Mandat an die Weisungen ihrer Wähler gebunden und jederzeit abrufbar. Die Beauftragten bilden auf den weiteren Stufen Räte, die nicht nur legislative, sondern auch exekutive und richterliche Gewalt besitzen (im Gegensatz zur Gewaltenteilung). Ein wirksames Rätesystem setzt voraus, dass alle Bürger bereit sind, kontinuierlich mitzuarbeiten, dass alle ein annähernd gleiches Bildungsniveau und gleiche Informationen besitzen. In Deutschland wurde das Rätesystem während der Revolution 1918/19 von Anhängern des Spartakusbundes und des linken Flügels der USPD vertreten.

Real existierender Sozialismus: Sozialismus – der Begriff wird bis ins 20. Jh. synonym mit Kommunismus verwendet – bez. eine politische Theorie und Bewegung. Ursprüngliches Ziel war die Schaffung gesellschaftlicher Gleichheit und Gerechtigkeit durch die Aufhebung des Privateigentums an Produktionsmitteln, die Einführung einer Planwirtschaft und die Beseitigung der Klassenunterschiede. Von Anfang an umstritten war der Weg: Revolution oder Reformen. Der Marxismus-Leninismus verstand Sozialismus als Vorstufe zum Kommunismus. Der Begriff des „real existierenden Sozialismus" diente nach 1945 zur Abgrenzung der kommunistischen Parteidiktaturen (osteuropäische Länder und DDR) von demokratisch-freiheitlichen Sozialismusvorstellungen (wie sie seit der Spaltung der Arbeiterbewegung zu Beginn des 20. Jh.s und im Ersten Weltkrieg von den sozialdemokratischen und den meisten sozialistischen Parteien der westlichen Demokratien vertreten wurden).

Rechtsstaat: Staat, in dem die Staatsgewalt mit allen staatlichen Organen, die Grundrechte und die individuelle Rechtssicherheit durch die Verfassung und unabhängige Rechtsordnung festgelegt, kontrolliert und garantiert werden.

Reform: Neuordnung, Verbesserung und Umgestaltung von politischen und sozialen Verhältnissen im Rahmen der bestehenden Grundordnung; hierin, oft weniger in den Zielen, unterscheiden sich Reformen als politisches Mittel zur Durchsetzung von Veränderungen von Revolutionen.

Reichstag: Stände- oder Volksvertretung eines Reiches; im Heiligen Römischen Reich die Ständeversammlung, die sich zunächst nur aus den Fürsten, später auch Grafen und freien Herren sowie Vertretern der Reichs- und Bischofsstädte zusammensetzte; sie befasste sich mit Heerfahrt, Reichskriegen, -steuern, -gesetzen und Erhebungen in den Reichsfürstenstand. Seit 1663 tagte der Reichstag als ständiger Gesandtenkongress in Regensburg (Immerwährender Reichstag). Im Norddeutschen Bund und dann im Deutschen Reich bis 1933 übte der Reichstag (teils mit dem Reichsrat) die Reichsgesetzgebung aus.

Reparationen: Seit dem Ersten Weltkrieg Bezeichnung für Wiedergutmachungsleistungen, die die Sieger dem Besiegten zum Ausgleich für im Krieg erlittene Schäden auferlegen; häufig auch mit dem Ziel der Schwächung der wirtschaftlichen und militärischen Leistungsfähigkeit. Formen: Zahlungen und

Lexikon

Warenlieferungen, auch Demontagen (Abbau von Maschinen und Industrieanlagen). Die Reparationen, die Deutschland nach dem Ersten Weltkrieg an die Siegerstaaten zahlen musste, wurden im Versailler Vertrag beschlossen, 1920 festgesetzt, 1924 im Dawesplan und 1929 im Youngplan genauer geregelt bzw. revidiert, 1931 mit dem Hoover-Moratorium ausgesetzt, 1932 auf der Konferenz von Lausanne mit einer Schlusszahlung beendet.

Repräsentation: Bedeutet politisch die stellvertretende Wahrnehmung politischer Rechte und Pflichten durch dazu legitimierte Vertreter. In der frühen Neuzeit nahmen die Ständeversammlungen diese Funktion wahr. In modernen Verfassungsstaaten seit dem späten 18. Jh. wird die Vertretung des Volkes durch frei gewählte Abgeordnete ausgeführt. Die Abgeordneten vertreten die ganze Nation und sind an Weisungen nicht gebunden.

Repräsentative Demokratie: Im Gegensatz zu direkten Formen der Demokratie, wie z. B. dem Rätesystem, wird in der repräsentativen Demokratie die Herrschaft nicht direkt durch das Volk, sondern durch vom Volk gewählte Repräsentanten (Abgeordnete) ausgeübt. Ebenfalls im Gegensatz zum Rätesystem steht hier das Prinzip der Gewaltenteilung.

Republik: Der Begriff ist abgeleitet von res publica = die öffentliche, die gemeinsame Sache. In unserem Sprachgebrauch gilt Republik als Staatsform, die – außer mit der Monarchie oder der Despotie – mit unterschiedlichen Regierungsformen (Demokratie, Aristokratie) verträglich ist. Als Römische Republik bezeichnen wir die politische Ordnung Roms zwischen dem Sturz des Königtums (um 510 v. Chr.) und der Errichtung des Prinzipats (27 v. Chr.). Diese Republik hatte eine Mischverfassung (gemischt aus Monarchie, Aristokratie, Demokratie), war aber nach heutiger Auffassung eher eine Aristokratie. Heute dient der Begriff vor allem zur Bez. für nicht-monarchische Staatsformen und ist mit dem Gedanken der Volkssouveränität verbunden.

Restauration: Wiederherstellung früherer Zustände, z. B. der monarchischen Ordnung eines Staates. Als Epochenbezeichnung für die Jahre 1815–1848 betont der Begriff, dass die staatliche Politik dieser Jahre alte Grundsätze der Zeit vor der Französischen Revolution wieder zur Geltung bringen wollte.

Revolution: Am Ende einer Revolution steht der tief greifende Umbau eines Staates und nicht nur ein Austausch von Führungsgruppen. Typisch ist das Vorhandensein eines bewussten Willens zur Veränderung, eine entsprechende Aktionsgruppe mit Unterstützung im Volk oder in einer großen Bevölkerungsgruppe. Typisch sind auch die Rechtsverletzung, die Gewaltanwendung und die schnelle Abfolge der Ereignisse. Beispiele sind die Französische Revolution 1789 und die Russische Revolution 1917. Revolutionen werden auch Vorgänge genannt, die nicht alle genannten Merkmale aufweisen. Die Revolution in der DDR 1989 wird wegen ihres gewaltlosen Verlaufs auch Friedliche Revolution genannt.

R

Sklaven: In allen antiken Hochkulturen hat es Sklaverei gegeben. Nach griechischem und römischem, später auch nach islamischem Recht waren Sklaven ein unbeschränktes Sacheigentum, über das der Besitzer frei verfügen durfte. Sie wurden im Bergbau und in der Landwirtschaft eingesetzt, waren im Haushalt, als Lehrer, Ärzte oder in der Verwaltung und im Handwerk tätig. Da sie dabei ihre Kompetenzen selbstständig wahrnehmen mussten, kann man sie nicht als willenlose Werkzeuge bezeichnen. Ihre tatsächliche Lage hing stark von ihrem Tätigkeitsbereich ab. Sklave wurde man durch Kriegsgefangenschaft, durch Raub (Sklavenhandel) und Verkauf, durch Verschuldung oder dadurch, dass man von Sklaven abstammte. Im Römischen Reich war das Sklavendasein kein unabänderliches Schicksal, denn viele Sklaven wurden von ihren Herren freigelassen. Sie erhielten dann ein eingeschränktes, ihre frei geborenen Kinder das volle römische Bürgerrecht. – Die Abschaffung der Sklaverei in der Neuzeit wurzelt in der Aufklärungsbewegung; die tatsächliche Abschaffung begann Ende des 18. Jh.s (z. B. in den britischen Kolonien 1833, in den französischen Kolonien 1848, in den USA 1863).

Souveränität: Der von Jean Bodin im 16. Jh. geprägte Begriff (lat. superanus = überlegen) bezeichnet die höchste und unabhängige Staatsgewalt nach innen und außen (innere und äußere Souveränität). Im Absolutismus war alleiniger Souverän, d. h. Träger aller Staats- und damit Herrschaftsgewalt, der Fürst. Dagegen gilt in demokratischen Staaten das Prinzip der Volkssouveränität.

Alle Gewalt geht vom Volke aus, das seinen Willen direkt oder indirekt durch Abgeordnete zur Geltung bringt. Die Idee der Volkssouveränität setzte sich zuerst in der Amerikanischen und Französischen Revolution durch. Sie wird nur durch die in der Verfassung festgelegten Menschenrechte beschränkt. Völkerrechtlich, d. h. nach außen, gilt ein Staat als souverän, der nicht von einer anderen Macht besetzt ist und unabhängig von anderen Staaten handeln kann.

595

Lexikon

Soziale Frage: Bezeichnet die Notlage und die ungelösten Probleme, vor allem der Industriearbeiter, speziell in den frühen Phasen der Industrialisierung. Dazu gehörten: unsichere Arbeitsplätze, häufige Arbeitslosigkeit, niedrige Löhne, lange Arbeitszeiten, Wohnungselend, fehlende Versorgung bei Krankheit, Invalidität und Tod; verstärkt wurden die Probleme durch die Trennung von der alten Lebenswelt beim Zug in die Städte und die ungewohnte Fabrikarbeit. Lösungsversuche kamen von einzelnen Reformern und den Kirchen, besonders aber vom Staat (Sozialgesetzgebung) und von den Arbeitern selbst (Organisation; Selbsthilfe).

Soziale Marktwirtschaft: Wirtschaftsordnung, die ihrem Anspruch nach im Gegensatz zum frühliberalen (Laissez-faire-Kapitalismus) wie zum sozialistischen Wirtschaftssystem (Planwirtschaft) steht. Zu ihren wichtigsten Elementen gehören die Garantie und der Schutz des wirtschaftlichen Wettbewerbs, die soziale Abfederung negativer Auswirkungen marktwirtschaftlicher Prozesse (z.B. Arbeitslosigkeit) durch den Staat sowie die Verbreiterung des Privateigentums an Produktionsmitteln. Der Begriff entstand nach dem Zweiten Weltkrieg und wurde maßgeblich von Alfred Müller-Armack, einem engen Mitarbeiter Ludwig Erhards, geprägt.

Sozialgesetzgebung: Maßnahmen moderner Industriestaaten, um unerwünschte Folgen der „freien Marktwirtschaft" zu korrigieren und die Bürger gegen Krankheit, Unfall, Alter, Invalidität abzusichern; hat sich in den 1880er-Jahren zuerst in Deutschland herausgebildet.

Sozialismus: Im liberal-kapitalistischen Gesellschaftssystem der Industrialisierung entstand der Sozialismus als Antwort auf die soziale Frage. Den verschiedenen Richtungen des Sozialismus geht es um Steuerung des Marktes, um den Abbau bzw. die Beseitigung einer sozial ungleichen, als ungerecht empfundenen Verteilung von Besitz (häufig um die Beseitigung des Privatbesitzes an Produktionsmitteln), um eine am Wohl des Ganzen orientierte Gesellschaftsordnung und um die demokratische Gleichberechtigung der Unterprivilegierten. Die Frage nach Reform oder Revolution der bestehenden Ordnung bestimmte von Anfang an die Überlegungen, Vorschläge und Forderungen der Sozialisten.

Sozialistengesetz: Von Bismarck initiiertes Gesetz vom 21. Oktober 1878 „gegen die gemeingefährlichen Bestrebungen der Sozialdemokratie". Anlass und Motive: Für zwei Attentate auf Kaiser Wilhelm I. machte Bismarck fälschlich, aber öffentlichkeitswirksam die Sozialdemokratie verantwortlich und konnte die im Bürgertum ohnehin vorhandene Sozialistenfurcht weiter schüren. Inhalt: Verbot der SPD-Parteipresse und -Parteiversammlungen (aber nicht der Partei selbst). Ausweisungen und Verhaftungen von SPD-Mitgliedern. Die SPD-Anhänger fanden sich während der Zeit der Sozialistengesetze zur Tarnung in Sport- und Geselligkeitsvereinen zusammen. 1890 wurde das Gesetz nicht mehr verlängert. Die Erfahrung der gesellschaftlichen Ausgrenzung hat die Haltung der SPD zum Staat für viele Jahrzehnte geprägt.

SS-Staat: Bezeichnung für die besondere Machtstellung der SS (Schutzstaffel) im nationalsozialistischen Staat. Die SS war während der NS-Herrschaft neben der Polizei und dem Militär die dritte Waffen tragende Organisation und verfügte über einen effizient organisierten Überwachungs- und Terrorapparat. Ihr wurden diejenigen Aufgaben übertragen, denen Hitler besondere Bedeutung zumaß: die Sicherung der Macht in Deutschland und während des Krieges in den besetzten Gebieten; die Verfolgung und Vernichtung der Juden und aller anderen zu Gegnern des NS-Systems erklärten Gruppen und Individuen. Die SS war daher die eigentliche Exekutive Hitlers.

Staatenbund: Zusammenschluss von Staaten, wobei die einzelnen Staaten ihre eigenständige Staatsgewalt vollständig behalten. Es gibt aber gemeinsame Einrichtungen, in denen eine gemeinschaftliche Politik für alle Mitgliedsstaaten verbindlich festgelegt wird. Diese zentralen Einrichtungen sind aber eher schwach im Vergleich zur Macht der Einzelstaaten oder auch zu einem Bundesstaat. Bsp.: die USA 1776–1787, die Schweiz vor 1848, der Deutsche Bund 1815–1866.

Stalinismus: Die unter der Herrschaft Stalins in den 1920er- und 1930er-Jahren in der UdSSR entstandene Staats- und Gesellschaftsordnung. Gestützt auf den zentralistischen Staats- und Parteiapparat war sie durch diktatorische Unterdrückung, Terror und Personenkult gekennzeichnet. Nach 1945 wurde sie auch auf die osteuropäischen Staaten übertragen. Nach Stalins Tod 1953 setzte eine vorsichtige Entstalinisierung ein, allerdings ohne die Grundprinzipien des Stalinismus aufzugeben. Erst die 1985 von Gorbatschow eingeleitete Reformpolitik führte zur Überwindung.

Stand, Stände: Als Stand bezeichnet man eine Gruppe in einer Gesellschaft, die durch rechtliche Bestimmungen klar umgrenzt ist, die bestimmte Vorrechte hat oder auch von bestimmten Rechten ausgeschlossen ist. In diesem Sinne bildeten Patrizier und Plebejer in der frühen Römischen Republik Stände. Auch Senatoren und Ritter in der römischen Kaiserzeit waren Stände. Dagegen waren die Plebejer in der späten Republik eine soziale Unterschicht, die durch ihre wirtschaftliche Lage, nicht aber durch rechtliche Bestimmungen umschrieben war. Stände sind einerseits gesellschaftliche Großgruppen, die sich voneinander durch jeweils eigenes Recht, Einkommensart, politische Stellung, Lebensführung und Ansehen unterscheiden und die Gesellschaftsordnung des Mittelalters und der frühen Neuzeit prägten („ständische Gesellschaften"). Man unterschied vor allem Geistlichkeit (Klerus), Adel, Bürger und Bauern sowie unterständische Schichten. Sie sind andererseits Körperschaften zur Wahrnehmung politischer Rechte, etwa der Steuerbewilligung, in den Vertretungsorganen (Landtagen, Reichstagen) des frühneuzeitlichen „Ständestaates". Der Adel, der Klerus, die Vertreter der Städte und manchmal auch die der Bauern traten als „Stände" gegenüber dem Landesherrn auf. Der Absolutismus höhlte die Rechte der Stände aus. Mit den Revolutionen und Reformen um 1800 hörten die Stände auf, vorherrschendes Prinzip in Gesellschaft und Politik zu sein.

T

Take-off: Begriff des amerikanischen Wirtschaftshistorikers Walt W. Rostow zur Charakterisierung der Industriellen Revolution; wie beim Start eines Flugzeugs haben danach gewaltige Antriebskräfte die wirtschaftliche Entwicklung derart vorangetrieben, dass der Aufstieg von der weitgehend stagnierenden Agrarwirtschaft zur wachstumsorientierten Industriewirtschaft möglich geworden ist. Das anschließende Wirtschaftswachstum wird mehr oder weniger automatisch aufrechterhalten.

Terrorismus: Die systematische und gleichzeitig willkürliche Androhung und Anwendung von Gewalt durch politisch-soziale Gruppen, die Furcht und Schrecken verbreiten wollen.

Totaler Krieg: Krieg, in dem alle verfügbaren Ressourcen einer Gesellschaft für die Vernichtung des Feindes mobilisiert werden. Der Unterschied zwischen zivilem und militärischem Bereich löst sich auf.

U

undogmatisch: Nicht starr an eine Lehrmeinung oder Ideologie gebunden.

Unternehmer: Eine Person, die einen Gewerbebetrieb leitet, d.h. als wirtschaftliches „Unternehmen" führt. In der Industriellen Revolution kam den Leitern der entstehenden Industrieunternehmen immer größere Bedeutung zu. In dieser Phase waren Unternehmer und Kapitalist, d.h. der Eigentümer der Fabrik, der Maschinen usw., meist noch dieselbe Person. Sie entschieden über Investitionen, Einstellung und Entlassung der Arbeiter. Später wurden die Rolle des Kapitalbesitzers und die des Unternehmers von verschiedenen Personen oder Personengruppen wahrgenommen, so in der Aktiengesellschaft, die von „Managern" geleitet wird.

Urbanisierung: Der Begriff meint die Verbreitung städtischer Kultur und Lebensweise über ganze Regionen. Zentrale Merkmale sind Massenangebot und Massenkonsum, Geschwindigkeit, Mobilität und Anonymität. Im engeren Sinne meint Urbanisierung auch Verstädterung, bewirkt durch schnelleres Wachstum der Stadtbevölkerung gegenüber langsamerem Wachstum oder gar Stillstand/Rückgang der Landbevölkerung.

V

Verfassung: Grundgesetz eines Staates, in dem die Regeln der Herrschaftsausübung und die Rechte und Pflichten der Bürger festgelegt sind. Demokratische Verfassungen beruhen auf der Volkssouveränität und dementsprechend kommt die Verfassung in einem Akt der Verfassungsgebung zustande, an der das Volk direkt oder durch von ihm gewählte Vertreter (Verfassungsversammlung) teilnimmt. Eine demokratische Verfassung wird in der Regel schriftlich festgehalten (zuerst in den USA 1787), garantiert die Menschenrechte, legt die Verteilung der staatlichen Gewalt (Gewaltenteilung) und das Mitbestimmungsrecht des Volkes (Wahlrecht, Parlament) bei der Gesetzgebung fest.

Verhältniswahl: Wahlsystem, bei dem die Vergabe der Mandate auf die verschiedenen Parteien nach dem Verhältnis der abgegebenen Stimmen zueinander erfolgt (Gegensatz: Mehrheitswahlrecht; nur der Kandidat erhält einen Sitz, der im Wahlkreis die meisten Stimmen auf sich vereinigt). Einerseits erhalten durch ein Verhältniswahlrecht auch kleine Parteien die Möglichkeit, im Parlament vertreten zu sein, andererseits fördert es die Parteienzersplitterung. Das in der Weimarer Republik gültige Verhältniswahlrecht verschärfte die Zersplitterung noch dadurch, dass es auf Sperrklauseln verzichtete (heute z.B. die „Fünfprozentklausel").

Versailler Vertrag: Im Juni 1919 von Außenminister Hermann Müller in Versailles (bei Paris) unterzeichnet (1920 in Kraft); Inhalt: alle Kolonien, Elsass-Lothringen, Danzig, das Memelland, der polnische „Korridor" sind abzutreten, nach Abstimmungen auch Eupen-Malmedy, Nord-Schleswig, Teile Oberschlesiens; Saargebiet wird besetzt; Reparationen (Höhe noch offen); Heeresgröße auf 100 000 Mann

Lexikon

festgelegt (Marine 15 000); Verbot, Österreich als Teil des Reiches zu integrieren; Festschreibung der Kriegsschuld Deutschlands. Folgen: In Deutschland muss die Demokratie für die Folgen des gescheiterten Kaiserreiches eintreten.

Vielvölkerstaat: Bez. für ein staatliches Gemeinwesen, in dem unterschiedliche Völker oder Nationen zusammenleben, die ihre ethnischen oder nationalen Identitäten bewahren. Bsp.: das Zarenreich und österreichisch-ungarische Doppelmonarchie im 19. Jh.

Volkssouveränität: Grundprinzip der Legitimation demokratischer Herrschaft, nach dem alle Staatsgewalt vom Volke ausgeht. Entwickelte sich aus der frühneuzeitlichen Naturrechtslehre. Die Ausübung von Herrschaft ist an die Zustimmung des Volkes durch direkte Mitwirkung (Plebiszit) oder durch Wahlen gebunden; setzte sich in der Amerikanischen (1776) und Französischen Revolution (1789) als revolutionäres Prinzip gegen die absolute Monarchie durch. Die Volkssouveränität wird durch die Geltung der Menschen- und Bürgerrechte eingeschränkt.

W

Weimarer Reichsverfassung/WRV: Im August 1919 vom Reichspräsidenten unterzeichnet; Inhalt: legt die demokratische Republik als Staatsform fest, aber mit starker Stellung des Reichspräsidenten (Notverordnungsrecht Art. 48); die Funktion der Parteien im Staat bleibt offen; Übergang vom kaiserzeitlichen Mehrheits- zum Verhältniswahlrecht befördert die Parteienzersplitterung; die Grundrechte haben einen geringen Stellenwert; staatsrechtliche Gleichberechtigung der Frauen.

Weltwirtschaftskrise: Ausgelöst durch Aktienspekulation, Nachfragestagnation und Überproduktion in den USA 1928/29; sie führte im Oktober 1929 zum Zusammenbruch der New Yorker Börse, die nach dem Ersten Weltkrieg London als Weltfinanzmarkt abgelöst hatte; Tiefpunkt der großen Krise war 1932. Folgen: Zerstörung des internationalen Finanzsystems, Vermögensverluste und hohe Arbeitslosigkeit in allen Industrieländern.

Wiederbewaffnung: Bez. für die Aufstellung deutscher Truppen nach 1945. Sie bedeutete die Abkehr von den Entmilitarisierungsbestimmungen des Potsdamer Abkommens. In der sowjetischen Besatzungszone veranlasste die Militäradministration seit 1948 den Aufbau der „Kasernierten Volkspolizei", die danach zur Nationalen Volksarmee ausgebaut wurde. Während des Koreakrieges (1950–1953) drängten die Westmächte, allen voran die USA, auf eine militärische Stärkung Westeuropas. Auch von der Bundesrepublik forderten sie einen Verteidigungsbeitrag. Bundeskanzler Adenauer selbst hatte die deutsche Wiederaufrüstung angeboten, um dem Ziel der Gleichberechtigung der Bundesrepublik gegenüber den anderen westeuropäischen Staaten näherzukommen und größere Souveränitätsrechte zu erhalten. Nach heftigen Auseinandersetzungen beschloss der Deutsche Bundestag 1952 die Wiederbewaffnung. Damit begann der Aufbau der Bundeswehr und ihre Einbindung in das westliche Bündnissystem.

Register

Blau gesetzte Ziffern verweisen auf die Begriffserläuterungen auf den Grundwissensseiten und im Lexikon.

A

Abrüstung, Rüstungskontrolle 469 f.
Adams, Willi Paul 60
ADAV (Allgemeiner Deutscher Arbeiterverein) 53
Adenauer, Konrad 334, 347, 350 f., 353, 376, 473
Algerienkrieg 490, 494 f.
Alter, Peter 549
Antiamerikanismus 192
Antiatomkraft-Bewegung 384
Antifaschismus 333, 587
Anti-Hitler-Koalition 587
Antijudaismus 88
Antiklerikalismus 308
Antikommunismus, Antimarxismus 211, 228, 309, 350
Antiliberalismus 228, 308
Antisemitismus 109, 122, 192, 211, 226, 228 f., 231, 258, 316
APO (Außerparlamentarische Opposition) 378
„Appeasement-Politik" 263, 456, 460 f., 587
Arbeiter, Arbeiterbewegung 14 ff., 51 f., 69, 106, 235, 250, 255, 293, 587
„Arierparagraf" 259
Arisierungen 251, 255, 260
Atlantikcharta 286 f., 329
Atombombe 288, 468 f.
Atomwaffensperrvertrag 469
Attlee, Clement 329, 460 f.
Aufklärung 88
Auschwitz 239, 279, 282
Automobil(industrie) 12, 34 ff.

B

Baden, Max von 160, 162, 165
Badstübner, Rolf 451
Bahr, Egon 386
Balkankriege 142
Bartels, Wolfgang 202
BDM (Bund Deutscher Mädel) 253, 256
Bebel, August 53, 107
Beck, Ulrich 499
Bedingungslose Kapitulation 286, 288, 324, 329, 343
Befreiungskriege 72, 78
Bekennende Kirche 293 f.
Bender, Peter 422
Benz, Wolfgang 290
Berghahn, Volker 10
Bergmann, Klaus 527

Berlin
– Außenministerkonferenz 352
– Blockade (1948/49) 344 f., 348
– Kongress (1878) 133
– Mauer 323, 350, 352, 366 f., 376, 408 f.
– Vertrag (1926) 199
Besatzungspolitik, nationalsozialistische 273 ff.
Besatzungszonen 322, 324, 326, 329 f., 333, 343, 347, 350
Bethmann Hollweg, Theobald von 144, 147
Bevölkerungsentwicklung 25
Bevölkerungswachstum 587
Bipolarität 587
Birand, Mehmet Ali 484
Bismarck, Otto von 32, 38, 53 f., 69, 101 ff., 104 f., 109 f., 116, 127, 132 ff., 137, 558 f.
„Blankoscheck" 143, 145, 176
„Blitzkriege" 270 ff.
Blockfreie Staaten 489, 587
„Blutschutzgesetz" 259, 261
„Blut-und-Boden-Ideologie" 251
Bonhoeffer, Dietrich 289
Boumedienne, Houari 495
Bracher, Karl 156
Brandt, Willy 376, 381, 384, 386, 393, 408, 565
Brecht, Bertolt 370
Brest-Litowsk, Frieden von 160, 162
Briand, Aristide 200, 460
Briand-Kellog-Pakt 200
„Brigade Ehrhard" 184
Brüning, Heinrich 203, 210, 212
Büchner, Georg 86
Bundesstaat 101 ff., 105, 588
Bürger, Bürgertum 68, 251, 588
Bürgerliche Gesellschaft 588
Bürgerrechtsbewegung 398, 407, 409, 432
Burschenschaften 79 f.
Byrnes, James 330, 343, 349

C

Caprivi, Leo von 137, 139 f.
Casablanca, Konferenz von 287, 329
Cäsarismus 107
CDU (Christlich-Demokratische Union) 333, 334, 347, 351, 376 ff., 381 f., 388 f., 409 f.
Chamberlain, Neville 264
Chemieindustrie 26, 32, 35
Churchill, Winston 287 f., 329, 343, 461
Chruschtschow, Nikita 366
Clemenceau, Georges 178, 183

599

Register

Code civil 72, 83
COMECON (Council for Mutual Economic Assistance) 352
Containment-Politik 466
Czempiel, Ernst-Otto 507

D

DAF (Deutsche Arbeitsfront) 236
Daladier, Edouard 264
Dampfmaschine 12, 21 f.
Danzig 265
Dawesplan 180, 190
DDP (Deutsche Demokratische Partei) 174
Dekolonisation 151, 439, 488 ff., 514, 588
Demokratie
– allgemein 224, 516
– repräsentative 595
Demontagen 337, 352
Depression, Große 32 f.
Deutsche Frage 345, 347, 588
Deutscher Bund 68, 78 ff., 81, 83, 93, 95, 101
Deutsche Christen 293
Deutsch-Französischer Krieg 103
Deutschlandvertrag 347
Dezentralisierung 329
Diels, Rudolf 248
Dienstleistungsgesellschaft 355
Dienstleistungssektor 588
Diktatur
– allgemein 224
– nationalsozialistische 221, 237, 310
Displaced persons (DP) 326, 427
DNVP (Deutschnationale Volkspartei) 174, 218, 233
Dolchstoßlegende 211
Dos Passos, John 41
Drehwald, Suzanne 413
Dreibund 135 f., 139, 141 f.
Dreikaiserabkommen 133 f.
Drekonja-Kornat, Gerhard 496
Dritte Welt 488 ff., 588
Dülffer, Jost 444, 471
Dutschke, Rudi 378
DVP (Deutsche Volkspartei) 174, 218
Dynastie 589

E

Ebert, Friedrich 162, 174
Ebert-Groener-Bündnis 167
„Edelweißpiraten" 295
Egalitär 589

Ehrle, Peter Michael 74
Eisenhower, Dwight D. 324
Eisenindustrie 22 f., 27, 32
„Eiserner Vorhang" 343
Elektroindustrie 32 f.
Elite 204, 239
Elsass-Lothringen 103, 105 ff., 132, 144, 162, 178
Elser, Georg 295
Emser Depesche 103, 127
England 12 f., 21 ff.
Enteignungen 337
Entente cordiale 139, 144
Entmilitarisierung 329, 343,
Entnazifizierung 329 ff., 432
Entspannungspolitik 378, 381 ff., 388, 393, 470
Entwicklungshilfe/-länder 492, 589
Erdmann, Karl Dietrich 147
Erfindungen, technische 21, 39
„Erfüllungspolitik" 184, 218
Erhard, Ludwig 354, 376
Ermächtigungsgesetz 220 f., 223, 234
Erste Welt 489
Erzberger, Matthias 162, 174, 184
Europäische Integration 350 ff., 438, 473 ff., 514
„Euthanasie" 226, 251, 277, 285, 294
Expansion 589

F

Fabriksystem 12, 21, 61
Familie 61, 589
Faschismus
– allgemein 154, 156, 228, 302 ff.
– Italien 307 ff.
FDP (Freie Demokratische Partei Deutschlands) 335, 345, 347, 381, 385, 388 f., 409
Fehrenbach, Elisabeth 23
Feudalismus 15
Fichte, Johann Gottlieb 85
Fisch, Jörg 444
Fischer, Fritz 147
Fischer, Joschka 454
Fischer, Wolfram 18
Flottenbauprogramm 139
Flottenverein 118
Flurbereinigung, napoleonische 70
Föderalismus 105, 234, 336 f., 410
Fortschrittsbewusstsein 119, 138, 148
Frankfurt, Friede von (1871) 103
Französische Revolution 519
Frauen und Frauenbild 61 ff., 131, 192, 195
– im Nationalsozialismus 252
– in der Nachkriegszeit 327

600

Register

– in DDR und BRD 392f., 401ff., 422
Frauenbewegung **128ff.**, 384, 403
Frauenwahlrecht 175
Freiherr vom Stein 73, 77, 81
Freikorps 78, 167, 184
Frick, Wilhelm 218, 234
Friedensbewegung 356, 384, 398
Friedliche Revolution 407ff.
Friedrich Wilhelm IV. (Preußen) 84, 93, 95
Frühindustrialisierung 16, 29
Frühkapitalismus **589**
Führerprinzip, Führerstaat 228, 231, **316**, **589**
Fünfjahresplan 363f.
Fünfprozentklausel 346

G

Galbraith, John 41
Gaulle, Charles de 271
Genscher, Hans-Dietrich 381, 388
Gestapo (Geheime Staatspolizei) **240f.**, 244, 262, 280, 293
Gewaltenteilung 73, 221, **224**
Gewerbeverfassung 25
Gewerkschaften 53, 56ff., 106, **119f.**, 191f.
– Nationalsozialismus 235f.
– nach 1945 335, 361
Glasnost 323, 396, 471, **589**
Gleichgewicht des Schreckens 468
Gleichgewichtspolitik 78, 103, 133ff.
Gleichschaltung 234ff.
Globalisierung 497ff., **514**
Globke, Hans 262
Goebbels, Joseph 213, 218, 234, 238, 246f., 264, 289
Goerdeler, Carl-Friedrich 242, 295
Göring, Hermann 218, 233, 248, 275
Goldene Zwanziger 190ff.
Gorbatschow, Michail 319, 323, 396, 407, 470
Görtemaker, Manfred 390
Gottesgnadentum 78
Göttinger Sieben 84
Grebing, Helga 113
Grob, Norbert 543
Großdeutsche Lösung 94, 101
Grosser, Alfred 281
Grotewohl, Otto 348
Gründerzeit **589**
Grundgesetz 345f., 410ff.
Grundlagenvertrag 323, 382, 393

Grundrechte
– in der BRD („Spiegel-Affäre") 376
– in der Paulskirchenverfassung 94
– im Nationalsozialismus 233
– in der Weimarer Republik 176
Grüne Partei 384, 388
Gruner, Wolf 446
Guillaume, Günter 381
Gutswirtschaft 15f., 25

H

Hahn, Hans-Werner 29
Hallstein-Doktrin 352, 377
Hambacher Fest 83, 85
Handel 14f., 21, 107
Handwerk 25
Hanse 72
Hardenberg, Karl August von 68, 73
Hardtwig, Wolfgang 548
Harzburger Front 205, 207
Havel, Vaclav 486
Hegemonie **590**
Heilige Allianz 78, 80
Heiliges Römisches Reich Deutscher Nation 8, 68, 71, 518f., **590**
Heinemann, Gustav 381
Heitmann, Steffen 413
Herbst, Ludolf 297f.
Hermannsdenkmal 536, 538f.
Heuss, Theodor 335, 347, 376
Heydrich, Reinhard 239, 277f.
Himmler, Heinrich 238f., 283
Hindenburg, Paul von 158f., 203, 210, 218, 233, 238
Hinkeldey, Wolfgang 395
Hinz, Uta 446
Hippler, Jochen 510
Hirschmann, Kai 507
Historikerstreit 302ff., 306
Hitler, Adolf 185, 210, **218ff.**, 222, 227, **231ff.**, 238, 248f., 263ff., 267, 300
Hitler-Jugend (HJ) 253, 256
Hitler-Putsch **184f.**, 188
Hitler-Stalin-Pakt 265, 269f.
Hoffmann von Fallersleben, August Heinrich 87
Hobsbawm, Eric 443
Honecker, Erich 320, 323, 393, 396, 407
Höß, Rudolf 282
Hugenberg, Alfred 174, 202, 207, 233

601

Register

I

Ibrahim, Martha 405
Ideologie 316
Immunität 590
Imperialismus 132 ff., 138, 140, 152, 229
Indemnitätsvorlage 101
Indikator 27, 590
Industrialisierung, Industrielle Revolution 8, 12 ff., 32 ff., 66, 100
Inflation 186, 189 f.
Initiative Frieden und Menschenrechte 398 f., 407, 412
Isensee, Josef 412
IWF (Internationaler Währungsfonds) 493, 590

J

Jalta, Konferenz von 287, 290, 329
Jaurès, Jean 541
Jeffreys-Jones, Rhodri 59
Jeismann, Karl-Ernst 527
Jestaedt, Christoph 171, 341 f., 368
Jesuitenverbot 109
Jodl, Alfred 324
Juden 88 ff., 121 ff., 426 f.
Judenverfolgung und -vernichtung 226, 244, 277 ff., 283 f., 311, 533 f.
Julikrise (1914) 143
Junges Deutschland 84
Jungtürken 142

K

Kaemel, Otto 76
Kaiser, Karl 472
Kalter Krieg 322, 438, 466, 468 f.
Kanzelparagraf 109
Kapitalismus 14, 32, 590
Kapp-Putsch 184, 186
Karlsbader Beschlüsse (1819) 80 ff.
„Kathedersozialisten" 53
KdF (Kraft durch Freude) 236, 256 f.
Keil, Wilhelm 212
Keller, Bernhard 255
Kennan, George 348, 450
Keynes, John Maynard 180, 183, 376
Kiefer, Bernd 543
Kiesewetter, Hubert 39
Kiesinger, Kurt-Georg 376
Kissinger, Henry 458
Klasse, Klassengesellschaft 590
Kleindeutsche Lösung 94, 101 ff., 117
Kleinschmidt, Harald 445
Klerus 591
Kobuch, Manfred und Agatha 76, 216, 339
Kocka, Jürgen 306, 321, 486
Kohl, Helmut 320, 387 f.
Kollektivierung 337, 364
Kollektives Sicherungssystem 456 ff., 514
Kolonialismus 134, 591
Kolonialverein 118
Kommerzialisieren 591
Kommunismus, Marxismus 53, 92, 154, 156, 233, 355 f., 591
Kommunistisches Manifest 53, 61, 92
Königgrätz, Schlacht bei 103
Konfessionalisierung 591
Konjunktur 591
Konservatismus 78, 92, 94 f., 100 f., 105
Konstitutionalismus, konstitutionell 72 f., 82, 106, 381, 388, 591
Konstruktives Misstrauensvotum 346
Konzentrationslager (KZ) 239, 244 ff., 591
Koreakrieg 350, 354, 468, 471
Kotzebue, August von 80
KPD (Kommunistische Partei Deutschlands) 167, 184, 218, 220, 235, 333, 335, 338
Klemperer, Victor 291 ff.
Kracauer, Siegfried 194
Kreisauer Kreis 294 f.
Krenz, Egon 407
Kriegervereine 192
Krieg-in-Sicht-Krise 133
Kriegsschuldfrage 158, 178, 180
Krimkrieg 101, 132, 138
Krüger-Depesche 139
Kruse, Kai und Wolfgang 550 f.
KSZE (Konferenz für Sicherheit und Zusammenarbeit in Europa) 382, 478, 469 f.
Kubakrise 468 f.
Kulturkampf 109, 113

L

Lebensraumpolitik 229, 231, 266, 272, 274, 591
Leipzig, Völkerschlacht bei (1813) 78
Lemberg, Eugen 522
Lenin, Wladimir Iljitsch 150
Leserevolution 82
Liberalismus 38, 68, 70 ff., 82, 85, 100, 152
Liebknecht, Karl 53, 162, 167, 184
Lloyd George, David 178, 183
Locarno, Konferenz von 199, 202
Lohnarbeit 12, 15, 28, 51, 61 f.
London
– Abkommen (1953) 350

Register

– Außenministerkonferenz (1947) 343
– Sechsmächtekonferenz (1948) 344
Longerich, Peter 195, 196
Löwenthal, Richard 298
Lübke, Heinrich 376
Lücke, Paul 379
Lückentheorie 101
Ludendorff, Erich 161, 185, 285
Ludwig, Jörg 97
Luxemburg, Rosa 53, 167, 184

M

„Machtergreifung" 218 f., 238, 591
Mahrenholz, Gottfried 412
Malinowski, Wolfgang 451
Marokkokrisen 142
Marshallplan 343, 354
Märzforderungen 92
Marx, Karl 53, 92
Märzforderungen 92
Mason, Timothy 255
Massenkonsumgesellschaft 46 f., 355
Massenkultur 192
Maßnahmenstaat 241, 251
Matrikularbeiträge 105
Mediatisierung 70
Menschen- und Bürgerrechte 68, 72, 477, 592
Meissner, Otto 243
Mendelssohn, Moses 89, 91
Merkantilismus 25, 70, 133
Merkel, Ina 373
Mertes, Alois 389
Metternich, Clemens von 78, 80, 84
Michalka, Wolfgang 275
Michelet, Jules 541
Militarismus 117 ff., 592
Ministerium für Staatssicherheit 363, 398, 432
Mittelmeerabkommen 134, 139
Mittelstand 190, 211, 251, 255
Mobilität 13, 592
Modernisierung
– allgemein 44 ff., 592
– „von oben" 37
Modrow, Hans 409
Montagsdemonstrationen 407 f.
Montan- und Schwerindustrie 26 f., 32 f., 350, 355, 364, 498
Morgenthau, Henry 287
Moskau
– Vertrag von (1970) 323, 381
– Vertrag über die abschließende Regelung in Bezug auf Deutschland (1990) 409

MSPD (Mehrheitssozialdemokratische Partei Deutschlands) 160, 162, 165 ff., 169
Müller-Armack, Alfred 356
München
– Abkommen (1938) 264, 266
– Konferenz von 264
Münkler, Herfried 436, 509
Mussolini, Benito 228, 264, 273, 307 ff., 312
Mythos, Mythen 536 ff.

N

Nachrüstung 388
Nachtwächterstaat 54, 82
Napoleon 68, 70, 73, 78
Nasser, Gamal Abdel 489
Nation 8, 516, 522 ff., 592
Nationalismus 8, 70 ff., 82, 85, 152, 192, 516, 518 ff.
Nationalsozialismus 156, 226 f., 228, 230, 302 ff., 316
Nationalitätenkonflikt
– im Deutschen Reich 106 f.
– in Österreich-Ungarn 151
– in Jugoslawien 479
Nationalversammlung
– Frankfurter (1848/49) 94 ff.
– Weimarer (1919) 174
NATO (North Atlantic Treaty Organization) 352, 382, 409, 476, 480
Naturrecht 592
Neemann, Andreas 97
Neokolonialismus 492, 593
Neue Ära 100
Neues Denken 471, 593
Neues Forum 407
Neuzeit 593
New Deal 205
Nichtangriffspakt (1934) 263
Nipperdey, Thomas 538
Nolte, Emil 306
Norddeutscher Bund 101, 103
Notstandsgesetze 376 ff., 379 f., 593
Notverordnungen 176 f., 210, 219, 593
Novemberpogrom (1938) 260
NSDAP (Nationalsozialistische Deutsche Arbeiterpartei) 185, 204, 210 f., 218 ff., 228, 230, 238, 258, 330
Nürnberger Gesetze 259, 261 f.
Nürnberger Prozesse 330

Register

O

Obrigkeitsstaat 105 ff., 109 ff., 117, 187
Oder-Neiße-Linie 329, 352, 381, 409
Ökologie 383, 388, 396, 398
Oktoberedikt (1807) 25, 28, 73
Oktoberreformen (1918) 161
Ölkrise, Ölschock 381, 383, 394
Ollenhauer, Erich 352
OPEC (Organization of Petrol Exporting Countries) 491 f.
Open door policy 466, 593
Opportunismus, opportunistisch 593
Österreich(-Ungarn) 68 ff., 94, 101 ff., 142 ff., 407
Ostintegration 351 f.
Ostpolitik 381 f., 386
Ost-West-Konflikt 318, 409, 435 f., 471 f., 514
OSZE (Organisation für Sicherheit und Zusammenarbeit in Europa) 478

P

Panslawismus 133
Papen, Franz von 210, 212, 218
Paris
– Außenministerkonferenz (1946) 343
– Februarrevolution (1848) 92
– Friedenskonferenz (1919) 178 f., 448, 450
– Verträge (1955) 351
Parlament, Parlamentarismus 345 f., 354, 224
Parteien
– Kaiserreich 100 f., 109
– Nationalsozialismus 209 ff., 218 ff., 233, 235
– SBZ 333
– Weimarer Republik 174
– Westzonen 335
Paulskirche 69, 94
Pauperismus 92, 593
PDS (Partei des demokratischen Sozialismus) 409
Pearl Harbor 273
Penrose, Virginia 404
Perestroika 323, 396, 471, 593
Pfetsch, Frank 483
Pfizer, Paul Achatius 85
Pieck, Wilhelm 333, 349
Pierenkemper, Toni 17
Planwirtschaft 363 f., 394 f., 419 f., 432
Pogrom 260
Pohl, Dieter 533
Potsdam
– Konferenz von 329 f., 332, 337, 449, 451
– Tag von 218, 235
Prager Frühling 378, 392
Präsidialkabinette 176, 210

Pressburg, Frieden von 71
Preußen 14, 25, 68 f., 73, 78, 100 ff., 336
Preußenschlag 210, 219
Proletariat 51, 594
Propaganda, nationalsozialistische 246 f.
Prostl, Antoine 552
Protektionismus 594
Protektorat Böhmen und Mähren 264
Protoindustrialisierung 16, 594

R

RAF (Rote Armee Fraktion) 378, 385, 387
Rassenantisemitismus 229
Rassenlehre, Rassenideologie 226, 228, 266, 273 f., 277, 279, 594
Rapallo, Vertrag von 198, 201
Rat der Volksbeauftragten (1918/19)
– allgemein 165 f., 167
– sächsischer 168
Rätesystem 166 ff., 184, 594
Rathenau, Walther 124, 184
Reagan, Ronald 470
Reaktionszeit 96, 100
Real existierender Sozialismus 393, 432, 594
Realpolitik 100
Rechtsstaat 224, 241
Rechtsradikalismus 184, 376
Reeducation 331
Reichsdeputationshauptschluss 70
Reichsgründung 69, 100 ff.
„Reichskristallnacht" 258, 262
Reichsnationalismus 69, 117 f., 187
Reichstag 69, 105, 594
Reichstagsbrand 219, 233, 244
Reichsverfassung 105 ff.
Reichsverfassungskampagne 95, 97
Reichswehr 204, 238
Reform
– allgemein 594
– Preußen 73
Remarque, Erich Maria 151
Reparationen 178, 180 f., 330, 337, 594
Republik 595
Reserve-Polizeibataillon 278
Restauration 78, 82, 595
Revisionismus 53, 180, 288
Revisionspolitik 180, 198
Revolution
– allgemein 409, 595
– 1830 (Frankreich) 83
– 1848/49 92 ff.
– 1917 (Russland) 150

604

Register

– „von oben" 70 ff.
RGW (Rat für gegenseitige Wirtschaftshilfe) 532
Rheinbund 68, 71 f., 78
Rheinkrise 84, 87
Rheinlandbesetzung 263
Ribbentrop, Joachim von 221, 264
Ritter, Gerhard 422
Robbe, Martin 493
Röhm, Ernst 238
Römische Verträge (1957) 482
Ronneburger, Uwe 390
Roosevelt, Franklin 205, 271, 287 f., 329
Rousseau, Jean-Jacques 82
RSHA (Reichssicherheitshauptamt) 240
Rückversicherungsvertrag 134, 139 f.
Rüstungskontrolle 469 f.
Ruge, Wolfgang 303
Ruhrbesetzung 186
Ruhrkampf 186, 190
Ruhrstatut 347
Russisch-türkischer Krieg 133

S

SA (Sturm-Abteilung) 219, 234 f., **238**, 242, 258
Sachsen
– Auflösung (1952) 368
– und Europa 477 f.
– Euthanasie 280
– Industrialisierung 17 ff., 31
– Kaiserzeit („rotes Königreich") 110, 113 ff.
– Märzrevolution (1848/49) 97
– Nachkriegszeit 339
– Novemberrevolution (1918/19) 171
– Rätebewegung 168
– Reichsexekution 187
– Rheinbundzeit 74
– Sozialdemokratie 283 ff.
– Verfassung (1831) 74, 76
– Verfassung (1947) 339 ff.
– Verfassung und Gründung des Freistaates (1992) 410, 413 ff.
– Weimarer Republik 171, 214 ff.
– Wirtschaft 423
Säkularisierung 70, 72
Säuberungen 362
SAP (Sozialistische Arbeiterpartei) 53
Schabowski, Günter 408
Schacht, Hjalmar 193, 264
Scheel, Walter 381
Scheidemann, Philipp 162, 174, 182
Schenk von Stauffenberg, Claus 295
Schleicher, Kurt von 204, 210, 218, 238

Schleswig 94, 103, 106
Schlieffen-Plan 144, 160
Schmidt, Helmut 381, 383, 387 f.
Schmitt, Carl 243
Schneckenburger, Max 87
Scholl, Sophie und Hans 295 f.
Scholl-Latour, Peter 494
Schoenbaum, David 305
Schönhoven, Klaus 361
Schroeder, Klaus 424 f., 430
Schröder, Richard 524
Schulze, Hagen 11, 525, 560
Schumacher, Kurt 333, 345
Schuman, Robert 350
Schutzhaft 235 f., 244
Schutzzölle 32
Schwarzmarkt 326 f.
Schwellenländer 492 f.
Seeckt, Hans von 201
Seibt, Gustav 485
Seldte, Franz 233
SD (Sicherheitsdienst) 239, 266
SED (Sozialistische Einheitspartei Deutschlands) 318 ff., 322 f., 333, 338, **362**, 367, 396 ff., 409
Selbstbestimmungsrecht 151, 179, 475
Septemberprogramm 144, 147
Siebenpfeiffer, Philipp Jakob 85
Siemann, Wolfram 74, 97
Sieyès, Abbé 522
Sinti und Roma 244 f., 277
Sklaven **595**
Smith, Adam 17, 25
Sommer, Theo 395
Souveränität 105, 351, **595**
Sozialdemokratie 52, 109 ff., 160, 166 ff., 235, 293, 333 ff., 355, 360
Sozialdarwinismus 228
Soziale Frage 13, **51 ff.**, 66
Soziale Marktwirtschaft 346, **354 ff., 432, 596**
Sozialgesetzgebung 52, **596**
Sozialismus 51 f., **596**
Sozialistengesetz 110 f., **596**
Sozialstaat 54 f., 355, 383 f., 391
Sozialversicherung 69
Spartakusbund 166, 169
Spartakusaufstand 167
SPD (Sozialdemokratische Partei Deutschlands) 53, 174, 218, 220, 235, 333, 338, 347, 352, 360, 376
SS (Schutzstaffel der NSDAP) 219 f., 239
SS-Staat 239, **596**
St. Germain, Vertrag von 198, 201
Staatenbund **596**

Register

Stagflation 383
Stahlhelm 219, 233, 258
Stalin, Josef 272, 287
Stalinismus 407, **596**
Stalingrad, Schlacht bei 272
Stalin-Note 350
Stampfer, Friedrich 206
Stand, Stände 70, **596**
Stasi *siehe* Ministerium für Staatssicherheit
Stein, Adolf 194
Steininger, Rolf 451
Stellvertreterkriege 492
Stinnes-Legien-Abkommen 166
Strauß, Franz Josef 376 f., 396
Stresemann, Gustav 198 ff., 263, 459
Stuckart, Wilhelm 262
Studentenbewegung 378, 385
Suppan, Arnold 557
Systemkonkurrenz 350

T

Take-off **597**
Taylorismus 34
Teilung Deutschlands 318 ff., 323 ff.
Teheran, Konferenz von 287, 329
Terrorismus
– allgemein 514
– internationaler 436, 504 ff.
Textilindustrie 17, 21, 26 ff.
Tietz, Jürgen 550
Timpe, Dieter 539
Tirpitz, Alfred von 139, 141
Tito, Josip 489
Totaler Krieg 148, 285 ff., **514**
Totalitarismus 156, 228 ff., 302 ff.
Trianon, Vertrag von 198
Truman, Harry 288, 329
Truman-Doktrin 466
Tsuschima, Schlacht von 139
Tucholsky, Kurt 188

U

UdSSR (Union der Sozialistischen Sowjetrepubliken) 198, 269 ff., 275, 322 f., 337, 381 f., 388, 468
Ulbricht, Walter 323, 333, 363, 393
UNO (United Nations Organization)
– allgemein 286, 288, 329, 435, **457 f.**, 462 ff.
– Beitritt DDR, BRD 382
Unitarismus 105
Unternehmertum 12, 14, 21, **597**

Urbanisierung 13, **44 ff.**, **66**
USPD (Unabhängige Sozialdemokratische Partei Deutschlands) 160, 165 ff., 174

V

Vattimo, Gianni 486
Vereinswesen 82, 92
Verfassung **597**
Verfassungskonflikt, preußischer 100
Verhältniswahl **597**
Verlagssystem 16
Vernichtungslager 244 f., 277 ff.
Versailler Vertrag 150, 155, 158, 178 ff., 183, 211, 263, 266, **597**
Vertrag von Lissabon 476
Vertreibung 322, 325, 530 f., 534
Vichy-Frankreich 271
Vielvölkerstaat 142, **598**
Vierjahresplan (1936) 264, 267, 278
Viermächteabkommen 382
Vierte Welt 492
14-Punkte-Programm 150, 160, 163, 178
Völkerbund 151, 438, **456**, 458 ff., 488
– Austritt Deutschlands 263
– Beitritt Deutschlands 199
Völkermord, nationalsozialistischer 277 ff., 282
Volksaufstand, 17. Juni (1953) 365, 370 ff.
Volksfront 184, 205
Volksgemeinschaftsideologie 230, 250, 280
Volksgerichtshof 242, 295
Volkssouveränität **598**
Vormärz 83 f.

W

Waldmann, Peter 508
Wahlrecht 73, 82, 105, 175, 204
Währungsreform
– (1948) 344, 354
– (1990) 411
Wannsee-Konferenz 277 f., 281
Warschau
– Pakt 352, 392, 468
– Vertrag von (1970) 323
Wartburgfest 79
Waterloo 78
Weberaufstand 92
Weber, Hermann 339, 370 f., 451
Wehler, Hans-Ulrich 20, 484, 534
Weimarer Koalition 159, 174
Weimarer Republik 154 f., **158 ff.**
Weimarer Reichsverfassung (WRV) **598**

Register

Weiße Rose 296
Weizsäcker, Richard von 328, 389
Wels, Otto 202, 222
Weltkrieg, Erster 10, 132 ff., 142 ff., 148 ff., 160, 271, 285, 434, 440 ff., 488
Weltkrieg, Zweiter 226, 263 ff., 288, 435, 440 ff., 488
Weltwirtschaftskrise 203 ff., 394, 435, 598
Wendt, Jürgen 446
Westintegration 350 ff.
Wettrüsten 468
Widerstand
– DDR 376, 396
– Nationalsozialismus 293 ff., 531, 535
Wiederbewaffnung 351, 356, 598
Wiedervereinigung 320, 409 ff., 418 ff., 518, 520, 524 ff.
Wiegrefe, Klaus 452
Wiener Kongress 68, 78, 101
Wilhelm I. (Preußen) 100 f., 104
Wilhelm II. (Preußen) 138 f., 161 f.
Wilson, Woodrow 150 f., 163, 183, 434
Windthorst, Eduard 131
Winkler, Heinrich-August 564 f.
Winock, Michel 540

Wippermann, Wolfgang 303, 312, 564
Wirtschaftsliberalismus 72
Wirtschaftswachstum 12, 27, 51
Wirtschaftswunder 323, 354, 358
Wischnewski, Hans-Jürgen 389
Wohlstandsgesellschaft 323
Wurm, Theophil 296

Y

Youngplan 190

Z

Zentrum 174, 220
Zollverein (1834) 100
Zunftverfassung 25
Zwangsarbeit 245, 285, 326, 446
Zweibund 133, 144
Zwei-Drittel-Gesellschaft 388
Zwei-plus-Vier-Vertrag 450, 454
Zwei-Staaten-Theorie 352, 396
Zweite Welt 489

Bildquellen

ADN-ZB: 393; akg-images: Titelseite, 15, 50, 60, 75, 83, 84, 86, 91, 129/M56, 137/M66a, 152 l., 211, 225 (© VG Bild-Kunst, Bonn 2008), 286, 291, 322/323 (© VG Bild-Kunst, Bonn 2008), 326 (© VG Bild-Kunst, Bonn 2008), 438/439 (© VG Bild-Kunst, Bonn 2008), 442, 516/517 (Florian Profitlich), 542/M22b, 546, 549 (Robert O'Dea); Allgemeine Wochenzeitung der Juden in Deutschland: 273; AP Photo: 500 (Patrick Gardin), 507b; Archiv der sozialen Demokratie der Friedrich-Ebert-Stiftung, Bonn: 55c, 120; Army Center of Military History, Washington D.C.: 253/M27; Artothek: 9 (Neue Pinakothek), 191; attac: 501; aus: Bailey, The American Pageant: 37; Bayerische Staatsbibliothek, München/Fotoarchiv Hoffmann: 317; Berlinische Galerie, Landesmuseum für Moderne Kunst, Photographie und Architektur: 155; Besitzer: Berlin, Stiftung Stadtmuseum Berlin, Fotografie: Stadtmuseum Berlin: 262; Foto: Constantin Beyer, Weimar: 110; Bertelsmann Lexikon Verlag, Gütersloh: 200, 355; bpk: 24 (Lutz Braun), 55b, 66 M., r., 77, 89 (Original: Musikabteilung mit Mendelssohn-Archiv, Staatsbibliothek zu Berlin-Preußischer Kulturbesitz/Foto: Ruth Schacht), 98/M27, 102, 106, 111, 118/M45, 131, 132, 135, 137/M66b, 152 r., 158/159 (© VG Bild-Kunst, Bonn 2008), 162, 165, 224 l., 230/M3, 287, 359, 446, 560 (Dietmar Katz); Bulls Pressedienst: 351; Bundesarchiv Koblenz: 170/M12, 252/M25; Foto: A. Carp: 383/M44 l.; Christoph & Friends, Das Fotoarchiv: 236, 394; Collection of Janet and Marvin Fishman, Milwaukee: 196/M38, 224 M.; Hugo Cullmann, Aurich: 129/M55; aus: Das Sozialistengesetz 1878–1890, Zentralinstitut der Geschichte der Akademie der Wissenschaften der DDR, Dietz, Berlin 1980: 42; Hermann Degkwitz, Hohenfelde: 11; Der Spiegel, Hamburg: 421; Deutsches Museum München: 33, 66 l.; DHM, Berlin: 67, 104, 149, 152 M., 182b, 202, 241, 281, 335, 353, 365, 373; Edition Staeck, Heidelberg: 389; Hans-Peter Feddersen, Stuttgart: 379; aus: G. Fläming, Hanau im Dritten Reich, Band 1, Magistrat der Stadt Hanau, 1983: 182c; Foto Darchinger: 400; aus: Eduard Fuchs, Die Karikatur der europäischen Völker vom Jahre 1848 bis zur Gegenwart, Berlin 1903: 153; Germanisches Nationalmuseum Nürnberg: 68/69, 115; Gewerkschaftlicher Dachverband FDGB i. L. Berlin: 402; Grafiksammlung; Foto: Wolfgang Pulfer: 334; Haitzinger/CCC, www.c5.net: 515; Harenberg-Verlag Dortmund, Editions Larousse: 495; Harzfoto Brake, Osterode: 383/M44 r.; Hauptamt für Hochbauwesen der Stadt Nürnberg: 46, 47; Haus der Geschichte, Bonn: 362, 364, 452/M12a (Jean Plantureux), 452/M12b (Bill Caldwell), 452/M12c (Ya'cov Farkas), 473 (Peter Leger), 565; aus: Hermes Handlexikon, Synchronopse des Zweiten Weltkrieges, Econ Taschenbuch Verlag, Düsseldorf 1983: 269; Historisches Museum Frankfurt am Main: 93, 252/M24; Imperial War Museum, London: 180; Institut für Zeitungsforschung: 558; INTERFOTO: 372; Jürgens Ost- und Europa-Photo: 521; Keystone Pressedienst: 272, 327; KPA: 294; Krauss-Maffei AG, München: 12/13; aus: F. A. Krummacher/A. Wucher, Die Weimarer Republik, Kurt Desch Verlag, München 1965: 212 (The Heartfield Community of Heirs/© VG Bild-Kunst, Bonn 2008); Landesbildstelle Berlin: 218; Langewiesche-Brandt, Ebenhausen: 170/M13, 204a, b, 205c, d, 230/M2, 246, 253/M26, 257, 387; Liberation: 491; David Low: 456; aus: Gunnar Lucke, Berlin: 441/M2b; Mester/CCC,www.c5.net: 437, 524; Militärhistorisches Museum Dresden, Ingrid Meier: 441/M2a; Münchner Stadtmuseum, Foto: Wolfgang Pulfer: 118/M46; Murschetz/CCC, www.c5.net: 485; National Gallery, London: 22; Nordrhein-Westfälisches Hauptstaatsarchiv Düsseldorf, „NWHSA, RW 58-3693, Bl. 60": 297; picture-alliance/akg-images: 564; picture-alliance/Bildagentur Huber: 539; picture-alliance/Burkhard Juettner/vintage.de: 547; picture-alliance/dpa: 382, 397, 504, 505, 514, 556; picture-alliance/dpa/© dpa-Bildarchiv: 427; picture-alliance/KPA: 315; picture-alliance/OKAPIA KG/© Werner Otto: 555; picture-alliance/Photoshot: 545, 550; Foto: Wolfgang Pulfer: 357; aus: Realismus. Zwischen Revolution und Reaktion 1919–1939: 313; Sächsisches Industriemuseum Chemnitz: 31; Sächsische Landesbibliothek, Abteilung Deutsche Fotothek: 20, 26; Thomas Sandberg/OSTKREUZ – Agentur der Fotografen: 304; Schwalme/CCC, www.c5.net: 433; Rudolf Schöppner: 320; Seemann Henschel GmbH & Co. KG, Leipzig: 27; Staatliche Galerie Dessau: 80; Staatliche Kunsthalle Karlsruhe: 195; Stadtarchiv Bielefeld: 551b, c; Stadtarchiv Chemnitz: 234; Stadtarchiv Mittweida: 258; Stadtgeschichtliches Museum, Leipzig: 52; Karl Stehle: 125; aus: Stereotyp und Geschichtsmythos in Kunst und Sprache: die Kultur Ostmitteleuropas in Beiträgen zur Potsdamer Tagung, hg. von Katrin Berwanger und Peter Kosta, Lang Verlag, Frankfurt a. M.: 563; Stiftung Archiv der Akademie der Künste, Berlin: 196/M39; Wilhelm Stöckle, Filderstadt: 117, 138; SV-Bilderdienst: 41, 144, 220, 232, 245, 251/M23 (Scherl), 259, 271, 278, 309, 344, 366, 429/M80, 529 (Max Scheler), 535 (A. Froese/Caro), 542/M22a; Tate Gallery, London: 150; Photo: The Wiener Library: 247; ullstein bild: 44, 90, 161, 167, 223/M66c, 240, 403, 445, 490; Urheberrecht: Elke Walford, Foto: Privatbesitz, Hamburg: 226/227; Weber-Museum, Ratzeburg/© VG Bild-Kunst, Bonn 2008: 330; aus: Weimar. Ausstellungskatalog, Elephantenpress Verlag, Berlin: 186; Weismann, Frauenbuch Verlag, München 1976: 62; aus: Wir machen Geschichte, Diesterweg Verlag, Frankfurt a. M.: 559

Nicht in allen Fällen war es uns möglich, den Rechteinhaber der Abbildungen ausfindig zu machen. Berechtigte Ansprüche werden selbstverständlich im Rahmen der üblichen Vereinbarungen abgegolten.